Afrique du Sud, Lesotho et Swaziland

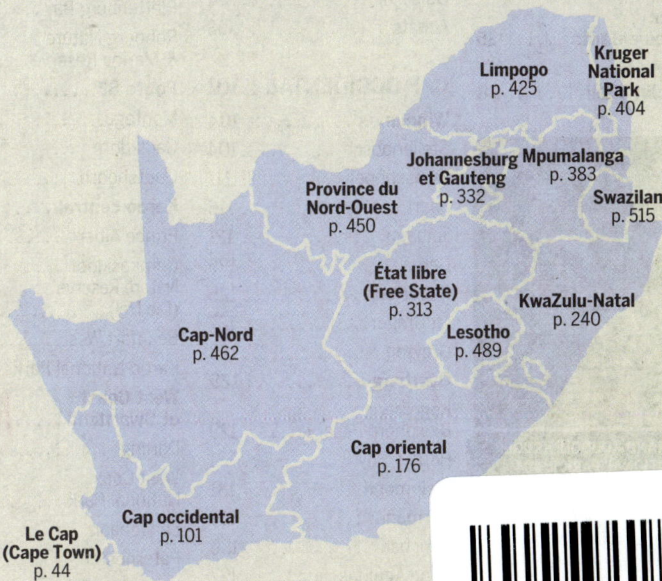

ÉDITION ÉCRITE ET ACTUALISÉE PAR

James Bainbridge,
Jean-Bernard Carillet, Lucy Corne, Alan Murphy,
Matt Phillips, Simon Richmond

PRÉPARER SON VOYAGE

PETE OXFORD/GETTY IMAGES ©

GRAND KOUDOU, KRUGER NATIONAL PARK P. 404

LITTLEWORMY/SHUTTERSTOCK ©

LE CAP (CAPE TOWN) P. 44

SUR LA ROUTE

Sommaire

SUR LA ROUTE

MICHAEL HEFFERNAN/LONELY PLANET ©

CAP ORIENTAL P. 176

Sommaire

Bienvenue en Afrique du Sud, au Lesotho et au Swaziland

Lions, musique dans les townships, déluge d'eau sur la Table Mountain, dunes rouges du Kalahari, cérémonies swazi et zouloues... Dans ces trois pays d'Afrique australe, une profusion d'expériences et d'aventures vous attend, entre culture et paysages grandioses.

La nation "arc-en-ciel"

L'Afrique du Sud, ce pays aux 11 langues officielles, où cohabitent Afrikaners et Zoulous, est riche de sa grande diversité. Les *rondavels* (cases rondes au toit conique) pastel couronnent les crêtes verdoyantes du Drakensberg et ponctuent la Wild Coast, berceau de Nelson Mandela. Les bergers basotho portant chapeaux et couvertures caractéristiques mènent leurs poneys à travers les Maluti Mountains du Lesotho, devant lesquelles aussi, lors de festivals traditionnels, les jeunes filles swazi et zouloues exécutent la danse des roseaux. La rencontre avec ces populations et cultures, qui coexistent grâce à l'héritage de Mandela, vous laissera des souvenirs indélébiles.

Observation de la faune

L'Afrique du Sud est l'une des meilleures destinations du continent pour les safaris. Dans ses parcs et réserves accessibles vivent bien des animaux dont les Big Five (lion, léopard, buffle du Cap, éléphant et rhinocéros noir). Vous pourrez aborder en voiture les étendues sauvages du Kruger, du Kgalagadi et d'autres parcs, ou suivre des rangers lors de safaris à pied ou en auto. Quelques parcs côtiers permettent d'observer les Big Seven (aux Big Five s'ajoutent baleines et grands requins blancs). La faune abondante du Swaziland compte quant à elle de nombreux rhinocéros blancs, et noirs.

Des paysages de toute beauté

Des régions semi-désertiques du Karoo et du Kalahari aux hauteurs brumeuses du Drakensberg, en passant par l'immensité du Blyde River Canyon, les paysages sud-africains sont spectaculaires. Même au Cap, il suffit de lever les yeux pour admirer le *fynbos* (une formation végétale) tapissant la Table Mountain, tandis que non loin serpentent les belles routes côtières menant à la pointe du Cap et à Hermanus. À cela s'ajoutent les vignobles des Winelands, les forêts qui bordent la Garden Route et Tsitsikamma, les plages de l'océan Indien et les impressionnantes montagnes du Lesotho.

Activités et aventure

La diversité géographique et culturelle de ces pays se prête à une multitude d'activités. Rappel sur la Table Mountain, plongée en cage parmi les requins, surf et safaris, ou pour les casse-cou, saut à l'élastique depuis le plus haut pont du monde, le Bloukrans Bridge (216 m), ou la plus longue descente en rappel, celle des Maletsunyane Falls au Lesotho (204 m), procurent des sensations fortes. La Wild Coast offre des randonnées qui laissent le temps de découvrir la culture locale, et on peut franchir les cols du Lesotho à dos de poney. Vous pourrez aussi vous initier à la cuisine xhosa ou malaise du Cap, goûter les vins du Cap ou assister à un concert dans un township.

Pourquoi j'aime l'Afrique du Sud, le Lesotho et le Swaziland

par James Bainbridge, auteur

Je vis en Afrique du Sud depuis 5 ans, et j'aurais bien du mal à en partir. Je me suis laissé séduire par les grands espaces et le sentiment de liberté que procurent certaines régions, comme le Karoo au ciel bleu cobalt et le Lesotho, royaume des montagnes. Tout est très facile d'accès. À moins d'une heure de route du Cap, des centaines de fermes vinicoles proposent des dégustations, et, en 3 heures, on est au cœur des montagnes du Cederberg. Pour côtoyer la nature, la faune et la culture africaines tout en profitant d'hébergements de qualité et d'une cuisine *lekker* (savoureuse), rien ne vaut l'Afrique du Sud, le Lesotho et le Swaziland.

Pour plus d'informations sur nos auteurs, voir p. 680

Ci-dessus : Formations de grès, Cederberg Wilderness Area (p. 172)

Afrique du Sud, Lesotho et Swaziland

0
200 km
Mapungubwe National Park
La brousse, les baobabs et un rhinocéros d'or (p. 438)
Kruger National Park
Ce parc mythique abrite une faune abondante (p. 404)
Blyde River Canyon
Des points d'observation surplombent ce remarquable canyon (p. 393)
iSimangaliso Wetland Park
Cinq écosystèmes comptant une faune variée (p. 280)
Golden Gate Highlands NP
Affleurements de grès dentelés et prairies chatoyantes (p. 326)
Clarens
Un village *arty* et décontracté (p. 327)
Drakensberg
Les pentes vertes de ce massif mènent à des pics couverts de brume (p. 385)
Lesotho
Aventure dans des montagnes lointaines (p. 489)
Wild Coast
Plages désertes et villages xhosa (p. 214)
Addo Elephant National Park
Plus de 600 éléphants d'Afrique (p. 197)
ZIMBABWE
MOZAMBIQUE
Gonarezhou National Park
Banhine National Park
Mapungubwe NP
Musina
Louis Trichardt (Makhado)
Thohoyandou
Limpopo
Tropique du Capricorne
Ellisras
Polokwane (Pietersburg)
Great Limpopo Transfrontier Park
Limpopo National Park
Inhambane
LIMPOPO
Phalaborwa
Massingir
GABORONE
Marakele National Park
Blyde River Canyon Nature Reserve
Kruger National Park
Pilanesberg National Park
Olifants
Sabie
Lobatse
Sun City
Nelspruit
Komatipoort
Macia
Xai-Xai
Zeerust
PRETORIA
Middelburg
Mafikeng
Rustenburg
MAPUTO
Pigg's Peak
Soweto
Johannesburg
Lichtenburg
MPUMALANGA
MBABANE
GAUTENG
Ermelo
Manzini
Potchefstroom
Vereeniging
SWAZILAND
Klerksdorp
Standerton
Piet Retief
Hlathikulu
Kosi Bay Nature Reserve
Volksrust
Golela
Kroonstad
Golden Gate Highlands National Park
Sodwana Bay National Park
Vryheid
iSimangaliso Wetland Park
Welkom
Bohlakong
Hluhluwe-iMfolozi Park
ETAT LIBRE
Harrismith
Dundee
Senekal
Clarens
Ladysmith
Zululand
Mtubatuba
Drakensberg
Empangeni
Richards Bay
BLOEMFONTEIN
Estcourt
KWAZULU-NATAL
Thaba 'Nchu
MASERU
Caledon
LESOTHO
uKhahlamba-Drakensberg Park
Pietermaritzburg
Mafeteng
Durban
Mohokare
Amanzimtoti
Mohale's Hoek
Kokstad
Aliwal North
Port Shepstone
Mkambati Nature Reserve
CAP ORIENTAL
Mthatha
Port St Johns
Queenstown
Hluleka Nature Reserve
Cradock
Great Kei
Mountain Zebra National Park
Dwesa Nature Reserve
Bhisho
East London
Addo Elephant National Park
Grahamstown
Port Alfred
Port Elizabeth
OCÉAN INDIEN
ALTITUDE
2400 m
1800 m
1200 m
600 m
0
26°E
28°E
30°E
32°E
34°E
36°E

25 façons
de voir l'Afrique du Sud, le Lesotho et le Swaziland

1

Le Cap

1 Dominé par la Table Mountain, accessible en téléphérique ou à pied, et propice aux descentes en rappel, Le Cap (p. 44) est une ville superbe. Ici, les journées s'écoulent entre la plage et les vignobles de Constantia, les promenades sur le V&A Waterfront, les excursions en ferry à Robben Island et, surtout, au gré des rencontres avec les sympathiques Capétoniens. Outre ses innombrables charmes naturels, la ville connaît un renouveau urbain, et voit fleurir restaurants gastronomiques, marchés alimentaires et galeries marchandes, qui s'implantent dans des quartiers montants comme Woodstock et East City. En bas à gauche : Téléphérique de Table Mountain (p. 64)

Kruger National Park

2 Préparez-vous à une plongée dans la nature sauvage, au cœur du grandiose Kruger National Park (p. 404). Unique et fascinant, le Kruger se distingue par son accessibilité, ses dimensions, la profusion et la diversité de sa faune, et la variété d'activités que l'on peut y pratiquer. Promenades sur les sentiers ou dans la brousse, VTT, 4×4... Il existe mille et une manières de découvrir la faune et son environnement. D'autant plus que le Kruger est l'un des meilleurs endroits au monde pour observer les Big Five (lion, léopard, éléphant, rhinocéros noir et buffle du Cap) et bien d'autres animaux – petits et gros. En bas à droite : Impala (p. 601)

NEIL AUSTEN / GETTY IMAGES ©

MICHAEL HEFFERNAN / LONELY PLANET ©

Région du Drakensberg

3 Au uKhahlamba-Drakensberg Park (p. 293), inscrit au Patrimoine mondial, les montagnes composent avec la nature environnante un paysage impressionnant. Drakensberg signifie "montagnes du dragon" en afrikaans et les Zoulous l'appellent quant à eux la chaîne Quathlamba (rempart de lances), deux noms évoquant à merveille les sommets qui se dressent en toile de fond. Avec ses villages zoulous, ses espaces sauvages et ses établissements de qualité, le Drakensberg séduit photographes, randonneurs et aventuriers.

Les Winelands

4 Un paysage infini de collines ondulées et de rangs de vigne soignés, émaillé de demeures chaulées... Emblématiques du Cap occidental, les Winelands (p. 104) abritent certains des meilleurs domaines viticoles de l'hémisphère Sud. Stellenbosch, Franschhoek et Paarl sont des haltes de choix pour une dégustation. Mais il est d'autres zones viticoles dans la province : vins pétillants à Tulbagh, rouges charpentés et portos sur la Rte 62, et sauvignons gouleyants dans les hauteurs du Cederberg.

3

4

JAMES HAGER / GETTY IMAGES ©

TIER UND NATURFOTOGRAFIE J UND C SOHNS / GETTY IMAGES ©

Balades sur la Wild Coast

5 Avec ses falaises déchiquetées, ses plages isolées, ses villages xhosa et son histoire marquée de naufrages, la "côte sauvage" (p. 214) porte bien son nom. On la découvre le mieux en empruntant les sentiers longeant le littoral depuis la Great Kei River jusqu'à Port St Johns, où l'on découvre une végétation touffue, des coteaux dénudés, des gorges, et des eaux turquoise où évoluent baleines et dauphins. Vous pourrez dormir dans des hébergements rustiques ou dans des *rondavels* traditionnels. En haut à gauche : Coffee Bay (p. 218)

Kgalagadi Transfrontier Park

6 Quelque 2 000 prédateurs hantent les 40 000 km^2 du Kgalagadi (p. 476), qui s'étend dans le désert du Kalahari, au Cap-Nord et au Botswana. Mais cela ne dit pas grand-chose de cet immense territoire aux couchers de soleil brûlants, aux ciels nocturnes veloutés et aux dunes de sable rouge. Ce parc est idéal pour observer les fauves. Peut-être verrez-vous des lions à crinière noire somnolant à l'ombre d'arbres épineux, des guépards ou des léopards chassant le long de la route. Sans compter qu'on peut y accéder sans 4×4 ! En haut à droite : Lionne (p. 596)

iSimangaliso Wetland Park

7 Son nom signifie "miracle" ou "merveille" en zoulou. L'iSimangaliso Wetland Park (p. 280), classé au Patrimoine mondial, s'étire sur 220 km, entre la frontière du Mozambique et Maphelane, à l'extrémité sud du lac St Lucia. Ses 3 280 km^2 englobent pas moins de 5 écosystèmes – récifs et plages, lacs, zones humides et boisées, forêts côtières... On peut parcourir cet espace de loisirs naturel en voiture ou à vélo, s'offrir des safaris en kayak ou des croisières et observer toutes sortes d'animaux. En bas à droite : Hippopotame (p. 602)

AFRIPICS.COM / ALAMY ©

Clarens

8 Les célébrités qui viennent parfois respirer à pleins poumons l'air pur des montagnes confèrent à cette ville opulente un petit parfum de glamour. Mais grâce à ses galeries, ses boutiques d'antiquités, ses restaurants chics et sa microbrasserie, ainsi qu'à la campagne environnante propice aux activités de plein air, Clarens (p. 327) a beaucoup pour séduire. Son atmosphère décontractée est parfaite pour une belle balade en soirée après avoir exploré le Golden Gate Highlands National Park.

Mapungubwe National Park

9 Ce parc national (p. 438), remarquable zone de protection de l'environnement transfrontalière, figure sur la Liste du patrimoine mondial. Il dévoile des paysages fascinants : un terrain sec et torturé dominé par des promontoires rocheux, offrant une vue majestueuse et parcouru de puissants cours d'eau entrelacés. Le climat est rude mais la faune abondante : on y rencontre des lions, des léopards, des guépards, des éléphants et des rhinocéros blancs, ainsi que des animaux plus petits, comme les caracals.

Blyde River Canyon

10 Ce canyon (p. 393), le troisième plus grand du monde – et peut-être le plus vert –, creusé par la Blyde River le long de l'escarpement du Drakensberg et jusqu'au *lowveld*, compte parmi les grands sites du pays. L'absence de visiteurs étrangers est un plus très plaisant. Les points de vue, qui portent des noms comme "les Trois Rondavels" et la "Fenêtre de Dieu", sont époustouflants par temps clair. On peut visiter à pied ou en voiture cette merveille naturelle qui entaille le nord du Mpumalanga.

Addo Elephant National Park

11 L'Addo (p. 197) accueille plus de 600 éléphants d'Afrique, qui évoluent parmi les buissons bas, les hautes herbes et les collines qui se profilent à l'horizon. On croise également des hyènes et des lions en liberté, introduits en 2003 pour réduire les populations de koudous, d'autruches et de phacochères. Toutefois, comme son nom l'indique, le parc est surtout le royaume des éléphants : quand ils surgissent des broussailles en battant des oreilles, les visiteurs n'ont d'yeux que pour eux.

Ci-contre : Éléphants (p. 602)

GARY LATHAM / LONELY PLANET ©

12

13

Golden Gate Highlands National Park

12 Les Eastern Highlands, dans l'État libre, offrent des couchers de soleil extraordinaires, notamment dans ce parc (p. 326), dont les prairies et les affleurements de grès abritent une profusion d'antilopes, de zèbres, de chacals et d'oiseaux. Vous profiterez de panoramas dégagés des montagnes du Drakensberg et du Maluti, et admirerez les motifs formés par le vent dans l'herbe. À défaut d'aller au Lesotho, vous pourrez vous rendre au Basotho Cultural Village, dédié aux touristes.

Comptoirs du Lesotho

13 Les montagnes du Lesotho ont toujours été difficiles d'accès. Pragmatiques, les Britanniques avaient établi des comptoirs pour maintenir des liens commerciaux avec la nation basotho, isolée. Ces derniers sont aujourd'hui tout au bénéfice des visiteurs. À Malealea (p. 511 ; ci-dessus), Semonkong (p. 510), Ramabanta (p. 500) et Roma (p. 500), les randonneurs, les cavaliers, les motards et ceux qui recherchent la tranquillité villageoise se retrouvent, le temps d'un repas, autour du feu de camp.

Fleurs sauvages au Namakwa

14 Le Namakwa, qui s'étire le long de la côte ouest en direction de la Namibie, fait partie des coins oubliés de l'Afrique du Sud. Toute l'année, c'est un plaisir de traverser cette région isolée pour atteindre Port Nolloth et sa vue sur l'Atlantique. Au printemps, la floraison des fleurs sauvages transforme les étendues rocheuses en spectaculaires tapis colorés, à observer par exemple au Namakwa National Park (p. 487) et à la Goegap Nature Reserve (p. 482).

Randonnée et étoiles au Cederberg

15 Le jour, le ciel bleu clair contraste avec les pics orange vif de la région de Cederberg (p. 172) ; la nuit, on pourrait presque lire à la lumière de la Voie lactée. Le Cederberg est un paradis pour les grimpeurs, les amoureux des étoiles et les randonneurs en quête de paysages irréels et de nuits silencieuses. Ses rudes sentiers de randonnée vous feront découvrir en chemin les villages reculés des anciennes missions.

DORI MORENO / GETTY IMAGES ©

Hluhluwe-iMfolozi Park

16 Parfois éclipsé par le Kruger, le Hluhluwe-iMfolozi (p. 277) n'en est pas moins superbe. Situé dans le nord du KwaZulu-Natal, il dévoile une grande variété de paysages, de la savane aux montagnes tapissées de fleurs sauvages, ainsi qu'une faune nombreuse, notamment les Big Five (lion, léopard, éléphant, rhinocéros noir et buffle). Il peut se visiter en toute saison : il offre toujours beaucoup à voir. Avec ses superbes safaris en voiture, ses hébergements et ses sentiers d'exception, ce parc garantit une expérience mémorable. En haut à gauche : Impala (p. 601)

Venda

17 Le vert pays Venda (p. 439), marqué par le mysticisme et les coutumes séculaires, incarne l'Afrique des collines brumeuses, des routes poussiéreuses et des cases en terre. Émaillé de lacs et de forêts qui sont autant de lieux chargés de spiritualité, cet ancien bantoustan du Limpopo témoigne des liens ancestraux des ethnies avec la terre et mérite d'être exploré en compagnie d'un guide local. Installé à Elim ou à Louis Trichardt (Makhado), élancez-vous sur la piste des arts et de l'artisanat : dans cette région des ateliers sont disséminés dans le paysage. En haut à droite : Thohoyandou (p. 439)

Garden Route

18 La popularité persistante de cette route côtière verdoyante, dont les forêts primitives étaient jadis le territoire des éléphants et des bûcherons, ne tient pas seulement à la beauté de ses paysages. La Garden Route (p. 142) attire aussi les amateurs de plein air : randonnée dans les forêts de Knysna, surf à Victoria Bay, canoë dans le lagon de Wilderness, rencontre avec les grands requins blancs à Mossel Bay... Il y en a vraiment pour tous les goûts et tous les budgets. En bas à droite : Surfeurs à Victoria Bay (p. 148)

Madikwe Game Reserve

19 La réserve faunique de Madikwe (p. 458), particulièrement somptueuse, s'étend sur 760 km² de veld arbustif, de savane et de forêts riveraines. Il n'est pas rare d'y voir des animaux emblématiques, et les lodges méritent à eux seuls le détour, de l'écolodge aux adresses cinq étoiles offrant le confort au cœur d'une réserve sauvage. La réserve, qui n'est accessible que dans le cadre de forfaits tout compris, est une destination idéale pour se détendre. Ci-dessous : Jaci's Lodges (p. 459), Madikwe

Danse des roseaux

20 Si l'Afrique regorge de festivals hauts en couleur, aucun ne surprend davantage que l'*umhlanga* (p. 518), qui a lieu au Swaziland fin août-début septembre, sur une semaine. Il s'agit d'une sorte de "bal des débutantes", à l'occasion duquel les jeunes filles swazi ramassent des roseaux pour consolider la maison de la reine mère. Le point fort est la danse qu'elles exécutent, leurs longs roseaux à la main, dans l'espoir d'attirer l'attention du roi Mswati III. On trouve un festival similaire dans le Zoulouland.

19

20

Johannesburg

21 Malgré sa sinistre réputation, la "Cité de l'or" (p. 333) est devenue animée et inspirante, grâce au renouveau de son centre-ville. Les enclaves culturelles de Braamfontein, Newtown, 44 Stanley Avenue et Maboneng Precinct sont désormais des quartiers dynamiques, agrémentés de galeries, restaurants, bars et boutiques. Participez à une visite guidée pour comprendre les enjeux de ces mutations urbaines et ne manquez pas les marchés de Braamfontein et Maboneng. Ci-dessous : Marché, Maboneng (p. 343)

Sani Top

22 Le pub le plus élevé d'Afrique se mérite. En arrivant de l'ouest, vous devrez franchir en voiture les impressionnants Central Highlands du Lesotho et les gigantesques barrages qui approvisionnent le Gauteng en eau. En venant du KwaZulu-Natal, l'ascension vertigineuse depuis le poste-frontière jusqu'au Sani Pass (2 876 m) comprend 1 300 m de virages en lacets. Une fois au sommet, trinquez au bar du Sani Mountain Lodge (p. 507).

CAY-UWE KULZER / GETTY IMAGES ©

ANDY NIXON / GETTY IMAGES ©

Mkhaya Game Reserve

23 Grâce à son programme de protection des rhinocéros, elle offre plus que toute autre réserve en Afrique du Sud l'occasion d'observer ces mammifères. Semée de *mkhaya*, arbres auxquels elle doit son nom, cette réserve privée (p. 535) de l'est du Swaziland se révèle très avantageuse, puisque les tarifs des hébergements comprennent des safaris à pied et en voiture, l'entrée au parc et les repas. Enfin, il n'est pas si commun de loger dans de luxueux cottages en pierre au toit de chaume, au cœur de la brousse... Ci-dessus : Rhinocéros

Pilanesberg National Park

24 Dans ce parc méconnu, les Big Five et les habitants de Jo'burg arpentent le cratère d'un volcan éteint. Avec ses routes goudronnées, le Pilanesberg (p. 455) est parfois jugé trop domestiqué. Mais les rhinocéros qui s'abreuvent aux points d'eau ne sont pas du même avis. Pour approcher de près les animaux, rejoignez un barrage (*dam*) par les routes de gravier dans la brousse. Les circuits motorisés et les randonnées, de même que les hébergements, font de ce parc une destination de choix pour des excursions courtes ou en famille.

Cradle of Humankind

25 L'humanité trouverait son origine dans l'ouest du Gauteng. Le "Berceau de l'humanité" (p. 368) couvre des centaines de kilomètres carrés de veld fréquenté par un flux croissant de touristes – ces hominidés s'asseyent volontiers dans des cavités souterraines à côté des fossiles de leurs ancêtres, avant de rejoindre la civilisation, avec ses restaurants, ses hôtels et ses spas. Pour autant, la nature n'est pas absente. À 50 km au nord-ouest de Jo'burg, des élands, des girafes et des gazelles évoluent en liberté. En bas à droite : Maropeng (p. 368)

L'essentiel

Pour plus d'informations, voir le *Carnet pratique* (p. 612)

Monnaies

Rand en Afrique du Sud (R), loti au Lesotho (pluriel maloti, M), lilangeni au Swaziland (pluriel emalangeni, E)

Langues

Zoulou, xhosa, afrikaans, anglais, sotho du Sud (Lesotho), swati (Swaziland)

Visas

La plupart des Occidentaux en sont dispensés pour des séjours de moins de 90 jours en Afrique du Sud, et de 30 jours au Lesotho et au Swaziland.

Argent

Nombreux DAB, et carte bancaire couramment acceptée en Afrique du Sud. Au Lesotho et au Swaziland, les DAB sont assez nombreux, mais la carte est surtout acceptée dans les capitales.

Portables

Système de *roaming*. Cartes SIM locales disponibles.

Heure locale

South Africa Standard Time (GMT/UTC+2)

Quand partir

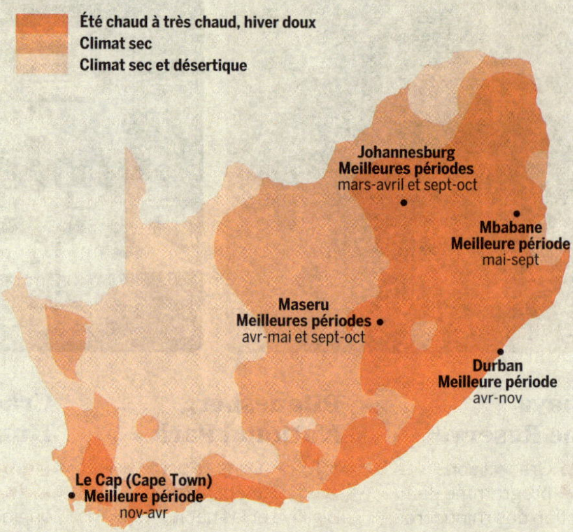

Haute saison

(nov-mars)

- De début décembre à mi-janvier, et pendant la période de Pâques.
- Les hébergements des parcs nationaux et de la côte affichent complet plusieurs mois à l'avance.

Saisons intermédiaires

(avr-mai et sept, oct)

- Printemps et automne ensoleillés.
- Saison des fleurs sauvages (fin août-début sept).
- Vacances scolaires (fin sept à début oct).
- Très bonnes conditions pour observer la faune.

Basse saison

(juin-août)

- L'hiver est la saison idéale pour l'observation des animaux.
- Prix bas, remises et forfaits, même si les prix peuvent augmenter pendant les vacances scolaires (de fin juin à mi-juillet).

Sites Web utiles

Office du tourisme de l'Afrique du Sud (www.southafrica.net). Multiples conseils pour voyager.

Fair Trade Tourism (www.fairtrade.travel). Hébergements, circuits et itinéraires de tourisme équitable.

Lonely Planet (www.lonelyplanet.fr). Infos, forums, etc.

South African National Parks (www.sanparks.org). Renseignements, réservations et forums.

SouthAfrica.info (www.southafrica.info). Actualités et renseignements.

Travel Now Now (www.travelnownow.co.za). Guides et répertoire d'activités et d'hébergements petits budgets.

Numéros utiles

L'indicatif régional est indispensable, même à l'intérieur d'une même ville. À faire précéder du code d'accès international depuis l'étranger.

Indicatif de l'Afrique du Sud	✆27
Indicatif du Lesotho	✆266
Indicatif du Swaziland	✆268
Code d'accès international (pour les trois pays)	✆00
Police (Afrique du Sud)	✆10111

Taux de change

Canada	1 $C	9,74 R
Europe	1 €	13,70 R
Lesotho	1 M	1 R
Suisse	1 FS	16,03 R
Swaziland	1 E	1 R

Les derniers taux de change sont sur www.xe.com/ucc/fr.

Budget quotidien

Économique : Moins de 1 000 R

- Lit en dortoir à partir de 120 R
- Plat bon marché, moins de 75 R
- Forfait Baz Bus pour 2 semaines à 3 480 R
- Musées gratuits

Moyen : 1 000-1 800 R

- Chambre double 600-2 500 R
- Plat 75-150 R
- Train Jo'burg-Le Cap en classe touristique 630 R
- Suppléments chambre individuelle fréquents

Haut de gamme : Plus de 1 800 R

- Chambre double à partir de 1 500 R
- Plat raffiné à partir de 150 R
- Vol Le Cap-Jo'burg à partir de 750 R
- Safari motorisé à partir de 300 R

Heures d'ouverture

Banques 9h-15h30 lun-ven, 9h-11h sam

Postes 8h30–16h30 lun-ven, 8h30-12h sam

Administrations 8h–15h lun-ven, 8h-12h sam (Lesotho 8h-12h45 et 14h-16h30 lun-ven ; Swaziland 8h-16h lun-ven)

Cafés 7h-17h

Restaurants 11h30-15h et 19h-22h (dernières commandes) ; certains restent ouverts entre 15h et 19h

Bars 16h-2h

Commerces 8h30-17h lun-ven, 8h30-13h sam ; et 9h-12h dim pour de nombreux supermarchés ; fermeture à 21h pour les grands centres commerciaux

Arriver en Afrique du Sud

Aéroport international OR Tambo (p. 636). Le Gautrain dessert le centre de Jo'burg (145 R, 20 min) et Pretoria (155 R, 45 min) toutes les 12 à 30 min ; en navette/taxi, comptez environ 1 heure pour Jo'burg (400 R) et Pretoria (450 R). On peut aussi louer une voiture à l'aéroport ; les grands axes mènent à Jo'burg et Pretoria.

Aéroport international du Cap (p. 636). Le trajet en navette (à partir de 180 R), taxi (à partir de 200 R) ou MyCiTi bus (70 R, toutes les 30 min) jusqu'au centre du Cap dure environ 30 minutes. On peut louer une voiture à l'aéroport ; suivre la N2 jusqu'au Cap. On trouve aussi des navettes pour Stellenbosch (à partir de 200 R, 45 min).

Comment circuler

Voiture Une bonne option. La location est abordable et le réseau routier développé.

Baz Bus Cette navette pour petits budgets permet de circuler entre Le Cap, Durban et Jo'burg/Pretoria.

Train Pour se rendre de Jo'burg au Cap et sur la côte, la classe touristique, qui donne accès aux couchettes et à la voiture-restaurant, est sous-estimée. La classe économique et les trains de banlieue sont moins sûrs.

Bus Les bus Greyhound, Intercape et Translux (notamment), confortables et assez bon marché, sont pratiques et sillonnent tout le pays.

Taxi-minibus collectif Pratique pour des trajets courts. Des problèmes de sécurité ont été signalés.

Pour plus de détails sur **Comment circuler**, voir p. 642

Envie de…

Paysages exceptionnels

Montagnes et littoral au Cap, vastes espaces au Namakwa, au Kalahari et au Karoo… Des paysages impressionnants vous attendent.

Drakensberg Les "montagnes du dragon" sont hérissées de pics et de formations spectaculaires comme l'Amphithéâtre. (p. 293)

Péninsule du Cap Une crête montagneuse dévale la péninsule, de la Table Mountain à Cape Point. (p. 64)

Wild Coast Vertes collines émaillées de *rondavels*, falaises déchiquetées, et plages désertes. (p. 214)

Montagnes du Lesotho Les pics s'élèvent à plus de 3 000 m dans la partie du Drakensberg qui se situe dans le royaume montagnard. (p. 505)

Augrabies Falls National Park Le Senqu (Orange) dévale en trombe un ravin pour former une cascade spectaculaire. (p. 479)

Vie sauvage

Les parcs et réserves abritent une faune abondante.

Kruger National Park Le parc le plus célèbre d'Afrique du Sud compte 12 000 éléphants. Ses paysages vont des régions boisées à la savane. (p. 404)

Kgalagadi Transfrontier Park L'endroit rêvé pour observer des fauves, notamment des lions à crinière noire. (p. 476)

Mkhaya Game Reserve Une remarquable réserve du Swaziland, peuplée d'espèces en danger, de léopards, de buffles, d'éléphants et de nombreux rhinocéros. (p. 535)

Elephant Coast Destination d'écotourisme, le KwaZulu-Natal permet de voir des animaux dans un environnement tropical ; ne manquez pas le Hluhluwe-iMfolozi Park. (p. 277)

Madikwe Game Reserve Dans cette superbe réserve, les Big Five arpentent le veld arbustif, les prairies de la savane et la forêt fluviale. (p. 458)

Addo Elephant Park Le troisième plus grand parc d'Afrique du Sud se prête à l'observation des éléphants. (p. 197)

Expériences culturelles

Quittez la bulle touristique pour appréhender les traditions sud-africaines.

Townships De Soweto à Khayelitsha, suivez un circuit thématique interactif ou passez la nuit chez l'habitant. (p. 366)

Danse de l'umhlanga Des jeunes filles swazi dansent des roseaux à la main. (p. 518)

Wild Coast Cet ancien *homeland* xhosa propose hébergements et activités gérés par les communautés locales à Bulungula, ainsi que des opportunités de bénévolat. (p. 220)

!Xaus Lodge Initiez-vous aux techniques de pistage des Khomani San dans un lieu alliant nature et culture. (p. 479)

Venda Partez à la rencontre des artistes de l'ancien *homeland* et explorez une forêt sacrée au-dessus du lac Fundudzi. (p. 439)

Comptoirs commerciaux Partez à la rencontre des Basotho au Malealea Lodge (Lesotho), ou dans les anciens comptoirs de Semonkong, Ramabanta ou Roma. (p. 512)

Zululand Rendez-vous avec le peuple zoulou : visites de villages et cérémonies. (p. 269)

Activités

Envie de vastes espaces sauvages ? De partir en quête des prédateurs ? De lézarder sur une plage ? L'Afrique du Sud saura vous contenter !

Garden Route La route des Jardins propose surf, canoë, plongée, *kloofing* (canyoning), équitation et randonnées. (p. 142)

En haut : Femmes zouloues en tenue traditionnelle, Zululand (p. 269)

En bas : Augrabies Falls (p. 479)

Trek à poney Dans les montagnes déchiquetées du Lesotho, on se déplace traditionnellement sur des poneys basotho. (p. 464)

Bloukrans Bridge Bungee Le troisième saut à l'élastique le plus haut du monde, dans les forêts du Tsitsikamma, qui offrent d'autres sensations fortes. (p. 180)

Randonnées Avec ou sans sac, partez pour plusieurs jours de marche. (p. 180)

Kalahari Cette région semi-désertique se prête au rafting et au canoë sur le Senqu (Orange), ainsi qu'aux dégustations de vins. (p. 480)

Circuits dans la canopée
Empruntez la passerelle Boomslang du jardin de Kirstenbosch et les tyroliennes dans le Drakensberg, le Swaziland et au-delà. (p. 57)

Parapente au Lion's Head
Décollez en tandem du haut de cette montagne du Cap aux allures de sphinx, pour atterrir sur la plage. (p. 62)

Rappel La plus longue descente en rappel du monde (204 m) est celle des Maletsunyane Falls, au Lesotho. (p. 510)

Sur la piste des guépards
Approchez à moins de 15 m les grands félins du Mountain Zebra National Park, équipés d'un collier mais sauvages. (p. 237)

Histoire

De nombreux lieux narrent l'histoire tourmentée de l'Afrique du Sud. Le passé perdure dans des régions rurales comme les Winelands et le Karoo.

Le Cap Nombreux sites d'intérêt, du château de Bonne-Espérance à Robben Island, et circuits historiques à pied. (p. 45)

Kimberley Une cité minière victorienne autrefois riche en diamants, des pubs historiques, des circuits fantômes et le club fondé par Cecil Rhodes. (p. 463)

Sur les pas de la libération De la Constitution Hill de Jo'burg au Nelson Mandela Museum de Qunu, on commémore la lutte anti-apartheid. (p. 342)

Apartheid Museum Le musée de Jo'burg, où l'on pénètre par une porte différente en fonction de sa couleur de peau, évoque l'époque de l'apartheid. (p. 344)

Mapungubwe National Park Ce site inscrit au Patrimoine mondial vit se développer une importante civilisation à l'âge du fer. (p. 438)

Oudtshoorn Les demeures construites par les éleveurs d'autruches et le col du Swartberg, œuvre novatrice de l'ingénieur Thomas Bain. (p. 161)

Architecture cape-dutch Les plus anciennes colonies d'Afrique du Sud – Le Cap (p. 45), Stellenbosch (p. 104), Swellendam (p. 139) et Graaff-Reinet (p. 231) – abritent des maisons-musées à pignon.

Cuisine

Des vignobles du Cap aux *braai* (barbecues) des townships, la découverte des produits locaux permet de toucher au cœur de ce pays agricole.

Safari gastronomique Les secrets des curries des Malais du Cap à Bo-Kaap (Le Cap), et plats xhosa dans les townships. (p. 571)

Marchés Les produits du terroir se savourent dans les marchés de quartier du Cap et de Jo'burg ou lors de fêtes champêtres. (p. 95)

À travers les vignes Célébrez trois siècles de viticulture dans les domaines de Stellenbosch, Franschhoek et au-delà. (p. 104)

Tournée de brasseries Découvrez les bars et les microbrasseries d'Afrique du Sud, notamment la Beerhouse de Long St, au Cap. (p. 85)

Restaurants d'altitude Le restaurant et le pub les plus hauts d'Afrique, tous deux au Lesotho, jouissent d'une belle vue sur la montagne et de l'attrait de la nouveauté. (p. 506)

Bunny chow Parmi les spécialités régionales, citons cette recette de Durban : une miche de pain garnie de curry ! (p. 255)

Wine on the River Sirotez quelques verres au bord de la Breede, à Robertson. L'un des nombreux festivals viticoles du Cap occidental. (p. 125)

Cuisine sauvage Le *braai* de brousse sous un jour nouveau : outre les safaris, la Shamwari Game Reserve propose désormais des cours de cuisine. (p. 199)

Art et culture

L'art sud-africain nous parle des paysages et de la société. Il est à découvrir dans les musées classiques et contemporains, et sur la scène culturelle dynamique de Jo'burg et du Cap.

Le Cap La capitale mondiale du Design 2014 ne manque pas de galeries d'art, surtout dans Church St et à Woodstock. (p. 93)

Est du Karoo La raffinée, Graaff-Reinet renferme une architecture bien préservée, tandis que l'Owl House de Nieu Bethesda regorge de sculptures en ciment. (p. 231)

Clarens Haut-lieu artistique d'Afrique du Sud, ce joyau de l'État libre compte une douzaine de galeries d'art. (p. 327)

Ecoshrine Dans le village alternatif et écologique de Hogsback, ce sanctuaire de pierre surplombe les montagnes de l'Amathole. (p. 211)

Jo'burg Des quartiers semés de musées et de *street art*, dont Maboneng Precinct, à découvrir lors de circuits à pied. (p. 350)

Artisanat Vous trouverez des tapisseries à Teyateyaneng (Lesotho) et de l'artisanat dans les vallées d'Ezulwini et de Malkerns (Swaziland). (p. 502)

Venda Des ateliers de sculpture sur bois, de poterie, de batiks et autres textiles s'égrènent au fil des pistes rouges de l'ancien bantoustan (*homeland*) du Limpopo. (p. 440)

William Humphreys Art Gallery Ce musée de Kimberley présente aussi bien les œuvres de détenus que celles de vieux maîtres hollandais et flamands. (p. 466)

Grands espaces

Ce pays en grande partie rural procure une fantastique impression d'espace et de liberté.

Namakwa Les collines et les plaines rocheuses du Nord-Ouest se couvrent de fleurs sauvages au printemps. (p. 483)

État libre Découvrez l'or des champs de tournesols et de maïs, et les prairies frémissantes du Golden Gate Highlands Natural Park. (p. 326)

Sud du Lesotho Cette région montagneuse compte des vallées rose muscade et orange, des cours d'eau et des villages hors des sentiers battus. (p. 511)

Karoo Ce plateau semi-aride connaît des étés ardents et des hivers glacials, des couchers de soleil époustouflants et des ciels étoilés. (p. 164)

Plages Depuis la pointe du Cap, les plages paisibles ne manquent pas au fil des 2 500 km du littoral sud-africain. (p. 586)

Kalahari Les dunes rouges ondulent à perte de vue et le Senqu (Orange) serpente à travers la verdure. (p. 472)

Mois par mois

LE TOP 5

Observation de la faune, juillet

Festivals traditionnels, septembre

Concerts du Kirstenbosch Summer Sunset, novembre

Observation des baleines, septembre

Cape Town Cycle Tour, mars

Ce sont les vacances scolaires estivales (début décembre à mi-janvier). Anticipez la réservation des hébergements (surtout de novembre à mars) et des moyens de transport.

Janvier

Cape Town Minstrel Carnival (Kaapse Klopse)

Le Nouvel An s'ouvre par un carnaval le 2 janvier et dure un mois, avec chants, danses, chars et costumes. (p. 67)

Février

Les plages du Sud réjouissent les visiteurs, qui rejoignent la Table Mountain pour le coucher de soleil, alors que la pluie s'abat sur le Nord. Les éléphants se régalent de marula pendant que d'autres animaux s'ébrouent dans les parcs.

Buganu (Marula) Festival

Fête des "premiers fruits" du Swaziland, ce festival célèbre la récolte du marula. De février à mars, les femmes préparent le *buganu* (vin à base de marula), consommé par les hommes sur fond de festivités nationales. La famille royale assiste à la cérémonie de 3 jours. (p. 518)

Hands on Harvest

Durant le premier des quatre festivals annuels du vin de Robertson, il est possible de participer aux vendanges… et aux dégustations. (p. 126)

Mars

Les journées restent ensoleillées, le *lowveld* chaud et les paysages verdoyants. Un temps parfait pour randonner ou bronzer sur une plage du Cap occidental ; les villes du Cap et de Jo'burg accueillent des festivals.

Cape Town Cycle Tour

Organisée le 2e dimanche de mars, c'est la plus grande course cycliste contre la montre au monde (109 km). Plus de 30 000 participants se lancent à l'assaut de la Table Mountain et de la Chapman's Peak Drive. (p. 68)

Avril

Autour de Pâques, deux semaines de vacances scolaires marquent le début de l'automne. Les températures chutent et l'observation de la faune dans le veld arbustif remplace la bronzette. C'est aussi la période de reproduction des animaux.

AfrikaBurn

Inspirée par le festival américain Burning Man, cette manifestation comprend des installations artistiques et des campements à thème. (p. 488)

Juillet

L'hiver amène la pluie sur la péninsule du Cap et les nuages au-dessus de la

Table Mountain. Les régions du Nord connaissent des journées ensoleillées mais fraîches, et des nuits au ciel dégagé. C'est la basse saison de juin à septembre, hormis pendant les vacances scolaires (mi-juin à mi-juillet).

Oyster Festival

Durant 10 jours, la ville de Knysna, sur la côte sud, accueille la fête de l'Huître, des courses de vélo, et le Kynsna Forest Marathon. (p. 152)

Saison du ski au Lesotho

Les sommets et cols du Lesotho se couvrent de neige l'hiver – particulièrement dans les environs d'Oxbow, où la saison s'étend de juin à août dans la station de ski moderne et bien équipée d'Afriski Resort. (p. 505)

Observation de la faune

Le climat plus frais et plus sec de l'hiver est idéal pour admirer la faune. Les animaux viennent boire aux points d'eau, et les feuillages sont moins touffus. Les températures sont plus clémentes dans le Nord, comme dans le veld arbustif et le Kalahari. (p. 472)

Open de surf

Durant les mois d'hiver, les vagues déferlent sur le Cap oriental, et Jeffrey's Bay tient son Open de surf international. Cette compétition fait partie du Winter Fest, qui se tient sur 10 jours à la mi-juillet. L'événement attire plus de 10 000 spectateurs. (p. 187)

National Arts Festival

Le plus grand festival artistique d'Afrique a lieu pendant 10 jours début juillet dans la ville étudiante de Grahamstown. Le township de Fingo Village organise un festival partenaire. (p. 202)

Septembre

L'hiver cède doucement la place au printemps. Les cerisiers fleurissent dans les Eastern Highlands, en septembre-octobre, derniers mois où la sécheresse du climat est propice à l'observation de la faune. Vacances scolaires de fin septembre à début octobre.

Fleurs sauvages du Namakwa

Fin août-début septembre, les terres arides du Namakwa se recouvrent d'un superbe tapis de fleurs sauvages aux teintes arc-en-ciel. Les paysages du Cap-Nord et du Cap occidental offrent un spectacle tout aussi enchanteur. (p. 483)

Observation des baleines

Durant la seconde moitié de l'année, les baleines franches australes viennent mettre bas à Walker Bay. La meilleure période pour les observer se situe pendant le Hermanus Whale Festival. (p. 131)

Fêtes traditionnelles

La danse de l'*umhlanga*, la célèbre "danse des roseaux", a lieu fin août-début septembre au Swaziland. Au même moment, au KwaZulu-Natal, une manifestation zouloue (eshowe.com) comparable (King Shaka Day) fête le roi fondateur de l'Empire zoulou. Au Lesotho, le Morija Festival (www.morija.co.ls) célèbre la culture basotho. (p. 501)

Festivals de Jo'burg

La saison des festivals de Jo'burg (p. 337) dure de fin août à fin septembre. Elle s'ouvre sur l'Arts Alive Festival (p. 337), événement multidisciplinaire, et accueille ensuite Joy of Jazz (p. 337). Le Soweto Festival (p. 365) et le Soweto Wine Festival se déroulent sur le campus de l'université, dans le township.

Novembre

L'été succède au printemps : fleurs sauvages au Drakensberg, plaisirs de la plage avant que le taux d'humidité n'atteigne son pic au KwaZulu-Natal. Le Cap et le Cap occidental jouissent d'un climat idéal. Pluie dans le *lowveld*. Début de la saison haute.

Concerts du Kirstenbosch Summer Sunset

L'été, les festivals de musique se succèdent. Au Cap occidental, on peut choisir entre les concerts du Kirstenbosch Summer Sunset dans les jardins botaniques du Cap et les festivals Rocking the Daisies (rockingthedaisies.com) ou Up the Creek (www.upthecreek.co.za). (p. 68)

Itinéraires

2 SEMAINES

Du Kruger au Cap

Ce parcours allie observation de la faune et des paysages, et immersion dans la culture du Cap.

Depuis l'aéroport international OR Tambo de Johannesburg, roulez vers l'est jusqu'au **Kruger National Park**, où plus de 20 000 lions, léopards, buffles, éléphants et rhinocéros (les Big Five) arpentent le *bushveld*. Séjournez dans un camp de brousse ou une réserve de luxe privée, et explorez le parc en solo ou par le biais de circuits guidés en voiture ou à pied – n'oubliez pas vos jumelles. Regagnez ensuite **Jo'burg**, guidé par ses lumières scintillantes. Passez la nuit à l'Art Hotel ou dans une auberge de jeunesse du Maboneng Precinct, en centre-ville, pour vous imprégner de son atmosphère cosmopolite et vous mêler à une foule africaine branchée, au hasard des galeries et des bars.

Prenez ensuite l'avion pour **Le Cap** ou voyagez en classe touristique à bord du Trans-Karoo Express (ou du Blue Train ou encore de Rovos Rail depuis Pretoria). Détendez-vous dans cette ville superbe, et consacrez vos journées à la découverte de la Table Mountain et du Kirstenbosch Botanical Garden, et vos soirées aux restaurants renommés et aux bars animés. La "cité-mère" est entourée de plages et de vignobles. Déjeunez à **Stellenbosch**, domaine viticole, et flânez dans les rues élégantes aux maisons de style cape-dutch.

2 SEMAINES ET DEMIE

Circuit autour du Cap

Paysages d'exception et excellentes infrastructures : cet itinéraire vous fait pénétrer dans l'Afrique du Sud des brochures touristiques. On peut l'effectuer par les transports publics, mais il s'avère particulièrement agréable en voiture.

Passez quelques jours au **Cap**, en visitant certains de ses sites historiques, comme le District Six Museum et le quartier de Bo-Kaap. Consacrez ensuite un jour ou deux à des dégustations dans les vallées de **Stellenbosch** et **Franschhoek**, couvertes de vignobles. Depuis Stellenbosch, empruntez la superbe Rte 44 jusqu'à **Hermanus**, où vous pourrez observer des baleines franches australes (juin-déc). Passez la nuit dans le village paradisiaque de **Stanford**, datant du XIXe siècle, ou déjeunez dans l'un de ses restaurants gastronomiques, avant de continuer jusqu'à **Cape Agulhas**, pointe méridionale de l'Afrique.

Poursuivez votre périple gastronomique à travers les Winelands en sillonnant les vertes collines de l'Overberg et en franchissant le **col de Cogmanskloof** jusqu'à **Montagu**. Avec ses cottages blanchis à la chaux et ses bons restaurants, cette ville pittoresque constitue une base idéale pour l'escalade et pour explorer la Robertson Wine Valley. Montagu marque l'entrée du Petit Karoo : prenez la Rte 62, qui serpente parmi les montagnes parsemées de fermes et de charmantes petites villes, comme **Calitzdorp**, qui produit du porto. Dans cette région *lekker* (délicieuse), il fait bon déguster quelques *boerewors* (saucisses paysannes) grillées sur le *braai* (barbecue) lors d'un séjour à la ferme.

À l'extrémité du Petit Karoo, le **col du Meiringspoort** permet de franchir la chaîne du Swartberg, menant d'Oudtshoorn au Grand Karoo et à **Prince Albert**. Les rues de cette ravissante bourgade du XVIIIe siècle sont bordées de canaux d'irrigation. La N1 voisine vous ramènera au Cap. Sinon, revenez vers le sud, par exemple via le **col du Swartberg** (non goudronné) et rejoignez la Garden Route, où les plages et les lagunes de la station balnéaire de **Wilderness** sont encore relativement sauvages. Longez l'océan Indien vers l'est ; des forêts séculaires s'élèvent dans les montagnes au-dessus de **Knysna** et **Plettenberg Bay**, deux autres stations balnéaires proposant activités et sports nautiques.

Peu avant d'entrer au Cap oriental, empruntez la route sinueuse descendant vers **Nature's Valley**, village de plage où s'achève l'Otter Trail. Des pistes de randonnée plus courtes conduisent aux vallées du **Tsitsikamma National Park** voisin.

4 SEMAINES

Grand Tour

Cet itinéraire épique couvre la moitié inférieure de l'Afrique du Sud – notamment les plages de la Wild Coast, le semi-désert du Karoo et les montagnes du Lesotho.

Du **Cap**, prenez la Rte 62 et traversez le **Swartberg** jusqu'à **Prince Albert**, puis les vastes étendues du Grand Karoo pour atteindre le "joyau du Karoo", **Graaff-Reinet**. Cette ville raffinée s'enorgueillit de quelque 220 monuments nationaux et d'un grand savoir-faire gastronomique. Dans ce coin du Karoo chargé de culture se trouvent aussi le **Camdeboo National Park**, avec ses buffles d'Afrique et son panorama sur les plaines de la "Vallée de la désolation", et **Nieu Bethesda**, village d'artistes abritant l'Owl House, ornée de sculptures. Arrêtez-vous au **Mountain Zebra National Park** pour guetter les guépards et profiter de la vue sur le Karoo, ou poursuivez tout droit jusqu'à l'**Addo Elephant National Park**, où vous verrez les Big Seven – à savoir les Big Five auxquels s'ajoutent les grands requins blancs et les baleines franches australes.

Plus à l'est, faites un détour par les montagnes de l'Amathole, qui abritent les auberges de jeunesse écologiques d'**Elundini** et de **Hogsback** : votre séjour dans un *rondavel* (case ronde au toit conique) près d'une plage déserte de la **Wild Coast**, enrichi d'expériences culturelles et d'activités organisées par les habitants, sera sans doute l'un des temps forts du parcours. Ensuite, quittez le Cap oriental pour le KwaZulu-Natal, et filez vers le nord en direction de l'emblématique chaîne du **Drakensberg** (montagnes du dragon), verte et dentelée. Le col le plus élevé d'Afrique du Sud, le **col de Sani** (2 876 m), grimpe sur plus de 1 300 m jusqu'au Lesotho, où vous attend le plus haut pub d'Afrique.

Pendant vos randonnées pédestres et équestres, vous croiserez des Basotho vêtus du chapeau conique traditionnel et d'une couverture en laine colorée. Consacrez quelques jours à l'exploration de ce "royaume des montagnes", en vous arrêtant dans de beaux lodges, comme le Maliba, dans le **Ts'ehlanyane National Park**, et le **Malealea**. Passez une dernière nuit au Lesotho dans la ville voisine de **Roma**, entourée par des falaises de grès.

Franchissez la frontière, traversez l'État libre et rejoignez **Kimberley**. La capitale du Cap-Nord est chargée d'histoire, avec ses champs de bataille des guerres anglo-boers, ses "circuits fantômes", ses vieux saloons et le Big Hole, le plus grand trou creusé de main d'homme. De là, le **Trans-Karoo Express** vous emmènera au Cap ou à Jo'burg.

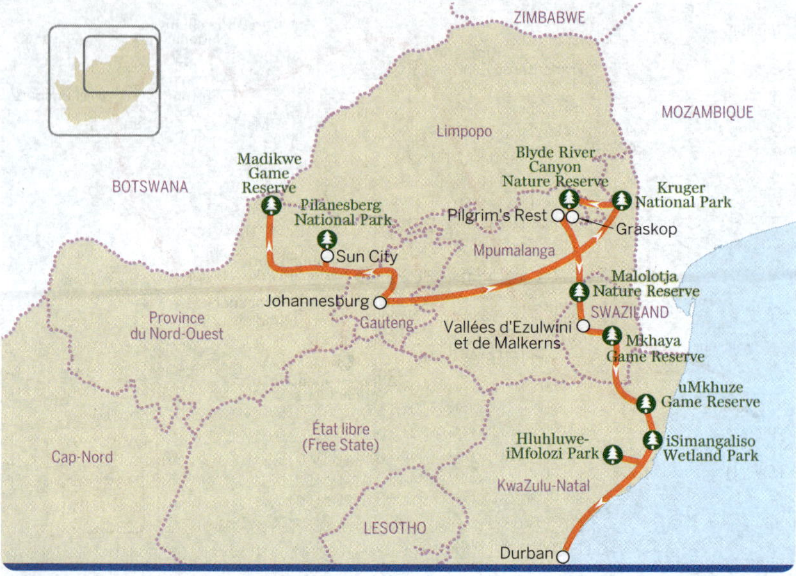

2 SEMAINES

Spécial safari

L'Afrique du Sud est idéale pour les amateurs de safaris : en deux semaines, il est possible de visiter plusieurs parcs et réserves. Depuis l'aéroport international OR Tambo de Jo'burg, partez vers l'est jusqu'au **Kruger National Park**, joyau national. Dans ce parc qui s'étend sur 20 000 km² et dans les réserves fauniques privées voisines, laissez-vous subjuguer par les safaris au lever et au coucher du soleil. Bordant le sud et le centre du Kruger, la **Blyde River Canyon Nature Reserve** donne sur la rivière qui serpente le long de l'escarpement du Drakensberg et jusqu'au *lowveld*, et constitue une escale panoramique. Passez la nuit à **Graskop**, non loin, dont les ruelles assoupies et les boutiques d'artisanat ont pour toile de fond de douces collines ; l'endroit constitue en outre un bon point de chute pour explorer **Pilgrim's Rest**, village parfaitement préservé témoin de la ruée vers l'or du XIXe siècle, et pour les activités de plein air.

Si vous manquez de temps, empruntez la N4 vers l'ouest. Les routes goudronnées du **Pilanesberg National Park**, à moins de 4 heures de l'aéroport international OR Tambo, permettent d'observer facilement la faune – les Big Five évoluent dans un cratère érodé. Séjournez dans un lodge du parc ou dans un établissement fastueux aux abords du casino de **Sun City**. Un peu plus loin, l'exceptionnelle **Madikwe Game Reserve** s'étend sur 760 km², ponctués de lodges cinq étoiles (et d'un écolodge).

Si vous disposez de deux semaines complètes, dirigez-vous vers le sud jusqu'à la **Malolotja Nature Reserve**, au Swaziland, dont les 200 km de pistes traversent prairies et forêts, longez l'**Ezulwini Valley et la Malkerns Valley** en vous arrêtant pour admirer les forêts et les pièces d'artisanat, avant d'atteindre la **Mkhaya Game Reserve**, perle du Swaziland, peuplée d'animaux et renommée pour ses rhinocéros noirs ou blancs. Parcourez à pied le *bushveld* et le veld lors d'un circuit guidé avant de regagner votre campement dans une forêt fluviale peuplée d'oiseaux et de déguster une cuisine de brousse.

Puis, empruntez la N2 pour pousser vers le KwaZulu-Natal et découvrir l'**uMkhuze Game Reserve**, aux nombreux eucalyptus à feuilles de saule. À proximité, l'**iSimangaliso Wetland Park** offre des voies navigables et différents écosystèmes sur 200 km, tandis que l'**Hluhluwe-iMfolozi Park** est sillonné par un superbe réseau de sentiers de randonnée. De là, continuez vers le sud en longeant l'océan Indien jusqu'à **Durban**, ses plages, ses restaurants et ses bars.

3 SEMAINES

L'est du pays

Ce périple dans l'Est mêle paysages montagneux et cultures xhosa et zulu, calme rural et animation citadine. Après avoir atterri à l'aéroport international OR Tambo, attardez-vous quelques jours dans la métropole dynamique de **Jo'burg** et son centre-ville en plein renouveau, avec des enclaves branchées aux nombreux restaurants et bars. Joignez-vous à une promenade guidée de la ville ou rendez-vous à **Soweto**, l'un des plus célèbres townships d'Afrique du Sud. Visitez un *shebeen* et découvrez la rue où habitaient Nelson Mandela et Desmond Tutu, tous deux Prix Nobel de la paix.

Depuis Jo'burg, traversez l'État libre et quittez la N3 au niveau de Harrismith pour emprunter la panoramique Rte 712 en passant par le barrage de Sterkfontein, jusqu'à **Clarens**. Cette ville d'artistes, recélant des galeries d'art et une microbrasserie, est entourée de paysages d'une grande beauté. Dans le **Golden Gate Highlands National Park** voisin, séjournez dans un *rondavel* au bord de l'eau et randonnez parmi les affleurements de grès au pied des Maluti Mountains – le choix va de la balade d'une heure au trek de deux jours sur le Rhebok Hiking Trail.

À la sortie du parc, juste après Phuthaditjhaba, le **Sentinel Hiking Trail** permet d'atteindre en une journée le fameux “amphithéâtre” et l'escarpement du Drakensberg qui le surplombe. Vous pourrez ensuite marcher un jour ou deux dans le nord du Drakensberg pour profiter de panoramas spectaculaires, notamment sur la Tugela Gorge, dans le **Royal Natal National Park**. Sillonnez le KwaZulu-Natal, et quittez le Drakensberg pour l'atmosphère kitsch du **Midlands Meander**, ponctué de *guesthouses* et d'ateliers de céramique, avant de rejoindre **Durban**, ville réputée pour ses plages et sa cuisine indienne, redynamisée par une vague de développement urbain.

Peu avant la frontière du Cap oriental, vous arriverez à l'**Oribi Gorge Nature Reserve**, dont les falaises et les forêts peu fréquentées dominent l'Umzilkulwana. De là, boudez la N2 menant à Mthatha et longez la côte via Pondoland jusqu'à **Port St Johns**, idéale pour découvrir les plages sauvages de la Wild Coast et rencontrer les sympathiques Xhosa. Les vertes collines parsemées de *rondavels* pastel dominent des routes de gravier menant à d'étonnants hébergements tenus par les habitants dans les environs de **Coffee Bay**.

Passez la dernière nuit à **Chintsa**, au bord de l'océan Indien. Le lendemain, regagnez Jo'burg ou Le Cap en transport depuis **East London**.

2 SEMAINES ET DEMIE Le Nord-Ouest sauvage

Après **Le Cap**, filez vers le nord jusqu'à la montagneuse **Cederberg Wilderness Area** et ses formations de grès, ses lodges et ses campings. Franchissez le col de Pakhuis ou celui de Vanrhyns jusqu'à **Calvinia**, avant-poste du Karoo au pied des monts Hantam, avant d'emprunter la N7 jusqu'à Namakwa, dont les étendues rocheuses se couvrent de fleurs sauvages au printemps. Presque au bout de la route, entre l'Atlantique et de vastes étendues désertes, se tient **Port Nolloth**. Si vous conduisez un 4x4, poursuivez jusqu'au **|Ai-|Ais/Richtersveld Transfrontier Park**, aux paysages montagneux désertiques.

Mettez le cap à l'est sur l'**Augrabies Falls National Park** idéal pour la randonnée, le rafting et le canoë, et admirez le fleuve Senqu (Orange) chatoyant lors d'une croisière au coucher du soleil à **Upington**. Repartez ensuite vers le nord à travers le Kalahari, jusqu'au **Kgalagadi Transfrontier Park**, parfait pour observer les grands fauves, puis revenez vers la **Witsand Nature Reserve, au paysage semi-désertique**. La route qui vous ramènera au Cap traverse le Grand Karoo ; en chemin, arrêtez-vous éventuellement au **Karoo National Park** et dans le village historique de **Matjiesfontein**.

1 SEMAINE Le Cap hors des sentiers battus

Du Cap, partez au nord jusqu'au **West Coast National Park**, dont on admire les fleurs sauvages au printemps, sur les côtes de la lagune de Langebaan. Passez la nuit à **Paternoster**.

Dirigez-vous dans les terres jusqu'à **Tulbagh**, où de superbes domaines viticoles s'étendent à l'ombre des montagnes du Witsenberg. Plus loin dans les Winelands, **Franschhoek**, dont le charme européen rappelle son passé huguenot, abrite d'autres vignobles ainsi que des restaurants. Franchissez le col de Franschhoek en empruntant la N2 pour traverser l'Overberg et atteindre la charmante bourgade de **Greyton**, avec ses cottages, ses bons restaurants, sa vue sur la montagne et la présence non loin d'une mission morave du XVIIIe siècle. Le **Boesmanskloof Trail** s'étire sur 14 km à travers les monts Riviersonderendberge jusqu'à **McGregor**, un village new age de la Breede River Valley.

De Greyton, regagnez Le Cap via la ville de **Hermanus**, haut lieu d'observation des baleines (de juin à décembre). Achevez votre périple sur la panoramique Rte 44, qui serpente autour de **Cape Hangklip** et longe la **Kogelberg Biosphere Reserve**.

Préparer son voyage

Voyager avec des enfants

L'Afrique du Sud est peut-être le pays du continent le plus approprié pour voyager avec des enfants, grâce à des équipements de qualité et à de nombreux sites adaptés aux familles. Le Swaziland convient aussi aux familles (bien que le paludisme sévisse dans les basses terres). Quant au Lesotho, pays de montagnes, il réserve une expérience mémorable aux plus grands, férus d'aventure.

Afrique du Sud

Avec une profusion de parcs nationaux, de plages, de piscines et de chemins de randonnée de tous niveaux, ainsi que de nombreux musées et plusieurs parcs de loisirs, le pays a de quoi séduire les enfants de tous âges. En outre, les endroits confortables et sûrs ne manquent pas.

Les Sud-Africains se montrent généralement accueillants envers les enfants, lesquels susciteront beaucoup d'intérêt, surtout dans les régions rurales et les plus traditionnelles.

Lesotho

La topographie accidentée et les infrastructures rudimentaires conviendront mieux aux enfants plus âgés, susceptibles d'apprécier la randonnée à pied ou à cheval dans les montagnes ; la plupart des centres équestres n'acceptent que les enfants de plus de 12 ans.

Épargné par le paludisme, le pays est néanmoins plus rude que nombre de régions d'Afrique du Sud. Cependant, si vous (et vos enfants) aimez l'aventure, le Lesotho vous enchantera. Mieux vaut s'y prendre à l'avance, car certains établissements, notamment les lodges occupant d'anciens comptoirs commerciaux, accueillent plus volontiers les familles et offrent davantage de confort. Il y a souvent des réductions pour les enfants.

Le top des régions pour les enfants

Le Cap (Cape Town)

Des jardins botaniques, un aquarium, le téléphérique de la Table Mountain, les plages, le marché de Greenmarket Square, des croisières dans le port, toutes sortes d'activités et une ambiance détendue font de la dynamique "cité-mère" une destination tout indiquée pour les familles.

Cap occidental

Entourant la ville du Cap, le Cap occidental possède de bonnes infrastructures et des paysages enchanteurs. Des endroits comme Mossel Bay et Nature's Valley, sur la Garden Route, conviennent particulièrement aux vacances en famille, avec de belles plages et d'innombrables activités.

KwaZulu-Natal

Durban possède des plages, l'un des plus grands aquariums du monde et un climat chaud toute l'année. Alentour, le littoral de l'océan Indien, ourlé de sable, offre de multiples activités, de l'observation des baleines aux safaris en kayak dans l'iSimangaliso Wetland Park. Dans l'arrière-pays, la splendide chaîne du Drakensberg invite à la randonnée et au camping.

Swaziland

Avec une population chaleureuse et un rythme paisible, le Swaziland est idéal pour les familles. L'inconvénient est le paludisme dans les basses terres. De nombreux hôtels proposent des hébergements familiaux, avec des jeux pour les enfants.

À ne pas manquer

Vie sauvage

- Les safaris guidés à bord d'un véhicule offrent plus de chances de voir des animaux ; un spécialiste répond aux questions tout en veillant à la sécurité.
- Facile d'accès, le Kruger abrite les Big Five et dispose de campements pour les familles.
- Proche de Jo'burg aussi et exempt de paludisme, le Pilanesberg National Park et ses routes asphaltées accueillent beaucoup de familles le week-end.
- Le Kruger, le Pilanesberg et d'autres parcs proposent des activités pour les enfants.
- L'Addo Elephant National Park, sans paludisme, offre de bonnes chances de voir des éléphants.
- Oudtshoorn possède des élevages d'autruches, une réserve de suricates et un ranch de guépards.
- Des pingouins et des centres de réhabilitation sont installés à Boulders Beach (péninsule du Cap), Cape St Francis et Port Elizabeth.

Randonnée

- L'ascension de la Table Mountain enchantera les plus grands.
- La randonnée et le camping dans le Drakensberg (Lesotho compris) séduiront les grands enfants et les adolescents.
- Hogsback convient aux amoureux de la nature accompagnés de jeunes enfants, avec son jardin aux Fées et ses sentiers sans difficulté.

Plages

- S'installer sur une plage du Cap, comme la plage n°4 de Clifton, au milieu d'une foule multiculturelle, plaira à toute la famille.
- Arniston possède une plage abritée avec des grottes et des bassins rocheux.
- L'Afrique du Sud offre quantité de sports aquatiques pour les plus âgés : surf, plongée, canoë, kayak, bouée nautique (tubing) et rafting.
- Jeffrey's Bay est l'un des meilleurs spots de surf au monde.

Équitation

- Une balade à cheval sur la plage de Noordhoek constitue une agréable escapade d'une journée en dehors du Cap.
- Des tour-opérateurs proposent des safaris et des circuits équestres, aussi bien dans la chaîne du Waterberg, au Limpopo, que sur la Wild Coast.
- Pour les grands enfants, les treks à poney au Lesotho sont une merveilleuse façon de découvrir ce pays montagneux.

Culture

- Les ados aimeront les circuits thématiques, comme la cuisine des Malais du Cap, le jazz des townships, l'art du pays Venda ou le *street art*.
- Sur la Wild Coast, les jeunes aventuriers auront un aperçu de la culture xhosa dans les auberges gérées par la communauté, tel le Bulungula Lodge, qui propose des activités.

Pratique

Hébergement

- Les chambres d'hôtel et les cottages pour plusieurs personnes sont répandus en Afrique du Sud.

LOIS SUR L'IMMIGRATION

Depuis le 1er juin 2015, tous les moins de 18 ans voyageant en Afrique du Sud sont tenus de présenter, en même temps que leur passeport, une copie intégrale de leur acte de naissance, qui comprend la filiation complète des deux parents.

Si l'enfant est accompagné de ses deux parents, ce document suffira. En revanche, si un seul des parents est présent (ou aucun), les nouvelles lois exigent des formalités supplémentaires : l'enfant doit notamment être en possession d'un affidavit (déclaration sous serment) l'autorisant à voyager, parfois d'une ordonnance judiciaire, et, le cas échéant, d'un acte de décès du/des parent(s). Selon le ministère de l'Intérieur, ces nouvelles lois visent à lutter contre le trafic d'enfants. Pour plus de détails et des informations actualisées, consultez le site de votre consulat, ou contactez votre compagnie aérienne.

➡ Offrant à la fois des prix avantageux et un peu d'intimité, le camping et les hébergements indépendants sont pratiques pour les familles.

➡ Au KwaZulu-Natal, l'Ezemvelo KZN Wildlife abrite dans ses parcs des logements d'un bon rapport qualité/prix pour les familles ; des animaux s'y promènent souvent en toute liberté.

➡ Les hébergements SAN (South Africa National) Parks sont généralement d'excellente qualité, mais coûteux ; il revient souvent moins cher de séjourner à l'extérieur du parc.

➡ De nombreux lodges en pleine nature n'acceptent pas les moins de 12 ans. Dans les parcs et les réserves, le choix se limite parfois au camping et aux logements tout équipés.

➡ De nombreux hôtels et hébergements tout équipés peuvent fournir des lits d'enfant.

Baby-sitting

➡ Dans les endroits touristiques d'Afrique du Sud, la plupart des hôtels haut de gamme disposent d'un service de baby-sitter.

➡ De nombreuses stations balnéaires sud-africaines sont dotées d'un club d'enfants et proposent quotidiennement des activités pour les jeunes, surtout en haute saison.

➡ Au Lesotho et au Swaziland, vous pourrez trouver une baby-sitter assez facilement ; dans les lodges et les hôtels de bon standing, le personnel proposera souvent de vous aider.

Réductions

➡ Les enfants bénéficient habituellement d'un tarif réduit dans les parcs nationaux, les musées et autres sites (entrée souvent gratuite pour les moins de 2 ans et tarif réduit jusqu'à 16 ans).

➡ Beaucoup d'hôtels offrent des réductions pour les enfants.

➡ Menus enfant souvent proposés dans les restos.

Installations

➡ Les endroits aménagés pour le change des bébés sont rares en Afrique du Sud, mais les toilettes propres ne manquent pas.

➡ Au Lesotho et au Swaziland, la plupart des hôtels et des lodges sont équipés de toilettes à l'occidentale, mais sur les routes de campagne, il faut parfois se contenter d'une latrine couverte.

Santé

Afrique du Sud

➡ Voir aussi le chapitre *Santé* (p. 654).

➡ L'allaitement en public ne choque pas la plupart des Africains ; dans certains milieux conservateurs, mieux vaut se montrer discrète.

➡ Si votre enfant tombe malade, vous trouverez de bons services médicaux dans les grandes villes.

➡ Évitez si possible les hôpitaux publics ; préférez les hôpitaux privés.

➡ **Mediclinic** (www.mediclinic.co.za) possède des hôpitaux privés, du Cap jusqu'au Limpopo.

➡ Informez-vous sur les vaccins plusieurs mois avant votre départ ; certains ne sont pas adaptés aux enfants ou aux femmes enceintes.

➡ Renseignez-vous sur les traitements antipaludéens pour les enfants si vous prévoyez de voyager dans une zone infestée (dont le Kruger National Park et le *lowveld*).

➡ Évitez d'emmener des petits dans des secteurs impaludés ; sinon, préférez l'hiver, quand le risque de piqûres de moustiques est plus faible.

➡ Prévoyez moustiquaires, répulsif et vêtements adéquats.

➡ Évitez les baignades dans les cours d'eau, en raison du risque de bilharziose.

Lesotho et Swaziland

➡ Vous trouverez des services médicaux corrects à Mbabane et à Maseru ; en cas de problème sérieux, vous devrez rejoindre l'Afrique du Sud. Le paludisme est présent dans les basses terres du Swaziland.

Ressources

➡ Le mensuel **Child** (www.childmag.co.za) est disponible à Jo'burg, au Cap, à Durban et à Pretoria, ainsi qu'un site Internet utile.

➡ Le guide *Voyager avec ses enfants* de Lonely Planet fournit toutes sortes de conseils.

Fournitures

Afrique du Sud

➡ Couches, lait en poudre et nourriture pour bébé sont disponibles partout, sauf dans les régions rurales reculées.

➡ En dehors des supermarchés des grandes villes, vous trouverez difficilement de la nourriture pour bébé sans sucre ajouté.

Lesotho et Swaziland

➡ Vous trouverez couches, lait en poudre et nourriture pour bébé à Mbabane, Manzini et Maseru. Le choix est limité dans les petites villes.

Transports

➡ La plupart des agences de location de voitures peuvent fournir des sièges pour enfant ; vous devrez le demander à l'avance et, habituellement, payer un supplément.

Les régions en un clin d'œil

Le Cap et le Cap occidental offrent aux visiteurs des paysages enchanteurs, mais aussi de bonnes infrastructures. Vous pourrez y siroter des vins locaux et profiter de la plage ou de la montagne. Rejoignez le Cap-Nord et la province du Nord-Ouest pour découvrir d'immenses étendues sauvages et la riche faune des parcs.

Surfeurs, randonneurs et passionnés de culture africaine seront séduits par le Cap oriental, qui borde le royaume montagneux du Lesotho et de l'État libre (Free State). Les champs dorés et les vastes espaces de ce dernier conduisent à la chaîne du Drakensberg, qui s'étire jusqu'au KwaZulu-Natal, où des plages, des réserves fauniques et le Zululand s'étendent vers le nord depuis Durban.

Au nord-est, le Swaziland possède d'excellents parcs et réserves, tandis que le Mpumalanga peut s'enorgueillir du *lowveld* et des falaises du Drakensberg Escarpment, et que le Gauteng se présente comme le cœur urbain de l'Afrique du Sud. Repaire des Big Five, le Kruger National Park est le joyau de la région. Enfin, le Limpopo se distingue par la diversité de ses paysages et la riche culture venda.

Le Cap (Cape Town)

Activités de plein air
Cuisine
Achats

Rando en montagne

Son parc national montagneux, ses plages et la proximité de l'océan font du Cap une destination panoramique pour la randonnée, notamment sur la Table Mountain. Une balade sur la promenade de Sea Point, dominée par les sommets de la "cité-mère", est un pur plaisir. La ville se prête aussi au kitesurf, à l'escalade et au parapente.

Cuisine variée

La population multi-ethnique du Cap offre des saveurs variées. Goûtez les curries malais, les spécialités xhosa et les appétissants poissons et viandes cuits au *braai* (barbecue) servis dans des restaurants de premier ordre.

Artisanat contemporain

La ville, Capitale mondiale du design 2014, déborde de créativité. Poupées en perles, luminaires contemporains en plastique recyclé ou coussins en cuir, à dénicher dans les grands magasins et sur les marchés d'artisanat du Cap.

p. 44

Cap occidental

Cuisine et vins
Activités de plein air
Sports d'aventure

Dégustation de vin

Les Winelands, autour de Stellenbosch, Franshhoek et Paarl, sont réputés pour leurs domaines viticoles. Les palais intrépides pourront aussi explorer d'autres régions, telles que Wellington, Stanford, Tulbagh et Robertson.

Randonnée

Parmi les circuits les plus longs figurent l'Oystercatcher Trail (4 jours), la Whale Trail (5 jours), dans la De Hoop Nature Reserve, et le Greyton McGregor Trail. Les balades plus courtes – de quelques heures à plusieurs jours – explorent la brousse dans les environs de villes comme Swellendam et des étendues sauvages comme le Cederberg.

Sports nautiques

Les plages et les lagunes de la Garden Route sont renommées pour leurs sports et activités nautiques, notamment le surf, le canoë et la plongée. À Gansbaai, les plus courageux s'adonnent à la plongée en cage parmi les requins.

p. 101

Cap oriental

Randonnée
Nature et paysages
Vie sauvage

Trek

L'Otter Trail, le Dolphin Trail et le Tsitsikamma Mountain Trail sillonnent le Tsitsikamma National Park ; des sentiers de plusieurs jours serpentent le long de la Wild Coast, et l'Amathole Trail grimpe à travers les forêts ponctuées de cascades.

Plages

La Wild Coast est bordée de plages désertes et de lodges-auberges empreints de culture xhosa, tels que le Bulungula, le Mdumbi et le Buccaneers. Les plages de Jeffrey's Bay sont appréciées des surfeurs et des forêts surplombent les dunes de Nature's Valley.

Diversité de la faune

L'Addo Elephant National Park abrite les Big Seven. Les réserves privées voisines permettent une observation optimale des Big Five, via diverses activités. Outre de magnifiques vues sur le Karoo, le Mountain Zebra National Park offre la possibilité de voir des zèbres de montagne et des guépards.

p. 176

KwaZulu-Natal

Vie sauvage
Culture
Activités

Faune tropicale

Avec son climat tropical humide, l'Elephant Coast, dans le nord du KwaZulu-Natal, abrite trois grands parcs naturels sud-africains, à savoir l'iSimangaliso Wetland Park, la Mkhuze Game Reserve et le Hluhluwe-iMfolozi Park, où l'on peut observer les Big Five avec en toile de fond les étendues de savane ou le lac St Lucia.

Culture zouloue

Eshowe et Ulundi sont les capitales de la culture zouloue – et le Shakaland un parc de loisirs dédié à cette ethnie. Trois grands événements ont lieu en septembre-octobre, notamment la danse des roseaux. Les Campbell Collections de Durban exposent documents et œuvres d'art zoulous.

Sports nautiques

Umkomaas et Scottburgh sont des centres de plongée mondialement connus. Plusieurs activités sont proposées sur le front de mer de Durban, notamment le surf, la plongée, la pêche et les safaris en mer.

p. 240

État libre (Free State)

Paysages
Voyage détendu
Randonnée

Montagnes

Les Eastern Highlands offrent un fabuleux panorama sur le Drakensberg et les Maluti Mountains. Adossée au Lesotho, cette région est sillonnée par l'une des plus belles routes panoramiques d'Afrique, qui traverse Clarens et le Golden Gate Highlands National Park.

Atmosphère rustique

Détendez-vous dans cette province rurale paisible, où des bourgades comme Clarens vantent leur tranquillité. Sur des routes de terre bordées de champs dorés, sous les cieux dégagés, vous dépasserez de vieux *bakkies* et des maisons sotho délabrées.

Sentiers de montagne

De nombreux chemins de randonnée, notamment le Rhebok Hiking Trail, traversent le Golden Gate Highlands National Park, offrant un joli panorama sur le Drakensberg et les Maluti Mountains. Non loin, le Sentinel Trail grimpe dans le Drakensberg.

p. 313

Johannesburg et Gauteng

Histoire
Visites guidées
Culture

Histoire de l'apartheid

L'émouvant apartheid Museum retrace la sombre période. Toujours à Jo'burg, le quartier de Constitution Hill évoque à la fois l'apartheid et la démocratie d'aujourd'hui. Soweto reste un symbole de la lutte. À Pretoria, le Freedom Park fait face au Voortrekker Monument.

Promenades guidées

Des visites guidées inventives dévoilent les secrets de cette ville de béton. Les circuits à pied dans le centre-ville donnent un aperçu du renouveau urbain qui a transformé des quartiers jadis malfamés. À Soweto, allez à la rencontre des habitants des townships, à pied ou à vélo.

Art et design

Vous trouverez des œuvres d'art local et des vêtements originaux à Maboneng Precinct, Braamfontein et Newtown. Rendez-vous au Market on Main (dimanche) de Maboneng pour le design et la décoration, et sur 44 Stanley Ave pour la mode.

p. 332

Mpumalanga

Paysages
Activités
Escapades historiques

Merveilles naturelles

Cette province s'étire entre le *lowveld* et le Drakensberg Escarpment. Au carrefour des deux régions, le Blyde River Canyon est la perle du Mpumalanga et l'un des plus beaux sites naturels du pays, avec ses formations rocheuses et ses points de vue.

Sports d'aventure

Dans une gorge de Graskop, l'un des plus hauts sauts à l'élastique du monde vous attend. Sabie offre diverses activités, dont le VTT, le *kloofing* (canyoning), la spéléologie à la bougie, le rafting et la baignade. Vols en montgolfière, rafting, circuits en quad et tyrolienne font partie des possibilités à Hazyview.

Villes historiques

Pilgrim's Rest est une ville préservée de la ruée vers l'or. Également dans le Drakensberg Escarpment, des bâtiments anciens bordent les larges rues de Lydenburg. Barberton, autre bourgade de la ruée vers l'or, abritait jadis la première Bourse d'Afrique du Sud.

p. 383

Kruger National Park

Vie sauvage
Paysages
Activités

Big Five

Avec 145 espèces de mammifères, notamment 1 500 lions, 12 000 éléphants, 2 500 buffles, 1 000 léopards et 5 000 rhinocéros (des noirs et des blancs), le Kruger est l'un des plus beaux parcs de toute l'Afrique pour admirer les Big Five dans leur élément.

Nature

Aussi vaste que la Belgique, le Kruger offre une grande diversité de paysages, des forêts fluviales tropicales au veld de mopanes. Vous pourrez profiter de la nature en effectuant une excursion dans le bush ou en le visitant en période creuse (de fin janvier à mars).

Randonnée

Les marches de 3-4 heures dans le bush en compagnie de rangers armés ou des randonnées de 4 jours en pleine nature, dans des endroits inaccessibles en voiture, vous laisseront des souvenirs inoubliables.

p. 404

Limpopo

Art et artisanat
Diversité des milieux
Culture africaine

Visites d'ateliers

Les artistes du pays Venda, des sculpteurs sur bois aux potiers, sont réputés dans tout le pays ; visitez leurs ateliers. Plus au sud, Kaross produit des broderies shangaan et la Mapusha Weavers Cooperative vend des tapis et tapisseries fabriqués par les femmes du township d'Acornhoek.

Escapades en montagne

Fuyez la chaleur en grimpant à Haenertsburg et au col de Magoebaskloof, où les plantations de pins et les cascades offrent une fraîcheur bienvenue. Dans la Modjadji Nature Reserve, la brume enveloppe les cycadées et les Bolobedu Mountains en été.

Sites majeurs

Le Mapungubwe National Park, classé au patrimoine mondial de l'Unesco en raison de son importance culturelle, abrite un site majeur de l'âge du fer. Le pays Venda et la ville de GaModjadji, résidence des reines de la Pluie, conservent une culture africaine dynamique.

p. 425

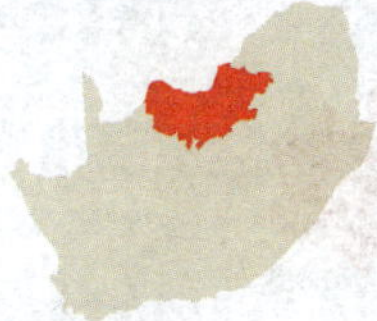

Province du Nord-Ouest

Vie sauvage
Luxe
Activités

Faune accessible

Couvrant au total 1 000 km² de *bushveld* habité par les Big Five, le Pilanesberg National Park est parcouru par des routes goudronnées aux abords du casino de Sun City. Les lodges de la Madikwe Game Reserve proposent des safaris en voiture.

Hébergements

Les hôtels de Sun City, au luxe tape-à-l'œil, semblent tout droit sortis de Las Vegas. Les lodges cinq étoiles de Madikwe, dotés de spas et de terrasses privatives, permettent d'observer la faune dans un cadre somptueux.

En famille

Les bassins, piscines à vagues et toboggans du très kitsch complexe de loisirs de Sun City font le bonheur des enfants. Les plus aventureux pourront explorer le parc naturel de Pilanesberg voisin. Quant au Magaliesberg, doté d'un téléphérique, il propose des circuits en tyrolienne dans la canopée.

p. 450

Cap-Nord

Nature
Vie sauvage
Activités

Semi-déserts

La province la plus surprenante du pays couvre des terres arides et crevassées. Le Karoo compte des villes séduisantes, telle Sutherland. Plus au nord, le rocailleux Namakwa et les dunes du Kalahari sont le domaine d'une nature indomptée.

Grands félins

Le Kgalagadi Transfrontier Park est l'un des meilleurs endroits au monde pour admirer des félins, notamment des guépards, des lions et des léopards. Vous apercevrez peut-être un lion à crinière noire assoupi sous un épineux ou ronronnant près de la route.

Sports d'aventure

Rafting et canoë sur le Senqu (Orange), sorties en 4x4 à Riemvasmaak et dans les parcs transfrontaliers, safaris en voiture ou à pied, *sandboard* et VTT dans la Witsand Nature Reserve.

p. 462

Lesotho

Aventure
Artisanat
Nature

Comptoirs marchands

Les lodges de Malealea, Semonkong, Ramabanta et Roma, d'anciens comptoirs à flanc de montagne, séduiront les aventureux. Superbes randonnées et immersion dans la culture Basotho vont de pair avec les traditionnelles excursions équestres, sans oublier la descente en rappel des Maletsunyane Falls, à Semonkong.

Tapisseries

Les Basotho conservent leur propre culturelle depuis des siècles, ainsi que leurs techniques d'artisanat. Vous trouverez des tapisseries dans les villages d'artisans des basses terres, comme Teyateyaneng (TY), Leribe (Hlotse), Thaba-Bosiu et Morija.

Parcs nationaux

Les parcs nationaux du Lesotho sont des joyaux : le Sehlathcbethebe ressemble à un paysage lunaire vert et gris ; luxuriant et accidenté, le Ts'ehlanyane National Park est devenu l'un des emblèmes du pays et abrite l'excellent Maliba Mountain Lodge.

p. 489

Swaziland

Artisanat
Parcs et réserves
Culture swazi

Marchés

Les marchands d'artisanat et de vêtements du marché de Manzini forment une foule bigarrée, composée de vendeurs venus de la campagne ou mozambicains. Les vallées voisines de l'Ezulwini et de Malkerns sont réputées pour leurs marchés d'artisanat ; vous y trouverez des objets originaux, des bougies en forme d'animaux aux batiks ornés de motifs contemporains.

Activités

Les parcs et réserves du Swaziland regorgent d'activités. Outre profiter de l'atmosphère de brousse et de la faune, on peut faire de la randonnée et des circuits dans la canopée dans la Malolotja Nature Reserve, ou pratiquer la randonnée à pied, à VTT ou à cheval dans le Mlilwane Wildlife Sanctuary.

Fêtes

Les cérémonies traditionnelles swazi sont réputées, notamment la danse de l'*umhlanga* (danse des roseaux) et le Buganu (Marula) Festival.

p. 515

Sur la route

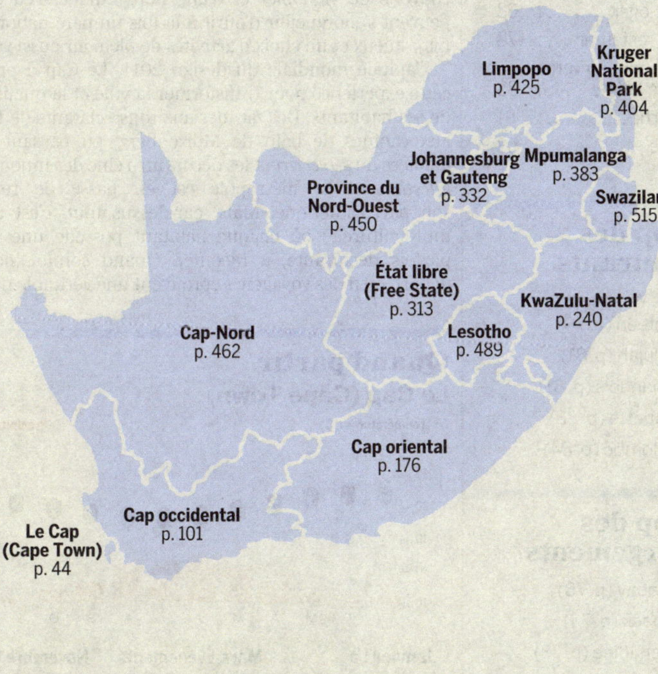

Limpopo
p. 425
Kruger National Park
p. 404
Johannesburg et Gauteng
p. 332
Mpumalanga
p. 383
Province du Nord-Ouest
p. 450
Swaziland
p. 515
État libre (Free State)
p. 313
KwaZulu-Natal
p. 240
Cap-Nord
p. 462
Lesotho
p. 489
Cap oriental
p. 176
Cap occidental
p. 101
Le Cap (Cape Town)
p. 44

Le Cap (Cape Town)

3,74 MILLIONS D'HABITANTS

Dans ce chapitre ➡

Le top des restaurants

- Chef's Warehouse & Canteen (p. 79)
- Hallellujah (p. 81)
- Ferdinando's (p. 81)
- La Mouette (p. 83)
- La Colombe (p. 84)

Le top des hébergements

- Mannabay (p. 73)
- Backpack (p. 73)
- La Grenadine (p. 73)
- Villa Zest (p. 74)
- Atlantic Point Backpackers (p. 73)

Pourquoi y aller

Appelée la cité-mère en raison de son rôle historique dans le développement de l'Afrique du Sud moderne, Le Cap et ses plages dorées s'étendent au pied de l'envoûtante Table Mountain, avec son sommet drapé de nuages, ses flancs couverts de vignobles et d'une flore unique. Peu de villes peuvent s'enorgueillir d'offrir à la fois un parc national aussi majestueux et un choix d'activités de plein air aussi vaste.

Capitale mondiale du design 2014, Le Cap a profité de cette expérience pour transformer la ville et la qualité de vie de ses habitants. Des façades aux tons éclatants de Bo-Kaap aux cabines de bain de Muizenberg, en passant par les audaces du *street art* et les décors afro chic des innombrables *guesthouses*, la métropole est en passe de remporter son pari esthétique. Mais, par-dessus tout, c'est une cité multiculturelle où chaque habitant possède une histoire, parfois déchirante, à raconter. Quand sonne l'heure du départ, bien des voyageurs éprouvent une véritable nostalgie.

Quand partir

Le Cap (Cape Town)

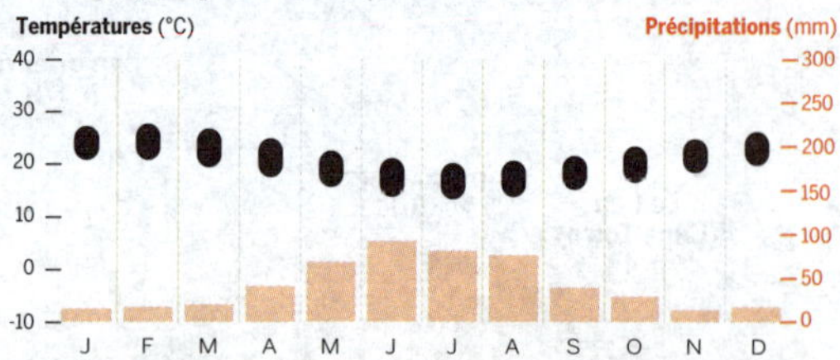

Janvier La haute saison touristique, marquée par le Minstrel Carnival.

Mars Événements artistiques, comme Infecting the City et l'International Jazz Festival.

Novembre Le printemps et ses concerts dans les jardins de Kirstenbosch au coucher du soleil.

Histoire

Respectivement baptisés Bochimans (Bushmen) et Hottentots par les Européens, les San et les Khoikhoi – tribus réunies sous la dénomination de Khoisan (Khoe-San) – vivaient dans la région du Cap bien avant que la Compagnie des Indes orientales (Vereenigde Oost-Indische Compagnie, ou VOC) ne s'y implante, en 1652. De manière générale, les peuples natifs refusèrent de commercer avec les Hollandais, ce qui incita la VOC à faire venir des esclaves de Madagascar, d'Inde, de Ceylan, de Malaisie et d'Indonésie pour compenser la pénurie de main-d'œuvre. La colonie manquant également de femmes, les femmes esclaves et khoisan subirent, de plus, une exploitation sexuelle. De leur côté, les esclaves se mêlèrent aux Khoisan ; les enfants issus de ces unions sont les ancêtres de la population métisse actuelle, dont fait partie le groupe des musulmans du Cap.

Pendant les 150 ans de domination hollandaise, la colonie prospéra sous le nom de Kaapstad. Surnommée la "Taverne des Sept Mers", elle constituait un port très fréquenté, où faisaient escale les marins qui naviguaient entre l'Europe et l'Orient. En 1806, la victoire des Britanniques à Blouberg-strand, à 25 km au nord de la ville, sonna le glas de la suprématie des Hollandais, qui cédèrent définitivement Le Cap et son territoire à la Grande-Bretagne, le 13 août 1814. Le commerce des esclaves fut interdit en 1808, la colonie continua à prospérer et tous les esclaves n'ont été affranchis qu'en 1833.

Dans les années 1870-1880, la découverte et l'exploitation de gisements de diamants et d'or dans le centre de l'Afrique du Sud entraînèrent de rapides changements. Le Cap cessa d'être la seule métropole dominante du pays, mais sa position majeure en tant que port lui permit de profiter des richesses minières, puis de l'industrialisation. Cette prospérité suscita les rêves impérialistes de Cecil John Rhodes (Premier ministre de la colonie du Cap en 1890), qui avait fait fortune à la tête de la De Beers Consolidated Mines Company.

En 1901, le gouvernement saisit l'occasion d'un début d'épidémie de peste bubonique – attribuée aux travailleurs africains noirs, alors qu'elle venait des bateaux en provenance d'Argentine – pour introduire la ségrégation raciale : les Africains noirs furent relégués près des docks et à Ndabeni, sur le flanc est de la Table Mountain. Cette décision préluda au développement ultérieur des townships des "Cape Flats" (espaces plats et poussiéreux).

À voir

Le cœur commerçant du Cap, City Bowl, est enserré entre la Table Mountain et les faubourgs de Bo-Kaap à l'ouest, le quartier de Gardens au sud et ceux d'East City, District Six et Woodstock à l'est.

Si l'on en fait le tour à l'ouest par la côte atlantique, on découvre d'abord Waterfront, puis Green Point. De Sea Point (qui possède un bel ensemble de bassins extérieurs où nager), vous pouvez gagner au sud Clifton et Camps Bay. L'impressionnante route côtière vous mènera jusqu'à la communauté de pêcheurs de Hout Bay, autoproclamée "république de Hout Bay", qui jouit d'une belle plage et dont le port est le point de départ de croisières en mer.

La ville s'étale sur une grande distance vers le nord et à l'est à travers les Cape Flats. Au sud, les Southern Suburbs, quartiers verdoyants et prospères, suivent le flanc est des montagnes. Outre la large section du Table Mountain National Park constituée par la réserve Cape of Good Hope, la pointe sud de la péninsule comprend les petites villes de Muizenberg, Kalk Bay et Simon's Town, la principale base de la marine sud-africaine.

City Bowl et alentour

Castle of Good Hope MUSÉE

(carte p. 50 ; www.castleofgoodhope.co.za ; angle Castle St et Darling St, City Bowl, entrée dans Buitenkant St ; lun-sam adulte/enfant 30/15 R, dim adulte/enfant 25/10 R ; 9h-16h ; P ; Castle). Érigé en 1666-1679 par les Hollandais pour défendre la ville, le château de Bonne-Espérance, un fort de forme pentagonale, abrite encore aujourd'hui le quartier général du commandement militaire du Cap occidental. Possibilité de **visites guidées gratuites** (11h, 12h et 14h lun-sam), et de grimper sur les bastions pour la vue d'ensemble sur la forteresse et place de Grand Parade.

Le **Musée militaire** est intéressant, ainsi que la **collection William Fehr** (carte p. 50 ; www.iziko.org.za ; 9h-16h ; Castle), qui présente des objets anciens et des pièces d'art décoratif.

À ne pas manquer

1 L'ascension de la **Table Mountain** (p. 64) en téléphérique pour admirer la vue sur la ville.

2 Une rencontre avec le passé et le présent de l'Afrique du Sud à **Robben Island** (p. 53), une prison de sinistre mémoire.

3 Le quartier de **City Bowl** (p. 45), pour les musées, les Company's Gardens, ainsi que l'architecture victorienne et Art déco.

4 La réserve naturelle de **Cape of Good Hope** (p. 58), au-dessus du cap de Bonne-Espérance : grands espaces, faune, plages désertes et paysages accidentés.

5 Une promenade dans les **Kirstenbosch Botanical Gardens** (p. 57) pour découvrir la splendide flore du Cap.

6 Les boutiques, les restaurants, les croisières dans le port et l'atmosphère de carnaval du **V&A Waterfront** (p. 53).

7 Immortaliser les superstars de la plage : les manchots du Cap à **Boulders** (p. 58).

Company's Gardens JARDINS
(carte p. 50 ; City Bowl ; 7h-19h ; Dorp/Leeuwen). Ces jardins ombragés, propices à la détente, étaient à l'origine le potager de la VOC. Au XIXe siècle, le potager fut transformé en jardin d'agrément. Vous y admirerez des espèces botaniques du monde entier (frangipaniers, tulipiers du Gabon, aloès, roses, etc.). La **statue** de Cecil Rhodes trône au centre des jardins et un nouveau potager de la VOC a été recréé récemment.

District Six Museum MUSÉE
(carte p. 50 ; 021-466 7200 ; www.districtsix.co.za ; 25A Buitenkant St, East City ; adulte/enfant 30/15 R, circuit pédestre par pers 60 R ; 9h-16h lun-sam ; Lower Buitenkant). Cet émouvant musée met à l'honneur un quartier autrefois multiculturel, détruit dans les années 1960 et 1970 sous le régime de l'apartheid, ce qui entraîna l'expulsion de ses 60 000 habitants. L'ancienne Methodist Mission Church (église de la mission méthodiste) abrite des reconstitutions d'intérieurs, des photos, des enregistrements et des témoignages, composant le portrait évocateur d'une communauté meurtrie mais pas totalement brisée.

De nombreux circuits organisés dans les townships partent d'ici pour expliquer la réglementation qui restreignait la circulation.

Bo-Kaap QUARTIER
(carte p. 50 ; Dorp/Leeuwen). Bo-Kaap, dont le nom signifie "les hauts du Cap" en afrikaans, est un des quartiers les plus pittoresques de la ville. Ses longues et étroites rues pavées sont bordées de maisons basses aux toits plats peintes de couleurs éclatantes, dont beaucoup sont des monuments historiques. Garnison de soldats au milieu du XVIIIe siècle, le quartier fut habité par les esclaves, libérés dans les années 1830. Les rues les plus pittoresques sont Chiappini St, Rose St et Wale St.

Bo-Kaap Museum MUSÉE
(carte p. 50 ; www.iziko.org.za ; 71 Wale St, Bo-Kaap ; adulte/enfant 20/10 R ; 10h-17h lun-sam ; Leeuwen). Ce petit musée offre un aperçu de la vie d'une riche famille musulmane du XIXe siècle. La partie la plus intéressante de la collection, une sélection de photos en noir et blanc illustrant la vie locale, est exposée dans la salle à l'étage, de l'autre côté de la cour. Quant à la maison à proprement parler,

LE CAP EN...

Deux jours

Commencez par prendre le téléphérique jusqu'au sommet de la **Table Mountain** (p. 64). Revenez ensuite en ville, flânez dans les **Company's Gardens** (p. 48), et faites un saut à la **South Africa National Gallery** (p. 53) pour admirer la dernière exposition. Faites provision de souvenirs au **Watershed** (p. 96), puis rejoignez **Long St** ou **Bree Street** pour terminer la soirée autour d'un verre.

Le deuxième jour, partez explorer l'extrémité sud de la péninsule du Cap, en commençant par le superbe **cap de Bonne-Espérance** (p. 58). Allez ensuite saluer l'aimable colonie de manchots de **Boulders** (p. 58), et visitez la charmante **Simon's Town**, ainsi que **Kalk Bay**, renommée pour son port de pêche et ses boutiques pittoresques. Là, vous pourrez déjeuner à l'**Olympia Café & Deli** (p 84) ou au **Live Bait** (p. 84), près du port. Revenez vers la ville par la côte atlantique et **Chapman's Peak Drive** (p. 65).

Quatre jours

Flânez un peu dans le **District Six Museum** (p. 48), puis consacrez la matinée à un **circuit des townships** (p. 66). Dans l'après-midi, prenez un ferry pour **Robben Island** (p. 53). Au retour, attardez-vous dans **V&A Waterfront** (p. 53) pour un verre au coucher du soleil.

Le quatrième jour, prenez la route de **Groot Constantia** (p. 86) pour une dégustation de vins, suivie d'une promenade dans les **Kirstenbosch Botanical Gardens** (p. 87), avec pause thé dans les magnifiques jardins ou le **Rhodes Memorial** (p. 58), voisin, qui offre un panorama impressionnant sur les Cape Flats. Terminez votre séjour au Cap par un repas mémorable à **La Colombe** (p. 84) ou à **La Mouette** (p. 83).

construite entre 1763 et 1768, c'est la plus ancienne du quartier.

Greenmarket Square PLACE, MARCHÉ

(carte p. 50 ; Greenmarket Sq, City Bowl ; Church/Longmarket). Cette place, la plus ancienne du Cap après Grand Parade, accueille tous les jours un marché très coloré d'artisanat et de souvenirs. Outre l'Old Town House (l'ancien hôtel de ville), Greenmarket Square est bordée de beaux exemples d'architecture Art déco, dont **Market House** (carte p. 50 ; Greenmarket Sq, City Bowl ; Groote Kerk), un édifice délicatement ouvragé affichant des balcons, ainsi que des aigles et des fleurs sculptés dans la pierre de sa façade.

Michaelis Collection at the Old Town House MUSÉE

(carte p. 50 ; www.iziko.org.za ; Greenmarket Sq, City Bowl ; 20/10 R ; 10h-17h lun-sam ; Church/Longmarket). Sur le côté sud de Greenmarket Sq s'élève l'Old Town House, l'ancien hôtel de ville, magnifiquement restaurée. Le bâtiment, construit de 1755 à 1761 dans le style rococo du Cap, abrite aujourd'hui l'impressionnante collection d'art de sir Max Michaelis. Des peintures et des gravures des maîtres hollandais et flamands des XVIe et XVIIe siècles (dont Rembrandt, Frans Hals et Van Dyck) sont exposées aux côtés d'œuvres contemporaines, créant un contraste fascinant.

Long Street ARCHITECTURE

(carte p. 50 ; Long St, City Bowl ; Dorp/Leeuwen). Une promenade dans Long St constitue l'une des étapes incontournables d'un séjour au Cap. Cette artère commerçante, vivante et nocturne, bordée en partie de bâtiments victoriens aux charmants balcons en fer forgé, marquait jadis la limite de la partie musulmane de Bo-Kaap. Vous y trouverez notamment la **Palm Tree Mosque** (carte p. 50 ; 185 Long St, City Bowl ; fermée au public ; Dorp), une mosquée établie au début du XIXe siècle, le **SA Mission Museum** (carte p. 50 ; 021-423 6755 ; 40 Long St, City Bowl ; 9h-18h lun-ven ; Mid-Long) GRATUIT, qui occupe la plus ancienne église missionnaire du pays, et l'Open House Cape Town, la toute dernière installation d'art de la ville.

Noon Gun POINT DE VUE

(Military Rd, Bo-Kaap). GRATUIT Installé sur les versants inférieurs de Signal Hill (350 m), qui sépare Sea Point de City Bowl, le Noon Gun (le canon de midi) se fait entendre dans toute la ville à 12h, du lundi au samedi. Ce tir de canon permettait jadis aux *burghers* (les premiers citoyens hollandais) de vérifier l'exactitude de leur montre. Pour effectuer cette promenade abrupte à travers Bo-Kaap, suivez Longmarket St jusqu'à son terme, juste en dessous du siège du canon (interdit au public) – la vue y est phénoménale.

Iziko Slave Lodge MUSÉE

(carte p. 50 ; 021-467 7229 ; www.iziko.org.za ; 49 Adderley St, City Bowl ; adulte/enfant 30/15 R ; 10h-17h lun-sam ; Groote Kerk). Datant de 1679, le Slave Lodge figure parmi les plus vieux édifices d'Afrique du Sud. L'endroit, qui abrita jusqu'à 1 000 esclaves, possède une riche histoire ; en son temps, il servit également de maison close, de prison, d'hôpital psychiatrique, de poste, de bibliothèque et de Cour suprême de la ville. Ce musée est aujourd'hui principalement consacré à l'histoire des esclaves et de leurs descendants au Cap.

Prestwich Memorial MÉMORIAL

(carte p. 50 ; angle Somerset St et Buitengracht St, De Waterkant ; 8h-18h lun-ven, 8h-14h sam-dim ; Strand). GRATUIT En 2003, de nombreuses sépultures anonymes, d'esclaves et autres malheureux exécutés par les Hollandais aux XVIIIe et XIXe siècles sur une colline alors appelée Gallows Hill ("la colline de la potence") furent mises au jour lors de travaux dans Prestwich St. Après l'exhumation des ossements, ce mémorial à la belle façade en ardoise de Robben Island fut dressé. Il comprend un ossuaire et d'excellents panneaux explicatifs, dont une copie du remarquable panorama à 360° de Table Bay, peint par Robert Jacob Gordon en 1778.

Prestwich Memorial Garden SCULPTURE

(carte p. 50 ; angle Somerset St et Buitengracht St, De Waterkant ; Strand). Bordant la *Walk of Remembrance* (l'ancienne *Fan Walk* de la Coupe du monde de football 2010), ce bel espace public est ponctué d'une série de singulières sculptures et installations signées d'artistes du Cap, notamment *It's Beautiful Here*, une arche aux couleurs de l'arc-en-ciel, de Heath Nash, le *Full Cycle Tree*, de KEAG. On y trouve également plusieurs bancs de mosaïque de l'association de défense citoyenne Rock Girl (voir p. 50).

Mutual Heights ARCHITECTURE

(carte p. 50 ; angle Parliament St et Darling St, City Bowl ; Darling). Recouvert de marbre

City Bowl et ses environs

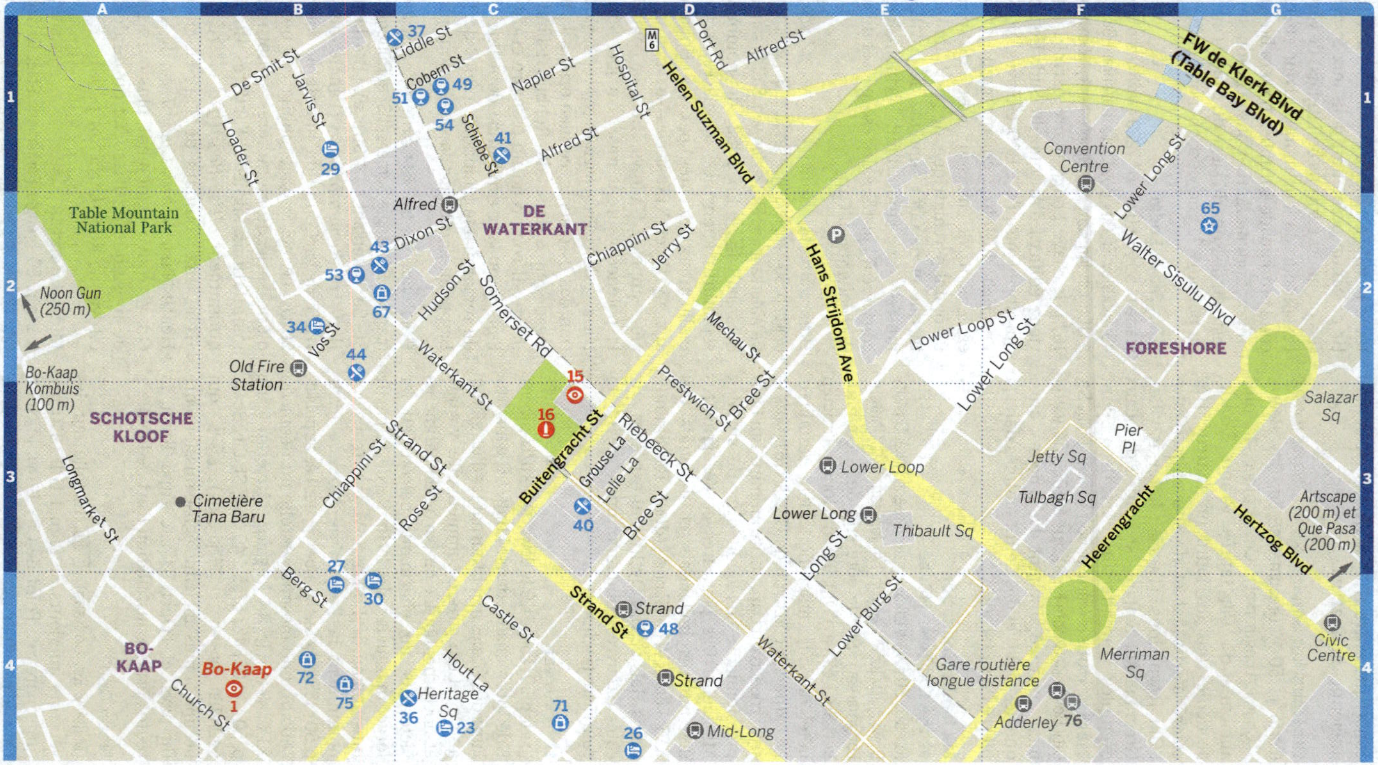

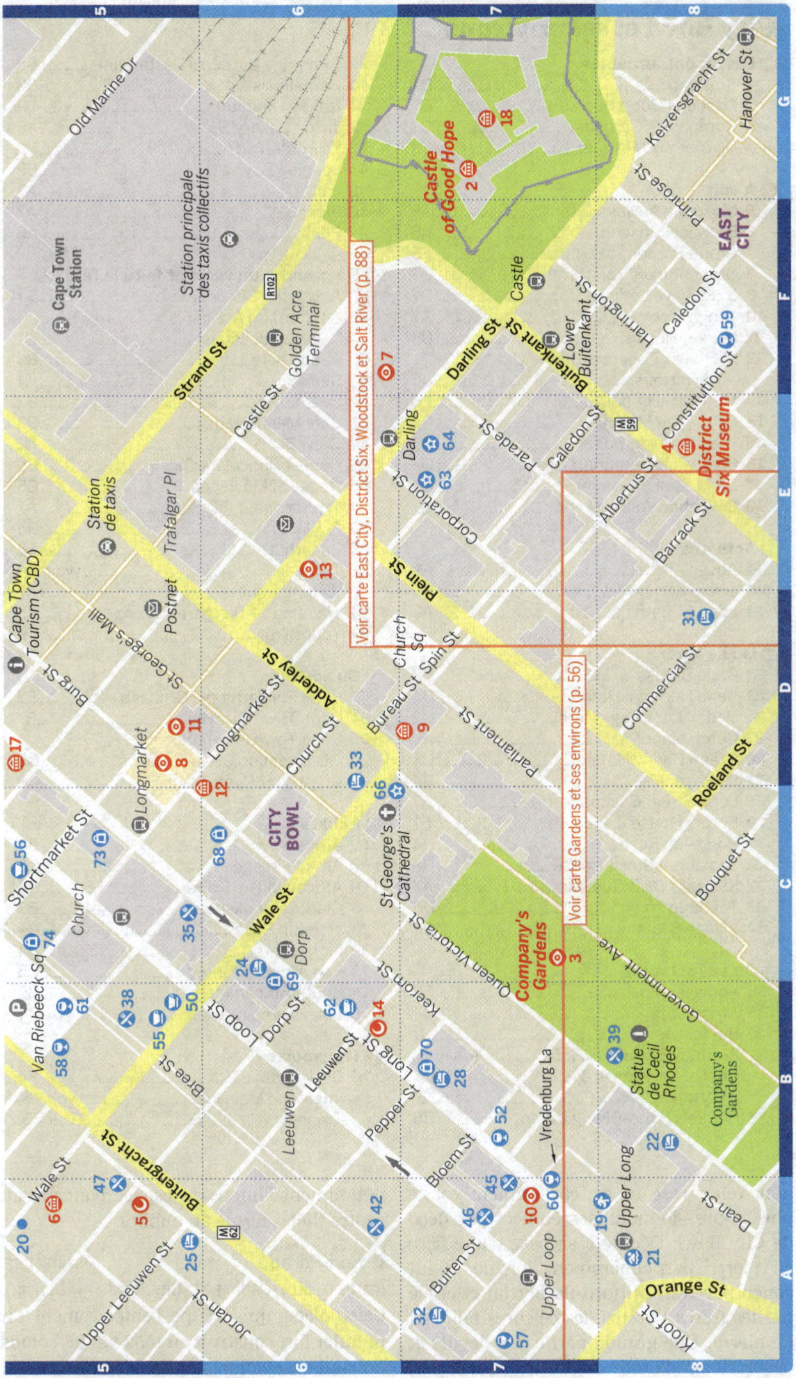

Old Marine Dr
Cape Town Station
Station principale des taxis collectifs
Strand St
R102
Golden Acre Terminal
Castle St
Castle of Good Hope
2
18
Castle
Voir carte East City, District Six, Woodstock et Salt River (p. 88)
7
Darling St
Buitenkant St
Lower Buitenkant
Harrington St
Primrose St
Keizersgracht St
Hanover St
EAST CITY
Caledon St
59
Constitution St
District Six Museum
4
Darling
63
64
Corporation St
Parade St
Caledon St
Albertus St
Barrack St
Station de taxis
Trafalgar Pl
Cape Town Tourism (CBD)
Postnet
13
Plein St
Church Sq
Spin St
Commercial St
31
Adderley St
Burg St
St George's Mall
11
8
17
Longmarket
12
Longmarket St
Church St
Bureau St
9
Parliament St
Roeland St
33
66
St George's Cathedral
CITY BOWL
68
73
Shortmarket St
56
Church
Wale St
35
Voir carte Gardens et ses environs (p. 56)
Queen Victoria St
Company's Gardens
3
Government Ave
Bouquet St
74
Van Riebeeck Sq
61
38
24
69
Dorp
Loop St
Dorp St
Keerom St
62
14
58
55
50
Bree St
Leeuwen St
Leeuwen
Long St
70
28
Pepper St
39
Statue de Cecil Rhodes
Company's Gardens
Buitengracht St
Wale St
47
6
20
5
52
Bloem St
Vredenburg La
22
45
46
42
10
60
19
Upper Long
Dean St
Upper Leeuwen St
25
62
Jordan St
Buiten St
Upper Loop
21
Orange St
Kloof St
32
57

City Bowl et ses environs

Les incontournables
1 Bo-Kaap ... B4
2 Castle of Good Hope ... G7
3 Company's Gardens ... C7
4 District Six Museum ... E8

À voir
5 Mosquée Auwal ... A5
6 Bo-Kaap Museum ... A5
7 Grand Parade ... F6
8 Greenmarket Square ... D5
9 Iziko Slave Lodge ... D7
10 Long Street ... A7
11 Market House ... D5
12 Michaelis Collection at the Old Town House ... C6
13 Mutual Heights ... E6
14 Palm Tree Mosque ... B6
15 Prestwich Memorial ... C3
16 Prestwich Memorial Garden ... C3
17 SA Mission Museum ... D5
18 Collection William Fehr ... G7

Activités
19 Abseil Africa ... A8
20 Lekka Kombuis ... A5
21 Long St Baths ... A8

Où se loger
22 Cape Breaks ... B8
23 Cape Heritage Hotel ... C4
24 Daddy Long Legs Hotel ... C6
25 Dutch Manor ... A5
26 Grand Daddy Hotel ... D4
27 La Rose B&B ... B4
28 Long Street Backpackers ... B7
29 Purple House ... B1
30 Rouge on Rose ... B4
31 Scalabrini Guest House ... D8
32 St Paul's B&B Guesthouse ... A7
33 Taj Cape Town ... D6
34 Village & Life ... B2

Où se restaurer
35 Addis in Cape ... C5
36 Africa Café ... C4
37 Beefcakes ... C1
Bombay Brasserie ... (voir 33)
Chef's Warehouse & Canteen ... (voir 23)
38 Clarke's Bar & Dining Room ... B5
39 Company Garden's Restaurant ... B8
40 Hemelhuijs ... C3
41 Izakaya Matsuri ... C1
42 Jason Bakery ... A6
43 La Petite Tarte ... B2
44 Loading Bay ... B2
45 Lola's ... A7
46 Plant ... A7
47 Plant ... A5

Où prendre un verre et faire la fête
48 Alexander Bar & Café ... D4
49 Amsterdam Action Bar & Backstage ... C1
50 Bean There ... B5
51 Beaulah ... C1
52 Beerhouse ... B7
53 Cafe Manhattan ... B2
54 Crew Bar ... C1
55 Honest Chocolate Cafe ... B5
56 House of Machines ... C5
57 Orphanage ... A7
58 Publik ... B5
59 Sugarhut ... F8
Truth ... (voir 15)
60 Waiting Room ... A7
61 Weinhaus + Biergarten ... B5
62 Yours Truly ... B6

Où sortir
63 Cape Philharmonic Orchestra ... E7
64 Cape Town City Hall ... E7
65 Cape Town International Convention Centre ... G2
66 Crypt Jazz Restaurant ... C6

Achats
67 Africa Nova ... B2
68 African Image ... C6
69 African Music Store ... C6
70 Clarke's Bookshop ... B7
71 Luvey 'n Rose ... C4
72 Monkeybiz ... B4
73 Pan African Market ... C5
74 South African Market ... C5
75 Streetwires ... B4

Transports
76 Greyhound ... F4
Intercape Mainliner ... (voir 76)
Translux ... (voir 76)

noir veiné rose et or, ce bâtiment est le plus impressionnant des édifices Art déco de City Bowl. Décoré à sa base d'une frise en pierre particulièrement longue, il fut conçu par Ivan Mitford-Barberton et ciselé par les frères Lorenzi, les célèbres tailleurs de pierre. Une grande partie des détails et décorations d'origine ont été préservés, notamment l'imposant espace bancaire au centre (hélas fermé au public).

Grand Parade ARCHITECTURE
(carte p. 50 ; Darling St, City Bowl ; Darling). Cette place, qui occupe l'emplacement du premier fort construit en 1652 par les colons hollandais, résume à elle seule l'histoire du

Cap. C'est aussi l'endroit où étaient vendus et punis les esclaves, et où se rassembla la foule pour écouter le discours de Nelson Mandela, libéré après 27 ans d'emprisonnement. En 2010, la FIFA la transforma en village officiel des supporters, avec retransmission sur écran géant des matchs de la Coupe du monde. Un marché se tient sur la place, qui sert également de parking. La ville a alloué 7 millions de rands pour la rénovation de l'**hôtel de ville du Cap**, un majestueux édifice édouardien, face à la place, qui accueille parfois des concerts et des événements culturels.

Gardens et ses environs

South African Jewish Museum MUSÉE
(carte p. 56 ; www.sajewishmuseum.co.za ; 88 Hatfield St, Gardens ; adulte/enfant 40 R/gratuit ; 10h-17h dim-jeu, 10h-14h ven ; P ; Annandale). Une pièce d'identité avec photo est requise pour pénétrer dans ce complexe sécurisé. Outre le musée à l'architecture inventive, on y trouve la **grande synagogue** (1905), un lieu de culte bâti en 1905 dans un style néo-égyptien et toujours en activité. Le musée occupe une partie de l'**ancienne synagogue** (1863), magnifiquement restaurée. L'excellente exposition permanente *Hidden Treasures of Japanese Art* (*Les Trésors cachés de l'art japonais*) présente une collection de délicats *netsuke* (petites pièces de bois ou d'ivoire sculpté). Les expositions temporaires sont également intéressantes.

South African National Gallery MUSÉE
(carte p. 56 ; 021-481 3970 ; www.iziko.org.za ; Government Ave, Gardens ; adulte/enfant 30/15 R ; 10h-17h ; Annandale). L'impressionnante collection permanente de la première galerie d'art nationale de l'Afrique du Sud remonte à l'époque hollandaise et comprend des œuvres extraordinaires. Toutefois, ce sont souvent les créations contemporaines, comme la sculpture *Butcher Boys* de Jane Alexander – un trio d'orques qu'on dirait sorties d'un livre de Tolkien – qui retiennent le plus l'attention.

Signal Hill POINT DE VUE
(carte p. 70 ; Kloof Nek). Ce point de vue, qui date de la colonisation, est ainsi nommé car c'est de là qu'on hissait les drapeaux lorsqu'un navire était repéré au large, permettant aux habitants de préparer leurs marchandises et de récurer leurs chopes à bière. La colline fait partie du Table Mountain National Park. Pour rejoindre le sommet à pied, à vélo ou en voiture, quittez Kloof Nek Rd en prenant la première bifurcation à droite et poursuivez dans Military Rd.

South African Museum MUSÉE
(carte p. 56 ; 021-481 3805 ; www.iziko.org.za ; 25 Queen Victoria St, Gardens ; adulte/enfant 30/15 R ; 10h-17h ; Michaelis). Le musée de l'Afrique du Sud (le plus vieux du pays) ne parvient pas à cacher son âge, mais il offre d'intéressantes collections d'histoire naturelle. Les plus belles galeries sont les plus récentes, comme celles consacrées à l'art et à la culture des premiers peuples de la région, les Khoikhoi et les San – le célèbre Linton Panel est un saisissant exemple de l'art rupestre san. Les peintures sont d'une délicatesse extraordinaire, notamment celles représentant les gracieux élands.

Oranjezicht City Farm FERME
(carte p. 56 ; www.ozcf.co.za ; Upper Orange St, Oranjezicht ; ferme 8h-16h lun-sam, marché 9h-14h sam ; Upper Orange). GRATUIT Cette fabuleuse structure à but non lucratif a été créée par des habitants et des bénévoles du cru à l'endroit même où l'"Oranje Zigt", la première ferme de l'Upper Table Valley, fut fondée en 1709. Un terrain proche du Homestead Park, occupé jusqu'à récemment par un terrain de boules sur herbe en déshérence, a été transformé en un magnifique jardin maraîcher de quartier. Vous pourrez vous y promener librement ou participer à une visite guidée : consultez le site Internet pour en savoir plus.

Green Point et Waterfront

V&A Waterfront QUARTIER
(carte p. 60 ; www.waterfront.co.za ; P ; Nobel Square). Ce port historique, toujours en activité, jouit d'un cadre spectaculaire et offre de nombreux services à destination touristique : boutiques, restaurants, bars, cinémas, croisières dans le port... Creusés en 1860, les bassins Alfred et Victoria accueillent encore remorqueurs, navires portuaires et bateaux de pêche. Le premier bassin, Alfred, est utilisé pour réparer les navires.

Robben Island SITE HISTORIQUE
(021-413 4220 ; www.robben-island.org.za ; adulte/enfant 280/150 R ; ferries à 9h, 11h, 13h et 15h, si la météo le permet ; Nobel Square).

Utilisé comme centre pénitentiaire des premiers jours de la VOC à 1996, ce site inscrit au patrimoine mondial de l'Unesco constitue un mémorial en hommage à ceux qui, comme Nelson Mandela, y furent emprisonnés pendant de nombreuses années. L'endroit se visite uniquement dans le cadre de circuits organisés, qui durent environ 4 heures (aller-retour en ferry compris) et partent du **Nelson Mandela Gateway** (carte p. 60 ; Clock Tower Precinct, V&A Waterfront ; 9h-20h30 ; Nobel Square) GRATUIT, à côté de la tour de l'Horloge (Clock Tower) de Waterfront. Il est fortement recommandé de réserver bien à l'avance en ligne car les visites affichent vite complet.

Two Oceans Aquarium AQUARIUM

(carte p. 60 ; www.aquarium.co.za ; Dock Rd, V&A Waterfront ; adulte/enfant 125/60 R ; 9h30-18h ; ; Aquarium). Ce superbe aquarium accueille des espèces des mers chaude et froide qui bordent la péninsule du Cap, dont des requins, manchots et tortues. À cela s'ajoutent d'extraordinaires bancs de varech et des bassins où l'on peut s'approcher au plus près des animaux marins. Les plongeurs confirmés pourront nager en compagnie des animaux (700 R, équipement compris).

Chavonnes Battery Museum MUSÉE

(carte p. 60 ; 021-416 6230 ; www.chavonnesmuseum.co.za ; Clock Tower Precinct, V&A Waterfront ; 35 R ; 9h-16h). Ce musée expose les vestiges d'une batterie de canons datant du début du XVIIIe siècle, témoignage des diverses fortifications construites par les Hollandais autour de Table Bay. En partie démolies et dissimulées par la construction des docks en 1860, les ruines ont été mises au jour lors de fouilles réalisées en 1999. On peut se promener sur l'ensemble du site et se faire une bonne idée de son état d'origine.

Zeitz MOCAA Pavilion MUSÉE

(carte p. 60 ; www.waterfront.co.za/activities/land-operators/zeitz-mocca-pavilion ; North Wharf, V&A Waterfront ; 12h-20h mer-dim ; Nobel Square). GRATUIT En attendant que le bâtiment conçu par Thomas Heatherwick dans l'ancien silo à grains du Waterfront n'ouvre ses portes en 2017, un avant-goût de la collection d'art africain contemporain du Zeitz MOCAA est proposé dans ce petit pavillon, à côté du Bascule Bridge. Les expositions sont fréquemment renouvelées et plusieurs d'entre elles sont montées conjointement avec le Chavonnes Battery Museum. À terme, l'impressionnante collection d'art de l'entrepreneur Jochen Zeitz constituera la collection permanente du musée, au fil de 80 espaces.

Nobel Square PLACE

(carte p. 60 ; V&A Waterfront ; Nobel Square). C'est l'occasion de se faire photographier aux côtés de Desmond Tutu et de Nelson Mandela. Les statues plus grandes que

LES MUSULMANS DU CAP

Les musulmans du Cap descendent des esclaves amenés par les Hollandais à partir du sous-continent indien et de l'Indonésie. C'est pourquoi ils sont surnommés "Malais du Cap" (Cape Malays), bien que peu d'entre eux soient originaires de l'actuelle Malaisie. Il y avait parmi eux des dissidents politiques érudits, tel Tuan Guru, leader musulman originaire de Tidore (Indonésie), qui arriva au Cap en 1780. Pendant les treize années qu'il passa à Robben Island, il retranscrivit fidèlement le Coran, de mémoire. En 1789, il participa à la fondation de la **mosquée Auwal** (carte p. 50 ; 34 Dorp St, Bo-Kaap ; Leeuwen), la première de la ville, à Bo-Kaap, devenu depuis le quartier musulman du Cap.

Tuan Guru repose au **cimetière Tana Baru**, l'un des plus anciens du pays, à l'extrémité ouest de Longmarket St. Sa tombe fait partie de la vingtaine de *karamat* (tombeaux de saints musulmans) du Cap et des fidèles y viennent toujours en pèlerinage. Il existe toujours un grand nombre de musulmans au Cap, majoritairement dans la population métisse.

Pour visiter le quartier, nul n'égale Gamidah Jacobs. Cette excellente guide locale a grandi à Bo-Kaap et vit à **Lekka Kombuis** (carte p. 50 ; 079-957 0226 ; lekkakombuis@mweb.co.za ; 81 Wale St, Bo-Kaap ; cours de cuisine à partir de 400 R, cours de cuisine et visite à partir de 600 R ; Dorp/Leeuwen), l'une des plus anciennes maisons du district. Elle organise également des cours de cuisine malaise du Cap à son domicile.

LE CAP AVEC DES ENFANTS

Les familles trouveront leur bonheur au Cap, que ce soit pour ses plages ou des divertissements comme le **Two Oceans Aquarium** (p. 54).

Parmi les nombreux animaux à observer, citons les phoques de **Duiker Island**, les populaires manchots de **Boulders** (p. 58), ou encore les milliers d'oiseaux et de singes du **World of Birds**. Des promenades à dos de dromadaire vous attendent à l'**Imhoff Farm** (☎021-783 4545, promenades à dos de chameau 082 344 3163 ; www.imhofffarm.co.za ; Kommetjie Rd, Kommetjie ; accès libre, parc des serpents et reptiles adulte/enfant 35/30 R, promenades à dos de chameau adulte/enfant 50/30 R ; ⏲ferme 9h-17h, boutique 8h-17h, parc des serpents et reptiles 9h-17h lun-ven, promenades à dos de chameau 12h-16h mar-dim ; P), ainsi qu'un parc de serpents et de reptiles.

Le **planétarium** (carte p. 56 ; www.iziko.org.za/museums/planetarium ; 25 Queen Victoria St, Gardens ; adulte/enfant 40/20 R ; ⏲10h-17h ; Michaelis) propose chaque jour un film sur les étoiles destiné aux enfants, tandis que d'autres activités capteront l'attention des plus curieux au **South African Museum** (p. 53) adjacent. Le **Cape Town Science Centre** (☎021-300 3200 ; www.ctsc.org.za ; 370B Main Rd, Observatory ; 40 R ; ⏲9h-16h30 lun-sam, 10h-16h30 dim ; P; Observatory) est tout aussi instructif et ludique.

Sur les plages, les parents devront faire attention aux vagues violentes et aux risques d'hypothermie dus à la température de l'eau. Par temps chaud et quand la mer est calme, la **plage de Muizenberg** (p. 59) se révèle la plus agréable, de même que le bassin dans les rochers de **St James** (près de Main Rd, St James ; St James), juste à côté. Le **Sea Point Pavilion** (p. 62) offre une piscine familiale très agréable, beaucoup plus chaude que l'océan.

Deux aires de jeux très inventives agrémentent **Green Point Urban Park**, ainsi que des jardins pédagogiques sur les plantes d'Afrique du Sud. À proximité, **Mouille Point** réunit un vaste espace de jeux, un train miniature, un labyrinthe et un minigolf.

Pour trouver d'autres distractions, ainsi que des cafés, des restaurants et des boutiques pour les enfants, consultez le site de **Cape Town Kids** (www.capetownkids.co.za).

nature des deux hommes, signées Claudette Schreuders, se tiennent sur cette place près des deux autres Prix Nobel de la paix d'Afrique du Sud : Nkosi Albert Luthuli et F. W. De Klerk.

Green Point Urban Park PARC

(carte p. 60 ; www.gprra.co.za/green-point-urban-park.html ; Bay Rd, Green Point ; ⏲7h-19h ; P ; Stadium). Ce parc [illegible] [illegible] alimentés par les sources et les rivières de Table Mountain sillonnent le parc, lequel comporte trois secteurs ingénieusement conçus – People & Plants (Hommes et Plantes), Wetlands (Zones humides) et Discovering Biodiversity (À la découverte de la biodiversité) – et ponctués de panneaux pédagogiques, le tout composant un remarquable musée en plein air. Le Cape Town Stadium organise des **visites guidées** (adulte/enfant 35/11 R).

Cape Town Stadium STADE

(carte p. 60 ; ☎021-417 0101 ; Granger Bay Blvd, Green Point ; visite adulte/enfant 45/17 R ; ⏲visites 10h, 12h et 14h mar-sam ; P ; Stadium). Construit pour la Coupe du monde 2010 moyennant 4,5 milliards de rands, ce stade est l'ouvrage contemporain le plus frappant du Cap. Évoquant un énorme [illegible] permet de pénétrer dans les coulisses : tribunes officielles, espaces réservés à la presse et vestiaires.

Côte atlantique

Sea Point Promenade PROMENADE

(carte p. 70 ; Beach Rd, Sea Point ; Promenade). Au Cap, arpenter la large promenade pavée et bordée de pelouses de Sea Point fait partie des plaisirs partagés par les habitants de tous milieux.

Gardens et ses environs

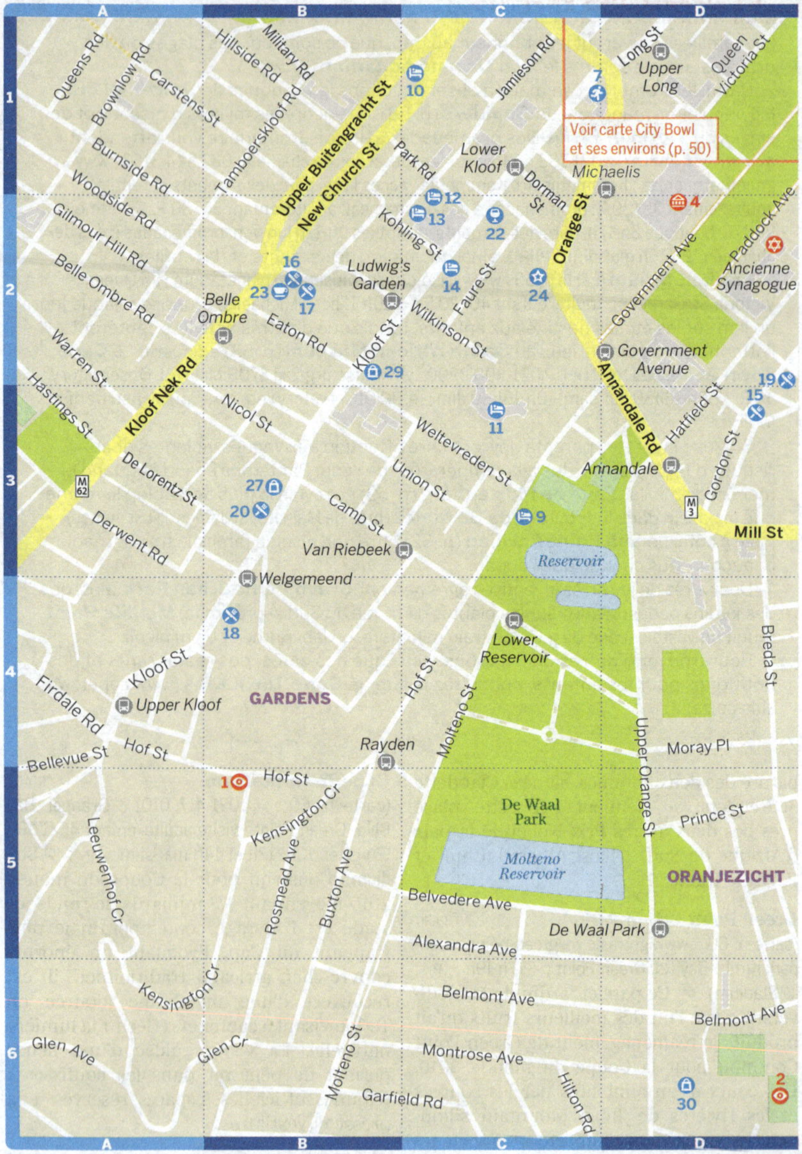

C'est donc un bon endroit pour apprécier la dimension multiculturelle de la ville. On y trouve des aires de jeux pour les enfants, un espace de gym en plein air, bien entretenu, et plusieurs œuvres d'art qui méritent le coup d'œil.

Plages de Clifton PLAGES
(carte p. 70 ; Victoria Rd, Clifton ; Clifton, Clifton 2nd, Clifton 3rd, Clifton 4th). De gros rochers en granit séparent les quatre plages de Clifton, accessibles par des escaliers depuis Victoria Rd. Ces plages,

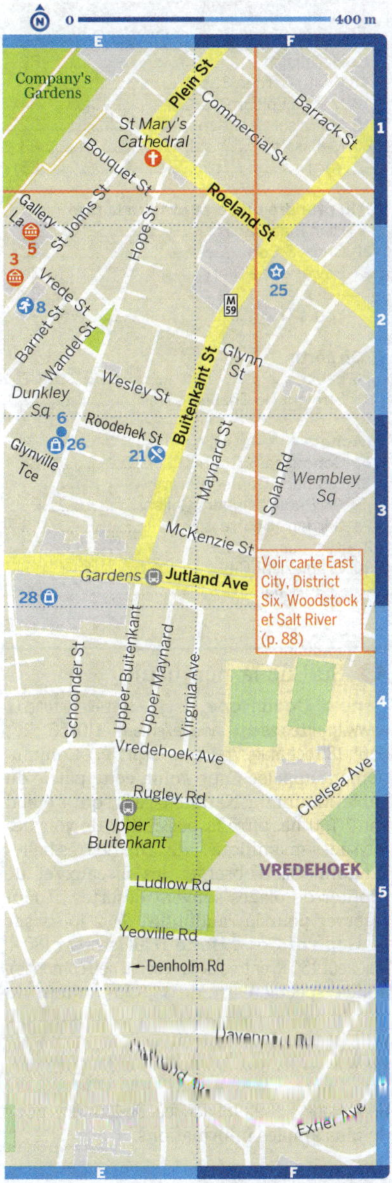

les plus ensoleillées du Cap, sont presque toujours à l'abri du vent. Des vendeurs de boissons et de glaces arpentent le sable ; on peut aussi louer des chaises longues et des parasols. En revanche, il n'y a pas de toilettes publiques.

Camps Bay Beach PLAGE
(carte p. 70 ; Victoria Rd, Camps Bay ; Camps Bay). Avec son sable blanc et les spectaculaires Twelve Apostles (Douze Apôtres) de la Table Mountain en toile de fond, Camps Bay est l'une des plages les plus prisées du Cap. Elle compte néanmoins quelques désavantages : très venteuse, elle est souvent noire de monde, surtout le week-end ; la force des vagues et l'absence de surveillance incitent à la plus grande prudence si vous décidez de vous baigner.

World of Birds PARC ORNITHOLOGIQUE
(www.worldofbirds.org.za ; Valley Rd, Hout Bay ; adulte/enfant 85/40 R ; 9h-17h, jungle des singes 11h30-13h et 14h-15h30 ; P ; Valley). Barbicans, tisserins et flamants figurent parmi les 3 000 oiseaux que l'on découvre ici, représentant avec des petits mammifères quelque 400 espèces. Les paysagistes ont fait des prouesses pour que les volières, les plus vastes d'Afrique du Sud, recréent un environnement tropical le plus naturel possible. Dans la jungle des singes, vous pouvez interagir avec de malicieux singes-écureuils.

Hout Bay Harbour PORT
(Harbour Rd, Hout Bay). Consacré en partie au tourisme, avec des complexes comme le **Mariner's Wharf** (www.marinerswharf.co.za ; Harbour Rd, Hout Bay ; Northshore), le port de Hout Bay est toujours en activité, avec un port de pêche et un centre de traitement au sud de la baie. Des circuits en bateau et des excursions de snorkeling et de plongée à destination de **Duiker Island** (Fishmarket) partent d'ici.

Faubourgs sud

Kirstenbosch Botanical Gardens JARDINS
(021 [illegible] ; www.sanbi.org/gardens/kirstenbosch ; Rhodes Dr, Newlands ; adulte/enfant [illegible] R ; [illegible] août, serre 9h-17h toute l'année). Leur situation et leur flore unique placent ces jardins botaniques, couvrant 36 ha, parmi les plus beaux du monde. À l'entrée principale, du côté de Newlands, vous trouverez un centre d'information, une belle boutique de souvenirs et une **serre**.

Ajouté pour le centenaire des jardins en 2013, le **Tree Canopy Walkway** (surnommé le Boomslang, soit le "serpent-arbre") est un voluptueux pont d'acier et de bois qui s'élève au milieu des arbres et offre une vue impressionnante.

Gardens et ses environs

À voir
1 Leeuwenhof B5
2 Oranjezicht City Farm D6
3 South African Jewish Museum E2
4 South African Museum D2
5 South African National Gallery E2
Planétarium .... (voir 4)

Activités
6 Coffeebeans Routes E3
7 Downhill Adventures C1
8 Mountain Club of South Africa E2

Où se loger
9 Ashanti Gardens C3
10 Backpack C1
11 Belmond Mount Nelson Hotel C3
12 Hippo Boutique Hotel C2
13 La Grenadine C2
14 Once in Cape Town C2

Où se restaurer
15 Aubergine D3
Chef's Table .... (voir 11)
Ferdinando's .... (voir 27)
16 Hallellujah B2
17 Kyoto Garden Sushi B2
18 Manna Epicure B4
19 Maria's D2
20 Melissa's B3
21 Yard E3

Où prendre un verre et faire la fête
Blah Blah Bar .... (voir 27)
22 Chalk & Cork C2
23 Power & the Glory/ Black Ram B2
Yours Truly .... (voir 14)

Où sortir
24 Labia C2
25 Straight No Chaser F2

Achats
26 Coffeebeans Routes E3
27 Erdmann Contemporary & Photographers Gallery B3
28 Gardens Centre E3
29 KIN B2
30 Oranjezicht City Farm Market D6

Rhodes Memorial MONUMENT

(www.rhodesmemorial.co.za ; près de la M3, Groote Schuur Estate, Rondebosch ; ⏲7h-19h ; 🅿). GRATUIT Inspiré en partie de l'arc londonien de Hyde Park Corner, cet imposant mémorial de granit se dresse sur les pentes orientales de Table Mountain, là où le magnat des mines et ancien Premier ministre Cecil Rhodes venait admirer la vue. Les 49 marches (une par année de sa vie) sont flanquées d'augustes lions ; depuis le sommet, on jouit d'une vue dégagée sur les Cape Flats et les chaînes de montagnes au-delà.

Irma Stern Museum MUSÉE

(☎021-685 5686 ; www.irmastern.co.za ; Cecil Rd, Rosebank ; adulte/enfant 10/5 R ; ⏲10h-17h mar-sam ; 🚉Rosebank). C'est ici que vécut pendant près de 40 ans Irma Stern (1894-1966), une artiste novatrice dont les œuvres sont parmi les plus recherchées du paysage pictural sud-africain. Son atelier a été conservé quasiment dans l'état dans lequel elle l'a laissé, comme si elle venait de sortir prendre l'air dans le jardin verdoyant. Sa collection d'art et d'artisanat ethnographique du monde entier fascine tout autant que son œuvre, laquelle s'inspire de l'expressionnisme allemand et intègre des éléments africains traditionnels.

Sud de la péninsule

Cape of Good Hope RÉSERVE NATURELLE

(www.tmnp.co.za ; adulte/enfant 110/55 R ; ⏲6h-18h oct-mars, 7h-17h avr-sept ; 🅿). Communément appelée Cape Point, cette partie du Table Mountain National Park, qui s'étend sur 7 750 ha, offre la possibilité de voir des paysages magnifiques, de faire de très belles randonnées, d'observer les oiseaux et de profiter de plages souvent désertes. Il faut réserver pour la randonnée de 2 jours sur le **Cape of Good Hope Trail** (sept-avr 180 R, mai-août 150 R, entrée de la réserve non comprise), [illegible] circulaire de [illegible] km autour du cap de Bonne-Espérance qui comprend une nuit passée dans les refuges sommaires de Protea ou Restio. Contactez le **Buffelsfontein Visitor Centre** (☎021-780 9204 ; Cape of Good Hope ; ⏲9h-16h lun-jeu, 9h-15h ven) pour de plus amples informations.

Boulders Penguin Colony COLONIE DE MANCHOTS

(www.tmnp.co.za ; Simon's Town ; adulte/enfant 60/30 R ; ⏲8h-17h avr-sept, 8h-18h30 fév-mars et oct-nov, 7h-19h30 déc et jan ; 🅿 ; 🚉Simon's Town). À quelque 3 km au sud-est de Simon's Town, une charmante colonie de 2 100 manchots du Cap occupe ce secteur pittoresque, où d'énormes rochers délimitent de petites

VAUT LE DÉTOUR

D'EAST CITY À SALT RIVER

À l'est de City Bowl, des faubourgs industriels et des cités ouvrières sont en cours de réhabilitation, montrant les signes certains d'un embourgeoisement. Mais depuis le début, ce projet controversé est pour le moins erratique, comme en témoignent les terrains laissés vacants du District Six, quartier autrefois multiculturel, détruit durant l'apartheid.

Plus près du centre, plusieurs commerces, cafés et restaurants innovants vous attendent à East City : ne manquez pas **Substation 13** (carte p. 88 ; Canterbury St, District Six ; Lower Buitenkant) GRATUIT, avec sa représentation murale de Mandela, **Charly's Bakery** (p. 81), une boulangerie aux couleurs vives, ou encore **Land & Liberty** (carte p. 88 ; Keizersgracht, District Six ; Hanover St), une fresque sur 8 étages du prolifique artiste de rue Faith47 (www.faith47.com), figurant une mère portant son enfant sur le dos.

Plus à l'est, Woodstock et Salt River poursuivent leur ascension sociale avec le **Woodstock Exchange** (p. 95), qui a rejoint le phénoménal Old Biscuit Mill dans Albert Rd. Allez aussi jeter un coup d'œil aux galeries d'art **Stevenson** (carte p. 88 ; www.stevenson.info ; 160 Sir Lowry Rd, Woodstock ; 9h-17h lun-ven, 10h-13h sam ; District Six), **Goodman Gallery Cape** (carte p. 88 ; 021-462 7573 ; www.goodman-gallery.com ; 3e ét., Fairweather House, 176 Sir Lowry Rd, Woodstock ; 9h30-17h30 mar-ven, 10h-16h sam ; District Six), **Southern Guild** (carte p. 88 ; 021-461 2856 ; www.southernguild.co.za ; Unit 1, 10-16 Lewin St, Woodstock ; 10h-17h mar-ven, 10h-13h sam ; District Six) et **What If the World** (carte p. 88 ; www.whatiftheworld.com ; 1 Argyle St, Woodstock ; 10h-16h30 mar-ven, 10h-15h sam ; Kent).

Parmi les artistes de rue organisant des visites de Woodstock figure le sympathique Zimbabwéen **Juma Mkwela** (073 400 4064 ; juma.mkwela@gmail.com ; visite de Woodstock/Khayelitsha 200/500 R), un ancien habitant du quartier qui propose des visites du même genre à Khayelitsha, où il réside désormais.

criques sablonneuses. Un chemin de planches mène du centre d'accueil des visiteurs de Boulders de Foxy Beach, plage située à l'extrémité de la zone protégée (englobée dans le Table Mountain National Park), à Boulders Beach, où l'on peut descendre sur le sable et même barboter avec les manchots. Ne soyez pas tenté de les caresser : ils ont des becs tranchants qui peuvent causer de sérieuses blessures.

Silvermine Nature Reserve RÉSERVE NATURELLE
(021-715 0011 ; www.tmnp.co.za ; Ou Kaapse Weg ; adulte/enfant 10/5 R ; 7h-18h oct-mars, 8h-17h avr-sept). Cette partie du Table Mountain National Park tire son nom des vaines tentatives des Hollandais d'y prospecter de l'argent entre 1675 et 1685. Aujourd'hui, l'attraction reine en est le Silvermine Reservoir (construit en 1898), un endroit délicieux pour pique-niquer ou flâner sur une passerelle en bois accessible en fauteuil roulant. Malgré les panneaux interdisant la baignade – les eaux du bassin sont maculées de tanin – on voit fréquemment des habitants des lieux y piquer une tête.

Casa Labia Cultural Centre CENTRE CULTUREL
(021-788 6068 ; www.casalabia.co.za ; 192 Main Rd, Muizenberg ; 10h-16h mar-dim ; Muizenberg). GRATUIT Construite en 1930, cette magnifique villa de bord de mer fut jadis la résidence palatiale de l'ambassadeur d'Italie, le comte Natale Labia, et de son épouse sud-africaine. Écrin de la collection d'art de la famille Labia (avec notamment des tableaux d'Irma Stern et de Gerald Sekoto), elle accueille de fréquentes expositions d'art contemporain, des concerts, des conférences et d'autres manifestations culturelles. Le bâtiment compte également un très bon café et une boutique de haute tenue spécialisée dans l'art et l'artisanat, **CasBah**.

Plage de Muizenberg PLAGE
(Beach Rd, Muizenberg ; P ; Muizenberg). Prisée des familles et des surfeurs, cette plage est réputée pour sa rangée de cabines de bain victoriennes aux couleurs vives. On peut louer des planches de surf et prendre des cours auprès de plusieurs boutiques de Beach Rd ; des pavillons sur la promenade offrent la possibilité

Green Point et Waterfront

Green Point et Waterfront

Les incontournables
1 Nelson Mandela Gateway ... F3

À voir
2 Cape Town Stadium ... D2
3 Chavonnes Battery Museum ... F3
4 Green Point Urban Park ... A2
5 Nobel Square ... E3
6 Two Oceans Aquarium ... E3
7 V&A Waterfront ... F2
8 Zeitz MOCAA Pavilion ... E3

Activités
9 Awol Tours ... E2
10 Cape Town Helicopters ... G1
11 Kaskazi Kayaks ... A3
12 Metropolitan Golf Club ... C1
13 Sports Helicopters ... G1
Table Bay Diving ... (voir 14)
14 Waterfront Charters ... F2
Yacoob Tourism ... (voir 14)

Où se loger
15 Atlantic Point Backpackers ... D4
16 B.I.G. Backpackers ... C4
17 Cape Grace ... F3
18 Head South Lodge ... A3
19 One & Only Cape Town ... E3
20 Villa Zest ... D4

Où se restaurer
21 Café Neo ... A2
22 El Burro ... D3
23 Giovanni's Deli World ... C3
Harbour House ... (voir 30)
24 Nü ... D3
25 V&A Market on the Wharf ... E3

Où prendre un verre et faire la fête
Bascule ... (voir 17)
26 Mitchell's Scottish Ale House & Brewery ... E2
27 Shift ... D3
28 Shimmy Beach Club ... G2
29 Tobago's Bar & Terrace ... D1

Où sortir
Jou Ma Se Comedy Club ... (voir 25)

Achats
30 Cape Union Mart Adventure Centre ... F2
31 KIN ... F3
32 Victoria Wharf ... F2
33 Watershed ... E3

de laisser ses affaires sous clé. La plage descend en pente douce et ses eaux sont généralement plus sûres qu'ailleurs le long de la péninsule.

Kalk Bay Harbour PORT

(Essex Rd, Kalk Bay ; marché au poisson 9h-17h ; P ; Kalk Bay). On gagne à visiter ce port pittoresque en fin de matinée, quand les derniers pêcheurs du village reviennent avec leurs prises, et qu'un marché animé prend vie sur le quai. C'est aussi l'occasion d'acheter du poisson en vue d'un *braai* (barbecue), ou d'observer les baleines en saison. Non loin, près de la gare de Kalk Bay et du pub Brass Bell, la mer se retire en laissant des piscines naturelles.

Simon's Town Museum MUSÉE

(021-786 3046 ; www.simonstown.com/museum/stm.htm ; Court Rd, Simon's Town ; adulte/enfant 10/5 R ; 10h-16h lun-ven, 10h-13h sam ; P ; Simon's Town). Occupant l'ancienne résidence du gouverneur (1777) pleine de coins et de recoins, ce musée retrace l'histoire de la ville. On y trouve une exposition consacrée à Just Nuisance, le dogue allemand promu mascotte de la marine pendant la Seconde Guerre mondiale. Sa tombe, située près de Red Hill Rd, au-dessus de la ville, peut faire l'objet d'une longue et plaisante (bien qu'abrupte) promenade depuis le port, avec un joli point de vue.

LA TABLE MOUNTAIN ENCADRÉE

D'énormes cadres en métal jaune vif, hérités de l'événement "Le Cap, capital du design 2014", sont installés en divers endroits de la ville, proposant tous la Table Mountain en toile de fond. Vous en trouverez notamment sur Signal Hill, sur le V&A Waterfront, à District Six (près de Charly's Bakery), à côté de la gare ferroviaire du Cap, ou encore sur Lookout Hill (à Khayelitsha). Financés par le Table Mountain Aerial Cableway, ces cadres remportent un grand succès, comme en témoigne le nombre de photos publiées sur la galerie en ligne (www.tablemountain.net/galleries).

Heritage Museum MUSÉE
(www.simonstown.com/museum/sthm.htm ; Almay House, King George Way, Simon's Town ; 5 R ; ⏲11h-16h mar-jeu et dim ; P ; Simon's Town). Situé dans l'Almay House (1858), avec son joli jardin à l'avant, ce modeste et néanmoins intéressant musée est dédié aux expulsés. En effet, Simon's Town comptait autrefois une communauté de 7 000 personnes de couleur, avant que l'apartheid ne les force à migrer, essentiellement vers le faubourg d'Ocean's View, de l'autre côté de la péninsule, sur la façade atlantique. La conservatrice est Zainab Davidson, dont la famille fut chassée en 1975.

Activités

Avion, parapente et parachutisme

Cape Town Tandem Paragliding PARAPENTE
(076 892 2283 ; www.paraglide.co.za ; saut 1 150 R). Vous vous sentirez comme James Bond quand vous vous élancerez en parapente de Lion's Head pour atterrir près du Glen Country Club, où vous prendrez un cocktail au Camps Bay. Les novices peuvent opter pour un saut en tandem, laissant le soin à l'accompagnateur aguerri de s'occuper des détails techniques. Les conditions météo doivent être favorables ; informez-vous dès votre arrivée au Cap.

Cape Town Helicopters VOL PANORAMIQUE
(carte p. 60 ; 021-418 9462 ; www.helicopterscapetown.co.za ; 220 East Pier, Breakwater Edge, V&A Waterfront ; à partir de 1 300 R/pers ; Waterfront). Avec ces vols panoramiques, les points de vue inoubliables sur la péninsule du Cap sont garantis. Diverses options sont proposées, de l'excursion de 30 minutes à destination de Robben Island à la balade d'une heure jusqu'à Cape Point (3 500 R).

Sports Helicopters VOL PANORAMIQUE
(carte p. 60 ; 021-419 5907 ; www.sport-helicopters.co.za/huey-combat-mission ; East Pier Rd, V&A Waterfront ; vol à partir de 2 700 R ; Waterfront). La flotte de ce prestataire compte un hélicoptère "Huey" ayant appartenu au corps des marines des États-Unis pendant la guerre du Vietnam. Il vole toutes portes ouvertes pour une expérience à la *Apocalypse Now*. Le circuit standard, d'une durée de 30 minutes, effectue une boucle jusqu'à Hout Bay ; la version d'une heure relie le Waterfront à Cape Point.

Skydive Cape Town SAUT EN PARACHUTE
(082 800 6290 ; www.skydivecapetown.za.net ; 1 900 R). Installé à Melkboshstrand, à environ 20 km au nord du centre-ville, ce prestataire expérimenté propose du saut en parachute en tandem. La vue est évidemment spectaculaire – du moins quand on cesse de hurler. Les vols partent du Delta 200 Airfield de Melkbosstrand. Le prestataire n'assure pas le transfert depuis Le Cap mais saura vous conseiller un moyen de transport si vous en avez besoin.

Baignade et sauna

L'eau est légèrement plus chaude du côté de False Bay que sur le littoral atlantique (où elle est généralement glacée). Essayez les plages et les flaques de marée de Muizenberg, St James, Kalk Bay et Buffels Bay, à la pointe du Cap.

Sea Point Pavilion BAIGNADE
(carte p. 70 ; Beach Rd, Sea Point ; adulte/enfant 20/10 R ; ⏲7h-19h oct-avr, 9h-17h mai-sept ; Sea Point Pool). Cet immense complexe de bassins en plein air dans le style Art déco est une institution de Sea Point, très fréquentée en été. Rien d'étonnant puisque la température de l'eau affiche toujours au moins 10°C de plus que celle de l'océan, toujours glacial.

Long St Baths BAIGNADE
(carte p. 50 ; www.capetown.gov.za/en/SportRecreation/Pages/LongStreetBaths.aspx ; angle Long St & Buitensingle St, City Bowl ; adulte/enfant 5,50/1,50 R ; ⏲7h-19h ; Upper Loop/Upper Long). Ces bains de 1906, joliment restaurés, sont ornés de fresques murales représentant des scènes de vie du centre-ville. Ils ont la faveur des habitants du quartier pour leur piscine chauffée. Les bains turcs (48 R) sont parfaits pour éliminer les toxines, en particulier durant les mois les plus frais. Ces derniers accueillent alternativement les femmes (9h-18h, lundi, jeudi et samedi, 9h-13h mardi) et les hommes (13h-19h mardi, 8h-19h mercredi et vendredi, 8h-12h dimanche).

Descente en rappel et kloofing (canyoning)

Abseil Africa SPORTS EXTRÊMES
(carte p. 50 ; 021-424 4760 ; www.abseilafrica.co.za ; 297 Long Street ; descente en rappel 650 R). La descente de 112 m depuis le sommet de la Table Mountain avec ce club établi de longue date vous garantit

LA SÉCURITÉ EN RANDONNÉE

- Porter un pantalon. La plupart des plantes composant le *fynbos* (cette jolie broussaille mêlant protées, éricacées, etc.) sont dures et épineuses. Attention en particulier au "*blister bush*" ("buisson à ampoules", *Diplolophium buchananii*), dont les feuilles ressemblent à du persil. Si l'on se frotte à lui, les ampoules qu'il provoque peuvent être à l'origine de plaies qui mettront des années à guérir. Le seul remède est de couvrir immédiatement la peau touchée, car le soleil active les toxines de cette plante.
- Indiquer à un tiers l'itinéraire prévu et s'équiper d'une carte ou, mieux, partir avec un guide.
- Rester sur les sentiers fréquentés, ne pas prendre de raccourcis.
- Emporter beaucoup d'eau et de la nourriture.
- Prévoir une veste imperméable pour parer aux brusques changements de temps.
- Porter de bonnes chaussures de randonnée et un chapeau pour se protéger du soleil.
- Emporter un téléphone portable rechargé, si l'on en possède un.
- Ne pas grimper en solo. Les autorités du parc recommandent de partir à quatre.
- Ne pas laisser de détritus en montagne.
- Ne pas faire de feu (interdit).

une montée d'adrénaline. N'y pensez pas si vous n'avez pas l'estomac et le cœur bien accrochés. L'ascension guidée de Platteklip Gorge coûte 250 R.

L'agence propose également du *kloofing* (de l'africaans "*kloof*", gorges, l'équivalent du canyoning) dans les environs du Cap, une activité impliquant descente en rappel, escalade, randonnée, nage et sauts.

Équitation

Sleepy Hollow Horse Riding ÉQUITATION
(☎021-789 2341, 083 261 0104 ; www.sleepyhollowhorseriding.com ; Sleepy Hollow Lane, Noordhoek ; 460 R/pers). Spécialiste fiable qui peut organiser des randonnées équestres sur la grande plage de sable de Noordhoek et dans les montagnes de l'arrière-pays. Les promenades de 2 heures partent à 9h, 13h et 16h30.

Golf

Le Cap et ses environs comptent nombre de superbes parcours de golf. La plupart accueillent les visiteurs (réservation recommandée). Contactez la **Western Province Golf Union** (www.wpgu.co.za) pour plus d'informations.

Metropolitan Golf Club GOLF
(carte p. 60 ; ☎021-430 6012 ; www.metropolitangolfclub.co.za ; Fritz Sonnenberg Rd, Mouille Point ; caddie 9/18 trous 100/185 R, location de matériel 18/9 trous 200/300 R ; 🚌Mouille Point). Ce parcours a bénéficié du réaménagement des installations sportives de Green Point Common : quatre variétés de pelouses locales ont ainsi été plantées pour lui donner une apparence plus naturelle. Un emplacement imbattable à l'abri du vent, entre le Cape Town Stadium et Green Point Park, avec Signal Hill en toile de fond.

Mowbray Golf Club GOLF
(☎021-685 3018 ; www.mowbraygolfclub.co.za ; 1 Raapenberg Rd, Mowbray ; 18 trous 350 R ; ⏰7h-18h ; 🚉Pinelands). Fondé en 1910, le golf de Mowbray est considéré par certains comme le meilleur parcours de la ville, grâce à son cadre champêtre et sa généreuse avifaune. Notez la vue ravissante sur le Devil's Peak.

Kayak

Kaskazi Kayaks KAYAK, CIRCUIT
(carte p. 60 ; ☎083 346 1146, 083 230 2726 ; www.kayak.co.za ; station-service Shell, 179 Beach Rd, Three Anchor Bay ; 300 R/pers ; ⏰13h-17h30 mar-ven, 9h-13h sam ; 🚌Three Anchor Bay). Depuis Three Anchor Bay, ce prestataire organise des excursions guidées de deux heures (en fonction de la météo) et à destination de Granger Bay ou de Clifton. La vue sur les montagnes et le littoral est stupéfiante, et vous aurez peut-être la chance d'approcher dauphins, otaries et manchots. L'observation des baleines est également possible en saison. Possibilité d'organiser des circuits à vélo (ou d'en louer) et du parapente en tandem.

À NE PAS MANQUER

RANDONNÉES DANS LE TABLE MOUNTAIN NATIONAL PARK

S'étendant de Signal Hill jusqu'à la pointe du Cap, ce **parc** (☎021-712 2337 ; www.sanparks.org/parks/table_mountain) de 22 000 ha est une véritable merveille naturelle. Parmi la variété de paysages qu'il présente, on compte des montagnes de granit et de grès, des plages ponctuées d'énormes rochers et des forêts ombragées.

Pour l'immense majorité des visiteurs, sa principale attraction est la montagne éponyme, dont on peut aisément rallier le sommet (1 086 m) via le **téléphérique** (☎021-424 0015 ; www.tablemountain.net ; Tafelberg Rd, Table Mountain ; adulte aller/aller-retour à partir de 115/225 R, enfant 58/110 R ; ⏲8h30-18h fév-nov, 8h-21h30 déc-jan ; 🚌Lower Cable Car), qui part toutes les 10/20 minutes en haute/basse saison.

Des sentiers bétonnés relient la station supérieure du téléphérique à un restaurant, à une boutique et à plusieurs terrasses. Organisées gratuitement par des guides bénévoles, des randonnées traversant le plateau de la Table Mountain partent quotidiennement à 10h et à 12h depuis la station supérieure du téléphérique.

Pour atteindre le point culminant (1 088 m) de la montagne, il vous faudra encore parcourir quelque 5 km jusqu'au **Maclear's Beacon**, ce qui devrait prendre 1 heure aller-retour. Ne vous attaquez pas à cet itinéraire s'il y a des nuages bas ou de la brume sur la montagne, car on a vite fait de se perdre.

Le parc est sillonné d'une myriade de sentiers, allant des plus faciles à des voies ardues comportant de l'escalade de haut niveau. Vous vous acquitterez du droit d'entrée à Boulders, à la Cape of Good Hope Gate, à Ouderkraal, à Silvermine et à Tokai, selon la section du parc choisie ; après, les sentiers sont gratuits. Le balisage est loin d'être toujours clair et, même avec une carte, il est facile de se perdre. Suivez nos conseils de sécurité (p. 63) et n'hésitez pas à vous faire accompagner par un guide.

La randonnée de **Platteklip Gorge** est l'itinéraire le plus direct vers le sommet de la montagne. Comptez environ 2 heures, mais la montée est abrupte et toujours sous le soleil. **Pipe Track** est moins raide mais exige le double de temps. Pour escalader **Lion's Head** (carte p. 70 ; Signal Hill Rd, Tamboerskloof ; 🅿 ; 🚌Kloof Nek), l'énorme affleurement aux allures de mamelon qui domine Sea Point et Camps Bay, comptez environ 45 minutes.

Deux autres pistes populaires partent des Kirstenbosch Botanical Gardens et suivent **Skeleton Gorge** (où certains passages se franchissent en cordée) ou **Nursery Ravine**. Un randonneur en condition physique moyenne mettra environ 3 heures. Si les sentiers, escarpés par endroits, sont bien balisés, aucun panneau ne vous guidera entre le téléphérique et le jardin botanique.

Des randonnées plus longues s'offrent à vous. L'une de 33,8 km (2 jours/1 nuit), sur le **Cape of Good Hope Trail** (sentier du cap de Bonne-Espérance ; p. 58) l'autre de 80 km (5 jours/4 nuits) sur le **Hoerikwaggo Trail** (☎021-465 8515), qui couvre toute la péninsule, de la pointe du Cap à la station supérieure du téléphérique. La première doit être réservée et inclut l'hébergement, au contraire de la seconde, que l'on peut arpenter librement. Les superbes campements de tentes le long du chemin sont à réserver en ligne (www.sanparks.org/parks/table_mountain/tourism/accommodation php#tented), ou par téléphone (☎021-712 7471) entre 8h et 16h, du lundi au vendredi.

Sea Kayak Trips KAYAK
(☎082 501 8930 ; www.kayakcapetown.co.za ; embarcadère de Simon's Town, Simon's Town ; excursions à partir de 250 R ; 🚌Simon's Town). Avec ce prestataire basé à Simon's Town, rejoignez à la pagaie la colonie de manchots du Cap à Boulders (250 R).

Vélo et VTT

AWOL (p. 66) et **Day Trippers** (☎021-511 4766 ; www.daytrippers.co.za), qui organisent des visites de la ville, proposent aussi des balades à vélo.

Downhill Adventures CYCLOTOURISME
(carte p. 56 ; ☎021-422 0388 ; www.downhilladventures.com ; angle Orange St et Kloof St, Gardens ; activités à partir de 750 R ; 🚌Upper Loop/Upper Long). Offrez-vous une montée d'adrénaline avec les circuits VTT de ce prestataire, de la descente avec frissons garantis au départ de la station inférieure

du téléphérique de la Table Mountain, ou des balades plus tranquilles dans la forêt de Tokai, les vignobles de Constantia Winelands et le cap de Bonne-Espérance. Possibilité de louer des vélos (300 R/jour) et d'organiser des cours de surf ou de *sandboard* (surf des sables).

Plongée et snorkeling

Into the Blue (carte p. 70 ; ☎021-434 3358 ; www.diveschoolcapetown.co.za ; 88B Main Rd, Sea Point ; cours PADI Open-Water à partir de 4 650 R, plongée depuis le rivage/bateau 275/420 R, location matériel 520 R/jour; 🚌Sea Point High) et **Table Bay Diving** (carte p. 60 ; ☎021-419 8822 ; www.tablebay-diving.com ; Quay 5, Shop 7, V&A Waterfront ; 🚌Breakwater) organisent d'excellentes plongées sur la côte et depuis un bateau.

♥ **Animal Ocean** SNORKELING, PLONGÉE
(☎079 488 5053 ; www.animalocean.co.za ; Hout Bay Harbour, Hout Bay ; snorkeling/plongée par pers 650/850 R ; 👪 ; 🚌Fishmarket). Ne manquez pas l'occasion de pratiquer le snorkeling ou la plongée en la compagnie joueuse des otaries à fourrure du Cap qui vivent sur Duiker Island, et de nager dans les eaux qui la bordent, où les requins sont absents. Tout le matériel nécessaire, dont d'épaisses combinaisons en Néoprène, est fourni. Ces excursions, uniquement programmées de septembre à avril, dépendent de la météo et sont déconseillées à ceux qui n'ont pas le pied marin.

Randonnée et escalade

L'arête montagneuse de la péninsule du Cap attire les amateurs de randonnée et de varappe qui doivent être conscients des dangers, dus notamment aux caprices de la météo. Pour profiter au mieux des montagnes, faites appel à un guide local.

Mountain Club of South Africa ESCALADE
(carte p. 56 ; ☎021-465 3412 ; www.mcsacapetown.co.za ; 97 Hatfield St ; 🚌Government Avenue). Peut recommander des guides aux varappeurs chevronnés et possède un mur d'escalade (5 R). Appelez pour connaître les heures d'ouverture au public.

Venture Forth RANDONNÉE
(☎086 617 3449, 021-510 3137 ; www.ventureforth.co.za ; à partir de 570 R/pers). Excellentes randonnées et ascensions avec des guides, enthousiastes et bien informés, qui vous feront sortir des sentiers battus.

Walk in Africa RANDONNÉE
(☎021-785 2264 ; www.walkinafrica.com). À la tête de cette agence, Steve Bolnick, un guide de safari et de montagne expérimenté et passionné. Son excursion, Mountain in the Sea, de 5 jours/4 nuits, vous mène de Platteklip Gorge à la pointe du Cap, en partie sur le Hoerikwaggo Trail.

Sur la route

Chapman's Peak Drive VOITURE, MOTO, VÉLO
(www.chapmanspeakdrive.co.za ; Chapman's Peak Drive ; voiture/moto 38/25 R ; 🚌Hout Bay). En voiture, à moto, à vélo ou à pied, parcourez tranquillement "Chappies", la portion à péage de 5 km qui relie Hout Bay à Noordhoek. Cette route côtière offre des aires de pique-nique et des points de vue sur des panoramas spectaculaires. N'hésitez pas à emprunter cette route si vous allez à Cape Point. Le péage se trouve à l'extrémité de la route, côté Hout Bay ; vous pouvez le rallier à pied.

Surf, kitesurf et paddle

Les surfeurs consulteront le bulletin quotidien au sur www.wavescape.co.za. Si vous préférez rester au sec, vous pouvez opter pour le *sandboard* (ou surf des sables), sorte de snowboard qui se pratique sur les dunes.

ℹ DÉCOUVRIR LE SUD DE LA PÉNINSULE

Une voiture est le meilleur moyen d'explorer les sites éparpillés du sud de la péninsule. Toutefois, le train en direction de False Bay dessert plusieurs destinations, dont Muizenberg, Kalk Bay et Simon's Town. Un forfait pour la journée (8h-16h30, 30 R) permet de voyager entre Le Cap et Simon's Town en s'arrêtant à toutes les gares.

Le **Mellow Yellow Water Taxi** (☎073-473 7684 ; www.watertaxi.co.za ; aller simple/aller-retour 100/150 R) est un bateau-taxi qui navigue entre Kalk Bay et Simon's Town – il est recommandé de prendre le train jusqu'à Simon's Town et de revenir en bateau-taxi à Kalk Bay, plutôt que le contraire.

Surfstore Africa SPORTS NAUTIQUES
(☎076 202 3703, 021-788 5055 ; www.surfstore.co.za ; 48-50 Beach Rd, Muizenberg ; cours de kitesurf/paddle/surf à partir de 690/490/280 R ; Muizenberg). Possibilité de prendre des cours de kitesurf, de paddle et de surf. Vous y trouverez également une boutique proposant un vaste choix d'équipements de surf et un café.

Gary's Surf School SURF
(☎021-788 9839 ; www.garysurf.co.za ; 34 Balmoral Bldg, Beach Rd, Muizenberg ; leçon de 2 heures 380 R ; 8h30-17h ; Muizenberg). Ceux que Gary Kleynhans, instructeur hors pair, ne parvient pas à faire tenir sur une planche dans la journée, ne paient pas le cours ! Sa boutique, la plus réputée de Muizenberg, loue des planches et des combinaisons (heure/jour 100/300 R). Excursions de *sandboard* dans les dunes de Kommetjie (300 R).

Windswept SPORTS NAUTIQUES
(☎082 961 3070 ; www.windswept.co.za ; Bloubergstrand ; cours de 2 heures collectifs/particuliers 495/990 R). Philip Baker gère des camps de planche à voile et de kitesurf depuis sa base, à Bloubergstrand. Possibilité de prendre des cours collectifs/individuels de 2 heures ou, si vous êtes déjà autonome, de louer un kite et une planche moyennant 395 R. Propose aussi des forfaits incluant l'hébergement.

Circuits organisés

City Sightseeing Cape Town CIRCUIT EN BUS
(☎021-511 6000 ; www.citysightseeing.co.za ; adulte/enfant 1 jour 170/80 R, 2 jours 270/170 R). Les deux circuits de ces bus à impériale (on peut monter et descendre à sa guise) permettent de prendre ses repères dans la ville. Le commentaire est décliné en 16 langues et l'étage supérieur ouvert permet de prendre des photos. Les bus passent toutes les 30 minutes environ, entre 9h et 16h30, plus souvent en haute saison.

Coffeebeans Routes CIRCUIT CULTUREL
(carte p. 56 ; ☎021-461 3572 ; www.coffeebeans-routes.com ; 22 Hope St, Gardens ; circuits à partir de 800 R ; Roodehek). Le concept – mettre en contact les visiteurs avec des musiciens, peintres, brasseurs, designers et autres personnalités locales – est fabuleux. Parmi les circuits les plus imaginatifs : l'histoire révolutionnaire récente de l'Afrique du Sud, les projets innovants et les vins bio ou naturels.

Awol Tours CIRCUITS À VÉLO
(carte p. 60 ; ☎021-418 3803 ; www.awoltours.co.za ; Information Centre, Dock Rd, V&A Waterfront ; Nobel Square). Ce superbe circuit à vélo quotidien (3 heures, 500 R, tlj), au départ de l'agence de Waterfront, vous fait découvrir les pistes cyclables du Cap. D'autres circuits vous mènent dans les vignobles, à la pointe du Cap et dans le township de Masiphumelele (une expérience intéressante, par rapport aux traditionnels circuits des townships). Également, randonnées pédestres à la Table Mountain (à partir de 1 000 R).

Uthando CIRCUIT CULTUREL
(☎021-683 8523 ; www.uthandosa.org ; 9 Princes Rd, Harfield Village ; 650 R). Ces circuits des townships sont plus onéreux que la moyenne ; en effet, la moitié de la somme est consacrée directement aux projets d'amélioration des conditions

CROISIÈRES DANS LE PORT

Découvrez la Table Mountain avec les yeux des marins d'antan lors d'une croisière dans la Table Bay. On trouve des prestataires qui proposent des croisières à Waterfront.

Waterfront Charters (carte p. 60 ; ☎021-418 3168 ; www.waterfrontcharters.co.za ; Shop 5, Quay 5, V&A Waterfront ; Breakwater). Parmi les croisières proposées, nous recommandons vivement celle de 1 heure 30 au coucher du soleil (220 R), à bord de l'*Esperance*, une splendide goélette toute en bois et cuivre. Tour en jet-boat de 30 minutes : 330 R.

Yacoob Tourism (carte p. 60 ; ☎021-421 0909 ; www.ytourism.co.za ; Shop 8, Quay 5, V&A Waterfront ; ; Breakwater). Le *Jolly Roger Pirate Boat* (adulte/enfant à partir de 120/60 R) et le *Tommy the Tugboat* (adulte/enfant 50/25 R) sont parfaits pour des excursions en famille. Le hors-bord *Adrenalin* et les catamarans *Ameera* et *Tigress* sont plus nerveux.

sociales que vous découvrirez durant votre visite. En général, trois de ces projets ou plus – cela peut aller de la ferme bio au centre pour personnes âgées – sont au programme.

Run Cape Town CIRCUIT
(☎072 920 7028 ; www.runcapetown.co.za ; 450 R). Faites du tourisme tout en soignant votre condition physique, grâce aux divers parcours de course à pied proposés par ce prestataire innovant dans toute la ville, à la fois au sein du Table Mountain National Park et plus loin, à Gugulethu et à Darling (550 R avec son propre véhicule jusqu'à Darling).

Good Hope Adventures CIRCUIT PÉDESTRE
(☎021-510 7517 ; www.goodhopeadventures.com ; circuits 3-5 heures à partir de 250-500 R). La promenade dans les souterrains de la ville, réseau d'anciens tunnels et canaux, est une expérience intéressante, déconseillée toutefois aux claustrophobes. Portez chaussures et vêtements adéquats, sans oublier une lampe électrique.

VoiceMaps CIRCUIT PÉDESTRE
(www.voicemap.me). Ce site Internet, qui est également une application, propose des circuits pédestres d'excellente qualité, à télécharger sur son smartphone ou à écouter sur son ordinateur. Présentés par des spécialistes du cru, ils invitent à découvrir des recoins de la ville parfois négligés par les visites guidées standards.

Simon's Town Boat Company CROISIÈRE
(☎083 257 7760 ; www.boatcompany.co.za ; Town Pier, Simon's Town ; croisière dans le port adulte/enfant 50/30 R ; 🚉Simon's Town). Participez au circuit dans le port à bord du *Spirit of Just Nuisance*, très couru, ainsi qu'à des croisières plus longues jusqu'à la pointe du Cap (adulte/enfant 550/400 R) et Seal Island (adulte/enfant 400/300 R). Pendant la saison des baleines, vous pouvez partir observer de près ces magnifiques créatures.

Fêtes et festivals

Pour un programme complet des festivals et autres événements, consultez le site de Cape Town Tourism (p. 97).

Janvier

Cape Town Minstrel Carnival CULTUREL
(www.capetown-minstrels.co.za). Le 2 janvier (*Tweede Nuwe Jaar*), les troupes d'artistes, en costume de satin rehaussé de paillettes, défilent dans la ville pour le Kaapse Klopse (Cape Town Minstrel Carnival). Ils partent de Keizergracht St et suivent Adderley St et Wale St jusqu'à Bo-Kaap. Durant janvier et jusqu'au début février, des concours ont lieu le samedi entre les différentes troupes à l'Athlone Stadium. Voir aussi l'encadré ci-dessous.

J&B Met SPORT
(www.jbscotch.co.za/home). Le dernier samedi de janvier, la course hippique de Kenilworth, la plus en vue d'Afrique du Sud avec un enjeu de 1,5 million de rands, rassemble les parieurs de tous horizons.

Février-mars

Design Indaba DESIGN
(www.designindaba.com). Des derniers jours de février à début mars, ce salon rapproche les mondes de la mode, de l'architecture, des arts visuels, de l'artisanat et des médias, en principe au Cape Town International Convention Centre.

LE CARNAVAL DU CAP

Le Cape Town Minstrel Carnival (Kaapse Klopse en afrikaans) est l'équivalent dans la cité-mère de la parade du Mardi gras à Rio. Cette célébration animée, qui se produit dans un joyeux désordre, regroupe chaque année plus de 1 000 personnes dans un défilé de costumes de satin et de paillettes multicolores.

Le carnaval remonte au début de l'époque coloniale, quand les esclaves obtenaient un jour de liberté le 2 janvier pour fêter la nouvelle année. Cependant, le maquillage, les costumes colorés ainsi que les numéros de chant et de danse de rue grivois s'inspirent directement des artistes américains qui s'arrêtaient au Cap à la fin du XIXe siècle. La grande majorité des participants est issue de la communauté noire des Cape Flats.

Si cet événement est bien ancré dans le calendrier des fêtes du Cap, il a souvent été controversé, entaché de problèmes concernant son financement et de conflits entre instances organisatrices. Par ailleurs, le carnaval a toujours été un moyen pour la communauté noire de démontrer sa puissance.

Infecting the City ARTS DE LA SCÈNE
(infectingthecity.com). Fin février, places, fontaines, musées et théâtres accueillent en beauté un festival dédié aux arts scéniques, qui réunit des artistes de tout le continent africain.

Cape Town Cycle Tour CYCLISME
(www.cycletour.co.za). Événement cycliste réunissant plus de 30 000 personnes au Cap, un samedi de la mi-mars. L'important est de participer, non de battre un record. L'itinéraire fait le tour de la Table Mountain, redescend vers la côte atlantique et longe Chapman's Peak Drive.

Cape Town Carnival CULTUREL
(capetowncarnival.com). Organisée en plein mois d'avril sur le Walk of Remembrance (ex-Fan Walk), à Green Point, cette manifestation financée par la ville, associant défilé et fête de rue, célèbre les nombreuses facettes de l'identité sud-africaine.

Cape Town International Jazz Festival MUSIQUE
(www.capetownjazzfest.com). La plus grande manifestation de jazz de la ville attire les meilleurs musiciens sud-africains et internationaux. Elle a généralement lieu au Cape Town International Convention Centre, fin mars. Concert gratuit sur Greenmarket Sq.

Avril et mai

Old Mutual Two Oceans Marathon SPORT
(www.twooceansmarathon.org.za). Ce marathon de 56 km suit le même trajet autour de Table Mountain que la course Cape Argus Cycle Tour. Il attire environ 9 000 participants.

Good Food & Wine Show GASTRONOMIE, VIN
(www.goodfoodandwineshow.co.za). La ville joue les fins gastronomes durant cette manifestation de quatre jours, organisée au Cape Town International Convention Centre.

Juillet

Cape Town World Music Festival MUSIQUE
(capetownworldmusicfestival.com). Organisée durant le week-end du Mandela Day (autour du 18 juillet), cette célébration des rythmes du monde entier investit l'ancien hôtel de ville et divers endroits de Grand Parade.

Septembre-octobre

Cape Town Fringe ARTS
(www.capetownfringe.co.za). Cette grande fête des arts du spectacle dure onze jours, entre fin septembre et début octobre. Ses diverses manifestations, organisées en partenariat avec l'éminent Grahamstown Festival, pimentent la vie de la cité-mère.

Outsurance Gun Run COURSE À PIED
(www.outsurance.co.za/gunrun). Très apprécié, ce semi-marathon (21 km) démarre dans Beach Rd, à Mouille Point – c'est l'unique occasion d'entendre tonner le Noon Gun de Signal Hill un dimanche. Les participants tentent d'atteindre la ligne d'arrivée avant qu'il ne résonne.

Novembre-décembre

Kirstenbosch Summer Sunset Concerts MUSIQUE
(www.sanbi.org/gardens/kirstenbosch/virtual-tour/kirstenbosch-nbg-concert-area). La saison des concerts du dimanche en fin d'après-midi démarre aux Kirstenbosch Botanical Gardens, et dure jusqu'à avril. Joignez-vous à la foule d'amateurs de musique qui envahissent les pelouses avec pique-nique et couverture, et profitez du programme éclectique des concerts. Un concert spécial a lieu pour la Saint-Sylvestre.

Adderely Street Christmas Lights MUSIQUE
Rejoignez les milliers de personnes qui assistent au concert devant la gare ferroviaire du Cap. Le spectacle est suivi d'un défilé dans Adderley St, gaiement illuminée. Cette rue, piétonne chaque soir après 17h jusqu'au 30 décembre, accueille un marché nocturne et des musiciens.

Où se loger

Que vous souhaitiez poser vos valises dans une auberge animée, une *guesthouse* (pension) de caractère ou un hôtel de luxe, la vaste gamme d'hébergements du Cap vous séduira. Les amoureux de la plage opteront pour la côte atlantique ou pour False Bay. À condition d'être motorisé, on peut en fait loger n'importe où en vérifiant d'abord les conditions de stationnement (comptez jusqu'à 100 R/jour dans les hôtels du centre).

Appartements et maisons

Pour un long séjour ou un logement tout équipé, il peut être intéressant de louer un appartement ou une villa.

Cape Breaks GESTIONNAIRE D'HÉBERGEMENTS
(carte p. 50 ; ☎ 083 383 4888 ; www.capebreaks.co.za). Possède une gamme de studios et d'appartements joliment décorés dans St Martini Gardens, près des Company's Gardens.

Cape Stay GESTIONNAIRE D'HÉBERGEMENTS
(www.capestay.co.za). Gère des adresses partout au Cap.

In Awe Stays GESTIONNAIRE D'HÉBERGEMENTS
(083 658 6975 ; www.inawestays.co.za). Studios et cottages élégants à Gardens et Fresnaye, à partir de 850 R la chambre double.

Village & Life GESTIONNAIRE D'HÉBERGEMENTS
(carte p. 50 ; 021-437 9700 ; www.villageandlife.com ; Old Fire Station). Possède principalement des logements à De Waterkant et Camps Bay.

City Bowl et Bo-Kaap

St Paul's B&B Guesthouse B&B $
(carte p. 50 ; 021-423 4420 ; www.stpaulschurch.co.za/theguesthouse.htm ; 182 Bree St, City Bowl ; s/d avec sdb commune 450/750 R, avec sdb privative 550/900 R ; P ; Upper Long/Upper Loop). Bien situé, cet impeccable B&B offre une alternative paisible aux bruyantes auberges de Long St. Vastes chambres meublées sobrement et possibilité de se détendre et de prendre le petit-déjeuner dans la cour, à l'ombre des plantes grimpantes.

Scalabrini Guest House AUBERGE DE JEUNESSE $
(carte p. 50 ; 021-465 6433 ; www.scalabrini.org.za ; 47 Commercial St, City Bowl ; dort/s/d ou lits jum 240/420/600 R ; @ ; Roeland). Depuis 1994, l'ordre monastique italien des Scalabriens (missionnaires de Saint-Charles) vient en aide aux pauvres et aux réfugiés du Cap. Installé dans une ancienne usine textile, il gère diverses initiatives sociales et une agréable pension possédant 11 chambres immaculées avec sdb, ainsi qu'une belle cuisine commune équipée d'une TV par satellite.

Long Street Backpackers AUBERGE DE JEUNESSE $
(carte p. 50 ; 021-423 0615 ; www.longstreetbackpackers.co.za ; 209 Long St, City Bowl ; dort/s/d 140/260/370 R ; ; Dorp/Leeuwen). Une auberge toujours égale à elle-même depuis son ouverture en 1993 (ce qui en fait la plus ancienne de toutes celles de Long Street). Les 14 petits appartements (4 à 8 lits, plus 1 sdb chacun) sont disposés autour d'une cour verdoyante aux mosaïques originales, qu'arpente silencieusement Bubbles, le chat de la maison.

Cape Heritage Hotel BOUTIQUE-HÔTEL $$
(carte p. 50 ; 021-424 4646 ; www.capeheritage.co.za ; Heritage Sq, 90 Bree St, City Bowl ; d/ste à partir de 2 250/3 490 R, parking 75 R/jour ; P @ ; Church/Longmarket). Chaque chambre de cet élégant boutique-hôtel, occupant un des bâtiments XVIIIe siècle réhabilités de Heritage Sq, possède un charme particulier. Lit à colonnes dans certaines et confort moderne dans toutes (TV satellite, presse à vêtements…). Toit-terrasse et Jacuzzi.

Dutch Manor HÔTEL HISTORIQUE $$
(carte p. 50 ; 021-422 4767 ; www.dutchmanor.co.za ; 158 Buitengracht St, Bo-Kaap ; s/d 1 400/1 900 R, parking 60 R/jour ; P ; Dorp/Leeuwen). Lits à colonnes, immenses armoires et parquet grinçant confèrent un charme fou à cet hôtel de 6 chambres, conçu dans un bâtiment de 1812. Les rénovations entreprises étouffent le bruit de la très animée Buitengracht. Le personnel peut préparer le dîner à la demande et organiser des circuits pédestres à Bo-Kaap avec un guide local moyennant 70 R (non résidents 100 R).

La Rose B&B B&B $$
(carte p. 50 ; 021-422 5883 ; www.larosecapetown.com ; 32 Rose St, Bo-Kaap ; s/d à partir de 600/800 R ; P ; Old Fire Station). Ce charmant B&B, tenu par un couple franco-sud-africain (les très accueillants Yoann et Adheena), connaît un tel succès qu'il s'agrandit à vue d'œil. Magnifiquement décoré, il compte un jardin sur le toit avec la meilleure vue du quartier. La spécialité de Yoann ? Les crêpes, qu'il confectionne pour les résidents.

Rouge on Rose BOUTIQUE-HÔTEL $$
(carte p. 50 ; 021-426 0298 ; www.rougeonrose.co.za ; 25 Rose St, Bo-Kaap ; s/d 1 000/1 500 R ; ; Old Fire Station). Cette très bonne adresse de Bo-Kaap propose neuf suites au charme élégamment rustique, avec kitchenette, salons et nombreux espaces de travail. Dans toutes, on trouve une baignoire posée dans une sdb ouverte. Amusantes peintures murales.

Purple House B&B, APPARTEMENTS $$
(carte p. 50 ; 021-418 2508 ; www.purplehouse.co.za ; 23 Jarvis St, De Waterkant ; s/d/app à partir de 950/1 050/1 500 R ; @ ; Alfred). Outre leur élégant et douillet B&B, installé dans une maison violette (d'où le nom), les aimables propriétaires

Côte atlantique

Côte atlantique

À voir
1 Camps Bay Beach ... B6
2 Plages de Clifton ... A5
3 Lion's Head ... C4
4 Sea Point Promenade ... C1
5 Signal Hill ... D2

Activités
6 Into the Blue ... C1
7 Sea Point Pavilion ... B2

Où se loger
8 Camps Bay Retreat ... B6
9 Glen Boutique Hotel ... C2
10 POD ... B6
11 Winchester Mansions Hotel ... C1

Où se restaurer
12 Kleinsky's Delicatessen ... B3
13 La Boheme ... C2
14 La Mouette ... B3
15 La Perla ... B2
16 Nü ... C2
17 Roundhouse ... B5

Où prendre un verre et faire la fête
18 Bungalow ... A5
19 La Belle ... B7
20 La Vie ... C1

Où sortir
21 Studio 7 ... C2

néerlandais, Hank et Guido, proposent également une petite maison avec cuisine dans la même rue et un appartement de deux chambres dans Loader St.

Daddy Long Legs Hotel BOUTIQUE-HÔTEL $$
(carte p. 50 ; ☎021-422 3074 ; www.daddy-longlegs.co.za ; 134 Long St, City Bowl ; ch/app à partir de 1 175/1 275 R ; ; Dorp/Leeuwen). Un boutique-hôtel-galerie d'art étonnant, où 13 artistes ont eu carte blanche pour réaliser la chambre de leurs rêves, de la mansarde bohème à la chambre d'hôpital ! Parmi nos préférées figurent la chambre karaoké (avec un micro dans la douche) et la version arborant des dessins à l'effigie du groupe pop sud-africain Freshlyground. Petit-déjeuner non compris.

Grand Daddy Hotel BOUTIQUE-HÔTEL $$
(carte p. 50 ; ☎021-424 7247 ; www.granddaddy.co.za ; 38 Long St, City Bowl ; ch ou caravane à partir de 1 910 R, parking 40 R/jour ; P ; Mid-Long/Church). L'attraction vedette du Grand Daddy est le "camping" installé sur le toit-terrasse, composé de luxueuses suites aménagées dans sept caravanes Airstream, vintage et rénovées avec art. Les autres chambres de l'établissement, tout aussi élégantes, offrent de joyeuses références à la culture sud-africaine. Le bar Daddy Cool affiche peinture dorée et babioles à profusion.

Taj Cape Town HÔTEL DE LUXE $$$
(carte p. 50 ; ☎021-819 2000 ; www.tajhotels.com ; Wale St, City Bowl ; ch/ste 7 000/10 000 R ; P ; Groote Kerk). L'établissement local de la luxueuse chaîne hôtelière indienne a ressuscité l'ancien bâtiment du Board of Executors, installé à l'angle de Wale St et d'Adderley St. Si l'endroit respire le patrimoine, une nouvelle tour abrite toutefois des chambres contemporaines et chics, dont nombre profitent d'une vue spectaculaire sur la Table Mountain. Service et équipements de grand standing, notamment l'excellente **Bombay Brasserie**.

Salt River et Observatory

Wish U Were Here AUBERGE DE JEUNESSE $
(☎021-447 0522 ; www.wishuwereherecapetown.com ; 445 Albert Rd, Salt River ; dort/s/d avec sdb commune 200/450/600 R, d avec sdb privative 700 R ; ; Kent). À l'évidence, les concepteurs de cet établissement proche de l'Old Biscuit Mill se sont beaucoup amusés. Dortoir rose Barbie, double romantique avec lit fabriqué à partir d'un ancien bateau de pêche, chambre inspirée d'un service de soins intensifs, etc. Le balcon qui fait le tour du bâtiment donne sur le rond-point de Salt River (bruyant en journée).

Observatory Backpackers AUBERGE DE JEUNESSE $
(☎021-447 0861 ; www.observatorybackpackers.com ; 235 Lower Main Rd, Observatory ; dort/s/d avec sdb commune à partir de 160/360/460 R, ch avec sdb privative 530 R ; ; Observatory). Cette séduisante auberge de Lower Main Rd, non loin de l'animation d'Observatory, affiche une thématique africaine originale. Petits plus : l'arrière-cour, spacieuse et ombragée, et les salons. Pas de petit-déjeuner mais la Dolce Bakery est juste à côté.

VAUT LE DÉTOUR

VISITE DES CAPE FLATS

La population noire du Cap vit en grande majorité dans des townships misérables (des bidonvilles, en d'autres termes), qui n'ont absolument rien de touristique. Pourtant, la visite des Cape Flats restera sans doute gravée dans votre mémoire, surtout si vous choisissez de passer la nuit dans un B&B ou de manger dans l'un des restaurants de *braai* (viandes grillées), animés, du quartier.

Non loin de la ville, Langa, fondé en 1927, est le plus vieux township planifié d'Afrique du Sud. Il comporte des zones prospères et d'autres pauvres – un modèle qui se répète dans les autres grands townships comme Guguletu et Khayelitsha (ce dernier étant le plus grand d'Afrique du Sud, avec une population estimée à plus de 1,5 million d'habitants). La misère n'y est pas systématique. Les infrastructures des townships se sont considérablement améliorées depuis 1994 (il était de toute façon difficile de faire pire !).

Langa

Ne manquez pas le superbe **Guga S'Thebe Arts & Cultural Centre** (☎021-695 3493 ; angle Washington St et Church St ; 8h-16h30 lun-ven, 8h30-14h sam-dim ; P ; Langa) GRATUIT, doté d'un nouveau théâtre construit en grande partie à partir de matériaux recyclés, l'intéressant **Langa Pass Museum** (☎084 863 3427 ; angle Washington St et Lerotholi Ave ; don apprécié ; sur RV ; P ; Langa), qui raconte l'histoire du township durant l'apartheid, et le **Langa Quarter** (iKhaya Le Langa ; www.facebook.com/IKhayaLeLanga/timeline ; angle N'Dabeni St et Bittenhout St ; 8h-17h ; ; Langa) GRATUIT, un ambitieux projet de développement social assorti d'un café.

La boucherie *braai* **Nomzamo** (☎021-695 4250 ; 15 Washington St, Langa ; repas 50-100 R ; 9h-19h ; Langa) est une bonne adresse pour se restaurer.

Guguletu

À Guguletu, angle NY1 et NY111, le **Guguléthu Seven Memorial** (angle Steve Biko St/NY1 et NY111 ; Nyanga) commémore le meurtre de 7 jeunes activistes noirs tués par la police sur ces lieux en 1986. Non loin se trouve l'**Amy Biehl Memorial**, dédié à cette jeune opposante américaine à l'apartheid qui connut une fin tragique à Guguletu en 1993, ainsi qu'un banc recouvert de mosaïques – l'association citoyenne **Rock Girl** (www.rockgirlsa.org) en dissémine dans toute la ville. Avec ces espaces symbolisant la sécurité, elle souhaite ainsi rassembler autour de son projet : la lutte contre la violence spécifique qui touche la population féminine.

Mzoli's (☎021-638 1355 ; 150 NY111 ; repas 50-100 R ; 9h-18h ; Nyanga) sert quelques-unes des meilleures viandes grillées du Cap dans une ambiance chaleureuse.

Khayelitsha

Lookout Hill (☎021-367 7087 ; angle Mew Way et Spine Rd ; P ; Khayelitsha) GRATUIT offre une vue panoramique sur cet énorme township, ainsi que sur la Table Mountain.

Clifford & Sandra's (marché de Khayelisha, près de Ntlazane Rd ; repas 20 R ; 8h-18h30 ; Khayelitsha), un café-cahute près de la gare de Khayelitsha, est une très bonne adresse pour se restaurer.

Transports

Si vous vous rendez dans les townships par les transports publics, faites en sorte qu'un habitant vous attende à l'arrivée. La visite en circuit organisé s'avère plus pratique pour la majorité des visiteurs – de bonnes options sont proposées par **Vamos** (☎072 499 7866 ; www.vamos.co.za ; circuit à pied/à vélo 270/350 R) à Langa, **Laura Ndukwana** (☎082 979 5831 ; www.laurastownshiptours.co.za ; circuit à partir de 400 R), à Guguletu, et **Juma Mkwela** (p 59), à Khayelitsha.

Une grande partie des circuits en bus d'une demi-journée propose des itinéraires similaires, commençant par la visite du District Six Museum avant de partir à la découverte de certains des principaux townships. Les guides sont flexibles quant aux itinéraires, tentant généralement de répondre aux souhaits du groupe.

Gardens et ses environs

Backpack AUBERGE DE JEUNESSE $
(carte p. 56 ; 021-423 4530 ; www.backpackers.co.za ; 74 New Church St, Tamboerskloof ; dort/s/d avec sdb commune à partir de 270/720/1 060 R, s/d/app avec sdb privative à partir de 780/1 320/1 600 R ; P@ ; Upper Long/Upper Loop). Cet établissement estampillé tourisme équitable propose une élégance à petits prix, une ambiance animée et un personnel fabuleux. À défaut d'être les moins chers du Cap, ses dortoirs sont parmi les plus charmants, tandis que les chambres et les appartements avec cuisine sont délicieusement décorés. Jolie piscine assortie de mosaïques et paisibles jardins pour se détendre en admirant la vue sur la Table Mountain.

Ashanti Gardens AUBERGE DE JEUNESSE $
(carte p. 56 ; 021-423 8721 ; www.ashanti.co.za ; 11 Hof St, Gardens ; dort/s/d avec sdb commune à partir de 190/450/650 R, d avec sdb privative 990 R ; P@ ; Government Avenue). Dans cette auberge de jeunesse, l'une des plus chics du Cap, l'activité se concentre essentiellement sur le bar animé et la terrasse avec vue sur la Table Mountain. La splendide demeure ancienne, décorée avec goût d'œuvres contemporaines, comprend des dortoirs, ainsi qu'une pelouse où l'on peut camper (110 R/pers).

Once in Cape Town AUBERGE DE JEUNESSE $
(carte p. 56 ; 021-424 6169 ; www.onceincapetown.co.za ; 73 Kloof St, Gardens ; dort/s/d ou lits jum avec petit-déj 235/850/910 R ; P@ ; Ludwig's Garden). Cette nouvelle auberge de jeunesse bénéficie d'une ambiance et d'un emplacement de qualité. Chambres avec sdb attenante, petit-déjeuner servi dans le café branché d'en face, cour pour se détendre et vaste cuisine pour préparer ses petits plats.

La Grenadine GUESTHOUSE $$
(carte p. 56 ; 021-424 1358 ; www.lagrenadine.co.za ; 15 Park Rd, Gardens ; ch/cottage avec 2 lits à partir de 1 300/2 500 R ; @ ; Ludwig's Garden). Maxime et Mélodie, un couple d'expatriés, ont ajouté une pincée de charme gaulois à ces anciennes écuries rénovées avec créativité (les murs en pierre d'origine font partie intégrante des chambres). Le jardin ponctué d'arbres fruitiers est une oasis féerique et le salon déborde de livres et de vinyles. Le petit-déjeuner est servi dans un service raffiné en porcelaine.

Hippo Boutique Hotel BOUTIQUE-HÔTEL $$
(carte p. 56 ; 021-423 2500 ; www.hippotique.co.za ; 5-9 Park Rd, Gardens ; d/ste 1 550/2 200 R ; P@ ; Lower Kloof). Magnifiquement situé, cet hôtel de charme comporte des chambres spacieuses et raffinées, chacune avec sa petite cuisine. Plus grandes encore, les suites sont dotées d'une chambre en mezzanine et décorées de façon plus excentrique (la Red Bull et la Mini Cooper valent le supplément).

Mannabay BOUTIQUE-HÔTEL $$$
(021-461 1094 ; www.mannabay.com ; 8 Bridle Rd, Oranjezicht ; ch/ste à partir de 5 000/6 000 R ; P@ ; Upper Orange). Dans ce sublime établissement doté d'une stupéfiante collection contemporaine d'artistes locaux, rien ne semble infaisable au personnel. Les 7 chambres affichent une thématique spécifique : Versailles, globe-trotter, Japon, etc. Son emplacement haut perché à flanc de colline, à la lisière du parc national, garantit une vue fabuleuse. Le tarif comprend le thé-goûter, servi dans le salon de la bibliothèque.

Belmond Mount Nelson Hotel HÔTEL $$$
(carte p. 56 ; 021-483 1000 ; www.mountnelson.co.za ; 76 Orange St, Gardens ; ch/ste à partir de 5 000/7 465 R ; P@ ; Government Ave). Cet établissement colonial rose bonbon enchante avec son chintz et ses portiers coiffés d'un casque d'époque. Les chambres affichent d'élégants éléments de décoration. Une adresse qui plaira aux familles. L'endroit soigne particulièrement les plus jeunes, avec ses peignoirs taille enfant et le biscuit accompagné d'un verre de lait à l'heure du coucher – sans oublier la grande piscine, les trois hectares de jardin et les courts de tennis.

Green Point et Waterfront

Atlantic Point Backpackers AUBERGE DE JEUNESSE $
(carte p. 60 ; 021-433 1663 ; www.atlanticpoint.co.za ; 2 Cavalcade Rd, Green Point ; dort/d avec sdb commune à partir de 225/820 R, d avec sdb privée 940 R ; P@ ; Upper Portswood). Design amusant pour cette auberge bien tenue, à quelques pas de l'artère principale de Green Point. Grand balcon-bar, salon tapissé de gazon synthétique dans les combles, minuscule piscine pour se rafraîchir et vélos à louer (70 R/jour).

B.I.G. Backpackers AUBERGE DE JEUNESSE $

(carte p. 60 ; ☎021-434 0688 ; www.bigbackpackers.co.za ; 18 Thornhill Rd, Green Point ; dort/s/d/tr 300/705/965/1 400 R ; P❄@📶🏊 ; 🚌Skye Way). Nichée sur les pentes de Green Point, cette nouvelle auberge de jeunesse affiche une ambiance légère et décontractée, avec des chambres correctement décorées, des espaces détente et une grande cuisine (avec un bar sans serveur). Pain maison au petit-déjeuner ; guitare et vélos à disposition.

♥ **Villa Zest** BOUTIQUE-HÔTEL $$

(carte p. 60 ; ☎021-433 1246 ; www.villazest.co.za ; 2 Braemar Rd, Green Point ; s/d à partir de 1 490/1 590 R ; P❄@🏊 ; 🚌Upper Portswood). Une villa de style Bauhaus convertie en boutique-hôtel de configuration originale. Le hall arbore une impressionnante collection d'appareils électroniques des années 1960 et 1970 (radios, téléphones, Polaroids, lecteurs de bandes magnétiques à huit pistes, etc.). L'hôtel comprend 7 chambres au mobilier rétro audacieux, souligné par le papier peint, les coussins en fourrure et les tapis à poils longs.

Head South Lodge BOUTIQUE-HÔTEL $$

(carte p. 60 ; ☎021-434 8777 ; www.headsouth.co.za ; 215 Main Rd, Three Anchor Bay ; d à partir de 995 R ; P❄@🏊 ; 🚌Ellerslie). Un hommage aux années 1950, avec son mobilier rétro et ses nombreuses reproductions de Tretchikoff dans le bar. Les grandes chambres, aux excellents tons blanc et gris, arborent des œuvres modernes signées Philip Briel, tout aussi frappantes.

Cape Grace HÔTEL DE LUXE $$$

(carte p. 60 ; ☎021-410 7100 ; www.capegrace.com ; West Quay Rd, V&A Waterfront ; ch/ste à partir de 6 700/13 200 R ; P❄@📶🏊 ; 🚌Nobel Square). Parmi les hôtels les plus séduisants de Waterfront, le Cape Grace offre une alliance réussie de mobilier d'époque et d'artisanat – dont des couvre-lits et rideaux peints à la main – conférant à l'endroit une atmosphère unique qui plonge le visiteur dans l'histoire du Cap.

One & Only Cape Town HÔTEL $$$

(carte p. 60 ; ☎021-431 5888 ; capetown.oneandonlyresorts.com ; Dock Rd, V&A Waterfront ; ch/ste à partir de 6 495/12 595 R ; P❄@📶🏊 ; 🚌Aquarium). Aucune dépense ne semble avoir été négligée pour créer ce complexe de luxe. Choisissez entre les immenses chambres, exceptionnellement confortables, du bâtiment principal (panorama sur la Table Mountain) et celles encore plus raffinées de l'île, près de la piscine et du spa. Le bar concocte des cocktails inventifs, parfaits avant un dîner dans les restaurants Nobu ou Reuben's, où officient de célèbres chefs.

Côte atlantique et Hout Bay

Glen Boutique Hotel BOUTIQUE-HÔTEL $$

(carte p. 70 ; ☎021-439 0086 ; www.glenhotel.co.za ; 3 The Glen, Sea Point; d/ste à partir de 1 950/4 900 R ; P❄@📶🏊 ; 🚌The Glen). Ce splendide hôtel de charme, où les hétéros sont les bienvenus, occupe une élégante résidence ancienne et un bâtiment plus moderne à l'arrière. Les chambres sont spacieuses, décorées dans les tons naturels de la pierre et du bois. On y trouve une fabuleuse piscine-spa au centre et un espace extérieur pour se restaurer.

Thulani River Lodge B&B $$

(☎021-790 7662 ; www.thulani.eu ; 14 Riverside Tce, Hout Bay ; s/d à partir de 1 150/1 300 R ; P@📶🏊 ; 🚌Imizamo Yethu). Le terme *thulani* ("paix et tranquillité", en zoulou) décrit parfaitement ce joyau : une demeure coiffée de chaume à l'africaine, nichée dans une vallée luxuriante traversée par la Disa, laquelle va se jeter ensuite dans Hout Bay. Depuis le lit à colonnes de la suite "lune de miel", profitez de la vue splendide sur l'arrière de la Table Mountain.

Winchester Mansions Hotel HÔTEL $$

(carte p. 70 ; ☎021-434 2351 ; www.winchester.co.za ; 221 Beach Rd, Sea Point ; s/d à partir de 2 007/2 397 R, ste s/d à partir de 2 521/2 911 R ; P❄@📶🏊 ; 🚌London). Le Winchester offre la vue sur la mer (les chambres sont plus chères dans ce cas), une atmosphère désuète et des greens synthétiques dans certains couloirs pour s'entraîner au golf. Piscine de taille correcte et jardin ravissant, avec une fontaine centrale composant un cadre romantique pour le dîner.

♥ **Tintswalo Atlantic** HÔTEL DE LUXE $$$

(☎021-201 0025 ; www.tintswalo.com ; Chapman's Peak Dr, Hout Bay ; s/d/ste à partir de 5 070/7 800/25 000 R ; P❄@📶🏊 ; 🚌Hout Bay). Détruit par un terrible incendie en mars 2015, ce célèbre hôtel a retrouvé toute sa splendeur. Seul établissement de luxe du Table Mountain National Park, le

Tintswalo épouse une magnifique baie rocheuse, où les baleines aiment à venir se reposer. Préparez-vous à une vue sublime et à des chambres richement décorées de matériaux naturels. Les tarifs affichés comprennent dîner et petit-déjeuner.

Le complexe est construit sur des plateformes surélevées, afin de limiter au maximum l'impact environnemental.

POD BOUTIQUE-HÔTEL $$$

(carte p. 70 ; ☎021-438 8550 ; www.pod.co.za ; 3 Argyle Rd, Camps Bay ; ch/ste avec petit-déj à partir de 3 950/12 120 R ; P ❄ @ 📶 ≈ ; 🚌Camps Bay). Design contemporain pour cet établissement, où l'on profite de l'animation de Camps Bay depuis le bar et la spacieuse terrasse en bord de piscine. Les chambres les moins chères ont vue sur la montagne et non sur la mer, celles de luxe jouissent d'une petite piscine individuelle.

Camps Bay Retreat HÔTEL DE LUXE $$$

(carte p. 70 ; ☎021-437 8300 ; www.campsbayretreat.com ; 7 Chilworth Rd, The Glen ; d/ste à partir de 5 050/7 850 R ; P ❄ @ 📶 ≈ ; 🚌Glen Beach). Logé dans le majestueux Earl's Dyke Manor (1929), cet hôtel est au cœur d'une réserve naturelle isolée. Optez pour une chambre dans le bâtiment principal ou bien dans la partie moderne, la Deck House, que l'on rejoint par un pont de corde surplombant un ravin. Quatre piscines, dont certaines sont alimentées par un ruisseau descendant de la Table Mountain.

Fauboursg sud

Off the Wall AUBERGE DE JEUNESSE $

(☎076 322 4053, 021-671 6958 ; www.offthewallbackpackers.com ; 117 Roscommon St, Claremont ; dort/s/d avec sdb commune 175/450/570 R ; 📶 ; 🚆Claremont). En plein cœur de l'artère commerçante de Claremont, cette séduisante auberge de jeunesse est pratique pour qui souhaite résider à proximité des attractions du secteur. L'endroit, généreusement coloré à l'intérieur comme à l'extérieur, possède une sympathique cuisine commune.

Vineyard Hotel & Spa HÔTEL DE LUXE $$$

(☎021-657 4500 ; www.vineyard.co.za ; Colinton Rd, Newlands ; s/d à partir de 2 150/2 600 R, ste s/d à partir de 4 500/5 040 R ; P ❄ @ 📶 ≈ ; 🚆Claremont). Construites autour de la demeure (1799) de lady Anne Barnard, les chambres de ce délicieux hôtel affichent un style contemporain et des tons naturels apaisants. Ses jardins verdoyants s'ouvrent sur la Table Mountain. Personnel accueillant, très beau spa (l'Angsana), bonne salle de gym et piscine. Sans oublier un excellent restaurant gastronomique, le Myoga.

Sud de la péninsule

African Soul Surfer AUBERGE DE JEUNESSE $

(☎021-788 1771 ; www.africansoulsurfer.co.za ; 13-19 York Rd, Muizenberg ; dort/s/lits jum/d avec sdb commune 150/300/400/450 R ; 📶 ; 🚆Muizenberg). Installée dans un bâtiment classé et jouissant d'une vue splendide, cette auberge de jeunesse est idéale pour qui souhaite être à moins d'une minute de la plage. Outre les chambres joliment conçues, l'endroit compte une très grande cuisine, un salon confortable et une table de ping-pong. Petit-déjeuner non compris.

Simon's Town Boutique Backpackers AUBERGE DE JEUNESSE $

(☎021-786 1964 ; www.capepax.co.za ; 66 St George's St, Simon's Town ; dort/s/d avec sdb commune 190/450/550 R, d avec sdb privative 625 R ; 📶 ; 🚆Simon's Town). Le meilleur rapport qualité/prix de Simon's Town, avec de vastes chambres en forme de bateau, dont plusieurs donnent sur le port. Location de vélos (200 R/jour) et gamme d'activités dans les environs organisées par un personnel chaleureux.

Bella Ev GUESTHOUSE $$

(☎021-788 1293 ; www.bellaevguesthouse.co.za ; 8 Camp Rd, Muizenberg ; s/d à partir de 700/1 000 R ; P @ ; 🚆Muizenberg). On verrait bien cette charmante pension au joli jardin intérieur dans un roman d'Agatha Christie, où le propriétaire aurait un penchant pour l'époque ottomane... Des babouches attendent les hôtes.

Chartfield Guest House B&B $$

(☎021-788 3793 ; www.chartfield.co.za ; 30 Gatesville Rd, Kalk Bay ; ch à partir de 900 R ; P @ 📶 ≈ ; 🚆Kalk Bay). Les pièces parquetées de cette pension des années 1920, pleine de coins et recoins, sont décorées de beaux objets d'art et d'artisanat contemporain de provenance locale. Les différentes chambres aux draps immaculés sont toutes dotées d'une sdb avec douche à effet de pluie. Charmante terrasse et jardin avec vue sur le port, où l'on peut prendre le petit-déjeuner. Wi-Fi : 35 R/jour.

1

4

MICHAL KRAKOWIAK / GETTY IMAGES ©

3

PAUL THOMPSON / GETTY IMAGES ©

MICHAL KRAKOWIAK / GETTY IMAGES ©

1. V&A Waterfront (p. 53)
Ce quartier historique du Cap, qui tient son nom de la reine Victoria et de son fils Alfred, regorge de boutiques, de bars et de restaurants. Notez la Table Mountain en arrière-plan.

2. Colonie des manchots de Boulders (p. 58)
Les manchots du Cap arpentent cette zone protégée, à tout juste 3 km de Simon's Town.

3. Bo-Kaap (p. 48)
Des maisons aux couleurs vives bordent les rues étroites de ce quartier hautement photogénique.

4. Camps Bay Beach (p. 57)
Cette plage jouit d'une toile de fond spectaculaire, avec les Twelve Apostles (Douze Apôtres) de la Table Mountain.

Boulders Beach Lodge B&B $$
(☎021-786 1758 ; www.bouldersbeach.co.za ; 4 Boulders Pl, Simon's Town ; s/d/app avec petit-déj à partir de 650/1 100/2 400 R ; P @ ; Simon's Town). Les manchots se dandinent jusqu'à la porte de cette élégante pension. Chambres aux meubles en osier et bois, et logements avec cuisine dont le tarif comprend aussi le petit-déjeuner. L'excellent restaurant possède une terrasse extérieure. À noter : les manchots sont des créatures bruyantes et vous aurez peut-être besoin de bouchons d'oreilles.

Cape Flats

Outre les B&B, tous installés dans les maisons mêmes des hôtes, il est possible de séjourner chez l'habitant dans les townships. À Langa, contactez Vamos (p. 72) et Langa Quarter (p. 72) ; à Khayelitsha, adressez-vous à Kopanong (p. 78) ou à **Khayelitsha Travel** (☎021-361 4505 ; www.khayelitshatravel.com ; complexe de Lookout Hill, angle Mew Way et Spine Rd, Ilitha Park, Khayelitsha ; Khayelitsha).

Liziwe Guest House B&B $
(☎021-633 7406 ; www.sa-venues.com/visit/liziwesguesthouse ; 121 NY 111, Gugulethu ; ch à partir de 500 R ; P @ ; Nyanga). La propriétaire, Liziwe, a fait de sa maison un vrai palais avec 4 agréables chambres sur le thème africain (avec sdb et TV). Elle a participé à une émission culinaire de la BBC et l'on comprend pourquoi : sa cuisine est délicieuse ; le petit-déjeuner (70 R) et le dîner (80 R) sont en sus. Petit plus : l'endroit n'est pas très loin du Mzoli's (p. 72).

Kopanong B&B $
(☎082 476 1278, 021-361 2084 ; www.kopanong-township.co.za ; 329 Velani Cres, Section C, Khayelitsha ; s/d 390/780 R ; P ; Khayelitsha). Thope Lekau, alias "Mama Africa", tient cet excellent B&B avec sa fille, Mpho, tout aussi exubérante qu'elle. Sa solide maison en brique offre 2 chambres élégantes pour les hôtes, chacune avec sdb. Le dîner (120 R) est un régal. Si l'endroit affiche complet, Thope pourra vous aider à trouver un hébergement chez l'habitant alentour.

Où se restaurer

Quel plaisir de dîner au Cap ! Il y en a pour tous les goûts, amateurs de poisson comme de cuisine africaine ou malaise du Cap, et pour tous les budgets. La plupart des restaurants sont autorisés à servir des boissons alcoolisées. À défaut, certains acceptent que vous apportiez votre vin (moyennant parfois un faible droit de bouchon). Nombre de bars et de pubs cuisinent également de bons plats.

La ville compte quantité de magasins et de marchés. Pour faire vos courses, les grands supermarchés Pick 'n' Pay et Woolworths ; on trouve ces enseignes dans toute la ville, notamment dans les principaux centres commerciaux. Pour les spécialités, allez chez des traiteurs, tels Giovanni's Deli World (p. 82) et Melissa's (p. 81), tous très bons.

City Bowl

Le secteur nord de Long St regorge de restaurants bon marché et ne manque pas d'animation. Bo-Kaap permet de goûter à d'authentiques plats malais en toute simplicité.

♥ **Plant** VÉGÉTALIEN $
(carte p. 50 ; www.plantcafe.co.za ; 8 Buiten St, City Bowl ; plats 39-65 R ; ⏲7h-19h lun-mar, 7h-22h mer-ven, 8h30-23h30 sam, 9h-15h dim ; ; Upper Loop/Upper Long). Comme son nom l'indique, le Plant sert une cuisine exclusivement végétalienne – si savoureuse qu'il pourrait bien vous rallier à sa cause. Au menu : sandwichs et salades avec simili fromage et substituts d'œufs, champignons portobellos géants et mélange de flocons de pommes de terre et d'algues en guise de burgers, ou encore cupcakes et brownies savoureux.

Vous trouverez un Plant plus modeste à **Bo-Kaap** (carte p. 50 ; www.plantcafe.co.za ; Urban Hub, 142 Buitengracht Service St, Bo-Kaap ; plats 39-65 R ; ⏲9h-17h lun-ven, 9h-15h sam ; Dorp/Leeuwen). Toutefois, l'adresse de City Bowl, qui sert bière et vin, a des heures d'ouverture plus étendus.

Jason Bakery BOULANGERIE, CAFÉ $
(carte p. 50 ; ☎021-424 5644 ; www.jasonbakery.com ; 185 Bree St, City Bowl ; plats 50 R ; ⏲7h-15h30 lun-ven, 8h-14h sam ; Upper Loop/Upper Long). Soyez réactif pour trouver une place dans ce café d'angle très prisé, qui prépare des petits-déjeuners et des sandwichs formidables. Il sert aussi du café, des bières Brewers &Union, et du vin pétillant MCC (Méthode Cap Classique) au verre ou à la bouteille. Le comptoir de vente à emporter est le bienvenu !

PLUS D'AVIS SUR LES RESTAURANTS

Pour plus d'informations en temps réel sur la scène culinaire du Cap, consultez Eat Out (www.eatout.co.za) ou Rossouw's Restaurants (www.rossouwsrestaurants.com).

Clarke's Bar & Dining Room AMÉRICAIN $

(carte p. 50 ; ☎021-422 7648 ; www.clarkesdining.co.za ; 133 Bree St, City Bowl ; plats 55 R ; 7h-17h lun, 7h-22h30 mar-sam, 8h-15h dim ; Dorp/Leeuwen). Bastion hipster de Bree St, cette adresse conviviale avec sièges au comptoir rend hommage à la tradition du *diner* américain. Au menu des petits-déjeuners servis toute la journée : sandwichs au fromage fondu et *huevos rancheros*. À partir de midi : sandwichs Reuben et de poitrine de porc, burgers et *mac and cheese*.

Lola's INTERNATIONAL $

(carte p. 50 ; www.lolas.co.za ; 228 Long St, City Bowl ; plats 40-50 R ; 8h-16h30 sam-mer, 8h-22h30 jeu et ven ; ; Upper Loop/Upper Long). Dans cette immuable institution de Long St, l'ambiance est toujours aussi décontractée et les petits-déjeuners, avec beignets de maïs et œufs Benedicts, toujours aussi bons. Attardez-vous autour d'un verre en observant les badauds dans Long St, ou faites un saut le jeudi ou le vendredi soir, lorsque l'endroit propose une petite (mais savoureuse) sélection de *street-food*.

♥ Chef's Warehouse & Canteen TAPAS $$

(carte p. 50 ; ☎021-422 0128 ; www.chefswarehouse.co.za ; Heritage Sq, 92 Bree St, City Bowl ; sélection de tapas pour 2 pers 350 R ; 12h-15h et 16h-20h lun-ven, 12h-14h30 sam ; Church/Longmarket). La délicieuse et généreuse sélection de petites assiettes préparées par le chef Liam Tomlin et sa talentueuse équipe est à découvrir. La carte parcourt la planète entière, du calamar assorti d'une salade vietnamienne acidulée au roboratif coq au vin. Si vous ne trouvez pas de table (pas de réservations), rabattez-vous sur le **Street Food**, qui sert des plats à emporter depuis l'espace sous le perron.

♥ Hemelhuijs INTERNATIONAL $$

(carte p. 50 ; ☎021-418 2042 ; www.hemelhuijs.co.za ; 71 Waterkant St, Foreshore ; plats 60-120 R ; 9h-16h lun-ven, 9h-15h sam ; ; Strand). Cet espace excentrique mais élégamment décoré – têtes de cerf assorties de vaisselle cassée et d'œuvres d'art contemporain – sert de vitrine aux créations culinaires artistiques de Jacques Erasmus. Sa cuisine, inventive et délicieuse, comprend des plats emblématiques comme les gnocchis de pommes de terre Sandveld au safran, accompagnés de blanc de caille et d'aubergines fumées, sans oublier les savoureux jus de fruits frais et les gâteaux du jour.

Addis in Cape ÉTHIOPIEN $$

(carte p. 50 ; ☎021-424 5722 ; www.addisincape.co.za ; 41 Church St, City Bowl ; plats 95-125 R ; 12h-22h30 lun-sam ; ; Church/Longmarket). Installez-vous autour d'une table basse en vannerie pour savourer la cuisine éthiopienne sur les traditionnelles *injera* (grandes galettes au levain de la taille d'une assiette), dont on se sert pour saisir les aliments. Bonne sélection de plats végétariens et végétaliens. À découvrir également, le *tej* (vin au miel maison) et un authentique café éthiopien.

Company Garden's Restaurant INTERNATIONAL $$

(carte p. 50 ; ☎021-423 2919 ; thecompanysgarden.com ; Company's Garden, Queen Victoria St, City Bowl ; plats 50-85 R ; 7h-18h ; ; Dorp/Leeuwen). La compagnie de restaurants-cabarets Madame Zingara a jeté son dévolu sur l'ancien café du Company's Garden, transformant l'endroit en un élégant espace contemporain assorti de charmants détails extérieurs tels que l'échiquier géant et les nids en osier. Le menu va de l'excellent petit-déjeuner (goûtez le pain perdu) au buffet-déjeuner (85 R).

Africa Café AFRICAIN $$

(carte p. 50 ; ☎021-422 0221 ; www.africacafe.co.za ; 108 Shortmarket St, City Bowl ; formule banquet 250 R; 18h-23h lun-sam ; Church/Longmarket). Touristique, c'est vrai, mais toujours le meilleur endroit pour goûter la cuisine africaine. Venez avec une faim de loup, car la formule banquet comprend quelque 15 plats de tout le continent, et vous pourrez vous resservir. Le midi, le personnel se donne en spectacle tout en servant les tables.

Bombay Brasserie INDIEN $$$

(carte p. 50 ; ☎021-819 2000 ; www.tajhotels.com ; Wale St, City Bowl ; plats 70-110 R, menu dégustation à partir de 325 R ; 18h-22h30 lun-sam ; Groote Kerk). À mille lieues du petit restaurant indien de quartier, le restaurant principal du Taj Hotel, décoré de lustres scintillants et de miroirs, affiche un luxe tamisé. La cuisine du chef Harpreet Longani est créative et délicieuse, sa présentation aussi impeccable que le service. Offrez-vous un voyage épicé avec l'un des menus dégustation.

Bo-Kaap et De Waterkant

La Petite Tarte CAFÉ $

(carte p. 50 ; 021-425 9077 ; Shop A11, Cape Quarter, 72 Waterkant St, De Waterkant ; plats 50-80 R; 8h30-16h lun-ven, 8h30-14h30 sam ; Alfred). Adorable café avec terrasse. Thés signés Mariage Frères et délicieuses tartes maison à la française, sucrées ou salées.

Loading Bay LIBANAIS $

(carte p. 50 ; 021-425 6320 ; www.loadingbay.co.za ; 30 Hudson St, De Waterkant ; plats 50-75 R ; 8h-17h lun-ven, 9h-16h sam, 9h-14h dim ; Old Fire Station). Frayez avec l'élégante clientèle de De Waterkant dans ce café chic qui propose un café avec du "lait microtexturisé" (chauffé à seulement 70°C) et des plats de style bistrot, tels les toasts au bacon croustillant et avocat. Le jeudi, réservez pour la soirée burger : au bœuf de première qualité ou végétariens, ils sont succulents.

Izakaya Matsuri JAPONAIS $$

(carte p. 50 ; 021-421 4520 ; www.izakayamatsuri.com ; Shop 6, The Rockwell, Schiebe St, De Waterkant ; plats 40-110 R ; Alfred). Le chaleureux Arata-san prépare des sushis et des rouleaux de printemps parmi les meilleurs du Cap, ainsi que divers mets japonais qu'on sert dans les *izakaya* (sorte de bistrot), comme les nouilles et le tempura. Par beau temps, on migre du séduisant intérieur décoré d'énormes lanternes de papier blanc et rouge vers l'espace de restauration dans la cour.

Bo-Kaap Kombuis MALAIS DU CAP $$

(021-422 5446 ; www.bokaapkombuis.co.za ; 7 Aug St, Bo-kaap ; plats 75-95 R ; 12h-16h et 18h-21h30 mar-sam, 12h-16h dim). Les chaleureux Yusuf et Nazli vous accueillent dans ce restaurant jouissant d'un emplacement spectaculaire dans le quartier de Bo-Kaap. À elle seule, la vue panoramique sur la Table Mountain et le Devil's Peak vaut le détour. On y sert tous les plats traditionnels de la cuisine cap-malaise, sans oublier les options végétariennes comme le curry de "sugar beans" (des flageolets très courants en Afrique du Sud).

East City, Woodstock et Observatory

Dans votre agenda, marquez d'une grosse croix rouge le samedi, jour du brunch hebdomadaire au Neighbourgoods Market (p. 95) dans l'Old Biscuit Mill.

Kitchen SANDWICHS, SALADES $

(carte p. 88 ; www.lovethekitchen.co.za ; 111 Sir Lowry Rd, Woodstock ; sandwichs et salades 60-70 R ; 8h-15h30 lun-ven ; ; District Six). Parmi tous les restaurants chics de la ville, c'est à cette petite table charmante que Michelle Obama a choisi de déjeuner, preuve que la première dame a bon goût ! Savourez de divines salades, des sandwichs campagnards faits avec grand soin ou des petites douceurs accompagnant le thé servi dans de la porcelaine.

Ocean Jewels POISSON ET FRUITS DE MER $

(carte p. 88 ; 083 582 0829 ; www.oceanjewels.co.za ; Woodstock Exchange, 66 Albert Rd, Woodstock ; plats 45-50 R ; 9h30-17h lun-ven, 10h-14h sam ; Woodstock). Dans ce café soutenant la Southern African Sustainable Seafood Initiative (voir p. 573), le poisson vient directement du port de Kalk Bay – on y sert un sacré burger de thon avec frites. Bien que logé dans le Woodstock Exchange, à l'élégant style industriel, l'endroit offre une ambiance aussi décontractée qu'un restaurant de bord de mer, avec ses tables en bois patiné et ses assiettes émaillées de style rustique.

Hello Sailor BISTROT $

(021-447 0707 ; www.hellosailorbistro.co.za ; 86 Lower Main Rd, Observatory ; plats 50 R ; 8h-22h ; Observatory). Depuis son cadre arrondi, une sirène contemple une clientèle aussi tatouée qu'elle. Ce bistrot chic sert de savoureux petits plats (burgers, salades et pâtes) à petits prix. Le restaurant ferme à 22h, mais le bar prolonge parfois la soirée jusqu'à 2h le week-end.

Downtown Ramen JAPONAIS $

(carte p. 88 ; 105 Harrington St, East City ; nouilles 65 R ; 11h-15h et 17h30-22h lun-sam ; Roeland). Bien que des mets sensiblement différents soient proposés au déjeuner et au dîner, les deux variétés de *ramen* – accompagnées d'une tranche de porc *char sui*, ou en version végétarienne avec du tofu – sont servies midi et soir et valent toutes deux le coup. Demandez le piment à part si vous n'aimez pas les nouilles trop épicées. Situé au-dessus de Lefty's.

Café Ganesh AFRICAIN, INDIEN $
(☎021-448 3435 ; www.cafeganesh.wozaonline.co.za ; 38B Trill Rd, Observatory ; plats 50-80 R ; 18h-23h30 lun-sam ; Observatory). Coincée entre deux bâtiments dans une ruelle, cette table excentrique permet de déguster *pap* (porridge de maïs), légumes, springbok grillé ou curry d'agneau. Décor d'entrepôt et papiers peints avec étiquettes de boîtes d'allumettes pour un style industriel chic.

Charly's Bakery BOULANGERIE, CAFÉ $
(carte p. 88 ; www.charlysbakery.co.za ; 38 Canterbury St, East City ; pâtisseries 17-35 R ; 8h-17h mar-ven, 8h30-14h sam ; Lower Buitenkant). Vedette de l'émission de TV réalité *Charly's Cake Angels*, la fabuleuse équipe féminine du lieu concocte des cupcakes renversants, entre autres pâtisseries. Le bâtiment historique est aussi coloré que les glaçages.

Raw and Roxy VÉGÉTALIEN $
(carte p. 88 ; 302 Albert Rd, Woodstock ; plats 70-90 R ; 9h-17h lun-sam ; ; Kent). Beatrice Holst a su conquérir les carnivores du Cap avec ses délicieux mets crus et végétaliens, dont des lasagnes crues à faire se pâmer les fins gastronomes, ou encore un onctueux gâteau à la ganache et à l'avocat. Jus de fruits hypervitaminés.

♥ **Pot Luck Club** INTERNATIONAL $$
(carte p. 88 ; ☎021-447 0804 ; www.thepotluckclub.co.za ; dernier étage du Silo, Old Biscuit Mill, 373-375 Albert Rd, Woodstock ; plats 75-99 R ; 12h30-14h30 et 18h-20h30 lun-sam, 11h-12h30 dim ; Kent). Le plus abordable des restaurants tenus par le chef Luke Dale-Roberts, dans l'Old Biscuit Mill, a beau offrir une vue panoramique sur le quartier, c'est bien le contenu de l'assiette qui est époustouflant. Les plats sont conçus pour être partagés (nous vous mettons au défi de ne pas commander une seconde assiette de bœuf fumé à la sauce truffes-café au lait !).

Gardens et ses environs

♥ **Ferdinando's** PIZZAS $
(carte p. 56 ; ☎084 771 0485 ; www.facebook.com/pages/Ferdinandos-pizza/418463764843892 ; 84 Kloof St, Gardens ; pizzas 80-110 R ; mar-sam 18h-23h ; Welgemeend). Dans cette charmante "pizzeria secrète" qui prolonge le Blah Blah Bar, vous serez reçu par Diego, le maître pizzaiolo et Kikki la créative (et pétillante) hôtesse, sans oublier l'adorable chien Ferdinando, qui veille au grain. Les garnitures des fabuleuses pizzas croustillantes à croûte fine varient en fonction de la saison. Réservation requise.

Yard BURGERS, SANDWICHS $
(carte p. 56 ; www.facebook.com/YARDCT ; 6 Roodehek St, Gardens ; plats 70-110 R ; 7h-22h30 lun-sam ; Roodehek). Les fameux burgers de Dog's Bollocks (seulement 50 servis par soir, à partir de 17h) ont permis de lancer ce complexe grunge-branché il y a quelques années. L'endroit sert désormais à manger toute la journée : petits-déjeuners à l'anglaise et sandwichs de Mucky Mary, tacos de Bitch's Tits et café de Deluxe Coffeeworks, qui torréfie ses grains sur place. De remarquables créations de street art décorent le bâtiment.

Melissa's INTERNATIONAL, ÉPICERIE FINE $
(carte p. 56 ; www.melissas.co.za ; 94 Kloof St, Gardens ; plats 50-70 R ; 7h30-19h lun-ven, 8h-19h sam-dim ; Welgemeend). Payez au poids le savoureux buffet du petit-déjeuner ou du déjeuner, puis explorez les étagères pour des gourmandises et victuailles à emporter.

♥ **Hallellujah** INTERNATIONAL $$
(carte p. 56 ; ☎079 839 2505 ; www.hallelujahhallelujah.co.za ; 11 Kloof Nek Rd, Tamboerskloof ; plats 88-128 R ; 18h30-23h mer-sam ; Ludwig's Garden). La jeune et talentueuse Emma Hoffmans pilote cette petite cuisine assortie d'un espace de restauration à la thématique flamant rose. Réservation uniquement pour les tables de 4 à 6 personnes, places au comptoir pour les clients spontanés. Parcourez la brève mais délicieuse sélection de petites assiettes, avec notamment des petits pains farcis aux crevettes grillées, des nouilles soba froides au canard, et une salade acidulée à la papaye verte.

Maria's GREC $$
(carte p. 56 ; ☎021-461 3333 ; 31 Barnet St, Dunkley Sq, Gardens ; plats 75-135 R ; 8h-22h30 mar-ven, 9h-22h30 sam ; ; Annandale). Par une soirée chaude, peu d'adresses sont aussi plaisantes pour un dîner romantique. Installé à une table rustique sous les arbres de la place, régalez-vous de mezze ou d'autres plats grecs, comme la moussaka. Nombreux plats végétariens.

Kyoto Garden Sushi JAPONAIS $$
(carte p. 56 ; 021-422 2001 ; 11 Lower Kloofnek Rd, Tamboerskloof ; plats 80-195 R ; 17h30-23h lun-sam ; Ludwig's Garden). Le mobilier en hêtre et l'éclairage délicat confèrent une dimension zen à ce remarquable restaurant japonais, qui appartient à un expatrié de Los Angeles mais emploie un expert en sushis et sashimis. La salade de nouilles aux crevettes est excellente, tout comme le cocktail Asian Mary.

Manna Epicure BOULANGERIE $$
(carte p. 56 ; 021-426 2413 ; www.mannaepicure.com ; 151 Kloof St, Gardens ; plats 40-110 R ; 8h-17h mar-sam, 8h-16h dim ; Welgemeend). Venez dans ce café tout blanc pour le petit-déjeuner ou le déjeuner, simples et succulents, ou en fin d'après-midi pour savourer un cocktail et des tapas sur la véranda. Les pains tout frais (à la noix de coco, ou aux noix de pécan et raisins secs), méritent à eux seuls l'ascension de la colline !

Chef's Table INTERNATIONAL $$$
(carte p. 56 ; 021-483 1864 ; www.belmond.com/mountnelsonhotel ; Belmond Mount Nelson Hotel, 76 Orange St, Gardens ; déj 500 R, dîner sans/avec vin 595/995 R ; 12h-15h ven, 18h30-21h lun-sam ; ; Government Ave). Le Planet, l'élégant restaurant du Belmond Hotel, vaut le détour. Toutefois, le summum consiste à réserver l'une des quatre tables avec vue directe sur le spectacle culinaire qui se joue en cuisine. Les plats sont somptueux (options végétariennes disponibles) et présentés par les cuisiniers, qui vous invitent à découvrir les coulisses.

Aubergine INTERNATIONAL $$$
(carte p. 56 ; 021-465 0000 ; www.aubergine.co.za ; 39 Barnet St, Gardens ; déj 2/3 plats 240/320 R, dîner 3/4/5 plats 465/565/675 R ; 12h-14h mer-ven, 17h-22h lun-sam ; ; Annandale). Natif d'Allemagne, Harald Bresselschmidt est l'un des chefs les plus fiables du Cap, avec une cuisine créative et consistante, accompagnée de quelques-uns des meilleurs vins du cru. Commandez avec parcimonie, car les portions sont généreuses. Menus végétariens disponibles ; service et ambiance impeccables.

Green Point et Waterfront

Les établissements de Waterfront ont le double avantage d'offrir une vue sur l'océan et de rester ouverts toute la journée. Mais ce sont en majorité des attrape-touristes.

V&A Market on the Wharf AIRE DE RESTAURATION $
(carte p. 60 ; www.marketonthewharf.co.za ; Pump House, Dock Rd, V&A Waterfront ; plats à partir de 50 R ; 10h-17h30 juin-oct, 10h-19h nov-mai ; ; Nobel Square). Grâce à ce *food court* coloré aux allures de marché, situé dans l'ancienne Pump House, inutile de dépenser des fortunes pour bien manger (et manger sain) à Waterfront. Commandez un café ou un jus de fruits fraîchement pressé à emporter pour accompagner votre wrap ou votre muffin, ou optez pour un repas plus consistant, avec un *fish and chips*, par exemple.

Café Neo GREC, CAFÉ $
(carte p. 60 ; 129 Beach Rd, Mouille Point ; plats 50-70 R ; 7h-19h ; ; Three Anchor Bay). Cet emblématique café de bord de mer affiche une ambiance et un cadre contemporains, oscillant entre animation (à l'heure du repas) et décontraction (idéal pour un verre en fin d'après-midi). Jetez un coup d'œil au menu inscrit sur un tableau noir, puis installez-vous à la grande table commune ou sur la terrasse, face au phare rouge et blanc.

Giovanni's Deli World CAFÉ, ÉPICERIE FINE $
(carte p. 60 ; 103 Main Rd, Green Point ; plats 30-60 R ; 7h30-20h30 ; Stadium). L'épicerie est pleine de bons produits qui servent aussi à faire des sandwichs à la demande, une formule idéale pour un pique-nique sur la plage. Café en terrasse très populaire.

Nü VÉGÉTARIEN $
(carte p. 60 ; www.nufood.co.za ; Shop 4 Portside, Main Rd, Green Point ; plats 50-60 R ; 7h-19h lun-ven, 7h30-19h sam, 7h30-18h dim ; ; Upper Portswood). Une très bonne adresse pour un petit-déjeuner ou un déjeuner végétarien équilibré, avec un menu regorgeant de jus de fruits fraîchement pressés, de smoothies, de salades nourrissantes et de wraps multicéréales. Commandez au comptoir et savourez votre repas dans un espace lumineux et modeste. Vous trouverez un autre Nü à **Sea Point** (carte p. 70 ; 021-439 7269 ; www.nufood.co.za ; Shop 3, Piazza St John, 395 Main Rd, Sea Point ; 7h30-19h lun-sam, 7h30-18h dim ; ; Arthur's).

El Burro MEXICAIN $$
(carte p. 60 ; 021-433 2364 ; www.elburro.co.za ; 81 Main Rd, Green Point ; plats 90-175 R ;

midi-22h30 ; Stadium). Avec son balcon donnant sur le Cape Town Stadium, un restaurant mexicain un cran plus chic que les autres, et plus inventif. Outre les habituels tacos et *enchiladas*, des plats authentiques comme le poulet au *mole poblano* (sauce épicée au cacao). Réservation conseillée (l'adresse est populaire).

Harbour House POISSON ET FRUITS DE MER $$$
(carte p. 60 ; 021-418 4744 ; Quay 4, V&A Waterfront ; plats 95-260 R ; 12h-22h ; Nobel Square). Cette institution de Kalk Bay a élu domicile sur le Waterfront avec ce bon restaurant de plain-pied assorti de nappes blanches (demandez une table sur la terrasse extérieure). L'endroit possède un bar lounge à sushis, encore supérieur, sur la terrasse du haut – parfait pour siroter un verre de vin glacé au crépuscule.

Côte atlantique

Kleinsky's Delicatessen ÉPICERIE FINE $
(carte p. 70 ; www.facebook.com/Kleinskys ; 95 Regent Rd, Sea Point ; plats 22-62 R ; 8h30-20h30 ; ; Tramway). Hommage aux classiques épiceries fines juives, le Kleinsky's constitue une excellente recrue pour la scène gastronomique de Sea Point, au rayon décontracté. Il propose bagels grillés assortis de saumon fumé ou de foie haché maison, soupe de poulet aux boulettes de matzo (pain non levé) et *latkes* (crêpes de pommes de terre). Bon café par ailleurs. Les murs accueillent les œuvres des artistes locaux.

La Boheme ESPAGNOL $$
(carte p. 70 ; 021-434 8797 ; www.labohemebistro.co.za ; 341 Main Rd, Sea Point ; dîner 2/3 plats 125/160 R ; 12h-22h15 lun-ven ; ; Firmount). Même si l'on peut y faire le plein d'expressos, de succulentes tapas et de repas légers en journée, on se rend idéalement à La Boheme en soirée, afin de profiter des menus à deux ou trois plats, aussi savoureux qu'abordables, à la lumière scintillante des bougies.

La Perla ITALIEN $$
(carte p. 60 ; 021-439 9538 ; www.laperla.co.za ; angle Church Rd et Beach Rd, Sea Point ; plats 95-160 R ; 10h-minuit ; Sea Point Pool). Une institution sur la promenade de Sea Point, très chic, avec des serveurs en veste blanche. Pâtes, poisson ou viande, le choix est vaste pour un repas en terrasse, à l'ombre des palmiers, ou dans l'intimité du bar.

La Mouette FRANÇAIS $$$
(carte p. 70 ; 021-433 0856 ; www.lamouette-restaurant.co.za ; 78 Regent Rd, Sea Point ; plats 125-180 R, menu dégustation 295 R ; 12h-15h mar-dim, 18h-22h30 tlj ; Kei Apple). Avec ses classiques de bonne tenue (bouillabaisse, salade niçoise au poisson) et ses créations novatrices (crevettes au sel et poivre, avec pop-corn au chorizo), La Mouette offre une bonne expérience culinaire. Le menu-dégustation est une affaire. La luxuriante cour extérieure, près de la fontaine frémissante, est très agréable.

Roundhouse INTERNATIONAL $$$
(carte p. 70 ; 021-438 4347 ; www.theroundhouserestaurant.com ; The Glen, Camps Bay ; menu 4 plats 665 R ; 18h-22h mar-sam toute l'année, 12h-16h mer-sam et midi-15h dim mai-sept ; ; Kloof Nek). Ce restaurant élégant s'intègre parfaitement dans une demeure du XVIIIe siècle, installée sur un terrain boisé surplombant Camps Bay. Possibilité de commander un délicieux repas végétarien.

Faubourgs sud

Gardener's Cottage CAFÉ $
(021-689 3158 ; Montebello Craft Studios, 31 Newlands Ave, Newlands ; plats 45-70 R ; 9h30-14h30 mar-ven, 8h30-16h30 sam-dim ; Newlands). Après avoir exploré les ateliers d'artisanat de Montebello, relaxez-vous dans ce ravissant café et salon de thé dans le jardin. Repas simples mais généreux servis à l'ombre des arbres.

O'ways Teacafe VÉGÉTARIEN $
(021-617 2850 ; www.oways.co.za ; 20 Dreyer St, Claremont ; plats 55-169 R ; 7h30-17h lun-ven, 9h-14h sam ; ; Claremont). Cet établissement décontracté et élégant (prononcez "*always*") est 100% végétarien, avec des plats savoureux tels les *dim sum* (bouchées vapeur) et les champignons portobellos fourrés à la semoule. C'est aussi l'une des meilleures adresses du Cap pour prendre le thé, avec ses 60 variétés en vrac et infusions.

Bistro Sixteen82 TAPAS, INTERNATIONAL $$
(021-713 2211 ; www.steenberg-vineyards.co.za ; Steenberg Vineyard, Tokai ; plats 98-185 R ; 9h-20h). Complétant parfaitement l'élégant salon de dégustation moderne du domaine viticole de Steenberg, ce très séduisant bistrot propose aussi bien un petit-déjeuner avec un verre de vin pétillant qu'un dîner de tapas en fin d'après-midi,

arrosé d'un bon merlot. Tables à l'intérieur et sur la terrasse, avec vue merveilleuse sur les jardins et la montagne.

Jonkershuis MALAIS DU CAP **$$**
(☎021-794 6255 ; www.jonkershuisconstantia.co.za ; Groot Constantia Rd, Constantia ; plats 88-148 R ; ⏲9h-22h lun-sam, 9h-17h dim). Dans le domaine Groot Constantia, une jolie cour ombragée de vigne et une ambiance de brasserie pour ce restaurant aux tables installées face au manoir. Dégustez des spécialités malaises du Cap (assiette d'assortiments 148 R), des viandes séchées accompagnées d'un vin local, ou laissez-vous tenter par les desserts.

Rhodes Memorial Restaurant MALAIS DU CAP **$$**
(www.rhodesmemorial.co.za ; Rhodes Memorial, près de la M3, Groote Schuur Estate, Rondebosch ; plats 70-125 R ; ⏲7h-17h). Un agréable restaurant et salon de thé à ciel ouvert, logé dans une maisonnette au toit de chaume de 1920, derrière le mémorial. L'endroit, à la gestion familiale, est spécialisé dans la cuisine cap-malaise – curries, *bredies* (ragoûts de viande ou de poisson, accompagnés de légumes) et *bobotie* (curry d'autruche délicatement parfumé et coiffé d'une croûte d'œufs battus).

Réservation conseillée le week-end, surtout le dimanche, lorsque les concerts de jazz battent leur plein entre 13h et 16h.

♥ **La Colombe** FRANÇAIS **$$$**
(☎021-794 2390 ; www.lacolombe.co.za ; Silvermist, Main Rd, Constantia ; déj plats 135-210 R, dîner 4/6 plats 465/685 R ; ⏲12h30-14h30 et 19h30-21h30). Hormis son nouvel emplacement, sur la propriété du Silvermist, ce célèbre restaurant de Constantia n'a guère changé. Le chef britannique Scot Kirton concocte des plats alliant techniques et saveurs franco-asiatiques, tels le risotto fumé à la tomate et les pétoncles saisis au miso. Difficile d'égaler ce cadre à l'élégance naturelle et son personnel très avenant.

Sud de la péninsule

C'est La Vie BOULANGERIE, FRANÇAIS **$**
(20 Main Rd, Kalk Bay ; plats 50 R ; ⏲7h-15h mer-dim ; 🚉Kalk Bay). Cette petite boulangerie-café à la française, qui sert un café dont tout le monde parle à Kalk Bay, est une bonne adresse pour le petit-déjeuner et les déjeuners légers. En sus : jus de fruits fraîchement pressés.

Empire Café INTERNATIONAL **$**
(☎021-788 1250 ; www.empirecafe.co.za ; 11 York Rd, Muizenberg ; plats 50-95 R ; ⏲7h-16h lun-mar et jeu-sam, 7h-21h mer, 8h-16h dim ; 📶 ; 🚉Muizenberg). Adresse favorite des surfeurs locaux, l'Empire est prisé pour ses petits-déjeuners de type "toast d'œuf au plat" et ses déjeuners. Des expositions d'art local agrémentent les murs et un lustre impressionnant domine le plafond. Le mercredi, le café ferme plus tard et sert des burgers gastronomiques (70 R).

♥ **Lighthouse Cafe** INTERNATIONAL **$$**
(☎021-786 9000 ; www.thelighthousecafe.co.za ; 90 St George's St, Simon's Town ; plats 75-140 R ; ⏲8h30-16h dim-mar, 8h30-21h30 mer-sam ; 🚉Simon's Town). Une adresse chic et décontractée en bord de mer, avec un menu faisant la part belle aux produits de la mer – notez la délicieuse et consistante bouillabaisse mauricienne ou encore le *fish and chips* façon Jamie Oliver. En sus : burgers, pizzas et assiettes de mezze.

Casa Labia INTERNATIONAL **$$**
(☎021-788 6068 ; www.casalabia.co.za ; 192 Main Rd, Muizenberg ; plats 70-145 R ; ⏲10h-16h mar-jeu, 9h-16h ven-dim ; 🖉 ; 🚉Muizenberg). Certains des ingrédients de ce séduisant café, qui occupe le somptueux centre culturel, proviennent du jardin attenant. La Casa Labia envisage aussi de produire du vin et de l'huile à partir des vignes et des oliviers qui poussent sur les contreforts. Savourez des pâtisseries maison, de succulents petits-déjeuners, des tartines et quantité de plats végétariens.

Olympia Café & Deli BOULANGERIE, INTERNATIONAL **$$**
(☎021-788 6396 ; www.facebook.com/OlympiaCafeKalkBay ; 134 Main Rd, Kalk Bay ; plats 60-100 R ; ⏲7h-21h ; 🚉Kalk Bay). L'Olympia, qui met la barre haut dans la catégorie café rustique et décontracté de bord de mer, produit ses propres pains et pâtisseries. Une adresse à retenir pour le petit-déjeuner, aussi délicieux que le déjeuner aux accents méditerranéens – surtout les généreux bols de moules.

Live Bait POISSON ET FRUITS DE MER **$$**
(☎021-788 5755 ; www.harbourhousegroup.co.za/livebait ; port de Kalk Bay, Kalk Bay ; plats 75-200 R ; ⏲12h-16h et 18h-22h ; 🚉Kalk Bay). Tout près des vagues et de l'animation du port de Kalk Bay, cette adresse

lumineuse et décontractée évoque les restaurants des îles grecques. C'est l'une des meilleures tables pour déguster des produits de la mer. Les mêmes propriétaires tiennent l'élégant Harbour House à l'étage, et le très abordable Lucky Fish juste à côté, qui sert de la nourriture à emporter.

Meeting Place INTERNATIONAL $$
(021-786 5678 ; www.themeetingplaceupstairs.co.za ; 98 St George's St, Simon's Town ; plats 75-120 R ; 9h-21h lun-sam, 9h-15h dim ; Simon's Town). Café au rez-de-chaussée (sandwichs gourmands, glaces maison) et restaurant raffiné à l'étage, avec balcon surplombant l'artère principale de Simon's Town.

Où prendre un verre et faire la fête

Le Cap n'a pas été baptisée pour rien la "Taverne des Sept Mers" ! D'innombrables établissements servent à boire, et vous aurez l'embarras du choix, des bars à vins aux microbrasseries.

City Bowl

Orphanage BAR À COCKTAILS
(carte p. 50 ; 021-424 2004 ; www.theorphanage.co.za ; angle Orphange St et Bree St, City Bowl ; 17h-2h lun-jeu et sam, 17h-3h ven ; Upper Loop/Upper Long). Dans ce bar qui doit son nom à la rue voisine, les experts mixologues préparent de séduisants breuvages artisanaux aux noms étranges (Knicker-Dropper Glory, Dollymop, Daylight Daisy, etc.) et aux ingrédients variés (beurre de cacahouète, compote de kumquat et "poisson rouge"). L'endroit est sombre, raffiné et élégant, avec une terrasse extérieure entre les arbres dans Bree St.

Publik BAR À VINS
(carte p. 50 ; www.publik.co.za ; 81 Church St, City Bowl ; 16h-22h lun et mar, 16h-minuit mer-ven ; Church/Longmarket). Le soir, la boucherie gourmet Frankie Fenner Meat Merchants se métamorphose en bar modeste et décontracté, où les propriétaires brillent par leur capacité à déterrer des joyaux méconnus du paysage vinicole local. Goûtez des crus provenant de vignobles durables, des variétés inattendues ou encore des millésimes rares. Le menu dégustation, composé de cinq vins, est une aubaine (100 R).

Beerhouse BAR
(carte p. 50 ; www.beerhouse.co.za ; 223 Long St, City Bowl ; Upper Loop/Upper Long). Un paradis sur terre pour les amateurs de houblon avec ses 99 bières, locales et internationales, ainsi que ses variétés artisanales à la pression. Vaste bar superbement conçu au cœur de Long St, le balcon est un endroit privilégié pour observer les passants.

Honest Chocolate Cafe CAFÉ, BAR
(carte p. 50 ; www.honestchocolate.co.za ; 64 Wale St, City Bowl ; 8h-16h lun-ven, 9h-14h sam ; Dorp/Leeuwen). Fort d'une campagne de financement participatif réussie, Honest Chocolate, qui distille ses merveilles artisanales au Woodstock Exchange (p. 95), rend ici hommage au chocolat dans tous ses états (liquide, solide, crème glacée et gâteau). Le résultat ? Un rêve pour les accros au chocolat, qui le trouveront également en version végétalienne et sans gluten.

Weinhaus + Biergarten BAR À BIÈRES
(carte p. 50 ; https://www.facebook.com/bierandwein ; 110 Bree St, City Bowl ; 12h-minuit ; ; Church/Longmarket). Installé derrière St Stephen's Church, cet établissement décontracté est spécialisé dans les bières artisanales d'importation, estampillées Brewers & Union. L'été, l'endroit propose du ping-pong et des concerts dans la cour extérieure ; consultez la page Facebook pour plus de détails. La viande issue d'une production éthique entre dans la composition de savoureux sandwichs, hot dogs et *braai* (barbecue).

Alexander Bar & Café GAY, BAR À COCKTAILS
(carte p. 50 ; www.alexanderbar.co.za ; 76 Strand St, City Bowl ; 11h-1h lun-sam ; Strand). Derrière cet espace sympathique et excentrique, installé dans un magnifique bâtiment historique, se cachent le dramaturge Nicholas Spagnoletti et l'ingénieur logiciel Edward van Kuik. Décrochez le combiné des vieux téléphones sur les tables pour entamer la conversation avec vos voisins, commandez au bar ou envoyez un télégramme à quelqu'un pour qui vous avez le béguin.

Le site Internet vous informe sur les spectacles programmés dans le **théâtre expérimental** à l'étage.

House of Machines CAFÉ, BAR
(carte p. 50 ; www.thehouseofmachines.com ; 84 Shortmarket St, City Bowl ; 7h-16h lun, 7h-minuit mar-sam ; Church/Mid-Long).

À NE PAS MANQUER

ROUTES DES VINS DE CONSTANTIA

Ici se trouve le berceau de l'industrie vinicole sud-africaine. En 1685, le gouverneur Simon van der Stel choisit cette région pour son potentiel viticole, baptisant son exploitation "Constantia". Après sa mort en 1712, son domaine de 763 hectares fut morcelé. Site de la **route des vins de Constantia** (www.constantiawineroute.com), il compte désormais 10 vignobles. Voici les principaux :

Groot Constantia (☎021-794 5128 ; www.grootconstantia.co.za ; Groot Constantia Rd, Constantia ; dégustation 30 R, musée adulte/enfant 20 R/gratuit, visite de la cave avec dégustation 40 R ; ⏲9h-17h30 ; P). Dans le cadre magnifique du domaine de Groot Constantia, le manoir de Simon van der Stel, superbe exemple d'architecture néerlandaise du Cap, est devenu un musée. Si de nombreux groupes de touristes y font escale, le domaine est suffisamment grand pour permettre d'échapper à la foule. La grande salle de dégustation est tout de suite à droite de l'entrée. Un peu plus loin, un centre d'informations gratuit relate l'histoire du domaine et du manoir, soigneusement restauré.

Klein Constantia (www.kleinconstantia.com ; Klein Constantia Rd, Constantia ; dégustation 30 R ; ⏲dégustations 10h-17h lun-ven, 10h-16h30 sam, 10h-16h dim ; P). Klein Constantia, qui faisait partie du Constantia, est réputé pour son vin de Constance, délicieux muscat qui fut le réconfort de Napoléon durant son exil à Sainte-Hélène, et que recommande une héroïne de Jane Austen pour son effet bienfaisant sur un cœur brisé dans *Raison et Sentiments*. Belle salle de dégustation et exposition instructive.

Buitenverwachting (☎021-794 5190 ; www.buitenverwachting.co.za ; Klein Constantia Rd, Constantia ; dégustation 40 R ; ⏲9h-17h lun-ven, 10h-15h sam ; P). Ce domaine, dont le nom signifie "au-delà de toute attente", est réputé pour la qualité des conditions de travail offertes à ses employés. Réservez un délicieux **pique-nique** (☎083 257 6083 ; déjeuner 145 R ; ⏲12h-16h lun-sam nov-avr), que vous savourerez devant le vieux manoir (1796). Vous y trouverez aussi un café décontracté et un restaurant plus raffiné, avec une vue imprenable sur les vignobles.

Steenberg Vineyards (www.steenberg-vineyards.co.za ; Steenberg Estate, Steenberg Rd, Tokai ; dégustations 20 et 40 R ; ⏲10h-18h ; P). Profitez des somptueux bar de dégustation et lounge modernes des Steenberg Vineyards, l'occasion de déguster merlot, sauvignon blanc, sémillon et pétillant MCC (Méthode Cap Classique), tous excellents. Le domaine est le plus ancien du Cap : fondé en 1682, il était alors appelé Swaane-weide ("prairie des cygnes").

Ce lieu, qui allie atelier de réparation de motos, salon de coiffure, boutique et espace de musique live/DJ, est un hommage au courant musical et cinématographique americana, avec ses cocktails savoureux et inventifs à base de bourbon, ses bières artisanales américaines et son café Evil Twin Coffee, made in New York.

Bean There CAFÉ
(carte p. 50 ; www.beanthere.co.za ; 58 Wale St, City Bowl ; ⏲7h30-16h lun-ven, 9h-14h sam ; 🚌Dorp/Leeuwen). Dans cet établissement chic, qui compte un espace pour se mettre à l'aise et une ambiance détendue (malgré la caféine), on trouve essentiellement des cafés issus du commerce équitable et provenant de toute l'Afrique, ainsi que quelques délicieux en-cas.

Waiting Room BAR
(carte p. 50 ; ☎021-422 4536 ; 273 Long St, City Bowl ; entrée ven et sam 30 R ; ⏲19h-2h lun-sam ; 🚌Upper Loop/Upper Long). Grimpez l'étroit escalier à côté du Royale Eatery vers ce bar ultrabranché, meublé rétro et animé par un DJ. La nuit, continuez votre ascension jusqu'au toit-terrasse pour voir scintiller la ville du Cap.

East City, Woodstock et Salt River

♥ Taproom MICROBRASSERIE
(www.devilspeakbrewing.co.za ; 95 Durham Ave, Salt River ; ⏲8h-16h lun, 8h-23h mar-sam ; 🚌Upper Salt River). La Devil's Peak Brewing Company concocte quelques-unes des meilleures bières artisanales d'Afrique

du Sud. Son comptoir et restaurant offre une vue panoramique sur le Devil's Peak. Les plats consistants (burgers, poulet frit) complètent l'extraordinaire sélection de bières à la pression. On y trouve des versions vieillies en fût et la nouvelle série des Explorer en bouteille.

Truth CAFÉ

(carte p. 88 ; www.truthcoffee.com ; 36 Buitenkant St, East City ; 7h30-18h lun-sam, 7h30-14h dim ; ; Lower Buitenkant). Ce lieu, qui se définit comme "une usine de torréfaction rétro-futuriste et un café", avec ses ampoules nues et ses éléments de décoration en métal délirants, est un endroit fabuleux pour se mêler aux citadins. Outre le café, on y sert des bières artisanales, des pâtisseries, des sandwichs, des burgers et des hot dogs.

Vous trouverez un autre Truth au **Prestwich Memorial** (carte p. 50 ; www.truthcoffee.com ; Prestwich Memorial, angle Somerset St et Buitengracht St, De Waterkant ; 8h-18h lun-ven, 18h-14h sam-dim ; Strand).

Espressolab Microroasters CAFÉ

(carte p. 88 ; espressolabmicroroasters.com ; Old Biscuit Mill, 375 Albert Rd, Woodstock ; 8h-16h lun-ven, 8h-14h sam ; Kent). Parlez vraiment café dans ce laboratoire au personnel composé de torréfacteurs et de serveurs passionnés. Les grains, qui proviennent de plantations et de coopératives du monde entier, sont emballés dans des paquets sur lesquels sont inscrits des commentaires de dégustation dignes des grands vins.

Lady Bonin's Tea SALON DE THÉ

(carte p. 88 ; www.ladybonin.com ; Shop AG11b, Woodstock Exchange, 66 Albert Rd, Woodstock ; 9h-17h lun-ven, 9h-15h sam ; Woodstock). Un lieu décontracté à la décoration charmante, idéal pour goûter des thés bio et issus de l'agriculture durable, des tisanes aux herbes fruitées et de délicates pâtisseries végétaliennes.

aMadoda Braai BAR, BRAAI

(carte p. 88 ; www.amadoda.co.za ; 1-4 Strand St, Woodstock ; 12h-21h lun-jeu, 12h-2h ven-dim ; Woodstock). Niché dans une petite rue qui suit la voie ferrée, ce bar combine avec succès *braai* (barbecue ; menu à partir de 50 R), atmosphère de troquet clandestin et décoration ingénieuse. Le juke-box regorge de musique africaine, jazz et house. L'endroit mérite une halte tardive le week-end, lorsque les clients commencent à se déhancher.

Gardens et ses environs

Chalk & Cork BAR À VINS

(carte p. 56 ; 021-422 5822 ; www.chalkandcork.co.za ; 51 Kloof St, Gardens ; 9h-18h lun-mer, 9h-22h jeu-sam ; Lower Kloof). Ce bar à vins-restaurant possède une agréable cour donnant sur Kloof St. Le menu couvre toute la gamme, des petits-déjeuners aux tapas, en passant par les assiettes à partager. La porte est également ouverte pour découvrir les vins, dont beaucoup sont servis au verre et proviennent des meilleurs domaines de la région.

Power & the Glory/Black Ram CAFÉ, BAR

(carte p. 56 ; 021-422 2108 ; 13B Kloof Nek Rd, Tamboerskloof ; café 8h-22h lun-sam, bar 17h-fermeture tardive lun-sam ; Ludwig's Garden). Le café et la cuisine (hot dogs dans du pain bretzel, tourtes croustillantes et autres plats maison) sont bons, mais la jeunesse branchée vient avant tout ici pour le bar enfumé et cosy, notamment les jeudis et les samedis soir.

Blah Blah Bar BAR

(carte p. 56 ; 082 349 8849 ; www.facebook.com/BlahBlahBarCPT ; 84 Kloof St, Gardens ; 17h-2h ; Welgemeend). Partenaire d'**Erdmann Contemporary** (carte p. 56 ; 021-422 2762 ; www.erdmanncontemporary.co.za ; 84 Kloof St, Gardens ; 10h-21h mer-sam ; Welgemeend), qui accueille certains concerts dans sa galerie à l'étage, et de la très bonne pizzeria Ferdinando's (p. 81), ce bar ne fait pas dans le bla-bla. Consultez la page Facebook pour le programme des concerts et des DJ sets, dont certains sont payants.

Yours Truly CAFÉ, BAR

(carte p. 56 ; www.yourstrulycafe.co.za ; 73 Kloof St, Gardens ; 6h-23h ; Ludwig's Garden). Situé à l'avant de l'auberge de jeunesse Once in Cape Town, cet établissement est animé du petit matin jusque tard dans la nuit. Les voyageurs se mêlent aux hipsters du coin, qui viennent savourer les excellents cafés, bières artisanales, sandwichs gourmands et pizzas à pâte fine, sans oublier les éventuelles soirées DJ.

Le Yours Truly originel, plus petit, se trouve dans **Long St** (carte p. 50 ; www.yourstrulycafe.co.za ; 175 Long St, City Bowl ; 7h-17h lun-ven, 8h-15h sam ; Dorp/Leeuwen).

East City, District Six, Woodstock et Salt River

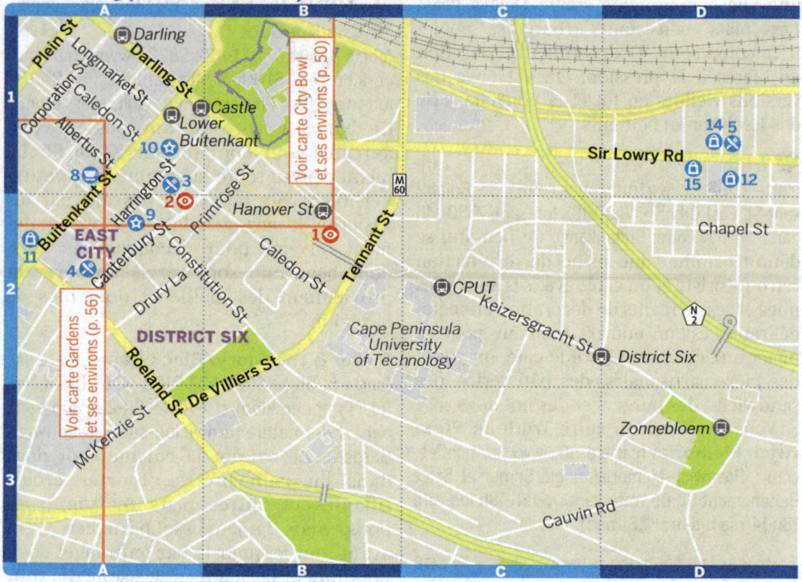

East City, District Six, Woodstock et Salt River

À voir
1 Land & Liberty B2
2 Substation 13 .... A2

Où se restaurer
3 Charly's Bakery A1
4 Downtown Ramen A2
5 Kitchen D1
Ocean Jewels .... (voir 17)
Pot Luck Club .... (voir 13)
6 Raw and Roxy H1

Où prendre un verre et faire la fête
7 aMadoda Braai G1
Espressolab Microroasters .... (voir 13)
Lady Bonin's Tea .... (voir 17)
8 Truth A1

Où sortir
9 Assembly A2
10 Fugard Theatre A1

Achats
11 Book Lounge A2
Chapel .... (voir 17)
Clementina Ceramics .... (voir 13)
Cocofair .... (voir 13)
12 Goodman Gallery Cape D1
Grandt Mason Originals .... (voir 17)
Imiso Ceramics .... (voir 13)
Mü & Me .... (voir 13)
Neighbourgoods Market .... (voir 13)
13 Old Biscuit Mill H1
14 Southern Guild D1
15 Stevenson D1
16 What If The World H1
17 Woodstock Exchange F1

Green Point et Waterfront

Shift CAFÉ
(carte p. 60 ; 47 Main Rd, Green Point ; 7h-19h ; ; Upper Portswood). Fort de son élégant style industriel, de son coin bibliothèque cosy à l'intérieur et de sa vaste cour abritée à l'extérieur, le Shift est l'un des cafés les plus séduisants du quartier. Le propriétaire, Luigi Vigliotti, ne ménage pas ses efforts pour satisfaire sa clientèle, avec notamment quelques intrigantes mixtures maison, telle la Hashtag, un expresso, avec glace à la vanille et biscuit Oreo.

Shimmy Beach Club CLUB
(carte p. 60 ; 021-200 7778 ; www.shimmybeachclub.com ; South Arm Rd, V&A Waterfront ; entrée avant/après 15h gratuit/150 R ; 11h-2h

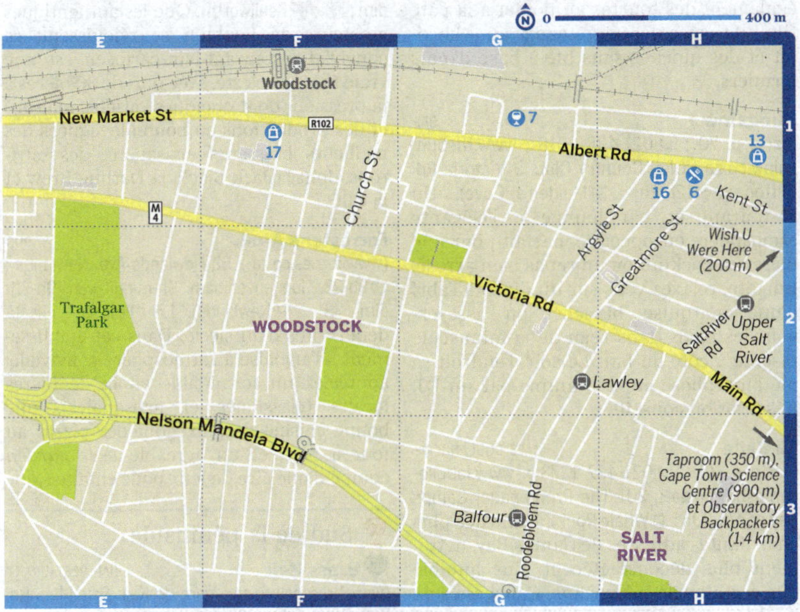

lun-ven, 9h-2h sam, 11h-18h dim ; Waterfront Silo). Dépassez les fabriques malodorantes de traitement de poisson pour découvrir ce mégaclub-restaurant tape-à-l'œil, disposé autour d'une fausse plage assortie d'un bassin avec paroi en verre. Sans surprise, l'endroit organise des "soirées piscine" qui voient des clients chichement vêtus se dandiner sur les groove des excellents DJ, dont le groupe d'électro-jazz Goldfish, en résidence tous les dimanches d'été (réservation conseillée).

Bascule BAR

(carte p. 60 ; 021-410 7100 ; www.capegrace.com ; Cape Grace Hotel, West Quay Rd, V&A Waterfront ; 12h-2h ; Nobel Square). Le bar sophistiqué de l'hôtel Cape Grace recèle plus de 450 whiskies, dont quelques Glenfiddich de 50 ans d'âge (pour la modique somme de 18 000 R le petit verre). Terrasse sur la marina, agréable pour un verre et des tapas. Réservez pour une dégustation (à partir de 240 R) accompagnée de petits plats.

Tobago's Bar & Terrace BAR À COCKTAILS

(carte p. 60 ; 021-441 3000 ; Radisson Blu Hotel Waterfront, Beach Rd, Granger Bay ; 11h-minuit ; Granger Bay). Traversez l'hôtel pour rejoindre le spacieux bar-terrasse, doté d'une belle vue sur la Table Bay. Une adresse formidable pour profiter d'un cocktail au crépuscule, avant de vous offrir une promenade le long du brise-lames.

Mitchell's Scottish Ale House & Brewery PUB

(carte p. 60 ; 021-418 5074 ; www.mitchells-ale-house.com ; angle East Pier et Dock Rd, V&A Waterfront ; 10h-2h ; Nobel Square). La plus ancienne microbrasserie sud-africaine (créée en 1983 à Knysna) propose un choix de bières fraîchement brassées et de plats à prix raisonnables. Son "Old Wobbly" ne manque pas de punch.

Côte atlantique

Hout Bay Coffee CAFÉ

(www.facebook.com/HoutbayCoffee ; Mainstream Shopping Centre, Main Rd, Hout Bay ; 9h-17h lun-ven, 9h-15h sam-dim ; Military). Vous pourrez siroter un excellent café dans cet établissement rustique, installé dans une extension (XVIIIe siècle) de la première maison de bûcherons de Hout Bay, qui date du XVIIe siècle. L'espace extérieur, avec ses tables et ses chaises taillées dans un ancien bateau de pêche, est installé à l'ombre d'un pin de Norfolk vieux de 150 ans. L'endroit propose également des tourtes au poulet à la pâte filo, de succulents gâteaux au chocolat et des quiches sans blé à base d'œufs fermiers.

Bungalow BAR
(carte p. 70 ; 021-438 2018 ; www.thebungalow.co.za ; Glen Country Club, 3 Victoria Rd, Clifton ; 12h-2h ; Maiden's Cove). Un restaurant et bar lounge à l'élégante atmosphère européenne, parfait pour une bière, un cocktail ou un repas bien arrosé. Ensuite, relaxez-vous sur un divan à l'abri d'une marquise blanche, ou asseyez-vous les pieds dans l'eau de la minuscule piscine à côté du bar. Le soir, l'endroit se métamorphose en club animé par un DJ. Réservation conseillée.

La Belle CAFÉ, BOULANGERIE
(carte p. 70 ; 021-437 1278 ; www.labellecampsbay.co.za ; 201 The Promenade, Camps Bay ; 7h-23h ; Whale Rock). L'une des plus charmantes adresses de Camps Bay, nettement plus décontractée et plus humble que certains de ses voisins. Cafés, thés de qualité, smoothies, milk-shakes et cocktails, ainsi qu'une séduisante sélection de pâtisseries, gâteaux et en-cas.

La Vie BAR
(carte p. 70 ; 021-433 1530 ; www.lavie.co.za ; 205 Beach Rd, Sea Point ; 9h-23h30 ; Promenade). Près des studios de la South African Broadcasting Company, cet endroit est l'un des rares où l'on peut aussi bien prendre un petit-déjeuner qu'un dernier verre avec vue sur la promenade de Sea Point. La terrasse permet de se détendre en savourant une pizza à pâte fine (50-100 R).

Dunes BAR
(www.dunesrestaurant.co.za ; 1 Beach Rd, Hout Bay ; 12h-22h lun-ven, 9h-22h sam et jours fériés, 9h-18h dim ; ; Hout Bay). Impossible de trouver plus près de l'océan que ce restaurant-bar donnant directement sur la plage, avec une aire de jeux sécurisée pour les enfants. Les convives jouissent d'une superbe vue sur Hout Bay, de la terrasse, à l'étage, comme de l'intérieur. Cuisine de pub correcte et tapas.

Faubourgs sud

Banana Jam BAR À BIÈRES
(www.bananajamcafe.co.za ; 157 2nd Ave, Harfield Village, Kenilworth ; 11h-23h lun-sam, 17h-22h dim ; ; Kenilworth). Que les authentiques amateurs de houblon se réjouissent, ce convivial restaurant-bar caribéen est une vraie manne céleste, avec plus de 30 bières à la pression (dont quelques variétés maison) et des productions en bouteille signées des meilleurs brasseurs artisanaux des environs, dont la Jack Black, la Darling Brew et la CBC.

Forrester's Arms PUB
(www.forries.co.za ; 52 Newlands Ave, Newlands ; 9h-23h lun-jeu et sam, 9h-minuit ven, 9h-21h dim ; ; Newlands). Le "Forries" est là depuis plus d'un siècle. Dans cet établissement à l'anglaise à l'atmosphère conviviale, appréciez un formidable choix de bières locales (classiques et artisanales), une bonne cuisine de pub, dont des pizzas au four à bois, et un agréable *beer garden* équipé d'une aire de jeux pour enfants.

Sud de la péninsule

Brass Bell BAR, RESTAURANT
(www.brassbell.co.za ; gare de Kalk Bay, Main Rd, Kalk Bay ; 11h-22h ; Kalk Bay). Empruntez le tunnel sous la voie ferrée pour rejoindre cette institution, baignée par les vagues de False Bay. Par beau temps, il n'y a guère de meilleur endroit en bord de mer pour un verre ou un repas (plats 50-100 R). Profitez-en pour vous baigner dans les bassins naturels créés par la marée.

Cape Point Vineyards CAVE À VIN
(021-789 0900 ; www.cpv.co.za ; 1 Chapmans Peak Dr, Noordhoek ; dégustations 45 R ; dégustations 10h-18h, restaurant 12h-15h et 18h30-20h30 lun-mer, ven-sam, pique-nique 12h-18h lun-sam, marché 16h30-20h30 jeu ;). Réputé pour son bon sauvignon blanc, ce petit vignoble jouit d'un emplacement avec vue spectaculaire sur la plage de Noordhoek. Vous pouvez déguster son vin au cours d'un pique-nique dans les jardins (395 R pour 2 pers, réservation impérative), ou au restaurant. Tous les jeudis soir, le marché de quartier (alimentaire pour l'essentiel) est prisé des habitants et des enfants, qui peuvent jouer sur les pelouses.

Slow Life CAFÉ
(www.facebook.com/slowlifesouthafrica ; 152 Main Rd, Muizenberg ; entrée 50-120 R ; 9h-22h mar-sam ; ; Muizenberg). La vie à Muizenberg peut s'avérer plutôt paisible : ce café concept en atteste, avec son ambiance bohème et détendue, sa fermeture tardive,

ses honorables cartes de boissons et de plats, sans oublier les concerts et les spectacles comiques, souvent programmés les vendredis et les samedis soir.

Tiger's Milk BAR, RESTAURANT
(☎021-788 1869 ; www.tigersmilk.co.za ; angle Beach Rd et Sidmouth Rd, Muizenberg ; ⏲cuisine 9h-22h, bar 9h-2h ; ; Muizenberg). À travers ses grandes baies vitrées, ce bar-restaurant aux allures de hangar offre une vue panoramique sur la plage de Muizenberg. Bien que l'endroit soit ouvert et serve à manger toute la journée (bonnes pizzas et bons steaks), l'atmosphère – long comptoir, canapés confortables et décoration originale (une moto et une énorme tête de vache dorée ornent les murs de brique nue) – évoque davantage une discothèque.

☆ Où sortir

La musique live est très présente au Cap, notamment le jazz en plusieurs lieux disséminés dans la ville. Outre les divers théâtres, on trouvera des multiplexes diffusant des films grand public dans le Victoria Wharf du Waterfront, à Cavendish Sq et Canal Walk.

Moyennant un billet à partir d'environ 30 R, vous passerez une soirée amusante et bruyante en compagnie des supporters locaux de foot (*soccer*) qui ne perdent pas une occasion de souffler dans leurs *vuvuzelas* (trompettes en plastique). La saison s'étend d'août à mai. L'**Ajax Cape Town** (www.ajaxct.co.za) joue au Cape Town Stadium et l'équipe des **Santos** (www.santosfc.co.za) à l'**Athlone Stadium** (☎021-637 6607 ; Cross Blvd, Athlone ; Athlone).

Il est possible de réserver la plupart des billets auprès de **Webtickets** (www.webtickets.co.za) ou de **Computicket** (online.computicket.com/web), qui possèdent des agences dans les principaux bureaux de Cape Town Tourism (Burg St et Waterfront).

☆ City Bowl et Foreshore

Artscape THÉÂTRE
(☎021-410 9800 ; www.artscape.co.za ; 1-10 DF Malan St, Foreshore ; Civic Centre). Trois auditoriums de taille différente constituent le gigantesque Artscape, le plus important complexe artistique du Cap. Théâtre, musique classique et ballet, opéra, cabaret, tous les genres y ont leur place. Si vous aimez le swing et la salsa, **Que Pasa** (www.quepasa.co.za ; Jazzart Studios, Artscape, cours 70 R/heure ; Civic Centre) propose régulièrement des cours au Jazzart Studio, au sein du complexe. Les alentours étant déserts, il est déconseillé d'y venir à pied le soir. En revanche, les parkings sécurisés sont nombreux.

Cape Town City Hall MUSIQUE LIVE
(carte p. 50 ; Darling St, City Bowl ; Darling). L'une des scènes où se produit le **Cape Philharmonic Orchestra** (CPO ; carte p. 50 ; www.cpo.org.za ; billets à partir de 130 R ; Darling), "l'orchestre pour toutes les saisons" d'Afrique du Sud. Le CPO fait tout son possible pour refléter au mieux la mosaïque ethnique du Cap occidental. Pour ce faire, il a créé le Cape Philharmonic Youth Orchestra et le Cape Philharmonic Youth Wind Ensemble, avec environ 80% de membres provenant de communautés défavorisées.

Cape Town International Convention Centre CONCERTS
(CTICC ; carte p. 50 ; ☎021-410 5000 ; www.cticc.co.za ; 1 Lower Long St, Foreshore ; Convention Centre). Depuis son inauguration en 2003, le CTICC n'a pas ménagé ses efforts, avec une programmation annuelle dense, composée de spectacles musicaux, d'expositions, de conférences et de diverses autres manifestations, comme le Cape Town International Jazz Festival et le Design Indaba. Une extension du complexe est en cours entre le bâtiment actuel et l'Artscape, ce qui permettra de doubler sa surface.

Crypt Jazz Restaurant JAZZ
(carte p. 50 ; ☎079 683 4658 ; www.thecryptjazz.com ; 1 Wale St, City Bowl ; 65 R ; ⏲6h30-minuit mar-sam ; Groote Kerk). Occupant une partie de la crypte voûtée de la cathédrale Saint-George's, ce restaurant sert une cuisine internationale mais brille surtout par ses concerts de jazz, qui commencent à 19h ou à 20h et durent une grande partie de la soirée. Des artistes de grande qualité s'y produisent ; pour certains concerts, mieux vaut réserver.

☆ East City

Assembly MUSIQUE LIVE
(carte p. 88 ; www.theassembly.co.za ; 61 Harrington St, East City ; entrée 30-50 R ; Lower Buitenkant). Dans un ancien atelier d'assemblage de meubles, cet espace de concerts et de soirées DJ a fait ses preuves avec une

SCÈNE GAY ET LESBIENNE DU CAP

Si la scène gay et lesbienne de la cité-mère n'est pas la plus vaste de la planète, elle n'en demeure pas moins chaleureuse et bénéficie d'un cadre indéniablement glamour. Commencez par peaufiner votre bronzage sur la **plage n°3 de Clifton** ou à **Sandy Bay**, une belle étendue de sable discrètement située près de Llandudno Bay, où le nudisme est autorisé.

De Waterkant constitue l'épicentre du paysage LGBT – pensions, bars, clubs et restaurants. Le **Cafe Manhattan** (carte p. 50 ; ☎021-421 6666 ; www.manhattan.co.za ; 74 Waterkant St, De Waterkant ; ⏲9h30-2h ; 🚌Alfred), l'une des adresses les plus anciennes, est un endroit sympathique pour débuter la soirée et se restaurer. On est aux premières loges sur son grand balcon donnant sur la rue. Également populaire, le **Beefcakes** (carte p. 50 ; ☎021-425 9019 ; www.beefcakes.co.za ; 40 Somerset Rd, De Waterkant ; burgers 55-85 R ; ⏲12h-minuit ; 🚌Gallow's Hill) est un bar à burgers, où l'on joue au Bitchy Bingo le mardi et où l'on peut assister à des spectacles professionnels de drag-queens du mercredi au jeudi.

À l'**Amsterdam Action Bar & Backstage** (carte p. 50 ; www.amsterdambar.co.za ; 10-12 Cobern St, De Waterkant ; ⏲17h-tard ; 🚌Alfred), on trouve des *back rooms* et des cabines à l'étage, des billards dans la salle non-fumeurs et un balcon sur la rue permettant d'observer les allées et venues. Plus tard, rejoignez le **Crew Bar** (carte p. 50 ; www.crewbar.co.za ; 30 Napier St, De Waterkant ; à partir de 22h ven-sam 20 R ; ⏲19h-2h dim-jeu, 19h-15h30 ven-sam ; 🚌Alfred) au coin de la rue, avec ses *gogo dancers* athlétiques vêtus de shorts minuscules et de paillettes, ou encore le **Beaulah** (carte p. 50 ; www.beaulahbar.co.za ; 1er ét., 24 Somerset Rd, De Waterkant ; 20 R ; ⏲21h-4h ven-sam ; 🚌Alfred). Très distrayant, ce bar à l'étage – prononcez "biou-la" – est fréquenté par des jeunes des deux sexes toujours prêts à danser sur les rythmes pop des DJ.

Installé dans un somptueux bâtiment ancien en lisière de City Bowl, l'**Alexander Bar & Café** (p. 85) est un lieu divertissant et décalé, avec un théâtre expérimental de 50 places qui accueille une gamme de spectacles haut de gamme.

La communauté lesbienne du Cap pratique les soirées **M.I.S.S.** (www.facebook.com/MISSmakeitsexysisters), exclusivement réservées aux femmes, et les **Unofficial Pink Parties** (www.facebook.com/pinkpartyza), organisées par des lesbiennes mais ouvertes à tous – ces dernières se déroulent généralement au **Sugarhut** (carte p. 50 ; www.sugarhutclub.co.za ; 44 Constitution St, East City ; 40 R ; 🚌Lower Buitenkant).

Pour connaître les derniers lieux à la mode, consultez la **Pink Map** (mapmyway.co.za/printed-maps), réactualisée chaque année ; **Gaynet Cape Town** (www.gaynetcapetown.co.za) ; et le mensuel gratuit **Pink Tongue** (www.pinktongue.co.za). Notez également les deux grands événements locaux du calendrier LGBT : la **Cape Town Pride** (www.capetownpride.org), début mars, et le **Mother City Queer Project** (p. 626), une fabuleuse fête costumée, en décembre.

sélection éclectique et passionnante d'artistes sud-africains et étrangers. Il accueille également la manifestation audiovisuelle **Pecha Kucha** (www.pechakucha-capetown.com), généralement une fois par mois.

Fugard Theatre THÉÂTRE

(carte p. 88 ; ☎021-461 4554 ; www.thefugard.com ; Caledon St, East City ; 🚌Lower Buitenkant). Baptisé en l'honneur d'Athol Fugard, le plus célèbre auteur de théâtre vivant d'Afrique du Sud, ce centre artistique très impressionnant se dresse sur le site de l'ancien Congregational Church Hall. Il comprend deux scènes. On trouve aussi un cinéma numérique, le "Bioscope", dans le plus grand des théâtres. Il projette une sélection internationale de spectacles de danse et d'opéra.

☆ Gardens et ses environs

Labia CINÉMA

(carte p. 56 ; ☎021-424 5927 ; www.thelabia.co.za ; 68 Orange St, Gardens ; 40 R ; 🚌Michaelis). Chéri des habitants du Cap et des amateurs de cinéma indépendant, ce lieu doit son nom au comte Labia, ancien ambassadeur d'Italie en Afrique du Sud et bienfaiteur local. Le programme de l'African Screen offre l'une des rares occasions de voir des productions locales ; consultez le site Internet pour les horaires des séances.

Straight No Chaser JAZZ

(carte p. 56 ; ☎076-679 2697 ; www.straightnochaserclub.wordpress.com ; 79 Buitenkant St, Gardens ; 1/2 sessions 60/100 R ; ⏲19h-2h mer-sam ; 🚌Roeland). Près de Diva's Pizza, ce minuscule club de jazz vise à recréer l'ambiance du Ronnie Scott's et du Village Vanguard. L'endroit est tenu par des fans absolus qui prennent le jazz très au sérieux et possèdent le réseau nécessaire pour faire venir des musiciens de haut vol. Réservation primordiale pour les deux sessions quotidiennes, qui débutent à 20h30 et à 22h30.

☆ Waterfront et Sea Point

♥ Studio 7 MUSIQUE LIVE

(carte p. 70 ; www.facebook.com/Studio7Sessions ; 8 Calais Rd, Sea Point ; 🚌Rhine). Il y a quelques années, le musicien local Patrick Craig a fondé un club privé dans son salon. D'excellents musiciens locaux et étrangers s'y produisent en acoustique, dans un cadre très intime et décontracté. En général, 40 billets sont vendus par soirée (en ligne) – consultez la page Facebook pour en savoir plus, car l'endroit est très prisé des amateurs de musique.

Jou Ma Se Comedy Club HUMOUR

(carte p. 60 ; V&A Waterfront ; billets 80 R ; 🚌Nobel Square). Vous n'aurez pas besoin de comprendre l'argot afrikaans pour rire des blagues de ce club.

☆ Faubourgs sud

♥ Baxter Theatre THÉÂTRE

(☎021-685 7880 ; www.baxter.co.za ; Main Rd, Rondebosch ; billets à partir de 120 R ; 🚌Rosebank). Depuis les années 1970, le Baxter est à la pointe du théâtre de la cité-mère. L'endroit compte trois salles – le grand théâtre, la salle de concert et le petit théâtre – et propose des représentations variées, allant du spectacle pour enfants à la superproduction de danse africaine. Le théâtre collabore avec la Royal Shakespeare Company grâce à sir Anthony Sher, un comédien natif du Cap qui s'est produit ici.

> **ⓘ SORTIES EN LIGNE**
>
> - What's On! (www.whatson.co.za/cityselect.php)
> - Next 48 Hours (www.48hours.co.za)
> - Tonight (www.iol.co.za/tonight)
> - Cape Town Magazine (www.capetownmagazine.co.za)

Sahara Park Newlands CRICKET

(☎021-657 2043 ; www.wpca.org.za ; 146 Campground Rd, Newlands ; billets 30-250 R ; 🚆Newlands). Si la brasserie voisine ne gâchait pas la vue sur l'arrière de la Table Mountain, le Newlands pourrait aisément prétendre au titre de plus joli stade de cricket du monde. Comptant 25 000 places, il accueille toutes les rencontres internationales. L'équipe locale des Nashua Mobile Cape Cobras y joue en saison, de septembre à mars.

Newlands Rugby Stadium RUGBY

(☎021-659 4600 ; www.wprugby.com ; 8 Boundary Rd, Newlands ; 🚆Newlands). Ce haut lieu du rugby sud-africain est le terrain des **Stormers** (www.thestormers.com). Il accueille les rencontres de Super 12 et les matchs internationaux.

Achats

Au vu des tentations présentes au Cap, prévoyez de la place dans vos bagages.

City Bowl

♥ South African Market MODE, ARTISANAT

(SAM ; carte p. 50 ; www.ilovesam.co.za ; Bree St, City Bowl ; ⏲9h-17h lun-ven, 10h-14h sam ; 🚌Church/Longmarket). Ce vaste espace sous les toits, au-dessus de La Parada, est une vitrine pour les créateurs locaux en matière de mode, bijoux, articles de maison, fournitures de bureau et œuvres d'art. Excellent choix de vêtements pour hommes, pour femmes et pour enfants, avec notamment les adorables T-shirts graphiques signés Mingo Lamberti.

♥ African Music Store MUSIQUE

(carte p. 50 ; ☎021-426 0857 ; 134 Long St, City Bowl ; ⏲9h-18h lun-ven, 9h-14h sam ; 🚌Dorp/Leeuwen). Un rayon de musique africaine unique avec les meilleurs disques de jazz, de *kwaito* (genre musical issu des townships), de dance et de trance. Personnel connaisseur. Également DVD et souvenirs.

À NE PAS MANQUER

PREMIERS JEUDIS DU MOIS

Les **First Thursdays** (www.first-thursdays.co.za ; 17h-21h, 1er jeudi du mois) – "premiers jeudis du mois" – sont axés autour des galeries et boutiques de design de Church St et Bree St – l'occasion de s'immerger dans le paysage artistique local et de participer à une fête de rue itinérante.

Church Sq offre une scène ouverte à toutes sortes de manifestations, du débat à la partie de Scrabble géant. Des baraques de restauration convergent autour de Van Riebeek Sq et d'Upper Bree St ; vous rencontrerez également des musiciens de rue dans Orphan Lane.

Le "Thursday Late", l'événement jumelé qui se déroule habituellement le troisième jeudi du mois, se concentre autour des quartiers d'East City et de Woodstock.

Luvey 'n Rose ART, ARTISANAT
(carte p. 50 ; 083 557 7156 ; www.luveynrose.co.za ; 66 Loop St, City Bowl ; 9h-17h lun-ven, 9h-14h sam ; Church/Longmarket). Cet espace, sorte de joyau méconnu bien que voisin de Prins & Prins, mêle objets anciens de collection, productions d'artistes sud-africains d'importance comme Walter Battiss, et créations plus contemporaines signées de talents émergents. L'endroit sert aussi de café et de salon pour amateurs de cigares, un moyen malin d'encourager les visiteurs à s'attarder et à fouiner parmi l'éclectique sélection d'œuvres d'art et de design.

African Image ART, ARTISANAT
(carte p. 50 ; www.african-image.co.za ; angle Church St et Burg St, City Bowl ; 9h-17h lun-ven, 9h-14h sam ; Church/Longmarket). Formidable choix d'artisanat et d'objets récents ou anciens à prix raisonnables, parmi lesquels des housses de coussins et des tabliers Shine Shine très colorés. Vous y trouverez aussi de nombreux articles artisanaux des townships, ainsi que des chemises aux motifs extravagants.

Pan African Market ART, ARTISANAT
(carte p. 50 ; 76 Long St, City Bowl ; 8h30-17h30 lun-ven, 8h30-15h30 sam ; Church/Longmarket). Un véritable microcosme du continent, avec son étonnant choix d'œuvres d'art et d'artisanat (il est conseillé de marchander). Sur trois niveaux, on trouve aussi le **Timbuktu**, un café bon marché avec balcon donnant sur Long St, un tailleur, un magasin de musique, et les éditeurs du journal panafricain *Chronic Chimurenga* (www.chimurenga.co.za).

Clarke's Bookshop LIVRES
(carte p. 50 ; 021-423 5739 ; www.clarkesbooks.co.za ; 199 Long St, City Bowl ; 9h-17h lun-ven, 9h30-13h sam ; Dorp/Leeuwen). Prenez le temps de feuilleter une excellente sélection d'ouvrages sur l'Afrique du Sud et le continent africain, sans oublier le remarquable rayon de livres d'occasion à l'étage. Il est peu probable que vous trouviez votre bonheur dans les nombreuses autres librairies de Long St s'il n'est pas ici (même s'il ne coûte rien de chercher).

Bo-Kaap et De Waterkant

Streetwires ART, ARTISANAT
(carte p. 50 ; www.streetwires.co.za ; 77 Shortmarket St, Bo-Kaap ; 8h30-17h lun-ven, 9h-13h sam ; Church/Longmarket). "Nous réalisons tout ce que vous pouvez imaginer en fil de fer", telle est la devise des lieux. Si vous visitez ce projet d'aide sociale pour l'emploi durable, vous verrez les "fildeféristes" à l'œuvre. Gamme de produits étonnante : postes de radio (en état de marche), lustres, animaux grandeur nature et créations artisanales, telle la série des vaches Nguni.

Africa Nova ART, ARTISANAT
(carte p. 50 ; www.africanova.co.za ; Cape Quarter, 72 Waterkant St, De Waterkant ; 9h-17h lun-ven, 10h-17h sam, 10h-14h dim ; Alfred). Sa belle collection contemporaine de textiles, d'objets d'art et d'artisanat africains est l'une des plus recherchées. Vous y trouverez des tissus imprimés à la pomme de terre, faits par des artisanes de Hout Bay, les têtes-trophées en mosaïque de Karin Dando et les coussins effet pierre de Ronel Jordaan (on dirait des galets géants). Belle collection de céramiques et de bijoux, également.

Monkeybiz ART, ARTISANAT
(carte p. 50 ; www.monkeybiz.co.za ; 43 Rose St, Bo-Kaap ; 9h-17h lun-jeu, 9h-16h ven, 10h-13h sam ; Church/Longmarket). Les éclatantes créations de perles réalisées par des femmes des townships font le succès du Monkeybiz – ces produits se trouvent dans

LES MARCHÉS HEBDOMADAIRES

Les habitants du Cap raffolent de leurs marchés hebdomadaires. En voici une sélection :

Neighbourgoods Market (carte p. 88 ; www.neighbourgoodsmarket.co.za ; Old Biscuit Mill, 373-375 Albert Rd, Woodstock ; 9h-14h sam ; Kent). Le tout premier des marchés artisanaux qui parsèment la ville – et toujours le meilleur. Dans la section alimentaire, au centre, vous trouverez fruits, légumes, boissons et stands gourmands, tandis que la section réservée aux créateurs accueille une belle sélection de mode locale et d'accessoires. Venez de bonne heure, à moins que vous aimiez la foule et les bousculades.

Oranjezicht City Farm Market (carte p. 56 ; www.ozcf.co.za ; Homestead Park, Upper Orange St, Oranjezicht ; 9h-14h sam ; Upper Orange). Ici, tous les samedis, on vend des produits provenant de l'Oranjezicht City Farm et d'autres fermes locales. Au moment de la rédaction de ce guide, ce marché se tenait temporairement à **Leeuwenhof** (carte p. 56 ; Hof St, Tamboerskloof ; Upper Kloof), résidence officielle du Premier ministre du Cap occidental. Un rendez-vous incontournable, avec quantité de stands pour manger sur place.

Bay Harbour Market (www.bayharbour.co.za ; 31 Harbour Rd, Hout Bay ; 17h-21h ven, 9h-16h sam-dim ; Atlantic Skipper). À l'extrémité ouest du port, ce marché couvert à l'architecture originale est l'un des meilleurs du Cap, avec un bon choix d'articles et une sélection séduisante de mets, boissons et concerts. La musique live lui confère une ambiance festive et décontractée.

Blue Bird Garage Food & Goods Market (082 331 2471 ; www.bluebirdmarket.co.za ; 39 Albertyn Rd, Muizenberg ; 16h-22h ven ; Valsbaai). Cet excellent marché artisanal mêlant articles divers et produits alimentaires est installé dans un hangar des années 1940 – jadis le premier centre de service postal aérien pour l'hémisphère Sud, il se mua en garage dans les années 1950. Un endroit divertissant pour faire des emplettes et se restaurer, surtout le vendredi soir, quand il y a de la musique live.

le monde entier mais le plus grand choix est ici. Les bénéfices vont à des organismes communautaires tels que soupes populaires et fonds d'obsèques pour les artistes et leur famille.

East City et Woodstock

Old Biscuit Mill CENTRE COMMERCIAL
(carte p. 88 ; www.theoldbiscuitmill.co.za ; 373-375 Albert Rd, Woodstock ; 9h-17h lun-ven, 9h-15h sam ; Kent). Cette ancienne biscuiterie abrite une sélection hors pair de boutiques d'art, d'artisanat, de mode et de design, ainsi que des endroits pour se restaurer et prendre un verre. Parmi les adresses phares, citons **Clementina Ceramics** (carte p. 88 ; www.clementina.co.za) et **Imiso Ceramics** (carte p. 88 ; 021-447 7668 ; www.imisoceramics.co.za) pour la céramique, la chocolaterie bio "de la fève à la tablette" **Cocofair** (carte p. 88 ; www.cocoafair.com), et **Mü & Me** (carte p. 88 ; www.muandme.net), qui vend d'adorables créations graphiques : cartes, papier cadeau, fournitures de bureau et T-shirts pour enfants.

Woodstock Exchange CENTRE COMMERCIAL
(carte p. 88 ; www.woodstockexchange.co.za ; 66 Albert Rd, Woodstock ; 9h-17h lun-ven, 9h-14h sam ; Woodstock). Le Woodstock Exchange propose une belle sélection d'articles originaux. L'atelier/magasin **Grandt Mason Originals** (carte p. 88 ; www.g-mo.co.za ; Shop 13, Woodstock Exchange, 66 Albert Rd, Woodstock ; Woodstock) utilise des matériaux recherchés (chutes de rouleaux de tapisserie, carnets d'échantillons) pour créer des chaussures uniques. **Chapel** (carte p. 88 ; chapelgoods.co.za ; Woodstock Exchange, 66 Albert Rd, Woodstock ; Woodstock) crée des articles en cuir, **Charlie. H** des kimonos, des robes dos nu et des jupes à partir de tissus imprimés, **Kingdom**, une boutique raffinée, allie mode, accessoires et design d'intérieur.

Book Lounge LIVRES
(carte p. 88 ; 021-462 2425 ; www.booklounge.co.za ; 71 Roeland St, East City ; 9h30-19h30 lun-ven, 8h30-18h sam, 10h-16h dim; Roeland). Le centre de la scène littéraire du Cap, grâce à son intéressante sélection de

titres, son espace confortable, son café tout simple et son programme d'événements. Il y a jusqu'à trois conférences ou séances de dédicaces par semaine, souvent suivies d'un petit buffet (gratuit), et, le week-end, des histoires pour les enfants.

Gardens

KIN ART, ARTISANAT

(carte p. 56 ; www.kinshop.co.za ; 99B Kloof St, Gardens ; 9h30-17h30 lun-sam ; Ludwig's Garden). Vous n'aurez que l'embarras du choix pour un souvenir ou un cadeau original dans cette boutique créative présentant une centaine d'artistes sud-africains (céramistes, joailliers, graveurs, maroquiniers, etc.). Vous trouverez un autre Kin à **Waterfront** (carte p. 60 ; www.kinshop.co.za ; Shop 11B, Alfred Mall, V&A Waterfront ; 9h-21h ; V&A Waterfront), avec davantage de créations d'inspiration africaine.

Coffeebeans Routes ART, ARTISANAT

(carte p. 56 ; www.coffeebeansroutes.com ; 22 Hope St, Gardens ; 9h-17h lun-ven ; Roodehek). Coffeebeans Routes ne se contente pas de proposer quelques-uns des meilleurs circuits guidés du Cap. Il promeut également les créateurs locaux via cette boutique éclectique. Vous y trouverez d'excellents CD et livres signés de musiciens et d'auteurs locaux, ainsi que des vêtements, des accessoires, des œuvres d'art et de l'artisanat.

Green Point et Waterfront

Watershed CENTRE COMMERCIAL

(carte p. 60 ; www.waterfront.co.za ; Dock Rd, V&A Waterfront ; 10h-19h ; Nobel Square). Meilleure adresse du Cap pour ramener un souvenir, ce centre commercial formidablement rénové regroupe des centaines d'excellentes marques locales et sud-africaines dans les domaines de la mode, des arts, de l'artisanat et du design – pour tous les budgets. À l'étage, vous trouverez un espace d'exposition, ainsi qu'un centre de bien-être proposant des produits et des massages holistiques.

Victoria Wharf CENTRE COMMERCIAL

(carte p. 60 ; www.waterfront.co.za ; Breakwater Blv, V&A Waterfront ; 9h-21h ; Breakwater). Tous les grands noms du commerce de détail sud-africain, dont Woolworths, CNA, Pick 'n' Pay, Exclusive Books et Musica, ainsi que des marques de luxe internationales sont réunies dans ce centre attrayant, l'un des meilleurs du Cap.

Cape Union Mart Adventure Centre MATÉRIEL DE PLEIN AIR

(carte p. 60 ; www.capeunionmart.co.za ; Quay 4, V&A Waterfront ; 9h-21h ; Nobel Square). Cet immense magasin de sports propose l'équipement adéquat pour toutes sortes d'activités, que vous souhaitiez faire l'ascension de la Table Mountain ou traverser le continent jusqu'au Caire. Vous trouverez une boutique plus petite dans Victoria Wharf (p. 96), ainsi que dans les galeries commerçantes de **Gardens Centre** (carte p. 56 ; 021-465 1842 ; www.gardensshoppingcentre.co.za ; angle Mill St et Buitenkant St, Gardens ; 9h-19h lun-ven, 9h-17h sam, 9h-14h dim ; Gardens) et de Cavendish Square (p. 96).

Côte atlantique

Hout Bay Craft Market MARCHÉ

(Baviaanskloof Rd, Hout Bay ; 10h-17h dim ; Military). Parcourir les stands de ce petit marché, qui collecte des fonds pour le Lions Club of Hout Bay, est une façon bien agréable de passer une heure ou deux le dimanche. Installé sur le pré communal du village, il recèle de l'artisanat réalisé par les habitants, dont d'impressionnantes créations de perles, des vêtements aux motifs colorés et d'adorables pintades en pommes de pin.

Faubourgs sud

Montebello ART ET ARTISANAT

(www.montebello.co.za ; 31 Newlands Ave, Newlands ; 9h-17h lun-ven, 9h-16h sam, 9h-15h dim ; Newlands). Ce projet de développement communautaire a aussi profité à des artisans et créateurs de talent. Dans un espace verdoyant, des ateliers d'artistes se déploient autour de la boutique centrale, où l'on peut acquérir une vaste gamme de cadeaux, dont certains sont faits à partir de matériaux recyclés. À signaler encore, la pépinière, l'excellent café **Gardener's Cottage** et les laveurs de voitures.

Cavendish Square GALERIE COMMERÇANTE

(021-657 5620 ; www.cavendish.co.za ; Dreyer St, Claremont ; 9h-19h lun-sam,

10h-17h dim ; Claremont). Lieu phare de Claremont en matière de shopping, cette galerie commerçante de haut vol possède de nombreuses boutiques appartenant aux grands créateurs de mode du Cap, des supermarchés, des grands magasins et des cinémas multisalles.

Sud de la péninsule

Kalk Bay Modern ART, ARTISANAT

(021-788 6571 ; www.kalkbaymodern.co.za ; 136 Main Rd, Kalk Bay ; 9h30-17h ; Kalk Bay). Cette merveilleuse galerie propose une sélection d'art et d'artisanat éclectique et séduisante, et expose régulièrement des artistes locaux. Ne manquez pas la collection de tissus imprimés Art-i-San, des produits équitables fabriqués par les !Kung (le point d'exclamation représente le click par lequel commence leur nom), des Bochimans du désert du Kalahari.

Artvark ART, ARTISANAT

(021-788 5584 ; www.artvark.org ; 48 Main Rd, Kalk Bay ; 9h-18h ; Kalk Bay). Cette galerie d'art populaire contemporain est une excellente adresse pour se procurer un joli souvenir. Elle propose un grand choix d'articles intéressants, que l'on doit à des créateurs locaux, notamment des tableaux, des poteries et des bijoux, ainsi que des produits provenant d'Inde et d'Amérique centrale.

Renseignements

ACCÈS INTERNET

Presque tous les hôtels et auberges de jeunesse, ainsi que plusieurs cafés et restaurants, sont reliés à Internet ou au Wi-Fi. Nous signalons les endroits où ce dernier est disponible (), qu'il soit gratuit (demandez le mot de passe) ou payant. Les cybercafés (environ 30 R/heure) sont assez répandus à City Bowl.

ARGENT

Vous pouvez changer de l'argent à l'aéroport, et l'on trouve des DAB partout en ville.

DÉSAGRÉMENTS ET DANGERS

L'atmosphère détendue qui règne au Cap peut donner un sentiment de sécurité illusoire. Les voleurs profitent de l'insouciance de voyageurs qui, par exemple, vont se baigner en laissant leurs affaires sur la plage.

Si la paranoïa ne se justifie pas, le bon sens s'impose, compte tenu de la pauvreté qui règne dans la péninsule. Si vous pouvez sans souci vous promener dans le centre-ville, écoutez toujours les conseils des habitants. Ils vous diront où aller et où ne pas aller. Enfin, à plusieurs, on court toujours moins de risques.

La baignade sur les plages du Cap présente un réel danger, surtout si vous n'avez pas l'expérience des grosses vagues. Vérifiez la présence des panneaux signalant les courants ou les rochers et ne nagez que dans les zones surveillées.

MÉDIAS

Les deux quotidiens du Cap, le *Cape Times* et le *Cape Argus*, publient quasiment les mêmes informations. *Cape Etc* est un magazine bimensuel, consacré à l'actualité culturelle de la ville. *Cape Town Magazine* (www.capetownmagazine.co.za), proposé en ligne, constitue une autre source d'information utile, avec son programme de lieux et de manifestations régulièrement mis à jour.

OFFICES DU TOURISME

Au bureau principal de **Cape Town Tourism** (office du tourisme du Cap ; carte p. 50 ; 021-487 6800 ; www.capetown.travel ; Pinnacle Bldg, angle Castle St et Burg St, City Bowl ; 8h-17h30 lun-ven, 8h30-14h sam, 9h-13h dim ; Church/Mid-Long), des conseillers se chargent de réserver hébergement, circuits touristiques ou voiture. Ils vous renseignent aussi sur les parcs nationaux et les réserves.

Vous trouverez plusieurs autres offices du tourisme au Cap :

Kirstenbosch Visitor Information Centre (021-762 0687 ; www.capetown.travel ; Rhodes Dr, Kirstenbosch Botanical Gardens, entrée principale, Newlands ; 8h-17h)

Muizenberg Visitor Information Centre (021-787 9140 ; The Pavilion, Beach Rd ; 8h-17h lun-ven, 9h-13h sam-dim ; Muizenberg)

Simon's Town Visitor Information Centre (021-786 8440 ; 111 St George's St, Simon's Town ; 8h-17h lun-ven, 9h-13h sam-dim ; Simon's Town)

V&A Waterfront Visitor Information Centre (carte p. 60 ; 021-408 7600 ; Dock Rd, V&A Waterfront ; 9h-18h ; Nobel Square)

POSTE

La poste est fiable mais lente. Si vous envoyez un objet de valeur, préférez les services privés comme **Postnet** (carte p. 50 ; www.postnet.co.za), qui a recours à la compagnie DHL pour les envois internationaux.

Poste principale (carte p. 50 ; www.postoffice.co.za ; Parliament St, City Bowl ; 8h-16h30 lun-ven, 8h-12h sam). La poste principale, située au-dessus du centre commercial, propose un service de poste restante.

SERVICES MÉDICAUX

Les services médicaux sont d'excellente qualité au Cap. Dans la plupart des hébergements, on se chargera d'appeler un médecin en cas de besoin.

Groote Schuur Hospital (☎021-404 9111 ; www.westerncape.gov.za/your_gov/163 ; Main Rd, Observatory ; Observatory). En cas d'urgence, vous pouvez vous rendre directement au service des urgences (*casualty department*).

Netcare Christiaan Barnard Memorial Hospital (☎021-480 6111 ; https://www.netcare.co.za/139/netcare-christiaan-barnard-memorial-hospital ; 181 Longmarket St, City Bowl ; Church/Longmarket). Le meilleur hôpital privé du Cap. Réception au 8e étage.

Netcare Travel Clinic (☎021-419 3172 ; www.travelclinic.co.za ; 11e ét., Picbal Arcade, 58 Strand St, City Bowl ; 8h-16h lun-ven ; Adderely). Vaccins et conseils sanitaires aux voyageurs.

TÉLÉPHONE

Possibilité d'acheter une carte SIM rechargeable aux points de vente MTM et Vodacom, à l'aéroport ou en ville. Nombreuses boutiques Cell-C également. Les cartes prépayées sont disponibles dans toute la ville.

URGENCES

En cas d'urgence, composez le ☎107, ou le ☎021-480 7700 depuis un téléphone portable. Voici d'autres numéros utiles :

Police (☎10111)

Secours en mer (☎021-449 3500)

Table Mountain National Park (☎0861-106 417)

Depuis/vers Le Cap

AVION

L'**aéroport international de Cape Town** (CPT; ☎021-937 1200 ; www.airports.co.za), à 22 km à l'est du centre-ville, est doté d'un office du tourisme.

BUS

Les bus régionaux arrivent à la gare routière près de la gare ferroviaire du Cap, où les compagnies suivantes ont leur bureau de réservation, ouverts tous les jours de 6h à 18h30.

Baz Bus (☎0861 229 287, 021-422 5202 ; www.bazbus.com). Propose des itinéraires permettant de monter et descendre à volonté, ainsi qu'un service de porte à porte entre Le Cap et Johannesburg (Jo'burg)/Pretoria via le Northern Drakensberg, Durban et la Garden Route (route des Jardins).

Greyhound (carte p. 50 ; ☎021-418 4326 ; www.greyhound.co.za)

Intercape Mainliner (carte p. 50 ; ☎0861 287 287 ; www.intercape.co.za)

Translux (carte p. 50 ; ☎0861 589 282, 021-449 6209 ; www.translux.co.za)

TRAIN

Les trains grandes lignes arrivent à la **gare ferroviaire du Cap** (Cape Town Train Station ; angle Adderley St et Strand St). Les mercredis, vendredis et dimanches, des trains circulent depuis/vers Jo'burg via Kimberley, gérés par la **Shosholoza Meyl** (☎086 000 8888 ; www.shosholozameyl.co.za). Ces trains offrent des couchettes confortables et des voitures-restaurants. L'élégant **Blue Train** (☎021-449 2672 ; www.bluetrain.co.za), qui s'arrête à Matjiesfontein sur le chemin de Pretoria et de Kimberley, au retour du Cap, ou le **Rovos Rail** (☎021-421 4020 ; www.rovos.com) sont plus luxueux.

Comment circuler

Dans ce chapitre, nous indiquons dans les adresses la station du Cape Metro Rail ou la station de bus MyCiTi quand elles se situent dans un rayon de 100 m environ.

DEPUIS/VERS L'AÉROPORT

Les bus MyCiTi rallient toutes les 20 minutes, entre 5h et 22h, la station de Civic Centre. Le **billet** (adulte/enfant 4-11 ans/moins de 4 ans 53,50/26,50 R/gratuit) peut se régler en espèces ou avec la Myconnect Card. Le **Backpacker Bus** (☎082 809 9185 ; www.backpackerbus.co.za) fait le tour des auberges de jeunesse et des hôtels de la ville avant de rejoindre l'aéroport (à partir de 160 R/pers, 180 R entre 17h et 8h).

Les taxis individuels demandent environ 200 R. La compagnie officielle des taxis de l'aéroport est **Touch Down Taxis** (☎021-919 4659).

Les principales agences de location de véhicules ont un bureau à l'aéroport. Rejoindre le centre-ville par la N2 prend 15-20 minutes, et jusqu'à 1 heure aux heures de pointe (7h-9h et 16h30-18h30). Une station-service se trouve juste à la sortie de l'aéroport, pratique pour refaire le plein avant de rendre la voiture.

BUS

MyCiTi

Les bus du réseau **MyCiTi** (☎0800 656 463 ; www.myciti.org.za) circulent tous les jours, de 5h à 22h, avec une majorité de liaisons entre 8h et 17h. Les itinéraires couvrent le centre-ville jusqu'à Gardens et Waterfront ; le long de la côte atlantique jusqu'à Camps Bay et Hout Bay ; jusqu'à Tamboerskloof via Kloof Nek Rd, avec un service de navettes jusqu'au téléphérique ; jusqu'à Woodstock et Salt River ; jusqu'à Khayelitsha ; et enfin, jusqu'à l'aéroport.

Les trajets se règlent avec une carte prépayée (35 R, non remboursables), disponible auprès des kiosques des stations MyCiTi et de certains détaillants. On peut également acheter des billets à l'unité (30 R ou 75 R depuis/vers l'aéroport). Des frais de banque de 2,5% (avec un minimum de 1,50 R) s'appliquent à cette opération ; ainsi, pour 200 R, vous n'aurez que 195 R de crédit. La carte, émise par ABSA (une banque nationale), peut aussi servir à régler de petits montants dans les commerces affichant le symbole MasterCard.

Le montant est plus ou moins élevé selon le moment de la journée (heures de pointe : 6h30-8h30 et 16h-18h) et selon que l'on a préchargé ou non sa carte avec la formule MyCiTi Mover (montant entre 50 R et 1 000 R), susceptible de réduire le tarif standard de 30%.

Pour les trajets de moins de 5 km (par exemple entre Civic Centre et Gardens ou Waterfront), le tarif standard est de 8,90 R aux heures de pointe (6h30-8h30 et 16h-18h du lundi au vendredi) et de 6,80 R le reste du temps. Pour aller du centre-ville à Table View, comptez 12,50/9,40 R en période pleine/creuse ; 68,70/65,60 R du centre-ville à l'aéroport ; 12,50/9,40 R du centre-ville à Hout Bay.

Golden Arrow

Les bus de **Golden Arrow** (☎0800 656 463 ; www.gabs.co.za) partent du **Golden Acre Bus Terminal** (carte p. 50 ; Grand Pde) et circulent généralement jusqu'en début de soirée. Ils permettent de rejoindre facilement les Cape Flats, les faubourgs nord, voire Simon's Town, au sud. Billet à partir de 5 R.

TAXI COLLECTIF

Au Cap (et en Afrique du Sud en général), un taxi collectif signifie un minibus. Ces services privés, qui desservent la majeure partie de la ville en empruntant des itinéraires diversifiés, sont un moyen rapide et peu onéreux de circuler. L'inconvénient est qu'ils sont souvent bondés et que certains chauffeurs sont des risque-tout.

La station principale se situe à l'étage supérieur de la gare ferroviaire du Cap, accessible par une passerelle du Golden Acre Centre ou par des escaliers depuis Strand St. On y trouve facilement l'arrêt souhaité. Ailleurs, il suffit de héler les taxis collectifs depuis le trottoir et de se renseigner auprès du chauffeur sur son itinéraire.

TAXI INDIVIDUEL

Une solution intéressante si vous êtes plusieurs, et plus sûre pour se déplacer le soir en solo. Le tarif est de 10 R le kilomètre. **Uber** (www.uber.com) est très prisée et fonctionne bien.

Excite Taxis (☎021-448 4444 ; www.excitetaxis.co.za)

Marine Taxi (☎0861 434 0434, 021-447 0329 ; www.marinetaxis.co.za)

SA Cab (☎0861 172 222 ; www.sacab.co.za)

Telecab (☎082 222 0282, 021-788 2717). Trajets de Simon's Town à Boulders et la pointe du Cap.

TRAIN

Les trains du **Cape Metro Rail** (p. 645) permettent de circuler facilement en banlieue, bien que peu d'entre eux, voire aucun, ne circulent après 18h en semaine, et 12h le samedi.

La différence entre la 1re classe (MetroPlus) et la classe économique (Metro) est négligeable en termes de prix et de confort. La ligne la plus utile pour les touristes est celle de Simon's Town, qui traverse Observatory, contourne la Table Mountain en passant par les faubourgs résidentiels comme Newlands, descend vers Muizenberg et longe la côte de False Bay. Ces trains circulent au moins une fois par heure entre 6h et 21h, voire toutes les 15 minutes aux heures de pointe (6h-9h et 15h-18h).

Les trains Metro circulent également jusqu'à Strand, à l'est de False Bay, et dans les Winelands jusqu'à Stellenbosch et Paarl. Moyens de transport les moins chers et les plus pratiques dans ces régions, ils sont plus sûrs aux heures de pointe.

Voici quelques exemples de tarifs en MetroPlus/Metro : Observatory (9,50/7 R), Muizenberg (12,50/8,50 R), Simon's Town (15,50/9,50 R), Paarl (18,50/12 R) et Stellenbosch (18,50/12 R). Le billet touristique (30 R) donne droit à une journée de déplacements illimités entre Le Cap et Simon's Town, via toutes les gares du parcours.

VÉLO

Si les nombreuses côtes et la distance entre les sites ne vous font pas peur, la péninsule du Cap est un endroit fantastique à explorer à vélo. Depuis la Coupe du monde de football, elle est parcourue de pistes cyclables : l'une, en très bon état, sort de la ville au nord, en direction de Table View, tandis que l'autre longe la Fan Walk, de la gare ferroviaire du Cap à Green Point. Il est dommage que les vélos soient interdits dans les trains de banlieue.

Quelques adresses pour louer un vélo :

Bike & Saddle (☎021-813 6433 ; www.bikeandsaddle.com)

Cape Town Cycle Hire (☎084 400 1604, 021-434 1270 ; www.capetowncyclehire.co.za ; à partir de 250 R/jour). Fournit et collecte des vélos gratuitement à City Bowl et le long de la côte atlantique, à Llandudno.

Downhill Adventures (☎021-422 0388 ; www.downhilladventures.com ; angle Orange St et Kloof St, Gardens ; ⏲8h-18h lun-ven, 8h-13h sam)

Up Cycles (☎076 135 2223 ; www.upcycles.co.za ; 1 heure/demi-journée/journée 50/150/200 R ; ⏲8h30-18h30 mai-oct, 8h-21h nov-avr). Louez ou déposez un vélo dans l'une de ces trois stations : Sea Point Pavilion, Clock Tower Square à Waterfront, et Hotel Rhodes Mandela Place à City Bowl.

VOITURE ET MOTO

Le Cap possède un excellent réseau routier et autoroutier, étonnamment peu fréquenté en dehors des heures de pointe de début de matinée et de fin d'après-midi. Le plus difficile est de s'habituer à la conduite hasardeuse, voire dangereuse, de certains automobilistes.

Les adresses suivantes louent des voitures et des deux-roues à moteur :

Around About Cars (☎021-422 4022 ; www.aroundaboutcars.com ; 20 Bloem St ; ⏲7h30-19h lun-ven, 7h30-16h sam, 8h-13h dim ; 🚌Upper Long/Upper Loop). Ce sympathique prestataire propose des formules parmi les plus intéressantes de la ville, à partir de 230 R/jour.

Avis (☎021-424 1177 ; www.avis.co.za ; 123 Strand St, City Bowl ; ⏲7h30-18h lun-ven, 8h-12h sam-dim ; 🚌Strand)

Budget (☎021-418-5232 ; www.budget.co.za ; 120 Strand St)

Hertz (☎021-410 6800 ; www.hertz.co.za ; 40 Loop St, City Bowl ; ⏲7h-18h lun-ven, 8h-16h sam-dim ; 🚌Strand)

Harley Davidson Cape Town (☎021-401 4260 ; www.harley-davidson-capetown.com ; 9 Somerset Rd, De Waterkant ; ⏲8h30-17h30 lun-ven, 8h-14h sam ; 🚌Alfred)

Scoot Dr (☎021-418-5995 ; www.scootdr.com ; 61 Waterkant St, Foreshore ; ⏲8h-17h lun-ven, 8h-13h sam ; 🚌Strand). Loue des Vespa et des scooters Yamaha.

Cap occidental

Dans ce chapitre ➡

Le top des restaurants

- Le Quartier Français : Tasting Room (p. 116)
- Die Strandloper (p. 170)
- Karoux (p. 128)
- Schoon de Companje (p. 108)
- Gallery (p. 165)

Le top des hébergements

- Vindoux Treehouses (p. 124)
- Brenton Cottages (p. 153)
- Nothando Backpackers Hostel (p. 156)
- Oudebosch Eco Cabins (p. 131)
- Arniston Spa Hotel (p. 138)

Pourquoi y aller

Les splendeurs du Cap occidental (Western Cape) ne se limitent pas à ses vignobles de classe internationale, à ses plages et à ses montagnes. Elles englobent des régions méconnues, comme les grands espaces du Karoo, les réserves naturelles et autres lieux sauvages. Visiter ces territoires encore vierges donne l'occasion de vivre de belles aventures au milieu d'oiseaux et d'animaux sauvages ou de se détendre sous des cieux infinis.

Le Cap occidental offre un vaste choix d'activités, des plus paisibles – dégustation de vin et superbes promenades en voiture – à des passe-temps plus grisants, tels le parachutisme et l'escalade.

Le creuset culturel de la région a aussi de quoi séduire. Si l'art rupestre khoisan est remarquable dans les montagnes de Cederberg, libre à vous de vous immerger dans la culture citadine d'aujourd'hui, en séjournant dans un township, ou de découvrir les traditions du peuple xhosa.

Quand partir

Knysna

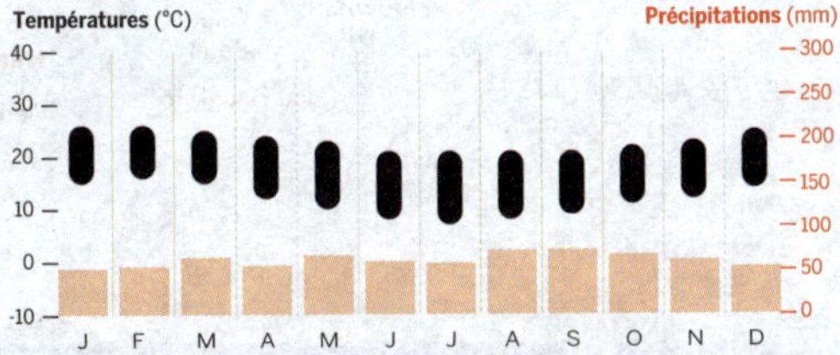

Février-mars et novembre Les températures sont idéales, assez fraîches pour randonner, mais clémentes pour aller à la plage.

Juin-août La saison d'observation des baleines débute et les fleurs s'épanouissent sur la West Coast.

Décembre-janvier Les tarifs et le nombre de visiteurs augmentent. Journées chaudes et nombreux festivals.

À ne pas manquer

1 La gastronomie et les vins dans les villes historiques des **Winelands** (p. 104).

2 La culture khoisan et les randonnées dans la **Cederberg Wilderness Area** (p. 172), ponctuée de curieuses formations rocheuses.

3 La spectaculaire route côtière qui traverse Betty's Bay et rejoint **Hermanus** (p. 131), d'où l'on peut observer les baleines depuis les falaises.

4 Les randonnées dans les forêts de **Knysna** (p. 150) et les festins d'huîtres provenant de la lagune.

5 Des cours de kitesurf sur la **West Coast** (p. 167), suivis d'un somptueux dîner de poisson et fruits de mer sur la plage.

6 La cuisine raffinée et l'hospitalité typique du Karoo, à **Prince Albert** (p. 164).

7 Les plaisirs du vin, loin des foules, dans la région viticole peu fréquentée autour de **Robertson** (p. 125).

8 Les promenades sur la plage ventée et les balades en kayak sur les lagunes de **Wilderness** (p. 141).

Histoire

Les premiers habitants du Cap occidental furent des Khoisan. Aujourd'hui, il en reste très peu et leurs langues et traditions ont disparu. Les Bantous, venus du nord de l'Afrique, s'installèrent également ici, et les Européens arrivèrent il y a plus de 350 ans. Les Hollandais introduisirent la vigne dans la région et, à la fin du XVIIe siècle, les huguenots apportèrent de France leurs connaissances viticoles, changeant à jamais la face et le destin du Cap occidental.

Climat

Le Cap occidental connaît des étés secs et ensoleillés (octobre-mars), avec des températures chaudes moyennes pouvant atteindre 40°C dans certaines régions. Toutefois, le vent souffle souvent et le "Cape Doctor" (nommé ainsi car il assainit l'atmosphère), de sud-est, se déchaîne parfois en tempête, apportant un peu de fraîcheur. Les hivers (juin-août) peuvent être froids, avec des températures moyennes entre 5°C et 17°C, malgré quelques journées chaudes et ensoleillées. Les pluies sont fréquentes et les chutes de neige occasionnelles sur les plus hauts sommets. Le climat devient plus sec et chaud à mesure que l'on s'éloigne du Cap vers le nord. Le long de la côte sud, le climat est tempéré.

Langues

Le Cap occidental est la seule province majoritairement peuplée de métis. La langue maternelle de la plupart d'entre eux, dont les ancêtres sont des Khoisan ou des esclaves provenant d'Indonésie et de Madagascar, est l'afrikaans, mais l'anglais est parlé partout.

ℹ Comment s'y rendre et circuler

Le Cap occidental est aisément accessible en bus, en avion, en train et en voiture. De Jo'burg, des bus, trains et avions rallient chaque jour Le Cap, d'où l'on sillonne la province en transports publics ou en voiture. La région, peu étendue, est pourvue de bonnes routes. **Baz Bus** (☎0861 229 287 ; www.bazbus.com ; forfait 14 jours 3 400 R) assure un service de navettes que l'on peut utiliser à volonté au fil des agglomérations des Winelands et de l'Overberg, ainsi que sur la Garden Route.

WINELANDS

À l'intérieur des terres, au nord du Cap, le Boland, dont le nom signifie "terres hautes", est la région viticole la plus réputée d'Afrique du Sud. Autour de Stellenbosch et de Franschhoek, les massifs montagneux bénéficient d'un microclimat idéal pour la vigne.

Les premiers colons s'installèrent ici dans la seconde moitié du XVIIe siècle, lorsque les Hollandais fondèrent Stellenbosch et les huguenots français Franschhoek. Les deux cités comptent d'excellents chefs, jeunes et créatifs, établis dans les domaines viticoles. Ils font de la région le fief de la cuisine sud-africaine. Avec Paarl, ces deux villes constituent le cœur des Winelands, même s'il existe nombre d'autres secteurs viticoles à explorer. La jolie Tulbagh, avec ses nombreux édifices historiques, est réputée pour la MCC (Méthode Cap Classique – l'équivalent local du champagne), tandis que les exploitations éparses de Robertson proposent souvent des dégustations gratuites.

Depuis Le Cap, il est possible de visiter les principaux bastions viticoles de la région dans la journée. Stellenbosch et Paarl sont accessibles en train et, si vous n'avez pas de voiture, Franschhoek propose des circuits adaptés. Pour découvrir la région et ses nombreux domaines viticoles (environ 400), prévoyez plusieurs jours et louez un vélo, ou une voiture si vous voulez rapporter du vin. Si vous avez l'intention d'avaler le vin plutôt que de le recracher, un circuit organisé est sans doute une bonne idée !

Robertson, McGregor, Tulbagh et Greyton étant tous à moins de 2 heures de route du Cap, il est possible d'effectuer l'aller-retour dans la journée. Toutefois, il est plus agréable de s'arrêter pour dîner dans une petite localité et de profiter des hébergements aux tarifs intéressants des régions viticoles originales.

Stellenbosch

55 000 HABITANTS

Stellenbosch n'est pas seulement une élégante cité historique aux rues jalonnées de chênes et ponctuées d'édifices majestueux, de style cape-dutch (hollandais du Cap), georgien ou victorien. Musées intéressants, hôtels de qualité, restaurants variés et lieux nocturnes, ne manquent pas dans une ville constamment animée, avec une population mêlant résidents, étudiants, habitants du Cap et touristes.

Fondée par le gouverneur du Cap en 1679 sur les rives de l'Eerste, Stellenbosch était – et demeure – réputée pour ses terres fertiles, idéales pour produire les légumes et le vin qui étaient ensuite embarqués sur les navires faisant escale au Cap.

À voir et à faire

Stellenbosch

Village Museum MUSÉE
(carte p. 106 ; www.stelmus.co.za ; 18 Ryneveld St ; adulte/enfant 35/15 R ; 9h-17h lun-sam, 10h-16h dim). Ce musée regroupe plusieurs maisons datant de 1709 à 1850, restaurées et décorées de meubles d'époque. Le pâté de maisons, délimité par Ryneveld St, Plein St, Drostdy St et Church St, est occupé par le musée et englobe et quelques charmants jardins. La **Grosvenor House** se dresse de l'autre côté de Drostdy St (carte p. 106).

Toy & Miniature Museum MUSÉE
(carte p. 106 ; 42 Market St, Rhenish Parsonage ; adulte/enfant 20/10 R ; 9h-16h lun-ven, 9h-14h sam). Jolie surprise que ce musée fort d'une belle collection de jouets, des trains électriques aux maisons de poupées. Le clou de la visite, toutefois, reste la rencontre avec le conservateur, Philip Kleynhans, aussi passionné d'histoire et d'architecture locales qu'il l'est des charmantes pièces de son musée.

Braak PARC
(carte p. 106 ; Town Sq). À l'extrémité nord de cette étendue de pelouses, se dresse l'**église St Mary's on the Braak** (carte p. 106 ; 021-887 6913 ; Braak ; sur rdv 9h-16h lun-ven) GRATUIT de style néogothique, qui fut achevée en 1852. À l'ouest, le **VOC Kruithuis** (Powder House ; carte p. 106 ; adulte/enfant 5/2 R ; 9h-14h lun-ven sept-mai) fut construit en 1777 pour stocker des armes et de la poudre à canon – il abrite aujourd'hui un petit musée militaire. À l'angle nord-ouest, la **Fick House** (Burgerhuis ; carte p. 106) est un bel exemple de l'architecture hollandaise du Cap de la fin du XVIIIe siècle.

Bergkelder DOMAINE VITICOLE
(carte p. 106 ; 021-809 8025 ; www.bergkelder.co.za ; dégustation 40 R ; 8h-17h lun-ven, 9h-14h sam). Facilement accessible à pied depuis le centre-ville, cette cave est idéale pour les amateurs de vin non motorisés. Les circuits d'une heure sont suivis d'une dégustation dans une cave pleine de charme et éclairée à la chandelle. Départs à 10h, 11h, 14h et 15h du lundi au vendredi, et à 10h, 11h et 12h le samedi. Une formule "Salt Pairing" (85 R) consistant en une dégustation de vin accompagnée de mets, est également proposée. Réservation indispensable pour l'ensemble des activités.

> **PROMENADE À PIED DANS STELLENBOSCH**
>
> Pour se rafraîchir les idées entre deux dégustations de vins, participez à une **promenade guidée** (100 R/pers ; 11h et 15h lun-ven, 9h30 sam-dim) au départ du bureau de **Stellenbosch Tourism** (p. 111). Réservation obligatoire le week-end.

University Museum MUSÉE
(carte p. 106 ; 52 Ryneveld St ; don apprécié ; 10h-16h30 lun, 9h-16h30 mar-sam). Ce superbe bâtiment de style Renaissance flamande présente une riche collection de créations locales, une belle palette de trésors anthropologiques africains, ainsi que des expositions sur la culture et l'histoire sud-africaines.

Environs de Stellenbosch

Les domaines viticoles sont légion dans la région de Stellenbosch. Procurez-vous la brochure gratuite *Stellenbosch and its Wine Routes* dans les locaux de Stellenbosch Tourism pour un tableau plus complet des environs.

Villiera DOMAINE VITICOLE
(carte p. 110 ; 021-865 2002 ; www.villiera.com ; dégustation gratuite ; 9h-17h lun-ven, 9h-15h sam). Villiera produit d'excellents vins Méthode Cap Classique et une syrah très bien cotée à prix raisonnable. Les très belles promenades en voiture de 2 heures (150 R/pers), menées par des guides compétents, vous permettront de rencontrer les antilopes, les zèbres et les diverses espèces d'oiseaux présents dans la ferme.

Warwick Estate DOMAINE VITICOLE
(carte p. 110 ; 021-884 4410 ; www.warwickwine.com ; dégustation 25 R, safari œnologique 50 R ; 10h-17h ;). Les rouges de Warwick sont devenus légendaires, en particulier leurs assemblages de bordeaux. Le domaine propose un safari œnologique, dit "Big Five" (cinq grands cépages) à travers les vignobles, et des pique-niques à déguster sur la pelouse.

Stellenbosch

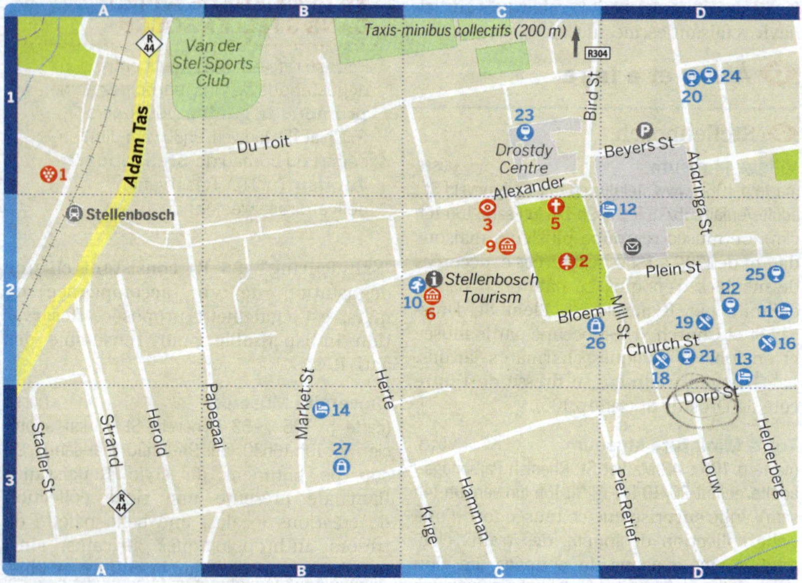

Stellenbosch

À voir
1 Bergkelder A1
2 Braak C2
3 Fick House C2
4 Grosvenor House E2
5 Église St Mary's on the Braak C2
6 Toy & Miniature Museum C2
7 University Museum E1
8 Village Museum E2
9 VOC Kruithuis C2

Activités
10 Adventure Shop C2
Easy Rider Wine Tours .... (voir 14)

Où se loger
11 D'Ouwe Werf D2
12 Ikhaya Backpackers D2
13 Stellenbosch Hotel D2
14 Stumble Inn B3

Où se restaurer
15 Decameron E2
16 Helena's D2
17 Katjiepiering Restaurant F1
18 Schoon de Companje D2
19 Wijnhuis D2

Où prendre un verre et faire la fête
20 Bohemia D1
21 Brampton Wine Studio D2
22 Craft Wheat & Hops D2
23 Drostdy Centre C1
24 Mystic Boer D1
25 Nu Bar D2

Achats
26 Craft Market C2
27 Oom Samie se Winkel B3

Spier DOMAINE VITICOLE
(carte p. 110 ; ☎021-809 1100 ; www.spier.co.za ; dégustation à partir de 38 R ; ⏲10h-17h ; 🚻). Spier produit d'excellents syrah, cabernets et mélanges de rouges, mais l'attrait de cet immense établissement est moins le vin que la quantité d'autres activités proposées, notamment les présentations d'oiseaux de proie, les circuits en gyropode dans les vignes, les deux restaurants et les pique-niques à savourer sur la propriété. Guettez les offres spéciales, notamment le Spier Winelands Express, un circuit en train organisé depuis Le Cap en été.

Hartenberg Estate DOMAINE VITICOLE
(carte p. 110 ; ☎021-865 2541 ; www.hartenbergestate.com ; Bottelary Rd ; dégustation 25 R ;

⏲9h-17h lun-ven, 9h-16h sam toute l'année, 10h-16h dim oct-avr). Fort d'un microclimat propice, ce domaine s'enorgueillit d'excellents cabernets, merlots et syrahs. Un déjeuner est servi (réservation impérative), et, d'octobre à avril, un pique-nique (175 R) vient compléter les promenades organisées dans les marais.

Van Ryn Brandy Cellar DISTILLERIE
(carte p. 110 ; ✆021-881 3875 ; www.vanryn.co.za ; visite et dégustation à partir de 50 R ; ⏲9h-17h30 lun-ven, 9h-15h30 sam toute l'année, 11h-15h dim oct-avr). Cette distillerie de brandy organise d'excellents circuits qui comprennent une présentation de la confection des tonneaux et s'achèvent par une dégustation au choix : brandy accompagné de chocolat ou de charcuterie, cocktails au brandy, etc.

Jonkershoek Nature Reserve RÉSERVE NATURELLE
(www.capenature.co.za ; Jonkershoek Rd ; adulte/enfant 40/20 R ; ⏲7h30-16h). Cette petite réserve naturelle est nichée au cœur d'une futaie, à 8 km au sud-est de la ville. Outre la route panoramique de 10 km, elle compte des sentiers de randonnée allant de 5 à 18 km. Carte des parcours est disponible à l'entrée.

Circuits organisés

Bikes 'n Wines ŒNOLOGIE
(carte p. 110 ; ✆021-823 8790 ; www.bikesnwines.com ; 550-790 R/pers). Ce prestataire au bilan carbone négatif est chaudement recommandé. Les pistes cyclables font entre 9 et 21 km et passent par trois des quatre domaines locaux.

Easy Rider Wine Tours ŒNOLOGIE
(carte p. 106 ; ✆021-886 4651 ; www.winetour.co.za ; 12 Market St). Cette agence opère depuis le Stumble Inn et assure une excursion d'une journée d'un bon rapport qualité/prix, moyennant 500 R avec déjeuner et toutes les dégustations de vin.

Vine Hopper ŒNOLOGIE
(✆021-882 8112 ; www.vinehopper.co.za ; forfait 1 journée 240 R). Descendez et montez à loisir dans ce bus qui propose 2 itinéraires couvrant 6 domaines. Cinq départs par jour, depuis Stellenbosch Tourism (p. 111), où sont vendus les billets.

Fêtes et festivals

Wine Festival VIN
(www.wineroute.co.za). Ce festival du vin se tient en janvier-début février, et permet de goûter jusqu'à 400 crus différents.

Où se loger

Si les établissements ci-après sont complets, contactez Stellenbosch Tourism (p. 111).

Banghoek Place AUBERGE DE JEUNESSE $
(carte p. 110 ; ✆021-887 0048 ; www.banghoek.co.za ; 193 Banghoek Rd ; dort/ch 150/600 R ;). Calme et prix raisonnables sont les atouts de cette élégante auberge de banlieue, à bonne distance du centre-ville. TV par satellite et billard dans l'espace détente, et jolie piscine dans le jardin.

Ikhaya Backpackers AUBERGE DE JEUNESSE $
(carte p. 106 ; ✆021-883 8550 ; www.stellenboschbackpackers.co.za ; 56 Bird St ; dort/d sans sdb 130/370 R ;). Grâce à son excellent emplacement central, cette auberge est à proximité idéale des bars. Les chambres occupent des appartements réaménagés : chaque dortoir possède donc sa cuisine et sa sdb, qu'il partage avec les doubles voisines.

Stumble Inn AUBERGE DE JEUNESSE $
(carte p. 106 ; ✆021-887 4049 ; www.stumbleinnbackpackers.co.za ; 12 Market St ;

camping 50 R, dort 130 R, d sans sdb 370 R ;). L'auberge de jeunesse la plus festive de Stellenbosch occupe deux maisons anciennes – le deuxième bâtiment, à bonne distance du bar, est le plus calme. Des voyageurs ont exprimé leur inquiétude quant à la sécurité dans l'établissement : faites très attention à vos affaires.

Stellenbosch Hotel HÔTEL HISTORIQUE $$
(carte p. 106 ; 021-887 3644 ; www.stellenboschhotel.co.za ; 162 Dorp St, angle Andringa St ; s/d avec petit-déj à partir de 880/1 100 R ;). Hôtel cosy de style rustique comptant diverses chambres, certaines équipées de cuisine et d'autres de lit à baldaquin. Une partie date de 1743 et héberge la Jan Cats Brasserie, idéale pour prendre un verre.

Summerwood Guesthouse GUESTHOUSE $$$
(carte p. 110 ; 021-887 4112 ; www.summerwood.co.za ; 28 Jonkershoek Rd ; s/d avec petit-déj 1 310/2 150 R ;). Une pension élégante, dans un quartier de banlieue bordant une petite réserve naturelle à l'est du centre-ville. Très bien équipées, les chambres impeccables sont lumineuses et spacieuses. Chute spectaculaire des tarifs entre avril et septembre.

D'Ouwe Werf HÔTEL HISTORIQUE $$$
(carte p. 106 ; 021-887 4608 ; www.ouwewerf.co.za ; 30 Church St ; d avec petit-déj à partir de 2 000 R ;). Datant de 1802, ce bel hôtel à l'ancienne vient de subir d'importants travaux de rénovation. Les chambres de luxe, plus onéreuses, sont agrémentées de meubles anciens et de lits en cuivre, tandis que les standards, modernes, profitent d'une belle luminosité.

Lanzerac Hotel & Spa HÔTEL DE LUXE $$$
(carte p. 110 ; 021-887 1132 ; www.lanzerac.co.za ; Lanzerac Rd, Jonkershoek Valley ; s/d/ste avec petit-déj à partir de 2 960/3 950/6 500 R ;). Cet opulent domaine gazonné comprend un manoir vieux de 300 ans et un vignoble avec vue imprenable sur la montagne. L'une des suites possède même une piscine privative.

Où se restaurer

Avec ses nombreux restaurants et bars, Stellenbosch est un paradis pour les gourmets. Les domaines viticoles alentour abritent en outre certaines des tables les plus intéressantes et novatrices du pays.

Schoon de Companje ÉPICERIE FINE $
(carte p. 106 ; www.decompanje.co.za ; 7 Church St ; plats 50-100 R ; petit-déj et déj mar-dim, pizzas jusqu'à 18h). Une boulangerie/épicerie fine animée, fière de ne proposer que des produits d'origine locale. Au menu : salades, sandwichs, assortiments de style mezze, gâteaux, pâtisseries et bière artisanale. Des tables sont installées sur le trottoir, tandis que l'intérieur évoque un marché, avec quantité de places assises et quelques boutiques.

Katjiepiering Restaurant CAFÉ $
(carte p. 106 ; Van Riebeeck St ; plats 50-120 R ; 9h-17h). Niché dans un angle du jardin botanique et entouré de plantes exotiques, ce café charmant invite à s'offrir un café, une part de gâteau ou un déjeuner léger. Petite sélection de repas traditionnels.

Jordan BISTROT, BOULANGERIE $
(021-881 3612 ; www.jordanwines.com ; Stellenbosch Kloof Rd ; boulangerie plats 60-120 R, menu 3 plats à partir de 345 R ; petit-déj, déj et dîner jeu-sam). Installé dans un domaine viticole hors des sentiers battus de Stellenbosch, ce restaurant très estimé vaut le déplacement. Le menu délicieux abonde en plats inventifs et haut de gamme. Pour ceux qui souhaitent quelque chose de plus simple, la boulangerie sert des salades et des plateaux de fromages accompagnés de pain frais.

Helena's SUD-AFRICAIN $$
(carte p. 106 ; 021-883 3132 ; www.helenasrestaurant.co.za ; 33 Church St, Coopmanhuijs Boutique Hotel ; plats 80-220 R ; petit-déj, déj et dîner). Un petit restaurant charmant, logé dans un boutique-hôtel. La carte restreinte affiche quelques plats traditionnels et quantité de recettes à base de produits locaux – le risotto aux champignons sauvages est une réussite. Réservation impérative.

96 Winery Road INTERNATIONAL $$
(carte p. 110 ; www.96wineryroad.co.za ; Winery Rd, Zandberg Farm ; plats 125 R ; déj et dîner lun-sam, déj dim). Près de la Rte 44 entre Stellenbosch et Somerset West, un restaurant établi de longue date, réputé pour son bœuf séché.

Wijnhuis ITALIEN $$
(carte p. 106 ; www.wijnhuis.co.za ; Andringa St, angle Church St ; plats 100-210 R ; déj et dîner). Menu alléchant et longue liste de vins avec plus de 500 cuvées. Une vingtaine de crus sont servis au verre et des dégustations (50 R) sont proposées.

VALLÉE D'ELGIN

Après avoir atteint le col de Sir Lowry, dans les Hottentots Holland Mountains, à l'est de Somerset West, vous entamerez votre descente vers le pays de la pomme. Bien que suffisamment proche du Cap pour faire l'objet d'une excursion à la journée, la région autour d'Elgin et de Grabouw est peu connue des voyageurs, tout comme ses domaines viticoles (réputés pour leur sauvignon blanc, leur chardonnay et leur pinot noir), ses sentiers de randonnée et ses diverses activités.

Paul Cluver Wines (www.cluver.com ; N2, Grabouw ; ⏲9h-17h lun-ven, 10h-14h sam-dim). Une halte digne d'intérêt sur la route des vins d'Elgin, avec de bons vins, un agréable restaurant de style campagnard et des sentiers de VTT.

Green Mountain Trail (www.greenmountaintrail.co.za). Une randonnée "tout confort" à travers les montagnes : bagages transportés, pique-nique sur nappe blanche, bons vins et, en fin de journée, une nuit dans un beau manoir campagnard.

Canopy Tour (www.canopytour.co.za ; 595 R/pers). Si vous cherchez une manière grisante de découvrir la montagne, explorez la Hottentots Holland Nature Reserve via un réseau de tyrolienne, puis faites une pause dans les arbres en écoutant les rafraîchissantes leçons d'écologie de votre guide.

Peregrine Farmstall (N2 ; ⏲7h30-18h). Les habitants adorent s'arrêter ici avant de prendre la route, le temps de savourer une tarte encore chaude et un jus de pomme fraîchement pressé.

Decameron ITALIEN $$

(carte p. 106 ; 50 Plein St ; plats 70-190 R ; ⏲déj et dîner lun-sam, déj dim). Ce restaurant italien, un classique à Stellenbosch, a l'attrait d'un patio ombragé proche du jardin botanique.

♥ **Rust en Vrede** FUSION $$$

(carte p. 110 ; ☎021-881 3757 ; www.rustenvrede.com ; Annandale Rd ; menu 4 plats 620 R, menu 6 plats avec/sans vin 1 150/750 R ; ⏲dîner mar-sam). Dans ce restaurant de domaine viticole, le chef John Shuttleworth revisite les classiques avec une touche contemporaine.

Overture Restaurant FUSION $$$

(carte p. 110 ; ☎021-880 2721 ; Hidden Valley Wine Estate, proche d'Annandale Rd ; 3 plats 375 R, menu 6 plats 540 R ; ⏲déj mer-dim, dîner jeu-sam). Domaine viticole et restaurant très modernes. Le chef Bertus Basson, très présent à la télévision, met l'accent sur des produits régionaux de saison accompagnés de vins de la Hidden Valley.

Où prendre un verre et faire la fête

La vie nocturne de Stellenbosch vise essentiellement la clientèle estudiantine, mais il existe des établissements plus chics. On peut se promener sans risque le soir dans le centre-ville, et la tournée des pubs figure souvent au programme (si vous logez au Stumble Inn, quelqu'un vous entraînera sûrement dans une expédition de ce genre).

♥ **Brampton Wine Studio** BAR À VINS

(carte p. 106 ; ☎021-883 9097 ; www.brampton.co.za ; 11 Church St ; ⏲9h-19h30 lun-ven, 10h-19h30 sam). Un café tendance installé sur le trottoir, où vous pourrez jouer tout en sirotant un verre de syrah. Il tient également lieu de salle de dégustation au domaine viticole Brampton. Sandwichs et wraps (50-70 R) servis en continu.

Drostdy Centre BARS

(carte p. 106 ; près de Bird St). Regroupés dans ce complexe, juste au nord du Braak, **Dros**, **Terrace** et **Tollies** comptent parmi les bars les plus animés de Stellenbosch. On y trouve également une discothèque.

Craft Wheat & Hops BIÈRE

(carte p. 106 ; Andringa St ; ⏲11h-21h30 lun-sam). Cet établissement propose 15 bières artisanales du cru à la pression, plus une douzaine en bouteille. À noter aussi l'honorable sélection de vins et l'excellent choix de spiritueux. Tartines (40-60 R), et sympathique assortiment de tapas disponible après 16h.

Bohemia BAR

(carte p. 106 ; Victoria St, angle Andringa St). Un endroit décontracté que les étudiants plébiscitent. On peut y déjeuner – optez pour la pizza. Musique live et happy hours régulièrement programmés.

Environs de Stellenbosch

Environs de Stellenbosch

Mystic Boer BAR
(carte p. 106 ; www.diemysticboer.co.za ; 3 Victoria St). Ce bar original est une institution de Stellenbosch. Concerts fréquents et cuisine de bar honorable.

Nu Bar CLUB
(carte p. 106 ; www.nubar.co.za ; 51 Plein St). Discothèque, avec une petite piste de danse derrière le long bar, où les DJ mixent hip-hop et house.

Où sortir

Oude Libertas Amphitheatre SPECTACLES
(carte p. 110 ; www.oudelibertas.co.za ; Oude Libertas Rd). Des représentations de théâtre, de musique et de danse se déroulent ici, en plein air, de novembre à mars.

Achats

Craft Market MARCHÉ
(carte p. 106 ; Braak ; 9h-17h lun-sam). Ce marché à ciel ouvert est une excellente adresse pour marchander sculptures, peintures, bijoux fantaisie et autres articles africains.

Oom Samie se Winkel SOUVENIRS
(Boutique de l'Oncle Sammy ; carte p. 106 ; 84 Dorp St ; 8h30-18h lun-ven, 9h-17h sam-dim). Ce comptoir existait avant que la ville n'apparaisse sur une carte. Très touristique, la boutique mérite néanmoins le détour pour son étrange gamme d'articles – de la simple camelote à l'artisanat africain, en passant par les produits alimentaires locaux.

Renseignements

Stellenbosch Tourism (carte p. 106 ; 021-883 3584 ; www.stellenboschtourism.co.za ; 36 Market St ; 8h-17h lun-ven, 9h-14h sam-dim ;). Personnel très serviable. Procurez-vous l'excellente brochure *Historical Stellenbosch on Foot* (5 R, disponible en français), qui décrit une promenade dans la ville, accompagnée de renseignements sur de nombreux bâtiments historiques.

Depuis/vers Stellenbosch

Pour le court trajet reliant Le Cap (Cape Town), les bus longue distance facturent un prix élevé, et il n'est pas possible de réserver. Les **Baz Bus** (0861 229 287 ; www.bazbus.com) circulent tous les jours depuis/vers Le Cap (260 R, 30 minutes).

Les taxis collectifs pour Paarl partent de la station de Bird St (environ 50 R, 45 minutes).

Les trains de banlieue effectuent les 46 km entre Le Cap et Stellenbosch (1re classe/éco 18,50/12 R, environ 1 heure). Pour plus de renseignements, appelez **Metrorail** (021-449 6478 ; www.metrorail.co.za). Il est plus sûr de voyager en milieu de journée. Si vous arrivez de Jo'burg, faites un changement à Wellington.

Comment circuler

Stellenbosch se parcourt facilement à pied et la campagne plutôt plate se prête parfaitement aux balades à vélo. Vous en trouverez en location à **Adventure Shop** (carte p. 106 ; 021-882 8112 ; www.adventureshop.co.za ; angle Dorp St et Mark St ; 150 R/jour), à côté du Stellenbosch Tourism.

Pour circuler en ville à petits prix, essayez **Tuk Tuk Stellies** (076 011 3016 ; corne@tuktukstellies.co.za).

Franschhoek

17 500 HABITANTS

Les huguenots français s'installèrent dans cette vallée spectaculaire il y a plus de 300 ans, apportant leurs vignes. Depuis lors, la ville est restée attachée à ses racines françaises : le 14 juillet est célébré tout en folklore (tournois de pétanque, port du béret et dégustation de brie !). Franschhoek se targue d'être la capitale gastronomique du pays : elle compte tant de restaurants qu'il est difficile de choisir, et les galeries, domaines viticoles et *guesthouses* y sont légion. De fait, il s'agit d'une des plus jolies localités de la région du Cap.

À voir et à faire

À Franschhoek

Huguenot Memorial Museum MUSÉE
(carte p. 113 ; www.museum.co.za ; Lambrecht St ; adulte/enfant 10/2 R ; 9h-17h lun-sam, 14h-17h dim). Ce musée retrace l'histoire des huguenots d'Afrique du Sud et conserve la généalogie de leurs descendants. Certains colons ont fondé de grandes dynasties afrikaners, comme les Malan, les de Villiers, les Malherbe et les Roux. Agréable café derrière le bâtiment principal, en face du **Huguenot Monument** (carte p. 113 ; 9h-17h) GRATUIT, de 1948. De l'autre côté de la rue, il y a une **annexe** (carte p. 113), dédiée aux guerres anglo-boers et à l'histoire naturelle.

Huguenot Fine Chocolates CHOCOLATIER
(carte p. 113 ; 021-876 4096 ; www.huguenotchocolates.com ; 62 Huguenot St ; 8h-17h30 lun-ven, 9h-17h30 sam-dim). Un "programme de discrimination positive" a permis à deux métis de la bourgade de créer cette chocolaterie, qui remporte un franc succès. Démonstrations quotidiennes de fabrication, avec dégustation de chocolats (40 R) à 11h et 15h – réservation conseillée.

Ceramics Gallery GALERIE D'ART
(carte p. 113 ; 021-876 4304 ; www.davidwalters.co.za ; 24 Dirkie Uys St ; 10h-18h). Franschhoek compte nombre de belles galeries, pour la plupart dans Huguenot St. Dans la maison joliment restaurée du premier enseignant de la ville, on peut voir à l'œuvre David Walters, l'un des potiers les plus renommés du pays. D'autres artistes y exposent également leur travail.

Franschhoek Wine Tram ŒNOLOGIE
(carte p. 113 ; 021-300 0338 ; www.winetram.co.za ; 32 Huguenot Rd ; adulte/enfant 200/85 R). Envie de délaisser votre voiture pour profiter pleinement des salles de dégustation ? Voici une alternative amusante aux habituels circuits des Winelands. La ligne de tramway à proprement parler est très courte – seuls deux domaines viticoles sont desservis. Le reste du parcours est assuré par une navette ouverte sur les côtés, qui permet d'aller d'une exploitation à l'autre. Il existe deux itinéraires, chacun desservant jusqu'à sept domaines. Il est conseillé de réserver et de s'habiller chaudement – le bus, notamment, peut s'avérer glacial.

Paradise Stables ÉQUITATION
(021-876 2160 ; www.paradisestables.co.za ; 200 R/h ; lun-sam). Outre les promenades à cheval, toutes les heures, dans les environs de Franschhoek, ce centre propose des périples de 4 heures qui passent par deux vignobles (750 R dégustations incluses).

Franschhoek Cycles VÉLO
(carte p. 113 ; www.franschhoekcycles.co.za ; Fabriek St ; demi-journée/journée 190/290 R). Louez des vélos ou demandez au personnel de vous organiser une visite guidée à vélo des domaines viticoles environnants (385 R).

Environs de Franschhoek

Bien que certains domaines viticoles soient accessibles à pied depuis le centre-ville, mieux vaut disposer de son propre véhicule ou s'inscrire à un circuit pour véritablement profiter des vignes de Franschhoek.

Boschendal DOMAINE VITICOLE
(carte p. 119 ; 021-870 4210 ; www.boschendal.com ; Rte 310, Groot Drakenstein ; dégustation 35 R, manoir 20 R ; 9h-17h30). Un domaine typique des Winelands, fort de sa belle architecture, de ses vins et de sa gastronomie. Les circuits du vignoble (35 R) et de la cave (25 R) méritent le trajet (réservation obligatoire). Pour combiner histoire et dégustation de vins, optez pour un circuit autoguidé du manoir. Pour les repas, trois possibilités s'offrent à vous au Boschendal : le copieux déjeuner-buffet (240 R) du restaurant principal, les déjeuners légers au Café ou un panier garni "Le Pique Nique" (adulte/enfant 175/75 R ; réservation obligatoire) servi sur la pelouse, à l'ombre d'un parasol, de septembre à mai.

La Motte DOMAINE VITICOLE
(carte p. 119 ; 021-876 8000 ; www.la-motte.com ; Main Rd ; dégustation 50 R ; 9h-17h lun-sam). Ce vaste domaine à l'ouest de Franschhoek a de quoi vous occuper pour la journée. Outre les dégustations de la splendide gamme de syrahs, des déjeuners et dîners accordant mets et vins sont servis au **Pierneef à la**

Franschhoek

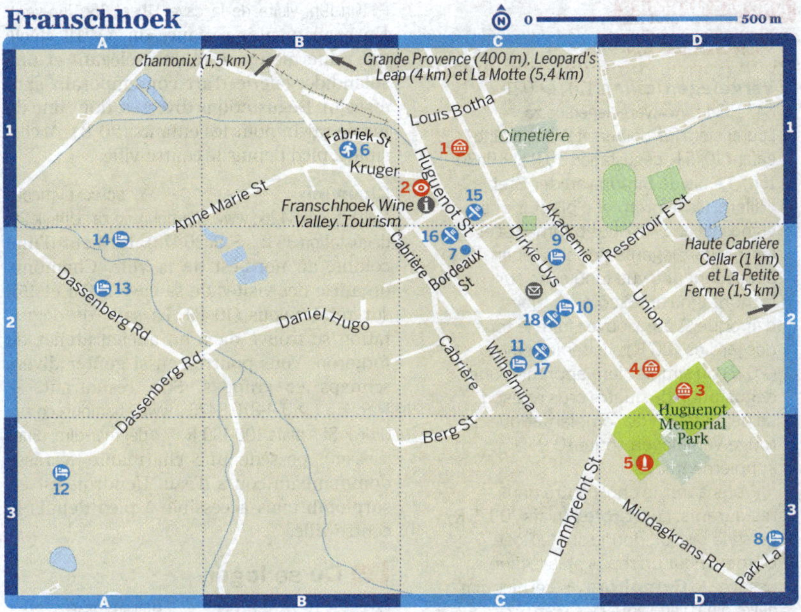

Franschhoek

À voir

1 Ceramics Gallery C1
2 Huguenot Fine Chocolates C1
3 Huguenot Memorial Museum D2
4 Huguenot Memorial Museum Annexe D2
5 Huguenot Monument D3

Activités

6 Franschhoek Cycles B1
7 Franschhoek Wine Tram C2

Où se loger

8 La Cabrière Country House D3
9 La Fontaine C2
10 Le Ballon Rouge C2
11 Le Quartier Français C2
12 Mont Rochelle Hotel A3
13 Otter's Bend Lodge A2
14 Reeden Lodge A2

Où se restaurer

15 Franschhoek Market C1
16 French Connection C2
17 Le Quartier Français : Living Room C2
Le Quartier Français : Tasting Room .... (voir 17)
18 Reuben's C2

Motte (100-200 R ; ⌚petit-déj sam-dim, déj mar-dim, dîner jeu-sam). Ce restaurant tient son nom du peintre sud-africain Jacob Hendrik Pierneef, dont plusieurs œuvres sont exposées sur place, dans le musée.

C'est aussi le point de départ de promenades historiques (50 R) à travers le domaine, avec au programme quatre monuments nationaux et une démonstration de mouture qui s'achève par une dégustation de pain (mer 10h, réservation impérative). Si vous avez abusé des bonnes choses, délestez-vous de quelques calories sur la boucle de 5 km qui part de l'exploitation.

Leopard's Leap DOMAINE VITICOLE
(carte p. 119 ; ☎021-876 8002 ; www.leopards-leap.co.za ; Rte 45 ; dégustation à partir de 25 R, restaurant plats 60-120 R ; ⌚9h-17h mar-sam, 11h-17h dim ; 👪). Lumineuse et moderne, la salle de dégustation aux allures de grange dispose de confortables canapés disséminés çà et là – installez-vous pour déguster à loisir, ou prenez place au comptoir pour une dégustation légèrement plus formelle. Les vastes pelouses sont assorties d'une aire de jeux pour enfants, tandis que le restaurant de viandes (⌚déj mer-dim) offre une table

À NE PAS MANQUER

VERGELEGEN

Vergelegen (carte p. 110 ; ☎021-847 1334 ; www.vergelegen.co.za ; Lourensford Rd, Somerset West ; adulte/enfant 10/5 R, dégustation 30 R ; ⏲9h30-16h). Le fils de Simon van der Stel, Willem, fut le premier à planter des vignes ici en 1700. Les bâtiments et les jardins élégants de Vergelegen possèdent une vue fabuleuse sur la montagne et un côté "manoir d'époque". Vous pouvez faire le tour des jardins (20 R), visiter les caves (20 R) ou simplement apprécier une dégustation de quatre crus maison. La dégustation de l'emblématique rouge Vergelegen coûte 10 R supplémentaires.

Vous aurez le choix entre deux restaurants. Le **Stables** (plats 70-175 R), de style bistrot, donne sur le Rose Garden. Pour un repas plus raffiné, essayez le **Camphors** (⏲déj mer-dim, déj et dîner ven-sam). Des **paniers pique-nique** (⏲novembre-avril uniquement ; 150 R/pers) sont également disponibles – réservation indispensable pour les deux dernières options.

très abordable pour les Winelands. Cours de cuisine une fois par mois – réservation impérative.

Solms-Delta DOMAINE VITICOLE
(carte p. 119 ; ☎021-874 3937 ; www.solms-delta.com ; Delta Rd, près de la Rte 45 ; dégustation 10 R ; ⏲9h-17h dim-lun, 9h-18h mar-sam). Outre les dégustations et les ventes, cet excellent domaine propose divers circuits patrimoniaux. Le musée, centré sur l'histoire du Cap, retrace l'évolution de cette propriété du point de vue des ouvriers agricoles. Sur le front culinaire, le **Fyndraai Restaurant** (carte p. 119 ; ☎021-874 3937 ; www.solms-delta.com ; Delta Rd, près de la Rte 45 ; plats 130-155 R ; ⏲déj) sert des plats originaux qui s'inspirent des diverses cultures du Cap et utilisent des herbes provenant du jardin indigène. On peut également opter pour un pique-nique, à savourer près d'un sentier enchanteur en bord de rivière.

Grande Provence DOMAINE VITICOLE
(www.grandeprovence.co.za ; Main Rd ; dégustation à partir de 40 R, visite de la cave 25 R ; ⏲10h-19h, visite de la cave 11h et 15h lun-ven). Un beau manoir restauré du XVIIIe siècle qui renferme un restaurant élégant et une splendide galerie d'art contemporain sud-africain. Dégustations diverses, dont une de jus de raisin pour les enfants (20 R). Accessible à pied depuis le centre-ville.

Chamonix DOMAINE VITICOLE
(☎021-876 8426 ; www.chamonix.co.za ; Uitkyk St ; dégustation 35 R ; ⏲9h30-17h). En haut d'une colline, au nord-est de la ville, Chamonix organise des visites de sa cave à 11h et 15h sur rendez-vous (10 R). La salle de dégustation se trouve dans un ancien atelier de forgeron. Vous pourrez aussi goûter divers schnaps et grappas. Son restaurant, le **Racine** (☎021-876 8426 ; www.chamonix.co.za ; Uitkyk St ; plats 100-150 R ; ⏲déj mar-dim, dîner jeu-sam), possède une charmante terrasse dominant un cours d'eau. L'endroit est en surplomb mais accessible à pied depuis le centre-ville.

Où se loger

Otter's Bend Lodge AUBERGE DE JEUNESSE $
(carte p. 113 ; ☎021-876 3200 ; Dassenberg Rd ; empl 150 R, dort/d 150/450 R ;). Une charmante option pour petits budgets dans une ville où les hébergements bon marché sont rares. Des doubles sommaires mènent à une terrasse commune à l'ombre des peupliers. Il est également possible de planter quelques tentes sur la pelouse. À 15 minutes de marche de la ville et à deux pas d'un domaine viticole.

Chamonix Guest Cottages COTTAGES $
(☎021-876 8406 ; www.chamonix.co.za ; Uitkyk St ; cottage pour 2 pers à partir de 500 R). Sommaires et d'un excellent rapport qualité/prix, ces charmants cottages avec cuisine sont nichés au milieu des vignes. Quelques-uns, plus chics, ont la forêt ou la montagne en toile de fond. Possibilité de rallier la ville à pied (même si le retour impose une rude montée).

♥ **Reeden Lodge** COTTAGES $$
(carte p. 113 ; ☎021-876 3174 ; www.reedenlodge.co.za ; Anne Marie St ; cottage pour 2 pers à partir de 750 R ;). À 10 minutes à pied de la ville, ces bungalows bien équipés avec cuisine peuvent loger jusqu'à 10 personnes : ils sont parfaits pour les familles et d'un bon rapport qualité/prix. Les enfants adoreront les moutons, la cabane dans l'arbre et les grands espaces.

Le Ballon Rouge GUESTHOUSE $$

(carte p. 113 ; ☎021-876 2651 ; www.ballon-rouge.co.za ; 7 Reservoir East St ; s/d à partir de 800/110 R ; ❄📶🏊). Petite pension avec chambres confortables et jolies suites (sdb grandioses).

La Cabrière Country House GUESTHOUSE $$$

(carte p. 113 ; ☎021-876 4780 ; www.lacabriere.co.za ; Park Lane ; d avec petit-déj à partir de 1 980 R ; ❄📶🏊). Cette pension de charme moderne, qui a changé de propriétaire et subi une importante rénovation, brille comme jamais. Les chambres somptueuses possèdent le chauffage au sol et une superbe vue sur les montagnes. Également disponible en centre-ville : un cottage avec deux chambres, cuisine et piscine privative (2 500 R).

La Fontaine GUESTHOUSE $$$

(carte p. 113 ; ☎021-876 2112 ; www.lafontainefranschhoek.co.za ; 21 Dirkie Uys St ; s/d à partir de 1 200/1 700 R ; ❄📶🏊). Une maison familiale stylée et très confortable dotée de 14 chambres spacieuses avec parquet et vue sur la montagne.

Mont Rochelle Hotel BOUTIQUE-HÔTEL $$$

(carte p. 113 ; ☎011-325 4405 ; www.montrochelle.co.za ; Dassenberg Rd ; d avec petit-déj à partir de 4 500 R ; ❄📶🏊). Tout comme le domaine éponyme, cet hôtel-restaurant de charme a été racheté par Richard Branson en 2014. Sans surprise, l'endroit offre un luxe de haut vol, ainsi qu'un panorama époustouflant sur la vallée.

Le Quartier Français BOUTIQUE-HÔTEL $$$

(carte p. 113 ; ☎021-876 2151 ; www.lqf.co.za ; Wilhelmina St, angle Berg St ; d/ste avec petit-déj à partir de 4 300/5 700 R ; ❄📶🏊). Installées autour d'une cour verdoyante et d'une piscine, les (très) vastes chambres de cet hôtel fabuleux sont dotées d'une cheminée, d'un lit immense et d'un décor élégant. Les plus fortunés s'offriront la Four Quarters suites (8 500 R), avec piscine privative et maître d'hôtel.

Où se restaurer

Franschhoek est si compacte qu'on en fait facilement le tour à pied pour découvrir les divers restaurants. Mieux vaut réserver dans les établissements à la réputation bien établie, en nombre ici.

Le Quartier Français: Living Room BISTROT $$

(carte p. 113 ; ☎021-876 2151 ; www.lqf.co.za ; 16 Huguenot St ; tapas 40-95 R ; ⏲petit-déj, déj et dîner). Une bonne adresse pour le petit-déjeuner, les déjeuners légers et les savoureux dîners respectueux de votre compte en banque. Le menu comprend des tapas d'inspiration asiatique, qui utilisent des ingrédients africains, comme le gnou ou le springbok.

Lust Bistro & Bakery BISTROT $$

(carte p. 119 ; www.lustbistro.com ; Rte 45, angle Simondium Rd ; plats 75-130 R ; ⏲petit-déj et déj). Dans une région réputée pour sa haute cuisine, cette table du domaine de Vrede en Lust est d'une humilité rafraîchissante. L'accent y est mis sur les sandwichs et les pizzas,

MARCHÉS FERMIERS DANS LES WINELANDS

Dernier phénomène de mode chez les gastronomes sud-africains, le marché fermier est particulièrement bien représenté dans les Winelands. Plus qu'un endroit où faire ses courses, il consiste en une série de lieux où se restaurer – imaginez des produits allant du pain frais au fromage artisanal, en passant par la paella, les en-cas thaïs, les curries épicés, sans oublier une profusion de gâteaux, de vins locaux et de bière artisanale. Voici une petite sélection de ces marchés :

Blaauwklippen Market (carte p. 110 ; www.blaauwklippen.com ; Rte 44, Blauwklippen Vineyards ; ⏲10h-15h dim ; 👪). Un marché particulièrement ouvert aux familles, avec des promenades en charrette tirée par des poneys.

Franschhoek Market (carte p. 113 ; www.franschhoekmarket.wozaonline.co.za ; 29 Huguenot Rd ; ⏲9h-14h sam). Installé dans les jardins de l'église, ce marché possède un authentique parfum festif et champêtre.

Root 44 Market (carte p. 110 ; www.root44.co.za ; Rte 44, Audacia Winery ; ⏲10h-16h sam-dim). Un grand marché mi-couvert, mi-découvert, avec quantité de créations artisanales et de vêtements, sans oublier les classiques produits alimentaires.

dont la pâte est faite maison. Testez la pizza à base de levain. À noter : le dimanche, le buffet-déjeuner est facturé au poids – réservation impérative.

French Connection INTERNATIONAL $$
(carte p. 108 ; 48 Huguenot St ; plats 80-165 R ; ⏲déj et dîner). Un succès mérité, grâce à l'excellente cuisine de bistrot, à base d'ingrédients très frais.

La Petite Ferme SUD-AFRICAIN $$
(Franschhoek Pass Rd ; plats 100-180 R ; ⏲déj ;). Dans un cadre somptueux dominant la vallée, cette adresse originale de style bistrot présente une carte restreinte. À découvrir : les vins délicats et la délicieuse truite saumonée fumée, le poisson vedette de la maison, délicatement parfumé. Si vous êtes sous le charme, offrez-vous une des luxueuses chambres.

♥ **Le Quartier Français: Tasting Room** FUSION $$$
(carte p. 113 ; ☎021-876 2151 ; www.lqf.co.za ; 16 Huguenot St ; repas 5 plats vin compris 750 R ; ⏲dîner mar-sam). Le Tasting Room est régulièrement cité parmi les 50 meilleurs restaurants du monde par le *Restaurant Magazine* britannique. Si vous avez l'appétit féroce, le chef Margot Janse vous servira son menu gourmet à 8 plats moyennant 1 350 R, vins compris.

Haute Cabrière Cellar FUSION $$$
(☎021-876 3688 ; Franschhoek Pass Rd ; plats 140-180 R ; ⏲déj mar-dim, dîner mar-sam). En plus des mets à la carte, délicieux et originaux, ce restaurant propose un menu 6 plats avec vins (750 R). Des dégustations (à partir de 30 R) sont également organisées dans la cave. Le samedi, le propriétaire sabre une bouteille en bonne et due forme.

Reuben's FUSION $$$
(carte p. 113 ; ☎021-876 3772 ; www.reubens.co.za ; 19 Huguenot St ; plat 125-200 R ; ⏲déj et dîner). Ce lieu décontracté, restaurant phare du célèbre chef sud-africain Reuben Riffel, invite à déguster une cuisine fusion largement nourrie d'influences asiatiques.

ℹ Renseignements

Franschhoek Wine Valley Tourism (carte p. 113 ; ☎021-876 2861 ; www.franschhoek.org.za ; 62 Huguenot St ; ⏲8h-18h lun-ven, 9h-18h sam, 9h-16h dim). Carte des promenades touristiques (15 R), permis nécessaires (10 R) pour les randonnées dans la Mont Rochelle Nature Reserve, et réservation d'un hébergement.

ℹ Depuis/vers Franschhoek

Franschhoek est à 32 km à l'est de Stellenbosch et à 32 km au sud de Paarl. Le plus simple est de s'y rendre en voiture. Certains touristes louent des vélos depuis Stellenbosch, mais les routes sont tortueuses. Des taxis collectifs partent également des gares de Stellenbosch (20 R) et de Paarl (22 R). Vous pouvez aussi prendre un taxi privé : essayez **Call a Cab** (☎082 256 6784).

Paarl

112 000 HABITANTS

Installée en bordure du fleuve Berg et entourée de montagnes et de vignobles, Paarl est la plus grande ville des Winelands. Souvent délaissée par les voyageurs en route pour Stellenbosch et Franschhoek, elle est désormais appréciée pour son charme. On y trouve une belle architecture de style cape-dutch (style hollandais typique du Cap), d'élégantes demeures, un vaste choix d'hébergements et quelques nouveaux restaurants.

La route principale s'étend sur plus de 11 km de long, d'où la difficulté de visiter la ville à pied. Toutefois, quelques domaines viticoles sont aisément accessibles depuis la gare ferroviaire.

À voir et à faire

À Paarl

♥ **Laborie Cellar** DOMAINE VITICOLE
(carte p. 117 ; www.laboriewines.co.za ; Taillefer St ; dégustation à partir de 25 R ; ⏲9h-17h lun-sam, 11h-17h dim). Particulièrement connu pour sa syrah primée, Laborie produit aussi un bon Méthode Cap Classic et des vins dits de dessert. Il est possible de déguster les vins avec des olives (30 R) ou du chocolat (35 R).

KWV Emporium DOMAINE VITICOLE
(carte p. 117 ; www.kwvwineemporium.co.za ; Kohler St ; dégustation 50 R ; ⏲9h-16h30 lun-sam, 11h-16h dim, visite des caves 10h, 10h30 et 14h15). Ce domaine, proche à pied de la gare ferroviaire, élabore des vins fortifiés et des brandies régulièrement primés. L'établissement propose des visites de ses caves (40 R), ainsi que diverses dégustations, dont une mariant chocolat et brandy, une autre alliant *biltong* (viande séchée) et vin, et enfin une formule thé et chocolat pour les personnes ne buvant pas d'alcool (45 R).

Paarl

Paarl

Les incontournables
1 Laborie Cellar A7

À voir
2 Afrikaans Language Museum B1
3 KWV Emporium B7
4 Paarl Museum B1

Activités
5 Wineland Ballooning A5

Où se loger
6 Grande Roche Hotel A5
7 Oak Tree Lodge A7
8 Rodeberg Lodge A5

Où se restaurer
Bosman's Restaurant .... (voir X)
9 Harvest at Laborie A7
10 Marc's Mediterranean Cuisine & Garden A5
11 Noop A5
12 Terra Mare A4

Paarl Mountain Nature Reserve RÉSERVE NATURELLE
(carte p. 119 ; 40 R/véhicule, 15 R/pers ; 7h-19h). Les trois dômes de granit géants qui dominent cette réserve luisent comme des perles lorsque le soleil succède à la pluie, d'où le nom de la ville. Le *fynbos* de montagne (littéralement "fine brousse", épais maquis en fait) tapisse la réserve. Un jardin planté de fleurs sauvages invite au pique-nique et de nombreuses promenades offrent une belle vue sur la vallée. On peut également visiter le **Taal Monument** (carte p. 119 ; www.taalmuseum.co.za ; adulte/enfant 20/5 R ; 8h-17h avr-nov, 8h-20h déc-mars), un immense édifice effilé qui commémore la langue afrikaans ("langue" se dit *taal* en afrikaans).

Par beau temps, la vue s'étend jusqu'au Cap.

Paarl Museum MUSÉE
(carte p. 117 ; 303 Main St ; 5 R ; 9h-16h lun-ven). Installé dans l'ancien presbytère (Oude Pastorie), érigé en 1714, ce musée présente une collection intéressante d'antiquités hollandaises du Cap et des objets huguenots et afrikaners.

Afrikaans Language Museum MUSÉE
(carte p. 117 ; www.taalmuseum.co.za ; 11 Pastorie Ave ; adulte/enfant 20/5 R ; 9h30-16h30 lun-ven). Paarl est considérée comme le berceau de la langue afrikaans – ce que

relate cet intéressant musée qui explique également, via une exposition multimédia, comment trois continents ont contribué à la formation de cette langue.

Wineland Ballooning VOLS PANORAMIQUES
(carte p. 117 ; ☎021-863 3192 ; www.kapinfo.com ; 64 Main St ; 3 300 R/pers). Il faut se lever à l'aube, mais le survol des Winelands en montgolfière laisse un souvenir grandiose. Les vols sont proposés entre novembre et avril, quand les conditions météo le permettent.

Environs de Paarl

Spice Route DOMAINE VITICOLE
(carte p. 119 ; ☎021-863 5200 ; www.spiceroute.co.za ; Suid-Agter-Paarl Rd ; dégustation à partir de 25 R ; 9h-17h). Spice Route est connu pour ses vins rouges complexes, en particulier la syrah Flagship. Au programme également : démonstrations de soufflage du verre, associations vin-chocolat (75 R), chocolaterie (dégustation guidée 25 R), distillerie de grappa (dégustation 30 R) et remarquable microbrasserie (dégustation 25 R). Pour vous restaurer, faites votre choix entre le raffiné Spice Route (plats 95-170 R) et la pizzeria (plats 50-90 R).

Fairview DOMAINE VITICOLE
(carte p. 119 ; ☎021-863 2450 ; www.fairview.co.za ; Suid-Agter-Paarl Rd ; dégustation vin et fromage 25 R ; 9h-17h). Ce domaine réputé, à proximité de la Rte 101, à 6 km au sud de Paarl, a beau être merveilleux, il ne se prête pas vraiment à une dégustation paisible. Il offre néanmoins un excellent rapport qualité/prix, la dégustation comprenant 6 vins et un vaste choix de fromages. Très respecté, le restaurant (plats 70-160 R) sert petit-déjeuner et déjeuner.

Backsberg DOMAINE VITICOLE
(carte p. 119 ; ☎021-875 5141 ; www.backsberg.co.za ; dégustation 15 R ; 8h-17h lun-ven, 9h30-16h30 sam, 10h30-16h30 dim). Ce domaine doit sa grande renommée à son sérieux et à ses somptueux déjeuners en plein air – réservez pour le *braai* dominical (agneau à la broche, 225 R). Backsberg fut la première ferme viticole d'Afrique du Sud à atteindre la neutralité carbone, et parmi ses crus figurent ceux de la gamme Tread Lightly, des vins légers, conditionnés dans des bouteilles écologiques.

Environs de Paarl

Les incontournables

1	Boschendal	B6
2	La Motte	D7
3	Spice Route	A3

À voir

4	Backsberg	A5
5	Drakenstein Prison	C6
6	Fairview	A4
7	Glen Carlou	A5
8	Leopard's Leap	D7
9	Nederburg Wines	C2
10	Paarl Mountain Nature Reserve	A3
11	Solms-Delta	B6
12	Taal Monument	A3

Où se loger

13	Berg River Resort	B4
14	Cascade Country Manor	C2

Où se restaurer

15	Fyndraai Restaurant	B6
16	Lust Bistro & Bakery	B5
17	Tea Under the Trees	B2

Nederburg Wines DOMAINE VITICOLE
(carte p. 119 ; ☎021-862 3104 ; www.nederburg.co.za ; dégustation 25-70 R ; 8h-18h lun-ven, 10h-16h sam-dim). Figurant parmi les exploitations les plus connues d'Afrique du Sud, ce vaste domaine professionnel et accueillant propose un large choix de crus. Ne manquez pas les séances de dégustation innovantes, tels les "blind tests" vin-nourriture, les associations vins/burgers et la combinaison jus de raisin/en-cas pour les enfants.

Glen Carlou DOMAINE VITICOLE
(carte p. 119 ; ☎021-875 5528 ; www.glencarlou.co.za ; Simondium Rd, Klapmuts ; dégustation 25-35 R ; 9h-17h lun-ven, 10h-16h sam-dim). Au sud de la N1, la salle de dégustation jouit d'une vue panoramique sur Tortoise Hill. Savourez un verre d'un délicieux chardonnay ou d'un bordeaux renommé, appellation "Grand Classique", devant un déjeuner (repas 3 plats 340 R). Le lieu compte aussi une galerie d'art.

Drakenstein Prison SITE HISTORIQUE
(carte p. 119). Le 11 février 1990, Nelson Mandela sortit de cette prison bras droit levé et poing fermé – le salut du Black Power –, après plus de 27 ans d'incarcération. C'est dans cette posture qu'une statue l'a immortalisé à l'entrée. L'endroit s'appelait alors Victor Verster Prison et Mandela y passa ses deux dernières années de captivité, dans le

Environs de Paarl

VAUT LE DÉTOUR

WELLINGTON

Cette jolie bourgade endormie se trouve à 10 km au nord de Paarl. À l'instar des autres villes des environs, son principal attrait est le grand nombre de propriétés viticoles, qui proposent une expérience œnologique moins touristique que celles de Paarl. À l'**office du tourisme** (☎021-864 1378 ; www.wellington.co.za ; Malherbe St, angle Burger St ; ⏱8h-17h lun-ven, 10h-13h sam-dim), demandez la liste des domaines viticoles de la ville, ainsi que des renseignements sur la **Wellington Wine Walk**. Pour tester quelque chose de plus fort, visitez la splendide **Jorgensen's Distillery** (☎021-864 1777 ; www.jd7.co.za ; Regent St ; ⏱sur rdv), qui produit artisanalement gin, brandy et absinthe.

Profitez de votre séjour ici pour découvrir la route qui monte au spectaculaire **Bainskloof Pass**, l'un des plus beaux cols du pays. Construite par le légendaire Thomas Bain entre 1848 et 1852, la route du col ne s'est pas détériorée depuis, et seul son revêtement a changé (désormais du bitume).

Parmi les nombreuses promenades à partir du col, la **Bobbejaans River Walk** mène en 8 heures à une cascade. Cet itinéraire part d'Eerste Tol et nécessite un **permis** (adulte/enfant 40/20 R), disponible auprès de l'office du tourisme.

confort relatif de la maison du gardien, négociant la fin de l'apartheid. La prison, toujours en activité, ne se visite pas.

Où se loger

Berg River Resort CAMPING $

(carte p. 119 ; ☎021-863 1650 ; www.bergriverresort.co.za ; empl à partir de 350 R, d chalets à partir de 715 R ; 🏊). Ce joli camping municipal borde le Berg, à 5 km de Paarl sur la Rte 45 en direction de Franschhoek. Canoës, trampolines et café. Mieux vaut éviter l'endroit pendant les vacances scolaires car il est pris d'assaut.

Oak Tree Lodge GUESTHOUSE $$

(carte p. 117 ; ☎021-863 2631 ; www.oaktreelodge.co.za ; 32 Main St ; s/d avec petit-déj à partir de 630/840 R ; ❄📶🏊). En centre-ville, cette maison ancienne renferme des chambres bien agencées, certaines avec balcon. À l'écart de la rue principale – celles qui donnent sur le jardin sont plus grandes et plus calmes.

Rodeberg Lodge GUESTHOUSE $$

(carte p. 117 ; ☎021-863 3202 ; www.rodeberglodge.co.za ; 74 Main St ; s/d avec petit-déj 550/850 R ; ❄📶). De bonnes chambres (certaines avec clim et TV), dont une familiale mansardée (350 R/pers). Accueil aimable, et petit-déjeuner servi dans la véranda.

♥ **Cascade Country Manor** BOUTIQUE-HÔTEL $$$

(carte p. 119 ; ☎021-813 6220 ; www.cascademanor.co.za ; Waterfall Rd ; s/d avec petit-déj 1 200/1 870 R ; ❄📶🏊). Bien que situé à seulement 10 km à l'est du centre-ville, cet établissement niché au bord d'une piste en terre donne le sentiment d'être loin de tout. Si les chambres sont sans surprise, le domaine a de quoi impressionner, avec ses vastes pelouses, sa grande piscine, ses oliveraies et sa jolie cascade aisément accessible à pied.

Grande Roche Hotel HÔTEL DE LUXE $$$

(carte p. 117 ; ☎021-863 2727 ; www.granderoche.co.za ; Plantasie St ; ste à partir de 3 960 R ; ❄📶🏊). Dans un opulent manoir de style hollandais, cet hôtel de luxe a l'attrait d'un superbe panorama sur la montagne, d'une piscine chauffée et du Bosman's Restaurant (p. 121), primé. Proche à pied de la route principale de Paarl.

Où se restaurer et prendre un verre

Plusieurs domaines viticoles de la région possèdent un excellent restaurant ou proposent des paniers repas.

♥ **Tea Under the Trees** JARDIN DE THÉ $

(carte p. 119 ; ☎082 825 5666 ; www.teaunderthetrees.co.za ; Main Rd, Northern Paarl ; plats 40-50 R ; ⏱9h-16h lun-ven oct-avr). Seul défaut de ce fabuleux "jardin de thé" : il n'est ouvert que la moitié de l'année. Dans le cadre d'une exploitation fruitière bio, l'endroit invite à s'asseoir sous des chênes centenaires pour savourer une tasse de thé, un déjeuner léger ou une généreuse tranche de gâteau maison. Pas de salle intérieure.

Harvest at Laborie SUD-AFRICAIN $$

(carte p. 117 ; ☎021-807 3095 ; www.harvestatlaborie.co.za ; Taillefer St ; plats 90-140 R ;

déj lun-dim, dîner jeu-sam ;). Un élégant domaine viticole situé à courte distance de Main St, qui possède une terrasse dominant les vignobles. Les produits locaux sont à l'honneur, notamment les moules de la West Coast, l'agneau du Karoo et les steaks de gibier, en saison. Réservation recommandée le soir et le week-end.

Marc's Mediterranean Cuisine & Garden MÉDITERRANÉEN **$$**
(carte p. 117 ; 129 Main St ; plats 65-140 R ; déj et dîner mar-sam). Cet établissement décontracté et lumineux, avec un jardin à la provençale où l'on savoure une délicieuse cuisine, jouit d'une solide réputation.

Terra Mare FUSION **$$**
(carte p. 117 ; 021-863 4805 ; 90A Main St ; plats 90-190 R ; déj et dîner lun-sam). La carte est assez succincte mais excellente, avec des classiques subtilement revisités. L'intérieur peut s'avérer un peu bruyant en raison de la proximité de Main St, mais il y a un charmant jardin à l'arrière.

Bosman's Restaurant INTERNATIONAL **$$$**
(carte p. 117 ; 021-863 5100 ; www.granderoche.co.za ; Plantasie St ; repas 3 plats 420 R ; déj et dîner). Ce restaurant élégant, à l'intérieur du Grande Roche Hotel, est l'un des meilleurs du pays. Dîners composés d'une suite de plusieurs plats et déjeuners plus informels, dans un style bistrot (plats à partir de 90 R). Réservation fortement conseillée.

Noop FUSION **$$$**
(carte p. 117 ; www.noop.co.za ; 127 Main St ; plat 95-200 R ; déj et dîner lun-sam). Recommandé par les habitants des Winelands, ce restaurant-bar à vins propose une carte bien fournie de plats haut de gamme.

Renseignements

Paarl Tourism (carte p. 117 ; 073 708 2835 ; www.paarlonline.com ; 216 Main St ; 8h-17h lun-ven, 10h-13h sam-dim). Cet office du tourisme fournit d'excellentes informations sur toute la région.

Depuis/vers Paarl

BUS

Toutes les grandes compagnies de bus longue distance s'arrêtent à Paarl, et le trajet Paarl-Le Cap coûte 160 R (le train revient moins cher).

L'**arrêt des bus longue distance** (carte p. 117) fait face à la station-service Shell, sur Main St, en arrivant en ville par la N1.

TRAIN

Les trains de banlieue (Metrorail) circulent toutes les heures entre Le Cap et Paarl (1re classe/éco 19/12 R, 1 heure 15). Les liaisons se raréfient le week-end. Il est plus sûr de voyager aux heures de pointe.

De Paarl à Stellenbosch, prenez un train à destination du Cap et changez à Muldersvlei. Si vous venez de Jo'burg, prenez une correspondance Metrorail à Worcester.

Comment circuler

Si vous n'avez pas de véhicule, vous devrez vous déplacer à pied ou appeler un taxi – essayez **Paarl Taxis** (021-872 5671).

Tulbagh

9 000 HABITANTS

Au pied de la majestueuse chaîne du Witsenberg, Tulbagh est une jolie ville, fondée en 1699, dotée de nombreux édifices historiques et d'excellents restaurants. Bordée d'arbres et d'arbustes fleuris, Church St est un parfait exemple d'architecture de style cape-dutch (hollandais du Cap) des XVIIIe et XIXe siècles. La cité fut très endommagée par un tremblement de terre en 1969. Les rénovations méticuleuses ont porté leurs fruits.

À voir et à faire

Flâner dans Church St est une agréable façon de passer la matinée. Vous pourrez, ensuite, visiter un domaine viticole.

Oude Kerk Volksmuseum MUSÉE
(Old Church Folk Museum ; 1 Church St ; adulte/enfant 15/5 R ; 9h-17h lun-ven, 9h-15h sam, 11h-15h dim). Réparti sur quatre bâtiments, ce musée vaut une pause. Commencez par le n°4, où une exposition photographique retrace l'histoire de Church St, du tremblement de terre et de la reconstruction. Visitez la belle Oude Kerk (1743), puis le n°14, où sont exposés des meubles victoriens, et enfin le n°22, reconstitution d'une maison du XVIIIe siècle.

Saronsberg Cellar DOMAINE VITICOLE
(www.saronsberg.com ; Waveren Rd ; dégustation 50 R ; 8h-17h lun-ven, 10h-14h sam). Savourez de succulents rouges tout en admirant les tableaux contemporains qui ornent les murs de cette cave branchée à 6 km au nord de la ville.

1

FRASER HALL / GETTY IMAGES ©

2

4

HOUGAARD MALAN / GETTY IMAGES ©

ARIADNE VAN ZANDBERGEN / GETTY IMAGES ©

ROGER DE LA HARPE / GETTY IMAGES ©

1. Stellenbosch (p. 104)
L'architecture hollandaise du Cap donne une touche d'élégance à cette ville animée.

2. Cederberg Wilderness Area (p. 172)
Les spectaculaires formations rocheuses abondent dans ce paradis des randonneurs.

3. Huîtres de Knysna
Knysna (p. 150), cité phare de la Garden Route, abrite une industrie huîtrière florissante.

4. Hermanus (p. 131)
Des baleines de Biscaye croisent dans Walker Bay entre juin et décembre.

Drostdy Wines DOMAINE VITICOLE
(www.drostdyhof.com ; Van der Stel St ; musée 10 R, dégustation 20 R ; 10h-17h lun-ven, 10h-14h sam). Établi en 1806, et presque entièrement détruit par le séisme (mais depuis restauré), le Drostdy mérite une visite. Des dégustations décontractées (les visiteurs se servent eux-mêmes) se déroulent aux chandelles dans l'ancienne prison, un endroit évocateur.

Twee Jonge Gezellen DOMAINE VITICOLE
(Waveren Rd ; dégustation gratuite ; 10h30-16h lun-ven, 9h30-14h sam, visite de la cave 11h). Lors de notre dernière visite, ce domaine établi de longue date venait de changer de gestionnaire et semblait nécessiter quelques travaux. Des visites expliquent le processus de production du Méthode Cap Classique (un vin pétillant produit comme le champagne). Demandez si vous pouvez vous essayer au sabrage.

Où se loger

Rijk's Country House BOUTIQUE-HÔTEL $$
(023-230 1006 ; www.rijkscountryhouse.co.za ; Van der Stel St ; ch avec petit-déj 950 R ;). Le Rijk's propose un hébergement luxueux dans des cottages coiffés de chaume, au sein d'un beau domaine viticole aux pelouses impeccables. Profitez des visites et des dégustations dans le domaine, ainsi que du bon restaurant (plats 95-195 R) dans le bâtiment principal. L'établissement se trouve à 2 km au nord du centre-ville.

De Oude Herberg HÔTEL HISTORIQUE $$
(023-230 0260 ; www.deoudeherberg.co.za ; 6 Church St ; s/d avec petit-déj 715/1 030 R ;). Ouverte depuis 1885, cette pension très accueillante s'agrémente de meubles traditionnels et d'un joli patio. Le **restaurant** (023-230 0260 ; 6 Church St ; plats 90-155 R ; dîner lun-sam) affiche une carte restreinte essentiellement à base de produits d'origine locale. Ouvert aux non-résidents (réservation impérative).

Cape Dutch Quarter AUBERGE DE JEUNESSE, GUESTHOUSE $$
(023-230 1171 ; www.cdq.co.za ; 24 Church St ; ch 1 200 R ;). Cette pension se distingue par une variété d'hébergements, des chambres rudimentaires (s/d 400/600 R) aux maisons indépendantes (4 pers 1 350 R) et aux doubles raffinées avec lit à baldaquin. Le propriétaire, véritable mine d'informations sur la région, pourra vous fournir permis et cartes pour la randonnée ou le VTT.

Vindoux Treehouses BUNGALOWS $$$
(023-230 0635 ; www.vindoux.com ; Waveren Rd, Vindoux Farm ; d avec petit-déj 1 700 R ;). Incontournables pour les romantiques, ces luxueuses maisons aménagées dans les arbres possèdent chacune une baignoire balnéo et jouissent d'une superbe vue sur une petite réserve naturelle peuplée de zèbres, de gnous et de springboks. Louez un vélo pour une promenade dans le vignoble, puis ressourcez-vous avec un enveloppement corporel de *fynbos* au spa (500 R). La ferme possède également quelques cottages (650 R pour 2 pers).

Où se restaurer et prendre un verre

Readers Restaurant SUD-AFRICAIN $$
(12 Church St ; plats 75-135 R ; déj et dîner mer-lun). Bien que renouvelée régulièrement, la carte du Readers comporte toujours quelques plats traditionnels d'Afrique du Sud et quantité d'ingrédients locaux. La boutique attenante est dédiée aux amoureux des chats, avec une gamme de souvenirs très félins.

Olive Terrace INTERNATIONAL $$
(22 Van der Stel St ; plats 70-170 R ; petit-déj, déj et dîner). Installé dans le Tulbagh Hotel, ce restaurant sert un éventail de plats, dont quelques options végétariennes. Les jours de grande chaleur, la terrasse ombragée est un vrai bonheur.

Things I Love CAFÉ $$
(61 Van de Stel St ; plats 70-120 R ; petit-déj, déj et dîner ;). Café correct et une cuisine variée pour cette adresse sympathique. À noter aussi la boutique qui vend de l'artisanat, des vêtements et des produits alimentaires.

Renseignements

Tulbagh Tourism (023-230 1348 ; www.tulbaghtourism.co.za ; 4 Church St ; 9h-17h lun-ven, 9h-15h sam-dim). Le personnel, serviable dispense informations et cartes sur la région, notamment sur la route des vins de Tulbagh.

Depuis/vers Tulbagh

On arrive à Tulbagh soit par la Rte 44 depuis Wellington, soit par la Rte 43 au départ de Worcester, un itinéraire plus spectaculaire. Un train quotidien circule depuis/vers Le Cap, même si les horaires ne sont guère commodes. La gare est à 4 km au sud de la ville.

Pour retrouver la Rte 46 (qui relie Ceres à l'est, et Piketberg, sur la N7, à l'ouest), reprenez Van der Stel St en direction du sud. À mi-chemin de la colline qui mène hors de la ville, tournez à droite. Un petit panneau à moitié effacé indique Kaapstad (Le Cap) et Gouda, sur la Rte 46.

Ceres

11 000 HABITANTS

Baptisée du nom de la déesse romaine de l'Agriculture, la petite ville de Ceres est nichée au sein d'une magnifique vallée. C'est la première région productrice de fruits et de jus de fruits du pays. La vallée est très belle en automne, quand les arbres fruitiers changent de couleur, mais les splendides cols alentour constituent sans conteste l'atout majeur de la destination.

La route du **col de Gydo** grimpe de manière raide lorsque l'on se dirige vers le nord au départ de Ceres, en direction de Citrusdal et des montagnes du Cederberg. Côté sud de la ville se trouve le **col de Mitchell**. Achevée en 1848, la route devint la principale voie d'accès vers le nord par le plateau sud-africain et le resta jusqu'à l'ouverture du col de Hex River, en 1875. Offrez-vous un thé et une part de gâteau au **café** situé dans l'ancienne maison de péage.

Ceres se situe sur la Rte 46, à 53 km au nord de Wellington. Comme souvent, le mieux est d'avoir son propre véhicule, mais des taxis collectifs assurent la liaison entre Voortrekker St et Worcester (65 R, 35 minutes).

Togryers' Museum MUSÉE

(Transport Riders' Museum ; 8 Oranje St ; adulte/enfant 5/0,50 R ; 8h-17h lun-ven). Ceres était autrefois connue pour la fabrication de voitures à cheval. Ce qui explique que le musée présente une intéressante collection de chariots et d'équipages, ainsi qu'une exposition sur l'histoire locale.

♥ **Ceres Zipline Adventures** SENSATIONS FORTES

(☎079 245 0354 ; www.ceresadventures.co.za ; 1 Voortrekker St ; circuits 400 R ; 8h-16h). Lors de ce circuit de 1,4 km (1 heure 30), les participants descendent en tyrolienne au-dessus de ravins, profitant ainsi d'une vue inhabituelle sur la chaîne du Skurweberg alentour.

Ceres Inn HÔTEL $$

(☎023-312 2325 ; www.ceresinn.co.za ; 125 Voortrekker St ; s/d 475/720 R ;). La décoration élégante de l'hôtel contraste avec le bâtiment du XIXe siècle. Adjacent, le **Witherley's Bistro** (☎023-312 2325 ; www.ceresinn.co.za ; 125 Voortrekker St ; plats 60-115 R) sert des plats pour tous les goûts dans le jardin ombragé.

Baba's Jem MALAIS DU CAP $

(☎023-312 3545 ; 13 Bester St ; plats 60-95 R ; 7h-21h). Dans ce restaurant occupant une maison familiale, on peut acheter des pâtisseries maison et siroter une bière fraîche au gingembre. Il faut réserver si l'on souhaite prendre un repas. Au menu figurent toujours des recettes traditionnelles, comme le curry malais du Cap, les tripes et le *vetkoek* (pain frit).

Renseignements

Ceres Tourism (☎023-316 1287 ; www.ceres.org.za ; Voortrekker St, angle Owen St ; 9h-17h lun-ven, 9h-12h sam). Office du tourisme situé dans la bibliothèque municipale.

Robertson

22 000 HABITANTS

Nichée dans une vallée entre les montagnes de Langeberge et de Riviersonderendberge, Robertson constitue le centre florissant de l'une des plus vastes régions viticoles du pays. Une excellente route des vins passe par les villages voisins d'Ashton, Bonnievale et McGregor, et la ville offre davantage d'activités de plein air que la plupart des localités de la Rte 62. Vous pourrez pratiquer la randonnée en montagne, le rafting et l'équitation (la ville est réputée pour ses haras).

À voir et à faire

♥ **Viljoensdrift** DOMAINE VITICOLE

(www.viljoensdrift.co.za ; dégustation gratuite ; 9h-17h lun-ven, 10h-16h sam ;). L'une des caves les plus fréquentées de Robertson, en particulier le week-end. Préparez un pique-nique en achetant des provisions à l'épicerie et une bouteille à la cave, et profitez d'une croisière d'une heure sur la Breede (adulte/enfant 50/20 R). Les bateaux partent à l'heure pile, à partir de midi. Réservation impérative.

Excelsior DOMAINE VITICOLE

(www.excelsior.co.za ; Rte 317 ; dégustation gratuite ; 10h-16h lun-ven, 10h-15h sam). Les dégustations ont lieu sur une charmante terrasse en bois qui domine un réservoir.

Toutefois, le clou de la visite reste le "blend your own" (faites votre propre mélange), qui invite à mêler à son goût trois variétés de vin et à emporter une bouteille de sa propre création, assortie d'une étiquette personnalisée (60 R).

Springfield DOMAINE VITICOLE
(www.springfieldestate.com ; 8h-17h lun-ven, 9h-16h sam). Ici, certains vins sont non filtrés, et pour un goût nouveau, tentez le Whole Berry, à base de raisin non foulé. Apportez votre pique-nique, à apprécier dans le paisible domaine avec vue sur le lac.

Van Loveren DOMAINE VITICOLE
(www.vanloveren.co.za ; dégustation 45 R ; 8h30-17h lun-ven, 9h30-15h sam, 11h-14h dim, bistrot fermé le mar ;). Parmi les diverses formules de dégustation proposées, citons les associations avec le fromage, le chocolat et la charcuterie, ou encore le jus de raisin pour les enfants (25 R). Chacun des arbres du jardin tropical raconte une histoire – procurez-vous la brochure informative à la réception ou participez à une visite guidée (40 R). Le bistrot (plats 55-110 R), sans prétention, sert d'excellents hamburgers et pizzas.

Graham Beck DOMAINE VITICOLE
(www.grahambeckwines.co.za ; dégustation standard/autres dégustations gratuit/à partir de 50 R ; 9h-17h lun-ven, 10h-16h sam-dim). La dégustation de la syrah primée et de vins pétillants de classe internationale (75 R) se fait dans un incroyable bâtiment moderne aux baies vitrées. Après toutes les propriétés hollandaises du Cap, ce domaine offre un souffle d'air frais.

Nerina Guest Farm ÉQUITATION
(082 744 2580 ; www.nerinaguestfarm.com ; Goree Rd). Ce centre propose des promenades à cheval le long de la rivière ou à travers les vignobles, avec possibilité de se baigner avec les chevaux à la fin. Ces balades durent entre 1 heure (150 R) et une demi-journée (600 R).

Fêtes et festivals

La ville organise plusieurs événements sur le thème du vin : le **Hands on Harvest**, en février, le **Wacky Wine Weekend** en juin et le **Wine on the River Festival** (023-626 3167 ; www.robertsonwinevalley.com) en octobre, durant lesquels les hébergements se font rares (réservez longtemps à l'avance).

VAUT LE DÉTOUR

RÉSERVE FAUNIQUE PRIVÉE DE KAGGA KAMMA

Kagga Kamma (021-872 4343 ; www.kaggakamma.co.za ; pension complète s/d à partir de 2 580/3 500 R, camping 60 R). Loin des villes, c'est l'endroit idéal pour recharger ses batteries. Des circuits nature sillonnent les paysages du Karoo, des randonnées permettent d'admirer de l'art rupestre san et, en soirée, des "safaris du ciel" ont lieu dans le mini-observatoire. Les chambres sont aménagées dans de fausses grottes qui s'intègrent parfaitement au cadre sauvage. La réserve se trouve à 92 km au nord-est de Ceres.

Pour l'ultime expérience en matière de "camping de charme", optez pour l'Outcrop room – une suite de luxe intégralement transportée dans le désert.

Où se loger et se restaurer

Robertson Backpackers AUBERGE DE JEUNESSE $
(023-626 1280 ; www.robertsonbackpackers.co.za ; 4 Dordrecht Ave ; dort/s/d sans sdb 130/250/350 R, d 450 R ;). Une excellente auberge, comportant des dortoirs spacieux et d'agréables doubles avec sdb, dans le jardin. Grand jardin verdoyant à l'arrière, salon à chicha et possibilité d'organiser diverses activités, notamment des circuits œnologiques. Camping : 70 R.

Pat Busch Mountain Reserve CHALETS $
(023-626 2033 ; www.patbusch.co.za ; ch à partir de 280 R/pers ;). Des cottages simples mais bien équipés, installés à la limite d'une réserve naturelle, à 15 km au nord-est de Robertson, en retrait de la Rte 60. Parmi les activités disponibles : randonnée, vélo, pêche et observation des oiseaux. Réductions en semaine.

Ballinderry GUESTHOUSE $$
(023-626 5365 ; www.ballinderryguesthouse.com ; 8 Le Roux St ; s/d avec petit-déj à partir de 850/1 100 R ;). Cette pension de charme doit d'être irréprochable à ses propriétaires, Luc et Hilde, qui parlent notamment français. Si vous le souhaitez, ils vous serviront le petit-déjeuner au champagne, et un superbe dîner sur commande. Essayez d'obtenir l'une des chambres avec vue sur le jardin.

Gubas De Hoek GUESTHOUSE $$
(☎023-626 6218 ; www.gubas-dehoek.com ; 45 Reitz St ; s/d à partir de 600/970 R ;). Chaudement recommandée par les lecteurs, une pension confortable aux chambres bien conçues. Le propriétaire et chef, Gunther Huerttlen, vous mitonnera un dîner (3 plats 270 R). Cuisine commune pour les voyageurs voulant se préparer un repas léger. Les propriétaires ambitionnent de produire la totalité de leur électricité.

Strictly Coffee CAFÉ $
(www.strictlycoffee.co.za ; 5 Voortrekker St ; plats 40-70 R ; petit-déj et déj). Outre l'excellent café torréfié sur place, cette adresse sert de remarquables sandwichs, avec des ingrédients de toute première fraîcheur. Les habitants ne jurent que par les œufs Benedict au petit-déjeuner.

Bourbon Street INTERNATIONAL $$
(☎023-626 5934 ; 22 Voortrekker St ; plats 60-140 R ; déj et dîner lun-sam, déj dim ;). Un des grands favoris des touristes comme des habitants, ce restaurant de style Nouvelle-Orléans propose une carte éclectique.

Renseignements

Robertson Tourism (☎023-626 4437 ; www.robertsontourism.co.za ; Voortrekker St, angle Reitz St ; 8h-17h lun-ven, 9h-14h sam, 10h-14h dim). Un office du tourisme accueillant qui fournit des informations sur la région des vins, la Rte 62 et les chemins de randonnée dans les montagnes.

Depuis/vers Robertson

Les bus **Translux** (☎0861 589 282 ; www.translux.co.za) s'arrêtent en face du commissariat, dans Voortrekker St. Ils desservent, entre autres, Knysna (270 R, 5 heures), Le Cap (200 R, 2 heures, tlj) et Port Elizabeth (350 R, 9 heures, tlj).

Les taxis collectifs circulant entre Le Cap (130 R, 1 heure 30), Oudtshoorn (200 R, 3 heures) et Montagu (80 R, 30 min) s'arrêtent en face de la **station-service Shell** (John St, angle Voortrekker St). Les liaisons ne sont pas forcément quotidiennes : renseignez-vous directement auprès des chauffeurs.

McGregor

3 100 HABITANTS

Assoupie au bout d'une route qui ne mène nulle part, la tranquille et nonchalante bourgade de McGregor offre un refuge délicieux avec ses hébergements de qualité, sa route des arts et ses nombreux spas. L'artère principale, Voortrekker St, est bordée de jolis cottages chaulés du milieu du XIXe siècle, et le bourg, entouré de terres agricoles, est une base idéale pour des randonnées dans les monts Riviersonderendberge. McGregor se trouve à l'extrémité du superbe Boesmanskloof Trail. La région compte une demi-douzaine de propriétés, installées sur la route de la Robertson Wine Valley.

À voir et à faire

Eseltjiesrus Donkey Sanctuary RÉSERVE ANIMALIÈRE
(☎023-625 1593 ; www.donkeysanctuary.co.za ; entrée sur don ; jeu-dim 10h-16h). Installé de longue date, ce sanctuaire pour ânes a ouvert de nouveau locaux à proximité de la route principale qui part de Robertson. Cet endroit paisible compte quelques réservoirs invitant à observer les oiseaux, un salon de thé servant des délices maison et, bien entendu, des ânes, dont beaucoup ont souffert de négligence auparavant.

Tanagra Private Cellar DOMAINE VITICOLE
(☎023-625 1780 ; www.tanagra-wines.co.za ; dégustation gratuite ; sur rdv). Cette exploitation familiale produit une gamme de rouges et de la grappa (distillée sur place). Hébergement avec cuisine (cottage pour 2 pers à partir de 750 R) et choix de courtes randonnées sur le domaine, à prolonger éventuellement dans la réserve naturelle attenante (Vrolijkheid Nature Reserve).

Boesmanskloof Trail RANDONNÉE
(Greyton McGregor Trail ; permis 1 jour adulte/enfant 40/20 R). De nombreux visiteurs viennent à McGregor dans le seul but d'emprunter ce sentier de 14 km, qui mène à Greyton par les spectaculaires monts Riviersonderendberge, couverts de *fynbos*. Il démarre à Die Galg, à 15 km au sud de McGregor, et vous aurez besoin de votre propre moyen de transport pour y parvenir. La marche est plus facile de McGregor à Greyton qu'en sens inverse. En haute saison, Il faut réserver par l'intermédiaire de Cape Nature. Seules 50 personnes peuvent emprunter le sentier chaque jour. Les permis sont disponibles à l'office du tourisme.

Oakes Falls RANDONNÉE
(permis 1 jour adulte/enfant 40/20 R). Si vous ne voulez pas faire toute la randonnée du Boesmanskloof Trail, contentez-vous d'un aller-retour (6 heures) jusqu'à ces

charmantes cascades, à 6 km de Die Galg. On s'y baigne dans des eaux brunies par le tanin des chênes. Avant de partir, vous devrez néanmoins vous procurer un permis auprès de l'office du tourisme.

Où se loger et se restaurer

Lord's Guest Lodge GUESTHOUSE $$
(☎023-625 1881 ; www.lordsguestlodge.co.za ; cottage à partir de 1 200 R ; @☒). Si McGregor n'est pas suffisamment calme pour vous, gagnez ce lodge luxueux au sud de la ville. Les cottages en pierre coiffés de chaume, installés au sommet d'une colline, jouissent d'une vue époustouflante sur la région. Notez également le pub original et le **Lady Grey Restaurant** (plats 90-140 R), ouvert à tous (réservation impérative). Guettez l'embranchement 10 km avant McGregor, puis empruntez la route gravillonnée sur 3 km.

Green Gables Country Inn GUESTHOUSE $$
(☎023-625 1626 ; www.greengablescountryinn.co.za ; Mill St, angle Smith St ; s/d avec petit-déj 420/800 R ; ☒☒). À la limite sud de la ville, cette pension familiale est dotée d'un terrain bien entretenu et d'une piscine. Les aimables propriétaires louent aussi un cottage indépendant et sa petite piscine privée (2 pers 700 R).

Temenos Retreat RETRAITE $$
(☎023-625 1871 ; www.temenos.org.za ; Voortrekker Rd, angle Bree St ; s/d 550/795 R ; ☒☒). Une retraite tranquille avec piscine correcte, soins, et un restaurant (plats 70-130 R) prisé qui sert des déjeuners légers et des plats du jour pour le dîner. Les cottages, installés dans de vastes jardins, ne sont pas seulement ouverts aux personnes effectuant une retraite. Les tarifs des chambres baissent de façon substantielle en semaine. Enfants de moins de 12 ans non autorisés.

Karoux SUD-AFRICAIN $$
(☎023-625 1421 ; www.karoux.co.za ; 42 Voortrekker Rd ; plats 70-140 R ; ⊙dîner ven-mar). Connu pour sa cuisine raffinée, ce restaurant est l'une des meilleures tables champêtres du Cap occidental. Régulièrement renouvelée, la carte comporte toujours des plats parvenant à mêler le haut de gamme et le rustique.

Renseignements

Cape Nature (☎023-625 1621 ; www.capenature.org.za ; McGregor Rd ; ⊙7h30-16h lun-ven). Gère le Greyton McGregor Trail. Son bureau se trouve à environ 15 km au sud de Robertson.

McGregor Tourism (☎023-625 1954 ; www.tourismmcgregor.co.za ; 53 Voortrekker St ; ⊙9h-16h lun-ven, 9h-13h sam-dim). Installé dans le musée, l'office du tourisme dispense des permis de randonnée, ainsi qu'une brochure détaillant les sentiers (25 R).

Depuis/vers McGregor

Hormis le chemin de randonnée depuis Greyton, une seule route traverse McGregor (la route de 20 km qui part au nord vers Robertson) : il faut donc disposer d'un véhicule.

Greyton

2 800 HABITANTS

Bien que faisant partie de l'Overberg, Greyton et le village voisin de Genadendal se rapprochent de McGregor par leur position sur le Boesmanskloof Trail.

Plus soignés que ceux de McGregor, les cottages de Greyton semblent, aux dires même des habitants, un peu artificiels. En revanche, les bâtiments historiques de l'ancienne mission morave de Genadendal, voisine, sont authentiques.

À voir et à faire

Genadendal Mission Station SITE HISTORIQUE
À 5 km à l'ouest de Greyton, **Genadendal**, plus ancienne mission du pays (fondée en 1738), fut brièvement la plus grande localité de la colonie après celle du Cap et compte maintenant environ 5 000 habitants. L'**église morave** est un bel édifice sobrement décoré. Pour découvrir l'histoire du village, visitez l'excellent **Mission Museum** (☎028-251 8582 ; adulte/enfant 10/5 R ; ⊙8h30-17h lun-jeu, 8h30-15h30 ven, 10h-14h sam), installé dans ce qui fut la première école de formation d'enseignants du pays.

Le village donne une impression de “musée vivant”. En flânant, vous trouverez, parmi les nombreux bâtiments historiques restaurés, l'une des plus anciennes presses du pays, un atelier de poterie et un moulin à eau. En 1995, Nelson Mandela rebaptisa sa résidence officielle du Cap du nom de cette mission. Pour rejoindre le regroupement de monuments depuis la Rte 406, poursuivez votre chemin à travers les faubourgs plutôt négligés, jusqu'à atteindre Church Sq.

Genadendal Trail RANDONNÉE
Greyton est le point de départ idéal pour randonner dans les monts Riviersonderend, qui se dressent majestueusement au nord du village. On peut choisir entre une

série d'itinéraires courts et cette randonnée de deux jours taillée pour les marcheurs chevronnés. La boucle de 25,3 km part de l'église morave de Genadendal – prévoyez une carte, car les habitants connaissent en général mal cet itinéraire. Contactez **Cape Nature** (023-625 1621 ; www.capenature.co.za) pour réserver hébergement et permis de randonnée.

Où se loger et se restaurer

Greyton Ecolodge AUBERGE DE JEUNESSE $
(072 626 7052 ; www.ecolodgegreyton.co.za ; 2 Park St ; dort 140 R, s/d sans sdb 200/360 R ; @). Ancien foyer du pensionnat de Greyton, ce vaste établissement conserve un peu du caractère institutionnel de ses origines. L'auberge s'inscrit dans un important projet environnemental, auquel elle reverse tous ses bénéfices. Dotée d'une vue splendide sur les Sonderend Mountains, elle constitue un camp de base parfait pour la randonnée.

Post House HÔTEL HISTORIQUE $$
(028-254 9995 ; www.theposthouse.co.za ; 22 Main Rd ; s/d avec petit-déj à partir de 945/1 400 R ;). L'ancien relais de poste loue des chambres, disséminées dans un jardin, et abrite un pub anglais – un endroit de caractère, parfait pour prendre un verre ou dîner.

High Hopes B&B $$
(028-254 9898 ; www.highhopes.co.za ; 89 Main Rd ; s/d avec petit-déj à partir de 825/1 100 R ;). Cette adresse charmante dispose de chambres meublées avec goût et d'une petite piscine au sein d'un vaste jardin. L'établissement, proche du point de départ du Greyton McGregor Trail, permet aux randonneurs éreintés de réserver un soin – reiki, réflexologie et massages. Des retraites sont également possibles, avec yoga, activités artistiques et jardinage, notamment.

Oak & Vigne Café CAFÉ $
(DS Botha St ; plats 60-90 R ; petit-déj et déj ;). Traiteur-café-galerie tendance, agréable pour un repas léger ou une bonne tasse de café, et un moment de détente dans le jardin.

Peccadillos FUSION $$
(028-254 9066 ; 23 Main Rd ; plat 75-115 R ; déj et dîner jeu-lun). Cet établissement prisé, au décor minimaliste et à la carte novatrice (avec des produits bio d'origine locale), sert des plats traditionnels assortis d'une touche de modernité.

Renseignements

Greyton Tourism (028-254 9414 ; www.greytontourism.com ; 29 Main Rd ; 8h-17h lun-ven, 9h-14h sam). Le personnel de cet office du tourisme saura vous renseigner sur les courtes randonnées dans le secteur.

Depuis/vers Greyton

McGregor se rejoint à pied, au cours d'une randonnée, ou en voiture. La Rte 406 quitte la N2, qui suit un axe est-ouest, pour rejoindre la ville. Notez que le tronçon est de la Rte 406 est une voie gravillonnée.

OVERBERG

Overberg – littéralement, "au-delà de la montagne" – désigne la région à l'est du massif de Hottentots-Holland, où des champs de blé vallonnés sont bordés par le fleuve Breede, la côte et les cimes de Franschhoekberge, Wemmershoekberge et Riviersonderendberge.

Aucune route menant dans l'Overberg n'est décevante. La N2 serpente jusqu'au col de Sir Lowry, qui offre un magnifique point de vue. La Rte 44 borde la mer le long du cap Hangklip et de la Kogelberg Biosphere Reserve avant d'atteindre Hermanus, haut lieu de l'observation des baleines depuis la terre ferme. C'est un itinéraire superbe, aussi époustouflant que le Chapman's Peak Drive au Cap, mais sans péage.

Hermanus est réputée pour accueillir une large population de baleines pendant la saison de la mise bas (juin-décembre). Les visiteurs affluent en ville pour les observer depuis divers points facilement accessibles. Si vous préférez échapper aux foules qui affluent à cet endroit, choisissez un site moins fréquenté pour admirer les cétacés, comme dans les environs de Gansbaai, d'Arniston et de la remarquable De Hoop Nature Reserve. Plus à l'intérieur des terres, l'élégante ville de Swellendam séduira les randonneurs et les passionnés d'histoire.

Kogelberg Biosphere Reserve

Réserve de biosphère de Kogelberg RÉSERVE NATURELLE
(028-271 5138 ; www.capenature.co.za ; adulte/enfant 40/20 R). Inscrite par l'Unesco comme première réserve de biosphère en Afrique du Sud, la réserve de Kogelberg couvre 1 000 km².

Overberg et Route 62

Elle se caractérise par une biodiversité incroyable, avec plus de 1 880 espèces de plantes, d'innombrables oiseaux et des chevaux sauvages dans les marais, tandis que des baleines passent au large. Vous pourrez faire des randonnées d'une journée ou de plusieurs jours. Les vététistes sont également admis dans la réserve. Un permis est requis pour toutes les activités pratiquées.

Bordée par le Kogelberg à l'est et couvrant 7,5 km de fonds marins, la réserve jouxte les villages de Rooi Els, Pringle Bay, Hangklip, Betty's Bay et Kleinmond. L'entrée se situe sur la Rte 44, entre Betty's Bay et Kleinmond. Vous aurez besoin d'un véhicule pour la visiter.

Kogel Bay Resort CAMPING $

(☎021-856 9622 ; Rte 44 ; empl 170 R). Ce camping propose des équipements à prix raisonnable sur une fantastique plage de surf (elle n'est pas adaptée à la baignade et il y a souvent du vent). Apportez toute la nourriture nécessaire à votre séjour.

♥ **Oudebosch Eco Cabins** BUNGALOWS $$

(☎021-483 0190 ; www.capenature.co.za ; à partir de 1 060 R/2 pers ;). Ces bungalows modernes à la façade vitrée ont été conçus pour se fondre dans le décor naturel et respecter au mieux l'environnement. Charmants et bien équipés, ils sont très courus, d'où la nécessité de réserver.

Betty's Bay

1 400 HABITANTS

Ce village de vacances dispersé, sur la Rte 44, mérite une halte.

Colonie de manchots du Cap de Stony Point RÉSERVE ANIMALIÈRE

(10 R ; 8h-17h). C'est un site plus calme pour observer ces minuscules oiseaux que la nettement plus connue Boulders Beach, de l'autre côté de la False Bay. La colonie est établie à l'extrémité ouest de Betty's Bay.

Harold Porter National Botanical Gardens JARDINS

(www.sanbi.org ; adulte/enfant 24/8 R ; 8h-16h30 lun-ven, 8h-17h sam-dim). Ces jardins, souvent agréablement déserts, valent amplement le détour. Des sentiers permettent d'admirer la flore locale – le Leopard Kloof Trail décrit une boucle de 3 km qui traverse une forêt de fougères avant de grimper vers une cascade. Il faut verser une caution (50 R) et prendre un permis avant 14h. Les lieux de pique-nique sont légion et vous y trouverez aussi un salon de thé. Les jardins grimpent sur les versants du Kogelberg, à la lisière orientale de Betty's Bay.

Kleinmond

6 600 HABITANTS

Proche d'une magnifique plage sauvage, Kleinmond, sur la Rte 44, est idéale pour manger des fruits de mer et explorer les boutiques. La ville, beaucoup moins commerciale que Hermanus, offre d'excellentes occasions d'observer les baleines, ainsi que de belles vagues pour les surfeurs et d'agréables randonnées.

La plupart des tables, dont deux restaurants de poisson avec vue sur l'océan, se situent dans Harbour Rd. L'**office du tourisme** (☎028-271 5657 ; www.kleinmondtourism.co.za ; Protea Centre, Main Rd ; 8h30-17h lun-ven, 9h-14h sam, 10h-14h dim) vous fournira une liste à jour des pensions et appartements indépendants de la ville. À l'ouest du centre, le **Palmiet Caravan Park** (☎028-271 8400 ; www.overstrand.gov.za ; 165 R/empl) est si proche de l'eau que vous entendrez le clapotis des vagues depuis votre tente. Suivez les panneaux depuis la Rte 44.

Hermanus

☎028 / 10 500 HABITANTS

Jadis village de pêcheurs, Hermanus est aujourd'hui une ville très vivante, caractérisée par un excellent choix d'hôtels, de restaurants et de boutiques. À seulement 122 km du Cap, c'est une destination idéale pour une excursion à la journée, très prisée des vacanciers sud-africains. Cette récente croissance est due à la présence de nombreuses baleines de Biscaye (*Eubalaena australis*) dans la Walker Bay, de juin à décembre. Hermanus est généralement considérée comme l'un des meilleurs endroits au monde pour observer les cétacés.

La ville s'étend autour d'une longue artère principale, mais on parcourt facilement le centre à pied. Le superbe sentier longeant les falaises constitue une promenade facile. De nombreuses autres balades sont envisageables dans les collines couvertes de *fynbos*, autour de la ville. Vous pourrez aussi participer à de bonnes dégustations de vins et au **Hermanus**

Hermanus

Whale Festival (www.whalefestival.co.za), en septembre. La ville est bondée pendant ce festival, comme pendant les vacances scolaires de janvier-février.

À voir et à faire

Réputée pour ses points d'observation des baleines depuis la terre, Hermanus organise également des excursions en bateau. L'approche des baleines est strictement réglementée, les bateaux devant rester au moins à 50 m des cétacés.

Fernkloof Nature Reserve RÉSERVE NATURELLE
(028-313 0819 ; www.fernkloof.com ; Fir Ave ; 9h-17h). GRATUIT Ceux qui s'intéressent au *fynbos* ne manqueront pas cette réserve de 1 500 ha. Un réseau de sentiers de 60 km pour tous niveaux et une vue spectaculaire sur la mer constituent ses autres atouts. Une carte de randonnées est disponible à l'office du tourisme.

Vieux port SITE HISTORIQUE
Le vieux port s'agrippe aux falaises en face du centre-ville. L'**Old Harbour Museum** (adulte/enfant 20/5 R ; 9h-13h et 14h-17h lun-sam, 12h-16h dim) n'a rien d'exceptionnel, excepté les vieux bateaux de pêche à l'extérieur. L'entrée comprend l'accès au **Whale House Museum** (Market Sq ; 9h-16h30 lun-sam, 12h-16h dim) et au **Photographic Museum** (Market Sq ; 9h-16h30 lun-sam, 12h-16h dim), plus intéressant. La place accueille également un marché artisanal permanent.

Cliff Path Walking Trail RANDONNÉE
Depuis le nouveau port (New Harbour), à 2 km à l'ouest de la ville, ce sentier pittoresque serpente en bord de mer sur 10 km, jusqu'à l'embouchure de la Klein River. On peut rejoindre le sentier n'importe où le long des falaises. Que des baleines soient au rendez-vous ou

Hermanus

À voir

1 Old Harbour Museum....................C2
Photographic Museum...............(voir 2)
2 Whale House Museum....................C2

Activités

3 Cliff Path Walking Trail....................A3

Où se loger

4 Harbour House Hotel....................C3
5 Hermanus Esplanade....................C3
6 Marine....................D1
7 Windsor Hotel....................B3

Où se restaurer

8 Bistro at Just Pure....................A3
9 Burgundy Restaurant....................C3
10 Eatery....................A2
11 Fisherman's Cottage....................C3
Pavilion....................(voir 6)
Seafood Restaurant....................(voir 6)

Où prendre un verre et faire la fête

12 Bientang's Cave....................D2
13 Shimmi....................C2

non, cette randonnée constitue l'activité reine de Hermanus. En chemin, vous passerez devant Grotto Beach, la plage locale la plus prisée, Kwaaiwater, un bon point de vue pour observer les baleines, ou encore les plages de Langbaai et Voelklip. L'office du tourisme propose un prospectus avec plus de détails sur le sentier.

Southern Right Charters CIRCUIT EN BATEAU
(☎082 353 0550 ; www.southernrightcharters.co.za ; excursion 2 heures adulte/enfant 650/350 R). L'un des quatre prestataires agréés organisant des circuits d'observation des baleines depuis le nouveau port.

Walker Bay Adventures SPORTS NAUTIQUES
(☎082 739 0159 ; www.walkerbayadventures.co.za ; kayak 350 R, canoë 450 R, observation des baleines depuis un bateau 650 R). Observer des baleines depuis un kayak de mer est une expérience passionnante impliquant souvent une bonne dose de stress. Parmi les autres activités proposées, citons le *sandboard* (planche de dune), l'équitation et les excursions en bateau.

Où se loger

En dépit d'un vaste choix d'hébergements, les chambres sont prises d'assaut en haute saison, d'où l'importance de réserver.

Hermanus Backpackers AUBERGE DE JEUNESSE $
(☎028-312 4293 ; www.hermanusbackpackers.co.za ; 26 Flower St ; dort 140 R, d avec/sans sdb 410/380 R ;). Une excellente adresse à la décoration joyeuse et aux bons équipements, dont le personnel, bien informé, pourra vous aider à organiser vos activités. Sommaire, le petit-déjeuner en libre-service est compris dans le prix, tandis que le *braai* du soir coûte 100 R. Un endroit parfait pour se relaxer, avec une annexe plus calme encore au coin de la rue.

Hermanus Esplanade APPARTEMENTS $
(☎028-312 3610 ; www.hermanusesplanade.com ; 63 Marine Dr ; app face à la mer à partir de 550 R). Certes, le mobilier est un peu fatigué et les appartements, à l'avenant, auraient bien besoin d'un rafraîchissement, mais ils donnent directement sur la mer et sont d'un bon rapport qualité/prix.

Zoete Inval Travellers Lodge AUBERGE DE JEUNESSE $
(☎028-312 1242 ; www.zoeteinval.co.za ; 23 Main Rd ; dort à partir de 130 R, d avec/sans sdb 550/450 R ;). Tranquillité, équipements de qualité (notamment le Jacuzzi) et chambres soigneusement meublées dans cette option à petits prix en périphérie.

♥ **Potting Shed** GUESTHOUSE $$
(☎028-312 1712 ; www.thepottingshedaccommodation.co.za ; 28 Albertyn St ; s/d avec petit-déj 715/920 R ;). Cette pension accueillante se distingue par de charmantes touches personnelles, tels ces biscuits maison en forme de baleine offerts à l'arrivée. Les chambres, coquettes et confortables, présentent un décor lumineux et imaginatif. À noter encore : le studio-loft et les appartements avec cuisine (4 pers 1 150 R), gérés par les propriétaires et plus proches de la mer.

Windsor Hotel HÔTEL $$
(☎028-312 3727 ; www.windsorhotel.co.za ; 49 Marine Dr ; s/d avec petit-déj 900/1 250 R ;). Dans cette institution dominant l'océan, une chambre face à la mer vous permettra d'observer les baleines sans même quitter votre lit. Légèrement remaniées, les chambres n'en restent pas moins fidèles aux racines victoriennes de l'hôtel. Également, grands appartements donnant sur la mer (4 pers 1 500 R).

INTERVIEW

ERIC DAVALALA, LE CRIEUR DE BALEINES

Eric Davalala exerce une profession unique : il est le seul crieur de baleines au monde. Pendant la saison des baleines (de juin à décembre), Eric, coiffé d'un chapeau orné d'une queue de baleine, arpente le chemin de la falaise entre 9h et 17h à la recherche des cétacés. Le reste du temps, vous le trouverez au Hermanus Tourism, que vous souhaitiez lui parler de baleines, de Hermanus, ou simplement le saluer.

Que fait exactement un crieur de baleines ? Eh bien, la plupart des gens pensent que je souffle dans mon cor pour appeler les baleines, alors que ce n'est pas ça du tout ! Mon principal travail consiste à surveiller l'eau pour voir où croisent ces animaux. Lorsque j'aperçois quelque chose – et après m'être évidemment assuré qu'il ne s'agit ni d'un oiseau, ni d'un rocher – je dois souffler un code en morse pour indiquer aux gens où regarder. Je porte en sus un panneau sur lequel est reporté le code morse, afin que les spectateurs soient avisés de la signification des différents signaux.

Aimez-vous votre travail ? Oui, énormément. Ça me rend fier de penser que je suis le seul crieur au monde. Le plus agréable est que je rencontre des gens de tous les coins de la planète. La plupart des visiteurs veulent me prendre en photo, ce qui est très sympathique, mais j'aime surtout quand ils me posent des questions et que je peux également les interroger sur leur pays d'origine.

Pourquoi tant de baleines croisent-elles ici ? Les eaux sont un peu plus chaudes que celles de l'Antarctique et sont protégées grâce à la baie. Les baleines viennent ici pour mettre bas et restent environ 3 mois afin de s'assurer que leurs bébés sont assez forts pour survivre. Elles ne restent pas car elles ne trouvent pas la nourriture qui leur convient. C'est pourquoi elles repartent pour l'Antarctique.

Baleia de Hermanus GUESTHOUSE **$$**
(028-312 2513 ; www.baleia.co.za ; 57 Main Rd ; s/d avec petit-déj 520/960 R ;). Les chambres, élégantes et confortables, sont installées autour d'une piscine. Une adresse accueillante et chaleureuse, tenue par le propriétaire.

Harbour House Hotel HÔTEL **$$$**
(028-312 1799 ; www.harbourhousehotel.co.za ; 22 Harbour Rd ; d avec petit-déj à partir de 2 100 R ;). Certaines des chambres modernes et lumineuses sont équipées de kitchenette, et toutes possèdent un balcon ou une terrasse. Charmant hôtel de bord de mer, avec une vue superbe sur l'océan depuis la piscine à débordement.

Marine HÔTEL DE LUXE **$$$**
(028-313 1000 ; www.themarine.co.za ; Marine Dr ; ch avec petit-déj à partir de 5 000 R ;). Installé en bordure de mer, cet établissement doté de jardins et d'équipements irréprochables comprend deux restaurants donnant sur la mer. Le **Pavilion** (www.themarine.co.za ; Marine Dr ; plats 130-180 R ; petit-déj et dîner) sert une cuisine sud-africaine contemporaine, tandis que le **Seafood Restaurant** (www.themarine.co.za ; Marine Dr ; plats 100-195 R ; déj et dîner) propose des produits de la mer, mais pas seulement.

Où se restaurer et prendre un verre

Eatery CAFÉ **$**
(Long St Arcade, Long St ; plats 50-90 R ; petit-déj et déj lun-ven, petit-déj et brunch sam). Nichée dans une galerie couverte, cette institution locale collectionne les louanges avec son excellent café, ses salades fraîches et ses sandwichs, plus un choix de savoureux gâteaux cuits sur place.

Burgundy Restaurant POISSON ET FRUITS DE MER **$$**
(028-312 2800 ; www.burgundyrestaurant.co.za ; Marine Dr ; plats 70-175 R ; petit-déj, déj, et dîner). Ce restaurant installé de longue date n'a rien perdu de sa popularité, avec une clientèle d'habitants et de touristes qui viennent autant pour la splendide vue sur la mer que pour la carte. Si l'endroit fait la part belle aux produits de la mer, végétariens et amateurs de viande ne sont pas oubliés.

Bistro at Just Pure CAFÉ **$$**
(www.justpurebistro.co.za ; Park Ln, angle Marine Dr ; plats 55-95 R ; petit-déj et déj ;). Jouxtant une boutique de cosmétiques d'origine naturelle, ce bistrot donnant sur

la mer ne jure que par les ingrédients bio, frais et produits localement. Savourez le "fameux" cheese-cake en observant les baleines depuis le patio.

Fisherman's Cottage POISSON $$
(Lemm's Corner ; plats 70-140 R ; dîner lun, déj et dîner mar-sam, déj dim). Dans ce cottage au toit de chaume des années 1860, décoré de filets de pêche, l'accent est mis sur les produits de la mer, mais on y sert également des steaks et des plats traditionnels.

Bientang's Cave BAR
(www.bientangscave.com ; Marine Dr ; déj). Venez prendre un verre dans cette grotte, occupée par les derniers Strandlopers (peuple natif de la côte) au tournant du XIXe siècle. Son cadre remarquable vaut le détour pour passer y prendre un verre. Pour le déjeuner, en revanche, envisagez une autre adresse. On y accède par un escalier escarpé à flanc de falaise.

Gecko Bar BAR
(New Harbour ; 11h-2h). La vue sur l'océan compense le décor guère engageant. Au menu : sushis et pizzas (plats 45-75 R), bière locale à la pression et concerts le week-end.

Shimmi BAR
(083 235 0881 ; Village Sq, Marine Dr ; 14h-2h mer-dim). Un bar à l'ambiance détendue, servant de bons cocktails. DJ la plupart des soirs.

Renseignements

Hermanus Tourism (028-313 1602 ; www.hermanustourism.info ; Market Sq ; 9h-18h lun-ven, 9h-17h sam, 11h-15h dim). Ce n'est pas l'office du tourisme principal, mais ce bureau est idéalement situé. Personnel très serviable, épaulé par le "crieur de baleines" quand les cétacés ont déserté la baie.

L'office du tourisme principal (028-312 2629 ; www.hermanustourism.info ; Mitchell St, Old Station Bldg ; 8h-18h lun-ven, 9h-17h sam, 11h-15h dim) est situé au nord de la ville.

Depuis/vers Hermanus

Les navettes de **Bernardus Tours** (028-316 1093 ; bniehaus@vodamail.co.za) desservent Gansbaai (400 R, 30 minutes) et Le Cap (800 R, 1 heure 30).

Les auberges de jeunesse ont un service de navette (75 R aller, 30 minutes) jusqu'à l'arrêt des Baz Bus à Botrivier, à 50 km à l'ouest de Hermanus. Il n'y a aucun service de bus régulier entre Le Cap et Hermanus.

DÉGUSTATION DE VIN AUTOUR DE HERMANUS

Plus connue pour ses baleines, la région de Hermanus recèle néanmoins quelques splendides domaines viticoles. La vallée de **Hemel-en-Aarde** (Paradis-sur-Terre), qui débute à 5 km à l'ouest de la ville, se poursuit sur 15 km vers le nord au fil d'une route sinueuse.

À moins que votre groupe ne comporte un non-buveur, contactez le très recommandé **Tuk-Tuk Transporter** (p. 136), qui propose les liaisons entre trois exploitations viticoles, une pause pour le déjeuner et un retour à votre hébergement moyennant 250 R.

Pour découvrir les domaines d'une manière originale, participez à un circuit en quad avec **SA Forest Adventures** (083 517 3635 ; www.saforestadventures.co.za ; circuit 600 R).

Bouchard Finlayson (028-312 3515 ; www.bouchardfinlayson.co.za ; dégustation 140 R ; 9h-17h lun-ven, 10h-13h sam). Une cave traditionnelle réputée pour son excellent pinot noir.

La Vierge (www.lavierge.co.za ; Hemel en Aarde Road ; dégustation 30 R ; dégustation 9h-17h, déj mer-dim). Propose des dégustations et un déjeuner (plats 75-150 R) dans un domaine ultramoderne, tout en rose vif et en verre.

Newton Johnson (021-200 2148 ; www.newtonjohnson.com ; dégustation gratuite ; 9h-16h lun-ven, 10h-14h sam ; restaurant déj mer-dim, dîner ven-sam). Possède un splendide restaurant (plats 120-160 R).

Creation (www.creationwines.com ; Hemel en Aarde Rd ; accord vins-plats à partir de 75 R, restaurant plat 135 R ; 10h-17h). Surtout connu pour ses accords vins-mets, dont une remarquable option avec des canapés (125 R), une variante avec du thé pour les conducteurs, et même une formule avec jus de fruits pour les enfants. La carte du restaurant affiche la liste des bouchers, boulangers, fromagers et autres artisans locaux qui fournissent les ingrédients. Des visites guidées du domaine sont aussi proposées (295 R).

CIRCULER AUX ALENTOURS D'HERMANUS

Certes, le centre d'Hermanus est petit, mais si vous résidez dans les faubourgs de la ville, le très pratique **Tuk-Tuk Transporter** (☎084 688 5885 ; www.hermanustaxi.com) vous permettra de vous déplacer à petits prix. La course standard coûte 40 R pour deux personnes.

Gansbaai

11 600 HABITANTS

Gansbaai connaît depuis quelques années un énorme succès grâce à la plongée au milieu des requins, même si la plupart des visiteurs ne viennent que lors d'une excursion d'une journée au départ du Cap. Sa magnifique côte préservée ravira également ceux qui désirent explorer les coins de nature isolés de l'Overberg.

Après le village de De Kelders – un lieu isolé, fantastique pour observer les baleines –, la route qui part de Hermanus mène directement dans Main Rd, parallèle à la côte. Kleinbaai, 7 km à l'est en longeant la côte, est le point de départ des circuits de plongée en cage parmi les requins.

À voir et à faire

Nombre d'agences de plongée en cage sont basées autour du port de Kleinbaai, notamment **Marine Dynamics** (☎079 930 9694 ; www.sharkwatchsa.com ; adulte/enfant 1 500/900 R) et **White Shark Projects** (☎028-007 0001 ; www.whitesharkprojects.co.za ; plongée 1 500 R), qui bénéficient toutes deux de la certification Fairtrade.

Walker Bay Reserve PARC
(adulte/enfant 40/20 R ; ⏲7h-19h). L'endroit invite à faire de belles randonnées, à observer les oiseaux et à visiter les grottes de Klipgat, où des objets khoisan ont été mis au jour. Dyer Island, qui abrite une colonie de manchots du Cap, est située à 7 km au large de Danger Point.

Danger Point Lighthouse PHARE
(☎028-384 0530 ; adulte/enfant 16/8 R ; ⏲10h-15h lun-ven). Datant de 1895, ce phare jouit d'un bel emplacement et renferme des informations sur le naufrage du HMS *Birkenhead* en 1852. Tenu par des propriétaires privés, il ne respecte pas toujours les heures d'ouverture.

Où se loger et se restaurer

Gansbaai Backpackers AUBERGE DE JEUNESSE $
(☎083 626 4150 ; www.gansbaybackpackers.com ; 6 Strand St ; dort 140 R, d avec/sans sdb 450/400 R ; 📶). Bien gérée et accueillante, cette auberge de jeunesse est l'endroit idéal pour les voyageurs à petit budget et/ou pour réserver une activité.

Aire del Mar GUESTHOUSE $$
(☎028-384 2848 ; www.airedelmar.co.za ; 7 Van Dyk St, Kleinbaai ; s/d avec petit-déj 550/920 R ; 📶). Une pension plaisante offrant une bonne gamme de prix, avec notamment des chambres indépendantes rudimentaires (2 pers 680 R). Vue panoramique sur la mer et sur Dyer Island depuis les chambres.

♥ **Grootbos Private Nature Reserve** LODGE $$$
(☎028-384 8008 ; www.grootbos.com ; Rte 43 ; s/d pension complète 6 300/8 400 R ; ❄📶🏊). 🍃 Dans ce superbe complexe de luxe de 1 700 ha, les activités (équitation, randonnée et excursions locales) sont incluses. Chacun des cottages indépendants est équipé d'une douche extérieure sur la terrasse. La Grootbos Foundation gère plusieurs projets environnementaux et communautaires – renseignez-vous sur le Social Responsibility Tour.

♥ **Coffee on the Rocks** CAFÉ $$
(☎028-384 2017 ; Cliff St, De Kelders ; plats 50-110 R ; ⏲10h-17h mer-dim). Ce café cuit son pain, et tout ce qu'il sert est fait maison. La terrasse donnant sur l'océan est très agréable pour prendre un sandwich, une salade ou juste un café, tout en guettant les baleines.

Blue Goose SUD-AFRICAIN $$
(☎079 310 1770 ; 12 Franken St ; plats 80-135 R ; ⏲dîner lun dim, déj ven-dim). Installé dans une ancienne cabane de pêcheur, cette institution de Gansbaai propose une carte à base d'ingrédients locaux et de saison. L'endroit est surtout réputé pour les produits de la mer, mais le jarret d'agneau est également très bon.

Great White House POISSON ET FRUITS DE MER $$
(☎028-384 3273 ; www.thegreatwhitehouse.co.za ; 5 Geelbek St, Kleinbaai ; plats 50-140 R ; ⏲petit-déj, déj et dîner mer-lun, petit-déj et déj mar). Cette adresse polyvalente sert des fruits de mer (notamment des ormeaux, difficiles à trouver par ici), vend des vêtements et des

CONTROVERSE AUTOUR DE LA PLONGÉE EN CAGE

Ces dernières années, la plongée en cage parmi les requins suscite une grande controverse. En effet, les organisateurs attirent les requins au moyen d'appâts, ce qui conduit les squales à associer les bateaux et les humains à la nourriture. Les attaques sur les nageurs et les surfeurs auraient ainsi augmenté, conséquence directe de cette activité.

Toutefois, cette pratique a de nombreux partisans, notamment les scientifiques spécialisés et même certains écologistes. Selon eux, la plongée en cage parmi les requins est un outil pédagogique permettant de combattre les phobies et la mauvaise réputation associées à ces prédateurs depuis la sortie du film *Les Dents de la mer* en 1975.

Les agences titulaires d'une licence ne sont pas autorisées à utiliser d'appâts. En revanche, elles dispersent dans l'eau un mélange de sang et d'entrailles de poissons : les requins sont attirés par l'odeur mais ne trouvent rien à manger. Une fois les squales à proximité, les plongeurs, en combinaison et masque de plongée, prennent une grande inspiration et s'enfoncent dans l'eau pour les observer. Aucune expérience de plongée n'est nécessaire. Sous l'eau, la visibilité est optimale de mai à septembre.

Si vous voulez faire l'expérience d'une rencontre intimiste avec ces animaux sauvages, choisissez un prestataire titulaire d'une licence et assuré tous risques.

Dans le cas où cette expérience "immersive" ne vous tenterait pas, contactez une agence comme la **Simon's Town Boat Company** (☎083 257 7760 ; www.boatcompany.co.za), qui propose des sorties en bateau pour voir les requins se nourrir à Seal Island (leur alimentation se compose habituellement de pingouins et de phoques).

bibelots, renseigne les touristes et offre un hébergement dans d'agréables cottages coiffés de chaume (simple/double avec petit-déj 560/840 R).

Renseignements

Gansbaai Tourism (☎028-384 1439 ; www.gansbaaiinfo.com ; Main Rd, Great White Junction ; ⌚9h-17h lun-ven, 9h-16h sam, 10h-14h dim)

Depuis/vers Gansbaai

Bernardus Tours (☎028-316 1093 ; bniehaus@vodamail.co.za). Propose des navettes pour Hermanus (400 R, 30 minutes) et Le Cap (1 000 R, 2 heures).

Cape Agulhas

Le cap Agulhas (signifiant "aiguilles" en portugais) constitue la pointe méridionale de l'Afrique, le point de rencontre entre les océans Atlantique et Indien. Cette côte sauvage et balayée par les vents sert de cimetière à de nombreux navires. La majorité des visiteurs se rendent directement ici pour se prendre en photo à côté des panneaux indiquant l'endroit où les océans se rencontrent.

Si vous n'êtes pas motorisé, contactez les auberges de jeunesse de Hermanus ou de Robertson afin qu'elles vous organisent un circuit.

Cape Agulhas Lighthouse PHARE
(adulte/enfant 22/11 R ; ⌚9h-17h). N'hésitez pas à gravir les 71 marches qui mènent au sommet du phare. Vous y trouverez un musée intéressant, mais aussi l'**office du tourisme** (☎028-435 7185 ; www.discovercapeagulhas.co.za).

Agulhas National Park PARC NATIONAL
(☎028-435 6078 ; www.sanparks.org; adulte/enfant 128/64 R). Les randonnées de ce parc vont de 3 à 10 km. Nous vous recommandons le Rasperpunt Trail (5,5 km), qui passe par l'épave du *Meisho Maru*. Un prospectus détaillant chaque parcours est disponible à l'accueil du parc, moyennant 10 R. Le parc recèle également de charmants **hébergements** (cottage/chalet 770/1 075 R) indépendants en bord de mer.

Cape Agulhas Backpackers AUBERGE DE JEUNESSE $
(☎082 372 3354 ; www.capeagulhasbackpackers.com ; Duiker St, angle Main St ; dort 120 R, d avec/sans sdb 400/350 R). Installée sur la côte, à Struisbaai, cette auberge peut être une bonne base pour explorer la région. C'est en outre un spot de **kitesurf** exceptionnel (cours et location de planches de surf sur place).

Arniston (Waenhuiskrans)

1 300 HABITANTS

L'un des joyaux du Cap occidental ! Arniston est un charmant village niché dans un cadre spectaculaire. Il doit son nom au navire qui fit naufrage au large en 1815, ainsi qu'à une grotte marine qui pourrait contenir un chariot à bœufs (*waenhuiskrans* signifie "chariot à bœufs").

Des bateaux colorés, une eau tiède aigue-marine et **Kassiesbaai**, un hameau de cottages chaulés bicentenaires formant le cœur d'Arniston, composent un tableau enchanteur. Au sud de Kassiesbaai, **Roman Beach**, une plage de sable blanc baignée de vagues douces, convient parfaitement aux enfants, avec ses grottes, ses criques et ses bassins rocheux peuplés d'oursins et d'anémones de mer. Ne touchez pas aux oursins, dont les piquants provoquent des blessures douloureuses.

Pour visiter la vaste **grotte**, prenez au sud de Roman Beach, le long d'une route sablonneuse, en suivant les pancartes "Grot", puis descendez à flanc de falaise jusqu'à la mer. Notez que la grotte est accessible uniquement à marée basse.

Arniston Resort CAMPING, CHALETS $

(Waenhuiskrans Oord ; ☎028-445 9620 ; arniston@capeagulhas.com ; Main Rd ; camping/chalet à partir de 130/450 R). Cette honorable option bon marché se compose d'emplacements de camping et de chalets sommaires, non loin de la plage à pied. Prévoyez draps et provisions.

Arniston Seaside Cottages COTTAGES $$

(☎028-445 9772 ; www.arnistonseasidecottages.co.za ; s/d sans cuisine 480/640 R). Les 22 cottages chaulés au toit de chaume répartis dans toute la localité sont bien équipés et confortables, et certains profitent d'une vue sur l'océan. Le petit-déjeuner (160 R) est servi à l'Arniston Spa Hotel.

♥ **Arniston Spa Hotel** HÔTEL $$$

(☎028-445 9000 ; www.arnistonhotel.com ; Beach Rd ; s/d face à la mer avec petit-déj à partir de 1 410/1 880 R ; 📶🏊). Hôtel de luxe équipé d'un spa. Les chambres donnant sur la mer sont agrémentées de grandes baies vitrées. L'élégant restaurant domine les flots et assure le déjeuner (50-110 R) et le dîner (80-235 R). Impressionnante carte des vins.

VAUT LE DÉTOUR

STANFORD

Ce superbe village installé sur les rives de la Klein River est un lieu prisé, à juste titre, des habitants du Cap le week-end. Les environs comptent une poignée de domaines viticoles peu fréquentés – rendez-vous au **Robert Stanford Estate** (☎028-341 0647 ; www.robertstanfordestate.co.za ; Rte 43 ; dégustation gratuite ; ⏲8h-16h jeu-dim) pour son excellent sauvignon blanc et son charmant restaurant campagnard. À Stanford même, les activités ne manquent pas : circuits sur la rivière, kayaks à louer, dégustations, sur la pelouse en été ou près d'un feu de cheminée en hiver, dans une pittoresque **brasserie** (☎028-341 0013 ; www.birkenhead.co.za ; Rte 326 ; circuit avec dégustation 40 R ; ⏲10h-17h, circuits 10h et 15h mer-ven).

♥ **Willeen's Restaurant** SUD-AFRICAIN $$

(☎028-445 9995 ; House C26, Kassiesbaai ; plats à partir de 85 R ; ⏲déj et dîner). Ce restaurant, qui occupe une maison de Kassiesbaai, sert une cuisine authentique. Willeen vous y mitonnera son repas de pêcheur. Réservation requise. Apportez votre vin.

De Hoop Nature Reserve

De Hoop Nature Reserve RÉSERVE NATURELLE

(☎028-542 1114 ; www.capenature.co.za ; adulte/enfant 40/20 R ; ⏲7h30-16h). Couvrant 34 000 ha et 5 km de fonds marins, cette réserve déploie une côte splendide, avec de longues étendues de plages immaculées et d'énormes dunes. De nombreuses baleines de Biscaye viennent mettre bas et élever leurs petits au large. La réserve abrite l'exceptionnel *fynbos* de la côte ainsi que des espèces animales protégées, comme le zèbre de montagne et le bontebok (antilope). On y trouve d'innombrables oiseaux, notamment la dernière colonie du très rare vautour du Cap.

La réserve se situe à 260 km du Cap et les derniers 57 kilomètres, depuis Bredasdorp ou Swellendam, empruntent des routes non goudronnées. Le seul accès à la réserve passe par Wydgeleë, sur la route du Bredasdorp à Malgas. Si vous arrivez par

Malgas, sachez que vous devrez prendre le *pont* (bac), actionné manuellement, pour traverser le fleuve Breede (de l'aube au crépuscule). Le village d'**Ouplaas**, à 15 km de là, est l'endroit le plus proche pour acheter de l'essence et des provisions. Si vous n'êtes pas motorisé, contactez **SwellenCab** (☎028 514 2149, 078 583 5494 ; www.swellencab.co.za) à Swellendam, qui propose des circuits à la journée.

Whale Trail RANDONNÉE
(☎021-483 0190 ; 1 540 R/pers). Outre de multiples promenades d'une journée, un parcours de VTT avec nuit sur place et de bons spots de snorkeling le long de la côte, l'activité reine de la réserve est le Whale Trail, une randonnée de 5 jours. Ce parcours de 55 km offre d'excellentes possibilités d'observer les baleines entre juin et décembre. Côté hébergement, vous serez logé dans des cottages modernes et tout équipés, avec cuisine.

De Hoop Collection CAMPING, COTTAGES $$
(☎021-422 4522 ; www.dehoopcollection.co.za ; camping empl 325 R, rondavel sans sdb à partir de 840 R, cottage à partir de 1 325 R). Un large choix d'hébergements pour tous les budgets : des emplacements de camping et *rondavels* (cases rondes au toit conique) avec sanitaires communs, aux élégantes chambres d'hôtes dans d'anciennes écuries (double avec petit-déjeuner et dîner à partir de 1 900 R). Possibilité de cuisiner et restaurant.

Swellendam

17 500 HABITANTS

Entourée de champs de blé vallonnés typiques de l'Overberg et protégée par la chaîne de montagnes de Langeberge, Swellendam est idéalement située pour explorer le Petit Karoo. Elle constitue une bonne étape sur la route qui se dirige vers l'est et la Garden Route (route des Jardins). Cette ville, parmi les plus anciennes d'Afrique du Sud (sa fondation remonte à 1745), présente une magnifique architecture de style cape-dutch (hollandais du Cap) et un musée digne d'intérêt.

À voir et à faire

Drostdy Museum MUSÉE
(www.drostdymuseum.com ; 18 Swellengrebel St ; adulte/enfant 25/5 R ; 9h-16h45 lun-ven, 10h-15h sam-dim). La pièce maîtresse de cet excellent musée est la superbe *drostdy* (résidence d'un officiel) elle-même, bâtie en 1747. Le billet d'entrée donne accès à l'**Old Gaol**, voisine, qui abrite une partie des bâtiments administratifs d'origine, à un moulin à eau et à **Mayville** (Hermanus Steyn St), demeure de 1853 avec un jardin victorien.

Marloth Nature Reserve RÉSERVE NATURELLE
(☎028-514 1410 ; www.capenature.co.za ; adulte/enfant 40/20 R). Perchée dans la Langeberge, à 1,5 km au nord de la ville, cette réserve est particulièrement belle en octobre-novembre, lorsque les éricacées sont en fleur. Si les randonnées d'une journée ne vous tentent pas, tentez l'exigeant Swellendam Hiking Trail, considéré comme l'un des dix plus beaux parcours d'Afrique du Sud. Vous pouvez vous y confronter de deux à six jours. Le sentier comporte deux gîtes rudimentaires, mais il vous faudra prévoir votre nourriture. L'accès à la réserve se fait par Andrew Whyte St.

Église hollandaise réformée ÉGLISE
(Dutch Reformed Church ; Voortrek St). Très photographiée par les visiteurs, aux dires des habitants de Swellendam, cette imposante église se dresse dans le centre-ville.

Two Feathers Horse Trails ÉQUITATION
(☎082 494 8279 ; 5 Lichtenstein St, Swellendam Backpackers Adventure Lodge ; 300 R/heure). Promenades à cheval dans les montagnes, pouvant aller de 1 heure à 2 jours. S'adresse aux cavaliers confirmés ou débutants. Il est essentiel de réserver bien à l'avance.

Où se loger

Swellendam Backpackers Adventure Lodge AUBERGE DE JEUNESSE $
(☎028-514 2648 ; www.swellendambackpackers.co.za ; 5 Lichtenstein St ; s/d sans sdb 250/300 R, s/d 350/410 R ;). Installée sur un immense terrain bordant la Marloth Nature Reserve, cette excellente auberge propose des sorties à cheval, se charge d'obtenir des permis d'accès à la réserve naturelle et organise des excursions d'une journée à Cape Agulhas (650 R). Le Baz Bus vous déposera juste devant. Les dortoirs étaient en cours de rénovation lors de notre passage. Les bungalows dans le jardin, avec sdb commune, sont d'un excellent rapport qualité/prix.

Cypress Cottage GUESTHOUSE $$
(☎028-514 3296 ; www.cypress-cottage.co.za ; 3 Voortrek St ; s/d 495/770 R ;). Une demeure bicentenaire, avec, en location,

HORS DES SENTIERS BATTUS

ELIM

Dans cette province au demeurant riche en jolis villages, Elim sort du lot. Ce village de mission morave se trouve à 30 km environ de toute autre agglomération et, même si une route goudronnée rallie maintenant ses cottages au toit de chaume, l'endroit demeure un coin isolé et ignoré du Cap occidental. Cherchez le guide local **Emile Richter** (☎074 544 7733) pour un circuit passionnant couvrant l'imposante église, le monument commémoratif de l'esclavage et le moulin à eau, datant du milieu du XIXe siècle. Aujourd'hui, ce dernier abrite un agréable salon de thé, sans doute le meilleur endroit pour savourer un en-cas. Elim étant une ville sans alcool, les trois **domaines viticoles** qui ponctuent la route goudronnée en venant de Bredasdorp détonnent quelque peu.

6 chambres à la décoration personnalisée. Ravissant jardin et piscine. Proche à pied de l'église, du musée et d'une poignée de restaurants.

Braeside B&B B&B $$
(☎028-514 3325 ; www.braeside.co.za ; 13 Van Oudtshoorn Rd ; s/d avec petit-déj à partir de 700/1 100 R ;). Jolie et paisible demeure de style édouardien du Cap, jouissant d'un beau jardin, d'une superbe vue et de propriétaires bien informés et gay-friendly.

Bloomestate GUESTHOUSE $$$
(☎028-514 2984 ; www.bloomestate.com ; 276 Voortrek St ; s/d avec petit-déj à partir de 1485/1980 R ;). Située sur une magnifique propriété, cette pension accueillante et moderne loue des chambres luxueuses et colorées, dans un cadre intime et zen. Des soins de bien-être et de beauté sont à disposition. Si la piscine ne suffit pas pour vous détendre, faites un saut dans le Jacuzzi, installé sur une terrasse sous les arbres.

De Kloof GUESTHOUSE $$$
(☎028-514 1303 ; www.dekloof.co.za ; 8 Weltevrede St ; s/d avec petit-déj à partir de 1 835/2 750 R ;). L'une des adresses les plus chics de Swellendam, cette pension arbore une déco très personnelle. Au cœur d'un grand domaine datant de 1801, les chambres luxueuses sont installées autour de pelouses où paradent des canards. Une poignée de suites sont assorties d'un Jacuzzi et d'un lit à eau avec système de chauffage intégré.

Où se restaurer

La Belle Alliance SUD-AFRICAIN $
(1 Swellengrebel St ; plats 50-100 R ; ⏲petit-déj et déj). Établi dans une ancienne loge maçonnique, ce charmant salon de thé a reçu Nelson Mandela en 1999. Tables ombragées au bord de la Koornlands, idéales pour le déjeuner.

♥ **Old Gaol on Church Square** SUD-AFRICAIN $$
(www.oldgaolrestaurant.co.za ; 8A Voortrek St ; repas léger 50-120 R ; ⏲petit-déj et déj tlj, dîner mer-ven ;). Bien qu'il n'occupe plus l'Old Gaol, cet établissement fonctionnant sur le mode participatif régale toujours ses hôtes d'une cuisine savoureuse. Nombreuses tables à l'extérieur, sous les arbres, où déguster de délicieux gâteaux, des pains traditionnels et des spécialités malaises du Cap.

Koornlands Restaurant SUD-AFRICAIN $$
(☎082 430 8188 ; www.koornlandsrestaurant.co.za ; 192 Voortrek St ; plats 85-160 R ; ⏲dîner mer-lun). Dans un cadre intimiste, à la lueur des chandelles, découvrez un menu éclectique orienté sur la viande africaine. Parmi les plats les plus inhabituels, citons le sashimi de crocodile et le samossa de phacochère.

Field & Fork FUSION $$$
(☎028-514 3430 ; 26 Swellengrebel St ; 110-185 R ; ⏲dîner lun-sam). Les habitants apprécient cet établissement élégant, installé dans le bâtiment de l'Old Gaol. La carte restreinte comporte des plats raffinés qui utilisent des ingrédients locaux tels que le springbok, l'agneau du Karou ou la truite de Franschhoek. À noter aussi, le menu à 3 plats (265 R).

Renseignements

Swellendam Tourism (☎028-514 2770 ; www.swellendamtourism.co.za ; 22 Swellengrebel St ; ⏲9h-17h lun-ven, 9h-14h sam-dim). Un office du tourisme extrêmement utile, installé dans l'Old Gaoler's Cottage. Location de VTT (150 R/jour), le personnel saura vous conseiller les itinéraires cyclables.

Swellendam

Swellendam

À voir

1 Drostdy Museum ... D2
2 Église hollandaise réformée ... C1
3 Mayville ... D2
4 Old Gaol ... D2

Où se loger

5 Braeside B&B ... C1
6 Cypress Cottage ... C1
7 De Kloof ... B1

Où se restaurer

8 Field & Fork ... D2
9 La Belle Alliance ... D1
10 Old Gaol on Church Square ... C1

Depuis/vers Swellendam

Les trois principales compagnies de bus et les Baz Bus passent par Swellendam sur le trajet Le Cap-Port Elizabeth et s'arrêtent en face du Swellengrebel Hotel dans Voortrek St. Les Baz Bus s'arrêtent au Swellendam Backpackers Adventure Lodge.

Bontebok National Park

Bontebok National Park PARC NATIONAL
(☎028-514 2735 ; adulte/enfant 60/30 R ; 🕒7h-19h oct-avr, 7h-18h mai-sept). À 6 km au sud de Swellendam, ce parc national fut créé en 1931 pour sauver les 30 bonteboks qui survivaient à l'époque. Le projet fut une réussite. Outre les bonteboks, le plus petit des parcs nationaux d'Afrique du Sud abrite désormais diverses autres antilopes et des zèbres de montagne. Il se distingue aussi par une végétation associant *fynbos*, en fleur à la fin de l'hiver et au printemps, et *renosterveld*, ainsi qu'une avifaune généreuse. Par ailleurs, il est possible de se baigner dans le Breede.

Une grande attention a été portée à l'hébergement dans le parc. La boutique de l'entrée vend des produits de première nécessité et des souvenirs, mais mieux vaut vous approvisionner à Swellendam. Pour gagner le parc, prenez la N2 à l'est de Swellendam. L'entrée est signalée et il faut rouler pendant 5 km sur une route de gravier direction sud.

Emplacements de camping CAMPING $
(à partir de 180 R). On trouve de plaisants emplacements de camping près du Breede, dont certains avec l'électricité.

Lang Elsie's Kraal CHALETS $$
(chalet à partir de 900 R). Ces 10 chalets possèdent une terrasse donnant sur le fleuve. Deux d'entre eux sont adaptés à l'accueil des personnes en fauteuil roulant.

GARDEN ROUTE

La route des Jardins est l'une des destinations sud-africaines les plus prisées des voyageurs, à juste titre : on ne peut qu'être séduit par la splendeur naturelle du paysage. Il y a moins de 300 km de Mossel Bay à l'ouest jusqu'à Plettenberg Bay à l'est, mais la région présente un choix inouï en termes de topographie, végétation, faune et activités de plein air.

Le littoral est ponctué de superbes plages, tandis que l'intérieur des terres se caractérise par de pittoresques lacs et lagunes, des collines ondoyantes et les montagnes des chaînes Outeniqua et Tsitsikamma, qui séparent la Garden Route des paysages arides du Petit Karoo. Les forêts séculaires qui bordent la côte de Wilderness à Knysna sont l'occasion de pratiquer la randonnée, l'observation des oiseaux, le canoë sur les rivières, la découverte de la canopée ou simplement de faire une balade pour admirer les forêts de cladrastes (*yellow-wood* en anglais, ou *outeniqua*, "ceux qui portent du miel", appellation dérivée du nom d'une tribu khoisan), des arbres de plus de 600 ans. Les amateurs de faune tenteront de repérer le touraco de Knysna, au brillant plumage rouge et vert, et les éléphants, quasi-mythiques, habitant la forêt.

À NE PAS MANQUER

MARCHÉ FERMIER DE SEDGEFIELD

Wild Oats Community Farmers' Market (www.wildoatsmarket.co.za ; 7h30-12h sam). Institution de la Garden Route, ce marché fermier est en activité depuis plus d'une décennie. Arrivez de bonne heure pour sélectionner vos tartes, *biltong* (viande séchée), fromages, gâteaux, pains, bières et caramels mous – le tout commercialisé par des producteurs locaux. Le marché se trouve juste en retrait de la N2, à 1,5 km à l'est du centre de Sedgefield.

Avec une gamme d'activités aussi diversifiée, on ne s'étonnera guère que cette région renommée recèle une offre d'hébergements pléthorique. Revers de la médaille : les villes telles que Knysna et Plettenberg Bay attirent les foules. Certes, elles constituent des bases pratiques pour explorer la région, mais elles peuvent être bondées en décembre et janvier, quand les prix montent en flèche. Si vous voyagez pendant ces mois, il est indispensable de réserver ou de vous diriger vers la station balnéaire de Wilderness, moins fréquentée.

Garden Route

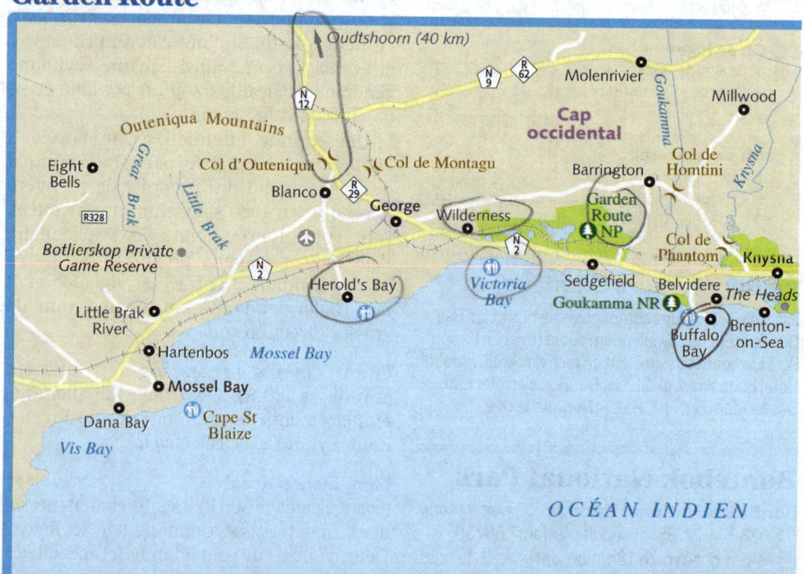

Mossel Bay

30 000 HABITANTS

À première vue, Mossel Bay semble être l'horrible sœur de la féerique Garden Route. Destination phare jusqu'à la fin des années 1980, elle a été enlaidie par la multiplication des constructions industrielles, en particulier celle de la plus grande raffinerie pétrolière du monde. Cependant, si les abords de la ville n'ont rien d'attirant, vous découvrirez de belles plages, des spots de surf hallucinants, une ribambelle d'activités et de bons hébergements. La ville a encore du chemin à parcourir pour se mesurer à ses voisines plus glamour, mais elle œuvre à regagner son prestige d'antan.

Les navigateurs portugais Bartolomeu Dias et Vasco de Gama furent les premiers Européens à explorer la baie à la fin du XVe siècle. Depuis, de nombreux navires y ont fait escale pour s'approvisionner en eau et en nourriture auprès des Khoikhoi de la région. Près de la source, un grand arbre tortueux (*milkwood*) faisait autrefois office de boîte aux lettres : les navires qui partaient vers l'Orient y déposaient leur courrier, que ramassaient les bateaux faisant route dans l'autre direction. Il est toujours possible de laisser du courrier dans la boîte – il est tamponné d'un cachet spécial.

À voir

Dias Museum Complex MUSÉE

(www.diasmuseum.co.za ; Market St ; adulte/enfant 20/5 R ; 9h-16h45 lun-ven, 9h-15h45 sam-dim ; P). Cet excellent ensemble muséographique contient la source où Bartolomeu Dias s'approvisionna, l'arbre postal, le grenier à blé édifié en 1786 par la Compagnie des Indes orientales (VOC, Vereenigde Oost-Indische Compagnie), un musée du Coquillage (Shell Museum, avec quelques beaux aquariums), et un musée d'Histoire locale. La pièce maîtresse est la réplique de la caravelle (adulte/enfant 20/5 R) sur laquelle Dias embarqua en 1488.

Témoignant du courage et du talent de ces premiers explorateurs, cette caravelle étonnamment petite fut construite au Portugal et navigua jusqu'à Mossel Bay en 1988 pour commémorer le 500e anniversaire du voyage de Dias.

Botlierskop Private Game Reserve RÉSERVE ANIMALIÈRE

(044-696 6055 ; www.botlierskop.co.za ; Little Brak River). Cette réserve animalière donne l'occasion de voir de nombreux animaux (lions, éléphants, rhinocéros, buffles, girafes, etc.). Les visiteurs à la journée pourront effectuer diverses activités, dont des circuits nature de 3 heures (adulte/enfant 420/210 R), de l'équitation (270 R/heure) et des promenades à dos d'éléphant (820 R). La réserve est à quelque 20 km à l'est de Mossel Bay sur la N2 – prenez la bifurcation de Little Brak River et suivez les panneaux en direction de Sorgfontein. Réservation obligatoire.

Cape St Blaize Lighthouse PHARE

(adulte/enfant 16/8 R ; 10h-15h). Le phare de Cape St Blaze offre une vue merveilleuse. Hélas, la grotte (St Blaize Cave) datant de l'âge de pierre est passablement négligée et souvent vandalisée.

Activités

On comprend aisément l'origine du slogan touristique de Mossel Bay ("Bougez-vous"). En effet, la ville offre d'innombrables activités.

Oystercatcher Trail RANDONNÉE

(www.oystercatchertrail.co.za ; pension complète/sans les repas à partir de 3 200/5 400 R). Les randonneurs peuvent effectuer ce fabuleux parcours côtier en trois à quatre jours. Il

Mossel Bay

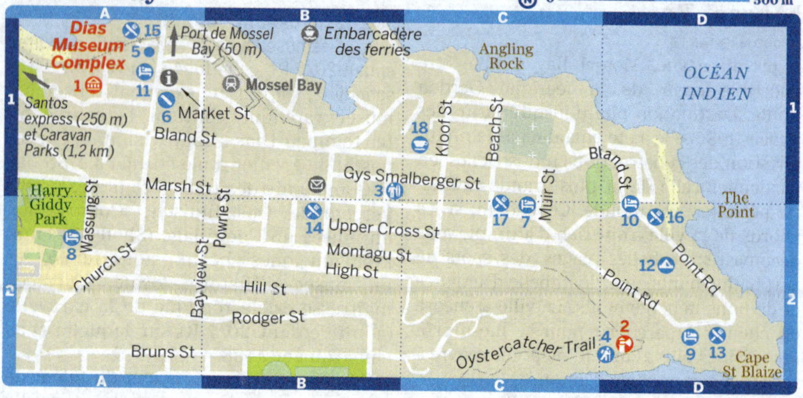

Mossel Bay

Les incontournables
1 Dias Museum Complex....A1

À voir
2 Phare de Cape St Blaize....D2

Activités
3 Billeon....B1
Electrodive....(voir 15)
4 Oystercatcher Trail....D2
5 Romonza....A1
6 White Shark Africa....A1

Où se loger
7 Mossel Bay Backpackers....C2
8 Park House Lodge & Travel Centre....A2
9 Point Hotel....D2
10 Point Village Hotel....D2
11 Protea Hotel Mossel Bay....A1
12 Punt Caravan Park....D2

Où se restaurer
13 Big Blu....D2
Café Gannet....(voir 11)
14 Café Havana....B2
15 Kaai 4....A1
16 Kingfisher....D2
17 Villa Point....C2

Où prendre un verre et faire la fête
18 Blue Shed Coffee Roastery....C1

suit le littoral entre Mossel Bay et Dana Bay, via Cape St Blaize, où vous avez de bonnes chances d'apercevoir l'huîtrier de Bachman, un oiseau menacé.

Billeon SURF ET SANDBOARD
(www.billeon.com ; cours 2 heures 350 R). Mossel Bay est réputée auprès des surfeurs. Billeon propose des cours de surf pour débutants et organise des sorties *sandboard* de 3 heures (380 R).

Point of Human Origins CIRCUIT CULTUREL
(☎044-691 0051 ; www.humanorigin.co.za ; circuit 395 R). Emmené par un professeur d'archéologie, ce fascinant circuit de 4 heures comprend une randonnée jusqu'aux Pinnacle Point Caves, qui ont vu certaines découvertes éclairer le mode de vie humain d'il y a 162 000 années.

Romonza CIRCUIT EN BATEAU
(☎044-690 3101 ; excursion en bateau de 1 heure 140 R). Des circuits en bateau mettent régulièrement le cap sur Seal Island afin d'admirer les phoques, les oiseaux et les dauphins qui fréquentent ce territoire. À la fin de l'hiver et au printemps, Romonza conduit également des circuits d'observation des baleines (640 R, 2 heures 30).

Skydive Mossel Bay SENSATIONS FORTES
(☎082 824 8599 ; www.skydivemosselbay.com ; Mossel Bay Airfield ; saut en parachute à partir de 2 000 R). Les sauts en parachute en tandem commencent à 3 000 m, et, lorsque le temps et les marées sont au rendez-vous, vous pouvez atterrir sur Diaz Beach.

White Shark Africa PLONGÉE
(☎044-691 3796 ; www.whitesharkafrica.com ; 7 Church St ; plongée 1 350 R). Sorties de plongée en cage d'une journée pour observer les grands requins blancs (déjeuner, boissons et en-cas compris).

Electrodive PLONGÉE
(☎082 561 1259 ; www.electrodive.co.za ; Mossel Bay Harbour ; formation PADI Open-Water 3 600 R, plongée depuis un bateau à partir de 225 R) Plonger à Mossel Bay permet de découvrir de nombreux coraux, poissons et autres créatures marines, avec une moins bonne visibilité que dans des eaux tropicales.

Où se loger

La ville compte 3 campings municipaux pour caravanes. **Bakke** (☎044-690 3501, 044-691 2915 ; Santos Beach ; empl à partir de 210 R, chalet à partir de 520 R) et **Santos** (☎044-690 3501, 044-691 2915 ; Santos Beach ; empl à partir de 210 R) se côtoient sur la jolie plage de Santos Beach. **Punt** (☎044-690 3501, 044-691 2915 ; empl 210 R) est installé à The Point, près du rivage. Les prix augmentent beaucoup en décembre et en janvier.

Mossel Bay Backpackers AUBERGE DE JEUNESSE $
(☎044-691 3182 ; www.mosselbayhostel.co.za ; 1 Marsh St ; dort 140-160 R, d avec/sans sdb 450/380 R ;). Installée de longue date, cette auberge bien tenue englobe désormais la pension attenante. D'excellentes chambres avec sdb s'ajoutent donc aux dortoirs et aux doubles sommaires. Il y a même une suite "lune de miel", avec baignoire balnéo. Le personnel peut organiser toutes les activités imaginables.

Park House Lodge & Travel Centre AUBERGE DE JEUNESSE $
(☎044-691 1937 ; www.park-house.co.za ; 121 High St ; camping/dort 110/170 R, d avec/sans sdb 780/460 R ;). Juste à côté du parc, cette belle maison ancienne en grès, accueillante et joliment décorée, est entourée de jardins. Le petit-déjeuner coûte 50 R. Le personnel peut réserver diverses activités.

Santos Express AUBERGE DE JEUNESSE $
(☎083 900 7797 ; www.santosexpress.co.za ; Santos Beach ; dort 120 R, s/d sans sdb 225/430 R). L'emplacement de ce train réaménagé, à deux pas de la plage, est imbattable.

LE SURF LE LONG DE LA GARDEN ROUTE

L'eau se réchauffe à mesure que l'on remonte le long de Cape Agulhas, pour parvenir à l'océan Indien. Si une combinaison légère ou un short de bain suffisent en été, une combinaison intégrale s'impose en hiver. Les vagues de la côte ont dans l'ensemble bonne réputation, mais Mossel Bay et Victoria Bay sont généralement considérées comme les meilleurs spots.

À **Mossel Bay**, le principal rendez-vous des surfeurs s'appelle Outer Pool (à gauche du bassin de marée), une superbe vague qui se brise sur fond de corail et de rochers. À droite du bassin de marée, une vague douce est appelée Inner Pool. Pour le reste, Ding Dangs, une bonne droite avec une grosse houle, est plus probante à marée basse, surtout avec un vent de sud-ouest ou d'est. Bien qu'il soit un peu pénible de pagayer vers le large, la droite est supérieure à la gauche.

Vous trouverez peut-être votre bonheur à **Grootbrak** et **Kleinbrak**, mais les conditions sont meilleures à **Herold's Bay**. C'est l'un des rares spots à fonctionner par vent de nord-ouest, et il se forme une gauche puissante le long de la plage.

Cependant, les vagues les plus régulières sont celles de **Victoria Bay**. Elles sont parfaites avec une houle de 1 à 2 m et vous profiterez d'une formidable droite.

Un peu plus loin, à une extrémité de Brenton Beach, **Buffalo Bay** (Buffel's Bay) se distingue également par une bonne droite. De beaux rouleaux vous attendent à l'extrémité nord de cette même plage, mais prenez garde aux requins.

À **Plettenberg Bay**, évitez la péninsule de Robberg, qui accueille une colonie de phoques. La zone de baignade de Robberg Beach (où les sauveteurs assurent la surveillance) offre parfois de bonnes vagues si la houle n'est pas trop forte. Central Beach possède l'une des vagues les plus réputées, la "Wedge", qui est idéale pour surfer avec le pied droit devant ("goofy-footer"). Lookout Beach comporte parfois des bancs de sable et The Point offre de bonnes conditions, mais l'érosion fait son chemin et la plage disparaît peu à peu. Attention aux courants, surtout si les sites ne sont pas surveillés.

Toutefois, les compartiments sont exigus. Carte très variée dans le bar-restaurant adjacent (plats 50-140 R).

Point Village Hotel HÔTEL $$
(044-690 3156 ; www.pointvillagehotel.co.za ; 5 Point Rd ; s/d 500/840 R). La façade fantaisiste, qui représente un phare, de cet hôtel peu onéreux donne une idée de ce qu'elle cache : un choix de chambres lumineuses et stylées, et un service extrêmement sympathique. Les chambres ont toutes une kitchenette et certaines un balcon. Des appartements de 2 à 3 chambres, avec une belle vue sur la mer (1 800 R) sont aussi disponibles.

Protea Hotel Mossel Bay HÔTEL $$
(044-691 3738 ; www.proteahotels.com/mosselbay ; Market St ; ch à partir de 1 375 R ;). Hôtel chic de la chaîne Protea, dans l'ancien bâtiment de la poste. Son restaurant, **Café Gannet** (www.proteahotels.com/mosselbay ; Market St ; plats 40-170 R ; petit-déj, déj et dîner), sert un bon choix de produits de la mer, viande et pizzas.

Point Hotel HÔTEL $$$
(044-691 3512 ; www.pointhotel.co.za ; Point Rd ; s/d 1 285/1 710 R ;). Cet hôtel moderne profite d'un emplacement spectaculaire, juste au-dessus des rochers fouettés par les vagues, au Point. Le restaurant (plats 60-120 R) est correct et les chambres spacieuses sont pourvues de balcons donnant sur l'océan – pour un panorama idéal, demandez-en une exposée au sud.

Où se restaurer et prendre un verre

Marsh St et le Point concentrent l'animation gastronomique et nocturne de Mossel Bay.

Kaai 4 BRAAI $$
(www.kaai4.co.za ; Mossel Bay Harbour ; plats 30-95 R ; déj et dîner). Fort d'un emplacement exceptionnel, ce modeste restaurant possède des tables de pique-nique sur la plage, surplombant l'océan. La plupart des plats – ragoûts, burgers, *boerewors* (saucisses) et certains poissons et fruits de mer – sont cuits sur d'énormes feux de bois. Bière locale à la pression.

Café Havana INTERNATIONAL $$
(www.cafehavana.co.za ; 38 Marsh St ; plats 50-110 R ; petit-déj, déj et dîner ;). Installé de longue date, ce restaurant à la thématique cubaine n'a jamais été aussi populaire. Ragoûts, steaks et fruits de mer se côtoient sur la carte, assortie d'une bonne sélection de cocktails. Les horaires d'ouverture plus étendus en font la meilleure adresse pour un dîner tardif.

Big Blu INTERNATIONAL $$
(Point Rd ; plats 50-95 R). Cet établissement délabré, niché dans les rochers du Point, est idéal pour prendre un verre au coucher du soleil avec un hamburger, du poisson, des fruits de mer ou un steak.

Kingfisher POISSON ET FRUITS DE MER $$
(Point Rd ; plats 75-135 R ; déj et dîner). Les habitants apprécient les produits de la mer et la vue sur l'océan. Propose aussi salades, viandes et menu enfant.

Villa Point SUD-AFRICAIN $$$
(044-691 1923 ; 11 Marsh St ; plats 105-180 R ; déj et dîner lun-sam). Ce restaurant apprécié de beaucoup est situé dans une maison ancienne La carte restreinte met l'accent sur les viandes sud-africaines, notamment des côtelettes d'agneau, de l'osso-buco de koudou et le très prisé jarret de springbok.

Blue Shed Coffee Roastery CAFÉ
(33 Bland St ; 6h30-20h ;). Appréciez un excellent café et une part de gâteau maison dans ce café original, doté d'un décor éclectique et d'une vue sur l'océan depuis la terrasse. Un endroit parfait pour se détendre une heure ou deux en passant des vinyles sur le juke-box à l'ancienne.

Renseignements

Mossel Bay Tourism (044-691 2202 ; www.visitmosselbay.co.za ; Market St ; 8h-18h lun-ven, 9h-16h sam-dim). Très accueillant, l'office du tourisme aide à trouver un hébergement. Procurez-vous la brochure détaillant un circuit pédestre consacré à l'histoire de Mossel Bay.

Depuis/vers Mossel Bay

Mossel Bay ne borde pas la nationale : les bus longue distance s'arrêtent à la station-service Shell de Voorbaai, à 7 km. Les auberges de jeunesse viendront vous chercher sur demande, et des taxis privés (80 R) attendent souvent les visiteurs désirant aller plus loin. Il est cependant plus sûr de réserver un taxi (082-932 5809). Dans la journée, des taxis collectifs assurent le trajet (10 R). Les Baz Bus déposent leurs passagers en ville.

Translux (www.translux.co.za), **Greyhound** (www.greyhound.co.za) et **Intercape** (www.intercape.co.za) font halte à Mossel Bay sur

VAUT LE DÉTOUR

EIGHT BELLS MOUNTAIN INN

Eight Bells Mountain Inn (044-631 0000 ; www.eightbells.co.za ; s/d à partir de 750/1 200 R ;). Cette auberge est située à 35 km au nord de Mossel Bay, sur la Rte 328 en direction d'Oudtshoorn (50 km). L'endroit bénéficie d'un charmant cadre montagnard au pied du Robinson Pass, avec un vaste domaine qui satisfera les enfants comme les joueurs de squash. Vous aurez le choix entre divers hébergements – les *rondavels* se distinguent tout particulièrement. Jardin de thé, restaurant, et possibilités de randonnée et d'équitation sur la propriété. Les tarifs augmentent de manière spectaculaire durant les vacances scolaires.

le trajet Le Cap-Port Elizabeth. De Mossel Bay, Intercape dessert deux fois par jour les destinations suivantes : Knysna (310 R, 2 heures), Plettenberg Bay (310 R, 2 heures 30), Le Cap (380 R, 6 heures,) et Port Elizabeth (380 R, 6 heures 30).

George

114 000 HABITANTS

Ville la plus importante de la Garden Route, fondée en 1811, George n'est pourtant guère plus qu'un carrefour en matière de commerce et de transports, et ne possède pas de quoi retenir les visiteurs très longtemps. Elle compte néanmoins quelques beaux bâtiments anciens, dont la minuscule cathédrale St Mark et l'église hollandaise réformée, plus imposante. Elle se situe à 8 km de la côte et la plupart des visiteurs y viennent pour ses parcours de golf.

À voir et à faire

George Museum MUSÉE
(Courtenay St ; entrée sur don ; 9h-16h30 lun-ven, 9h-12h30 sam). George ayant été un centre d'exploitation des bois endémiques, ce musée présente des objets en rapport avec cette industrie.

Outeniqua Transport Museum MUSÉE
(York St, angle Courtenay St ; adulte/enfant 20/10 R ; 8h-16h30 lun-ven, 8h-14h sam). Les passionnés de trains apprécieront la visite : outre les nombreux modèles réduits, 12 locomotives et 15 wagons profitent ici d'une retraite méritée, dont un wagon utilisé par la famille royale britannique dans les années 1940.

Où se loger et se restaurer

Outeniqua Travel Lodge AUBERGE DE JEUNESSE $
(082 316 7720 ; www.outeniqualodge.com ; 70 Langenhoven St ; dort/s/d 130/350/480 R ;). Loin du centre-ville, cette excellente option avec chambres dotées de salles de bains se situe dans un quartier résidentiel calme. Le personnel est sympathique et peut organiser diverses activités.

French Lodge International GUESTHOUSE $$
(044-874 0345 ; www.frenchlodge.co.za ; 29 York St ; s/d avec petit-déj à partir de 650/800 R ;). Chambres aménagées dans de luxueux *rondavels* à toit de chaume installés autour de la piscine, avec TV par satellite, sdb et Jacuzzi.

Fancourt Hotel HÔTEL DE LUXE $$$
(044-804 0000 ; www.fancourt.co.za ; Montagu St, Blanco ; d à partir de 3 400 R ;). Établissement le plus luxueux de la région, à environ 10 km du centre-ville, doté de 3 terrains de golf de 18 trous, d'un spa et de 4 restaurants.

Old Townhouse GRILL $$
(044-874 3663 ; Market St ; plats 50-130 R ; déj et dîner lun-ven, dîner sam). Situé dans l'ancien édifice de l'administration municipale datant de 1848, ce restaurant ouvert de longue date est connu pour ses excellents steaks et ses plats de gibier qui changent constamment.

Robertson Brewery BRASSERIE
(www.robertsonbrewery.com ; 1 Memoriam St ; dégustation 35 R, repas léger 60 R ; 10h-19h lun-sam). Étant donné qu'il n'y a pas grand-chose à faire à George, cette microbrasserie familiale fera sans doute partie de votre circuit. Offrez-vous un plateau-dégustation de six bières brassées sur place et des petites choses toutes simples à grignoter en admirant la peinture murale originale qui détaille le processus de brassage.

Renseignements

George Tourism (044-801 9295 ; www.georgetourism.org.za ; 124 York St ; 7h45-16h30 lun-ven, 9h-13h sam). Renseignements sur George et la région.

Depuis/vers George

Kulula (☎0861 585 852 ; www.kulula.com), **Airlink** (☎0861 606 606 ; www.flyairlink.com) et **SA Express** (☎0861 729 227 ; www.flyexpress.aero) desservent l'**aéroport de George** (☎044-876 9310), à 7 km à l'ouest de la ville.

Les bus s'arrêtent à George sur le trajet entre Le Cap et Port Elizabeth, ainsi qu'entre Jo'burg et la Garden Route. Les bus Greyhound (www.greyhound.co.za) font halte à la station-service Caltex dans York St, tandis que ceux de Translux (www.translux.co.za) et Intercape (www.intercape.co.za) s'arrêtent à la gare principale, à l'extrémité de Hibernia St. Intercape dessert, entre autres, Knysna (310 R, 1 heure 30, 2 bus/jour), Plettenberg Bay (310 R, 2 heures), Port Elizabeth (380 R, 5 heures 30, 2 bus/jour), Le Cap (380 R, 7 heures, 2 bus/jour), Bloemfontein (540 R, 10 heures, tous les jours) et Jo'burg (700 R, 16 heures, tous les jours).

Les Baz Bus déposent les passagers en ville.

Montagu Pass et Outeniqua Pass

En quittant George, vous accéderez au col de Montagu via une route qui serpente à travers les montagnes. Ouvert en 1847, Montagu est aujourd'hui classé monument national. Au retour, passez par le col d'Outeniqua via une route goudronnée, également au nord de George, qui offre un panorama encore plus saisissant.

Vous pouvez aussi opter pour l'**Outeniqua Power Van** (☎082 490 5627 ; adulte/enfant 130/110 R ; ⏲lun-sam), un petit train qui vous conduira à l'Outeniqua Transport Museum en effectuant une boucle de 2 heures 30 à travers les monts Outeniqua. Il est même possible d'emporter votre vélo dans le train et faire le retour jusqu'au col de Montagu à la force des mollets.

Herold's Bay

Situé à 16 km au sud-ouest de George, sur une jolie portion de sable constituant un spot de surf correct, Herold's Bay est un minuscule village assoupi qui s'anime les week-ends d'été. Si vous voulez y passer la nuit, le **Makarios** (☎044-872 9019 ; www.makariosonsea.co.za ; 4 Gericke's Cnr ; ste à partir de 1 030 R) a quasiment les pieds dans l'eau. Les appartements de luxe disposent d'une cuisine entièrement équipée et d'une vue sur la mer. Une plus petite chambre sans vue est louée à partir de 550 R. À défaut de restaurants sur le front de mer, plusieurs kiosques à glaces vous attendent. Pour déjeuner, essayez le **Dutton's Cove** (21 Rooidraai Rd ; plats 60-110 R ; ⏲déj et dîner lun-sam, déj dim), une institution locale qui domine la plage.

Victoria Bay

Minuscule et pittoresque, Victoria Bay se niche au pied de falaises abruptes, à 8 km au sud de George. Considéré comme l'un des meilleurs spots de surf du Cap occidental, l'endroit compte également une piscine à vagues pour les enfants. Vous trouverez des appartements près de la plage – consultez www.vicbay.com – et un **camping de caravanes** (☎044-889 0081 ; empl à partir de 172 R) surplombant le sable.

Surfari Backpackers AUBERGE DE JEUNESSE **$$**
(☎044-889 0113 ; www.vicbaysurfari.co.za ; dort/s/d 180/325/550 R). Bien que trop éloigné de l'océan pour en respirer les embruns, le Surfari est chaudement recommandé. Tenue par une famille, cette auberge raffinée renferme des chambres lumineuses et splendidement décorées, avec une vue époustouflante sur la forêt côtière et l'océan au-delà. L'énorme salon est équipé d'un bar, d'une grande TV et d'un billard. Les propriétaires louent des planches de surf (150 R/jour) et peuvent organiser des cours.

Wilderness

6 200 HABITANTS

D'épaisses forêts séculaires cèdent la place à des collines escarpées et au bleu éclatant de la mer. La côte, superbe, avec ses déferlantes, ses kilomètres de sable blanc, ses lagunes protégées et ses estuaires pleins d'oiseaux font de Wilderness une station balnéaire très appréciée. Les myriades de résidences secondaires se fondent dans les collines verdoyantes, et le minuscule centre-ville est charmant. Amateurs de farniente, méfiez-vous : la plage est magnifique, mais la baignade fortement déconseillée en raison d'un contre-courant dangereux. Seul autre inconvénient, la dispersion des différentes infrastructures complique les déplacements si l'on ne dispose pas d'un véhicule.

Activités

Eden Adventures SPORTS D'AVENTURE
(☎044-877 0179 ; www.eden.co.za ; Fairy Knowe Hotel). L'agence programme des sorties en canoë (250 R/jour), des descentes en rappel (550 R), du *kloofing* (canyoning, 495 R) et des circuits dans la région.

Timberlake Organic Village SPORTS D'AVENTURE
(www.timberlakeorganic.co.za ; ⏲9h-17h). Ce complexe en retrait de la N2, entre Wilderness et Sedgefield, offre diverses activités, comme des sorties en quad ou des descentes en tyrolienne. Il y a aussi des petites boutiques vendant des produits frais bio et de l'artisanat.

Où se loger

Fairy Knowe Backpackers AUBERGE DE JEUNESSE $
(☎044-877 1285 ; www.wildernessbackpackers.com ; Dumbleton Rd ; camping 80 R, dort/d sans sdb 130/400 R, d 500 R ;). Dans une propriété verdoyante qui surplombe la rivière Touws, cette auberge installée de longue date est logée dans une ferme de 1874. Le bar et le café occupent un bâtiment annexe suffisamment éloigné pour que le bruit ne dérange pas les clients. Le personnel peut organiser toutes sortes d'activités. En voiture, entrez dans Wilderness et suivez la route principale sur 2 km jusqu'à l'embranchement de Fairy Knowe.

Wilderness Beach House Backpackers AUBERGE DE JEUNESSE $
(☎044-877 0549 ; www.wildernessbeachhouse.com ; Wilderness Beach ; dort/d sans sdb 150/350 R, d à partir de 450 R ;). Au sud-ouest de la ville, cette auberge aérée offre une vue stupéfiante sur l'océan, des chambres simples, un bar dans un *lapa* et un café (servant le petit-déjeuner et le dîner).

♥ **Interlaken** GUESTHOUSE $$
(☎044-877 1374 ; www.interlaken.co.za ; 713 North St ; s/d avec petit-déj 695/1 100 R ;). Un favori des lecteurs, à juste titre : pension accueillante et bien tenue forte d'une superbe vue sur la lagune. Dîner succulent servi sur demande.

♥ **Views Boutique Hotel** BOUTIQUE-HÔTEL $$$
(☎044-877 8000 ; www.viewshotel.co.za ; South St ; s/d avec petit-déj 3 200/4 200 R ;). Avec ses chambres modernes et lumineuses, donnant sur une plage sensationnelle à travers ses baies vitrées, cette adresse exploite au mieux son emplacement remarquable. La vue sur l'océan justifie le supplément, mais les chambres tournées vers la montagne sont également charmantes. Piscine sur le toit-terrasse, spa et escalier menant directement à la plage.

Où se restaurer

Beejuice CAFÉ $
(Sands Rd ; repas léger 45-85 R ; ⏲petit-déj et déj toute l'année, dîner nov-avr). Bien qu'aucun train n'emprunte plus ces rails, ce café qui occupe l'ancienne gare est un lieu parfait pour savourer des salades et des sandwichs frais. En soirée, on y sert de la cuisine sud-africaine traditionnelle.

♥ **Girls Restaurant** INTERNATIONAL $$
(1 George Rd ; plats 100-285 R ; ⏲dîner mar-dim). S'il ne paye pas de mine au premier abord, ce restaurant niché à côté d'une station-service collectionne les éloges. Goûtez les crevettes accompagnées de diverses sauces divines ou le filet de chevreuil.

Zucchini EUROPÉEN $$
(www.zucchini.co.za ; Timberlake Organic Village ; plats 60-130 R ; ⏲petit-déj et déj tlj, dîner ven-sam ;). Décor chic, produits maison bio, viande issue d'animaux élevés en liberté, et de nombreux plats végétariens.

Serendipity SUD-AFRICAIN $$$
(☎044-877 0433 ; Freesia Ave ; menu 5 plats 415 R ; ⏲dîner lun-sam). Tant nos lecteurs que les habitants recommandent cette adresse gastronomique élégante, forte d'une terrasse surplombant la lagune. Si la carte, aux accents sud-africains, change tous les mois, elle affiche toujours des interprétations originales de plats classiques. Réservation impérative.

Renseignements

Wilderness Tourism (☎044-877 0045 ; George Rd ; ⏲7h45-16h30 lun-ven, 9h-13h sam). Juste après l'ensemble de restaurants sur la droite, en entrant dans le village.

Garden Route National Park (Wilderness Section)

Appelé désormais section de Wilderness, l'ancien Wilderness National Park a été incorporée dans le vaste **Garden Route National Park** (☎044-877 1197 ;

GARDEN ROUTE NATIONAL PARK

Pourquoi y aller Points de vue sur la montagne, la forêt et les lacs ; randonnées à l'ombre ; observation de petites espèces animales ; splendide avifaune ; nombreuses activités de plein air, dont le kayak et le *kloofing* (canyoning).

Quand partir En septembre, la saison des pluies est terminée et le parc est à son zénith ; les mois de décembre et janvier sont les plus prisés, ceux de juin et août les plus humides.

Infos pratiques Le parc est difficile à rallier par les transports publics – si vous n'êtes pas motorisé, la randonnée et les circuits constituent vos seules options. En voiture, l'accès se fait par la N2, à 2 km à l'est du village de Wilderness. Le parc est ouvert de 7h à 18h.

Faire des économies Pour certains sentiers de randonnée, il n'est pas nécessaire d'entrer dans le parc proprement dit : vous pouvez donc acheter un permis de randonnée, sans pour autant payer l'entrée.

www.sanparks.org ; adulte/enfant 106/53 R ; 7h-18h), de même que les Knysna Forests et Tsitsikamma. Le parc abrite un réseau unique de lacs, de rivières, de marécages et d'estuaires indispensables à la survie de nombreuses espèces.

Des chemins de randonnée de différents niveaux mènent aux lacs, à la plage et à la forêt primaire. Le **Kingfisher Trail** (1 journée de marche) traverse la région et emprunte une passerelle de bois pour franchir la zone intertidale (comprise entre les niveaux des marées les plus hautes et les plus basses) de la Touws. Pêche, canoë, planche à voile et navigation de plaisance se pratiquent sur les lacs. Eden Adventures, à Wilderness, loue des canoës.

Il y a 2 campings similaires dans le parc, avec des hébergements simples et confortables : **Ebb & Flow North** (empl à partir de 170 R, d avec/sans sdb à partir de 510/320 R), le plus petit, et **Ebb & Flow South** (empl à partir de 170 R, bungalows à partir de 625 R).

Buffalo Bay

L'idyllique Buffalo Bay (ou Buffel's Bay, voire Buffelsbaai), à 17 km à l'ouest de Knysna, compte une réserve naturelle, une plage de surf quasiment déserte et une minuscule enclave de maisons de vacances. Rien de plus, et pourtant rien ne manque.

Vous pouvez aussi explorer la **Goukamma Nature Reserve** (www.capenature.co.za ; adulte/enfant 40/20 R ; 8h-18h), accessible par la route de Buffalo Bay. Cette réserve protège 14 km de littoral rocheux, des falaises de grès, des dunes couvertes de *fynbos* côtier et des forêts, ainsi que le Groenvlei, un grand lac d'eau douce. La réserve embrasse également 1,8 km de fonds marins, et on voit souvent des dauphins (et des baleines, en saison) le long de la côte. Vous y trouverez des parcours réalisables en une journée, de la promenade de 2 heures dans la forêt jusqu'à la randonnée de 15 km à travers les dunes. Les permis peuvent être obtenus à l'arrivée, à l'accueil de la réserve. Excellentes occasions de pratiquer la pêche et le canoë (location 30 R/jour).

En ville, le **Buffelsbaai Waterfront** (044-383 0038 ; www.buffelsbaai.co.za ; app à partir de 750 R) est une escale intéressante pour passer la nuit, se restaurer et trouver des renseignements sur la région. Il occupe un grand bâtiment derrière la plage… impossible de le manquer. Les hébergements de la réserve, plutôt chics, comprennent le **Fish Eagle Loft** (pour 2 pers 705 R) et des **chalets** (pour 4 pers 960 R), mais aussi l'**Otter's Rest Lodge** (pour 4 pers 1 150 R) et le **Mbuvu Bush Camp** (cottage de 4 pers 1 210 R), plus luxueux. Les prix augmentent considérablement pendant les vacances scolaires.

Knysna

51 000 HABITANTS

Bordée par une lagune sublime et entourée de forêts vénérables, Knysna (prononcez ni-znah) est certainement la ville la plus réputée de la Garden Route. Jadis centre de l'industrie forestière, elle fournissait du "podo" (*Podocarpus latifolius*) et de l'*Ocotea bullata* pour la construction de voies ferroviaires, navires et habitations. Il existe encore quelques commerces spécialisés dans le travail du bois et les meubles traditionnels. La lagune a toujours attiré les amateurs de voile, et l'industrie de l'huître est florissante.

Le paysage paisible, l'atmosphère artistique et gay-friendly, les bons hôtels, restaurants et bars, ainsi qu'une belle palette d'activités font de Knysna un lieu de séjour agréable. Si vous recherchez un endroit calme et peu urbanisé, passez votre chemin, surtout en haute saison, lorsque les visiteurs affluent et rendent pénible tout déplacement dans la ville.

À voir

Knysna Lagoon (lagune de Knysna) PARC

La lagune de Knysna s'ouvre entre deux falaises de grès, appelées The Heads ("les têtes"), autrefois considérées par la marine royale britannique comme l'accès portuaire le plus dangereux du monde. La vue est superbe depuis la falaise est, tout comme depuis la Featherbed Nature Reserve, une réserve privée installée sur la falaise ouest.

La croisière est la meilleure façon d'apprécier la lagune. La **Featherbed Company** (carte p. 152 ; ☎044-382 1693 ; www.featherbed.co.za ; Remembrance Dr, près de Waterfront Dr ; excursions en bateau adulte/enfant à partir de 100/55 R) gère plusieurs bateaux et organise une excursion permettant d'explorer la réserve à pied (adulte/enfant 380/130 R).

Bien que surveillée par SAN Parks, la lagune de Knysna n'est ni un parc national ni une réserve naturelle. Appartenant en grande partie à des particuliers, elle est utilisée à des fins industrielles et touristiques. La zone protégée débute à l'est de Buffalo Bay et suit la côte jusqu'à l'embouchure du Noetzie.

Mitchell's Brewery BRASSERIE

(carte p. 152 ; ☎044-382 4685 ; www.mitchellsbrewing.com ; 10 New St ; dégustation 75 R, visite et dégustation 150 R ; ⏲10h-18h lun-sam, visite 11h, 12h30 et 14h30). La plus ancienne microbrasserie d'Afrique du Sud a investi cette nouvelle adresse lumineuse à la lisière de la lagune. Participez à une visite, ou profitez simplement des diverses bières de style anglais dans le *beer garden*. Des repas de pub (45-70 R) sont également servis. Réservation impérative pour les visites.

Belvidere VILLAGE

À 10 km de Knysna, Belvidere est immaculé. Admirez la belle **église** (carte p. 155) de style anglo-normand, construite dans les années 1850 par des Anglais souffrant du mal du pays. Plus loin s'étend la **Featherbed Nature Reserve** (carte p. 155), et du côté de la mer, Brenton-on-Sea.

Activités

Circuits et séjours chez l'habitant dans les townships

L'office du tourisme dispose d'une liste à jour des nombreux prestataires proposant des visites des townships haut perchés de Knysna. Si vous souhaitez passer une nuit dans le township, contactez le bureau de Knysna Tourism et demandez sa brochure, *Living Local*.

Emzini Tours CIRCUIT CULTUREL

(☎044-382 1087 ; www.emzinitours.co.za ; adulte/enfant 350/100 R). Sous l'égide d'Ella, une résidente du township, ces visites de 3 heures permettent de découvrir divers projets mis en place par Emzini dans la communauté. Les circuits peuvent être adaptés à vos intérêts. Ils se terminent généralement chez Ella pour un thé, de la musique et des fous rires quand vous tenterez de prononcer quelques mots en xhosa.

Mad About Art CIRCUIT CULTUREL

(☎044-375 0242 ; www.madaboutart.org ; don suggéré 180 R). Cette association à but non lucratif propose des circuits pédestres de 1 heure 30 au fil de divers projets artistiques et éducatifs.

Activités de plein air

La Garden Route est réputée pour ses sports à sensations et ses activités de plein air. À Knysna et alentour, on peut pratiquer la randonnée, le vélo, le surf, le *kloofing* (canyoning), le kayak et l'équitation, notamment.

Knysna Cycle Works VTT

(carte p. 152 ; ☎044-382 5152 ; www.knysnacycles.co.za ; 20 Waterfront Dr ; 200 R/jour ; ⏲8h30-17h lun-ven, 9h-13h sam). Cette agence bien établie loue des VTT et fournit des cartes détaillant les sentiers de la région.

Trip Out SPORTS NAUTIQUES

(☎083 306 3587 ; www.tripout.co.za ; cours de surf de 2 heures 350 R). Cours de surf pour débutants, snorkeling autour des Heads (300 R) et circuits en bateau, ainsi que sortie *kloofing* d'une journée (850 R).

Fêtes et festivals

Pink Loerie Festival GAY

(www.pinkloerie.co.za). Knysna honore sa communauté gay avec un flamboyant Mardi gras, fin avril et début mai.

Knysna

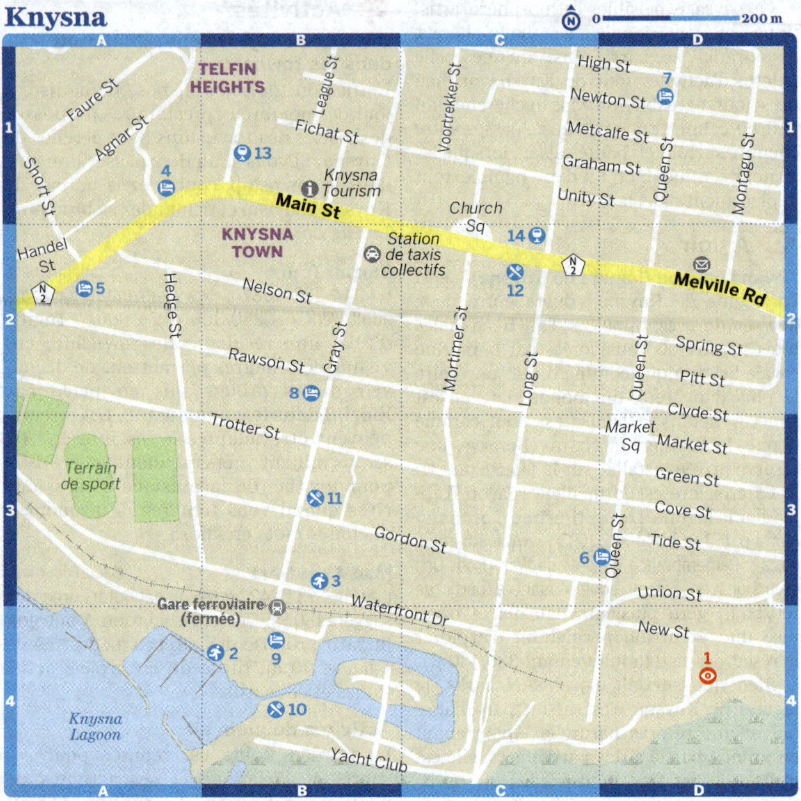

Knysna

À voir

1 Mitchell's Brewery D4

Activités

2 Featherbed Company B4
3 Knysna Cycle Works B3

Où se loger

4 Inyathi Guest Lodge A1
5 Island Vibe A2
6 Jembjo's Knysna Lodge D3
7 Knysna Backpackers D1
8 Knysna Log Inn B2
9 Protea Hotel Knysna Quays B4

Où se restaurer

10 Caffé Mario B4
11 Chatters Bistro B3
12 Olive Tree C2

Où prendre un verre et faire la fête

13 King's B1
14 Zanzibar Lounge C2

Oyster Festival GASTRONOMIE
(www.oysterfestival.co.za). Les huîtres sont à l'honneur en juillet, avec plusieurs manifestations au programme, dont le Knysna Marathon.

Où se loger

En basse saison, les nombreuses *guesthouses* se disputent les faveurs des quelques randonneurs en pratiquant des prix bas. La haute saison, en revanche, voit ce rapport inversé, donc une hausse des prix (sauf à l'auberge Knysna Backpackers). Réservation recommandée.

Island Vibe AUBERGE DE JEUNESSE $
(carte p. 152 ; ☎044-382 1728 ; www.islandvibe.co.za ; 67 Main St ; dort 150 R, d avec/sans sdb 550/480 R ; 📶🏊). Cette excellente auberge de jeunesse dispose d'agréables espaces communs, d'un personnel joyeux et de chambres joliment décorées. Bar animé et petite piscine sur la terrasse.

À NE PAS MANQUER

RANDONNÉES DANS LA FORÊT DE KNYSNA

La forêt de Knysna, qui fait désormais partie du Garden Route National Park, est un lieu merveilleux pour les randonneurs de tous niveaux. Le sentier le plus facile est le **Garden of Eden** (adulte/enfant 36/18 R), qui est jalonné d'agréables aires de pique-nique et comporte une balade accessible en fauteuil roulant. La **Millwood Gold Mine Walk** est aussi une promenade facile, et les **Elephant Trails** (adulte/enfant 60/30 R) de Diepwalle proposent différents niveaux de difficulté.

Plus ardu, le **Harkerville Coast Trail** (210 R/pers) est une randonnée de 2 jours qui rejoint l'Outeniqua Trail. L'**Outeniqua Trail** (☎044-302 5606 ; adulte/enfant 72/38 R), sentier très prisé de 108 km de long, nécessite une semaine de marche, mais il est possible d'effectuer des tronçons de 2 ou 3 jours. Vous devrez payer 76 R par nuit pour dormir dans un gîte rudimentaire en chemin (prévoyez des draps). Pour vous procurer un permis, des cartes et obtenir plus de renseignements, contactez **SANParks** (☎044-302 5600 ; www.sanparks.org ; Long St, Thesen's Island ; 7h30-16h lun-ven).

Vous y trouverez aussi une multitude de sentiers VTT – contactez Knysna Cycle Works pour louer des vélos et vous procurer des cartes.

Jembjo's Knysna Lodge AUBERGE DE JEUNESSE $
(carte p. 152 ; ☎044-382 2658 ; www.jembjos-knysnalodge.co.za ; 4 Queen St ; dort 130 R, s/d sans sdb 290/340 R, s/d 390/460 R ; wi-fi). Une petite auberge accueillante, tenue par deux anciens chauffeurs routiers au long cours. Nombreuses infos sur les activités dans le secteur, VTT à louer (75 R/jour) et petit-déjeuner gratuit en libre-service.

Knysna Backpackers AUBERGE DE JEUNESSE $
(carte p. 152 ; ☎044-382 2554 ; www.knysnaback-packers.co.za ; 42 Queen St ; dort 130 R, d avec/sans sdb 480/380 R ; wi-fi). Cette vaste demeure victorienne, à quelques rues de Main St, loue essentiellement des doubles. Une auberge plutôt calme, tenue par une famille.

♥ **Brenton Cottages** CHALETS $$
(carte p. 155 ; ☎044-381 0082 ; www.brentononsea.net ; 242 CR Swart Drive, Brenton-on-Sea ; bungalow 2 pers 680 R, chalet 6 pers 1 380 R ; clim, wi-fi, piscine). Du côté mer de la lagune, les collines descendent jusqu'à Brenton-on-Sea, qui surplombe une superbe plage de 8 km. Les chalets sont dotés d'une cuisine entièrement équipée tandis que les bungalows possèdent une kitchenette (plusieurs ont vue sur l'océan). De nombreuses aires pour le *braai* sont éparpillées sur la pelouse bien entretenue.

Inyathi Guest Lodge GUESTHOUSE $$
(carte p. 152 ; ☎044-382 7768 ; www.inyathiguest-lodge.co.za ; 52 Main St ; s/d à partir de 400/700 R ; wi-fi). Adresse très originale, conçue dans un esprit africain authentique qui ne tombe pas dans les écueils du kitsch. Les lodges en bois sont charmants mais plutôt mal insonorisés. Une excellente option économique qui offre des tarifs à la chambre uniquement et des prix intéressants pour les voyageurs en solo.

Under Milk Wood CHALETS $$$
(carte p. 155 ; ☎044-384 0745 ; www.milkwood.co.za ; George Rex Dr ; bungalow à partir de 1 200 R). Perchés au bord de la lagune de Knysna, ces impressionnants bungalows indépendants en rondins possèdent tous une terrasse et un espace *braai* (barbecue). À défaut de piscine, il y a une petite plage.

Protea Hotel Knysna Quays HÔTEL $$$
(carte p. 152 ; ☎044-382 5005 ; www.proteahotels.com ; Waterfront Dr ; s/d 1 550/1 900 R ; clim, wi-fi, piscine). Dans cet hôtel chic, les chambres sont décorées avec goût. Piscine chauffée. Boutiques et restaurants au Waterfront, à quelques pas. Demandez une chambre avec vue sur la lagune.

Knysna Log Inn HÔTEL $$$
(carte p. 152 ; ☎044-382 5835 ; www.log-inn.co.za ; 16 Gray St ; s/d avec petit-déj 1 320/1 940 R ; clim, wi-fi, piscine). Le Knysna Log Inn serait la plus grande construction en rondins de l'hémisphère Sud. Chambres confortables, dont beaucoup avec balcon, et piscine charmante dans le jardin.

Belvidere Manor HÔTEL $$$
(carte p. 155 ; ☎044-387 1055 ; www.belvidere.co.za ; Duthie Dr ; cottage petit-déj inclus à partir de 2 180 R ; wi-fi, piscine). Un établissement très paisible, avec des cottages de luxe disposés autour d'une pelouse impeccable, dont certains profitent d'une vue sur la lagune.

À NE PAS MANQUER

LES RASTAFARIS DE KNYSNA

Knysna compte la plus grande communauté rastafari d'Afrique du Sud. Participez à une passionnante visite à pied de **Judah Square**, au cœur du township, en compagnie de **Brother Zeb** (☎076 649 1034 ; circuit à partir de 70 R), une figure locale inoubliable.

Restaurant (plats 75-160 R) dans le bâtiment historique principal servant des plats régionaux et internationaux, et pub évocateur ouvert aux non-résidents.

Phantom Forest Eco-Reserve LODGE $$$
(☎044-386 0046 ; www.phantomforest.com ; Phantom Pass Rd ; s/d à partir de 2 935/4 275 R ;). Cette petite écoréserve privée, à 6 km à l'ouest de Knysna, comprend 14 maisons dans les arbres, élégamment décorées et construites à partir de matériaux durables. Nombreuses activités, notamment des randonnées guidées. À défaut d'y séjourner, venez déguster le succulent dîner africain (6 plats 400 R) servi chaque jour dans la Forest Boma. Réservation impérative.

Où se restaurer

De nombreux cafés de Main St sont parfaits pour manger sur le pouce.

Ile de Pain CAFÉ, BOULANGERIE $
(carte p. 155 ; www.iledepain.co.za ; Thesen's Island ; plats 50-90 R ; petit-déj et déj mar-dim ;). Une boulangerie-café plébiscitée tant par les habitants que par les touristes. Excellent choix de petits-déjeuners, salades fraîches à profusion, une poignée de plats du jour imaginatifs et quelques options végétariennes.

Caffé Mario ITALIEN $
(carte p. 152 ; plats 50-100 R ; petit-déj, déj et dîner). Une bonne adresse du Waterfront pour prendre le petit-déjeuner, voire un café avec une part de gâteau. Pizza et pâtes figurent aussi au menu.

Olive Tree BISTROT $$
(carte p. 152 ; ☎044-382 5867 ; 21 Main St ; plats 90-170 R ; dîner lun-sam). L'un des restaurants les plus huppés et les plus romantiques de Knysna. La carte, affichée sur une ardoise, est régulièrement renouvelée. Réservation conseillée.

East Head Café CAFÉ $$
(carte p. 155 ; ☎044-384 0933 ; www.easthead-cafe.co.za ; 25 George Rex Dr, Eastern Head ; plats 75-145 R ; petit-déj et déj ;). Ce restaurant offre une terrasse surplombant la lagune et l'océan, une carte riche en poisson et fruits de mer, plus quelques plats végétariens. L'endroit est très prisé : en haute saison, attendez-vous à patienter pour une table.

Sirocco INTERNATIONAL $$
(carte p. 155 ; ☎044-382 4874 ; www.sirocco.co.za ; Main Rd, Thesen's Island ; plats 50-130 R ; déj et dîner). À l'intérieur se trouve un restaurant chic, où l'on commande un steak ou des fruits de mer, tandis qu'à l'extérieur se tient un bar décontracté, où des pizzas cuites au feu de bois et toute la gamme des bières Mitchell sont servies.

Chatters Bistro PIZZERIA $$
(carte p. 152 ; www.chattersbistro.co.za ; 9A Gray St ; plats 60-130 R ; déj et dîner mar-dim). Si la plupart des restaurants de Knysna semblent apparaître pour disparaître aussitôt, cet établissement répond présent depuis plusieurs années. Aux pizzas s'ajoutent burgers, pâtes et quelques salades, dont on peut profiter dans le cadre d'un agréable jardin.

Où prendre un verre et faire la fête

Remontez Main St et faites votre choix parmi les nombreux bars. Beaucoup n'ouvrent qu'en saison.

King's PUB
(carte p. 152 ; Main St ; 11h-2h). Un pub populaire, gentiment grunge, avec bière à la pression et billards.

Zanzibar Lounge CLUB
(carte p. 152 ; Main St ; mar-sam). Le haut lieu du clubbing à Knysna : ambiance détendue et balcon lounge pour se prélasser.

Renseignements

Knysna Tourism (carte p. 152 ; ☎044-382 5510 ; www.visitknysna.co.za ; 40 Main St ; 8h-17h lun-ven, 8h30-13h sam toute l'année, plus 9h-13h dim déc-jan et juil). Excellent office du tourisme au personnel très bien informé.

Depuis/vers Knysna

BUS

Translux (www.translux.co.za), Intercape (www.intercape.co.za) et Greyhound (www.greyhound.co.za) font halte à la **station-service Engen**

Environs de Knysna

(Main St). Les Baz Bus marquent l'arrêt à toutes les auberges de jeunesse. Pour aller d'une ville à l'autre sur la Garden Route, empruntez un taxi collectif, car les bus des grandes lignes sont coûteux pour les courts trajets.

Intercape dessert George (280 R, 1 heure 30, 2/jour), Mossel Bay (280 R, 2 heures, 2/jour), Port Elizabeth (320 R, 4 heures 30, 2/jour), Le Cap (450 R, 8 heures, 2/jour) et Jo'burg (720 R, 17 heures 30, tous les jours).

TAXI COLLECTIF

La principale **station de taxis collectifs** (carte p. 144) se trouve à l'angle de Main St et de Gray St. Ils rallient notamment chaque jour Plettenberg Bay (20 R, 30 minutes) et Le Cap (150 R, 7 heures 30). Pour un taxi privé, essayez **Eagle Cabs** (☎ 076 797 3110).

Environs de Knysna

À voir

1 Église de Belvidere A1
2 Featherbed Nature Reserve C3

Où se loger

3 Belvidere Manor A1
4 Brenton Cottages B3
5 Under Milk Wood D3

Où se restaurer

6 East Head Café D3
7 Ile de Pain C2
8 Sirocco C2

De Knysna à Plettenberg Bay

Entre Knysna et Plettenberg Bay, la N2 compte des bifurcations vers le nord ou le sud, offrant des détours intéressants.

La route Knysna-Avontour (Rte 339) grimpe à travers les monts Outeniqua via le superbe **col du Prince Alfred**, que certains jugent plus beau encore que le col du Swartberg. Sachez que la route n'est pas en très bon état et que le trajet prend du temps. Si les passages escarpés sont rares, le col culmine à plus de 1 000 m et le point de vue côté nord est spectaculaire. Ensuite, la route serpente dans la vallée de Langkloof.

Accessible par un embranchement sur la N2, à 10 km à l'est de Knysna, **Noetzie** est un étrange village où les maisons de vacances ont des allures de petits châteaux. Il y a une belle plage de surf (vaste mais dangereuse) et une lagune abritée qui traverse une gorge boisée. Un sentier abrupt mène du parking à la plage.

Plettenberg Bay

6 500 HABITANTS

Plettenberg Bay, souvent appelée "Plett", est une cité balnéaire qui conjugue montagnes, sable blanc et eaux cristallines. Ce lieu de villégiature étant l'un des plus prisés du pays, l'agitation est parfois à son comble et les prix élevés. L'ambiance reste chaleureuse et des auberges de jeunesse accueillent les voyageurs à petit budget. Vers l'est, le paysage côtier et la forêt primaire comptent parmi les plus beaux du pays.

À voir et à faire

Outre le farniente sur les plages et la randonnée dans la Robberg Peninsula, Plett permet de multiples activités. L'Albergo for Backpackers en organise la plupart, souvent à prix réduits.

À Crags, vous serez à proximité de plusieurs réserves animalières.

Monkeyland RÉSERVE ANIMALIÈRE
(www.monkeyland.co.za ; circuits 1 heure adulte/enfant 175/88 R ; 8h-17h). Ce centre de réhabilitation, qui rencontre un franc succès, est dévolu aux primates ayant vécu dans des zoos ou chez des particuliers. Le safari à pied, qui traverse une épaisse forêt et un pont en corde de 128 m de long, est splendide. Le billet combiné avec Birds of Eden coûte 280/140 R par adulte/enfant.

Birds of Eden VOLIÈRE
(www.birdsofeden.co.za ; adulte/enfant 175/88 R ; 8h-17h). Pourvue d'un dôme de 2 ha coiffant la forêt, cette volière est l'une des plus vastes au monde.

Ocean Blue Adventures CIRCUIT EN BATEAU
(044-533 5083 ; www.oceanadventures.co.za ; Hopewood St, Milkwood Centre ; observation des dauphins/baleines 440/700 R). Excursions à la découverte des dauphins et des baleines en saison, à bord de bateaux de 30 places.

Sky Dive Plettenberg Bay SENSATIONS FORTES
(082 905 7440 ; www.skydiveplett.com ; Plettenberg Airport ; saut en tandem 1 850 R). Ce prestataire recommandé propose des sauts en parachute, avec un panorama stupéfiant.

Learn to Surf Plett SURF
(082 436 6410 ; www.learntosurfplett.co.za ; cours collectif de 2 heures avec équipement 350 R). Une école installée de longue date, qui dispense aussi des cours de paddle (150 R/heure).

Où se loger

L'office du tourisme possède la liste exhaustive des hébergements et vous indiquera les divers campings, tous à Keurboomstrand, tout près de là. En basse saison, certains établissements proposent des réductions.

Nothando Backpackers Hostel AUBERGE DE JEUNESSE $
(044-533 0220 ; www.nothando.com ; 5 Wilder St ; dort 160 R, d avec/sans sdb 500/420 R ; wi-fi). Cette excellente auberge à petit prix, primée, est tenue par son propriétaire. Sympathique bar avec TV par satellite et grand domaine apaisant. Chambres dignes d'une *guesthouse* bon marché.

Abalone Beach House AUBERGE DE JEUNESSE $
(044-535 9602 ; www.abalonebeachhouse.co.za ; 50 Milkwood Glen, Keurboomstrand ; d sans/avec sdb 600/500 R ; wi-fi). Une auberge haut de gamme et extrêmement accueillante, à 2 minutes de marche d'une plage superbe. Prêt de planches de surf et de bodyboard. De la N2, suivez les panneaux Keurboomstrand (à environ 6 km à l'est de Plett), puis tournez dans Milkwood Glen.

Albergo for Backpackers AUBERGE DE JEUNESSE $
(044-533 4434 ; www.albergo.co.za ; 8 Church St ; camping 100 R, dort 175 R, d sans sdb 500 R ; wi-fi). Bien tenu et accueillant, l'Albergo organise toutes sortes d'activités dans la région et prête des planches de bodyboard. Le dortoir à l'étage est doté de grandes baies vitrées et d'un balcon spacieux.

Amakaya Backpackers AUBERGE DE JEUNESSE $
(044-533 4010 ; www.amakaya.co.za ; 15 Park Lane ; dort 140-175 R, d avec/sans sdb 500/450 R). Les attraits principaux de l'Amakaya sont le bar et la terrasse avec vue sur les Tsitsikamma Mountains. Notez les deux dortoirs "individuels" – des chambres pourvues de deux lits superposés, offrant une solution bon marché aux personnes voyageant en petit groupe. Petit-déjeuner en self-service inclus.

Hog Hollow LODGE $$$
(044-534 8879 ; www.hog-hollow.com ; Askop Rd, The Crags ; s/d avec petit-déj 2 170/3 100 R ; climatisation, wi-fi, piscine). À 18 km à l'est de Plett sur la N2, ces ravissants bungalows qui dominent la forêt sont décorés d'œuvres d'art africain. Chacun dispose d'une terrasse en bois avec hamac. De là, vous pourrez marcher jusqu'au Monkeyland, quitte à ce

Plettenberg Bay

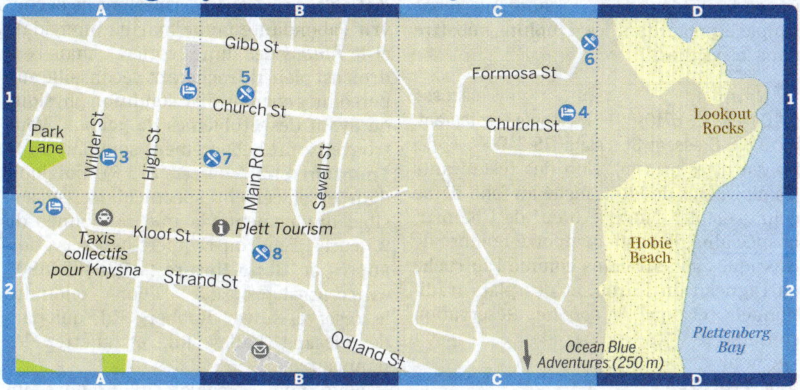

que le personnel vienne vous y récupérer si vous ne souhaitez pas faire le retour à pied.

Milkwood Manor HÔTEL **$$$**
(☎044-533 0420 ; www.milkwoodmanor.co.za ; Salmack Rd, Lookout Beach ; d à partir de 1 520 R ; 📶). Emplacement remarquable sur la plage, dominant la lagune. Ambiance de farniente sur le sable pour les chambres lumineuses récemment rénovée. Restaurant sur place et prêt de kayaks.

Periwinkle Guest Lodge GUESTHOUSE **$$$**
(☎044-533 1345 ; www.periwinkle.co.za ; 75 Beachy Head Dr ; s/d avec petit-déj à partir de 1 365/1 820 R ; 📶). Cette pension colorée de bord de mer loue des chambres à la décoration personnalisée, profitant toutes d'une vue superbe. Peut-être apercevrez-vous des baleines et des dauphins.

Plettenberg HÔTEL DE LUXE **$$$**
(☎044-533 2030 ; www.plettenberg.com ; 40 Church St ; ch avec petit-déj à partir de 5 000 R ; ❄📶🏊). Bâti sur un promontoire rocheux qui surplombe un panorama époustouflant, ce palace 5 étoiles comprend de très belles chambres, un spa et un restaurant haut de gamme (plats 120-150 R).

Où se restaurer et prendre un verre

Ristorante Enrico POISSON ET FRUITS DE MER **$$**
(☎044-535 9818 ; www.enricorestaurant.co.za ; Main Beach, Keurboomstrand ; plats 90-140 R ; 🕑déj et dîner tlj, fermé lun en hiver). Installé directement sur la plage, cet établissement vivement recommandé par les lecteurs est *la* table où déguster des produits de la mer à Plett. Enrico possède un bateau qui sort en mer tous les matins, si les conditions météo le permettent. À condition de réserver, vous pourrez participer à la sortie de pêche et faire cuisiner votre prise au restaurant.

Plettenberg Bay

Où se loger
1 Albergo for Backpackers A1
2 Amakaya Backpackers A2
3 Nothando Backpackers Hostel A1
4 Plettenberg C1

Où se restaurer
5 Le Fournil de Plett B1
6 Lookout C1
7 Nguni B1
8 Table B2

Le Fournil de Plett CAFÉ **$$**
(Church St, angle Main St ; plats 70-85 R ; 🕑petit-déj et déj ; 📶). Savourez une bonne tasse de café et une pâtisserie fraîchement sortie du fournil, dans la cour ou sur le balcon dominant la rue principale de Plett. Petite carte le midi, axée majoritairement sur les salades et les sandwichs.

Table ITALIEN **$$**
(www.thetable.co.za ; 9 Main St ; plats 70-130 R ; 🕑déj et dîner lun-sam, déj dim). Une adresse originale et minimaliste, avec des pizzas garnies de nombreux ingrédients originaux.

Lookout POISSON ET FRUITS DE MER **$$**
(☎044-533 1379 ; www.lookout.co.za ; Lookout Rocks ; plats 70-130 R ; 🕑petit-déj, déj et dîner).

Avec sa terrasse surplombant la plage, c'est un endroit idéal pour prendre un repas simple en regardant les dauphins s'ébattre dans les vagues.

Nguni GRILL $$$
(044-533 6710 ; www.nguni-restaurant.co.za ; 6 Crescent St ; plats 115-240 R ; déj lun-ven, dîner lun-sam). L'un des restaurants les plus chics de Plett, niché au fond d'une cour paisible. Outre le bœuf de Chalmar, la spécialité, la carte comporte nombre de classiques sud-africains comme l'autruche ou l'agneau du Karou, et des plats traditionnels tels que le *bobotie*. Réservation conseillée.

Achats

Old Nick Village ART ET ARTISANAT
(www.oldnickvillage.co.za). Pour flâner un peu, rendez-vous dans ce lieu situé à 3 km à l'est de la ville. La plupart des résidents sont des artistes. Il y a un musée du textile, des antiquaires et un restaurant.

Renseignements

Plett Tourism (044-533 4065 ; www.plett-tourism.co.za ; Melville's Corner Shopping Centre, Main St ; 9h-17h lun-ven, 9h-13h sam). Informations utiles sur les hébergements, les randonnées et les circuits dans les collines et les réserves environnantes.

Depuis/vers Plettenberg Bay

Toutes les grandes compagnies de bus s'arrêtent à la station-service Shell Ultra City, sur la N2. Les Baz Bus, eux, entrent dans la ville. De Plett, Intercape (www.intercape.co.za) dessert notamment George (280 R, 2 heures, 2/jour), Port Elizabeth (320 R, 3 heures 30, 2/jour), Le Cap (450 R, 9 heures, 2/jour), Jo'burg (720 R, 18 heures, tous les jours) et Graaff-Reinet (460 R, 6 heures 30, tous les jours).

Pour Knysna, optez plutôt pour un **taxi collectif** (Kloof St, près de l'angle High St ; 20 R, 30 minutes). La plupart des autres taxis longue distance s'arrêtent à la Shell Ultra City, sur la N2.

Robberg Nature & Marine Reserve

Cette **réserve** (044-483 0190 ; www.capenature.org.za ; adulte/enfant 40/20 R ; 8h-18h mai-sept, 7h-20h oct-avr), à 9 km au sud-est de Plettenberg Bay, protège une péninsule de 4 km de long, bordée de falaises et de rochers. Trois promenades circulaires de difficulté croissante permettent de découvrir l'abondante faune marine intertidale et le *fynbos* des dunes côtières, mais l'endroit est plein de rochers et déconseillé aux personnes en mauvaise condition physique ou ayant des problèmes de genoux. Vous trouverez un hébergement sommaire à la **Fountain Shack** (4 pers 875 R), qui jouit d'un emplacement spectaculaire. Accessible uniquement via une randonnée de 2 heures, l'endroit requiert la réservation auprès de **Cape Nature** (021-483 0190 ; www.capenature.org.za). Pour rejoindre la réserve, suivez Robberg Rd, qui part de Piesang Valley Rd, et guettez les panneaux.

Vous pouvez également prendre un bateau pour découvrir la péninsule – et sa colonie d'otaries à fourrure du Cap – depuis la mer. Il est même possible de nager avec ces créatures. Réservez auprès d'**Offshore Adventures** (www.offshoreadventures.co.za ; excursion en bateau 250 R, nage avec les otaries 500 R).

ROUTE 62

En suivant la Rte 62 en totalité ou en partie, vous découvrirez des paysages spectaculaires – des cols de montagne déchiquetés, entre Montagu et Calitzdorp, à l'aride région semi-désertique du Petit Karoo aux abords d'Oudtshoorn. Présentée comme la route des vins la plus longue du monde, c'est une excellente alternative à la N2 si vous voyagez du Cap vers la Garden Route.

Montagu

15 000 HABITANTS

Si vous arrivez à Montagu par la Rte 62 en provenance de Robertson, vous passerez sous une arche étroite dans les montagnes Langeberg juste avant d'apercevoir la ville. Ses larges rues sont ponctuées de 24 monuments nationaux restaurés, dont de beaux exemples d'architecture Art déco. Vous pourrez pratiquer une large gamme d'activités, notamment la baignade dans des sources chaudes, la randonnée sous toutes ses formes et l'escalade sur des spots exceptionnels. En prime, la ville offre un excellent choix d'hébergements et quelques bons restaurants.

À voir et à faire

Montagu Museum MUSÉE
(41 Long St ; adulte/enfant 5/2 R ; 9h-17h lun-ven, 10h30-12h30 sam-dim). Ce musée occupant l'ancienne église de la mission présente d'intéressantes collections, dont quelques belles pièces de mobilier d'époque.

Joubert House ÉDIFICE
(023-614 1774 ; 25 Long St ; adulte/enfant 5/2 R ; 9h-16h30 lun-ven, 10h30-12h30 sam-dim). La maison Joubert, à quelques pas du Montagu Museum, est la plus ancienne de Montagu (bâtie en 1853). Restaurée, elle a retrouvé sa splendeur victorienne.

Protea Farm CIRCUIT ÉCORESPONSABLE
(023-614 3012 ; www.proteafarm.co.za ; adulte/enfant 110/45 R ; circuit 10h mer et sam). Ce formidable circuit en tracteur de 3 heures part à la découverte de la ferme Protea, à 29 km de Montagu. La vue sur la vallée du Breede est somptueuse et l'excursion comprend en-cas et boissons. Prolongez l'aventure avec un déjeuner traditionnel à base de *potjiekos* (ragoût) et de pain maison moyennant 110/45 R par adulte/enfant. Possibilité d'hébergement sur place (cottage de 4 pers à partir de 750 R).

Avalon Springs BAIGNADE
(www.avalonsprings.co.za ; 50 R ; 8h-22h). L'eau des sources coule jusqu'aux bassins de l'Avalon Springs Hotel, juste au nord de la ville. Ces eaux, renommées pour leurs vertus curatives, s'écoulent d'un rocher souterrain à 43° C. Les bassins sont adaptés pour les visiteurs et peuvent être affreusement bondés le week-end et pendant les vacances scolaires. Si possible, venez en période creuse.

La promenade de 2,4 km via le Badskloof Trail (15 R), qui part du parking à l'extrémité de Tanner St, est une belle façon de venir ici.

Randonnée

Long de 15,6 km, le **Bloupunt Trail** (30 R) peut se parcourir en 6-8 heures ; le sentier traverse ravins et torrents, puis grimpe à 1 000 m. Long de 12,1 km, moins escarpé mais relativement ardu, le **Cogmanskloof Trail** (30 R) demande 4-6 heures. Ces deux itinéraires partent du parking aménagé au bout de Tanner St.

Près du départ des sentiers, l'office du tourisme se charge des réservations dans les bungalows (120 R/pers) au confort rustique (poêles à bois, douches et toilettes), où vous pourrez passer la nuit.

Escalade

Montagu est l'un des hauts lieux du Cap occidental en matière d'escalade. Outre la location de matériel, Justin Lawson, représentant de **Montagu Rock Climbing** (023-614 3193 ; www.montaguclimbing.com ; 45 Mount St ; sortie escalade 2 heures 550 R), propose des sorties d'escalade et de rappel pour les débutants.

Où se loger

Cottage on Long COTTAGE $
(023-614 2398 ; www.cottageonlong.co.za ; 16 Long St ; 450 R/2 pers). Perché à la lisière de la ville mais proche à pied de nombreux restaurants, ce charmant cottage bien équipé jouit d'une vue formidable depuis le jardin.

De Bos AUBERGE DE JEUNESSE, CAMPING $
(023-614 2532 ; www.debos.co.za ; Bath St ; camping 60 R, dort/s/d 90/190/360 R ;). Une authentique ferme pour routards. Rivière, poulets et pacaniers agrémentent cette propriété de 50 000 ha, assortie de cottages équipés (à partir de 360 R). Aisément accessible à pied depuis la ville.

7 Church Street GUESTHOUSE $$
(023-614 1186 ; www.7churchstreet.co.za ; 7 Church St ; d avec petit-déj à partir de 1 350 R ;). Auberge haut de gamme et accueillante, dans un ravissant bâtiment typique du Karoo. Mike et May, les affables propriétaires, offrent de vastes chambres bien équipées, un jardin impeccable pour se détendre et un petit-déjeuner mémorable. Ils pourront aussi vous donner de nombreuses informations touristiques sur la région.

Mimosa Lodge HÔTEL $$
(023-614 2351 ; www.mimosa.co.za ; Church St ; s/d avec petit-déj à partir de 770/1 130 R ;). Une adresse charmante et haut de gamme installée dans un bel édifice édouardien restauré. Beau jardin et piscine avec belvédère au toit de chaume où se cacher du soleil. Le restaurant attenant, ouvert aux non-résidents, propose des dîners de 4 plats (360 R). On y sert des crus provenant du vignoble du propriétaire.

Airlies Guest House GUESTHOUSE $$
(023-614 2943 ; www.airlies.co.za ; Bath St ; s/d avec petit-déj 475/950 R ;). Cette pittoresque pension coiffée de chaume est bien située, à proximité de nombreux

VAUT LE DÉTOUR

BARRYDALE

Souvent éclipsée par Montagu, sa célèbre voisine, Barrydale est l'un des joyaux les plus sous-estimés de la Rte 62. Hasardez-vous en dehors de la route principale pour trouver des hébergements élégants, des boutiques d'artisanat et des restaurants au cadre bohème. Vous pourrez faire des **randonnées** et **observer les oiseaux** dans les réserves naturelles environnantes, découvrir le luxe d'une **réserve animalière** (www.sanbona.com ; près de la Rte 62, 18 km à l'ouest de Barrydale ; ch avec repas et safari 10 500 R) non loin, territoire des Big Five. Ici, au pays du brandy, la **Barrydale Cellar** (☎028-572 1012 ; 1 Van Riebeeck St ; ⌚9h-17h lun-ven, 9h-15h sam) propose visites et dégustations.

À l'ouest de la ville, **Joubert-Tradauw** (www.joubert-tradauw.co.za ; ⌚9h-17h lun-ven, 9h-15h sam) est un lieu ravissant pour déguster du vin dans un cadre chic et choisir un plat léger dans sa courte mais sublime carte. Et bien sûr, en allant vers Ladismith, n'oublions pas l'inimitable **Ronnie's Sex Shop** (Rte 62 ; plats 50-90 R ; ⌚8h30-21h), dont le bar passablement défraîchi et orné de soutiens-gorge attire un flot constant de motards et de curieux.

restaurants. Les chambres parquetées sont simples mais spacieuses. Pour un peu plus d'intimité, choisissez l'une des options plus modernes côté jardin, avec vue sur la piscine.

Avalon Springs Hotel HÔTEL $$
(☎023-614 1150 ; www.avalonsprings.co.za ; Warmbronne Hot Springs ; d à partir de 900 R, app 4 pers à partir de 1 200 R ; 📶🏊). Cet établissement gigantesque possède des chambres élégantes dans le bâtiment principal et des appartements énormes sur pilotis. Parmi les atouts du lieu : sources chaudes extérieures, massages, salle de sport et nombreuses activités pour les enfants. Navette pour rallier Montagu.

Où se restaurer

♥ **Jessica's** TAPAS $$
(☎023-614 1805 ; www.jessicasrestaurant.co.za ; 47 Bath St ; tapas 20-50 R, plats 80-120 R ; ⌚dîner lun-sam). Ce restaurant cosy a revu sa carte. Le Jessica's sert désormais des tapas, plutôt authentiques et très savoureuses, au lieu de la cuisine fusion du Karoo qui a fait sa réputation. Le service est cordial et l'excellente carte des desserts n'a pas changé.

Rambling Rose BOUTIQUE FERMIÈRE $$
(36 Long St ; plats 60-120 R; ⌚petit-déj et déj mer-lun ; 📶). Excellente adresse pour un brunch, un déjeuner ou une part de gâteau, ce restaurant-boutique sert une cuisine locale dans son patio ombragé. La boutique vend toutes sortes de produits des environs. Idéal si vous êtes de passage.

Ye Olde Tavern INTERNATIONAL $$
(☎023-614 2398 ; 22 Church St ; plats 70-130 R ; ⌚dîner). Les habitants plébiscitent la carte touche-à-tout de cette table établie de longue date près de la rue principale.

Renseignements

Montagu-Ashton Tourism (☎023-614 2471 ; www.montagu-ashton.info ; 24 Bath St; ⌚8h30-17h30 lun-ven, 9h-17h sam, 9h30-17h dim). Office du tourisme efficace et accueillant. Horaires d'ouverture réduits entre mai et octobre.

Comment s'y rendre et circuler

Les bus s'arrêtent à Ashton, à 9 km de Montagu. Les bus de **Translux** (www.translux.co.za) s'arrêtent ici sur le trajet reliant chaque jour Le Cap (210 R, 3 heures, tlj) et Port Elizabeth (240 R, 8 heures, tlj).

La plupart des hébergements de la ville proposent des navettes (avec réservation) entre Ashton et Montagu. Sinon, vous pouvez sauter dans l'un des taxis collectifs (20 R) qui s'arrêtent devant **Foodzone** (Bath St).

Calitzdorp

4 300 HABITANTS

Derrière la rue principale quelconque se dissimule une charmante petite ville à l'architecture typique du Petit Karoo. Calitzdorp est entourée d'un cadre époustouflant : des terres agricoles vallonnées, au pied de la chaîne de Groot Swartberge au nord et de Rooiberge au sud-ouest.

Des sept **domaines viticoles** de la région, quatre sont accessibles à pied depuis le centre-ville. Ils sont tous spécialisés dans le vin de porto (Calitzdorp est réputée pour ses excellents vins cuits), même s'ils produisent également des vins de table. Un **festival du vin de Porto** (www.portwinefestival.co.za) se déroule ici chaque année en juin.

Port-Wine Guest House GUESTHOUSE $$
(044-213 3131 ; www.portwine.net ; 7 Queen St ; s/d avec petit-déj 525/850 R ;). Un cottage du Cap au toit de chaume, joliment agencé, avec des chambres dotées de lits à baldaquin. Proche à pied de trois des domaines viticoles.

Porto Deli PORTUGAIS $$
(Calitz St, angle Voortrekker St ; plats 70-130 R ; déj et dîner lun-sam, déj dim). Installé sur la route principale, cet authentique restaurant portugais sert une cuisine de la mer épicée, ainsi que de la viande.

Renseignements

Calitzdorp Tourism (044-213 3775 ; www.calitzdorp.org.za ; 8h-17h lun-ven, 10h-13h sam). Fournit des informations concernant l'hébergement et les domaines viticoles. Il est installé dans un bâtiment situé à côté de la station-service Shell.

Oudtshoorn

29 000 HABITANTS

À la fin des années 1860, en Occident, aucune femme du monde ne se serait affichée sans un couvre-chef orné d'une plume d'autruche. Cette mode perdura jusqu'à la guerre de 1914, au grand bonheur des "barons de la plume" d'Oudtshoorn, qui amassèrent alors de vraies fortunes.

Aujourd'hui encore, on peut admirer leurs élégantes demeures, ainsi que d'autres témoignages architecturaux de la richesse passée d'Oudtshoorn, tel le CP Nel Museum (une ancienne école). La ville demeure la capitale mondiale de l'autruche et constitue désormais le centre touristique prospère du Petit Karoo. Le cuir d'autruche, très recherché en maroquinerie, est onéreux ; les plumes, les œufs et le *biltong* (viande séchée) sont vendus partout ; la viande d'autruche, pauvre en cholestérol, est omniprésente sur les menus.

Oudtshoorn a d'autres atouts. Elle constitue ainsi une base idéale pour explorer le Petit Karoo, la route des Jardins (George est à 55 km le long de la N12) et le Grand Karoo vers le nord.

À voir

Quelques auberges de jeunesse et B&B offrent à leurs clients des réductions sur l'entrée aux sites. Nombre de ces derniers se trouvent en dehors de la ville.

Cango Caves GROTTE
(044-272 7410 ; www.cango-caves.co.za ; adulte/enfant 80/45 R ; 9h-16h). Baptisées d'un mot khoisan signifiant "lieu humide", les grottes de Cango restent remarquables malgré leur intense exploitation commerciale. Le circuit d'une heure ne vous donnera qu'un aperçu de l'endroit, alors que l'Adventure Tour de 1 heure 30 (adulte/enfant 100/60 R) vous permettra d'explorer les grottes plus en profondeur. La visite vous fera ramper dans des boyaux étroits et humides : à déconseiller aux claustrophobes ! Réserver pour les 2 circuits. Les grottes se situent à 30 km au nord d'Oudtshoorn.

CP Nel Museum MUSÉE
(www.cpnelmuseum.co.za ; 3 Baron van Rheede St ; adulte/enfant 20/5 R ; 8h-17h lun-ven, 9h-13h sam). Ce musée présente de vastes collections concernant les autruches et l'histoire du Karoo. Il occupe un imposant bâtiment de grès achevé en 1906, au faîte du commerce de cet oiseau coureur.

Le billet d'entrée donne accès à la **Le Roux Townhouse** (High St, angle Loop St ; 9h-17h lun-ven), dont l'intérieur est décoré de meubles d'époque – un bel exemple de "palais des barons de la plume".

Activités

Trois élevages proposent des visites guidées de 45 minutes à 1 heure 30. S'ils se ressemblent tous, le personnel de la **Highgate Ostrich Show Farm** (www.highgate.co.za ; adulte/enfant 110/60 R ; 8h-17h), située à 10 km d'Oudtshoorn en direction de Mossel Bay, est très compétent. Non loin se trouve la **Safari Ostrich Show Farm** (www.safariostrich.co.za ; adulte/enfant 100/50 R ; 8h-16h). La **Cango Ostrich Show Farm** (www.cangoostrich.co.za ; Cango Caves Rd ; adulte/enfant 80/45 R ; 8h-16h30) est située sur la route des Cango Caves, tandis que la **Chandelier Ostrich Show Farm** (www.chandelier.co.za ; N12 ; adulte/enfant 80/50 R ; 9h-16h) est installée au sud d'Oudtshoorn, sur la route de George.

Meerkat Adventures RÉSERVE ANIMALIÈRE
(084 772 9678 ; www.meerkatadventures.co.za ; 550 R/pers). Pour cette rencontre unique avec

Oudtshoorn

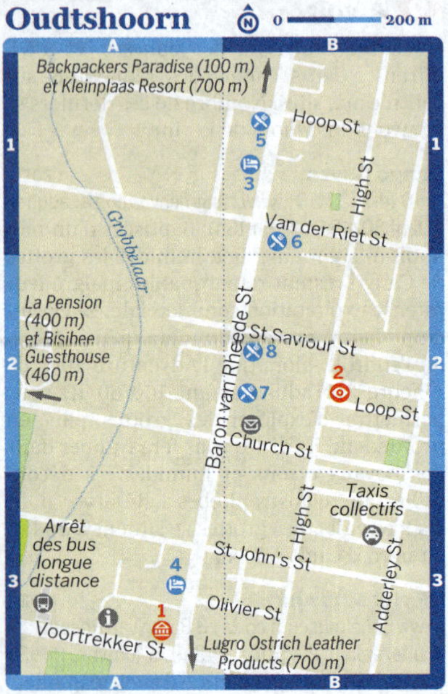

Oudtshoorn

À voir

1 CP Nel Museum A3
2 Le Roux Townhouse B2

Où se loger

3 Oakdene Guesthouse B1
4 Queen's Hotel A3

Où se restaurer

5 Black Swan B1
Café Brulé .... (voir 4)
Die Kolonie Restaurant .... (voir 4)
6 Jemima's B1
7 La Dolce Vita B2
8 Nostalgie B2

le monde animal, vous serez invité à vous asseoir au petit matin, un café à la main, en attendant que les suricates (*meerkat*) sortent de leur terrier pour se réchauffer au soleil. Pour beaucoup, cette visite constitue le clou du voyage. Devey Glinister, un environnementaliste acharné, pilote l'aventure à la De Zeekoe Farm, à 9 km à l'ouest d'Oudtshoorn. Les enfants de moins de 10 ans ne sont pas admis.

Par mauvais temps, les sorties n'ont pas lieu. Cela dit, une fois que vous avez rallié le point de rendez-vous (au croisement des Rte 62 et Rte 328), la visite est en général garantie.

Two Passes Route (route des Deux Cols) BALADE EN VOITURE

Pour une superbe excursion à la journée, effectuez la boucle entre Oudtshoorn et Prince Albert en passant par ces deux cols splendides. Gagnez le **col de Swartberg** (Swartberg Pass) sur une route non goudronnée puis descendez jusqu'à Prince Albert, avant de revenir via le **col de Meiringspoort**. À mi-chemin du second, il y a une cascade et un petit centre d'accueil des visiteurs. Les deux cols sont des chefs-d'œuvre d'ingénierie. Procurez-vous une carte routière auprès de votre hôtel ou de l'office du tourisme.

Si vous avez envie d'exercice et de sensations fortes, enfourchez un VTT pour descendre du col du Swartberg jusqu'à Oudtshoorn. Réservez auprès de **Backpackers Paradise** (☎044-272 3436 ; 148 Baron van Rheede St ; circuit 390 R), qui vous conduira au sommet. Sachez que le parcours est long et ne comprend pas que des descentes !

Fêtes et festivals

ABSA Klein Karoo Nationale Kunstefees ARTS DE LA SCÈNE

(Festival national des arts du Petit Karoo ; www.kknk.co.za). Donné en avril, ce festival est consacré à la "renaissance de l'afrikaans". Des artistes locaux, des poètes, des comédiens et des musiciens font vivre pendant une semaine ce festival à la créativité inouïe.

Où se loger

Karoo Soul Travel Lodge AUBERGE DE JEUNESSE $

(☎044-272 0330 ; www.karoosoul.com ; 1 Adderley St ; dort 150 R, d avec/sans sdb 420/350 R ;). Malgré la présence d'un petit dortoir, cette belle maison ancienne privilégie plutôt les doubles. Essayez d'en obtenir une donnant à l'ouest, pour profiter d'un coucher de soleil romantique depuis votre lit, ou demandez un cottage avec sdb dans le jardin (450 R).

Bisibee Guesthouse GUESTHOUSE $

(☎044-272 4784 ; www.bisibee.co.za ; 171 Church St ; s/d à partir de 360/520 R ;). Des chambres simples d'un excellent rapport qualité/prix. Petit-déjeuner continental : 50 R par personne.

Backpackers Paradise AUBERGE DE JEUNESSE $
(044-272 3436 ; www.backpackersparadise.net ; 148 Baron van Rheede St ; camping 80 R, dort 130 R, d avec/sans sdb 450/400 R ;). Auberge animée, dans une grande maison ancienne. Bar, *braai* d'autruche et petit-déjeuner gratuit avec œuf d'autruche (en saison, on vous donnera un œuf à cuisiner à votre convenance). Elle propose aussi des réductions pour les sites touristiques de la région, et organise une foule d'activités.

Kleinplaas Resort CAMPING $
(044-272 5811 ; www.kleinplaas.co.za ; North St, près de l'angle de Baron van Rheede St ; empl 240 R, chalet de 4 pers 690 R ;). Superbe camping pour caravanes, avec une grande piscine et des chalets honorables, quoiqu'un peu datés. Le restaurant sert uniquement le petit-déjeuner.

Oakdene Guesthouse GUESTHOUSE $$
(044-272 3018 ; www.oakdene.co.za ; 99 Baron van Rheede St ; s/d 790/1 300 R ;). Totalement réaménagées par les nouveaux propriétaires, les chambres affichent un décor fabriqué pour l'essentiel à partir de caisses de vin recyclées. Le moderne et le classique s'y marient à la perfection – en accord avec la demeure, l'une des plus anciennes d'Oudtshoorn.

La Pension GUESTHOUSE $$
(044-279 2445 ; www.lapension.co.za ; 169 Church St ; s/d avec petit-déj 650/1 000 R ;). Une adresse sûre disposant de chambres spacieuses et élégantes, et de belles salles de bains. La Pension possède aussi un cottage indépendant, ainsi qu'une piscine de bonne taille et un vaste jardin bien entretenu.

Queen's Hotel HÔTEL $$$
(044-272 2101 ; www.queenshotel.co.za ; 11 Baron van Rheede St ; s/d 950/1 550 R ;). En plein centre-ville, un bel hôtel de campagne à l'ancienne, frais et attrayant, qui loue des chambres spacieuses et discrètes. Adjacent, le **Die Kolonie Restaurant** (www.queenshotel.co.za ; 11 Baron van Rheede St ; plats 85-140 R) sert de nombreux plats sud-africains et étrangers.

Où se restaurer

Comme on peut s'y attendre, la plupart des établissements servent de l'autruche.

Café Brulé CAFÉ $
(The Queen's Hotel, 11 Baron van Rheede St ; plats 55-100 R ; petit-déj et déj). Un café prisé pour son pain et ses gâteaux sortis du four. Buffet "au poids" tous les mercredis.

Nostalgie SALON DE THÉ $$
(74 Baron van Rheede St ; plats 50-90 R ; petit-déj, déj et dîner). Ce pittoresque jardin de thé assorti de nappes en dentelle se distingue surtout à l'heure du petit-déjeuner, voire du café avec ses tranches de gâteau maison. Cela dit, midi et soir, la carte annonce la bagatelle de 10 plats à base d'autruche, dont un carpaccio, un burger et une tourte.

Black Swan INTERNATIONAL $$
(109 Baron van Rheede St ; plats 75-125 R ; dîner lun-sam, déj ven-dim ;). Dans ce grand restaurant posté à l'extrémité nord de la ville, choisissez entre les tables en terrasse et celles de la charmante salle à manger. Quoique restreinte, la carte est relativement variée et comprend les inévitables steaks d'autruche.

La Dolce Vita INTERNATIONAL $$
(60 Baron van Rheede St ; plats 50-100 R ; petit-déj, déj et dîner lun-sam). Recommandé par les lecteurs, cet endroit est parfait pour savourer de grandes parts de pizza, des pâtes, du poisson ou des steaks dans le patio ombragé.

Jemima's SUD-AFRICAIN $$$
(044-272 0808 ; www.jemimas.com ; 94 Baron van Rheede St ; plats 95-180 R ; déj et dîner). Installé de longue date dans une belle maison ancienne avec jardin, ce restaurant propose une carte restreinte, spécialisée dans la cuisine traditionnelle d'Afrique du Sud. Après le repas, goûtez un *swepie*, mélange de brandy et de *jerepigo* (vin de dessert).

Achats

Les produits en autruche, et particulièrement le cuir, ont naturellement la cote. Le cuir d'autruche est coûteux en raison de la petite quantité de matière par bête. Il est donc intéressant de faire ses achats par ici, y compris dans les ranchs et les hôtels.

Lugro Ostrich Leather Products ACCESSOIRES
(133 Langenhoven Rd ; 9h-17h lun-sam). Lugro est indépendant des ranchs de la région. On peut y faire ses achats en évitant l'atmosphère touristique qui va souvent de pair avec la vente d'objets en autruche.

Renseignements

Oudtshoorn Tourism (☎044-279 2532 ; www.oudtshoorn.com ; Voortrekker St, angle Baron van Rheede St ; 8h30-17h lun-ven, 9h30-12h30 sam). Office du tourisme situé derrière le CP Nel Museum.

Comment s'y rendre et circuler

Les bus s'arrêtent dans le Riverside Centre, en retrait de Voortrekker St. Intercape (www.intercape.co.za) assure les liaisons pour Johannesburg (700 R, 14 heures 30, tlj), Le Cap (520 R, 8 heures) et Mossel Bay (390 R, 2 heures, tlj).

Le Baz Bus s'arrête à George. De là, Backpackers Paradise peut organiser votre transport (aller simple 150 R) jusqu'à Oudtshoorn.

Les taxis collectifs partent de l'arrière du supermarché Spar, dans Adderley St, à destination de George (60 R, 30 minutes) ou du Cap (300 R, 3 heures). Réservation requise pour cette dernière destination – contactez l'office du tourisme.

KAROO CENTRAL

Le Karoo semble se perdre à l'infini et dégage une atmosphère véritablement magique. Ce vaste plateau semi-aride (Karoo signifie "terre de la soif" en langue khoisan) vous réserve des couchers de soleil irréels et des nuits étoilées. La région est habitée depuis plus de 500 000 ans, et plusieurs sites archéologiques, des peintures san et des fossiles ont été mis au jour. Outre la faune variée, 9 000 espèces de plantes ont été répertoriées.

Couvrant près d'un tiers de la superficie totale de l'Afrique du Sud, le Karoo est délimité par des montagnes côtières au sud et à l'ouest, ainsi que par le puissant fleuve Senqu (Orange) à l'est et au nord. Souvent divisé en Grand Karoo (nord) et Petit Karoo (sud), selon une distinction qui ne tient pas compte des frontières provinciales, le Karoo couvre en réalité trois provinces.

Prince Albert

7 000 HABITANTS

Pour de nombreux citadins sud-africains, Prince Albert, charmant village fondé en 1762, illustre la vie idyllique du Karoo. Si vous avez une voiture, vous pourrez facilement le visiter dans la journée à partir d'Oudtshoorn ou de la côte. Vous pouvez aussi séjourner à Prince Albert et faire une excursion d'une journée à Oudtshoorn en passant par les spectaculaires cols du Swartberg et de Meiringspoort ou, si le temps n'est pas trop chaud, partir en randonnée.

Bien qu'entouré d'un territoire très aride, le village, irrigué par le trop-plein des torrents de montagne, est vert et fertile. Un réseau de canaux le traverse et la plupart des maisons possèdent une vanne d'écluse, que l'on ouvre à des périodes déterminées. La zone est riche en pêches, en abricots, raisin et olives. Une **fête de l'olive** a lieu en avril.

À voir et à faire

De nombreux visiteurs suivent la route circulaire vers Oudtshoorn, empruntant le col de Meiringspoort à l'aller et le col du Swartberg au retour (p. 162).

Swartberg Nature Reserve RÉSERVE NATURELLE
(www.capenature.co.za ; adulte/enfant 40/20 R). Plusieurs des meilleures curiosités de Prince Albert se trouvent en dehors de la ville, en particulier les pics brun-roux de cette réserve. Elle est sillonnée par plus de 100 km de sentiers de randonnée, tous administrés par **Cape Nature** (☎044-203 6325 ; www.capenature.org.za). Contactez-les pour savoir quels sont les sentiers ouverts lors de votre séjour et pour réserver les randonnées de plus d'une journée. Pour trouver un guide, contactez le Prince Albert Tourism.

Où se loger et se restaurer

Bushman Valley CAMPING $
(☎044-382 6805 ; www.bushmanvalley.com ; Rte 407 ; camping 80 R, cottages 300 R/pers ;). Seule véritable option bon marché de Prince Albert, ce camping situé à 3 km au sud de la ville est une base fantastique pour qui veut randonner dans la chaîne du Swartberg. Le permis de randonnée coûte 20 R et le guide (pas indispensable) 30 R par personne. Les cottages au toit de chaume ont des cuisines correctes, mais vous pouvez aussi camper sur le terrain (location de tentes 50 R).

Prince Albert of Saxe-Coburg Lodge GUESTHOUSE $$
(☎023-541 1267 ; www.saxecoburg.co.za ; 60 Church St ; ch avec petit-déj à partir de 900 R ;

(❄📶🏊). Chambres de qualité donnant sur le beau jardin. Les propriétaires, Dick et Regina, prodiguent une foule d'informations et proposent des randonnées guidées dans les environs.

Karoo Lodge GUESTHOUSE **$$**
(☎023-541 1467 ; www.karoolodge.com ; 66 Church St ; ch à partir de 1 050 R ; ❄📶🏊). Cette pension, tenue par les propriétaires, possède un très grand jardin, avec quantité de lieux ombragés. Le restaurant (plats 85-140 R) promeut largement la cuisine du Karoo. Il est ouvert aux non-résidents (dîner mercredi-dimanche), mais requiert néanmoins la réservation.

Lazy Lizard CAFÉ **$**
(9 Church St ; plats 50-90 R ; ⏲7h-18h ; 📶). Cet établissement lumineux et confortable sert le meilleur café de la ville, ainsi que des plats maison. La carte est très variée. Goûtez la légendaire tarte aux pommes.

♥ **Gallery** FUSION **$$**
(☎023-541 1197 ; 57 Church St ; plats 85-165 R ; ⏲dîner). La table la plus chic de Prince Albert change de carte régulièrement, avec des réinterprétations modernes de spécialités locales, comme l'agneau du Karoo et les steaks de gibier. Un ou deux plats végétariens inventifs sont aussi servis.

Karoo Kombuis SUD-AFRICAIN **$$**
(Karoo Kitchen ; ☎023-541 1110 ; 18 Deurdrift St ; plats 80-110 R ; ⏲dîner lun-sam). Après avoir longtemps servi les trois mêmes plats maison (depuis 1998), ce restaurant cosy a ajouté deux nouvelles options à sa carte. Naturellement, le *bobotie*, la tourte au poulet et l'agneau sont toujours au menu. Réservez, et apportez vos boissons.

PRINCE ALBERT, "CAPITALE CULINAIRE DU KAROO"

Prisée des randonneurs, la jolie localité de Prince Albert s'est également affirmée ces dernières années comme une destination gastronomique. La "capitale culinaire du Karoo" offre des dégustations d'olives, des exploitations spécialisées dans la production de fruits secs, des produits laitiers (yaourt, crème, lait et fromage) provenant de l'exploitation locale, des domaines viticoles à visiter et une école de cuisine bien établie, ainsi que quelques formidables restaurants. Le **marché** (⏲8h-12h sam), près du musée, vend des produits alimentaires locaux et de l'artisanat.

ℹ Renseignements

Prince Albert Tourism (☎023-541 1366 ; www.patourism.co.za ; 21 Church St ; ⏲9h-17h lun-ven)

ℹ Depuis/vers Prince Albert

La plupart des visiteurs arrivent en voiture d'Oudtshoorn ou de la N1, qui relie Le Cap à Jo'burg. Il n'y a ni bus ni train direct : la gare ferroviaire la plus proche se trouve sur Prince Albert Rd, à 45 km au nord-ouest de la ville. Le **train** (☎0860 008 888 ; www.shosholozameyl.co.za) est moins coûteux que le bus. Depuis la gare, comptez 200 R minimum en taxi, ou arrangez-vous avec votre hébergement pour qu'on vienne vous chercher.

Gamkaskloof Nature Reserve (Die Hel)

La **Gamkaskloof**, ou Die Hel, occupe une étroite vallée de la chaîne du Swartberg. Ses premiers habitants furent des *trekboers*, qui développèrent leur propre dialecte. Jusque dans les années 1960, aucune route ne desservait la localité. Les rares produits nécessaires à cette communauté qui vivait presque en autarcie étaient acheminés à dos d'âne depuis Prince Albert.

Ce secteur fait désormais partie de la Swartberg Nature Reserve, où vous trouverez des **hébergements équipés** (☎021-483 0190 ; www.capenature.co.za ; cottage à partir de 700 R) dans les cottages restaurés d'une ferme. Il y a en outre divers sentiers et des gîtes forestiers.

La piste de terre menant à Die Hel part de la route du col du Swartberg à 18 km de Prince Albert et se poursuit sur environ 50 km avant de se terminer en cul-de-sac. Attention : comptez au moins 2 heures dans chaque sens. La route est en très mauvais état, aussi voudrez-vous peut-être laisser votre voiture à Prince Albert et opter pour un circuit guidé. Lindsay Steyn de **Dennehof Tours** (☎023-5411 227 ; www.dennehof.co.za ; circuit 1 jour 850 R) est une véritable mine d'informations sur la région et offre d'excellents circuits d'une journée entière, qui passent par le Swartberg avant de descendre la route vertigineuse jusqu'à Die Hel pour y déjeuner.

VAUT LE DÉTOUR

MATJIESFONTEIN

L'un des endroits les plus étonnants du Karoo, Matjiesfontein (prononcez "mikizfontein"), petite voie ferroviaire désaffectée presque entièrement privatisée autour d'un grand hôtel, n'a pratiquement pas changé depuis un siècle. Le village est certes touristique, mais visiter les édifices victoriens, gardés par des gens en costumes d'époque, est très amusant. Il y a deux musées, l'un dédié aux **transports** (5 R ; ⌚8h-13h et 14h-17h) et le second, une sorte de **brocante** (5 R ; ⌚8h-13h et 14h-17h) où sont présentés les objets les plus divers, du trophée de chasse à la collection de commodes. Le village compte un **hôtel** (☎023-561 3011 ; www.matjiesfontein.com ; s/d à partir de 800/1 400 R ;) servant à dîner, un pub évocateur et un **café** (plats 55-85 R ; ⌚9h-17h) servant des déjeuners légers.

Matjiesfontein se trouve près de la N1, à 230 km du Cap et 198 km de Beaufort West. Les trains reliant Le Cap à Jo'burg s'y arrêtent et le Blue Train y marque aussi une escale d'une heure, le temps que les passagers fassent le tour du village dans le bus londonien à impériale qui stationne devant la gare.

Beaufort West

20 000 HABITANTS

Beaufort West est plus une ville de transit que de villégiature. Pourtant, elle est empreinte d'un étrange charme désuet. Fondée en 1818, c'est la plus ancienne et la plus grande localité du Karoo. En été, elle régule l'afflux de vacanciers sud-africains qui déferlent vers la côte – réservez et attendez-vous à des prix plus élevés à cette époque de l'année.

Le **musée** (☎023-415 2308 ; Church St, angle Donkin St ; adulte/enfant 15/8 R ; ⌚8h30-12h45 et 13h45-16h45 lun-ven, 9h-12h sam) est réparti dans trois bâtiments. Il est largement consacré au héros local, le Dr Christiaan Barnard, qui a réalisé la première greffe de cœur au monde, en 1967.

La ville est jalonnée de pensions, dont beaucoup sont éphémères. Installé de longue date, l'**Olive Grove** (☎023-414 3397 ; www.olivegrove.co.za ; s/d 550/880 R) est une ferme-auberge dotée de chambres agréables et de cottages indépendants, au cœur d'une vaste exploitation ponctuée de sentiers de randonnée et d'oliviers. Située à 20 km de la ville, sur la N12 en direction d'Oudtshoorn, cette adresse vaut le déplacement. Par ailleurs, une petite **auberge de jeunesse** (☎023-415 3226 ; www.karoobackpackers.com ; 25 Donkin St ; dort/s/d 140/230/330 R), située au-dessus de l'office du tourisme, organise alentour des balades en charrette tirée par des ânes.

Renseignements

Beaufort West Tourism (☎023-415 1488 ; www.beaufortwest.net ; 25 Donkin St ; ⌚8h-17h lun-ven). Office du tourisme.

Depuis/vers Beaufort West

Beaufort West se situe au carrefour de nombreuses lignes de bus. Translux (www.translux.co.za) s'arrête à la **station-service Total** (Donkin St) en centre-ville. Greyhound (www.greyhound.co.za) et Intercape (www.intercape.co.za) s'arrêtent à la station-service Engen, au nord de la ville. Les **taxis collectifs longue distance** (☎083 756 8414) font halte à la **station-service BP** (Donkin St) en route pour Le Cap et George.

Le *Shosholoza Meyl* et le *Blue Train* s'arrêtent à la gare, dans Church St, lors du trajet reliant Le Cap et Jo'burg.

Karoo National Park

Karoo National Park PARC NATIONAL

(☎023-415 2828 ; www.sanparks.org ; adulte/enfant 152/76 R ; ⌚7h-19h). Le Karoo National Park protège 33 000 ha de paysages et de végétation du Karoo. Outre les lions, qui ont été réintroduits, vous apercevrez peut-être des rhinocéros noirs. Les damans des rochers et les otocyons (chiens oreillards) sont plus nombreux. Parmi les mammifères de grande taille, citons le zèbre, le springbok, le koudou et le bubale roux du Cap. Reptiles et oiseaux, notamment les aigles noirs, sont largement représentés.

Des marches guidées gratuites sont possibles et le sentier des fossiles de 400 m est accessible aux personnes en fauteuil roulant.

L'hébergement se fait dans l'agréable **camping** (empl à partir de 205 R) ou dans des **cottages** (2 pers à partir de 1 200 R) de style cape-dutch (hollandais du Cap) – deux d'entre eux sont accessibles aux handicapés.

Vous ne pourrez pas sortir de votre véhicule dans le parc, hormis à quelques endroits signalés. Il est donc impossible d'effectuer à pied les 10 km séparant l'entrée du reste du camp. Un véhicule est indispensable. Le parc est à 5 km au nord de Beaufort West.

WEST COAST ET SWARTLAND

Le littoral balayé par les vents et les montagnes désolées de l'ouest du Cap occidental constituent un éden vierge et paisible. Dirigez-vous au nord du Cap et vous découvrirez des petits villages de pêcheurs aux maisons blanches, des plages immaculées, une lagune, des marais débordant d'oiseaux, des villes fascinantes et l'une des meilleures zones de randonnée du pays.

Le West Coast National Park ravira les passionnés d'ornithologie, de faune marine, de fleurs sauvages et de baleines, qui se montrent en saison. À l'intérieur des terres, s'étendent les terres fertiles de la vallée de l'Olifants, où les vergers d'agrumes et les vignes poussent au pied des montagnes de Cederberg – un paradis pour la randonnée. Cette zone isolée renferme de spectaculaires formations rocheuses et quantité de peintures rupestres san.

Entre la côte et les montagnes s'étendent le Swartland, des collines ondoyantes plantées de blé et des vignes. Le Swartland ("pays noir") doit son nom au *renosterveld*, une végétation endémique menacée, qui prend une couleur grise en été. Au début du printemps (août et septembre), la région revêt ses plus belles couleurs lorsque le veld se couvre de fleurs sauvages. En saison, vous pourrez surveiller l'évolution de la floraison au jour le jour en appelant la **Flower Hotline** (☎072 938 8186).

La plupart des transports publics qui traversent la région partent du Cap et empruntent la N7 vers le nord, qu'ils se dirigent vers Springbok et la Namibie ou qu'ils quittent la nationale pour bifurquer vers Calvinia et Upington. Rejoindre les villes côtières à l'ouest de la N7 n'est pas chose facile sans voiture.

Darling

1 100 HABITANTS

Paisible bourgade de campagne, Darling a longtemps dû sa réputation à un lait de bonne qualité.

Renseignez-vous auprès de l'office du tourisme ou de votre *guesthouse* sur la **Darling Wine Experience** (www.darlingtourism.co.za), nom donné aux 5 domaines viticoles des environs.

À voir

Evita se Perron THÉÂTRE
(☎022-492 2851 ; www.evita.co.za ; Darling Station ; billets 90 R ; ⏲14h et 19h sam-dim). Ce cabaret 100% sud-africain, avec le célèbre acteur-satiriste Pieter-Dirk Uys dans le rôle de son *alter ego* Evita Bezuidenhout, touche à tous les sujets sans aucun tabou – de la vie politique sud-africaine à l'histoire et à l'écologie, en passant par le lourd passé racial du pays et le sida. Bien que le spectacle comporte des bribes en afrikaans, il est à 99% en anglais et il est toujours mordant et drôle.

Même si vous n'assistez pas au spectacle, le complexe vaut amplement la visite, avec son jardin de sculptures d'inspiration politique et quelques intéressants souvenirs de la période de l'apartheid. Le kitschissime **théâtre-restaurant** (Darling Station ; plats 50-75 R ; ⏲déj mar-dim) sert une cuisine traditionnelle. Uys a aussi fondé **Darling**

À NE PAS MANQUER

DOMAINE DE GROOTE POST

Groote Post (☎022-492 2825 ; www.grootepost.com ; dégustation gratuite, safari en voiture de 2 heures par pers 130 R ; ⏲9h-17h lun-ven, 10h-16h sam-dim). De toutes les propriétés viticoles de Darling, Groote Post est celle qui est la plus intéressante pour les visiteurs, avec ses safaris, ses promenades nature, son fantastique **restaurant** (☎022-492 2825 ; www.grootepost.com ; domaine de Groote Post Winery ; plats 110-130 R ; ⏲déj mer-dim) et, bien sûr, les dégustations gratuites de ses excellents chardonnay et sauvignon blancs. Situé à 7 km en bordure de piste, en retrait de la Rte 307 – réservation impérative.

Trust (www.thedarlingtrust.org) pour soutenir les communautés du Swartland en intervenant dans les domaines de l'éducation et de la santé. Occupant le complexe, **A en C Shop** est une boutique d'art et d'artisanat où l'on trouve des perles, des vêtements, des œuvres en fer forgé, des peintures et des souvenirs en lien avec Evita.

Où se loger et se restaurer

Trinity GUESTHOUSE $$
(☎022-492 3430 ; www.trinitylodge.co.za ; 19 Long St ; s/d avec petit-déj à partir de 500/800 R ;). Une pension victorienne bien rénovée, avec des chambres rustiques confortables et un joli jardin.

Darling Lodge GUESTHOUSE $$
(☎022-492 3062 ; www.darlinglodge.co.za ; 22 Pastorie St ; s/d avec petit-déj à partir de 550/800 R ;). Un endroit élégant et décoré avec créativité. Les chambres portent des noms d'artistes locaux, dont les œuvres ornent les murs.

♥ **Marmalade Cat** CAFÉ $
(☎022-492 2515 ; 19 Main Rd ; plats 50-95 R ; petit-déj et déj tlj, dîner ven et sam). Pour prendre un café dans l'après-midi ou un petit-déjeuner à toute heure. On y sert aussi des sandwichs, des fromages délicieux et des pâtisseries maison. La pizza est à l'honneur le vendredi soir. Réservation indispensable.

Où prendre un verre

Slow Quarter BAR
(5 Main Rd ; mar-sam 10h-18h). Lieu de dégustation de la Darling Brew, la populaire bière locale, le Slow Quarter est un bar chic servant des assiettes de produits locaux à accompagner de l'une de ses cinq productions vedettes. Repas légers : 55-85 R.

Renseignements

Darling Tourism (☎022-492 3361 ; www.darlingtourism.co.za ; Pastorie St, angle Hill Rd ; 9h-13h et 14h-16h lun-jeu, 9h-15h30 ven, 10h-15h sam-dim). Office du tourisme situé dans le musée.

Depuis/vers Darling

Prenez la Rte 27 depuis Le Cap et suivez les panneaux pour Darling. Pour un itinéraire différent au retour, partez vers l'est en sortant de Darling, puis tournez direction sud sur la Rte 307. Tournez ensuite à droite juste avant Mamre pour rejoindre la Rte 27. Ne suivez pas la Rte 304 après Atlantis.

West Coast National Park

West Coast National Park PARC NATIONAL
(www.sanparks.org ; adulte/enfant oct-juil 64/32 R, août-sept 128/64 R ; 7h-19h). Englobant les eaux cristallines de la lagune de Langebaan, ce parc peuplé d'innombrables oiseaux couvre 31 000 ha et protège des marais, véritable patrimoine mondial où d'importantes colonies d'oiseaux marins viennent nidifier. Les échassiers arrivent par milliers en été. L'espèce la mieux représentée, le cocorli, migre en masse vers le nord à partir des régions subantarctiques. Des manchots du Cap peuplent les îles proches du littoral.

Le parc est renommé pour ses fleurs sauvages, qui s'épanouissent habituellement d'août à octobre – il peut y avoir foule à cette période. À côté des plages de sable blanc et des eaux turquoise de l'océan et de la lagune, le grand atout du parc reste sa petite fréquentation. Si vous venez en semaine (et en dehors des vacances scolaires), il vous arrivera de partager les routes avec les seuls zèbres, autruches et les éventuelles tortues-léopards.

WEST COAST NATIONAL PARK

Pourquoi y aller Facilement accessible depuis Le Cap ; magnifique panorama côtier ; observation des oiseaux toute l'année ; kayak sur la lagune ; observation de petites espèces animales sur des routes souvent peu fréquentées ; fleurs sauvages spectaculaires au printemps.

Quand partir Le parc est à son zénith en août-septembre, au moment de la floraison (c'est aussi la période la plus prisée des visiteurs). La saison des pluies court de mai à août.

Infos pratiques Venez par la route depuis Le Cap (120 km) ou Langebaan (7 km). Le parc est ouvert de 7h à 19h (7h-18h d'avril à août). Le prix du billet double durant la saison des fleurs (août-septembre).

Faire des économies Si vous souhaitez visiter plusieurs parcs nationaux, envisagez d'acheter la Wild Card (p. 620).

À NE PAS MANQUER

!KHWA TTU

!Khwa ttu (www.khwattu.org ; Rte 27, Yzerfontein ; circuit 150 R ; 9h-17h, circuit 10h et 14h ;). !Khwa ttu est le seul centre culturel du Cap occidental dont les propriétaires et gérants sont san. Logé sur les terres ancestrales des San, il se situe dans une réserve naturelle de 850 ha. Parmi les circuits proposés figurent une promenade naturaliste, qui permet de mieux découvrir la culture san, et un circuit en voiture, avec de bonnes chances d'apercevoir des zèbres, des autruches et diverses variétés d'antilopes.

La réserve compte un restaurant, ouvert le midi, et divers **hébergements** (camping dans le bush/ cottage 250/480 R par pers, d 1 360 R). En retrait de la Rte 27, à 70 km du Cap.

Duinepos CHALETS $$
(022-707 9900 ; www.duinepos.co.za ; chalet s/d à partir de 540/800 R ;). Des chalets lumineux, modernes et bien équipés au cœur du parc. Un excellent poste d'observation des oiseaux.

SANPark Cottages COTTAGES $$
(www.sanparks.org ; cottage à partir de 1 200 R). L'Abrahamskraal est le plus luxueux des deux, mais le Jo Anne's est le mieux situé, non loin de la lagune à pied. Tous deux disposent d'une cuisine correcte et assurent une belle tranquillité.

Geelbek Visitor's Centre & Restaurant SUD-AFRICAIN $$
(022-772 2134 ; plats 85-135 R ; petit-déj et déj). Menu varié de plats traditionnels. L'établissement, qui fait aussi office de centre d'information pour le parc, vous aidera à louer un hébergement.

Langebaan

8 300 HABITANTS

Superbement située au-dessus de la lagune de Langebaan, cette station balnéaire est appréciée des vacanciers de la région. Relativement étendue, elle permet néanmoins de s'isoler assez facilement. Elle compte quelques excellents hôtels, un restaurant de poisson en plein air exceptionnel et réserve de fabuleux couchers de soleil. La lagune est idéale pour la navigation de plaisance et la planche à voile, et quelques belles plages ponctuent la côte, dont la **Langebaan Beach**, en ville, parfaite pour la baignade. Langebaan constitue une bonne base pour explorer le West Coast National Park.

À voir et à faire

West Coast Fossil Park SITE ARCHÉOLOGIQUE
(022-766 1606 ; www.fossilpark.org.za ; adulte/enfant 20/15 R ; 8h-16h lun-ven, 10h-13h sam-dim). Ce parc de fossiles, sur la Rte 45, à 16 km de Langebaan, montre notamment le premier ours découvert au sud du Sahara, des tigres à dents de sabre, des chevaux à trois orteils et des petites girafes. Des circuits fascinants partent toutes les heures de 10h à 15h (13h le week-end) pour rejoindre les sites de fouilles – qui comptent parmi les sites les plus riches en fossiles du monde. Vous trouverez aussi sur place de quoi vous adonner au VTT, des circuits de randonnée et un café-boutique.

Cape Sports Centre SPORTS NAUTIQUES
(022-772 1114 ; www.capesport.co.za ; 98 Main Rd). Langebaan est une Mecque des sports nautiques, notamment la planche à voile et le kitesurf. Cette sympathique agence propose des cours de kitesurf (3 jours, 2 650 R) et de planche à voile (2 heures, 700 R), elle loue également des planches de surf et des paddles, ainsi que des kayaks (295/345/385 R par jour).

Où se loger et se restaurer

Nombre d'hébergements propose un service restauration mais vous trouverez aussi des restaurants rassemblés sur Bree St, certains avec vue sur la mer.

Friday Island B&B $$
(022-772 2506 ; www.fridayisland.co.za ; Main Rd ; s/d 580/880 R ;). Un populaire établissement de front de mer, avec des chambres lumineuses et un personnel souriant. Les chambres avec mezzanine, équipées d'une terrasse donnant sur la mer, sont particulièrement attrayantes. Le restaurant (plats 70-130 R) est très fréquenté.

Farmhouse Hotel HÔTEL $$$
(022-772 2062 ; www.thefarmhousehotel.com ; 5 Egret St ; d avec petit-déj 1 850 R ;). L'hôtel

VAUT LE DÉTOUR

ELAND'S BAY

Alors qu'une grande partie de la péninsule au nord de Paternoster est enlaidie par des conserveries de poissons malodorantes et d'énormes complexes immobiliers profitant de la moindre portion de plage, la côte redevient sauvage et les plages, somptueuses après Veldrif. Eland's Bay, notamment, est un endroit des plus charmants, avec un cadre superbe, entre mer et montagne. Entre les deux, une grande lagune est fréquentée par des oiseaux aquatiques (un incontournable pour les amateurs d'ornithologie).

L'**Eland's Bay Hotel** (022-972 1640 ; www.elandsbayhotel.co.za ; Hunter St ; empl camping 200 R, dort 150 R, ch avec petit-déj à partir de 550 R), qui tient lieu d'office du tourisme, abrite un restaurant à la cuisine quelconque mais au panorama magnifique.

Eland's Bay est aussi et surtout un spot de surf connu comme un paradis pour *goofys* (surfeur posant le pied droit à l'avant de la planche), avec des gauches extrêmement rapides et de toutes tailles. Il est possible de louer des planches de bodyboard en ville, mais les surfeurs devront disposer de leur propre matériel.

En piteux état, la route de gravier qui mène à Lambert's Bay était fermée lors de notre visite. La route goudronnée qui passe par Leipoldtville est meilleure.

le plus ancien de Langebaan trône sur une colline dominant la baie, avec vue sur de somptueux couchers de soleil. Chambres spacieuses. Le restaurant (plats 85-185 R) pratique des prix raisonnables et le menu est inventif. L'hôtel compte également des **cottages** (www.kitequarters.co.za ; ch à partir de 325 R, cottage à partir de 1 100 R) indépendants conçus pour les amateurs de kitesurf.

Club Mykonos RESTAURANT $$
(0800 226 770 ; www.clubmykonos.co.za). Doté d'une architecture pseudo-méditerranéenne, ce complexe d'inspiration grecque n'est pas forcément l'endroit le plus séduisant pour passer la nuit. Toutefois, il peut s'avérer amusant d'y passer la soirée. Outre les 8 restaurants au choix, vous y trouverez plusieurs bars et un casino, tous ouverts aux non-résidents.

♥ **Die Strandloper** POISSON ET FRUITS DE MER $$$
(022-772 2490 ; www.strandloper.com ; buffet 260 R ; déj sam-dim, dîner ven-sam fév-nov, déj et dîner tlj déc-jan). La West Coast dans toute sa splendeur : *braai* de 10 plats de poisson et fruits de mer sur la plage. À noter encore le pain frais et le *moerkoffie* (café fraîchement moulu) à volonté, sans oublier le crooner local qui circule entre les tables en grattant sa guitare. Possibilité d'apporter sa boisson ou de commander au bar, d'où le point de vue est superbe. Réservation fortement conseillée.

Renseignements

Centre d'information touristique (022-772 1515 ; www.capewestcoastpeninsula.co.za ; Bree St ; 9h-17h lun-ven, 9h-14h sam). Dans le bâtiment municipal.

Depuis/vers Langebaan

Langebaan est à une heure de route au nord du Cap. Les taxis collectifs partent du parking du 7-Eleven et desservent Le Cap (95 R, 2 heures). Les bus d'**Elwierda** (0861 001 094 ; www.elwierda.co.za) rallient fréquemment Le Cap (100 R, 2-3 heures), mais nécessitent une réservation 24 heures à l'avance.

Paternoster

2 000 HABITANTS

Si, naguère, Paternoster n'était qu'un groupe de maisons chaulées se détachant sur la mer bleue, ce paisible village de pêcheurs suscite aujourd'hui la convoitise des habitants du Cap et des étrangers fortunés en quête de résidence secondaire.

Paternoster est un lieu agréable à visiter. La ville s'anime pendant la saison de la langouste (entre mi-novembre et mi-avril selon les années). Attention : les *kreef* (langoustes en afrikaans) vendues dans les échoppes de bord de route ont souvent été pêchées illégalement. Achetez-les directement auprès des pêcheurs sur le port. Si vous désirez vous-même pêcher (ou ramasser tout type de coquillages), il est impératif de demander une autorisation dans un bureau de poste et de vous renseigner sur les tailles limites de votre sac – les lois sont appliquées très strictement.

Plus au nord sur la côte, le village de **St Helena Bay** borde une jolie crique dépourvue de plage.

Cape Columbine Nature Reserve RÉSERVE NATURELLE
(☎022-752 2718 ; adulte/enfant 13/9 R, tour du phare 16/8 R ; ⏲7h-19h tlj, tour du phare 10h-15h lun-ven). À 3 km au sud de Paternoster s'étend cette réserve, balayée par les vents, mais incroyablement belle. Il y a des **emplacements de camping** (108 R) avec des équipements rudimentaires à Tieties Bay. Vous pourrez monter dans la **tour du phare** et loger dans les anciens cottages de gardiens rénovés (à partir de 600 R).

Où se loger et se restaurer

Faute de plaques de rue, repérez les panneaux des *guesthouses*. Les B&B sont légion : visitez-en plusieurs avant d'arrêter votre choix.

Beach Camp CAMPING $
(☎082 926 2267 ; www.beachcamp.co.za ; Cape Columbine Nature Reserve ; empl 150 R, tente par pers 315 R, cabane par pers 415 R). Un établissement respectueux de l'environnement, superbement situé sur la plage. Cabanes en forme de A et tentes igloo équipées de lits 1 place. Rustique et légèrement délabré, le Beach Camp est surtout une histoire de cadre. Il n'y a pas d'électricité, mais un bar fort sympathique. Draps : 50 R/personne.

Paternoster Lodge GUESTHOUSE $$
(☎022-752 2023 ; www.paternosterlodge.co.za ; s/d 790/1 100 R ;). Les 7 chambres minimalistes de cet hôtel élégant donnent sur la mer, et le restaurant (plats 75-190 R) ouvert toute la journée bénéficie d'une brise agréable. Depuis la terrasse, vous verrez les pêcheurs rapporter leurs prises.

Abalone House GUESTHOUSE $$$
(☎022-752 2044 ; www.abalonehouse.co.za ; 3 Kriedoring St ; d 4 200 R ;). Une pension 5 étoiles dotée de chambres décorées de façon artistique, d'un Jacuzzi sur le toit-terrasse, d'une petite piscine et d'un centre de remise en forme. Ouvert aux non-résidents, le restaurant (plats à partir de 115 R) fait partie d'une petite chaîne chic, lancée par le célèbre chef sud-africain Reuben Riffel.

Voorstrandt Restaurant POISSON ET FRUITS DE MER $$
(Strandloperweg ; plats 70-175 R ; ⏲déj et dîner). De cette cahute rouge et vert, vous pourrez sauter directement dans le sable. Parfait pour siroter une bière au coucher du soleil, l'établissement est spécialisé dans les produits de la mer.

Renseignements

Office du tourisme (☎022-752 2323 ; www.capewestcoastpeninsula.co.za ; Fish Market, Seeduiker St ; ⏲9h-17h lun-ven, 10h-15h sam)

Lambert's Bay

6 100 HABITANTS

La brise marine qui souffle à Lambert's Bay permet une halte rafraîchissante. La ville est cependant envahie par des conserveries de poisson. Prenez au sud du centre malodorant pour profiter des longues étendues de sable, peu fréquentées pour la plupart.

Peu de touristes le savent, mais Lambert's Bay est également un bon endroit pour observer les baleines – baleines australes au printemps et baleines à bosse en hiver. Les eaux de la baie abritent aussi des dauphins du Cap, une espèce endémique à la région.

En mars, le **Crayfish Festival** (fête de la langouste), très animé, permet de se régaler à bas prix.

À voir et à faire

Bird Island PARC
(☎027-432 1672 ; www.capenature.co.za ; adulte/enfant 40/20 R ; ⏲7h-18h). Située à tout juste 100 m du continent, Bird Island constitue un important site de reproduction du fou du Cap. Par ailleurs, vous y apercevrez probablement des otaries à fourrure du Cap. L'île est accessible à pied, via un brise-lames. Sur place, vous trouverez un point d'observation des oiseaux et quantité de panneaux informatifs.

Eco Adventure Boat Trips CIRCUIT EN BATEAU
(☎027-432 1774 ; restaurant Weskus Kombuis, Voortrekker St ; excursion de 1 heure 350 R, minimum 3 pers). Les excursions en bateau comprennent Seal Island, Bird Island et, en saison, l'observation des baleines et des dauphins. Circuits au crépuscule également disponibles.

Où se loger et se restaurer

Lambert's Bay Hotel HÔTEL $$
(☎027-432 1126 ; Voortrekker St ; s/d avec petit-déj à partir de 550/750 R ;). Cet hébergement, le plus grand de la ville, est une adresse accueillante, avec des chambres correctes et un bar/restaurant ouvert à tous midi et soir. Demandez une chambre avec vue sur l'océan.

Funky Tastebuds ÉPICERIE FINE $
(Voortrekker St ; plats 45-80 R ; 📶✍). Un café étonnement branché et décontracté, niché derrière le port. Au menu : déjeuners légers, salades inventives et bon café, ainsi qu'une option pique-nique à composer soi-même si l'on préfère pique-niquer sur le sable.

♥ **Muisbosskerm** POISSON ET FRUITS DE MER $$$
(☎027-432 1017 ; www.muisbosskerm.co.za ; buffet 195 R, langoustes en supp ; ⏲déj et dîner). Ce restaurant à ciel ouvert propose un buffet de la mer à plusieurs plats, avec des ragoûts traditionnels, des salades et divers poissons fumés, cuits ou grillés au *braai*. Comptez 3 heures pour achever ce banquet. À 4 km au sud de la ville, sur la route d'Eland's Bay. Réservation impérative.

Cederberg Wilderness Area

La rude **Cederberg Wilderness Area** (www.capenature.co.za ; adulte/enfant 60/35 R) présente certains des plus beaux paysages du Cap occidental. Tandis que vous sillonnez l'endroit au volant, à vélo ou à pied, au milieu d'étranges formations de grès érodées par la pluie et le vent, rougeoyant dans la fabuleuse lumière du Cederberg, on vous pardonnera de siffloter la musique d'un bon vieux western. Ces 83 000 ha de zone sauvage abritent des peintures rupestres san, des montagnes escarpées et des ruisseaux limpides. Pics et vallées se succèdent du nord au sud sur une centaine de kilomètres entre Citrusdal et Vanrhynsdorp. Les points culminants sont le Sneeuberg (2 027 m) et le Tafelberg (1 969 m).

La région est renommée pour sa végétation, essentiellement composée de *fynbos* de montagne. Si le printemps reste le meilleur moment pour admirer les fleurs sauvages, les autres saisons ne manquent pas d'intérêt. La flore diffère en fonction de l'altitude. Les cèdres (qui ont donné leur nom à la région), en nombre relativement restreint, poussent entre 1 000 et 1 500 m d'altitude.

Le Cederberg compte de petites populations de babouins, rheboks, oréotragues et grisboks, ainsi que des prédateurs, tels les caracals, les renards du Cap, les ratels et les rares léopards. On trouve également nombre de fermes éparses, dont beaucoup sont habitées par les mêmes familles depuis des générations. La plupart d'entre elles proposent un hébergement.

La région du Cederberg attire les randonneurs, mais aussi des alpinistes, des astronomes amateurs et des photographes, impatients d'immortaliser des paysages qui n'en finissent pas d'impressionner.

À voir et à faire

Un vaste réseau de sentiers sillonne les montagnes. La **Maltese Cross** et la **Wolfberg Arch**, parmi les plus fameuses formations rocheuses de la région, figurent au programme de deux randonnées très prisées. La première consiste en une marche relativement facile de 3 heures, tandis que la seconde est une rude expédition d'une journée, avec des sections très abruptes. D'autres parcours incluent des cascades, des piscines naturelles et des œuvres d'art rupestre.

Toutes ces randonnées nécessitent un permis. En période creuse, on peut se les procurer au camping **Algeria** ou à la ferme **Dwarsrivier** – durant les vacances scolaires, mieux vaut réserver (☎021-483 0190) en raison du nombre de randonneurs limité. Les groupes ne peuvent excéder 12 personnes et, par sécurité, un minimum de 2 adultes est imposé.

Stadsaal Caves SITE HISTORIQUE
(adulte/enfant 40/20 R). Jadis habitées par les San, ces grottes de grès sont splendides au crépuscule. Commencez par visiter le site rupestre, sur la droite après l'entrée, puis explorez le réseau de grottes, ponctué de points de vue magnifiques. Permis disponibles à la ferme Dwarsrivier.

Où se loger

Gecko Creek Wilderness Lodge LODGE $
(☎027-482 1300 ; www.geckocreek.com ; camping 130 R, tente/bungalow 200/290 R par pers ; @✉). Cette propriété de 1 000 ha, à la lisière du Cederberg, offre des points de vue superbes, des sites d'art rupestre san et des sentiers de randonnée. Les hébergements consistent en des tentes préinstallées et des bungalows (sinon, prévoyez votre tente), assortis de sanitaires communs. Pour trouver le lodge, prenez l'embranchement pour Algeria sur la N7 et repérez le panneau sur la droite.

Algeria CAMPING $$
(☎027-482 2403 ; www.capenature.co.za ; empl 315 R, cottage pour 2 pers à partir de 665 R). Avec

CEDERBERG WILDERNESS AREA

Pourquoi y aller Paysages spectaculaires ; randonnées en montagne d'une durée allant de quelques heures à quelques jours ; peintures rupestres très anciennes ; fermes auberges isolées ; observation des étoiles.

Quand partir Le printemps (août-octobre) est la meilleure période, avec des températures idéales et des fleurs sauvages en pleine floraison. Certaines journées d'été (novembre-février) peuvent s'avérer caniculaires, tandis que le thermomètre affiche souvent moins de zéro en hiver (mai-juillet).

Infos pratiques Le parc compte uniquement des routes de gravier. L'accès principal se fait par une route publique, donc gratuite. En général, l'entrée payante s'applique uniquement aux visiteurs participant à des activités.

Faire des économies Avec sa profusion de campings et d'aires de *braai* (barbecue), cette région permet un séjour bon marché.

son terrain exceptionnel, dans un cadre ombragé au bord de la Rondegat, c'est le principal camping des environs. Un petit point d'eau permet de se baigner, et il y a de nombreux jolis coins où pique-niquer. Le camping peut devenir assez bruyant le week-end et durant les vacances scolaires. L'entrée du camping ferme à 16h30 (21h le vendredi).

Depuis/vers la Cederberg Wilderness Area

Accessible par Citrusdal, Clanwilliam et la N7, la chaîne du Cederberg se dresse à 200 km du Cap. Vous pouvez aussi venir par la Rte 303, via Ceres, sur le flanc oriental.

Il faut environ 1 heure en voiture depuis Clanwilliam. Algeria n'est pas indiqué en venant de Clanwilliam : suivez la route de gravier (plutôt cahoteuse) au-dessus du barrage, en direction du sud. Algeria, indiqué en venant par la N7, est à 30 minutes de la route principale – c'est aussi une route de gravier, mais en bon état.

Malheureusement, aucun transport public ne dessert les montagnes.

Citrusdal et ses environs

7 200 HABITANTS

Bonne base pour explorer le Cederberg, cette bourgade se couvre de fleurs sauvages en août et septembre, l'une des meilleures périodes pour la randonnée. Citrusdal ne manque pas de charme, mais les hébergements les plus séduisants se situent dans les montagnes environnantes. Explorez les alentours et laissez-vous envoûter par la beauté des paysages.

Où se loger et se restaurer

Ukholo Lodge AUBERGE DE JEUNESSE $
(022-921 3988 ; www.ukholo-lodge.co.za ; camping 90 R, dort 130 R, d avec/sans sdb 400/350 R ;). Les chambres sont élégantes, l'espace ne manque pas pour planter sa tente et il y a des sanitaires partout. Parmi les activités proposées : descente en chambre à air (tubing) de la rivière voisine ou randonnée dans les montagnes. L'établissement se trouve à 21 km de Citrusdal, sur la N7 en direction de Clanwilliam.

Burton's Farm at Steelwater COTTAGE $
(022-921 3337 ; www.burtonsfarm.co.za ; cottage 2 pers-6 pers 400/600 R, d avec petit-déj 500 R ;). Partant de la Rte 303 vers Citrusdal, une piste sinueuse grimpe au milieu de vergers d'agrumes avant d'aboutir à cette ferme, dont les aimables propriétaires louent un cottage pouvant accueillir jusqu'à 7 personnes. La propriété, où l'on se promène avec plaisir, est à 12 km de la ville, sur la route du complexe thermal Baths.

♥ Baths COMPLEXE THERMAL $$
(022-921 8026 ; www.thebaths.co.za ; camping 110 R, chalet pour 2 pers à partir de 650 R ;). Superbement installé sur un site boisé appuyé à des pics escarpés, ce centre thermal regroupe des piscines découvertes et plusieurs bains à vapeur privatifs, avec une eau jaillissant à 43°C. L'endroit est bien signalé depuis Citrusdal – à 18 km par une route goudronnée. Réservation impérative pour les visites en journée (adulte/enfant 80/40 R) et pour les nuits sur place.

Lovely Grapevine CAFÉ $
(plats 50-85 R ; 8h-16h lun-ven, 8h-13h sam). Dans une localité où les possibilités de restauration sont limitées, le Grapevine offre un cadre plaisant pour un déjeuner léger, servi dans le jardin. Café correct et choix de gâteaux, plus des sandwichs et une petite sélection de plats du jour.

À NE PAS MANQUER

DWARSRIVIER FARM

Située en plein cœur du Cederberg, cette ferme constitue une excellente base pour la **randonnée** – le départ des randonnées de Wolfberg Arch et de Maltese Cross se fait à proximité. **Sanddrif** (☎027-482 2825 ; www.cederbergwine.com/sanddrif ; empl 180 R, cottage 4 pers 800 R) offre aussi bien des emplacements ombragés près de la rivière que des cottages équipés avec patio donnant sur les montagnes. Toujours sur place, ne manquez pas la **Cederberg Winery** et ses excellents vins – une brasserie était en construction lors de notre passage. Vous trouverez aussi un remarquable **observatoire astronomique** (www.cederbergobs.org.za ; dons appréciés ; ⌚20h sam), non loin.

Pour vous rendre à Dwarsrivier, suivez l'embranchement pour Algeria depuis la N7. De là, une route de gravier serpente vers les montagnes : l'établissement se trouve à 46 km de Dwarsrivier.

Renseignements

Citrusdal Tourism (☎022-921 3210 ; www.citrusdal.info ; 39 Voortrekker St ; ⌚8h30-17h lun-ven, 9h-midi sam)

Comment s'y rendre et circuler

Les bus Intercape (www.intercape.co.za) font halte à la station-service Caltex, à 6 km en dehors de la ville, sur la N7. Ils desservent notamment Le Cap (400 R, 3 heures) et Springbok (430 R, 5 heures).

Une belle route panoramique, la Rte 303, franchit le col de Middelberg pour rejoindre le Koue Bokkeveld et une superbe vallée dominée par le col de Gydo. La route secondaire qui traverse la Wilderness Area est splendide.

Clanwilliam et ses environs

7 700 HABITANTS

Le barrage et les pistes accidentées qui sillonnent le Cederberg ont fait de cette ville compacte un lieu de villégiature très prisé le week-end. Le barrage est apprécié des amateurs de ski nautique, même si des projets de rehaussement de l'édifice pourraient modifier sensiblement le paysage de la région.

Clanwilliam est le centre de l'industrie du **rooibos** ("brousse rouge"). Ce "thé" est fabriqué à partir des feuilles de la plante *Aspalathus linearis,* qui pousse uniquement dans la région du Cederberg. Le rooibos ne contient pas de théine et peu de tanin, et on lui prête des vertus curatives. Les circuits dans l'**Elandsberg Rooibos Estate** (☎027-482 2022 ; www.elandsberg.co.za ; circuit 125 R/pers), à 22 km à l'ouest de Clanwilliam, constituent un excellent moyen de suivre tout le processus de fabrication, de la plante au conditionnement. Par ailleurs, les propriétaires de la Rooibos Teahouse, en ville, ont créé la **Rooibos Route** (www.rooibos-route.co.za), un circuit qui comprend des restaurants, des exploitations de thé et des hébergements mettant en valeur le principal produit d'exportation de la région.

Où se loger et se restaurer

Lebanon Citrus CAMPING $

(☎027-482 2508 ; www.lebanon.co.za ; camping empl 200 R, bungalow de 2 pers 350 R). Admirablement situé à la lisière du barrage, ce camping dispose d'emplacements pour les tentes et de charmants bungalows en bois, ainsi que d'une vue splendide sur le Cederberg. Une route de 28 km, gravillonnée pour l'essentiel, y conduit depuis Clanwilliam. Lorsque le barrage sera rehaussé, le camping sera inondé. Les propriétaires projettent donc de déménager dans un endroit tout aussi spectaculaire.

Daisy Cottage COTTAGE $

(☎027-482 1603 ; Foster St ; ch 300 R/pers). Dans une rue tranquille à proximité du centre-ville, cet adorable cottage coiffé de chaume pourvu d'un jardin splendide, possède deux chambres, plus un canapé-lit.

Saint du Barrys Country Lodge GUESTHOUSE $$

(☎027-482 1537 ; www.saintdubarrys.com ; 13 Augsburg Dr ; s/d avec petit-déj 850/1 400 R ; ❄🏊). Un banian vieux de 150 ans veille sur cette agréable pension, qui compte 5 chambres avec sdb attenante et un jardin ravissant doté d'une minuscule piscine. Le dîner est possible sur demande préalable.

LES SITES D'ART RUPESTRE SAN

Tribu nomade d'Afrique du Sud, les San ont habité la région nord de Clanwilliam pendant des millénaires. L'art de ce peuple, décimé ou assimilé, est particulièrement présent dans la région. D'après les archéologues, ces peintures rupestres sont parmi les mieux préservées au monde.

Si vous désirez vous renseigner ou effectuer une visite, contactez **Living Landscape Project** (☎027-482 1911 ; www.cllp.uct.ac.za ; 16 Park St, Clanwilliam ; permis 30 R, visite à partir de 85 R). Outre la découverte des sites, cette agence gère un programme de développement communautaire. Contactez le centre d'information de Clanwilliam pour bénéficier d'une liste complète des tour-opérateurs.

Accessible depuis le Traveller's Rest, à 36 km de Clanwilliam, en direction du Bushmans Kloof, le **Sevilla Rock Art Trail** (permis 40 R) est une randonnée relativement facile de 3 km, ponctuée de neuf sites d'art rupestre.

Bushmans Kloof HÔTEL DE LUXE $$$

(☎021-481 1860 ; www.bushmanskloof.co.za ; s/d en pension complète à partir de 5 650/8 000 R ; ❄📶🏊). Réserve privée haut de gamme, à 46 km à l'est de Clanwilliam le long du col de Pakhuis, réputée pour ses peintures rupestres san et ses nombreux oiseaux et animaux. Les résidents se voient assigner un guide et peuvent participer à toutes sortes d'activités, typiques de ce genre d'établissements, ou simplement savourer l'excellente cuisine du lieu.

Nancy's Tearoom CAFÉ $

(Main St ; plats 45-100 R ; ⏲petit-déj et déj lun-sam). Un endroit sympathique pour profiter d'un repas léger dans un patio ombragé. Les habitués raffolent des scones maison, à déguster de préférence avec un cappuccino au *rooibos*. Au Nancy's, étape de la Rooibos Route, vous trouverez divers plats parfumés au thé, dont le *bobotie*, le cheese-cake et même la meringue au citron.

Reinhold's SUD-AFRICAIN $$

(☎083 389 3040 ; Main St ; plats à partir de 85 R ; ⏲dîner mar-sam). La musique et le menu de ce restaurant, avec plats à la carte, vous ramèneront 50 ans en arrière. Cela dit, l'endroit est une institution locale et le choix culinaire en ville est de toute façon limité. Spécialisé dans le poisson et les grillades.

Où prendre un verre

♥ **Rooibos Teahouse** MAISON DE THÉ

(www.rooibosteahouse.co.za ; 4 Voortrekker St ; ⏲8h-17h lun-ven, 8h-14h sam). Un must absolu pour les amoureux du thé, avec plus de 100 variétés et de parfums de *rooibos*. La dégustation de thé (70 R) est fortement conseillée – sélectionnez sept thés, à accompagner éventuellement d'une part de gâteau. Possibilité d'organiser des dégustations de groupe "guidées" (4 personnes minimum, réservation impérative). Une boutique vend l'ensemble des thés de la carte.

Renseignements

Information Centre (☎027-482 2024 ; Main St ; ⏲8h30-17h lun-ven, 8h30-12h30 sam). Face à l'ancienne prison, ce bâtiment de 1808 se double d'un **musée**, celui de la ville. Renseignez-vous sur la promenade historique (50 R), une visite guidée d'une heure à travers l'une des plus anciennes villes d'Afrique du Sud.

Depuis/vers Clanwilliam

Les bus qui passent par Citrusdal traversent également Clanwilliam, avec une halte à la station-service Cedar Inn, à l'extérieur de la ville – arrangez-vous avec votre hébergement pour qu'on vienne vous chercher. Les taxis collectifs qui circulent entre Springbok (320 R, 5 heures) et Le Cap (160 R, 3 heures) passent par Clanwilliam – l'office du tourisme peut vous aider à réserver.

Cap oriental

Dans ce chapitre ➜

Le top des restaurants

- Veld to Fork (p. 234)
- Hazel's Organic Restaurant (p. 200)
- Stanley St (p. 195)
- Haricot's Deli & Bistro (p. 204)

Le top des hébergements

- Bulungula Lodge (p. 220)
- Buccaneers Lodge (p. 216)
- Mdumbi Backpackers (p. 221)
- Die Tuishuise & Victoria Manor (p. 239)
- Edge Mountain Retreat (p. 212)
- Terra-Khaya (p. 212)

Pourquoi y aller

Des forêts tropicales aux étendues désertiques, du farniente dans un hamac aux aventures exaltantes, le Cap oriental (Eastern Cape) offre une vaste gamme de paysages et d'expériences. Comparée au Cap occidental, plus riche et plus développé, la province semble être un tout autre pays et permet de découvrir la culture xhosa. Certains des plus beaux chemins de randonnée d'Afrique du Sud serpentent le long du littoral et à travers des montagnes parsemées de cascades.

Réserves privées, parcs nationaux et régionaux abondent ; outre les Big Five (lion, léopard, buffle, éléphant et rhinocéros), vous pourrez voir baleines et dauphins lors de leurs migrations. Tranquillité et culture caractérisent les villes du Karoo semi-aride, tandis que les pics imposants du Drakensberg et les vallées des Highlands sont idéals pour le trekking. Le surf dans l'océan Indien se combine avec des découvertes culturelles le long de la Wild Coast. Enfin, l'histoire imprègne la région, dont l'héritage de certains de ses fils célèbres : Nelson Mandela, Oliver Tambo et Steve Biko.

Quand partir

Port Elizabeth

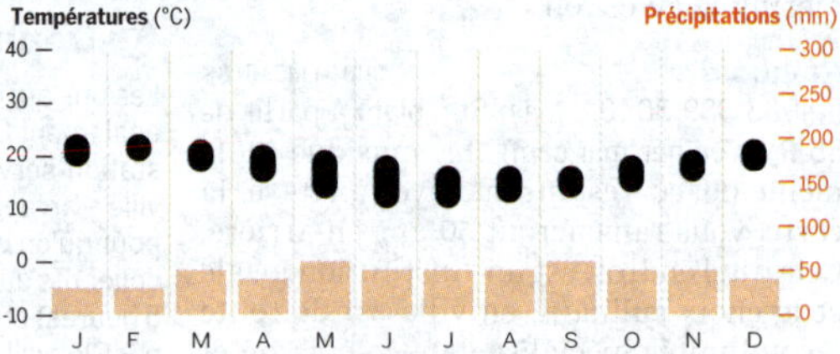

Avril Entre les pluies d'été et la fraîcheur hivernale ; bonne période pour l'observation de la faune et plages tranquilles.

Juillet Grand festival des Arts à Grahamstown et compétition internationale de surf à Jeffrey's Bay.

Septembre-octobre Épanouissement des fleurs sauvages et chaleur supportable dans le Karoo ; fête du Printemps à Hogsback.

Langues

Vous pouvez d'ores et déjà vous entraîner aux "clicks", ou claquements de langue, caractéristiques du xhosa, l'idiome prédominant au Cap oriental. Les Blancs de la province parlent l'anglais et l'afrikaans.

Comment s'y rendre et circuler

Si la voiture reste le moyen de transport le plus pratique, le **Baz Bus** (☎0861 229 287 ; www.bazbus.com), avec montée et descente à volonté, constitue un bon choix pour visiter la côte. Il circule entre Le Cap et Port Elizabeth (2 020 R aller, 15 heures) 5 jours par semaine dans chaque direction, s'arrêtant dans les auberges de jeunesse aux Crags (près de Nature's Valley), à Bloukrans Bridge, Storms River et Jeffrey's Bay. Le Baz Bus relie aussi Port Elizabeth et Durban (1 830 R aller, 15 heures 30) 4 jours par semaine avec arrêts à Port Alfred, East London, Chintsa et Mthatha. Des forfaits de 7 à 21 jours sont également disponibles. Les auberges de jeunesse offrent aussi des navettes d'East London à Hogsback et de Mthatha à Coffee Bay et Port St Johns.

Les principales compagnies de bus, dont **Greyhound** (☎à Jo'burg 011-611 8000 ; www.greyhound.co.za), **Translux** (☎0861 589 282 ; www.translux.co.za), **Intercape** (☎au Cap 021-380 4400 ; www.intercape.co.za) et **City to City** (☎0861 589 282 ; www.citytocity.co.za), suivent le même itinéraire côtier et desservent l'arrière-pays, reliant le Cap oriental à Bloemfontein, Johannesburg (Jo'burg) et Pretoria. Les trains **Shosholoza Meyl** (☎0860 008 888 ; www.shosholozameyl.co.za) relient Port Elizabeth et East London à Johannesburg via Bloemfontein. Port Elizabeth, East London et Mthatha disposent d'aéroports.

Hors des sentiers battus, notamment sur la Wild Coast et dans les Highlands, les voyageurs qui utilisent les transports publics devront prendre des taxis collectifs pour rejoindre des destinations plus isolées. Les routes peuvent devenir impraticables après de fortes pluies. Certains endroits de la Wild Coast ne sont accessibles qu'à pied ou à cheval.

EST DE LA GARDEN ROUTE

Cette région comprend la lisière ouest de la côte du Cap oriental, un prolongement de la célèbre Garden Route (route des Jardins), et, pour cette raison, c'est sans doute la partie la plus visitée de la province. Si le Tsitsikamma National Park est renommé à juste titre, d'autres destinations moins connues, comme la Baviaanskloof Wilderness Area (p. 183), méritent aussi l'attention.

Nature's Valley

Nature's Valley se niche dans une forêt de cladrastres, à côté d'une plage et d'une lagune splendides, à l'ouest du Tsitsikamma National Park. C'est ici que se termine l'Otter Trail de 46 km (p. 181) et que commence le Tsitsikamma Mountain Trail de 60 km (p. 181). Cette partie du parc, appelée De Vasselot Section, offre de nombreuses randonnées plus courtes.

Des hébergements et des restaurants sont installés au-dessus du village, signalés sur la Rte 102 qui part de la N2 près de Kurland Village et descend vers Nature's Valley à 9 km. Après Nature's Valley, la Rte 102 rejoint à nouveau la N2 au péage de Tsitsikamma, 14 km à l'est de Kurland.

Où se loger

Le site de **Nature's Valley Properties** (☎082 772 2972 ; www.naturesvalleyproperties.co.za/accommodation) répertorie les hébergements avec cuisine.

Rocky Road AUBERGE DE JEUNESSE **$**
(☎044-534 8148 ; www.rockyroadbackpackers.com ; Loredo South ; dort 120 R, tente safari s/d 190/280 R ; P 📶 👪). Des balancelles, un Jacuzzi rustique (le vendredi) et de fabuleuses sdb à l'orée d'une forêt indigène, traversée de sentiers. Vous aurez le choix entre de confortables tentes de safari et des bungalows avec sdb attenante. Signalé sur la Rte 102, à environ 1 km de la N2.

Nature's Valley Guesthouse & Hikers Haven GUESTHOUSE **$**
(☎044-531 6805 ; www.hikershaven.co.za ; 411 St Patrick's Ave ; s/d avec petit-déj 450/740 R, sans sdb 350/600 R ; fermé déc ; P 📶). Entouré d'une grande pelouse, ce bâtiment en brique coiffé de chaume comprend une cuisine équipée, un salon et des petites chambres propres avec des sdb défraîchies. Il organise le transport jusqu'au début de l'Otter Trail (480 R jusqu'à 4 pers).

Tranquility Lodge LODGE **$$**
(☎044-531 6663 ; www.tranquilitylodge.co.za ; 130 St Michael's Ave ; s/d avec petit-déj à partir de 590/980 R ; 📶 🏊). Une fontaine et le grondement des vagues composent le fond sonore du Tranquillity. Les 7 chambres sont

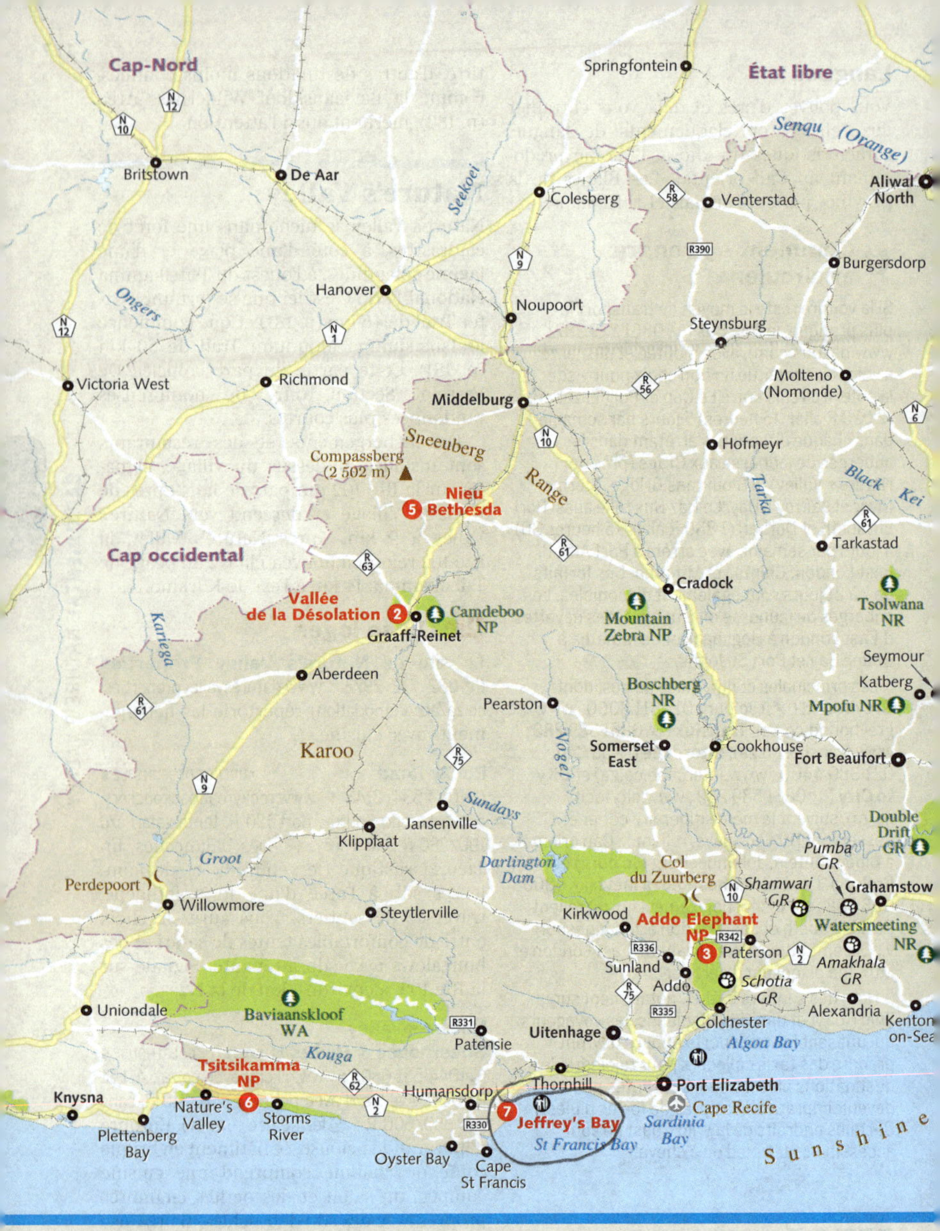

À ne pas manquer

1 Une randonnée le long des côtes et des plages isolées de la **Wild Coast** (p. 214).

2 Le coucher du soleil dans le Karoo, depuis la **vallée de la Désolation** (p. 235).

3 L'observation des éléphants dans l'**Addo Elephant National Park** (p. 197) ou les réserves proches.

4 Les sentiers forestiers qui mènent aux cascades autour de **Hogsback** (p. 201)

5 Le ciel étoilé au-dessus de **Nieu Bethesda** (p. 236), avant-poste artistique du Karoo.

6 Marche, saut à l'élastique, tubing et tyrolienne dans le **Tsitsikamma National Park** (p. 180).

7 Le surf à **Jeffrey's Bay** (p. 185) ou la simple contemplation de **Supertubes** (p. 188), l'une des meilleures vagues au monde.

8 La solitude dans le village montagnard de **Rhodes** (p. 230), dans le sud du Drakensberg.

9 Un séjour dans une *rondavel* et la rencontre avec des Xhosa dans des auberges de jeunesse de la Wild Coast ou de l'Amathole, comme le **Bulungula Lodge** (p. 220) et l'**Elundini Backpackers** (p. 213).

meublées dans le style maison de vacances et décorées d'art africain et de photos de surf. Kayaks gratuits pour explorer la lagune et réductions sur les activités locales.

Nature's Valley Rest Camp CAMPING $$
(044-531 6700 ; www.sanparks.org ; camping 190 R, chalet 900 R). Le camping du parc national occupe un bel endroit au bord de la rivière, à l'est du village et à 2 km de la plage. Il comporte des sanitaires bien tenus, des cuisines communes et une buanderie. Enfermez toute nourriture, car les singes sont aux aguets. Au prix de l'hébergement s'ajoute le droit de conservation du parc (adulte/enfant 72/36 R).

Où se restaurer

Nature's Way Farm Stall CAFÉ-ÉPICERIE $
(Rte 102 ; sandwichs 30 R ; 9h-17h ;). Cette charmante épicerie en bord de route fait partie d'une ferme ; elle propose des petit-déjeuners et des déjeuners légers, des pâtisseries, du café et divers produits locaux.

Nature's Valley Trading Store PUB $
(044-531 6835 ; 135 St Michael's Ave ; plats 70 R ; 9h30-20h45). À quelques pas de la plage, chaussures de randonnée et bouteilles de champagne vides de vétérans de l'Otter Trail pendent à un arbre dans le *beer garden*. La carte comprend burgers, steaks et plats de poisson, et l'épicerie attenante vend des denrées de base. Elle offre aussi informations locales et brochures.

Renseignements

Nature's Valley Trust (Lagoon Dr ; 8h-16h lun-ven). À l'entrée du village.

Depuis/vers Nature's Valley

Le **Baz Bus** (0861 229 287 ; www.bazbus.com) fait halte à Rocky Road sur l'itinéraire Le Cap-Port Elizabeth. Les autres compagnies de bus s'arrêtent à Plettenberg Bay, où les hébergements de Nature's Valley viennent vous chercher sur demande préalable.

Tsitsikamma National Park

Turbulentes rivières couleur café, ravins profonds et forêts épaisses sillonnent le **Tsitsikamma National Park** (042-281 1607 ; www.sanparks.org ; adulte/enfant 2 heures 40/20 R, 4 heures 80/40 R ; 7h-19h), qui s'étend sur 650 km² entre Plettenberg Bay et Humansdorp ; il protège également une réserve marine qui couvre 80 km de côte et se prolonge dans la mer sur 5 km. Un pont suspendu, long de 77 m, enjambe la Storms River Mouth près du camp éponyme (à ne pas confondre avec le village de Storms River), où plusieurs chemins de randonnée passent par des fourrés de fougères, de lys, d'orchidées, de *fynbos* (brousse) côtier et montagneux, de cladrastres et de *Sideroxylon inerme*, dont certains vieux de plusieurs siècles. Des formations millénaires de grès et de quartz bordent les gorges et le rivage rocheux, tandis que baleines franches australes et dauphins s'ébattent dans l'océan.

Le Tsitsikamma, un mot khoïsan qui signifie "beaucoup d'eau", reçoit plus de 1 200 mm de précipitations chaque année – la couleur des rivières est due au tanin diffusé par les racines du *fynbos*, dont le goût amer rebute les animaux à la recherche de nourriture. L'insaisissable loutre à joues blanches, qui a donné son nom à l'Otter Trail (une randonnée de plusieurs jours), vit dans le parc, qui abrite également des babouins, d'autres singes, des petites antilopes et des rats des rochers. Parmi les nombreux oiseaux figure l'huîtrier de Moquin, une espèce menacée.

Activités

Untouched Adventures KAYAK
(073-130 0689; www.untouchedadventures.com). Propose de populaires sorties en kayak et matelas pneumatique sur la Storms River (3 heures, 399 R), ainsi que la plongée et le snorkeling dans la réserve marine du parc national (les activités dépendent de la météo). Installé en dessous du restaurant du Storms River Mouth Rest Camp.

Bloukrans Bridge Bungee SPORTS D'AVENTURE
(042-281 1458 ; www.faceadrenalin.com ; saut à l'élastique 850 R ; 8h30-17h). Le 3ᵉ plus haut saut à l'élastique du monde (216 m) – et le plus haut d'un pont – se trouve à 21 km à l'ouest de Storms River, directement sous la N2. Si vous n'êtes pas sûr d'avoir les nerfs assez solides, marchez jusqu'au tremplin sous le pont (100 R) ; vous pouvez aussi regarder les intrépides sauter depuis la terrasse ou le bar-restaurant au sommet de la falaise.

Curieusement le plus effrayant est l'attente, tête en bas, d'être remonté après le saut. Photos et vidéo de votre exploit.

TSITSIKAMMA NATIONAL PARK

Pourquoi y aller Le paysage montagneux, couvert de forêt indigène, descend jusqu'à la côte rocheuse. Les activités comprennent kayak, tubing, équitation et saut à l'élastique ; les chemins de randonnée varient des courtes promenades aux treks de plusieurs jours.

Quand partir Juin et juillet, les mois les plus secs et les températures relativement douces perdurent jusqu'en août et septembre.

Infos pratiques Le principal centre d'information du parc se situe au Storms River Mouth Rest Camp. Vous pouvez aussi payer le droit d'entrée du parc et vous renseigner au Nature's Valley Rest Camp.

Faire des économies L'hébergement est moins cher à Storms River et Nature's Valley que dans les camps du parc ; des hôtels de Storms River, vous pouvez rejoindre à pied les tour-opérateurs qui proposent des activités dans le parc. Si vous ne disposez pas d'une voiture, séjournez dans une auberge de jeunesse sur le trajet du Baz Bus et organisez le transfert en navette jusqu'au parc plutôt que de prendre des taxis. Le second saut à l'élastique du Bloukrans Bridge ne coûte que 650 R !

Randonnée

Si vous n'avez pas le temps d'effectuer une longue randonnée de plusieurs jours, vous aurez le choix entre nombre d'itinéraires plus courts.

Otter Trail RANDONNÉE

(☎ à Pretoria 012-426 5111 ; www.sanparks.org ; 1 000 R/pers). L'Otter Trail est l'une des randonnées les plus réputées d'Afrique du Sud. Longeant la côte sur 46 km, de Storms River Mouth à Nature's Valley, cet itinéraire de 5 jours implique la traversée à gué de plusieurs rivières et fait découvrir de superbes parties du littoral. Il exige une bonne forme physique car il comprend de nombreuses montées et descentes escarpées.

Réservez au moins 9 mois à l'avance (6 mois pour des dates flexibles). Toutefois, les annulations sont fréquentes et vous pouvez tenter votre chance, surtout si vous n'êtes que 2 ou 3 personnes. Si vous êtes seul, vous serez intégré dans un groupe.

En chemin, vous passerez la nuit dans des gîtes (*rest huts*) de 6 lits avec matelas (sans draps), réservoirs d'eau de pluie, *braai* (barbecue) et feu de bois. Le camping est interdit.

Tsitsikamma Mountain Trail RANDONNÉE

(☎ 042-281 1712 ; www.mtoecotourism.co.za ; 135 R/nuit). Ce chemin de 60 km commence à Nature's Valley et s'achève à Storms River, traversant forêts et montagnes dans l'arrière-pays. Le parcours complet dure 6 jours, mais vous pouvez choisir une randonnée de 2, 3, 4 ou 5 jours car chaque gîte possède son propre itinéraire d'accès. Porteurs, randonnées d'une journée (30 R) et pistes de VTT sont également disponibles.

Dolphin Trail RANDONNÉE

(☎ 042-280 3588 ; www.dolphintrail.co.za ; s/d 5 940/9 980 R). Cet itinéraire de 2 jours (17 km), idéal pour ceux qui ne souhaitent ni porter un gros sac ni dormir dans des gîtes, part du Storms River Mouth Rest Camp jusqu'au Misty Mountain (p. 173), puis rejoint le Fernery Lodge & Chalets (p. 183) pour la dernière nuit. Réservez sur le site Internet au moins un an à l'avance.

Les bagages sont transportés par un véhicule entre les étapes. Les prix comprennent l'hébergement pour 3 nuits, les repas, les guides et le retour en 4x4 à Storms River Mouth.

Où se loger

Storms River Mouth Rest Camp CAMPING, CHALETS $$

(☎ 042-281 1607 ; www.sanparks.org ; camping 300 R). Ce camp propose divers hébergements, de rustiques cases forestières (à partir de 485 R) et des chalets (à partir de 945 R) aux cottages familiaux de 4 lits (1 545 R) et aux cottages Oceanettes en bord de mer (à partir de 885 R) sur le front de mer. La plupart disposent de lits simples avec draps et, à l'exception des cases, d'une cuisine équipée et d'une sdb. Les prix ne comprennent pas le droit de conservation du parc (adulte/enfant 150/75 R).

Un restaurant (8h30-22h) et une petite boutique sont installés sur place. L'embranchement vers le camp se situe sur la N2 entre Bloukrans Bridge et Storms River. De là, l'entrée du parc est à 4 km et le camp à 10 km.

Depuis/vers le Tsitsikamma National Park

Aucun transport public ne dessert le Nature's Valley Rest Camp ou Storms River Mouth. Les bus Greyhound, Intercape, Translux et City to City s'arrêtent à Plettenberg Bay et Storms River Bridge. Le Baz Bus conduit plus près des camps, faisant halte aux Crags (près de Nature's Valley), au Bloukrans Bridge et à Storms River sur la ligne Le Cap-Port Elizabeth.

Hiking Trail Transfers (☎082 696 5335 ; www.ottertrailtransfers.co.za). Offre le transfert des randonneurs sur l'Otter Trail et le Tsitsikamma Mountain Trail.

Storms River

Village bordé d'arbres dans le Tsitsikamma National Park, près du Bloukrans Bridge, Storms River possède un excellent choix d'hébergements et d'infrastructures touristiques. Ne le confondez pas avec l'embranchement à 4 km à l'ouest vers Storms River Mouth (Stormsriviermond, en afrikaans), dans le parc.

À voir et à faire

Big Tree FORÊT

(adulte/enfant 12/8 R ; 8h-17h, 8h-18h sept-avr ; P). Juste à l'est du village de l'autre côté de la N2, le Big Tree, un cladrastre haut de 36 m et vieux de quelque 1 000 ans, se dresse dans une forêt qui compte de nombreux ocoteas d'Afrique, bois chandelle et assegais (*Curtisia dentate*). Le **Ratel Trail** de 4,2 km commence ici, avec des panneaux décrivant les arbres de la forêt, l'une des mieux préservées d'Afrique du Sud.

Mild 2 Wild ACTIVITÉS DE PLEIN AIR

(☎042-281 1842 ; www.mild2wildadventures.com ; Darnell St). Ce prestataire propose des promenades à cheval (2 heures, 350 R) et loue des VTT (4 heures 160 R) pour l'itinéraire conseillé de 22 km à travers le parc national jusqu'à Storms River Mouth. Associé à Dijembe Backpackers, il jouxte la pizzeria Papa Africa.

Blackwater Tubing TUBING

(☎079 636 8008 ; tubenaxe.co.za/storms-river-tubing ; angle Darnell St et Saffron St). L'auberge de jeunesse Tube 'n Axe organise des descentes en tubing sur la Storms River (demi-journée/journée à partir de 450/750 R). Elles peuvent être annulées après de fortes pluies en raison des risques de crue. Renseignez-vous avant sur le niveau de la rivière ; en période d'étiage, vous marcherez presque autant que vous flotterez.

Tsitsikamma Falls Adventure CIRCUIT D'AVENTURE

(☎042-280 3770 ; www.tsitsikammaadventure.co.za ; Witelsbos). Descente en rappel sur 36 m le long d'une superbe cascade (100 R) ou découverte des gorges de la Kruis River sur 8 tyroliennes jusqu'à 211 m de long (375 R). À 12 km à l'est de Storms River sur la N2.

Tsitsikamma Canopy Tours TYROLIENNES

(☎042-281 1836 ; www.stormsriver.com ; Darnell St). Cette grosse compagnie est la branche la plus ancienne d'un réseau national de circuits dans la canopée. Dix tyroliennes, la plus longue de 100 m, traversent la forêt entre 10 plateformes – une expérience plus décontractée qu'exaltante. Le circuit guidé de 3 heures (495 R avec déjeuner et entrée du parc) part toutes les 30 minutes de 8h30 à 15h30. Des circuits guidés dans la forêt, en voiture ou à pied, sont également proposés.

Où se loger

Village

♥ Dijembe Backpackers AUBERGE DE JEUNESSE $

(☎042-281 1842 ; www.dijembebackpackers.com ; angle Formosa St et Assegai St ; camping/dort/s/d 70/130/320/380 R ; P). Reflétant l'esprit de son propriétaire amoureux de la nature – qui peut arriver avec un cheval secouru, se suspendre aux poutres ou organiser un cercle de djembés dans la soirée –, cette auberge chaleureuse est en grande partie construite avec du bois recyclé. Des tentes de safari et un cottage dans le jardin à l'arrière font partie des hébergements.

Jacuzzi sur la terrasse supérieure, petit-déjeuner avec crêpes gratuit, visite des tavernes du township, ainsi que feu de camp et dîner (70 R) tous les soirs.

Tsitsikamma Backpackers AUBERGE DE JEUNESSE $

(☎042-281 1868 ; www.tsitsikammabackpackers.co.za ; 54 Formosa St ; dort/d/tr/qua 170/500/750/900 R ; P@). Hormis la façade en faux rondins, cette auberge ressemble à une coquette maison de banlieue. Les chambres impeccables sont décorées de draps fleuris et de tableaux, tandis que les tentes à 2 lits (400 R) sont installées sur des plateformes couvertes. L'auberge sert le petit-déjeuner (50 R) et le dîner (70 R). Le salon, la cuisine bien équipée et le bar avec billard et baby-foot constituent des atouts supplémentaires.

Tube 'n Axe AUBERGE DE JEUNESSE $

(☎042-281 1757 ; tubenaxe.co.za ; angle Darnell St et Saffron St ; camping/dort/ch 85/140/440 R ; P 🛜). Le vaste bar et restaurant qui ouvre sur un grand foyer constitue le cœur de cette auberge festive. Elle offre divers hébergements, dont des dortoirs de 6 et 14 lits, des chambres privées joliment décorées, des bungalows en rondins et des tentes de safari surélevées pour 2 personnes (300 R).

En période de forte fréquentation, le bruit peut être gênant dans les chambres du bâtiment principal et alentour.

At the Woods GUESTHOUSE $$

(☎042-281 1446 ; www.atthewoods.co.za ; 43 Formosa St ; s/d/tr/qua 825/1 100/1 650/2 000 R ; P 🛜). Cette pension stylée possède une touche bohème avec des céramiques sur les murs, des coussins colorés sur les lits et les meubles de jardin turquoise. Les chambres à l'étage s'agrémentent de balcons en bois ; la n°6, particulièrement spacieuse, est décorée de poissons en bois.

Tsitsikamma Village Inn HÔTEL $$

(☎042-281 1711 ; www.tsitsikammahotel.co.za ; Darnell St ; ch avec petit-déj 525-1 390 R ; P ❄ @ 🛜). Dans ce joli village miniature, la plupart des chambres sont installées dans des cottages bas à l'ancienne, avec lits à baldaquin et porche privé, autour d'une pelouse soignée. Restaurant, bar, brasserie, coiffeur et terrain de jeu sur place.

Armagh Country Lodge & Spa LODGE $$

(☎042-281 1512 ; www.thearmagh.com ; 24 Fynbos Ave ; s 400-600 R, d 590-1 500 R, petit-déj compris ; P 🛜). Près de la principale route d'accès au village en venant de la N2, l'Armagh est pratiquement caché par un luxuriant jardin. Vastes et douillettes, les chambres s'agrémentent, pour la plupart, d'un patio privé. Un spa et le restaurant Rafters, l'un des meilleurs du village, sont installés sur place.

Andelomi Forest Lodge LODGE $$

(☎042-281 1726 ; www.andelomi.com ; 31 Formosa St ; s 450-500, d 700-800 R, petit-déj compris ; P 🛜). L'Andelomi offre des chambres sans prétention, un restaurant et un pub sur un terrain verdoyant avec vue sur les versants boisés du Tsitsikamma. Un logement indépendant pour 4 personnes (1 ou 2 pers 700 R, adulte supplémentaire 350 R) est aussi disponible.

> **HORS DES SENTIERS BATTUS**
>
> **BAVIAANSKLOOF**
>
> **Baviaanskloof Wilderness Area**
> (Baviaanskloof Mega Reserve ; ☎044-272 9908 ; www.travelbaviaans.co.za). L'un des plus vastes secteurs protégés d'Afrique du Sud, ce site, inscrit au patrimoine mondial, abrite des léopards, des antilopes, des buffles et des zèbres de montagne du Cap entre les monts Kouga et Baviaanskloof. La région, qui s'étend entre les villes de Patensie et Willowmore, s'explore plus aisément en voiture (avec haute garde au sol) ou en circuit organisé. Pour plus d'informations, consultez les sites www.baviaanskloof.net et www.baviaans.net.

Hors du village

Deux hébergements plaisants se situent à l'extérieur de Storms River. De la N2, prenez l'embranchement vers le Blueliliesbush et Nompumelelo, entre le Storms River Bridge et Tsitsikamma Falls Adventure, et suivez-le sur 8 km environ.

♥ **Fernery Lodge & Chalets** COMPLEXE HÔTELIER $$

(☎042-280 3588 ; www.forestferns.co.za/accommodation-all ; s/d à partir de 930/1 860 R ; P 🛜). Au bord d'une falaise qui surplombe la gorge de la Sandrift River, ses cascades et bassins, le Fernery tire parti au maximum de son emplacement spectaculaire. De luxueux chalets et suites sont disséminés dans la propriété, un Jacuzzi est suspendu au-dessus du vide et le restaurant, avec des baies vitrées, est cosy.

Misty Mountain Reserve CHALETS $$

(☎042-280 3699 ; www.mistymountainreserve.co.za ; s/d/f à partir de 900/1 440/2 350 R). De grands cottages individuels s'alignent en retrait d'un promontoire au-dessus de l'océan, chacun avec un grand Jacuzzi et certains avec un salon. Les repas sont proposés et les activités comprennent randonnées à pied ou à VTT dans la forêt primaire.

Où se restaurer et prendre un verre

Papa Africa PIZZERIA $
(Darnell St ; pizzas 70 R). Avec des murs en tôle ondulée, un comptoir composé de bidons d'huile et des nappes en toile de sac, le Papa Africa évoque un grange préparée pour un bal. Choisissez parmi les 5 garnitures indiquées sur l'ardoise, et Arthur, le roi de la pizza, fera des merveilles dans son four à bois.

Rafters SUD-AFRICAIN $$
(24 Fynbos Ave ; plats 90 R ; 📶). Le restaurant de l'Armagh Country Lodge comporte une salle cosy avec cheminée et des tables dans un patio. Il propose des spécialités malaises du Cap, comme le *bobotie* d'autruche (curry délicatement parfumé, couvert d'œuf battu et cuit au four) et le *bredie* (ragoût), des plats moins locaux, tel le sauté d'agneau à la marocaine, et des déjeuners légers.

Marilyn's 60's Diner BAR À THÈME
(Darnell St ; plats 70 R ; ⌚10h-tard). Ce *diner* merveilleusement incongru domine le centre du village. La carte comprend des plats classiques sud-africains et américains de qualité variable, des hot dogs, des curries et des calamars au *sarmie* (sandwich) nommé "A Little Less Conversation". Contentez-vous d'y boire un verre en admirant les Cadillac restaurées.

L'**Elvis Festival Africa** (www.elvis-festival.co.za) se déroule ici le dernier week-end de mai.

Renseignements

Le **Storms River Information Centre** (☎042-281 1098 ; Gamassi St ; ⌚9h-17h30), près de la N2, possède des brochures et peut vous aider à trouver un hébergement. En face du Marilyn's 60's Diner, une supérette-magasin de spiritueux dispose d'un DAB.

Depuis/vers Storms River

Le Baz Bus fait halte aux auberges de jeunesse de Storms River sur la ligne Le Cap-Port Elizabeth. Les hébergements organisent des navettes vers le Tsitsikamma National Park et les activités locales. Les principales compagnies de bus s'arrêtent à Storms River Bridge, à 5 km à l'est du village sur la N2 ; demandez à votre hôtel de venir vous chercher.

SUNSHINE COAST

La Sunshine Coast couvre une portion importante du littoral du Cap oriental, qui comprend Port Elizabeth, les stations balnéaires de Jeffrey's Bay et de Port Alfred, et nombre de plages de sable. Dans l'arrière-pays, l'Addo Elephant National Park et les proches réserves privées sont les meilleurs endroits pour observer la faune et facilement accessibles de la côte entre Le Cap et Durban.

La région possède un héritage et une saveur britanniques, legs des Settlers (colons anglais) de 1820. Ceux-ci débarquèrent à Algoa Bay, tentèrent de cultiver des terres au milieu des affrontements entre Boers et Xhosa, puis finirent par s'installer à Grahamstown, Port Elizabeth et au-delà.

Cape St Francis et ses environs

Cape St Francis, à 25 km au sud de Humansdorp, est une petite ville sans prétention avec une plage balayée par le vent et le *break* de surf Seal Point. Baleines franches australes et baleines à bosse passent au large entre juillet et novembre ; des dauphins sont présents toute l'année.

St Francis Bay, à 8 km au nord de Cape St Francis, est une station balnéaire huppée, partiellement construite autour d'un réseau de canaux. Elle obéit à un code de construction homogène qui impose des toits de chaume noir et des murs en stuc blanc. La plage, plus étroite que celle de Cape St Francis, est plaisante et ses vagues conviennent aux surfeurs débutants. Sûre et tranquille toute l'année, la station s'anime durant la haute saison. Le reste du temps, ses rues et son golf déserts semblent aseptisés. Elle offre la plupart des services utiles, dont deux galeries marchandes, un DAB, quelques restaurants et une brasserie.

Accessible depuis St Francis Bay au nord, **Port St Francis** est un port en activité, entouré d'immeubles résidentiels haut de gamme. Le port est un centre de pêche de calamars, dont des calamars du Cap (*chokka*), souvent utilisés comme appât. La nuit, vous verrez des petits bateaux voguer au large, avec des lampes allumées pour attirer les céphalopodes. Quelques yachts et bateaux à moteur mouillent dans la marina, et la petite galerie marchande abrite quelques bons restaurants.

À voir et à faire

Seal Point Lighthouse PHARE
(Seal Point Reserve, Cape St Francis ; P). Construit en 1878, ce phare est la plus haute tour en maçonnerie de la côte sud-africaine et marque le deuxième point le plus méridional d'Afrique.

Penguin Rehabilitation Centre REFUGE
(www.penguin-rescue.org.za ; Seal Point Reserve, Cape St Francis ; entrée libre, visite guidée adulte/enfant 50/30 R ; 9h-17h ; P). GRATUIT À côté du Seal Point Lighthouse, ce refuge de manchots menacés est entièrement financé par des dons. Vous pouvez adopter un manchot affamé (600 R), qui sera soigné puis relâché une fois en forme.

Irma Booysen Flora Reserve RÉSERVE NATURELLE
(Da Gama Way, Cape St Francis). Plusieurs chemins sillonnent cette petite réserve naturelle, qui protège le *fynbos* côtier.

River Break CROISIÈRES
(042-298 0054 ; www.capestfrancis.co.za ; St Francis Bay). Des croisières sur les canaux (200 R/pers) et des sorties d'une journée sur la rivière jusqu'à une ferme avec kayak et *braai* (450 R).

Chokka Trail RANDONNÉE
(073 825 0835 ; www.chokkatrail.co.za ; s/d 4 000/6 800 R). Ce chemin de 56 km serpente à travers les plages du cap, le *fynbos*, des forêts et des terrains de golf. Le forfait de 4 jours comprend 3 nuits en pension complète dans des *guesthouses*, une croisière sur le canal et la dégustation de calamars.

Où se loger et se restaurer

Oasis Lodge GUESTHOUSE $$
(042-294 0456 ; www.oasislodge.biz ; angle Grand Comore St et Poivre Cres, St Francis Bay ; s 450-495, d 720-750 R, petit-déj compris ; P). Près du centre-ville et du terrain de golf, cette pension idyllique en bord de canal possède des chambres coiffées de chaume ouvrant sur un jardin fleuri. Le salon, la salle à manger et le patio offrent une vue superbe sur les quais et les pontons des canaux.

Cape St Francis Resort COMPLEXE HÔTELIER $$
(042-298 0054 ; www.capestfrancis.co.za ; Da Gama Way, Cape St Francis ; camping 100-150 R, s/d à partir de 360/480 R ; P). Au bord de l'océan, ce village blanchi à la chaux et coiffé de chaume propose divers types d'hébergements attrayants et bien équipés, certains avec cuisine et option B&B : maisons hollandaises du Cap, luxueuses villas en bord de plage avec piscine privée, chambres pour voyageurs sac à dos avec douche, kitchenette et *braai* commun, appartements, etc. Un spa, un restaurant, un bar et une petite boutique sont installés sur place.

Christy's Catch PRODUITS DE LA MER, ASIATIQUE $$
(165 St Francis Dr, St Francis Bay ; plats 90 R). Si le Christy's privilégie les produits de la mer – burgers de calamar, steaks de thon, sushis, etc.–, un comptoir asiatique sert des plats sautés, des curries et des rouleaux de printemps. Le bar coiffé de chaume, la décoration nautique et le matériel de pêche dans les arbres ajoutent une touche marine à la cour.

Chokka Block PRODUITS DE LA MER, GRILLADES $$
(Triton Ave, Port St Francis Mall ; plats 100 R ; 11h-21h lun-mer et ven-sam, 11h-16h30 dim). De copieuses assiettes de poisson, de fruits de mer et de viandes grillées, un cadre nautique et une vue panoramique sur le port.

Chez Patrick FRANÇAIS $$
(Triton Ave, Port St Francis Mall ; plats 85 R ; 17h-22h lun-ven, 9h-15h et 17h-22h sam ;). Les baies vitrées avec vue sur la marina en contrebas et le cadre contemporain stylé complètent les plats fusion à base d'ingrédients locaux et joliment présentés. Plats du jour différents tous les soirs.

Depuis/vers Cape St Francis

AdventureNow offre des navettes pour St Francis Bay depuis Jeffrey's Bay (150 R/pers) et l'aéroport de Port Elizabeth (à partir de 650 R/véhicule).

Jeffrey's Bay

27 107 HABITANTS

Autrefois ville somnolente, "J-Bay" est devenue l'une des premières destinations mondiales de surf et le centre du surf en Afrique du Sud. Des surfeurs viennent de tous les coins de la planète pour dévaler des vagues comme le célèbre Supertubes, l'une des plus parfaites au monde. Les surfeurs expérimentés viennent de préférence de juin à septembre, mais les débutants peuvent s'exercer toute l'année.

Jeffrey's Bay

Jeffrey's Bay

Activités

1 AdventureNow ... B7
2 Kitchen Windows ... B6
3 Rip Curl ... C6
4 Supertubes ... C1
5 Wavecrest Surf School ... D7

Où se loger

6 African Perfection ... C1
7 African Ubuntu ... C2
8 Aloe Again ... C1
9 Beach Music ... C2
10 Cristal Cove ... C2
11 Dreamland ... C2
12 Hard Rock ... C3

Où se restaurer

13 Bay Pasta Co ... A7
14 InFood Deli ... A6
15 Kitchen Windows ... B6
16 Love Food Cafe ... B7
17 Nina's ... C2

Où prendre un verre et sortir

18 Je'Vista Social Cafe ... D6
19 Mexican ... C7
20 Sunflower ... C6

Achats

21 Quiksilver ... C6
22 Surf Village ... B7

Activités

Surf

Wavecrest Surf School SURF
(☎073 509 0400 ; www.wavecrestsurfschool.co.za ; Drommedaris St ; cours 2 heures avec planche et combinaison 250 R). Cette école établie de longue date propose des cours quotidiens, adaptés aux enfants et aux débutants.

Son Surf School SURF
(☎076 501 6191 ; www.surfschools.co.za ; cours 1 heure et demie 230 R). Bonne école pour les surfeurs de niveau intermédiaire désireux de se remettre à niveau ou d'améliorer leur technique. Le propriétaire, Kelvin Zehmke, organise des sorties aux meilleurs spots locaux pour les surfeurs expérimentés.

Rip Curl SURF
(31 Da Gama Rd ; planche et combinaison, chacune 20/70/100 R par heure/demi-journée/journée ; ⏲9h-16h30 lun-ven, 9h-12h sam). Location de matériel.

Autres activités

Parmi les autres activités figurent planche à voile, kitesurf, paddle, *sandboard* (planche des dunes), équitation, observation des baleines et des dauphins depuis les plages ou celle des oiseaux au Kabeljous Estuary, une agréable **randonnée côtière** de 6 km à partir de la ville (pour des raisons de sécurité, ne partez pas seul). Vous pouvez aussi suivre la promenade en planches jusqu'à Supertubes (p. 188) pour admirer les démonstrations de surf.

AdventureNow SPORTS D'AVENTURE
(☎079 490 2389 ; www.adventurenow.co.za ; Da Gama Rd). Propose la plupart des activités et excursions possibles dans la région.

Fêtes et festivals

Winter Fest SPORTS
(www.jbaywinterfest.com). Les fans de surf affluent en juillet pour l'Open of Surfing, qui se déroule pendant ces 10 jours de compétitions sportives, concerts et divertissements. La demande d'hébergements monte en flèche et la plupart des établissements pratiquent des tarifs de haute saison.

Où se loger

Comme nombre d'endroits dans cette partie du Cap oriental, J-Bay se remplit de vacanciers entre mi-décembre et mi-janvier, aussi faut-il réserver bien à l'avance. À l'exception notoire de l'Island Vibe, la plupart des hébergements se regroupent autour de Supertubes.

Attention : il est arrivé que des établissements fictifs prennent des réservations en ligne. Avant de payer, vérifiez que l'hôtel existe réellement.

Stay in J-Bay (www.stayinjbay.co.za) constitue une source utile et fiable pour les hébergements.

Island Vibe AUBERGE DE JEUNESSE $
(☎042-293 1625 ; www.islandvibe.co.za ; 10 Dageraad St ; dort 150-170 R, ch 400-650 R ; 🅿📶). Établie depuis 18 ans et toujours festive, cette auberge prisée des surfeurs se situe au bord de la plage, à 500 m au sud du centre-ville. Elle propose des dortoirs de 4 à 12 lits, des bungalows en bois (les n^{os}1 et 2 disposent de balcons privés face à l'océan), une maison de plage et des hébergements pour *flashpackers*, plus raffinés, tous dotés de chambres avec sdb.

Des forfaits de surf (3, 5 ou 7 jours), des cours quotidiens et la location de planches sont offerts, de même que diverses activités, dont l'équitation et le *sandboard*. Le bar est décoré sur le thème de la piraterie et le restaurant sert des pizzas et des menus le soir (40-80 R).

African Ubuntu AUBERGE DE JEUNESSE $

(☎042-296 0376 ; www.jaybay.co.za ; 8 Cherry St ; camping/dort/ch avec petit-déj 100/140/450 R ; @ Wi-Fi). Maison de banlieue transformée en une auberge intime et accueillante par un surfeur passionné, l'African Ubuntu compte 2 dortoirs de 6 et 10 lits et 5 chambres doubles avec grand lit ou lits jumeaux, un peu sombres et défraîchis pour certains. Le jardin, le *braai* et le bar sont des endroits plaisants où se détendre.

On peut voir Magnatubes et Boneyards du balcon. Location de planches et activités possibles.

Cristal Cove AUBERGE DE JEUNESSE $

(☎042-293 2101 ; www.cristalcove.co.za ; 49 Flame Cres ; dort/ch/f à partir de 110/300/450 R ; P Wi-Fi). Cette maison en brique à 2 niveaux comporte 5 petits appartements propres et moquettés, avec salon, cuisine et chambres. Un bar et une table de billard sont installés à la réception.

Aloe Again AUBERGE DE JEUNESSE $

(☎042-293 1401 ; www.aloeagainbackpackers.co.za ; Pepper St ; ch 350-400 R, f 450-550 R ; P Wi-Fi). Géré par l'African Perfection de l'autre côté de la rue, cette auberge possède des petites chambres propres et un grand

SURF SUR LA CÔTE DU CAP ORIENTAL

La côte du Cap oriental est un endroit légendaire pour le surf. Outre Supertubes à Jeffrey's Bay, de renommée internationale, et Bruce's Beauties à Cape St Francis, qui a inspiré le film *Endless Summer*, un film-documentaire sur la vie d'une communauté de surfeurs. Vous trouverez des *breaks* tout au long de la côte, de Jeffrey's Bay à Port Edward.

La température de l'eau varie de 16°C à 22°C et vous pouvez surfer en combinaison courte (ou même en short de bain) en été ; vous aurez besoin d'une combinaison intégrale en hiver.

En partant du sud, **Cape St Francis** (p. 184) est le site du légendaire Seal Point, l'une des droites les plus constantes. Non loin, **St Francis Bay** offre Bruce's Beauties et Hullets, la vague parfaite pour un *longboard*.

L'un des 10 meilleurs sites de surf de la planète, **Jeffrey's Bay** (p. 185) accueille en juillet le championnat Open of Surfing et peut être bondé durant la saison du surf. **Supertubes** est une droite parfaite, qui vous fera dédaigner les autres. Les débutants préféreront **Kitchen Windows**, plus douce.

Pressés de rejoindre J-Bay, de nombreux surfeurs dédaignent **Port Elizabeth** (PE). Alors que les vents sud-ouest prédominent, Pipe, à Summerstrand, est le *break* le plus populaire de PE, et Fence est un autre favori par beau temps.

Plus au nord, **Port Alfred** (p. 205) compte d'excellentes droites à l'East Pier, tandis que le West Pier offre une gauche plus abritée.

East London (p. 209), où vivent quelques surfeurs professionnels comme Greg Emslie et Rosy Hodge, est réputé pour le constant Nahoon Reef ; Gonubie Point et Gonubie Lefts sont de bonnes vagues. Les novices trouveront leur bonheur à Nahoon Beach et au Corner. L'eau est parfois sale dans le secteur, ce qui attire les requins ; soyez vigilant et ne surfez pas au crépuscule.

Au nord d'East London, de bonnes vagues vous attendent aux spots collectivement appelés East Coast Resorts et au début de la Wild Coast. Rendez-vous à **Queensberry Bay** (où se forma Rosanne Hodge), **Glen Eden**, **Yellow Sands** et **Chintsa** (p. 206).

La **Wild Coast**, un littoral sauvage et spectaculaire, souvent dangereux, n'a pas encore été réellement explorée ni exploitée. Méfiez-vous des estuaires pollués, souvent fréquentés par les requins et généralement loin des structures médicales. **Whacky Point** se situe à **Kei Mouth** (p. 217), et **Coffee Bay** (p. 218) compte quelques vagues. **Mdumbi** (p. 221) offre un long *point break* droit sur un fond sablonneux, tandis que **Whale Rock** est à deux pas. Enfin, il y a tous ces spots secrets dont personne ne vous parlera...

salon-cuisine ouverte avec billard et baby-foot. La cour et l'espace *braai* sont parfaits pour s'attarder et faire sécher les combinaisons.

Hard Rock AUBERGE DE JEUNESSE $
(☎042-293 3140 ; hardrockbackpackers.co.za ; 29 Oribi St ; camping/dort/s/d/qua avec petit-déj 85/120/180/350/520 R ; P Wi-Fi). Malgré les photos de groupes de hard-rock dans le bar et autour du billard, il s'agit d'un endroit propre et tranquille, aménagé dans une maison de banlieue.

Beach Music GUESTHOUSE $$
(☎042-293 2291 ; www.beachmusic.co.za ; 33 Flame Cres ; s 230-430 R, d 350-700 R ; Wi-Fi). Ce bâtiment couleur terre de Sienne, qui surplombe Supertubes, ressemble à une villa mexicaine. Les chambres, décorées avec goût, disposent d'un petit patio privé. Le spacieux salon au 1er étage et la cuisine bénéficient d'une vue splendide sur l'océan.

Dreamland GUESTHOUSE $$
(☎042-293 3677 ; www.jbaylocal.com ; 29 Flame Cres ; ch 300-1 000 R ; Wi-Fi). Cette maison à toit de chaume comprend 4 appartements différemment agencés, avec parquet en pin d'Oregon, cuisine ou kitchenette, terrasse privée et accès direct à Supertubes. Repas bio servis sur demande.

African Perfection B&B $$
(☎042-293 1401 ; www.africanperfection.co.za ; 20 Pepper St ; s 490-700 R, d 700-1 200 R, petit-déj compris ; P Wi-Fi). Superbement situé en face de Supertubes, ce luxueux B&B est parfait pour admirer les surfeurs. Chaque chambre s'agrémente d'un balcon avec vue sur la mer. Le fabuleux penthouse (2 300 R), qui peut accueillir 4 personnes, dispose d'une cuisine équipée.

Où se restaurer

♥ InFood Deli INTERNATIONAL $
(angle Schelde St et Jeffrey St ; plats 60 R ; ⏱7h-17h lun-sam ; Wi-Fi). Les sandwichs, burgers et autres plats de ce café, boulangerie et traiteur sortent de l'ordinaire. Rien de surprenant quand on connaît l'impressionnant CV du chef propriétaire, qui a notamment cuisiné pour le prince William. Les ingrédients locaux et bio (comme le miel de *fynbos* du Karoo) et la diversité de la cuisine (*quesadillas*, pâtes maison, curry de poulet thaïlandais) en font une destination prisée des gastronomes.

Love Food Cafe CAFÉ, TRAITEUR $
(4 Da Gama Rd ; plats 70 R ; Wi-Fi). Les propriétaires tiennent aussi une boulangerie artisanale et une école de cuisine. Les pains, pâtisseries, *sarmies*, salades et repas complets témoignent de leur talent culinaire. Le cheeseburger et le wrap au poulet, moutarde et miel sont particulièrement appréciés.

♥ Nina's INTERNATIONAL $$
(16 Wavecrest Centre ; plats 85 R). Les habitants recommandent le Nina's, décoré de planches de surf et de paysages côtiers sous un lustre en papier. Si le service peut être long, la cuisine justifie l'attente. La longue carte propose de nombreux produits de la mer, ainsi que des burgers, curries, pizzas, pâtes, plats thaïlandais et *nachos*. Le menu du jour est excellent, avec des plats comme le filet d'autruche et le thon grillé.

Kitchen Windows POISSON ET FRUITS DE MER $$
(80 Ferreira St ; plats 60-140 R ; ⏱11h-tard lun-sam, 11h-15h dim). La vue sur la mer et les murs en stuc blanc donnent à ce restaurant spacieux une allure méditerranéenne. Sur la carte sophistiquée figurent produits de la mer, crevettes, steaks et poulet bio préparés avec créativité, ainsi que des plats moins chers comme le burger de calamar, les *tramezzini* (sandwichs toastés italiens) au bœuf ou les salades.

Bay Pasta Co ITALIEN $$
(34 Jeffrey St ; plats 85 R ; 👪). À côté d'une boutique de surf, le décor de ce restaurant décline le même thème. La terrase est un rendez-vous populaire, avec musique live le dimanche. La carte comprend plus d'une dizaine de variétés de pizzas et de pâtes, ainsi que des *tramezzini*.

InFood Blu BISTROT, PRODUITS DE LA MER $$
(☎042-940 0053 ; plats 85 R ; ⏱17h-22h mar-ven, 10h-22h sam, 10h-16h dim). Sous la même direction que le meilleur café-traiteur de la ville, l'InFood Blu sert des plats tels que les crevettes masala au curry rouge, des travers de porc caramélisés, des sushis, des steaks et une belle sélection de produits de la mer. C'est l'un des bons restaurants de Marina Martinique, au sud de la ville sur Clapton's Beach. En voiture, du centre, suivez Woltemade St, puis tournez à gauche dans Dolphin Dr.

Où prendre un verre

Je'Vista Social Cafe BAR À COCKTAILS
(1er ét., 33 Diaz St). Ce salon-bar, avec de grandes baies vitrées face à la mer, est prisé pour ses cocktails, comme le mojito aux pétales de rose, le "banana colada" au Baileys et le thé glacé California corsé.

Mexican BAR À THÈME
(Da Gama Rd ; plats 65 R). Au 1er étage, ce bar-restaurant latino fréquenté possède un long balcon qui surplombe Da Gama Rd. Sa carte offre des plats mexicains classiques, tels qu'*enchiladas*, *fajitas*, burritos et tacos.

Sunflower CAFÉ
(20 Da Gama Rd). Avec des bières Jack Black, Hansa et Castle à la pression, ce bar détendu attire une clientèle de routards et de surfeurs sur sa terrasse. Sushis, wraps et café (10 R) figurent sur la carte.

Achats

Surf Village SPORTS, MODE
(Da Gama Rd). Des boutiques de surf, magasins d'usine et enseignes de mode occupent des bâtiments modernes à toit de chaume le long de Da Gama Rd, au sud de St Croix St ; quelques-uns se regroupent à un pâté de maisons, dans Jeffrey St. Dans Da Gama Rd, vous trouverez des marques locales comme Country Feeling (surf et mode) et In Step (articles en cuir), ainsi que Billabong, Rip Curl et RVCA.

Quiksilver SURF, MODE
(☎042-293 2273 ; 24 Da Gama Rd). Vente de planches de surf, bodyboards, combinaisons, etc. Un "musée" à l'étage retrace le développement de la culture locale du surf.

Renseignements

Les plupart des DAB sont installés dans l'artère principale, Da Gama Rd.

Jeffrey's Bay Tourism (☎042-293 2923 ; www.jeffreysbaytourism.org ; Da Gama Rd ; ⏲9h-17h lun-ven, 9h-12h sam). Accueillant et serviable ; peut réserver hébergements et activités.

Comment s'y rendre et circuler

Le Baz Bus fait halte à plusieurs auberges de jeunesse de Jeffrey's Bay sur la ligne Le Cap-Port Elizabeth.

AdventureNow (p. 187) propose des navettes depuis/vers diverses destinations, dont Storms River (270 R/pers), Bloukrans Bridge (320 R) et l'aéroport de Port Elizabeth (à partir de 500 R/véhicule), avec possibilité de billets montée et descente à volonté.

Les **bus longue distance** (Mentors Plaza, St Francis St) Le Cap-Port-Elizabeth-Durban font halte au garage Caltex de Mentors Plaza, au croisement de St Francis St et de la N2.

Les **taxis collectifs** partent une fois pleins, généralement à l'heure pile, de l'angle de Goedehoop St et St Francis St ; comptez 30 R pour Humansdorp (25 minutes) et 60 R pour Port Elizabeth (1 heure 15).

Les taxis locaux, dont les **J-Bay Cabs** (☎083 611 1003), facturent environ 10 R le kilomètre.

Port Elizabeth

37 Parliament street

1,2 MILLION D'HABITANTS

Port Elizabeth (PE en abrégé) borde l'Algoa Bay à la pointe ouest de la Sunshine Coast et compte nombre de plages propices à la baignade et de bons spots de surf. Elle constitue une base pratique pour de belles destinations le long de la côte dans les deux sens, ainsi que vers l'est du Karoo. Malheureusement, à l'exception de Richmond Hill et de quelques projets de réhabilitation urbaine, le centre-ville est plutôt délabré. La plupart des boutiques, restaurants et bars plus haut de gamme sont installés dans les centres commerciaux de la périphérie.

PE, ses villes satellites industrielles d'Uitenhage et de Despatch et les vastes townships alentour, sont appelés collectivement Nelson Mandela Bay.

À voir

Les larges plages de sable et les eaux chaudes de l'océan Indien font de Port Elizabeth une destination de vacances prisée. **Sardinia Bay**, à 20 km au sud du centre-ville après l'aéroport, est la plus jolie plage de la région, longue de 10 km et accessible en traversant de grandes dunes de sable. Toutefois, les courants puissants incitent à rester près du bord. De belles plages se déroulent au sud de Central ; **Kings Beach** s'étend du port jusqu'à Humewood et les plages de Summerstrand sont relativement abritées.

Donkin Reserve PARC
(Central ; phare adulte/enfant 5/3 R ; ⏲phare 8h15-16h lun-ven, 9h30-15h). Ce parc au sommet d'une colline constitue un bon endroit pour se repérer, surtout si vous montez en haut du **phare**. La **pyramide**

est un mémorial dédié à Elizabeth Donkin, l'épouse bien-aimée de sir Rufane Donkin, gouverneur de la colonie du Cap dans les années 1820, qui nomma la ville en son honneur. Un **chemin du patrimoine** relie les monuments et les œuvres d'art du parc, qui retracent les périodes marquantes de l'histoire de la cité. Il fait partie de la **Rte 67** plus large qui traverse le centre-ville. L'office du tourisme vous fournira de plus amples informations.

Nelson Mandela Metropolitan Art Museum MUSÉE
(☎041-506 2000 ; www.artmuseum.co.za ; 1 Park Dr, St George's Park ; ⏲9h-17h lun et mer-ven, 13h-17h mar, sam-dim). Ce musée d'art, dans deux beaux bâtiments à l'entrée de St George's Park, présente des peintures et des sculptures d'artistes sud-africains contemporains, quelques œuvres plus anciennes d'artistes britanniques ou du Cap oriental, ainsi que des expositions temporaires.

No. 7 Castle Hill BÂTIMENT HISTORIQUE
(7 Castle Hill, Central ; adulte/enfant 10/5 R ; ⏲10h-13h et 14h-16h30 lun-jeu, jusqu'à 16h ven). Cette maison-musée occupe un pittoresque cottage de 1827 et évoque la vie d'une famille de colons au milieu de l'époque victorienne.

South End Museum MUSÉE
(☎041-582 3325 ; www.southendmuseum.co.za ; angle Walmer Blvd et Humewood Rd, South End ; don à l'entrée ; ⏲9h-16h lun-ven, 10h-15h sam-dim ; P). GRATUIT Des expositions multimédias relatent l'histoire de South End, un vibrant quartier multiculturel détruit par les bulldozers de l'apartheid lors des expulsions entre 1965 et 1975 (en vertu du tristement célèbre Group Areas Act). Les habitants furent relogés dans d'autres parties de la ville, en fonction de leur race. Réservez pour une visite à pied guidée du quartier (1 heure, 40 R).

Bayworld AQUARIUM, MUSÉE
(☎041-584 0650 ; www.bayworld.co.za ; Beach Rd, Brookes Hill ; adulte/enfant 35/25 R ; ⏲9h-16h30). Ce complexe défraîchi comprend un musée, un oceanarium et un vivarium. Outre de nombreux mammifères marins, naturalisés ou conservés dans le musée, vous verrez de superbes ouvrages xhosa alliant perles et matériaux modernes, ainsi qu'une réplique du dinosaure *Algoasaurus*. Interaction avec des serpents à 12h, présentation de phoques et de manchots à 11h et à 15h.

Marine Rehabilitation & Education Centre RÉSERVE AVIAIRE
(SAMREC ; www.samrec.org.za ; Cape Recife Nature Reserve ; adulte/enfant 25/15 R ; ⏲9h30-15h30). La plupart des 25 000 couples restants de manchots du Cap résident autour d'Algoa Bay. Ils sont menacés par les courants qui poussent les poissons au large, provoquant la digestion de la majeure partie de leur nourriture avant qu'ils reviennent près de leurs petits. Dans ce centre, des bénévoles vous expliqueront les problèmes des manchots, que vous pourrez voir au bord du bassin ou durant leur nourrissage à 14h30. Le centre possède un café, et des chemins de randonnée longent la côte alentour.

Activités

PE n'est pas appelée la *windy city* (cité venteuse) sans raison ; les amateurs de planche et bateau à voile seront comblés à **Hobie Beach**, à 5 km au sud de Central.

Il existe d'excellents sites de plongée autour de Port Elizabeth, avec des épaves et des récifs à Algoa Bay. **Ocean Divers International** (☎041-581 5121 ; www.odipe.co.za ; 10 Albert Rd, Walmer) et **Pro Dive** (☎041-581 1144 ; www.prodive.co.za ; Watersport Centre, the Boardwalk, Marine Dr, Summerstrand) offrent des cours PADI Open Water à partir de 2 450 R et des plongées à partir de 280 R.

Surf Centre SURF
(☎041-585 6027 ; www.surf.co.za ; Walmer Park Shopping Centre, Main Rd, Walmer). Les meilleurs *breaks* de surf se situent entre l'enceinte du port et Summerstrand, ainsi qu'à Pollok Beach. Ce centre vend et loue des planches de surf et des bodyboards. Son école enseigne la manière de s'en servir (cours de 1 heure 30 à 200 R).

Circuits organisés

Calabash Tours CIRCUITS CULTURELS
(☎041-585 6162 ; www.calabashtours.co.za). Propose des circuits locaux, des safaris dans l'Addo Elephant National Park (1 000 R) aux circuits dans plusieurs townships (550-695 R), avec visites de *shebeens* (bars clandestins) et de maisons. Fiers de la participation des townships de Port Elizabeth à la lutte contre l'apartheid, des guides locaux vous montreront des endroits dotés d'une importance historique et politique.

Port Elizabeth

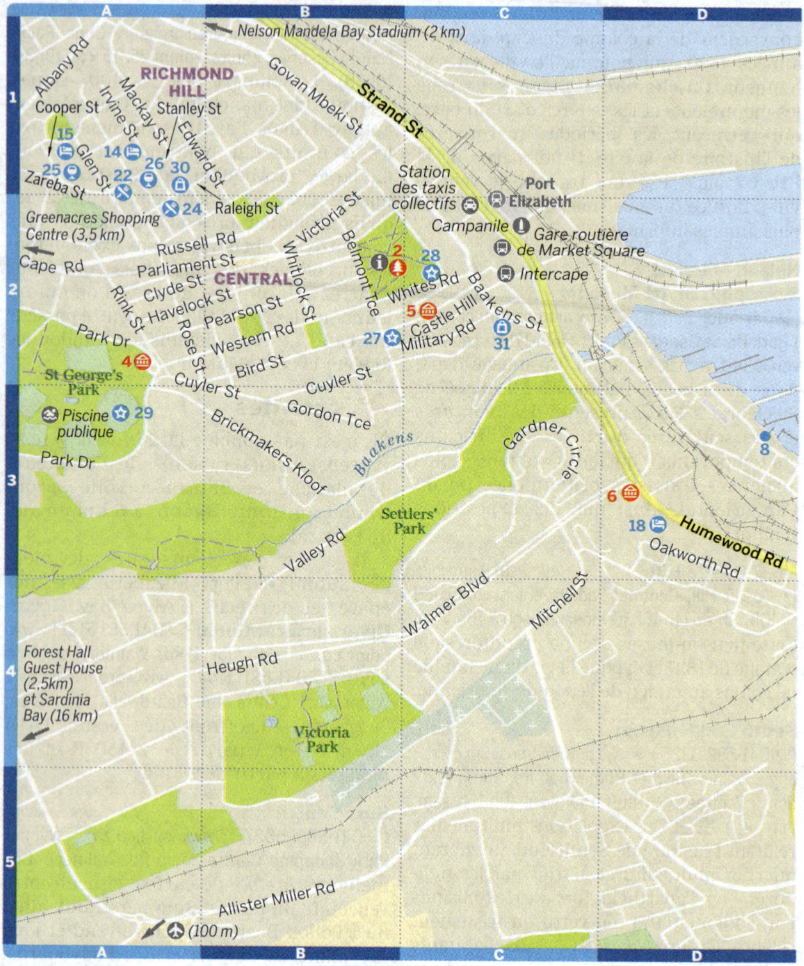

Raggy Charters CROISIÈRES

(☎ 073 152 2277 ; www.raggycharters.co.za ; Algoa Bay Yacht Club). Des croisières d'une demi-journée en compagnie d'un biologiste marin aux îles St Croix, Jahleel et Benton (900 R) à la rencontre des manchots, des baleines et des dauphins. Également des croisières au coucher du soleil jusqu'au phare de Cape Recife (450 R), avec possibilité d'observer des oiseaux et la vie marine.

Où se loger

La plupart des bons hôtels de Port Elizabeth et des dizaines d'appartements de location bordent le front de mer.

Humewood et Summerstrand

Lungile Lodge AUBERGE DE JEUNESSE $

(☎ 041-582 2042 ; www.lungilebackpackers.co.za ; 12 La Roche Dr, Humewood ; dort 130-140 R, s/d/f à partir de 330/460/720 R ; P). Au-dessus de Kings Beach dans un faubourg, cette auberge bien gérée comprend des dortoirs et un petit camping, souvent bondés à l'arrivée du Baz Bus. Les chambres privées dans l'annexe à l'arrière sont plus modernes, avec de lourds lits en bois, des masques africains et des balcons communs. Le vaste espace de

divertissement est animé presque tous les soirs. Transferts et activités sont proposés, dont du *sandboard* ainsi que des excursions dans le township et à l'Addo Elephant National Park.

Kings Beach Backpackers AUBERGE DE JEUNESSE **$**
(☎041-585 8113 ; 41 Windermere Rd, Humewood ; camping/dort/d 65/130/380 R ;). Dans une rue calme à courte distance de la plage, cette petite maison chaleureuse comprend des bungalows dans le jardin à l'arrière, dont une chambre familiale avec sdb, ainsi qu'un salon, un bar en plein air et un coin *braai*. Le comptoir touristique peut organiser activités locales et transports.

Island Vibe AUBERGE DE JEUNESSE **$**
(☎041-583 1256 ; www.islandvibe.co.za ; 4 Jenvey Rd, Summerstrand ; dort/s/d/f 150/350/500/700 R ; P@). Cette auberge pour *flashpackers* située dans une banale maison de banlieue a moins de caractère que l'Island Vibe de Jeffrey's Bay, mais constitue une base confortable avec de nombreuses commodités : chambres avec sdb, cuisine bien équipée, parking sûr, bar, table de billard,

Port Elizabeth

À voir
1 Bayworld F4
2 Donkin Reserve B2
3 Kings Beach F4
4 Nelson Mandela Metropolitan Art Museum A2
5 No. 7 Castle Hill C2
6 South End Museum D3

Activités
7 Hobie Beach G5
Pro Dive .... (voir 20)
8 Raggy Charters D3

Où se loger
9 @9 Ferndale Road F4
10 Algoa Bay F4
11 Aristotle E4
12 Beach Hotel G5
13 Chapman Hotel G5
14 Guesthouse on Irvine A1
15 Hippo Backpackers A1
16 Kings Beach Backpackers E4
17 Lungile Lodge F5
18 Paxton Hotel D3
19 Windermere F4

Où se loger
20 Angelo's G5
Blue Waters Café .... (voir 20)
21 Brookes on the Bay G4
Coachman .... (voir 21)
22 Fushin A1
23 The Boardwalk G5
24 Vovo Telo A2

Où prendre un verre
Barney's Tavern .... (voir 20)
25 Beer Yard A1
Coffee Cafe .... (voir 23)
26 For the Love of Wine A1

Où sortir
27 Athenæum B2
28 Port Elizabeth Opera House C2
29 St George's Cricket Stadium A3

Achats
30 Camden A1
31 Wezandla Gallery & Craft Centre C2

baby-foot et Jacuzzi en plein air. Pollok Beach et le *surf break* Pipe sont accessibles à pied.

Paxton Hotel HÔTEL $$
(041-585 9655 ; www.paxton.co.za ; Carnarvon Pl, Humewood ; s/d/ste 1 079/1 358/3 165 R ; P). Cet hôtel haut de gamme se cache derrière un petit centre commercial et un court trajet en voiture rejoint la plage. Il offre des chambres agrémentées de meubles contemporains, avec TV sat et tout le confort moderne. Le salon et le bar sont plaisants, de style hôtel d'affaires.

Algoa Bay GUESTHOUSE $$
(041-582 5134 ; www.algoabay.com ; 13 Ferndale Rd, Humewood ; s/d avec petit-déj 550/700 R ; P). Les chambres de ce B&B moderne sont joliment aménagées et disposent d'une TV sat ; celles du dernier étage bénéficient de la vue sur Kings Beach. Une terrasse et une piscine chauffée à l'énergie solaire sont à disposition. Les propriétaires gèrent 3 autres pensions dans le secteur, dont la **@9 Ferndale Road** (041-582 5134 ; www.atnine.co.za ; 9 Ferndale Rd, Humewood ; s/d avec petit-déj 650/850 R ; P) et l'**Aristotle** (041-582 5134 ; www.aristotleguesthouse.com ; 1 Chalmers Rd, Humewood ; s/d avec petit-déj 550/650 R ; P), également recommandées.

Chapman Hotel HÔTEL $$
(041-584 0678 ; www.chapman.co.za ; Brookes Hill Dr, Brookes Hill ; s/d/tr/qua avec petit-déj à partir de 680/880/1 130/1 330 R ; P). Tenu par une famille accueillante, le Chapman surplombe Kings Beach près du Bayworld et du centre commercial Brookes on the Bay. Bon hôtel de catégorie moyenne, il possède des chambres modernes avec balcon et vue sur la mer, une piscine et un restaurant de poisson.

Windermere BOUTIQUE-HÔTEL $$$
(041-582 2245 ; www.thewindermere.co.za ; 35 Humewood Rd ; d avec petit-déj 2 090 R ; P). Dans une rue tranquille à un pâté de maisons de la plage, cette luxueuse oasis design comprend 9 chambres somptueuses aux beaux meubles contemporains et vue sur la mer depuis leurs balcons. Un bar, une piscine dans le jardin aux murs couverts de plantes et des livres sur l'art africain constituent des atouts supplémentaires.

Radisson Blu HÔTEL $$$
(041-509 5000 ; www.radissonblu.com ; angle Marine Dr et 9th Ave, Summerstrand ; ch 1 700 R ; P). Cette tour étincelante qui domine la plage abrite des chambres parmi les plus modernes et stylées de la ville et tous les équipements d'un hôtel d'affaires international.

Beach Hotel HÔTEL $$$
(☎041-583 2161 ; www.thebeachhotel.co.za ; Marine Dr, Summerstrand ; s 1 100-1 300 R, d 1 760-2 190 R, petit-déj compris ; P ❄ 📶 🏊). Ce quatre-étoiles accueillant, bien situé en face de Hobie Beach et à côté du Boardwalk, occupe un ravissant bâtiment des années 1920. Il mérite la visite, ne serait-ce que pour admirer la salle du petit-déjeuner avec ses fenêtres à vitraux et ses lustres. Le Ginger (plats 110 R), l'un des trois restaurants, offre la vue sur la mer et la jetée.

Richmond Hill et arrière-pays

Guesthouse on Irvine GUESTHOUSE $
(☎041-582 1486 ; guesthouseonirvine.co.za ; 40 Irvine St, Richmond Hill ; s/d 380/500 R ; P 📶 👪). Maison victorienne rénovée à quelques pas des restaurants de Stanley St, elle compte 6 chambres soignées avec parquet, une kitchenette, une salle à manger et un jardin. Tanya, la sympathique propriétaire, est une mine d'informations locales.

Hippo Backpackers AUBERGE DE JEUNESSE $
(☎041-585 6350 ; www.thehippo.co.za ; 14 Glen St, Richmond Hill ; dort/ch 120/450 R, s/d sans sdb à partir de 190/350 R ; P 📶 🏊). Près des restaurants de Stanley St, le Hippo est pratique et confortable. Il offre des chambres joliment meublées, deux salon plaisants, deux cuisines, un bar et une table de billard, ainsi qu'une piscine attrayante et un coin *braai* à l'arrière.

Forest Hall Guest House GUESTHOUSE $$
(☎041-581 3356 ; www.foresthall.co.za ; 84 River Rd, entre 9th Av et 10th Ave, Walmer ; s/d avec petit-déj à partir de 675/950 R ; P 📶 🏊). Dans une jolie propriété de banlieue, les vastes chambres claires et les patios privés ouvrent sur un superbe jardin avec une piscine à l'italienne.

Où se restaurer

Stanley St constitue l'épicentre de Richmond Hill, un faubourg en plein essor grâce à la réhabilitation urbaine comme il en existe à Jo'burg et au Cap. Dans cette rue, entre Glen St et Mackay St, une dizaine de restaurants servent des cuisines diverses, de l'Inde à la Méditerranée, et offrent pour la plupart des tables en terrasse et des plats du jour au déjeuner. Un **marché de nuit** s'installe dans Stanley St le premier mercredi du mois.

Les galeries marchandes **Boardwalk** (☎041-507 7777 ; Marine Dr, Summerstrand) et **Brookes on the Bay** (Beach Rd, Brookes Hill) abritent de nombreux restaurants de chaînes.

♥ **Something Good** CAFÉ $$
(près Marine Dr, Pollok Beach ; plats 75 R ; ⏲8h-22h30 ; 👪). Ce relais routier-bar de plage est idéal pour un verre au coucher du soleil, avec une salle aérée, des terrasses en front de mer et un terrain de jeu pour les enfants. Il sert d'excellents burgers, pizzas, poissons et steaks ; la carte diététique comprend petits-déjeuners bio, burgers sans pain et *shakes* protéinés.

Vovo Telo CAFÉ, BOULANGERIE $$
(angle Raleigh St et Irvine St, Richmond Hill ; plats 75 R ; ⏲7h15-15h15 lun-ven, 7h15-14h30 sam). Établissement d'origine d'une chaîne devenue nationale, le Vovo Telo a initié le renouveau de Richmond Hill. Dans une vieille maison pleine de cachet, entourée d'une véranda, les habitants savourent des petits-déjeuners variés, des *sarmies* au pain artisanal, des pizzas à pâte fine, des bruschettas et des planches de hors-d'œuvre.

Coachman GRILL $$
(☎041-584 0087 ; Brookes on the Bay, Beach Rd, Brookes Hill ; plats 100 R). Dans le meilleur grill de PE, les machos seront au paradis : des serveuses girondes en robe courte bleu électrique apportent des grillades cuites à la perfection. Les femmes carnivores apprécieront également la carte, une orgie de burgers, de steaks, de volailles et de poisson avec une farandole de sauces ! Le cadre est plaisant et le service attentif. Réservation conseillée.

Fushin JAPONAIS, ASIATIQUE $$
(☎041-811 7874 ; www.fushin.co.za ; Shop 5, Stanley on Bain, 15 Stanley St, Richmond Hill ; plats 70-100 R ; ⏲12h-22h). Le propriétaire et chef expérimenté prépare des sushis de qualité, des plats de nouilles à la singapourienne et des recettes inventives, comme les encornets géants farcis.

Angelo's BURGERS, GRILL $$
(Beachfront Boardwalk, Marine Dr, Summerstrand ; plats 60-95 R). Lumière tamisée, piles de bûches et paniers tressés, ce restaurant afro-rustique attire une clientèle multiculturelle sophistiquée. Excellents burgers, grillades, plats sautés, pâtes, salades, cocktails et milk-shakes.

Le même complexe abrite deux institutions : le **Blue Waters Café** (Beachfront Boardwalk, Marine Dr, Summerstrand ; plats 95 R ; 7h30-22h), correct pour un repas rapide ou un verre sur le balcon en bord de plage, et la **Barney's Tavern** (Beachfront Boardwalk, Marine Dr, Summerstrand), avec une terrasse et une cuisine ouverte où sont préparées les pizzas.

Où prendre un verre

Dotés de tables en terrasse, les restaurants de Stanley St sont plaisants pour un verre.

For the Love of Wine BAR À VINS
(1er ét., 20 Stanley St, Richmond Hill ; 12h-22h lun-sam). Dans cet excellent bar et caviste, vous pouvez goûter les crus de Stellenbosch et au-delà (dégustations et vin au verre à partir de 25 R), ainsi que des bières artisanales, et les accompagner d'une assiette de fromages. Si vous n'avez pas envie de quitter l'agréable véranda, vous pouvez passer commande dans quelques restaurants proches et manger sur place.

Beer Yard BAR
(1 Cooper St, Richmond Hill ; 12h-22h lun-sam). Avec une tente bédouine dans la cour à l'arrière, ce bar de bières artisanales et de cidre incarne le côté branché de Richmond Hill. Burgers maison (60-75 R) et pizzas à pâte fine (50-85 R) figurent sur la carte.

Coffee Cafe CAFÉ
(Beachfront Boardwalk, Marine Dr, Summerstrand). Ce café rustique propose biscuits, pâtisseries et thés divers, mais surtout un café hors pair, préparé avec des grains du torréfacteur local, Mastertons.

Où sortir

Port Elizabeth Opera House OPÉRA, THÉÂTRE
(041-586 2256 ; www.peoperahouse.co.za ; Whites Rd, Central). Le plus vieux théâtre d'Afrique et de l'hémisphère Sud offre un large éventail de spectacles : théâtre, poésies, concerts, comédies, etc.

Athenæum ARTS DE LA SCÈNE
(041-585 1041 ; www.theathenaeum.co.za ; 7 Belmont Tce, Richmond Hill). Ce centre culturel occupe un édifice victorien restauré et programme du théâtre, des performances et des concerts, notamment de jazz.

Nelson Mandela Bay Stadium STADE
(041-408 8900 ; www.nmbstadium.com ; 70 Prince Alfred Rd, North End). Construit pour la Coupe du monde de football de 2010, ce stade futuriste, dans le quartier délabré de North End, accueille rencontres sportives et concerts. Appelez ou envoyez un e-mail pour organiser une visite de 30 minutes (de 11h à 15h les lundis, mercredis et vendredis).

St George's Cricket Stadium STADE
(041-585 1646 ; www.stgeorgespark.co.za ; St George's Park). Foyer de l'Eastern Province Cricket, dont les supporters animent bruyamment les matchs.

Achats

La galerie marchande Boardwalk abrite des boutiques d'artisanat. Rendez-vous au marché aux puces de Kings Beach le dimanche matin pour dénicher des curiosités.

Wezandla Gallery & Craft Centre ARTISANAT
(27 Baakens St, Central). Ce centre d'art et d'artisanat propose un vaste choix d'articles réalisés par des groupes locaux et comprend un petit café.

Camden MAISON, ACCESSOIRES
(7 Raleigh St, Richmond Hill). Vend des articles design et des accessoires de mode, des sacs à main aux aimants décoratifs pour réfrigérateur.

Renseignements

Nelson Mandela Bay Tourism (041-585 8884 ; www.nmbt.co.za ; Donkin Reserve ; 8h-16h30 lun-ven, 9h30-15h30 sam). Fournit d'excellentes informations et des cartes et dispose d'un café avec vue sur la ville. Possède des succursales au Boardwalk (041-583 2030 ; Marine Dr, Summerstrand ; 8h-19h), avec des renseignements sur toute la province, et à l'aéroport (041-581 0456 ; 7h-21h30). La boutique d'artisanat Wezandla (p. 196) est également une bonne source d'informations.

Depuis/vers Port Elizabeth

AVION

South African Airways (041-507 7220 ; www.flysaa.com), ses filiales Airlink, SA Express et Mango, **FlySafair** (0871 351 351 ; www.flysafair.co.za), **Kulula** (0861 585 852 ; www.kulula.com) et **British Airways** (à Jo'burg 011-441 8600 ; www.ba.com) desservent quotidiennement plusieurs villes du pays, dont Le Cap (à partir de 500 R avec FlySafair, 1 heure 30), Durban (à partir de 1 640 R avec Kulula, 1 heure 15) et Jo'burg (à partir de 1 200 R avec British Airways, 1 heure 45).

BUS

Les bus Greyhound, Translux et City to City partent du **Greenacres Shopping Centre**, à 4 km environ du centre-ville. Les bus **Intercape** (angle Fleming St et North Union St) partent du bureau de la compagnie, derrière l'ancienne poste.

Vers Le Cap

Greyhound, Translux, Intercape et City to City proposent des bus quotidiens depuis/vers Le Cap (400 R, 12 heures) via la Garden Route.

Le Baz Bus (p. 177) circule 5 jours par semaine dans chaque direction entre Port Elizabeth et Le Cap (2 020 R aller, montée et descente à volonté, 15 heures).

Vers Durban

Greyhound, Translux, Intercape et City to City offrent des bus quotidiens depuis/vers Grahamstown (230 R, 2 heures), East London (300 R, 4 heures 30), Mthatha (350 R, 8 heures) et Durban (450 R, 14 heures 30).

Le Baz Bus circule 4 jours par semaine dans les deux sens entre Port Elizabeth et Durban (1 830 R aller, montée et descente à volonté, 15 heures 30).

Vers Johannesburg

Greyhound, Translux, Intercape et City to City proposent des bus quotidiens depuis/vers Jo'burg (520 R, 15 heures) via Bloemfontein.

TAXI COLLECTIF

De la **station de taxis collectifs** (Strand St, Central), sous l'autopont, des taxis rallient des destinations locales.

TRAIN

Le **Shosholoza Meyl** circule depuis/vers Jo'burg (20 heures, mer, ven et dim) via Cradock et Bloemfontein. Choisissez entre la classe touristique (couchette 450 R), la classe économique (siège uniquement 290 R) moins recommandée, et la luxueuse **Premier Classe** (☎ à Jo'burg 011-773 9247 ; www.premierclasse.co.za ; 2 090 R).

VOITURE

Toutes les grandes sociétés de location disposent d'agences à Port Elizabeth ou à l'aéroport.

Comment circuler

L'**aéroport de Port Elizabeth** (www.airports.co.za ; Allister Miller Rd, Walmer) se situe à 5 km du centre-ville. La course en taxi revient à 100 R.

De la **gare routière Market Square** (Strand St), l'Algoa Bus Company dessert la plupart des itinéraires (8,50 R aller) en ville et jusqu'aux faubourgs environnants toutes les 25 minutes.

Addo Elephant National Park

À 70 km au nord de Port Elizabeth, le troisième plus grand **parc national** (☎042-233 8600 ; www.sanparks.org ; adulte/enfant 216/108 R ; ⏱7h-18h) d'Afrique du Sud englobe la chaîne du Zuurberg et la Sundays River Valley, protégeant les survivants des immenses hardes d'éléphants qui peuplaient jadis le Cap oriental. Quand l'Addo devint un parc national en 1931, il ne restait que 11 éléphants ; aujourd'hui ils sont plus de 600 et vous avez de fortes chances d'en apercevoir. Ce territoire, autrefois cultivé, compte 5 biomes sur une superficie de quelque 8 800 km² et s'étend jusqu'à la côte, entre les embouchures de la Sundays et de la Bushman. La partie côtière comprend l'Alexandria Dunefield, le champ de dunes côtier le plus vaste et le moins dégradé de l'hémisphère Sud, et des îles avec d'importantes colonies de manchots du Cap, de fous du Cap et d'otaries à fourrure d'Afrique du Sud.

Un jour ou deux jour à l'Addo constitue le temps fort d'un séjour dans la région. Vous verrez non seulement des pachydermes, mais aussi des lions, des zèbres, des rhinocéros noirs, des buffles d'Afrique, des hyènes tachetées et des myriades d'oiseaux. C'est l'un des rares endroits à regrouper les Big Seven, grâce aux grands requins blancs et aux baleines franches australes qui se montrent en saison à Algoa Bay. Ouvrez également l'œil pour repérer le rare *Circellium bacchus*, un bousier endémique dépourvu d'ailes ; les femelles enterrent les bouses d'éléphant pour les manger, ce qui fertilise le sol et favorise la croissance de l'arbre de jade (*Portulacaria afra*), dont les feuilles vert vif constituent la principale source d'hydratation des pachydermes, d'où son surnom de "buisson aux éléphants."

Activités

Réservez pour toutes les activités, surtout durant la haute saison (octobre-mars). Sachez aussi que le droit quotidien de conservation du parc s'ajoute aux prix de la plupart des activités et hébergements SANParks.

Safaris en indépendant

En été, mieux vaut arriver au parc en milieu de matinée pour repérer l'un des points d'eau où les éléphants se rassemblent pendant les heures chaudes. En hiver, venez tôt le matin pour observer les animaux.

ADDO ELEPHANT NATIONAL PARK

Pourquoi y aller Plus de 600 éléphants garantissent pratiquement de voir des pachydermes. Les autres animaux des Big Five peuvent être généralement vus le long des bonnes routes dans ce territoire exempt de paludisme.

Quand partir Si l'on peut observer la faune toute l'année, l'automne (vers avril) et le printemps (vers septembre) offrent un temps agréable, plus plaisant que le froid hivernal et la chaleur étouffante de l'été. Vous verrez peut-être quelques oranges dans les arbres ; l'hiver est la principale saison des agrumes. Février-mars et octobre-novembre sont les mois les plus pluvieux.

Infos pratiques Sur la Rte 335, l'entrée principale donne accès à la réception du parc dans l'Addo Rest Camp, à 10 km au nord de la bourgade d'Addo. L'entrée sud, Matyholweni, se situe à 40km de l'Addo Rest Camp près de Colchester. Il est possible de circuler en voiture entre les deux.

Faire des économies L'hiver correspond à la basse saison ; entre mai et juin, le parc offre des réductions sur l'hébergement.

Les éléphants de l'Addo raffolaient autrefois des oranges et des pamplemousses que leur donnaient les premiers rangers pour les inciter à rester dans le parc ; ils pouvaient même se battre pour se les approprier. Cette pratique a été interdite à la fin des années 1970 mais, comme l'affirme l'adage, les éléphants ont bonne mémoire, et l'odeur de ces fruits peut susciter des réactions imprévisibles. Bien entendu, ne sortez *jamais* de votre voiture ailleurs qu'aux endroits désignés.

Comme dans la plupart des parcs sud-africains, il n'est pas obligatoire de louer les services d'un guide pour explorer l'Addo avec son propre véhicule. Il suffit de payer le droit d'entrée pour tenter d'apercevoir des éléphants entre les arbres (et les autres voitures). Toutefois, si vous n'avez pas l'habitude d'observer la faune, un guide SANParks (180 R plus l'entrée du parc ; 8h-17h) vous aidera à repérer les animaux.

Circuits guidés

SANParks Guided Wildlife Drives SAFARIS
(☎042-233 8657 ; addogamedrives@sanparks.org ; 280-395 R/pers). Des circuits guidés de 2 heures dans de gros 4x4 avec de bons angles de vue partent toutes les quelques heures entre l'aube et le crépuscule. Entrée du parc en plus.

Canoë

Criss Cross Adventures CANOÉ, ACTIVITÉS DE PLEIN AIR
(☎072 125 9152 ; www.crisscrossadventures.co.za ; Chrislin Lodge). En crue, la Sundays River est le cours d'eau le plus rapide d'Afrique du Sud. Le reste du temps, elle est idéale pour une sortie guidée en canoë (demi-journée 450 R). Des tunnels de végétation ouvrent sur des vues dégagées, tandis que martins-pêcheurs et grands ducs africains nichent sur les rives. Le guide Chris Pickels a grandi au bord de la Sundays River et la connaît parfaitement. Il propose aussi des safaris dans l'Addo (demi-journée/journée 750/1300 R), des circuits à VTT, des randonnées et du *sandboard*. Les tarifs comprennent les droits du parc.

Équitation

Des promenades à cheval sont proposées le matin et l'après-midi par SANParks dans le secteur Nyathi du parc (2 heures 290 R). Pour un paysage montagneux sans voir d'animaux, vous pouvez choisir les chevauchées dans la section du Zuurberg : 1/3/5 heures 195/270/295 R ou la piste jusqu'au **Narina Bush Camp** (2 jours). Droits du parc en plus.

Randonnée

Alexandria Hiking Trail RANDONNÉE
(☎041-468 0916 ; matyholweni@sanparks.org ; secteur Woody Cape, Addo Elephant National Park ; 150 R/pers et par nuit, plus entrée du parc). Cette boucle de 32 km (2 jours ; 3 randonneurs au minimum) englobe la forêt endémique du Cap oriental et les dunes du secteur côtier du parc. Le Tree Dassie Trail, plus court, couvre la même région.

Où se loger

Plusieurs hébergements et restaurants se succèdent près de la Rte 335, qui traverse la bourgade d'Addo et continue jusqu'à la principale entrée du parc, à 10 km au nord.

Si vous avez du temps et souhaitez mieux découvrir la chaîne du Zuurberg, de bons établissements sont installés à Kirkwood et Sunland, sur la Rte 336, ainsi que sur la route du Zuurberg Pass.

SANParks propose divers hébergements dans le parc, qui peuvent afficher complet en période de forte fréquentation ; mieux vaut réserver. Le petit **Camp Matyholweni** (041-468 0916 ; www.sanparks.org ; cottages 1-2 pers 1 070 R) se tient juste après l'entrée sud. Divers camps isolés offrent une immersion dans la nature, tel le **Narina Bush Camp** (à Pretoria 012-428 9111 ; www.sanparks.org ; secteur Zuurberg, Addo Elephant National Park ; tente jusqu'à 4 pers 1 050 R), recommandé, qui compte 4 tentes de safari à 27 km au nord du camp principal.

RÉSERVES NATURELLES PRIVÉES DU CAP ORIENTAL

Couvrant plus de 10 000 km² et épargnées par le paludisme, les réserves privées du Cap oriental constituent une attraction majeure. Couplé avec l'Addo Elephant National Park, un safari en voiture dans une de ces propriétés, éventuellement avec une nuit dans le bush, marquent souvent le point d'orgue d'un voyage le long de la Garden Route à partir du Cap. De nombreuses réserves se situent entre Addo et Grahamstown, dont Pumba, Kwantu, Lalibela, ainsi que celles ci-dessous. La plupart s'emploient à réintroduire dans de vastes territoires des animaux jadis nombreux dans la région, avant l'arrivée des fermiers et des chasseurs de gros gibier.

Nombre de réserves proposent un choix d'hébergements, qui varient en confort et en prix, des lodges luxueux aux camps de toile plus modestes. Les prix s'entendent généralement tout compris et des réductions significatives sont offertes en hiver, de mai à septembre.

Des safaris guidés constituent un excellent moyen d'apprécier la magie de ces grands espaces, dont la plupart abritent les Big Five et sont accessibles par la N2 entre Addo et Grahamstown.

Schotia Game Reserve (042-235 1436 ; www.schotiasafaris.co.za). Contiguë à l'Addo et accessible de la N10 au sud de Paterson, cette réserve vise à reconstituer le bush avant l'arrivée des humains. Elle a été la première à introduire des lions qui chassent pour leur subsistance, mais leur nombre a été réduit de 18 à 7 afin de laisser une chance aux proies.

Son circuit d'une journée Addo-Schotia (2 000 R avec déjeuner, dîner et transfert aller-retour de Port Elizabeth) est un bon moyen de découvrir la réserve ; l'excursion à Schotia en fin d'après-midi (1 000 R) comprend feu de camp et dîner dans le *lapa*. Des tour-opérateurs et des hébergements autour de l'Addo proposent aussi des excursions à Schotia. La réserve possède divers lodges et camps de toile et propose des forfaits qui incluent l'hébergement et plusieurs safaris en voiture (1/2 nuits à partir de 2 000/5 000 R).

Shamwari Game Reserve (à Port Elizabeth 041-509 3000 ; www.shamwari.com). À quelque 40 km à l'est de l'Addo, Shamwari est l'une des réserves les plus luxueuses et les plus renommées sur le plan international. L'hébergement varie des somptueuses tentes de bush au manoir édouardien ; les prix commencent à 4 725 R pour une double tout compris. Parmi les activités proposées figurent les safaris en voiture (dont un avec cours de cuisine), des cours de guide de terrain et les visites d'un centre d'information sur les rhinocéros, d'un sanctuaire de grands félins et d'un centre de réhabilitation de la faune avec possibilité de bénévolat.

Amakhala Game Reserve (041-581 0993 ; www.amakhala.co.za). Un groupe de propriétaires terriens, descendants des colons de 1820, ont réuni leurs propriétés pour créer cette réserve de 75 km² de collines, de veld arbustif et de savane. À quelque 70 km de PE et à l'est de l'Addo, Amakhala ("lieu aux nombreux aloès" en xhosa) offre un safari en voiture le matin (750 R avec déjeuner), et un l'après-midi (980 R) avec croisière sur la Bushman's River.

Amakhala propose aussi des activités liées à la conservation et des possibilités de bénévolat. La réserve offre 11 types d'hébergements, dont les lodges cinq étoiles Bukela, Bush et Hlosi, le camp de toile Woodbury et le camp de safari Quatermain, de style années 1920. Comptez à partir de 3 510/5 400 R pour une simple/double tout compris.

Aardvark Guesthouse GUESTHOUSE, AUBERGE DE JEUNESSE $
(☎042-233 1244 ; theaardvarkguesthouse.co.za ; près Rte 335 ; camping/dort/s/d 60/140/350/550 R, f à partir de 810 R ; P@📶👪). Cette jolie pension entoure une pelouse soignée au bout d'un chemin ombragé, à côté du Hazel's Organic Restaurant. Les chambres du bâtiment principal s'agrémentent de parquet et de touches artistiques ; des *rondavels* avec sdb sont installés dans le jardin. La section auberge de jeunesse comporte des tentes de safari à 4 lits (à partir de 300 R) et un dortoir moderne avec une grande cuisine. Français et allemand parlés.

Orange Elephant Backpackers AUBERGE DE JEUNESSE $
(☎042-233 0023 ; www.addobackpackers.com ; près Rte 335 ; camping/dort/ch/tr avec petit-déj 60/120/440/590 R ; P📶). Un peu délabré, mais propre et bien tenu, l'auberge constitue une bonne base à prix doux pour l'Addo, avec une navette depuis Port Elizabeth (200 R aller-retour) et des circuits dans le parc (demi-journée/journée 650/1 000 R) et ailleurs. L'hébergement varie des chambres dans le bâtiment principal au dortoir de 10 lits dans une *rondavel* avec douches de bush. Sur place, le pub Thirsty Herd sert des pizzas et une bière maison.

♥ **Chrislin African Lodge** LODGE $$
(☎042-233 0022 ; www.chrislin.co.za ; près Rte 335 ; s 950-1 150 R, d 1 160-1 370 R, petit-déj compris ; P❄📶🏊👪). 🍃 Parmi des pelouses, des arbres et des aloès dans une ancienne plantation d'agrumes, le Chrislin offre des cases coiffées de chaume à l'élégante décoration africaine, avec des murs isolants en terre et bouse de vache. Le dîner de 3 plats (195 R) est préparé avec des légumes, des herbes et des fruits de la propriété. Les activités comprennent des safaris dans l'Addo à bord d'un véhicule découvert (demi-journée/journée 750/1 250 R).

Un endroit rustique et détendu, plaisant après une journée à repérer les éléphants.

Rosedale GÎTE RURAL $$
(☎042-233 0404 ; www.rosedalebnb.co.za ; près Rte 335 ; s/d avec petit-déj 550/800 R ; P📶🏊). 🍃 Plantation d'agrumes bio, le Rosedale propose 8 bungalows modernes avec des *stoeps* (porches) qui surplombent la piscine naturelle et des arbres tropicaux. Le petit-déjeuner bio comprend du pain maison, des œufs de la ferme et du jus d'oranges fraîchement cueillies. Keith, le propriétaire, vous fera visiter l'exploitation.

Addo Rest Camp CAMPING, LODGE $$
(☎à Pretoria 012-428 9111 ; www.sanparks.org ; camping 1-2 pers 230 R, bungalows 720 R ; ❄🏊). Le camp principal de l'Addo, près du bureau du parc, compte d'innombrables cottages, chalets, tentes de safari et *rondavels,* dont certains surplombent le point d'eau éclairé où les éléphants viennent s'abreuver. Le choix varie du camping et des bungalows forestiers pour 4 personnes avec douche et cuisine partagée (à partir de 720 R) aux luxueuses maisons (à partir de 3 360 R) qui comportent 2 chambres avec sdb, climatisation et TV sat.

Où se restaurer

L'Addo Rest Camp possède une aire de pique-nique ombragée qui domine le point d'eau, le grill **Cattle Baron** (☎042-233 8674 ; Addo Rest Camp ; plats 55-180 R ; ⏱7h-21h) 🍃 et une **épicerie** (⏱8h-18h) qui vend des produits de base.

♥ **Hazel's Organic Restaurant** BIO $$
(☎082 573 1994 ; permaculturesouthafrica.com ; près Rte 335 ; plats déj/dîner 55/110 R ; 🖉). 🍃 Par beau temps, déjeuner dans ce restaurant parmi les chants d'oiseaux, à côté du potager bio, est un plaisir. Burgers de koudou, wraps, carpaccio de springbok et pizzas sont proposés à midi. Le soir, vous pourrez savourer des plats de koudou, d'autruche et de gnou bleu.

Renseignements

La "ville" d'Addo se résume à quelques échoppes, une station-service et une banque avec DAB qui partagent un parking poussiéreux sur la Rte 335. L'Addo Rest Camp possède une boutique et une station-service.

Comment s'y rendre et circuler

Les non-résidents peuvent emprunter la navette de l'Orange Elephant Backpackers (p. 200) à Port Elizabeth (300 R) ; elle ne circule que si elle doit transporter des clients de l'auberge. Autrement, louez une voiture à PE ou réservez un circuit.

La plupart des routes asphaltées et gravillonnées du parc sont praticables en voiture classique. Les routes gravillonnées peuvent devenir impraticables après de fortes pluies ; en cas de doute, appelez le bureau du parc.

Grahamstown

50 217 HABITANTS

Grahamstown est parfois appelée GOG (Good Old Grahamstown) ou, plus couramment, la Cité des Saints en raison de sa quarantaine d'édifices religieux (principalement des églises). Capitale historique du Settler Country (pays des Colons), Grahamstown est aussi une ville universitaire animée qui accueille plusieurs festivals annuels. Avec des flèches élancées, des édifices érodés et de jolies devantures aux tons pastel, le centre-ville conserve de beaux exemples d'architectures georgienne, victorienne et édouardienne précoce.

Le conservatisme et la joliesse britannique de la ville dissimulent un passé sanglant. Les guerres cafres opposant les Xhosa aux colons européens perdurèrent pendant la majeure partie du XIXe siècle. Jadis puissance dominante de la région, les Xhosa furent vaincus par les Britanniques et les Boers au terme d'âpres luttes ; visitez les townships environnants pour un aperçu de la culture de leurs descendants.

Les étudiants de l'université de Rhodes dominent socialement la ville et remplissent les bars et les pubs durant la période scolaire. Toutefois, l'installation d'artistes et de groupes alternatifs, liée au vieillissement de la population, favorise l'apparition d'une facette plus sophistiquée de Grahamstown.

À voir

L'office du tourisme dispose de brochures et d'informations sur les visites pédestres en indépendant.

Church Square SITE HISTORIQUE

De majestueux édifices coloniaux, des bâtiments universitaires, la cathédrale anglicane du XIXe siècle et de pittoresques devantures victoriennes et édouardiennes entourent cette place. Parmi ces dernières, remarquez le **Grocott's Mail**, siège d'origine du plus vieux journal indépendant d'Afrique du Sud, et la proche pharmacie **Clicks**.

Le **Birch's Gentlement's Outfitters** (High St) possède un merveilleux "toboggan" à l'ancienne (un sytème de poulies pour expédier l'argent à travers le plafond depuis/vers la caisse centrale), et un système pneumatique afin d'envoyer des documents à travers les étages. Le personnel vous en montrera le fonctionnement si vous le demandez avec le sourire.

Observatory Museum MUSÉE

(www.ru.ac.za/albanymuseum ; Bathurst St ; adulte/enfant 10/5 R ; 8h-16h30 lun-ven). Cette demeure de 1850 contient plusieurs salles de meubles et souvenirs victoriens, la Meridian Room (salle du Méridien), qui montre que Grahamstown a 14 minutes de retard sur l'heure sud-africaine, car déterminée à Durban, et la superbe *camera obscura*. Construite en 1882, cette chambre noire comporte une série de lentilles qui reflète une parfaite image panoramique de Grahamstown sur un grand disque blanc dans une tour sur le toit. Elle servait à l'origine d'outil de communication ; par exemple, en montant sur le toit, on pouvait voir où était le médecin. La salle du Méridien et la *camera obscura* sont actuellement fermées au public.

Albany History Museum MUSÉE

(www.ru.ac.za/albanymuseum ; Somerset St ; adulte/enfant 10/5 R ; 9h-16h30 lun-ven). Ce musée d'Histoire présente l'histoire et l'art des peuples du Cap oriental, dont les Xhosa et les colons de 1820, et possède quelques splendides ouvrages en perles et broderies.

Albany Natural Science Museum MUSÉE

(Somerset St ; adulte/enfant 10/5 R ; 9h-16h30 lun-ven). Le musée de Sciences naturelles couvre de nombreux sujets, du début de l'humanité à l'astronomie. La collection comprend d'impressionnants animaux naturalisés et squelettes.

International Library of African Music MUSÉE

(ILAM ; 046-603 8557 ; www.ru.ac.za/ilam ; Rhodes University, Prince Alfred St ; 8h-17h lun-ven). GRATUIT L'ILAM compte quelque 200 instruments de musique ; vous pourrez écouter des enregistrements réalisés sur le terrain et essayer de les reproduire avec des *nyanga* (flûtes de Pan) du Mozambique, une kora (instrument à cordes) d'Afrique de l'Ouest ou un *kalimba* (piano à pouces) ougandais. Appelez pour prendre rendez-vous.

South African Institute for Aquatic Biodiversity MUSÉE

(046-603 5800 ; www.saiab.ac.za ; Rhodes University, Somerset St ; 8h-17h lun-ven). GRATUIT Le deuxième cœlacanthe (un poisson pélagique aux nageoires pectorales semblables à des membres) jamais capturé est exposé dans ce musée. On croyait l'espèce disparue jusqu'à ce qu'un spécimen soit pêché au large de la côte est-africaine, en 1938.

1820 Settlers National Monument MONUMENT

(www.foundation.org.za ; Gunfire Hill ; ⌚8h-16h30 lun-jeu, 8h-16h ven). GRATUIT Hommage aux colons britanniques, ce monument renferme des œuvres d'art et un grand théâtre ; il offre une vue spectaculaire sur la campagne alentour.

National English Literary Museum BIBLIOTHÈQUE, MUSÉE

(☎046-622 7042 ; www.ru.ac.za/static/institutes/nelm ; 87 Beaufort St ; ⌚8h30-13h et 14h-16h30 lun-ven). GRATUIT La collection comprend des manuscrits, des premières éditions et des ouvrages sud-africains remontant à 1797, avec tous les écrivains célèbres représentés. Le fonds est archivé et il faut téléphoner pour consulter un ouvrage spécifique. Au moment de la rédaction de ce guide, il était prévu que le musée déménage en février 2016 dans un bâtiment spécialement conçu, au coin de Worcester St et de Jacques St, et devienne un centre culturel avec deux théâtres et des expositions sur la littérature nationale.

Circuits organisés

Quelques guides proposent la visite du village historique de Fingo, l'un des plus vieux townships du pays. Il fut bâti sur des terres données aux Mfengu par les Britanniques en échange de leur soutien lors des guerres cafres. Guide accrédité, **Otto Ntshebe** (☎082 214 4242 ; ottours@webmail.co.za) conduit des circuits à pied (3 heures 250 R) ou dans une carriole à âne (demi-journée 550 R), qui comprennent la visite d'une maison locale, d'une galerie et d'un *shebeen*.

Les **circuits hantés de Brian Jackson** (☎083 768 0193 ; info@whethu.com) explorent les sites de la ville hantés par des fantômes, dont des nonnes, des jésuites et un typographe du Grocott's Mail. Ces circuits doivent être réservés 24 heures à l'avance et se paient par un don.

Fêtes et festivals

National Arts Festival ART

(☎046-603 1103 ; www.nafest.co.za). Le plus grand festival artistique d'Afrique se déroule pendant 10 jours début juillet. Pour cette période, réservez bien à l'avance car les

LES SETTLERS DE 1820

En 1819, le gouvernement britannique reçut quelque 90 000 candidatures en réponse à sa proposition de terres gratuites en Afrique du Sud. La plupart des postulants étaient très pauvres et sans emploi. Seuls 4 000 furent acceptés et, l'année suivante, ces colons (aujourd'hui appelés les "Settlers de 1820") arrivèrent à Algoa Bay. Dupés par leur gouvernement, qui leur avait décrit un pays de cocagne, ils servirent de tampon entre les Boers d'un côté de la Great Fish River et les Xhosa de l'autre, qui se battaient pour la riche région d'élevage, le Zuurveld.

La vie sur la frontière fut difficile. Éprouvées par la guerre, l'inexpérience, les maladies qui détruisaient les récoltes, l'hostilité des voisins, les inondations et la sécheresse, de nombreuses familles se réfugièrent dans les villes, notamment à Port Elizabeth, East London et Grahamstown, et exercèrent les métiers qu'elles pratiquaient en Angleterre. Grahamstown se transforma ainsi en un centre marchand et manufacturier, où haches, couteaux et couvertures étaient échangés contre de l'ivoire et des peaux. Des colons produisaient des outils en métal, des chariots et des vêtements. Port Elizabeth et Port Alfred se développèrent afin de pourvoir aux besoins de Grahamstown, qui devint rapidement la deuxième plus grande cité de la colonie du Cap.

Les colons contribuèrent de manière significative à la société sud-africaine. Ils réclamèrent la liberté de la presse, telle qu'elle existait au Royaume-Uni, et l'obtinrent de mauvais gré en 1825. Ils eurent aussi un rôle important dans la création du Council of Advice, qui conseillait le gouverneur sur les questions majeures. Certains de ceux qui restèrent sur la frontière devinrent des fermiers prospères et lancèrent l'exploitation de la laine, qui s'avéra très lucrative.

Grahamstown

Grahamstown

À voir

1 Albany History Museum A3
2 Albany Natural Science Museum A3
3 Birch's Gentlemen's Outfitters C2
4 Church Square B2
5 Grocott's Mail C2
6 International Library of African Music A2
7 National English Literary Museum B3
8 Observatory Museum C2
9 South African Institute for Aquatic Biodiversity A2

Où se loger

10 137 High Street A2
11 Cock House D3
12 Evelyn House B2
13 Graham Hotel B2
14 High Corner A3
15 Historic Cottages A2

Où se restaurer

137 High Street .... (voir 10)
Calabash .... (voir 13)
16 Haricot's Deli & Bistro A2
Norden's .... (voir 11)
17 Saint's Bistro A2

Où prendre un verre et sortir

Champs Action Bar .... (voir 13)
18 Rat & Parrot A2

hébergements se remplissent rapidement ; prévoyez aussi des vêtements chauds, les nuits pouvant être glaciales. Les festivals associés Fringe et Fingo programment des centaines d'autres événements. Le Fingo privilégie les arts, la musique et le théâtre des townships.

Où se loger

Lors de nos recherches, le **Hill Street Manor** (☎082 333 8730, www.hillstreetmanor.co.za) installait une nouvelle auberge de jeunesse dans High St.

Bon Tempo AUBERGE DE JEUNESSE, GÎTE RURAL $
(Penis Farm ; ☎046-637 0880 ; www.bontempo.co.za ; près Rte 67, Manley Flats ; s/d/tr à partir de 200/300/450 R ; P). Dans une ferme à 20 km de la ville en direction de Bathurst, le Bon Tempo possède des cottages rustiques et une galerie de phallus sculptés. Les repas sont proposés.

Kwam eMakana CHAMBRES CHEZ L'HABITANT $
(☎072 448 0520 ; www.kwamemakana.co.za ; s/d avec petit-déj 350/500 R). Plus de 30 chambres sont louées par des

mamas xhosa dans les townships de Grahamstown. Les repas sont servis sur demande.

High Corner GUESTHOUSE **$$**
(☎046-622 8284 ; www.highcorner.co.za ; 122 High St ; s/d avec petit-déj 680/1 040 R, cottages 520/800 R ; P❄📶🏊). Un exposé des 200 ans d'histoire de cette gracieuse demeure est la première chose que vous voyez en entrant. Les chambres sont réparties entre le bâtiment principal, avec des meubles anciens et les élégants salon et salle du petit-déjeuner, et de modernes cottages indépendants à l'arrière.

Evelyn House GUESTHOUSE **$$**
(☎046-622 2366 ; www.evelynguesthouse.com ; 115a High St ; s/d avec petit-déj 1 030/1 350 R ; P❄📶🏊). Superbement rénovée, cette maison du XIXe siècle contient des chambres spacieuses et confortables derrière un jardin tranquille.

Cock House GUESTHOUSE **$$**
(☎046-636 1287 ; www.cockhouse.co.za ; 10 Market St ; s/d avec petit-déj 590/980 R ; P📶). Du nom de William Cock, un colon des années 1820, et jadis habitée par l'écrivain André Brink, cette résidence historique compte 9 chambres doubles dans la maison principale et dans les anciennes écuries. Des appartements indépendants de 2 chambres complètent l'offre.

Son restaurant, le **Norden's** (plats déj/dîner 70/95 R), est décoré de peintures illustrant l'Afrique du Sud du XIXe siècle. Adresse favorite des étudiants invités par leurs parents, il a récemment suscité des avis mitigés.

Historic Cottages GUESTHOUSE **$$**
(☎046-622 8936 ; www.historiccottages.co.za ; 1 Scotts Ave ; s/d avec petit-déj 550/900 R ; P). Quatre chambres et suites pittoresques avec cuisine et salon, parmi des jardins et des cours fleuris dans une caserne britannique des années 1820.

Graham Hotel HÔTEL **$$**
(☎046-622 2324 ; www.grahamhotel.com ; 123 High St ; s/d avec petit-déj 950/1 230 R ; P❄📶🏊). Cet hôtel moderne aux chambres standards vaut surtout pour ses nombreux équipements, dont le restaurant africain **Calabash** (plats 95 R ; 🍷) et le **Champs Action Bar**.

Le propriétaire, Afri Temba, possède 3 pensions de catégorie moyenne en ville.

137 High Street GUESTHOUSE **$$**
(☎046-622 3242 ; www.137highstreet.co.za ; 137 High St ; s/d avec petit-déj 600/990 R ; P📶). Construite il y a 200 ans par Piet Retief, cette maison aux murs épais et au parquet couleur miel abrite 7 petites chambres confortables et un restaurant réputé.

Où se restaurer et prendre un verre

Outre les pubs, cafés et fast-foods fréquentés par les étudiants désargentés, Grahamstown compte des restaurants huppés où ils se font inviter par leurs parents. Au bout de High St, côté université, quelques cafés bon marché servent des burgers et d'autres plats du même genre.

♥ **Haricot's Deli & Bistro** TRAITEUR, MÉDITERRANÉEN **$$**
(☎046-622 2150 ; www.haricots.co.za ; 32 New St ; plats 60-130 R ; ⏲bistrot 12h-15h et 18h-21h30, traiteur 9h-17h lun-ven, 9h-14h sam ; 📶). Meilleure table de Grahamstown d'après le bouche-à-oreille universitaire, le Haricot est à la fois un café détendu dans la cour, un paradis de gourmets et un restaurant raffiné. La carte fait la part belle aux influences méditerranéennes, avec quelques accents asiatiques et marocains, ce qui produit des délices comme le filet de porc cuit dans du lait ou l'agneau braisé au vin blanc.

Le traiteur propose des en-cas tels que quiches, pâtisseries, muffins sans gluten et gâteau au chocolat sans farine.

137 High Street INTERNATIONAL **$$**
(137 High St ; plats 90 R ; ⏲7h30-21h30 lun-ven, 8h-14h et 17h-21h30 sam, 8h-14h dim). Ce restaurant stylé, avec des murs verts ornés d'art contemporain, sert des steaks, des burgers et des plats légers (50 R) comme les crêpes salées. Le gibier et le café Mastertons sont ses spécialités.

Saint's Bistro INTERNATIONAL **$$**
(www.saintsbistro.com ; 131 High St ; plats 100 R ; 🍷). Dans une cour ensoleillée et une vaste salle agrémentée de poutres apparentes, le Saint's offre un bon choix de steaks, de poisson, de pâtes et de salades.

Rat & Parrot BAR
(59 New St). Rendez-vous festif des étudiants, le bar lambrissé et cosy du

Parrot se tient au rez-de-chaussée, tandis qu'à l'étage des grandes fenêtres et une véranda surplombent la rue. Ses pizzas sont appréciées et, comme dans d'autres pubs du secteur, la TV est branchée sur le rugby.

Renseignements

Makana Tourism (☎046-622 3241 ; www.grahamstown.co.za ; 63 High St ; ⏲8h30-17h lun-ven, 8h-12h sam ; 📶). Renseignements sur les hébergements et vente des billets de bus Translux et City to City. Wi-Fi et un ordinateur avec accès Internet gratuits.

Depuis/vers Grahamstown

Des bus Greyhound, Translux, Intercape et City to City partent tous les jours du **Frontier Hotel** (angle High St et Bathurst) et du **Conference Centre** (Grey St) pour Le Cap (450 R, 14 heures), Port Elizabeth (230 R, 2 heures), Durban (450 R, 12 heures) et Jo'burg (480 R, 13 heures).

Des taxis collectifs partent de Jacob Zuma Dr (ex-Raglan Rd), le prolongement est de Beaufort St.

Bathurst

Village pittoresque sur la Rte 67, entre Port Alfred et Grahamstown, Bathurst est réputé faire honneur à la dive bouteille, surtout fin décembre lors de l'**Ox Braai**, un barbecue géant réunissant les fermiers et étudiants locaux. Quelques boutiques de curiosités, galeries et restaurants se regroupent autour de l'unique carrefour.

À voir

Bathurst Agricultural Museum MUSÉE
(☎079 987 9507 ; www.bathurst.co.za ; adulte/enfant 15/10 R ; ⏲9h-16h lun, mar et jeu, 9h-12h mer, sam et dim). Il présente une importante collection de chars à bœufs, de tracteurs et d'autres équipements agricoles.

Big Pineapple MONUMENT
(☎046-625 0515 ; Summerhill Farm, près Rte 67 ; adulte/enfant 10/5 R ; ⏲sur rdv). Propriété de fermiers locaux, ce gigantesque ananas en fibre de verre, haut de 16,70 m, se dresse à quelques kilomètres du village en direction de Port Alfred. Vous pouvez monter au sommet pour la vue sur la campagne alentour ; à l'intérieur, une exposition illustre l'industrie de l'ananas. La visite en tracteur de la ferme comprend la dégustation d'ananas.

Où se loger et se restaurer

Summerhill Inn HÔTEL $
(☎046-625 0833 ; www.summerhillinn.com ; près Rte 67 ; s/d 390/520 R ; P 📶 🏊). En dehors du village sur la route de Port Alfred, le Summerhill offre des chambres confortables, un grand jardin et un bar-restaurant plaisant aux murs en pierres apparentes (en-cas/plats 45/90 R).

Pig & Whistle Inn AUBERGE $$
(☎046-625 0673 ; www.pigandwhistle.co.za ; s/d 356/624 R, sans sdb 276/450 R ; P 📶). Plein de cachet, ce bâtiment de 1832 contient des chambres rénovées avec lits à baldaquin, meubles d'époque et baignoire sur pieds. D'autres plus simples disposent de sdb communes. Le pub (plats 70 R) sur place sert burgers, plats de poisson et tourtes maison, ainsi qu'un rôti le dimanche.

Pic-Kwick's Restaurant ITALIEN $
(Village Green Complex ; plats 60 R ; ⏲10h-21h mar-sam, 10h-16h dim). En face du Pig & Whistle Inn, Pic-Kwick's propose une vingtaine de sortes de pizzas.

Depuis/vers Bathurst

À 45 km de Grahamstown et à 17 km de Port Alfred, Bathurst se visite plus facilement avec son propre véhicule. Sinon, des taxis collectifs circulent tous les jours sur la Rte 67.

Port Alfred

9 747 HABITANTS

Surnommée "la Kowie" en raison de la jolie Kowie River qui la traverse, Port Alfred possède des plages splendides, dont certaines au nord adossées à de hautes dunes de sable. De luxueuses maisons de vacances contemporaines bordent la marina et les collines qui entourent la ville. Cette dernière est généralement paisible, sauf lors de la venue d'étudiants de Grahamstown. Elle devient plus animée pendant les régates d'aviron interuniversitaires fin septembre, et de mi-décembre à janvier, quand elle se remplit de vacanciers sud-africains.

À voir et à faire

En dehors des **plages** préservées, de bons *breaks* de surf droits et gauches se situent à l'embouchure de la rivière. Naviguer en amont de la **Kowie** offre quelques heures de détente ; des euphorbes et des réserves animalières privées bordent les rives, des

Port Alfred

Port Alfred

Activités
1 Kowie River Cruises C2
2 Outdoor Focus C2

Où se loger
3 Dijembe Backpackers A1
4 Halyards Hotel & Spa C1
5 Links Coastal Inn C2
6 Lookout D1
7 My Pond Hotel B1
8 Panorama C2
9 Richmond House C2

Où se restaurer
10 Barmuda B1
11 Graze by the River B1
12 Guido's Restaurant D3
Lily .... (voir 7)
13 Zest Café B1

Où prendre un verre
14 Wharf Street Brew Pub B1

pygargues vocifères tournoient dans le ciel et des pêcheurs ramassent des crevettes de vase qui leur servent d'appât. L'Halyards Hotel & Spa loue des canoës (1 heure 15 R) et organise des promenades en bateau (1 heure 80 R ; 6 pers minimum).

Oceana Beach & Wildlife Reserve OBSERVATION DE LA FAUNE
(☎083 616 0605 ; www.oceanareserve.com ; Rietriver ; circuit 300 R, avec déj 3 plats 450 R). Cette réserve cinq étoiles, qui abrite des antilopes, des zèbres, des girafes et d'autres animaux, offre un circuit en voiture de 2 heures, qui débute à 10h (réservation indispensable). Elle se situe à 8 km de la ville sur la Rte 72, en direction d'East London.

Outdoor Focus BATEAU, PLONGÉE
(☎046-624 4432 ; www.outdoorfocus.co.za ; Beach Rd). Location de canoës (1 heure/jour 50/220 R), croisières fluviales (adulte/enfant 70/30 R) et sorties en mer (à partir

de 220 R). Réserve également le **Kowie Canoe Trail** (150 R/pers), un circuit en canoë assez facile de 21 km en amont de la Kowie River à partir de Port Alfred, avec une nuit dans une case au Horseshoe Bend dans la Watersmeeting Nature Reserve, et une randonnée de 12 km en option.

La meilleure période pour la plongée se situe entre mai et août. La visibilité n'a rien d'exceptionnel (de 5 m à 8 m), mais vous verrez quantité de gros poissons, des coraux mous et des requins-taureaux.

Kowie River Cruises CROISIÈRES
(☎073 162 1611 ; www.kowierivercruises.co.za ; Royal Alfred Marina ; adulte/enfant 75/50 R). Croisières à bord du *Lady Biscay*, une péniche fermée de 13 m de long.

Three Sisters Horse Trails ÉQUITATION
(☎082 645 6345 ; www.threesistershorsetrails.co.za ; heure/demi-journée 250/550 R). Promenades à cheval sur la plage et en forêt, et excursions de 2 jours le long d'une vallée fluviale. À 15 km de la ville sur la Rte 72 en direction d'East London.

Kowie Hiking Trail RANDONNÉE
(☎076 557 1324). Un chemin de 8 km à travers la Kowie Nature Reserve ; cartes disponibles à l'office du tourisme.

VAUT LE DÉTOUR

SHIPWRECK HIKING ET CANOE TRAIL

Shipwreck Hiking & Canoe Trail (☎082 391 0647 ; www.shipwreckhiking.co.za). Cimetière de nombreux bateaux, la côte entre la Great Fish et East London est appelée Shipwreck Coast (côte des Épaves). Le Shipwreck Hiking & Canoe Trail, une randonnée de 69 km (6 jours), conduit de Port Alfred à l'embouchure de la Great Fish River et comprend marche et canoë. Vous découvrirez des plages vierges, une luxuriante végétation côtière et de splendides estuaires. Téléphonez pour les tarifs et plus d'informations.

Un circuit de 5 jours sans canoë, et une excursion de 2 jours en canoë sur la Kleinemonde West River sont également proposés.

Où se loger

Panorama B&B $
(☎046-624 5853 ; www.portalfredpanorama.com ; 15 Wesley Hill ; s/d avec petit-déj 370/620 R ; P ᯤ). Sympathique couple sud-africain-néerlandais, Rob et Marianne dirigent cette pension à prix raisonnables, perchée sur une colline qui offre une vue superbe. Rob, pilote et propriétaire d'une vedette, vous suggérera de nombreuses activités locales.

Spinning Reel BUNGALOWS $
(☎046-624 4281 ; www.spinningreel.co.za ; Freshwater Rd ; cottages/chalets/ch à partir de 380/570/500 R ; P). Des cottages de plage sommaires avec cuisine et des chalets en pin plus récents, entourés d'une forêt dunaire indigène, plus 2 chambres dans la maison principale.

Dijembe Backpackers AUBERGE DE JEUNESSE $
(☎072 226 4385 ; www.dijembebackpackers.com ; 18 Becker St ; dort/d 150/450 R, d sans sdb 350 R ; P ᯤ). Cousine du Dijembe de Storms River, cette auberge était en construction lors de notre passage. Son immense terrasse surplombe la Kowie et les hébergements varient des dortoirs aux doubles avec sdb et Jacuzzi. Le directeur prévoit d'aménager un bar dans un jardin d'hiver et un salon avec poêle à bois. Cuisine sud-africaine et crêpes gratuites au petit-déjeuner sont également prévues.

Lookout GUESTHOUSE $$
(☎046-624 4564 ; www.thelookout.co.za ; 24 Park Rd ; s/d/tr/qua à partir de 440/800/1 000/1 200 R ; P ᯤ ≋). Juchée sur une colline, cette maison chaulée contemporaine comprend 3 appartements avec kitchenette et vue splendide.

Halyards Hotel & Spa HÔTEL $$
(☎046-604 3300 ; www.riverhotels.com ; Harbour Rd, Royal Alfred Marina ; s/d avec petit-déj à partir de 660/860 R ; P ❄ ᯤ ≋). Ce confortable hôtel en bord de rivière, à l'architecture de style Cap Ferret, comporte de grandes chambres bien équipées donnant sur la marina, deux restaurants et un bar à côté de la piscine. Renseignez-vous sur les house-boats.

My Pond Hotel HÔTEL $$
(☎046-624 4626 ; mypondhotel.com ; Van der Riet St ; s/d/ste avec petit-déj à partir de 850/1 050/1 530 R ; P ᯤ). Sur les rives de la Kowie, ce bel hôtel de charme est tenu par une école hôtelière, d'où un service particulièrement attentif. Le restaurant **Lily** (☎046-624 4626 ; mypondhotel.com ; Van der Riet St ; plats 80 R) sert une cuisine sud-africaine contemporaine, dont d'excellents

rouleaux de printemps à l'agneau et à la menthe et du gigot d'agneau.

Links Coastal Inn AUBERGE $$
(☎046-624 4533 ; www.thelinks.co.za ; 14 Wesley Hill ; s/d 400/600 R, cottages 450/650 R ; P 📶). Un thème décoratif africain orne les chambres et les cottages avec cuisine de cette auberge accueillante. Le **bar-restaurant** (plats 45-90 R) sert des spécialités sud-africaines telles que *bobotie* et queue de bœuf, et dispose d'une belle terrasse avec vue sur la Kowie River, parfaite pour un verre au coucher du soleil.

♥ **Richmond House** COTTAGES $$$
(☎046-624 4878 ; www.richmondhousecottages.com ; Wesley Hill ; s 756-936 R, d 1 260-1 560 R ; P 📶). Trois luxueux cottages indépendants parmi des pelouses et des arbres flamboyants, sur le site d'une demeure historique, au sommet de Wesley Hill. Isolement et tranquillité dans le centre-ville.

Où se restaurer et prendre un verre

♥ **Zest Café** MÉDITERRANÉEN $
(Van der Riet St ; plats 70 R ; ⏱8h-17h lun-ven, 8h-15h sam ; 📶). Cet accueillant refuge de style méditerranéen se situe dans une cour fleurie, agrémentée de meubles pastel. Outre les pizzas classiques, il propose des plats plus créatifs, comme le tajine épicé de fruits de mer avec poivrons rouges et amandes ou le *rösti* de légumes.

Graze by the River BIO $$
(☎046-624 8095 ; 38 Van der Riet St ; plats 85 R ; ⏱9h30-16h lun, mar et jeu-dim, dîner sur rendez-vous). Cet endroit excentrique, à l'arrière d'un magasin de curiosités, privilégie la Slow Food et sert des légumes bio, de la viande, du poisson et des laitages produits de manière éthique. La torréfaction du café et le fumage des viandes et des poissons sont effectués sur place. Parmi les plats proposés au dîner (à réserver par téléphone) figurent du maigre du Sud pêché à la ligne, du steak de thon et du rumsteck maturé 30 jours.

Dans la journée, il offre des gâteaux maison et des sandwichs toastés.

Guido's Restaurant ITALIEN $$
(West Beach Rd ; plats 48-150 R). Les terrasses du Guido's sont idéales pour un verre au coucher du soleil, avec vue sur la rivière et la plage. Ses pizzas cuites au feu de bois en font une adresse appréciée des familles et des étudiants le week-end.

Barmuda SUD-AFRICAIN $$
(Van der Riet St ; plats 80 R). Dans un cadre charmant en bord de fleuve, ce pub fréquenté offre de bons burgers, du poisson pané et d'autres plats classiques. Deux cocktails pour le prix d'un le dimanche et, en saison, musique live et DJ tous les jours.

Wharf Street Brew Pub BRASSERIE
(☎046-624 4947 ; 18 Wharf St ; plats 70-110 R). Goûtez les bières de la Little Brewery on the River voisine dans ce bâtiment du XIXe siècle sur le vieux port. Dans la belle salle à manger, avec parquet, murs en pierres et briques apparentes et grandes photos, faites votre choix entre les steaks, les calamars panés, le curry de crevettes, les escalopes viennoises et les *prego rolls* (sandwich au bœuf et sauce pili-pili dans un pain rond).

ℹ Renseignements

Sunshine Coast Tourism Port Alfred (☎046-624 1235 ; www.sunshinecoasttourism.co.za ; Causeway Rd ; ⏱8h-16h30 lun-ven, 8h30-11h30 sam). Brochures et cartes, informations sur les hébergements et les activités, dont les croisières en bateau et les sorties de pêche.

ℹ Depuis/vers Port Alfred

Le Baz Bus fait halte au Dijembe Backpackers (p. 207) quatre jours par semaine sur son trajet entre Port Elizabeth (250 R, 2 heures) et Durban (1 580 R, 13 heures).

De la **station des taxis collectifs** (Biscay Rd) devant le Heritage Mall, des services quotidiens rallient Port Elizabeth (85 R), Grahamstown (30 R) via Bathurst (15 R), et East London (85 R).

Les compagnies de location de voitures Avis et Budget disposent d'agences en ville.

AMATHOLE

La région de l'Amathole ("veau" en xhosa) s'étend dans l'arrière-pays depuis East London et comprend la chaîne de montagnes éponyme, le charmant village montagnard de Hogsback et plusieurs réserves naturelles peu visitées. La majeure partie de la région formait le bantoustan xhosa du Ciskei au temps de l'apartheid. Quelques auberges de jeunesse offrent des expériences culturelles semblables à celles de la Wild Coast, à la rencontre des Xhosa.

East London

267 007 HABITANTS

En termes démographique, géographique et économique, ce pôle industriel et manufacturier (et le seul port fluvial du pays) est une ville importante du Cap oriental. Malgré son emplacement au bord d'une baie entourée de hautes collines de sable, rien ne justifie de faire étape dans cette cité grise et délabrée alors que des destinations plus attrayantes se situent à proximité. Toutefois, vous devrez peut-être passer par East London, carrefour de transports à la jointure de la Sunshine Coast et de la Wild Coast, et dotée d'un aéroport. Le centre-ville, en grande partie dégradé, est parsemé d'édifices victoriens en piteux état et de monstruosités des années 1960 et 1970. Les quartiers huppés, avec de grandes maisons aux pelouses et aux jardins soignés, s'étendent au nord d'Eastern Beach.

La Rte 72 en provenance de l'aéroport et de Port Alfred traverse le centre, puis tourne dans l'intérieur des terres et passe par les faubourgs nord pour rejoindre la N2 du côté Chintsa de la ville. Peu après que la Rte 72 a franchi la Buffalo River, Oxford St conduit au nord (à gauche) vers des sites et la N2. La Rte 72 continue dans le secteur de Quigney Beach, où sont installés de nombreux restaurants et pensions ; tournez à droite dans Currie St ou Moore St pour rallier l'Esplanade et Eastern Beach.

À voir

Nahoon Reef, à l'extrémité sud de Nahoon Beach, est le meilleur spot de surf.

Ann Bryant Art Gallery MUSÉE

(043-722 4044 ; 9 St Marks Rd ; entrée libre ; 9h-17h lun-ven, 9h-12h sam). GRATUIT Cette demeure, mélange de styles victorien tardif et édouardien, compte une belle collection de toiles de peintres sud-africains, tels Pierneef et Cecil Skotnes, ainsi que des œuvres locales contemporaines. Prenez le catalogue en entrant. Un petit café est installé dans la remise.

East London Museum MUSÉE

(043-743 0686 ; www.elmuseum.za.org ; 319 Oxford St ; adulte/enfant 15/5 R ; 9h-16h30 lun-jeu, 9h-16h ven). L'un des premiers cœlacanthes, une espèce de poisson que l'on croyait éteinte depuis 50 millions d'années, fut découvert près de ce musée en 1938 ; naturalisé, il y est désormais exposé. Le musée mérite la visite pour son excellente collection d'histoire naturelle et ses expositions sur le riche passé du Cap oriental, des empreintes de pied humaines fossilisées à l'histoire maritime.

Circuits organisés

Imonti Tours CIRCUITS CULTURELS

(083 487 8975 ; www.imontitours.co.za). Velile Ndlumbini, le propriétaire, organise divers circuits dans la région, dont une excursion à Mdantsane (demi-journée 280 R), deuxième plus grand township du pays après Soweto, la visite d'un village xhosa typique (demi-journée 390 R) et un circuit d'une journée sur les traces de Nelson Mandela jusqu'à Qunu et Mthatha (650 R). Il offre aussi les transferts de l'aéroport et des navettes pour Chintsa.

Où se loger

Il n'y a guère de raisons de passer la nuit à East London alors que des hébergements plus attrayants sont installés à Chintsa, non loin.

Centre-ville

Sugarshack Backpackers AUBERGE DE JEUNESSE $

(043-722 8240 ; www.sugarshack.co.za ; Eastern Esplanade ; camping/dort à partir de 75/100 R). À quelques pas d'Eastern Beach, ce complexe en faux rondins comprend des dortoirs de 3 à 12 lits et des minibungalows, tous plutôt défraîchis. La terrasse à l'étage et la cuisine commune offrent une belle vue sur l'océan. Les hôtes bénéficient d'une bière gratuite avec leur repas dans le bruyant Buccanners Pub & Grill voisin.

Il n'y a pas de parking, mais un gardien surveille les voitures la nuit.

Garden Court HÔTEL D'AFFAIRES $$

(043-722 7260 ; www.tsogosunhotels.com ; angle John Bailie Rd et Moore St ; ch avec petit-déj 1 049 R ; P). Cet hôtel de chaîne, à côté du Windmill Park, compte 173 chambres et possède un éventail complet d'équipements, dont un bar, un restaurant et un parking sûr.

Faubourgs nord

Si vous devez passer la nuit à East London, choisissez plutôt l'un des nombreux B&B de catégories moyenne et supérieure dans les faubourgs, à quelques kilomètres au nord d'Eastern Beach. Le secteur de John Bailie Rd, qui court vers le nord de l'extrémité est de Moore St, offre un bon choix d'adresses.

John Bailie Guest Lodge GUESTHOUSE **$$**
(☎043-735 1058 ; www.johnbailieguestlodge.co.za ; 9 John Bailie Rd, Bunkers Hill ; s/d/tr à partir de 450/600/750 R ; P ❄). Cette pension tranquille, proche du terrain de golf, propose des chambres confortables avec moquette, dont une "backpacker" avec sdb extérieure, la vue sur l'océan, une piscine et un espace *braai* au cœur d'un jardin soigné. Elle sert le petit-déjeuner et le dîner. Vous paierez moins cher en arrivant à l'improviste.

Où se restaurer

Windmill Roadhouse FAST-FOOD **$**
(Windmill Park, Moore St ; plats 50 R). Un fast-food de style drive-in américain avec un grand écran, où burgers et sandwichs sont apportés à votre voiture ou à des tables de pique-nique en plein air. Le **Windmill Pizza** (Windmill Park, Moore St ; pizzas 45-69 R) adjacent sert des pizzas à emporter ou à consommer sous des néons.

Café Neo MÉDITERRANÉEN **$$**
(Windmill Park, Moore St ; plats 85 R ; wifi). Installé au 1er étage, cet élégant restaurant-bar à cocktails s'agrémente d'un balcon avec vue du parking jusqu'à l'océan. La longue carte couvre une gamme complète, des wraps et des filets de poisson aux steaks et aux desserts alléchants.

Grazia Fine Food & Wine MÉDITERRANÉEN **$$**
(☎043-722 2009 ; www.graziafinefood.co.za ; Upper Esplanade ; plats 100 R). Central et chic, ce restaurant possède de grandes fenêtres avec vue sur la mer ainsi qu'une terrasse. Le propriétaire italien propose une carte sophistiquée aux diverses influences européennes, qui comprend pâtes, pizzas, plats de viande et de poisson. Réservation recommandée.

Depuis/vers East London

AVION

L'**aéroport d'East London** (☎043-706 0306 ; www.airports.co.za; Rte 72) se situe à 10 km au sud-est du centre-ville.

South African Airways (☎043-706 0203 ; www.flysaa.com), **SA Express** (☎0861 729 227 ; www.flyexpress.aero) et **Kulula** (☎0861 585 852 ; www.kulula.com) offrent des vols quotidiens pour Jo'burg (à partir de 900 R avec Kulula, 1 heure 30). SA Express propose également des vols quotidiens pour Le Cap (à partir de 1 800 R, 2 heures) et Durban (à partir de 1 650 R, 1 heure). **Airlink** (☎043-706 0276 ; www.flyairlink.com) dessert en semaine Port Elizabeth (à partir de 1 700 R, 50 minutes).

BUS

Le Baz Bus fait halte au Sugarshack entre Port Elizabeth et Durban.

Toutes les principales lignes de bus desservent la **gare routière** (Windmill Park, Moore St) centrale, près d'Eastern Beach.

Greyhound, Translux, Intercape et City to City offrent des services quotidiens pour Mthatha (300 R, 3 heures), Port Elizabeth (300 R, 4 heures 30), Durban (400 R, 9 heures 30), Le Cap (550 R, 16 heures) et Jo'burg (500 R, 14 heures).

TAXIS COLLECTIFS

Des taxis collectifs partent d'Oxford St et des rues alentour. Au coin de Buffalo St et de College St (près de l'East London Zoo), des taxis longue distance rallient des destinations au nord d'East London, dont Mthatha (85 R, 4 heures). À quelques rues au sud, à l'angle de Caxton St et de Gillwell St, des taxis desservent des destinations locales, dont King William's Town (25 R, 1 heure).

TRAIN

Les mercredis, vendredis et dimanches, **Shosholoza Meyl** offre un train de classe touristique (avec couchettes) depuis/vers Jo'burg (440 R, 20 heures) via Queenstown (140 R, 4 heures 30) et Bloemfontein (280 R, 13 heures). Moins recommandée, la classe économique (sièges uniquement) est aussi disponible sur cette ligne (100/180/270 R pour Queenstown/Bloemfontein/Jo'burg).

Hogsback

1 029 HABITANTS

Village idyllique perché à 1 300 m dans les montagnes de l'Amathole au-dessus d'Alice, Hogsback doit son nom à la forme géologique de ces dernières, nommée "hog's back" (crête isoclinale).

Depuis des années, artistes, poètes, thérapeuthes alternatifs et autres habitants de même sensibilité ont contribué à créer une communauté soucieuse de son environnement, ce qui semble évident parmi ces fabuleux paysages de montagne et de vallées boisées. Le climat du village et l'histoire des colons anglais à la main verte expliquent la présence des superbes jardins maraîchers. Les habitants vous diront que Tolkien, qui vécut à Bloemfontein jusqu'à l'âge de 3 ans, visita Hogsback, origine de ses romans fantastiques. Cela n'est guère vraisemblable, mais il se peut que la région ait inspiré l'écrivain par l'intermédiaire de son fils Christopher, qui s'y rendit alors qu'il stationnait en Afrique du Sud avec la Royal Air Force.

Le plus haut des trois pics s'élève à 1 937 m. Les versants les plus escarpés autour de Hogsback sont couverts d'une superbe forêt pluviale, qui comprend des cladrastes, des sagaies (*assegai*) et des fuchsias. De vastes plantations de pins remplacent par endroits la forêt d'origine.

Le climat est imprévisible et pluvieux, avec des jours brumeux et même de la neige à toute époque de l'année. L'hiver (de juin à août), avec d'occasionnelles chutes de neige, est généralement sec et la température peut descendre jusqu'à -2°C la nuit. Le printemps (de septembre à novembre) apporte le soleil et la floraison, tandis que les jours d'été (de décembre à février) peuvent être très chauds et ensoleillés, avec de courts et violents orages. Les arbres changent de couleur en automne (de mars à mai).

À voir

Ecoshrine JARDIN
(www.ecoshrine.co.za ; 22 Summerton Dr ; adulte/enfant 20 R/gratuit ; 9h-17h mer, ven, sam-dim). Diana Graham, artiste mutimédia connue et farouche défenseur de l'environnement, a créé un jardin de sculptures en ciment dédié aux forces de la nature. Les représentations, qu'elle vous expliquera, illustrent les origines de la terre ainsi que des thèmes écologiques et scientifiques. Accessible du centre du village par la route ou un chemin forestier, la propriété jouit d'une vue superbe quand la brume se dissipe dans la vallée.

Starways Art Centre GALERIE D'ART
(082 953 7840 ; www.starways.org ; Booysens Cres ; sur rdv). GRATUIT Artiste primé, Anton van der Merwe expose des poteries et des peintures dans ce centre d'art communautaire. Le charmant petit théâtre entre les arbres accueille périodiquement des lectures de poésie et des spectacles.

Mirrors Gallery & Crystal Corner JARDIN, GALERIE
(www.kenharvey.smugmug.com ; don à l'entrée ; 10h-17h). Un jardin magique de 180 m² avec un cercle de pierre et labyrinthe, une galerie de photos de paysages de Ken Harvey, le propriétaire, et une boutique de cristaux.

Prayer Trail JARDIN
(Main Rd). Le chemin qui serpente à travers le jardin de la chapelle St Patrick on the Hill invite à la méditation.

Fairy Realm Garden JARDIN
(045-962 1098 ; Main Rd ; adulte/enfant 30/15 R ; 9h30-16h30). Un chemin de 400 m qui passe par des bassins, des cascades et plus de 80 sculptures d'elfes et de fées.

Activités

De beaux itinéraires, à suivre à pied, à vélo ou en voiture, traversent les forêts indigènes et les plantations de pins ; l'office du tourisme dispose d'une carte. Une randonnée recommandée (3-5 heures) part derrière l'auberge de jeunesse Away with the Fairies et passe par un énorme cladrastre vieux de 800 ans, les Swallow Tail Falls, les Bridal Veil Falls et les Madonna & Child Falls avant d'aboutir à Wolfbridge Rd, qui vous ramène au village. Achetez un permis de randonnée (10 R) à l'Away with the Fairies ou à l'office du tourisme.

Correspondant à la tendance alternative de Hogsback, des soins et des massages pour équilibrer l'énergie sont proposés. Renseignez-vous à l'office du tourisme.

Hogsback Adventures SPORTS D'AVENTURE
(Cycle Roots ; 074 721 4885 ; hogsbackadventures.co.za ; 9 Main Rd). En face de l'office du tourisme, ce tour-opérateur offre une randonnée guidée à VTT de 18 km dans la forêt (4 heures, 350 R/pers), plus la location du vélo (demi-journée 200 R), du tir à l'arc et la descente en rappel sur 35 m des Madonna & Child Falls (250 R). Il offre également la visite à vélo ou en voiture des galeries d'art et jardins de Hogsback (50 R par personne et par heure).

Amathole Horse Trails ÉQUITATION
(082 897 7503 ; www.terrakhaya.co.za ; près Plaatjieskraal Rd). Pratiquant l'"équitation naturelle", Shane organise des sorties à cheval pour tous les niveaux. Elles durent de 1 heure 30 (250 R) à 4 jours (3 150 R) avec logement dans une maison xhosa et une ferme laitière.

VAUT LE DÉTOUR

AMATHOLE TRAIL

Amathole Trail (182 R/pers et par nuit, hébergement inclus). Cette randonnée de 120 km (6 jours) débute au barrage Maden, à 23 km au nord de King William's Town, et s'achève à la Tyumie River, près de Hogsback. Elle compte parmi les plus beaux treks en montagne d'Afrique du Sud : un tiers de l'itinéraire traverse des forêts épaisses, de nombreux cours d'eau, avec cascades et bassins propices à la baignade. Il s'agit toutefois d'un parcours difficile, réservé aux marcheurs aguerris et en bonne forme physique. Renseignez-vous sur place avant de vous lancer.

Les randonneurs logent dans des gîtes et peuvent ne parcourir qu'une section du chemin. Les permis s'achètent au **Department of Agriculture, Forestry & Fisheries** (DWAF ; ☎084 308 6890, à King William's Town 043-604 5448 ; www.daff.gov.za ; 2 Hargreaves Ave, King William's Town).

Fêtes et festivals

Des courses le long d'un chemin au festival culturel, des événements ont lieu tout au long de l'année. Consultez le site www.hogsbackinfo.co.za/events.

Spring Festival CULTURE
(www.hogsbackgardens.blogspot.com ; ⏲fin sept-fin oct). Le plus grand événement annuel de Hogsback ouvre au public les jardins amoureusement entretenus ; début octobre, un week-end est consacré aux danses du feu, cercles de percussions, spectacles pour les enfants et réjouissances pour tous.

Où se loger

De nombreux cottages indépendants se nichent dans les forêts autour du village ; les sites www.hogsback.com, www.hogsback.co.za et www.hogsbackinfo.co.za les répertorient.

♥ **Terra-Khaya** AUBERGE DE JEUNESSE, GÎTE RURAL $
(☎082 8977 503 ; www.terrakhaya.co.za ; près de Plaatjieskraal Rd ; dort 70 R, ch sans sdb 285 R, petit-déj compris ; P). Évadez-vous dans cette retraite rurale unique, perchée à 1 350 m sur un versant montagneux. L'esthétique et la philosophie du propriétaire (Shane de l'Amathole Horse Trails, qui chevauche à cru) imprègnent l'endroit : tout est fabriqué en clayonnages, torchis et matériaux recyclés, prises électriques uniquement dans le salon, douches avec chauffe-eau à bois et toilettes sèches.

Si vous souhaitez prolonger votre séjour dans ce gîte tranquille, renseignez-vous sur les possibilités de bénévolat.

Away with the Fairies AUBERGE DE JEUNESSE $
(☎045-962 1031 ; www.awaywiththefairies.co.za ; Ambleside Close ; camping/dort/ch/cottage à partir de 90/145/360/500 R ; P wifi). Cette auberge fantastique, au sommet d'une falaise, bénéficie d'une vue époustouflante. Prenez un bain en plein air dans la baignoire au bord de la falaise ou grimpez 15 m jusqu'à la cabane perchée dans un arbre de la forêt parmi les singes et les perroquets. Les activités comprennent cours de xhosa, pique-niques en forêt, crêpes au lever du soleil, pêche, randonnée, "étreinte des arbres" et ateliers d'écriture.

Le Wizard's Sleeve Bar, pittoresque et convivial, sert des repas, et des pizzas préparées à la commande.

♥ **Edge Mountain Retreat** LODGE $$
(☎045-962 1159 ; www.theedge-hogsback.co.za ; Perry Bar Lane ; s/d avec petit-déj 450/790 R, cottages indépendants 600-1 800 R ; P wifi). Décorés avec goût, les cottages et les chambres jalonnent le bord d'un plateau spectaculaire, qui marquait la frontière entre le bantoustan du Ciskei et l'Afrique du Sud durant l'époque de l'apartheid. Les cottages comportent une grande chambre avec cheminée et TV, une sdb et une cuisine.

L'ambiance calme et détendue est idéale pour se reposer ou pour un week-end romantique.

Granny Mouse House GUESTHOUSE $$
(☎045-962 1259 ; www.grannymousehouse.co.za ; Nutwoods Dr ; s/d à partir de 400/550 R ; P wifi). Une maison de colon en torchis et au toit de chaume, qui date de 1910, et deux cottages indépendants dans un charmant jardin et verger où gambadent des chiens de Rhodésie. Les repas sont proposés, et Ingrid, la sympathique propriétaire, parle allemand.

HORS DES SENTIERS BATTUS

ELUNDINI BACKPACKERS

Elundini Backpackers (☎078 357 3285 ; www.elundinibackpackers.com ; Elundini ; camping/dort 60/120 R, ch/tr/qua sans sdb 290/390/490 R ; P). À environ 15 km au sud de Hogsback, un panneau indique l'Elundini Backpackers, situé à 8 km, dans le village d'Elundini, via la route gravillonnée qui rejoint Seymour. L'auberge offre une immersion totale dans ce village xhosa, niché dans la campagne de l'Amathole. Les hôtes logent dans des *rondavels*, face aux collines boisées. Les sanitaires comportent des douches alimentées à l'eau de pluie et des toilettes sèches. Les repas sont servis dans le salon.

L'originalité de cette auberge xhosa-belge tient aux activités organisées par la communauté locale, telles que randonnées guidées, visites de villages, fabrication de pain ou cours de xhosa. Quelqu'un de l'auberge peut venir vous chercher à Hogsback ou à Alice (50 R). Vous pouvez aussi la rejoindre à pied de Hogsback (4 heures) ou prendre un taxi collectif à Alice (20 R). Elundini est accessible en voiture standard de Hogsback et de Seymour.

Hogsback Inn AUBERGE $$
(☎045-962 1006 ; www.hogsbackinn.co.za ; Wolfridge Rd ; d 620-1 650 R, cottages indépendants 660-880 R ; P). Dans un jardin fleuri, ce lodge campagnard de la fin du XIXe siècle offre des chambres rénovées et une taverne anglaise à l'ancienne.

Où se restaurer

Butterfly's Bistro VÉGÉTARIEN, TRAITEUR $
(Main Rd ; plats 65 R ; ⏲9h-18h mar, mer et dim, 9h-20h jeu-sam ;). Ce restaurant prisé, dans une maison pittoresque à côté de l'office du tourisme, sert des petits-déjeuners, des plats végétariens, des pizzas, des burgers, des wraps et des plats du jour hebdomadaires.

♥ **Tea Thyme** INTERNATIONAL $$
(Perry Bar Lane ; plats 80 R ; ⏲7h30-20h30). Le charmant restaurant de l'Edge Mountain Retreat propose du pain perdu aux baies locales et le meilleur café de Hogsback au petit-déjeuner, des planches de tapas et des pizzas cuites au feu de bois à midi, du filet de porc farci, du merlu poêlé et du jarret d'agneau mijoté au dîner. Il fabrique lui-même son pain et utilise des produits bio locaux. Des chemins mènent aux proches labyrinthe et point de vue.

Achats

Saturday Market MARCHÉ DU SAMEDI
(près de Main Rd ; ⏲9h-12h). S'étirant de l'arrière de l'office du tourisme jusqu'au Butterfly's Bistro, le marché du samedi présente les produits et projets de la communauté locale, notamment artisanat, vêtements, cristaux et démonstration d'agriculture bio.

Renseignements

Un DAB est installé dans le petit supermarché, près de la grand-route ; le village compte une station-service.

Hogsback Information Centre (☎045-962 1245 ; www.hogsback.com ; Main Rd ; ⏲9h-15h lun-sam, 9h-13h dim). Ce centre au personnel serviable peut recommander des hébergements et fournit des cartes pour les randonnées.

Depuis/vers Hogsback

La montée jusqu'à Hogsback sur la Rte 345 (l'embranchement se situe à 4 km à l'est d'Alice) est goudronnée, mais mieux vaut arriver avant la nuit à cause des lacets et du bétail errant. En provenance de Queenstown et du nord, empruntez la Rte 67 en direction de Fort Beaufort et tournez à Seymour en suivant la bonne route gravillonnée jusqu'à Elundini et son auberge de jeunesse ; après 22 km, cette route croise la Rte 345 au sud de Hogsback. N'essayez pas de suivre la piste plus directe depuis/vers Cathcart avec une voiture classique.

Le moyen le plus simple de rejoindre Hogsback sans voiture consiste à prendre la navette de l'Away with the Fairies (p. 212) les mardis, mercredis, vendredis et dimanches. Elle s'arrête au Sugarshack Backpackers d'East London (150 R, 2 heures), au Buccaneers Lodge à Chintsa (180 R, 2 heures 30), à l'aéroport d'East London et à King William's Town.

Des taxis collectifs relient Alice et Hogsback (30 R), avec changement à Auckland.

Le bus City to City fait halte à Alice tous les jours sur le trajet entre East London (140 R, 2 heures) et Pretoria via Queenstown, Bloemfontein et Jo'burg.

Wild Coast

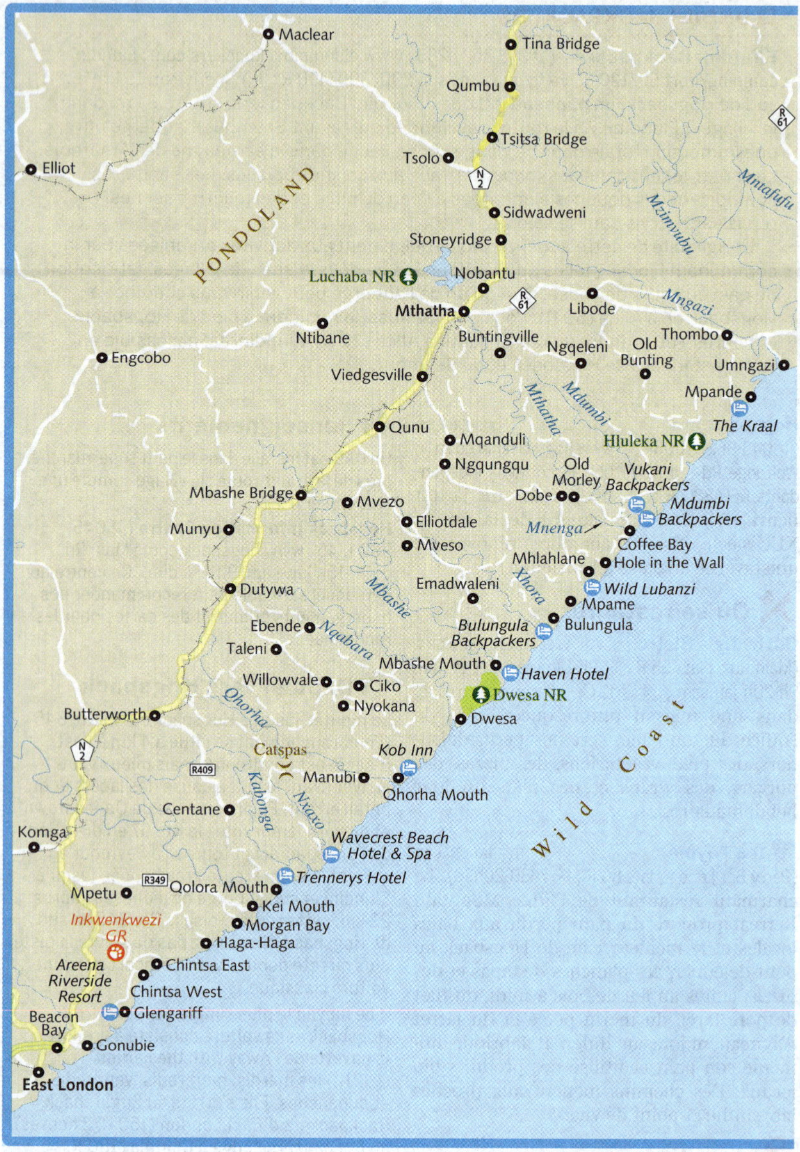

WILD COAST

Cette côte parsemée d'épaves, tout aussi belle que le reste du littoral sud-africain, s'étend sur plus de 350 km de l'est d'East London jusqu'à Port Edward. Souvent appelée le "Transkei" (du nom du bantoustan qui couvrait la majeure partie du secteur sous l'apartheid), la région de la "côte sauvage" s'étire aussi dans l'arrière-pays, où des groupes de *rondavels* émaillent les collines herbeuses.

Les Xhosa de la région sont particulièrement accueillants et vous serez sans doute invité dans une maison ou, tout au moins, dans un *shebeen*. Au sud de la Mbashe River vit la tribu Gcaleka et, au nord, les Mpondomise. Dans cette contrée d'estuaires lointains et d'auberges de jeunesse aux allures de village xhosa, de nombreuses activités de plein air et excursions culturelles sont proposées. Les oiseaux abondent, surtout dans les parcs. Vous pourrez acheter aux pêcheurs des aloses, courbines, spares broyeuses, langoustes, huîtres et sardines, ou tenter votre chance avec une canne à pêche.

Oubliez quelque temps voiture ou bus pour emprunter les chemins qui relient les villages côtiers. Certains itinéraires sont ponctués d'hôtels et offrent des porteurs, d'autres donnent l'occasion de dormir chez l'habitant. Choisissez de préférence un lodge à l'écart de la route – Bulungula, Mdumbi, Wild Lubanzi, Kraal ou Mtentu – et passez-y plusieurs jours. Port St Johns et Coffee Bay constituent de bonnes bases pour explorer le secteur, tandis que Chintsa et Morgan Bay permettent de rejoindre facilement la N2.

Circuits organisés

Même si les circuits organisés ne vous enchantent guère, faites une exception pour les tour-opérateurs suivants, qui vous aideront à comprendre la riche et complexe culture des Xhosa et des Mpondo de la Wild Coast. Consultez www.wildcoastbookings.com pour réserver des hébergements sur la côte.

African Heartland Journeys CIRCUITS D'AVENTURE

(☎à Chintsa 043-738 5523 ; www.ahj.co.za ; Chintsa West). Affilié au Buccaneers Lodge, ce tour-opérateur réputé propose des circuits qui s'aventurent dans des coins perdus de la Wild Coast, avec trajets à pied, en canoë, en 4x4 et à VTT, et des hébergements qui varient des hôtels aux villages. Il possède en outre une école de surf, et offre des possibilités de bénévolat de 2 à 12 semaines auprès de Volunteer Africa 32° South (www.volunteerafrica.co.za) et de Friends of Chintsa (www.friendsofchintsa.org).

Wild Coast Holiday Reservations CIRCUITS À PIED

(☎à East London 043-743 6181 ; www.wildcoastholidays.co.za). Organise 5 randonnées de plusieurs jours le long de la côte, avec logement dans les beaux complexes hôteliers et hôtels de la région, dont le classique Wild Coast Meander de 6 jours depuis le Kob Inn jusqu'au Morgan Bay Hotel. Des guides locaux accompagnent les randonnées. L'agence réserve également hébergements et transferts.

WESSA Wild Walk CIRCUITS À PIED
(☎ à Chintsa 043-738 5523 ; www.wessa.org.za). Cette longue randonnée a lieu chaque année en novembre et relie Port Edward et Bulungula ; elle fait découvrir le fragile écosystème côtier protégé par la WESSA (Wildlife and Environment Society of South Africa). Des groupes d'au moins 2 personnes peuvent parcourir des sections de 2, 5 ou 7 jours.

Chintsa

1 803 HABITANTS

À moins d'une heure de voiture au nord d'East London, Chintsa semble à mille lieues de la grande ville. La bourgade se compose de deux villages – Chintsa East et Chintsa West, de chaque côté de l'embouchure de la Chintsa – bordés par une splendide plage de sable blanc propice à la baignade. L'endroit est merveilleux pour une étape de quelques jours (ou semaines) le long de cette partie de la côte.

À voir et à faire

Le Buccaneers (p. 216) propose de multiples activités, dont un **circuit township et brasserie** (375 R/pers) avec visite de la maison de Mama Tofu, la doyenne des guides du pays, dans le village de Ngxingxolo, des **promenades à cheval** (350 R), des **cours de surf** (205 R), des sorties à **VTT** (220 R) et la visite de l'école primaire en partie financée par la fondation de l'auberge.

Emerald Vale BRASSERIE
(☎ 073 078 9688 ; www.emeraldvalebrewery.co.za ; Chintsa East ; 60 R ; ⏲ visites sur rdv 12h et 16h lun-sam). Dans l'ancienne grange d'une ferme en activité, cette brasserie offre une visite de 30 minutes avec dégustation de 4 bières et un thé glacé. Le **bar-restaurant** (plats 65 R) sert burgers, *jalapeño poppers* (piments farcis, panés et frits) et autres plats pour accompagner la bière.

Inkwenkwezi Game Reserve RÉSERVE ANIMALIÈRE
(☎ 043-734 3234 ; www.inkwenkwezi.com ; s/d en camp de toile avec repas et activités à partir de 1 800/2 200 R). Entre les embranchements vers Chintsa East et Chintsa West, cette réserve privée abrite les Big Five (les éléphants et les lions sont dans des secteurs séparés) et compte 5 biomes. Outre des safaris en voiture pour observer la faune (à partir de 695 R/pers), la réserve organise des excursions guidées à pied, à VTT et en canoë.

Où se loger

Chintsa dispose d'excellents hébergements pour tous les budgets, ce qui en fait une bonne alternative à East London.

♥ **Buccaneers Lodge** AUBERGE DE JEUNESSE $
(☎ 043-734 3012 ; www.cintsa.com ; Chintsa West ; camping/dort/ch à partir de 100/142/546 R ; P @ ☰ ≋). Le "Buccs" est une sorte de complexe hôtelier tout compris pour routards, amateurs de plage et voyageurs intéressés par la culture xhosa. Les hébergements couvrent le spectre entre des dortoirs confortables de 4 à 12 lits, les tentes de safari, les cottages équipés et les suites avec terrasse face à la mer.

D'innombrables activités, excursions et circuits culturels sont proposés, tandis que les distractions sur place comprennent l'utilisation gratuite de canoës et de *boogie boards*, le vin et le petit-déjeuner dominical offerts, beach-volley, yoga et spa. Les repas sont servis dans la charmante salle à manger éclairée aux bougies et sur la terrasse.

Areena Riverside Resort RESORT $$
(☎ 043-734 3055 www.areenaresort.com ; Glengariff ; camping/s/d/qua à partir de 145/385/650/795 R ; P ≋). Jouxtant la rive arborée de la Kwelera River, ce complexe hôtelier comprend des *rondavels* équipés, des chalets en bois, des cottages à toit de chaume, des emplacements de tente et de caravane en bord de rivière, ainsi qu'une réserve animalière de 3,5 km². Un court de tennis et un bar-restaurant (plats 70 R, ouvert mer-sam) font partie des prestations. Descentes en rappel, tyroliennes, kayak de mer et croisières fluviales sont proposés.

Crawfords Beach Lodge RESORT $$$
(☎ 043-738 5000 ; www.crawfordsbeachlodge.co.za ; Chintsa East ; s/d demi-pension à partir de 920/1 540 R ; P ❄ ☰ ≋). Un vaste complexe avec de jolis cottages blancs coiffés de chaume qui abritent des chambres joliment aménagées. Un bar-restaurant borde la piscine et offre une vue splendide sur la mer. Spa et courts de tennis à disposition, et accès facile à la plage.

ⓘ ÉQUIPÉE SAUVAGE SUR LA WILD COAST

L'accès à la côte depuis la N2 (qui relie East London au KwaZulu-Natal via Mthatha) est restreint en raison du terrain accidenté. Explorer la région oblige à emprunter des routes plus ou moins défoncées. Même les routes goudronnées, comme celle entre Coffee Bay et la N2, doivent être abordées avec prudence. Mieux vaut rouler lentement pour éviter les nids-de-poule, parfois difficiles à repérer.

Ne conduisez pas la nuit. Sachez que nombre de routes ne figurent pas sur les cartes et que les panneaux indicateurs sont rares et très espacés. Faites attention aux gens et aux animaux qui se déplacent au milieu de la chaussée.

Que vous circuliez en voiture ou en transports publics, réservez votre hébergement. Malgré leur isolement, les hôtels, lodges et auberges de jeunesse de la Wild Coast se remplissent rapidement. Un appel téléphonique vous épargnera un long trajet pour regagner la N2 en quête d'une solution de remplacement. Même si vous avez réservé, appelez pour prévenir de votre arrivée.

Nombre des routes gravillonnées peuvent se parcourir avec une voiture standard, à condition d'être bon conducteur. Le réseau routier s'améliore lentement, grâce au goudronnage et à la restauration des routes. Toutefois, les routes non asphaltées deviennent souvent impraticables après la pluie. Là encore, appelez ou renseignez-vous sur l'état des routes.

Prévoyez des temps de trajet bien plus longs qu'ailleurs dans le pays, même sur les routes asphaltées. Ceci s'applique également aux voyageurs qui empruntent des taxis collectifs, qui ne partent qu'une fois pleins et marquent de multiples arrêts.

Prana Lodge RESORT $$$

(☎043-704 5100 ; www.pranalodge.co.za ; Chintsa East ; s 2 100-2 500 R, d 3 300-3 900 R, petit-déj compris ; P❄@📶🏊). Combinant la somptuosité européenne d'antan et la sérénité des complexes hôteliers d'Asie du Sud-Est, le Prana offre le summum du confort. Les 7 suites disposent de grands lits et d'une vaste douche extérieure, et pour la plupart d'une piscine privée et d'un jardin fermé.

La propriété, cachée dans une forêt dunaire à courte distance de la plage, comprend un restaurant et un bar en plein air, une bibliothèque et un spa luxueux (soins 550-2 200 R), ouvert aux non-résidents. Demi-pension et pension complète possibles.

Où se restaurer

Chintsation SUD-AFRICAIN $

(Adelsicht Farm ; plats 60 R ; ⏲9h-16h ; 🖉). Près de la N2 en direction de Chintsa East, ce stand de produits fermiers, café et boutique d'artisanat sert tourtes, burgers, salades et assiettes composées maison, et offre la vue sur son jardin potager et sur le barrage.

Barefoot Café PUB $

(Chintsa East ; plats 65 R ; ⏲12h-tard lun et mer-ven, à partir de 10h sam-dim). Centre de la vie nocturne de Chintsa, ce bar-restaurant détendu accueille bénévoles étrangers, routards et habitants. Sur la carte figurent brochettes de blesbok (damalisque ; une espèce d'antilope), poulet au pili-pili, pizzas et poisson pané à la bière. La cuisine ferme à 20h30.

ⓘ Renseignements

Chintsa East compte une épicerie, un magasin de spiritueux, un DAB et une station-service.

ⓘ Depuis/vers Chintsa

Le Baz Bus s'arrête au Buccaneers sur son trajet entre Port Elizabeth et Durban. Dans cette partie de la Wild Coast, nombre d'hébergements organisent le transfert depuis East London sur demande préalable.

En voiture, suivez le panneau marron indiquant Chintsa sur la N2, à quelque 30 km au nord d'East London. Chintsa East et West sont à 15 km de l'embranchement.

Morgan Bay et Kei Mouth

612 HABITANTS

Accessible de la N2 par la Rte 349 goudronnée, Morgan Bay est un endroit tranquille, plaisant pour le surf et le farniente sur la plage. Quelques kilomètres plus loin, l'asphalte prend fin dans le village plutôt délabré de Kei Mouth, où prendre le **bac** (piéton/voiture 0,50/70 R ; ⏲7h-17h30) qui

VAUT LE DÉTOUR

STRANDLOPER TRAIL ET SUNDOWNER TRAIL

Strandloper Trail (☎043-841 1046 ; www.strandlopertrails.org.za ; 500 R/pers). Long de 57 km, le Strandloper Hiking Trail relie en 4 jours de marche Key Mouth à Gonubie, aux abords d'East London. L'tinéraire doit son nom aux Strandlopers ("marcheurs de plage"), une tribu khoïsan qui vivait sur la côte et disparut après l'arrivée des colons blancs. Assez facile, cette randonnée demande une bonne forme physique.

Les randonneurs passent les nuits dans des bungalows et à l'Haga-Haga Hotel ; l'hégergement est inclus dans le prix de la randonnée. Il existe aussi une formule de 2 nuits (180 R). Les bénéfices servent à promouvoir l'écologie auprès des enfants de la région.

Sundowner Trail (☎043-841 1046 ; www.strandlopertrails.org.za ; 6 300 R/pers). Pour ceux qui souhaitent un peu de luxe après des journées de marche, le Sundowner Trail (5 jours) part du Trennerys Hotel et rejoint Chintsa East. L'option de 6 jours conduit du Kob Inn à Morgan Bay. Tous les repas et transferts sont compris.

traverse la Great Kei River donne l'impression de rejoindre la Wild Coast proprement dite. La rivière était autrefois la frontière sud du bantoustan xhosa du Transkei.

Yellowwood Forest CAMPING $
(☎043-841 1598 ; www.yellowwoodforest.co.za ; Morgan Bay ; camping 115 R, ch à partir de 300 R ; P). Ce camping paisible en bord de rivière, entouré d'une forêt indigène et fréquenté par des touracos et des calaos, se situe à 1 km de la plage de Morgan Bay. Il dispose de chambres mansardées et de bungalows, d'une boutique d'artisanat et d'un charmant *tea garden* où se régaler de pizzas cuites au feu de bois.

Morgan Bay Hotel HÔTEL $$
(☎043-841 1062 ; www.morganbayhotel.com ; Beach Rd, Morgan Bay ; s/d demi-pension à partir de 930/1 430 R, camping 210 R ; P). Clair et spacieux, le Morgan Bay Hotel surplombe la plage. Son bar-restaurant (plats 50 R), agrémenté d'une belle terrasse, propose des plats de poisson et une cuisine de pub.

Dwesa Nature Reserve

L'une des réserves les plus belles et les plus reculées d'Afrique du Sud, la **Dwesa Nature Reserve** (☎043-705 4400 ; www.visiteasterncape.co.za ; adulte/enfant 20/10 R ; 6h-18h) comprend des forêts luxuriantes, des rivières sinueuses, des herbages et une côte déchiquetée, que sillonnent des chemins de randonnée. Elle abrite des buffles, des zèbres, des antilopes, des phacochères et des crocodiles, ainsi que quelque 290 espèces d'oiseaux répertoriées, dont le rare trogon narina et le martin-chasseur des mangroves. La communauté locale propose diverses activités, telles que randonnées guidées et promenades en bateau sur la Mbashe.

Des chalets indépendants (1/2 chambres 300/600 R) et un camping (220 R) sont installés près de la plage, desservis par une route gravillonnée de 47 km à partir de Willowvale. Vous aurez besoin d'un véhicule à haute garde pour l'emprunter.

Haven Hotel HÔTEL $$
(☎047-576 8904 ; www.havenhotel.co.za ; Mbashe Mouth ; s/d demi-pension à partir de 445/890 R ; P). Cet hôtel rustique constitue une bonne base pour explorer la réserve, que vous choisissiez la randonnée dans la forêt, le canoë sur la Mbashe ou les promenades à cheval le long de la plage. L'hébergement se compose de cottages et de *rondavels*.

Coffee Bay

258 HABITANTS

Une superbe plage longue de 1 km et l'accès facile au spectaculaire paysage alentour font de ce village, autrefois isolé, une étape quasi obligée sur la Wild Coast pour les routards et les hippies sud-africains. Le doute perdure sur l'origine du nom de Coffee Bay ; selon une théorie, un bateau s'y serait échoué en 1863, déversant sa cargaison de café sur la plage. Le village est aujourd'hui quelconque et négligé, avec quelques habitants qui rôdent autour du secteur des auberges de jeunesse dans l'espoir de vendre de la *dagga* (marijuana), des souvenirs et des excursions.

LES XHOSA

Voyager le long de la Wild Coast constitue un excellent moyen de découvrir la culture xhosa. L'appellation “peuple rouge” fait référence aux vêtements rouges et aux peintures faciales d'argile rouge que portent certains Xhosa adultes.

Les costumes, les couleurs et les bijoux en perles diffèrent selon les sous-groupes. Ainsi, les Tembu et les Bomvana préfèrent l'ocre rouge ou orange pour teindre leurs vêtements, tandis que les Pondo et les Mpondomise utilisent le bleu ciel. L'*isi-danga*, un long collier de turquoises qui indique la lignée, est encore porté aujourd'hui.

La croyance en la sorcellerie reste forte, et sorciers et sorcières encourent le risque d'être brûlés. La sorcellerie est considérée comme un mal, et la possession par des esprits malfaisants inspire la terreur. L'*igqirha* (guérisseur spirituel) occupe une place importante dans la société traditionnelle ; il peut affronter les forces de la nature et les problèmes causés par les sorciers. L'*ixhwele* (herboriste) guérit par les plantes et ne pratique qu'accessoirement la magie. Ces deux guérisseurs sont souvent appelés *sangoma*, un terme zoulou.

Nombre de Xhosa ont subi pendant leur enfance l'amputation de la dernière phalange de l'auriculaire gauche, afin de conjurer le mauvais sort. Les rituels de la puberté et du mariage ont un rôle central. Les garçons ne doivent pas être vus des femmes pendant les trois mois d'initiation qui suivent la circoncision, à l'âge de 18 ans ; ils doivent alors se couvrir d'argile blanche ou revêtir un costume élaboré, composé de feuilles de palmier séchées.

Lors du rituel féminin de la puberté, les filles doivent rester dans une case sombre, tandis que leurs amies parcourent les environs en chantant pour obtenir des cadeaux. Les jeunes filles célibataires portent des jupes courtes, qu'elles rallongent lorsque leur mariage approche. Les femmes mariées revêtent de longues jupes et se couvrent la poitrine. Elles s'enduisent souvent le visage d'argile blanche, portent sur la tête une sorte de grand turban et fument des pipes à long tuyau. La longueur de la pipe indique le statut de la femme dans le clan.

La plupart des villages se composent de *rondavels*, souvent peints en bleu turquoise et regroupés autour de l'enclos à bétail (*kraal*). Les toits de chaume sont généralement surmontés d'un vieux pneu, rempli de terre pour le stabiliser. Des cactus ou des morceaux de verre sont parfois fichés dans la terre : les objets pointus dissuaderaient les oiseaux de mauvais augure, comme les chouettes, de se poser. À la mort de son propriétaire, la case est laissée à l'abandon.

Les activités telles que randonnées guidées, équitation, visites culturelles et sorties de surf sont organisées par les divers hébergements.

Où se loger et se restaurer

La plupart des hôtels et des restaurants se regroupent dans le centre du village, où une épicerie vend des produits de base.

White Clay BUNGALOWS $
(083 979 4499 ; www.whiteclayresort.co.za ; camping/s/d/qua 100/275/450/780 R ; P wifi). Autour du cap en direction du Hole in the Wall, ces chalets indépendants s'étagent à flanc de colline au-dessus du simple **restaurant de poisson** (plats 65-90 R, 11h-19h) du White Clay, qui surplombe une plage de galets.

Sugarloaf Backpackers Lodge AUBERGE DE JEUNESSE $
(047-575 2175 ; www.sugarloafbackpackers.com ; dort/ch à partir de 120/400 R, ch sans sdb 350 R ; P wifi). Dans l'artère principale, cette auberge détendue et relativement bien tenue dispose d'un choix complet d'hébergements et d'endroits où paresser dans la propriété verdoyante qui surplombe la rivière. Des tentes de safari (s/d 200/300 R) sur des plateformes dominent la Mnenga et la plage, à courte distance à pied ou à la nage.

Coffee Shack AUBERGE DE JEUNESSE $
(047-575 2048 ; www.coffeeshack.co.za ; camping/dort/ch/qua 75/120/380/640 R, ch sans sdb 320 R ; P wifi). En bord de plage et toujours prisé des surfeurs et des fêtards, le

Coffee Shack est un vaste complexe, peint de couleurs vives qui dissimulent son côté un peu institutionnel. Les *rondavels* de l'autre côté de la rivière offrent plus d'intimité et le camping à l'arrière bénéficie de la vue sur l'océan.

L'animation se concentre dans le bar de plage et le jardin. Cours de surf et randonnées guidées font partie des nombreuses activités proposées.

Bomvu Paradise AUBERGE DE JEUNESSE $
(☎047-575 2073 ; camping/dort/ch/qua 60/100/300/600 R, ch sans sdb 250 R ; P). Mêlant ambiance festive et esprit alternatif, le Bomvu occupe une grande propriété dans une parcelle de forêt fluviale ; parmi les nombreux petits bâtiments, les bungalows doubles avec sdb constituent un bon choix en termes de confort et d'intimité. Au restaurant joliment décoré, qui ressemble à une *rondavel* xhosa, s'ajoutent un jardin de permaculture et un amphithéâtre naturel, qui accueille les fêtes.

Équitation, cours de surf, circuits culturels, ateliers de yoga et concerts de percussions du groupe maison ôtent toute perspective d'ennui.

Jah Drums AUBERGE DE JEUNESSE $
(☎081 297 0698 ; tente 120 R/pers). Quinze tentes de safari et un dortoir de 6 lits (120 R), cours de fabrication de tambour, jam-sessions et personnel très détendu dans le bar.

Ocean View Hotel HÔTEL $$
(☎047-575 2005 ; www.oceanview.co.za ; s/d demi-pension à partir de 859/1 518 R ; P). Au bout de la plage principale, cet hôtel établi depuis 45 ans combine à merveille charme à l'ancienne et éléments modernes : copieux buffets aux repas, joli bar de plage coiffé de chaume, et chambres de style chalet avec patio privé donnant sur la mer ou le jardin. Parmi les activités figurent randonnées guidées, promenades à cheval et excursions culturelles.

Papazela's PIZZERIA $
(pizzas 75 R ; 16h-21h mar-sam). Cette gargote populaire sert des pizzas cuites au feu de bois aux noms farfelus, à manger avec les mains en admirant la vue sur la plage.

Depuis/vers Coffee Bay

De la N2 à Viedgesville, une route goudronnée rejoint Coffee Bay. Les navettes des auberges (70 R) viennent à la rencontre du Baz Bus au garage Shell Ultra City, à 4 km au sud de Mthatha. Des taxis collectifs partent également de Mthatha (25 R, 1 heure).

Environs de Coffee Bay

Les alentours de Coffee Bay offrent des **randonnées** spectaculaires ; l'une des plus belles et des plus populaires rejoint le **Hole in the Wall**, une formation rocheuse proche du rivage avec une grande arche photogénique, creusée par les vagues. Une route gravillonnée y conduit également de Coffee Bay (environ 9 km). Lors de nos recherches, la route était praticable en voiture standard jusqu'au site, après quoi elle se détériorait.

Si la marche de 3 heures jusqu'au Hole in the Wall peut s'effectuer sans guide (mais pas seul), il est plus sûr d'en engager un, ne serait-ce que pour revenir en voiture à Coffee Bay. Le Coffee Shack et le Bomvu Paradise facturent environ 80 R par personne pour le guide et le transport au retour.

Plus au sud, Wild Lubanzi (p. 224) est accessible en une journée. Des randonnées guidées à **Bulungula** (2 jours) et, au nord, à **Port St Johns** (5 jours) via les réserves naturelles de Hluleka et Silaka sont également possibles ; comptez environ 250 R par personne et par jour (traversées de rivière comprises), plus l'hébergement et les repas. En chemin, vous passerez généralement la nuit dans de confortables gîtes et *rondavels* xhosa dans les villages (habituellement 250 R avec dîner et petit-déj). Les auberges de jeunesse locales ou Wild Coast Hikes (p. 227) procurent des guides.

Les plus téméraires peuvent sauter dans l'océan des rochers qui surplombent les **Mapuzi Caves**, des grottes à 7 km au nord de Coffee Bay, et les **falaises** verdoyantes sont idéales pour regarder le coucher du soleil. Les guides vous y emmèneront pour 80 R par personne, retour en transport compris. Si vous y allez sans guide, renseignez-vous sur l'heure de la marée haute pour ne pas être piégé.

Où se loger

Bulungula Lodge AUBERGE DE JEUNESSE $
(☎047-577 8900 ; www.bulungula.com ; Bulungula ; camping/dort 85/160 R, ch/tr sans sdb 395/515 R ; P @). Le Bulungula est une auberge légendaire de la Wild Coast en raison de son superbe emplacement, de ses activités liées à la communauté locale et de

HÉBERGEMENTS SUR LA WILD COAST : DE KEI MOUTH À LA DWESA NATURE RESERVE

Le long de la côte entre Kei Mouth et Dwesa, quelques hébergements attirent des familles sud-africaines et des pêcheurs à la ligne. Ils proposent de nombreuses activités, une cuisine maison, ainsi que des *braais* et des festins de poisson le week-end. Les prix montent en flèche à Noël et à Pâques, quand il devient difficile de trouver une chambre. Les hôtels sont agréablement calmes hors saison (surtout en semaine) et offrent des promotions.

Si les habitants se déplacent en taxis collectifs, mieux vaut disposer d'une voiture pour explorer la région. Les hôtels organisent les transferts sur demande préalable. Les rejoindre implique généralement un long trajet sur des routes gravillonnées, habituellement praticables en voiture standard.

Wavecrest Beach Hotel & Spa (047-498 0022 ; www.wavecrest.co.za ; s/d pension complète et activités 905/1 390 R ; P). Cet hôtel chic surplombe un magnifique écosystème côtier, où deux rivières confluent dans un même estuaire et où la forêt dunaire rencontre les mangroves les plus méridionales de la planète. Vous pourrez apercevoir dauphins et baleines de la terrasse en bois, observer les oiseaux ou pêcher à la ligne. Les hôtes logent dans de confortables *rondavels* et les nombreuses activités comprennent croisières et canoë sur la lagune, randonnées et visites culturelles.

Kob Inn (047-499 0011 ; www.kobinn.co.za ; Qhorha Mouth ; pension complète à partir de 830 R/pers ; P). À l'embouchure de la Qhorha River, ce complexe hôtelier possède des bungalows coiffés de chaume, parfaits pour les familles. Pêche, VTT, randonnée, équitation et tennis figurent parmi les activités ; des baby-sitters sont à disposition.

Trennerys Hotel (047-498 0095 ; www.trennerys.co.za ; Qolora Mouth ; s/d demi-pension 690/1 380 R, camping 80 R ; P). Un peu délabré mais toujours confortable, le Trennerys propose de grands bungalows à toit de chaume avec terrasse privée face à la mer et un bar-restaurant (plats 60 R) au bord de la piscine. Il offre de nombreuses activités telles que canoë sur la lagune, croisières au crépuscule, randonnées et pêche. Il se situe à 16 km de Kei Mouth après la traversée en bac.

son souci de l'environnement. Elle appartient entièrement aux villageois xhosa (son fondateur, Dave Martin, a cédé sa part en 2015), qui organisent promenades à cheval, randonnées, sorties en canoë, observation des étoiles, visites culturelles et crêpes sur la plage au lever du soleil. Des *rondavels* de style xhosa, peints de motifs originaux, composent l'hébergement. Les sanitaires comprennent des toilettes sèches et des douches chauffées à la paraffine.

Tous les repas sont inclus ; si vous préférez les préparer vous-même, apportez des provisions car il n'y a pas grand-chose à proximité. Des percussions animent la réception et le salon aux allures de containers. Vous trouverez la tranquillité autour du feu de camp. Bref, l'atmosphère générale incite à prolonger son séjour.

Bulungula se situe à environ 2 heures de Coffee Bay via une route gravillonnée praticable en voiture standard. Si vous conduisez, consultez le site Internet, téléphonez ou demandez une carte dans une auberge de jeunesse de Coffee Bay. Des navettes partent de Coffee Bay (60 R) et de Mthatha (90 R) et doivent se réserver à l'avance. Vous pouvez aussi prendre un taxi collectif.

♥ Mdumbi Backpackers AUBERGE DE JEUNESSE $
(083 461 1834 ; www.mdumbi.co.za ; Mdumbi ; camping/dort 70/140 R, ch sans sdb 300 R ; P). À 23 km au nord de Coffee Bay (la route gravillonnée est normalement praticable en voiture classique), cette merveilleuse retraite rurale se niche dans les collines au-dessus d'une large plage de sable blanc. Des *rondavels* simplement meublés partagent la propriété avec un jardin d'enfants, une ancienne chapelle et un café.

Les activités nautiques – avec d'excellents spots de surf – et de plein air ne manquent pas, de même que les occasions

PAUL KENNEDY / GETTY IMAGES ©

1. Jeffrey's Bay (p. 185)
Parmi les meilleurs spots de surf de la planète, "J-Bay" se prête également à la planche à voile, à l'observation des baleines et au *sandboard*.

2. Owl House (p. 236)
L'artiste Helen Martins a transformé sa maison de Nieu Bethesda en une œuvre d'art insolite et colorée.

3. Femme xhosa
Les vêtements et les bijoux en perles indiquent les sous-groupes xhosa (p. 219).

4. Vallée de la Désolation (p. 235)
Cette région remplie de colonnes de dolérite est le site phare du Camdeboo National Park.

SHAEN ADEY / GETTY IMAGES ©

de rencontrer des Xhosa dans un cadre authentique. Les bénévoles qui souhaitent rester plus longtemps peuvent participer à divers projets communautaires entrepris par **Transcape** (www.transcape.org), une association à but non lucratif associée au Mdumbi. Réservez la veille la navette qui part de Coffee Bay (50 R). Sinon, vous pouvez prendre un taxi à Mthatha (60 R) et changer à Ngqeleni, un trajet qui dure une journée.

Wild Lubanzi AUBERGE DE JEUNESSE $

(078 530 8997 ; www.lubanzi.co.za ; Lubanzi ; dort/ch à partir de 120/390 R, ch sans sdb 320 R ; P). Appartenant en partie à la communauté locale, le Wild Lubanzi met l'accent sur un mode de vie durable et des soirées conviviales autour de la longue table du salon cosy. Il compte 2 dortoirs avec sdb, l'un avec une mansarde desservie par un escalier en bois flotté et 3 doubles charmantes, dont une avec une douche à ciel ouvert.

La terrasse sur le toit surplombe une portion de côte sauvage, propice au surf, à la détente et aux randonnées (le Hole in the Wall est à 1 heure 30 de marche et le Bulungula à 5 heures). Si vous ne voulez pas emprunter la route gravillonnée cahoteuse, une navette est disponible au bout de la route goudronnée (20 R/pers, plus 15 R/nuit pour le parking sûr).

Hole in the Wall Hotel HÔTEL, AUBERGE DE JEUNESSE $$

(0871 506 095 ; www.holeinthewall.co.za ; Hole in the Wall ; camping/dort 60/100 R, ch 250-640 R ; P). Cet hôtel clôturé possède des chalets et cottages indépendants, un peu défraîchis. Les chambres et dortoirs avec sdb de l'auberge présentent un bon rapport qualité/prix et donnent accès aux équipements de l'hôtel, dont un terrain de volley, un spa et deux bars (billard et sports).

Si le restaurant n'a rien d'extraordinaire, on apprécie sa cuisine après une longue marche depuis Coffee Bay ou le Wild Lubanzi.

Qunu

Nelson Mandela Museum MUSÉE, MÉMORIAL

(047-538 0217 ; www.mandelamuseum.org.za ; don à l'entrée ; 9h-16h). En bord de route, le village de Qunu a vu grandir dans les années 1920 un certain Nelson Rolihlahla Mandela. Si la région n'a pas encore tiré pleinement parti de ce fils illustre, le musée mérite une halte afin d'en apprendre plus sur son enfance et ses réalisations, retracées dans deux salles à l'aide de panneaux explicatifs. Il contient également les vestiges de l'école primaire où un professeur donna au futur président sud-africain son prénom chrétien.

Des guides proposent des visites gratuites ; ils vous montreront les endroits du veld où, il y a près d'un siècle, le jeune Mandela gardait le bétail et nageait dans la rivière. Vous verrez aussi au loin son lieu de sépulture et son lieu de naissance dans le village voisin de Mvezo ; ces endroits devraient ouvrir au public dans les prochaines années, ainsi qu'un musée dans le Bhunga Building à Mthatha. Téléphonez au préalable au Nelson Mandela Museum pour organiser la visite guidée du secteur.

Le complexe comporte des chambres avec TV défraîchies mais confortables (137,50 R/pers) et une cuisine équipée.

Le musée est indiqué sur la N2 à 30 km de Mthatha (puis à 500 m à travers le village). Les taxis collectifs qui circulent le long de la N2 peuvent vous déposer à l'embranchement.

Mthatha

96 114 HABITANTS

Affairée et embouteillée, Mthatha (anciennement Umtata) est une ville en pleine croissance, chaotique et bruyante. Quelques élégants bâtiments historiques subsistent parmi les immeubles modernes. Des vendeurs de *muti* (remèdes de médecine traditionnelle) s'installent devant des cabinets de médecins occidentaux, et des paysans se mêlent aux citadins dans ce creuset culturel.

La ville fut fondée en 1882, quand des Européens s'installèrent au bord de la rivière Mthatha à la demande des Thembu, pour les protéger des raids des Pondo. Durant l'apartheid, elle devint la capitale du Transkei, le plus grand des bantoustans, et demeure aujourd'hui un centre régional.

La plupart des voyageurs traversent la ville ou s'y arrêtent brièvement, qu'ils suivent la N2 ou qu'ils prennent une navette pour Coffee Bay ou Port St Johns. Mthatha constitue aussi une étape ou une base pratique pour visiter le Nelson Mandela Museum dans le village voisin de Qunu.

Où se loger et se restaurer

La plupart des hôtels visent une clientèle d'affaires et rien n'incite à passer la nuit sur place. La galerie marchande **Savoy Centre** et le garage **Shell Ultra City**, tous deux sur la N2 du côté Qunu de la ville, abritent des restaurants de chaîne et des boutiques.

Mthatha Backpackers AUBERGE DE JEUNESSE $
(☎047-531 3654 ; www.mthathabackpackers.co.za ; 12 Aloe St, près Sisson Rd ; dort/ch 150/350 R ; P). Cette auberge en banlieue possède des chambres et des petits dortoirs dans la maison, ainsi que des bungalows en bois. Le propriétaire, Angus, connaît bien la ville et vous aidera à réserver des billets de bus, à prendre des taxis collectifs, etc. Il offre le transfert gratuit du Shell Ultra City, le transport jusqu'à Coffee Bay et des excursions d'une journée à des endroits comme des cascades et Qunu.

Ebony Lodge GUESTHOUSE $$
(☎047-531 3933 ; ebonylodge@telkomsa.net ; 22 Park Rd ; s/d avec petit-déj 700/775 R ; P). Cette demeure du début du XXe siècle, dans un jardin verdoyant, propose des chambres élégantes à la décoration africaine. Le **restaurant** (plats 100 R ; 7h-21h30 lun-ven, 7h-9h30 sam-dim), l'un des meilleurs de Mthatha, sert une tourte au fromage frais, une marmite de fruits de mer thaïlandaise et les habituels steaks, salades et wraps.

La Piazza INTERNATIONAL $$
(Delville Rd ; plats 95 R ; 10h-22h lun-ven, 12h-22h sam). Dans un *lapa* (paillote semi-ouverte) à toit de chaume, avec vue sur le terrain de golf et la ville, le restaurant du Mthatha Country Club offre une carte variée qui comprend pizzas, pâtes, poisson et plats du jour.

Renseignements

Le Savoy Centre et Shell Ultra City abritent des DAB et des boutiques. Évitez d'utiliser les DAB du second, qui ont déjà été piratés.

Depuis/vers Mthatha

La N2 et la Rte 61 (vers Port St Johns) se croisent dans le centre-ville. Évitez ce carrefour en semaine aux heures de pointe, car il peut être embouteillé.

AVION

L'aéroport de Mthatha se situe à 17 km au nord du centre, sur la Rte 61. **Airlink** (☎047-536 0024 ; www.flyairlink.com) propose des vols quotidiens depuis/vers Jo'burg (à partir de 2 000 R).

BUS

Le Baz Bus fait halte à Shell Ultra City, à 4 km au sud de la ville, entre Port Elizabeth et Durban.

Les bus Greyhound, Translux, Intercape et City to City s'arrêtent à Shell Ultra City sur leurs trajets quotidiens entre Le Cap (560 R, 20 heures) et Durban (300 R, 6 heures).

TAXI COLLECTIF

À Mthatha, des taxis collectifs partent de Shell Ultra City et du principal arrêt de bus et station de taxis, près de Bridge St. Ils desservent, entre autres, Port St Johns (60 R ; descendez à Thombo pour prendre un taxi collectif jusqu'au Kraal Backpackpers), Coffee Bay (60 R) et East London (110 R).

VOITURE

Les principales compagnies de location de voitures disposent d'un comptoir à l'aéroport.

De Mthatha à Port St Johns

La route entre Mthatha et Port St Johns donne accès à une superbe portion de côte, dont la **Hluleka Nature Reserve** (☎réservations 043-705 4400 ; www.visiteasterncape.co.za ; adulte/enfant 20/10 R ; 8h-17h). Cette réserve protège un littoral spectaculaire de rivages rocheux, de plages et de lagunes préservées, ainsi que des forêts indigènes et des prairies vallonnées. La faune comprend des zèbres, plusieurs espèces d'antilopes et de nombreux oiseaux.

Près de Libode sur la Rte 61, une route gravillonnée de 47 km conduit à la réserve. Vous aurez besoin d'une voiture à haute garde au sol.

Où se loger

La Hluleka Nature Reserve renferme 7 superbes chalets indépendants de 2 chambres (à partir de 500 R), qui surplombent l'océan et une petite crique sablonneuse.

Kraal AUBERGE DE JEUNESSE $
(☎082 871 4964 ; www.thekraal.co.za ; Mpande ; camping/dort 100/130 R, ch sans sdb 350 R ; P). Ni d'électricité ni Internet dans cette retraite côtière écologique, qui offre des *rondavels* traditionnels éclairés à la bougie. Rustique et cosy, un espace salon-salle à manger, avec une cuisine bien fournie, ouvre sur un porche avec vue sur l'océan entre les collines.

Randonnée, surf, observation des dauphins et des baleines, visite d'un jardin d'enfants et déjeuner chez une famille xhosa figurent parmi les activités. Vous pouvez prendre vos repas dans le restaurant du village voisin, mais mieux vaut apporter vos provisions. L'embranchement vers le Kraal se situe à 80 km de Mthatha et à 20 km de Port St Johns. Vous devez ensuite parcourir 20 km (environ 50 minutes en voiture) sur une mauvaise route ; après un épisode de pluie, n'empruntez cette route qu'en 4x4.

Umngazi River Bungalows & Spa COMPLEXE HÔTELIER $$$
(047-564 1115 ; www.umngazi.co.za ; Umngazi ; s/d pension complète à partir de 1 246/1 780 R ; P). Surplombant un large estuaire et une plage déserte, cet hôtel populaire, à l'embouchure de l'Umngazi, est parfait pour les jeunes mariés et les familles. Les activités, pour beaucoup organisées par la communauté locale, comprennent sorties en canoë, parties de pêche, excursions à VTT, promenades à cheval et croisières au coucher du soleil. L'hôtel propose un service de baby-sitting et un club pour les enfants pour que les parents profitent du spa.

En voiture de Port St Johns, suivez la Rte 61 en direction de Mthatha sur 14 km, puis l'embranchement signalé à gauche sur 11 km.

Port St Johns

6 441 HABITANTS

À l'embouchure de la Mzimvubu River (ou Umzimvubu) et flanqué de hautes falaises couvertes de végétation tropicale, Port St Johns bénéficie d'un cadre spectaculaire. Jadis le bout du voyage le long de la Wild Coast, cette ville détendue, la plus importante entre East London et Port Edward, est un peu négligée et semble moins exceptionnelle que des endroits plus reculés de la région. Second Beach conserve néanmoins son charme de bout du monde.

Des requins-bouledogues remontent le fleuve pour mettre bas, et plusieurs attaques fatales ont eu lieu ces dernières années. En attendant l'installation de filets protecteurs, contentez-vous de barboter près des plages de la ville.

À voir et à faire

Rejoignez à pied le **Gap Blowhole**, entre First et Second Beach, à marée haute. Plusieurs sentiers escarpés partent à proximité de Second Beach, et grimpent jusqu'à la **Bulolo Waterfall**, qui alimente un petit bassin.

Second Beach PLAGE
Second Beach forme le cœur et l'âme de Port St Johns. Les habitants viennent sur cette plage de sable idyllique durant les chaudes journées et font la fête en soirée. Patauger dans l'eau peu profonde et contempler les vaches nguni allongées paresseusement sur le sable font partie des activités classiques.

Mt Thesiger POINT DE VUE
Juste au nord du centre-ville sur les rives de la Mzimvubu River, une route asphaltée (Concrete Rd) monte jusqu'à cet endroit prisé au coucher du soleil – une colline au sommet plat avec un aérodrome désaffecté et une vue splendide sur la Wild Coast.

Musée MUSÉE
(Main St ; 8h-16h30 lun-ven). GRATUIT Dans un bâtiment remarquable, ce musée retrace l'histoire locale, dont celle d'une dizaine de naufrages survenus à proximité (le plus ancien date de 1847).

Silaka Nature Reserve RÉSERVE NATURELLE
(047-564 1177 ; www.visiteasterncape.co.za ; adulte/enfant 20/10 R ; 6h-18h). Cette petite réserve, à 6 km au sud de Port St Johns, s'étend de Second Beach à Third Beach et Sugarloaf Rock, près de l'estuaire de la Gxwaleni, où des aloès poussent quasiment dans l'eau. Des loutres à joues blanches du Cap peuvent souvent être observées sur la plage et des cormorans à poitrine blanche peuplent Bird Island. Vous pourrez voir également des zèbres, des blesboks (antilopes) et des vervets (singes).

Le chemin de 2 km envahi par la végétation (portez un pantalon long) entre Second Beach et Third Beach, plus propre, plus calme et habituellement sans requins, débute près du Lodge on the Beach. Vous pouvez aussi suivre la route qui monte et qui descend. Des **chalets** (à partir de 419 R) indépendants et bien équipés pour 2 ou 4 personnes, avec *stoep* et *braai*, surplombent Third Beach.

Offshore Africa Port St Johns PLONGÉE, SORTIES EN BATEAU
(084 951 1325 ; www.offshoreportstjohns.com ; 1565 Ferry Point Rd). Sorties de plongée et observation des dauphins et des baleines. La meilleure période est celle de la migration des sardines (de juin à août).

Port St Johns

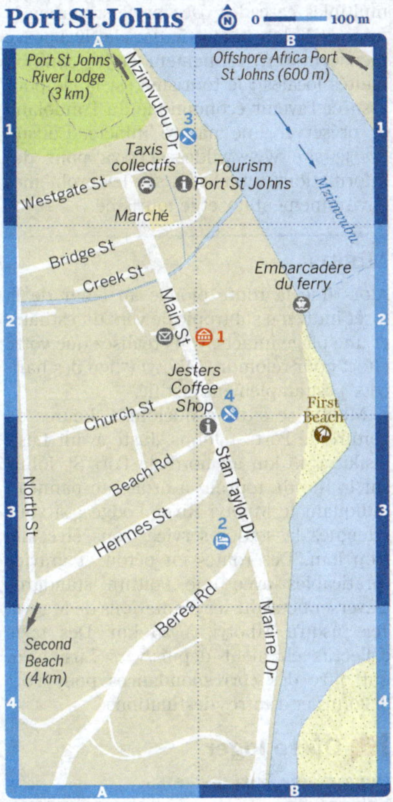

Port St Johns

À voir
1 Musée B2

Où se loger
2 Jungle Monkey B3

Où se restaurer
3 Fish Eagle Restaurant A1
4 Steve's Pub & Restaurant B2

Wild Coast Hikes RANDONNÉE
(☎082 507 2256 ; www.wildcoasthikes.com ; 190 R/pers et par jour). Jimmy et Mbuyi conduisent des randonnées de Port St John à diverses destinations, de Silaka (5 heures) à Coffee Bay (5 jours), avec hébergement dans des villages xhosa (supplément de 250 R/pers et par nuit).

Où se loger

Amapondo Backpackers AUBERGE DE JEUNESSE $
(☎047-564 1344 ; www.amapondo.co.za ; Second Beach Rd ; dort à partir de 110 R, s/d sans sdb à partir de 250/300 R ; P 📶). Un endroit détendu avec plusieurs bâtiments bas à flanc de colline et une belle vue sur Second Beach. Un dédale de *stoeps*, de chemins verdoyants et d'espaces de détente conduit à des chambres sans prétention, tandis que des cottages plus chics se tiennent près du sommet de la colline. Parmi les activités proposées figurent équitation, circuits culturelles, canoë, randonnée à Silaka et apéritifs au soleil couchant sur l'aérodrome.

Le bar-restaurant, avec poutres et bois flotté, est tout autant prisé des habitants que des voyageurs.

Lodge on the Beach LODGE $
(☎083 374 9669 ; www.lodgeonthebeach.co.za ; Second Beach ; ch 490 R ; P @). Sur un petit promontoire avec vue dégagée sur Second Beach, cette maison à toit de chaume bien tenue comporte 3 chambres avec terrasse et sdb individuelle dans le couloir. Petit-déjeuner et dîner servis sur demande.

Delicious Monster COTTAGES $
(☎083 997 9856 ; www.deliciousmonsterpsj.co.za ; Second Beach; s/d/tr/qua à partir de 350/500/600/700 R ; P 📶). À quelques pas du restaurant du même nom, ce vaste cottage de style loft, avec vue sur l'océan depuis le porche en façade, comprend 3 chambres, une cuisine bien équipée et un salon cosy. La location de la maison entière revient à 1 400 R.

Jungle Monkey AUBERGE DE JEUNESSE $
(☎047-564 1517 ; www.junglemonkey.co.za ; 3 Berea Rd ; camping/dort 80/120 R, ch sans sdb 350 R ; P @ 📶 ≋). La musique résonne à travers les arbres aux abords de cette auberge détendue entre la ville et Second Beach, avec un bar-restaurant qui surplombe la piscine. Les chambres, assez confortables, sont à l'écart du bruit des festivités, tandis que les dortoirs sont plus sommaires. Randonnées, excursions d'une journée et autres activités proposées.

Port St Johns River Lodge LODGE $$
(☎047-564 0005 ; www.portstjohnsriverlodge.co.za ; Mzimvubu Dr ; s/d 485/880 R ; P ❄ 📶 ≋). L'un des quelques lodges en bord de rivière au nord de la ville, ce complexe bien tenu possède des chambres confortables et un restaurant (à partir de 85 R) qui fait face aux falaises de l'autre côté de la pelouse.

Où se restaurer et prendre un verre

En dehors des grandes épiceries dans Main St, un petit marché vend des produits de la mer frais – moules, langoustes et poissons.

Delicious Monster INTERNATIONAL, PRODUITS DE LA MER $
(Second Beach ; plats 70 R ; 9h-15h et 18h-21h lun-sam ;). Ce restaurant offre une vue somptueuse sur Second Beach et l'océan, ainsi qu'une carte éclectique qui comprend assiette de mezze, *chawarma*, poissons et steaks.

Fish Eagle Restaurant INTERNATIONAL $
(angle Mzimvubu Dr et Westgate St ; plats 65 R). Installez-vous sur la terrasse à l'arrière avec vue sur le fleuve et le Mt Sullivan, puis faites votre choix parmi la vaste sélection de plats de poulet, burgers, pizzas cuites au feu de bois et produits de la mer.

Steve's Pub & Restaurant SUD-AFRICAIN $$
(Main Rd ; plats déj/dîner 55/90 R). Cet endroit attrayant, avec un *stoep* couvert et un bar cosy, propose une cuisine de pub et des spécialités sud-africaines, comme le *bunny chow* (curry dans un pain évidé), des pizzas cuites au feu de bois et des steaks.

Renseignements

Des DAB sont installés dans la ville.

Jesters Coffee Shop (Main St). Ce café est une meilleure source d'information que l'office du tourisme, rarement ouvert.

Depuis/vers Port St Johns

La Rte 61 de Mthatha à Port St Johns est asphaltée, mais ponctuée de lacets et de virages serrés. L'Amapondo et le Jungle Monkey viendront vous chercher sur réservation préalable au Shell Ultra City, à 4 km au sud de Mthatha (où s'arrête le Baz Bus), pour 95 R environ.

Des taxis collectifs réguliers desservent Port St Johns depuis Mthatha (40 R, 2 heures) et Durban (170 R, 5 heures).

Pondoland

La bande côtière de 100 km entre Port St Johns et la Mthamvuna River possède un écosystème particulièrement riche. Actuellement préservées, les douces collines sont parsemées de maisons aux couleurs vives, de paisibles plantations de thé et de multiples cascades. Des projets comme la mine de Xolobeni et la nationale N2 à péage menacent l'environnement et les communautés locales ; le tourisme est la clé pour assurer l'avenir économique du Pondoland et préserver une nature intacte. Consultez le site www.wildcoast.co.za pour des informations actualisées sur les problèmes environnementaux et le tourisme.

Mbotyi

Alors que la route plonge au cœur de la forêt indigène subtropicale vers un estuaire et une plage intacts, vous réalisez que votre effort pour rejoindre Mbotyi ("lieu des haricots") est amplement justifié.

Mbotyi se situe à quelque 2 heures de voiture de Port St Johns. Juste avant Lusikisiki, à 45 km au nord de Port St Johns sur la Rte 61, tournez à droite au panneau indiquant le Mbotyi River Lodge ; si vous atteignez la station-service, vous êtes allé trop loin. Des routes en béton et gravier (praticables avec une voiture standard) traversent ensuite les plantations de Magwa Tea jusqu'à Mbotyi, à 25 km. Des taxis collectifs circulent depuis/vers Lusikisiki, qui offre des correspondances pour Port St Johns et d'autres destinations.

Où se loger

Dingezwene Backpackers Village AUBERGE DE JEUNESSE $
(071 253 4469 ; dort/s/d 100/150/300 R, dîner 75 R ; P). Cet enclos familial, sur une portion de côte venteuse avec une petite plage et des pentes herbeuses où broutent des vaches, comprend des *rondavels*, des bungalows, une cuisine bien équipée et une salle à manger coiffée de chaume. L'accueillante famille xhosa organise des promenades à cheval et des visites de villages.

Mbotyi Campsite CAMPING $
(039-253 7200 ; www.mbotyi.co.za ; camping 95 R, ch sans sdb 375 R ; P). Ce camping, une joint-venture (coentreprise) entre le Mbotyi River Lodge voisin et la communauté locale, est parfait pour une détente totale et de longues marches sur la plage. Vous devrez apporter des provisions.

Mbotyi River Lodge COMPLEXE HÔTELIER $$
(039-253 7200 ; www.mbotyi.co.za ; s/d demi-pension à partir de 875/1 250 R ; P). À l'embouchure de la Mbotyi River, ce lodge haut de gamme dispose de *rondavels* et

de bungalows en rondins plus luxueux, qui surplombent la plage et la lagune. Équitation, chemins de randonnée, canoë et excursions aux nombreuses cascades alentour font partie des activités proposées. Le lodge participe à des projets de la communauté locale.

Mkambati Nature Reserve

La splendide **Mkambati Nature Reserve** (☎réservations 043-705 4400 ; www.visiteasterncape.co.za ; adulte/enfant 20/10 R ; ⏲6h-18h), d'une superficie de 77 km², renferme des chutes spectaculaires, les gorges profondes de la Msikaba et de la Mtentu, des bassins rocheux, des forêts marécageuses et des hectares d'herbages où paissent diverses espèces de bovidés, dont le bubale roux et le gnou bleu. Le magnifique paysage côtier est un paradis pour les oiseaux, dont des calaos trompette et des pygargues vocifères, tandis que dauphins et baleines évoluent au large.

Les activités comprennent canoë, randonnées pédestres et safaris en voiture en indépendant.

De Flagstaff sur la Rte 61, une route asphaltée court vers l'est sur 32 km après Holy Cross Mission ; ensuite, une route gravillonnée continue jusqu'à la réserve à 40 km, et requiert un 4x4 ou un *bakkie* (pick-up).

Où se loger

Deux *rondavels* indépendants (360 R) sont installés près de l'embouchure de la Gwe Gwe River.

Mtentu Lodge AUBERGE DE JEUNESSE $
(☎083 805 3356 ; www.mtentulodge.co.za ; dort/ch 150/700 R). Sur la berge nord isolée du superbe Mtentu Estuary, juste en face de la Mkambati Nature Reserve, ce lodge propose 6 confortables bungalows en bois avec vue sur l'océan, reliés par une promenade en planches qui traverse la propriété. Les toilettes sont communes et les douches, chauffées à l'énergie solaire ou au gaz. Pour la pension complète, ajoutez 250 R par personne. Au programme des activités : farniente sur la plage, randonnée, équitation, canoë et cérémonie traditionnelle de guérison.

À la saison sèche, vous pouvez rejoindre Mtentu en voiture classique à haute garde au sol. Parmi les autres possibilités figurent des navettes, des trajets en taxi collectif et des randonnées guidées. Dans tous les cas, prévenez le lodge de votre arrivée. En transports publics, les arrêts les plus proches du Baz Bus sont Kokstad et Port Shepstone, où vous devrez prendre un taxi collectif jusqu'à Bizana ; de là, un service quotidien part vers 13h pour Mtentu.

NORTHEASTERN HIGHLANDS

Les hauts plateaux du Nord-Est, qui s'élèvent des vallées luxuriantes de la Wild Coast au sud et sont bordés par les sommets escarpés du Lesotho au nord, offrent un superbe paysage montagneux. Ils abritent des villes tranquilles peu visitées par les touristes, des torrents et des rivières peuplés de truites et d'autres poissons, des paysages bucoliques et même des cols enneigés en hiver au nord de Rhodes.

Autant que possible, découvrez cette région en voiture car la route est superbe. Conduisez prudemment, la météo et l'état des routes pouvant être difficiles.

Si vous venez de la Wild Coast et disposez de peu de temps, la Rte 56 constitue une bonne alternative à la N2 pour traverser la province. Elle court vers l'est de Middelburg (Karoo) à Kokstad (KwaZulu-Natal) et elle est particulièrement pittoresque dans les hauts plateaux, entre Elliot et Maclear. Itinéraire spectaculaire entre la Wild Coast et les hauts plateaux, le Langeni Pass (1 505 m), l'un des cols les plus récents du pays, fait grimper un dénivelé de 720 m entre Mthatha et Ugie.

Queenstown

43 971 HABITANTS

Queenstown, un centre commerçant poussiéreux et animé, n'offre guère d'intérêt. La ville fut fondée en 1847 selon un plan hexagonal, afin que les défenseurs puissent tirer dans les rues depuis un point central.

Vous la traverserez peut-être car il s'agit d'un carrefour de transports. Si vous devez y passer la nuit, la **Meerlin Guesthouse** (☎045-838 3125 ; meerlin@telkomsa.net ; 4 Frost St; s/d avec petit-déj 550/750 R, dîner 150 R ; P 📶), confortable et accueillante, offre le gîte et le couvert, de même que le rutilant **Queens Casino Hotel** (☎045-807 9700 ; www.queenscasino.co.za ; Cathcart Rd ; s/d avec petit-déj 1 295/1 620 R ; P ❄ 📶 🏊 👪).

Greyhound, Translux, Intercape et City to City offrent des services quotidiens pour diverses destinations, dont Le Cap (500 R, 12-17 heures) via Graaff-Reinet ou la Garden Route, Port Elizabeth (320 R, 5 heures 30) via Grahamstown, East London (280 R, 3 heures 15), et Jo'burg (410 R, 10 heures) via Bloemfontein. City to City dessert aussi Mthatha (160 R, 3 heures 30), s'arrêtant au Shell Ultra City ou au garage Sasol.

Un train **Shosholoza Meyl** de classe économique (sièges uniquement) quitte Le Cap le jeudi (300 R, 24 heures) et revient le vendredi. Le train (p. 210) qui relie Jo'burg et East London via Bloemfontein fait également halte à Queenstown.

Lady Grey

1 395 HABITANTS

Adossée aux vertigineuses falaises ensoleillées du massif des Witteberg, Lady Grey est une somnolente bourgade agricole au pied du Joubert's Pass (2 236 m). Les hôtels affichent complet à Pâques, quand l'école d'art et l'Église réformée hollandaise présentent pendant 3 jours une reconstitution de la **Passion**.

La charmante pension **Comfrey Cottage** (051-603 0407 ; www.comfreycottage.co.za ; 51-59 Stephenson St ; s/d 550/900 R ; wifi) possède 4 cottages haut de gamme, dont un avec cuisine, dans un beau jardin où paissent des alpagas. La demi-pension est proposée. La pension organise des circuits géologiques et botaniques, ainsi que la visite du proche "restaurant des vautours du Cap", où sont nourris les rapaces.

Si vous disposez d'un 4x4, de jolis lodges isolés bordent les routes de montagne gravillonnées qui partent de la route principale Lady Grey-Rhodes. Pour une bouffée d'air campagnard à des prix abordables, rendez-vous au **Karnmelkspruit River Resort** (051-603 7036 ; krr@gmail.com ; près Rte 58 ; camping 110 R, cottages 200 R ; P), dans une ferme à 20 km en direction de Barkly East, avec une colonie de vautours du Cap et une gorge de 10 km propice à la pêche.

L'**office du tourisme** (www.ladygreytourism.co.za ; angle Joubert St et Murray St) fournit une liste d'hébergements, des brochures et un guide sur la pêche à la mouche dans les hauts plateaux.

Des taxis collectifs empruntent la Rte 58 entre Aliwal North et Barkly East.

Rhodes

73 HABITANTS

Au fin fond du Drakensberg sud, dans une vallée spectaculaire qui longe la Bell River, le petit village de Rhodes constitue une escapade bucolique. L'architecture n'a pas changé depuis sa création en 1891 en tant que base agricole et commerciale. Dans cet avant-poste montagneux, les quatre saisons peuvent alterner dans la même journée et les extrêmes ne sont pas rares ; les températures peuvent atteindre -15°C en hiver et 35°C en été.

La pêche à la truite est extrêmement populaire dans tout le district ; la **Wild Trout Association** (045-974 9290 ; www.wildtrout.co.za) est installée dans le Walkerbouts Inn.

Où se loger

Walkerbouts Inn AUBERGE $$
(045-974 9290 ; www.walkerbouts.co.za ; s/d demi-pension 735/1 270 R). Cette auberge pleine de cachet possède un parquet ciré et des chambres douillettes, équipées de radiateurs muraux et de couvertures électriques. La salle à manger sert une saine cuisine campagnarde et le joli pub permet de composer soi-même sa pizza. Le charmant jardin jouit d'une vue magnifique, et l'accueillant Dave Walker vous dira tout ce qu'il faut savoir sur Rhodes et la pêche à la mouche.

Tenahead Mountain Lodge LODGE $$$
(0861 748 374 ; www.riverhotels.co.za/en ; Naudesnek Pass ; s/d avec petit-déj 1 520/1 880 R ; P). Perché à 2 500 m entre les massifs du Drakensberg, des Witteberg et des Maluti, ce superbe lodge cinq étoiles offre 7 chambres luxueuses avec cheminée. Des terrasses en bois permettent de profiter au maximum de la vue et une bibliothèque de 2 000 livres occupe les hôtes par mauvais temps.

Cottages indépendants

Plusieurs **cottages** indépendants sont installés dans le village et dans les fermes alentour (à partir de 390 R pour 1 ou 2 pers). Vous pouvez réserver en ligne sur les sites www.highlandsinfo.co.za, www.rhodesvillage.co.za ou www.linecasters.co.za ou par téléphone au 045-974 9290. Réservez longtemps à l'avance pour les trois périodes d'affluence : du 1er décembre au 15 janvier, du 15 mars au 30 avril et du 25 mai au 31 août. Prévoyez des vêtements chauds et des couvertures en hiver car certains cottages sont peu chauffés et l'un d'eux n'a pas l'électricité.

Depuis/vers Rhodes

Rhodes est parfois à court d'essence, aussi faites le plein avant d'arriver. La route gravillonnée depuis Barkly East (60 km, 1 heure 30) est praticable en voiture standard. Celle qui continue jusqu'à Maclear (110 km, 3 heures) passe par l'imposant Naudesnek Pass (2 587 m), le plus haut col du pays, et s'emprunte de préférence en 4x4 ; une voiture avec haute garde au sol peut convenir s'il n'a pas plu récemment ; renseignez-vous localement sur l'état de la route et les prévisions météorologiques. Aucun transport public ne dessert Rhodes.

EST DU KAROO

Vaste et belle région semi-désertique, le Karoo s'étend à travers le grand plateau d'Afrique du Sud depuis la côte du Cap ; sa section sud-est couvre une partie du Cap oriental. Cette contrée aride, où poussent diverses graminées, des arbustes vivaces, des *tolbos* (virevoltants) et des plantes grasses, dont l'emblématique aloès du Cap, est étonnamment riche en histoire et en culture. À Graaff-Reinet, le “joyau architectural du Karoo”, s'ajoutent Nieu Bethesda, une bourgade d'artistes, et Cradock, berceau d'écrivains et de militants anti-apartheid. Côté nature, les Camdeboo et Mountain Zebra National Parks dévoilent des paysages splendides et abritent de rares zèbres de montagne du Cap. Partout règne une sensation d'espace, de paix et de liberté, qui contraste fortement avec l'agitation du littoral et fait de la région une destination idéale pour un *road-trip*.

De décembre à février, les températures peuvent atteindre 45°C, et diminuent à peine en mars-avril. En juin-juillet, le thermomètre descend à -5°C, tandis que la neige et le givre recouvrent les cols montagneux.

Graaff-Reinet

26 585 HABITANTS

Lovée dans un méandre de la Sundays River et encerclée par le Camdeboo National Park, Graaff-Reinet est surnommée le “joyau du Karoo”. Quatrième plus ancienne ville du pays, la “lointaine colonie de Graaff-Reinet”, comme l'appelait la Compagnie néerlandaise des Indes orientales lors de sa fondation en 1786, possède un superbe patrimoine architectural. Elle compte plus de 220 édifices classés monuments nationaux, dont des maisons à pignon de style hollandais du Cap (cape-dutch), des cottages à toit plat typiques du Karoo et des villas victoriennes ornementées. Ajoutez à cela le charme d'une bourgade provinciale, une poignée de musées, quelques excellents hôtels et restaurants et vous comprendrez d'où provient son surnom.

Histoire

Au XVIIIe siècle, l'arrière-pays du Cap était une contrée sauvage et dangereuse. Les Boers guerroyaient contre les Khoïsan dans la Sneeuberg Range et contre les Xhosa à l'est autour de la Great Fish River. La ville fut baptisée du nom du gouverneur du Cap, Van der Graaff, et du nom de jeune fille de son épouse (Reinet) ; elle devint un avant-poste militaire et le quatrième district de la colonie du Cap à posséder un *drostdy* – la résidence d'un *landdrost* (administrateur local) et siège du gouvernement local. Cela fut provoqué par les tentatives des Britanniques de pacifier la province ; ils échouèrent et les citoyens chassèrent le *landdrost* et fondèrent une république indépendante. Les Britanniques reprirent le contrôle peu après, mais furent constamment harcelés par les Boers et une coalition de guerriers khoïsan et xhosa.

Au milieu du XIXe siècle, Graaff-Reinet fut un important point de ravitaillement pour les Voortrekkers qui partaient vers le nord, refusant la tutelle de l'administration du Cap.

À voir

Vous pouvez acheter un **pass** (☎049-892 3801 ; www.graaffreinetmuseums.co.za ; adulte 2/3/4/5 musées 30/45/60/75 R, enfant 15/20/30/40 R) qui donne accès à tous les musées de la ville, sauf le Hester Rupert Art Museum.

Hester Rupert Art Museum MUSÉE
(☎049-807 5700 ; www.rupertartmuseum.co.za ; Church St ; adulte/famille 10/20 R ; ⏲9h-12h30 et 14h-17h lun-ven, 9h-12h sam-dim). Installé dans l'une des plus vieilles églises du pays, consacrée en 1821, ce musée présente une collection de peintures (et quelques

Graaff-Reinet

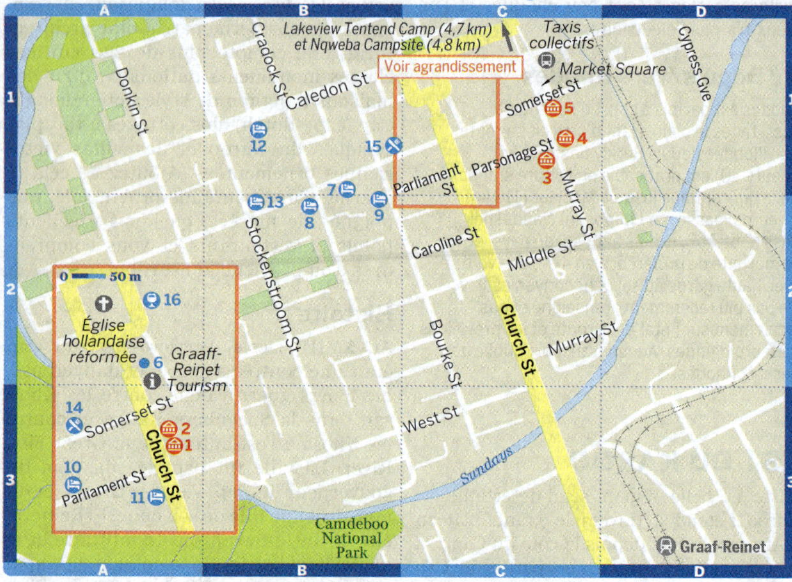

Graaff-Reinet

À voir
- Drostdy (voir 11)
- 1 Hester Rupert Art Museum A3
- Military History Museum (voir 5)
- 2 Old Library A3
- 3 Old Residency C1
- 4 Reinet House C1
- 5 Urquhart House C1

Activités
- Camdeboo Adventure Tours (voir 12)
- 6 Karoo Connections A2

Où se loger
- 7 Aa 'Qtansisi B1
- 8 Andries Stockenström Guesthouse B2
- 9 Buiten Verwagten B2
- 10 Camdeboo Cottages A3
- 11 Drostdy Hotel A3
- 12 Karoopark Guest House B1
- 13 Profcon Resort B2

Où se restaurer
- 14 Our Yard A3
- 15 Polka Cafe B1
- Veld to Fork (voir 8)

Où prendre un verre
- 16 Graaff-Reinet Club A2

Achats
- African Adventure (voir 1)

sculptures) sud-africaines des années 1950 et 1960, dont des œuvres d'Irma Stern.

Old Library MUSÉE
(angle Church St et Somerset St ; adulte/enfant 20/10 R ; 8h-13h et 13h45-16h lun-ven, 9h-13h sam-dim). L'ancienne bibliothèque, construite en 1847, renferme une collection très diverse d'artefacts historiques, dont des fossiles du Karoo, des expositions sur les peintures rupestres san et l'esclavage, et une autre consacrée à Robert Sobukwe, natif de la ville et fondateur du Pan African Congress (PAC).

Drostdy ÉDIFICE HISTORIQUE
(Church St). La résidence d'un *landdrost* (administrateur local) comprenait son bureau et tribunal, ainsi que ses appartements privés. Le *drostdy* de Graaff-Reinet, construit en 1806, a été transformé en hôtel, mais on peut toujours voir les cottages des esclaves affranchis dans Stretcher's Court, à l'arrière. L'ancienne cloche des esclaves fut restaurée, puis dévoilée au public par B. J. Vorster, un Premier ministre de l'époque de l'apartheid.

Reinet House MUSÉE
(Murray St ; adulte/enfant 20/10 R ; ⏲8h-16h lun-ven, 9h-13h sam-dim). Ce presbytère de l'Église réformée, construit entre 1806 et 1812, est un superbe exemple de l'architecture hollandaise du Cap (cape-dutch). Dans l'arrière-cour pavée, une vigne plantée en 1870 est l'une des plus grandes au monde.

Maisons-musées
Remarquablement préservées, l'**Old Residency** (Parsonage St ; adulte/enfant 20/10 R ; ⏲8h-13h et 13h45-16h lun-ven, 9h-12h sam-dim) et l'**Urquhart House** (Somerset St ; adulte/enfant 20/10 R ; ⏲8h-13h et 13h45-16h lun-ven), deux demeures de style hollandais du Cap (cape-dutch) avec parquet grinçant et meubles d'époque, montrent le cadre de vie des familles fortunées du XIXe siècle. La seconde donne accès au **Military History Museum** (Somerset St ; adulte/enfant 20/10 R ; ⏲8h-13h et 13h45-16h lun-ven).

Circuits organisés

Camdeboo Adventure Tours CIRCUITS D'AVENTURE
(☎049-892 3410 ; www.karoopark.co.za ; 81 Caledon St). Buks et Chantelle Marais du Camdeboo Cottages et de la Karoopark Guest House organisent des circuits dans le Camdeboo National Park, des promenades guidées et des safaris en voiture pour observer la faune, ainsi que des expéditions plus lointaines dans le Mountain Zebra National Park et la Baviaanskloof Wilderness Area.

Karoo Connections CIRCUITS
(☎049-892 3978 ; www.karooconnections.co.za ; 7 Church St). Installé dans la McNaughton's Bookshop, David McNaughton propose divers circuits et transferts, dont une excursion en 4x4 au coucher du soleil dans la vallée de la Désolation (440 R/pers), un circuit d'une demi-journée à Nieu Bethesda (660 R) ou d'une journée avec découverte d'œuvres rupestres san et de fossiles (990 R), et des safaris en voiture aux Camdeboo (400 R) et Mountain Zebra National Parks.

Ingomso Tours CIRCUITS CULTURELS
(☎083 559 1207 ; 3 heures 330 R). Ntombi Mashoeng organise des visites d'Umasizakhe, l'un des plus anciens townships du pays et le lieu de naissance de Robert Sobukwe. Elles offrent un aperçu de la culture et de l'histoire xhosa, et de la vie moderne du township.

Où se loger

Profcon Resort COTTAGES, CAMPING $
(☎049-892 2887 ; www.profconresort.co.za ; 82 Somerset St ; camping/s/d 150/400/550 R, cottages à partir de 850 R ; P❄📶≋👪). Un complexe bien tenu avec des chambres modernes, des cottages dans le jardin et de nombreux équipements, dont un terrain de jeu pour les enfants.

♥ **Aa 'Qtansisi** GUESTHOUSE $$
(☎049-891 0243 ; www.aaqtansisi.co.za ; 69 Somerset St ; s/d avec petit-déj 750/1 100 R ; ❄📶≋). Aa 'Qtansisi signifie "Nous vous accueillons" en khoïsan (ne pas prononcer le "Q"). Les 8 chambres somptueuses, inspirées par les voyages du propriétaire, déclinent des thèmes tels que le Karoo, un château français ou le Maroc. Couverte d'une pergola, la cour à l'arrière ressemble à une oasis avec piscine et hamacs. L'excellent petit-déjeuner comprend une assiette de fruits et un verre de muesli et de noix. Le dîner est proposé (150 R).

Camdeboo Cottages GUESTHOUSE $$
(☎049-892 3180 ; www.camdeboocottages.co.za ; 16 Parliament St ; ch/tr/qua à partir de 650/850/1 100 R ; P❄📶≋). Derrière leur façade chaulée et leurs volets verts, ces 8 cottages du milieu du XIXe siècle mêlent éléments coloniaux – parquet et poutres en cladrastre, plafonds isolants en argile et roseaux, baignoires à pattes de lion, vieilles boîtes à gâteaux en fer-blanc sur le buffet – et confort moderne (couvertures électriques, radiateurs et TV satellite). Ils comportent de une à trois chambres et une cuisine.

L'établissement compte un restaurant et un espace *braai* à côté de la piscine, où le propriétaire, Bucks, organise des séances d'observation des étoiles.

Karoopark Guest House GUESTHOUSE $$
(☎049-892 2557 ; www.karoopark.co.za ; 81 Caledon St ; s/lits jum/d à partir de 600/650/700 R ; P❄@📶≋). Tenue par une famille, cette pension offre des chambres et des logements indépendants dans l'ancienne maison principale et des bâtiments dans le jardin. Un restaurant sud-africain (plats 90 R), un bar et un tour-opérateur complètent les installations.

Buiten Verwagten GUESTHOUSE $$
(☎049-892 4504 ; www.buitenverwagten.co.za ; 58 Bourke St ; s/d avec petit-déj à partir de 750/1 000 R ; ❄📶≋). Chaque élément

de cette maison victorienne est soigneusement entretenu par les propriétaires accueillants et professionnels. À l'intérieur, hauts plafonds, parquet en pin et en cèdre et beaux objets anciens ; à l'extérieur, un *stoep* couvert d'une treille, une pelouse parfaitement entretenue et une piscine entourée de verdure ajoutent à l'attrait du lieu. Deux chambres indépendantes sont situées à l'arrière.

Andries Stockenström Guesthouse GUESTHOUSE $$$
(☎049-892 4575 ; www.asghouse.co.za ; 100 Cradock St ; s/d avec petit-déj à partir de 950/1 400 R ; P❄📶🏊). Oasis de tranquillité, la pension haut de gamme de Gordon et Rose Wright abrite le restaurant Veld to Fork et une piscine à l'italienne. La réception vend de l'artisanat, et des panneaux conseillent : "Restez calme et mangez vos légumes".

Drostdy Hotel HÔTEL HISTORIQUE $$$
(☎049-892 2161 ; www.newmarkhotels.com ; Church St ; s/d à partir de 1 125/1 500 R ; P❄@📶🏊). Lors de notre passage, la coûteuse rénovation de l'hôtel emblématique de la ville touchait à sa fin, suscitant l'enthousiasme local. Les cottages du milieu du XIXe siècle, construits pour les esclaves affranchis, restent à l'arrière et le bâtiment principal conserve son charme historique.

Les nombreux équipements, dont un spa, une galerie d'art, 3 piscines dans un jardin soigné et des restaurants supervisés par de grands chefs sud-africains, fait du Drostdy un établissement de classe internationale.

Les travaux ont été financés par les Rupert, l'une des familles les plus riches d'Afrique du Sud, qui a des origines la liant à Graaff-Reinet.

Où se restaurer et prendre un verre

Our Yard CAFÉ $
(50 Somerset St ; plats 55 R ; ⏲8h-17h lun-ven, 8h-14h sam ; ✎). "Torréfacteur et étape culturelle", cet établissement sert des cafés du monde entier, des repas légers, des scones et des gâteaux dans une cour ombragée. Il comprend également une galerie d'art et une boutique de T-shirts.

♥ **Polka Cafe** SUD-AFRICAIN $$
(☎087 550 1363 ; www.polkacafe.co.za ; 52 Somerset St ; plats déj/dîner 75/110 R ; ⏲7h30-21h lun-sam). La nouvelle cuisine du Polka est une version améliorée des classiques sud-africains, et cela, grâce à de nouvelles touches subtiles, des saveurs enrichies et une superbe présentation. Agneau du Karoo, steaks maturés et *bobotie* figurent sur la carte du dîner ; les déjeuners, plus légers, comprennent des crêpes salées et des pizzas à pâte fine.

Le *stoep* et la cour arrière, éclairés aux chandelles, deviennent romantiques en soirée. Dans la salle à manger néorustique, une boulangerie vend des cookies, des biscuits et des pâtisseries.

♥ **Veld to Fork** SUD-AFRICAIN $$$
(☎049-892 4575 ; www.asghouse.co.za ; 100 Cradock St ; dîner 300 R ; ✎). Réservez avant 14h (et bien plus tôt en haute saison) pour un dîner et une leçon de gastronomie du chef Gordon Wright et de son équipe dans le premier restaurant Slow Food d'Afrique du Sud. Les ingrédients, essentiellement bio, proviennent des alentours de Graaff-Reinet. Le style classique reflète la ruralité du Karoo avec une note de modernité. La crème de nougat est succulente.

Graaff-Reinet Club CLUB
(English Club ; Church St ; ⏲13h-21h lun-jeu, 13h-tard ven-sam, 11h-14h dim). Ce club jadis réservé aux hommes et l'un des plus vieux du pays, est orné de trophées de chasse et possède un bar criblé d'impacts de balles. Les Coldstream Guards, cantonnés à Graaff-Reinet durant la guerre des Boers, fêtèrent leur retour en Angleterre en tirant 8 balles dans le comptoir du bar. Les visiteurs sont les bienvenus pour prendre un verre en compagnie des habitants.

Achats

Graaff-Reinet compte quelques boutiques d'antiquités, d'articles de maison et d'artisanat du Karoo, ainsi que de nombreux taxidermistes.

African Adventure ART, ARTISANAT
(25 Church St). Bonne sélection d'artisanat africain de qualité.

Renseignements

Graaff-Reinet Tourism (☎049-892 4248 ; www.graaffreinet.co.za ; 13A Church St ; ⏲8h-17h lun-ven, 9h-12h sam). Cet office du tourisme efficace offre des informations sur les hébergements et de nombreuses cartes.

Depuis/vers Graaff-Reinet

Intercape et **Translux** desservent Le Cap (360 R, 8 heures 30) et Jo'burg (450 R, 11 heures) tous les jours ; Translux rallie également East London (300 R, 5 heures) et Port Elizabeth (250 R, 3 heures). Billets et renseignements sont disponibles à l'office du tourisme.

Les taxis collectifs partent de Market Sq. Port Elizabeth (200 R) et Le Cap (400 R) sont les principales destinations.

Une agence de location de voitures Avis se trouve en face de la Karoopark Guest House.

Camdeboo National Park

D'une superficie de 194 km², le **Camdeboo National Park** (049-892 3453 ; www.camdeboopark.com ; adulte/enfant 84/42 R ; Lakeview Gate 6h-19h oct-mars, 7h-17h30 mai-août, 6h30-18h30 avr et sept ; P) protège de nombreux animaux, mais les spectaculaires formations rocheuses et la vue sur Graaff-Reinet et les plaines ensoleillées du Karoo constituent ses principaux attraits. Son nom dérive du mot khoïkhoï pour "vertes vallées", peut-être une référence au *spekboom* (*Portulacaria afra*) qui pousse ici, une plante grasse qui reste verte durant l'hiver.

À voir

Valley of Desolation POINT DE VUE

(près Rte 63 ; 6h-19h30 oct-mars, 7h-18h mai-août, 6h30-19h avr et sept). Site phare du parc, la vallée de la Désolation frappe par sa beauté saisissante – des colonnes de dolérite érodées se détachent sur les plaines infinies du Karoo. Graaff-Reinet se distingue également, nichée dans un méandre de la Sundays River. Le point de vue sur la vallée, à 14 km de la ville, peut être rejoint en voiture par une route escarpée et goudronnée ; un chemin de 1,5 km en fait le tour. L'aube et le crépuscule sont les meilleurs moments pour une visite.

Giant Flag CURIOSITÉ

(www.giantflag.co.za). Au point de vue de la vallée de la Désolation, une plateforme d'observation surplombe ce drapeau de 6 600 m², formé par des millions de plantes colorées du désert. Une fois achevé, ce sera le plus grand drapeau du monde, visible de l'espace.

Activités

Observation de la faune

Dans le secteur d'observation de la faune, accessible par Lakeview Gate, vivent buffles, élands, koudous, bubales, gnous et springboks, pour ne citer que quelques-unes des 40 espèces de mammifères présentes dans le parc. De rares zèbres de montagne du Cap se laissent parfois apercevoir, mais ils préfèrent les terrains montagneux. De bonnes routes gravillonnées parcourent le secteur sur 19 km ; les visiteurs doivent rester dans leur véhicule, à l'exception des aires de pique-nique.

Des animaux peuplent aussi la section protégée de la vallée de la Désolation. Quelque 200 espèces d'oiseaux, dont des aigles noirs, des pygargues vocifères et des faucons, évoluent dans le ciel du parc.

Randonnée

L'Eerstefontein Day Trail traverse le secteur ouest du parc après la vallée de la Désolation ; trois itinéraires de 5, 11 et 14 km sont possibles. La réception du parc possède une carte.

CAMDEBOO NATIONAL PARK

Pourquoi y aller Des paysages spectaculaires, des formations rocheuses et un écosystème surprenant dans la vallée de la Désolation, des animaux dont des zèbres de montagne du Cap et des randonnées d'une journée.

Quand partir Le parc est tranquille en avril, quand le Karoo se pare de couleurs automnales et que vous pouvez admirer de somptueux couchers de soleil dans un air vivifiant. La maigre végétation facilite l'observation de la faune.

Infos pratiques Camdeboo se divise en trois secteurs principaux : le secteur d'observation de la faune au nord du Nqweba Dam, la section ouest avec la vallée de la Désolation et la section est avec diverses pistes de 4x4. La réception et les hébergements du parc se situent à Lakeview Gate, sur la N9 à 4 km au nord de Graaff-Reinet. Vous devrez disposer d'une voiture pour visiter le secteur d'observation de la faune. Sinon, réservez un circuit à Graaff-Reinet.

Faire des économies Campez, et préparez vos repas dans la cuisine équipée ou sur le *braai*.

Où se loger

Vous pouvez camper dans le parc près du Nqweba Dam au **Lakeview Tented Camp** (tente 570 R ; P), qui possède des tentes de safari à 2 lits, et au **Nqweba Campsite** (camping 205 R ; P).

Nieu Bethesda

1 540 HABITANTS

Cachée au fond du Karoo, cette bourgade doit sa notoriété à l'extraordinaire Owl House, la maison au décor fantastique et déconcertant de l'artiste Helen Martins. Aujourd'hui, Nieu Bethesda est une petite communauté d'artistes, célébrée par la pièce *La Route vers La Mecque* du dramaturge sud-africain Athol Fugard. Durant le Fugard Festival, en mars, des événements ont lieu dans toute la localité et il peut être difficile de trouver une chambre.

Avec ses rues en terre, ses rigoles de drainage, ses jolis cottages et son ciel étoilé, Nieu Bethesda est un endroit idéal pour découvrir la vie d'un village du Karoo et pour se détendre quelques jours. Bethesda se situe à 55 km de Graaff-Reinet par une route superbe, avec le massif du Sneeuberg en toile de fond.

À voir et à faire

Owl House ÉDIFICE HISTORIQUE

(049-841 1642 ; River St ; 50 R ; 9h-17h). La vision singulière qui incita l'artiste Helen Martins (1897-1976) à transformer sa maison-atelier en une étrange œuvre d'art constitue la base de l'identité bohème de Bethesda. Martins et son assistant, Koos Malgas, travaillèrent pendant des années à concevoir et à réaliser la ménagerie de sculptures de chouettes en ciment et les multiples créatures qui peuplent la cour. L'intérieur loufoque est quasiment couvert d'éclats de verre peints, de textiles et de babioles, témoins d'une personnalité tourmentée qui mit fin à ses jours à l'âge de 78 ans.

Dehors, des artisans locaux vendent des répliques de chouettes ; ils devraient bientôt intégrer une nouvelle boutique de souvenirs à proximité.

Bethesda Arts Centre GALERIE

(nieubethesda.org ; Muller St ; 9h-16h lun-ven, jusqu'à 12h sam). Cette galerie d'art communautaire expose d'immenses tapisseries illustrant les mythes khoïsan. Julia Malgas, petite-fille de l'assistant d'Helen Martins, ou un autre artiste, vous expliquera leur symbolique.

Kitching Fossil Exploration Centre MUSÉE

(082 387 9224 ; Martin St ; 20 R ; 9h-17h). Les moulages de fossiles exposés ici représentent des animaux préhistoriques (gorgonopsiens, dicynodontes, etc.) vieux de quelque 253 millions d'années, soit environ 50 millions d'années avant l'époque des dinosaures. Le psersonnel vous montrera les empreintes intactes dans le lit de la rivière asséchée voisine.

Compassberg RANDONNÉE

Point culminant de la région, le Compassberg (2 502 m) se situe à environ 4 heures de marche par le chemin qui part de la ferme de Compassberg, à 35 km de Nieu Bethesda. La **Canyon Hike**, une marche de 3 km en terrain relativement plat, suit une rigole de drainage vers la Ganora Guest Farm. Vous aurez besoin d'une autorisation pour emprunter ces deux itinéraires ; demandez à votre hôtel de contacter le propriétaire.

Ganora Guest Farm CIRCUITS CULTURELS

(049-841 1302 ; www.ganora.co.za). La Ganora Guest Farm, à 7 km à l'est de Nieu Bethesda, organise nombre d'activités, dont une visite guidée de son musée de fossiles et d'artefacts san, qui se continue dans le veld. Un autre circuit fait découvrir les plantes médicinales. Les groupes peuvent assister à une démonstration de tonte de moutons. La Ganora recueille et soigne des suricates, et vous pourrez peut-être en apercevoir. La ferme propose également de temps à autre des cours de photo, d'observation des étoiles, d'art et de cuisine.

Où se loger

Owl House Backpackers AUBERGE DE JEUNESSE $

(049-841 1642 ; www.owlhouse.info ; Martin St ; camping/dort/s/d 75/125/290/460 R ;). La façade chaulée typique du Karoo cache une maison au charme d'antan, des recoins originaux et un grand jardin à l'arrière. Pour plus d'intimité, choisissez le château d'eau avec une chambre ronde, des toilettes sèches et une kitchenette, ou le cottage indépendant dans le jardin. Les chambres avec sdb sont installées dans l'Outsiders B&B, de l'autre côté de la rue. Les propriétaires peuvent organiser des circuits, notamment aux sites de peintures san.

Bethesda Tower GUESTHOUSE $
(☎073 028 8887 ; bethesdatower.co.za ; Muller St ; s/d sans sdb 250/350 R). Cette tour crénelée de trois étages a des allures de conte de fées. La chambre du dernier étage comporte un grand lit rond, couvert d'une courtepointe réalisée par le Bethesda Arts Centre adjacent. Une chambre avec lits jumeaux et un café qui offre la demi-pension occupent le rez-de-chaussée. Deux autres chambres, décorées de courtepointes, d'œuvres d'art et de vitraux, se situent dans le prieuré voisin.

♥ **Ganora Guest Farm** GÎTE RURAL $$
(☎049-841 1302 ; www.ganora.co.za ; s/d avec petit-déj à partir de 550/790 R ; P). À l'écart du village sous le ciel immense du Karoo, cette ferme du XVIIIe siècle constitue un excellent choix. Les kraals en pierre ont été transformés en chambres luxueuses et d'autres sont aménagées dans d'anciens ateliers et dépendances blanchis à la chaux. Le cottage khoïsan indépendant peut accueillir 6 personnes (950 R). Les repas sont servis dans une salle à manger rustique.

Four Seasons Country House GUESTHOUSE $$
(☎084 862 8280 ; www.fourseasonscountryhouse.co.za ; Martin St ; s/d avec petit-déj 500/900 R ;). Cette pension, à l'arrière de la populaire Alfresco Pizzeria, comprend 3 chambres fraîches et tranquilles ouvrant sur un patio et un jardin.

Où se restaurer

Karoo Lamb Restaurant SUD-AFRICAIN $$
(plats 80 R ; 7h-21h ;). Dans ce vaste restaurant-traiteur-boutique de cadeaux, tous les éléments du petit-déjeuner couvrent la moitié d'une table de pique-nique. Midi et soir, des plats roboratifs, tels que côtes d'agneau et *potjiekos* (ragoût mijoté dans une marmite en fonte), rassasient les voyageurs après un long périple dans le Karoo.

Two Goats TRAITEUR $$
(www.sneeuberg.net ; Pienaar St ; plats 80 R ; 10h-17h lun-sam, 10h-15h dim). De l'autre côté d'un pont qui le relie au centre du village, ce corps de ferme joliment rustique fait partie d'une exploitation laitière en activité. Installez-vous sous les arbres pour déguster fromages, saucissons, bières et café maison.

Renseignements

Le Karoo Lamb Restaurant tient lieu d'office du tourisme. Nieu Bethesda ne dispose pas de station-service ni de DAB ; en général, les hébergements n'acceptent pas les cartes bancaires.

Depuis/vers Nieu Bethesda

Aucun transport public ne dessert Nieu Bethesda. Le Owl House Backpackers vient chercher ses hôtes à Graaff-Reinet (150 R/pers) sur arrangement préalable.

Mountain Zebra National Park

Ce **parc national** (☎048-881 2427 ; www.sanparks.org ; près Rte 61 ; adulte/enfant 144/72 R ; 7h-19h oct-mars, 7h-18h avr-sept ; P), à 20 km à l'est de Cradock sur les versants nord du massif de Bankberg (2 000 m), couvre une superficie de 280 km² et offre des vues splendides sur le Karoo. Il a été créé pour protéger le zèbre de montagne du Cap, l'un des mammifères les plus rares de la planète. Le parc en compte aujourd'hui près de 800 ; ils se distinguent des autres zèbres par leur petite taille, leur museau brun-rouge, des rayures plus foncées et un fanon sous la gorge.

Activités

Avec votre propre véhicule, vous pouvez avoir un aperçu du parc en quelques heures. La route qui forme une boucle de l'entrée principale au camping et retour peut se parcourir en moins de 2 heures, selon le nombre d'arrêts. Deux **piscines** jouxtent le camping.

Observation de la faune

Outre les zèbres de montagne du Cap, le parc compte de nombreuses espèces d'antilopes, des buffles, des rhinocéros noirs, 2 lions, 8 guépards, diverses espèces de petits félins, des genettes, des protèles (qui se nourrissent essentiellement de termites), des otocyons (ou renards à oreilles de chauve-souris), des chacals à chabraque, et plus de 200 espèces d'oiseaux ont aussi été recensées. Le parc propose des **safaris en voiture** (adulte/enfant à partir de 175/85 R) de 2 heures et un **circuit sur les traces du guépard** (310 R/pers), qui permet d'approcher les félins jusqu'à 15 m.

Randonnée

Les chemins de randonnée vont des promenades de 1 km à 2,5 km en accès libre autour du camping aux plus longs treks guidés, comme l'**Impofu Hike** de 25 km qui se parcourt en 3 jours (415 R/pers).

MOUNTAIN ZEBRA NATIONAL PARK

Pourquoi y aller Des zèbres de montagne du Cap, des lions, des buffles et bien d'autres mammifères ; les paysages du Karoo sur les versants du massif du Bankberg ; les nombreuses activités, dont le repérage des guépards.

Quand partir N'importe quand en dehors de l'été (novembre-février) afin d'éviter la chaleur extrême dans l'environnement semi-désertique du Karoo.

Infos pratiques Aucun transport public ne dessert les lieux ; venez avec votre propre véhicule ou en circuit organisé. Les routes, pour la plupart gravillonnées ou asphaltées, sont praticables en voiture standard. S'y ajoutent trois pistes pour 4x4.

Faire des économies Si vous ne voulez pas camper, choisissez un hébergement moins cher dans la ville voisine de Cradock et visitez le parc dans la journée. Si vous séjournez dans le parc, le droit d'entrée sera calculé sur le nombre de nuits (et non de jours) passés sur place.

Où se loger

Mountain Zebra National Park Rest Camp CAMPING $

Le camping du parc dispose d'emplacements de camping (à partir de 205 R) et de confortables cottages bien équipés (à partir de 850 R).

À 10 km de l'entrée, il abrite la réception du parc, un magasin (7h-19h) qui vend des produits de base et un bar-restaurant (déj/dîner 70/85 R, ouvert 7h-21h).

Mountain Cottages COTTAGES $

(à partir de 700 R). Les 2 cottages de montagne du parc, accessibles avec un véhicule à haute garde au sol, offrent un hébergement rustique et isolé, sans électricité. Chacun comprend 2 chambres, un dortoir pour les randonneurs, un *braai*, une cheminée, une douche chauffée au gaz et une cuisine équipée d'un réchaud à gaz et d'un réfrigérateur à énergie solaire.

Doornhoek COTTAGE $$

(1-4 pers 2 435 R). Cette ferme restaurée de 1837, cachée dans une vallée reculée, peut accueillir 6 personnes dans 2 chambres doubles et 2 simples ; ajoutez 360/180 R par adulte/enfant supplémentaire.

Cradock

36 671 HABITANTS

Avant-poste militaire établi en 1813 pour empêcher les Xhosa de traverser la Great Fish River, Cradock devint un bourgade agricole et marchande animée au cours des décennies suivantes. Les chariots de passage avaient recours aux artisans installés dans Market St. La ville reste un important centre agricole et, bien qu'elle semble peu reluisante de prime abord, prenez le temps de découvrir ses beaux bâtiments anciens et ses avenues bordées d'arbres. Flânez dans les charmantes Dundas St et Bree St, cette dernière étant la plus vieille rue de Cradock, pour admirer les jolies maisons à pignon du XIXe siècle bien préservées.

Les fils les plus célèbres de la ville, des militants anti-apartheid surnommés les Cradock Four, furent enlevés, battus et assassinés par des agents des forces de sécurité, en 1985.

À voir et à faire

Olive Schreiner House MUSÉE

(☎048-881 5251 ; 9 Cross St ; 5 R ; ⏱8h-12h45 et 14h-16h30 lun-ven). Olive Schreiner est surtout connue pour *La Nuit africaine*, (Éd. Phébus, Libretto 2012). Publié en 1883 sous le pseudonyme de Ralph Iron, ce roman fit scandale en raison de ses idées radicales lors de sa parution et jusqu'au cours du XXe siècle. Bien que Schreiner n'ait vécu que trois ans dans cette maison typique du Karoo, plusieurs petites pièces retracent sa vie, sa carrière et l'histoire locale vue à travers son regard d'écrivain.

La librairie offre une excellente sélection de romans sud-africains et une brochure qui détaille une promenade littéraire dans la ville.

Great Fish River Museum MUSÉE

(☎048-881 4509 ; 87 High St ; don à l'entrée ; ⏱8h-13h et 14h-16h lun-ven). Installé dans l'ancien presbytère de l'Église réformée hollandaise (1849), derrière l'hôtel de ville, ce musée possède une collection qui se rapporte à la vie locale, notamment celle des pionniers au XIXe siècle.

Karoo River Rafting RAFTING, CANOË
(☎084 429 9944 ; www.karoo-river-rafting.co.za). Rafting et canoë sur la Great Fish River et ses affluents.

Township Tours CIRCUIT CULTUREL
(☎048-881 1650 ; don à l'entrée). Amos, qui travaille à l'hôtel Victoria Manor, propose des visites du township local.

Où se loger

L'office du tourisme possède la liste des nombreux B&B.

♥ Die Tuishuise & Victoria Manor HÔTEL HISTORIQUE **$$**
(☎048-881 1322, 048-881 1650 ; www.tuishuise.co.za ; angle Market St et Voortrekker St ; s/d cottages 470/780 R, hôtel 445/615 R ; P ❄ 📶 🏊). Les Tuishuise représentent 31 maisons du Karoo superbement restaurées et joliment meublées, leurs *stoeps* ouvrant sur l'une des plus vieilles rues de Cradock, ainsi que des cottages dans un jardin. Le Victoria Manor voisin, de style auberge, comprend des chambres charmantes ornées d'objets anciens, un bar-restaurant lambrissé, un spa et une petite piscine.

Tout droit sorties d'une carte postale sépia du Karoo, les maisons indépendantes, qui peuvent accueillir jusqu'à 8 personnes, combinent rusticité moderne et cadre historique, rappelant leurs anciens occupants boers et britanniques.

Heritage House B&B B&B **$$**
(☎048-881 3210 ; 45 Bree St ; s/d avec petit-déj 500/900 R ; @ 📶 🏊). Des chambres sont aménagées dans la maison de 1815 et les cottages dans le jardin surplombent un bassin à poissons. Meyrick, le propriétaire, fournit nombre d'informations locales.

Où se restaurer et prendre un verre

♥ Victoria Manor SUD-AFRICAIN **$$**
(angle Market St et Voortrekker St ; plats 70 R, buffet petit-déj/dîner 90/160 R). Plein de cachet, ce restaurant d'hôtel s'agrémente de boiseries sombres et de meubles de style anglais du XIXe siècle. Le service est attentif et la cuisine du Karoo, roborative et savoureuse. Côtes d'agneau du Karoo, burgers et salade de *biltong* (viande séchée) figurent au menu du déjeuner.

True Living SUD-AFRICAIN **$$**
(44 JA Calata St ; plats 75 R ; 🖉). Plusieurs cafés se regroupent à l'angle de JA Calata St et d'Albert St, la plupart rattachés à des pépinières ou à des boutiques de décoration. Dans la seconde catégorie, le True Living, installé dans une cour, sert des plats campagnards tels que *bobotie, sosaties* (brochettes de mouton au curry), côtes d'agneau de Cradock, quiches, steaks et burgers.

Renseignements

Cradock Tourism (☎048-801 5000 ; cradockmiddelburg.co.za ; JA Calata St). Dans l'hôtel de ville, en face du Spar Centre.

Depuis/vers Cradock

Translux, **Intercape** et **City to City** desservent tous les jours Le Cap (430 R, 10-15 heures) via Graaff-Reinet (250 R, 1 heure 30) ou Port Elizabeth (300 R, 4 heures), ainsi qu'East London (250 R, 4 heures 30) et Jo'burg (R550, 11 heures).

Les mercredis, vendredis et dimanches, des **trains** de classe touristique avec couchettes font halte à Cradock entre Port Elizabeth (150 R, 4 heures 30) et Jo'burg (340 R, 15 heures 30) via Bloemfontein. Moins recommandée, la classe économique ne propose que des sièges.

KwaZulu-Natal

Dans ce chapitre ➡

Le top des restaurants

- Cafe 1999 (p. 256)
- Zanj (p. 271)
- Tally's Corner Cafe (p. 273)
- Rosehurst (p. 291)
- Pucketty Farm (p. 299)

Le top des hébergements

- Napier House (p. 253)
- Hilltop Camp (p. 279)
- George Hotel (p. 272)
- Kosi Forest Lodge (p. 288)
- Hlalanathi (p. 305)

Pourquoi y aller

À la fois rude et décontracté, rural et urbain, rustique et sophistiqué, le KwaZulu-Natal (KZN) séduit par son éclectisme. Des centres commerciaux étincelants jouxtent des faubourgs misérables, des villes colorées bouillonnantes se révèlent aux antipodes de la tranquilité des villages tribaux, et des reliefs montagneux contrastent avec la savane aride. Puis, il y a les Zoulous, un peuple extrêmement fier de sa culture.

Les atouts de la région reflètent cette diversité : une vie sauvage exceptionnelle, notamment la possibilité de voir les Big Five (lion, léopard, buffle, éléphant et rhinocéros) et des espèces marines rares, une histoire riche (avec la présence d'importants sites de batailles), de fabuleuses possibilités de randonnée et de séduisantes stations balnéaires où s'adonner au surf ou au farniente.

Quand partir

Durban

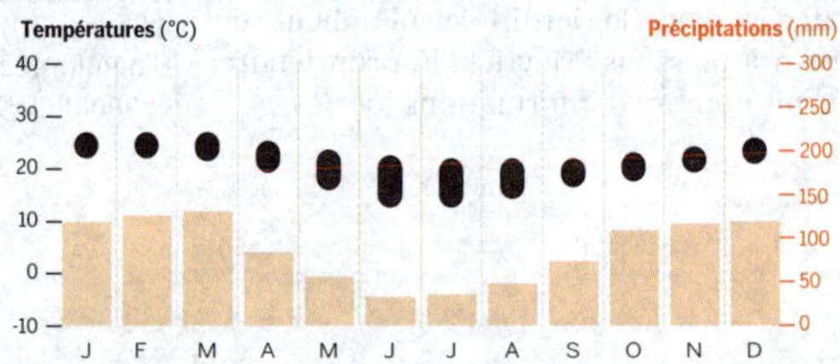

Mai-octobre La saison sèche apporte la fraîcheur et des conditions idéales pour observer la vie sauvage dans la savane.

Octobre-novembre Un climat propice aux activités de plage et l'éclosion des fleurs sauvages dans l'uKhahlamba-Drakensberg.

Novembre-février Le retour de la chaleur et, après la saison des amours, la naissance des petits chez les animaux.

Histoire

Revendiqué par les Boers, les Britanniques et les Zoulous, le Natal doit son nom à l'explorateur portugais Vasco de Gama, qui l'appela ainsi en découvrant son littoral le jour de Noël 1497. En 1839, après la victoire de Blood River sur les Zoulous, les Boers y fondèrent la république de Natalia. Sa puissance finit par inquiéter l'Empire britannique qui l'annexa en 1843. Brièvement intégré à la colonie du Cap en 1845, le Natal redevint une colonie séparée en 1856, alors qu'il comptait moins de 5 000 colons européens.

L'arrivée d'une main-d'œuvre indienne dans les années 1860 (certaines parties de la province conservent l'ambiance du sous-continent) favorisa le développement d'une agriculture commerciale, essentiellement consacrée à la canne à sucre. La colonie prospéra à partir de 1895, lorsque le chemin de fer relia le port de Durban (dragué pour accueillir les gros navires) au Witwatersrand en plein essor.

Les conflits dominèrent l'histoire du Natal jusqu'à la fondation de l'Union sud-africaine : la *difaqane* (ou *mfeqane*, la migration forcée des tribus sud-africaines ; "écrasement" en zoulou), les guerres boer-zouloue et anglo-zouloue, qui entraînèrent l'anéantissement du royaume zoulou, et les deux guerres anglo-boers.

Juste après les élections de 1994, le Natal fut rebaptisé KwaZulu-Natal, reconnaissant l'importance du KwaZulu, le territoire zoulou, au sein de la province. À partir de cette date, Ulundi (l'ancienne capitale du KwaZulu) et Pietermaritzburg (l'ancienne capitale du Natal) ont bénéficié conjointement du statut de capitales du KwaZulu-Natal. En 2005, cependant, Pietermaritzburg est devenue la capitale officielle de la province.

Climat

Les températures (de l'air comme de l'eau, grâce au courant des Agulhas) restent élevées toute l'année sur la majeure partie de la côte. Durban s'enorgueillit de profiter de 230 jours de soleil par an ! En été, la chaleur et l'humidité, combinées aux foules qui se pressent sur les plages, peuvent être éprouvantes avec un thermomètre montant aux alentours de 35°C. La majeure partie de l'arrière-pays bénéficie d'un même ensoleillement, mais de violents orages peuvent éclater l'après-midi, en particulier dans le Drakensberg et le nord du KwaZulu-Natal. L'hiver apporte une fine couche de neige sur les plus hauts sommets.

Langues

Parmi les 11 langues parlées en Afrique du Sud, l'anglais, le zoulou, le xhosa et l'afrikaans sont les plus usitées au KwaZulu-Natal.

Comment s'y rendre et circuler

Avec des avions, des bus et des trains la reliant aux quatre coins du pays, Durban est le carrefour des transports du KwaZulu-Natal. Si la ville est bien desservie au niveau national, se déplacer dans la province se révèle moins facile. Des bus longue distance rallient Port Shepstone, Margate et Kokstad dans le Sud, Richard's Bay et Vryheid dans le Nord, ainsi que diverses localités, dont Estcourt, Ladysmith et Newcastle, à l'Ouest. Rejoindre des destinations plus reculées par les transports publics relève souvent du casse-tête. Les taxis collectifs constituent une alternative utile, mais privilégier ce mode de transport implique généralement de longues heures à l'arrière d'un minibus bondé.

Le **Baz Bus** (www.bazbus.com) dessert de nombreuses auberges de jeunesse de la province.

DURBAN

660 000 HABITANTS

Faire l'impasse sur Durban (eThekweni, en zoulou), troisième ville du pays et centre urbain cosmopolite, au profit du Cap, sa consœur réputée plus "détendue", serait une erreur. En effet, "Durbs", comme on la surnomme, recèle davantage de charme qu'il n'y paraît au premier coup d'œil.

La ville a été largement réhabilitée à l'occasion de la Coupe du monde de football de 2010, avec la construction d'un stade ultramoderne et le réaménagement du front de mer. Ce renouveau ayant provoqué un véritable élan, la municipalité projette maintenant d'étendre vers le sud la promenade qui borde les plages.

Le centre-ville animé, marqué par de majestueux édifices coloniaux ou Art déco, vit à un rythme typiquement africain, mais perd de son attrait au coucher du soleil. Dans la journée, le front de mer reste le rendez-vous des inconditionnels des plaisirs balnéaires.

Accueillant la plus forte concentration d'habitants d'origine indienne en dehors de l'Inde, Durban possède aussi une saveur résolument orientale : les couleurs, les bruits et les parfums du sous-continent se retrouvent dans les marchés et les rues du quartier indien.

À ne pas manquer

1. L'observation de la faune sur le territoire des Big Five dans l'**Hluhluwe-iMfolozi Park** (p. 278) ou à l'aube, près d'un point d'eau, dans l'**uMkhuze Game Reserve** (p. 285).
2. L'exploration du remarquable **iSimangaliso Wetland Park** (p. 280).
3. Une randonnée dans les sublimes montagnes de l'**uKhahlamba-Drakensberg** (p. 293).
4. Un trajet à travers les nuages au **Sani Pass** (col du Sani ; p. 299) pour rejoindre le Lesotho.
5. Les souvenirs de la guerre anglo-zouloue à **Isandlwana** et **Rorke's Drift** (p. 311).

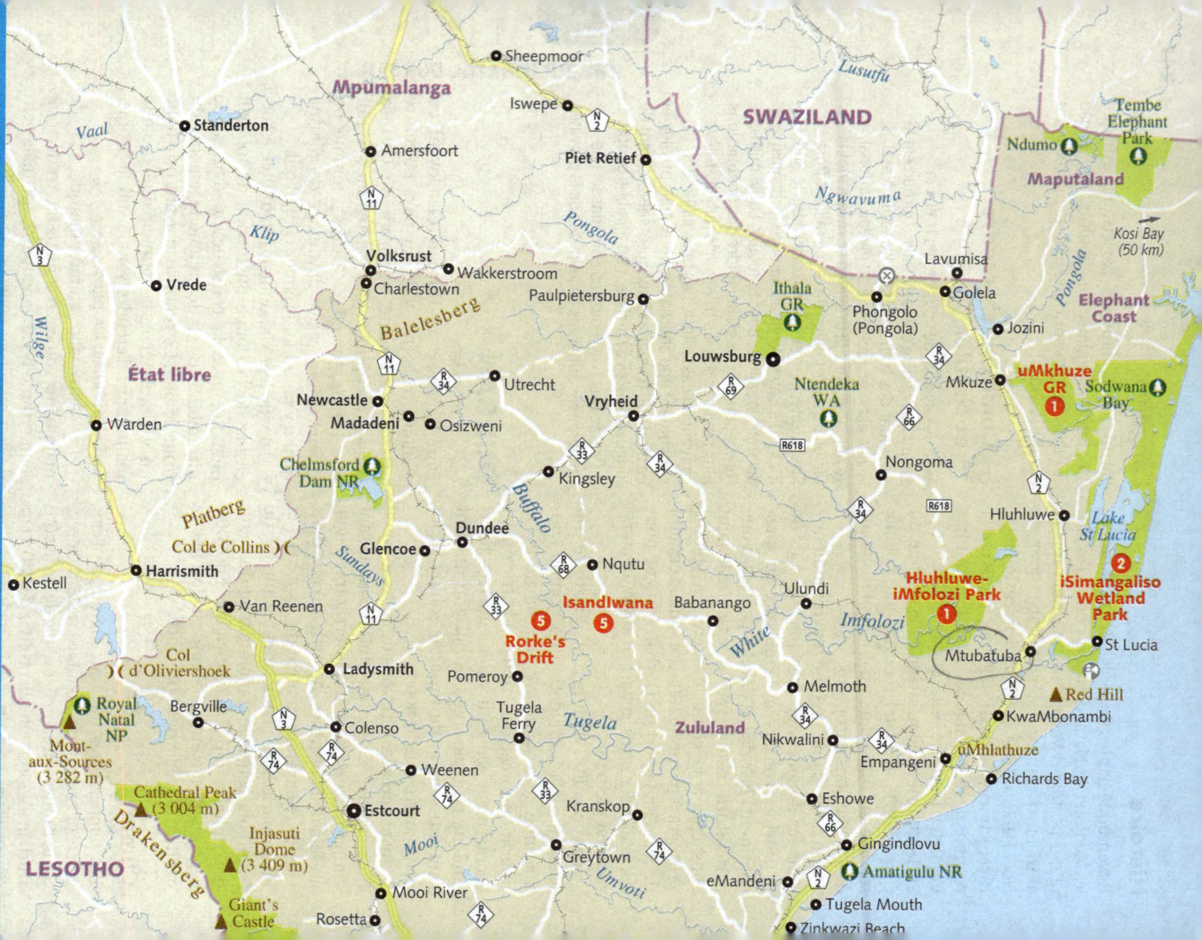

6 La découverte des nouveaux cafés et restaurants de **Durban** (p. 241), une ville en pleine mutation.

7 Les bains de soleil, le surf et la plongée sur la **côte Sud** (p. 261) et la **côte Nord** (p. 265).

Durban

Histoire

Durban ne vit le jour qu'au début du XIXe siècle. Natal Bay, autour de laquelle la ville est construite, servit de refuge aux marins dès 1685, et Vasco de Gama y aurait jeté l'ancre en 1497. En 1690, les Hollandais achetèrent un vaste territoire autour de la baie à un chef local, mais leurs vaisseaux ne purent franchir le banc de sable qui en fermait l'entrée jusqu'en 1705. Or à cette époque, le chef local étant mort, son fils dénonça l'accord.

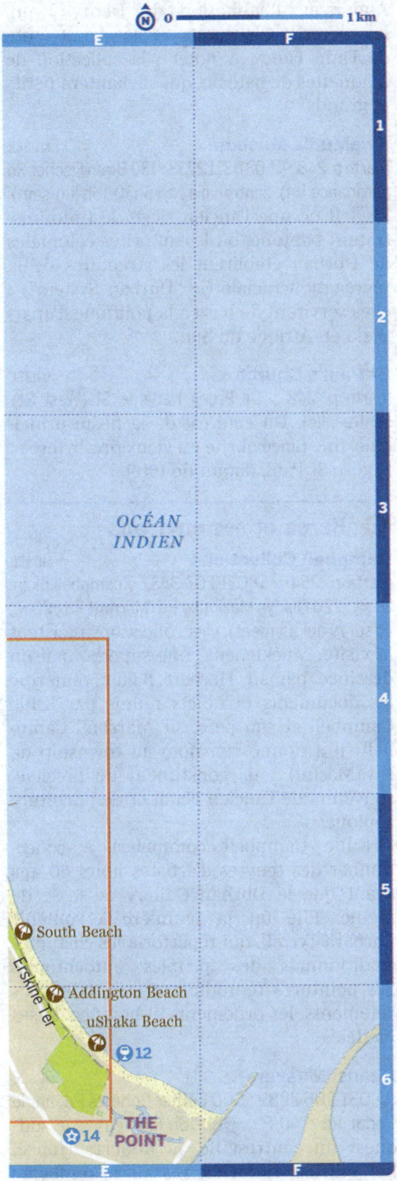

Durban

À voir
1 Kwazulu Natal Society of Arts............A5
2 Moses Mabhida Stadium....................D2

Activités
3 Durban Country Club D1
STS Sport ....(voir 2)
4 Windsor Park Municipal
Golf Course..C1

Où se loger
5 Blue Waters D3
6 Napier House......................................B4
7 Southern Sun Suncoast
Hotel & Towers..................................D3

Où se restaurer
8 Cafe 1999 ....A4
9 Cafe Jiran D3
10 Mali's Indian Restaurant C1

Où prendre un verre
11 Billy the Bum's C1
12 Moyo uShaka Pier Bar........................E6
13 Origin B5
Unity Brasserie & Bar..................(voir 8)

Où sortir
14 Chairman E6
15 Kings Park Stadium............................D2

Achats
16 Musgrave Centre A4

Natal Bay ne commença à intéresser les Européens qu'en 1824, lorsque les Britanniques Henry Fynn et Francis Farewell y établirent un comptoir pour le commerce de l'ivoire avec les Zoulous. Shaka, un puissant chef zoulou, céda la terre autour de la baie à la compagnie de négoce, qui l'accepta au nom du roi George IV.

La colonie prospéra lentement, en partie à cause des troubles provoqués par Shaka dans la région. En 1835, la petite ville, dans laquelle s'était installée une mission, prit le nom du gouverneur de la colonie du Cap, D'Urban.

En 1837, les Voortrekkers traversèrent le Drakensberg et, en 1838, fondèrent Pietermaritzburg, à 80 km au nord-ouest de Durban. L'année suivante, profitant de l'évacuation de Durban en raison d'un raid des Zoulous, les Boers s'en emparèrent. La ville fut reprise par les forces britanniques quelques mois plus tard, mais les Boers maintinrent leurs prétentions. Les Britanniques envoyèrent des troupes pour défendre leurs positions, mais furent défaits par les Boers à la bataille de Congella en 1842.

Les Boers occupèrent la ville un mois durant, avant d'être délogés par les marins d'une frégate britannique, appelés en renfort par Dick King ; pour ce faire, ce colon anglais franchit, en 10 jours, près de 1 000 km séparant Durban de Grahamstown (Cap oriental). L'année suivante, la Grande-Bretagne annexa le Natal, et Durban commença à s'imposer comme cité portuaire majeure. En 1860, les premiers ouvriers indiens sous contrat arrivèrent pour travailler dans les plantations de canne à sucre. Malgré un système inique – un esclavage déguisé –, de nombreux colons indiens libres, dont Mohandas Gandhi, débarquèrent en 1893.

À voir

Centre-ville

Hôtel de ville ÉDIFICE HISTORIQUE

(carte p. 248 ; Anton Lembede St (Smith St), centre-ville). Dominant le centre-ville, l'opulent hôtel de ville de style néobaroque édouardien date de 1910. Il fait face à la **Francis Farewell Square**, où Fynn et Farewell installèrent leur campement en 1824.

Art Gallery MUSÉE

(carte p. 248 ; ☎031-311 2262 ; Anton Lembede St (Smith St), centre-ville ; 8h30-16h lun-sam, 11h-16h dim). GRATUIT Sous l'imposante coupole de l'hôtel de ville, ce musée rassemble une collection petite mais intéressante d'art contemporain d'Afrique du Sud, notamment des peintures, des céramiques et des œuvres utilisant des supports et des techniques mixtes. Elle accueille également des expositions temporaires et tournantes.

Natural Science Museum MUSÉE

(carte p. 248 ; ☎031-311 2256 ; Anton Lembede St (Smith St), centre-ville ; 8h30-16h lun-sam, 11h-16h dim). GRATUIT Ce musée situé dans l'hôtel de ville possède une impressionnante collection d'oiseaux et d'insectes naturalisés, ainsi que d'animaux africains. Ne manquez pas la collection de cafards et de bousiers, la reconstitution d'un dodo et la maquette de dinosaure grandeur nature.

Old Courthouse Museum MUSÉE

(carte p. 248 ; ☎031-311 2229 ; 77 Samora Machel St (Aliwal St), centre-ville ; 8h30-16h lun-sam, 11h-16h dim et vacances, fermé Noël et vendredi saint). GRATUIT Installé dans le superbe palais de justice (1866), derrière l'hôtel de ville, ce musée offre un bon aperçu de la vie coloniale, évoquée notamment à travers de 4 reconstitutions : la pharmacie de David Anderson, l'habitation de Henry Fynn, la sucrerie Clairmont et le dépôt-vente de Fann Fancy. À noter : la collection de maquettes de bateaux qui enchantera petits et grands.

KwaMuhle Museum MUSÉE

(carte p. 248 ; ☎031-311 2233 ; 130 Bram Fischer Rd (Ordnance Rd), centre-ville ; 8h30-16h lun-sam). GRATUIT Il occupe l'ancien siège de l'administration bantoue, où les autorités coloniales de Durban établirent les structures de la ségrégation raciale (le "Durban System") ; elles servirent de base à la politique d'apartheid en Afrique du Sud.

St Paul's Church ÉGLISE

(carte p. 248 ; Dr Pixley KaSeme St (West St), centre-ville). Du côté est de la poste principale, une place abrite un vieux presbytère et l'église St Paul, datant de 1909.

Berea et ses environs

Campbell Collections MUSÉE

(carte p. 254 ; ☎031-207 3432 ; campbell.ukzn.ac.za ; 220 Gladys Mazibuko Rd/Marriott Rd ; 20 R ; sur rv uniquement). Ces collections méritent la visite. Muckleneuk, une superbe maison dessinée par sir Herbert Baker, renferme les documents et objets réunis par Killie Campbell et son père, sir Marshall Campbell (il a donné son nom au township de KwaMashu) ; ils constituent de précieux souvenirs de l'ancien Natal et de la culture zouloue.

Killie Campbell commença à collectionner des œuvres d'artistes noirs 60 ans avant que la Durban Gallery ne fasse de même. Elle fut la première à soutenir Barbara Tyrrell, qui répertoria les costumes traditionnels des peuples autochtones. Ses peintures reproduisent avec talent les vêtements, les ornements et la grâce de ses modèles.

Phansi Museum MUSÉE

(☎031-206 2889 ; 500 Esther Roberts Rd, angle Cedar Rd ; 40 R ; 8h-16h lun-ven). Au sud-ouest du centre-ville, la Roberts House, bel édifice victorien restauré, renferme un ensemble d'objets ethniques sud-africains. Paul Mikula, son propriétaire, a rassemblé en collectionneur averti des exemples exceptionnels de sculptures contemporaines, de perles du KwaZulu-Natal, de statues et d'objets allant des pipes aux poupées de fertilité. Réservation indispensable.

Kwazulu Natal Society of Arts GALERIE D'ART
(carte p. 244 ; ☎031-277 1705 ; www.kznsagallery.co.za ; 166 Bulwer Rd ; ⏲9h-17h mar-ven, 9h-16h sam, 10h-15h dim). Cette galerie à but non lucratif propose des expositions temporaires d'art moderne. L'ensemble comprend un charmant café en plein air, ombragé d'arbres, et une boutique de souvenirs.

Durban Botanic Gardens JARDINS
(carte p. 248 ; ☎031-309 9240 ; www.durbanbotanicgardens.org.za ; John Zikhali Rd (Sydenham Rd) ; ⏲7h30-17h30 16 avr-15 sept, 7h30-17h15 16 sept-15 avr). GRATUIT Dans ce jardin botanique de 2 000 m² pousse un représentant du très rare cycas de Wood *(Encephalartos woodii)*, ainsi que de nombreuses espèces de broméliacées. L'endroit est agréable pour une promenade et, le week-end, des jeunes mariés prennent la pose devant les fleurs. Le jardin accueille chaque année une série de concerts donnés par le KwaZulu-Natal Philharmonic Orchestra et d'autres formations.

Moses Mabhida Stadium STADE
(carte p. 244 ; ☎031-582 8242 ; www.mmstadium.com ; 44 Isaiah Ntshangase Rd (Walter Gilbert Rd), Stamford Hill ; SkyCar adulte/enfant 55/30 R, Adventure Walk 90 R/pers, Big Swing 695 R/pers ; ⏲SkyCar 9h-17h, Adventure Walk 10h, 13h et 15h sam et dim, Big Swing 10h-16h, fermé mar et jeu). Construit pour la Coupe du monde de 2010, ce stade à l'architecture dernier cri peut accueillir plus de 56 000 personnes. Ressemblant à un panier géant, il est doté d'une arche inspirée du "Y" qui figure sur le drapeau national. Les visiteurs peuvent monter sur cette arche dans un **SkyCar** ou grimper à pied ses 550 marches dans le cadre d'une **Adventure Walk**. Les plus courageux plongeront harnachés du haut des 106 m pour effectuer le **Big Swing**. Toutes ces activités offrent une vue superbe sur Durban.

Des cafés se regroupent au pied du stade ; de là, vous pouvez louer un vélo ou emprunter la promenade piétonne jusqu'au front de mer.

Durban nord et ouest

Umgeni River Bird Park PARC ORNITHOLOGIQUE
(☎031-579 4601 ; www.umgeniriverbirdpark.co.za ; Riverside Rd ; adulte/enfant 50/30 R ; ⏲9h-17h). Au nord du centre-ville, ce parc ornithologique sur l'Umgeni constitue une plaisante escapade loin du tumulte urbain. Il héberge de nombreux oiseaux africains de toutes sortes évoluant dans une végétation luxuriante et des volières. Ne manquez pas le spectacle de vol libre (11h et 14h mar-dim), avec des espèces du monde entier.

Temple of Understanding LIEU DE CULTE
(☎031-403 3328 ; Bhaktieedanta Sami Circle ; ⏲10h-13h et 16h-20h). À l'ouest de Durban, le plus grand temple Hare Krishna de l'hémisphère Sud occupe un bâtiment à la forme originale de lotus. Il abrite aussi un restaurant végétarien. Suivez la N3 en direction de Pietermaritzburg, puis bifurquez sur la N2 vers le sud. Prenez ensuite l'embranchement pour Chatsworth et tournez à droite en direction du centre de cette banlieue.

Margaret Mncadi Avenue (Victoria Embankment)

Sugar Terminal ÉDIFICE
(carte p. 248 ; ☎031-365 8100 ; 25 Leuchars Rd ; tarif plein/réduit 16/8 R ; ⏲visites 8h30, 10h, 11h30 et 14h lun-jeu). Maydon Wharf, le long du côté sud-ouest du port et au sud de Margaret Mncadi Ave, abrite le Sugar Terminal. Celui-ci offre un aperçu sur le commerce du sucre, qui fut jadis le pilier économique de Durban.

Wilson's Wharf FRONT DE MER
(carte p. 248). Ce quartier portuaire autrefois branché est un peu défraîchi, mais offre la meilleure vue sur le port et ses activités. Le port de Durban est le plus dynamique du pays et le neuvième dans le monde. Des restaurants, des loueurs de bateaux, des boutiques et un théâtre bordent le quai. En voiture, entrez en face de Hermitage St.

Port Natal Maritime Museum MUSÉE
(carte p. 248 ; ☎031-311 2231 ; Maritime Dr ; adulte/enfant 5/3 R ; ⏲8h30-16h lun-sam, 11h-16h dim). Dans une voie d'accès parallèle à Margaret Mncadi Ave, vous pourrez visiter deux anciens remorqueurs et voir l'énorme panier d'osier qui servait jadis à hisser les passagers sur les paquebots.

Horloge Vasco de Gama MONUMENT
(carte p. 248 ; Stanger St (Stalwart Simelane St)). Cette horloge de style victorien, qui se dresse à l'est de Stalwart Simelane St, fut offerte par le gouvernement portugais en 1897 pour le 400e anniversaire de la découverte du Natal par Vasco de Gama.

Centre de Durban

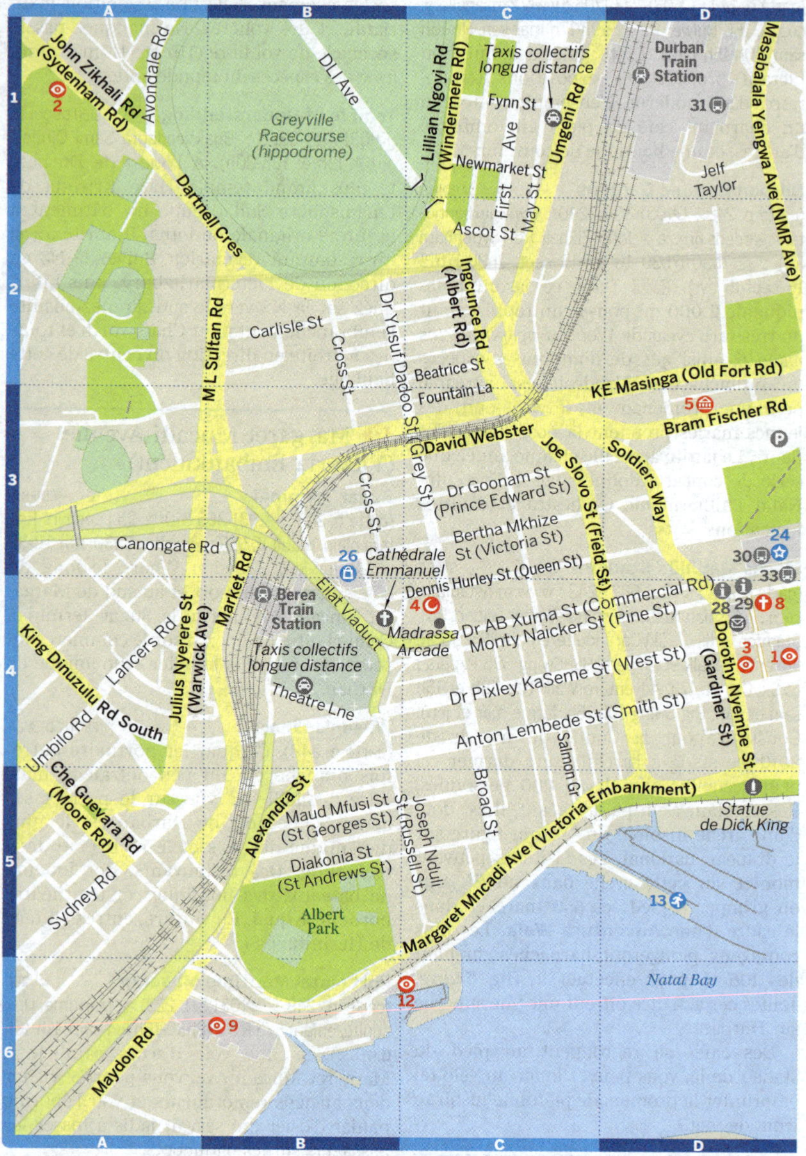

Quartier indien

Mosquée Juma MOSQUÉE

(carte p. 248 ; ☎031-304 1518 ; angle Denis Hurley St (Queen St) et Dr Yusuf Dadoo St (Grey St ; ⏰9h-16h lun-ven, 9h-11h sam). Durban possède la plus grande mosquée de l'hémisphère Sud ; téléphonez pour une visite guidée. Madrassa Arcade (1927), une galerie marchande aux allures de bazar indien, jouxte l'édifice, entre Dr AB Xuma St et Cathedral Rd, près de l'Emmanuel Cathedral.

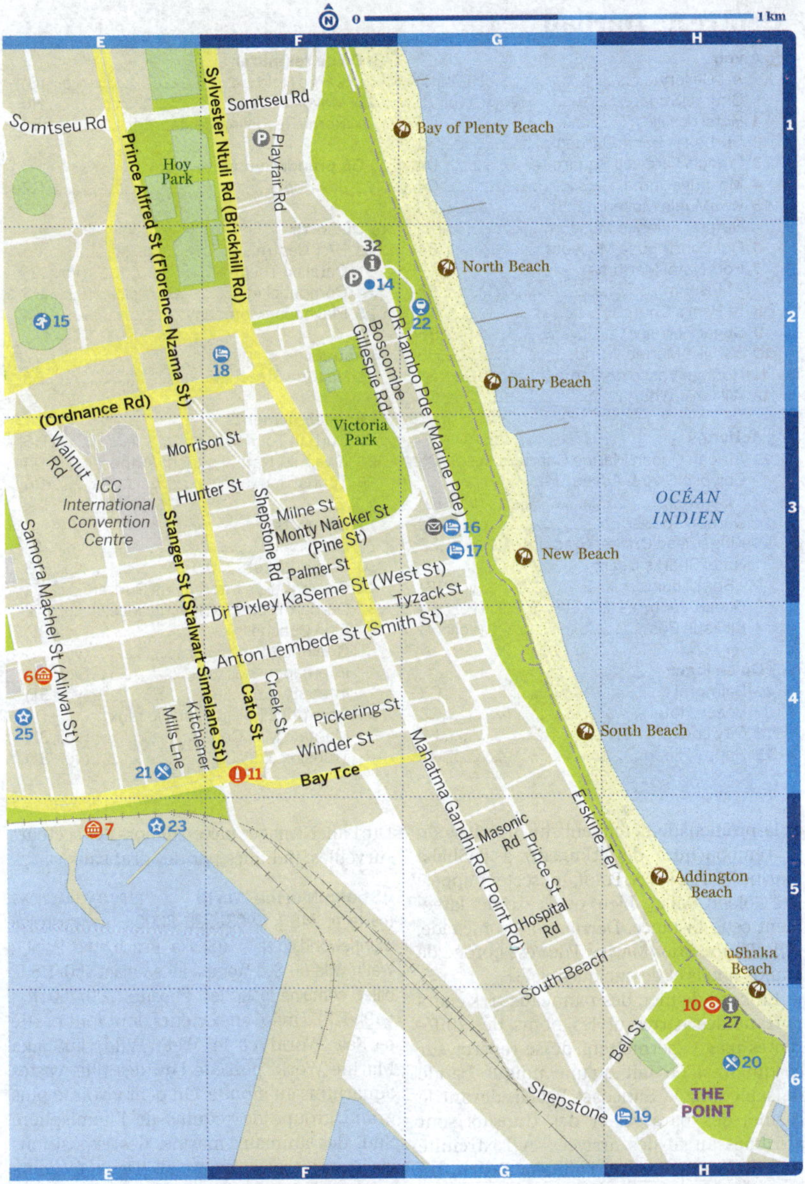

Cathédrale Emmanuel ÉDIFICE CATHOLIQUE ROMAIN (carte p. 248 ; ☎031-306-3595 ; 48 Cathedral Road ; emmanuelcathedral.org.za). La cathédrale de Durban, de 1904, abrite un chemin de croix en marbre de Carrare offert par l'impératrice Eugénie et des grandes orgues.

Front de mer

Le front de mer a été totalement réaménagé avant la Coupe du monde. La nouvelle promenade, une superbe voie piétonne, longe les plages mais offre peu d'ombre. Les plages

Centre de Durban

À voir

Art Gallery .... (voir 1)
Church Square .... (voir 8)
1 Hôtel de ville D4
2 Durban Botanic Gardens A1
3 Francis Farewell Square D4
4 Mosquée Juma C4
5 KwaMuhle Museum D3
Natural Science Museum .... (voir 1)
6 Old Courthouse Museum E4
7 Port Natal Maritime Museum E5
8 St Paul's Church D4
9 Sugar Terminal B6
10 uShaka Marine World H6
11 Horloge Vasco de Gama F4
12 Wilson's Wharf C6

Activités

13 African Queen Marine Charters D5
Calypso Dive & Adventure Centre .... (voir 10)
14 Durban Tourism F2
15 Kingsmead Cricket Stadium E2
Natal Sharks Board Boat Tour .... (voir 12)
Ocean Ventures .... (voir 10)
Ricksha Bus .... (voir 14)

Où se loger

16 Balmoral G3
17 Beach Hotel G3
18 City Lodge F2
19 Happy Hippo H6

Où se restaurer

Cargo Hold .... (voir 10)
20 Moyo H6
21 Roma Revolving Restaurant E4

Où prendre un verre

22 Joe Kool's G2

Où sortir

23 BAT Centre E5
Catalina Theatre .... (voir 12)
24 Computicket D3
25 Playhouse Company E4

Achats

26 Victoria Street Market B3

Renseignements

27 Durban Tourism H6
28 KwaZulu-Natal Tourism Authority D4
29 Tourist Junction D4

Transports

Baz Bus .... (voir 28)
30 Computicket D3
31 Gare routière Intercity de Durban D1
32 Durban Tourism (Beachfront) F2
Eldo Coaches .... (voir 31)
Greyhound .... (voir 31)
Intercape .... (voir 31)
Intercity .... (voir 31)
33 Gare principale des bus locaux D3
Margate Mini Coach .... (voir 31)
Translux .... (voir 31)

et la promenade s'étendent du Blue Lagoon (à l'embouchure de l'Umgeni) à l'uShaka Marine World, sur le Point, un secteur appelé le "Golden Mile", bien qu'il excède largement cette distance. Derrière la promenade, l'OR Tambo Pde (Marine Pde) est bordée de grands hôtels et de quelques cafés.

En bord de mer, des panneaux très clairs portant des cartes et les noms des différentes plages permettent de se repérer sur ce qui n'est en fait qu'une unique bande de sable. Sur la Suncoast Beach, devant le casino, des parasols et des transats sont attribués au fil des arrivées. À l'extrémité sud du front de mer, l'uShaka Beach, un peu plus abritée, avoisine des cafés et un petit parking. Vous verrez d'extraordinaires sculptures en sable réalisées par des citadins, des sirènes aux lions. L'uShaka Beach propose diverses activités, dont des cours de surf et du kayak.

Attention : la houle et les courants peuvent être dangereux sur les plages de Durban. Ne nagez pas en dehors des secteurs surveillés, indiqués par des drapeaux.

uShaka Marine World PARC D'ATTRACTIONS

(carte p. 248 ; ☎031-328 8000 ; www.ushakamarineworld.co.za ; uShaka Beach, the Point ; Wet'n'Wild ou Sea World adulte/enfant 150/115 R, billet combiné pour les 2 parcs 200/150 R ; 9h-17h). Divisé en secteurs dont font partie le Sea World et le Wet'n'Wild, l'uShaka Marine World possède l'un des plus vastes aquariums au monde. On peut y voir le plus grand groupe de requins de l'hémisphère Sud, des animaux marins, des expositions et un centre commercial. Deux élégants restaurants sont installés dans une fausse épave de bateau à vapeur des années 1940. Différentes possibilités sont offertes pour entrer en contact avec les dauphins, les phoques et les raies, mais ces pratiques sont de plus en plus remises en cause par les groupes de défense des animaux. Les activités en eau douce sont innombrables.

Activités

Avec un climat tempéré et d'excellentes infrastructures, les habitants de Durban profitent pleinement de la nature, des activités de plein air et des sports extrêmes.

Croisières

Plusieurs circuits en bateau partent de Wilson's Wharf.

African Queen Marine Charters CROISIÈRES
(carte p. 248 ; ☎076 812 7107 ; www.african-queen.co.za ; Durban Yacht Harbour). Le luxueux yacht *African Queen* effectue une croisière de 3 heures parmi les dauphins.

Cyclotourisme

Avec les promenades piétonne et cyclable le long du front du mer, et entre ce dernier et le stade, le vélo constitue un fabuleux moyen d'explorer différents secteurs de Durban.

STS Sport LOCATION DE VÉLOS
(carte p. 244 ; ☎031-312 9479 ; www.stssport.co.za ; Shop 6, Moses Mabhida Stadium ; 50 R/h ; 8h-18h). Location de vélos. Vous devrez laisser une pièce d'identité et une caution de 100 R. Malheureusement, on ne peut attacher sa bicyclette nulle part en chemin.

Golf

Durban possède plusieurs parcours de golf corrects, tel le **Windsor Park Municipal Golf Course** (carte p. 244 ; fax 031-312 2245 ; Masabalala Yengwa Ave (NMR Ave) ; droit d'entrée 47 R). D'un autre niveau, le **Durban Country Club** (carte p. 244 ; ☎031-313 1777 ; www.dcclub.co.za ; Walter Gilbert Rd ; droit d'entrée 275 R) est considéré comme le meilleur parcours du pays.

Parachute

Skydive KZN SPORTS EXTRÊMES
(☎072 2146 040 ; www.skydivekzn.co.za ; sauts en tandem 1 800 R). Durban et alentour vus du Ciel.

CIRCULER EN LIBERTÉ

Pour découvrir les principaux atouts de la région – l'uKhahlamba-Drakensberg, les parcs nationaux, les réserves naturelles et les champs de bataille –, mieux vaut louer une voiture. Durban offre un bon choix d'agences de location. La plupart des routes sont en bon état, mais pour atteindre des endroits comme le col du Sani (excursion facile depuis Underberg), le Tembe Elephant Park et une large part de l'iSimangaliso Wetland Park, le 4X4 s'impose.

Plongée et pêche

Calypso Dive & Adventure Centre PLONGÉE
(carte p. 248 ; ☎031-332 0905 ; www.calypsoushaka.co.za ; uShaka Marine World ; 9h-18h). Club certifié PADI, le Calypso Diving offre des stages de plongée Open-Water (à partir de 3 500 R), des cours de perfectionnement et des plongées sur des épaves proches et ailleurs. Les débutants s'exercent dans le "lagon", un bassin de l'uShaka. Les plongeurs expérimentés peuvent aussi plonger dans l'aquarium océanique de l'uShaka (495 R).

Casea Charters PÊCHE
(☎031-561 7381 ; www.caseacharters.co.za ; Grannies Pool, Main Beach, Umhlanga ; sorties 3/4 heures 500/600 R). Casea Charters, un centre de pêche tenu en famille, est basé à Umhlanga. Cannes, matériel et appâts sont fournis, et vous pouvez conserver vos prises sans supplément. Au cours des sorties, on aperçoit souvent baleines et dauphins.

Sports extrêmes en salle

Après le Big Swing (695 R) à l'intérieur du Moses Mabhida Stadium (p. 247), venez surfer sur les vagues artificielles (25-85 R) de la Wave House, dans l'immense Gateway's

ATTENTION AUX NOMS DES RUES

En 2007 et 2008, le conseil municipal a pris une décision controversée en renommant un bon nombre des rues de Durban et de sa périphérie ; le but était de mettre en avant une "nouvelle Afrique du Sud". Le débat fait toujours rage : nombreux sont les habitants à critiquer le coût du changement de plaques, tout comme le nom de certains des promus, pour beaucoup d'anciens membres de l'ANC (le Congrès national africain) et des défenseurs des libertés... sans parler du bouleversement dans les habitudes et les repères.

La plupart des habitants, y compris les commerçants, continuent à utiliser les anciens noms, ce qui prête à confusion. En conséquence, nous donnons systématiquement la nouvelle et l'ancienne dénomination (entre parenthèses).

À NE PAS MANQUER

PARCS ET RÉSERVES DU KWAZULU-NATAL

Si vous prévoyez de passer du temps dans les excellents parcs et réserves de la province, l'**Ezemvelo KZN Wildlife** (p. 293) constitue une première étape obligée. Dans les parcs, l'hébergement varie du simple emplacement de camping aux confortables tentes de safari et aux lodges luxueux ; la brochure gratuite *Fees & Charges* répertorie les établissements et les prix, ainsi que les droits d'entrée de toutes les réserves de l'Ezemvelo KZN Wildlife ; des cartes des parcs sont également disponibles.

Quel que soit l'hébergement, il faut réserver par téléphone, e-mail ou au bureau de Pietermaritzburg. Les réservations de dernière minute (soit 48 heures avant le séjour) s'effectuent directement auprès des campements.

Officiellement, tous les parcs ouvrent de 5h à 19h du 1er octobre au 31 mars, et de 6h à 18h du 1er avril au 30 septembre.

Si de nombreux parcs sont prisés par les amoureux des animaux et les amateurs d'activités en plein air, leurs campements – des excellents bungalows aux tentes de safari – conviennent aussi aux familles et aux voyageurs à petit budget.

Si vous ne pouvez visiter qu'une ou deux réserves, le choix se fera entre le Royal Natal National Park pour la vue sur l'uKhahlamba-Drakensberg, le Hluhluwe-iMfolozi Park pour la faune et ses hébergements en pleine nature, l'Ithala Game Reserve et l'uMkhuze Game Reserve pour leurs caches et points d'eau, ou l'iSimangaliso Wetland Park pour ses paysages et ses écosystèmes variés.

Theatre of Shopping (p. 259) – les pieds étant fixés à la planche, même les novices peuvent essayer.

Surf

Durban compte une multitude de plages propices au surf.

Ocean Ventures SURF, KAYAK
(carte p. 248 ; ✆086-100 1138 ; www.oceanventures.co.za ; uShaka Marine World ; cours 150 R, planche souple/dure 100/150 R/heure ; ⏲8h-16h). Loue des planches de surf et des kayaks à uShaka Beach.

Circuits organisés

Une visite avec un guide professionnel constitue un bon moyen de découvrir Durban. De nombreuses auberges de jeunesse proposent aussi des circuits et des activités à prix doux autour de Durban et dans le KwaZulu-Natal.

Durban Tourism CIRCUITS CULTURELS
(carte p. 248 ; ✆031-322 4173 ; www.durbanexperience.co.za ; Old Pavilion Site, OR Tambo Pde (Marine Pde), North Beach). Propose diverses promenades de 3 heures dans les quartiers indien et historique de la ville (2 pers au minimum, adulte 100 R), ainsi que des circuits dans les townships. Fournit également une liste de guides et de tour-opérateurs.

Ricksha Bus CIRCUITS EN BUS
(carte p. 248 ; Durban Tourism, Old Pavilion Site, OR Tambo Pde (Marine Pde), North Beach ; adulte/enfant 100/50 R). Ce circuit de 3 heures en bus à impériale couvre certains des principaux sites de la ville et rejoint les faubourgs, dont Morningside (Florida Road). Les bus partent 2 fois par jour, à 9h et 13h, du bureau sur la plage de Durban Tourism.

Natal Sharks Board Boat Tour CIRCUITS EN BATEAU
(carte p. 248 ; ✆031-566 0400 ; www.shark.co.za ; Wilson's Wharf ; circuit 2 heures 300 R ; ⏲départ 6h30). Un circuit fascinant : vous accompagnez le personnel de Natal Sharks Board quand il marque et relâche les requins et les autres poissons pris dans les filets anti-requins qui protègent les plages de Durban. Les bateaux partent du Wilson's Wharf (ne pas confondre avec l'adresse de leurs bureaux, à Umhlanga Rocks).

Fêtes et festivals

Durban International Film Festival CINÉMA
(www.cca.ukzn.ac.za). Plus de 200 films sont projetés durant ce festival qui se tient en juillet.

Awesome Africa Music Festival MUSIQUE
Musique et théâtre de tout le continent, fin septembre-début octobre.

Diwali FÊTE HINDOUE
En décembre, la fête de Diwali, ou fête des Lumières, dure 3 jours.

Où se loger

Même si des hôtels s'alignent sur le front de mer, les meilleurs hébergements sont presque tous regroupés dans les faubourgs, avec des B&B haut de gamme et des auberges de jeunesse. Ils sont généralement d'un meilleur rapport qualité/prix que les établissements en bord de plage. Dans certaines auberges de jeunesse, on propose de venir vous chercher à l'aéroport, et des excursions à la plage et ailleurs sont organisées. Quelques hôtels de luxe sont installés dans le centre-ville et à proximité, mais la plupart se trouvent dans les faubourgs et vers Umhlanga Rocks.

Centre-ville

Le soir, le centre-ville de Durban devient désert et moins sûr.

Happy Hippo AUBERGE DE JEUNESSE $
(carte p. 248 ; ☎031-368 7181 ; www.happy-hippo.info ; 222 Mahatma Gandhi Rd (Point Rd) ; dort 160 R, d 400-500 R ; 📶). Proche de la plage, ce vaste établissement bien tenu a des allures d'entrepôt. Les couleurs vives, les grands espaces et le bar sur le toit créent une atmosphère détendue, quoique bruyante aux dires de certains. Les chambres jouxtent les parties communes.

Berea et ses environs

Gibela Backpackers Lodge AUBERGE DE JEUNESSE $
(carte p. 254 ; ☎031-303 6291 ; www.gibelabackpackers.co.za ; 119 Ninth Ave, Morningside ; dort/s/d 230/460/630 R ; P@📶🏊). Joliment aménagée dans une maison de style toscan des années 1950, cette adresse suscite des avis positifs de la part des voyageurs. Nous la conseillons à ceux qui fuient les auberges de jeunesse pour fêtards. Petit-déjeuner continental servi dans une belle salle à manger semi-ouverte, personnel serviable et boutique d'artisanat.

Tekweni Backpackers AUBERGE DE JEUNESSE $
(carte p. 254 ; ☎031-303 1433 ; www.tekwenibackpackers.co.za ; 169 Ninth Ave, Morningside ; dort 140 R, s/d/tr sans sdb à partir de 400/470/570 R ; P📶🏊). La devise du lieu, “Tekweni goes off” (Tekweni s'éclate), annonce d'emblée la couleur. La cour, avec piscine et bar, se remplit de voyageurs les vendredis et samedis soir, ainsi que lors des soirées barbecue. La techno résonne et un brouhaha général envahit tout le complexe, qui comprend deux lodges joliment décorés et bien entretenus. Si vous aimez le calme et la sérénité, passez votre chemin.

♥ **Napier House** B&B $$
(carte p. 244 ; ☎031-207 6779 ; www.napierhouse.co.za ; 31 Napier Rd, Berea ; s/d avec petit-déjeuner 620/900 R ; P❄🏊). Niché dans une petite rue étroite près du jardin botanique, ce chaleureux B&B présente un remarquable rapport qualité/prix. Les 5 chambres claires, spacieuses et de bon goût de cette ancienne résidence coloniale disposent chacune d'une grande sdb. Hôtes sympathiques et mention spéciale pour le petit-déjeuner.

Rosetta House GUESTHOUSE $$
(carte p. 254 ; ☎031-303 6180 ; www.rosettahouse.com ; 126 Rosetta Rd, Morningside ; s/d avec petit-déj 725/1 000 R ; P❄📶). Un endroit très populaire à juste titre. Dans cette maison élégante à l'ambiance rustique, tout est bien rangé. L'une des chambres dispose d'une agréable terrasse avec vue sur le stade et la mer. Une adresse parfaite pour des voyageurs plus âgés en quête de confort à proximité du centre.

Benjamin BOUTIQUE-HÔTEL $$
(carte p. 254 ; ☎031-303 4233 ; www.benjamin.co.za ; 141 Florida Rd, Morningside ; s/d avec petit-déj 975/1 255 R ; P❄📶🏊). Cet établissement haut de gamme comporte des chambres classiques parées de lourds rideaux et de coussins fleuris autour d'une ravissante cour pavée verdoyante. Il jouit d'un emplacement de premier ordre au bout de Florida Rd, à deux pas des restaurants et des bars.

Concierge BOUTIQUE-HÔTEL $$$
(carte p. 254 ; ☎031-309 4434 ; www.the-concierge.co.za ; 36-42 St Mary's Ave, Greyville ; s/d avec petit-déj 1 000/1 700 R ; P❄📶). L'un des hôtels les plus avant-gardistes de “Durbs” comprend 12 chambres cosy dans 4 bungalows. Le style, urbain et branché, prime sur les espaces, restreints mais bien pensés. Le petit-déjeuner est servi dans le Freedom Cafe, sur place.

Quarters BOUTIQUE-HÔTEL $$$
(carte p. 254 ; ☎031-303 5246 ; www.quarters.co.za ; 101 Florida Rd ; s/d avec petit-déj à partir de 1 500/2 100 R ; P❄). Au cœur du quartier des bars et restaurants les plus chics, ce bel hôtel occupe deux bâtiments proches où se marient charme colonial et confort douillet. Chacun possède un restaurant.

Berea et ses environs

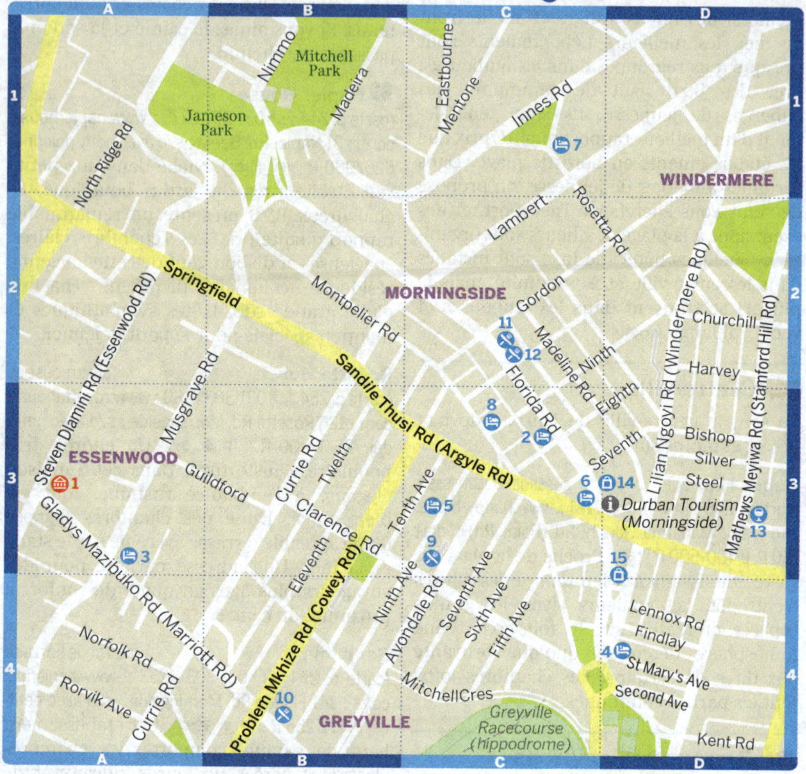

Brown's Bed & Breakfast

B&B $$$

(carte ci-dessus ; ☎031-208 7630 ; www.brownsguesthouse.co.za ; 132 Gladys Mazibuko Rd/Marriott Rd, Essenwood ; s/d avec petit-déj 850/1 500 R ; P❄). L'intérieur chic séduit une clientèle aisée qui apprécie les "suites", 4 chambres spacieuses avec kitchenette et salon.

Durban Nord

Plusieurs faubourgs, comme Durban North et Umgeni Heights, se situent sur la rive nord de l'Umgeni. Verdoyant et paisible, Durban North est l'un des quartiers les plus cossus de Durban, avec un accès facile au centre et à la côte nord.

♥ Smith's Cottage

AUBERGE DE JEUNESSE $

(☎031-564 6313 ; www.smithscottage.8m.com ; 5 Mount Argus Rd, Umgeni Heights ; dort/d 150/400 R, cottages tout équipés 950 R ; P). Excellente option pour les petits budgets, à proximité de l'Umgeni River Bird Park. Autour d'un jardin, quelques bungalows indépendants plutôt petits côtoient un vaste dortoir de 12 lits avec cuisine attenante ; la maison principale abrite un dortoir de 4 lits. Atmosphère agréable et propriétaires sympathiques.

Riverside Hotel & Spa

HÔTEL $$

(☎031-563 0600 ; www.riversidehotel.co.za ; 10 Kenneth Kaunda Rd (Northway), Durban North ; ch à partir de 1 000 R ; P). Difficile à manquer, ce grand bâtiment blanc se dresse sur la rive droite de l'Umgeni. Si les couloirs sont un peu clinquants, avec colonnades éclairées au néon, les chambres offrent tout le confort d'un établissement haut de gamme. De là, vous rejoindrez facilement le centre-ville et la côte nord de Durban.

Front de mer

♥ Balmoral

HÔTEL $$

(carte p. 248 ; ☎031-368 8220 ; www.raya-hotels.com ; 125 OR Tambo Pde (Marine Pde) ; s/d à

Berea et ses environs

partir de 900/1 000 R ; P ❄ @). Seul hôtel du front de mer qui ne soit pas une tour, le Balmoral occupe une demeure coloniale très bien placée, à une courte marche de la promenade. Il allie charme d'antan et équipements modernes.

Beach Hotel HÔTEL $$
(carte p. 248 ; ☎031-337 5511 ; www.beachhotel.co.za ; 107 OR Tambo Pde ; ch avec petit-déj à partir de 650 R ; P ❄ 📶). Au cœur du Durban balnéaire, laissez-vous bercer par le son et la vue des vagues dans l'une des chambres spacieuses (certaines avec baignoire) de cet hôtel vieillissant en bord de mer. Il aurait certes besoin de travaux, mais les marchés qui fleurissent le week-end et les nombreuses piscines de la promenade sont proches. Belle vue depuis le 6e étage.

Blue Waters HÔTEL $$
(carte p. 244 ; ☎031-327 7000 ; www.bluewatershotel.co.za ; 175 Snell Pde ; s/d avec petit-déj à partir de 800/900 R ; P ❄ 📶). À l'extrémité nord du front de mer, à l'écart de la promenade fréquentée, cet établissement classique vient de bénéficier de rénovations massives. Jouissant d'une vue somptueuse sur l'océan, les chambres se distinguent par une literie moelleuse et des meubles élégants. La grille de tarifs, un peu compliquée, dépend du jour de la semaine – nous indiquons ici les prix moyens.

Southern Sun Suncoast Hotel & Towers HÔTEL $$$
(carte p. 244 ; ☎031-314 7878 ; www.tsogosunhotels.com ; 20 Battery Beach Rd ; ch à partir de 1 900 R ; P ❄ 📶 🏊). Jouxtant le casino, le Southern Sun Suncoast, de style hôtel d'affaires, est un établissement sûr. Il compte plus de 100 chambres chics et contemporaines, à l'aménagement luxueux. Sachez que dans les "Philadelphia suites", les sdb sont incorporées dans les chambres, offrant peu d'intimité. Vue somptueuse du dernier étage.

Où se restaurer

Les saveurs indiennes et asiatiques abondent à Durban, tout comme les viandes et les salades. Goûtez le *bunny chow*, un sandwich indien garni de haricots ou d'un curry.

Centre-ville

En dehors des échoppes de plats indiens à emporter le long de Dr Yusuf Dadoo St (Grey St), le choix s'avère limité dans le centre.

Roma Revolving Restaurant ITALIEN $$
(carte p. 248 ; ☎031-337 6707 ; www.roma.co.za ; 32e ét., John Ross House, Margaret Mncadi Ave (Victoria Embankment), centre-ville ; plats 80-170 R ; ⏰12h-14h30 ven et sam, 18h-22h30 lun-sam ; ❄). L'un des quelques restaurants tournants de la planète et l'un des rares du centre-ville, le Roma offre une vue époustouflante sur Durban du haut de John Ross House. Essentiellement italiens, les plats bien préparés incluent toutes sortes de pâtes imaginables et de nombreuses recettes à base de produits de la mer.

Front de mer

Les échoppes de burgers, pizzas et barbes à papa prédominent sur le front de mer. Mieux vaut rejoindre l'uShaka Marina ou le casino, qui comptent tous deux d'excellents restaurants.

African Peninsula Restaurant INTERNATIONAL $$
(☎031-467 1045 ; 599 Marine Dr, Brighton Beach ; plats 90-120 R ; ⏰déjeuner 12h-16h30, dîner 17h-22h). Sa vaste terrasse donnant sur l'océan enthousiasme les voyageurs. Si la cuisine – travers de porc fumés, jarret

d'agneau à la marocaine, tempura de calamar et poisson de ligne grillé du jour – ne démérite pas, il vaut surtout pour son emplacement. Au sud du port de Durban, Brighton Beach est desservie par la M4.

Cafe Jiran CAFÉ **$$**

(carte p. 244 ; ☎031-332 4485 ; 151 Snell Pde ; plats 40-130 R ; ⏲6h30-22h). À côté du Bel-Aire Suites Hotel, ce lieu branché est idéal pour un café, un jus de fruits pressés ou un petit-déjeuner après la baignade, ou juste pour regarder les passants à pied, à vélo ou en rollers. Plats savoureux le soir, du mardi au samedi, dont des tapas telles que calamars au piment, boulettes d'agneau et halloumi grillé.

Cargo Hold POISSON ET FRUITS DE MER **$$**

(carte p. 248 ; ☎031-328 8065 ; uShaka Marine World, the Point ; plats 150 R ; ⏲12h-14h30 et 18h-21h30 lun-sam, 12h-17h dim). Sur le *Phantom Ship* de l'uShaka Marina, vous vous régalerez de succulents plats de poisson aux saveurs espagnoles en regardant les requins, dont l'aquarium ferme un côté de la salle.

Moyo INTERNATIONAL **$$**

(carte p. 248 ; ☎031-332 0606 ; uShaka Marina, the Point ; plats 80-130 R ; ⏲11h-23h). Dans le complexe de l'uShaka, le Moyo met davantage l'accent sur l'innovation que sur la qualité de la cuisine (salade à l'autruche, huîtres de Knysna...). Le concept est amusant : sculptures et objets décoratifs en matériaux recyclés, maquillage festif du visage, sérénades aux tables et bons musiciens.

Berea et ses environs

Florida Rd est bordée de restaurants, cafés et bars animés ; non loin, Lilian Ngoyi Rd (Windermere Rd) compte aussi de bonnes adresses. Dans Innes Rd, plusieurs cafés font face au Mitchell Park.

Freedom Cafe CAFÉ **$**

(carte p. 254 ; ☎073 104 2866 ; www.tastefreedom.co.za ; 37-43 St Mary's Ave ; plats 60-80 R ; ⏲7h-16h, jusqu'à 21h ven). Un café coloré, chic et tendance, dans un espace reconverti de façon créative comportant une cour gravillonnée. Plats d'influence asiatique comme le porc effiloché à la vietnamienne, options végétariennes et menu pour enfant. Derrière le Concierge Boutique Bungalows.

♥ **Cafe 1999** INTERNATIONAL **$$**

(carte p. 244 ; ☎031-202 3406 ; www.cafe1999.co.za ; Silverton Rd, Silvervause Centre, Berea ; tapas 50 R, plats 120 R ; ⏲déjeuner 12h30-14h30 lun-ven, dîner 18h30-22h30 lun-sam). Ce restaurant raffiné ne paie pas de mine, mais il concocte une cuisine d'inspiration méditerranéenne fort réussie. Les tapas – olives farcies frites, carpaccio de koudou et crevettes au piment – sont hors pair. Face aux nombreux plats du jour, le personnel, très aimable, saura vous conseiller.

9th Avenue Bistro INTERNATIONAL **$$**

(carte p. 254 ; ☎031-312 9134 ; Ninth Ave, Avonmore Centre, Morningside ; plats 150 R ; ⏲12h-14h30 mar-ven, 18h-21h30 lun-sam). Si l'emplacement, dans le parking de l'Avonmore Centre, laisse à désirer, la cuisine internationale de cette table chic et moderne réjouit le palais. La carte illustrée change régulièrement, mais vous pouvez compter sur du gibier, du filet d'autruche fumé et des classiques comme l'épaule d'agneau braisée et le poisson de ligne du jour.

Mali's Indian Restaurant INDIEN **$$**

(carte p. 244 ; ☎031-312 8535 ; 77 Smiso Nkwanya Rd (Goble Rd), Morningside ; plats 90 R ; ⏲déjeuner 11h-15h mar-dim, dîner 18h-22h mar-jeu, jusqu'à 22h30 ven-dim). Dans une ville qui compte une importante communauté indienne, cette affaire familiale plutôt discrète prépare les spécialités du nord et du sud de l'Inde comme personne.

Market INTERNATIONAL **$$**

(carte p. 254 ; ☎031-309 8581 ; www.marketrestaurant.co.za ; 40 Gladys Mazibuko Rd (Marriott Rd), Greyville ; plats 80-160 R ; ⏲ dim 8h30-15h30, lun 7h30-16h, mar-sam 7h30-21h30). La cuisine est tout aussi raffinée que la clientèle et tous les repas, petit-déjeuner, déjeuner ou dîner, sont succulents. Plats créatifs mettant en scène des ingrédients comme le calamar, le quinoa, la feta, le pesto rouge et de la salade aux noix de macadamia. L'établissement privilégie les produits bio locaux et les viandes fermières. La cour bordée d'arbres et la fontaine sont idéales par forte chaleur.

Spiga D'oro ITALIEN **$$**

(carte p. 254 ; ☎031-303 9511 ; 200 Florida Rd ; plats 50-90 R ; ⏲petit-déj, déj et dîner). Semblable aux autres cafés de cette rue très fréquentée, ce restaurant se démarque toutefois par ses généreux plats italiens, dont des pâtes délicieuses. Il y a foule le week-end pour regarder les gens qui vont et viennent le long de Florida Rd. Réservation indispensable pour la salle du fond.

Mozambik PORTUGAIS $$

(carte p. 254; ☎031-303 2135 ; 198C Florida Rd ; plats 90-150 R ; ⏲12h-22h). Dans une cour juste en retrait de Florida Rd, le Mozambik dispose d'une salle à manger agréable à l'étage où déguster poisson, crevettes, volaille et bœuf à la mode portugaise. Mention spéciale pour le steak grillé.

Joop's Place GRILL $$

(carte p. 254 ; ☎031-312 9135 ; Ninth Ave, Avonmore Centre, Morningside ; plats 80-170 R ; ⏲dîner lun-jeu et sam, déj et dîner ven). Caché derrière un centre commercial, ce grill sans prétention voit affluer les habitants, séduits par les fabuleux steaks, tous grillés par Joop lui-même. Une adresse exceptionnelle.

Où prendre un verre et faire la fête

Les meilleurs bars et discothèques se trouvent dans les faubourgs, le long de Florida Rd ; le casino abrite aussi de bonnes adresses. Les boîtes de nuit apparaissent et disparaissent rapidement ; renseignez-vous sur place.

Moyo uShaka Pier Bar BAR

(carte p. 244 ; ☎031-332 0662 ; www.moyo.co.za ; uShaka Marine World, the Point ; ⏲11h-tard). Perché sur une jetée devant l'uShaka Marine World, c'est le meilleur endroit pour un verre au coucher du soleil, avec une vue fabuleuse sur le port d'un côté, l'océan Indien de l'autre, le stade et la ville au-delà. Détendu, exotique et chic.

Spiga Bar BAR

(carte p. 254 ; 200 Florida Rd ; ⏲fermé lun). Parfait pour se détendre dans une ambiance intime et cosy, le bar flambant neuf de la Spiga D'oro, à la fois raffiné et sans prétention, apporte une note de nouveauté sur la scène nocturne de Durban. Derrière son long comptoir, on sert, entre autres, de la bière du Cap à la pression.

Unity Brasserie & Bar BRASSERIE

(carte p. 244 ; www.unitybar.co.za ; 117 Silverton Rd ; ⏲12h-22h30 lun-jeu et dim, jusqu'à minuit ven et sam). Un endroit aussi confortable que sympathique où l'on peut commander de la bière artisanale à la pression de That Brewing Co. Mention spéciale pour l'Irish Red... Familles bienvenues durant la journée et en début de soirée.

Billy the Bum's CLUB

(carte p. 244 ; ☎031-303 1988 ; www.billythebums.co.za ; 504 Lilian Ngoyi Rd (Windermere Rd), Morningside ; ⏲12h-tard lun-sam). Fréquenté par les jeunes cadres dynamiques de Durban, un bar à cocktails à l'ambiance effervescente.

Joe Kool's CLUB

(carte p. 248 ; ☎082 378 8068 ; Lower OR Tambo Pde/Marine Pde, North Beach). Rendez-vous incontournable après une journée à la plage, cette vénérable boîte de nuit propose bière fraîche, TV grand écran, musique dance et ambiance festive.

Lounge GAY ET LESBIEN

(carte p. 254 ; ☎031-303 9023 ; www.thelounge.za.org ; 226 Mathews Meyiwa Rd/Stamford Hill Rd). Avec ses différents bars, le Lounge est un endroit plaisant, apprécié des gays et des lesbiennes.

Origin CLUB

(carte p. 244 ; ☎031-201 9959 ; www.theorigin.co.za ; 9 Clark Rd, Lower Glenwood ; ⏲21h-tard sam). Passant une musique variée (deep house, électro, soul, funk...), ce club chic reste l'un des plus prisés de Durban. Il ouvre parfois le vendredi soir – vérifiez avant de venir.

Où sortir

Ville animée, Durban possède une scène culturelle dynamique. Des centaines d'événements, des matchs de rugby ou de cricket aux festivals de cinéma et aux pièces de théâtre, peuvent se réserver auprès de **Computicket** (carte p. 248 ; ☎083 915 8000 ; www.computicket.co.za). Des comptoirs sont installés dans la Playhouse Company et dans les boutiques MTN des centres commerciaux Pavilion et Gateway.

Musique live

KwaZulu-Natal Philharmonic Orchestra MUSIQUE CLASSIQUE

(☎031-369 9438 ; kznphil.org.za). L'orchestre philarmonique propose un intéressant programme de printemps, avec des concerts réguliers à l'hôtel de ville. Consultez le calendrier sur le site Internet.

Chairman MUSIQUE LIVE

(carte p. 244 ; 146 Mahatma Gandhi Rd (Point Rd) ; ⏲19h-2h jeu-sam, jusqu'à minuit dim-mer). Rejoignez cet élégant bar lounge en taxi car il se situe dans un coin de Durban peu reluisant. Très sélect, alliant style rétro et tendance actuelle, il bouscule les conventions. Il s'agit essentiellement d'un club de jazz lounge, mais ses excellents cocktails justifient le déplacement.

BAT Centre MUSIQUE LIVE
(carte p. 248 ; 031-332 0451 ; www.batcentre.co.za ; 45 Maritime Pl). L'un des repaires artistiques les plus intéressants de Durban, où se déroulent des concerts de jazz plus ou moins réguliers. Mieux vaut consulter le programme avant de vous déplacer car l'organisation laisse parfois à désirer. Ne vous promenez pas le soir dans ce quartier isolé. Près de Margaret Mncadi Ave (Victoria Embankment).

Rainbow Restaurant & Jazz Club JAZZ
(031-702 9161 ; www.therainbow.co.za ; 23 Stanfield Lane, Pinetown). À Pinetown, à 15 km à l'ouest du centre-ville, ce fut le premier endroit du Natal à accueillir les Noirs au cœur d'un "quartier blanc" dans les années 1980. Club de jazz réputé, il a toujours la préférence des habitants. Des concerts ont lieu le premier et le dernier dimanche du mois. Renseignements sur le site Internet.

Centre for Jazz JAZZ
(music.ukzn.ac.za ; South Ridge Rd, Durban Campus, Université de KwaZulu-Natal). L'université du KwaZulu-Natal propose des concerts de musique contemporaine et de jazz chaque mercredi après-midi à 17h pendant l'année universitaire. Les artistes sont aussi bien des joueurs de jazz des townships que des musiciens professionnels (tels Jimmy Dludlu et Sipho "Hotstix" Mabuse) ou des étudiants.

Théâtre

Playhouse Company THÉÂTRE
(carte p. 248 ; 031-369 9555 ; www.playhouse-company.com ; 29 Anton Lembede St/Smith St). En face de l'hôtel de ville, le théâtre central de Durban est splendide. Les mosaïques et ouvrages en perles zoulous dans le foyer méritent à eux seuls la visite. Les spectacles – danse, théâtre ou concerts – brillent par leur qualité.

Barnyard Theatre THÉÂTRE
(031-566 3045 ; www.barnyardtheatre.co.za ; Gateway Mall, Umhlanga Ridge). Populaire et unique en son genre, cette grange reconstituée accueille des pièces grand public. Les spectateurs peuvent apporter leur en-cas (ou l'acheter à l'un des stands de nourriture à emporter) et acheter des boissons au bar.

CIRCULER EN "RICKSHA"

Souvent ornés d'emblèmes zoulous, des rickshaws, appelés ici "rickshas", sillonnent OR Tambo Pde (Marine Pde). En 1904, ils constituaient un moyen de transport très utilisé, avec quelque 2 000 conducteurs enregistrés. Une course de 15 minutes revient à environ 60 R (plus 10 R pour la photo souvenir).

Catalina Theatre THÉÂTRE
(carte p. 248 ; 031-837 5999 ; www.catalinatheatre.co.za ; 18 Boatman's Rd, Wilson's Wharf). Une salle à but non lucratif qui présente des œuvres artistiques inédites. Boatman's Rd est parallèle à Margaret Mncadi Ave (Victoria Embankment).

Sport

Cricket, football et rugby font partie des sports pratiqués au KwaZulu-Natal. Des équipes professionnelles comme les AmaZulu et les Manning Rangers jouent à Durban et rencontrent des équipes internationales.

Le Moses Mabhida Stadium (p. 247) a été construit pour accueillir la Coupe du monde de football de 2010, mais c'est au **Kings Park Stadium** (carte p. 244 ; 031-312 5022 ; Jacko Jackson Dr), doté de 60 000 places, que joue l'équipe de rugby des **Natal Sharks** (www.sharksrugby.co.za). Les fans de cricket se retrouvent au **Kingsmead Cricket Stadium** (Sahara Stadium ; carte p. 248 ; 031-335 4200 ; 2 Kingsmead Cl), où ont lieu les matchs internationaux.

Achats

Durban est connue pour ses magasins d'usine, qui vendent toutes sortes d'articles à prix raisonnables, des chaussures au matériel de surf. Pour les produits de base, le **Musgrave Centre** (carte p 244 ; 031-201 5129 ; Musgrave Rd) et **Pavilion** (031-265 0558 ; 9h-18h lun-ven, jusqu'à 17h sam, 10h-17h dim) font partie des principaux centres commerciaux. Le second se situe à Westville, à 8 km du centre sur la N3 en direction de Pietermaritzburg.

Victoria Street Market MARCHÉ
(carte p. 248 ; 031-306 4021 ; www.indianmarket.co.za ; 151-55 Bertha Mkhize St (Victoria St), centre-ville ; 6h-18h lun-ven, 8h-14h sam-dim). À l'extrémité ouest de Bertha Mkhize St, ce marché constitue le cœur du quartier indien,

avec plus de 160 stands proposant des marchandises en provenance d'Asie. Faites attention à votre porte-monnaie et n'emportez pas d'objets de valeur. Les échoppes tenues par des musulmans ferment presque toutes le vendredi après-midi.

African Art Centre ART ET ARTISANAT
(carte p. 254 ; ✆031-312 3084 ; www.afriart.org.za ; Florida Rd ; ⏲8h30-17h lun-ven, 9h-15h sam). Cette galerie à but non lucratif propose une excellente sélection d'œuvres d'artistes et d'artisans ruraux.

Gateway Theatre of Shopping (Gateway Mall) CENTRE COMMERCIAL
(✆031-566 2332 ; www.gatewayworld.co.za ; 1 Palm Blvd, Umhlanga Ridge ; ⏲9h-19h lun-jeu, 9h-21h ven-sam, 9h-18h dim). Cette galerie marchande est une institution, appréciée des habitants. On y accède par la N2 juste au nord d'Uhmlanga Rocks.

Ike's Books & Collectables LIVRES
(carte p. 254 ; ✆031-303 9214 ; 48A Florida Rd ; ⏲10h-17h lun-ven, 9h-14h sam). Presque un musée du livre ! Cette superbe librairie regorge de documents anciens, d'éditions originales et de livres d'occasion – un modèle du genre.

Renseignements

ACCÈS INTERNET

La plupart des cafés et certains restaurants disposent du Wi-Fi. La majorité des auberges de jeunesse, pensions et hôtels proposent l'accès à Internet. Comptez à partir de 30 R l'heure.

ARGENT

Il y a des banques avec DAB et service de change, dont la Standard Bank, la FNB, la Nedbank et l'ABSA, partout dans la ville.

American Express Musgrave Centre (✆031-202 8733 ; FNB House, 151 Musgrave Rd, Musgrave)

Bidvest Bank (✆031-202 7833 ; Shop 311, niveau 3, Musgrave Centre, Musgrave Rd, Berea ; ⏲9h-17h lun-ven, 9h-13h sam)

DÉSAGRÉMENTS ET DANGERS

Comme ailleurs en Afrique du Sud, la criminalité sévit à Durban et peut toucher les touristes comme les habitants. Soyez prudent, sans pour autant sombrer dans la paranoïa. Les agressions et les vols, jadis un problème sur le front de mer, ont diminué depuis la réhabilitation du quartier, mais faites attention la nuit. Soyez aussi particulièrement vigilant du côté Umgeni Rd de la gare ferroviaire et sur les marchés du Warwick Triangle.

La nuit, à l'exception du casino et des alentours du Playhouse Theatre (les soirs de spectacle), le centre de Durban devient désert, les fêtards se retrouvant dans les faubourgs. Prenez toujours un taxi (de préférence à plusieurs) si vous sortez le soir ou si vous vous rendez à l'uShaka Marine World.

Si vous disposez d'une voiture, il est généralement possible de se garer devant les restaurants de la périphérie, mais ne la laissez pas dans la rue toute la nuit ; préférez un parking (la plupart des hôtels en possèdent). Ne laissez jamais d'objet de valeur sur les sièges, même lorsque vous conduisez.

Les meilleurs conseils venant des habitants, n'hésitez pas à vous renseigner alentour, car si la sécurité s'est grandement améliorée, elle demeure fluctuante.

OFFICES DU TOURISME

Procurez-vous un exemplaire gratuit d'*Events Calendar* ou du semestriel *Destination Durban*

Durban Tourism (carte p. 248 ; ✆031-337 8099 ; www.durbanexperience.co.za ; uShaka Marine World, the Point). Ce service d'informations utiles sur Durban et ses alentours peut vous aider pour les hébergements et organise des circuits dans la ville et au-delà. Autres antennes sur le front de mer (carte p. 248 ; ✆031-322 4205 ; www.durbanexperience.co.za ; Old Pavilion Site, OR Tambo Pde/Marine Pde ; ⏲8h-17h) et à Morningside (carte p. 254 ; ✆031-322 4164 ; www.durbanexperience.co.za ; 90 Florida Rd, Morningside ; ⏲8h-16h30 lun-ven). La seconde s'occupe des réservations pour les parcs nationaux sud-africains.

King Shaka Airport Tourist Information Office (✆031-322 6046 ; hall des arrivées internationales ; ⏲7h-21h). Durban Tourism, KwaZulu-Natal Tourism Authority et Ezemvelo KZN Wildlife (ce dernier de 8h à 16h30 lun-ven) partagent un comptoir à l'aéroport.

KwaZulu-Natal Tourism Authority (KZN Tourism ; carte p. 248 ; ✆031-366 7500 ; www.zulu.org.za ; rdc, Tourist Junction Bldg, 160 Monty Naicker St/Pine St, City Centre ; ⏲8h30-16h30 lun-ven). Ne propose que des brochures.

SERVICES MÉDICAUX

Entabeni Hospital (✆031-204 1300, urgences accident 24h/24 031-204 1377 ; 148 Mazisi Kunene Rd/South Ridge Rd, Berea). Le centre de traumatologie facture environ 700 R par consultation, dont le solde est remboursé si le montant n'a pas été utilisé en totalité.

St Augustines (✆031-268 5000 ; 107 Chelmsford Rd, Berea). Le plus grand hôpital privé du KwaZulu-Natal, doté d'un bon service d'urgences.

Travel Doctor (☎031-360 1122 ; www.durbantraveldoctor.co.za ; International Convention Centre, 45 Bram Fischer Rd (Old Ordanance Rd) ; ⏲8h30-16h lun-ven, 8h30-11h sam). Conseille les voyageurs.

POSTE

Les grands centres commerciaux, tels le Musgrave et le Windermere, ont un bureau de poste.

Poste principale (carte p. 248 ; angle Dr Pixley KaSeme St (West St) et Dorothy Nyembe St (Gardiner St) ; ⏲8h-17h lun-ven, 8h-13h sam). Près de l'hôtel de ville.

URGENCES

Ambulance (☎10177)

Commissariat central (☎10111; Stanger St (Stalwart Simelane St)), au nord du centre-ville. Autre poste de police dans OR Tambo Pde, près du Funworld sur la plage.

Urgences générales (☎031-361 0000)

ℹ Depuis/vers Durban

AVION

Plusieurs compagnies aériennes relient Durban aux autres grandes villes du pays. Les tarifs sur Internet varient selon le jour de la semaine, le mois et même l'heure.

King Shaka International Airport (DUR ; ☎032-436 6585 ; kingshakainternational.co.za). Ouvert en 2010, cet aéroport se situe à La Mercy, à 40 km au nord de la ville.

Kulula.com (☎0861 585 852 ; www.kulula.com). Une compagnie à bas coût desservant Jo'burg et Le Cap.

Mango (☎0861 001 234 ; www.flymango.com). Prestations basiques pour cette filiale de SAA ; couvre Jo'burg et Le Cap.

South African Airlink (SAAirlink ; ☎032-436 2602 ; www.flyairlink.co.za). Vols quotidiens pour Nelspruit, Bloemfontein et George.

South African Airways (SAA ; www.flysaa.com). Au moins une liaison par jour avec la plupart des grands aéroports régionaux du pays.

> **ℹ NAVETTE DE L'AÉROPORT**
>
> **King Shaka Airport Shuttle Bus** (☎031-465 5573 ; shuttle.airportbustransport.co.za ; 80 R/pers ; ⏲vers l'aéroport 4h30-20h, depuis l'aéroport 7h30-22h30). Cette navette circule toutes les heures entre les hôtels et sites importants de Durban et le front de mer via Umhlanga Rocks. Le billet s'achète à bord.

BUS

Les bus longue distance partent des gares routières proches de la **gare ferroviaire de Durban** (voir ci-dessous). Entrez dans la gare par Masabalala Yengwa AveN (MR Ave), et pas Umgeni Rd. Les compagnies de bus y ont leur bureau.

Les billets pour tous les bus longue distance peuvent s'acheter dans les boutiques Shoprite/Checkers et en ligne auprès de **Computicket** (carte p. 248 ; www.computicket.com).

Baz Bus (carte p. 248 ; ☎0861 229 287 ; www.bazbus.com). Le **Baz Bus** est installé au Cap. Vous pouvez monter et descendre à volonté le long de son itinéraire pour un prix forfaitaire ; ces bus déposent et prennent des passagers dans certaines auberges de jeunesse. Le pass de 7/14/21 jours (2 100/3 400/4 200 R) permet de voyager dans n'importe quelle direction et autant de fois que souhaité. Voir les lignes sur le site Internet.

Eldo Coaches (carte p. 248 ; ☎031-307 3363 ; www.eldocoaches.co.za). Trois bus par jour pour Jo'burg (210-280 R, 8 heures).

Greyhound (carte p. 248 ; ☎083 915 9000 ; www.greyhound.co.za). Bus quotidiens pour Jo'burg (350 R, 8 heures), Le Cap (700 R, 22-27 heures), Port Elizabeth (485 R, 15 heures) et Port Shepstone (130 R, 1 heure 45). Dans le KZN, des bus Greyhound rallient chaque jour Pietermaritzburg (230 R, 1 heure) et Ladysmith (310 R, 4 heures), entre autres destinations.

Intercape (carte p. 248 ; ☎0861 287 287 ; www.intercape.co.za). Plusieurs bus quotidiens pour Jo'burg (400 R, 8 heures). Des bus desservent Maputo, au Mozambique (via Jo'burg ; 550 R, 15 heures).

Intercity (carte p. 248 ; ☎031-305 9090 ; www.intercity.co.za). Bus quotidiens pour Margate (110 R, 2 heures 30), l'aéroport international de Jo'burg (390 R, 8 heures 30), la gare routière Park Station à Jo'burg (280 R, 8 heures 30) et Pretoria (300 R, 9 heures).

Margate Mini Coach (carte p. 248 ; ☎039-312 1406 ; www.margatecoach.co.za). Trois services par jour pour Margate (180 R, 2 heures 30) depuis la gare de Durban et l'aéroport international King Shaka. Dessert aussi Port Edward (230 R, 3 heures).

Translux (carte p. 248 ; (☎0861 589 282; www.translux.co.za). Bus quotidiens pour Jo'burg (350 R, 8 heures) et Le Cap (850 R, 27 heures).

TRAIN

La **gare ferroviaire de Durban** (Masabalala Yengwa Ave/NMR Ave) est immense. Les trains locaux intra-urbains et de banlieue sont déconseillés aux voyageurs. Ils sont peu empruntés, et même les plus téméraires ne s'y sentent pas en sécurité.

En revanche, les trains de grandes lignes sont efficaces et comportent des compartiments couchettes séparés pour hommes et femmes. Ils sont gérés par **Shosholoza Meyl** (☎ 086 000 8888, 031-361 7167 ; www.shosholozameyl.co.za) et comprennent le *Trans Natal*, qui part de Durban plusieurs fois par semaine pour Jo'burg (330 R, 12 heures 30) via Pietermaritzburg et Ladysmith.

Premier Classe (☎ 086 000 8888, 031-361 7167 ; www.premierclasse.co.za). Le luxueux Premier Classe, avec service complet, part de Jo'burg pour Durban le dernier vendredi du mois et revient le dimanche suivant. Les billets doivent s'acheter à l'avance (1 120 R, environ 14 heures).

Rovos Rail (☎ 012-315 8242 ; www.rovosrail.co.za). Le Rovos, un luxueux train à vapeur, offre tous les raffinements de l'ancien temps durant un trajet de 3 jours de Durban à Pretoria via les sites de batailles et des réserves naturelles, pour à peine 16 230 R !

VOITURE

Louer une voiture constitue de loin le meilleur moyen d'explorer le KwaZulu-Natal. La plupart des grandes compagnies de location ont un bureau à l'aéroport et en ville.

Aroundabout Cars (☎ 086 0422 4022 ; www.aroundaboutcars.com). Cette agence offre des tarifs compétitifs et des options avec kilométrage illimité et assurance tous risques.

Comment circuler

DEPUIS/VERS L'AÉROPORT

Certaines auberges de jeunesse proposent à leurs clients leur propre navette à des prix compétitifs. En taxi, le même trajet revient à 450 R.

BUS

Le **Durban People Mover** (☎ 031-309 2731 ; www.durban.gov.za/City_Services/ethekwini_transport_authority/Pages/People_Mover.aspx ; ⏲ 5h-22h), pratique, dessert plusieurs lignes en ville. Les billets (16 R) peuvent s'acheter dans les bus et permettent de monter et descendre à volonté le long d'une ligne pendant une journée. Ceux pour un trajet unique coûtent 5,50 R. Les bus circulent tous les jours entre 5h et 22h.

Le service de bus relie le front de mer et le centre-ville et suit tout le front de mer de l'uShaka Marine World au Suncoast Casino ; il marque plusieurs arrêts en chemin, notamment au Victoria St Market et à l'hôtel de ville.

Durban Transport (☎ 031-309 3250) gère les services Mynah et Aqualine. Le premier couvre la majeure partie de la ville et les quartiers résidentiels. Le trajet revient à 5 R, un peu moins si vous achetez 10 tickets. Parmi les arrêts figurent North Beach, South Beach, Musgrave Rd/Mitchell Park Circle, le Peter Mokaba Ridge/Vause, Botanic Gardens et Kensington Rd. Les bus Aqualine, plus grands, desservent les banlieues.

TAXI

Prenez toujours un taxi avec compteur. La course entre la plage et Florida Rd, Morningside coûte environ 60 R. **Mozzie Cabs** (☎ 031-303 5787 ; www.mozziecabs.mobi), **Zippy Cabs** (☎ 031-202 7067, 031-202 7068 ; www.zippycabs.co.za) et **Eagle** (☎ 0800 330 336 ; www.eagletaxicabs.co.za) fournissent un service fiable 24h/24.

> **TAXIS COLLECTIFS**
>
> Certains taxis-minibus longue distance stationnent dans les rues qui font face à l'entrée de la gare ferroviaire de Durban, côté Umgeni Rd. D'autres, principalement à destination de la côte Sud et de la côte sauvage, dans la région du Cap oriental, partent des environs de la gare ferroviaire de Berea. Les chauffeurs de taxi sont habituellement au courant des points de départ. Soyez prudent aux abords des stations de taxis-minibus.

CÔTE SUD

Au sud de Durban, stations balnéaires et banlieues se succèdent sur 160 km entre Amanzimtoti et Port Edward, près de la frontière du Cap oriental. Si ces villégiatures qui se côtoient le long de la N2 et de la Rte 102 sont un peu monotones, de jolis jardins et des prairies jalonnent les plages sablonneuses du littoral, surtout dans la partie sud. Paradis des surfeurs et des plongeurs (le site d'Aliwal Shoal est mondialement connu), la région est prise d'assaut en été. Dans l'arrière-pays, les plantations de canne à sucre, les bananeraies et les palmeraies constituent une agréable alternative verdoyante. L'**Oribi Gorge Nature Reserve**, près de Port Shepstone, offre de belles marches en forêt ainsi que des possibilités d'hébergement et de restauration.

Procurez-vous l'excellente brochure *Southern Explorer* (www.southernexplorer.co.za), en anglais.

Côte Sud

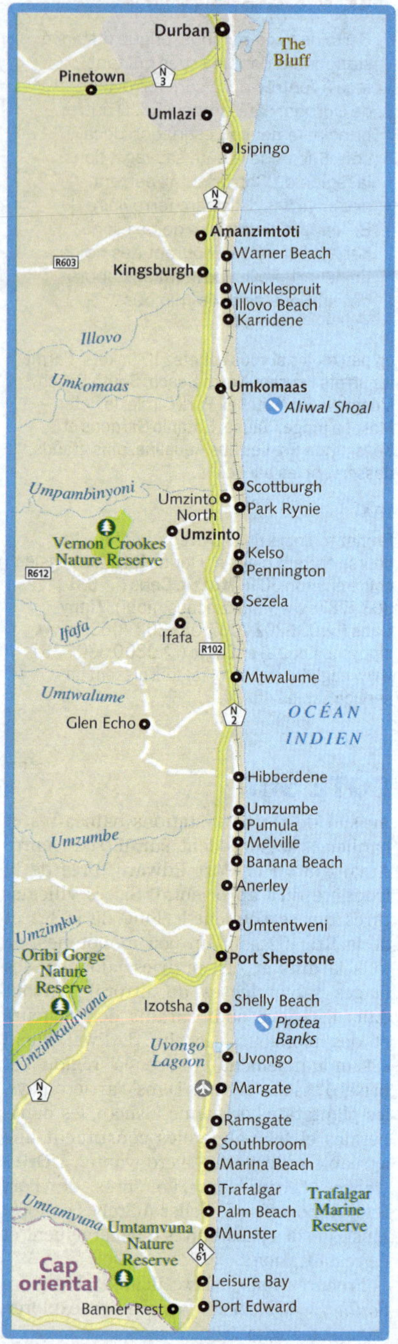

Warner Beach et ses environs

Warner Beach est le premier endroit le long de cette côte à procurer un peu d'espace. Plus au sud, Umkomaas et Scottburgh constituent de bons points de chute pour aller plonger à l'Aliwal Shoal.

Adresse idéale pour les petits budgets, le **Blue Sky Mining Backpackers & Lodge** (☎031-916 5394 ; www.blueskymining.co.za ; 5 Nelson Palmer Rd, Warner Beach ; dort 150 R, d à partir de 400 R ; P @ wifi piscine), une oasis en matériaux recyclés qui ne cesse de s'agrandir, comprend 2 maisons principales et surplombe l'océan.

Tourism Umdoni (☎039-976 1364 ; www.tourismsouthcoast.co.za ; Scott St, Scottburgh ; ⏲8h-17h), près de la Scottburgh Memorial Library, fournit des informations.

Umzumbe et Umtentweni

Sur la côte au nord de Port Shepstone, Umzumbe et Umtentweni sont des étapes plaisantes.

Où se loger

Spot Backpackers AUBERGE DE JEUNESSE $
(☎039-695 1318 ; www.spotbackpackers.com ; 23 Ambleside Rd, Umtentweni ; camping 100 R, dort/d sans sdb 150/360 R, bungalow d 500 R ; wifi piscine). Près de Port Shepstone, une auberge de jeunesse idéalement située sur la plage et populaire à juste titre, bien qu'un peu défraîchie. Kayaks à disposition et nombre d'autres activités.

Mantis & Moon Backpacker Lodge AUBERGE DE JEUNESSE $
(☎039-684 6256 ; www.mantisandmoon.net ; 7/178 Station Rd, Umzumbe ; dort 140 R, d avec/sans sdb 480/380 R ; piscine). Dans un jardin planté d'arbres tropicaux, cette auberge de jeunesse compte divers hébergements : un tipi géant, des petits bungalows rustiques et des cabanes dans les arbres. Sans prétention, elle possède un Jacuzzi, une piscine naturelle et un bar. L'ambiance détendue ajoute à son attrait.

Umdlalo Lodge LODGE $$
(☎039-695 0224 ; www.umdlalolodge.co.za ; 5 Rethman Dr, Umtentweni ; s/d avec petit-déj à partir de 700/1 200 R ; clim wifi). Ses 8 chambres luxueuses et sa suite lune de miel, qui donnent sur une charmante cour centrale, en font un point de chute propice à la détente. Le Zizi's

LA PLONGÉE SUR LA CÔTE SUD

Joyau de la côte Sud, l'**Aliwal Shoal** est considéré comme l'un des meilleurs sites de plongée du monde. Un monticule rocheux forma un haut fond il y a environ 30 000 ans, puis le niveau de la mer s'éleva il y a 6 500 ans, créant ce récif. L'*Aliwal*, qui s'échoua dessus en 1849, lui donna son nom. D'autres navires ont depuis connu le même sort. Aujourd'hui, le relief, les grottes et les pitons du haut fond abritent des épaves, des raies, des tortues, des requins-taureaux, des poissons tropicaux et des coraux de l'ordre des Alcyonacea (sans squelette calcaire).

Plus au sud sur la côte, près de Shelly Beach, l'extraordinaire site de **Protea Banks**, réservé aux plongeurs expérimentés, permet de voir des requins.

Le long de la côte Sud, de nombreux tour-opérateurs proposent des forfaits avec plongées, cours PADI et logement. Les prestations varient beaucoup en termes d'hébergement et d'équipement (celui-ci n'est pas toujours inclus). À l'heure où nous rédigeons ce guide, une formule de 3 nuits et 5 plongées tourne autour de 4 000 R.

Interrogez d'autres voyageurs sur leurs expériences : les consignes de sécurité sont suivies avec plus ou moins de sérieux par les prestataires, et un accident peut toujours survenir.

2nd Breath (☎ 039-317 2326 ; www.2ndbreath.co.za ; angle Bank St et Berea Rd, Margate). Professionnel PADI hautement qualifié, qui donne des cours et se soucie de la sécurité.

Aliwal Dive Centre (☎ 039-973 2233 ; www.aliwalshoal.co.za ; 2 Moodie St, Umkomaas). Dispose également de chambres agréables.

Shoal (☎ 039-973 1777 ; www.theshoal.co.za ; 21 Harvey St, Umkomaas). Un centre recommandé.

Oceanworx (☎ 039-973 2578 ; www.oceanworx.co.za ; 1 Reynolds St, Umkomaas). Résultat de la fusion de deux compagnies sérieuses, à Umkomaas.

Restaurant, axé sur la viande, affiche la même ambiance décontractée.

ℹ Depuis/vers la côte Sud

Greyhound (☎ 083 915 9000 ; www.greyhound.co.za) a des bus quotidiens entre Port Shepstone et Durban (260 R, 1 heure 45). Si vous logez dans l'une des auberges de jeunesse, demandez au chauffeur de vous déposer à Umzumbe ou Umtentweni. Le **Baz Bus** (p. 260) les dessert également.

Oribi Gorge Nature Reserve et ses environs

Oribi Gorge Nature Reserve RÉSERVE NATURELLE
(☎ 039-679 1644 ; www.kznwildlife.com ; 10 R, camping 70 R, hutte 2 lits 330 R ; ⌚ 6h-18h été, 7h30-16h30 hiver). L'Oribi Gorge Nature Reserve se situe dans les terres en venant de Port Shepstone, près de la N2. La gorge spectaculaire, dans laquelle coule l'Umzimkulwana, est l'un des plus beaux sites de la côte Sud avec de superbes paysages peuplés de mammifères et d'oiseaux, des chemins de randonnée et de jolies aires de pique-nique. La réception est accessible par la N2, du côté sud de la gorge. À proximité, de charmants chalets en bois, nichés dans la forêt, constituent une base parfaite pour qui souhaite s'attarder dans le secteur.

Lake Eland Game Reserve RÉSERVE FAUNIQUE
(☎ 039-687 0395 ; www.lakeeland.co.za ; visiteur adulte/enfant 50/30 R la journée, camping/dort 100/250 R, bungalow 2 pers 500-800 R ; ⌚ 7h-17h30). La réserve abrite plus de 40 espèces de mammifères et 200 espèces d'oiseaux. Vous pouvez effectuer un circuit indépendant en voiture (50 R/pers) ou un safari animalier (250 R/pers, 4 pers min). Une tyrolienne de 4,7 km, dont un tronçon permet d'atteindre les 160 km/heure, traverse le site (410-510 R, entrée comprise). Un court sentier dans la gorge franchit un pont suspendu d'une hauteur de 130 m. Pêche et canoë sont également au programme. La réserve se situe à 40 km de Port Shepstone ; quittez la N2 et suivez Oribi Flats Rd sur 26 km.

Pour l'hébergement, vous aurez le choix entre des bungalows en rondins bien entretenus qui surplombent un petit lac, des cottages de pêcheurs, le camping et des dortoirs aménagés dans une ancienne canalisation en béton. Un restaurant ouvre de 8h à 16h.

Wild 5 Adventures SENSATIONS FORTES
(☎082 566 7424 ; www.wild5adventures.co.za ; Oribi Gorge Hotel). Organise diverses activités à l'intérieur de l'Oribi Gorge Nature Reserve : Wild Swing de 100 m (saut à l'élastique) du haut des Lehr's Falls (400 R), descente en rappel (300 R), rafting (525 R), équitation (220 R pour 1 heure 30) et tyrolienne à travers la gorge (250 R). À 11 km de la N2 sur Oribi Flats Rd.

Leopard Rock Lookout Chalets CHALETS $$
(☎039-687 0303 ; www.leopardrockc.co.za ; Main Oribi Gorge Rd ; s/d avec petit-déj 800/1 400 R). Jouissant d'un beau panorama, les 4 chalets ont du charme. Les repas sont servis sur une terrasse avec une vue spectaculaire sur les gorges. Les hôtes trouveront à leur disposition une bouteille de sherry et des verres, ainsi que deux grands fauteuils dans le salon. Le café ouvre de 9h à 16h du mercredi au dimanche.

Une pancarte d'un goût douteux prévient que "les enfants laissés sans surveillance dans le jardin seront vendus comme esclaves".

Ramsgate, Southbroom et ses environs

Le centre touristique de Margate est une jungle de béton avec une succession de bars animés et bruyants. Mieux vaut gagner les abords de la ville, qui possèdent une jolie petite plage, ou le secteur verdoyant de Southbroom, une localité huppée dans une réserve de guibs harnachés (une antilope).

À voir et à faire

Umtamvuna Nature Reserve RÉSERVE NATURELLE
(www.kznwildlife.com ; adulte/tarif réduit 15/5 R ; ⏲6h-18h avr-sept, 7h-17h oct-mars) La réserve s'étend dans une gorge de l'Umtamvuna (qui forme en partie la frontière du Cap oriental). Des sentiers sillonnent une forêt dense qui abrite des mammifères et de nombreuses espèces d'oiseaux, et se pare de fleurs sauvages au printemps. De Port Edward, suivez les panneaux de la R61 jusqu'à Izingolweni, puis continuez sur 8 km. Prenez une brochure à l'entrée de la réserve.

Où se loger

Vuna Valley Lodge AUBERGE DE JEUNESSE $
(☎039-311 3602 ; www.vunavalleyventures-kzn.co.za ; 9 Mitchell Rd, Banners Rest ; s/d 300/500 R ; ❄). À côté de l'entrée de l'Umtamvuna Nature Reserve, dans les terres en venant de Port Edward, l'établissement loue de jolis bungalows doubles et des chambres moins chères, mais très agréables, dans la maison principale avec entrées séparées et vue spectaculaire sur la gorge. Randonnées à pied ou à vélo et canoë dans les environs.

Southbroom Traveller's Lodge AUBERGE DE JEUNESSE $
(☎039-316 8448 ; www.southbroomtravellers-lodge.co.za ; 11 Cliff Rd, Southbroom ; ch avec petit-déj 400-500 R ; P ≋). À 10 minutes de marche de la plage et d'un bon rapport qualité/prix, ce lodge confortable à l'ambiance détendue ressemble à une grande maison de vacances. Il comprend des chambres claires et spacieuses, un vaste salon, une piscine et un ravissant jardin.

Sunbirds B&B $$
(☎039-316 8202 ; www.sunbirds.co.za ; 643 Outlook Rd, Southbroom ; s/d 750/1 200 R ; P ≋). Des hôtes accueillants, de délicieux petits-déjeuners dans la véranda (avec une belle vue), un salon raffiné et spacieux et une ambiance chaleureuse expliquent le succès du lieu. Les terrasses équipées de tables et de chaises et l'entrée privative constituent des atouts supplémentaires.

Treetops Lodge B&B $$
(☎039-317 2060 ; www.treetopslodge.co.za ; 3 Poplar Rd, Margate ; d avec petit-déj à partir de 1 000 R ; ≋). Ce lodge plaisant comporte des chambres doubles vieillottes mais bien tenues donnant sur la verdure, un appartement équipé et un grand balcon commun avec tables et chaises. Les prix baissent significativement en dehors de la période de Noël.

Où se restaurer

Burlesque Cafe INTERNATIONAL $
(957 Marine Dr, Ramsgate ; plats 50-100 R ; ⏲9h-16h, 9h-18h mer-sam). Un petit établissement original, avec une salle rétro chic et une carte qui privilégie les produits bio.

Waffle House VÉGÉTARIEN $
(☎039-314 9424 ; Marine Dr, Ramsgate ; plats 50-75 R ; ⏲8h-17h ; ✎). Les clients affluent dans cet endroit agréable au bord d'une lagune pour se régaler de gaufres nappées de toutes sortes de garnitures, sucrées et salées. Préparez-vous aux files d'attente en période de vacances.

Trattoria La Terrazza ITALIEN $$

(☎039-316 6162 ; www.trattoria.co.za ; Southbroom ; plats 80-130 R ; ⌚déj ven-dim, dîner mar-sam). L'un des restaurants les plus prisés de la région occupe un emplacement somptueux, au bord d'un estuaire. La carte met l'accent sur la viande et les fruits de mer : tendre filet de bœuf, moules de la côte ouest, petits calamars grillés... Réservation conseillée.

Renseignements

South Coast Tourism (☎039-312 2322 ; Panorama Pde, Main Beach, Margate ; ⌚8h-17h lun-ven, jusqu'à 13h sam et dim)

Depuis/vers la côte Sud

Margate Mini Coach (☎031-312 1406 ; www.margate.co.za) relie Durban et Margate 3 fois par jour (aller 200 R).

Intercity Express (☎031-305 9090 ; www.intercity.co.za) offre des bus réguliers entre Margate et Jo'burg (415 R, 10 heures).

CÔTE NORD

La côte Nord, qui s'étend d'Umhlanga Rocks jusqu'au nord de Tugela River, est jalonnée de villages prisés des retraités et de résidences de vacances haut de gamme, avec quelques belles plages. La section de Zimbali, au nord d'Umhlanga, jusqu'à la Tugela est appelée Dolphin Coast (côte des Dauphins) en raison de la présence des grands dauphins, attirés dans ce secteur par les eaux chaudes de la plaque continentale.

La côte Nord et ses alentours groupent un fascinant mélange de populations : les Zoulous, bien entendu, et les descendants d'anciens colons, d'ouvriers indiens venus sous contrat et des planteurs de canne à sucre franco-mauriciens.

Le roi Shaka aurait établi un camp militaire sur la côte. Les servantes royales ramassaient du sel dans des points d'eau laissés par la marée, pratique qu'évoque le nom de la ville de Salt Rock (rocher du Sel). Un monument au roi Shaka se dresse à KwaDukuza (Stanger), à l'intérieur des terres.

Des bus municipaux circulent entre Durban et Umhlanga Rocks ; des bus et des taxis-minibus collectifs relient aussi Durban à KwaDukuza (Stanger) et d'autres villes de l'arrière-pays.

Côte Nord

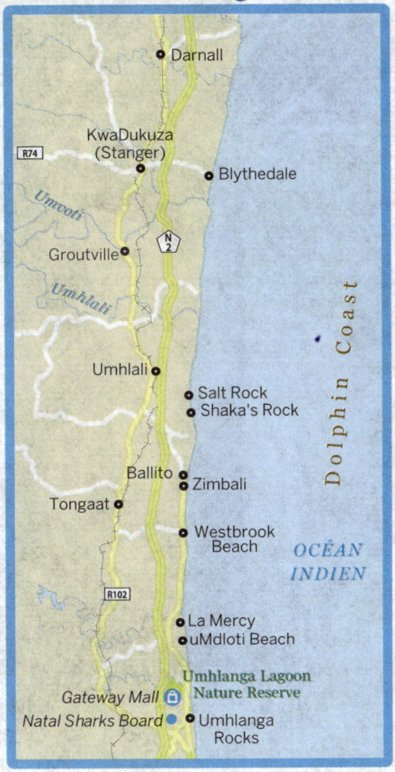

Umhlanga Rocks et uMdloti Beach

Joyau des banlieues chics de Durban, Umhlanga (qui signifie "roselière", et dont le "h" se prononce "ch") est un cocktail cosmopolite de station balnéaire haut de gamme, de faubourg opulent et de petites galeries marchandes. Plus au nord, uMdloti Beach compte quelques bons restaurants. Les deux localités se rejoignent facilement depuis l'aéroport.

Umhlanga Tourism Information Centre (p. 268) fournit des conseils. Les bus municipaux n°s 716 et 706 circulent entre Umhlanga et Durban.

À voir et à faire

Natal Sharks Board MUSÉE

(☎031-566 0400 ; www.shark.co.za ; 1A Herrwood Dr, Umhlanga Rocks ; présentation audiovisuelle et

PAL TERAVAGIMOV / GETTY IMAGES ©

EMIL VON MALTITZ / GETTY IMAGES ©

1. Hluhluwe-iMfolozi Park (p. 278)
Des perspectives à couper le souffle et une faune variée, dont des rhinocéros noirs et des rhinocéros blancs, rendent ce parc incontournable.

2. Massif du Drakensberg (p. 293)
Cette destination hautement prisée réserve des paysages somptueux et de nombreuses activités de plein air.

3. Champ de bataille d'Isandlwana (p. 241)
Des cairns blancs marquent les lieux où tombèrent les soldats britanniques lors de la guerre anglo-zouloue de 1879.

4. Durban (p. 241)
La récente réhabilitation urbanistique de Durban comprend la promenade du front de mer, baptisée le "Golden Mile" (p. 249).

3
ROGER DE LA HARPE / GETTY IMAGES ©

dissection, adulte/enfant 45/25 R ; 8h-16h lun-ven). Cet institut de recherche se consacre à l'étude des requins et au danger qu'ils représentent pour les humains. Des présentations audiovisuelles et des dissections de requins ont lieu du mardi au jeudi à 9h et 14h. Le Natal Sharks Board, indiqué, se situe à 2 km de la ville, en grimpant l'Umhlanga Rocks Dr (la M12 qui rejoint la N3).

Le public peut aussi accompagner le personnel du Natal Sharks Board lors de ses sorties en bateau à partir de Durban.

Umhlanga Lagoon Nature Reserve RÉSERVE NATURELLE
(entrée gratuite, guide 30 R/pers ; 8h-18h). Sur un estuaire au nord de la ville, cette réserve abrite de nombreuses espèces d'oiseaux, malgré sa taille modeste (2 600 m²). Les sentiers traversent une superbe dune boisée, puis la lagune, avant d'aboutir à la plage.

Où se loger

Umhlanga compte d'innombrables résidences de vacances et B&B, pour la plupart proches de la plage. Les prix des hôtels varient fortement selon la saison.

On the Beach Backpackers AUBERGE DE JEUNESSE $
(031-562 1591 ; www.durbanbackpackers.com ; 17 The Promenade, Glenashley ; dort/s/d 180/570/850 R ; P). Une maison claire et spacieuse, idéale pour paresser sur la côte. Les doubles donnant sur l'océan jouissent d'une vue de premier ordre, mais l'on peut aussi loger dans un dortoir à un prix beaucoup plus raisonnable. À Glenashley, à 4 km au sud d'Umhlanga, sur l'itinéraire du Baz Bus.

Fairlight Beach House GUESTHOUSE $$
(031-568 1835 ; www.fairlight.co.za ; 1 Margaret Bacon Ave, uMdloti ; ch avec petit-déj à partir de 1 200 R). Cette vaste pension chic, qui surplombe la plage, séduit une clientèle d'affaires. Elle compte 10 chambres spacieuses au mobilier raffiné, certaines sans vue. Les prix baissent en dehors de la haute saison.

Beverley Hills Sun Intercontinental HÔTEL $$$
(031-561 2211 ; www.southernsun.com ; Lighthouse Rd ; ch avec petit-déj à partir de 3 300 R ; P). Si la façade n'a rien d'extraordinaire, l'intérieur de ce palace classique est d'une rare élégance. Pour qui veut faire une folie !

Où se restaurer

Mundo Vida INTERNATIONAL $$
(031-568 2286 ; www.mundovida.co.za ; uMdloti Beach ; plats 140 R). Un excellent restaurant côtier qui revisite les produits de la mer et les recettes traditionnelles de bistrot dans un cadre sans chichis. Goûtez l'assortiment de produits de la mer ou sa version de luxe, plus onéreuse. Carte des vins de qualité.

Bel Punto INTERNATIONAL $$
(031-568 2407 ; www.belpunto.co.za ; uMdloti Beach ; plats 150 R ; déjeuner mer-dim, dîner mar-dim). Agrémenté d'une vaste terrasse surplombant uMdloti Beach, l'endroit fait la part belle aux saveurs marines et attire, le week-end, une nombreuse clientèle venue de Durban. Goûtez en particulier les pâtes à la langouste ou l'assiette de fruits de mer grillés.

Ile Maurice FRANÇAIS $$$
(031-561 7609 ; 9 McCausland Cres, Umhlanga Rocks ; plats 185 R ; déj et dîner mar-dim). Pour une folie gastronomique aux accents français, direction cette table chic et de bon goût figurant parmi les meilleures du pays. Réservez en soirée.

Renseignements

Umhlanga Tourism Information Centre
(031-561 4257 ; www.umhlangatourism.co.za ; Shop 1A, Chartwell Centre, Chartwell Dr, Umhlanga Rocks ; 8h30-17h lun-ven, 9h-13h sam). Une mine d'informations et un personnel compétent.

Ballito

Ballito et la côte jusqu'à Shaka's Rock et Salt Rock n'ont pas la moindre saveur zouloue ; le secteur est une suite continue de banlieues, de luxueuses *guesthouses* et d'immeubles résidentiels, pour la plupart au bord d'une jolie plage. La proximité de l'aéroport, à 22 km, constitue son seul point d'intérêt.

Où se loger et se restaurer

Monkey Bay Backpackers AUBERGE DE JEUNESSE $
(071 348 1278 ; www.monkeybaybackpackers.co.za ; 9 Jack Powell Rd ; dort/d 150/450 R). Prisée des surfeurs, une auberge sans prétention – matériaux recyclés et couleurs vives à l'intérieur –, avec une délicieuse ambiance hippie et un propriétaire sympathique. Les sdb sont peu nombreuses, mais la mer n'est

pas loin et c'est l'une des rares adresses pour petits budgets dans le secteur.

Guesthouse GUESTHOUSE $$
(032-525 5683 ; www.theguesthouse.co.za ; Ipahla Lane, Shaka's Rock ; s/d avec petit-déj à partir de 600/1 000 R ;). Une maison un peu vieillotte (celle du propriétaire), mais plaisante et très propre, avec 5 chambres. Préférez celle qui fait face au jardin, avec une entrée privée.

Boathouse GUESTHOUSE $$$
(032-946 0300 ; www.boathouse.co.za ; 33 Compensation Beach Rd ; s/d 1 250/2 100 R ; @). Cette adresse haut de gamme constitue une base de standing pour explorer la côte.

Waterberry Coffee Shoppe TRAITEUR, CAFÉ $
(032-946 2797 ; www.thewaterberry.co.za ; angle Dolphin Cres et Leonora Dr ; plats 50-80 R ; 8h30-16h). L'endroit idéal pour déjeuner sous la canopée de la luxuriante forêt côtière. Divines pâtisseries maison et délicieuses salades.

Renseignements

Sangweni Tourism Centre (032-946 1997 ; www.thedolphincoast.co.za ; angle Ballito Dr et Link Dr ; 8h30-17h lun-ven, 9h-13h sam). Abrite la Dolphin Coast Publicity Association, qui répertorie les hébergements du secteur. Il se situe près de la station-service BP, quand vous quittez la N2 pour entrer dans Ballito.

KwaDukuza (Stanger) et ses environs

13 500 HABITANTS

En juillet 1825, Shaka fit de KwaDukuza sa capitale et la résidence royale. C'est ici qu'il fut tué en 1828 par ses demi-frères Mhlangane et Dingaan ; ce dernier prit ensuite le pouvoir. Chaque année, des Zoulous revêtent leur costume traditionnel et se rassemblent sur le terrain des Recreational Grounds pour la **King Shaka Day Celebration**.

Également appelée Stanger, KwaDukuza est une ville animée mais sans charme, avec une importante population indienne et une ambiance africaine. Elle ne compte aucun hébergement, mais constitue une étape importante pour ceux qui s'intéressent à Shaka et à la culture zouloue.

Des taxis-minibus collectifs relient KwaDukuza à Durban (1 heure) et aux villes du littoral.

À voir

Dans King Shaka Rd, les **Shaka Memorial Gardens** abritent une stèle érigée en 1932 sur le tombeau de Shaka, aménagé dans un ancien silo à grains. Sur un rocher, des rainures patinées proviendraient de l'affûtage des lances de Shaka.

King Shaka Visitor Centre CENTRE CULTUREL
(032-552 7210 ; 5 King Shaka Rd ; 8h-16h lun-ven, 9h-16h sam et dim). GRATUIT Pour des informations historiques, limitées mais précises, sur Shaka et son royaume.

Dukuza Museum MUSÉE
(032-437 507 5 ; King Shaka Rd ; entrée sur don ; 8h30-16h lun-ven). En face du Visitor Centre, le musée renferme des objets historiques relatifs à Shaka.

Luthuli Museum MUSÉE
(032-559-6822 ; www.luthulimuseum.org.za ; Nokukhanya Luthuli St, Groutville ; 8h30-16h lun-sam, 11h-15h dim). GRATUIT Dédié au chef Albert John Mvumbi Luthuli, président de l'ANC (le Congrès national africain) à partir de 1952 et premier lauréat africain du prix Nobel de la paix (1960) pour son combat contre l'apartheid, ce musée occupe la maison où l'homme vécut toute sa vie, et qui fut le "siège de sa lutte". Luthuli y accueillit le sénateur Robert Kennedy en 1966, avant de mourir l'année suivante dans des circonstances suspectes. Entourée d'un jardin, la bâtisse abrite des expositions temporaires.

ZULULAND

Évoquant paysages sauvages et rythmes tribaux africains, cette partie magnifique du KwaZulu-Natal montre une autre facette de l'Afrique du Sud. Un littoral enchanteur, des collines couvertes de brume et des villages traditionnels contrastent fortement avec les banlieues ordonnées de Durban. Essentiellement peuplée de Zoulous, la contrée offre de fascinants aperçus historique et contemporain de l'une des cultures les plus énigmatiques du pays. Si le terme "Zulu" (qui signifie paradis) convient parfaitement au paysage vallonné, il masque une partie de la réalité. L'extrême pauvreté et les multiples problèmes sociaux qu'elle engendre touchent la majorité de la population, qui continue de lutter pour sa survie. Cela saute aux yeux dès que l'on s'écarte un peu des grands axes.

LE LÉGENDAIRE ROI SHAKA

Malgré tous les écrits à son sujet, Shaka demeure un personnage énigmatique et controversé – tyran sanguinaire pour certains, génie militaire pour d'autres.

Fils illégitime de la reine Nandi, dont il était très proche, Shaka créa dans les années 1820 l'un des royaumes les plus puissants d'Afrique subsaharienne. La violence constituait l'un de ses traits de caractère, contre ses ennemis et ses propres guerriers. À la mort de sa mère, il aurait tué de nombreux Zoulous qui ne semblaient pas suffisamment peinés. Shaka est probablement plus connu pour ses tactiques de combat : il conçut l'ingénieuse "formation en taureau" avec des groupes de guerriers – "la tête et le poitrail" – pénétrant le front ennemi, tandis que les "cornes" encerclaient l'adversaire par derrière. Il raccourcit les lances pour les utiliser dans les combats rapprochés et rallongea les boucliers.

En 1828, Shaka fut assassiné par ses demi-frères Dingaan et Mhlangane (qui fut plus tard renversé par Dingaan). Les Zoulous sont très fiers de leur roi guerrier. Le Shaka Day est célébré le 24 septembre dans les Shaka Memorial Gardens à KwaDukuza. Des milliers de Zoulous en costume traditionnel, portant boucliers, lances et bâtons de danse, convergent alors vers les jardins. Depuis les années 1990, à l'initiative de Mangosuthu Buthelezi, fondateur de l'Inkata et ancien ministre en chef du bantoustan du KwaZulu, cette fête a pris une ampleur nationale sous le nom de "Heritage Day".

Le Zululand s'étend approximativement de l'embouchure de la Tugela à St Lucia du sud au nord et, d'est en ouest, de la N2 à Vryheid. Le spectaculaire Hluhluwe-iMfolozi Park et les nombreux villages zoulous traditionnels sont les principaux sites touristiques. Vous y découvrirez l'histoire zouloue et celle du légendaire roi Shaka.

Depuis 1971, Goodwill Zwelithini kaBheku-zulu dirige la nation zouloue.

Mtunzini

2 200 HABITANTS

Petite parcelle de pelouses soignées au milieu des collines sauvages du Zululand, Mtunzini est un "coin d'Europe" au cœur de l'Afrique. Toutefois, cette jolie bourgade a plus à offrir que ses haies verdoyantes. Dominant une palmeraie de raphias et bordant la réserve naturelle d'Umlalazi, Mtunzini constitue une excellente base pour explorer cette superbe partie du Zululand.

La ville possède une histoire insolite : John Dunn, le premier Européen à s'établir dans la région, se vit offrir la terre par le roi Cetshwayo. Dunn devint un chef et prit 49 épouses qui lui donnèrent 117 enfants. Il tenait sa cour sous un arbre, d'où le nom de la ville (*mtunzini* signifie "un endroit à l'ombre" en zoulou). Après que les Britanniques eurent vaincu Cetshwayo et divisé son royaume, Dunn fut l'un des chefs à conserver son pouvoir.

La ville a été déclarée secteur protégé en 1995. Les visiteurs peuvent arpenter son réseau de sentiers nature et observer diverses espèces d'antilopes et d'oiseaux.

À voir et à faire

Raffia Palm Monument PARC

(24h/24). GRATUIT Des graines de *Raphia australis* furent plantées ici en 1916 afin d'utiliser les fibres des palmiers pour fabriquer des balais destinés aux prisons ; les fibres se révélèrent trop courtes et l'entreprise fut abandonnée. Toutefois, les palmiers (dont les feuilles sont parmi les plus grandes du règne végétal) prospérèrent et la palmeraie fut classée monument national en 1942. Elle est aussi l'habitat du vautour palmiste (*Gypohierax angolensis*), l'oiseau de proie le plus rare du pays.

Umlalazi Nature Reserve RÉSERVE NATURELLE

(035-340 1836 ; www.kznwildlife.com ; 20 R ; 5h-22h). Les chemins de randonnée de la réserve qui traversent la jolie dune et les écosystèmes boisés de la réserve naturelle d'Umlalazi sont parfaits pour observer les oiseaux. Vous pourrez voir l'Indaba Tree, sous lequel John Dunn réunissait sa cour, et les vestiges du bassin qu'il fit construire pour que ses épouses puissent se baigner sans redouter les hippopotames et les crocodiles. L'entrée se situe sur la côte, à 1,5 km à l'est de la ville.

Où se loger et se restaurer

Umlalazi Nature Reserve Chalets & Campground CAMPING ET BUNGALOWS $
(035-340 1836 ; www.kznwildlife.com ; camping 90 R, chalet 300 R). Deux aires de camping bien organisées (Inkwazi et Indaba) s'étendent dans la forêt près de la plage. Quant aux chalets, spacieux et bien agencés, ils comportent une agréable terrasse.

Mtunzini B&B B&B $$
(035-340 1600 ; 5 Barker St ; s/d avec petit-déj 460/620 R ;). Ce logement accueillant, avec de superbes espaces autour d'un jardin splendide, propose un bon choix d'hébergements : chambres doubles dans la maison principale, bungalow tout équipé, chambre au grenier et appartement équipé. Seuls quelques-uns disposent d'une sdb privée.

One-on-Hely BOUTIQUE-HÔTEL $$
(035-340 2498 ; www.oneonhely.co.za ; 1 Hely Hutchinson St ; d sans/avec petit-déj 1 200/1 400 R ;). Le plus bel hôtel de la bourgade, avec des installations luxueuses, d'immenses terrasses et vue sur la Nature Reserve et l'océan. Réservez bien à l'avance.

Zanj INTERNATIONAL $$
(035-340 1288 ; Hely Hutchinson St, Golden Penny Complex ; plats 80-130 R ; déjeuner mar-dim, dîner mar-sam). Attablez-vous sur la terrasse pour déguster une cuisine préparée avec art, à base de produits frais de qualité qui font toute la différence. Les produits de la mer (curry de crevettes, pâtes au crabe, crêpes au poisson...) abondent et un tableau décline une longue liste de plats internationaux renouvelés chaque semaine.

Fat Cat Coffee Shop CAFÉ $$
(035-340 2897 ; 2 Station Rd ; plats 50-100 R ; 8h-20h lun-sam, jusqu'à 14h dim). Un lieu ouvert, accueillant et décontracté en retrait de l'artère principale. Petit-déjeuner recommandé, surtout le "Mediterranean Surprise".

Eshowe

14 800 HABITANTS

Nichée dans une magnifique forêt indigène et cernée de vertes collines, Eshowe se distingue par son caractère. Autour d'un centre à l'aspect rural et désordonné, les faubourgs ombragés respirent la tranquillité. Bonne base pour explorer la région, la ville compte quelques curiosités et hébergements corrects.

Eshowe vit naître quatre rois zoulous (Shaka, Mpande, Cetshwayo et Dinuzulu). Fief de Cetshwayo avant qu'il s'installe à Ondini, Eshowe fut détruite comme cette dernière pendant la guerre anglo-zouloue. Les Britanniques occupèrent le site et construisirent le fort Nongqayi en 1883, faisant d'Eshowe le centre administratif de leur territoire nouvellement conquis.

À voir

Fort Nongqayi Museum Village MUSÉE
(www.eshowemuseums.org.za ; Nongqayi Rd ; adulte/enfant 35/10 R ; 7h30-16h lun-ven, 9h-16h sam-dim). Ce musée est installé dans le fort Nongqayi, un bâtiment à 3 tourelles. Le billet d'entrée donne accès au Zululand Historical Museum, qui présente des objets de l'époque victorienne, à l'excellent Vukani Museum avec sa collection de vannerie zouloue et à la chapelle des missionnaires. La petite serre des papillons, où des centaines d'espèces africaines (esssentiellement locales) évoluent au sein d'une végétation indigène, mérite la visite.

De là, on peut se rendre à pied aux Mpushini Falls (40 minutes aller-retour), mais sachez que des cas de bilharziose ont été enregistrés dans le secteur.

Dlinza Forest Reserve RÉSERVE NATURELLE
(www.visitzululand.co.za/Activities_Dlinza.php ; adulte/enfant 40/10 R ; 6h-17h sept-avr, 8h-17h mai-août). On raconte que le roi Shaka cachait ses épouses dans cette épaisse forêt quand la guerre menaçait. Devenue aujourd'hui une réserve de 2 km², elle abrite une multitude d'oiseaux, dont des aigles couronnés (*Stephanoaetus coronatus*), et compte quelques chemins de randonnée, dont certains auraient été tracés par des soldats anglais stationnés ici après la guerre anglo-zouloue. La **Dlinza Forest Aerial Boardwalk** (035-474 4029 ; www.visitzululand.co.za/Activities_Dlinza.php ; adulte/enfant 40/10 R ; 6h-17h sept-avr, 7h-17h mai-août), une passerelle longue de 125 m, offre une vue superbe.

Où se loger et se restaurer

Eshowe Guesthouse B&B $$
(035-474 2362 ; www.eshoweguide.co.za/accomodation/eshowe_guesthouse ; 3 Oftebro St ; s/d 500/650 R ;). Cette pension, située juste à l'entrée de la Dlinza Forest, jouit d'un cadre splendide. Le propriétaire est charmant et les chambres sont impeccables, stylées et vastes. Suivez les panneaux jusqu'à la Dlinza Forest Reserve. Réservation conseillée.

Zululand et Elephant Coast

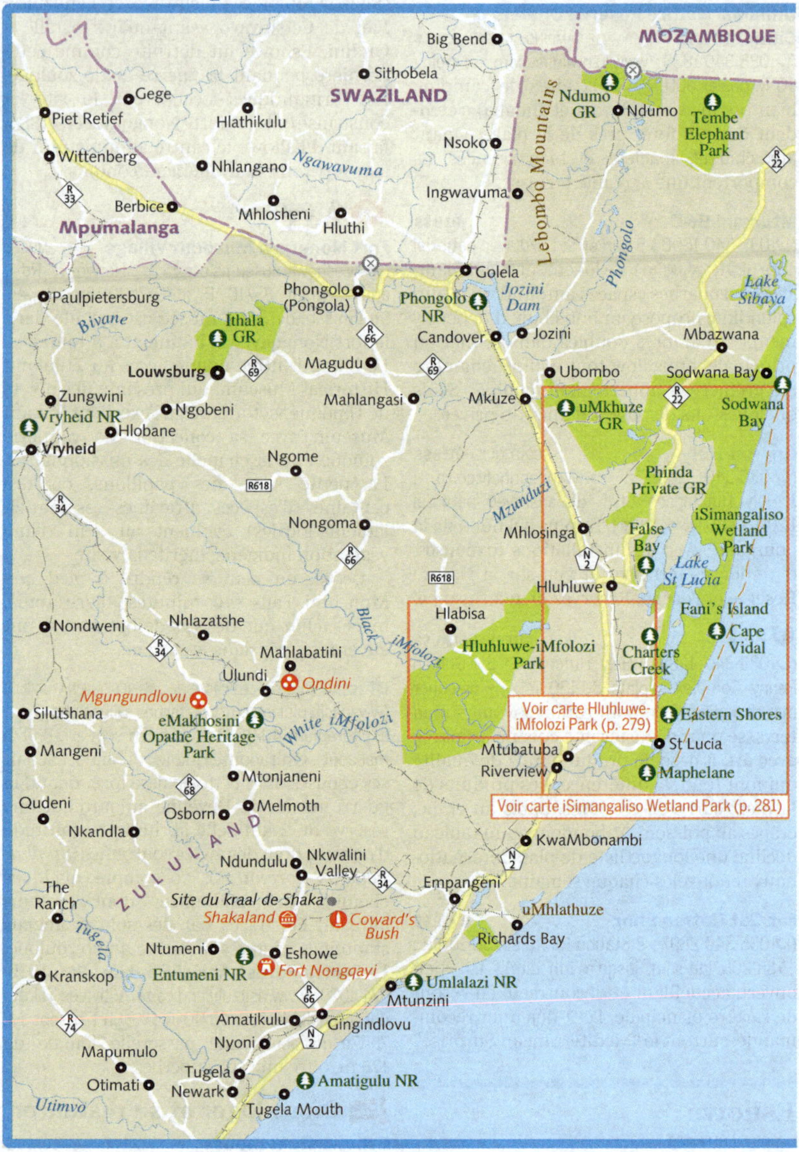

Dlinza Forest Accommodation BUNGALOWS $$ (☎035-474 2377 ; www.dlinzaforestaccommodation.co.za ; 2 Oftebro St ; s/d 450/600 R ; 📶). Ces 4 bungalows en rondins équipés sont propres, modernes et spacieux. Suivez les panneaux indiquant la Dlinza Forest Reserve ; les hébergements se trouvent juste après l'entrée.

♥ **George Hotel** HÔTEL, AUBERGE DE JEUNESSE $$ (☎035-474 4919 ; www.eshowe.com ; 38 Main St ; dort 350 R, s/d avec petit-déj 595/795 R ; P📶🏊). Ce vénérable hôtel de 1902 au cachet indéniable est parfait pour les budgets réduits ou moyens. Si les chambres ont connu des jours meilleurs (la pression de l'eau est aléatoire),

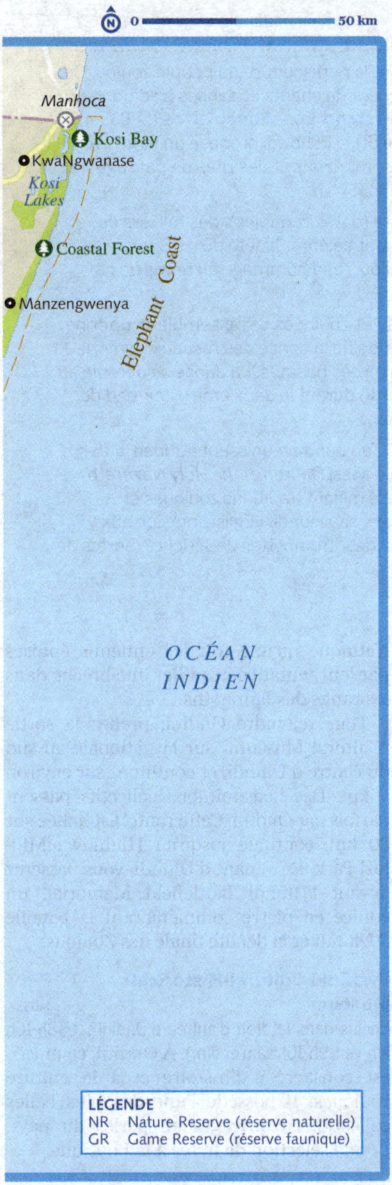

les lits, immenses, sont confortables à souhait. La partie auberge de jeunesse, entièrement rénovée, présente sans doute le meilleur rapport qualité/prix. Côté repas, la qualité de la cuisine compense le choix limité. La véranda invite à prendre l'apéritif le soir, et le salon, à lire dans un cadre cosy.

Tally's Corner Cafe CAFÉ $
(Main St ; plats 30-60 R ; 7h30-14h lun-ven). Du vrai café au Zululand : incontournale pour les amateurs ! L'endroit venait d'ouvrir lors de notre passage et proposait une carte restreinte dans un cadre étudié. Régalez-vous au petit-déjeuner d'un *flapjack* (crêpe épaisse) à l'américaine, d'un bagel ou d'un croissant.

Adam's Outpost INTERNATIONAL $
(plats 60 R ; 9h-16h). Installez-vous dans le jardin ou dans le restaurant cosy, avec cheminée et bougies, le meilleur d'Eshowe. Laissez-vous tenter par la salade de poulet à la mangue ou le curry de bœuf.

Renseignements

ABSA (Osborne Rd, Miku Bldg). Change les espèces et dispose d'un DAB.

Depuis/vers Eshowe

Des taxis-minibus collectifs partent de la station de bus et de taxis (en contrebas du KFC, près du carrefour d'Osborne St et de Main St – traversez le pont et tournez à droite) pour Empangeni (50 R, 1 heure) et Durban (90 R, 1 heure 30) ; Empangeni est le meilleur endroit où trouver des taxis pour s'enfoncer dans le Zululand.

Ulundi

20 000 HABITANTS

Jadis cœur du puissant Empire zoulou et, jusqu'en 2004, capitale conjointe du KwaZulu-Natal (avec Pietermaritzburg), Ulundi est aujourd'hui une ville sans grâce, qui ressemble plus à un campement qu'à un important centre zoulou. Des petites maisons aux couleurs vives ont remplacé les cases traditionnelles, alors que le centre-ville semble avoir été construit de façon provisoire. Il existe cependant des sites historiques zoulous à voir aux alentours, dont celui d'Ondini. On peut en outre rejoindre l'une des entrées du Hluhluwe-iMfolozi Park depuis Ulundi.

À voir

Centre-ville

KwaNodwengu SITE HISTORIQUE
Le site de l'*iKhanda* (palais) du roi Mpande, le **kwaNodwengu**, fait face à l'ancien bâtiment de l'assemblée législative. Mpande renversa Dingaan après le désastre de Blood River. Il prit le pouvoir avec l'aide des

FÊTES ZOULOUES

Au cours de l'année, de grandes fêtes célèbrent la riche culture du peuple zoulou. Ces événements pacifiques et joyeux s'accompagnent de chants et danses traditionnels. Consultez www.kzn.org.za pour un aperçu. **Zululand Eco-Adventures** (☎035-474 2298 ; www.zululandeco-adventures.com ; 36 Main St), à Eshowe, propose un large éventail d'aventures authentiques en terre zouloue, des mariages et des rites de passage aux visites chez des guérisseurs.

King Shaka Day Celebration. En septembre (dates variables), des milliers de Zoulous convergent à KwaDukuza (Stanger) pour célébrer la fête du roi Shaka. Cet événement annuel, présidé par l'actuel roi zoulou, rend hommage au héros de ce peuple.

Reed Dance. Chaque année, des milliers de filles zouloues se rassemblent, poitrine nue, devant leur roi, honorant l'ancienne tradition de la danse des roseaux. Jadis, le souverain choisissait une nouvelle épouse parmi ces beautés. La danse se déroule au palais du roi Enyokeni (entre Nongoma et Ulundi) durant le deuxième week-end de septembre, avant la King Shaka Day Celebration.

Shembe Festival En octobre, plus de 30 000 Zoulous se réunissent à Judea, à 15 km à l'est d'Eshowe, pour la fête du Shembe. Appelé aussi *Church of the Holy Nazareth Baptists*, le Shembe est une religion non officielle mêlant traditions zouloues et chrétiennes. Le prophète Mbusi Vimbeni Shembe, sauveur de l'Église, préside aux cérémonies qui mêlent danses et chants au son des "trompettes de Jéricho" (sortes de vuvuzelas).

Boers, mais ne put empêcher le déclin du Zululand. La tombe du souverain constitue l'intérêt du site.

Ondini

Ondini SITE HISTORIQUE

(haut lieu ; ☎035-870 2050 ; www.heritagekzn.co.za ; adulte/enfant 30/15 R ; ⏲8h-16h lun-ven, 9h-16h sam-dim). Fondée en 1873 en tant que capitale de Cetshwayo, Ondini fut rasée par les Britanniques après la bataille d'Ulundi (juillet 1879). À noter que Louis-Napoléon, fils de Napoléon III, engagé dans les troupes britanniques, perdit la vie en marge de ce dernier combat de la guerre anglo-zouloue, en 1879. Le kraal royal d'Ondini a été reconstruit et des fouilles ont mis au jour les sols de certains édifices. Constitués de boue et de bouse de vache, ils ont été préservés par la chaleur de l'incendie qui détruisit les huttes élevées autour. Une haie défensive de branchages noueux ceinture ce site immense.

Il fallut près de 6 mois aux Britanniques pour vaincre l'armée zouloue, et la bataille d'Ulundi fut à l'image des affrontements de ce conflit, avec 10 à 15 fois plus de Zoulous tués que de Britanniques. La victoire britannique fut due en partie à l'adoption de la tactique boer du *laager* : les troupes forment un carré autour de la cavalerie, qui n'attaque qu'une fois les ennemis épuisés par leur tentative de tailler une brèche dans les rangs des fantassins.

Pour rejoindre Ondini, prenez la sortie "Cultural Museum" sur la nationale au sud du centre d'Ulundi, et continuez sur environ 5 km. Des taxis-minibus collectifs passent parfois par Ondini. Cette route, asphaltée sur 30 km, continue jusqu'au Hluhluwe-iMfolozi Park. En venant d'Ulundi, vous passerez devant l'Ulundi Battlefield Memorial, un édifice en pierre commémorant la bataille d'Ulundi et la défaite finale des Zoulous.

KwaZulu Cultural-Historical Museum MUSÉE

(inclus dans le droit d'entrée d'Ondini ; ⏲8h-16h lun-ven, 9h-16h sam et dim). À Ondini, ce musée est consacré à l'histoire et à la culture zouloues. Il possède l'une des plus belles collections d'ouvrages en perles du pays. Bonne sélection de livres à la boutique.

Emakhosini Ophathe Heritage Park

Ulundi se situe dans la Valley of the Kings ("vallée des Rois"), le nom qui désigne officiellement l'Emakhosini Ophathe Heritage Park. Cette région revêt une grande importance pour les Zoulous. Les grands *makhosi* (chefs) Nkhosinkulu, Senzangakhona – le père de Shaka, Dingaan et Mpande – et Dinuzulu y sont inhumés. La signalisation du parc peut prêter à confusion – certains sites sont indiqués alors qu'ils ne sont pas opérationnels ; d'autres en revanche sont ouverts au public.

Mgungundlovu SITE HISTORIQUE
Le camp militaire de Mgungundlovu (Ungungundhlovu), qui fut la capitale de Dingaan de 1829 à 1838, se trouve au sud-ouest d'Ulundi, sur la Rte 34 (reliant Vryheid et Melmoth). C'est ici que Pieter Retief et d'autres Voortrekkers furent tués par leurs hôtes en 1838, un événement qui précipita la guerre boer-zouloue. Des panneaux indiquent le mémorial de Piet Retief. En 1990, des fouilles ont mis au jour le site de l'*indlu* (grande hutte) de Dingaan à proximité. Un nouveau **centre d'information multimédia** (☎035-450 0916 ; www.heritagekzn.co.za ; adulte/enfant 30/15 R ; ⏲8h-16h lun-ven, 9h-16h sam-dim) dispense des informations au moyen d'équipements interactifs dernier cri.

D'Ulundi, suivez la Rte 66 vers le sud-ouest jusqu'à la Rte 34, tournez à droite et parcourez plusieurs kilomètres sur la R34. Mgungundlovu est indiquée à l'ouest et le site se trouve à 5 km.

Monument Spirit of eMakhosini MONUMENT
(⏲8h-16h lun-ven, 9h-16h sam-dim). Sur la R34 et à 2 km au nord de **Mgungundlovu**, des panneaux indiquent à l'ouest le monument Spirit of eMakhosini, perché sur une colline. Il est constitué d'un énorme pot à bière zoulou en bronze, entouré de 18 reliefs en bronze illustrant la vie des Zoulous et de 7 longues cornes symbolisant les 7 rois enterrés dans la vallée. Des guides vous expliqueront la signification du site.

Où se loger

uMuzi Bushcamp CASES $$
(☎082 825 6896, 035-870 2500 ; www.umuzibushcamp.co.za ; s/d demi-pension 645/940 R). À Ondini, ces cases traditionnelles en forme de ruche s'inscrivent dans un cadre plaisant, près de marulas ("arbres-éléphants"). Entrée du site comprise dans le prix.

Southern Sun Garden Court HÔTEL D'AFFAIRES $$$
(☎035-870 1012 ; www.southernsun.com ; Princess Magogo St ; ch avec petit-déj 1 600 R ; ❄📶🏊). Les chambres spacieuses se distinguent par leur confort sans chichis et leur souci du détail. Le restaurant assure un service en continu.

Depuis/vers Ulundi

Le parking des taxis-minibus collectifs fait face au Southern Sun Garden Court. Parmi les destinations desservies figurent Vryheid (80 R, 1 heure 30) et Eshowe (75 R, 1 heure 30).

NKWALINI VALLEY ET SHAKALAND

KwaBulawayo, le kraal (village fortifié) de Shaka, surplombait jadis la magnifique **vallée de Nkwalini**. Aujourd'hui, vergers d'agrumes et plantations de canne à sucre couvrent les terres des guerriers zoulous. D'Eshowe, suivez la R66 vers le nord sur 6 km, puis prenez à droite la R230 (une piste qui rejoint la R34).

De l'autre côté de la route, en face de la borne de KwaBulawayo, se trouve Coward's Bush, aujourd'hui juste une autre borne, mais jadis lieu d'exécution des guerriers qui revenaient du combat sans leur lance ou blessés dans le dos.

Plus loin à l'ouest, quelques kilomètres avant le croisement de la R230 et de la R66, la Mandawe Cross, une croix, fut érigée dans les années 1930, malgré l'opposition des Zoulous. Superbe panorama depuis la colline.

Créé pour servir de décor au téléfilm *Shaka Zulu*, **Shakaland** (☎035-460 0912 ; www.shakaland.com ; Nandi Experience 300 R ; ⏲spectacle 11h et 12h30), une sorte de parc de loisirs, mélange divertissement et informations authentiques. La Nandi Experience (la reine Nandi était la mère de Shaka) présente la culture et les coutumes zouloues (déjeuner compris) ; le spectacle de danse zouloue serait le meilleur du pays. Un luxueux **hôtel** (programme culturel Shaka Experience et s/d pension complète 1 200/1 800 R) permet de passer la nuit sur place dans des cases en forme de ruche.

Shakaland se situe dans la Norman Hurst Farm à Nkwalini, à 3 km de la R66 et à 14 km au nord d'Eshowe.

Ithala Game Reserve

Gérée par l'Ezemvelo KZN Wildlife, l'**Ithala Game Reserve** (☎034-983 2540, 033-845 1000 ; www.kznwildlife.com ; adulte/enfant 60/30 R) est injustement sous-estimée. Elle possède tous les atouts d'une réserve animalière privée, avec en prime des tarifs bien moins élevés. Un peu à l'écart des principaux itinéraires touristiques, elle est beaucoup moins fréquentée que le Hluhluwe-iMfolozi Park, mais d'autant plus captivante.

Les vallées encaissées de six affluents du Pongholo occupent la majeure partie de ses 300 km², avec quelques herbages sur les hauteurs, des affleurements rocheux et du veld arbustif. Certaines des plus anciennes formations rocheuses au monde se trouvent ici, de même que des pointes de lance et lames de hache de l'âge de pierre.

Des rhinocéros blancs et des rhinocéros noirs, des éléphants, des sassabis, des buffles et des girafes (l'emblème de la réserve, car ce serait une espèce endémique) et de rares espèces d'oiseaux y vivent.

Des promenades guidées (200 R/pers) et des excursions en voiture de jour ou de nuit (200 R/pers) sont proposées.

Où se loger

Ntshondwe BUNGALOWS $$

(☎033-845 1000 ; www.kznwildlife.com ; bungalow 2 lits 840 R/pers ;). Au pied de la Ngotshe Mountain, le principal complexe hôtelier du parc offre une vue superbe sur la vallée en contrebas. Paradis des phacochères, il abrite des arbres aux orchidées rouges (*Bauhinia galpinii*) et des pique-bœufs à bec rouge. Il comprend un restaurant, une boutique et une piscine. Les bungalows peuvent se louer sur demande en pension complète.

Doornkraal CAMPING $

(☎033-845 1000 ; www.kznwildlife.com ; camping 130 R). Il existe bon nombre de camps de brousse fabuleux, mais celui-ci applique le montant minimum le plus bas dans ses tarifs. Notez qu'on y campe vraiment "à l'africaine" : douches froides uniquement.

Depuis/vers Ithala

Ithala est accessible de Louwsburg, à environ 55 km au nord-est de Vryheid sur la Rte 69, et à la même distance au sud-ouest de Phongolo par la Rte 66 et la Rte 69. La localité est bien plus petite que ne l'indiquent beaucoup de cartes.

ITHALA GAME RESERVE

Pourquoi y aller Des savanes arbustives sur les hauteurs offrant des vues panoramiques, les plus anciennes formations rocheuses du monde et une faune abondante font d'Ithala une réserve unique, l'une des plus spectaculaires du KwaZulu-Natal. Les girafes, d'une espèce endémique à la réserve, y côtoient des rhinocéros blancs et des rhinocéros noirs.

Quand partir Ithala se visite toute l'année, mais il peut faire frais le soir entre mai et août, avec parfois du givre.

Infos pratiques La réserve ouvre de 5h à 19h de novembre à février et de 6h à 18h de mars à octobre. La ville la plus proche pour se ravitailler est Vryheid, à 70 km.

Faire des économies Apportez une tente (empl camping 130 R/pers), des provisions, et parcourez seul les itinéraires suggérés.

ELEPHANT COAST

L'une des plus belles destinations d'écotourisme au monde, et certainement d'Afrique du Sud, l'Elephant Coast (l'ancien Maputaland) est un festival de beautés naturelles, avec une extraordinaire diversité en matière d'habitats et de faune. La "côte de l'Éléphant" est bordée au sud par le fleuve iMfolozi, juste en dessous de l'estuaire de St Lucia, et au nord-ouest par les monts Lebombo.

Cette vaste étendue de littoral comprend certains des plus beaux parcs du pays, dont le splendide iSimangaliso Wetland Park qui s'étire du lac St Lucia au sud à Kosi Bay au nord. À l'écart des stations balnéaires, cette région totalement préservée offre un aperçu de ce qu'était l'Afrique avant l'arrivée des colons. Un peu plus dans les terres, le Hluhluwe-iMfolozi Park peut facilement rivaliser avec le Kruger National Park, son voisin du Nord. Beaucoup le préfèrent d'ailleurs pour son accessibilité (il est à peu près vingt fois plus petit que le Kruger).

Le climat devient plus chaud à mesure que l'on progresse vers le nord et, à cause de l'océan Indien, une chaleur tropicale règne en été. L'humidité côtière provoque d'épais brouillards sur les collines de l'arrière-pays, réduisant la visibilité à quelques mètres. Si vous conduisez, faites attention aux piétons et aux animaux qui peuvent surgir au tournant.

Un bon réseau routier dessert la région. Des taxis-minibus collectifs et des bus sillonnent la côte. Avec une voiture, vous pourrez explorer les moindres recoins de l'Elephant Coast. Si une voiture classique convient pour de nombreux endroits, vous aurez besoin d'un 4x4 pour la route sablonneuse spectaculaire qui longe la côte de Kosi Bay à Sodwana Bay.

Hluhluwe

1 500 HABITANTS

Hluhluwe (prononcez chlou-chlou-oui) se situe au nord-est du Hluhluwe-iMfolozi Park. La bourgade, établie de part et d'autre d'une large voie qui rejoint la N2, n'offre guère d'intérêt mais constitue le principal accès au parc.

Où se loger et se restaurer

Hluhluwe Backpackers AUBERGE DE JEUNESSE $

(☎076 375 3831 ; d 150 R/pers). Juste avant Memorial Gate, l'une des entrées de Hluhluwe-iMfolozi, cette maison reconvertie jouit d'un emplacement de choix. Les chambres propres, l'atmosphère détendue et les chiens sympathiques font oublier l'intérieur un peu sombre et décrépit. Vous paierez surtout bien moins cher que dans l'enceinte du parc.

Orchard Farm Cottages BUNGALOWS $

(☎082 494 1047 ; www.theorchardfarm.co.za ; 1 Ngweni Rd ; s/d à partir de 400/550 R ; ❄). Ces cottages tout équipés, dans une réserve faunique qui fait partie d'un vaste domaine agricole, constituent une option confortable, malgré des chambres assez vieillottes et marquées par le temps. Juste à la sortie de la localité.

Isinkwe Backpackers Lodge AUBERGE DE JEUNESSE $$

(☎083 338 3494 ; www.isinkwe.co.za ; Bushlands ; s/d/tr 525/700/840 R, dort/d sans sdb 180/500 R ; @ 🏊). Sur une étendue de bush préservé à 14 km au sud de Hluhluwe, cet établissement pour petits budgets propose divers hébergements, des huttes aux chambres avec sdb, et d'innombrables activités, dont des safaris dans le Hluhluwe-iMfolozi. Le bar qui jouxte la piscine est idéal pour se raconter les aventures de la journée. Forfaits pour la demi-pension et certaines activités (voir le site Internet). Téléphonez pour qu'on vous indique le chemin.

PANNEAUX POUR HLUHLUWE

Les panneaux qui indiquent Hluhluwe et ses environs prêtent souvent à confusion. Quand vous quittez la N2, sachez que la bourgade de Hluhluwe se situe sur le côté est de la route, tandis que le Hluhluwe-iMfolozi Park s'étend à 12 km à l'ouest de la N2 (à 14 km à l'ouest de la localité).

♥ **Hluhluwe River Lodge** LODGE $$$

(☎035-562 0246 ; www.hluhluwe.co.za ; s/d demi-pension 1 675/2 400 R). À environ 11 km de Hluhluwe sur la D540 (près de la Rte 22 et de False Bay), ce lodge, où des excursions sont proposées, constitue une base de luxe pour explorer le parc. Installé sur sa propre parcelle de bush, chaque chalet est élégant, clair et spacieux. Les parties communes comprennent un somptueux salon avec terrasse, et le chef sert une excellente cuisine.

Une superbe *duiker walk* (promenade du céphalophe) traverse la forêt, entre autres activités.

Zululand Tree Lodge LODGE $$$

(☎035-562 1020 ; ubizane.co.za ; s/d avec petit-déj 1 050/1 700 R ; ❄🏊). Pour vous réveiller au chant des oiseaux, mettez le cap sur ces romantiques cabanes au toit de chaume, perchées parmi les eucalyptus à feuilles de saule de la réserve d'Ubizane, à 7 km de Hluhluwe. Chaque chambre dispose d'un balcon. Il existe des formules intéressantes incluant la demi-pension et des safaris en voiture (prix variables).

Bushwillow GUESTHOUSE $$$

(☎035-562 0473 ; www.bushwillow.com ; Kuleni Game Park; s/d avec petit-déj à partir de 1 375/1 800 R). Dans le Kuleni Game Park, un parc privé, au cœur d'une forêt d'albizias et de combretums, ce paisible refuge romantique comprend 2 logements reliés par un espace commun avec cuisine (demi-pension possible). Vous pourrez observer les oiseaux depuis la piscine, ou vous détendre dans la baignoire sur pieds de la sdb. Zèbres, girafes, céphalophes et autres animaux inoffensifs vivent dans les alentours, sillonnés de sentiers pédestres. Le Bushwillow se situe à 20 km du village de Hluhluwe sur la route de Sodwana Bay : repérez le panneau pour Kuleni.

Achats

À 20 km au sud de Hluhluwe sur la N2, le **marché Zamimpilo**, une coopérative locale de femmes, vend de l'artisanat d'un excellent rapport qualité/prix.

Ilala Weavers ARTISANAT
(☎087 802 1792 ; www.ilala.co.za ; 1 Ngweni Rd ; ⌚8h-17h lun-ven, 9h-16h sam-dim). Vend un grand choix d'artisanat zoulou et comprend un **musée** et un "village" un peu artificiel, où débarquent souvent des bus de touristes.

Hluhluwe-iMfolozi Park

Rivalisant par sa beauté et la diversité de ses paysages avec le Kruger National Park, le **Hluhluwe-iMfolozi Park** (☎035-550 8476 ; www.kznwildlife.com ; adulte/enfant 145/75 R) est l'un des parcs les plus célèbres et évocateurs du pays. Couvrant 960 km², il s'explore bien plus facilement que son confrère. La faune y est riche, lions, éléphants, rhinocéros (noirs et blancs), léopards, girafes, buffles et lycaons occupant le territoire.

Le paysage montagneux dévoile des perspectives à couper le souffle dans toutes les directions. L'absence de végétation dense par endroits, notamment sur l'itinéraire routier entre l'entrée (Memorial Gate) et le Hilltop Camp, facilite l'observation de la faune. Vous y verrez à coup sûr des rhinocéros blancs.

Le parc peut se visiter toute l'année et réserve toujours des découvertes. En été (saison humide), la végétation est luxuriante et les animaux abondent. L'hiver (saison sèche) est une excellente période pour explorer la savane alors que les animaux se rassemblent souvent autour des points d'eau (deux cours d'eau, la White iMfolozi et la Black iMfolozi, traversent le parc). À chaque mois ses attraits : de novembre à janvier, impalas, zèbres, gnous et girafes mettent bas et les oiseaux migrateurs affluent. En février, les éléphants aiment à se rassembler sous les branches des marulas. Graminées et fleurs s'épanouissent d'octobre à mars.

À voir et à faire

Centenary Centre MUSÉE
(⌚8h-16h). Dans la partie est de l'iMfolozi, le Centenary Centre abrite un musée, un centre d'information et un excellent marché d'artisanat. Créé pour que les visiteurs puissent voir les animaux en transit vers un nouvel habitat, il comprend aussi des enclos pour les rhinocéros et les antilopes. Pour les approcher, il faut être accompagné par un guide (environ 20 R/pers, s'adresser au kiosque).

Safari en voiture

Le Hilltop Camp (p. 279) propose des circuits en voiture le matin et le soir, tandis que le Mpila Camp (p. 279) n'offre que des sorties nocturnes. Réservées aux hôtes, ces formules coûtent 300 R/personne. La plupart des visiteurs parcourent toutefois le parc à bord de leur propre véhicule.

Randonnée

L'un des atouts majeurs d'iMfolozi est son réseau de sentiers exceptionnel sur un territoire de 24 000 ha dépourvu de routes. Saisonnières, les randonnées avec guide organisées par KZN Wildlife s'effectuent en groupe de 4 personnes minimum et durent de 2 à 5 jours. Elles comprennent l'hébergement dans des camps de toile, la nourriture, l'eau, le matériel de cuisine et autres équipements nécessaires. Cette expérience inoubliable vous garantit de croiser des animaux, d'où sa très grande popularité (réservez bien à l'avance).

HLUHLUWE-IMFOLOZI PARK

Pourquoi y aller Très montagneux, avec des paysages somptueux, et propice à l'observation de la faune, ce parc fait partie des incontournables du KwaZulu-Natal. Admirer la vie sauvage depuis une ligne de crête est une expérience inoubliable.

Quand partir À n'importe quelle saison. La période de mai à août est toutefois la meilleure pour voir des animaux dans la savane.

Infos pratiques Le parc ouvre de 5h à 19h de novembre à février et de 6h à 18h de mars à octobre. Vous trouverez de l'essence au Mpila Camp d'iMfolozi et au Hilltop Camp de Hluhluwe, qui vend aussi du gazole.

Faire des économies Logez à l'extérieur du parc, par exemple à la **Hluhluwe Backpackers** ou à l'**Isinkwe**. Pour une randonnée dans la nature, essayez le **Primitive Trail** (p. 279), d'un bon rapport qualité/prix.

Hluhluwe-iMfolozi Park

Le **Base Trail** (3 900 R, 3 nuits) part, comme son nom l'indique, d'un camp de base. Les marcheurs n'emportent que le nécessaire pour la journée. Le **Short Wilderness Trail** (2 350 R, 2 nuits) passe par des camps satellites sans confort (douche avec seau), mais totalement approvisionnés. Même chose pour l'**Extended Wilderness Trail** (3 450 R, 3 nuits). Toutefois, les participants doivent porter l'équipement sur 7 km jusqu'au camp. Sur le **Primitive Trail** (2 900 R, 4 nuits), vous portez l'équipement, participez à la préparation des repas (provisions fournies), dormez à la belle étoile et assurez des tours de garde de 1 heure 30 durant la nuit – le préféré des amateurs d'aventure.

Où se loger et se restaurer

Vous devez réserver les hébergements auprès de l'**Ezemvelo KZN Wildlife** (p. 293) à Pietermaritzburg. Les réservations de dernière minute – jusqu'à 48 heures à l'avance – s'effectuent directement auprès des camps. Tous les hébergements sont facturés par personne, mais un montant minimum s'applique. Si vous souhaitez préparer vos repas, prévoyez des vivres.

Outre le Hilltop Camp et le Mpila Camp, il existe des lodges formidables accueillant de 6 à 8 hôtes. Certains ont même un cuisinier, mais vous devez apporter les provisions. Consultez le site www.kznwildlife.com pour de plus amples détails. Nous recommandons **Gqoyeni Bush Camp** (lodges de 8 lits 595 R/pers, montant minimum 4 200 R), **Hlathikhulu Bush Lodge** (lodges de 8 lits 595 R/pers, minimum 3 780 R), **Masinda Lodge** (lodge de 6 lits 550 R/pers, circuits en voiture et à pied inclus), **Mthwazi Lodge** (montant minimum 4 500 R),

Hluhluwe-iMfolozi Park

À voir

1	Centenary Centre	B2
2	Hluhluwe-iMfolozi Park	B2

Où se loger

3	Hilltop Camp	C1
4	Isinkwe Backpackers Bushcamp	D1
5	Mpila Camp	B2

Muntulu Bush Lodge (lodges de 8 lits 595 R/pers, minimum 4 320 R) et **Munyaweni Bush Lodge** (lodges de 8 lits 595 R/pers, minimum 4 320 R).

Hilltop Camp BUNGALOWS $$
(☎035-562 0848 ; rondavel/chalet 2 pers 575/1 100 R ; ❄). Dans le camp phare de Hluhluwe, dîner sur la terrasse face aux montagnes qui se détachent à l'horizon laisse un souvenir grandiose. Malheureusement, le standing a baissé : nous n'avons pas pu avoir la clé de notre case car la serrure avait apparemment rouillé. Nous vous conseillons d'enfermer vos objets de valeur dans votre voiture, à l'abri des regards.

Si vous recherchez la tranquillité, préférez les “lodges de brousse”. Ces logements privés n'ont de brousse que le nom : entièrement équipés et plutôt haut de gamme, certains disposent même d'un cuisinier (mais vous devez fournir les provisions).

Mpila Camp BUNGALOWS $$
(tente de safari 2 lits 820 R, chalet d 820 R). Aussi paisible qu'impressionnant, le principal hébergement du côté iMfolozi se dresse au sommet d'une colline dans le centre

du parc. Les tentes de safari s'avèrent plus conviviales que les chalets équipés. Sachez que la clôture électrique n'empêche pas toujours les animaux (lions, hyènes, lycaons) de pénétrer dans le campement.

Depuis/vers le Hluhluwe-iMfolozi Park

Le parc compte trois entrées. La principale, Memorial Gate, se situe à 15 km à l'ouest de la N2 et à 50 km au nord de Mtubatuba. Pour accéder à la deuxième, Nyalazi Gate, quittez la N2 et prenez à gauche la R618 juste après Mtubatuba en direction de Nongoma. La troisième, Cengeni Gate, du côté ouest d'iMfolozi, se rejoint par la route (goudronnée sur 30 km) depuis Ulundi.

iSimangaliso Wetland Park

L'iSimangaliso Wetland Park, classé au patrimoine mondial de l'Unesco, s'étend sur 220 km de la frontière du Mozambique, au nord, à Maphelana, à l'extrémité sud du lac St Lucia. Avec l'océan Indien d'un côté et une série de lacs (dont le lac St Lucia) de l'autre, ce parc de 3 280 km² protège 5 écosystèmes majeurs, depuis les récifs et les plages jusqu'aux lacs, marécages, forêt de dunes et mangroves. Des tortues caouannes et luths viennent pondre sur le rivage, baleines et dauphins évoluent au large, et le parc compte de nombreux animaux, dont des antilopes, des hippopotames et des zèbres. En saison, les vacanciers affluent sur les plages de l'océan, qui offre de multiples activités – plongée et pêche notamment.

Le lac St Lucia est le plus grand estuaire du continent. Il a atteint son niveau le plus bas pendant environ 55 ans du fait d'une gestion environnementale inadaptée consistant à empêcher l'iMfolozi River de s'y déverser. En 2012, la liaison naturelle a été rétablie, ce qui, associé à des pluies plus abondantes, lui a permis de retrouver en 2014 son niveau d'antan. Depuis, poissons et crevettes ont fait leur réapparition. Une nouvelle stratégie a été mise en place pour maintenir la stabilité du niveau d'eau et la pureté de l'écosystème.

En 2007, en changeant son nom – le Greater St Lucia Wetland Park est devenu l'iSimangaliso Wetland Park –, ses promoteurs ont voulu mettre en avant sa nouvelle image de destination écologique (iSimangaliso signifie “miracle” ou “merveille”, ce qui convient parfaitement à son extraordinaire beauté).

ISIMANGALISO WETLAND PARK

Pourquoi y aller Ce parc n'a pas d'équivalent sur l'ensemble du continent. Il englobe en effet la majeure partie des forêts marécageuses qui subsistent dans le pays et le plus grand estuaire d'Afrique.

Quant partir Toute l'année.

Infos pratiques iSimangaliso s'étend sur plus de 220 km, couverts surtout de dunes et de forêts. Il se divise en trois grandes zones : le Sud (aisément accessible depuis St Lucia, d'où l'on peut rallier les Eastern et Western Shores), le Centre (Sodwana Bay, desservie par la Rte 22) et le Nord, moins accessible mais magnifique (Kosi Bay, au bout de la Rte 22). De la Rte 22, une route vers l'ouest permet d'atteindre facilement l'uMkhuze Game Reserve.

Faire des économies St Lucia abrite quelques bonnes auberges de jeunesse qui pourront vous donner des bons plans pour les circuits. En partageant le coût à 3 ou 4 personnes, les safaris en voiture sans guide constituent la formule la moins chère.

Les multiples possibilités d'hébergement vont du camping et des lodges privés aux excellents établissements gérés par l'Ezemvelo KZN Wildlife (p. 293). Mieux vaut réserver au moins 48 heures à l'avance.

Principale localité, St Lucia constitue une bonne base pour se loger et se ravitailler. Les Eastern et Western Shores conduisent au cœur de la zone humide. Autre point d'entrée dans le parc, Sodwana Bay a la faveur des plongeurs. Le lac Sibaya et Kosi Bay, dans la partie nord du parc, se distinguent par leur splendeur et leur isolement. Enfin, l'uMkhuze Game Reserve s'étend plus loin à l'intérieur des terres.

Activités

Dans le cadre des pratiques de tourisme responsable de l'iSimangaliso Wetland Park Authority, les tour-opérateurs doivent régulièrement renouveler leur licence. Vous trouverez la liste des prestataires agréés sur www.isimangaliso.com.

iSimangaliso Wetland Park

iSimangaliso Wetland Park

À voir

Où se loger

Circuits en bateau et observation des baleines

En saison, vous aurez de fortes chances d'apercevoir des baleines, des dauphins et d'autres créatures marines. Les circuits coûtent environ 200 R par personne. Vous pouvez aussi remonter la rivière en bateau pour voir des hippopotames et des crocodiles. Si la plupart des excursions partent de St Lucia, le Sodwana Bay Lodge (p. 286) propose d'observer les cétacés dans la baie de Sodwana.

Advantage Tours CROISIÈRES FAUNIQUES
(St Lucia Tours ; ☎035-590 1259 ; www.advantagetours.co.za ; 1 McKenzie St, Dolphin Centre). Sorties quotidiennes à la rencontre des baleines entre juin et septembre (quand le temps le permet) et remontées de la rivière en bateau pour voir hippopotames et crocodiles.

Ocean Experience CROISIÈRES FAUNIQUES
(☎035-590 1555 ; www.stlucia.co.za). Croisières de 2 heures dans l'estuaire de St Lucia pour observer hippopotames et crocodiles. Les passagers ont aussi la possibilité de débarquer pour effectuer un circuit à pied dans une zone peuplée de zèbres et d'antilopes.

Équitation

Hluhluwe Horse Safaris ÉQUITATION
(☎035-562 1039 ; www.hluhluwehorsesafaris.co.za ; promenade 1 heure 30/2 heures 30, 395/550 R). Une promenade à cheval dans la région de False Bay permet de voir diverses espèces d'antilopes, entre autres animaux. Autre possibilité, la Falaza Game Reserve, qui abrite rhinocéros, buffles et girafes. Ces promenades sont organisées par le Hluhluwe River Lodge (p. 277).

Observation des oiseaux

Les ornithologues amateurs seront aux anges, en particulier à St Lucia (p. 282). Le site de la **Zululand Birding Route** (www.zululandbirdingroute.co.za) fournit quantité d'informations et un service de guides.

Observation de la faune

Vaste choix entre l'uMkhuze Game Reserve (p. 285), l'un des meilleurs sites du pays pour observer la faune, les Eastern (p. 284) et Western Shores (p. 285) autour de St Lucia, où plusieurs agences proposent des circuits de jour et de nuit (liste sur www.isimangaliso.com), et partir seul en voiture à la découverte de la vie sauvage.

Shakabarker Tours CIRCUITS
(☎035-590 1162 ; www.shakabarker.co.za ; 43 Hornbill St). Un éventail d'excellents circuits animaliers au départ de St Lucia, notamment des excursions dans les parcs du secteur et une formule à vélo (225 R/pers) autour de St Lucia en compagnie d'un véritable guide zoulou.

ALERTE SANTÉ

En 2004, l'Organisation mondiale de la santé a déclaré le KwaZululand-Natal – jusqu'à St Lucia au nord-est – exempt de paludisme. Sachez cependant qu'une zone à faible risque s'étend de Sodwana Bay (iSimangaliso Wetland Park) à la frontière nord. Le risque peut être plus important au nord et au nord-est, près des frontières du Swaziland et du Mozambique. Il existe un risque de bilharziose autour de certains cours d'eau et lacs de barrage, surtout à une altitude inférieure à 1 200 m. Faites également attention aux crocodiles et aux hippopotames, animaux dangereux. Soyez prudent la nuit (y compris dans la bourgade de St Lucia), quand rôdent les hippopotames. Dans des endroits plus isolés, ces derniers peuvent s'aventurer sur le rivage dans la journée ; restez à distance et éloignez-vous sans bruit. Ne pénétrez jamais dans des lacs ou cours d'eau de l'arrière-pays (St Lucia Estuary) : ils sont prisés des crocodiles, des requins et des hippopotames et présentent un risque de bilharziose. La baignade est possible (par beau temps et à marée basse) sur la plage de Cape Vidal.

Themba's Birding & Eco Tours CIRCUITS ORNITHOLOGIQUES
(☎071 413 3243 ; stluciabirdsnbirding@gmail.com ; St Lucia; à partir de 200 R/pers, 2 participants minimum). Guide recommandé, Themba suscite l'enthousiasme des visiteurs pour sa connaissance de l'avifaune et du secteur.

Observation des tortues

De passionnantes sorties nocturnes sur la piste des tortues ont lieu à partir de Cape Vidal. Même chose avec le Sodwana Bay Lodge (p. 286) à Sodwana Bay, et avec le **Kosi Bay Lodge** (☎035-592 9561 ; www.kosibaylodge.co.za) à Kosi Bay.

St Lucia Turtle Tours CIRCUITS À PIED
(☎082 2575 612 ; www.extremenaturetours.co.za ; ⏲900 R/pers). Géré par Extreme Nature Tours, ce prestataire assure d'excellentes excursions dans le cadre d'un projet de développement communautaire. Respectueux de l'environnement, il vous emmènera à pied (pas en voiture) le long de la plage pour éviter de déranger les tortues venues creuser leur nid.

Euro Zulu Safaris CIRCUITS ÉCOLOGIQUES
(☎035-590 1635 ; www.eurozulu.com ; 900 R/pers avec dîner et boissons ; ⏲nov-mars). Excursions de nuit à la rencontre des tortues depuis Cape Vidal et Kosi Bay.

Plongée et pêche en pleine mer

Sodwana Bay (p. 286) se prête idéalement à ces activités.

Safaris en kayak

St Lucia Kayak Safaris KAYAK
(☎035-590 1233 ; www.kayaksafaris.co.za ; 295 R/pers). Une nouvelle façon d'explorer la zone humide, notamment au cours d'une excursion de 2 heures 30 dans l'estuaire, au départ de Honeymoon Bend. L'agence propose également du snorkeling à Cape Vidal.

St Lucia

1 104 HABITANTS

Ne faisant pas officiellement partie de l'iSimangaliso Wetland Park, la plaisante localité de St Lucia constitue une bonne base pour explorer le sud du parc. En haute saison, l'activité bat son plein et la population augmente avec l'afflux des visiteurs. L'artère principale, MacKenzie St (une ancienne piste d'hippopotames), est bordée de restaurants, d'auberges de jeunesse et de bars animés. Derrière, des rues plus tranquilles offrent un bon choix de B&B. Des hippopotames déambulent parfois dans les rues du village ; faites attention car ils peuvent être dangereux.

Où se loger

S'il est rare de ne pas pouvoir trouver une chambre, mieux vaut réserver durant les mois d'été.

BiB's International Backpackers AUBERGE DE JEUNESSE $
(☎035-590 1056 ; www.bibs.co.za ; 310 McKenzie St ; dort 100 R, d avec/sans sdb 275/200 R, tente de safari d 375 R ; P @ ≋). Un peu défraîchie, mais excellent rapport qualité/prix. Bien tenues, les doubles disposent d'un réfrigérateur, d'un placard, d'une sdb, et les murs sont ornés d'art africain. La dépendance à l'arrière offre davantage d'intimité que le bâtiment principal. La réception occupe un petit bureau avant l'entrée.

Dave's Place AUBERGE DE JEUNESSE $
(☎072 0275 384 ; McKenzie St ; camping 80 R, lits 120 R). Ce grand bâtiment ancien ne paie pas de mine vu du dehors et l'intérieur ne vaut guère mieux : les couchages, installés dans un local temporaire à l'étage, sont bruyants en raison de la minceur des cloisons. En revanche, le vaste espace en plein air où l'on peut faire du feu et cuisiner sur un *braai* constitue un véritable atout. Bar et restaurant sur place.

St Lucia Wilds APPARTEMENTS $
(☎035-590 1033 ; www.stluciawilds.co.za ; 174 McKenzie St ; à partir de 600 R). Trois appartements et un studio parfaits pour les petits et moyens budgets allergiques aux auberges de jeunesse. Pas de repas.

Sugarloaf Campsite CAMPING $
(☎033-845 1000 ; www.kznwildlife.com ; Pelican St ; camping 180 R). Un joli camping sur l'estuaire, à courte distance des hippopotames, des singes et des crocodiles.

Hornbill House B&B $$
(☎035-590 1162 ; www.hornbillhouse.com ; 43 Hornbill St ; s/d avec petit-déj 550/900 R ; ❄@≋). Plaisant et douillet, ce B&B gardé par des chiens affectueux comporte de jolies chambres, certaines avec un balcon surplombant la végétation luxuriante du jardin, et une petite piscine. Kian, le propriétaire, connaît parfaitement la région et dirige une agence qui propose de nombreux circuits et activités.

Sunset Lodge BUNGALOWS $$
(☎035-590 1197 ; www.sunsetstlucia.co.za ; 154 McKenzie St ; bungalows 675-1 550 R ; ❄📶≋). Ce lodge possède 7 bungalows en rondins bien tenus, équipés et décorés sur le thème du safari. Profitez de la vue sur l'estuaire depuis votre terrasse privative : vous verrez hippopotames, mangoustes et singes déambuler sur la pelouse. Les prix baissent fortement hors saison.

Santa Lucia Guesthouse GUESTHOUSE $$
(☎035-590 1151 ; www.santalucia.co.za ; 30 Pelikaan St ; s/d avec petit-déj 600/900 R ; ❄📶≋). Au bout de la ville, en face d'un beau parc, cette pension dirigée par des hôtes affables garantit un séjour très agréable. Sur la terrasse en bas ou à l'étage, détendez-vous devant un petit-déjeuner copieux en profitant du jardin tropical.

Lodge Afrique LODGE $$
(☎071 592 0366 ; www.lodgeafrique.com ; 71 Hornbill St ; d 1 380 R ; ≋). D'élégants chalets au "chic africain" entourés de verdure dans une rue secondaire. Une bonne adresse, quand elle n'est pas occupée par des groupes. Réservation indispensable.

Umlilo Lodge LODGE $$
(☎035-590 1717 ; www.umlilolodge.co.za ; 9 Dolphin Ave ; s/d 900/1 400 R ; ❄📶≋). Dans un joli jardin verdoyant, ce lodge central offre 10 chambres indépendantes et un agréable salon avec terrasse, où se détendre en fin de journée. Le propriétaire est charmant.

Serene Estate Guesthouse GUESTHOUSE $$$
(☎072 365 2450 ; www.serene-estate.co.za ; 119 Hornbill St ; s/d avec petit-déj à partir de 1 250/1 800 R ; ❄📶≋). La sobriété néerlandaise rencontre la luxuriante forêt africaine pour créer 6 chambres raffinées, à mille lieues de St Lucia. Les petits-déjeuners, servis avec une surprise quotidienne signée Olga, vous laisseront des souvenirs inoubliables.

Où se restaurer

Le mot gastronomie semble être inconnu à St Lucia. La plupart des restaurants bordent McKenzie St.

Rich's Cafe CAFÉ $
(McKenzie St ; plats 40-50 R ; ⏲7h30-16h lun-ven, 8h-14h dim). Sandwichs, wraps, vrai café et petits-déjeuners toute la journée dans une ravissante petite cour-jardin.

Barraca INTERNATIONAL $$
(McKenzie St ; plats 60-110 R ; ⏲9h-22h). Repérable à sa grande véranda ouverte sur la rue principale, ce lieu accueillant convient pour manger une cuisine savoureuse à toute heure en profitant du spectacle de la rue. À midi, tartines, le soir, curry de crevettes, paella et autres plats de la mer.

Braza FUSION $$
(McKenzie St ; plats 40-120 R ; ⏲déj et dîner). Ce restaurant animé promet une cuisine mêlant des saveurs du Portugal, du Brésil, du Mozambique et de l'Angola. Cela se traduit par de bons plats de viande et de grillades, ainsi qu'une assiette végétarienne (qui ne figure pas sur la carte).

Renseignements

La Standard Chartered Bank, la Nedbank et la FNB disposent de DAB dans l'artère principale. L'office du tourisme était en rénovation lors de notre passage et aucune date de réouverture n'avait été fixée.

Internet Cafe (☎035-590 1056 ; 310 McKenzie St ; 15 R/30 minutes ; ⏲8h-18h). Dans le BiB's International Backpackers, de loin le meilleur service.

Depuis/vers St Lucia

Avis (☎035-590 1634 ; www.avis.co.za ; McKenzie St ; ⏲8h-16h lun-ven, jusqu'à 12h sam). Une compagnie de location de voitures fiable.

Des taxis-minibus collectifs relient Durban à Mtubatuba (120 R), à 25 km de St Lucia ; de là, vous devrez prendre un autre taxi-minibus pour St Lucia. Des bus circulent également entre St Lucia, Richards Bay et Mtubatuba, mais vous devrez changer dans chaque localité. En dehors des circuits organisés, vous aurez besoin d'un véhicule pour explorer l'estuaire.

Navette privée, **Mthuyi's** (☎079 026 3660 ; mthuyis@gmail.com) circule entre St Lucia et Durban (aéroport et hôtels). Le service coûte 750 R/personne pour deux, plus 500 R par passager supplémentaire.

Eastern Shores

Les **Eastern Shores** (☎035-590 1633 ; www.isimangaliso.com ; adulte/enfant/véhicule 40/25/45 R ; ⏲5h-19h nov-mars, 6h-18h avr-oct), dans le sud de l'iSimangaliso Wetland Park, est l'un des secteurs les plus facilement accessibles depuis l'estuaire de St Lucia. On peut l'explorer seul, en voiture, grâce à un excellent réseau de pistes qui permet d'apercevoir de nombreux animaux – hippopotames, antilopes, oiseaux, entre autres. Faisant partie d'un projet de réhabilitation, cette zone a retrouvé son aspect d'origine suite à la suppression de milliers d'hectares d'anciennes plantations (d'où les souches d'arbres).

TORTUES MARINES

Sur les cinq espèces de tortues qui vivent au large des côtes sud-africaines, deux seulement viennent pondre sur ses plages : les tortues luths (*Dermochelys coriacea*) et caouannes (*Caretta caretta*). Les zones de ponte s'étendent vers le nord de l'estuaire de St Lucia jusqu'au Mozambique.

Les deux espèces pondent la nuit en été. Les femelles choisissent un endroit au-delà du niveau de la marée haute pour enfouir leurs œufs. Le secteur de reproduction des caouannes est plus varié car elles peuvent escalader les rochers ; les tortues luths ne pondent que sur les plages de sable.

Quelque 70 jours plus tard, les petits sortent du nid pendant la nuit et se précipitent vers la mer. Seul un (ou deux) sur mille atteindra l'âge adulte. Douze à quinze ans plus tard, les femelles reviennent pondre sur la même plage.

À voir et à faire

Les Eastern Shores comptent quatre routes panoramiques passant par des dépressions, des *vlei* (marécages), des dunes côtières et des prairies et donnant l'occasion de découvrir différents écosystèmes. Affûts, plateformes et points de vue permettent d'admirer le paysage et d'observer les animaux.

Mission Rocks RIVAGE
À 14 km au nord de l'entrée, Mission Rocks est un rivage rocheux qui révèle, à marée basse, une fabuleuse faune marine dans des bassins naturels (baignade interdite).

Bats Cave GROTTE
À marée basse, on peut rejoindre à pied cette grotte peuplée de chauves-souris (à 5 km de Mission Rocks).

Point de vue du Mount Tabor POINT DE VUE
À 4 km avant Mission Rocks, le point de vue du Mount Tabor (signalé) offre une vue superbe sur le lac St Lucia et l'océan Indien.

Cape Vidal PLAGE
À 20 km au nord de Mission Rocks (30 km du St Lucia Estuary), Cape Vidal s'étend entre le lac Bhangazi et l'océan. Certaines des dunes boisées atteignent 150 m de haut et les plages sont propices à la baignade.

Où se loger

Cape Vidal Camp CAMPING, BUNGALOWS
(☎033-845 1000 ; www.kznwildlife.com ; empl tente jusqu'à 4 pers 420 R, bungalow en rondins 5 lits 1 020 R min). L'Ezemvelo KZN Wildlife gère ce charmant campement, près des rives du lac Bhangazi. Un montant minimum s'applique.

Depuis/vers les Eastern Shores

L'entrée des Eastern Shores se situe à 2 km au nord de la localité de St Lucia, à côté du St Lucia Crocodile Centre.

Western Shores

Au nord-ouest du St Lucia Estuary, les **Western Shores** (035-590 1633 ; www.isimangaliso.com ; adulte/enfant/véhicule 40/25/45 R ; 5h-19h nov-mars, 6h-18h avr-oct) recèlent deux sites remarquables en bord de lac : **Fani's Island** (fermé à l'heure où nous écrivons) et **Charters Creek**, une zone d'épaisses forêts côtières et de prairies, accessible par une toute nouvelle route (sur la N2, à 18 km au nord de Mtubatuba ou 32 km au sud de Hluhluwe, prendre la route goudronnée vers Nhlozi Gate). Le parcours permet d'observer la faune du côté ouest du lac St Lucia (portion du parc venant d'ouvrir), en particulier des cobes à croissant (*waterbucks*), des koudous et autres antilopes, voire des hippopotames.

Pour gagner les Western Shores depuis la localité de St Lucia, prenez la route de Mtubatuba, puis tournez à droite après 2 km au niveau de Dukuduku Gate.

uMkhuze Game Reserve et ses environs

L'**uMkhuze Game Reserve** (031-845 1000, 035-573 9004 ; www.kznwildlife.com ; adulte/enfant/véhicule 42/25/47 R ; 5h-19h nov-mars, 6h-18h avr-oct) est un incontournable. Créée en 1912 pour protéger les nyalas (une espèce d'antilope), et rattachée à l'iSimangaliso Wetland Park, cette réserve aux plaines couvertes d'épaisses broussailles et d'acacias se déploie sur 38 500 ha. Des lions y ont été réintroduits avec succès en 2014 et elle abrite la plupart des animaux emblématiques de l'Afrique, ainsi que plus de 420 espèces d'oiseaux, dont la rare chouette pêcheuse de Pel (*Scotopelia peli*). Elle offre des affûts astucieusement placés, dont certains près de points d'eau ; les cuvettes, entourées d'eucalyptus à feuilles de saule, comptent parmi les meilleurs sites d'observation du pays. La réserve se situe à 15 km de Mkuze (à 18 km de Bayla en direction du nord).

Activités

D'excellents circuits en voiture sont proposés le soir (220 R) par Mantuma.

Fig Forest Walk CIRCUIT PÉDESTRE
(200 R/pers). Ne manquez pas la superbe Fig Forest Walk, une marche guidée sur des passerelles à plusieurs niveaux que propose Mantuma.

UMKHUZE GAME RESERVE

Pourquoi y aller De toute beauté, uMkhuze est une réserve où croiser les Big Five, ainsi que des nyalas et autres antilopes aux abords des camps. Un circuit faunique en voiture est donc un must, d'autant que les guides se montrent très compétents.

Quand partir On observe mieux les animaux d'octobre à novembre, quand l'herbe a été brûlée et qu'il ne fait pas trop chaud.

Infos pratiques La réserve ouvre de 5h à 19h de novembre à mars et de 6h à 18h d'avril à octobre. La ville la plus proche est Mkuze.

Faire des économies Les gîtes sont avantageux et de nombreux *braai* permettent de cuisiner soi-même.

Où se loger

Mantuma CHALETS $$
(033-845 1000 ; www.kznwildlife.com ; cabanes 410 R, d chalet 800 R). Ce camp s'inscrit dans un bel environnement non clôturé où s'aventurent souvent des animaux, notamment des nyalas. Pas de première jeunesse, il a connu des jours meilleurs, mais allie propreté, emplacement de choix et bon rapport qualité/prix. Préparez vos repas vous-même plutôt que de compter sur le restaurant.

Nhlonhlela Bush Lodge LODGE $$$
(033-845 1000 ; www.kznwildlife.com ; lodge 8 lits 2 400 R). Nhlonhlela Bush Lodge comprend un espace commun qui domine une cuvette et 4 lodges confortables, reliés par des passerelles en bois. Les résidents disposent de leur propre ranger (garde forestier) et d'un cuisinier (vous devez apporter vos provisions).

Ghost Mountain Inn AUBERGE $$$
(035-573 1025 ; www.ghostmountaininn.co.za ; Fish Eagle Rd ; s/d avec petit-déj à partir de 1 015/1 430 R ;). À l'extérieur du parc, cette auberge coloniale à l'ancienne, dans un jardin fleuri, présente des aménagements modernes et luxueux ainsi que des espaces de détente couverts ou en plein air. Elle constitue une excellente base pour explorer les réserves. Des circuits culturels passionnants – comme à l'uMkhuze Game Reserve et à Dingaan's Grave –sont organisés aux alentours.

Depuis/vers l'uMkhuze Game Reserve

Du nord, on rejoint la réserve via la ville de Mkhuze. Du sud, il faut prendre l'embranchement qui part de la N2 à environ 35 km au nord du village de Hluhluwe, mais le trajet s'effectue sur une piste de terre. Du côté est, un accès se trouve sur la Rte 22 à quelque 40 km au sud de Sodwana Bay. Il s'agit d'une alternance de pistes et de mauvaises routes bitumées pleines de nids-de-poule, néanmoins praticables en voiture standard. Conduisez prudemment. Une route relie aussi Sodwana Bay à la réserve.

Sodwana Bay

Dépassez les abords du parc – un ensemble de lodges, de panneaux et de constructions précaires – pour découvrir **Sodwana Bay** (isimangaliso.com ; adulte/enfant 30/20 R ; 24h/24), ourlée de sable scintillant et adossée à une forêt luxuriante. Le secteur est réputé pour la **plongée** : la diversité des paysages sous-marins, ainsi que de la faune et de la flore aquatiques en font l'un des premiers sites du pays. La pêche en haute mer fait aussi partie des activités locales. Évitez les vacances d'été, quand les plongeurs arrivent par milliers. Le reste de l'année, la baie retrouve une merveilleuse tranquillité. En dehors des deux activités phares, il n'y a guère de distractions, à part se promener le long de la plage et admirer le cadre splendide.

De nombreux services – hébergements, centres de plongée, cafés et tour-opérateurs – jalonnent la route qui conduit à l'entrée du parc. Dans ce dernier, vous trouverez un camping, quelques lodges et des centres de plongée.

Un DAB est installé dans l'**épicerie** (8h30-16h30 lun-ven, jusqu'à 11h30 sam) à l'entrée du parc. Sinon, vous devrez aller à Mbazwana, à 14 km à l'ouest.

GHOST MOUNTAIN

La ville de **Mkuze** se situe au sud-ouest de la chaîne du Lebombo sur la N2. La **Ghost Mountain**, au sud de la ville, était un important site funéraire des Ndwandwe ; d'étranges événements s'y produiraient (apparition de lumières et de bruits inexpliqués). Des ossements humains, vestiges d'une grande bataille entre clans zoulous rivaux en 1884, sont parfois encore découverts près de la montagne.

Où se loger et se restaurer

Natural Moments Bush Camp & Diving — AUGERGE DE JEUNESSE $
(083 256 1756 ; www.divesodwana.com ; bungalow 155 R, ch jusqu'à 4 pers 195 R). Cet établissement à l'esprit baba cool possède de petits bungalows massés dans un jardin luxuriant. Il gère aussi un camping avec une case zouloue non loin.

Ezemvelo KZN Wildlife — CAMPING $$
(033-845 1000 ; www.kznwildlife.com ; empl tente jusqu'à 4 pers à partir de 440 R, bungalow 4 lits 1 320 R). Des centaines d'emplacements de tentes et des bungalows bien aménagés disséminés dans la forêt côtière du parc. Montant minimum appliqué.

Sodwana Bay Lodge — LODGE $$
(035-571 6000 ; www.sodwanabaylodge.co.za ; s/d demi-pension 835/1 540 R). Ses allées en planches, ses bananiers et ses bungalows en pin un peu datés séduisent les plongeurs, d'autant que l'établissement propose des formules hébergement-plongée plutôt avantageuses. Les chalets, aux vastes balcons, sont très confortables. Situé sur la route principale qui mène au parc, le lodge abrite le **Sodwana Bay Lodge Scuba Centre** (035-571 0117 ; www.sodwanadiving.co.za ; Sodwana Bay Lodge).

Coral Divers — LODGE $$
(033-345 6531 ; www.coraldivers.co.za ; Sodwana Bay ; tente d 460 R, bungalow d avec/sans sdb à partir de 930/770 R ; @). Dans le parc, ce lodge est très couru pour ses forfaits de plongée et autres activités marines. Il possède une vaste salle à manger avec bar, une petite piscine et des hébergements pour tous les budgets : des tentes et des bungalows aux allures de maison de poupée à ceux plus haut de gamme, avec sdb et pelouse. L'entretien laisse parfois à désirer.

Leatherbacks — POISSON ET FRUITS DE MER
(035-571 6000 ; Sodwana Bay Lodge ; plats 70-130 R ; 7h-22h). Dans un cadre tranquille à l'écart de la route principale, ce bel endroit ouvert à la brise sert à tout moment de la journée des plats simples bien préparés tels que pâtes, pizzas et produits de la mer.

Depuis/vers Sodwana Bay

Quittez la N2 à la bourgade de Hluhluwe en direction de Mbazwana et continuez sur environ 20 km jusqu'au parc. Des taxis-minibus collectifs desservent cet itinéraire.

Lake Sibaya et Coastal Forest

Des plaines herbeuses, des forêts luxuriantes et des plages immaculées constituent les principales caractéristiques de la splendide **Coastal Forest**. Sa beauté s'explique en partie par son emplacement : ce secteur est l'un des plus reculés de l'iSimangaliso. On le rejoint soit par la piste côtière sablonneuse entre Kosi Bay et Sodwana Bay, soit depuis KwaNgwanase, dans les deux cas en 4x4. Parmi les principaux sites à voir figurent Black Rock, une péninsule rocheuse facilement accessible en escaladant des dunes de sable, et Lala Nek, une impressionnante étendue de sable qui s'étire à perte de vue.

Plus au sud, le lac Sibaya est le plus grand lac d'eau douce du pays. Couvrant de 60 à 70 km² selon le niveau d'eau, il héberge des hippopotames, des crocodiles et plus de 280 espèces d'oiseaux. Des excursions en canoë y sont organisées par le Thonga Beach Lodge (voir ci-dessous).

Cependant, la beauté a un prix. La plupart des hébergements sont des lodges luxueux, qui offrent tous snorkeling, plongée et autres activités… et viennent vous chercher sur la route principale après que vous avez laissé votre voiture dans un parking surveillé.

Un permis d'une journée (30/15/20 R par adulte/enfant/véhicule), délivré par les bureaux de l'Ezemvelo KZN Wildlife à Manzengwenya et Kosi Bay, est requis pour cette partie du parc.

Où se loger

Mabibi Beach Camp CAMPING $

(☎035-474 1504 ; www.mabibicampsite.co.za ; camping 100 R). Propriété d'une communauté, ce camp rutique jouxtant le sélect Thonga Beach Lodge offre une autre forme de luxe : il se niche sur une parcelle de forêt à un saut de puce (et 137 marches…) de la plage. Apportez tente, matériel de camping et provisions.

Thonga Beach Lodge LODGE $$$

(☎035-474 1473 ; www.isibindiafrica.co.za ; d pension complète 7180-9350 R ; ❄🏊). Prisé des visiteurs européens, ce complexe balnéaire chic et isolé propose des huttes spacieuses éparpillées dans la forêt côtière. Vue spectaculaire sur l'océan où passent parfois des baleines. La grande plage de sable blanc et les soins du spa (en supplément) délassent après un safari ou l'une des activités qu'offre la région. La cuisine est excellente, notamment les buffets-déjeuners.

Rocktail Beach Camp LODGE $$$

(☎à Johannesburg 011-807 1800 ; www.wilderness-safaris.com ; s/d en pension complète 2870/5740 R ; 🏊). Chic et branché, le Rocktail Beach Camp compte 17 tentes safari (avec parquets en pin et sdb lambrissées), dont 7 destinées aux familles, nichées sur une dune boisée avec vue sur la canopée ou l'océan. Clair et balayé par la brise, le vaste espace commun en plein air invite à la détente. Promotions saisonnières.

Kosi Bay

Joyau de l'iSimangaliso Wetland Park, **Kosi Bay** (☎035-845 1000 ; adulte/enfant/véhicule 30/15/20 R ; ⏲6h-18h) compte quatre lacs qui se succèdent à partir d'un estuaire bordé de plages aussi belles que paisibles. Forêts de figuiers, de mangroves et de raphias constituent la végétation ; c'est le seul endroit du pays réunissant 5 espèces de mangroves. L'entrée de l'estuaire se prête au snorkeling. Protégez vos pieds si vous marchez dans l'estuaire car il abrite des poissons-pierres.

Des hippopotames, des requins du Zambèze et quelques crocodiles vivent dans les lacs. Plus de 250 espèces d'oiseaux ont été répertoriées, dont le rare vautour palmiste.

Vous aurez besoin d'un 4x4 et d'un permis pour la visite. A 10 km à l'ouest de la réserve, KwaNgwanase, la localité la plus proche, compte des boutiques et un DAB.

Où se loger et se restaurer

La plupart des lodges sont dispersés dans les dunes, à plusieurs kilomètres de Kwa Ngwanase. Vous aurez souvent besoin d'un 4x4 pour emprunter les pistes sablonneuses.

Utshwayelo Lodge CAMPING, CHALETS $

(☎074 587 1574 ; www.kosimouth.co.za ; camping 350 R, tente sahara 490 R, chalet 740 R ; 🏊). Géré par une communauté, ce charmant camping comprend des chalets sommaires et propres, dotés d'une cuisine commune. On trouve aussi des tentes permanentes installées sur des plateformes en bois se partageant des blocs sanitaires. Il se situe à côté de l'entrée du parc sur la route de Kosi Bay Mouth et délivre des permis pour cette réserve.

Ezemvelo KZN Wildlife CAMPING, CABANES $$

(☎033-845 1000 ; www.kznwildlife.com ; empl tente jusqu'à 4 pers 440 R, cabanes 2/5/6 lits 510/1360/1700 R). Un camping et de plaisants bungalows équipés dans une forêt luxuriante sur la rive ouest du lac Nhlange ; montant minimum facturé. Prisé des pêcheurs.

Maputaland Lodge CHALETS $$
(☎035-592 0654 ; www.maputalandlodge.co.za ; KwaNgwanase ; s/d 530/740 R ; ❄ 🅿). À KwaNgwanase, ces 23 chalets simples et plaisants comportent tous des équipements modernes, dont la TV sat. Un bar et un restaurant sont à disposition. Un bon choix dans un secteur sans animaux.

♥ **Kosi Forest Lodge** LODGE $$$
(☎035-474 1473 ; www.isibindi.co.za ; pension complète 2 160R/pers ; 🅿). Seul lodge privé dans le secteur Kosi Bay de l'iSimangaliso, il se situe au cœur d'une forêt sablonneuse d'arbres d'Umdoni (*Syzgium cordatum*). Paisible et luxueux (compte tenu de l'isolement et de l'absence d'électricité), il offre 16 lits dans de romantiques tentes de safari. Boiseries et couleurs sourdes évoquent *Out of Africa*, tandis que d'ingénieuses sdb en plein air permettent de profiter de la nature. Activités (certaines incluses dans le prix) et transferts possibles.

TEMBE ELEPHANT PARK

Pourquoi y aller Dans ce parc vivent les Big Five, parmi lesquels, surtout, les plus grands éléphants du monde. Des formules intéressantes incluant l'hébergement dans des tentes de safari, les repas et les activités constituent une façon pittoresque de le découvrir.

Quand partir Les mois les plus secs (mai-septembre) se prêtent mieux à l'observation de la faune. Depuis les affûts près des points d'eau, vous ne manquerez pas de surprendre des animaux. Si vous ne logez pas sur place, mieux vaut arriver tôt car seuls 10 véhicules sont autorisés chaque jour.

Infos pratiques Une route goudronnée conduit jusqu'à l'entrée du parc, mais seuls les 4x4 peuvent circuler à l'intérieur. Un parking sécurisé est disponible et les visiteurs empruntent des véhicules découverts utilisés pour les safaris.

Faire des économies Au diable les économies ! Si vous avez poussé jusque-là, autant profiter des excellents hébergements du parc. Faites vos calculs à l'avance.

Depuis/vers Kosi Bay

Un 4x4 et un permis sont requis pour pénétrer dans Kosi Bay. Le parc compte deux entrées, à Kosi Bay Camp (à 7 km au nord de KwaNgwanase) et à Kosi Bay Mouth (à 19 km au nord de Kwa-Ngwanase). Seuls les 4x4 peuvent emprunter les routes d'accès, et leur nombre est limité ; des permis sont nécessaires pour entrer dans **Kosi Bay Mouth** (adulte/enfant/véhicule 40/20/40 R). Ils peuvent s'obtenir la veille en appelant le ☎035-592 0236, ou auprès de certains hébergements.

Le Kosi Forest Lodge vient chercher ses clients à KwaNgwanase ; certains lodges d'autres secteurs organisent des excursions à Kosi Bay. Aucun transport public ne dessert la région.

Si vous venez en voiture, de quelque direction que ce soit, la N2 constitue la meilleure voie d'accès ; à Hluhluwe, tournez sur la Rte 22. Si vous venez de Sodwana Bay, continuez vers le nord sur la Rte 22. Si vous disposez d'un 4x4, ne manquez pas la route côtière sablonneuse.

Tembe Elephant Park

De Kosi Bay, empruntez vers l'ouest une piste qui mène à la N2 pour découvrir les derniers éléphants en liberté d'Afrique du Sud dans les forêts de *sandveld* (bande côtière sèche et sablonneuse) du **Tembe Elephant Park** (☎031-267 0144 ; www.tembe.co.za ; adulte/enfant/véhicule 30/15/35 R ; ⏲6h-18h). Géré par l'Ezemvelo KZN Wildlife, ce parc à cheval sur la frontière du Mozambique appartient à la tribu tembe. Quelque 230 éléphants vivent sur ses 300 km². Ce sont les seuls pachydermes indigènes du KZN et aussi les plus grands au monde (ils peuvent peser jusqu'à 7 tonnes). Le parc abrite les Big Five (lion, léopard, buffle, éléphant et rhinocéros), ainsi que plus de 300 espèces d'oiseaux.

Tembe Lodge LODGE $$$
(☎082 651 2868 ; www.tembe.co.za ; pension complète et activités 950-1 450 R/pers ; 🅿). Le Tembe Lodge offre des tentes de safari haut de gamme, avec sdb, isolées et montées sur des plateformes en bois.

Ndumo Game Reserve

Non loin à l'ouest du Tembe Elephant Park, à 100 km au nord de Mkuze, la **Ndumo Game Reserve** (☎035-591 0004, 035-845 1000 ; www.kznwildlife.com ; adulte/enfant/véhicule 40/20/40 R ; ⏲5h-19h oct-mars, 6h-18h avr-sept) jouxte la frontière du Mozambique, non loin de celle du Swaziland. Sur quelque 100 km², elle abrite des rhinocéros blancs et des rhinocéros noirs, des hippopotames, des crocodiles et diverses espèces d'antilopes. Les visiteurs viennent essentiellement pour les oiseaux qui peuplent les berges du Phongolo et de l'Usutu, leurs plaines inondables et cuvettes. La réserve est surnommée localement "mini-Okavango".

Des promenades guidées (120 R) et des circuits en voiture (240 R) font découvrir la faune. Située à la limite australe du parcours de nombreux oiseaux, la réserve est prisée des ornithologues amateurs, avec plus de 400 espèces d'oiseaux recensées.

Vous trouverez du carburant et quelques provisions à 2 km avant l'entrée du parc. L'**Ezemvelo KZN Wildlife Accommodation** (☎033-845 1000 ; www.kznwildlife.com ; camping 120 R, hutte 2 lits 700 R) propose un camping et des huttes ; un montant minimum s'applique.

MIDLANDS

Les Midlands s'étendent au nord-ouest de Pietermaritzburg, la capitale du KwaZulu-Natal, jusqu'à Estcourt, plus au nord, et contournent les champs de bataille au nord-est. À l'ouest de Pietermaritzburg s'étend un paysage rural vallonné, planté d'essences européennes d'arbres et jalonné de haras. C'est là que s'établirent les colons anglais.

Aujourd'hui, la région attire plutôt les amateurs d'art et d'artisanat. Elle assure sa promotion à travers le Midlands Meander, un ensemble d'itinéraires autour de la Rte 103, à l'ouest de la N3, au nord-ouest de Pietermaritzburg, au long desquels s'égrènent boutiques d'artisanat, lieux culturels, salons de thé, B&B, etc.

Pietermaritzburg

223 500 HABITANTS

Cité historique et à la fois capitale administrative et législative du KwaZulu-Natal, Pietermaritzburg compte de majestueux édifices qui datent de l'époque coloniale. Si nombre d'entre eux ont été transformés en musées, le centre-ville a perdu beaucoup de son lustre, surtout ces dernières années. Cela est dû en partie à l'état déplorable des finances de la municipalité. À l'inverse, la périphérie, ainsi que Hilton, à 9 km au nord-ouest du centre-ville, est agréable et verdoyante.

Pietermaritzburg est pluriethnique : les étudiants des écoles privées du centre-ville, l'importante communauté zouloue et la population indienne, qui apporte des accents du sous-continent, se côtoient dans les rues animées. Pietermaritzburg constitue une base pratique pour découvrir le Midlands Meander (p. 292).

Histoire

Après la défaite des Zoulous à la bataille de Blood River, les Voortrekkers établirent la république de Natalia. En 1838, ils fondèrent Pietermaritzburg (surnommée PMB), leur capitale. Nommée au départ Pietermauritzburg en l'honneur de leur chef, Pieter Mauritz Retief, elle perdit son "u" pour, expliqua-t-on en 1938, rendre également hommage à Gert Maritz, un autre dirigeant Voortrekker

En 1841, les Boers construisirent la Church of the Vow (église du Vœu). Les Britanniques annexèrent le Natal en 1843, mais conservèrent Pietermaritzburg – une jolie petite ville, bien située et moins humide que Durban – comme capitale. En 2004, elle est devenue capitale de la province, et en 2005, les noms de ses rues ont été changés pour faire davantage couleur locale.

Alan Paton, l'auteur de *Pleure, ô pays bien-aimé*, naquit à Pietermaritzburg en 1903.

À voir et à faire

Tatham Art Gallery MUSÉE
(☎033-392 2800 ; www.tatham.org.za ; Chief Albert Luthuli St (Commercial Rd) ; ⏲10h-17h mar-dim). GRATUIT Installée dans la superbe Old Supreme Court, cette galerie d'art fut fondée en 1903 par Mme Ada Tatham. Elle renferme une belle collection d'œuvres françaises et anglaises, remontant au XVIIIe siècle pour les plus anciennes. Le rez-de-chaussée est essentiellement réservé aux œuvres d'artistes du Kwazulu-Natal, tandis qu'à l'étage, des portraits et des paysages plus conventionnels côtoient des sculptures et un ensemble de céramiques et de lithographies colorées. À noter, les tableaux de Boudin et Sisley dans la cage d'escalier.

KwaZulu-Natal National Botanical Garden JARDINS
(☎033-344 3585 ; www.sanbi.org ; 2 Swartkops Rd, Prestbury ; adulte/enfant 20 R/gratuit ; ⏲8h-18h oct-avr, 8h-17h30 mai-sept). À 2 km à l'ouest

Pietermaritzburg

Pietermaritzburg

À voir

1 City Hall C1
2 KwaZulu-Natal Museum C2
3 Macrorie House Museum A3
4 Msunduzi Museum C1
5 Standard Chartered Bank B1
6 Statue de Gandhi C1
7 Tatham Art Gallery C1

Où se loger

8 Heritage Guest House D2

Où se restaurer

9 Rosehurst B1
10 Tatham Art Gallery Cafe C1
Traffords .... (voir 8)

de la gare ferroviaire dans le prolongement de Hoosen Haffejee St, ce jardin botanique s'étend sur plus de 4 200 m² et contient des espèces exotiques et endémiques.

KwaZulu-Natal Museum MUSÉE
(☎033-345 1404 ; www.nmsa.org.za ; 237 Jabu Ndlovu St ; adulte/enfant 10/3 R ; ⏲8h15-16h30 lun-ven, 9h-16h sam, 10h-15h dim). Ses collections reflètent la diversité des cultures, dont l'histoire des colons et des souvenirs de guerre. Il compte aussi des animaux naturalisés : oiseaux, faune marine et mammifères africains.

Macrorie House Museum MUSÉE
(☎033-394 2161 ; 11 Jabu Ndlovu St ; adulte/enfant 10/5 R ; ⏲10h-16h lun, 9h-13h mar-ven). Cette demeure familiale de 1860, aménagée dans le style victorien, renferme des meubles et des objets ayant appartenu aux premiers colons britanniques.

Msunduzi Museum MUSÉE
(☎033-394 6834 ; www.voortrekkermuseum.co.za ; 351 Langalibalele St (Longmarket St) ; tarif plein/étudiant 10/5 R ; ⏲9h-16h lun-ven, 9h-13h sam). L'ancien Voortrekker Museum est un complexe comprenant la Church of the Vow, la demeure d'Andries Pretorius, une maison voortrekker et une école de filles (le bâtiment administratif du musée). La **Church of the Vow** (église du Vœu) fut édifiée en 1841 pour honorer la promesse faite par les Voortrekkers lors de la bataille de Blood River. Le texte du vœu est inscrit dans la **Modern Memorial Church**.

Plus récemment, le musée a changé de nom et se veut une institution multiculturelle, avec des expositions sur les Zoulous et les Indiens.

City Hall ÉDIFICE HISTORIQUE
(angle Langalibalele St (Longmarket St) et Chief Albert Luthuli St (Commercial Rd)). L'hôtel de ville, datant de l'époque coloniale, est le plus vaste édifice de brique rouge de l'hémisphère Sud.

Standard Chartered Bank ÉDIFICE HISTORIQUE
(Church St Mall). Un édifice conçu par l'architecte Phillip Dudgeon sur le modèle de la Bank of Ireland de Belfast.

Temples hindous TEMPLE
(Langalibalele St/Longmarket St). Trois temples hindous s'élèvent à l'extrémité nord de Langalibalele St.

Mosquée MOSQUÉE
(Masukwane St/East St). La principale mosquée de la ville.

Statue de Gandhi MONUMENT
(Church St). Une effigie de Gandhi, qui avait été expulsé d'un wagon de 1re classe en gare de Pietermaritzburg, se dresse en face d'édifices de l'époque coloniale.

Où se loger

La plupart des B&B attirent une clientèle d'affaires. Pietermaritzburg Tourism peut vous aider à trouver un hébergement. Essayez aussi le **Pietermaritzburg B&B Network** (073-154 4444 ; www.pmbnetwork.co.za), un réseau de B&B.

Sleepy Hollow Adventure Backpackers AUBERGE DE JEUNESSE $
(033-347 3015 ; www.sleepyhollowbackpackers.com ; 489 Town Bush Rd, Montrose ; dort/d/f 150/350/500 R ;). Cette excellente adresse pour routards s'inscrit dans un quartier huppé, non loin du centre-ville et de Cascades Mall. Espaces communs bien agencés, thé et café offerts. Le Baz Bus s'y arrête.

Smith Grove B&B $$
(033-345 3963 ; www.smithgrove.co.za ; 37 Howick Rd ; s/d avec petit-déj 595/850 R ;). Cette belle maison victorienne rénovée dispense le confort d'un B&B britannique. Ses grandes chambres, de couleurs et de styles differents, ont une sdb avec baignoire. La n°5, au 2e étage, en retrait de la route principale, possède deux fenêtres de bonne taille pour mieux profiter de la vue.

Heritage Guest House GUESTHOUSE $$
(033-394 4364 ; www.heritageguesthousepmb.co.za ; 45 Miller St ; s/d avec petit-déj 500/700 R ;). Le propriétaire, en tenue de chef, prépare lui-même le petit-déjeuner à l'anglaise. Cette pension comporte 6 logements de tailles et de formes différentes, dotés de lits confortables, autour d'un joli jardin et d'une piscine. Prisée des voyageurs d'affaires pour de longs séjours, elle fait face au cimetière et se rejoint facilement du centre-ville.

Elbow's Rest CHALETS $$
(082 963 7523 ; www.elbowsrest.co.za ; 15 Azalea Dr, Hilton ; s/d 500/700 R). À 10 km, dans le quartier sûr de Hilton, ces 3 chalets équipés ont un décor un peu démodé avec leurs meubles en pin. Une cour et un jardin rappelant les cottages anglais bordent chacun d'eux. L'endroit séduira surtout les couples et les touristes d'un certain âge.

Redlands Hotel & Lodge HÔTEL $$$
(033-394 3333 ; www.redlandshotel.co.za ; angle Howick Rd et George MacFarlane Lane ; s 1 280-1 670 R, d 1 680-2 020 R ;). Chic et élégant, le Redlands est joliment décoré dans le style colonial et son vaste jardin donne l'impression d'être loin de tout. Prisé des personnalités politiques, il se situe au nord du centre-ville, après les Royal Agricultural Showgrounds.

Où se restaurer

Tatham Art Gallery Cafe CAFÉ $
(Chief Albert Luthuli St/Commercial Rd ; plats 50-70 R ; 10h-16h lun-sam). Quiche, bœuf au curry et lasagnes sont servis dans une salle à manger tranquille, à l'étage, ou sur une terrasse. Il y a aussi des douceurs telles que muffins et brownies.

Traffords INTERNATIONAL $$
(033-394 4364 ; traffords.co.za ; 43 Miller St ; plats déj 55-90 R, plats dîner 95-150 R ; 12h-15h mar-ven, 18h30-22h30 mar-sam ;). Le Traffords propose une cuisine internationale de qualité dans le beau cadre d'une maison historique. Originalité au menu du soir avec le canard au tabac et son confit d'oignons ou l'entrecôte fumée au poivre noir. Au déjeuner, l'accent est mis sur les salades, sans oublier les nombreux plats végétariens. Les nappes en lin, aux allures de linge de famille, donnent le sentiment de déjeuner dans la demeure de nos rêves.

Rosehurst INTERNATIONAL $$
(033-394 3833 ; 239 Boom St ; plats 75 R ; 8h30-16h30 lun-ven, 8h30-14h sam). Cette charmante oasis, située dans une jolie maison victorienne derrière une boutique de cadeaux kitsch, est un jardin typiquement anglais avec arbres topiaires, chaises et tables originales. Installez-vous sous les bougainvilliers pour déguster de savoureux sandwichs, salades et pâtisseries. Les petits-déjeuners sont excellents.

EXPLORER LE MIDLANDS MEANDER

Pour les non-initiés, la région des Midlands peut se révéler un peu déconcertante. Elle abonde en échoppes dont les noms, tels que "Piggly Wiggly" ou "Ugly Duckling", n'indiquent en rien s'il s'agit d'intéressantes galeries d'art ou de boutiques de souvenirs kitsch. Plaisant et détendu, le "méandre", qui occupe une vallée et ses alentours, mérite le détour depuis la N3. La brochure *Midlands Meander*, disponible dans les offices du tourisme, contient une carte détaillée de la région.

Ardmore Ceramic Studio (☎033-940 0034 ; www.ardmoreceramics.co.za ; Caversham Rd, Lidgetton ; ⌚8h-16h30 lun-sam). Cet atelier de céramique a été créé en 1985 par l'artiste Fée Halset-Berning, qui a formé Bonnie Ntshalintsahli, la fille d'un ouvrier agricole. Bonnie est décédée mais l'atelier a prospéré, d'abord dans le Drankensberg avec un groupe d'artistes talentueux, et depuis 2009 dans cet endroit verdoyant et arboré.

Les artistes produisent des pièces extraordinaires, utilitaires ou ornementales. Elles sont si renommées que Christie's organise chaque année une vente aux enchères de certaines d'entre elles. Vous pourrez voir les artistes au travail et admirer (et acheter) leurs œuvres dans la galerie.

Dargle Valley Pottery (☎082 420 7729 ; D66 ; ⌚9h-17h). Fondé par le célèbre potier sud-africain Ian Glenny, cet atelier à l'ancienne, de style années 1970, produit des pièces rustiques, à l'opposé d'Ardmore mais tout aussi esthétiques, réputées pour leurs émaux remarquables ; les tajines ont beaucoup de succès. Dans la galerie aux allures de grange, vous verrez l'artisan travailler au tour.

Granny Mouse Country House (☎033-234 4071 ; www.grannymouse.co.za ; Old Main Rd, Balgowan ; d avec petit-déj à partir de 2 045 R). Près du village de Balgowan, au sud de la Mooi, ce complexe hôtelier comprend de luxueux cottages couverts de chaume, une chapelle et un spa. Des promotions sont souvent proposées.

Sycamore Avenue Tree Houses (☎033-263 5009 ; www.treehouse-acc.co.za ; 11 Hidcote Rd, Mooi River ; d 1 700 R). Ces maisons dans les arbres sortant de l'ordinaire incarnent l'art fonctionnel dans toute sa splendeur : matériaux recyclés, ornements sculptés, charnières en bois et touches décoratives ingénieuses composent un cadre confortable. L'une d'elles possède même un "Jaccuzzi dans le ciel", desservi par une passerelle. Près de Hidcote, le Sycamore se trouve à 50 km de Giant's Castle, dans le Drakensberg ; consultez le site Internet pour l'itinéraire.

Cafe Bloom (☎033-266 6118 ; Nottingham Rd, Country Courtyard ; plats 40-70 R ; ⌚7h30-16h30, fermé mar). Situé dans un petit complexe avec jardin, ce café chaleureux et original, décoré dans le style rétro, est l'un des plus plaisants de la région. Il sert d'excellents cafés et en-cas et des petits-déjeuners toute la journée ; tout est fait maison, des pains et des pâtisseries aux plats du jour (tels les curries de légumes et les quiches).

Les céramiques et œuvres d'art sont à vendre.

Où prendre un verre et faire la fête

Franki Bananaz BAR

(9 Armitage Rd, Bird Sanctuary ; ⌚11h-tard). Ce bar à cocktails haut de gamme donne l'occasion de côtoyer un échantillon de la population locale : étudiants et jeunes professionnels s'y bousculent, surtout le vendredi soir. Des plats brasserie de qualité, dont de savoureux burgers, accompagnent les boissons. Des groupes du cru se produisent une fois par mois. Prenez toujours un taxi à l'aller et au retour.

Renseignements

ACCÈS INTERNET

Cyber World (Shop 5, Victoria Mall, Langalibalele St/Longmarket St ; 10 R/heure ; ⌚9h-17h lun-ven, jusqu'à 13h sam). Accès Internet fiable.

ARGENT

Plusieurs banques sont installées en ville et dans les principaux centres commerciaux.

ABSA (angle Langalibalele St (Longmarket St) et Buchanan St). Dispose d'un DAB et d'un service de change.

First National Bank (Church St). Bien située dans le centre-ville.

OFFICES DU TOURISME

Ezemvelo KZN Wildlife Headquarters (☎033-845 1000 ; www.kznwildlife.com ; Peter Brown Dr, Queen Elizabeth Park ; ⏲réception 8h-16h30 lun-ven, réservations 8h-17h30 lun-jeu, 8h-16h30 ven, 8h-12h30 sam). Informations et réservations (au moins 48 heures à l'avance) pour tous les parcs et réserves de l'Ezemvelo KZN Wildlife. Pour vous y rendre, suivez Howick Rd (un prolongement de Chief Albert Luthuli Rd) sur plusieurs kilomètres jusqu'à un rond-point ; tournez à droite et prenez l'autoroute N3, où un tout petit panneau indique "Country Club", à 2 km. L'endroit est difficile à rejoindre sans son propre moyen de transport, bien que quelques taxis-minibus collectifs à destination de Hilton passent par le rond-point.

Msunduzi Pietermaritzburg Tourism (☎033-345 1348 ; www.pmbtourism.co.za ; Publicity House, 117 Chief Albert Luthuli St ; ⏲8h-17h lun-ven, jusqu'à 13h sam). L'office du tourisme possède des locaux flambant neufs juste derrière son bureau actuel, mais nul ne sait quand il va déménager.

POSTE

Poste principale (Langalibalele St)

SERVICES MÉDICAUX

Medi-Clinic (☎033-845 3700, urgences 24h/24 033-845 3911 ; www.mediclinic.co.za ; 90 Payn St). Un hôpital bien équipé avec service d'urgences au bord de l'Umsinduzi River.

URGENCES

Police (☎033-845 2400, 10111 ; Jabu Ndlovu St)

Depuis/vers Pietermaritzburg

BUS

Les sièges de la plupart des compagnies de bus sont installés dans Berger St ou en face, sur McDonalds Plaza. **Translux** (☎0861 589 282 ; www.translux.co.za) et sa partenaire à bas coût, City to City, sont basées à la gare ferroviaire.

Jo'burg (340-420 R, 6-7 heures), Pretoria (340-400 R, 7-8 heures) et Durban (200-280 R, 1 heure 30) font partie des destinations desservies. Les bureaux ouvrent généralement de 7h ou 8h à 23h. Les billets pour les principaux services peuvent s'acheter à Checkers/Shoprite et sur le site www.computicket.com.

NUD Express (☎033-701 2750, 079 696 7108 ; www.underbergexpress.co.za) rallie quotidiennement l'aéroport international King Shaka de Durban (500 R) et le centre de Durban (600 R). Il faut réserver, et les bus ne respectent pas toujours les horaires.

Baz Bus (☎0861 229 287 ; www.bazbus.com). Circule entre Durban et Pietermaritzburg trois fois par semaine.

TAXI COLLECTIF

Les taxis-minibus pour Durban (70 R, 1 heure) partent de derrière l'hôtel de ville. Ceux pour Ladysmith (90 R, 2 heures 30), Underberg (80 R, 2 heures 30) et Jo'burg (200 R, 8 heures), de l'angle de West St et Pietermaritz St.

TRAIN

Shosholoza Meyl (☎0860 008 888 ; www.shosholozameyl.co.za). Pietermaritzburg est desservie par le Shosholoza Meyl.

Comment circuler

Metro Cabs (☎033-397 1912 ; www.metrotaxis.co.za). Une compagnie de taxis sérieuse.

DRAKENSBERG ET UKHAHLAMBA-DRAKENSBERG PARK

Avec ses escarpements déchiquetés et ses sommets plats vertigineux, le Drakensberg offre des paysages stupéfiants. Ce massif majestueux, cadre du roman d'Alan Paton *Pleure, ô pays bien-aimé*, forme la frontière entre le Kwazulu-Natal et le royaume montagneux du Lesotho. Il comprend une vaste chaîne basaltique de 2 430 km^2 , classée au patrimoine mondial de l'humanité en novembre 2000 et renommée pour l'occasion uKhahlamba-Drakensberg Park.

Le parc fait partie de la région du Drakensberg, qui s'étend du Royal Natal National Park au nord à Kokstad au sud, et couvre les secteurs autour d'Estcourt et de Ladysmith, avec les champs de bataille, et les Midlands Sud. Aujourd'hui, certains de ses panoramas comptent parmi les images emblématiques de l'Afrique du Sud, notamment la courbe inoubliable de l'Amphithéâtre dans le Royal Natal National Park. Le Mont-aux-Sources, le Sentinel, l'Eastern Buttress et le Devil's Tooth comptent au nombre des principaux sommets.

Drakensberg signifie montagne du dragon en afrikaans ; les Zoulous l'appellent *Quathlamba* (rempart de lances). Si l'expression zouloue décrit bien ses parois incisives, le nom afrikaans traduit son atmosphère irréelle. Cette région est habitée

Drakensberg

depuis des millénaires, comme en témoignent les nombreux sites d'art rupestre san (visibles à Didima, Cathedral Peak, Kamberg et Injisuthi).

Les San, déjà menacés par les tribus venues s'installer dans les contreforts du Drakensberg, disparurent avec l'arrivée des colons blancs. Certains s'enfuirent au Lesotho, où ils s'intégrèrent à la population basotho, mais beaucoup furent tués ou moururent de faim après la perte de leurs terrains de chasse. Les colons blancs, exaspérés par les raids des Khoisan (ou Khoe-san) sur leur bétail, obligèrent plusieurs tribus noires à s'installer au pied du Drakensberg afin de servir de tampon. Ces premiers "bantoustans" freinèrent le développement de la région, ce qui favorisa plus tard la création d'une série de parcs et de réserves.

Climat

Il gèle en hiver, il pleut en été, et il peut neiger sur les sommets toute l'année. En été, les prévisions météo, affichées dans tous les bureaux des parcs de l'Ezemvelo KZN Wildlife, peuvent souvent annoncer un temps maussade. Quelle que soit la période, emportez toujours un vêtement imperméable et préparez-vous à un temps glacial et à des chutes de neige.

Randonnée

Avec ses vallées fluviales, ses cascades, ses rivières, ses grottes et ses pentes montant jusqu'à 3 000 m, le Drakensberg est l'une des destinations de randonnée les plus spectaculaires du continent, sillonnée d'itinéraires pour marcheurs de tous niveaux. Activité prisée, l'escalade des sommets est réservée aux grimpeurs expérimentés.

En bref, il existe trois degrés de difficulté : promenades faciles d'une journée, marches modérées d'une demi-journée et randonnées sportives de 10 à 12 heures. Les treks de deux ou plusieurs jours s'adressent aux marcheurs entraînés.

Toutes les entrées du parc donnent accès aux sentiers, que ce soit dans les secteurs du Royal Natal National Park (renommé pour ses excellentes marches d'une journée), de Cathedral Peak, Monks Cowl, Injisuthi et Giants Castle, ou dans les lointaines zones sauvages du Southern Drakensberg.

Pour organiser une marche, une randonnée ou un trek, procurez-vous la carte correspondante au 1/50 000 indiquant les sentiers et comportant les informations indispensables pour les randonneurs. Renseignez-vous sur l'état des sentiers auprès de randonneurs expérimentés, des propriétaires de votre hôtel ou des employés de l'Ezemvelo KZN Wildlife. Inscrivez-vous toujours sur le registre. Des permis sont requis pour toute marche dans le parc : adressez-vous aux bureaux de l'Ezemvelo KZN Wildlife aux différents points de départ des sentiers. Le seul hébergement se trouve à Giant's Castle ; dans certains secteurs, les randonneurs peuvent passer la nuit dans des grottes, mais emportez toujours une tente.

Des guides accrédités peuvent vous accompagner pour de courtes marches (150 R/pers) ou de plus longues randonnées (250 R/pers) ; pour un trek de plusieurs jours, comptez environ 600 R par personne et par nuit. Le prix dépend du nombre de participants et doit être fixé à l'avance. Les feux sont interdits ; vous devez emporter un réchaud.

La meilleure période pour la randonnée s'étend d'avril à juillet. L'été peut être frustrant, voire dangereux, en raison de la pluie et des rivières en crue. En hiver, le gel constitue le principal danger et il peut neiger. Des serpents vivent dans la région.

Faune et flore

Avec de l'eau en abondance, une altitude atteignant 3 000 m et des reliefs diversifiés – plateaux, falaises, vallées –, il n'est pas étonnant que la flore de l'uKhahlamba-Drakensberg soit aussi variée. Le parc se compose essentiellement de prairies, de gorges boisées et de hautes falaises de basalte avec de petites forêts dans les vallées. Des protées poussent dans la savane et, au printemps, les fleurs sauvages s'épanouissent. Dans les hauteurs, l'herbe cède la place à la lande et aux broussailles. Plus bas, des petites forêts de cladrastes (*yellowwood*) occupent les vallées, en particulier dans le Royal Natal National Park.

Le parc abrite une riche faune, dont une soixantaine d'espèces de mammifères et des centaines d'oiseaux. Parmi plusieurs espèces d'antilopes, on compte de nombreux élands (davantage dans le Southern Berg) et les très rares oréotragues, repérées parfois en altitude. Des loutres, des chats sauvages africains, des porcs-épics et même quelques léopards vivent dans le parc. Des babouins rôdent sur les pentes les plus abruptes en quête de nourriture. L'animal le plus

UKHAHLAMBA-DRAKENSBERG PARK

Pourquoi y aller Il s'agit d'un des lieux-phares d'Afrique du Sud. Ses montagnes sublimes, ses formidables itinéraires de randonnée et ses sites d'art rupestre san justifient vraiment le voyage. L'endroit n'a cependant rien à voir avec les parcs sud-africains classiques que l'on peut parcourir en voiture à la rencontre d'animaux. Il n'y a quasiment pas de routes, et c'est à pied que vous devrez l'explorer.

Quand partir Mieux vaut choisir l'été pour randonner car les matins sont souvent clairs et secs, les cumulonimbus annonciateurs d'orage n'arrivant que l'après-midi.

Infos pratiques Faute de route reliant les principaux sites, il faut entrer et sortir de chaque secteur du parc depuis la N3, la Rte 103 et la Rte 74 ou, si leur état le permet, emprunter des routes secondaires.

Faire des économies Logez dans les campings et les quelques hébergements à prix raisonnables du secteur. À plusieurs, cela vaut la peine de louer une voiture.

exceptionnel est un petit rongeur à queue courte, le rat du veld de Sloggett, qui vit dans les rochers près des sommets. Des gypaètes barbus (un oiseau de proie peu répandu), des aigles noirs et des vautours planent autour des falaises, profitant des courants ascendants. Plusieurs affûts dans le parc permettent une observation rapprochée.

Hébergement

Séjourner dans l'un des excellents hébergements de l'Ezemvelo KZN Wildlife – campings, tentes de safari haut de gamme, bungalows et chalets équipés – constitue le meilleur moyen d'explorer l'uKhahlamba-Drakensberg Park ; un montant minimum est parfois appliqué. Plus luxueux, des complexes hôteliers privés parsèment les contreforts de la chaîne. Lors d'une randonnée, les grottes et le camping sont les seuls endroits où dormir, avec quelques cases dans les montagnes, essentiellement dans le Southern Berg.

Renseignements

Ezemvelo KZN Wildlife (p. 293), à Pietermaritzburg, fournit des informations sur les divers parcs et hébergements. En général, tous les hébergements de l'Ezemvelo KZN Wildlife doivent se réserver auprès de ses bureaux.

Central Drakensberg Information Centre (☎036-488 1207 ; Info Centre Bldg ; ⏲8h-16h30). Organisme privé installé dans le complexe Thokozisa, à 13 km de Winterton sur la Rte 600, il dispose d'un nombre incroyable de brochures.

Southern Berg Tourism (☎033-701 1471 ; www.drakensberg.org ; Old Main Rd, Clocktower Centre, Underberg ; ⏲8h-16h lun-ven, 9h-13h sam-dim). Cet office du tourisme accueillant et efficace fournit le *Southern Drakensberg Pocket Guide*, en anglais, bien utile.

Comment s'y rendre et circuler

Peu de transports publics desservent le Drakensberg, malgré l'importante circulation touristique dans cette zone ; des taxis-minibus transportent à l'occasion le personnel des complexes hôteliers. Les principaux points de départ se situent sur la N3 ou à proximité. Le **Baz Bus** (p. 293) dessert quelques auberges de jeunesse de la région. Des auberges de jeunesse de Durban organisent le transport jusqu'à leurs consœurs proches du Sani Pass (col du Sani) et de Himeville.

Le col du Sani est l'itinéraire le plus connu pour rejoindre le Lesotho par le Drakensberg, mais il nécessite un 4x4. Plus au sud, d'autres cols jalonnent la montagne, mais ils débouchent généralement sur des pistes aussi étroites qu'un sentier côté Lesotho.

Dans la région du Drakensberg, nombre de routes secondaires ne sont pas goudronnées et certaines deviennent impraticables après la pluie ; restez sur les axes principaux.

Southern Berg

C'est par les charmantes villes de Himeville et d'Underberg que l'on atteint le plus facilement le Drakensberg Sud. Il offre l'une des plus belles excursions de la région : le trajet jusqu'au Lesotho par le Sani Pass. Également renommé pour ses randonnées sportives (dont le fabuleux Giant's Cup Trail), le Southern Berg présente de nombreux secteurs sauvages.

Southern Drakensberg Wilderness Areas

Les secteurs de Highmoor, Kamberg, Lotheni et Cobham, au sud de Giant's Castle, sont gérés par l'Ezemvelo KZN Wildlife. Très isolés, ils restent accessibles si vous disposez de temps et se prêtent à la randonnée (les prix des permis pour les treks de plusieurs jours varient selon l'itinéraire).

À voir

Highmoor Nature Reserve RÉSERVE NATURELLE

(☎033-845 1000 ; www.kznwildlife.com ; adulte/enfant 35/20 R, camping 120 R ; ⏲6h-18h). Moins protégée et moins spectaculaire que d'autres parties du Drakensberg, cette réserve aux paysages vallonnés est propice à d'agréables promenades. C'est aussi l'un des rares endroits où l'on peut rejoindre en voiture les sommets plats des contreforts. Une marche facile de 4 km conduit à Fultons Rock, une caverne ornée de peintures rupestres. D'autres grottes accueillent des randonneurs pour la nuit, en particulier Aasvoelkrantz Cave et Caracal Cave, situées à 2,5 km du bureau principal. Les villes de Nottingham Road ou de Rosetta donnent accès à la réserve (bien indiquée). À défaut de chalets, vous pourrez camper.

Kamberg Nature Reserve RÉSERVE NATURELLE

(☎033-267 7251 ; www.kznwildlife.com ; adulte/enfant 35/20 R, chalet 600 R ; ⏲5h-19h oct-mars, 6h-18h avr-sept). Au sud-est de Giant's Castle, cette réserve naturelle recèle diverses espèces d'antilopes. Autre attrait : une grotte ornée de peintures rupestres, accessible en 3 heures de marche depuis la réception. Vous pouvez rejoindre la réserve de Nottingham Road ou de Rosetta, près de la N3 au sud de la Mooi River.

Où se loger et se restaurer

Ezemvelo KZN Wildlife CHALETS $

(☎033-267 7251 ; www.kznwildlife.com ; chalet 2 lits à partir de 460 R). Au sein du parc, Ezemvelo KZN Wildlife gère ces chalets bien équipés et décorés avec goût. Ils comportent une kitchenette, et une baie vitrée du sol au plafond ouvre sur un décor splendide de prairies et de montagnes. Apportez vos provisions. Autres possibilités d'hébergement proposées en dehors du parc.

Glengarry Park LODGE $$

(☎033-267 7225 ; www.glengarry.co.za ; camping 100 R, chalet équipé 350 R/pers). Sertis dans un décor de verdure, face à un petit lac, ces chalets simples et agréables conviennent parfaitement aux familles. Ils auraient certes besoin de rénovation, mais sont solides, accueillants et pourvus d'une cheminée. Un terrain de boules, un petit golf et de beaux sentiers complètent les installations. Le propriétaire conduit volontiers ses hôtes sur une piste de VTT. Non loin de la route Glengarry–Highmoor, près de Kamberg Rd, à 11 km de l'entrée du parc à Kamberg.

Cleopatra Mountain Farmhouse COMPLEXE HÔTELIER $$$

(☎033-267 7243 ; www.cleomountain.com ; Balgowan ; à partir de 1 895/pers). Si le Drakensberg était un gâteau, la cerise en serait le Cleopatra Mountain Farmhouse. Les hôtes savourent chaque soir un menu créatif de 6 plats, préparés avec des produits de qualité. Chacune des 11 chambres est conçue selon un thème et s'agrémente de détails insolites, comme une tête de lit façon palissade ou des souvenirs boers.

Cette luxueuse retraite appartient à Richard Poynton, un chef sud-africain renommé.

Underberg, Himeville et leurs environs

4 400 HABITANTS

Nichée dans les contreforts du Drakensberg Sud, la bourgade agricole d'Underberg se remplit en été, quand les habitants de Durban viennent respirer l'air frais des montagnes. Ses bonnes infrastructures permettent de retirer de l'argent, de faire des courses et d'organiser des activités dans la région. À quelques kilomètres d'Underberg, Himeville est un joli et paisible point de départ vers le Drakensberg Sud. Un excellent musée, un vieux pub typique et plusieurs B&B corrects constituent ses principaux points d'intérêt. Des taxis-minibus collectifs circulent entre Himeville et Underberg (10 R, 10 minutes).

À voir et à faire

Himeville Museum MUSÉE

(☎033-702 1184 ; Main Rd ; don à l'entrée ; ⏲9h-15h mar-sam, 9h-12h30 dim). L'un des meilleurs musées ruraux du pays, il est installé dans le dernier *laager* construit en Afrique du Sud (vers 1896) et contient un incroyable bric-à-brac, de l'Union Jack hissé durant le siège de Ladysmith à une carte d'El Alamein signée par Montgomery. Mike, le conservateur, est incollable.

Khotso Horsetrails ÉQUITATION

(☎033-701 1502 ; www.khotsotrails.co.za ; promenade à cheval 1h/journée 160/600 R). Propose

AU MILIEU DU KWAZULU-NATAL – KOKSTAD ET VRYHEID

Kokstad, à 182 km au sud-ouest de Pietermaritzburg, sert d'étape aux nombreux voyageurs qui ont sous-estimé la distance entre la province de Mpumalanga et la côte sud du KwaZulu-Natal, ou qui prennent des transports publics depuis/vers Underberg. Bonne adresse pour une nuit, le **Mount Currie Inn** (☎039-727 1178 ; Kokstad ; s/d à partir de 380/600 R ; ❄@≋) se situe à 2,5 km du centre-ville, sur l'artère principale qui mène à la N2. Il a des chambres pour toutes les bourses, un bar agréable et un restaurant, Le Cassandra (plats 30-70 R, ouvert déjeuner et dîner lundi-vendredi).

Vryheid, à 62 km au sud de Piet Retief (province de Mpumalanga), constitue une autre étape pratique pour la nuit, notamment si vous êtes parti tard du Swaziland ou du Kruger National Park. Optez pour le **Siesta B&B** (☎034-980 8023 ; 182 Emmet St ; s/d 400/500 R), accueillant, propre et bien indiqué.

des promenades et des treks dans la région et au Lesotho, ainsi que du rafting et des parties de pêche à la mouche. Des lecteurs décrivent Steve, le propriétaire, comme le “Crocodile Dundee d'Afrique du Sud”. À environ 7 km au nord-ouest d'Underberg sur la Drakensberg Gardens Rd.

Circuits organisés

Plusieurs tour-opérateurs organisent des excursions d'une journée au Sani Pass (à partir de 600 R, sans le déjeuner), ainsi que des forfaits sur mesure.

Drakensberg Adventures CIRCUITS
(☎033-702 0330 ; www.drakensbergadventures.co.za ; Sani Lodge, Sani Pass). Lancée par les propriétaires du Sani Lodge, cette compagnie pratique le tourisme responsable en impliquant les communautés locales.

Major Adventures CIRCUITS
(☎033-701 1628 ; www.majoradventures.com ; Old Main Rd, Underberg). Propose une excursion d'une journée au col du Sani axée sur son histoire, sa flore et sa faune, ainsi que sur le peuple Basotho.

Sani Pass Tours CIRCUITS
(☎033-701 1064 ; www.sanipasstours.com ; Shop 22, Trout Walk Centre, Underberg). Différents types d'excursions au col du Sani.

Thaba Tours CIRCUITS
(☎033-701 2333 ; www.thabatours.co.za ; Clocktower Centre, Underberg). Circuits à VTT, au col du Sani et jusqu'au Lesotho.

Où se loger

Plusieurs bons hébergements se situent dans les bourgades d'Underberg, de Himeville et aux alentours.

Khotso Backpackers AUBERGE DE JEUNESSE $
(☎033-701 1502 ; www.khotso.co.za ; Treetower Farm, Underberg ; dort/d à partir de 130/380 R ;). Dans un cadre rural, une bonne adresse pour les petits budgets. Les propriétaires organisent des randonnées à cheval dans le Lesotho et aux alentours, et proposent du rafting pour les plus aventureux. À 7 km au nord-ouest d'Underberg sur Drakensberg Gardens Rd.

Tumble In B&B $
(☎033-701 1556 ; www.tumbleinunderberg.co.za ; 60 Sani Rd, Underberg ; ch avec petit-déj 320 R, sans petit-déjeuner 280 R/pers). À 2,5 km d'Underberg, sur Himeville Rd, ce B&B sans prétention brille par son bon rapport qualité/prix. Ses grandes chambres confortables surplombent un beau verger de poiriers et de pommiers, peuplé d'oiseaux. N'accepte pas les cartes de crédit.

♥ **Himeville Arms** HÔTEL HISTORIQUE $$
(☎033-702 1305 ; www.himevillehotel.co.za ; Main Rd, Himeville ; dort/s/d 185/500/960 R). Morceau de vieille Angleterre transplanté à Himeville, cette auberge dotée d'un bar pittoresque décline diverses formules d'hébergement et de repas. Les dortoirs – pour l'essentiel des chambres aux murs en pierre contenant des lits jumeaux ou un lit double et un simple – se révèlent particulièrement avantageux.

Yellowwood Cottage B&B B&B $$
(☎033-702 1065 ; 8 Mackenzie St, Himeville ; s/d avec petit-déj 500/720 R ; P). Des hôtes charmants vous accueillent dans une jolie maison, où 4 chambres douillettes donnent sur un ravissant jardin et sur les Hodgson's Peaks.

Albizia House B&B B&B $$
(☎033-702 1837 ; www.albizia-tours.co.za ; 62 Arbuckle St, Himeville ; s/d avec petit-déj 500/750 R ; P 📶). Les chambres impeccables, avec moquette au sol, ouvrent sur une pelouse soignée. Pour les familles, possibilité de disposer d'un lit d'enfant et d'une chaise haute. L'accueil chaleureux des propriétaires garantit un séjour plaisant.

Où se restaurer

Pucketty Farm ÉPICERIE-TRAITEUR $
(☎033-701 1035 ; www.puckettyfarm.co.za ; Main Rd, Underberg ; 8h-17h). Qu'aurait donné la rencontre entre Boucle d'Or et Cyril Lignac ? À coup sûr cette épicerie bio, assortie d'une galerie d'art et d'un petit café. Cette excellente adresse pour les voyageurs amenés à faire eux-mêmes la cuisine existe depuis 18 ans. Vous y trouverez un choix extraordinaire de produits gastronomiques d'un excellent rapport qualité/prix ; essayez les confitures de baies, les prunes marinées ou le légendaire *carrot cake*. À 1,5 km à l'est de l'embranchement vers Himeville.

Lemon Tree Bistro INTERNATIONAL $$
(☎033-701 1589 ; www.lemontreeb.co.za ; Clocktower Centre, Main Rd, Underberg ; plats 60-130 R ; 8h-17h, dîner mar-sam). Ce bistrot accueillant sert à midi des pâtes relevées, des burgers, des wraps et des crêpes. La carte du soir inclut quant à elle truite, filet de koudou et carpaccio de springbok.

Grind Cafe CAFÉ $$
(Underberg Village Mall, Underberg ; plats 60-80 R ; 8h-21h lun-sam, 8h-17h dim ; 📶). Parmi les plus fréquentés d'Underberg, ce vaste café dans le Village Mall propose un excellent café, de bons gâteaux et un large choix de pâtes, burgers et pizzas. Accès Wi-Fi.

Renseignements

First National Bank (Old Main Rd, Underberg). Dispose d'un DAB.

Southern Berg Escape (☎033-701 1471 ; www.drakensberg.org ; Clocktower Centre, Old Main Rd, Underberg ; 8h-16h lun-ven, 9h-13h sam-dim). Efficace et accueillant, ce bureau fournit l'utile *Southern Drakensberg Pocket Guide*.

Standard Chartered Bank (Underberg Village Mall, Underberg). Dispose d'un DAB.

Depuis/vers Underberg et Himeville

Si vous arrivez à Kokstad de la côte sud du KwaZulu-Natal, ou si vous en partez pour rallier la côte sauvage et Port Elizabeth (Cap oriental), un taxi-minibus collectif circule tous les jours entre le centre de Kokstad et Underberg ; il part d'Underberg (parking Spa) à 9h et de Kokstad à 14h. Là, l'arrêt pour tous les bus (Baz Bus compris) se situe à la Mount Currie Inn, à 2,5 km du centre ; pour rejoindre ce dernier, demandez au chauffeur, qui vous y conduira moyennant un supplément.

Des taxis-minibus relient Himeville à Underberg (12 R, 10 min) et Underberg à Pietermaritzburg (70 R, 1 heure 30).

NUD Express (☎079 696 7108 ; www.underbergexpress.co.za) assure un service de bus entre Underberg (et le Sani Lodge), le centre de Durban (500 R), l'aéroport international King Shaka de Durban (600 R) et Pietermaritzburg (300 R). Il faut réserver, et les horaires ne sont pas toujours respectés.

Underberg Metered Taxi Association (☎072 016 5809, 076 199 5823, 076 719 2451). Les taxis prennent jusqu'à 4 passagers pour Durban (1 500 R), Pietermaritzburg (800 R) et Kokstad (600 R).

Sani Pass

Une spectaculaire route en lacets conduit à travers les nuages jusqu'à Sani Pass (col du Sani) et au royaume du Lesotho. À 2 865 m, le col le plus élevé du pays offre, par temps clair, une vue époustouflante au-delà des rives de l'Umkhomazana vers le nord et sur des falaises vertigineuses au sud. Des chemins de randonnée partent dans toutes les directions, et des promenades à cheval à prix raisonnable sont proposées. Étonnamment, cette route est la seule qui relie le Lesotho et le KwaZulu-Natal.

Divers tour-opérateurs organisent des circuits en 4x4 jusqu'au Sani Top Chalet, en haut du col, juste après la frontière du Lesotho.

Chaque jour, des taxis-minibus collectifs transportent des habitants de Mokhotlong (Lesotho) qui viennent faire des achats en Afrique du Sud. En sens inverse, s'il reste des places, ils constituent la solution la plus économique pour rejoindre le Lesotho ; de plus, ils vous déposent en ville et non dans le lodge isolé, en haut du col. Renseignez-vous à l'office du tourisme. Vous aurez besoin d'un passeport pour entrer au Lesotho. La frontière ouvre tous les jours de 6h à 18h ; vérifiez car les horaires peuvent varier. Sachez que vous aurez besoin d'un autre visa si vous retournez en Afrique du Sud.

GIANT'S CUP TRAIL

Sans conteste, le Giant's Cup Trail (68 km, 5 jours et 5 nuits), une randonnée entre Sani Pass et Bushman's Nek, est l'une des plus belles du pays. Toute personne en bonne condition physique peut l'effectuer, ce qui explique sa popularité. Mieux vaut réserver bien à l'avance auprès de l'**Ezemvelo KZN Wildlife** (p. 297) durant les périodes de vacances locales. En ce qui concerne le climat, les précautions sont les mêmes que pour le reste du Drakensberg ; attendez-vous à de brutales chutes de température toute l'année. Les tarifs de la randonnée dépendent de la composition du groupe.

Les étapes sont les suivantes : 1er jour, 14 km ; 2e jour, 9 km ; 3e jour, 12 km ; 4e jour, 13 km ; 5e jour, 12 km (il ne s'agit pas d'une boucle). Un 6e jour facultatif conduit de Bushman's Nek au Sehlabathebe National Park, au Lesotho (passeport requis). Parmi les plus beaux sites du parcours figurent la Bathplug Cave (grotte de Bathplug), avec des peintures san, et un fabuleux paysage de montagne le quatrième jour. Vous pouvez rendre la randonnée plus sportive en effectuant deux étapes en une journée, et explorer les alentours des refuges si le temps le permet. Le Sani Lodge vend des cartes (45 R).

Le camping n'est pas autorisé sur cet itinéraire et l'hébergement se résume à quelques **refuges** (adulte/enfant 65/50 R par randonnée), d'où la nécessité de réserver. Il n'y a pas de bois de chauffage ; vous aurez besoin d'un réchaud et de combustible. Le Sani Lodge se situe pratiquement au début du chemin ; sur demande, un membre du personnel viendra vous chercher à Himeville ou à Underberg.

Sani Lodge AUBERGE DE JEUNESSE $
(☎033-702 0330 ; www.sanilodge.co.za ; camping 75 R, dort/d sans sdb 125/370 R, rondavel 2 lits 460 R). Au pied du col sur une route récemment goudronnée, ce lodge propose d'excellents circuits et activités à travers son agence, Drakensberg Adventures, qui connaît parfaitement la région. L'ambiance chaleureuse compense le confort sommaire de certaines chambres. Préférez-leur un *rondavel* (sorte de case ronde).

Une cuisine commune est à disposition et des repas sont servis sur commande (85 R). À 10 km de Himville sur la route du Sani Pass.

Bushman's Nek

De ce poste-frontière entre l'Afrique du Sud et le Lesotho (fermé aux véhicules), des chemins de randonnée grimpent dans la montagne et dans le Sehlabathebe National Park (Lesotho). Vous pouvez traverser la frontière et entrer au Lesotho à cheval avec Khotso Horsetrails (p. 297).

Silverstreams Caravan Park CAMPING $
(☎082 331 6670 ; www.silverstreams.co.za ; camping 200-500 R, cottages 600-1 200 R). Des emplacements de tentes et des cottages dans un beau décor naturel au pied du Drakensberg, près de la frontière du Lesotho. Tarifs plus bas en semaine.

Bushman's Nek Hotel HÔTEL $$
(☎033-701 1460 ; www.bushmansnek.co.za ; ch à partir de 1 200 R ; ❄🏊). Un complexe hôtelier digne de ce nom à 2 km à l'est du poste-frontière du Lesotho.

Central Berg

Comprenant certains des plus hauts pics du Drakensberg, dont le Giant's Castle Peak (3 312 m), le Monk's Cowl (3 234 m) et le Champagne Castle (3 377 m), le Central Berg est une destination très courue des grimpeurs et des randonneurs. Toutefois, la profusion de paysages splendides comble également ceux qui préfèrent admirer les montagnes de loin. La Champagne Valley, qui conduit au Monk's Cowl, abonde en cafés et hébergements pour tous les budgets.

La paisible bourgade de **Winterton** est la porte du Drakensberg central. Le petit **Winterton Museum** (☎036-488 1885 ; Church St ; don à l'entrée ; ⊙8h-16h lun-ven, 9h-12h sam) offre une introduction à l'art rupestre san (avec de belles photos commentées) et à l'histoire des peuples locaux. Il présente aussi des photos de la bataille de Spioenkop. Meilleur hébergement du lieu, le **Bridge Lodge** (☎036-488 1554 ; 18 Springfield Rd ; s/d à partir de 310/570 R), un pub sympathique sur la rue principal, loue des chambres rénovées d'un intéressant rapport qualité/prix.

Des taxis-minibus collectifs desservent Cathedral Peak (30 minutes), Bergville (15 minutes) et Estcourt (45 minutes).

Cathedral Peak Nature Reserve

À l'ombre des versants de Cathedral Peak, la **Cathedral Peak Nature Reserve** (036-488 8000 ; www.kznwildlife.com ; adulte/enfant 30/15 R ; 6h-18h) s'adosse à un escarpement monumental entre le Royal Natal National Park et Giant's Castle, à l'ouest de Winterton. Avec le Bell (2 930 m), le Horns (3 005 m) et le Cleft Peak (3 281 m) à l'horizon, la réserve est fabuleusement photogénique.

Le **Didima San Art Centre** (036-488 1332 ; adulte/enfant 55/25 R ; 8h-16h) au Didima Camp, à 1 km à l'intérieur de la réserve, offre une excellente introduction multimédia à l'art rupestre san. Le billet comprend l'accès à la réserve ; précisez à l'entrée que vous souhaitez visiter le centre.

Didima Camp CAMPING, CHALETS **$$**
(033-845 1000 ; www.didima.info ; camping 160 R, chalet 2 pers 955 R ;). L'un des plus beaux hébergements de l'Ezemvelo KZN Wildlife, ce complexe haut de gamme bénéficie de vues splendides. Il compte plus de 60 chalets équipés de 2 ou 4 lits (pension complète sur demande) construits sur le modèle des abris san en pierre, avec toit de chaume. Il comprend en outre un restaurant et des courts de tennis. Un montant minimum s'applique.

Cathedral Peak Hotel HÔTEL **$$$**
(036-488 1888 ; www.cathedralpeak.co.za ; ch 1 200 R/pers). À 4 km à l'intérieur du parc, les chambres haut de gamme de cet hôtel privé jouissent de vues à couper le souffle et de tout le confort moderne escompté dans la catégorie. Dommage que l'extérieur du bâtiment soit affreux !

Monk's Cowl et Champagne Valley

Dans l'uKhahlamba-Drakensberg Park, le **Monk's Cowl** (036-468 1103 ; www.kznwildlife.com ; adulte/enfant 35/20 R ; 6h-18h), un autre mont majestueux de la chaîne du Drakensberg, offre de superbes randonnées et escalades. Le parc comprend deux autres pics, le Champagne Castle et le Cathkin Peak.

Sur la route du parc, la **Champagne Valley** est riche en cafés, hébergements plaisants et boulangeries ; les nombreuses activités qui y sont proposées (hors randonnée) vous occuperont pendant des jours.

Le complexe **Thokozisa**, à 13 km au sud de Winterton sur la R600, au croisement avec la route allant d'Estcourt vers Cathedral Peak, Monk's Cowl et Giant's Castle, constitue un bon point de repère. Il abrite quelques boutiques d'artisanat.

À voir et à faire

Des randonnées de 2 jours (adulte/enfant 55/25 R) sont possibles, mais il faut réserver tôt les "grottes-refuges" auprès d'Ezemvelo KZN Wildlife (p. 293).

Drakensberg Boys' Choir School CHORALE
(036-468 1012 ; web.dbchoir.co.za). Près de Dragon Peaks Rd, les ambassadeurs chantants de l'Afrique du Sud, la Drakensberg Boys' Choir School, donnent un concert chaque mercredi à 15h30 pendant l'année scolaire.

Falcon Ridge RÉSERVE FAUNIQUE
(082 774 6398 ; adulte/enfant 60/25 R ; démonstration 10h30 mar-dim). À 7 km de l'embranchement vers Drakensberg Sun, Falcon Ridge propose de fascinantes démonstrations de vols d'oiseaux de proie ainsi que des conférences.

Ushaka Horse Trails ÉQUITATION
(072 664 2993 ; www.monkscowl.com ; 4 Bell Park Dam Rd ; 2h/1 jour 180/550 R). Ushaka Horse Trails organise des promenades à cheval d'une heure à une journée. Appelez pour trouver le bon chemin.

Drakensberg Canopy Tour TYROLIENNES
(036-468 1981 ; www.drakensbergcanopytour.co.za ; 495 R/pers ; 7h30-14h30). Drakensberg Canopy Tour comprend 12 glissades à travers la canopée, dont 7 de plus de 100 m (la plus longue fait 179 m et la plus haute part de 65 m). Vous survolerez une forêt primaire, avec un cours d'eau et des cascades. Ne vous aventurez pas si vous souffrez du vertige. Réservation indispensable.

Où se loger

Inkosana Lodge AUBERGE DE JEUNESSE **$**
(036-468 1202 ; www.inkosana.co.za ; camping 125 R, dort/d sans sdb 175/550 R ; P). Les voyageurs ne tarissent pas d'éloges à propos de cette adresse. Le jardin planté d'essences locales, la piscine écologique, les chambres propres et les charmants *rondavels* (cases) en font l'une des meilleures du secteur. Cet établissement qui se qualifie d'auberge de

jeunesse est en fait capable de satisfaire le voyageur le plus exigeant. Son emplacement central, sur la Rte 600 en direction de Champagne Castle, est idéal.

Une excellente cuisine et de nombreuses activités (en particulier la randonnée) constituent d'autres atouts. Ed, le propriétaire accueillant, est un ancien alpiniste et peut vous conseiller utilement.

Wits End Mountain Resort CHALETS **$$**
(036-468 1133 ; www.witsend.co.za ; 600 R ; chalet 380 R/pers). Bien que ce complexe se destine aux grands événements comme les mariages, il possède des chalets pour 4, 6 ou 8 personnes, avec coin *braai*, grande cuisine et vue splendide, qui restent disponibles pour les voyageurs de passage. Tarifs plus bas en semaine.

Ardmore Guest Farm LODGE **$$**
(036-468 1314 ; www.ardmore.co.za ; rondavels en demi-pension 545-695 R/pers). Ces confortables cottages et *rondavels* au toit de chaume (certains avec feu de bois) sur un domaine agricole en activité changent agréablement des complexes hôteliers alentour. Les repas se prennent dans le corps de ferme d'origine. Sur place, la Steve Bull Gallery donne à voir des céramiques et des peintures, et l'atelier African Loom, des tissus tissés à la main par des femmes zouloues.

Little Acres B&B **$$**
(082 305 3387 ; www.littleacres.co.za ; Rte 600 ; ch avec petit-déj 640 R, bungalow 780 R). Outre des chambres dans la maison principale, ce petit bijou compte 2 bungalows tout équipés, avec une kitchenette et une entrée privative. Lors de notre passage, les nouveaux propriétaires les équipaient de TV à écran plat. Installations de premier ordre, belle vue sur le Drakensberg et hôtes avenants…mais l'atout principal, ce sont les deux labradors noirs !

Champagne Castle Hotel COMPLEXE HÔTELIER **$$$**
(036-468 1063 ; www.champagnecastle.co.za ; s/d en pension complète à partir de 1 085/2 170 R). Bien situé dans les montagnes au bout de la Rte 600 menant à Monk's Cowl, cet établissement réputé reste une valeur sûre.

PRUDENCE EN MONTAGNE

L'Ezemvelo KZN Wildlife déconseille aux marcheurs de partir seuls, même durant la journée. Des guides sont habituellement disponibles. Pour toute marche, même courte, vous devez impérativement signer le registre (*rescue register*). Renseignez-vous bien sur les randonnées et leur durée. Pour des treks de plusieurs jours, l'Ezemvelo KZN Wildlife conseille de partir à quatre au minimum. Tenter l'ascension d'un pic en une journée est réservé aux marcheurs expérimentés et en excellente forme physique.

Où se restaurer

Valley Bakery BOULANGERIE, CAFÉ **$**
(036-468 1257 ; 600 R ; plats 35-60 R ; 8h-17h lun-ven, jusqu'à 14h sam). Baguettes, croissants et autres douceurs sont confectionnés sur place (le propriétaire cultive et moud lui-même son blé). Une pittoresque véranda en fer forgé invite à s'attabler pour un petit-déjeuner d'œufs Benedict ou de muesli aux fruits frais. Plus tard dans la journée, wraps, sandwichs et tourtes maison combleront les fringales.

Waffle Hut CAFÉ **$**
(plats 40-70 R ; 8h-16h30). Régalez-vous de gaufres salées ou sucrées, puis admirez les tapis tissés main, de fabrication locale ou importés. Ce café fait en effet partie du KwaZulu Weavers, une manufacture de tapis, sur la Rte 600 au sud de Winterton.

Dragon's Rest Pub & Restaurant PUB **$$**
(036-468 1218 ; plats 70-100 R ; 10h30-14h30 et 18h-20h30). Un endroit charmant pour siroter une boisson fraîche ou déguster la bonne cuisine du Berg soit dehors, face au barrage et à la montagne, soit à l'intérieur, au coin du feu. Près de l'auditorium du Boy's Choir.

Renseignements

Le **bureau du parc** (park office ; 036-468 1103 ; camping 190-210 R) se trouve 3 km après le Champagne Castle Hotel, lui-même au bout de la Rte 600 qui part vers le sud-ouest à partir de Winterton. Le Central Drakensberg Information Centre (p. 296) procure aussi des renseignements utiles.

Injisuthi

Injisuthi, sur le versant nord du Giant's Castle, est un autre endroit fabuleux du Drakensberg. Isolé et splendide, il offre une vue impressionnante sur le Monk's Cowl. Cette réserve était à l'origine une ferme ("Farm Solitude"), achetée par le KZN Wildlife à la fin des années 1970. Elle renferme les points culminants du Drakensberg, le Mafadi (3 400 m) et l'Injisuthi (3 300 m), des pics qui ne peuvent s'escalader en une seule journée. Marble Baths (4-5 heures), où l'on peut se baigner, est le but de l'une des nombreuses randonnées d'une journée.

Injisuthi est le point de départ de la randonnée guidée jusqu'à l'extraordinaire **Battle Cave**, un énorme surplomb rocheux orné de remarquables peintures san. Les scènes, avec personnages et animaux, ont d'abord été interprétées comme la représentation d'une bataille, mais des experts pensent aujourd'hui qu'il s'agit de la description de rêves hallucinatoires ou d'une transe spirituelle. La marche aller-retour dure 6 heures sur un chemin tantôt exposé, tantôt ombragé (par endroits, il traverse des bosquets) ; les guides vous montreront des plantes médicinales, entre autres détails. Réservation obligatoire (☎036-431 9000 ; environ 80 R/pers, 3 pers minimum ; le prix peut varier selon le nombre de participants).

Injisuthi Camp CAMPING, CHALETS $

(☎033-845 1000 ; camping 80 R ; tente de safari 2 pers 315 R, chalet 4 pers 870 R). Ce camping propose chalets équipés et simples emplacements. Le secteur abrite des grottes où les randonneurs peuvent passer la nuit (renseignez-vous avant de partir pour savoir si elles sont ouvertes).

Giant's Castle

Créé en 1904 essentiellement pour protéger l'éland du Cap, **Giant's Castle** (☎033-845 1000, 036-353 3718 ; www.kznwildlife.com ; adulte/enfant 30/15 R ; ⏲5h-22h oct-mars, 6h-22h avr-sept, réception 8h-16h30), une destination isolée et accidentée, est très apprécié pour ses paysages spectaculaires. La crête du Giant's Castle est l'un des éléments les plus impressionnants du Berg. Si vous arrivez du sud par la N3, empruntez la bretelle de sortie 175, qui ne figure pas sur toutes les cartes.

Comme ailleurs, le secteur offre de nombreuses marches d'une journée et des parcours plus longs. Le bureau du Giant's Castle Camp (voir ci-contre) donne une carte sommaire des sentiers (sans les distances). Au même endroit, vous trouverez du carburant et une boutique vendant des provisions de base.

À voir

Lammergeier Hide POINT DE VUE

(☎036-353 3718 ; giants@kznwildlife.com ; 230 R/pers, 690 R min). Le rare gypaète barbu (*Gypaetus barbatus*), présent en Afrique du Sud uniquement dans le Drakensberg, niche dans la réserve. Le personnel donne parfois des os aux visiteurs pour qu'ils les déposent et encouragent ainsi les oiseaux à rester. Le Lammergeyer Hide est le meilleur endroit pour les observer ; réservation indispensable.

Main Cave SITE HISTORIQUE

(adulte/enfant 35/20 R ; ⏲9h-15h). Le secteur de Giant's Castle recèle de nombreux sites d'art rupestre san. On pense que les derniers San vivaient ici au début du XXe siècle. Vous pourrez voir quelques-unes de leurs peintures dans la Main Cave, à 2,3 km au sud du Giant's Camp. Un guide attend à l'entrée de la grotte et effectue toutes les heures un circuit commenté.

Le trajet à pied depuis le Giant's Camp prend 45 minutes, mais on peut emprunter un raccourci de 1,5 km au retour.

Où se loger

Il existe plusieurs excellents hébergements dans la réserve, ainsi que des grottes et des refuges pour les randonneurs.

Giant's Castle Camp CHALETS $$

(☎033-845 1000, 036-353 3718 ; www.kznwildlife.com ; gîtes 55 R/pers, chalet pour 2 pers à partir de 765 R). Isolé à 8 km de l'entrée principale, le camp le plus important de la réserve renferme des gîtes de 8 lits et des chalets pour 2, 4 ou 6 personnes avec cheminée, kitchenette, baies vitrées, TV et véranda au toit de chaume. Son restaurant s'agrémente d'une terrasse dévoilant une vue splendide sur la montagne (sauf en été, quand la brume descend et réduit la visibilité à quelques mètres).

Depuis/vers Giant's Castle

Si vous arrivez du nord ou du sud par la N3, prenez la Rte 29 jusqu'à Giant's Castle (elle rejoint Estcourt, à l'est). Depuis Winterton ou Champagne Valley, vous pouvez rejoindre la Rte 10, puis vous diriger vers Draycott, au sud-est. De là, une bonne route gravillonnée de 25 km serpente à travers des pinèdes et

BUS

Aucun bus longue distance ne passe à proximité de Bergville. Pour l'atteindre, vous devrez rejoindre Ladysmith et prendre un taxi-minibus collectif (45 minutes). Un bus Greyhound dessert chaque jour Estcourt et Ladysmith. Si des taxis rallient le secteur du Royal Natal National Park pour 20 R, peu d'entre eux poursuivent jusqu'à l'entrée du parc.

rejoint l'asphalte à hauteur de White Mountain Lodge, d'où il faut encore parcourir 23 km pour rejoindre Giant's Castle et la Rte 29.

Des taxis-minibus collectifs, peu fréquents, circulent entre Estcourt et des villages proches de l'entrée principale (Kwa Dlamini, Mahlutshini et KwaMankonjane), mais à plusieurs kilomètres de Giant's Camp.

Northern Berg

Étape idéale entre Durban et Jo'burg, le Northern Berg a pour joyau le magnifique Royal Natal National Park, dont les fabuleux espaces déserts réservent d'excellentes randonnées d'une journée.

Bergville

Bourgade sans grand intérêt, Bergville, la localité la plus proche, est pratique pour faire des provisions et rejoindre le Northern Drakensberg. La station des taxis-minibus se tient derrière l'office du tourisme.

Bingalela CHALETS $
(☎082 390 3133, 036-448 1336 ; bingelela@mweb.co.za ; s/d avec petit-déj 370/560 R ;). Si vous arrivez trop tard pour rallier le Northern Berg, voici l'un des rares endroits valables où passer la nuit. À 3 km de Bergville sur la R74, de sympathiques *rondavels* doubles ou familiaux s'élèvent sur un terrain poussiéreux aux allures de parking, à l'ombre des eucalyptus. Les habitants apprécient le bar-restaurant animé. À savoir : une fête de la bière s'y tient en octobre.

Renseignements

Okhahlamba Drakensberg Tourism (☎036-448 1296 ; www.drakensberg.org.za ; Bergville ; 7h30-17h30 lun-ven, 8h30-12h30 sam). Organisme privé, Okhahlamba Drakensberg Tourism fournit quantité de brochures, mais son aide ne va pas au-delà.

Royal Natal National Park

Englobant quelques-uns des plus hauts sommets de la chaîne, le **Royal Natal National Park** (☎036-438 6310 ; www.kznwildlife.com ; adulte/enfant 35/20 R ; 5h-19h été, 6h-18h hiver), d'une superficie de 80 km², possède une majesté inversement proportionnelle à la modestie de sa taille. Offrant certains des paysages les plus spectaculaires et les plus accessibles du Drakensberg, le parc est couronné par le sublime Amphithéâtre, une falaise bordant une gorge sur plus de 5 km, impressionnante d'en bas et plus encore depuis les hauteurs. À cet endroit, les Tugela Falls (chutes du Tugela) dévalent plus de 850 m en 5 paliers (celui du haut est souvent gelé en hiver). Derrière se dresse le Mont-aux-Sources (3 282 m), ainsi nommé car il donne naissance aux rivières Tugela, Elands et Western Khubedu ; cette dernière devient le Senqu (Orange) avant de se jeter dans l'Atlantique. Le parc est réputé pour ses excellentes marches d'une journée et ses possibilités de randonnée.

D'autres pics majeurs marquent le paysage : le Devil's Tooth, l'Eastern Buttress et le Sentinel. La Rugged Glen Nature Reserve jouxte le parc au nord-est.

Le **centre des visiteurs** (☎036-438 6310 ; 8h-16h30) se situe à 3 km de l'entrée principale. Il fournit une carte sommaire des marches d'une journée et se double d'une petite épicerie.

À voir et à faire

San Rock Art SITE HISTORIQUE
(marche guidée adulte/enfant 30/20 R ; 9h-16h). Le seul site d'art rupestre san ouvert au public parmi ceux qui émaillent le parc. Des guides locaux peuvent vous y conduire. Le trajet aller-retour dure environ 1 heure, pause et explications incluses. Repérez le panneau "San Rock Art" (art rupestre san), près du premier pont après l'entrée.

Rugged Glen Stables ÉQUITATION
(☎036-438 6422 ; 1/2 heures 170/220 R). Juste avant l'entrée du parc, ce centre équestre offre un large éventail d'activités, dont des randonnées à cheval de 2 jours.

Où se loger et se restaurer

DANS LE PARC

On peut planter sa tente au **Mahai** (empl 90 R), un camping à environ 1 km du Visitors Centre, et au **Rugged Glen Nature Reserve** (empl 90 R), plus sommaire.

Thendele CHALETS $$
(☎033-845 1000 ; www.kznwildlife.com ; chalet s/d à partir de 680/1 360 R). Excellente base pour la randonnée, le principal camp du parc dispose de chalets à 2 et 4 lits, de cottages et d'un lodge pour les groupes. Les chalets, installés autour de pelouses et d'allées carrossables, font tous face aux sommets. Les plus haut perchés sont un peu plus chers, car ils bénéficient d'une vue imprenable.

EN DEHORS DU PARC

Amphitheatre Backpackers AUBERGE DE JEUNESSE $
(☎082 855 9767 ; www.amphibackpackers.co.za ; camping à partir de 85 R, dort 140 R, d 400-600 R ; 📶🏊). Face à l'Amphitheatre, l'établissement offre un choix d'hébergements allant du dortoir à la chambre "de luxe" pour 4 personnes, un bar animé, une piscine et une ribambelle d'activités. Il suscite toutefois des avis mitigés – certains se plaignent de l'insistance à vendre les circuits maison alors qu'il en existe ailleurs, d'autres apprécient le côté pratique. La qualité du service semble également aléatoire. À 21 km au nord de Bergville sur la Rte 74.

♥ **Hlalanathi** COMPLEXE HÔTELIER $$
(☎036-438 6308 ; www.hlalanathi.co.za ; camping 160 R, chalet 2/4 lits 800/1 500 R ; 🏊). Dans un décor de carte postale près du golf local, ce joli complexe sans prétention possède un camping et d'excellents chalets au toit de chaume sur un terrain qui surplombe la Tugela. Choisissez un endroit avec vue sur la rivière et les montagnes. Les prix baissent de manière significative en dehors de la haute saison.

Sungubala Mountain Camp BUNGALOWS, CHALETS $$
(☎036-438 6000 ; www.sungubala.co.za ; tentes sans sdb 300 R/pers, bungalows de 6 lits 1 300 R). Six tentes de safari pourvues de lits à l'abri de toits de chaume et trois cases aux murs se rejoignant comme les jambes d'un *A* avec sdb commune, sans oublier des *rondavels* (cases rondes), des chalets et un bungalow de montagne. Vous paierez moins cher si vous disposez de vos propres affaires de couchage, de même qu'en venant par vos propres moyens.

Montusi Mountain Lodge LODGE $$$
(☎036-438 624 3 ; www.montusi.co.za ; s/d demi-pension 1 800/3 200 R ; 📶🏊). Ce lodge opulent mêle le charme du chaume et des cheminées avec de luxueux équipements dans ses élégants chalets. Il propose des marches guidées, dont une promenade le matin dans la propriété, et des balades à cheval. L'embranchement est signalé, juste après le Tower of Pizza.

Tower of Pizza ITALIEN $
(☎036-438 6480 ; www.towerofpizza.co.za ; pizzas 65 R ; ⏲12h-20h30 mar-jeu, 12h-21h ven-sam, 10h-21h dim). De savoureuses pizzas sortent du four à bois de cette tour (oui, une tour !) proche des Drakensberg. Attablez-vous sur la terrasse pour profiter de l'air pur et de la vue sur la montagne. Sachez que vous devrez régler par carte de crédit. L'établissement compte aussi de pittoresques *rondavels* et cottages (d avec petit-déj 430 R/pers).

Coyote Cafe CAFÉ $$
(plats 50-100 R ; ⏲7h-20h30). Fréquenté par les touristes locaux, ce café chic et moderne sert des en-cas raffinés et d'excellentes pâtisseries. Goûtez le jambalaya ou les pâtes aux fruits de mer. Il se tient sur la Rte 74 à l'entrée de Little Switzerland ; par temps clair, la vue est superbe.

PROTÉGER LES PEINTURES SAN

Des milliers de peintures san ornent des grottes et des rochers dans le KwaZulu-Natal. Malheureusement, beaucoup ont souffert de l'ignorance de certains visiteurs qui les ont endommagées avec des graffitis ou totalement détruites. Les voyageurs doivent respecter ces trésors culturels et contribuer à leur conservation. Ainsi, n'aspergez pas les peintures d'eau pour raviver les couleurs.

Le KwaZulu-Natal, en accord avec l'Amafa (l'organisme de conservation de la culture et du patrimoine de la province), intègre des pratiques de préservation dans sa gestion. Ainsi, des guides doivent accompagner les visiteurs et veiller à ce qu'ils ne touchent ni n'endommagent les sites.

Depuis/vers le Royal Natal National Park

La route qui rejoint le Royal Natal part de la R74, à 30 km au nord-ouest de Bergville et à 5 km d'Oliviershoek Pass.

CHAMPS DE BATAILLE (BATTLEFIELDS)

Si la plupart des voyageurs viennent au KwaZulu-Natal pour sa faune exceptionnelle, ses hautes montagnes et ses vagues impressionnantes, l'histoire de la province est étroitement liée à ses champs de bataille (*battlefields*), théâtre de nombreux affrontements sanglants. Dans le Nord-Ouest, moins de 600 Voortrekkers vengèrent le meurtre de leur chef Piet Retief en vainquant une armée de 12 000 Zoulous (faisant 3 000 morts) à Blood River. Les Britanniques furent défaits par les Zoulous à Isandlwana, avant leur héroïque défense de Rorke's Drift. Ladysmith et Spioenkop furent les sites des premiers combats de la seconde guerre anglo-boer. Aujourd'hui, la région compte de luxueux hébergements et séduira les passionnés d'histoire.

Nombre de localités semblent émerger d'une guerre récente, ce qui, en un sens, correspond à la réalité. Avec la construction dans les années 1980-1990 de la N3, qui contourne de nombreuses villes, beaucoup d'usines ont fermé et les habitants sont partis en masse vers les grandes cités. Consultez le site www.battlefields.kzn.org.za ou prenez la brochure *Battlefields Route* au KZN Tourism.

Spioenkop Nature Reserve

Couvrant 60 km², la **Spioenkop Nature Reserve** (☎036-488 1578 ; www.kznwildlife.com ; 25 R ; ⏲5h-19h oct-mars, 6h-18h avr-sept) s'étend autour du barrage de Spioenkop sur la Tugela. De la réserve, vous pouvez facilement visiter la plupart des champs de bataille ou effectuer une excursion d'une journée dans le Drakensberg. Parmi les animaux qui y vivent figurent des rhinocéros blancs, des girafes, des zèbres, diverses espèces d'antilopes et plus de 270 espèces d'oiseaux.

Il existe deux pistes carrossables assez courtes, seule une petite partie des berges de l'immense lac de retenue étant accessible aux visiteurs. Les routes à l'intérieur de la réserve conviennent aux véhicules standards– conduisez lentement et faites attention aux nids-de-poule. Vous pouvez observer la faune dans des affûts, mais aussi lors de circuits à cheval ou de marches guidées. Une belle balade passe au milieu des aloès et des bois.

La Spioenkop Nature Reserve se situe au nord-est de Bergville, mais l'entrée se trouve du côté est : en venant du sud par la N3, empruntez la sortie 194 vers la Rte 74 en direction de Winterton, puis de Winterton, parcourez 13km vers le nord sur la Rte 600. Ne pas confondre avec le champ de bataille de Spioenkop, qui se rejoint par la Rte 616 (bien indiqué). Vous aurez besoin d'une voiture pour ces deux endroits.

iPika CAMPING $

(www.kznwildlife.com ; camping/camp de brousse 75/220 R/pers). Dans une vallée au sein de la réserve, l'iPika propose des emplacements de camping et une tente de 4 lits dans un camp de brousse. L'endroit, superbe et paisible, surplombe un réservoir et attire de nombreux oiseaux et quelques antilopes. Réservez directement auprès de la réserve.

Three Trees at Spioenkop LODGE $$$

(☎036-448 1171 ; threetreehill.co.za ; s/d pension complète 2 790/4 230 R). Cette maison haut de gamme respectueuse de l'environnement allie confort contemporain et style colonial. Séjour de rêve pour explorer la région de Spioenkop, elle offre un cadre et une vue splendide, ainsi qu'un superbe salon ouvert sur la nature. Promenades à cheval et visites des champs de bataille sont organisés sur demande. Bien placée, près de Spioenkop, entre Ladysmith et Bergville, près de la Rte 616.

Ladysmith

65 000 HABITANTS

Ville étendue et animée, Ladysmith doit son nom à l'épouse du gouverneur du Cap, sir Harry Smith. Elle devint célèbre pendant la seconde guerre anglo-boer de 1899-1902, lorsqu'elle fut assiégée par les troupes boers pendant 118 jours. Intéressante du point de vue historique, elle conserve plusieurs édifices datant de cette époque (un peu défraîchis) et compte d'excellents musées. Base pratique pour découvrir les champs de bataille de la région, elle est aussi connue pour avoir vu naître le groupe vocal Ladysmith Black Mambazo.

Champs de bataille

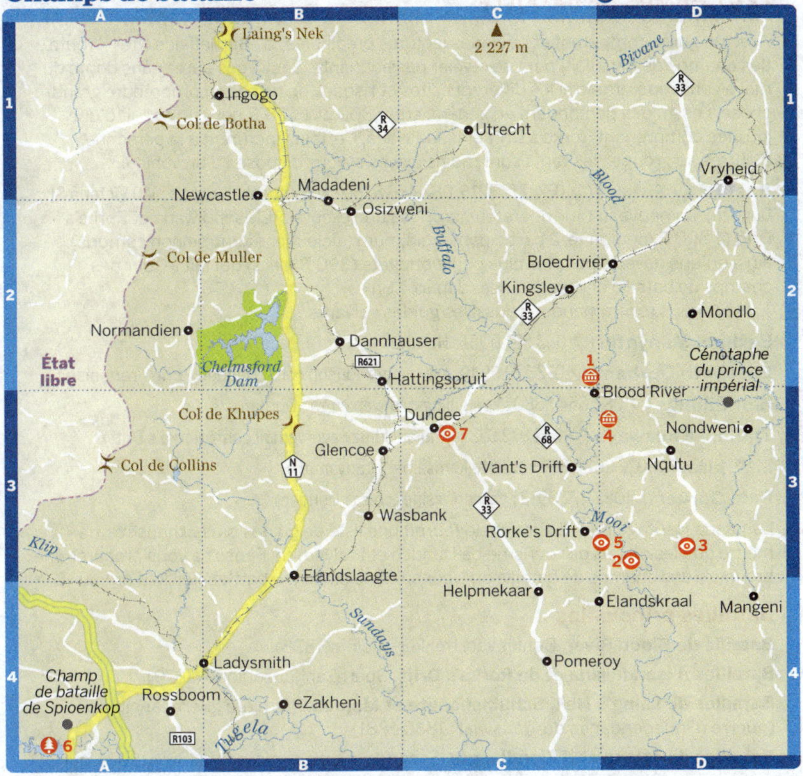

À voir et à faire

Siege Museum MUSÉE
(Murchison St ; adulte/enfant 11/5 R ; ⏲9h-16h lun-ven, 9h-13h sam). Ce musée à deux pas dc la mairie est installé dans l'ancienne Market House (construite en 1884), qui servait à stocker les vivres durant le siège anglo-boer. Il présente une exposition sur la guerre, fournit des informations sur la ville et ses alentours et une liste de guides pour les champs de bataille.

Emnambithi Cultural Centre MUSÉE
(316 Murchison St ; adulte/enfant 11/5,50 R ; ⏲9h-16h lun-ven). Ce cenre abrite un **Cultural Museum** dans lequel vous pourrez voir une baraque de township et des objets ethnographiques tels que costumes et ouvrages en perles traditionnels. Il rend aussi hommage au Ladysmith Black Mambazo.

Champs de bataille

À voir

Blood River Monument .... (voir 1)
1 Blood River Museum C2
Evangelical Lutheran Church Art & Craft Centre........(voir 5)
2 Fugitive's Drift D3
3 Isandlwana.. D3
Isandlwana Visitors Centre...(voir 3)
4 Ncome Museum.. D3
5 Rorke's Drift.. D3
Rorke's Drift Orientation Centre...(voir 5)
6 Spioenkop Nature Reserve A4
7 Talana Heritage Park & Battlefield... C3

Où se loger

Isandalwana Lodge......................(voir 3)
Rorke's Drift Hotel ....(voir 5)

LES CHAMPS DE BATAILLE

Avec un guide compétent et quelques lectures préalables, la "Battlefields Rte" ("route des champs de bataille") peut se révéler passionnante. Seul, vous aurez sans doute du mal à vous repérer parmi les différents sites et risquez de ne pas y comprendre grand-chose. Les guides demandent en général entre 800 et 1 500 R pour un circuit d'une journée comprenant Rorke's Drift et Isandlwana. Certains facturent à la personne, d'autres au groupe ; les tarifs sont moins élevés si vous disposez d'un véhicule.

BushBaby Safaris (☎034-212 3216, 082 466 8350 ; www.bushbaby.co.za ; 110 Victoria St, Dundee), un nouveau tour-opérateur, propose une excursion à Isandlwana et Rorke's Drift (1 800 R/personne, 2 participants minimum ; déjeuner et entrée non compris), ainsi qu'une navette pour les plus petits budgets (390 R/pers) qui fait le tour des champs de bataille depuis Dundee (départ à 8h).

Nous vous recommandons aussi les guides suivants :

Bethuel Manyathi (☎083 531 0061 ; Nquthu)

Élisabeth Durham (☎072 779 5949 ; www.cheznousbb.com ; Dundee), une Française !

Ken Gillings (☎083 654 5880 ; ken.gillings@mweb.co.za ; Durban)

Thulani Khuzwayo (☎072 872 9782 ; thulani.khuzwayo@gmail.com ; Rorke's Drift)

Liz Spiret (☎072 262 9669 ; lizs@telkomsa.net ; Ladysmith)

Paul Garner (☎082 472 3912 ; garner@xsinet.co.za ; Dundee)

Le Talana Heritage Park & Battlefield fournit une liste de guides plus exhaustive, de même que les offices du tourisme de Dundee et Ladysmith. Pensez à vous procurer une brochure des champs de bataille ou à consulter le site www.battlefields.kzn.org.au.

Batailles principales

Bataille de Blood River. Conflit voortrekker-zoulou (1838).

Batailles d'Isandlwana et de Rorke's Drift. Guerre anglo-zouloue (1879).

Batailles de Laing's Nek, Schuinshoogte et Majuba. Première guerre anglo-boer (guerre d'indépendance du Transvaal ; 1880-1881).

Batailles de Talana et d'Elandlaagte. Seconde guerre anglo-boer (1899-1902), qui conduisit au siège de Ladysmith.

Bataille de Spioenkop. Elle se déroula les 23 et 24 janvier 1900, quand les Britanniques tentèrent de libérer Ladysmith, assiégée par les Boers.

Bataille de Colenso. L'une des plus grandes batailles de l'hémisphère Sud (15 décembre 1899), entre Boers et Britanniques.

Castor et Pollux MONUMENTS

Devant l'hôtel de ville, deux canons, Castor et Pollux, furent utilisés par les Britanniques pour défendre la ville.

Long Tom MONUMENT

À côté de l'hôtel de ville, vous pourrez voir une réplique de Long Tom, un canon boer d'une portée de 10 km. L'original fut saboté par un commando britannique durant le siège, après avoir causé d'importants dégâts.

Fort ÉDIFICE HISTORIQUE

Dans King St (en face de Settlers Dr), se dresse un mur percé de meurtrières. Vestige du fort construit pour protéger la ville des attaques zouloues, il fait aujourd'hui partie du poste de police.

Où se loger

De nombreux B&B sont installés en dehors de la ville, près de Short St. Ils sont très prisés des voyageurs d'affaires, aussi vaut-il mieux réserver.

♥ **Budleigh Guesthouse** B&B $$

(☎036-635 7700 ; 12 Berea Rd ; s/d avec petit-déj 550/750 R ;). Vérandas, pelouses soignées et jardin magnifique, tout dans cette demeure au cœur de Ladysmith évoque la campagne anglaise. Avec leurs lits en bois et leurs copies d'œuvres anciennes, les chambres, impeccables, affichent un décor raffiné.

LA BATAILLE DE SPIOENKOP

Le 23 janvier 1900, les Britanniques, commandés par le général Buller, tentèrent pour la seconde fois de libérer Ladysmith, assiégée par les Boers depuis octobre 1899. À Trichardt's Drift, 500 Boers empêchant les 15 000 hommes de Buller de traverser la Tugela, celui-ci décida de prendre Spioenkop. Son idée était d'installer des canons sur cette colline à sommet plat afin de déloger les Boers de leurs tranchées.

Pendant la nuit, 1 700 soldats britanniques escaladèrent la colline et chassèrent la poignée de Boers qui la gardaient. Ils creusèrent une tranchée et attendirent le matin. Pendant ce temps, le commandant boer Louis Botha, informé de l'attaque, ordonna de pointer les canons sur Spioenkop et plaça des hommes sur les collines voisines. Profitant de la brume de l'aube, 400 soldats entamèrent l'ascension de Spioenkop.

Les Britanniques auraient pu battre ces 400 Boers. Toutefois, quand la brume se dissipa, elle fut aussitôt remplacée par une pluie de balles et d'obus. Ils se replièrent dans leurs tranchées mais, en milieu d'après-midi, les tirs incessants poussèrent beaucoup d'entre eux à se rendre. Entre-temps, l'arrivée de renforts empêcha les Boers de s'emparer de la tranchée. Les combattants se trouvaient dans une impasse.

Après le coucher du soleil, les Britanniques, comme les Boers, évacuèrent la colline. Les deux opérations s'effectuèrent si discrètement qu'aucun des camps ne s'aperçut du départ de l'autre. Cette nuit-là, seuls les morts gardèrent Spioenkop.

Le lendemain matin, les Boers repartirent à l'assaut de la colline et découvrirent qu'ils en étaient maîtres. Ils avaient tué ou blessé 1 340 Britanniques au cours de la bataille, durant laquelle se distingua l'unité d'ambulanciers du Mahatma Gandhi. Buller délivra Ladysmith un mois plus tard, le 28 février.

Buller's Rest Lodge B&B $$
(☎036-637 6154 ; www.bullersrestlodge.co.za ; 59 Cove Cres ; s/d avec petit-déj à partir de 575/790 R ; 📶🏊). Cette belle maison coiffée de chaume ne manque pas de charme. Elle comprend 12 chambres confortables, le convivial “Boer War” Pub, un séduisant solarium avec vue, sert de succulents repas maison (3 plats pour 160 R). Tournez à droite dans Francis Rd près de Harrismith (Poort) Rd, et suivez les panneaux.

Où se restaurer

Office Cafe ITALIEN $
(San Marco Centre, angle Harrismith Rd et Francis Rd ; plats 50-75 R ; ⏲8h-16h lun-ven, jusqu'à 14h sam). Une adresse décontractée avec quelques plats maison à la carte. Le meilleur est sans doute la pizza, mais la foccacia et les burgers font aussi l'affaire au déjeuner.

Guinea Fowl INTERNATIONAL $$
(☎036-637 8163 ; San Marco Centre, angle Harrismith Rd et Francis Rd ; plats 90-140 R ; ⏲déjeuner et dîner lun-sam). L'une des rares tables abordables de Ladysmith, dans un centre commercial. Au menu : curries, bœuf, poulet, produits de la mer et burgers.

Renseignements

ABSA (angle Queen St et Murchison St) possède deux agences au même croisement, dont une avec DAB.

Commissariat (☎036-638 3309 ; King St). Près de l'église réformée hollandaise.

Emnambithi Cultural Centre (316 Murchison St ; ⏲9h-16h lun-ven). Renseignez-vous sur les visites guidées des champs de bataille ou des townships voisins.

Depuis/vers Ladysmith

BUS

Les tickets de bus peuvent s'acheter auprès de Shoprite/Checkers dans l'Oval Shopping Centre. Les bus partent de la station-service Guinea Fowl (ne pas confondre avec le restaurant) dans Murchison Rd. Ils desservent Durban (330 R, 4 heures), Pretoria (360 R, 7 heures) et Le Cap (600 R, 19 heures).

TAXIS COLLECTIFS

La principale station de taxis-minibus se situe à l'est du centre-ville, près du croisement entre Queen St et Lyell St. Au nombre des destinations possibles figurent Pietermaritzburg (1 heure 30) et Durban (2 heures 30). Quant aux taxis pourJo'burg (5 heures), ils stationnent non loin, dans Alexandra St.

Dundee

35 000 HABITANTS

Hormis l'artère principale déprimante (Victoria St), Dundee est une ville verdoyante et coquette. Toutefois, elle ne justifie le détour que pour explorer les champs de bataille et autres sites historiques alentour.

À voir

Talana Heritage Park & Battlefield SITE HISTORIQUE

(034-212 2654 ; www.talana.co.za ; adulte/enfant 25/2 R ; 8h-16h30 lun-ven, 9h-16h30 sam-dim). Talana signifie l'"endroit où sont conservés des objets précieux", ce qui convient parfaitement à cet excellent parc historique ouvert sur un ancien champ de bataille. Il comprend des mémoriaux, des cairns et 27 bâtiments, témoignages de la bataille anglo-boer de Talana en 1899 (la première de la seconde guerre anglo-boer). Réparties entre ces bâtiments, des expositions évoquent les guerres anglo-zouloues et anglo-boers (à noter une photo de Gandhi en brancardier), ainsi que l'histoire locale. À voir également, de ravissants ouvrages en perles zoulous et des verreries. Pam McFadden, la conservatrice, connaît Talana sur le bout des doigts. À 1,5 km de la ville, sur la route de Vryheid.

Où se loger et se restaurer

Certains hôtels facturent des suppléments en hiver pour le chauffage. Dundee offre un choix de restaurants très limité, en dehors des fast-foods.

Battlefields Backpackers International AUBERGE DE JEUNESSE $

(034-212 4040 ; www.bbibackpackers.co.za ; 90 Victoria St ; dort/s/d 170/190/390 R ; @). Tenue par Evan Jones, un guide officiel des champs de bataille, et son épouse, l'unique auberge de jeunesse de la ville comporte un foyer et un *braai*. Vous y glanerez quantité d'informations sur les sites historiques.

Chez Nous B&B $$

(034-212 1014 ; www.cheznousbb.com ; 39 Tatham St; s/d avec petit-déj à partir de 530/840 R, bungalows 2 000 R ;). Ce B&B confortable et central est dirigé par Élisabeth Durham, une guide française efficace qui vous dira tout sur le prince impérial Louis-Napoléon Bonaparte, mort près de Dundee en 1879. L'établissement vous propose des excursions guidées d'une demi-journée ou d'une journée aux champs de bataille au volant de votre voiture. Demi-pension possible.

Sneezewood B&B $$

(034-212 1260 ; www.sneezewood.co.za ; s/d avec petit-déj 695/1 100 R ;). À 5 km de l'office du tourisme dans Wasbank Rd (au sud de la ville), ce charmant B&B, dans une ferme en activité, mêle campagne et ville : élégants tissus de créateur, nombreux équipements (du coffre-fort au sèche-cheveux), salon réservé aux hôtes et terrasse sont quelques-uns de ses atouts. Les propriétaires veillent à votre bien-être et connaissent bien la région.

Royal Country Inn HÔTEL $$

(034-212 2147 ; www.royalcountryinn.com ; 61 Victoria St ; s/d petits budgets 340/480 R, avec petit-déj 620/870 R). Cette vieille auberge de style anglais possède un charme fin XIXe siècle un peu fané. Si les chambres les moins chères n'ont guère d'attrait, les autres sont correctes et le restaurant sert une bonne cuisine (dîner 190 R).

Penny Farthing Country House GUESTHOUSE $$

(034-642 1925 ; www.pennyf.co.za ; s/d avec petit-déj 700/1 200 R ;). À 30 km au sud de Dundee sur la Rte 33 en direction de Greytown, cette pension est bien située pour visiter Rorke's Drift et Isandlwana. Le propriétaire, Foy Vermaak, est un guide réputé. Demi-pension et excursions aux champs de bataille en option.

Renseignements

Tourism Dundee (034-212 2121 ; www.tourdundee.co.za ; Victoria St ; 9h-16h30 lun-ven), près des jardins dans le centre, peut vous indiquer des guides pour les champs de bataille et des hébergements.

NQUTU ET AU-DELÀ

À 52 km à l'est de Dundee par la Rte 33 et la Rte 66, le centre régional de Nqutu est un important carrefour marchand pour les Zoulous des alentours. À 30 km au nord de Nqutu, près de Nondweni, se trouve le cénotaphe du prince impérial. Le prince Louis-Napoléon, dernier représentant de la dynastie Bonaparte, fut tué ici le 1er juin 1879.

Depuis/vers Dundee

Très peu de transports desservent Dundee ; mieux vaut disposer d'un véhicule. Des taxis-minibus collectifs circulent depuis/vers Ladysmith au sud-ouest et Vryheid au nord-est.

Isandlwana et Rorke's Drift

Si vous avez vu *Zoulou* (1964), le film qui a rendu Michael Caine célèbre, vous vous souvenez sans doute de Rorke's Drift, où, les 22 et 23 janvier 1879, environ 140 soldats britanniques réussirent à défendre une petite mission contre 4 000 Zoulous. La reine Victoria décora les 11 survivants de la Victoria Cross et la bataille entra dans l'histoire militaire britannique.

Pour un panorama complet, parcourez 15 km à travers la plaine jusqu'à Isandlwana, où, quelques heures avant la bataille de Rorke's Drift, les Zoulous infligèrent à l'Empire britannique l'une de ses pires défaites, anéantissant le principal corps de l'armée anglaise. Cela étant, le film *L'Ultime Attaque* (1979), qui retrace le désastre d'Isandlwana, n'a pas eu le même succès que *Zoulou*.

À voir et à faire

Idéalement, les deux champs de bataille devraient se visiter le même jour.

Isandlwana Visitors Centre SITE HISTORIQUE
(adulte/enfant 30/15 R ; 8h-16h lun-ven, 9h-16h sam-dim). L'Isandlwana Visitors Centre abrite un petit musée ; le billet d'entrée comprend la visite du champ de bataille, très émouvant : des mémoriaux et des cairns en pierres blanches marquent les endroits où tombèrent les soldats britanniques.

Rorke's Drift Orientation Centre SITE HISTORIQUE
(034-642 1687 ; adulte/enfant 30/15 R ; 8h-16h lun-ven, 9h-16h sam-dim). Rorke's Drift Orientation Centre, sur le site de l'ancienne mission, est très bien conçu. Les Zoulous appellent l'endroit Shiyane, du nom de la colline qui se dresse derrière le village. La brochure *Rorke's Drift-Shiyane Self-Guided Trail* (3 R) fournit des informations utiles. *Zoulou* ayant en réalité été tourné dans le Drakensberg, ceux qui connaissent ce film risquent d'être un peu déçus par le décor naturel, splendide mais moins abrupt.

Evangelical Lutheran Church Art & Craft Centre ART ET ARTISANAT
(034-642 1627 ; www.centre-rorkesdrift.com). S'élevant derrière le Rorke's Drift Orientation Centre, il s'agit de l'un des rares endroits où l'on formait à leur art les personnes de couleur avant l'apartheid. Il comprend une belle boutique d'artisanat et plusieurs ateliers – tissage, gravure et poterie – dans des bâtiments voisins ; vous pouvez les visiter avec l'accord des artistes.

Fugitive's Drift SITE HISTORIQUE
À 10 km de Rorke's Drift, deux soldats britanniques furent tués à Fugitive's Drift en tentant de récupérer le drapeau de la reine.

LA BATAILLE D'ISANDLWANA

Le 22 janvier 1879, lorsqu'un soldat de l'une des cinq armées britanniques envoyées pour envahir le Zululand regarda de l'autre côté de la falaise, il découvrit en lieu et place d'une savane déserte 25 000 guerriers zoulous accroupis, prêts à l'attaque. Ces derniers avaient initialement prévu de donner l'assaut le lendemain, après la pleine lune. Une fois découverts, ils se mirent en ordre de bataille selon la tactique du taureau – deux cornes sur les flancs, la force principale au centre – et fondirent sur les Britanniques, les prenant par surprise. Le général Chelmsford prit la décision fatale de diviser la colonne, faisant sortir la moitié des hommes du camp après une diversion zouloue. À la fin de la journée, le reste de la colonne britannique était anéanti et, pour les envahisseurs, la guerre anglo-zouloue avait très mal commencé.

Pendant ce temps, le petit contingent britannique qui était resté à Rorke's Drift (par où l'armée avait pénétré dans le Zululand) pour garder l'approvisionnement eut vent du désastre et fortifia son camp. Il fut attaqué par quelque 4 000 Zoulous, mais les défenseurs, quelque 140 vaillants soldats, tinrent toute la nuit jusqu'à l'arrivée des renforts. Onze d'entre eux furent décorés de la Victoria Cross, ainsi que deux officiers, morts en défendant le drapeau à Fugitive's Drift, à environ 10 km au sud de Rorke's Drift.

Où se loger

Aux alentours, plusieurs lodges plus ou moins luxueux proposent tous des circuits aux champs de bataille.

Isandalwana Lodge LODGE $$$
(034-271 8301 ; www.isandlwana.co.za ; ch pension complète 1 860-2 315/pers ;). Fabuleusement situé, ce lodge moderne parvient à se fondre dans le paysage. Ses chambres splendides bénéficient de la vue sur le mont Isandlwana, site de la bataille anglo-zouloue. Promotions offertes toute l'année.

Rorke's Drift Hotel LODGE $$$
(034-642 1760 ; www.rorkesdrifthotel.com ; s/d demi-pension 1 300/1 940 R). Les espaces communs et le restaurant de cette gigantesque rotonde sont prometteurs : un immense espace meublé de gros canapés et une énorme cheminée centrale. Les chambres, moins séduisantes, avec une décoration plus quelconque, restent agréables. Le restaurant étant l'endroit où manger le plus proche de Rorke's Drift, il est prisé des visiteurs venus pour la journée.

Depuis/vers Islandlwana et Rorke's Drift

Les champs de bataille se situent au sud-est de Dundee. Isandlwana se trouve à 70 km de Dundee par la Rte 68 ; Rorke's Drift, à 42 km de Dundee, se rejoint par la Rte 68 ou la Rte 33 (l'embranchement de la Rte 33 est à 13 km au sud de Dundee). Toutes ces routes peuvent être poussiéreuses et cahoteuses. Une piste relie Isandlwana et Rorke's Drift.

Blood River et Ncome Museum

Le 16 décembre 1838, une troupe de 600 Voortrekkers vengea le massacre de la délégation menée par leur chef Piet Retief en écrasant une armée de 12 000 guerriers zoulous. Plus de 3 000 Zoulous périrent – leur sang rougit la rivière –, tandis que les Voortrekkers ne déplorèrent que quelques victimes. Cette victoire devint un épisode majeur de l'histoire afrikaner : selon les Boers, elle prouvait qu'ils étaient investis d'une mission divine pour conquérir et "civiliser" l'Afrique australe.

Le nationalisme afrikaner et l'importance accordée à Blood River s'accrurent simultanément. Certains pensent que la portée de cette bataille fut utilisée à des fins politiques. L'interprétation officielle de la victoire concordait avec les conceptions du régime de l'apartheid : des hordes de sauvages noirs indignes de confiance avaient été battues par des Boers envoyés par Dieu, comme dans l'Ancien Testament. Des Afrikaners visitent encore le site le 16 décembre, mais le "jour du Vœu" est devenu le "jour de la Réconciliation".

Une reconstitution en bronze grandeur nature du *laager* de 64 chariots marque le site de la bataille. Le tumulus en pierres fut érigé par les Boers après la bataille pour marquer le centre du *laager*. Le mémorial et le **Blood River Museum** (034-632 1695 ; adulte/enfant 30/15 R, voiture 10 R ; 8h-16h30 lun-ven, 8h-16h sam-dim) se situent au bout d'une route gravillonnée de 20 km ; embranchement sur la R33 à 27 km de Dundee (à l'ouest) et 45 km de Vryheid (au nord-est).

L'intéressant **Ncome Museum** (034-271 8121 ; www.ncomemuseum.co.za ; don à l'entrée ; 8h-16h30), de l'autre côté de la rivière, est accessible par une piste qui relie les deux musées. Il offre la version zouloue des événements. Le musée est construit en forme de cornes de buffle, la formation traditionnelle d'attaque des Zoulous. Des boucliers zoulous (en métal) symbolisent les régiments qui participèrent à la bataille.

État libre (Free State)

Dans ce chapitre ➡

Le top des restaurants

- Picnic (p. 319)
- Seven on Kellner (p. 320)
- Bella Casa Trattoria (p. 320)
- Vitos Restaurant & Bar (p. 328)
- O's Restaurant (p. 323)

Le top des hébergements

- Hobbit Boutique Hotel (p. 317)
- Cranberry Cottage (p. 331)
- Karma Backpackers (p. 327)
- Courtyard B&B (p. 328)
- Fisant Bokmakierie & Hoephoep Guest House (p. 329)

Pourquoi y aller

Terre de ciels immenses et de pâturages s'étendant à perte de vue, l'État libre (Free State) se prête idéalement à un périple en voiture. L'horizon infini est ponctué çà et là de villes et de villages, et, hormis Bloemfontein, les centres urbains sont petits et faciles à découvrir.

Les Eastern Highlands, autour du Drakensberg et de la frontière du Lesotho, forment une vaste région de montagnes rocheuses et de vallées encaissées, sujette l'été à des orages de chaleur. Ce paysage spectaculaire est réputé pour ses exploitations fruitières, de cerises notamment. On trouve ici d'excellents hébergements, mais aussi le splendide Golden Gate Highlands National Park, facile à visiter à pied.

L'État libre est davantage un endroit que les voyageurs traversent sans s'y attarder. Et pourtant, ses beautés naturelles, ses possibilités de sports d'aventure et son histoire méritent le détour – en particulier Bloemfontein, ville historiquement afrikaner, mais aussi le berceau de l'African National Congress (ANC).

Quand partir

Bloemfontein

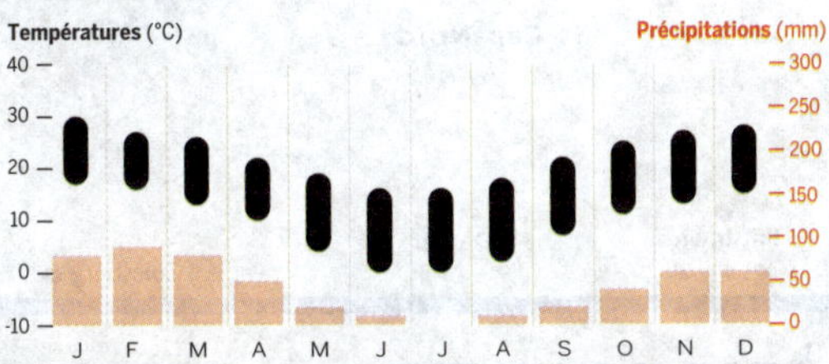

Juin-août Un temps sec et ensoleillé invite à des trajets routiers sous le ciel bleu.

Sept-décembre La meilleure époque pour voir les cerisiers en fleur et participer à la fête de la Cerise à Ficksburg.

Janvier-mars Pour fuir la chaleur, rejoignez les contreforts enneigés des monts Maluti.

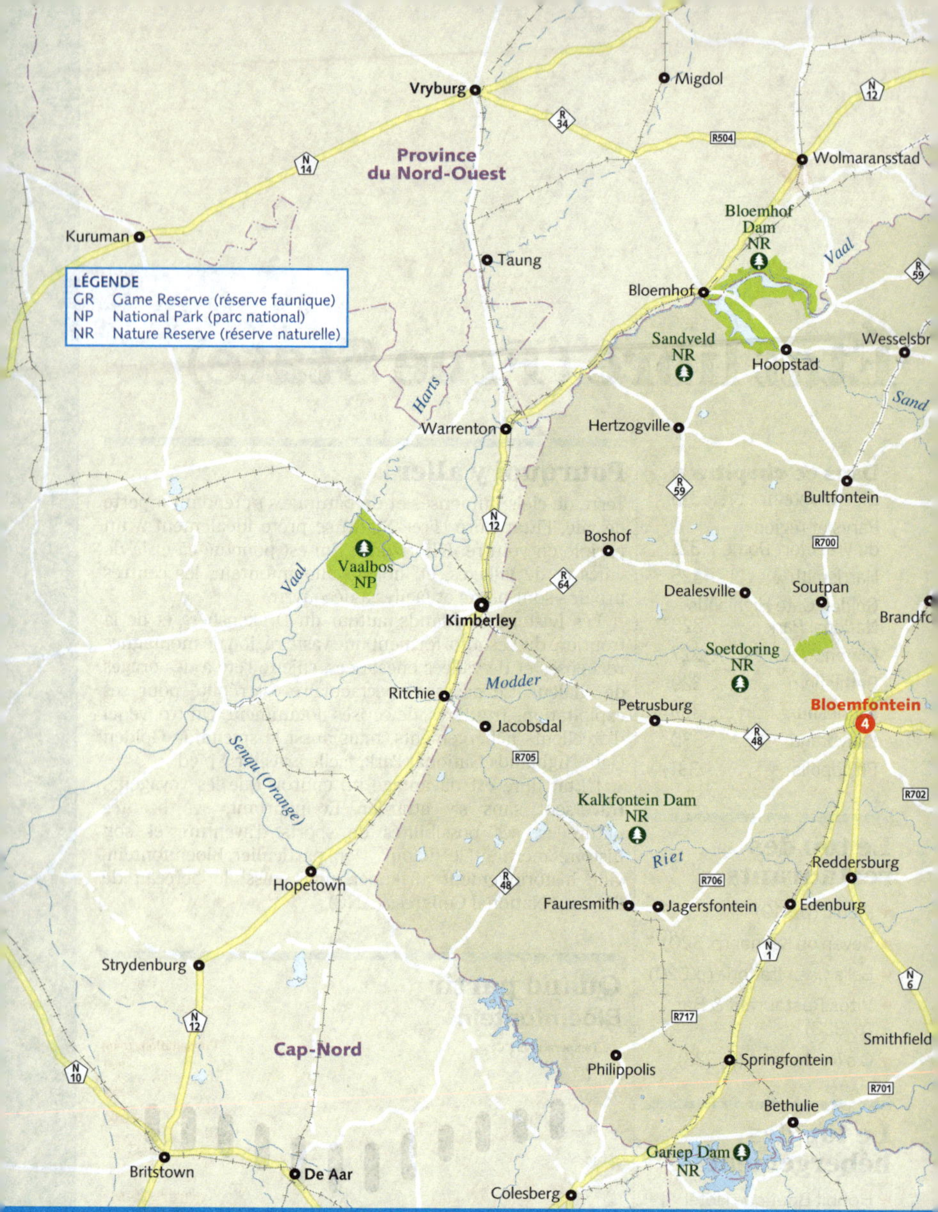

À ne pas manquer

❶ Les joyaux disséminés parmi les bourgades et sous le ciel immense de l'État libre, tel **Clarens** (p. 327), véritable pépite de sophistication.

❷ Une randonnée dans le **Golden Gate Highlands National Park** (p. 326) avec ses prairies, où vit la faune, et ses spectaculaires formations de grès.

❸ Une marche le long du **Sentinel Hiking Trail** (p. 327) jusqu'aux hauteurs vertigineuses du plateau du Drakensberg.

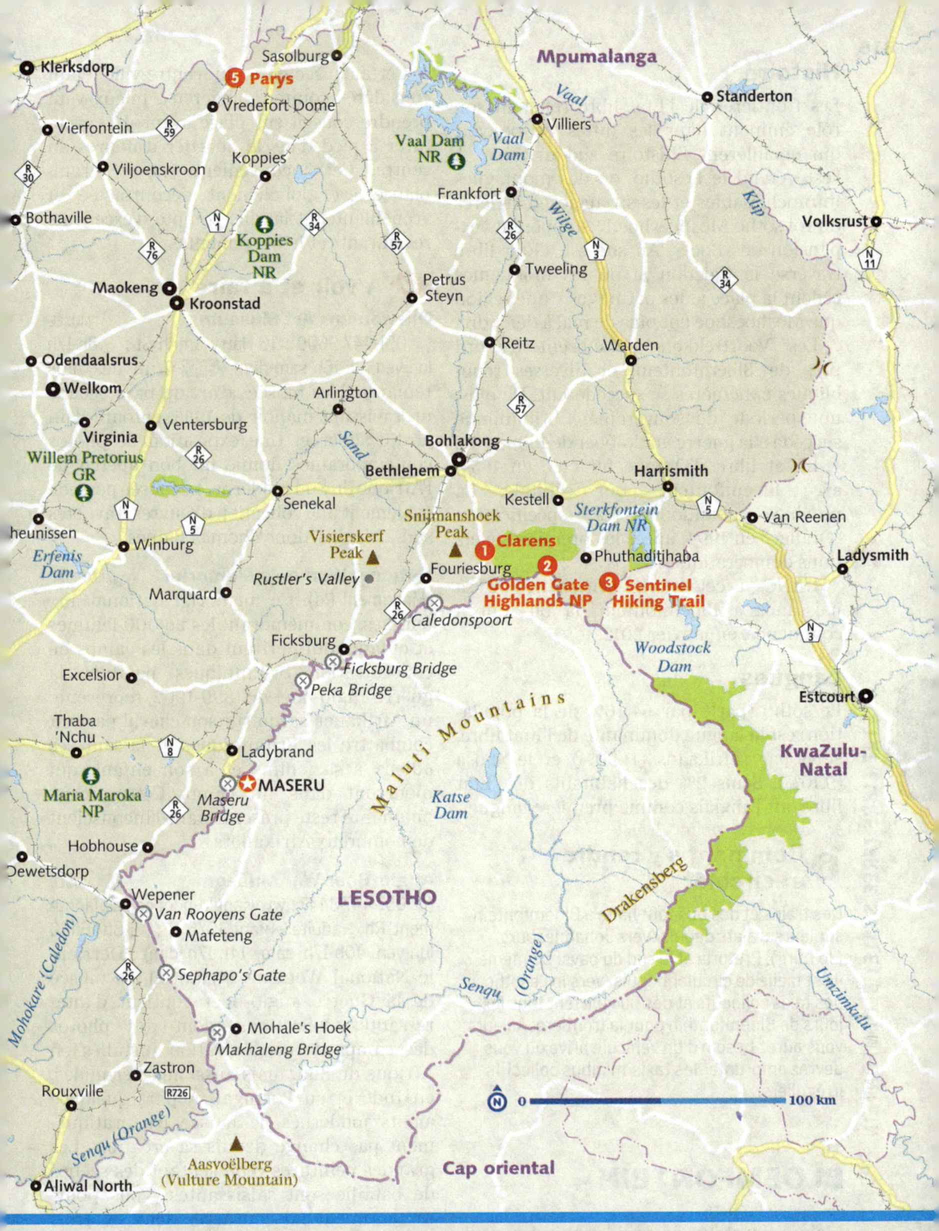

4 Les excellents musées retraçant l'histoire de l'Afrique du Sud, et les meilleurs hébergements et restaurants de la province à **Bloemfontein** (p. 316), ville parmi les plus détendues du pays.

5 Les joies de la vie au grand air aux environs de **Parys** (p. 321), capitale de l'État libre dans le domaine des sports d'aventure.

Histoire

Les frontières de l'État libre reflètent son rôle éminent dans les luttes de pouvoir qui émaillèrent l'histoire sud-africaine. À l'est s'étend le Lesotho, où des montagnes infranchissables et les stratégies guerrières du roi sotho Moshoeshoe Ier stoppèrent l'expansion des Boers. Au sud-est, l'État libre traverse la Caledon là où les montagnes cèdent la place à des pâturages – une région que Moshoeshoe eut plus de mal à défendre.

Les Voortrekkers s'établirent d'abord près de Bloemfontein, et diverses républiques éphémères se succédèrent. De plus, une période de souveraineté britannique succéda à la guerre anglo-boer de 1899-1902.

L'État libre d'Orange fut créé en 1854, avec Bloemfontein pour capitale. La province abandonna la spécification "Orange" en 1994, après les premières élections démocratiques du pays.

L'ANC a célébré le centenaire de sa naissance à Bloemfontein, là où tout a commencé, en janvier 2012.

Langues

Le sotho (parlé par 64,40% de la population) est la langue dominante de l'État libre, suivi par l'afrikaans (11,90%) et le xhosa (9,10%). Seuls 2% des habitants de l'État libre ont l'anglais comme première langue.

Comment s'y rendre et circuler

Des trains et des bus font halte à Bloemfontein sur leurs trajets depuis/vers Johannesburg (Jo'burg), Pretoria et le sud du pays. De même, il est facile de circuler depuis/vers le Lesotho : des taxis collectifs et des bus partent tous les jours de Bloemfontein pour la frontière. Ailleurs, vous aurez besoin d'un véhicule privé ou vous devrez emprunter les taxis-minibus collectifs irréguliers.

BLOEMFONTEIN

256 500 HABITANTS

Malgré son statut de double capitale – capitale de l'État libre et capitale judiciaire –, Bloemfontein baigne dans une atmosphère de bourgade rurale. C'est d'ailleurs l'une des villes les plus agréables du pays. Aucun site incontournable ne justifie à lui seul la visite, mais il est probable que vous passiez par "Bloem" à un moment ou un autre de votre voyage au cœur de l'Afrique du Sud.

Certains secteurs du centre-ville étant considérés comme dangereux, mieux vaut prendre conseil sur place avant de s'aventurer à pied dans le quartier d'affaires du centre. Cet inconvénient excepté, l'ambiance est globalement décontractée et accueillante, et la ville compte d'excellents restaurants et hébergements.

À voir et à faire

Oliewenhuis Art Museum MUSÉE

(051-447 9609 ; 16 Harry Smith St ; 8h-17h lun-ven, 9h-16h sam-dim). GRATUIT L'un des plus remarquables musées d'art du pays occupe un ravissant manoir de 1935, entouré d'un jardin superbe. Une exposition de photos contemporaines donne un bon aperçu de l'Afrique du Sud moderne. Le musée possède également une collection d'œuvres d'artistes sud-africains, dont Thomas Baines.

National Women's Memorial MÉMORIAL

(Monument Rd). Ce mémorial national aux femmes, commémorant les 26 000 femmes et enfants qui périrent dans les camps de concentration britanniques pendant la guerre anglo-boer de 1899-1902, représente un Afrikaner barbu sur son cheval partant combattre les Britanniques et faisant ses adieux à sa femme et à son enfant, qui mourront dans un camp. Cette image poignante reste présente dans l'inconscient de nombreux Afrikaners.

Anglo-Boer War Museum MUSÉE

(051-447 3447 ; www.anglo-boer.co.za ; Monument Rd ; adulte/enfant 10/5 R ; 8h-16h30 lun-ven, 10h-17h sam, 14h-17h dim). Derrière le National Women's Memorial, ce musée de la Guerre anglo-boer contient d'intéressantes collections, dont des photos des camps de concentration installés en Afrique du Sud, mais aussi aux Bermudes, en Inde et au Portugal. À part quelques ajouts modernes, le musée n'a pratiquement pas changé depuis sa création. Les grandes peintures représentant des scènes de bataille sont saisissantes. Vous pourrez aisément lui consacrer deux ou trois heures, si cette période de l'histoire vous intéresse.

Naval Hill PARC

(051-412 7016 ; Franklin Game Reserve 8h-17h). GRATUIT Des canons britanniques furent installés sur cette colline pendant la guerre anglo-boer. Un grand cheval blanc (semblable aux chevaux blancs du

Wiltshire) est creusé à même le versant est. Il servait de point de repère à la cavalerie britannique durant le conflit.

Le sommet de la colline offre une belle vue sur Bloemfontein et abrite la **Franklin Game Reserve**, que l'on peut explorer à pied. Vous devriez y apercevoir des autruches. L'entrée se fait par Union Avenue.

Orchid House JARDINS
(☎051-412 7000 ; Union Ave ; ⏰10h-16h lun-ven, 10h-17h sam-dim). GRATUIT Cette serre renferme une splendide collection de fleurs, dont de magnifiques orchidées. Le parc est idéal pour un pique-nique avec des enfants.

National Museum MUSÉE
(☎051-447 9609 ; www.nasmus.co.za ; 36 Aliwal St ; adulte/enfant 5/3 R ; ⏰8h-17h lun-ven, 10h-17h sam, 12h-17h dim). Une superbe reconstitution d'une rue du XIXe siècle, avec effets sonores, constitue l'élément le plus intéressant de ce musée. Une boutique et un café sont installés sur place.

Circuits organisés

Township de Manguang CIRCUIT CULTUREL
L'African National Congress (ANC) a vu le jour dans le bidonville de Manguang, à 5 km de Bloemfontein, en 1912. Aujourd'hui, une visite guidée fait découvrir la vie du township et certains aspects importants de l'histoire du parti.

Les visites, informelles, coûtent environ 500 R. Les tour-opérateurs changent ; aussi, mieux vaut vous procurer la liste mise à jour des guides à l'office du tourisme.

À l'instar d'autres townships noirs de la région, Manguang a joué un rôle important dans la lutte contre l'apartheid. Au cours de la visite, vous verrez des sites significatifs comme la Mapikela House, devenue monument national, où résida Thomas Mapikela, l'un des pères fondateurs de l'ANC.

Où se loger

Odessa Guesthouse GUESTHOUSE $
(☎084 966 0200 ; 4 Gannie Viljoen St ; s/d à partir de 350/470 R ; @ 🏊). Cette pension, où l'on parle anglais, russe et ukrainien, offre une hospitalité à l'ukrainienne. Connue pour son ambiance chaleureuse et ses hôtes sympathiques, elle possède des chambres sans prétention, mais impeccables et douillettes. Il est possible de prendre son petit-déjeuner au lit. La pension se tient dans un faubourg assez tranquille, près de la N1 (prenez l'embranchement Nelson Mandela, en direction de la ville).

Reyneke Caravan Park CARAVANING $
(☎051-523 3888 ; www.reynekepark.co.za ; Brendar Rd ; camping jusqu'à 4 pers 230 R, ch et chalets 400-750 R ; 🏊). À 2 km de la ville (prenez la N8 vers Kimberley), ce parc bien organisé, avec piscine, trampoline et aire de jeux est un bon endroit pour les familles. Les chambres sommaires et les chalets modernes en brique peuvent accueillir 4 personnes.

♥ **Matanja** GUESTHOUSE $$
(☎079 494 9740 ; www.matanja.co.za ; 74A Albrecht St, Dan Pienaar ; s/d avec petit-déj 520/680 R ; ❄). Les petits luxes, tels que duvets en plumes d'oie, et l'ambiance à la fois rustique et stylée classent cette pension à part. Les chambres sont équipées de minibars en libre service (paiement sur la foi du consommateur). Comme elles sont au nombre de quatre seulement, les détails ont une grande importance, et le confort des voyageurs semble la priorité des propriétaires, qui vous serviront même le petit-déjeuner au lit. Réservation recommandée.

Hobbit Boutique Hotel BOUTIQUE-HÔTEL $$
(☎051-447 0663 ; www.hobbit.co.za ; 19 President Steyn Ave, Westdene ; ch avec petit-déj à partir de 950 R ; ❄ @ 🏊). Apprécié des dignitaires en visite, ce charmant hôtel victorien, composé de 2 maisons datant de 1921, séduit aussi les romantiques. Les chambres, de style cottage, comportent des baignoires peintes et s'agrémentent d'ours en peluche. La bibliothèque comprend une table d'échecs et les membres du club Tolkien s'y réunissent pour parler de l'écrivain. Le pub et le ravissant patio constituent des atouts supplémentaires. Du sherry et du chocolat sont offerts en soirée.

Urban Hotel HÔTEL $$
(☎051-444 3142 ; www.urbanhotel.co.za ; angle Parfitt Ave et Henry St ; ch 850 R ; ❄ 📶). Cet hôtel comble une niche d'importance sur le marché des hébergements de Bloem. Il est en effet situé dans la fourchette basse de la catégorie moyenne, ce que reflète son service. En revanche, les chambres très modernes sont proches de l'opulence, avec de ravissantes sdb et d'excellents lits. Essayez d'en obtenir une à l'étage, plutôt à l'arrière. Mention spéciale également à

Bloemfontein

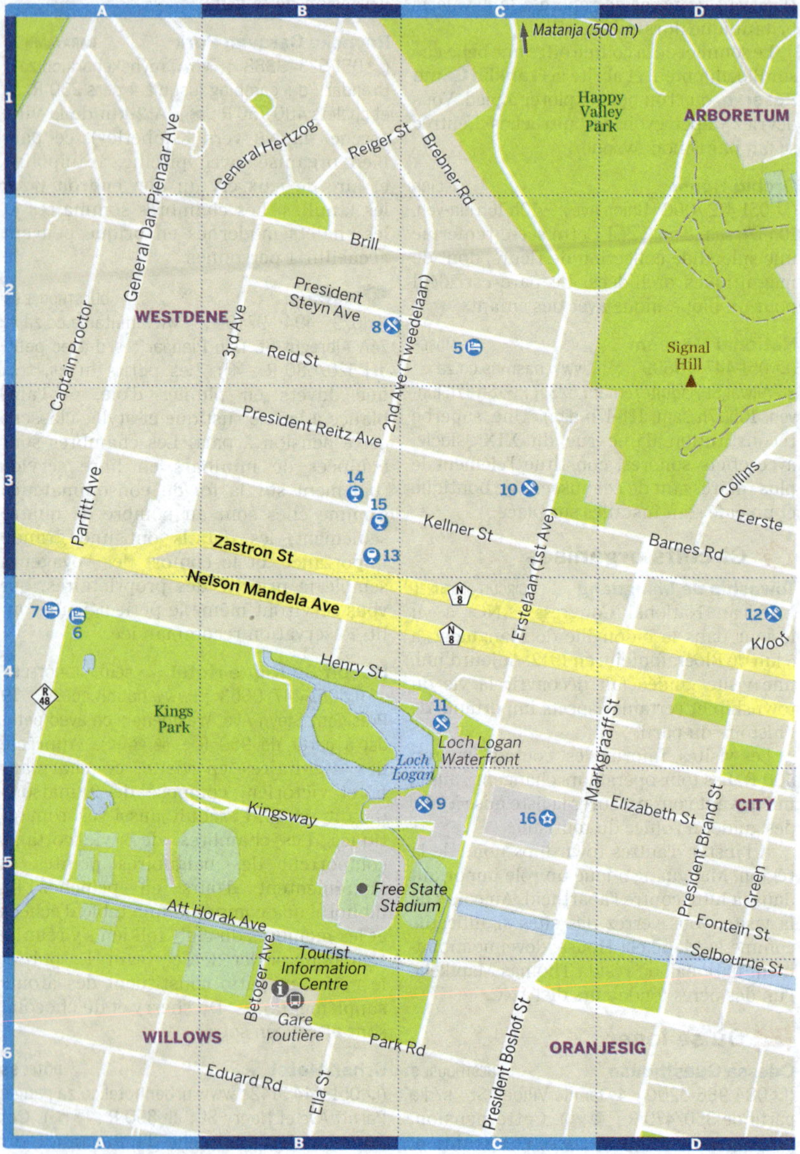

l'emplacement, proche de l'animation de Westdene et du Waterfront.

De Akker Guest House GUESTHOUSE **$$**
(☎051-444 2010 ; www.de-akker.co.za ; 25 Parfitt Ave ; ch 530-700 R ; Wi-Fi). Centrale et élégante, cette pension loue 8 chambres, dont certaines équipées de grands lits moelleux, et des sdb dotées d'une baignoire et d'une douche. Très accueillante, elle est fréquentée par des équipes de cricket. N'oubliez pas de réserver en été. Le petit-déjeuner coûte 60 R.

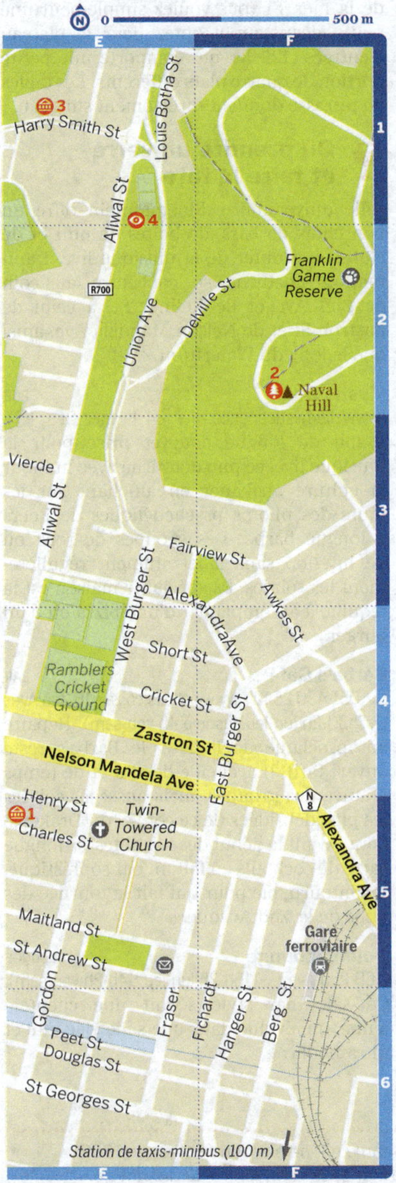

Bloemfontein

À voir

1 National Museum ... E5
2 Naval Hill ... F2
3 Oliewenhuis Art Museum ... E1
4 Orchid House ... E1

Où se loger

De Akker Guest House ... (voir 7)
5 Hobbit Boutique Hotel ... C2
6 Protea Hotel Willow Lake ... A4
7 Urban Hotel ... A4

Où se restaurer

8 Bella Casa Trattoria ... B2
9 Braza ... C5
10 Moerby Gallery-Restaurant ... C3
11 Picnic ... C4
12 Seven on Kellner ... D4

Où prendre un verre et faire la fête

13 Barba's Café ... B3
14 Mystic Boer ... B3
15 Oolong Lounge ... B3

Où sortir

16 Sand du Plessis Theatre ... C5

Protea Hotel Willow Lake HÔTEL $$

(☎051-412 5400 ; www.proteahotels.com/protea-hotel-willow-lake.html ; 101 Henry St ; ch à partir de 1 200 R ; ❄@📶🏊). Bien au-dessus des autres hébergements de catégorie moyenne de la ville, le Protea loue des chambres très élégantes avec des lits douillets et des cabines de douche futuristes. Près du Waterfront, cet hôtel surplombe le zoo.

Où se restaurer

Inspiré du front de mer du Cap (Cape Town), le Loch Logan Waterfront est bien plus modeste, mais c'est une adresse fiable et plaisante pour un repas, un verre ou un film les jours de pluie. Vous trouverez les habituelles chaînes sud-africaines dans les centres commerciaux Waterfront et Mimosa Mall. Des restaurants se regroupent dans 2nd Ave.

Picnic CAFÉ $

(Loch Logan Waterfront ; plats 50-70 R ; ⌚8h-17h). Une adresse détendue avec une vue superbe sur le lac, parfaite pour s'attarder. La cuisine est excellente – surtout les salades et les sandwichs –, tout comme le service. Il ne vous reste plus qu'à vous régaler de pain frais, d'ingrédients de qualité et de préparations maison comme le chutney à la tomate (recommandé avec le sandwich au pain de seigle avec jambon et camembert).

Moerby Gallery-Restaurant CAFÉ $

(☎051-430 1142 ; 67 President Reitz Ave, Westdene ; plats 45-70 R ; ⌚7h30-17h lun-ven, 7h30-14h sam). Pour un en-cas, un petit-déjeuner ou un déjeuner complets, cap sur ce café tranquille situé à l'extrémité calme de la President Reitz Ave. Des tables et des sièges confortables sont installés en terrasse. La salle, décorée d'œuvres d'artistes locaux, accueille des manifestations culturelles du type concerts.

Seven on Kellner INTERNATIONAL **$$**
(051-447 7928 ; www.sevenonkellner.co.za ; 7 Kellner St, Westdene ; plats 80-135 R ; 12h-14h lun-ven, à partir de 18h30 lun-sam). Aménagé dans une vieille demeure disposant de tables en terrasse et en salle, le Seven on Kellner baigne dans une atmosphère informelle et intimiste. Les volailles, les viandes et les poissons et fruits de mer sont préparés avec art par des mains expertes s'inspirant des influences d'Inde et du Moyen-Orient. La carte des vins est excellente.

Lors de notre passage, à cause d'une coupure d'électricité, il a fallu dîner aux chandelles – le lieu n'en a eu que plus de charme. Mais le plus impressionnant à nos yeux reste la capacité du chef à cuisiner malgré l'absence de courant !

Bella Casa Trattoria ITALIEN **$$**
(051-448 9573 ; 31 President Steyn Ave ; plats 70-100 R ; lun-sam ;). Cette bonne trattoria sert diverses pâtes, pizzas et salades. Chaleureuse, idéale pour les familles, elle possède une salle confortable et une vaste cour avec des tables couvertes de nappes à carreaux bleus. Les pizzas napolitaines à pâte fine sont délicieuses. Longue carte des vins.

Braza PORTUGAIS **$$**
(051-447 2821 ; www.braza.co.za ; Loch Logan Waterfront ; plats 80-150 R ; 11h-22h lun-sam, 11h-21h dim). La cuisine d'inspiration portugaise concoctée ici plaira aussi bien aux carnivores qu'aux amateurs de produits de la mer. Si vous voulez simplement une petite dégustation, optez pour le plateau d'entrées (129 R), qui comporte une petite portion de quatre plats différents. Les tables en terrasse donnent directement sur l'eau.

Où prendre un verre et faire la fête

Ville universitaire, Bloemfontein offre un bon choix de bars, de boîtes de nuit et de clubs où écouter de la musique live. L'animation nocturne se concentre au coin de 2nd Ave et de Kellner St, à celui de Zastron St et de Nelson Mandela Ave, ainsi que le long du Waterfront.

Mystic Boer PUB
(www.diemysticboer.co.za ; 84 Kellner St ;). Établi de longue date et prisé pour la musique live, ce pub détourne avec humour la culture afrikaner en affichant sur les murs des photos psychédéliques de Boers à longue barbe. Des groupes de rock ou de hip-hop sans label animent régulièrement les soirées. La spécialité maison est la tequila, à accompagner d'une pizza ou d'un burger.

Barba's Café BAR
(051-430 2542 ; www.barbas.co.za ; 16 2nd Ave ; 7h30-2h lun-jeu, jusqu'à 4h ven-sam). Repaire autoproclamé de la fête, le Barba's reste ouvert tard. Il accueille des DJ et de temps à autre des groupes, mais aussi les soirées les plus débridées de ce côté-ci du Drakensberg. Avant le début des hostilités, sa longue carte de cocktails en fait un bar sophistiqué, incontournable pour qui fait la tournée des pubs de la 2nd Avenue.

Oolong Lounge LOUNGE
(16B 2nd Ave ; 16h-2h lun-jeu, 14h-2h ven-sam). Ce salon-bar stylé séduit une clientèle jeune, qui évolue dans une salle élégante et ultramoderne.

LE SEIGNEUR DE BLOEMFONTEIN

J. R. R. Tolkien, l'auteur du *Seigneur des anneaux*, est né à Bloemfontein en 1892. Bien qu'il ait vécu en Angleterre dès l'âge de 5 ans, ses souvenirs du district de Bloemfontein "chaud, sec et désolé" l'ont peut-être inspiré pour imaginer le légendaire royaume de Mordor.

Si vous souhaitez en savoir plus sur lui, rendez-vous au **Hobbit Boutique Hotel** (p. 317), qui abrite le club littéraire dédié à Tolkien. Le personnel vous indiquera sa maison natale, la cathédrale où il fut baptisé et la tombe de son père. Les fans de l'écrivain ne manqueront pas de passer une soirée au Hobbit pour discuter au coin du feu.

Où sortir

Des cinémas sont installés sur le Waterfront et dans le Mimosa Mall.

Sand du Plessis Theatre THÉÂTRE
(☎051-447 7771 ; angle Markgraaff St et St Andrew St). Le journal local répertorie les concerts, ballets, pièces de théâtre et opéras proposés dans ce bâtiment moderne.

Renseignements

Des banques avec DAB parsèment le centre-ville et le Loch Logan Waterfront. Amex est installé dans le Mimosa Mall.

Mr Copy (60 Park Rd ; 40 c/min ; ⏲7h30-17h lun-ven, 7h30-12h sam). Connexions Internet fiables.

Tourist Information Centre (☎051-405 8489 ; www.bloemfonteintourism.co.za ; 60 Park Rd ; ⏲8h-16h15 lun-ven, 8h-12h sam). Office du tourisme moyennement utile.

Comment s'y rendre et circuler

AVION

L'aéroport de Bloemfontein se situe à 10 km du centre-ville. Plusieurs compagnies aériennes internationales desservent Bloem via Le Cap ou Jo'burg. Adressez-vous à **STA Travel** (☎051-444 6062 ; bloemfontein@statravel.co.za ; Mimosa Mall) pour les vols à destination d'autres régions d'Afrique du Sud.

Un taxi de l'aéroport (il n'y en a souvent qu'un seul disponible) au centre-ville revient à 200 R.

BUS ET TAXIS COLLECTIFS

Des bus longue distance partent du Tourist Information Centre dans Park Rd. Translux (ainsi que Greyhound et Interstate) propose des bus quotidiens pour :

Cape Town (520 R, 10 heures)
Durban (310 R, 9 heures)
East London (360 R, 7 heures)
Jo'burg/Pretoria (260 R, 5 heures)
Port Elizabeth (360 R, 9 heures)

La plupart des taxis-minibus collectifs stationnent en face de la gare ferroviaire et desservent Maseru, Lesotho (80 R, 3 heures), Kimberley (100 R, 4 heures) et Jo'burg (160 R, 6 heures). Il y a habituellement au moins un bus par jour, mais les horaires varient.

TRAIN

L'*Algoa* circule 3 fois par semaine via Bloemfontein entre Jo'burg (classe touristique/économique 190/120 R, environ 7 heures) et Port Elizabeth (290/200 R). L'*Amatola* fait halte à Bloemfontein 3 fois par semaine entre Jo'burg (économique 130 R) et East London (180 R). Pour plus de précisions, contactez **Shosholoza Meyl** (☎011-774 4555, 0860 008 888 ; www.shosholozameyl.co.za).

NORD DE L'ÉTAT LIBRE

Jolie contrée de collines vallonnées, le nord de l'État libre offre un nombre croissant de randonnées à pied ou à VTT et de possibilités de pêche. Dans le secteur de Parys à l'extrême nord, le Vredefort Dome est le plus grand cratère de météorite visible sur la planète. C'est l'un des sept sites sud-africains classés au patrimoine mondial de l'Unesco.

Plus au sud s'étend une campagne dorée de champs de maïs et de tournesols. Les petites villes du coin sont des enclaves rurales où l'on vit et travaille sans guère croiser de touristes.

Parys et région du Vredefort Dome

8 100 HABITANTS

La petite ville animée de Parys se tient sur les rives de la Vaal, à 120 km au sud de Jo'burg. Elle compte quelques édifices imposants, dont une **église anglicane** de 1915 en granit bleu. Ses environs immédiats forment un beau paysage de vallées, de ravins et de falaises, où s'épanouit une flore luxuriante peuplée d'une profusion d'animaux et d'oiseaux. Mais ce sont d'abord les possibilités de sports d'aventure et les boutiques d'artisanat bordant la rue principale qui attirent les visiteurs, en particulier les habitants de Jo'burg le week-end.

Parys constitue aussi une base pratique pour visiter le **Vredefort Dome**, un territoire de collines créé il y a 2 milliards d'années par la chute d'une météorite géante.

À voir

Vredefort, d'un diamètre de 200 km, est le plus grand et le plus ancien site d'impact d'un astéroïde au monde. En 2005, le dôme, qui désigne en fait le creux formé par l'impact au centre du cratère, est devenu le sixième site d'Afrique du Sud classé au patrimoine mondial de l'Unesco. Cela vaut vraiment la peine de faire une balade en voiture – ou mieux encore, à pied – pour découvrir ce paysage tout à fait unique.

À Venterskroon, un **centre d'information** (☎018-291 1580 ; ⏲8h-18h lun-ven, 9h-17h sam-dim) projette un court film sur le dôme (disponible en anglais). Le centre organise aussi des marches guidées (à partir de 340 R/pers) autour du cratère.

Activités

Parys est propice à de nombreuses activités, parmi lesquelles la descente en rappel, le saut en chute libre, le VTT, le quad, le rafting, la randonnée et l'observation des oiseaux. Otter's Haunt propose des sorties de **rafting** (demi-journée/journée 345/575 R) sur la Vaal en aval de Parys. Les rapides de classe I à III ne sont pas réellement sauvages, mais assez sportifs, surtout en période de crue. Le Gatsien Rapid est le plus exaltant sur un tronçon de 6 km – on peut le remonter à pied et le descendre plusieurs fois. Otters' Haunt organise aussi des sorties guidées à VTT ainsi que des randonnées guidées autour du Vredefort Dome.

Stone Adventures SPORTS D'AVENTURE
(☎056-811 4664 ; www.stoneadventures.co.za ; Kopjeskraal Rd). Stone Adventures, basé au lodge Stonehenge in Africa, propose des sauts en chute libre en tandem (à partir de 1 800 R), une descente en rafting de 8 km jusqu'à Rocky Ridge (250 R), des descentes en rappel de 13 m (195 R) et 44 m (230 R), et bien d'autres activités.

Où se loger et se restaurer

Le tourisme se développe rapidement à Parys, où de nouveaux hôtels et complexes hôteliers ouvrent chaque année.

Otters' Haunt GUESTHOUSE $
(☎084 245 2490, 056-818 1814 ; www.otters.co.za ; Kopjeskraal Rd ; ch à partir de 320 R, autres hébergements à partir de 375 R/pers ; @🛜🏊). Certains des hébergements de cet établissement joyeusement envahi par la végétation sont en train de vieillir, mais l'emplacement isolé, au bord de la Vaal River, demeure imbattable. Il y a entre autres des bungalows, des cabanes à toit de chaume installées autour d'une piscine, et un cottage de 3 chambres doté de sa propre piscine. Tournez à gauche après le pont à la sortie de la ville, puis suivez la rivière sur 2 km.

Tous les hébergements ont une kitchenette et/ou un accès aux *braai*. Offrez-vous une balade en pirogue sur la rivière, à moins d'opter pour l'une des nombreuses activités proposées sur place.

Waterfront Guest House GUESTHOUSE $$
(☎056-811 3149 ; www.waterfrontguesthouse-parys.co.za ; 22 Grewar Ave ; s/d 500/600 R ; ❄@🛜🏊). Cette vaste demeure occupe un emplacement en bord de rivière où seul le chant des oiseaux trouble le calme. Elle comporte 9 chambres à la décoration

L'ÉTAT LIBRE À VTT

Si les alentours de Parys offrent de nombreuses activités, le cyclotourisme sur les pistes étroites du veld sauvage reste inégalé pour les montées d'adrénaline. **Otters' Haunt** (ci-dessus) entretient 12 pistes de VTT convenant à tous les niveaux, qui partent de sa propriété à 2 km de la ville. Certaines sont ouvertes aux visiteurs venus pour la journée (80 R), mais beaucoup nécessitent la compagnie d'un guide d'Otter (demi-journée/journée 450/850 R pour 1 à 6 pers) – toutes ne sont pas bien signalisées et il est facile de se perdre. La location d'un vélo revient à 195 R/jour. Les cyclistes expérimentés peuvent emprunter des pistes escarpées et rocailleuses à voie unique, avec des descentes rapides et de longues grimpées épuisantes. Les débutants préféreront la route gravillonnée qui longe la Vaal.

Tweezer Rocks (environ 18 km, 2 heures), l'un des itinéraires les plus populaires, peut se parcourir seul ou en circuit guidé – les habitants surnomment "course du petit-déjeuner" ce trajet rapide qui réveille, dès le matin. Les débutants peuvent l'effectuer (avec un guide), malgré quelques côtes raides et une descente rocailleuse dans le lit d'une rivière asséchée, à suivre éventuellement à pied. Tweezer Rocks, une longue boucle qui passe par des *kopjes* (basses collines) et offre une vue superbe sur les montagnes, doit son nom aux deux énormes rochers qui en retiennent un troisième comme une pince (*tweezer*), visibles à la première grimpée.

Pour plus de détails sur les sentiers, les règles et les restrictions, consultez le site www.otters.co.za.

VAUT LE DÉTOUR

LA WILLEM PRETORIUS GAME RESERVE

Willem Pretorius Game Reserve (☎057-651 4003 ; 60 R ; ⏲7h-18h30). Près de la N1 à 70 km au sud de Kroonstad, la Willem Pretorius Game Reserve est l'un des plus grands espaces de loisir de l'État libre. Divisée par la Sand River et l'Allemanskraal Dam, cette réserve faunique comprend deux écosystèmes : des prairies où évoluent de grandes hardes d'élands du Cap, de damalisques, de springboks, de gnous noirs et de zèbres ; au nord, des montagnes broussailleuses peuplées de babouins, de reduncas de montagne et de céphalophes de Grimm.

Rhinocéros blancs et buffles sont présents dans les deux parties de la réserve, en revanche, on ne trouve pas d'éléphants ou de prédateurs tels que les lions. Si vous entrez par la West Gate (porte ouest), montez jusqu'au belvédère voisin pour profiter d'une vue splendide sur le secteur.

Aldam Resort (☎057-652 2200 ; www.aldamestate.co.za ; empl camping à partir de 210 R, chalets à partir de 630 R). Jouxtant la Willem Pretorius Game Reserve, cet établissement propose des chalets rustiques mais bien aménagés, dont beaucoup jouissent d'une vue magnifique sur le barrage d'Allemanskraal. Les sorties de pêche et les randonnées constituent les principales activités. Le bar-restaurant (plats 60-90 R ; ⏲à partir de 8h tlj) sert des grillades et des hamburgers : profitez de la vue panoramique depuis le patio extérieur tout en buvant un verre.

Le complexe hôtelier est bien indiqué dans la réserve.

personnalisée. Si possible, demandez à en voir plusieurs. Comptez 90 R/personne en supplément pour le petit-déjeuner.

Suikerbos CHALETS $$

(☎018-294 3867 ; www.suikerbos.co.za ; camping 160 R, hutte de randonneurs 360 R, chalets 750-900 R). Dans cette ferme-réserve très appréciée, des hardes d'impalas paissent paisiblement entre les bâtiments. Les chalets, spacieux et modernes, s'agrémentent de grandes baignoires. Sur place également : une caravane, et de rustiques refuges de 4 places pour randonneurs.

De Parys, rejoignez Potch, prenez la route gravillonnée vers Venterskroon et tournez à gauche en direction de Suikerbos après 20 km.

O's Restaurant INTERNATIONAL $$

(☎056-811 3683 ; www.osrestaurant.co.za ; 1 de Villiers St ; plats 70-120 R ; ⏲11h-22h mer-sam, 11h-15h dim). Dans ce restaurant stylé en bord de rivière, régalez-vous de moules à l'ail, puis de viande rouge nappée de sauce pili-pili. La carte des pizzas mérite aussi le coup d'œil, et il y a même des menus pour enfants. Dînez au choix dans la salle élégante, dehors sur la terrasse, ou dans la verdure du ravissant jardin.

Feast CAFÉ $$

(☎056-811 2397 ; 83 Bree St ; plats 70-120 R ; ⏲8h-16h30 lun-ven, 7h30-16h30 sam-dim ; ✎). Le bien-nommé "Festin" est un café spacieux et chaleureux, parfait pour une omelette ou du pain perdu le matin, ou pour un repas plus copieux au déjeuner. Les nombreux plats sans viande (wraps au halloumi, salade de pois chiches, curry de légumes grillés) raviront les végétariens. Bon choix de vins sud-africains, dont un chardonnay sans prétention baptisé Fat Bastard.

Où prendre un verre

Pickled Pig PUB

(☎056-817 7814 ; Bree St). On accède à ce pub sombre et cosy, tenant plus de l'alcôve que du bar à proprement parler, par une petite cour de Bree St. Très prisée localement, cette adresse est idéale pour une bière rafraîchissante après un après-midi de shopping dans les boutiques du coin ou une balade poussiéreuse autour du Vredefort.

Les propriétaires tiennent également le restaurant Plum Tree de l'autre côté de la rue, dont la carte est disponible au petit-déjeuner et au déjeuner. Le soir, le pub sert de délicieuses tourtes maison, notamment à la queue de bœuf, mais aussi du steak au poivre.

Renseignements

Parys Info Centre (☎056-811 4000 ; www.parys.info ; 30 Water St ; ⏲8h-17h lun-ven, 9h-13h sam-dim). Ce centre d'information fournit un plan de la ville et des renseignements détaillés sur les hébergements et les tour-opérateurs de la ville.

Depuis/vers Parys

La Rte 59 conduit à Parys, qui se situe à l'ouest de la N1 courant vers le nord de Jo'burg. Vous aurez besoin d'un véhicule pour rejoindre Parys.

Kroonstad et ses environs

25 000 HABITANTS

Troisième ville de la province, Kroonstad, sur la N1, est une localité proprette aux larges rues centrales. Elle constitue une bonne base pour explorer la proche Koppies Dam Nature Reserve.

Koppies Dam Nature Reserve RÉSERVE NATURELLE

(☎056-777 2034 ; 60 R/voiture ; ⏲5h-21h sept-avr, 7h-18h mai-août). À 70 km au nord-est sur la Rhenoster River, la Koppies Dam Nature Reserve, d'une superficie de 40 km², est prisée des pêcheurs à la ligne. Poissons jaunes, barbeaux, carpes et autres espèces abondent. La voile, la planche à voile et le ski nautique sont également très populaires. Camping possible (100 R/véhicule).

Arcadia Guesthouse GUESTHOUSE $$

(☎082 9400 715 ; www.arcadiakroonstad.co.za ; s/d avec petit-déj 600/700 R). Cette jolie pension quatre étoiles loue des chambres à l'élégance classique dans un grand jardin parsemé de fausses statues grecques. Elle se situe dans un endroit paisible, à la lisière de la ville, près de l'entrée de la N1, et vous aurez besoin d'une voiture pour la rejoindre (suivez les panneaux depuis la ville).

Alfredo's ITALIEN $

(☎056-215 2886 ; 58 Orange St ; plats café 30 R, restaurant 50 R). Ce café-restaurant italien se trouve dans le Plumbago Garden Centre, à un pâté de maisons en retrait de la rue principale. Il jouit d'une agréable ambiance évoquant la vie au grand air.

Eastern Highlands

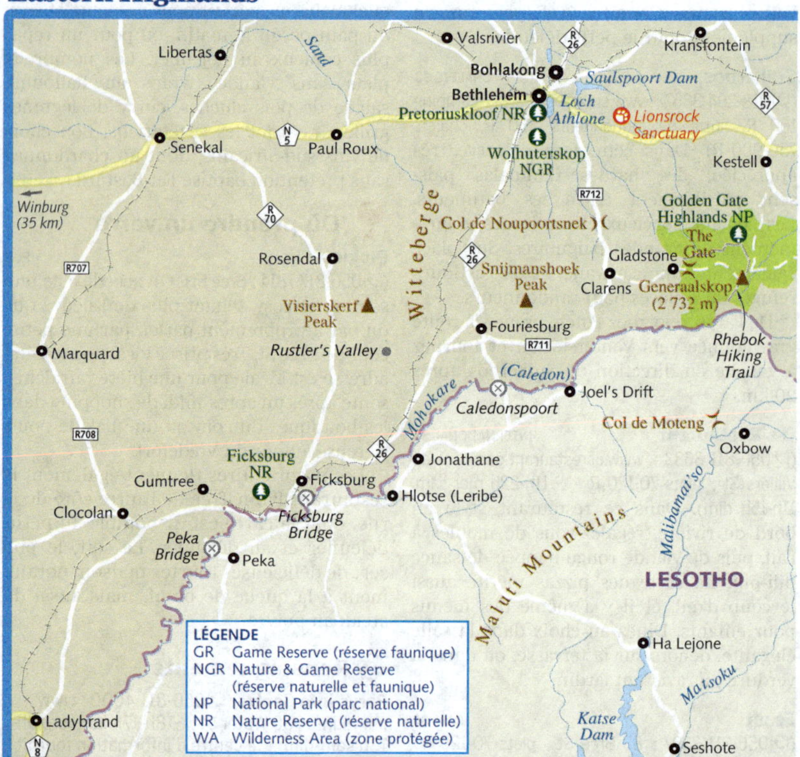

Depuis/vers Kroonstad

Translux (☎058-408 4888 ; www.translux.co.za) est l'une des 3 compagnies de bus qui proposent des services quotidiens pour Jo'burg (210 R, 3 heures) à partir de la station-service Shell Ultra.

EASTERN HIGHLANDS ET SUD DE L'ÉTAT LIBRE

Enserrant le royaume du Lesotho, les rudes Eastern Highlands (hauts plateaux de l'Est) constituent la destination phare de l'État libre. La frontière, au paysage accidenté et sauvage, sinue devant des montagnes enneigées en hiver ou couvertes de feuillage mordoré en automne – la vue est spectaculaire, notamment dans le nord-ouest, aux environs de Clarens.

S'étendant à peu près de la Rte 26 et de la Rte 49 à l'est de Bethlehem jusqu'à Harrismith, la région comprend des monolithes en grès qui dominent des champs dorés, le fabuleux Golden Gate Highlands National Park et Clarens, un charmant village bohème branché.

Harrismith

96 000 HABITANTS

Harrismith est une ville carrefour où se croisent la N3 à destination de Jo'burg ou Durban et la N5 menant à Bloemfontein. C'est aussi un point de chute pour explorer la chaîne du Drakensberg située immédiatement à l'intérieur de la frontière du KwaZulu-Natal. Cette agglomération rurale d'aspect un peu négligé possède de larges rues, une place verdoyante bordée de pittoresques bâtiments anciens, et jouit d'une vue sur le Drakensberg au loin.

Où se loger et se restaurer

Le complexe Bergview abrite les habituelles chaînes de restauration – Debonairs, Nando's et Ocean Basket – ainsi que quelques cafés plus élégants.

Book House Cottage COTTAGES $
(☎082 411 8838 ; bookhouse@mweb.co.za ; 24 Milner St ; s/d à partir de 300/450 R ; ❄). De spacieux et ravissants cottages tout équipés dans un faubourg tranquille, parfaits pour les couples et les familles. Les cuisines sont bien aménagées, et les cottages bénéficient d'une jolie vue sur le mont Platberg, ainsi que d'une intimité agréable par rapport à la maison du propriétaire. L'établissement est indiqué depuis le centre-ville.

Platberg Harrismith Backpackers AUBERGE DE JEUNESSE $
(☎058-622 3737 ; www.platbergbackpackers.co.za ; 55 Biddulph St ; dort ou d 150 R/pers ; @📶). Cet établissement bien tenu possède 3 dortoirs et une chambre double. *Braai* à l'extérieur, parking sûr et belle vue sur le mont Platberg. Location de VTT pour explorer les alentours splendides et cartes de randonnées à disposition.

Lala Nathi CHALETS $$
(☎058-623 0282 ; www.lalanathi.co.za ; s/d à partir de 450/650 R ; ❄📶). Juste à côté de la N3, à 3 km de Harrismith (en direction de Durban), cette adresse pratique et d'un excellent rapport qualité/prix offre un hébergement en *rondavels* traditionnels. Un choix intéressant, surtout si l'on compte prendre la route le matin.

Renseignements

N3 Help Centre (☎0800 634 357 ; ⏲8h-16h30 lun-ven). Le très utile N3 Help Centre se trouve dans le complexe Bergview (un ensemble de restaurants et de commerces de détail proche de l'entrée de la N3). Quantité de brochures et autres dépliants sur la région au sens large sont disponibles. Le personnel, bien documenté, fait tout ce qu'il faut pour répondre aux requêtes.

Depuis/vers Harrismith

Bus quotidiens d'Intercape pour Durban (360 R, 4 heures) et Jo'burg (370 R, 4 heures). La gare routière se situe dans McKechnie St.

Sterkfontein Dam Nature Reserve

Sterkfontein Dam Nature Reserve RÉSERVE NATURELLE
(☎058-622 3520 ; 60 R ; ⏲6h-22h). Cette petite réserve occupe un très beau secteur des contreforts du Drakensberg, à 23 km au sud de Harrismith sur la route du col d'Oliviershoek qui mène au KwaZulu-Natal. Ce vaste lac de barrage, avec des sommets déchiquetés en toile de fond, ressemble à une mer intérieure. Il y a de nombreux belvédères, et les sports nautiques comme la planche à voile et la pêche sont très populaires.

Camping (60 R) et **chalets** (450 R) rustiques de 4 lits permettent de loger sur place.

Golden Gate Highlands National Park

Juste avant la tombée de la nuit, le **Golden Gate Highlands National Park** (☎058-255 1000 ; www.sanparks.org/parks/golden_gate ; adulte/enfant 152/76 R) offre un spectacle magique quand les derniers rayons de lumière couvrent d'or les affleurements de grès qui se dressent devant les contreforts rougeoyants des monts Maluti, tandis que la silhouette d'un koudou se détache sur une mer d'herbes vertes avant que le ciel s'embrase de pourpres et de rouges. Si le parc n'abrite aucun des Big Five (lion, léopard, éléphant, buffle ou rhinocéros), le coucher du soleil justifie à lui seul le détour.

Parmi les animaux présents figurent cobes gris, damalisques, élands du Cap, ourébis, zèbres de Burchell, chacals, babouins et de nombreux oiseaux, dont deux espèces rares de vautours – le gypaète barbu et le vautour chassefiente –, ainsi que l'ibis du Cap, menacé d'extinction. Si les amateurs de longs treks apprécient le parc, il compte aussi de courts chemins de randonnée. Les permis d'entrée sont vendus à la réception du parc.

LE GOLDEN GATE HIGHLANDS NATIONAL PARK

Pourquoi y aller Les occasions de randonner dans les parcs nationaux d'Afrique du Sud sont rares. Ici, on peut non seulement se promener sans guide, mais aussi profiter d'un paysage envoûtant, et l'on a toutes les chances d'apercevoir des animaux sauvages, dont diverses espèces d'antilopes.

Quand partir Il peut faire très froid dans le parc en hiver, les températures descendant parfois jusqu'à -15°C (de juin à août). En outre, il neige fréquemment. La période de septembre à avril est la plus propice à la découverte du parc, même si, l'été, des orages se produisent l'après-midi.

Infos pratiques Emportez suffisamment d'eau si vous partez randonner et n'oubliez pas que le temps peut changer très rapidement de manière imprévisible. Avec votre propre véhicule, vous pouvez venir de Harrismith par la Rte 74 puis par la Rte 712.

Faire des économies Apportez vos provisions. Des taxis-minibus collectifs circulent entre Bethlehem et Harrismith, via Clarens et Phuthaditjhaba, et traversent le parc.

Activités

Rhebok Hiking Trail RANDONNÉE
(100 R/pers). Bien entretenu, ce chemin circulaire de 33 km se parcourt en 2 jours et constitue un excellent moyen de découvrir le parc. Il commence au Glen Reenen Rest Camp, près de la réception du parc, et grimpe le second jour jusqu'à un point de vue sur le flanc du Generaalskop (2 732 m), le point culminant du parc, d'où l'on voit le Mont-aux-Sources et les monts Maluti. Au retour vers le Glen Reenen, le chemin longe le Langtoon Dam.

Certains tronçons sont escarpés et la randonnée requiert une bonne forme physique. Le chemin est limité à 18 personnes et doit se réserver au bureau du parc ; consultez le site Internet du parc.

Circuits organisés

Il y a deux pistes carrossables faciles à proximité des bureaux du parc.

Blesbok Loop CIRCUIT MOTORISÉ

Cette boucle panoramique (6,7 km) traverse des prairies pierreuses. Les paysages de montagne et la sensation d'isolement justifient à eux seuls le détour.

Oribi Loop CIRCUIT MOTORISÉ

L'Oribi Loop (4,2 km) est splendide. Son principal attrait est la vue sur le Drakensberg et l'on y aperçoit parfois des antilopes ourébis, d'où le nom de la piste.

Où se loger

Glen Reenen Rest Camp CAMPING $

(058-255 1000 ; camping 220 R, rondavels pour 2 pers à partir de 870 R). Bien situé sur la route principale parmi les affleurements calcaires, ce campement loue des chalets bien tenus et des emplacements de camping au bord de la rivière. Une boutique vend des produits de base.

Depuis/vers le Golden Gate Highlands National Park

La Rte 712, goudronnée, rejoint le parc depuis Clarens, au sud de Bethlehem.

Phuthaditjhaba

55 000 HABITANTS

Phuthaditjhaba, à 50 km au sud-ouest de Harrismith, fut la capitale du bantoustan de QwaQwa. Aujourd'hui, la ville a une allure négligée, mais les hauts plateaux qui l'entourent sont propices à de superbes randonnées.

Sentinel Hiking Trail RANDONNÉE

(réservation 058-713 6361/2 ; parking/randonnée 30/60 R). Chemin de randonnée le plus réputé de la région, le Sentinel Hiking Trail, long de 10 km, commence dans l'État libre et s'achève dans le KwaZulu-Natal. Il part du parking du Sentinel (2 540 m) et rejoint à 4 km le sommet du plateau du Drakensberg (à environ 3 000 m).

Un marcheur moyen y grimpe en 2 heures. À un endroit, il faut utiliser une échelle de chaînes pour traverser une série d'à-pics. Sinon, vous pouvez toujours emprunter l'itinéraire qui monte par le Gully et aboutit au Beacon Buttress (encore plus vertigineux !). Un majestueux paysage de montagnes récompense cette montée ardue, ainsi que la possibilité d'escalader le Mont-aux-Sources (3 282 m).

Karma Backpackers AUBERGE DE JEUNESSE $

(058-563 1433 ; www.karmalodge.co.za ; 2 Piet Retief St ; camping/dort/d 70/140/330 R ; @). Situé à Kestell, un village agricole sur la Rte 57, à 22 km au nord de Phuthaditjhaba, le Karma Backpackers est un endroit paisible et confortable. Les sympathiques propriétaires connaissent parfaitement les itinéraires de randonnée, et le superbe jardin offre la vue sur le Sentinel Peak et les monts Maluti. L'auberge de jeunesse vend de délicieux fromages, yaourts et confitures maison.

D'excellentes excursions d'une journée au Lesotho sont également proposées. Le guide basotho Zee fait franchir des cols de montagne aux participants pour aller voir des peintures rupestres san et rejoindre un village reculé, où l'on peut goûter de la bière de sorgho locale dans un *shebeen* et déjeuner chez l'habitant.

Clarens

800 HABITANTS

Joyau de l'État libre, Clarens est l'un de ces endroits qui laissent des souvenirs inoubliables. Avec des rochers calcaires découpés, des collines verdoyantes, des champs dorés et les superbes monts Maluti en toile de fond, Clarens est un village de carte postale aux édifices blanchis à la chaux et aux paisibles rues ombragées.

L'endroit est en outre devenu une destination pour les amateurs d'art : de nombreuses galeries exposent des œuvres d'artistes sud-africains connus. De charmantes *guesthouses*, des très simples aux plus luxueuses, des restaurants gastronomiques, des cafés éclectiques et d'innombrables activités de plein air ajoutent à l'attrait de Clarens.

Activités

Clarens Xtreme SPORTS D'AVENTURE

(082 563 6242 ; www.clarensxtreme.co.za ; Sias Oosthuizen St). Une bonne adresse pour toutes les activités de plein air : quad (à

partir de 200 R), rafting (demi-journée/journée 450/650 R) sur l'Ash – une rivière alimentée par un barrage, avec certains rapides de classe IV –, VTT (demi-journée/journée 200/300 R) dans les montagnes derrière Clarens avec vue sur la ville et la vallée, tyrolienne (à partir de 80 R) dans un parc d'aventure.

Où se loger

Clarens Inn & Backpackers PETITS BUDGETS $
(082 377 3621 ; www.clarensinn.com ; 93 Van Reenan St ; camping 100 R, dort 150 R, cottages tout équipés à partir de 200 R/pers, d à partir de 200 R). Meilleur choix pour les petits budgets, cet établissement comprend des dortoirs non mixtes et des doubles sommaires autour d'une cour centrale avec un foyer ouvert et un bar en plein air. Rustique et tranquille, elle s'adosse à la montagne au bout de Van Reenen St (après l'embranchement vers Le Roux).

Courtyard B&B B&B $$
(082 650 1503 ; Swart St ; s/d avec petit-déj 450/700 R ; @). Une excellente adresse dans un coin paisible du bas de la ville (surtout le week-end, quand Clarens est particulièrement animée). Les chambres, très spacieuses, sont à l'étage (la n°3 dispose d'un balcon), doté d'une cuisine et d'un coin salon avec canapé et fauteuils. Le café du rez-de-chaussée sert toutes sortes de délices.

Patcham Place B&B $$
(058-256 1017 ; www.patchamplace.co.za ; 262 Church St ; s/d avec petit-déj à partir de 560/920 R). Bonne adresse centrale offrant un meilleur rapport qualité/prix dans cette catégorie que ses concurrents en ville. Une rénovation récente a permis d'ajouter la TV satellite dans ses 5 chambres spacieuses, dont les balcons jouissent d'une vue sensationnelle. Les sdb sont impeccables et les lits fermes, et il y a même une petite cuisine à disposition des hôtes.

Lake Clarens Guesthouse GUESTHOUSE $$
(058-256 1436 ; Lake Clarens Dr ; ch avec petit-déj à partir de 500 R/pers). Cette pension quatre étoiles, parfaitement tenue, se distingue par son charme champêtre. Fleurs fraîches, grandes baignoires, sol chauffant et draps soyeux complètent les équipements luxueux des chambres. Un peu plus chères, celles de la maison principale méritent la dépense avec leurs lits très spacieux.

QWAQWA

QwaQwa signifie "plus blanc que blanc", en référence à la colline de grès qui domine la région. L'entassement de 200 000 personnes sur un petit territoire aux terres arides, éloigné des centres d'activité, fait partie des pires ignominies de l'apartheid.

Masupatsela Adventure Tourism (079 551 8356 ; circuit de 5 heures jusqu'à 4 pers 490 R), un tour-opérateur local, organise divers circuits bien conçus dans des townships du QwaQwa. Ils comprennent la visite d'un village de bergers, de la plus vieille église hollandaise de la région, de Jerusalem – un village rastafari – ainsi que d'un *shebeen* (bar sans licence). Il suffit d'un seul participant.

Où se restaurer

Vitos Restaurant & Bar ITALIEN $$
(058-256 1328 ; 325 Market St ; plats 70-110 R ; 8h-tard). Proposant toute la journée un choix de plats bien préparés, ce restaurant italien traditionnel sert du porc, de l'agneau, du bœuf, des poissons et fruits de mer, et, bien sûr, des pâtes et des pizzas. Au dessert, ne manquez pas le volcan au chocolat. Le service est excellent et le cadre sans prétention.

Clementines Restaurant INTERNATIONAL $$
(058-256 1616 ; angle Van Zyl St et Church St ; plats 70-120 R ; midi-15h et 18h-tard mar-dim ;). La cuisine de ce restaurant rustique amélioré est aussi bonne qu'elle le paraît sur le menu gastronomique international, avec toutes sortes de plats, de la truite arc-en-ciel au beurre d'amandes au tendre filet d'autruche. Le service professionnel, l'ambiance intime, la longue carte des vins et des choix pour les végétariens constituent d'autres atouts. Vérifiez les plats du jour, affichés sur le mur.

Où prendre un verre

Clarens Brewery BRASSERIE
(058-256 1193 ; www.clarensbrewery.co.za ; 326 Main St ; 10h-18h lun-jeu, 10h-19h ven-sam, 10h-17h dim). De bonnes bières brassées artisanalement (bière anglaise, bière brune et IPA) à siroter dans le cadre agréable d'un bar en brique nue, en face de Clarens Square. Goûtez à la Weiss, bière de style

allemand non filtrée à l'arôme épicé et fruité de banane et de clou de girofle – très rafraîchissante par une journée ensoleillée, assis sur les bancs en terrasse.

Achats

Avec de jolies rues bordées d'arbres et des myriades de boutiques et de galeries, Clarens invite à la flânerie. Dans les galeries, repérez les œuvres de Pieter van der Westhuizen ou de Hannetjie de Clercq, deux artistes sud-africains respectés.

Clarens Gallery & Woven Arts ARTS ET ARTISANAT
(058-256 1909 ; www.clarensgallery.co.za ; 323 Main St ; 9h-16h30 mar-dim). On trouve ici de belles œuvres d'art, aquarelles dont les couleurs vives rehaussent la terre, le ciel et les arbres représentés. La galerie vend aussi des tapis et des nattes importés du Pakistan, d'Afghanistan et d'Iran.

Art & Wine Gallery on Main GALERIE
(058-256 1298 ; 279 Main St ; 9h-16h). Une fantastique sélection de peintures et de vins régionaux.

Bibliophile LIVRES
(058-256 1692 ; 313 Church St ; 9h-17h lun-sam, 9h-17h dim). Une librairie originale, avec un grand choix de titres et de CD de jazz.

Depuis/vers Clarens

Clarens se rejoint plus facilement en transport privé.

Bethlehem

16 500 HABITANTS

Principal centre commerçant de l'est de l'État libre, Bethlehem donne une agréable sensation d'espace, mais n'a guère d'intérêt pour les voyageurs. Elle constitue néanmoins une bonne étape pour une nuit.

À voir

Lionsrock RÉSERVE NATURELLE
(058-304 1691 ; www.lionsrock.org ; safaris vie sauvage à partir de 140 R). À 18 km de la ville, Lionsrock, une réserve de 12 ha, accueille des félins provenant du monde entier, dont des lions, des guépards et des léopards. Elle abrite également de nombreuses espèces d'antilopes et de chiens sauvages. Des visites guidées en voiture à la découverte de la faune sont proposées. Des hébergements sont disponibles à partir de 450 R par personne.

Où se loger

Fisant Bokmakierie & Hoephoep Guest House GUESTHOUSE $$
(058-303 7144 ; www.fisant.co.za ; 8-10 Thoi Oosthuyse St ; s/d avec petit-déj à partir de 550/850 R ; @). Au milieu de magnifiques jardins appréciés des oiseaux, des chambres et de luxueux chalets tout équipés sont installés dans deux pensions combinées. Les chambres, superbement aménagées, sont très spacieuses, et certaines ont une petite cuisine et un patio privatif. Elles allient les équipements modernes comme les douches électriques à du mobilier classique en bois verni et à une literie somptueuse. Très sympathique, l'établissement jouit d'un bon niveau de sécurité et est bien indiqué.

La Croché GUESTHOUSE $$
(058-303 9229 ; angle Kerk St et Theron St ; s/d avec petit-déj à partir de 580/900 R ;). Établissement élégant, La Croché marie à la perfection l'architecture africaine (toit de chaume élancé) et des éléments français et italien. Les chambres sont de bonne taille, et la touche de l'architecte, omniprésente.

Depuis/vers Bethlehem

Des bus Translux à destination de Durban (300 R, 5 heures) et du Cap (600 R, 16 heures) font halte dans Church St. La station des taxis-minibus se situe au coin de Cambridge St et de Gholf St, au nord du centre-ville sur le chemin de la gare ferroviaire.

Fouriesburg

700 HABITANTS

Entouré de montagnes escarpées, Fouriesburg occupe un emplacement splendide à 12 km au nord de Caledonspoort, le poste-frontière avec le Lesotho. Deux pics voisins, le Snijmanshoek et le Visierskerf, sont les plus hauts de l'État libre. Non loin, au nord-ouest de la ville, le **Salpeterkrans** est le plus grand surplomb en grès de l'hémisphère Sud – repérez les panneaux près de la Rte 26. Fabuleuse illustration de l'érosion du vent, le site est sacré pour les tribus locales qui y pratiquent des rites ancestraux.

Camelroc Guest Farm CAMPING, CHALETS $$
(058-223 0368 ; www.camelroc.co.za ; camping 190 R, s/d avec petit-déj 400/600 R, chalets à partir de 660 R). À 11 km de Fouriesburg et à 800 m de la frontière du Lesotho, Camelroc se tient dans un endroit spectaculaire contre un affleurement de grès en forme de chameau,

À NE PAS MANQUER

RUSTLER'S VALLEY

S'aventurer au milieu de nulle part, marcher au hasard des chemins et découvrir des oasis dans une campagne sauvage... voilà ce que réserve cette vallée éloignée.

Près de la Rte 26, entre Fouriesburg et Ficksburg, la Rustler's Valley abrite le merveilleux **Franshoek Mountain Lodge** (051-933 2828 ; www.franshoek.co.za ; ch demi-pension 580 R/pers ; @), une ferme en activité avec de confortables cottages en grès dans le jardin, un bain de vapeur zoulou et une vue superbe sur la vallée. L'endroit était fermé pour rénovation lors de notre passage, mais il devrait avoir rouvert à l'heure où vous lirez ces lignes.

Le principal embranchement vers la Rustler's Valley se situe à 25 km au sud de Fouriesburg sur la Rte 26 en direction de Ficksburg – suivez les panneaux sur une piste qui traverse une voie ferrée. De l'embranchement, comptez 13 km jusqu'à Franshoek.

avec une belle vue sur les monts Maluti. Cette excellente retraite rustique propose des dortoirs dans de simples huttes de randonneurs, et des chalets tout équipés de style et de dimensions variés. Chemins de randonnée et pistes de 4x4 aux alentours.

Windmill Pub & Grill PUB $
(Robertson St ; plats 50-90 R ; à partir de 11h30). Pour un verre ou un steak, essayez en ville le Windmill Pub & Grill, où vous pourrez vous installer sur un banc dans un cadre luxuriant et ombragé.

Ficksburg

5 500 HABITANTS

Ficksburg est un charmant bourg de montagne au bord de la rivière Mohokare (Caledon) doté de jolis **édifices en grès**, dont l'hôtel de ville et la poste. Niché au creux des monts Maluti, le village est magnifique en hiver, lorsque d'épaisses couches de neige recouvrent les pics alentour.

Les étés tempérés et les hivers froids favorisent la culture des fruits à noyau et Ficksburg est le centre de la production des cerises de l'État libre. La **fête de la Cerise** (051 933 6486 ; www.cherryfestival.co.za) a lieu en novembre, mais les cerisiers sont en fleur en septembre et en octobre.

Highlands Hotel Hoogland HÔTEL $
(051-933 2214 ; highlandshotel@isat.co.za ; 37 Voortrekker St ; s/d 300/600 R). Les chambres au décor africain de cet hôtel constituent le meilleur choix pour les petits budgets. Les moins chères partagent des sdb. Si celles avec salle d'eau privative restent basiques, elles sont spacieuses et plus confortables. À côté de l'hôtel de ville, cet hôtel à l'ancienne conserve un cachet et une ambiance authentiques.

Imperani Guest House & Coffee Shop GUESTHOUSE $$
(051-933 3606 ; www.imperaniguesthouse.co.za ; 53 McCabe Rd ; s/d avec petit-déj à partir de 460/650 R ;). Dans un endroit paisible, l'Imperani possède une agréable atmosphère africaine. Dans des bâtiments coiffés de chaume, les 11 chambres modernes et impeccables s'agrémentent de plancher et de grandes fenêtres. Installé dans une grande *boma* (hutte ouverte à toit de chaume), le restaurant constitue une bonne halte pour un repas.

Outre un café corsé, le restaurant confectionne d'excellents wraps au déjeuner. Il sert aussi des salades et des plats légers au petit-déjeuner et au déjeuner, ainsi qu'un excellent menu enfant.

Ladybrand

18 000 HABITANTS

Dans une vallée encerclée de pics déchiquetés, à 16 km de Maseru, la capitale du Lesotho, Ladybrand est une jolie bourgade avec des bâtiments en grès, un cadre splendide et une histoire ancienne. C'est aussi une halte pratique pour une nuit sur le chemin du royaume montagneux d'Afrique du Sud.

Catharina Brand Museum MUSÉE
(17 Church St). GRATUIT L'exposition la plus intéressante du musée explique comment des cendres trouvées dans un ancien foyer de la **Rose Cottage Cave**, proche de Ladybrand, prouvent que des humains ont habité la région il y a plus de 55 000 ans. Pour en savoir plus sur l'histoire de la région, renseignez-vous ici sur la visite des sites

d'art rupestre khoisan (plus de 300 dans des grottes autour de Ladybrand).

Le musée était fermé lors de notre passage (une rénovation était, paraît-il, plus ou moins programmée). Lorsqu'il fonctionne, les heures d'ouverture sont très aléatoires.

Modderpoort Cave Church ÉGLISE

Nichée sous un énorme rocher dans un cadre spectaculaire à 12 km de Ladybrand, Modderpoort Cave Church (vers 1869) est l'une des plus pittoresques du secteur.

Cranberry Cottage GUESTHOUSE $$

(☎051-924 2290 ; www.cranberry.co.za ; 37 Beeton St ; s/d avec petit-déj à partir de 590/960 R ; @). Cette vaste maison en pierre est le meilleur hébergement de Ladybrand (et l'un des meilleurs de l'État libre). Spacieuses, les chambres ont une touche luxueuse et baignent dans une ambiance très nature. Un jardin verdoyant, un patio couvert d'une vigne vierge, une jolie piscine, une salle à manger confortable avec cheminée et un bar ancien en bois poli constituent des atouts supplémentaires.

Le Cranberry gère aussi un hébergement tout équipé moins cher, plus bas dans la rue.

Depuis/vers Ladybrand

Ladybrand se situe à 4 km de la N8 sur la Rte 26, la route de Ficksburg, et à 130 km au sud de Bloemfontein. Des taxis-minibus collectifs stationnent près de l'église dans Piet Retief St et desservent Ficksburg (45 R, 1 heure). Pour d'autres destinations, prenez un taxi-minibus jusqu'à Maseru Bridge (20 R), à la frontière du Lesotho, puis un taxi longue distance dans la grande station de taxis-minibus.

Gariep Dam Nature Reserve

Gariep Dam Nature Reserve RÉSERVE NATURELLE

(☎051-754 0026 ; 60 R/véhicule). La plus grande réserve naturelle de l'État libre comprend les 365 km² du Gariep Dam (un barrage qui retient 6 milliards de m³ d'eau) sur le Senqu (fleuve Orange) et les 112 km² de réserve animalière sur sa rive nord.

En février, la plus longue **course de canards en caoutchouc** au monde se tient sur le barrage. Longue de plus de 500 km, elle s'effectue en une journée. Bien conçu et aménagé, le **Forever Resorts Gariep** (☎051-754 0045 ; www.forevergariep.co.za ; camping/chalets à partir de 180/1 130 R) propose quantité d'activités nautiques.

Dans la réserve, vous aurez le choix entre 7 chalets (à partir de 550 R) et des emplacements de camping (à partir de 100 R). La ville de Gariep Dam, près du mur du barrage à la lisière ouest de la réserve, offre d'autres options.

Philippolis

1 000 HABITANTS

Fondée en 1823 en tant que mission, Philippolis, sur la Rte 717, est une jolie ville et la plus ancienne de l'État libre. Soixante-quinze de ses édifices ont été classés monuments nationaux, dont la bibliothèque. De nombreux bâtiments sont construits dans le style du Karoo, avec des murs épais pour se protéger de la chaleur.

Old Jail HÔTEL $

(☎082 550 4421 ; cellule à partir de 300 R). Si vous rêvez de passer une nuit en prison, l'Old Jail vous enchantera. L'ancienne geôle de la ville a été transformée en un hébergement spartiate et confortable – surtout si l'on considère qu'une cellule de 2x3 m avec des murs extérieurs de 60 cm d'épaisseur et des murs intérieurs de 45 cm est confortable (fraîches en été et chaudes en hiver, les cellules sont aussi bien insonorisées) ! Les chambres ont 2 authentiques couchettes de prison et un matelas sur le sol pour une troisième personne.

Johannesburg et Gauteng

Dans ce chapitre ➡

Le top des restaurants

- Service Station (p. 352)
- LeSel@The Cradle (p. 369)
- Grillhouse (p. 356)
- Lucky Bean (p. 353)
- Boer'geoisie (p. 378)

Le top des hébergements

- Residence (p. 348)
- Oasis Signature Hotel (p. 348)
- Motel Mipichi (p. 346)
- Satyagraha House (p. 348)
- Foreigners Friends Guesthouse (p. 373)

Pourquoi y aller

Le Gauteng ravira ceux qui sont en quête d'ambiances citadines. Cette petite province, cœur battant de la nation sud-africaine, est aussi le moteur économique du continent africain. Elle a pour épicentre Johannesburg, dont le centre connaît une étonnante renaissance, avec une vie culturelle qui n'a jamais été aussi dynamique. Autrefois considérée comme étant à éviter, Jo'burg est aujourd'hui une métropole passionnante et branchée.

Cap au nord, à Pretoria, pour un changement de cadre. La capitale administrative du pays est résolument moins policée, mais en impose plus avec ses édifices majestueux, ses musées intéressants et ses rues bordées de jacarandas.

Le Gauteng s'enorgueillit également d'une histoire géologique unique, comme en témoigne le Cradle of Humankind (Berceau de l'humanité), classé au Patrimoine mondial. Cette vaste vallée constellée de grottes et de fossiles est l'un des plus importants sites archéologiques d'Afrique.

Quand partir

Johannesburg

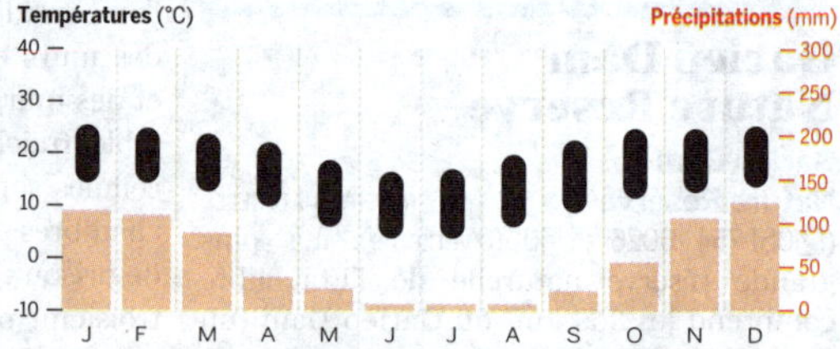

Mars La rentrée scolaire et le retour de l'animation à Jo'burg. La haute couture s'invite à Sandton.

Août La saison des festivals avec Joy of Jazz, le Dance Umbrella et un riche calendrier théâtral.

Fin nov-mars Des orages presque tous les jours, une circulation plus fluide et un carnaval au Nouvel An.

Histoire

Le coin nord-ouest du Gauteng (prononcez "*how*-teng"), surnommé le Cradle of Humankind (Berceau de l'humanité), a sans doute joué un rôle clé dans l'évolution de l'humanité. Les restes de quelque 850 hominidés ont été trouvés dans la région. En 1947, le Dr Robert Broom fit une découverte majeure dans les grottes de Sterkfontein quand il mit au jour le crâne fossilisé, vieux de 2,5 millions d'années, de celle qu'il appela affectueusement Mrs Ples.

Plusieurs tribus différentes vivaient dans la région, où des preuves d'activités minières remontent à l'âge du fer. Ce n'est qu'en 1886, quand de l'or fut trouvé, que le Gauteng fut propulsé dans l'ère moderne.

Des Boers, fuyant la domination britannique dans la colonie du Cap, s'étaient installés au Gauteng depuis le milieu du XIXe siècle, fondant la Zuid-Afrikaansche Republiek (ZAR ; République sud-africaine) indépendante avec pour capitale Pretoria, alors un village. Lorsque les Britanniques découvrirent les bénéfices colossaux tirés des mines d'or, ce ne fut qu'une question de temps avant les événements qui provoquèrent la guerre des Boers (1899-1902).

Après avoir subi des pertes sévères, notamment dans les camps de concentration britanniques, les Boers reconnurent leur défaite. Le traité de Vereeniging mit fin au conflit en 1902 et conduisit à la création de l'Union d'Afrique du Sud en 1910. Si la nouvelle cité de Johannesburg (Jo'burg) prospéra, la situation des milliers de mineurs noirs ne changea guère, un problème qui allait perdurer tout au long du siècle. Pretoria devint le siège du régime de l'apartheid et les townships qui entouraient Jo'burg, dont Soweto, allaient subir les pires abus du système et engendrer ses plus farouches opposants. Le Gauteng, alors appelé Transvaal, fut une scène centrale des drames du XXe siècle en Afrique du Sud.

L'Afrique du Sud post-apartheid a connu de rapides changements. Le Transvaal a été rebaptisé Gauteng, un président noir dirige le pays de Pretoria (ou Tshwaane) et la Cour constitutionnelle a été construite sur le site de la pire prison de l'apartheid, l'Old Fort. Toutefois, il reste à voir si le XXIe siècle apportera aux déshérités du Gauteng leur part de prospérité.

JOHANNESBURG

5,7 MILLIONS D'HABITANTS

Johannesburg, plus communément appelée Jo'burg ou Jozi, est une cité qui se transforme rapidement et le cœur battant de l'Afrique du Sud. Après presque 20 ans de déclin, la ville envisage l'avenir avec optimisme. Son centre s'embellit et de nouveaux immeubles d'habitation et de bureaux sont construits à un rythme soutenu. Les quartiers culturels de Newtown et Braamfontein, avec des théâtres, des restaurants, des cafés et des musées, débordent d'énergie et de créativité.

JOHANNESBURG EN...

Deux jours

Flânez dans les espaces publics réhabilités de **Newtown** et **Constitution Hill** (p. 336), découvrez ensuite l'ambiance créative de **Braamfontein** (p. 341), puis l'énergie trépidante de **Maboneng** (p. 343).

Le lendemain, appréhendez l'histoire récente du pays à l'**Apartheid Museum** (p. 344), consacrez une demi-journée à la visite guidée de **Soweto** (p. 366), puis rejoignez **Melville** (p. 352) pour dîner dans un restaurant branché.

Quatre jours

Allez jusqu'au **Cradle of Humankind** (p. 368) à l'ouest, où vous pouvez explorer les **grottes de Sterkfontein** (p. 368), vous détendre dans le parc de sculptures de la **Nirox Foundation** (p. 368) et savourer un succulent déjeuner au **Cradle** (p. 369). Passez la nuit au **Maropeng Hotel** (p. 369).

Le dernier jour, visitez le **Freedom Park** (p. 372) et le **Voortrekker Monument** (p. 371) aux alentours de **Pretoria**. Revenez dans les verdoyants faubourgs nord pour une séance de shopping à **Sandton** (p. 360), puis un dîner à **Parkmore** (p. 357).

À ne pas manquer

1. Le centre culturel du pays dans les quartiers rénovés de Johannesburg : **Newtown** (p. 336), **Braamfontein** (p. 341) et **Maboneng** (p. 343).
2. L'**Apartheid Museum** (p. 344) et **Constitution Hill** (p. 342) à Jo'burg pour un rappel de la sombre histoire de l'Afrique du Sud.
3. Un saut dans le vide du haut des **Orlando Towers** (p. 366) à Soweto.
4. Les cafés et les bars des rues verdoyantes de **Melville** (p. 352), à Jo'burg.
5. L'exploration des grottes et des sites de fossiles au **Cradle of Humankind** (p. 368).
6. Le **Freedom Park** (p. 372) à Pretoria, hommage à ceux qui ont sacrifié leur vie pour leur pays.
7. La visite guidée de l'**Inner City de Jo'burg** (p. 350) et la découverte de ses merveilles architecturales.

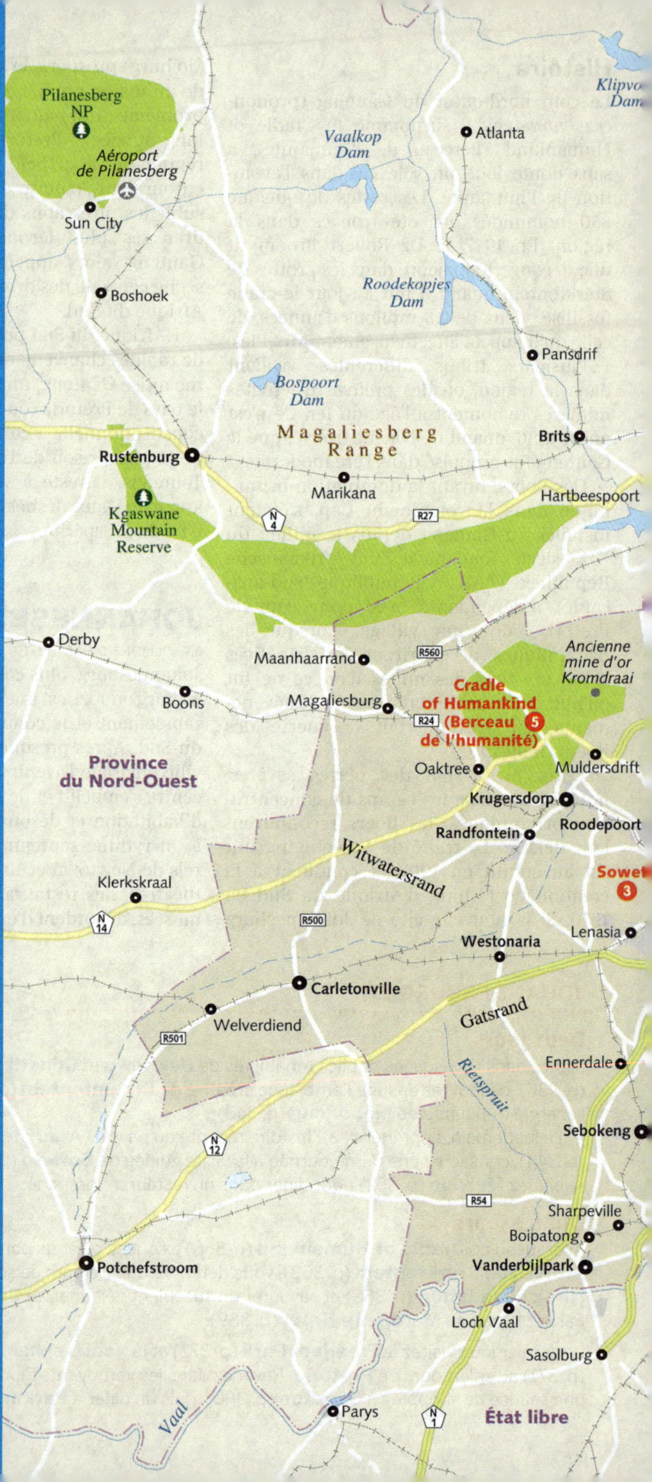

Limpopo
Province du Nord-Ouest
Rust de Winter NR
Elands
Mpumalanga
Temba
Pienaars
Mabopane
N1
R80
Roodeplaatdam
Cullinan Diamond Mine
Cullinan
Vaalplaas
Wilge
Mamelodi
Ekangala
PRETORIA 6
Rayton
Sammy Marks' Museum
Bronkhorstspruit
Centurion
N4
Balmoral
Van Riebeeck NR
Aéroport de Lanseria
Midrand
Tembisa
Bapsfontein
Kempton Park
N12
Sandton
Aéroport international de Johannesburg
Ogies
JOHANNESBURG 1 2 4 7
Daveyton
Boksburg
Benoni
Germiston
Brakpan
Springs
Alberton
LÉGENDE
GR Game Reserve (réserve faunique)
NP National Park (parc national)
NR Nature Reserve (réserve naturelle)
R29
R59
Katlehong
Kwa-Thema
Devon
Leandra
Thokoza
Walkerville
Kinross
R82
Nigel
Jameson Park
R548
Suikerbosrand NR
Randvaal
Heidelberg
Meyerton
Suikerbosrand
R42
Roodebank
Vereeniging
Balfour
Mpumalanga
N3
Waterval
Vaal Dam NR
R54
Dasville
Grootvlei
Val
Vaal Dam
Deneysville
Vaal Marina
0
50 km

L'Inner City (centre-ville) elle-même, autrefois une zone interdite, se transforme en un joyau touristique avec nombre d'agréables surprises. Enfin Maboneng, à la lisière est de l'Inner City, est devenu un quartier branché, considéré comme l'un des projets de réhabilitation urbaine les plus réussis au monde – nul doute que vous tomberez sous le charme.

Cependant les inégalités restent fortes, et la criminalité et la pauvreté n'ont pas été éradiquées. La richesse de Rosebank et de Sandton nourrit le mécontentement dans les townships voisins désespérément pauvres, comme Alexandra.

Jo'burg reste néanmoins une ville particulièrement accueillante et sans prétention, avec une multitude de choses à voir, des sombres souvenirs d'un passé récent à l'Apartheid Museum, en passsant par les rues bohèmes de Melville. Aussi, n'hésitez pas à explorer cette cité animée, en pleine renaissance.

Histoire

Tout commença en 1886, lorsque le prospecteur australien George Harrison découvrit des traces d'or sur le Witwatersrand. L'exploitation minière devint rapidement le privilège de riches magnats, ou *randlords*, qui avaient fait fortune dans les mines de diamants de Kimberley.

En trois ans, Jo'burg devint la métropole d'Afrique du Sud, une cité turbulente où des chercheurs d'or de toute origine fréquentaient les bars et les maisons closes. Les Boers, le gouvernement du Transvaal et son président Paul Kruger voyaient d'un mauvais œil cette population. Ils instaurèrent des lois limitant le droit de vote aux Boers et restreignant la circulation des Noirs. Les tensions entre *randlords* et *uitlanders* (étrangers) d'un côté et le gouvernement du Transvaal de l'autre eurent un rôle crucial dans les événements qui conduisirent à la guerre des Boers de 1899-1902.

Soumis à une pression croissante dans les campagnes, des milliers de Noirs vinrent en ville à la recherche de travail. La ségrégation raciale mise en place entre les guerres provoqua l'apparition de vastes bidonvilles autour de Jo'burg à partir des années 1930. Dirigés par des Noirs, ils devinrent bien organisés.

Officialisé dans les années 1960, l'apartheid n'empêcha pas l'arrivée de milliers de squatteurs noirs, ni l'expansion de la ville. La violence à grande échelle éclata en 1976, quand le Soweto Students' Representative Council (Conseil représentatif des étudiants de Soweto) organisa des manifestations contre l'emploi de l'afrikaans dans les écoles noires.

Le changement le plus important dans l'histoire de la ville fut la suppression de l'apartheid et les premières élections démocratiques en 1994. Depuis, les townships noirs font partie de la municipalité, les marchands ambulants et les stands de rue animent le centre-ville et les banlieues deviennent de plus en plus multiethniques.

À voir et à faire

Après le départ massif des entrepreneurs blancs dans les années 1990, des acteurs du secteur créatif et des promoteurs immobiliers avisés ont participé à la renaissance de la ville. Des œuvres d'art embellissent les rues et d'anciens entrepôts, tandis que les bâtiments Art déco ont fait l'objet d'un véritable engouement.

Quels que soient vos goûts, les nombreux édifices et sites historiques de Jo'burg vous ébahiront.

Inner City et Newtown

Si vous demandez aux Sud-Africains ce qu'ils pensent du centre de Johannesburg, ils répondront sans doute "dangereux" et "délabré". Rares sont ceux au courant de l'extraordinaire transformation en cours. De vastes secteurs de l'Inner City sont en effet revitalisés, rénovés et modernisés. S'il reste plusieurs enclaves sordides, ce qui était autrefois une zone interdite est en train de retrouver son attrait.

Marshalltown, le vieux quartier financier et d'affaires de Jo'burg, est l'un des plus séduisants et sûrs. Il abrite nombre de sièges de compagnies minières et de banques et, parmi les imposants gratte-ciel, vous dénicherez d'excellents cafés, de nombreuses curiosités et quelques parcs plaisants.

Plus au nord, le quartier de Newtown est également lancé dans une grande rénovation.

Dans la journée, vous pouvez vous promener assez tranquillement dans le secteur à l'ouest du Carlton Centre et au sud de Jeppe St, mais restez vigilant, surtout aux alentours de Park Station. N'exhibez pas d'objets de valeur tels qu'appareils photo et montres, et évitez de porter un sac.

Gandhi Square PLACE
(carte p. 342 ; Inner City). Mohandas Gandhi (surnommé le Mahatma) arriva en Afrique du Sud en 1893 et vécut à Johannesburg, où il travailla comme avocat de 1903 à 1914. La place a été rebaptisée Gandhi Sq en son honneur et une statue en bronze le représentant jeune avocat se dresse au milieu.

Poste de Rissik Street ÉDIFICE HISTORIQUE
(carte p. 342 ; Rissik St, Inner City). Cette poste majestueuse de 1897 est l'un des plus remarquables édifices historiques de Jozi. Malheureusement, ce superbe bâtiment de l'époque coloniale a été déserté et laissé à l'abandon depuis les années 1990. Il est toutefois prévu de le restaurer pour lui redonner sa splendeur d'antan.

Hôtel de ville ÉDIFICE HISTORIQUE
(carte p. 342 ; angle Rissik St et Market St, Inner City). L'hôtel de ville (City Hall) compte parmi les plus beaux bâtiments coloniaux du centre-ville ; sa façade a été rénovée en 2012.

Chancellor House BÂTIMENT, MUSÉE
(carte p. 342 ; 25 Fox St, Inner City). C'est dans ce bâtiment de 3 étages que Nelson Mandela et Oliver Tambo fondèrent, dans les années 1950, le premier cabinet d'avocats sud-africain appartenant à des Noirs. Rénové en 2012, il abrite un "musée extérieur" que l'on peut visiter à toute heure du jour et de la nuit. Les photos et les panneaux exposés en vitrine offrent un aperçu des vies de Mandela et de Tambo.

Johannesburg Art Gallery MUSÉE D'ART
(carte p. 342 ; ✆011-725 3130 ; Joubert Park ; ⌚10h-17h mar-dim). GRATUIT La JAG possède la plus importante collection d'art d'Afrique. Le musée fait régulièrement tourner sa fabuleuse collection de peintures européennes des XVIIe et XVIIIe siècles, d'œuvres de peintres sud-africains majeurs et d'objets africains traditionnels. Il présente également des rétrospectives d'artistes noirs. Il se situe sur le côté Noord St du Joubert Park (un parc à éviter).

Standard Bank Art Gallery GALERIE D'ART
(carte p. 342 ; ✆011-631 1889 ; www.standardbankarts.com/gallery ; angle Simmonds St et Frederick St, Inner City ; ⌚8h-16h30 lun-ven, 9h-13h sam). GRATUIT Ce bâtiment très lumineux accueille régulièrement des expositions temporaires d'artistes sud-africains reconnus. La galerie possède également une collection permanente d'art africain, en partie exposée à la Wits University.

Top of Africa POINT DE VUE
(carte p. 342 ; 50e ét., Carlton Centre, 152 Commissioner St, Inner City ; adulte/enfant 15/10 R ; ⌚9h-18h lun-mer, 9h-2h jeu-ven). L'emblématique Carlton Centre (223 m) est le plus haut bâtiment d'Afrique depuis plus de 40 ans.

FÊTES ET FESTIVALS DE JO'BURG

Nouvel An chinois. À Wemmer Pan, au sud du centre-ville, en janvier ou février.

Dance Umbrella (www.danceforumsouthafrica.co.za). La plus grande démonstration de danses sud-africaines, en février-mars.

Rand Easter Show (www.randshow.co.za). En avril, une grande foire commerciale dans le Johannesburg Expo Centre.

Joy of Jazz Festival (www.joyofjazz.co.za). Fin août et septembre, dans diverses salles de Newtown.

Arts Alive Festival (www.arts-alive.co.za). En septembre, ce festival permet d'écouter de l'excellente musique dans le cadre du programme officiel ou des concerts "off", essentiellement à Newtown.

City of Gold (www.cityofgoldfestival.co.za). Présentation des meilleurs graffeurs et artistes de rue locaux et internationaux. Le festival comprend des circuits à découverte de l'art de rue, une exposition et la réalisation de peintures murales à grande échelle. Il a lieu début octobre dans divers endroits de l'Inner City.

Gay Pride March (www.johannesburgpride.co.za). Le dernier samedi d'octobre.

Carnaval de Johannesburg À la Saint-Sylvestre. Organisé depuis 2010, ce carnaval est un défilé de chorales, d'acteurs, de musiciens et de chars, de Hillbrow à Newtown, et s'achève par une fête à Mary Fitzgerald Sq.

Johannesburg

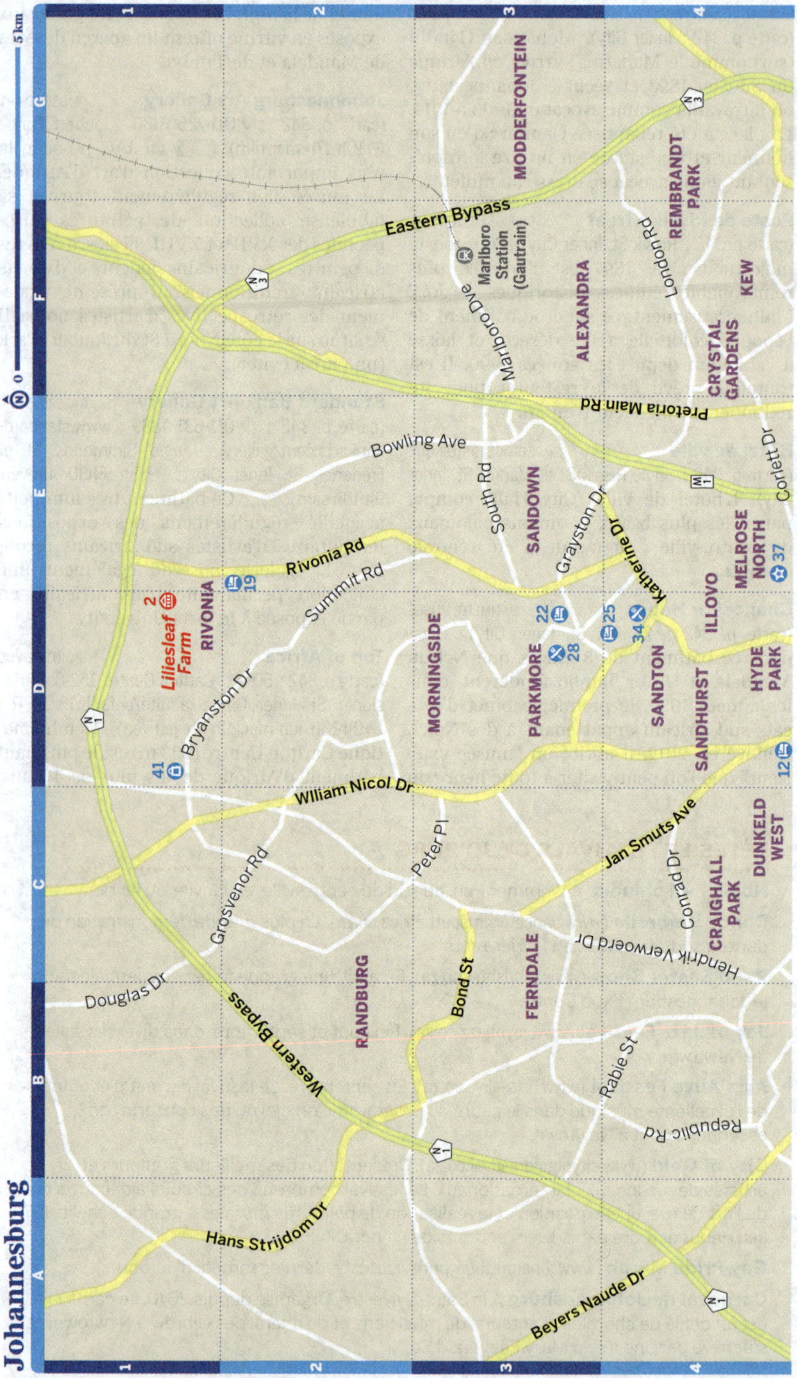

LINDEN
PARKHURST
NORTHCLIFF
ROSEBANK
MELROSE
PARKWOOD
ROOSEVELT PARK
GREENSIDE
PARKVIEW
WESTCLIFF
SAXONWOLD
HOUGHTON
NORWOOD
KILLARNEY
ORANGE GROVE
BRUMA
OBSERVATORY
PARKTOWN
SOPHIATOWN
MELVILLE
MILPARK
AUCKLAND PARK
BRIXTON
BEREA
YEOVILLE
BEZ VALLEY
HILLBROW
BRAAMFONTEIN
MABONENG
TROYEVILLE
JEPPESTOWN
CORONATIONVILLE
DOORNFONTEIN
Johannesburg Tourism Company
Rosebank Station (Gautrain)
Park Station/ station du Gautrain
Apartheid Museum
Bruma Lake
Wemmer Pan
Voir carte Melville (p. 347)
Voir carte Centre de Johannesburg (p. 342)
Voir carte Soweto (p. 364)
Welteveden Rd
3rd Ave
8th St
1st Ave
6th Ave
7th Ave
Tana Rd
Oxford St
Pretoria St
Milner St
Barry Hertzog Ave
11th Ave
Ivy Rd
Long 5th St
Judith St
1st Ave
Louis Botha Ave
Main Rd
Fuel Rd
Maraisburg Rd
Portland Ave
High St
Commando Rd
Newclare Rd
Central Main Rd
Smit St
Bree St
Rockey St
Observatory Ave
Kitchener Ave
Kensington La
Sydonia Rd
Roberts Ave
Jules St
Stanhope Rd
Main Reef Rd
Western Bypass
Nasrec Rd
Booysens Rd
Turf Rd
Heidelberg Rd
Soweto Hwy
Eastern Bypass
N1
N12
R24
R25
M1
M2
M7
A
B
C
D
E
F
G
5
6
7
8
1
3
4
5
6
7
8
9
10
11
13
14
15
16
17
18
20
21
23
24
26
27
29
30
31
32
33
35
36
38
39
40
42

Johannesburg

Les incontournables
1 Apartheid Museum C8
2 Liliesleaf Farm D1

À voir
3 Arts on Main D7
4 CIRCA on Jellicoe D5
5 Gold Reef City C8
6 South African National Museum of Military History D6

Où se loger
7 12 Decades Art Hotel E7
8 44 on Livingston F5
9 54 on Bath D5
10 Arum Place C6
11 Ascot Hotel E6
12 Backpackers Ritz D4
13 Brown Sugar Backpackers E6
14 Curiocity Backpackers E7
Gold Reef City Theme Park Hotel .... (voir 5)
15 Joburg Backpackers C5
16 Liz at Lancaster C5
17 Lucky Bean Guesthouse C6
18 Melrose Place Guest Lodge D5
19 Oasis Signature Hotel E2
20 Parkwood D5
21 Peech Hotel E5
22 Radisson Blu Gautrain Hotel D3
23 Residence E6
24 Satyagraha House E5
25 Saxon D4
Southern Sun Gold Reef City Hotel .... (voir 5)
26 Ten Bompas D5

Où se restaurer
27 Bismillah C7
Blackanese Sushi .... (voir 7)
Bukhara .... (voir 34)
Canteen .... (voir 3)
28 Delhi Dharbar D3
Doppio Zero .... (voir 29)
29 Dukes Burgers C5
Eat Your Heart Out .... (voir 7)
Eatery JHB .... (voir 28)
Giovanni Pane Vino .... (voir 11)
Great Eastern Food Bar .... (voir 32)
Grillhouse .... (voir 39)
Il Giardino Degli Ulivi .... (voir 40)
Little Addis Café .... (voir 7)
30 Moyo's D6
Next Door .... (voir 11)
31 Orient E5
Pata Pata .... (voir 7)
Salvation Cafe .... (voir 40)
Schwarma Co. .... (voir 11)
32 Service Station C6
Sharp! Braai Corner .... (voir 7)
Thomas Maxwell Bistro .... (voir 28)
33 Troyeville Hotel E7
Vovo Telo .... (voir 11)
34 Walnut Grove D4
Zahava's .... (voir 11)

Où prendre un verre et faire la fête
35 Jolly Roger Pub C5
Lenin's Vodka Bar .... (voir 7)
Office .... (voir 29)
Stanley Beer Yard .... (voir 40)
Uncle Merv's .... (voir 7)
36 Zebra Inn E7

Où sortir
37 Bidvest Wanderers Stadium E4
38 Ellis Park – Emirates Airline Park E7
39 Katzy's D5

Achats
40 44 Stanley C7
41 Bryanston Organic Market D1
Market on Main .... (voir 3)
Nelson Mandela Square .... (voir 34)
42 Oriental Plaza C7
Rosebank Mall .... (voir 9)
Rosebank Sunday Market .... (voir 9)

Le sous-sol abrite une galerie marchande animée. Pour une vue époustouflante sur la ville, montez jusqu'à la plateforme d'observation au sommet (entrée par un ascenseur spécial, au premier sous-sol).

Mary Fitzgerald Square PLACE
(carte p. 342 ; Jeppe St, Inner City). Du nom de la première femme syndicaliste du pays, cette place est le meilleur point de départ pour une visite du centre de Jo'burg. Jalonnée de têtes sculptées dans d'anciennes traverses de chemin de fer par des artistes de Newtown, la place est bordée par le Jazz Walk of Fame, une promenade de style Hollywood Boulevard qui rend hommage aux plus grands musiciens de jazz d'Afrique du Sud. Un bronze représente Brenda Fassie, une chanteuse très populaire morte en 2004.

Museum Africa MUSÉE
(carte p. 342 ; ☎011-833 5624 ; www.gauteng.net/attractions/entry/museum_africa ; Old Market Bldg, 121 Bree St, Newtown ; ⏲9h-17h mar-dim). GRATUIT Ce musée occupe l'imposante halle de l'ancien marché aux fruits de Bree St. Bien conçu, il présente des expositions sur les procès pour trahison des années 1956-1961, le développement de la musique sud-africaine et l'évolution de l'habitat dans la ville.

Les satiriques "Cartoons in Context" ("caricatures dans le contexte") méritent le coup d'œil, comme la section Sophiatown, qui comprend la reconstitution d'un *shebeen* (bar clandestin).

Market Theatre SITE D'INTÉRÊT
(carte p. 342 ; www.markettheatre.co.za ; angle Bree St et Miriam Makeba St, Newtown). Ce complexe animé programme régulièrement des spectacles et regroupe quelques restaurants et stands d'artisanat.

Nelson Mandela Bridge PONT
(carte p. 342). Ce pont à haubans, inauguré en 2003 deux jours après le 85e anniversaire de Nelson Mandela, est le plus long du genre en Afrique du Sud et un symbole de la renaissance du centre-ville.

SAB World of Beer MUSÉE
(carte p. 342 ; ☎011-836 4900 ; www.worldofbeer.co.za ; 15 President St, Newtown ; adulte/enfant 75/20 R avec visite guidée ; ⏲10h-18h mar-sam). Consacrez 1 heure 30 à la découverte de l'histoire de la bière. Goûtez une *chibuku* (bière de sorgho) dans un faux village africain, une demi-pinte dans une reconstitution de pub victorien, puis deux pintes gratuites dans le bar. Vous repartirez avec un verre World of Beer en souvenir.

Turbine Hall ÉDIFICE
(carte p. 342 ; angle Jeppe St et Miriam Makeba St, Inner City). Emblématique de la renaissance de la ville, cette imposante centrale électrique, rénovée en 2007, abrite désormais le nouveau siège impressionnant d'AngloGold Ashanti, une société minière.

Sci-Bono Discovery Centre MUSÉE
(carte p. 342 ; ☎011-639 8400 ; www.sci-bono.co.za ; angle Miriam Makeba St et President St, Newtown ; adulte/enfant 35/20 R ; ⏲9h-16h30 lun-ven, 9h-16h sam-dim). Attestant la remarquable rénovation du centre-ville, ce musée des sciences bien aménagé comporte de nombreuses expositions interactives et occupe une ancienne centrale électrique.

Workers' Museum MUSÉE
(carte p. 342 ; ☎011-832 2447 ; 52 Jeppe St, Newtown ; ⏲8h-16h30 lun-sam). GRATUIT Cet important musée se situe dans le domaine restauré de l'Electricity Department, qui fut construit en 1910 pour plus de 300 employés municipaux, et classé monument national. Il comprend une bibliothèque, un centre de documentation et une exposition sur les conditions de vie des travailleurs migrants.

Braamfontein

Réussite triomphale de rénovation urbaine, Braamfontein est l'un des plus beaux exemples des efforts de la municipalité pour transformer des quartiers autrefois négligés en secteurs dynamiques et modernes. Braamfontein abrite le campus de l'université du Witwatersrand, ce qui en fait le quartier estudiantin de la ville.

♥ Wits Art Museum MUSÉE
(WAM ; carte p. 342 ; ☎011-717 1365 ; www.witsfoundation.co.za ; angle Jorissen St et Bertha St, Braamfontein ; ⏲10h-16h mer-dim). GRATUIT Achevé en mai 2012, ce musée moderne est le principal musée d'Art africain, avec une extraordinaire collection de 10 000 œuvres et un passionnant programme d'événements et d'expositions. Ses lignes épurées contemporaines séduiront les amateurs d'architecture.

Planetarium PLANÉTARIUM
(carte p. 342 ; ☎011-717 1390 ; www.planetarium.co.za ; Yale Rd, WITS University, Braamfontein ; spectacles tarif plein/réduit 40/27 R ; ⏲8h30-16h). Si l'astronomie vous passionne, ne manquez pas de visiter le planétarium. Vous pouvez l'explorer gratuitement, ou assister aux spectacles les vendredis, samedis et dimanches ; consultez les horaires sur le site Internet. Un spectacle "voyage dans l'espace" a lieu le samedi à 10h30.

Origins Centre MUSÉE
(carte p. 342 ; ☎011-717 4700 ; www.origins.org.za ; angle Yale Rd et Enoch Sontonga Ave ; adulte/enfant avec audioguide 80/40 R ; ⏲10h-17h lun-dim). Ce centre remarquable explore les origines africaines de l'humanité à travers des expositions interactives. Particulièrement intéressant pour les enfants à partir d'un certain âge, il possède une fabuleuse collection d'art rupestre, dont des œuvres de tribus san. Il propose aux visiteurs un test ADN pour retracer leur patrimoine ancestral.

Hillbrow, Berea et Constitution Hill

Dominés par deux édifices emblématiques – la **Telkom Tower** (269 m) et la tour cylindrique **Ponte City** –, Hillbrow et le quartier voisin de Berea étaient autrefois les faubourgs les plus vivants et les plus intéressants de la ville, et les premières "Grey Areas" du pays, des secteurs où Noirs et Blancs pouvaient cohabiter.

Centre de Johannesburg

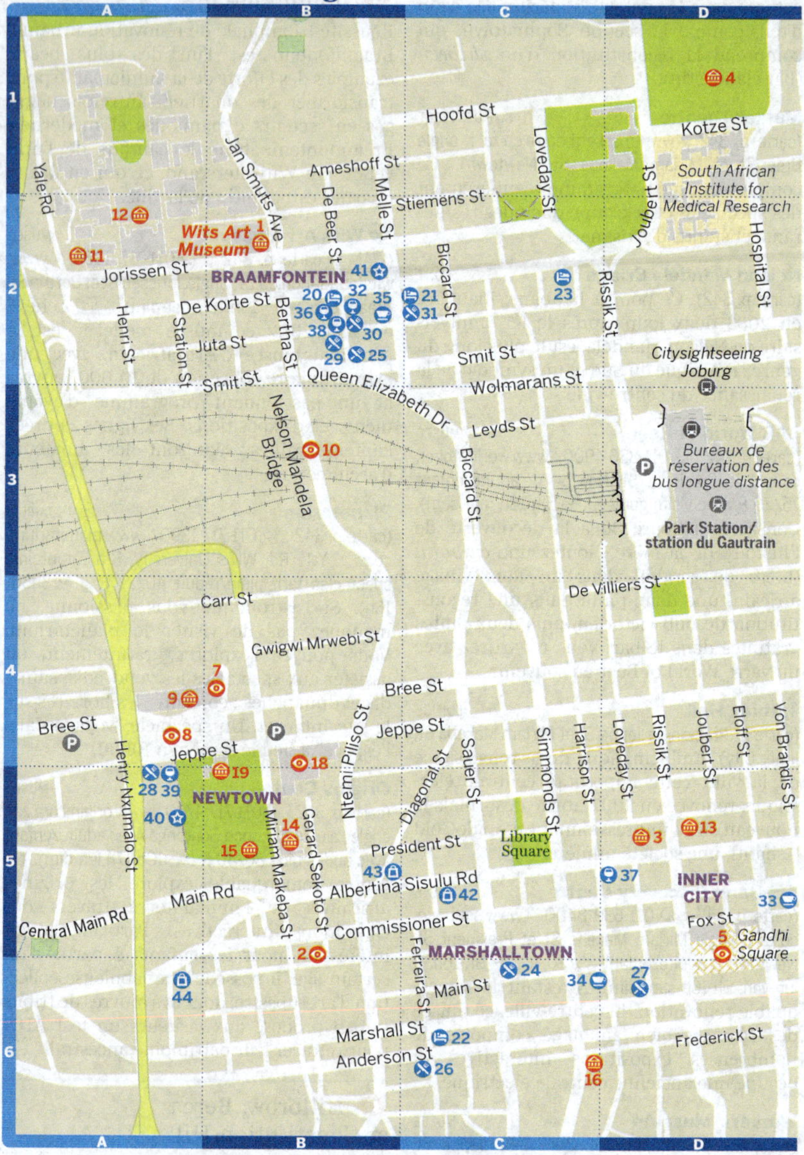

Aujourd'hui, ces quartiers densément peuplés sont réputés pour leur criminalité. Mieux vaut les visiter en compagnie d'un guide prudent et expérimenté de Dlala Nje (p. 350).

Constitution Hill MUSÉE
(carte ci-dessus ; ☎011-381 3100 ; www.constitutionhill.org.za ; Kotze St ; visite guidée adulte/enfant 50/20 R ; ⏲9h-17h lun, mar, jeu et ven, 9h-14h mer, 10h-15h sam-dim). Constitution Hill est l'un des sites majeurs de la ville.

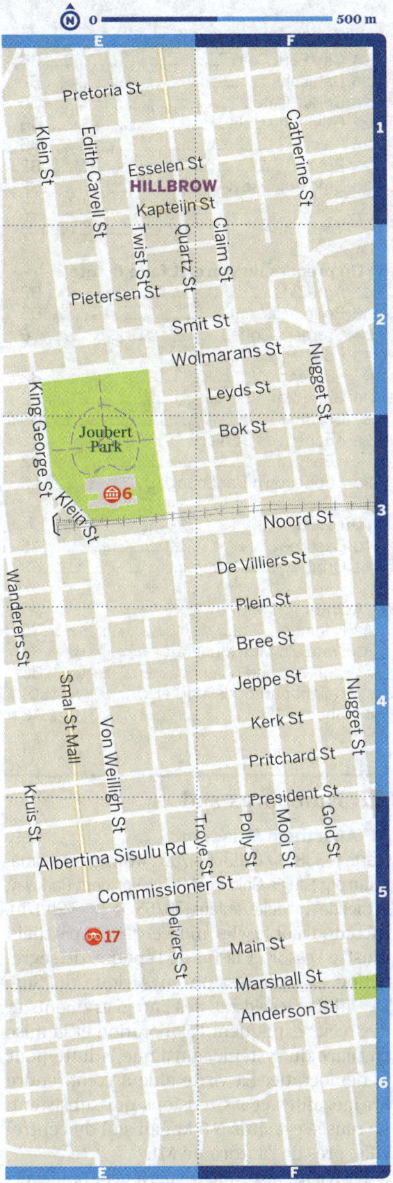

Les voyageurs intéressés par l'histoire moderne de l'Afrique du Sud découvriront des explications détaillées sur les aspects légaux et historiques de la lutte. Le complexe s'organise autour de la nouvelle Cour constitutionnelle sud-africaine, construite à l'intérieur des remparts de l'Old Fort. Datant de 1892, ce fort fut une prison tristement célèbre où furent détenus d'importants leaders politiques, dont Nelson Mandela et Gandhi.

Des murs de l'ancienne prison sont intégrés dans le bâtiment moderne, où des baies vitrées permettent aux visiteurs d'assister aux débats.

Maboneng

Sur une partie de la lisière est du centre-ville, cette enclave autrefois mal famée est la star des nombreux pôles architecturaux et créatifs qui fleurissent à Jo'burg. Pépinière d'inventivité et d'innovation avec une multitude de galeries, d'espaces culturels et artistiques, de bars, de cafés et de restaurants détendus, de boutiques de mode et de start-up, Maboneng représente l'avenir tel que l'envisage Jo'burg. C'est aussi le paradis des branchés. Ne manquez pas d'explorer ses rues effervescentes et d'apprécier son atmosphère unique.

Arts on Main GALERIE

(carte p. 338 ; www.artsonmain.info ; 264 Fox St, Maboneng ; 10h-16h mar, mer et ven-dim, 10h-20h jeu). GRATUIT Ce centre artistique aux multiples facettes occupe un ancien entrepôt doté d'une superbe cour et participe au bouillonnement culturel de Maboneng. L'édifice jadis délabré est devenu un havre de créativité, avec des espaces culturels, des ateliers d'artistes, des galeries, divers commerces et un restaurant, offrant aux visiteurs spectacles et événements réguliers. Il accueille aussi un marché très populaire le dimanche.

Faubourgs nord

CIRCA on Jellicoe GALERIE

(carte p. 338 ; 011-788 4805 ; www.circaonjellicoe.co.za ; 2 Jellicoe Ave, Rosebank ; 9h-18h mar-ven, 9h-13h sam). Acteur essentiel du paysage culturel de Jo'burg, CIRCA on Jellicoe est à la fois une icône architecturale et une superbe galerie d'art contemporain. Cette structure en spirale surplombe les faubourgs nord et renferme d'inhabituelles sculptures, esquisses et œuvres contemporaines provenant de tout le pays. Elle est entourée de 400 "fanons" en aluminium de couleurs diverses, hauts de 10 m, qui évoquent un kraal (enclos pour le bétail) zoulou.

Centre de Johannesburg

Les incontournables
1 Wits Art Museum B2

À voir
2 Chancellor House B5
3 Hôtel de ville D5
4 Constitution Hill D1
5 Gandhi Square D5
6 Johannesburg Art Gallery E3
7 Market Theatre B4
8 Mary Fitzgerald Square A4
9 Museum Africa A4
10 Nelson Mandela Bridge B3
11 Origins Centre A2
12 Planétarium A2
13 Poste de Rissik Street D5
14 SAB World of Beer B5
15 Sci-Bono Discovery Centre B5
16 Standard Bank Art Gallery C6
17 Top of Africa E5
18 Turbine Hall B4
19 Workers' Museum B5

Où se loger
20 Bannister Hotel B2
21 easyHotel C2
22 Faircity Mapungubwe Hotel Apartments C6
23 Protea Hotel Parktonian C2

Où se restaurer
86 Public .... (voir 31)
24 City Perk Café C6
25 Dahleahs B2
26 Darkie Cafe C6
27 Goldmine Cafe D6
28 Kaldi's A5
29 Post B2
30 Smokehouse & Grill B2
31 Velo C2
WAM Cafe .... (voir 1)

Où prendre un verre et faire la fête
32 Anti-Est B2
33 Boundless D5
34 Cramers Coffee C6
35 Doubleshot Coffee & Tea B2
36 Great Dane B2
37 Guildhall D5
38 Kitchener's Carvery Bar B2
39 Sophiatown Bar Lounge A5

Où sortir
40 Bassline A5
41 Orbit B2

Achats
42 Kohinoor C5
43 KwaZulu Muti Museum of Man and Science B5
Neighbourgoods Market .... (voir 30)
44 Sheds@1Fox A6

Liliesleaf Farm MUSÉE
(carte p. 338 ; ☎011-803 7882 ; www.liliesleaf.co.za ; 7 George Ave, Rivonia ; adulte/enfant 60/35 R ; 8h30-17h lun-ven, 9h-16h sam-dim). Sans doute le musée le plus sous-estimé de la ville, Liliesleaf Farm était le quartier général secret de l'ANC (African National Congress ; Congrès national africain) pendant les années 1960 et a rouvert en qualité de musée en juin 2008. Ce complexe bien aménagé raconte la lutte pour la libération de l'Afrique du Sud, à l'aide de diverses expositions interactives high-tech.

South African National Museum of Military History MUSÉE
(carte p. 338 ; ☎010-001 3515 ; www.ditsong.org.za ; 22 Erlswold Way, Saxonwold ; adulte/enfant 30/25 R ; 9h-16h30). Si les fusils, les chars et les avions de combat vous fascinent, vous verrez toutes sortes d'engins de destruction, de la guerre des Boers de 1899-1902 à la Seconde Guerre mondiale, dans l'un des musées les plus fréquentés de Jo'burg. Il se situe à l'extrémité est du zoo.

Faubourgs sud

Apartheid Museum MUSÉE
(carte p. 338 ; ☎011-309 4700 ; www.apartheidmuseum.org ; angle Gold Reef Rd et Northern Parkway, Ormonde ; adulte/enfant 70/55 R ; 9h-17h). Incontournable, le musée de l'Apartheid illustre l'essor et la fin de l'époque de ségrégation et d'oppression en Afrique du Sud. Des films, des écrits, des enregistrements et des récits expliquent l'élaboration et la mise en place du système, ainsi que la lutte pour la démocratie. La visite aide à comprendre les inégalités et les tensions qui subsistent. Le musée est situé à 8 km au sud du centre-ville, près de l'autoroute M1.

Sa visite est une expérience bouleversante ; la petite salle dans laquelle pendent 131 cordes, qui représentent les 131 opposants exécutés selon les lois antiterroristes, est particulièrement émouvante.

Gold Reef City PARC À THÈME
(carte p. 338 ; ☎011-248 6800 ; www.goldreefcity.co.za ; angle Northern Parkway et Data Cres,

Ormonde ; 175 R, enfant - 1,30 m 110 R ; ⏲9h30-17h mer-dim). Offrez-vous un voyage dans le Johannesburg de la ruée vers l'or. De style Disneyland, ce parc à thème ne se préoccupe guère d'authenticité historique, mais occupe agréablement un après-midi, surtout avec des enfants.

Où se loger

Si Jo'burg compte d'innombrables hébergements, la plupart des établissements touristiques se concentrent dans les faubourgs nord.

Melville et Norwood constituent de bons choix si vous préférez rejoindre à pied les bars et les restaurants. Dans les faubourgs nord, les hébergements sont souvent espacés, sans boutiques ni lieux de sortie à proximité.

Les infrastructures touristiques s'améliorent lentement dans le centre, qui ne compte actuellement que quelques établissements corrects. Si vous souhaitez loger près de l'Inner City, il vaut mieux séjourner à Braamfontein ou à Maboneng.

La plupart des auberges de jeunesse offrent un transfert gratuit de l'aéroport ou des stations du Gautrain à Sandton et Rosebank. Presque toutes sont desservies par le Baz Bus. Les pensions et les hôtels proposent également le transfert de l'aéroport pour environ 600 R. Presque tous les hôtels organisent des circuits à Soweto, au Kruger National Park et ailleurs.

Inner City

Faircity Mapungubwe Apartments APPARTEMENTS $$

(carte p. 342 ; ☎011-429 2600 ; www.mapungubwe-hotel.co.za ; 50-54 Anderson St, Marshalltown ; d 1 215-1 515 R ; P 🛜 ≋). Prisé des employés des compagnies minières et des banques voisines, cet immeuble de bureaux rénové constitue une option sûre dans le centre de Jo'burg, malgré une ambiance assez impersonnelle. Si les employés se montrent un peu distants, les appartements sans cloisons sont spacieux et bien équipés. L'établissement comprend une petite terrasse au bord de la piscine, un restaurant et un bar dans l'ancienne salle des coffres. Renseignez-vous sur les promotions du week-end.

Braamfontein

Bannister Hotel HÔTEL $

(carte p. 342 ; ☎011-403 6888 ; www.bannisterhotel.co.za ; 9 De Beer St, Braamfontein ; d 545-695 R ; P ❄ 🛜). Proche des bars et des restaurants de Braamfontein, cet hôtel récemment modernisé propose des chambres fonctionnelles et confortables, avec une décoration discrète, de bons matelas et des sdb impeccables. Le double vitrage protège du bruit de De Beer St, une rue fréquentée. Le restaurant est un atout supplémentaire. Parking couvert à disposition à 100 m, moyennant 40 R.

easyHotel HÔTEL $$

(carte p. 342 ; ☎011-242 8600 ; www.easyhotel.com ; 90 De Korte St, Braamfontein ; d 600-850 R ; P ❄ 🛜). Ni luxe ni chichis : cet hôtel de 60 chambres aux couleurs orange et marron, en plein cœur de Braamfontein, est à la fois fonctionnel, insolite et stylé. Il est également pratique lorsqu'on souhaite loger près des lieux animés. Si vous avez le sommeil léger, demandez une chambre dans les étages supérieurs. Le Wi-Fi coûte 25 R l'heure, et le petit-déjeuner 100 R.

Protea Hotel Parktonian HÔTEL $$

(carte p. 342 ; ☎011-403 5741 ; www.parktonian.co.za ; 120 De Korte St, Braamfontein ; s/d avec petit-déj 1 000/1 300 R ; P ❄ @ 🛜 ≋). D'allure parfaitement banale, ce grand bâtiment moderne offre d'excellents équipements, des prix intéressants et un emplacement pratique pour Park Station (navette gratuite depuis/vers l'hôtel) ou les bars et restaurants de Braamfontein. Il possède un fabuleux toit-terrasse (avec petite piscine) où prendre un verre en soirée.

Maboneng

Curiocity Backpackers AUBERGE DE JEUNESSE $

(carte p. 338 ; ☎072 880 9583, 011-592 0515 ; www.curiocitybackpackers.com ; 302 Fox St, Maboneng ; dort 160-200 R, s/d sans sdb 260/360 R, ch sur toit 500 R ; P 🛜). Dans le charmant quartier de Maboneng, le jeune propriétaire Bheki Dube a fait de cette ancienne imprimerie une auberge de jeunesse originale avec des dortoirs propres, des chambres nettes et une suite sur le toit. Elle comporte aussi un bar animé, une cuisine commune et un petit restaurant. Il y règne une atmosphère très conviviale.

Mainstreetwalks (p. 350), qui offre d'excellentes promenades guidées dans divers faubourgs, se trouve ici.

12 Decades Art Hotel BOUTIQUE-HÔTEL $$
(carte p. 338 ; ☎011-026 5601 ; www.urbanhiphotels.com ; 7e ét., Main Street Life Bldg, 286 Fox St, Maboneng ; d 900 R ; P ❄ 📶). Ce superbe hôtel à thème, au cœur de Maboneng, compte 12 chambres au 7e étage (le reste est occupé par des appartements), chacune conçue par des décorateurs différents et inspirée par une période de l'histoire locale. La suite Sir Abe Bailey décline la ruée vers l'or chinoise de la fin du XIXe siècle, tandis que la "Perpetual Liberty" est résolument plus contemporaine. Une expérience unique.

Le petit-déjeuner n'est pas servi, mais de nombreux restaurants sont installés à proximité.

Melville

Sleepy Gecko GUESTHOUSE $$
(carte ci-contre ; ☎082-745 0434, 011-482 5224 ; www.sleepygecko.co.za ; 84 3rd Ave, Melville ; s/d avec petit-déj à partir de 450/600 R ; P ❄ @ 🏊). Très prisée, cette belle pension à l'ambiance détendue se situe au cœur de l'animation de 7th St. Préférez les chambres de l'annexe, moins bruyantes et plus claires – nos favorites sont la Fossil et l'Amarula. Les parties communes comprennent une grande salle à manger accueillante et une petite piscine dans la cour en façade.

♥ **Motel Mipichi** BOUTIQUE-HÔTEL $$
(carte ci-contre ; ☎011-726 8844 ; www.motelmipichi.co.za ; 35 4th Ave, Melville ; s 580-650 R, d 780-975 R, petit-déj compris ; P @). Les décorateurs qui ont aménagé ces maisons jumelles des années 1930 ont fait du Mipichi un joyau minimaliste. Il comprend 6 chambres paisibles aux touches acidulées, agrémentées d'une douche à l'italienne. Le salon avec cuisine ouverte, orné de carrelage portugais, est idéal pour décompresser. Réservation nécessaire.

Lucky Bean Guesthouse GUESTHOUSE $$
(carte p. 338 ; ☎082 902 4514 ; www.luckybeantree.co.za ; 129 1st Ave, Melville ; s 600-700 R, d 850-900 R, petit-déj compris ; P 📶 🏊). Conway, le propriétaire, a transformé cette villa en un B&B paisible et accueillant. Les grandes chambres, élégantes et bien aménagées, comportent une entrée privée et d'excellents équipements, tels que TV à écran plat et literie de qualité. Une piscine est à disposition, de même que des informations sur le quartier. De la pension, vous pouvez facilement rejoindre à pied 7th St, la rue la plus animée de Melville. Réservez bien à l'avance car l'endroit se remplit vite.

Arum Place GUESTHOUSE $$
(carte p. 338 ; ☎011-482 5247 ; www.arumplace.co.za ; angle 1st St et Motor St, Melville ; s/d avec petit-déj 675/900 R ; P 📶 🏊). Cette imposante villa de 1935, à la lisière de Melville, est idéale si vous recherchez une maison chaleureuse et stylée. Les 8 chambres, à la décoration personnalisée, sont confortablement réparties sur 2 niveaux. Notre préférée est la "Touch of Grey", avec une terrasse et une entrée privées. Une jolie piscine est installée dans le jardin.

L'Arum se situe dans une rue plaisante, mais un peu loin de 7th Street. Les propriétaires serviables vous conduiront volontiers au restaurant de votre choix.

Ginnegaap Guest House GUESTHOUSE $$
(carte ci-contre ; ☎011-482 3507 ; www.ginnegaap.co.za ; 54 4th Ave, Melville ; s 690-750 R, d 850-950 R, petit-déj compris ; P 📶). Le Ginnegaap occupe une maison de ville contemporaine qui conserve le charme de l'ancien Melville. Le jardin en façade et la véranda qui entoure la demeure invitent à la détente. Les chambres spacieuses, d'un excellent rapport qualité/prix, s'agrémentent de lits douillets et d'une décoration chaleureuse. Le service est efficace et discret.

Saffron Guesthouse & Johannesburg Suites GUESTHOUSE $$
(carte ci-contre ; ☎011-726 6646 ; www.saffronguesthouse.co.za ; angle 5th Ave et 7th St, Melville ; s/d avec petit-déj 790/990 R ; P ❄ 📶). À quelques pas de l'animation de 7th Avenue, le Saffron est une trouvaille. Il comprend 7 chambres modernes, raffinées et confortables avec de jolies touches décoratives et des sdb étincelantes. L'absence de piscine est le seul bémol. Le petit-déjeuner est servi dans un café voisin.

84 on 4th Guesthouse GUESTHOUSE $$
(carte ci-contre ; ☎011-482 2725 ; www.84onfourth.co.za ; 84 4th Ave, Melville ; s 750-900 R, d 850-1 100 R, petit-déj compris ; P 📶). Cette vaste maison, à deux pas de 7th Street, constitue un bon choix si vous souhaitez loger au cœur de l'action. Les chambres, aménagées autour d'un jardin, varient beaucoup : certaines sont petites et sans prétention, d'autres somptueuses et stylées.

Melville

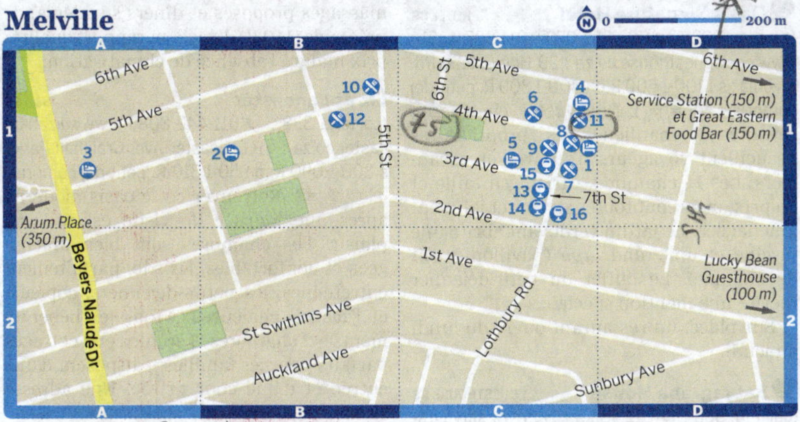

Melville

Où se loger

1	84 on 4th Guesthouse	C1
2	Ginnegaap Guest House	B1
3	Motel Mipichi	A1
4	Saffron Guesthouse & Johannesburg Suites	C1
5	Sleepy Gecko	C1

Où se restaurer

6	Bambanani	C1
7	Brauhaus	C1
8	Café de la Creme	C1
9	La Luna of Melville	C1
10	Leopard	B1
11	Lucky Bean	C1
12	Picobella	B1

Où prendre un verre et faire la fête

13	Jo'Anna Melt Bar	C1
14	Liberation Cafe	C1
15	Ratz Bar	C1
16	Six Cocktail Bar & Restaurant	C1

Fauboure nord

Brown Sugar Backpackers AUBERGE DE JEUNESSE $
(carte p. 338 ; ☎011-648 7397 ; www.brownsugarbackpackers.com ; 75 Observatory Ave, Observatory ; camping 130 R/pers, dort/s/d sans sdb à partir de 180/340/240 R, s/d 340/400 R, petit-déj compris ; P@). Bonne adresse pour les voyageurs à petit budget, cette auberge occupe une vaste demeure aux airs de château miniature. Elle offre un grand choix d'hébergements, dont des dortoirs avec sdb, un dortoir réservé aux femmes, des bungalows en rondins et quelques chambres privées à la décoration insolite. Un salon TV, une piscine, une cuisine et une buanderie sont à disposition. Le dîner (65 R) est servi sur demande.

On vient vous chercher gratuitement à l'aéroport ou à Park Station. Les cartes bancaires sont acceptées, moyennant une commission de 5%.

Backpackers Ritz AUBERGE DE JEUNESSE $
(carte p. 338 ; ☎011-325 7125 ; www.backpackers-ritz.co.za ; 1A North Rd, Dunkeld West ; dort/s/d sans sdb 165/330/495 R ; P). Établi de longue date, le Ritz reste prisé pour ses excellents équipements, son emplacement privilégié et une vue splendide. Il appartient à 3 frères, qui veillent à conserver une ambiance familiale dans la vaste propriété verdoyante. Les dortoirs de 12 à 14 lits sont spacieux, et il est prévu de rénover les sdb communes. Certaines des chambres privées auraient aussi besoin d'un rafraîchissement.

Joburg Backpackers AUBERGE DE JEUNESSE $
(carte p. 338 ; ☎011-888 4742 ; www.joburgbackpackers.com ; 14 Umgwezi Rd, Emmarentia ; dort 150 R, ch avec/sans sdb 480/380 R ; P). Cette auberge discrète à l'ambiance campagnarde, dans une rue verdoyante d'Emmarentia, est sûre et bien tenue. Elle propose des grands dortoirs de 8 et 10 lits, d'une propreté irréprochable. Les chambres avec sdb, d'un excellent rapport qualité/prix, ouvrent sur de vastes pelouses. Les repas ne sont pas servis, mais les restaurants de Greenside sont à 10 minutes de marche.

♥ **Oasis Signature Hotel** HÔTEL $$
(carte p. 338 ; ☎082-857 0707, 011-807 4351 ; www.oasisguesthouse.co.za ; 29 Homestead Rd, Rivonia ; s 1 100-1 500 R, d 1 400-1 800 R, petit-déj compris ; P ❄ ≋). Dans cette charmante retraite de banlieue, les propriétaires accueillent voyageurs d'affaires et vacanciers. Les 14 chambres varient en taille et en prix, mais sont toutes stylées et joliment aménagées. Le jardin verdoyant abrite une piscine et un grand *lapa* (pavillon à toit de chaume). Le buffet du petit-déjeuner mérite une mention spéciale.

Sur place, un restaurant ouvre du lundi au jeudi.

♥ **Satyagraha House** GUESTHOUSE $$
(carte p. 338 ; ☎011-485 5928 ; www.satyagrahahouse.com ; 15 Pine Road, Orchards ; d avec petit-déj à partir de 1 800 R ; P ⓦ). Merveilleux sanctuaire urbain, le Satyagraha est l'ancienne maison de Mohandas Gandhi (surnommé le Mahatma), qui y vécut entre 1907 et 1908. L'édifice historique a été restauré et transformé en une pension-musée. Les 7 chambres sont organisées en kraal et l'histoire du Mahatma durant son séjour dans cette demeure inspire indubitablement les hôtes. Les repas sont végétariens.

♥ **Parkwood** BOUTIQUE-HÔTEL $$
(carte p. 338 ; ☎011-880 1748 ; www.theparkwood.com ; 72 Worcester Rd, Parkwood ; d avec petit-déj 1 700/2 000 R ; P ❄ @ ⓦ ≋). Confort, charme et atmosphère : ce superbe établissement conjugue tous ces atouts. Il offre la possibilité de déconnecter dans une série d'étroits bâtiments indépendants, qui garantissent l'intimité. Le propriétaire, décorateur d'intérieur, a créé un lieu à l'élégance raffinée, avec des œuvres d'art contemporain, des murs en pierre, des chaises longues au pied de fontaines, deux piscines, une bibliothèque et une salle de gym. Dîner sur demande.

La distance entre l'établissement et la station du Gautrain peut s'effectuer à pied.

44 on Livingston GUESTHOUSE $$
(carte p. 338 ; ☎011-485 1156 ; www.44onlivingston.com ; 5 Sandler Rd, Linksfield ; s/d avec petit-déj à partir de 780/950 R ; P @ ≋). Cette charmante pension, au cœur du quartier juif, possède 7 chambres impeccables, décorées avec goût et dotées d'élégantes sdb, d'une literie de qualité et de linge haut de gamme. Grande piscine, massages proposés et dîners sur demande préalable (140 R). Excellent rapport qualité/prix malgré l'absence de climatisation.

Liz at Lancaster B&B $$
(carte p. 338 ; ☎011-442 8083 ; www.lizatlancaster.co.za ; 79 Lancaster Ave, Craighall Park ; s 800-1 090 R, d 950-1 310 R, petit-déj compris ; P @ ⓦ ≋). Retrouver cette oasis moderne après une journée de visite est un vrai plaisir. Les chambres sont bien aménagées et confortables, les sdb, parfaitement entretenues, les petits-déjeuners, copieux, et l'accueil chaleureux. Tous les hébergements – 2 chambres, 3 studios et 2 cottages parfaits pour les familles – disposent d'une entrée et d'une cour privée. Une adresse sûre.

Melrose Place Guest Lodge HÔTEL $$
(carte p. 338 ; ☎083 457 4021, 011-442 5231 ; www.melroseplace.co.za ; 12A North St, Melrose ; s/d avec petit-déj 1 375/1 700 R ; P ⓦ ≋). La vie semble moins frénétique dans ce havre de paix, entre Rosebank et Sandton. Cette maison isolée de style campagne-chic abrite 30 chambres et séduira ceux qui apprécient l'espace : le vaste jardin invite à flâner et vous pourrez vous détendre dans la grande piscine. Dîner sur demande.

Radisson Blu Gautrain Hotel HÔTEL $$
(carte p. 338 ; ☎011-245 8000 ; www.radissonblu.com ; angle West St et Rivonia Rd, Sandton ; d à partir de 2 360 R ; P ❄ ⓦ ≋). À quelques pas de la station Sandton du Gautrain, cet hôtel gigantesque est pratique si vous devez prendre un avion le lendemain matin. Les chambres avec douche sont bien conçues, le restaurant est excellent et la piscine extérieur est charmante.

Ascot Hotel HÔTEL $$
(carte p. 338 ; ☎011-483 3371 ; www.ascothotel.co.za ; 59 Grant Ave, Norwood ; d avec petit-déj 980-1 450 R ; P @ ⓦ). Cet hôtel d'affaires stylé vous accueillera comme un VIP avec ses cordes rouges. Prestigieux mais abordable, il correspond parfaitement à l'ambiance détendue du quartier. Les chambres plutôt petites sont bien aménagées et confortables. Le principal atout de l'Ascot est son emplacement, à courte distance de certains des meilleurs bars et restaurants du faubourg. Spa dans l'hôtel.

♥ **Residence** BOUTIQUE-HÔTEL $$$
(carte p. 338 ; ☎011-853 2480 ; www.theresidence.co.za ; 17 4th Ave, Houghton ; d avec petit-déj

2 900-4 500 R ; P❄@📶🏊). Si le charme avait un parfum, cet hôtel ultra-élégant, installé dans une ancienne ambassade, serait enivrant. Cocon raffiné, il compte 17 suites opulentes, chacune différemment aménagée, et de superbes espaces communs. Un plongeon dans la piscine ou la détente au spa font oublier la fatigue de la journée.

54 on Bath BOUTIQUE-HÔTEL **$$$**
(carte p. 338 ; ☎011-344 8500 ; www.tsogosunhotels.com ; 54 Bath Ave, Rosebank ; d avec petit-déj à partir de 3 700 R ; P❄📶🏊). Incarnation du "chic urbain", cet hôtel séduisant se situe à courte distance des galeries marchandes de Rosebank. Il offre 75 chambres spacieuses, d'une élégance discrète, un jardin-terrasse avec piscine au 4e étage, un restaurant haut de gamme, deux bars et un centre de remise en forme.

Pour bénéficier de la vue sur la ville, choisissez une chambre au bord de la piscine, dans les étages supérieurs. Service de navette gratuit jusqu'à la station du Gautrain.

Ten Bompas BOUTIQUE-HÔTEL **$$$**
(carte p. 338 ; ☎011-341 0282 ; www.tenbompas.com ; 10 Bompas Rd, Dunkeld West ; ste avec petit-déj 3 500 R ; P❄📶🏊). Plus central que d'autres établissements haut de gamme, ce pionnier des hôtels de charme est situé dans le quartier chic de Dunkeld West. Il possède 10 suites et une ravissante collection privée d'art africain, mise en valeur par des boiseries sombres et des tons ocre. Le restaurant mérite à lui seul le détour.

Peech Hotel BOUTIQUE-HÔTEL **$$$**
(carte p. 338 ; ☎011-537 9797 ; www.thepeech.co.za ; 61 North St, Melrose ; d avec petit-déj 2 400-2 800 R ; P❄📶🏊). Ces 4 appartements en duplex, disséminés dans un superbe jardin paysager, abritent 16 chambres de belles dimensions, agrémentées de subtils détails design. Le cadre reste le principal atout du Peech, qui comprend aussi une jolie piscine.

Saxon HÔTEL **$$$**
(carte p. 338 ; ☎011-292 6000 ; www.thesaxon.com ; 36 Saxon Rd, Sandhurst ; d avec petit-déj à partir de 7 000 R ; P❄@📶🏊). Ce somptueux palace, où Mandela acheva la rédaction de ses mémoires, fait la fierté de Sandhurst. Si vous n'êtes pas épaté par les ascenseurs privés, le service personnalisé et le plus beau spa du pays, vous serez sûrement impressionné par la splendide piscine, le restaurant haut de gamme et les suites luxueuses. Le bonheur si vous rêvez de confort suprême et d'intimité.

Fauboiurgs sud

Gold Reef City Theme Park Hotel HÔTEL **$$**
(carte p. 338 ; ☎011-248 5700 ; www.tsogosunhotels.com ; 14 Shaft St, Ormonde ; d avec petit-déj 1 600 R ; P❄📶). Cet hôtel récemment rénové, stratégiquement situé à l'intérieur du parc à thème, et dont le décor rappelle une ville minière du début du XXe siècle, offre 75 chambres spacieuses, superbement aménagées, et de nombreux équipements.

Southern Sun Gold Reef City HÔTEL **$$**
(carte p. 338 ; ☎011-248 5000 ; www.tsogosunhotels.com ; angle Northern Parkway et Data Cres, Ormonde ; s/d avec petit-déj à partir de 1 750/1 850 R ; P❄📶). Ces chambres quatre étoiles, colorées et luxueuses, sont d'un excellent rapport qualité/prix. Elles comportent des meubles clinquants, des lits confortables et des sdb impeccables. Les hôtes bénéficient d'une entrée gratuite au Gold Reef City Theme Park. L'hôtel, un peu bruyant, ne compte que 38 chambres ; mieux vaut réserver.

Quartier de l'aéroport

Africa Footprints GUESTHOUSE **$**
(☎011-391 8448 ; www.airportaccommodation.co.za ; 1 Crestwood Way, Kempton Park ; s 540-650 R, d 650-750 R, petit-déj compris ; P❄📶🏊). Bonne adresse si vous devez loger près de l'aéroport, l'Africa Footprints, à 7 km d'OR Tambo, offre confort et équipements d'un hôtel d'affaires. Les 14 chambres n'ont rien d'exceptionnel mais les prix sont justifiés et le petit-déjeuner est copieux. Les chambres les moins chères ne disposent pas de la climatisation. Transfert gratuit de l'aéroport.

Dîners servis sur demande.

Où se restaurer

Destination de choix pour les gourmets, Jo'burg offre des restaurants qui peuvent satisfaire tous les goûts. Melville, Greenside, Braamfontein, Maboneng et l'Inner City comptent de nombreux établissements sympatiques et animés.

À NE PAS MANQUER

LES MEILLEURES VISITES GUIDÉES DE JO'BURG

Malgré les changements positifs que connaît Jo'burg actuellement, la ville reste intimidante pour beaucoup de voyageurs. Le meilleur moyen (et le plus sûr) de dépasser cette appréhension consiste à la visiter en compagnie d'un guide compétent. Que vous vous intéressiez à l'histoire, à l'architecture, à la rénovation urbaine, à la vie culturelle ou au *street art*, vous trouverez un guide expérimenté pour vous ouvrir la voie.

Mainstreetwalks (☎ 072 880 9583 ; www.mainstreetwalks.co.za). Dirigé par le jeune entrepreneur Bheki Dube, qui gère aussi le Curiocity Backpackers, Mainstreetwalks est spécialisé dans les visites de Maboneng, où il est installé, mais propose aussi d'excellents circuits dans l'Inner City, à Troyeville et dans le fascinant quartier éthiopien, Little Addis. Pour découvrir la vie nocturne de Jo'burg, l'Underground Pub Crawl (tournée des pubs underground) est idéal.

JoburgPlaces (☎ 082 894 5216 ; www.joburgplaces.com). Les visites guidées de l'Inner City qu'offre Gerald Garner changeront à coup sûr votre perception du quartier. L'une des favorites, la Regenerated Inner City Walk (6 heures), explore les changements du centre de Jo'burg au cours des dernières années. D'autres promenades vous emmèneront de Western Edge à Gandhi Sq (3 heures), dans les Inner City Swimming Pools (6 heures) et dans les Fashion District et Little Addis (5 heures).

Past Experiences (☎ 083 701 3046, 011-678 3905 ; www.pastexperiences.co.za). Géré par Jo Buitendach et son équipe de guides expérimentés, Past Experiences propose une approche différente, avec des circuits orientés sur les graffitis, le *street art* et le shopping. Les participants peuvent découvrir l'histoire des artistes et la culture locale du graffiti. Les circuits passent par Braamfontein, Newtown et le Fashion District. Chaudement recommandé.

Mulaudzi Alexandra Tours (☎ 071 279 3654, 061 365 7695 ; www.alexandratours.co.za). Explorez Alexandra, l'un des plus anciens townships d'Afrique du Sud, en compagnie du sympathique Jeff Mulaudzi. Né à Alexandra où il a grandi, ce jeune entrepreneur organise un circuit à vélo de 2 à 4 heures qui conduit au cœur de ce township peu connu. L'expérience est très instructive. Jeff retrouve les participants à la station Marlboro du Gautrain, où se trouve un parking gardé.

Dlala Nje (☎ 072 397 2269, 082 550 8615 ; www.dlalanje.org). Tenue par Nickolaus Bauer et Mike Luptak, cette agence pionnière propose des circuits uniques dans trois des quartiers les plus pauvres et les plus méconnus de Jo'burg : Hillbrow, Berea et la communauté d'immigrants ouest-africains de Yeoville. Ils constituent une excellente occasion de changer les perceptions négatives de ces quartiers et d'en apprendre davantage sur les diverses communautés qui y vivent.

Les circuits partent de l'emblématique Ponte City, où Dlala Nje gère un centre communautaire. La visite de Ponte City est comprise dans le circuit de Hillbrow.

Cashan Tours (☎ 082 491 9370 ; www.cashanafrica.com). Recommandé pour son enthousiasme, ses connaissances approfondies et son absence de formalisme, Chris Green, un guide naturaliste originaire de Jo'burg, organise des circuits sur mesure. Hébergement possible.

Inner City et Newtown

Kaldi's VÉGÉTARIEN, CAFÉ $

(carte p. 342 ; ☎ 083 757 0277 ; 30 Jeppe St, Newtown ; plats 30-50 R ; 7h30-17h lun-ven, 7h60-15h30 sam ;). En face du Museum Africa, cet agréable petit établissement végétarien et végétalien regorge de viennoiseries (dont des muffins et des petits pains à la cannelle très prisés), ainsi qu'un assortiment de sandwichs, wraps et salades. Les prix raisonnables et les petits-déjeuners servis toute la journée garantissent une animation constante. Il propose également un café de premier choix et des jus de fruits frais.

Darkie Cafe CAFÉ $$

(carte p. 342 ; ☎ 011-492 1556 ; angle Anderson St et Ferreira St, Marshalltown, Inner City ; plats

60-130 R ; 6h-21h lun-jeu et sam, 6h-23h ven). Roi des cafés dans le centre de Jo'burg, l'élégant Darkie Cafe attire un flot régulier de clients. Il doit son succès à 4 atouts clés : son emplacement au cœur du quartier des banques et des compagnies minières, l'ambiance joyeuse, une décoration design et bien sûr, l'excellente carte qui peut satisfaire tous les goûts.

City Perk Café CAFÉ $$
(carte p. 342 ; 011-838 4993 ; www.cityperkcafe.co.za ; 70 Fox St, Marshalltown, Inner City ; plats 70-140 R ; 7h30-16h30 lun-ven). Difficile d'obtenir une table dans ce café ultrapopulaire, qui propose d'excellents petits-déjeuners, sandwichs, wraps, grillades et salades, ainsi qu'un café correct, à des prix abordables. Le déjeuner revient à moins de 80 R ! Nombreuses tables en terrasse par beau temps.

Goldmine Cafe SUD-AFRICAIN $$
(carte p. 342 ; 011-689 1000 ; 58 Anderson St, Marshalltown, Inner City ; plats 45-110 R, buffets 140-160 R ; 6h-22h). Ce café fréquenté, au rez-de-chaussée du Reef Hotel, possède une ambiance détendue dans un cadre industriel agréablement excentrique. On peut voir l'équipe en cuisine s'affairer pour préparer des repas traditionnels : bœuf sauté, côtelettes de porc, burgers et sandwichs.

Braamfontein

Post CAFÉ $
(carte p. 342 ; 072 248 2078 ; 70 Juta St, Braamfontein ; plats 35-60 R ; 6h30-16h lun-ven, 8h30-14h sam ;). Avant ou après l'exploration de Braamfontein, entrez dans ce joli petit café pour savourer un délicieux petit-déjeuner, un sandwich gastronomique, une salade originale ou un plat du jour. Le menu inscrit sur un tableau noir ajoute à l'ambiance détendue. Le café est excellent.

Vélo CAFÉTÉRIA $
(carte p. 342 ; 011-403 0695 ; www.lovevelo.co.za ; Grove Corner, angle Juta St et Melle St, Braamfontein ; plats 35-70 R ; 7h-16h lun-mer, 7h-22h jeu-ven, 9h-22h sam, jusqu'à 18h dim). Cette charmante cafétéria, en retrait de la circulation, possède une clientèle fidèle grâce à ses savoureuses ciabattas, ses sandwichs appétissants, ses salades inventives, son bon café et ses serveurs sympathiques, sans oublier les alléchants petits-déjeuners.

Dahleahs CAFÉTÉRIA $
(carte p. 342 ; 011-403 0243 ; 6 De Beer St, Braamfontein ; plats 30-80 R ; 8h30-17h mar-ven, 9h-17h30 sam ;). Malgré l'afflux de restaurants branchés à Braamfontein, le Dahleahs reste l'une des adresses préférées des gourmets. La carte, simple et savoureuse, comprend des délices comme une pita au fromage *halloumi*, des sandwichs à la viande (*prego rolls*) et une salade grecque. Pour terminer sur une note sucrée, commandez un muffin ou un scone.

WAM Cafe CAFÉ $
(carte p. 342 ; 011-717 1000 ; angle Jorissen St et Jan Smuts Ave, Braamfontein ; plats 20-60 R ; 7h-16h lun-ven, 10h-14h sam ;). Une ancienne station-service est devenue l'un des cafés les plus populaires de Braamfontein – une salle chic, moderne, avec des baies vitrées donnant sur la rue. Les clients viennent essentiellement pour le déjeuner-buffet à 60 R, une véritable aubaine.

Smokehouse & Grill GRILL $$
(carte p. 342 ; 011-403 1395 ; angle Juta St et De Beer St, Braamfontein ; plats 70-170 R ; 12h-21h30 lun-jeu, 12h-22h30 ven-sam). Étudiants, branchés, parents : tout le monde vient dans ce grill pour se régaler de travers de porc fumés, de steaks juteux, de succulents burgers, de poulet grillé légèrement assaisonné ou de salades. Bon choix de vins et de bières également.

86 Public PIZZAS $$
(carte p. 342 ; 011-403 1155 ; www.86public.co.za ; angle Melle St et Juta St, Braamfontein ; plats 55-95 R ; 11h30-22h, 11h30-minuit sam ;). Au cœur de Braamfontein, le 86 Public est prisé des étudiants et des employés de bureau, signe que les prix sont intéressants. Si les pizzas n'ont rien d'exceptionnel, elles sont très correctes, avec un grand choix de garnitures.

Maboneng

Eat Your Heart Out ÉPICERIE FINE-TRAITEUR $
(carte p. 338 ; 082 485 9393 ; www.eatyourheartout.co.za ; angle Kruger St et Fox St, Maboneng ; plats 30-70 R ; 7h30-16h mar-dim ;). La meilleure adresse de Maboneng pour commencer la journée. Le petit-déjeuner israélien (omelette, pita toastée, salade, chou mariné et fromage frais) tient la grande vedette, tandis que les bagels et cheese-cakes enchantent les papilles. Jus de fruits frais, bon café et douceurs sont également proposés. Terrasse à disposition.

Sharp! Braai Corner SUD-AFRICAIN $

(carte p. 338 ; ☎072 810 3109 ; 20 Kruger St, Maboneng ; plats 20-60 R ; ⏲11h30-21h). Cette gargote de *braai* offre sans doute les plats les moins chers dans Maboneng et attire aussi bien des habitants économes que des touristes au budget serré. Le cadre insolite – un ancien container et des caisses de bière recyclées – et l'excellent *shisa nyama* (viande grillée et accompagnement traditionnels) – constituent ses principaux atouts. Fabuleux rapport qualité/prix.

Blackanese Sushi SUSHIS $$

(carte p. 338 ; ☎011-024 9455 ; 20 Kruger St, Maboneng ; plats 50-140 ; ⏲9h-22h mar-dim). Des sushis à la mode africaine ? C'est possible au Blackanese, qui fusionne saveurs africaines et cuisine japonaise pour un résultat spectaculaire. Outre les classiques – sashimis, *nigiri*-sushis –, goûtez les alléchants makis californiens au *biltong* (viande séchée), ou les sushis à la fraise et au fromage blanc. Décor industriel chic.

Canteen INTERNATIONAL $$

(carte p. 338 ; ☎011-334 5947 ; Arts on Main, 264 Fox St, Maboneng ; plats 70-140 R ; ⏲12h-14h30 et 18h-21h mar-mer, 9h-21h jeu-dim). L'un des meilleurs endroits où se détendre dans le quartier, ce restaurant animé, dans l'Arts on Main, bénéficie d'un cadre charmant, avec une grande cour ombragée d'oliviers, et un bar sur le toit. La carte met l'accent sur les burgers, les salades, les pâtes et les plats de viande.

Little Addis Café ÉTHIOPIEN $$

(carte p. 338 ; ☎082 683 8675 ; 280 Fox St, Maboneng ; plats 60-85 R ; ⏲12h-21h mar-sam, 12h30-18h dim). Pour une expérience mémorable, entrez dans ce restaurant qui sert du *doro wot* (ragoût de poulet), du *kitfo* (viande hachée) et des *tibs* (viande et légumes frits) épicés sur une grande *injera* (crêpe au levain). Cette dernière remplace les couverts.

Pata Pata INTERNATIONAL $$

(carte p. 338 ; ☎073 036 9031 ; 286 Fox St, Maboneng ; plats 80-130 R ; ⏲7h-22h30). S'il n'est peut-être plus aussi in qu'avant, ce classique de Maboneng conserve ce qui a fait son succès : cadre rustique chic, plats joliment présentés et service professionnel. La carte offre une gamme complète de pizzas et de burgers à la viande grillée et au poisson. À la belle saison, des tables sont installées sur le trottoir. Musique live presque tous les soirs.

Melville

Les restaurants et cafés sont nombreux à Melville, et la plupart ont une terrasse.

♥ **Service Station** BISTROT $

(carte p. 338 ; ☎011-726 1701 ; Bamboo Centre, angle 9th St et Rustenburg Rd, Melville ; plats 50-80 R ; ⏲7h30-17h lun-ven, 8h-17h sam, 8h30-15h dim). Dans un coin reculé de Melville et donc facile à manquer, le Service Station est l'"adresse secrète" que les habitants aiment à recommander. Les copieux petits-déjeuners comprennent *flapjacks* (gâteaux aux flocons d'avoine) et brioches. Parmi les délices fraîchement préparés figurent légumes grillés au fromage, burgers gastronomiques, bœuf grillé aux oignons caramélisés. Également glaces irrésistibles et superbe café.

Picobella ITALIEN $

(carte p. 347 ; ☎011-482 4309 ; 66 4th Ave, Melville ; plats 30-100 R ; ⏲8h-22h). Meilleur restaurant italien du quartier, le Picobella sert de bonnes pizzas cuites au feu de bois, des plats de pâtes délicieuses – essayez l'Olglio-olio au pecorino –, d'honnêtes salades et des entrées à savourer sur une terrasse à la décoration romaine. Le petit-déjeuner, chaudement recommandé, est très prisé des voyageurs.

Café de la Creme CAFÉ $

(carte p. 347 ; ☎011-726 7716 ; angle 7th St et 4th Ave, Melville ; plats 50-80 R ; ⏲7h-16h30 lun, 7h-18h30 mar-sam). Cette boulangerie-café fait le plein à midi pour ses sandwichs, ses burgers et ses pâtisseries. Le matin, profitez de la bonne odeur de pain chaud, prenez un café, un magazine et installez-vous près des grandes fenêtres ouvertes.

Great Eastern Food Bar ASIATIQUE $$

(carte p. 338 ; ☎011-482 2910 ; Bamboo Centre, angle 9th St et Rustenburg Rd, Melville ; plats 60-160 R ; ⏲12h-23h mar-ven, 13h-23h sam, 13h-20h dim). Installé sur le toit du Bamboo Centre, ce restaurant propose une délicieuse cuisine asiatique créative à des prix corrects. Nick Scott, le chef-propriétaire, mitonne des plats succulents avec les meilleurs ingrédients. Les ravioles au *kimchi*, les tacos aux sashimis et la truite fumée font partie des délices.

Réservez, surtout si vous voulez une table avec vue sur la réserve naturelle de Melville Koppies.

Lucky Bean AFRICAIN MODERNE $$
(carte p. 347 ; 011-482 5572 ; www.luckybeantree.co.za ; 16 7th St, Melville ; plats 65-130 R ; 11h-21h30 mar-jeu, 11h-23h ven-sam ;). Éclairage tamisé, musique douce, bar à cocktails fourni et serveurs qui dévalent joyeusement une volée de marches, le Lucky Bean se distingue par son ambiance. La cuisine est parfaite : repas légers à toute heure, quelques plats végétariens, ragoûts de gibier, entrées originales et steaks délicieux (tel le filet d'autruche teriyaki).

Leopard INTERNATIONAL $$
(carte p. 347 ; 011-482 9356 ; www.leopard-foodcompany.com ; 63A 4th Ave, Melville ; plats 50-140 R ; 6h-22h lun-jeu, 11h-23h ven-sam). Dans ce restaurant simple mais haut de gamme, le chef Andrea Burgener cuisine une palette changeante de plats éclectiques comme les feuilles de taro masala ou la caille farcie de noix de cajou et de coriandre, tous préparés avec d'excellents ingrédients. Carte des vins limitée mais parfaitement sélectionnée et somptueux desserts.

Brauhaus ALLEMAND $$
(carte p. 347 ; 011-482 4219 ; www.brauhaus-melville.co.za ; angle 7th St et 3rd Ave, Melville ; plats 70-130 R ; 16h-22h mar-sam, 11h-22h dim). Le Brauhaus est réputé à juste titre pour ses spécialités allemandes bien préparées, avec une touche sud-africaine. Où ailleurs pourrez-vous déguster un ragoût de gnou avec des *spätzle* (pâtes) maison ? Saucisses viennoises et goulasch de bœuf figurent également sur la carte.

Bambanani INTERNATIONAL $$
(carte p. 347 ; 011-482 2900 ; www.bambanani.biz ; 85 4th Ave, Melville ; plats 50-110 R ; 9h-20h mar-ven, à partir de 8h sam-dim ;). Le Bambanani vise essentiellement une clientèle familiale. Il comporte une immense terrasse à l'arrière et un jardin avec une grande aire de jeux à plusieurs niveaux pour les enfants. La longue carte comprend pizzas, pâtes, salades et divers plats capables de satisfaire tous les goûts.

La Luna of Melville ITALIEN $$$
(carte p. 347 ; 011-482 7451 ; www.laluna-melville.co.za ; 9 7th St, Melville ; plats 80-195 R ; 16h-21h30 lun, 11h30-21h30 mar-sam). Restaurant chic, La Luna offre un élégant cadre design, de vastes espaces et une ambiance policée. Après les succulents hors-d'œuvre, régalez-vous de raviolis au potiron, de lotte et *calamaretti* grillés et de pâtes maison avec crevettes grillées. Au dessert, choisissez le délicieux tiramisu.

Milpark

Salvation Cafe CAFÉ $$
(carte p. 338 ; 011-482 7795 ; www.salvationcafe.co.za ; 44 Stanley Ave, Milpark ; plats 60-100 R ; 8h-15h mar-dim). Ce café détendu, avec une véranda couverte et une jolie cour, est spécialisée dans les mets bio, des pâtisseries aux salades et des burgers aux wraps, sans oublier les succulents petits-déjeuners (servis jusqu'à 11h45). Les gourmets locaux raffolent des œufs Benedict et du *carrot-cake*.

Il Giardino Degli Ulivi ITALIEN $$
(carte p. 338 ; 011-482 4978 ; www.ilgiardino.co.za ; 44 Stanley Ave, Milpark ; plats 60-185 R ; 11h30-22h mar-sam, 11h30-16h dim). Dans le complexe branché de 44 Stanley, Il Giardino ressemble à une charmante trattoria d'antan, avec une cour verdoyante où déguster des plats roboratifs à des prix raisonnables. Les gnocchis au gorgonzola, le carpaccio de bœuf au parmesan et les pizzas à pâte fine sont particulièrement recommandés. La carte des vins, restreinte mais très correcte, affiche des prix tout aussi abordables.

Greenside

Non loin de Melville, le faubourg de Greenside compte d'excellents restaurants et des bars branchés, fréquentés par une clientèle moins jeune qu'à Melville. Les restaurants se regroupent dans Gleneagles Rd et Greenway, près de Barry Hertzog Ave, et le long de la 4th Avenue adjacente.

Dukes Burgers BURGERS $$
(carte p. 338 ; 011-486 0824 ; www.dukesburgers.co.za ; 14 Gleneagles Rd, Greenside ; plats 70-110 R ; 11h30-21h dim-jeu, 11h30-22h ven-sam). Cet établissement, joliment éclairé, se situe dans une section de Gleneagles Rd bordée de restaurants. Il sert d'alléchants burgers, déclinés en nombreuses variétés. Le végétarien est excellent, surtout accompagné de frites de patate douce et d'un milk-shake onctueux. Cour abritée à l'arrière.

Doppio Zero ITALIEN $$
(carte p. 338 ; 011-646 8740 ; www.doppio.co.za ; angle Barry Hertzog Ave et Gleneagles Rd, Greenside ; plats 60-120 R ; 7h-21h dim-jeu, 7h-22h ven-sam). Cette enseigne d'une chaîne italienne de cafés est très populaire, à juste

1

RICHARD I'ANSON / GETTY IMAGES ©

DOELAN YANN / GETTY IMAGES ©

1. Grottes de Sterkfontein (p. 368)
Ces grottes constituent l'un des sites archéologiques les plus importants au monde.

2. Masque africain
De délicats motifs en perles décorent cette œuvre d'art.

3. Orlando Towers (p. 366), Soweto
Ces tours ornées de peintures murales sont devenues un site prisé pour le saut à l'élastique.

4. Illustration du passé
Une installation sur le thème de la migration à l'Apartheid Museum (p. 344), un musée incontournable de Johannesburg.

DAVE HAMMAN / GETTY IMAGES ©

titre. La terrasse est bondée le week-end pour le petit-déjeuner accompagné de viennoiseries maison, ou pour les excellentes pâtes et pizzas.

Orient ASIATIQUE **$$**
(carte p. 338 ; ☎011-684 1616 ; www.thai-africa.co.za ; 4 High St, Melrose Arch ; plats 50-170 R ; ⏲12h-14h30 et 18h-21h30 lun-jeu, 12h-22h ven-dim). Meilleur des restaurants asiatiques appartenant à la même entreprise, l'Orient attire une clientèle aisée, séduite par la cuisine fusion, les sushis frais et le cadre futuriste.

Parkview

Moyo's SUD-AFRICAIN **$$**
(carte p. 338 ; ☎011-646 0058 ; www.moyo.co.za ; Zoo Lake, Parkview ; plats 60-160 R ; ⏲8h30-22h lun-jeu et dim, 8h30-23h ven-sam). Le restaurant de chaîne le plus “chic” d'Afrique du Sud semble un peu fatigué, mais séduit toujours une clientèle familiale grâce à son excellent emplacement, sa décoration originale et sa longue carte.

Norwood

Un long tronçon de Grant Ave est bordé de cafés et de restaurants, pour la plupart ouverts tous les jours.

Zahava's MOYEN-ORIENTAL **$**
(carte p. 338 ; ☎011-728 6511 ; www.zahavas.co.za ; 47A Grant Ave, Norwood ; plats 50-80 R ; ⏲7h30-16h lun-ven, 8h30-16h30 sam-dim ; 📶). Avec des tableaux colorés sur les murs et une ambiance détendue, le Zahava's ne peut être qu'agréable. Il est réputé pour ses spécialités du Moyen Orient fraîchement préparées, dont les *ziva* (pains plats) et les *latke* (beignets de pomme de terre) en petites portions, ainsi qu'un savoureux tajine d'agneau marocain. Il sert aussi le petit-déjeuner et possède un patio, idéal par beau temps.

Schwarma Co MOYEN-ORIENTAL **$$**
(carte p. 338 ; ☎011-483 1776 ; www.schwarmacompany.co.za ; 71 Grant Ave, Norwood ; plats 50-150 R ; ⏲11h-22h). Cette institution de Jo'burg est renommée pour ses délicieuses assiettes de *chawarma* (viande rôtie à la broche et émincée, servie dans un pita avec des tranches de tomate), ses savoureux kebabs et ses copieuses salades. Au dessert, régalez-vous d'un baklava (fines couches de pâte avec miel et noix). Installez-vous sur la terrasse aérée à l'étage pour regarder l'animation de Grant Avenue en contrebas.

Vovo Telo CAFÉ, BOULANGERIE **$$**
(carte p. 338 ; ☎011-483 1398 ; www.vovotelo.co.za ; angle Grant Ave et Nellie Rd, Norwood ; plats 50-90 R ; ⏲7h-20h ; 📶). Ce café-boulangerie mérite la visite pour ses plats sains. Arrêtez-vous brièvement pour un sandwich haut de gamme et un jus de fruits, ou attablez-vous dans la salle cosy pour des pâtes, une pizza ou une salade fraîchement préparée. Choisissez une table en terrasse par un après-midi ensoleillé.

Next Door CASHER **$$**
(carte p. 338 ; ☎011-728 2577 ; 80 Grant Ave, Norwood ; plats 90-170 R ; ⏲11-22h dim-jeu, 11h-14h30 ven, 19h-23h sam ; ❄). Côtoyez rabbins et familles juives dans cet accueillant restaurant casher, qui se remplit rapidement presque tous les soirs. Bagels et pizzas au feu de bois sont excellents.

Giovanni Pane Vino ITALIEN **$$**
(carte p. 338 ; ☎011-483 1515 ; 66 Grant Ave, Norwood ; plats 60-120 R ; ⏲12h-21h lun-jeu et dim, 12h-22h sam). Ce restaurant italien classique, avec nappes à carreaux rouge et blanc, sert d'énormes portions de pâtes et des pizzas bien garnies.

Rosebank et Sandton

Les nombreux restaurants de ces faubourgs aisés se concentrent dans les gigantesques galeries marchandes, cœur de la vie sociale.

Walnut Grove CAFÉ **$$**
(carte p. 338 ; ☎011-783 6111 ; www.walnutgrove.co.za ; Shop B38, Sandton City Mall, angle 5th St et Rivonia Rd, Sandton ; plats 50-160 R ; ⏲9h-18h). Dans le Sandton City Mall, le Walnut Grove est un endroit pratique pour un repas rapide à des prix abordables : *tramezzini* (petits sandwichs avec pain blanc ou complet), bagels, gâteaux, sandwichs gourmets, plats de viande et salades, tous délicieux, de même que le café.

♥ **Grillhouse** GRILL **$$$**
(carte p. 338 ; ☎011-880 3945 ; www.thegrillhouse.co.za ; The Firs Shopping Centre, angle Oxford Rd et Bierman Ave, Rosebank ; plats 100-300 R ; ⏲12h-14h30 et 18h30-21h30 dim-ven, 18h30-21h30 sam). Cette institution de

style new-yorkais, installée dans the Firs, sert d'excellentes grillades : aloyau, steak *T-bone*, filet, travers de porc, épaisse côte de veau ou médaillon d'autruche. Elle propose aussi divers plats de poisson, un service professionnel et un cadre cosy.

Excellente sélection de whiskies single malt et de vins locaux.

Bukhara INDIEN **$$$**

(carte p. 338 ; 011-883 5555 ; www.bukhara.com ; galerie marchande Nelson Mandela Square, angle West St et Maude St, Sandton ; plats 130-210 R ; 12h-15h et 18h-23h lun-sam, jusqu'à 22h dim). L'un des meilleurs restaurants indiens de la ville, le Bukhara ne manque pas de cachet malgré son emplacement dans une galerie marchande aseptisée. Il sert des plats authentiques : *tikka masala, korma*, tandoori et des curries richement parfumés. Le service est irréprochable dans cet établissement élégant, avec sol en marbre, meubles en teck et murs ocre.

Parkmore

Delhi Dharbar INDIEN **$**

(carte p. 338 ; 011-883 4407 ; 136A 11th St, Parkmore ; plats 40-95 R ; 11h-22h30). S'il ne s'agit pas du plus beau restaurant indien de Jo'burg, le cadre est cosy et la cuisine d'Inde du Nord suscite des commentaires élogieux. Pour changer des samosas en entrée, goûtez les champignons tandoori ou les oignons *bhaji* (beignets d'oignon épicés). L'agneau *vindaloo* et le poulet *tikka masala* comptent parmi les plats préférés. Vente à emporter également.

Eatery JHB BISTROT **$$**

(carte p. 338 ; 011-783 1570 ; www.eateryjhb.co.za ; angle 11th St et Victoria Ave, Parkmore ; plats 60-120 R ; 12h-15h et 18h-21h lun-ven, 18h-21h sam). Dans ce lieu un peu caché de 11th St, vous trouverez un cadre chic qui combine poutres apparentes et éléments industriels, une excellente cuisine de bistrot et une ambiance conviviale. Il ne propose que quelques entrées, 3 ou 4 plats principaux et une poignée de desserts ; aucun ne déçoit.

Thomas Maxwell Bistro BISTROT **$$$**

(carte p. 338 ; 011-784 1575 ; www.thomasmaxwell.co.za ; 140 11th St, Parkmore ; plats 120-200 R ; 12h30-14h30 et 18h30-21h30 lun-ven, 18h30-21h30 sam, 12h30-14h30 dim). Roi des bistrots de Parkmore, le Thomas Maxwell ne désemplit pas grâce à son cadre rustique chic, sa joyeuse ambiance à la fois locale et new-yorkaise et bien sûr, sa carte sensationnelle. Parmi les plats de choix figurent le risotto au lapin, le steak tartare et l'aloyau au wasabi.

Fordsburg

Fordsburg compte des dizaines de restaurants indiens qui, pour la plupart, ne servent pas d'alcool. Les boutiques sont fermées le vendredi à l'heure de la prière.

Bismillah INDIEN **$**

(carte p. 338 ; 011-838 8050 ; www.bismillahrestaurant.co.za ; 78 Mint Rd, Fordsburg ; plats 30-110 R ; 8h-22h30). Les meilleurs restaurants indiens de Jo'burg sont à Fordsburg et, selon nous, le Bismillah surpasse la concurrence. La carte comprend des plats classiques d'Inde du Nord – tandoori, *tikka, masala, biryani*, plus quelques surprises –, et le service est agréablement sérieux. De plus, les prix sont très doux.

Faubourgs est

Près du Bruma Lake, dans Derrick Ave, Cyrildene et près d'Observatory Rd se tient un quartier chinois avec des restaurants bon marché.

Troyeville Hotel PORTUGAIS **$$**

(carte p. 338 ; 011-402 7709 ; www.troyevillehotel.co.za ; 1403 Albert Sisulu St, Troyeville ; plats 80-140 R ; 11h-22h). Situé dans une partie ancienne de la ville, le Troyeville est un endroit mémorable pour un repas prolongé. Cet hôtel plein de cachet a été fréquenté par les Portugais bien avant que la peinture ne commence à s'écailler. Les délicieuses crevettes du Mozambique, la savoureuse feijoada (ragoût de haricots) et le vin rouge servi frais témoignent des influences lusitaniennes. Le *braai* du dimanche est couru, à juste titre.

Où prendre un verre et faire la fête

Scène sans cesse renouvelée, les bars varient des bistrots bohèmes aux élégants lounges et aux bars à vins traditionnels. Si Maboneng et Braamfontein comptent des endroits animés, l'essentiel de la vie nocturne se déroule dans les faubourgs nord, notamment à Melville, Greenside et Rosebank.

Inner City et Newtown

Guildhall PUB

(carte p. 342 ; ☎011-833 1770 ; angle Albertina Sisulu Rd et Harrison St, Marshalltown ; ⏲9h-19h lun-mer, 9h-2h jeu-ven, 9h-18h sam). Le Guildhall, fondé en 1888, est le plus vieux bar de Jo'burg. Sans prétention, c'est aussi l'un des rendez-vous les plus plaisants de l'Inner City. Installez-vous à l'étage sur le balcon aéré pour regarder les passants. Des DJ mixent presque tous les week-ends, parfois remplacés par un karaoké. Bonne cuisine de pub de style portugais.

Sophiatown Bar Lounge BAR

(carte p. 342 ; ☎011-836 5999 ; www.sophiatownbarlounge.co.za ; angle Jeppe St et Henry Nxumalo St, Newtown ; ⏲8h30-22h dim-jeu, 8h30-minuit ven-sam). Sophiatown fut jadis le cœur de la résistance culturelle africaine, et l'esprit du township est célébré dans l'un des bars les plus agréables de Newton. D'anciennes photos ornent les murs et l'on peut savourer une cuisine roborative à base de gibier, sur fond de jazz – musique live les vendredis et samedis soir.

Boundless CAFÉ

(carte p. 342 ; www.boundlesscity.com ; 1er ét., angle Fox St et Von Brandis St, Inner City ; ⏲9h-19h lun-jeu, 9h-2h ven-sam, 10h-22h dim ; Wi-Fi). Inauguré en 2014 et tenu par un Américain, ce café décalé bénéficie d'un emplacement privilégié, à deux pas du Carlton Centre. Les jus de fruits fraîchement pressés, les sandwichs et en-cas appétissants, l'excellent café, le Wi-Fi gratuit, les tableaux colorés sur les murs et l'ambiance détendue en font une excellente adresse pour reprendre des forces.

Cramers Coffee CAFÉ

(carte p. 342 ; www.cramerscoffee.com ; 17 Harrison St, Inner City ; ⏲6h-17h30 lun-ven, 7h-13h30 sam ; Wi-Fi). Cet établissement toujours animé, à l'ouest de Gandhi Sq, sert un excellent café ainsi que diverses douceurs, dont des croissants et des muffins.

Braamfontein

Doubleshot Coffee & Tea CAFÉ

(carte p. 342 ; www.doubleshot.co.za ; angle Juta St et Melle St, Braamfontein ; ⏲8h-18h lun-sam). Ce torréfacteur ne sert que du café, du thé et quelques viennoiseries, tous excellents. L'expresso, corsé à souhait, est préparé par des baristas. La clientèle est essentiellement jeune et décontractée.

LE GAUTENG GAY ET LESBIEN

Le Gauteng possède une scène homosexuelle animée et, depuis la libéralisation de la Constitution en 1994, Jo'burg et Pretoria sont devenues des centres pour les gays et lesbiennes du continent. Les homosexuels sont bien organisés et de mieux en mieux acceptés – loin des attitudes puritaines du passé.

La Gay Pride March, qui se tient tous les ans à Jo'burg le dernier week-end d'octobre, reste un événement majeur, mais n'est plus la seule activité organisée. Le **Queer Johannesburg Tour** (☎011-717 4239 ; www.gala.co.za ; 200-350 R/pers) vous fera découvrir le rôle de l'homosexualité dans l'histoire de la ville.

Plusieurs sites Internet fournissent des informations sur la scène gay de la province, notamment www.gaysouthafrica.net et out.org.za. Consultez également le magazine mensuel *Gay Times*.

Kitchener's Carvery Bar PUB

(carte p. 342 ; ☎011-403 3646 ; angle Juta St et De Beer St, Braamfontein ; ⏲11h-minuit, 11h-4h ven-sam). Ancien majestueux hôtel colonial, ce bar incarne aujourd'hui la nouvelle atmosphère de Braamfontein. Pub populaire dans la journée, il est réputé pour ses burgers, *fish and chips* et un vaste choix de boissons, servis dans un cadre vintage. En soirée, des DJ mixent soul, funk et électro. Un droit d'entrée s'applique habituellement les vendredis et samedis soir.

Anti-Est BAR

(carte p. 342 ; De Beer St, Braamfontein ; ⏲11h-minuit mer-ven, 11h-2h sam). L'Anti-Est possède tous les atouts : une belle terrasse idéale pour regarder les passants, une jolie salle de style industriel et une sélection de bières artisanales, tequilas et whiskies.

Great Dane BAR

(carte p. 342 ; 5 De Beer St, Braamfontein ; ⏲12h-2h jeu-sam). Amusant et chaleureux, le Great Dane est l'un des piliers parmi les bars en perpétuel changement de Braamfontein. La musique dansante mêle pop des années 1980, rock, électro et disco, et le personnel vous accueille en ami. Bon endroit pour un verre en début de soirée, surtout dans la jolie cour, les tables sont repoussées à minuit pour laisser place à la danse.

Maboneng

Uncle Merv's CAFÉ

(carte p. 338 ; ☎073 211 5127 ; angle Fox St et Kruger St, Maboneng ; ⌚7h-16h). Ce petit bistrot est réputé pour son café infusé à la perfection, son succulent cake à la banane, ses croissants et ses milk-shakes. Notre préféré, le Macci Porter, est un mélange onctueux de *tahini*, de banane, de lait de soja, de noix de cajou et de dattes. On peut s'asseoir sur des chaises empilables et des bancs sur le trottoir. Typique de Maboneng.

Zebra Inn BAR

(carte p. 338 ; angle Albertina Sisulu Rd et Kruger St, Maboneng ; ⌚12h-1h). Cette institution de Maboneng, unique en son genre, surprend par sa décoration et son atmosphère d'antan. Elle ressemble à la boutique d'un taxidermiste, avec trophées de chasse et masques africains accrochés sur les murs citron vert. Elle sert une cuisine de pub. Sonnez à l'entrée.

Lenin's Vodka Bar BAR À COCKTAILS

(carte p. 338 ; www.lenins.co.za ; 300 Commissioner St, Maboneng ; ⌚16h-minuit mer-sam, 12h-minuit dim). Ce joyau de Maboneng est célèbre pour une seule et unique raison : la vodka. Avec plus de 50 variétés, vous êtes assuré d'en trouver une à votre goût. La carte propose également un bon choix d'autres boissons. Installez-vous dans la salle à l'éclairage tamisé ou sur la terrasse ombragée et, entre deux verres, grignotez un sandwich, un en-cas ou une salade.

Melville

Jo'Anna Melt Bar BAR

(carte p. 347 ; 7th St, Melville ; ⌚14h-22h lun-ven, 12h-23h sam). Ce bar animé offre une belle sélection de cocktails et de bières artisanales dans un cadre plaisant – briques apparentes et grand bar rectangulaire.

Six Cocktail Bar & Restaurant BAR À COCKTAILS

(carte p. 347 ; ☎011-482 8306 ; 7th St, Melville ; ⌚12h-2h). Le Six a bouleversé le code vestimentaire de la 7th St grâce à ses excellents cocktails et à une clientèle élégante. De superbes œuvres d'art et des tons sourds orange et rouge en font une excellente adresse pour un verre en écoutant du reggae, de la soul et de la house.

Ratz Bar BAR À COCKTAILS

(carte p. 347 ; www.ratzbar.co.za ; 97th St, Melville ; ⌚16h-2h). Ce petit bar à cocktails privilégie le rock et la pop des années 1980 et ne désemplit pas grâce à ses prix doux.

Liberation Cafe BAR

(carte p. 347 ; 7 7th St, Melville ; ⌚16h-2h mer-dim). Un bar décoré de couleurs vives, avec une carte complète de cocktails contemporains et classiques.

Milpark

Stanley Beer Yard BEER GARDEN

(carte p. 338 ; ☎011-481 5791 ; www.44stanley.co.za ; 44 Stanley Ave, Milpark ; ⌚12h-23h mar-dim). Les connaisseurs du monde de la bière à Jo'burg se pressent dans ce havre agréable. Il sert des bières artisanales uniques ainsi qu'une délectable cuisine de pub, et offre de la musique live le samedi (à partir de 14h). L'intérieur, joliment aménagé, s'agrémente de fauteuils et d'une immense cheminée. Dehors, de longues tables en bois sont installées sous des oliviers.

Greenside

Office BAR

(carte p. 338 ; ☎011-023 9863 ; Gleneagles Rd, Greenside ; ⌚16h-1h30 mar-sam, 14h-22h dim). Ce bar d'allure originale plaît aux amateurs de cocktails, de bière artisanale, de cadre design et de bonne musique. La carte et l'ambiance haut de gamme et plutôt sophistiquées attirent une clientèle plus adulte, mais non moins diverse, que les bars estudiantins de Greenside.

Parkhurst

Jolly Roger Pub PUB

(carte p. 338 ; ☎011-327 5883 ; angle 4th Ave et 6th St, Parkhurst ; ⌚16h-2h lun, 12h-2h mar-dim). À la lisière de l'effervescente 4th Ave, ce pub à l'anglaise sur 2 niveaux est une excellente adresse. À l'étage, il sert une bonne cuisine de pub et offre une vue fabuleuse sur la rue animée. Au rez-de-chaussée se tient un pub sportif plus traditionnel, avec de nombreuses bières à la pression. Son bar sportif plus récent est installé de l'autre côté de la rue.

Où sortir

Le *Mail & Guardian* publie le vendredi le meilleur guide des sorties. La rubrique *Tonight*, dans le quotidien *Star*, est également intéressantes. Pour acheter des places par carte bancaire, passez par **Computicket** (☎011 915 8000 ; www.computicket.com). Consultez les sites www.jhblive.co.za et www.joburg.org.za pour les fêtes et réunions.

Musique live

Jo'burg est un excellent endroit pour écouter de la musique live, en particulier du jazz et de l'électro.

Nombre de bars de Braamfontein, Melville, Greenside et Sandton accueillent des groupes de musiciens.

Bassline MUSIQUE LIVE
(carte p. 342 ; ☎011-838 9145 ; www.bassline.co.za ; 10 Henry Nxumalo St, Newtown ; ⏲horaires variables). Cette salle de concerts réputée s'est imposée sur la scène jazz de Melville à la fin des années 1990, avant de se tourner vers la world music et de déménager à Newtown en 2004. Elle offre aujourd'hui une palette complète de genres musicaux, y compris le reggae, le rock et le hip-hop.

Orbit JAZZ
(carte p. 342 ; ☎011-339 6645 ; www.theorbit.co.za ; 81 De Korte St, Braamfontein ; ⏲11h30-2h mar-dim). Le club de jazz le plus célèbre de la ville. Jeunes producteurs et artistes jouissent ici d'une grande liberté, et l'atmosphère conviviale attire fans de jazz, étudiants et touristes bien informés. Un bistrot haut de gamme se situe au rez-de-chaussée, et l'impressionnante salle de concerts, à l'étage. Le site Internet fournit le programme mensuel complet.

Katzy's JAZZ
(carte p. 338 ; ☎011-880 3945 ; www.katzys.co.za ; The Firs Shopping Centre, angle Oxford Rd et Bierman Ave, Rosebank ; ⏲12h-minuit lun-mer, 12h-2h jeu-ven, 18h30-2h sam). Ce club élégant, l'un des plus charmants du quartier, rappelle l'ambiance des vieux clubs de jazz new-yorkais. Il offre du jazz live 5 soirs par semaine et propose une carte exceptionnelle de whiskies, cognacs et bourbons. Un droit d'entrée (à partir de 100 R) s'applique les jeudis, vendredis et samedis soir.

Le club jouxte le restaurant Grillhouse (p. 356).

Sport

Jo'burg est un bon endroit pour assister à des matchs de cricket, de rugby ou de football, avec des installations de classe internationale et des supporters enthousiastes.

Bidwest Wanderers Stadium CRICKET
(carte p. 338 ; ☎011-340 1500 ; www.wanderers.co.za ; Corlett Dr, Illovo). Ce stade imposant, près de l'autoroute M1 vers Pretoria, est le principal terrain de cricket de la ville. Assistez à un match international de l'équipe d'Afrique du Sud depuis les gradins, ou en grillant un steak au barbecue sur l'herbe, près du Western Pavillion.

Ellis Park – Emirates Airline Park RUGBY
(carte p. 338 ; www.lionsrugby.co.za ; Doornfontein). Temple du rugby à Jo'burg, juste à l'est du centre-ville, il a été le théâtre de la victoire des Springboks lors de la Coupe du monde de 1995, l'un des hauts faits de la nouvelle nation. Les supporters sont fanatiques : un samedi après-midi au stade relève de l'expérience religieuse. Rebaptisé Emirates Airline Park en janvier 2015, le stade est plus connu sous le nom d'Ellis Park.

Achats

Rosebank Sunday Market ARTISANAT
(carte p. 338 ; www.rosebanksundaymarket.co.za ; Cradock Ave, Rosebank ; ⏲9h-16h dim). Ce marché est l'un des meilleurs endroits pour acheter des sculptures traditionnelles, des ouvrages en perles, des bijoux, des livres et des poupées de fertilité. Il se tient sur le toit du parking à plusieurs niveaux du Rosebank Mall.

Bryanston Organic Market MARCHÉ
(carte p. 338 ; www.bryanstonorganicmarket.co.za ; Culross Rd, Bryanston ; ⏲9h-15h jeu et sam). De l'art et de l'artisanat, mais surtout d'excellents produits bio.

KwaZulu Muti Museum of Man & Science MÉDECINE TRADITIONNELLE
(carte p. 342 ; ☎011-836 4470 ; 14 Diagonal St, Newtown ; ⏲7h30-17h lun-ven, 7h30-13h30 sam). Cet établissement insolite et très photogénique (demandez la permission avant de prendre un cliché) est le plus accessible des magasins *muti* (médecine traditionnelle) du centre-ville. Au milieu d'un incroyable bric-à-brac, il vend des bâtons de marche, des tambours, des perles, des parties de corps d'animaux et des racines.

À NE PAS MANQUER

LES MEILLEURS MARCHÉS DE JO'BURG

Si les galeries marchandes prospèrent à Johannesburg, la ville compte aussi plusieurs marchés délicieusement pittoresques.

Market on Main (carte p. 338 ; www.marketonmain.co.za ; Arts on Main, 264 Fox St, Maboneng ; ⏲10h-15h dim, 19h-23h 1er jeu du mois). Ce marché prisé occupe un bâtiment industriel rénové, rempli de stands de produits alimentaires : pâtisseries fraîches, épicerie fine, entre autres délices. Le marché abrite également des créateurs de mode locaux et des ateliers d'artiste.

Sheds@1Fox (carte p. 342 ; www1fox.co.za ; 1 Fox St, Newtown ; ⏲11h-18h jeu-dim). Inauguré fin 2014, ce marché se tient dans un ancien entrepôt industriel, à la lisière ouest du centre-ville, et témoigne de la réhabilitation de la cité. Il renferme des échoppes de produits gastronomiques, des stands de restauration, des bars et des étals d'artisanat.

44 Stanley (carte p. 338 ; www.44stanley.co.za ; 44 Stanley Ave, Milpark). Antithèse du consumérisme, 44 Stanley fait office de modèle pour le développement futur d'une galerie marchande. Dans un bâtiment auparavant abandonné, agrémenté de cours ombragées, il accueille un ensemble éclectique de créateurs locaux, de magasins spécialisés et de restaurants intéressants.

Neighbourgoods Market (carte p. 342 ; www.neighbourgoodsmarket.co.za ; angle Juta St et de Beer St, Braamfontein ; 9h-15h sam). Le fabuleux marché communautaire du Cap est venu à Braamfontein pour "réinventer le marché public en tant qu'institution civique". L'entrepôt en brique de 2 étages se remplit de producteurs artisanaux et de gourmets, qui viennent savourer un brunch copieux, une "*slow*" bière ou un café corsé. Au dernier étage, vous pourrez vous asseoir sur un banc et admirer les reflets du soleil sur les bâtiments de la ville.

Oriental Plaza GALERIE MARCHANDE
(carte p. 338 ; www.orientalplaza.co.za ; Bree St, Fordsburg ; ⏲9h-17h lun-ven, 9h-15h sam). Une multitude de magasins animés, pour la plupart tenus par des Indiens, qui vendent toutes sortes d'articles, des épices aux montres bon marché et aux ustensiles de cuisine. L'endroit idéal pour faire réparer son téléphone portable ou pour se régaler de samosas, de pâtisseries et d'autres délices.

Rosebank Mall GALERIE MARCHANDE
(carte p. 338 ; www.themallofrosebank.co.za ; Baker St, Rosebank ; ⏲9h-19h lun-jeu, 9h-20h ven, 9h-18h sam, 9h-17h dim). Un ensemble de galeries marchandes communicantes, avec un parking central au coin de Cradock Ave et de Baker St.

Nelson Mandela Square GALERIE MARCHANDE
(carte p. 338 ; www.nelsonmandelasquare.co.za ; angle West St et Maude St, Sandton ; ⏲9h-19h lun-jeu, 9h-20h ven, 9h-18h sam-dim). Attenante au Sandton City Mall et similaire, cette vaste galerie marchande est construite autour d'une place à l'italienne, bordée de restaurants. Le bronze de 6 m de haut à l'effigie de Nelson Mandela est un sujet favori pour les selfies.

Kohinoor MUSIQUE
(carte p. 342 ; ☎011-834 1361 ; 54 Market St, Newtown ; ⏲9h-17h kun-sam). Au sous-sol d'un magasin de meubles, le Kohinoor est l'un des meilleurs magasins pour la musique ethnique/africaine et vend toutes sortes de disques, du *kwaito* au jazz.

ℹ Renseignements

ARGENT

Des banques avec DAB et services de change sont installées dans tous les centres commerciaux.

OFFICE DU TOURISME

Les pensions, les auberges de jeunesse et les guides touristiques sont les meilleures sources d'informations.

Johannesburg Tourism Company (carte p. 338 ; ☎011-214 0700 ; www.joburgtourism.com ; rdc, Grosvenor Corner, 195 Jan Smuts Ave, Parktown North ; ⏲8h-17h lun-ven). Un organisme privé qui couvre la ville de Jo'burg.

SERVICES MÉDICAUX

Les services médicaux sont de qualité mais peuvent être onéreux. Pensez à souscrire une assurance avant le départ.

Charlotte Maxeke Johannesburg Hospital (☎011-488 4911 ; M1/Jubilee Rd, Parktown). Principal hôpital public de Jo'burg.

Netcare Rosebank Hospital (☎011-328 0500 ; 14 Sturdee Ave, Rosebank ; ⏱7h-22h). Clinique privée dans les faubourgs nord – urgences, médecine générale et spécialistes.

URGENCES

Police (☎10111 ; Main Rd)

Pompiers (☎10111)

ℹ Depuis/vers Johannesburg

AVION

L'**aéroport international OR Tambo** (Ortia ; ☎011-921 6262 ; www.johannesburg-airport.com) est le principal aéroport international et national du pays.

Assurez-vous de ne traiter qu'avec des employés de l'aéroport (Airports Company). Un "*No, thanks*" poli devrait suffire à dissuader les escrocs potentiels.

Emprunter quelques vols intérieurs permet de gagner du temps. Les compagnies aériennes à bas coût **Kulula** (☎0861 585 852 ; www.kulula.com), **1time** (☎0861 878 278 ; www.1time.co.za) et **Mango** (☎086 100 1234 ; www.flymango.com) relient Jo'burg à plusieurs destinations.

Pour des vols réguliers vers des destinations nationales et régionales, essayez **South African Airways** (SAA ; ☎0861 359 722 ; www.flysaa.com), **South African Airlink** (SAAirlink ; ☎0861-606 606 ; www.flyairlink.com) et **South African Express** (☎0861-729 227 ; www.flyexpress.aero). Tous les vols peuvent se réserver auprès de SAA, qui possède des bureaux dans les terminaux national et international d'Ortia.

BUS

Plusieurs bus internationaux partent du complexe Park Station de Jo'burg et rallient le Mozambique, le Lesotho, le Botswana, la Namibie, le Swaziland et le Zimbabwe.

Les principales lignes de bus longue distance (nationales et internationales) utilisent aussi le centre de transit de Park Station, dans le coin nord-ouest du complexe, où se situent leurs billetteries.

Nelspruit est la grande ville la plus proche du Kruger National Park. Phalaborwa constitue un bon choix si vous logez dans un campement plus septentrional du Kruger National Park, tel qu'Olifants.

Baz Bus (☎0861-229 287 ; www.bazbus.com). Relie Jo'burg aux lieux les plus courus de la région (dont Durban, la Garden Route et Le Cap) et passe par les auberges de jeunesse de Jo'burg et de Pretoria, ce qui évite d'aller en ville pour organiser son transport. La compagnie ne dessert plus le Swaziland. Toutes les auberges de jeunesse disposent d'horaires et de tarifs actualisés. Un pass de 7 jours coûte 2 180 R.

Citybug (☎0861 334 433 ; www.citybug.co.za). Offre une navette entre Jo'burg et Nelspruit, avec arrêts à Pretoria et dans quelques villes plus petites en chemin.

City to City (☎0861 589 282 ; www.citytocity.co.za). Bus nationaux et internationaux.

Greyhound (☎083 915 9000 ; www.greyhound.co.za). Bus nationaux et internationaux.

Intercape (☎021-380 4400 ; www.intercape.co.za). Bus nationaux et internationaux.

Lowveld Link (☎083 918 8075, 013-750 1174 ; www.lowveldlink.com). Propose une navette entre l'aéroport et Nelspruit, via Pretoria.

Translux (☎0861 589 282 ; www.translux.co.za). Bus nationaux et internationaux.

EN STOP

Nous déconseillons le stop. Consultez plutôt les annonces de covoiturage, souvent publiées dans l'hebdomadaire *Junk Mail (junkmail.co.za)*, ou sur les panneaux d'affichage des auberges de jeunesse.

GAUTRAIN

Fierté de Jo'burg, le train rapide Gautrain (p. 645) relie directement l'aéroport, Sandton, Rosebank, Park Station, Pretoria et Hatfield. Les trains partent toutes les 12 minutes aux heures de pointe (5h30-8h30 et 15h-18h du lundi au vendredi), et toutes les 20 à 30 minutes le reste du temps. L'aller entre Pretoria et Park Station coûte 64 R. Si vous circulez aux heures de pointe, ou si vous logez près d'une station, le Gautrain est un moyen rapide et économique pour rejoindre ou quitter le centre-ville.

TRAIN

Des trains longue distance relient Jo'burg à diverses destinations, dont Pretoria, Le Cap, Bloemfontein, Kimberley, Port Elizabeth, Durban, Komatipoort et Nelspruit. Plusieurs de ces trains disposent de couchettes. Vous pouvez acheter les billets auprès de **Shosholoza Meyl** (☎011-774-4555, 860 008 888 ; www.shosholozameyl.co.za) ou à Park Station, à Jo'burg.

VOITURE

Les principales compagnies de location de voitures possèdent toutes un comptoir à l'aéroport OR Tambo et des agences en ville ; nombre d'entre elles proposent des tarifs avec kilométrage illimité.

Comment circuler

DEPUIS/VERS L'AÉROPORT

L'aéroport international OR Tambo (Ortia) se situe à 25 km à l'est du centre de Johannesburg dans Kempton Park.

Le train rapide Gautrain offre un service direct entre l'aéroport et Jo'burg. Le Gautrain dispose de stations à Sandton, Rosebank et Park Station. L'aller jusqu'à Park Station revient à 145 R (135 R jusqu'à Sandton).

L'**Airport Shuttle** (☎ 0861 397 488 ; www.airportshuttle.co.za) facture 530 R pour la plupart des destinations dans Jo'burg et vient chercher les passagers 24h/24 ; réservez la veille si possible. **Magic Bus** (☎ 011 394 6902 ; www.magicbus.co.za) propose un service similaire et demande 615 R pour la plupart des destinations.

L'aéroport se rejoint facilement en voiture (par la Rte 24 et la N12) ; en semaine, prévoyez une heure de plus pendant les heures de pointe (17h-19h).

La plupart des auberges de jeunesse viendront vous chercher gratuitement à l'aéroport. Les pensions et les hôtels facturent habituellement ce service au même prix qu'un taxi.

BUS

Rea Vaya (☎ 0860 562 874 ; www.reavaya.org.za). Ces bus ont été mis en place lors des préparatifs de la Coupe du monde de 2010, afin de pallier l'absence de transports publics fiables entre Soweto (et d'autres townships) et le centre de Johannesburg. Le réseau s'est depuis rapidement étendu et comprend l'Inner City, Newtown, Braamfontein et Auckland Park. Les véhicules sont colorés et confortables, et les horaires davantage respectés que sur les lignes de métro. Un itinéraire circulaire en ville revient à 5,50 R, et un trajet complet des axes secondaires à Inner City coûte 12,50 R.

Citysightseeing Joburg (carte p. 342 ; ☎ 0861 733 287 ; www.citysightseeing.co.za ; Park Station). Partant de Park Station, ces bus rouges avec montée et descente à volonté desservent 11 sites touristiques majeurs dans le centre de Johannesburg, dont Gandhi Sq, Constitutional Hill et Carlton Centre, ainsi que l'Apartheid Museum, Gold Reef City, Newtown et Braamfontein. Ils circulent approximativement de 9h à 18h. Un billet valable une journée coûte 170 R. Pour plus de précisions, consultez le site Internet.

TAXI

Les taxis sont relativement chers. Ils utilisent tous un compteur, mais mieux vaut vous renseigner sur le prix des courses et convenir d'un tarif avant de démarrer. **Maxi Taxi Cabs** (☎ 011-648 1212 ; www.maxitaxicabs.co.za) et **Rose Taxis** (☎ 011-403 9625 ; www.rosetaxis.com) sont des compagnies réputées. Actuellement, la plupart des habitants de Jo'burg préfèrent recourir à **Uber** (www.uber.com/cities/johannesburg).

TAXI COLLECTIF

Comptez 6 R pour un trajet dans les faubourgs intérieurs et le centre-ville, et 10 R pour toute autre destination.

Si vous prenez un taxi collectif dans le centre de Jo'burg, descendez avant le terminus et évitez les stations de taxis, propices aux agressions. Il est plus difficile de trouver un taxi collectif dans le centre pour rejoindre la banlieue.

Un système gestuel complexe de la main et des doigts signale votre destination au taxi qui passe. Le plus simple est de lever l'index de manière assurée (le chauffeur s'arrêtera s'il va dans la même direction).

ENVIRONS DE JOHANNESBURG

La visite phare des environs de Jo'burg est le vibrant township de Soweto. En vous aventurant un peu plus loin, vous découvrirez un site classé au Patrimoine mondial couvrant 3 millions d'années d'histoire humaine.

Soweto

2,3 MILLIONS D'HABITANTS

Jadis lieux d'habitation forcés, les South West Townships (Soweto) sont devenus synonymes de fierté et de prestige social, et une destination à part entière. Bien que dépourvu de sites spectaculaires, Soweto figure désormais sur l'itinéraire touristique. Les voyageurs découvrent une population accueillante et visitent des lieux d'une grande importance historique, dont les anciennes maisons de Desmond Tutu et de Nelson Mandela, ainsi que l'Hector Pieterson Museum. Une promenade le long de Vilakazi St offre un aperçu des aspirations actuelles, tandis que Soccer City et le Soweto Bungee Orlando Towers offrent des expériences concrètes plus éloquentes que les discours politiques. Alors qu'il était considéré très imprudent de venir seul il y a dix ans, vous pouvez aujourd'hui visiter sans problème les principaux sites en indépendant.

Comme dans la majeure partie du pays, la classe moyenne croissante vit aux côtés des habitants des bidonvilles et des innombrables chômeurs, tous aussi fiers de

Soweto

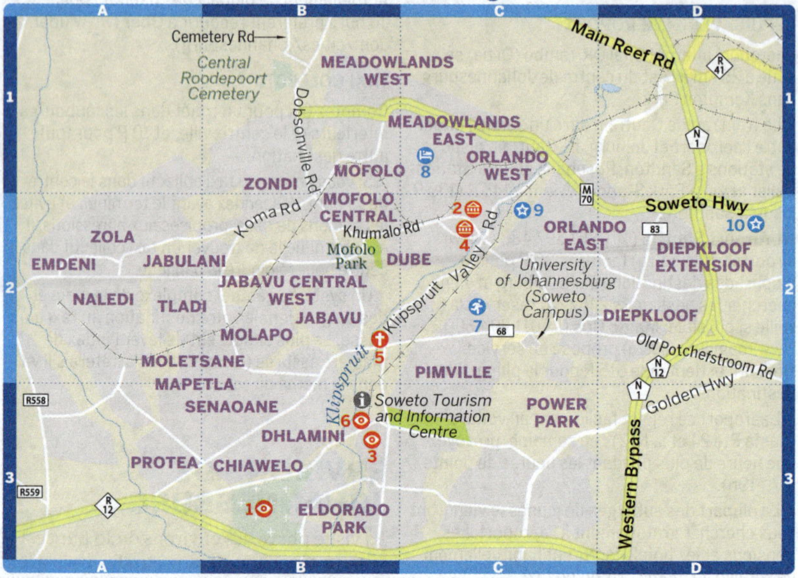

Soweto

À voir

1 Avalon Cemetery B3
Freedom Charter Monument .... (voir 6)
Hector Pieterson Memorial .... (voir 2)
2 Hector Pieterson Museum C2
Maison de l'archevêque Desmond Tutu .... (voir 4)
3 Kliptown B3
4 Mandela House Museum C2
5 Regina Mundi Church B2
6 Walter Sisulu Square of Dedication B3

Activités

7 Orlando Towers C2

Où se loger

Dakalo B&B .... (voir 4)
8 Lebo's Soweto Backpackers C1
Nthateng's B&B .... (voir 4)
Soweto Hotel .... (voir 6)
Vhavenda Hills B&B .... (voir 4)

Où se restaurer

Nambitha .... (voir 2)
Restaurant Vilakazi .... (voir 2)
Sakhumzi Restaurant .... (voir 4)
Thrive Café .... (voir 4)

Où sortir

9 Orlando Stadium C2
10 Soccer City D2

l'histoire de Soweto, emblème de la lutte contre l'apartheid. Nombre de ceux qui parviennent à sortir de la pauvreté choisissent de rester et d'investir à Soweto, et sont fiers de leurs origines. Les townships sont le cœur de la nation, qui ne bat jamais aussi fort qu'à Soweto.

Histoire

Walter Sisulu, un pilier de l'ANC et résident de longue date à Soweto, a dit un jour que l'histoire de l'Afrique du Sud ne pouvait se comprendre sans l'histoire de Soweto.

En 1904, une épidémie de peste bubonique servit de prétexte au conseil municipal pour déplacer 1 358 Indiens et 600 Africains d'un bidonville de Jo'burg à Klipspruit, à 18 km du centre. À la fin des années 1930, la construction de la banlieue d'Orlando, cyniquement désignée comme "une sorte de paradis" par les autorités municipales de Jo'burg, marqua le début d'une surprenante croissance démographique.

À la fin de la Seconde Guerre mondiale, la population noire de Jo'burg comptait plus de 400 000 âmes et, en 1958, plus de

20 nouvelles banlieues avaient surgi autour d'Orlando, toutes constituées de rangées de maisons identiques.

Durant les années 1950, des organisations comme l'ANC s'affirmèrent dans la lutte contre l'apartheid et Soweto (son nom officiel depuis 1961) devint le centre de la résistance. Ce rôle fut confirmé en 1955, quand 3 000 délégués de tout le pays se réunirent à Kliptown Sq (aujourd'hui Freedom Sq) pour le Congrès du peuple. Ils élaborèrent la charte de la Liberté, la base de la philosophie de l'ANC, intégrée à l'actuelle Constitution.

Le mouvement fut condamné à la clandestinité en 1960, après le massacre de Sharpeville (p. 551). Tandis que la lutte continuait plus sourdement, d'autres changements intervenaient. La deuxième génération des habitants arrivant à l'âge adulte, Soweto prit un nouveau visage. De nouvelles formes de musique apparurent et une culture originale s'épanouit sous l'impulsion de la jeunesse. Le football constitua aussi une échappatoire et le soutien massif à des équipes comme les Moroka Swallows, les Orlando Pirates et les Kaizer Chiefs reflétait le développement d'une identité noire urbaine.

Ce nouveau sentiment identitaire renforça l'aspiration à l'égalité. La résistance s'exacerba le 16 juin 1976, quand une manifestation d'étudiants fut le point de départ du soulèvement de Soweto.

En l'espace de quelques jours, l'opinion publique mondiale se retourna, désavouant le régime de l'apartheid, et Soweto devint le symbole de la résistance à une Afrique du Sud raciste.

Des scènes de voitures incendiées, de gens brûlés vifs et de funérailles de masse affluèrent de Soweto au cours des années 1980, alors que se dessinait la fin de l'arpatheid. À sa libération en 1990, Nelson Mandela revint dans sa petite maison de Vilakazi St, à 200 m de celle de l'archevêque Desmond Tutu.

Toutefois, la libération de Mandela ne mit pas fin à tous les maux. Poussés par le gouvernement, des partisans de partis rivaux se massacrèrent par centaines durant la période qui précéda les élections de 1994.

La situation est devenue plus calme et, depuis 1994, les habitants de Soweto ont le droit de devenir propriétaires de leur maison. Plusieurs projets de réaménagement ont contribué à la relative tranquillité. Le township a bénéficié d'articles positifs dans la presse lors de la Coupe du monde de 2010, qui lui a légué le rutilant Soccer City, un éclairage public amélioré, des parcs, et des rues asphaltées.

En fait, de nombreux quartiers de Soweto sont plus sûrs et plus tranquilles que les riches faubourgs nord de Johannesburg, sous haute sécurité.

À voir et à faire

Mandela House Museum MUSÉE

(☎011-936 7754 ; www.mandelahouse.com ; angle Vilakazi St et Ngakane St, Orlando West ; adulte/enfant 60/20 R ; ⏲9h-16h45). Nelson Mandela vécut avec sa première épouse, Evelyn, puis avec la seconde, Winnie, dans cette maison de quatre pièces, proche de Vilakazi St. Le musée, rénové en 2009, comprend des expositions interactives sur l'histoire de la maison et quelques photos de famille. Un peu plus bas dans Vilakazi St, la **maison de l'archevêque Desmond Tutu** jouxte le Sakhumzi Restaurant.

Hector Pieterson Memorial MÉMORIAL

(Kumalo St, Orlando West). Au nord de Vilakazi St, Hector Pieterson Sq porte le nom d'un garçon de 13 ans, tué par balle lors des prémices du soulèvement de Soweto. Cet émouvant mémorial s'élève sur la place.

FÊTES ET FESTIVALS DE SOWETO

Soweto Wine Festival (www.sowetowinefestival.co.za). Rencontrez les meilleurs viticulteurs d'Afrique du Sud à cette fête du Vin, début septembre. Elle se tient sur le campus de Soweto de l'université de Johannesburg.

Soweto Festival Expo (www.sowetofestivalexpo.co.za). Musique, poésie, stands de restauration et exposition sur la vie locale le dernier week-end de septembre au Johannesburg Expo Centre.

Soweto Beer Festival (www.sowetobeerfestival.co.za). Cette fête de la Bière a lieu le dernier week-end d'octobre au stade SHAP, en face du Mofolo Park.

Soweto Marathon (www.sowetomarathon.com). Début novembre.

Hector Pieterson Museum MUSÉE

(☎011-536 0611 ; angle Pela St et Khumalo St, Orlando West ; adulte/enfant 30/10 R ; ⊙10h-17h lun-sam, 10h-16h30 dim). Ce musée passionnant met en lumière le rôle de Soweto dans l'histoire de la lutte contre l'apartheid. Il présente les événements tragiques du 16 juin 1976, quand une manifestation pacifique d'étudiants contre l'introduction de l'afrikaans comme langue d'enseignement dans les collèges réservées aux Noirs fut violemment réprimée par la police. Dans le chaos qui s'ensuivit, la police ouvrit le feu et tua un jeune garçon de 13 ans, Hector Pieterson.

Au cours des jours suivants, les affrontements se poursuivirent entre étudiants et forces de l'ordre, des événements plus tard appelés le soulèvement de Soweto. Le premier jour, près de 200 adolescents furent tués.

Regina Mundi Church ÉGLISE

(Mkize St, Rockville ; entrée sur don). Plus grande église catholique du pays, Regina Mundi peut accueillir 5 000 fidèles et fut un important lieu de rassemblement pendant l'apartheid. Durant les émeutes estudiantines du 16 juin 1976, les étudiants s'y réfugièrent, mais la police les suivit à l'intérieur et ouvrit le feu. Des impacts de balles et des traces de coups de crosse restent visibles.

Avalon Cemetery CIMETIÈRE

(Tshabuse St ; ⊙8h-16h). Ce cimetière renferme les tombes de Joe Slovo (emplacement B35311), l'ancien dirigeant du Parti communiste sud-africain, et d'Hector Pieterson (emplacement EC462).

Kliptown QUARTIER

Construit en 1904 au sud-ouest d'Orlando West, Kliptown est le plus ancien quartier multiracial de Jo'burg. C'est là que fut adoptée la charte des Libertés le 26 juin 1955. Le site de cet événement, jadis un terrain de football, est devenu la **Walter Sisulu Square of Dedication** (angle Union Ave et Main Rd). Cette dernière abrite un centre d'information, un hôtel, des banques, des boutiques de souvenirs et le Freedom Charter Monument, un édifice conique en brique.

♥ **Orlando Towers** SPORTS EXTRÊMES

(☎071-674 4343 ; www.orlandotowers.co.za ; angle Chis Hani Rd et Dynamo St ; plateforme d'observation/saut à l'élastique 60/480 R ; ⊙10h-18h jeu-dim). Les tours, bâties à l'origine pour la centrale électrique d'Orlando, offrent un saut à l'élastique parmi les plus incongrus. L'une des deux tours, autrefois peinte en blanc, est décorée d'une peinture murale colorée qui représente, entre autres, Nelson Mandela, la chanteuse Yvonne Chaka Chaka et un stade de football. L'autre tour arbore le logo de la FNB, la banque qui a commandé les peintures murales en 2002.

Descente en rappel et *rap jumping* (descente en rappel face au vide) sont également proposés (360 R). Un bar et une terrasse sont à disposition.

SOCCER CITY

Soccer City (Baragwanath Rd, Diepkloof). Transformé et agrandi par l'architecte Bobby Van Bebber pour devenir le quartier général de la Coupe du monde 2010 de la FIFA, le stade Soccer City, en forme de calebasse, domine les mines abandonnées à la périphérie de Soweto. Une excellente **visite guidée** (☎011-247 5300 ; 80 R/pers ; ⊙9h, 10h30, 12h et 15h) est proposée.

Circuits organisés

Des dizaines d'agences organisent des visites de Soweto ; votre hôtel pourra sans doute vous les indiquer ou vous proposer ses propres prestations.

Lebo's Soweto Bicycle Tours CIRCUITS À VÉLO

(☎011-936 3444 ; www.sowetobicycletours.com ; 2 heures/journée 350/550 R). Les chemins de terre et les coins herbeux de Soweto en font un endroit idéal pour le vélo. L'agence possède la Lebo's Soweto Backpackers, qui offre 50 R de réduction sur les circuits à ses hôtes.

Africa My Beginning Tours CIRCUITS CULTURELS

(☎082 634 4841, 011-075 2201 ; www.sowetovisits.co.za). Organise diverses excursions à Soweto, dont des circuits en taxi-minibus (400 R, 4 heures), à vélo (500 R, 4 heures) et des circuits d'une journée à Johannesburg et Soweto (700 R).

Taste of Africa CIRCUIT GUIDÉ

(☎082 565 2520, 011-482 8114 ; www.tasteofafrica.co.za). Propose un excellent circuit de 24 heures (780 R/pers) au cours duquel vous explorerez Soweto avec des habitants, loin des sentiers battus.

Vhupo Tours CIRCUITS CULTURELS
(☎076-601 3204 ; www.vhupo-tours.com). Gérée par un habitant de Soweto, Bruce Luthanga, cette agence propose divers circuits dans le township, dont une soirée dans un *shebeen*.

Où se loger

Le township compte de nombreux B&B, pour la plupart à proximité de Vilakazi St.

Lebo's Soweto Backpackers AUBERGE DE JEUNESSE $
(☎084 851 8681, 011-936 3444 ; www.sowetobackpackers.com ; 10823A Pooe St, Orlando West ; dort/s/d sans sdb 160/270/390 R). Cette auberge bien établie, à côté d'un joli parc, permet de réellement découvrir le township. À bonne distance de l'animation de Vilakazi St, elle possède un *beer garden* ombragé, un restaurant (repas à partir de 60 R) et une table de billard. Les dortoirs sont bien tenus et les chambres doubles, d'un excellent rapport qualité/prix. Le personnel sympathique propose toutes sortes de circuits.

Navettes Baz Bus gratuites pour Johannesburg organisées sur demande.

Nthateng's B&B GUESTHOUSE $$
(☎082 335 7956, 011-051 9362 nthatengmd@gmail.com ; 6991 Inhlwathi St, Orlando West ; s/d avec petit-déj 535/695 R ; P 📶). Boiseries sombres, linge brun clair, murs couleur sable et quelques touches kitsch donnent à cette pension spacieuse une allure début années 1980. Nthateng, l'accueillant propriétaire, prépare de délicieux petits-déjeuners et offre d'excellents circuits personnalisés. L'emplacement est idéal, près du musée et des restaurants.

Soweto Hotel HÔTEL $$
(☎011-527 7300 ; www.sowetohotel.co.za ; Walter Sisulu Sq of Dedication, Kliptown ; s/d avec petit-déj à partir de 1 200/1 400 R ; P @ 📶). Derrière une façade banale, ce bâtiment massif en béton, qui surplombe une place, abrite des chambres douillettes aux tons beige et marron, d'une propreté irréprochable. Voyageurs d'affaires et touristes apprécient ce havre tranquille. La décoration, sur le thème du jazz, se retrouve également dans le bar-restaurant. Les prix baissent à 940 R le week-end.

Vhavenda Hills B&B GUESTHOUSE $$
(☎082 213 1630, 011-936 4275 ; www.sowetobnb.co.za ; 11749 Mampuru St, Orlando West ; s/d avec petit-déj 500/750 R ; P 📶). C'est un plaisir d'entrer dans cette pension détendue après une longue journée de visite, et de savourer la double récompense d'un accueil chaleureux de la propriétaire, Kate Luthaga, née à Soweto, et d'une chambre confortable. À 5 minutes de marche du Mandela House Museum.

Dakalo B&B GUESTHOUSE $$
(☎082 723 0585, 011-936 9328 ; www.dakalobedandbreakfast.co.za ; 6963 Inhlwathi St, Orlando West ; s/d avec petit-déj 450/800 R ; P 📶). À deux pas de Vilakazi St (dans une rue calme), cette accueillante maison familiale surprend par sa décoration insolite : carrelage bleu psychédélique dans la sdb, rideaux imprimés animaux et bibelots rococo. Elle compte 4 chambres ; demandez celle qui donne sur le jardin fleuri, à l'arrière.

Où se restaurer

Les endroits où prendre un verre sont innombrables, des *shebeens* aux bars et restaurants plus haut de gamme. Les restaurants les plus disposés à accueillir les touristes se situent dans Vilakazi St.

Restaurant Vilakazi SUD-AFRICAIN $$
(☎011-057 1290 ; www.restaurantvilakazi.co.za ; Vilakazi St, Orlando West ; plats 70-150 R ; ⏲10h-22h). Un joli cadre et une terrasse aérée constituent les atouts de ce restaurant réputé. Le chef prépare un assortiment de délices : salades, plats de poisson, burgers et pâtes, ainsi que des plats de viande de style local comme la queue de bœuf, les *boerewors* (saucisses) et les *mogodu* (tripes).

Nambitha SUD-AFRICAIN $$
(☎011-936 9128 ; www.nambitharestaurant.co.za ; Vilakazi St, Orlando West ; plats 80-170 R ; ⏲10h-22h). Établissement le plus stylé de Vilakazi St, ce bar-restaurant ouvert en façade séduit les jeunes de Soweto. L'endroit est idéal pour goûter des plats africains, comme le *mogodu* aux épinards, mais vous pouvez aussi choisir parmi les nombreux plats plus classiques. L'ambiance devient encore un peu plus branchée les soirs où des concerts de jazz accompagnent le dîner.

Thrive Café INTERNATIONAL $$
(☎011-536 1838 ; www.thrivecafe.co.za ; 8038 Vilakazi St, Orlando West ; plats 50-130 R ; ⏲7h-18h mar-mer, 10h-22h jeu, 10h-23h ven-dim ; 📶). Étonnamment chic avec une belle salle design, ce restaurant à l'ambiance détendue, ouvert en 2013, témoigne des nouvelles aspirations

dans le township. Il sert des en-cas, des repas légers, des salades et quelques plats de viande. Le Thrive est également plaisant pour s'imprégner de l'atmosphère en sirotant une bière sur la terrasse à l'étage.

Sakhumzi Restaurant SUD-AFRICAIN $$
(☎ 011-536 1379 ; www.sakhumzi.co.za ; 6980 Vilakazi St, Orlando West ; buffet déj 140 R, plats 70-190 R ; ⏲ 11h-22h tlj). Réservant un accueil chaleureux, le Sakhumzi fait partie du circuit touristique et les bus y font halte régulièrement pour son déjeuner-buffet d'un excellent rapport qualité/prix. Les clients installés en terrasse plaisantent avec les passants. Outre des plats africains classiques comme le ragoût de mouton, l'*umleqwa* (poulet cuit à la vapeur) et le *mealie pap* (porridge de maïs), le restaurant propose aussi des burgers et des steaks.

Où sortir

Le Soccer City, ou FNB Stadium, est le nouveau quartier général du football sud-africain. Sa superbe architecture justifie à elle seule le détour. L'**Orlando Stadium** (Mooki St et Valley Rd, Orlando East) mérite également la visite, surtout quand les Orlando Pirates rencontrent leurs ennemis jurés, les Kaizer Chiefs.

Renseignements

Des banques avec DAB sont installées dans la Walter Sisulu Square of Dedication. Le Soweto Hotel, également sur la place, dispose d'un service de change.

Soweto Tourism and Information Centre (☎ 011-342 4316 ; www.joburgtourism.com ; Walter Sisulu Sq of Dedication, Kliptown ; ⏲ 8h-17h lun-ven). Fournit quelques brochures et peut aider à choisir un circuit.

Depuis/vers Soweto

De nombreux touristes optent pour une visite guidée de Soweto d'une demi-journée ou d'une journée. Vous pouvez aussi découvrir le township en indépendant en utilisant les bus Rea Vaya. Il est également assez simple (et sûr) d'explorer Soweto avec son propre véhicule.

Cradle of Humankind

La région à l'ouest de Jo'burg est l'un des sites paléontologiques les plus importants au monde, avec de nombreux fossiles d'hominidés dans les grottes de Sterkfontein. La région fait partie du **Berceau de l'humanité** (www.cradleofhumankind.co.za), d'une superficie de 470 km², inscrit au patrimoine mondial de l'Unesco. La plupart des tour-opérateurs de Jo'burg proposent des excursions d'une journée et d'une demi-journée ; vous pouvez aussi facilement rejoindre le site si vous disposez d'un véhicule.

VAUT LE DÉTOUR

LA NIROX FOUNDATION

Nirox Foundation (www.niroxarts.com ; Rte 540, Kromdraai Rd). Au cœur du Cradle of Humankind, la Nirox Foundation, qui œuvre pour la promotion des arts plastiques, est un endroit d'exception. Des sculpteurs, peintres et artistes conceptuels réputés, sud-africains ou étrangers, s'installent dans des résidences isolées, ou exposent leurs œuvres dans le domaine de 1500 m². L'objectif de la fondation est de "faire avancer l'Afrique sur la scène mondiale de l'art contemporain".

À voir et à faire

Maropeng MUSÉE
(☎ 014-577 9000 ; www.maropeng.co.za ; Rte 400, près Rte 563, Hekpoort Rd ; adulte/enfant 160/90 R, avec grottes de Sterkfontein 215/143 R ; ⏲ 9h-17h). Maropeng mérite amplement la visite. Dans un bâtiment qui ressemble à un immense tertre herbeux d'un côté et comporte une rutilante façade moderne en acier de l'autre, il s'agit à la fois d'un centre d'information, d'une curiosité touristique et d'un complexe de loisirs. Les expositions retracent l'évolution de l'humanité depuis ses débuts. Maropeng comprend des sites de fossiles, des restaurants, une boutique de souvenirs et un amphithéâtre de 5 000 places pour les événements en plein air.

Une promenade dans le temps en bateau transporte les visiteurs jusqu'à l'âge de glace, et même dans un trou noir simulé. Les expositions interactives sur l'évolution des espèces, dont l'utilisation du feu et le développement du langage, sont passionnantes.

Grottes de Sterkfontein GROTTES
(☎ 011-577 9000 ; www.maropeng.co.za ; Sterkfontein Caves Rd ; adulte/enfant 195/97 R, avec Maropeng 215/143 R ; ⏲ 9h-17h). À 10 km de Maropeng (et indiquées), ces grottes comprennent une exposition permanente

sur les hominidés et une passerelle le long du site des fouilles. La visite qui descend dans les grottes, l'un des sites archéologiques les plus importants au monde, part toutes les 30 minutes (la dernière à 16h). Le billet combiné, qui couvre les grottes et Maropeng, doit être acheté avant 13h.

Ancienne mine d'or Kromdraai MUSÉE
(☎082 259 2162, 073 147 8417 ; Ibis Ridge Farm, Rte 540, Kromdraai Rd ; adulte/enfant 150/80 R ; ⏲mar-ven sur rdv, 9h-17h sam-dim, dernière visite 16h). L'exploitation de la première mine d'or du Witwatersrand débuta en 1881. Des visites guidées partent de l'ancien hangar toutes les heures.

Où se loger et se restaurer

Maropeng Hotel HÔTEL $$$
(☎014-577 9000 ; www.maropeng.co.za ; Rte 400, près Rte 563, Hekpoort Rd ; s/d avec petit-déj 1 500/2 200 R ; P❄@📶🏊). Dans le complexe de Maropeng, cet hôtel offre 24 chambres joliment décorées, avec une vue splendide sur les massifs du Witwatersberg et du Magaliesberg.

LeSel@The Cradle INTERNATIONAL $$
(☎011-659 1622 ; www.thecradle.co.za ; Rte 540, Kromdraai Rd ; plats 120-160 R, menu 245 R ; ⏲12h-16h jeu, 12h-16h et 18h-22h ven, 8h-11h, 12h-16h et 18h-22h sam, 8h-11h et 12h-16h dim). Niché dans une vaste réserve animalière de 30 km², ce restaurant suscite des critiques élogieuses pour son menu d'un excellent rapport qualité/prix (dimanche uniquement) et ses plats savoureux. Son principal atout est sa terrasse à ciel ouvert avec vue panoramique sur les collines vallonnées.

Sud du Gauteng

Divisée par la Vaal River, cette région au passé mouvementé abrite les villes de Vereeniging, Sebokeng et Vanderbijlpark. La Vaal, appelée *gij!garib* (fauve) par les San, *lekoa* (capricieuse) par les Sotho, et *vaal* (sale) par les Afrikaners, a joué un rôle important dans l'histoire du pays, faisant office de barrière naturelle entre le "Transvaal" et le Sud.

Le traité de Vereeniging, qui mit fin à la guerre des Boers de 1899-1902, fut négocié près de la Vaal. Plus récemment, à Sharpeville et à Evaton, le 21 mars 1960, des citoyens noirs manifestèrent contre les lois restreignant la circulation en brûlant en public leurs livrets de circulation. La police ouvrit le feu sur les manifestants à Sharpeville, faisant 69 morts et 180 blessés, pour la plupart abattus dans le dos. Le 21 mars est désormais la Journée des droits de l'homme en Afrique du Sud, un jour férié.

En 1984 à Sebokeng, les forces de l'ordre réprimèrent violemment le boycott des loyers et des services par les Noirs. Quelque 95 personnes furent tuées. Ce massacre galvanisa l'opposition noire, qui devint une force plus unifiée, et précipita la chute de l'apartheid.

VAUT LE DÉTOUR

VAAL DAM

Avec plus de 600 km de littoral et une île longue de 5 km, le plus grand lac de barrage du pays est l'un des endroits favoris des plaisanciers. Neuf yacht-clubs et sept marinas accueillent divers événements nautiques qui méritent le détour, dont la **course de bateaux** Round the Island en avril, la Keelboat Week Regatta en septembre et la Bayshore Marina Treasure Hunt au printemps.

Le barrage se situe à environ 2 heures de route de Johannesburg. Des villes comme **Vaal Marina** au Gauteng, ou Deneysville, Villiers et Franfort, dans l'État libre voisin, comptent de nombreux hôtels et restaurants.

PRETORIA

1,65 MILLION D'HABITANTS

La capitale administrative de l'Afrique du Sud est une ville charmante, avec nombre de jolies maisons anciennes dans le centre, de grands faubourgs verdoyants et de larges avenues bordées de jacarandas, qui fleurissent en octobre et novembre.

Ville plus afrikaner que Jo'burg, ses bars et restaurants sont moins cosmopolites. Jadis le cœur du régime d'apartheid, le nom de Pretoria reste un symbole de l'oppression. Cette cité somnolente accueille aujourd'hui un nombre croissant de fonctionnaires noirs et d'employés d'ambassades étrangères, qui l'ouvrent au multiculturalisme.

Histoire

Les rives fertiles de l'Apies River, sur lesquelles se tient Pretoria, nourrirent une importante population d'éleveurs

Centre de Pretoria

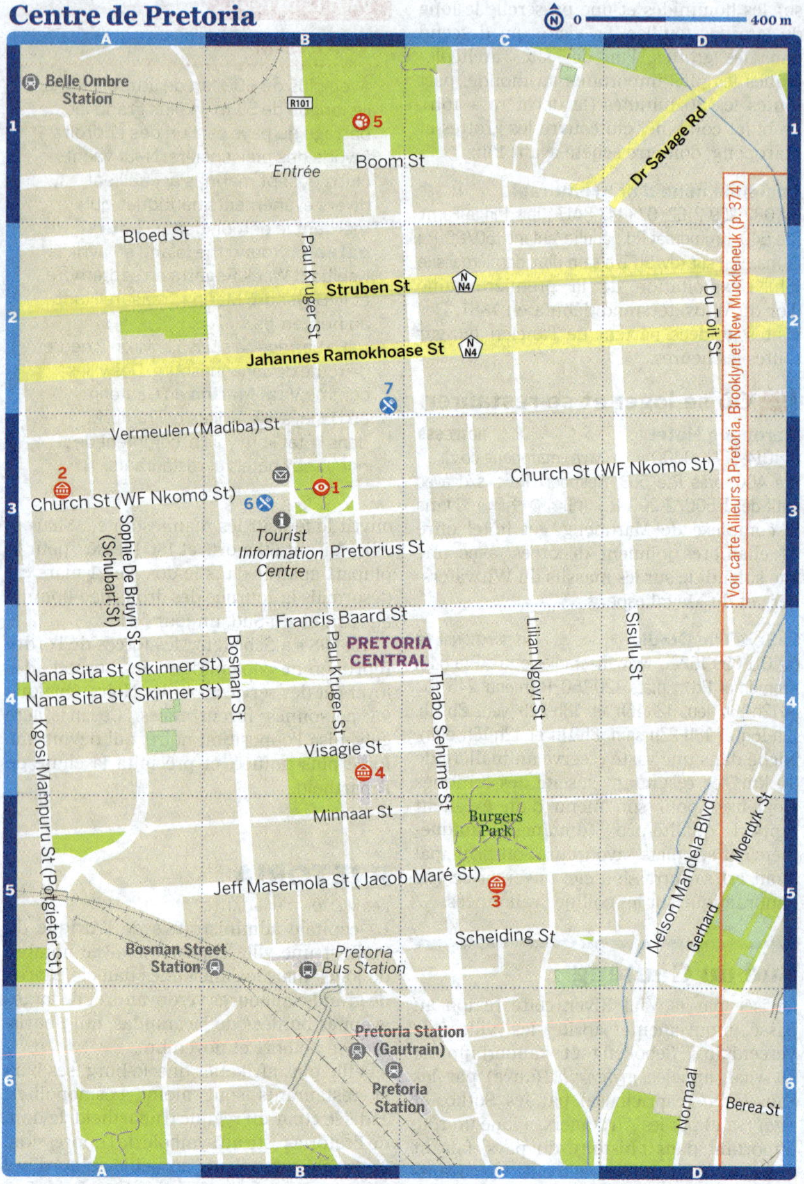

de langue nguni pendant des centaines d'années.

Puis les guerres zouloues provoquèrent des destructions et des déplacements massifs. La majeure partie de la population noire fut massacrée et la plupart des rescapés s'enfuirent au nord, dans l'actuel Zimbabwe. En 1841, les premiers Boers arrivèrent dans une région temporairement désertée et s'approprièrent la terre où ils édifièrent plus tard leur capitale.

Centre de Pretoria

À voir

Où se restaurer

Lorsque les Britanniques accordèrent l'indépendance à la Zuid-Afrikaansche Republiek (ZAR) au début des années 1850, une population estimée à 15 000 Blancs et 100 000 Noirs vivait entre la Vaal et le Limpopo. Les Blancs étaient largement éparpillés et, en 1853, deux fermes au bord de l'Apies furent achetées pour construire la capitale de la république.

Pretoria, du nom d'Andries Pretorius, n'était qu'un petit avant-poste au titre pompeux, que les représentants de l'Empire britannique observaient avec une inquiétude croissante. En 1877, ils décidèrent d'annexer la république. Les Boers déclarèrent la guerre – Pretoria fut assiégée au début de 1881 – et regagnèrent leur indépendance.

La découverte d'or dans le Witwatersrand à la fin des années 1880 changea complètement la donne et, 19 ans plus tard, les Boers furent de nouveau en guerre avec les Britanniques.

À des fins de réconciliation, les Britanniques accordèrent l'autonomie au Transvaal en 1906 et un compromis maladroit fit de Pretoria la capitale administrative du pays. L'Union sud-africaine fut créée en 1910, mais Pretoria ne retrouva son statut qu'en 1961, avec la création de la république d'Afrique du Sud, dirigée par Hendrik Verwoerd.

À voir

Voortrekker Monument MONUMENT

(carte p. 381 ; ☎ 012-326 6770 ; www.vtm.org.za ; Eeufees Rd ; adulte/enfant 55/30 R ; ⏰ 8h-18h sept-avr, 8h-17h mai-août). L'imposant Voortrekker Monument, construit entre 1938 et 1949, commémore le périple des Voortrekkers, qui traversèrent la chaîne côtière du Cap pour gagner le cœur du veld africain. Le monument, à 3 km au sud de la ville, est bien indiqué de l'autoroute N1. Il est entouré d'une réserve naturelle de 3,4 km².

Le monument est encerclé par un mur en pierre sculpté de 64 chariots disposés en cercle défensif, le *laager* traditionnel. L'édifice lui-même est un immense cube de pierre, orné à chaque angle du visage d'un héros afrikaner. Un escalier et un ascenseur conduisent au toit, qui offre une vue panoramique sur Pretoria.

Church Square PLACE

(carte ci-contre). Au cœur de Pretoria, **Church Square** est entourée d'imposants édifices publics. Parmi eux figurent le **palais de justice**, sur le côté nord, où Nelson Mandela fut condamné à la prison à vie lors du procès de Rivonia ; l'**OuRaadsaal (ancien siège du gouvernement)** sur le côté sud ; l'**Old Capitol Theatre** dans le coin nord-ouest ; la **First National Bank** au nord-est ; l'**Old Nederlandsche Bank**, qui jouxte le Café Riche et abrite le centre d'information touristique ; et la **poste principale** sur le côté ouest.

Au centre de la place, l'Old Lion (le Vieux Lion ; Paul Kruger) surveille son royaume miniature.

Melrose House ÉDIFICE HISTORIQUE

(carte ci-contre ; ☎ 012-322 2805 ; 275 Jeff Masemola (Jacob Maré St) ; adulte/enfant 20/5 R ; ⏰ 10h-17h mar-dim). Cette demeure imposante, construite en 1886, possède une importante signification historique. Le 31 mai 1902, le traité de Vereeniging, qui mit fin à la guerre des Boers de 1899-1902, fut signé dans la salle à manger. Ne manquez pas la grande salle de billard, avec un coin fumeurs orné d'un superbe vitrail, et le jardin d'hiver, qui renferme une collection de dessins satiriques datant de la guerre des Boers.

Pretoria National Zoological Gardens ZOO

(carte ci-contre ; ☎ 012-328 3265 ; www.nzg.ac.za ; angle Paul Kruger St et Boom St ; adulte/enfant 85/55 R, téléphérique 10/8 R ; ⏰ 8h30-16h30). À 1 km du centre-ville, le zoo comprend un vivarium, un aquarium, une vaste collection d'arbres exotiques et de nombreux sites de pique-nique. Son principal atout est le **téléphérique**, qui monte au sommet d'une colline dominant la ville.

Union Buildings ÉDIFICES

(carte p. 374 ; Government Ave). GRATUIT Sièges du gouvernement et des bureaux présidentiels, ces grands bâtiments en grès sont entourés de jardins souvent utilisés pour des cérémonies officielles, comme l'investiture de Nelson Mandela en 1994. Des statues d'anciens Premiers ministres, dont une imposante statue équestre du général Louis Botha, ornent la propriété, ainsi qu'un mémorial à la Première Guerre mondiale et un monument dédié à la police nationale.

Les bâtiments ne sont pas ouverts au public, mais les jardins sont accessibles tous les jours.

Kruger Museum MUSÉE

(carte p. 370 ; ☎012-000 0010 ; www.ditsong.org.za ; 60 Church St ; adulte/enfant 35/15 R ; ⌚8h30-16h30). Une courte marche à l'ouest de Church Sq conduit à l'ancienne résidence de Paul Kruger, devenue aujourd'hui la maison-musée Paul Kruger. La maison, bâtie en 1884, fut certainement grandiose à l'époque, mais semble aujourd'hui perdue dans cette rue animée. Gardée par deux lions de pierre, elle renferme des meubles d'époque et une collection éclectique d'objets qui appartenaient à Kruger et à son épouse.

National Cultural History Museum MUSÉE

(carte p. 370 ; ☎012-324 6082 ; www.ditsong.org.za ; angle Visagie St et Schubert St ; adulte/enfant 35/20 R ; ⌚8h-16h). Centré sur l'histoire culturelle de l'Afrique du Sud, ce musée présente des expositions d'art rupestre san, de figurines de l'âge du fer provenant du Limpopo ; une petite galerie est consacrée aux œuvres sud-africaines contemporaines, entre autres.

FREEDOM PARK : UNE APPROCHE HOLISTIQUE DE L'HISTOIRE

Freedom Park (carte p. 381 ; ☎012-336 4000 ; www.freedompark.co.za ; angle Koch St et 7th Ave ; adulte/enfant parc 45/25 R, musée 60/45 R ; ⌚8h-16h30, visites 9h, 12h et 15h). Ce remarquable mémorial adopte une approche globale de l'histoire des guerres en Afrique du Sud et se distingue par son architecture imaginative. Situé au-delà du *kopjie* en venant de l'austère Voortrekker Monument, le Freedom Park rend hommage à tous les Sud-Africains qui ont péri dans les conflits majeurs. Il comprend notamment l'Isivivane Garden of Remembrance, un jardin du souvenir ; le S'khumbuto, un mur qui porte les noms des héros tombés ; le //hapo, un musée et centre d'interprétation consacré à l'histoire sud-africaine ; et le Mveledzo, un chemin en spirale à travers la nature.

Pretoria Art Museum MUSÉE D'ART

(carte p. 374 ; ☎021-358 6750 ; www.pretoriaartmuseum.co.za ; angle Francis Baard St et Wessels St, Arcadia Park ; adulte/enfant 20/5 R ; ⌚10h-17h mar-dim). Ce musée est spécialisé dans l'art sud-africain reflétant l'histoire du pays. Il accueille également des expositions régulièrement renouvelées.

Fêtes et festivals

Oppikoppi Music Festival MUSIQUE

(www.oppikoppi.co.za). Un concert de style Woodstock, avec des groupes de rock locaux et internationaux qui viennent célébrer paix, amour et musique. Il a généralement lieu en août ; consultez le site Internet pour plus de détails.

Pretoria Show FOIRE

Immensément populaire, cette foire agricole et marché aux puces se tient durant la troisième semaine d'août au Tshwane Events Center.

Où se loger

Arcadia et Hatfield

1322 Backpackers International AUBERGE DE JEUNESSE $

(carte p. 381 ; ☎012-362 3905 ; www.1322backpackers.com ; 1322 Arcadia St, Hatfield ; dort 150-170 R, sans sdb et avec petit-déj s 250-300 R, d 350-380 R ; P@🛜≋). Cette auberge est une retraite accueillante, où les voyageurs se rassemblent autour d'une piscine à l'arrière et dans un petit bar animé en façade. Elle propose des dortoirs bien tenus de 3 à 8 lits, et des appentis plus petits en bois et brique au fond du jardin (un peu étouffants en été). Les sdb communes sont propres et une cuisine est à disposition. Paiement en espèces uniquement.

Pumbas Backpackers AUBERGE DE JEUNESSE $

(carte p. 374 ; ☎012-362 5343 ; www.pumbas.co.za ; 1232 Arcadia St, Hatfield ; dort 150 R, d sans sdb 450 R, petit-déj compris ; P🛜≋). Cette auberge comporte des chambres privées et des dortoirs propres et fonctionnels, une cuisine commune et une petite piscine. Très bien située dans Hatfield, elle se tient à courte distance de la station Gauteng.

Bed & Breakfast in Hatfield GUESTHOUSE **$$**
(carte p. 374 ; ☎083 447 2066, 012-362 5392 ; www.bandbhatfield.co.za ; 1265 Arcadia St, Hatfield ; s/d avec petit-déj 680/840 R ; P❄📶🏊). Non loin de la station Gauteng de Hatfield, ce B&B est un cocon raffiné, avec des lignes minimalistes, des couleurs douces et des touches décoratives bien pensées ; le propriétaire est un architecte à la retraite. La piscine à l'arrière est un plus appréciable. Seules 3 chambres disposent de la climatisation.

East View Guest House GUESTHOUSE **$$**
(carte p. 374 ; ☎082 451 6516, 012-343 7180 ; eastview1@mweb.co.za ; 175 East Ave, Arcadia ; s/d avec petit-déj 650/780 R ; P📶🏊). Lynette Blignaut a aménagé une pension parfaite, oasis de calme dans une rue peu connue. Les 6 chambres pimpantes, dans les tons taupe et gris, s'agrémentent de sdb modernes. L'établissement occupe une imposante villa dans le quartier des ambassades, près des Union Buildings. Les petits-déjeuners sont copieux, avec de délicieux muffins maison, et le dîner est servi sur commande.

Village in Hatfield GUESTHOUSE **$$**
(carte p. 374 ; ☎012-362 5370 ; www.hatfieldvillage.co.za ; 324 Glyn St, Hatfield ; s 350-680 R, d 600-890 R, petit-déj compris ; P@🏊). Au coin d'Arcadia St, cette charmante propriété offre des chambres joliment aménagées, un service attentif, une piscine et une cour ombragée. Excellent rapport qualité/prix.

Courtyard Arcadia Hotel HÔTEL **$$**
(carte p. 374 ; ☎012-342 4940 ; www.cclhg.com ; angle Park St et Hill St, Arcadia ; d 1 400-1 500 R ; P❄📶🏊). Au cœur du quartier des ambassades, ce manoir de style hollandais du Cap (cape-dutch) se situe dans le haut de gamme de la chaîne City Lodge. Les 69 chambres, installées dans plusieurs résidences, ne sont pas tout à fait à la hauteur du cadre grandiose, mais le service est irréprochable, et les happy hours en soirée sont appréciables. Réserver en ligne permet d'obtenir les meilleurs prix.

Protea Hotel Hatfield HÔTEL **$$**
(carte p. 374 ; ☎012-364 0300 ; www.proteahotels.com ; 1141 Burnett St, Hatfield ; d 955-1 130 R ; P❄📶🏊). Si vous recherchez la proximité immédiate des boutiques et des bars de Hatfield, choisissez le Protea, un bon hôtel dans un haut bâtiment moderne. Les chambres trois étoiles sont impeccables, avec des sdb de taille correcte. Demandez une chambre dans les étages supérieurs pour bénéficier d'une belle vue. Consultez le site Internet pour les promotions du week-end.

Khayalethu Guest House GUESTHOUSE **$$**
(carte p. 381 ; ☎082 440 4325, 012-362 5403 ; www.ghk.co.za ; 1322 Arcadia St, Hatfield ; s/d avec petit-déj 500/700 R ; P📶🏊). Pittoresque et originale, cette pension discrète est une bonne adresse si votre budget est serré. Les chambres, petites et simples, sont bien tenues. Des curiosités locales et kitsch ornent les murs de la cuisine et une piscine est à disposition.

Brooklyn, Lynnwood et Menlo Park

♥ **Foreigners Friend Guesthouse** GUESTHOUSE **$$**
(☎082 676 2585, 011-975 8524 ; www.foreignersfriend.co.za ; 409A Om die Berg St, Lynnwood ; s 750-1 000 R, d 1 000-1 250 R, petit-déj compris ; P❄📶🏊). Entre un hôtel de charme et un B&B, cette pension ravissante est une oasis de tranquillité dans un quartier paisible. Elle compte 10 chambres spacieuses et bien aménagées, un salon charmant au rez-de-chaussée, un jardin verdoyant et une belle piscine. Le petit-déjeuner superbement présenté est servi sur une terrasse aérée.

Brooks Cottage GUESTHOUSE **$$**
(carte p. 374 ; ☎082 448 3902, 012-362 3150 ; www.brookscottage.co.za ; 283 Brooks St, Brooklyn ; s/d avec petit-déj 670/920 R ; P📶🏊). Le seul inconvénient de cette adresse séduisante est sa popularité : il faut réserver longtemps à l'avance pour occuper l'une de ses chambres douillettes aux sdb étincelantes, d'un excellent rapport qualité/prix. Avec un parquet et un salon d'une élégante sobriété, cette maison soigneusement restaurée déborde de charme. Dîner servi sur demande.

Richtershuyz GUESTHOUSE **$$**
(carte p. 381 ; ☎012-346 2025 ; www.richtershuyz.co.za ; 375 Mackenzie St, Brooklyn ; s 770-800 R, d 990 R, petit-déj compris ; P❄📶🏊). Dans un quartier résidentiel, cette pension occupe

Ailleurs à Pretoria, Brooklyn et New Muckleneuk

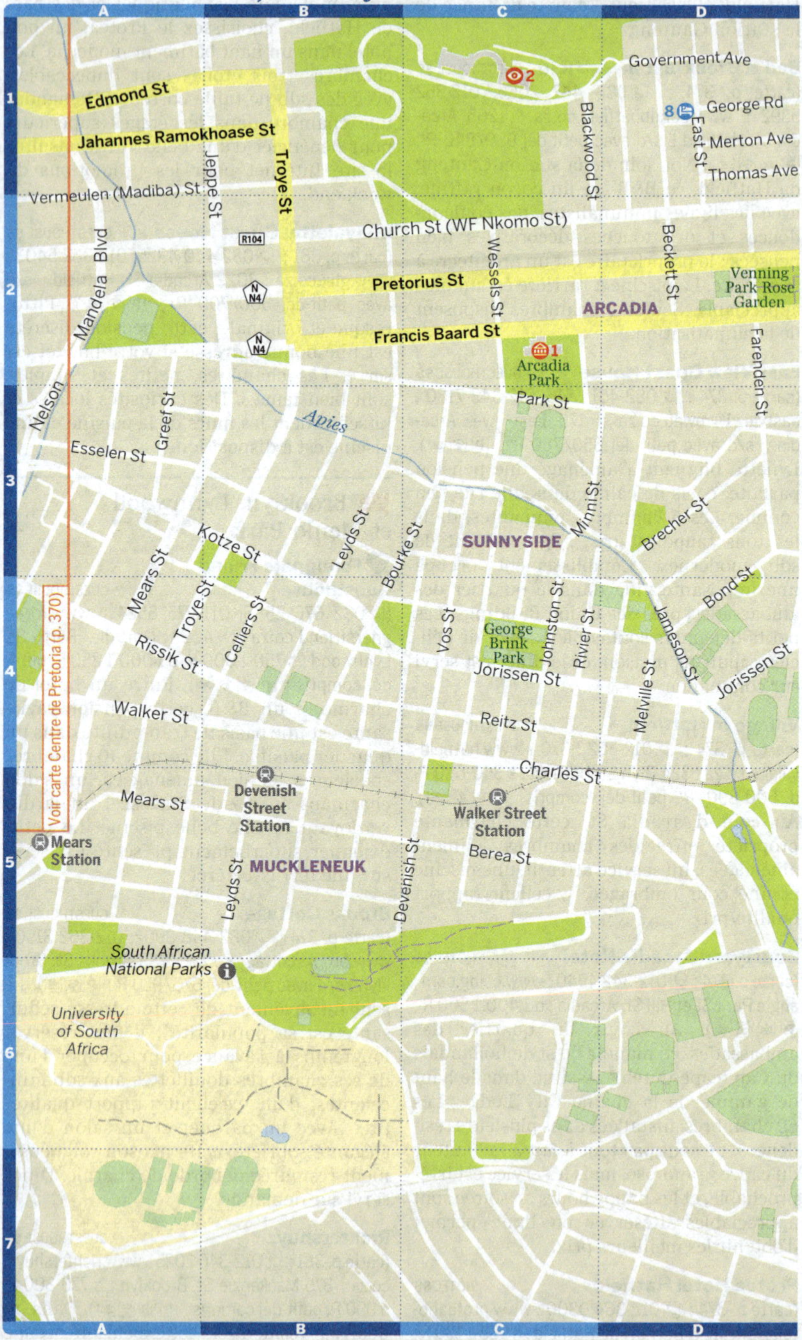

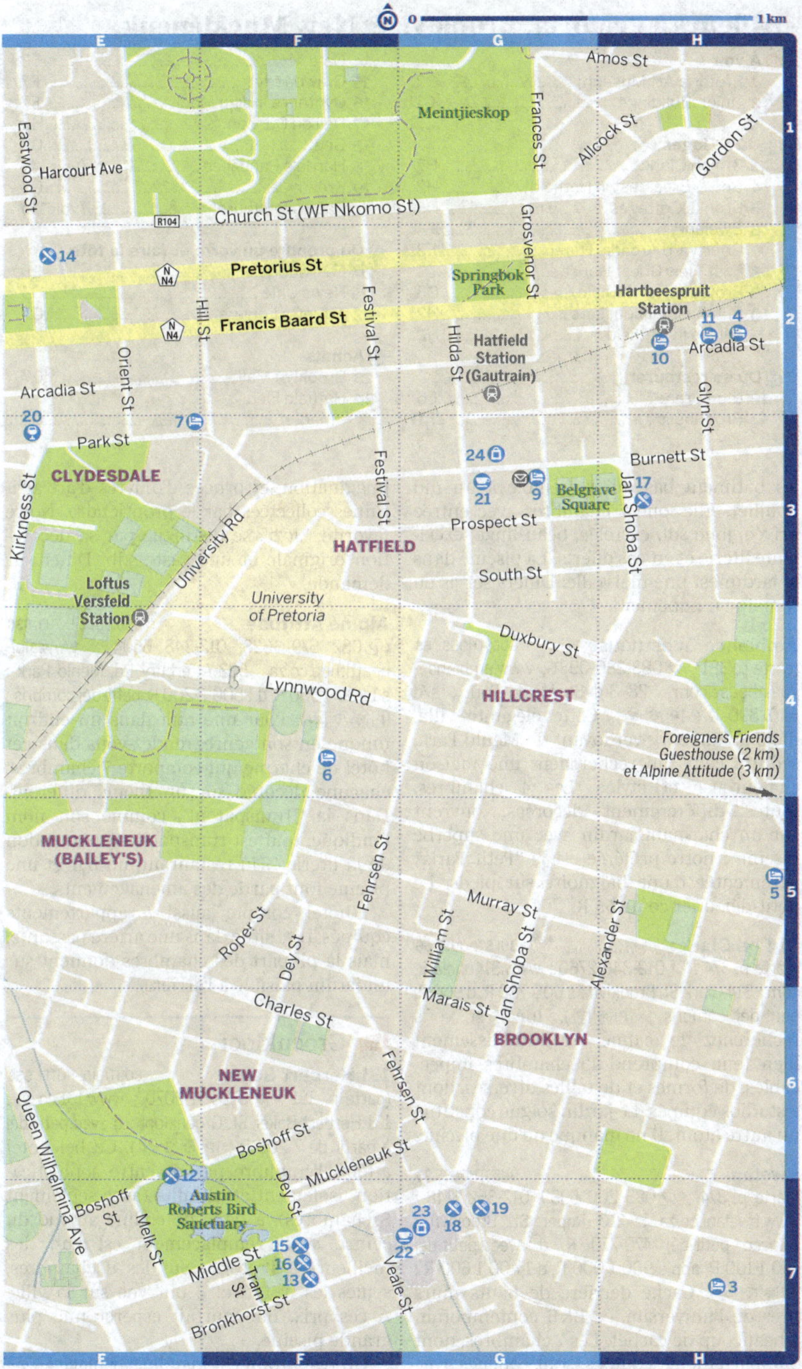
0
1 km
E
F
G
H
1
2
3
4
5
6
7
Amos St
Meintjieskop
Frances St
Allcock St
Gordon St
Eastwood St
Harcourt Ave
R104
Church St (WF Nkomo St)
Grosvenor St
14
Pretorius St
N4
Springbok Park
Hartbeespruit Station
11
4
Francis Baard St
Hill St
Festival St
Hilda St
Hatfield Station (Gautrain)
10
Arcadia St
Orient St
Arcadia St
Glyn St
20
7
Park St
24
Burnett St
CLYDESDALE
21
9
Belgrave Square
17
Kirkness St
Prospect St
Jan Shoba St
University Rd
HATFIELD
Festival St
Loftus Versfeld Station
University of Pretoria
South St
Duxbury St
Lynnwood Rd
HILLCREST
6
Foreigners Friends Guesthouse (2 km) et Alpine Attitude (3 km)
MUCKLENEUK (BAILEY'S)
Fehrsen St
5
Murray St
Roper St
Dey St
William St
Jan Shoba St
Alexander St
Charles St
Marais St
BROOKLYN
NEW MUCKLENEUK
Fehrsen St
Queen Wilhelmina Ave
Boshoff St
Muckleneuk St
12
Austin Roberts Bird Sanctuary
Dey St
23
18
19
Boshoff St
Melk St
15
22
Middle St
16
Tram St
13
Veale St
3
Bronkhorst St
E
F
G
H

Ailleurs à Pretoria, Brooklyn et New Muckleneuk

À voir
1 Pretoria Art Museum C2
2 Union Buildings C1

Où se loger
3 314 on Clark H7
4 Bed & Breakfast in Hatfield H2
5 Brooks Cottages H5
6 Bwelani F4
7 Courtyard Arcadia Hotel E3
8 East View Guest House D1
9 Protea Hotel Hatfield G3
10 Pumbas Backpackers H2
11 Village in Hatfield H2

Où se restaurer
12 Blue Crane E6
13 Broodhuijs F7
14 Café 41 .... E2
15 Crawdaddy's F7
16 Cynthia's Indigo Moon F7
17 Deli on Duncan H3
18 Geet G7
Harrie's Pancakes .... (voir 14)
19 Kream G7
Papa's Restaurant .... (voir 17)

Où prendre un verre et faire la fête
20 Eastwoods E3
21 News Café G3
22 TriBeCa Lounge G7

Achats
23 Brooklyn Mall G7
24 Hatfield Flea Market G3

un bâtiment bas qui ressemble à un nid douillet. Elle loue 7 chambres avec entrée privée, jolie sdb carrelée, beau linge, excellente literie et en-cas offerts. La piscine dans le jardin est une merveille. Dîners servis en semaine uniquement.

Ambiance Guesthouse GUESTHOUSE **$$**
(carte p. 381 ; 083 280 0981 ; www.ambiance-guesthouse.com ; 28 3rd St, Menlo Park ; s/d 640/890 R ; P). Cette élégante villa, dans le faubourg verdoyant de Menlo Park, séduira ceux qui recherchent une maison chaleureuse et stylée. Les 4 chambres, toutes différemment décorées, ouvrent sur un charmant jardin avec une superbe piscine ; notre préférée est la "Petit Paris", agrémentée d'une baignoire sur pieds. Le petit-déjeuner coûte 55 R.

314 on Clark GUESTHOUSE **$$**
(carte p. 374 ; 012-346 2760 ; www.314onclark.com ; 314 Clark St, Brooklyn ; s 600-780 R, d 960 R, petit-déj compris ; P). Idéal si vous recherchez le calme, cet établissement bien tenu comprend 13 chambres impeccables, de formes et de tailles diverses, dont 2 studios équipés. Le jardin soigné constitue un autre atout. Il ne manque qu'une piscine.

Bwelani GUESTHOUSE **$$**
(carte p. 374 ; 083 200 5939, 012-362 1148 ; www.bwelani.co.za ; 210 Roper St, Brooklyn ; s avec petit-déj 470-770 R, d avec petit-déj 750-1 100 R, app s 900-1 000 R, d 1 400-1 600 R ; P). Caché derrière de hauts murs près de l'université, ce B&B contemporain a beaucoup de cachet. Les 7 chambres, dont 2 appartements équipés, sont conçues avec imagination, et ornées d'œuvres d'art africaines collectées par le propriétaire. Notre favorite, "Jozi", se distingue par sa décoration originale et une vaste sdb. Dîner sur demande.

Alpine Attitude BOUTIQUE-HÔTEL **$$$**
(082 579 1628, 012-348 6504 ; www.alpineattitude.co.za ; 522 Atterbury Rd, Menlo Park ; s 1 200-1 500 R, d 1 500-2 200 R, petit-déj compris ; P). Pour une nuit dans un endroit unique en son genre, rendez-vous dans cet hôtel de charme qui comporte 7 chambres, chacune décorée sur un thème différent. Dans la "Transparent", comme son nom l'indique, tout est transparent à l'exception de la literie ! Un restaurant, un bar et une piscine font partie des aménagements.

L'hôtel compte aussi 5 appartements équipés. Il se situe dans une artère passante, mais la plupart des chambres donnent sur un jardin paisible à l'arrière.

Groenkloof

131 Herbert Baker BOUTIQUE-HÔTEL **$$$**
(carte p. 381 ; 012-751 2070 ; www.131.co.za ; 131 Herbert Baker St, Groenkloof ; d avec petit-déj à partir de 7 200 R ; P). Ce bel hôtel atteint l'équilibre parfait entre sophistication, isolement et intimité (avec seulement 8 chambres), à flanc de colline au sud du centre ; son emplacement est l'un des meilleurs à Pretoria. Sur les 8 chambres, seules les n[os]1, 2 et 3 ont vue sur la ville. À ces prix, on pourrait espérer une plus grande piscine.

Un restaurant est installé sur place.

Où se restaurer

Pretoria compte nombre de bons restaurants et les prix sont un peu moins élevés qu'à Jo'burg. Hatfield et Brooklyn abritent les meilleurs.

Centre-ville

Café Riche BISTROT $

(carte p. 370 ; ☎012-328 3173 ; 2 Church St ; plats 35-70 R ; ⏲6h-18h ; 📶). Ce bistrot européen du début du XXe siècle, au cœur de Church Sq, est un endroit idéal pour boire un verre en observant la vie de la capitale sud-africaine. Les tables en terrasse sont prises d'assaut par les employés de bureau et les politiciens, tandis que dans la salle à l'ancienne, des serveurs apportent sans hâte sandwichs, pâtisseries, salades et simples plats de brasserie.

Tribeca CAFÉ $

(carte p. 370 ; ☎012-321 8876 ; www.tribeca.co.za ; 220 Madiba St (Vermeulen) St ; plats 50-80 R ; ⏲7h-17h lun-ven). Enfin un endroit sûr et accueillant pour déjeuner dans le centre-ville ! À deux pas de Church Sq, ce restaurant de chaîne est prisé des fonctionnaires et des avocats des proches High Court Chambers. Les salades et sandwichs sont corrects, à déguster de préférence en terrasse.

Arcadia et Hatfield

Hatfield et Arcadia sont remplis de restaurants, cafés et bars, sûrs à toute heure. Hatfield Sq, dans Burnett St, est un bon endroit pour un repas ou un verre.

Harrie's Pancakes CRÊPERIE $

(carte p. 374 ; ☎012-342 3613 ; www.harriespancakes.com ; Eastwood Village Centre, angle Eastwood St et Pretorius St, Arcadia ; plats 30-100 R ; ⏲8h-19h). Harrie's Pancakes est réputé pour ses délicieuses crêpes. Où ailleurs pourriez-vous savourer une crêpe au *biltong* et à la mozzarella ? Ou à la mousse de chocolat noir ? Excellentes salades et jus de fruits également. La crêperie se tient dans l'Eastwood Village Centre.

Café 41 MÉDITERRANÉEN $$

(carte p. 374 ; ☎012-342 8914 ; www.cafe41.co.za ; Eastwood Village Center, angle Eastwood St et Pretorius St, Arcadia ; plats 50-105 R ; ⏲7h-23h30 lun-sam, 9h-22h30 dim ; 📶). Une longue carte, de nombreuses tables et une terrasse en font l'un des endroits les plus plaisants de Pretoria pour un déjeuner. Les pâtes et les sandwichs constituent de bons choix, tout comme l'assiette de mezze.

Deli on Duncan CAFÉ, TRAITEUR $

(carte p. 374 ; ☎012-362 4054 ; angle Jan Shoba St et Prospect St, Duncan Yard, Hatfield ; plats 15-50 R ; ⏲8h-17h lun-ven, 8h-15h sam, 8h-14h dim). Cet excellent café comprend une terrasse toujours fraîche, parfaite en été. Laissez-vous tenter par les pâtisseries, tartes et quiches, ou choisissez la soupe du jour. Le Deli sert également de bons cafés et thés parfumés.

Papa's Restaurant SUD-AFRICAIN $$

(carte p. 374 ; ☎012-362 2224 ; www.papasrestaurant.co.za ; angle Jan Shoba St et Prospect St, Duncan Yard, Hatfield ; plats 70-150 R ; ⏲8h-21h30 lun-sam, 10h-15h dim). Dans un petit marché d'antiquités, ce restaurant est entouré de boutiques branchées où flâner après le repas. Il propose divers plats classiques sud-africains, dont le *potjiekos* (viande et légumes cuits dans une marmite au-dessus d'un feu), ainsi que de délicieuses viandes grillées, pizzas et pâtes. La cour charmante incite à s'attarder.

♥ **La Pentola** FUSION $$$

(carte p. 381 ; ☎012-329 4028 ; www.lapentola.co.za ; 5 Well St, Arcadia ; plats 80-190 R ; ⏲12h-15h et 17h-22h lun-sam). Ce restaurant bien établi a toujours autant de succès auprès des habitants et des touristes bien informés, qui apprécient le cadre à l'ancienne et l'excellente carte qui transgresse les frontières culinaires. Phacochère à la moutarde au miel, salade de fruits de mer cajun et escargots enrobés de bacon ne sont que quelques exemples. Il propose également des plats végétariens. Sachez que le service peut être affreusement lent.

Brooklyn et New Muckleneuk

Parmi les enseignes des galeries marchandes, quelques bons restaurants sont installés aux alentours de Middle St et de Fehrsen St.

Broodhuijs BOULANGERIE, CAFÉ $

(carte p. 374 ; ☎012-346 5753 ; www.broodhuijs.com ; angle Bronkhorst St et Dey St, Brooklyn ; plats 20-40 R ; ⏲7h-17h lun-ven, 8h-14h sam ; 📶). Dans une section paisible de Bronkhorst St, ce charmant café de quartier est un bon endroit pour retrouver des amis, ou savourer seul un repas léger (sandwichs, pizzas, salades). Il vend aussi des viennoiseries (dont des croissants et des muffins) et sert un bon café.

Boer'geoisie SUD-AFRICAIN $$
(carte p. 381 ; 012-460 0264 ; 13th St, Greenlyn Village, Menlo Park ; plats 70-170 R ; 11h-15h et 18h-21h lun-ven, 10h-22h sam, 10h-15h dim). La carte alléchante comprend tous les classiques de la cuisine sud-africaine traditionnelle, servis dans un cadre agréable avec tôle ondulée, parquet, piliers métalliques et objets décoratifs sud-africains. Si le *skilpadjie* (foie d'agneau enveloppé de crépine) ne vous inspire pas, choisissez parmi les autres copieux plats de viande. Les *souskluitjies* (boulettes à la cannelle) offrent une note sucrée à la fin du repas.

Crawdaddy's BRASSERIE $$
(carte p. 374 ; 012-460 0889 ; www.crawdaddys.co.za ; angle Middle St et Dey St, Brooklyn Plaza, Brooklyn ; plats 80-170 R ; 11h30-23h lun-sam, 11h30-21h dim). Prisée de longue date des habitants, cette brasserie conserve une clientèle fidèle grâce à sa carte éclectique, des curries et des plats sautés aux viandes et poissons grillés. L'établissement compte plusieurs salles et une terrasse qui surplombe un carrefour animé (et bruyant !).

Geet INDIEN $$
(carte p. 374 ; 012-460 3199 ; www.geetindianrestaurant.com ; 541 Fehrsen St, Brooklyn ; plats 50-100 R ; 11h-15h et 17h-22h lun-sam, 11h-20h dim ;). Dans un environnement modeste, le chef Gita Jivan mitonne des plats succulents, mêlant des saveurs indiennes à une présentation européenne. La longue carte privilégie la cuisine d'Inde du Nord, avec de nombreux plats végétariens. La Whiskey Room, où l'on peut dîner assis sur des coussins, est superbe.

Cynthia's Indigo Moon INTERNATIONAL $$
(carte p. 374 ; 012-346 8926 ; www.cynthiasindigomoon.co.za ; 283 Dey St, Brooklyn ; plats 70-170 R ; 11h30-22h lun-ven, 6h-23h30 sam ;). Vous apprécierez tout autant cet endroit pour le cadre que pour la cuisine. La décoration évoque Paris et New York, avec un éclairage tamisé et des miroirs sur les murs. Parmi les plats vedettes figurent le saumon de Norvège, le filet Cynthia et le gibier (springbok, koudou ou autruche), ainsi que la salade de couscous au poulet.

Blue Crane SUD-AFRICAIN $$
(carte p. 374 ; 012-460 7615 ; www.bluecranerestaurant.co.za ; 156 Melk St, New Muckleneuk ; plats 60-170 R ; 7h30-15h lun, 7h30-22h mar-ven, 9h-22h sam ;). Faisant partie de la réserve ornithologique Austin Roberts, le Blue Crane est connu des ornithologues du monde entier (et de tous ceux qui aiment siroter une bière Castle au couchant). La carte commence par le petit-déjeuner, puis continue par des steaks, salades, burgers et sandwichs. Le restaurant comprend plusieurs salles, dont un *boma*, et une splendide terrasse qui surplombe un étang.

Kream INTERNATIONAL $$$
(carte p. 374 ; 012-346 4642 ; 570 ; www.kream.co.za ; 570 Fehrsen St, Brooklyn Bridge ; plats 120-200 R ; 12h-22h lun-sam, 12h-14h30 dim). Concept audacieux dans une ville conservatrice, le Kream propose une carte ultra-branchée, avec des entrées exotiques et les grillades habituelles. Le cheese-cake au chocolat blanc et fruits de la passion, accompagné d'un whisky choisi sur la longue liste, est une agréable manière de terminer la soirée.

Pacha's SUD-AFRICAIN $$$
(carte p. 381 ; 012-460 3220 ; www.pachas.co.za ; 27 Maroelana St ; plats 90-200 R ; 12h-14h30 et 18h-21h30 lun-ven, 18h-21h30

VAUT LE DÉTOUR

MULDERSDRIFT

Kloofzicht Lodge & Spa (0861 148 866 ; www.kloofzicht.co.za ; Rte 374, Muldersdrift ; s 1 950-2 245 R, d 2 660-4 500 R, petit-déj compris, déj buffet 165-175 R, dîner 225 R ; 12h-14h30). Le Kloofzicht se situe dans une petite réserve naturelle qui abrite des élands, des gnous bleus, des bubales rouges, des oryx gazelles (gemsbok) et des zèbres. Il comprend une académie de pêche à la mouche, où les visiteurs peuvent louer une canne à pêche, ainsi qu'un spa superbe. Le dimanche, il propose un fabuleux déjeuner-buffet avec "vue sur la falaise", très couru. Vous aurez l'impression d'être à mille lieues de Johannesburg.

Le Lodge se trouve au nord de Krugersdorp sur la N14, dans le joli hameau de Muldersdrift. Il est particulièrement prisé pour les mariages et par les excursionnistes le week-end.

sam, 12h-14h30 dim). Chic et moderne, ce restaurant plaisant comporte des grandes fenêtres, un aquarium et des meubles de qualité, mais les plats de viande haut de gamme, en particulier le gibier, constituent son principal attrait. Il offre également un bon choix de plats de poisson.

Où prendre un verre et sortir

Avec ses bars, restaurants et night-clubs en tout genre, Hatfield est le meilleur endroit pour une soirée. Hatfield Sq devient un bastion estudiantin à la tombée de la nuit.

News Café CAFÉ
(carte p. 374 ; www.newscafe.co.za ; Hatfield Sq, Burnett St, Hatfield ; ⏲8h-minuit ; 📶). Ce café de chaîne populaire et bruyant, le plus agréable de Burnett St, offre de bons burgers et salades, ainsi qu'un grand choix de cocktails. Les écrans TV, le Wi-Fi rapide et l'ambiance nonchalante en font une adresse prisée des étudiants.

Tings an' Times BAR
(carte p. 381 ; www.tings.co.za ; Waterglen Shopping Centre, angle Garsfontein Rd et Jan Masilela Rd ; ⏲12h-1h30). Ce bar bohème attire une clientèle éclectique qui vient se détendre au son du reggae et des concerts réguliers. Les étudiants s'y pressent en soirée le week-end et dansent jusqu'au petit matin. Spécialité de la maison, les pitas toastés, nappés ou farcis de toutes sortes de délices, combleront les petites faims.

TriBeCa Lounge CAFÉ
(carte p. 374 ; www.tribeca.co.za ; Brooklyn Sq, Veale St, Brooklyn ⏲7h-22h). Détendu et stylé, le TriBeCa est parfait pour s'attarder devant un café au lait en feuilletant des magazines, ou pour se joindre à la clientèle aisée qui sirote de délicieux cocktails le week-end en soirée. Il sert également une cuisine de pub.

Eastwoods PUB
(carte p. 374 ; ☎012-344 0243 ; www.eastwoods.co.za ; 391 Eastwood St, Arcadia ; ⏲10h-23h lun-ven, 10h-1h sam, 10h-21h dim). Très populaire, ce pub est souvent bondé, surtout à l'heure du déjeuner et à la sortie des bureaux. Il comprend une vaste terrasse et une salle avec banquettes et grand bar. Primé plusieurs fois "meilleur pub de Pretoria", il sert de bons repas toute la journée, d'excellentes bières artisanales et une longue sélection de cocktails et d'alcools.

Achats

Brooklyn Mall GALERIE MARCHANDE
(carte p. 374 ; www.brooklynmall.co.za ; Bronkhorst St, Brooklyn ; ⏲9h-19h lun-ven, 9h-17h sam-dim). Dans cette immense galerie marchande, vous trouverez toutes sortes d'articles, des accessoires de mode aux jouets et des ustensiles ménagers aux vêtements.

Boeremark MARCHÉ
(carte p. 381 ; Pioneer Park, Silverton ; ⏲6h-9h sam). Organisé par le Pioneer Park Museum à Silverton, ce marché est rempli de stands qui vendent toutes sortes de produits bio : fromages, gâteaux et conserves. Venez tôt car tout est vendu dès 9h.

Hatfield Flea Market MARCHÉ AUX PUCES
(carte p. 374 ; parking Hatfield Plaza, Burnett St, Hatfield ; ⏲9h-17h dim). Ce marché aux puces offre le bric-à-brac habituel, ainsi que quelques stands d'artisanat africain.

Renseignements

ACCÈS INTERNET

La plupart des hébergements offrent l'accès gratuit à Internet.

ARGENT

Des banques avec DAB et service de change sont installées dans toute la ville.

OFFICES DU TOURISME

South African National Parks (SANParks ; carte p. 374 ; ☎012-428 9111 ; www.sanparks.org ; 643 Leyds St, New Muckleneuk ; ⏲bureau 7h30-15h45 lun-ven, centre d'appel 7h30-17h lun-ven, 8h-13h sam). Le meilleur endroit pour des réservations et des informations sur toutes les réserves et parcs nationaux.

Tourist Information Centre (carte p. 370 ; ☎012-358 1430 ; www.tshwanetourism.com ; Old Nederlandsche Bank Bldg, Church Sq ; ⏲7h30-16h lun-ven). Sans intérêt pour la plupart des voyageurs ; demandez plutôt conseil à votre hôtel ou aux habitants.

POSTE

Poste de Hatfield (carte p. 374 ; Hatfield Sq ; ⏲8h 16h30 lun-ven, 8h-12h sam). La poste la plus fréquentée.

Poste principale (carte p. 370 ; Church Sq ; ⏲8h30-16h30 lun-ven, 8h-12h sam). Dans un bâtiment historique sur la place principale.

SERVICES MÉDICAUX

Hatfield Clinic (☎012-362 7180 ; www.hatmed.co.za ; 454 Hilda St ; ⏲8h-19h lun-jeu, 8h-18h ven, 8h-13h sam, 8h-12h dim). Une clinique de banlieue réputée.

Tshwane District Hospital (☎012-354 5958 ; Dr Savage Rd). En cas d'urgence médicale.

URGENCES

Police (☎10111)

Pompiers (☎10111)

Depuis/vers Pretoria

AVION

L'aéroport international OR Tambo (p. 362 ; Ortia) est la plateforme internationale du pays, avec des vols provenant du monde entier.

BUS

La plupart des bus internationaux et nationaux partent de Pretoria avant de passer à Jo'burg, à moins qu'ils se dirigent vers le nord. La **gare routière de Pretoria** (p. 370 ; Railway St) jouxte la gare ferroviaire. Elle abrite les billetteries et bureaux d'information des principales compagnies, ainsi qu'un bon café et un DAB.

La plupart des bus Translux (p. 362), City to City (p. 362), Intercape (p. 362) et Greyhound (p. 362) qui relient Jo'burg à Durban, la côte sud et Le Cap partent de Pretoria. Les bus qui se dirigent vers le nord par la N1 s'arrêtent également ici.

Translux, Greyhound et Intercape appliquent des tarifs identiques au départ de Pretoria ou de Jo'burg, sans tenir compte de la différence du temps de trajet. Comptez environ 90 R pour le trajet entre les deux villes (1 heure).

Baz Bus (p. 362) vient chercher et dépose les passagers aux auberges de jeunesse de Pretoria.

GAUTRAIN

Le service Gautrain (p. 645) propose des liaisons rapides et régulières avec Hatfield, Johannesburg (Park Station, Rosebank et Sandton) et l'aéroport.

MÉTRO

En raison du fort taux de criminalité, nous déconseillons d'emprunter le Metro entre Jo'burg et Pretoria.

TRAIN

La gare ferroviaire de Pretoria est un bel endroit pour commencer ou achever un voyage.

Pour de longues distances, les trains Shosholoza Meyl (p. 362) qui passent par Pretoria sont le Trans Karoo (quotidien de Pretoria au Cap) et le Komati (quotidien de Jo'burg à Komatipoort via Nelspruit). Le luxueux Blue Train, qui relie Pretoria, Jo'burg et Le Cap, part de la gare de Pretoria.

VOITURE

Nombre des grandes compagnies locales et internationales sont représentées à Pretoria.

Comment circuler

DEPUIS/VERS L'AÉROPORT

Si vous appelez à l'avance, la plupart des auberges de jeunesse et de nombreux hôtels viendront vous chercher gratuitement.

Get You There Transfers (☎011-7916 6331 ; www.getyoutheretransfers.co.za) propose des navettes entre Ortia et Pretoria. Les bus vous prennent à l'aéroport et vous déposent à Pretoria pour 600 R environ (le même prix qu'un taxi). Airport Shuttle (p. 363) propose le même service pour 550 R environ.

TAXI

Si vous ne disposez pas d'un véhicule, le taxi constitue le moyen de transport le plus simple et le plus sûr. Vous pouvez obtenir un taxi avec compteur en appelant **Rixi Taxis** (☎086 100 7494 ; www.rixitaxi.co.za ; environ 10 R/km).

TAXI COLLECTIF

Les taxis-minibus desservent quasiment toute la ville et le tarif standard s'élève à 5 R environ ; ils ne sont pas très pratiques pour les voyageurs, qui préféreront utiliser les taxis.

ENVIRONS DE PRETORIA

Plus connu pour ses villes, le Gauteng possède une campagne splendide avec quelques musées et sites intéressants.

Smuts House Museum

Smuts House Museum MUSÉE
(carte ci-contre ; ☎012-667 1176 ; www.smutshouse.co.za ; Nellmapius Rd, Irene ; adulte/enfant 20/10 R, aire pique-nique 5 R/voiture ; ⏲8h-16h lun-ven, 8h30-16h30 sam-dim). La maison où vécut J. C. Smuts pendant plus de 40 ans a été transformée en un musée intéressant. Entourée d'une large véranda et ombragée d'arbres, elle conserve une atmosphère familiale, et offre un bon aperçu de la vie de l'ancien propriétaire. Si vous circulez en voiture depuis/vers Pretoria, ne manquez pas d'y faire halte. Elle est indiquée sur l'autoroute N14 (Rte 28) et sur la Rte 21.

Érudit, général boer, politicien et homme d'État d'envergure internationale, J. C. Smuts fut l'un des fondateurs de l'Union sud-africaine, et Premier ministre de 1919 à 1924 et de 1939 à 1948.

Environs de Pretoria

Environs de Pretoria

À voir

1 Fort Klapperkop C2
2 Freedom Park B2
3 National Botanical Garden D1
4 Smuts House Museum C4
5 Voortrekker Monument B2

Où se loger

6 131 Herbert Baker C2
7 1322 Backpackers International C1
8 Ambiance Guesthouse C2
Khayalethu Guest House .... (voir 7)
9 Richtershuyz C2

Où se restaurer

10 Boer'geoisie D2
11 La Pentola C1
12 Pacha's D2

Où prendre un verre et faire la fête

13 Tings an' Times D2

Achats

14 Boeremark D1

Fort Klapperkop Military Museum

Fort Klapperkop FORT

(carte ci-dessus ; ☎012 346 7703 ; Johann Rissik Dr ; adulte/enfant 20/5 R ; ⏲10h-17h mar-dim). Ce fort fut l'un des quatre édifiés pour défendre Pretoria, mais ne fut jamais attaqué. À 6 km au sud de la ville, c'est l'un des forts les mieux préservés du pays. Son **musée** retrace l'histoire militaire de l'Afrique du Sud, de 1852 à la fin de la guerre des Boers de 1899-1902. Il offre une vue panoramique sur la ville et la région.

National Botanical Garden

Jardin botanique national JARDIN

(carte ci-dessus ; ☎012-843 5071 ; Cussonia Ave, Brummeria ; adulte/enfant 26/12 R ; ⏲6h-18h).

À 9 km à l'est du centre-ville, ce jardin, d'une superficie de 7700 m², contient des plantes indigènes de tout le pays. Les quelque 20 000 espèces sont étiquetées et regroupées selon leur région d'origine. Des concerts ont lieu de mai à septembre dans le jardin dédié aux pique-niques.

En voiture, suivez Church St (Rte 104) vers l'est sur 8 km, puis tournez à droite dans Cussonia Rd ; le jardin se situe sur la gauche.

Sammy Marks Museum

Sammy Marks Museum MUSÉE
(☎012-755 9541 ; www.ditsong.org.za ; R104, Old Bronkhorstspruit Rd ; adulte/enfant 45/15 R ; ⌚10h-16h mar-dim). Cette belle demeure victorienne fut construite en 1884 pour Sammy Marks, un magnat anglais de l'industrie, des mines et de l'agriculture. Devenue un musée, avec 5 visites quotidiennes guidées de la maison et de ses dépendances, elle comporte un charmant jardin de thé victorien et de superbes jardins où pique-niquer en imaginant l'époque révolue des parties de croquet. Pour rejoindre le musée, suivez les panneaux à partir de la Rte 104, à 20 km à l'est de Pretoria.

Cullinan Diamond Mine

Cullinan est une jolie bourgade centenaire avec de nombreux bâtiments conçus par Herbert Baker. Elle abrite l'un des plus grands et des plus riches filons de kimberlite de la planète, qui a produit trois des plus gros diamants jamais trouvés.

Cullinan se résume à quelques rues pittoresques rassemblées autour de la mine, mais ces dernières années ont vu se multiplier hébergements, restaurants, bistrots, magasins d'antiquités et galeries d'art. L'ambiance détendue, l'architecture charmante et les bonnes infrastructures attirent de nombreuses familles de Pretoria et de Jo'burg le week-end.

Pour plus d'informations sur le bourg, consultez le site www.cullinan24.co.za.

De Pretoria, prenez la N4 vers l'est, puis la sortie Hans Strijdom. Tournez à gauche et suivez les panneaux.

Circuits organisés

Premier Diamond Tours CIRCUITS ORGANISÉS
(☎012-734 2170 ; www.tourcullinan.co.za ; Oak Ave ; circuit 1 heure 30 120-150 R, circuit 4 heures 500-550 R ; ⌚8h-14h, circuit 1 heure 30 11h et 13h30, circuit 4 heures 10h30 lun et ven, 9h30 mar-jeu, 8h sam). Ce tour-opérateur réputé propose d'excellentes visites de la mine. Le circuit de 1 heure 30 conduit dans le trou massif et au chevalement des wagonnets qui rapportent le minerai à la surface, ainsi qu'à l'usine de traitement et à l'énorme tas de déchets. L'Underground Tour de 4 heures fait découvrir les galeries et le travail dans la mine, une expérience fascinante.

Où se loger et se restaurer

Gastehys JanHarmsgat B&B $$
(☎074 322 5225 ; www.gastehys.co.za ; 7 Hospital St ; s 680 R, d 760-980 R, petit-déj compris ; P Wi-Fi). Très original, voire excentrique, ce B&B propose 4 chambres dans une ferme rénovée, qui semble sortie d'un magazine de décoration. Tout est recyclé et détourné, des vieilles tables d'hôpital aux robinets en cadre de vélo et autres ferronneries. L'établissement dans son ensemble s'apparente à une œuvre d'art. Le jardin luxuriant constitue un atout supplémentaire.

Cockpit Brewhouse CUISINE DE PUB $
(☎012-734 0656 ; www.thecockpitbrewhouse.co.za ; 80 Oak Ave ; plats 50-85 R ; ⌚12h-21h jeu, 11h-21h ven-sam, 11h-16h dim ; Wi-Fi). Au centre du bourg, la Cockpit Brewhouse, une brasserie décorée sur le thème de l'aviation, sert d'excellentes bières et de bons plats de brasserie, dont un savoureux burger de bœuf et d'agneau.

Harrie's Pancakes CRÊPERIE $$
(☎012-734 1054 ; www.harriespancakes.com ; 112 Oak Lane ; plats 20-100 R ; ⌚8h-19h). Cette crêperie offre un choix exceptionnel de crêpes gastronomiques et de copieuses salades. Les tables en terrasse bénéficient d'un emplacement privilégié, dans la pittoresque Oak Lane.

Mpumalanga

Dans ce chapitre ➡

Le top des restaurants

- Wild Fig Tree (p. 390)
- Summerfields Kitchen (p. 395)
- Kruger's Gold (p. 393)
- Saffron (p. 399)
- Food Fundi (p. 398)

Le top des hébergements

- Woodsman (p. 389)
- Royal Hotel (p. 391)
- Graskop Hotel (p. 392)
- Trees Too (p. 401)
- River House Lodge (p. 400)

Pourquoi y aller

Si petite qu'elle soit, la province du Mpumalanga demeure l'une des plus agréables d'Afrique du Sud. Cette magnifique région alterne montagnes, vallées verdoyantes et villes au climat frais. L'environnement local a de quoi réjouir les amateurs d'activités de plein air, appelés à descendre en rappel le long des cascades, à sauter en parapente du haut des falaises ou à dompter les rivières en raft, chambre à air ou canoë. Les plus calmes se contenteront d'arpenter à pied ou à vélo une multitude de sentiers sauvages.

Joyau du Mpumalanga, le Blyde River Canyon fend littéralement le Drakensberg Escarpment. Ce paysage est l'un des plus emblématiques d'Afrique du Sud et, quand le temps est dégagé, le panorama est à couper le souffle.

Mieux encore : la province est toute proche de la moitié sud du Kruger National Park (p. 404), et compte un excellent choix de lodges et d'activités à l'orée de ce formidable parc.

Quand partir

Nelspruit

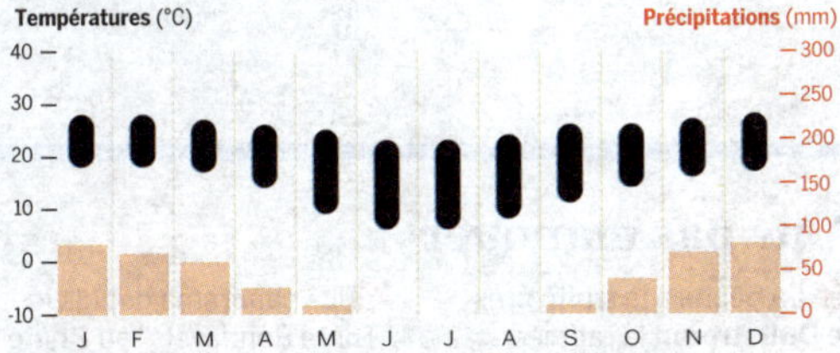

Janvier-mars L'escarpement du Drakensberg permet d'échapper à la chaleur estivale du *lowveld*.

Juin-août La capitale, Nelspruit, organise InniBos, où se produisent artistes et troupes de théâtre.

Septembre-décembre Mi-décembre, Dullstroom mérite le détour pour son Arts & Cultural Festival.

À ne pas manquer

1. La pêche à la truite près de **Dullstroom** la raffinée (p. 385), au doux climat alpin.
2. L'art et l'artisanat africains à **Graskop** (p. 391) et le grand saut (Big Swing) dans une gorge hors de la ville
3. Le panorama depuis les "Three Rondavels" au **Blyde River Canyon** (p. 393), le troisième plus grand canyon au monde.
4. Les sentiers de VTT autour de **Sabie** (p. 388), ou le simple spectacle des montagnes embrumées.
5. L'héritage de **Barberton** (p. 401) et une balade dans la ville la plus agréable de la province.

Histoire

Lors de la *difaqane* (migration forcée), au début du XIXe siècle, arrivèrent des groupes de Shangaan, de Swazi et de Ndebele, fuyant les troubles qui faisaient rage en pays zoulou. Les Ndebele sèment eux aussi la terreur parmi les tribus adverses, prenant en otage des jeunes hommes et femmes.

Les premiers Voortrekkers entrèrent en scène à la fin des années 1830 et firent du Transvaal (ancien nom de la province) une république, 10 ans plus tard. Le Transvaal devint alors le cadre de la première guerre entre Britanniques et Boers, remportée par les seconds, qui reprirent leur territoire et firent de Paul Kruger leur premier président. Une indépendance de courte durée : après quelques années, quand les guerres anglo-boers se terminent, le Transvaal revient à la Couronne britannique (tout comme l'État libre d'Orange).

Parcs nationaux et réserves naturelles

La Blyde River Canyon Nature Reserve est la plus spectaculaire du lot. C'est également dans le Mpumalanga que s'étend la partie sud du fameux Kruger National Park (p. 404), dont la lisière sud-ouest est bordée de nombreuses réserves privées.

Langues

Le swati, le zoulou et le ndebele sont les principales langues parlées au Mpumalanga, mais l'anglais est bien compris. Vous entendrez beaucoup parler afrikaans à Nelspruit et dans les environs.

Comment s'y rendre et circuler

À 28 km au nord-est de Nelspruit par la Rte 40, le Mpumalanga Kruger International Airport (MKIA) assure des liaisons avec les grandes villes d'Afrique du Sud et avec Livingstone, en Zambie.

Les routes de Mpumalanga ont des revêtements de bonne qualité et les connexions entre les villes sont très bonnes. Si Nelspruit est bien desservie par les lignes de bus et de minibus, les transports publics se font rares lorsqu'on s'écarte des grands axes. Louer un véhicule reste la meilleure solution pour explorer la région.

Un train de voyageurs traverse le centre de la province, reliant Johannesburg (Jo'burg) à Komatipoort via Nelspruit.

DRAKENSBERG ESCARPMENT

Au cœur du Drakensberg Escarpment se nichent quelques-uns des paysages les plus époustouflants d'Afrique du Sud. Il y a quelques siècles encore, c'était une région de forêt vierge peuplée d'éléphants, de buffles et même de lions. Aujourd'hui, ce sont les vacanciers sud-africains qui arpentent les montagnes et profitent de la beauté des paysages. L'escarpement correspond à l'endroit où le plateau du *highveld* plonge de 1 000 m avant de s'affaisser dans l'Eastern Lowveld, formant d'extraordinaires falaises, canyons, collines escarpées et vallées couvertes d'épaisses pinèdes. C'est le cadre idéal pour pratiquer d'innombrables activités sportives.

Dullstroom

600 HABITANTS / ALTITUDE 2 053 M

Cette petite oasis promet une bonne cuisine, de pub anglais à l'ancienne, de nombreux hôtels, un air pur et des eaux fraîches où il fait bon pêcher. Arrivé à Dullstroom, vous aurez peut-être l'impression de vous trouver au Canada. Nichée parmi les pins et bordée de jolies maisons à clins, c'est l'une des villes les plus fraîches du pays, et il peut y neiger en hiver. Elle doit son renom à la pêche à la truite, mais il y a beaucoup d'autres choses à y faire, notamment de la randonnée et de l'équitation.

À voir et à faire

Dullstroom Bird of Prey & Rehabilitation Centre RÉSERVE ORNITHOLOGIQUE
(☎079 502 1519 ; www.birdsofprey.co.za ; adulte/enfant 50/20 R ; 9h-16h, démonstrations de vol 10h30 et 14h30, fermé mar). Juste à la sortie de la ville, en retrait de la Rte 540, ce centre protège les oiseaux de proie et montre les dangers qui les menacent. On peut même s'y initier à l'art de la fauconnerie, l'espace d'une journée. Les démonstrations de vol libre font appel aux talents de faucons pèlerins, de buses, de crécerelles et d'aigles noirs.

Dullstroom Riding Centre ÉQUITATION
(☎082 442 9766 ; www.dullstroomhorseriding.co.za ; promenade dans la campagne 2 heures adulte et enfant 250 R, en ville 500 R). Situé à l'Owl & Oak Trading Post, à 9 km de Dullstroom sur la Rte 540 en direction de Lydenburg, ce haras organise des balades à cheval pour adultes et enfants dans la campagne

Drakensberg Escarpment et Eastern Lowveld

alentour, ou en ville pour les cavaliers confirmés (tournée des bars incluse !).

Fêtes et festivals

Dullstroom Arts & Cultural Festival CULTURE
Essayez d'assister à cette démonstration des talents locaux, mi-décembre. Photographie, art, sculpture, musique et cuisine.

Où se loger et se restaurer

Old Transvaal Inn AUBERGE $
(☎013-254 0222 ; Naledi St ; ch 200-350 R). Logée dans un joli bâtiment ancien, une adresse correcte et bon marché proposant des chambres très rudimentaires mais propres. Les plafonds sont bas et les sdb petites. L'auberge abrite par ailleurs la meilleure **confiserie** de la ville : caramels, truffes et autres douceurs maison.

Cherry Grove GUESTHOUSE $$
(☎013-254 0421 ; www.cherry-grove.co.za ; Cherry Grove Centre, Main Rd ; s/d 600/1 200 R : ❄). Ces luxueuses villas méditerranéennes de pierre et de bois pourvues de balcons surplombent la place. Elles sont conçues pour capter la lumière, et les cheminées réchauffent les chambres douillettes dans la fraîcheur du soir.

Critchley Hackle COTTAGES $$$
(☎0861 226 787 ; Teding van Berkhout St ; s/d avec petit-déj à partir de 1 400/2 100 R ; @ ≋). La meilleure adresse en ville. Les cottages en pierre disséminés à travers de vastes pelouses fleuries abritent d'agréables chambres à plafond voûté, avec salon, cheminée et terrasse donnant sur un petit lac. Le superbe restaurant ouvre par une baie vitrée sur les jardins. L'établissement se dresse à la sortie nord-est de la ville (suivez les indications depuis la route principale).

Duck & Trout AUBERGE $
(☎013-254 0047 ; www.duckandtrout.co.za ; repas légers à partir de 30 R ; ⏰11h-22h dim-jeu, 10h-22h ven et sam). Bonne adresse pour se régaler d'une pizza au feu de bois et d'une ou deux bières avec les habitants, tandis que les enfants s'ébattent sur l'aire de jeux. **Chambres** à l'arrière (s/d 300/500 R) correctement meublées, assez vastes, pourvues d'une terrasse avec vue sur la campagne.

Legendz Cafe CAFÉ $
(☎013-254 0413 ; Cherry Grove Centre, Main Rd ; plats 35-55 R ; ⏰petit-déj et déj). Il s'agit d'un lieu où l'on peut profiter, en extérieur, de bons cafés, de petits-déjeuners très joliment présentés et de sandwichs ou salades à midi. Ce n'est pas vraiment l'Italie mais un effort a été fait pour apporter un petit bout de Méditerranée jusqu'ici.

Mayfly Restaurant INTERNATIONAL $$
(☎084 619 4946 ; www.mayfly.co.za ; Naledi St ; plats 60-100 R ; ⏰à partir de 10h, fermé mar). Établissement chic proposant pizzas, pâtes, steaks, poisson et produits de la mer (les moules à l'ail et au vin blanc sont succulentes), et proposant une carte des vins très fournie. La grande salle doit son cadre intime à son mobilier tout simple et à son chauffage au bois.

ℹ Renseignements

First National Bank. Au carrefour principal. DAB.

Vidéoclub et cybercafé (Dullstroom Centre ; accès Internet 60 R/h ; ⏰11h-18h30)

ℹ Depuis/vers Dullstroom

Les taxis-minibus collectifs s'arrêtent à Dullstroom le long de la route principale, sur le trajet reliant Belfast à Lydenburg, mais il est plus commode de circuler avec son propre véhicule.

Waterval Boven

2 500 HABITANTS

Les amateurs d'escalade, de VTT et de sensations fortes affluent dans cette petite ville, juste en retrait de la N4. Nichée dans le Drakensberg, elle jouit d'un cadre naturel sensationnel.

Roc 'n Rope Adventures ESCALADE
(☎013-257 0363 ; www.rocrope.com ; 53 Third Ave). Les falaises des environs de Waterval Boven sont une destination d'escalade de choix en Afrique du Sud. Roc'n Rope Adventures organise diverses excursions dans le secteur, dont une Introduction to Rockclimbin (initiation à l'escalade, 1 600 R) de 2 jours, une Adventure Climb (escalade aventure, 400-550 R) d'une demi-journée, et une Waterfall Abseil (descente de cascade en rappel, environ 430 R) de 60 m.

Blaaubosch Kraal Horse Trails ÉQUITATION
(☎013-256 9081 ; www.bbktrails.co.za). Blaaubosch Kraal Horse Trails propose des balades de 2 heures moyennant 250 R. Pour bien commencer la journée, optez pour la sortie *Champagne Breakfast* (petit-déj au champagne, 450 R). On peut aussi faire des randonnées à la journée. À 8 km de la ville, sur la route de Lydenburg.

Acra Retreat Mountain View Lodge LODGE $$
(☎013-257 7088 ; www.acra-retreat.com ; 5th St ; s/d à partir de 520/800 R). Retraite reposante, ce lodge sympathique jouit d'une vue superbe. Ses terrasses permettent d'en profiter au mieux, et ses chambres spacieuses sont décorées sur le thème de l'Afrique. Les jardins en terrasses sont propices à la balade avant le dîner. Comme en témoignent les éloges constants des voyageurs, c'est la meilleure adresse de Waterval Boven.

Shamrock Arms PUB $$
(☎013-257 0888 ; www.shamrockarms.co.za ; 68 Third Ave ; s/d avec petit-déj 720/1 070 R ; 📶). Le Shamrock Arms sert de généreuses portions de ses spécialités britanniques. Ses hôtes sont particulièrement accueillants. L'établissement compte aussi un lodge très confortable abritant 7 chambres magnifiquement meublées et équipées de tout le confort moderne.

ℹ Renseignements

Office du tourisme (☎013-257 0444 ; www.linx.co.za/waterval-boven ; ⏰8h30-16h lun-ven, 8h30-13h sam). Sur la gauche quand on entre en ville par la N4.

Depuis/vers Waterval Boven

Le taxi-minibus collectif pour Nelspruit coûte 50 R (départ de Third Ave, environ 2 heures).

Lydenburg

900 HABITANTS

Lydenburg possède des rues larges, des espaces ouverts et des rues chargées d'histoire, ponctuées d'édifices intéressants. Il s'agit d'une halte agréable pour qui se rend à Jo'burg ou au parc Kruger.

Lydenburg Museum MUSÉE
(Long Tom Pass Rd ; entrée libre ; 8h-16h). GRATUIT Par un jour pluvieux, le Lydenburg Museum vaut le détour. Il flanque l'entrée de la Gustav Klingbiel Nature Reserve, à 3 km à l'est de la ville sur la Rte 37.

Gustav Klingbiel Nature Reserve RÉSERVE NATURELLE
(013-235 2213 ; 10 R ; 8h-16h lun-ven, 8h-17h sam-dim). S'étendant sur 20 km^2, la Gustav Klingbiel Nature Reserve se prête idéalement à l'observation des oiseaux, mais l'on y croise aussi des zèbres, des impalas et des koudous. À 3 km à l'est de la ville, sur la Rte 37.

De Ark Guest House GUESTHOUSE $$
(013-235 1125 ; www.dearkguesthouse.co.za ; 37 Kantoor St ; s/d à partir de 600/850 R, s/d deluxe 680/950 R ;). Cela vaut la peine de payer un peu plus pour une chambre deluxe à la De Ark Guest House, B&B 4 étoiles aménagé dans l'un des plus vieux édifices de la ville. Chaque chambre présente de nombreuses touches XIXe siècle.

Lodge Laske Nakke LODGE $$
(013-235 2886 ; www.laskenakke.co.za ; s/d indépendante à partir de 380/680 R, d économique 300 R). Cet établissement géré par des Afrikaners propose un choix d'hébergements d'un bon rapport qualité/prix, avec des chambres pour routards et même des emplacements de camping.

FORÊT ARTIFICIELLE

La forêt autour de Sabie est plantée de pins et d'eucalyptus – il s'agit de l'une des plus grandes forêts artificielles du monde. Elle a été mise à mal par des incendies il y a 7 ou 8 ans, et il lui faudra plus de 20 ans pour s'en remettre.

Depuis/vers Lydenburg

L'arrêt des taxis-minibus collectifs est situé dans le centre-ville, à l'angle de Voortrekker St et Clerq St. Les véhicules desservent quotidiennement Sabie (40 R, 1 heure) et Belfast (50 R, 1 heure 30).

Sabie

9 200 HABITANTS / 1 100 M D'ALTITUDE

La ravissante petite ville de Sabie est l'un des meilleurs endroits pour prendre ses quartiers au Mpumalanga. Elle compte d'excellents restaurants ainsi qu'un bon choix d'hébergements, et les montagnes verdoyantes des environs lui composent un cadre magnifique. En s'aventurant hors de la ville, on découvre très vite des cascades secrètes, des ruisseaux et des sentiers de randonnée. C'est le rendez-vous favori des amateurs de grand air et de sensations fortes tant les occasions de pratiquer le rafting, le *kloofing* (canyoning) et la randonnée sont nombreuses.

À voir et à faire

Les **cascades** (entre 5 et 10 R chacune) abondent dans les environs : les **Sabie Falls**, au nord de la ville, sur la Rte 532 en direction de Graskop ; les **Bridal Veil Falls** (70 m), au nord-ouest, ainsi que les **Lone Creek Falls** (68 m ; accès pour les personnes en fauteuil roulant sur le sentier à droite), deux sites accessibles par l'Old Lydenburg Rd. À 5 km au sud-ouest coulent les **Horseshoe Falls**. À 12 km au nord de Sabie, par la Rte 532, les célèbres **Mac-Mac Falls** rappellent par leur nom le grand nombre de patronymes écossais sur les registres miniers de la région. À 3 km au sud-est s'étendent les **Mac-Mac Pools**, lieu propice à la baignade.

Komatiland Forestry Museum MUSÉE
(angle Ford St et Tenth Ave ; adulte/enfant 5/2 R ; 8h-16h30 lun-ven, 8h-12h sam). Ce musée est consacré à l'exploitation forestière dans le secteur. Il présente une approche historique de l'utilisation du bois d'œuvre et de l'introduction des plantations dans le but de protéger les forêts endémiques qui étaient en train de disparaître à vive allure. À l'étage, vous pourrez vous informer sur les randonnées en forêt à la journée ou avec nuit sur place. Accessible aux handicapés.

Sabie Xtreme Adventures SENSATIONS FORTES
(013-764 2118 ; www.sabiextreme.co.za ; Main St). Les amateurs de sensations fortes trouveront, dans cette agence installée dans

Sabie

0 — 200 m

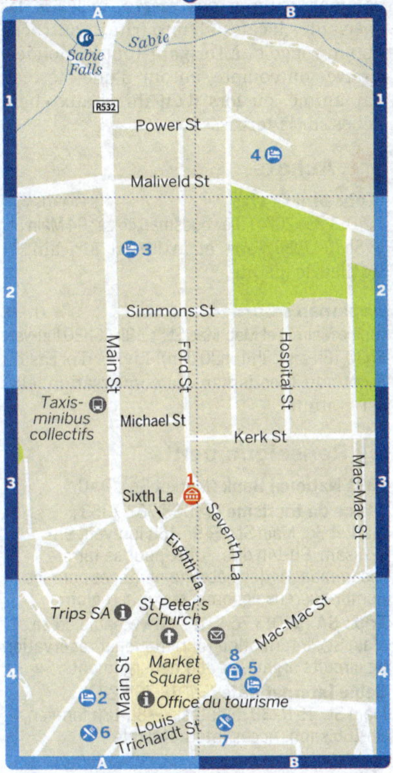

Sabie

À voir
1 Komatiland Forestry Museum A3

Activités
Sabie Xtreme Adventures ....(voir 3)

Où se loger
2 Country Kitchen A4
3 Sabie Backpackers Lodge A2
4 Sabie Townhouse B1
5 Woodsman..B4

Où se restaurer
6 Petena's Pancakes A4
7 Wild Fig Tree......................................B4
Woodsman..................................(voir 5)

Achats
Bookman's Corner.......................(voir 5)
8 Mphozeni Crafts B4

le Sabie Backpackers Lodge, du *kloofing*, de la spéléologie à la bougie, du rafting, des visites du Blyde River Canyon et plus encore.

Où se loger

Sabie Backpackers Lodge AUBERGE DE JEUNESSE $
(☎013-764 2118 ; www.sabiextreme.co.za ; Main St ; empl 80 R, dort 130 R, d sans sdb 300 R, d 350 R ; @ ≋). Une auberge de jeunesse assez rustique, mais bien située en ville. Les dortoirs sont petits, et la double avec sdb, plutôt bien meublée et propre, est exiguë et sombre. Barbecues et fêtes y sont souvent organisés, mais on y trouve également un vaste espace aménagé pour la détente. Sabie Xtreme Adventures est installé sur place. Les propriétaires pourront venir vous chercher à Nelspruit.

Billy Bongo Backpackers AUBERGE DE JEUNESSE $
(☎072 370 7219 ; Old Lydenburg Rd ; empl 70 R, dort/s/d 125/150/300 R). Le lieu est empreint d'une ambiance festive, avec des soirées synonymes d'alcool, de bongo et de feux de camp. À 1 km, sur la vieille Lydenburg Rd partant de Main St.

♥ **Woodsman** AUBERGE $$
(☎013-764 2015 ; www.thewoodsman.co.za ; 94 Main St ; s/d avec petit-déj 485/700 R). Ce pub emblématique gère un hébergement dans un édifice en brique sans grand attrait, situé juste à côté. Les chambres n'ont rien de rutilant, mais elles sont spacieuses et dotées des douches au jet puissant, et il y a de petits balcons à l'étage. Mais surtout, l'établissement est proche des deux meilleurs restaurants et bars de Sabie : le Woodsman lui-même, et le Wild Fig Tree.

Sabie Townhouse B&B $$
(☎013-764 2292 ; www.sabietownhouse.co.za ; Power St ; s/d avec petit-déj 545/1 000 R ; @ ☜ ≋). Cette jolie maison en galets de rivière compte une piscine et une terrasse, et bénéficie d'une vue fabuleuse sur les collines. Les voyageurs ne tarissent pas d'éloges quant à l'hospitalité chaleureuse de Greg et de sa famille. La suite Zebra, avec son lit immense, son patio privatif et son Jacuzzi, représente le summum du luxe ici – d'autant que la réservation de cette chambre inclut le petit-déjeuner au lit. Chambre familiale et chambres économiques à disposition également.

Country Kitchen PUB $$
(☎013-764 2091 ; Main St ; s/d 500/700 R). Donnant à l'arrière de ce pub-restaurant,

des chambres assez sophistiquées mais manquant un peu d'âme ont été aménagées autour d'une salle de conférences. Meublées avec goût, elles offrent un excellent rapport qualité/prix, et l'on peut facilement se rendre à pied au Wild Fig Tree ou au Woodsman pour les repas.

Artists' Café & Guest House GUESTHOUSE $
(☎078 876 9293 ; ch 340 R/pers). Un lieu merveilleusement décalé à Hendriksdal, à 15 km au sud de Sabie sur la Rte 37. L'établissement loge ses hôtes dans une gare désaffectée encore ponctuée de panneaux et autres fioritures. Notre chambre préférée est la "salle d'attente des première classe" à l'immense sdb et au confortable canapé.

Lone Creek River Lodge LODGE $$$
(☎013-764 2611 ; www.lonecreek.co.za ; Old Lydenburg Rd ; s/d avec petit-déj 1 075/1 720 R, ste s/d avec petit-déj 1 380/2 360 R ;). L'établissement compte des chambres luxueuses dans la maison principale, des suites individuelles près de la rivière, des lodges en bois tout équipés et 2 piscines d'eau douce. Nous recommandons les chambres donnant sur la rivière.

Où se restaurer et prendre un verre

Petena's Pancakes CRÊPES $
(Main St ; crêpes 50-70 R ; 9h-17h). Délicieux choix de crêpes salées et sucrées, avec mention spéciale pour la glace sauce chocolat et noix. La vue est à la hauteur. À quelques centaines de mètres dans Main St, à la sortie sud de la ville

♥ **Wild Fig Tree** SUD-AFRICAIN $$
(☎013-764 2239 ; angle Main St et Louis Trichardt St ; repas légers 40-60 R, plats 90-130 R ; 8h-21h lun-sam, 8h-20h dim). Menu à base de viande et atmosphère chaleureuse, avec chandelles et tapisseries africaines. Essayez les mezze sud-africains pour le dîner, comprenant médaillons d'autruche, carpaccio de phacochère et brochette de crocodile. L'assiette de fromage et charcuterie (*Ploughman's lunch*) ou l'assiette de truite constituent un délicieux déjeuner. C'est un lieu idéal pour passer un après-midi à Sabie, installé sur le balcon.

Woodsman GREC $$
(☎013-764 215 ; 94 Main St ; plats 80-110 R ; 7h-tard). Moitié pub, moitié restaurant, le Woodsman propose des plats à consonance hellène avec notamment des souvlakis, du calamar grillé et des mezze, mêlés à des spécialités locales : truite frite et autruche au vin rouge et à l'origan. Tout le monde y trouve son compte, autour d'une bière au bar animé, ou lors d'un dîner aux chandelles sur la terrasse.

Achats

Mphozeni Crafts ARTS ET ARTISANAT
(☎013-764 2074 ; thewoodsman.co.za ; 94 Main St ; 8h30-17h30). Art et artisanat africain, et textiles de qualité.

Bookman's Corner LIVRES
(angle Main St et Mac-Mac St ; 9h-16h30 lun-ven, 8h30-16h sam, 8h-16h30 dim). Livres d'occasion à côté du Woodsman. La conversation, elle, est gratuite.

Renseignements

First National Bank (Market Sq). DAB.

Office du tourisme (☎083 763 7353 ; Market Sq, Main St ; 9h-16h lun-ven, 9h-12h sam, 9h-14h dim). Utile pour se faire recommander des hébergements, et pour les nombreux renseignements sur la région.

Trips SA (☎013 764 1177 ; www.sabie.co.za ; Main St). Information touristique, et réservation de circuits organisés et d'hébergements.

Sabie Internet Cafe (☎013-764 2875 ; Main St ; 15 R/30 minutes ; 8h-18h lun-ven, 9h-16h sam). Accès Internet fiable.

Depuis/vers Sabie

Des services de bus quotidiens relient Jo'burg à Nelspruit, d'où vous pourrez prendre un taxi-minibus collectif pour Sabie (40 R, 1 heure). Les liaisons entre Sabie et Hazyview (40 R, 1 heure) sont fréquentes. Des taxis-minibus s'arrêtent près de la station-service Engen.

Pilgrim's Rest

1 730 HABITANTS

Comme figée dans le temps, Pilgrim's Rest restitue parfaitement l'époque de la ruée vers l'or, avec sa grand-rue tirée au cordeau entre les maisons de bois et de tôle. Les touristes débarquent le week-end par bus entiers et la bourgade prend alors des airs de Disney World. Mieux vaut arriver tôt le matin, ou passer la nuit sur place, si l'on veut revivre le passé plus tranquillement !

Une rivalité féroce oppose les surveillants officieux qui orientent les voitures dans les parkings au bord de la route.

À voir et à faire

Il est possible d'acheter au centre d'information des visiteurs un billet (12 R) valable pour les musées de la ville : le Printing Museum, la House Museum, le Dresden Store et le Central Garage Transport Museum.

Printing Museum MUSÉE
(12 R ; 9h-12h45 et 13h45-16h). Le Printing Museum retrace l'histoire de l'imprimerie à Pilgrim's Rest, et expose une collection de vieilles presses. Le billet est également valable pour la House Museum, le Central Garage Transport Museum et le Dresden Store.

House Museum MUSÉE
(12 R ; 9h-12h45 et 13h45-16h). Cette maison victorienne conserve de vieilles photos en noir et blanc, des poupées et des meubles anciens. Le billet est également valable pour le Printing Museum, le Central Garage Transport Museum et le Dresden Store.

Dresden Store MUSÉE
(12 R ; 9h-12h45 et 13h45-16h). Le Dresden Store restitue l'ambiance d'un magasin des années 1930, avec des canards en céramique sur les murs. Le billet est également valable pour le Printing Museum, la House Museum et le Central Garage Transport Museum.

Central Garage Transport Museum MUSÉE
(12 R ; 9h-12h45 et 13h45-16h). Ce musée illustre l'essor des transports à Pilgrim's Rest, des années 1870 aux années 1950. Pour les passionnés de voitures anciennes. Le billet est également valable pour le Printing Museum, la House Museum et le Dresden Store.

Alanglade MUSÉE
(013-768 1060 ; 20 R ; visites 11h et 14h lun-dim). Meublée d'objets des années 1920, cette ancienne résidence de directeur de la mine est située à la sortie nord de la ville. Réservez votre visite 30 minutes à l'avance.

Diggings Museum MUSÉE
(visite guidée adulte/enfant 12/6 R ; visites 10h, 11h, 12h, 14h et 15h). À l'est de Pilgrim's Rest, sur la route de Graskop, le Diggings Museum, en plein air, permet d'apprendre comment se lavait l'or à la batée – billet en vente au centre d'information.

Où se loger et se restaurer

Pilgrim's Rest Caravan Park CARAVANING $
(072 820 4033, 013-768 1309 ; empl 70 R, ch 400 R/pers ;). Un beau camping au bord de la Blyde, avec de grands étangs et des barbecues. Les sanitaires sont un peu vétustes. Possibilité de loger dans une *guesthouse*.

Royal Hotel HÔTEL $$
(013-768 1144 ; www.royal-hotel.co.za ; s/d petit-déj compris à partir de 600/900 R ;). Élégant édifice historique du centre, l'hôtel offre l'hébergement le plus séduisant d'Uptown avec ses lits en cuivre, ses meubles d'époque et ses sdb victoriennes. La majeure partie des chambres sont réparties dans différentes maisons de la grand-rue. Beaucoup bénéficient d'une véranda et d'un beau point de vue. Voisin, le Church Bar est parfait pour prendre un verre.

Stables Deli & Cafe CAFÉ $
(repas 20-40 R ; 8h30-17h). Charmant petit établissement d'Uptown au toit en tôle ondulée. Tables et bancs de bois sont installés dehors. Repas légers, sandwichs, salades, pancakes sucrés et salés et bon vin au verre. Si le menu est limité, les plats sont bien préparés.

Renseignements

Visitor information Center (013-768 1060 ; Main St ; 9h-12h45 et 13h15-16h30). Un centre d'information utile, en ville, où l'on peut acheter les billets d'accès aux musées.

Depuis/vers Pilgrim's Rest

De rares taxis-minibus collectifs assurent la liaison entre Pilgrim's Rest et Graskop, mais il est préférable de se déplacer par ses propres moyens.

Graskop

4 000 HABITANTS / ALTITUDE 1 450 M

La petite Graskop semble plutôt bien digérer le flux de touristes déversé par les bus, et ne se trouve pas dénaturée par l'affluence. Excellent point de départ pour explorer le spectaculaire Blyde River Canyon, cette tranquille bourgade est l'une des plus séduisantes de la région, grâce à son fort ensoleillement, à ses rues paisibles et aux collines ondoyantes qui l'entourent. Le panorama sur le Drakensberg Escarpment est somptueux partout où le regard se porte. La cité compte de nombreux hébergements, restaurants et boutiques d'artisanat. Les après-midi d'été, les terrasses des restaurants sont joyeusement animées.

À voir et à faire

La région proche permet de pratiquer la randonnée ou le VTT – renseignements auprès de Trips SA (page ci-contre). Graskop Valley View Backpackers loue des vélos (300 R/jour).

Big Swing SAUT À L'ÉLASTIQUE

(☎013-737 8191 ; saut simple/tandem 320/600 R, tyrolienne seule 100 R). Avec une chute libre de 68 m (soit l'équivalent de 19 étages en moins de 3 secondes) dans la Graskop Gorge, le Big Swing est l'un des plus longs sauts à l'élastique du monde. Tel un pendule, vous vous balancerez dans la gorge dans un cadre exceptionnel. À 1 km de Graskop, sur la route de Hazyview. Vous pourrez vous remettre de vos émotions en prenant un verre au lodge voisin. Une *foefie slide* (tyrolienne) de 135 m est aussi proposée.

Où se loger

♥ **Graskop Valley ViewBackpackers** AUBERGE DE JEUNESSE $

(☎013-767 1112 ; www.valley-view.co.za ; 47 De Lange St ; camping 90 R, dort 130 R, lits jum et d 280-360 R ;). Chaudement recommandé, cet accueillant établissement, tenu par des Néerlandais, loue diverses chambres en excellent état, des *rondavels* (cases rondes au toit conique) et un appartement tout équipé. Les propriétaires montent des circuits aventure et louent des VTT (200 R/jour). Prenez la route en direction de Sabie, tournez à gauche au premier croisement à 4 routes, puis à nouveau à gauche dans De Lange St.

Autumn Breath B&B $$

(☎082 877 2811 ; Louis Trichardt St ; ch avec petit-déj 250-275 R/pers). Pittoresque B&B louant 3 chambres modernes. La n°1, grande et bleue, est la meilleure. La n°2, avec balcon, est également agréable.

♥ **Graskop Hotel** HÔTEL $$

(☎013-767 1244 ; www.graskophotel.co.za ; angle Hoof St et Louis Trichardt St ; s/d petit-déj compris 700/1 000 R ;). Cet élégant hôtel est l'un de nos préférés dans la province. Les chambres, chics et distinctes, sont souvent agrémentées d'œuvres d'art et de design d'artistes sud-africains contemporains. Celles de l'arrière tiennent en de petits cottages de campagne au mobilier de maison de poupées (très confortables), impression renforcée par les baies vitrées donnant sur le jardin. Pensez à réserver.

Graskop

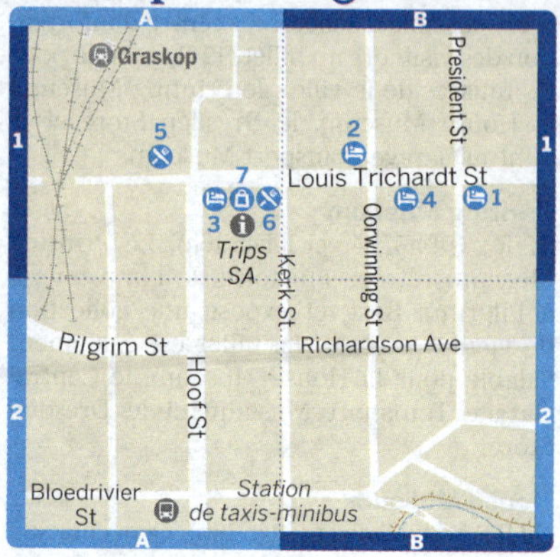

Graskop

Où se loger

1 Autumn Breath B1
2 Blyde Chalets B1
3 Graskop Hotel A1
4 Le Gallerie B1

Où se restaurer

5 Canimambo A1
6 Harrie's Pancakes A1

Achats

7 Delagoa A1

Le Gallerie GUESTHOUSE $$

(☎013-767 1093 ; www.legallerie.co.za ; angle Louis Trichardt St et Oorwinning St ; s/d avec petit-déj 520/920 R ; @). Pension et galerie d'art de luxe, dont les 3 chambres disposent chacune d'un mobilier somptueux et d'un accès privatif. Les sdb sont également très spacieuses et bien aménagées. Bel emplacement immédiatement en lisière de l'animation de la ville.

Blyde Chalets COTTAGES $$

(☎013-767 1316 ; www.blydechalets.co.za ; Louis Trichardt St ; cottages 700-900 R ;). Maisonnettes simples tout équipées avec cuisine, salon et *braai* (barbecue), dans le centre.

Où se restaurer

Harrie's Pancakes CRÊPES $

(Louis Trichardt St ; crêpes 50-70 R ; 8h-19h). L'intérieur blanc minimaliste chic, rehaussé d'art moderne et de touches originales, tranche un peu avec la cuisine. Crêpes salées et aux garnitures exotiques, et quelques autres sucrées. Sa réputation est un peu surfaite mais c'est un restaurant agréable pour le petit-déjeuner.

Kruger's Gold INTERNATIONAL $$
(☎071 361 0715 ; www.krugersgold.co.za ; Eagle's View Eco Estate, Rte 533 ; plats 100-135 R ; ⊙déj et dîner). La gastronomie est enfin arrivée à Graskop ! Situé sur une propriété actuellement en développement et dominant le God's Window Escarpment, immédiatement à la sortie de la ville, ce restaurant fait des merveilles avec du bœuf, du porc, de l'agneau, du poisson et des produits de la mer. Les plats simples comme l'agneau braisé sont superbement préparés. On sert aussi des pizzas au feu de bois.

Canimambo PORTUGAIS $$
(☎013-767 1868 ; angle Hoof St et Louis Trichardt St ; plats 80-140 R ; ⊙petit-déj, déj et dîner ;). Restaurant portugais et mozambicain servant ragoûts et grillades épicés ainsi que d'excellents produits de la mer. Goûtez le ragoût de haricots au chorizo ou au poulet fumé. Le Canimambo accommode merveilleusement les crevettes.

Achats

Plusieurs bonnes boutiques d'artisanat sont installées en ville, concentrées autour de Louis Trichardt St. On y trouve beaucoup de camelote, mais aussi des articles de qualité.

Delagoa ART ET ARTISANAT
(☎013-767 1081 ; Louis Trichardt St ; ⊙8h-18h). Cette boutique bourdonnante d'activité vend de l'artisanat de tout le continent. Les tissages congolais sont particulièrement impressionnants. La ligne de vêtements pour enfants n'est pas donnée mais unique et d'excellente facture.

Renseignements

Daan's Internet Cafe (angle Monument St et Bloedrivier St ; 15 R/30 minutes ; ⊙8h-18h)

First National Bank (Kerk St). Un DAB est installé au nord de Louis Trichardt St.

Trips SA (☎013-767 1886 ; Louis Trichardt St ; ⊙8h-16h30 lun-sam). Un bureau mal pourvu en renseignements, et dont le personnel n'aide guère. Hélas, on n'a plus le choix depuis la fermeture de l'office du tourisme de la ville.

Depuis/vers Graskop

Station de taxis-minibus collectifs (Hoof St). Se trouve à l'extrémité sud de la ville. Tous les matins, un service dessert Pilgrim's Rest (10 R, 30 minutes), Sabie (25 R, 40 minutes) et Hazyview (30 R, 1 heure).

Blyde River Canyon

Attirant toujours plus de visiteurs du monde entier, le Blyde River Canyon est le troisième plus grand canyon du monde, et l'un des paysages les plus remarquables d'Afrique du Sud. Les dimensions du canyon et son extrême beauté font de sa découverte une expérience mémorable, surtout si l'on a la chance de le visiter par grand beau temps.

En grande partie bordé par les 260 km² de la **Blyde River Canyon Nature Reserve** (☎021-424 1037 ; www.mtpa.co.za ; 30/10 R par pers/voiture), le canyon serpente vers le nord, en direction de Graskop, le long de l'escarpement du Drakensberg, avant de rencontrer la Blyde, qui creuse son lit vers le *lowveld* (bas veld). La plupart des visiteurs longent le bord du canyon en voiture, mais si vous disposez d'un peu de temps, rien ne vaut une exploration à pied.

Activités

Le complexe hôtelier Forever Blyde Canyon dispose d'informations sur les 6 itinéraires de randonnée du secteur.

Belvedere Day Walk MARCHE
Court mais relativement ardu, ce circuit passe par la centrale hydroélectrique de Belvedere, aux Bourke's Luck Potholes et forme une boucle. Il faut réserver à Potholes – la marche dure environ 5 heures. Durant cette promenade, ne descendez pas dans le lit de la rivière, mais tournez à gauche en empruntant un sentier vers de superbes chutes et piscines naturelles.

Construite en 1911, la centrale fut à une époque la plus importante de l'hémisphère Sud.

Où se loger

En venant de Graskop, Sabie ou Pilgrim's Rest, une journée suffit pour découvrir le canyon en voiture. Si vous poursuivez vers le nord, pourquoi ne pas faire étape dans la réserve ou à Hoedspruit ?

Forever Blyde Canyon COMPLEXE HÔTELIER $$
(☎0861 226 966 ; www.foreverblydecanyon.co.za ; camping 280 R, chalets à partir de 940 R ;). Vaste complexe proposant un grand choix d'hébergement. Les chalets les plus chers offrent une vue spectaculaire et beaucoup d'espace (pour une vue imprenable sur les Three Rondavels, demandez les chalets nos 89 à 96). Attention aux babouins

VAUT LE DÉTOUR

CIRCUIT AUTOUR DU BLYDE RIVER CANYON

Au départ de Graskop, sur la route qui mène vers le nord, guettez le **Pinnacle**, une formation rocheuse impressionnante qui jaillit de l'escarpement (fermez bien votre voiture en stationnant). Un peu plus au nord, sur la Rte 534 (une bifurcation de la Rte 532), **Wonder View** et **God's Window** offrent deux perspectives à couper le souffle… et leur lot de marchands de souvenirs. À God's Window, suivez le sentier jusqu'à la forêt tropicale (300 marches), où nichent des oiseaux rares, parmi lesquels le mystérieux touraco.

En revenant sur la Rte 532, faites un petit détour 2 km plus au sud pour admirer les **Lisbon Falls**, des chutes impressionnantes (ou faites-y un arrêt l'après-midi au retour de Graskop).

La gorge de Blyde River se forme un peu plus haut, près des **Bourke's Luck Potholes**. Ces cavités circulaires, creusées dans la roche par les tourbillons du cours d'eau, se trouvent au confluent des rivières Blyde et Treuer. Le **centre des visiteurs** fournit tous les renseignements sur la géologie, la flore et la faune du canyon. C'est ici que l'on achète le billet d'entrée de la réserve.

Poursuivez vers le nord après les Potholes : vous atteignez un belvédère d'où l'on admire les **Three Rondavels**. Il s'agit d'imposants cylindres rocheux surmontés de "toits" pointus, telles des cases, surgissant à l'autre extrémité du canyon. Vous pourrez envisager de courtes balades dans les environs, qui mènent à des points de vue sur le Blydepoort Dam, un barrage à l'extrémité nord de la réserve.

À l'ouest, après avoir quitté la réserve et un peu à l'écart de la Rte 36, les **Echo Caves** (☎ 013-238 0015 ; www.echocaves.co.za ; entrée et visite guidée adulte/enfant 60/30 R) ont constitué un site archéologique de l'âge de pierre. Ces grottes doivent leur nom à l'écho qui résonne lorsque l'on frappe un petit coup sur les formations de stalactites.

espiègles – l'auteur de ces lignes s'est fait voler une miche de pain par l'un d'entre eux, entré par la fenêtre de la cuisine !

Thaba Tsweni Lodge CHALETS **$$**
(☎ 013-767 1380 ; www.blyderivercanyonaccommodation.com ; d à partir de 800 R, petit-déj 100 R). Bien situé à courte distance de marche de Berlin Falls, au cœur de la Panorama Route, ce lodge réunit plusieurs chalets en pierre avec cuisine. Les lits sont recouverts d'imprimés africains et l'on dispose d'un jardin privatif, d'un barbecue, d'une cheminée et surtout d'un beau point de vue. La propriété se trouve juste en retrait de la Rte 352 en direction de Berlin Falls.

Forever Resort Swadini COMPLEXE HÔTELIER **$$**
(☎ 015-795 5141 ; www.foreverswadini.co.za ; empl tente 128 R, plus 67 R/pers, chalet à partir de 1 454 R ; ❄ ≋). Le côté un peu rudimentaire de ces trois chalets est compensé par leur situation idéale et la vue éblouissante. Outre des randonnées, le complexe propose du rafting et des descentes en rappel, entre autres activités. Il se trouve à l'extrémité nord de la réserve, en bordure de la Blyde, à environ 5 km du barrage de Blydepoort. Il y a un supermarché, un magasin d'alcools et une laverie. Les prix sont bien plus avantageux en basse saison.

EASTERN LOWVELD

Chaud et sec, le bas veld oriental tient pour l'essentiel d'une étape sur la route du Kruger National Park. Vous n'en pourrez pas moins remonter le temps dans Barberton, qui vit tranquillement après avoir connu la fièvre de l'or, retrouver l'agitation des grandes villes à Nelspruit ou vous mettre en appétit sur le chemin du Kruger en vous arrêtant dans l'un des multiples lodges que recèle la campagne.

Hazyview

4 300 HABITANTS

Hazyview s'étire le long de la Rte 40 sans avoir réellement de centre et doit son développement à sa proximité avec le Kruger National Park. On y trouve des prestations correctes et même quelques activités qui permettent de s'y attarder un jour ou deux, avant de pénétrer dans le parc Kruger par les accès Phabeni (12 km), Numbi (15 km) ou Paul Kruger (47 km).

À voir et à faire

Shangana Cultural Village VILLAGE
(☎ 013-737 5804 ; www.shangana.co.za ; visite 136 R ; ⏲ 9h-16h). À quelque 5 km au nord de la ville, sur la Rte 535, on trouve la

reconstitution pour les touristes d'une communauté traditionnelle shangana. Plusieurs animations ont lieu dans la journée : marché, activités de la ferme, construction d'habitations. Y sont également présentés des uniformes et des armes des *masocho* (guerriers), les liens entre les coutumes et l'histoire sont expliqués par un *sangoma* (guérisseur traditionnel), préparations culinaires, chants, danses et dégustation de *byala* (bière traditionnelle).

Les visites en milieu de journée avec repas traditionnel coûtent un minimum de 295 R, et le programme du soir incluant un bon dîner revient à 480 R.

Skyway Trails SENSATIONS FORTES
(☎013-737 6747 ; www.skywaytrails.com ; Perry's Bridge Trading Post ; Cable Trail 500 R, Tree Top Challenge 200 R). Le plus long parcours de tyroliennes du Mpumalanga vous fera voler à travers la forêt, suspendu à un câble en acier ! Il faut près de 2 heures 30 pour faire le tour des 10 plateformes et tyroliennes de 70 m à 230 m de haut (1,2 km au total). Le Tree Top Challenge – course d'obstacles à la cime des arbres, possible en famille – est le circuit le plus récent.

Où se loger et se restaurer

Gecko Lodge & Backpackers LODGE, AUBERGE DE JEUNESSE $$
(☎071 292 5616, 013-590 1020 ; www.geckolodge.co.za ; camping 70 R, dort 110-160 R, s/d avec petit-déj 695/1 100 R ;). Les chambres avec sdb de ce lodge, spacieux et bien équipé, ont des plafonds voûtés, et des lits en fer forgé très confortables. L'auberge de jeunesse, aménagée dans un bâtiment séparé juste à côté, a été récemment rénovée. L'établissement propose des chambres aux configurations variées, d'un bon rapport qualité/prix. Vous le trouverez à 3 km de Hazyview, tout près de la Rte 536 (la Sabie Rd).

Le lodge occupe de grands jardins, et l'on peut se promener en forêt jusqu'à la Sabie River.

Perry's Bridge Hollow Hotel HÔTEL $$
(☎013-737 7752 ; www.seasonsinafrica.com ; Rte 40 ; s/d avec petit-déj 850/1 100 R ;). Un hôtel qui vaut le détour ne serait-ce que pour son emplacement pratique, dans un centre commercial, et son ambiance assez élégante. Ses grandes chambres aux tons sobres s'agrémentent de bois sombre et de sols en béton ciré gris. Toutes ont un patio donnant sur les jardins ou sur la jolie piscine.

Idle & Wild GUESTHOUSE $
(☎013-737 8173 ; www.idleandwild.com ; rondavel s/d avec petit-déj 625/920 R ; P). Dans un merveilleux jardin tropical se dressent de confortables *rondavels*. Les standards sont spacieux et équipés de kitchenettes. Le *rondavel* Lune de miel (100 R supp) est doté de linge de lit un peu plus élaboré et d'une grande baignoire spa. Tous ont l'attrait d'une jolie vue sur le jardin, et sont pourvus de tables et de chaises pour en profiter. À 5 km de Hazyview sur la R 536, direction Sabie.

Summerfields Kitchen FUSION $$
(☎013-737 6500 ; plats 125-160 R ; ⏱déj et dîner). Pour un dîner romantique, direction Summerfields, à 5 km de la ville sur la Rte 536. La cuisine, plutôt riche et magnifiquement présentée, se compose de viandes en sauce, truite au beurre et desserts exquis (nous recommandons la pannacotta à la vanille). Lors des chauds après-midi, rien de meilleur que de profiter de la brise, attablé sur la grande terrasse.

Pioneer Restaurant GRILL $$
(☎013-737 7397 ; Rendezvous Tourism Centre, Rte 40 ; plats 90-160 R ; ⏱12h-15h, 18h-21h). Denee Fick, une chef sud-africaine renommée, œuvre dans ce restaurant moderne. Elle est spécialisée en steaks de bœuf très fins cuits à la perfection : goûtez l'aloyau à la sauce aux champignons. Produits de la mer et gibier local (autruche) sont aussi au menu.

Renseignements

Big 5 Country Tourist Office (☎013-737 7414 ; ⏱8h-17h lun-sam, 9h-13h dim). Accédez à ce bureau très pratique, dans le Rendezvous Tourism Centre, en arrivant à Hazyview par le sud.

PostNet (Blue Haze Mall, angle Rte 536 et Rte 40 ; 10 R/15 minutes). Accès Internet fiable dans le plus grand centre commercial de la ville.

Depuis/vers Hazyview

Des taxis-minibus collectifs desservent tous les jours Nelspruit (40 R, 1 heure) et Sabie (40 R, 1 heure).

White River

16 700 HABITANTS / ALTITUDE 950 M

Fondée au moment des guerres anglo-boers, White River (Witrivier) est une ville étendue et fouillis, au climat moins humide que Nelspruit. Elle peut constituer un bon point de départ pour visiter le parc Kruger. À 2 km au nord, sur la même Rte 40 mais en direction de Hazyview, deux centres commerciaux pratiques se font face. Le Casterbridge Farm, de style champêtre, regroupe des restaurants et magasins, des galeries d'art et un cinéma. Le Bagdad Centre, avec ses bons restaurants, constitue à lui seul une sorte de voyage architectural à travers le style cape-dutch (hollandais du Cap), le Maroc et Zanzibar.

Gypsies Travellers Inn AUBERGE DE JEUNESSE $

(☎079 6049 675 ; Plot 119, Jatinga Rd ; 120 R/pers, cottages tout équipés 8 pers 1 200 R ; 🏊). Ce sympathique établissement rustique, immédiatement à la sortie de White River, propose un choix d'hébergements en dortoirs et chambres en bungalows. C'est l'auberge de jeunesse la plus proche de l'aéroport international Kruger Mpumalanga.

Karula Hotel HÔTEL $$

(☎013-751 2277 ; www.karulahotel.co.za ; Old Plaston Rd ; s/d avec petit-déj 690/1 100 R, luxe s/d 800/1 300 R ; ❄📶🏊). Dans une petite oasis verdoyante à l'orée de la ville (sur la Rte 538, à 2 km de White River), passez une nuit de détente dans cette paisible retraite au milieu des jacarandas et des bougainvillées. Les chambres standards sont un peu datées mais celles de luxe valent le surcoût : plus grandes et avec une vue sur le bush. Le prix s'entend dîner inclus.

Fez at Baghdad ORIENTAL $$

(☎013-750 1250 ; Bagdad Centre ; plats à partir de 90 R ; ⏲fermé dim soir et lun). Les serveurs vêtus de blanc apportent des spécialités d'Afrique du Nord et du Moyen-Orient : de grandes assiettes de mezze, des tajines et des grillades. Et le tour du monde n'est pas fini : il y a également un bar à sushis !

Renseignements

First National Bank (Tom Lawrence St). DAB.

Lowveld Tourism (☎013-755 1988 ; Casterbridge Centre, Rte 40 ; ⏲9h-16h lun-sam, 10h-14h dim). Étonnamment installé dans l'Antiques & Artifacts Car Museum, au Casterbridge Centre.

Depuis/vers White River

Les taxis collectifs assurent plusieurs fois par jour la liaison entre White River et Nelspruit (15 R, 20 min) ou Hazyview (35 R, 1 heure).

Nelspruit

58 000 HABITANTS

La plus grande ville du Mpumalanga est aussi sa verdoyante capitale régionale. Nelspruit (aussi connue sous le nom de Mbombela) s'étend le long de la Crocodile River. Sans grand attrait en dehors de ses espaces verts, elle offre néanmoins des possibilités intéressantes en matière d'hébergement, de bons endroits où se restaurer et s'approvisionner, et l'occasion de souffler avant d'entreprendre l'étape suivante.

À voir et à faire

Lowveld National Botanical Garden JARDIN BOTANIQUE

(☎013-752 5531 ; www.sanbi.org ; adulte/enfant 25/14 R ; ⏲8h-18h). En dehors de la ville, ce jardin botanique créé en 1969 couvre sur 15 000 m² une forêt tropicale naturelle. C'est un lieu agréable pour se balader parmi les fleurs et les arbres. Plus de 240 espèces d'oiseaux ont été recensées ici. En retrait de la Rte 40, à environ 2 km au nord de l'intersection avec la N4.

Chimpanzee Eden ZOO

(☎013-737 8191 ; www.janegoodall.co.za ; Rte 40 ; adulte/enfant 160/80 R). Ce centre de préservation, à 12 km au sud de Nelspruit sur la Rte 40, protège des chimpanzés sauvés d'une situation funeste. Les visiteurs ont l'occasion de les voir dans un environnement semi-sauvage, et de comprendre à la fois leur comportement et les enjeux de leur survie. Visites guidées à 10h, 12h et 14h.

Randonnée

On peut faire de belles (et rudes) randonnées dans le secteur. Pour obtenir des informations et réserver, contactez Komatiland Forests Eco-Tourism (p. 399).

Kaapschehoop Trail RANDONNÉE

(105 R/nuit). Il existe divers sentiers de randonnée aux alentours de Kaapschehoop sur le site historique des terrains aurifères entre Nelspruit et Barberton. L'observation des oiseaux est le grand atout de ces sentiers, où l'on voit aussi des chevaux sauvages, des vervets, des guibs harnachés, des chacals, des oréotragues, des cobes de montagne et même des léopards. Les randonnées durent 2, 3 ou 4 jours.

Uitsoek Trail RANDONNÉE

(105 R/nuit). Ce sentier débute à 80 km au nord-ouest de Nelspruit. On aperçoit en

Nelspruit

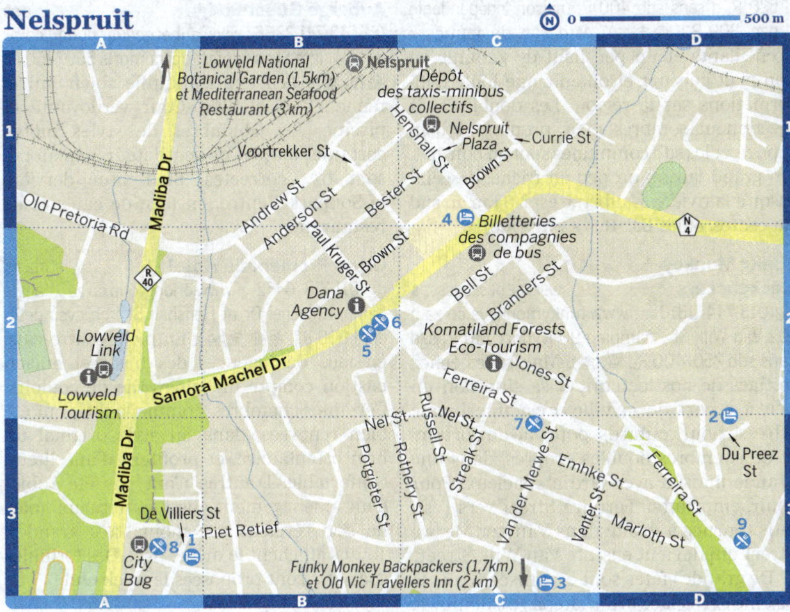

Nelspruit

Où se loger

1 Auberge Guest Lodge A3
2 Francolin Lodge & Boutique Hotel D3
3 Haden's B&B C3
4 Orion Promenade Hotel C1

Où se restaurer

5 Costa do Sol B2
6 Food Fundi B2
7 Jock Pub & Grill C3
Orange Restaurant .... (voir 2)
8 Puzzle A3
9 Saffron D3

chemin des loutres à joues blanches du Cap, des péléas (rheboks), des cobes de montagne, des duikers, des guibs harnachés et d'innombrables oiseaux. Les randonnées durent 1 ou 2 jours.

Circuits organisés

African Safari Adventures CIRCUITS ORGANISÉS, SAFARIS
(013-737 6218 ; www.tourist.co.za). Agence très expérimentée proposant quantité de circuits à la journée ou avec nuit sur place au Kruger et au Blyde River Canyon, ainsi que des safaris à thème sur l'observation des oiseaux et le rafting. Organise aussi des circuits au Swaziland et au Mozambique.

Funky Safaris (Discover Kruger) CIRCUITS ORGANISÉS, SAFARI
(013-744 1310 ; www.discoverkruger.com). Basé au Funky Monkey Backpackers, ce prestataire propose un safari de 1 à 3 jours dans le Kruger, où il possède son propre campement, ainsi que des excursions à la journée au Blyde River Canyon.

Kruger and More CIRCUITS ORGANISÉS, SAFARI
(013-744 0993 ; www.krugerandmore.co.za). Cette agence bien organisée met sur pied des circuits au Kruger, au Blyde River Canyon et au Mozambique.

Fêtes et festivals

InniBos CULTURE, MUSIQUE
(www.innibos.co.za). Cette fête, la plus grande de Nelspruit, réunit chaque année en juin ou juillet artistes, musiciens et troupes de théâtre pour 5 jours de réjouissances. Comptez environ 50 R l'entrée par jour.

Où se loger

Old Vic Travellers Inn AUBERGE DE JEUNESSE $
(Crazy Kangaroo Backpackers ; 013-744 0993 ; www.krugerandmore.co.za ; 12 Impala St ; dort 145 R,

d 520 R, d sans sdb 400 R, maison indépendante 4 pers 800 R ; @🛜🏊). Auberge de jeunesse accueillante et un peu haut de gamme, où l'on peut cuisiner et obtenir une foule d'informations sur la région. Les doubles sont légèrement sombres mais propres et bien tenues, et les sdb communes sont en bon état. Un grand jardin, un peu en friche, descend jusqu'à la rivière. L'auberge est à 3 km au sud du centre, et les Baz Bus s'y arrêtent.

Funky Monkey Backpackers AUBERGE DE JEUNESSE **$**
(☎013-744 1310 ; www.funkymonkeys.co.za ; 102 Van Wijk St ; camping 90 R, dort 150 R, s/d sans sdb 250/400 R ; @🏊). Malgré les échos mitigés de nos lecteurs et sa situation un peu à l'écart de la ville, c'est une bonne adresse pour routards, pourvue de dortoirs et de chambres doubles propres, dans une grande maison avec jardin spacieux. Pour venir, empruntez Ferreira Street vers l'est, puis tournez à droite dans Van der Merwe Street qui devient ensuite Van Wijk Street.

De grandes fêtes sont organisées dans la piscine et l'espace *braai*. Repas disponibles.

♥ **Utopia in Africa** GUESTHOUSE **$$**
(☎013-745 7714 ; www.utopiainafrica.co.za ; 6 Daleen St ; s/d avec petit-déj à partir de 750/1 200 R ; ❄🛜🏊). Simplicité, élégance et design maîtrisé, permettant de tirer parti de la brise de l'après-midi pour conserver une température agréable sont les atouts de cet hébergement exceptionnel. Les chambres sont magnifiquement meublées et pourvues de balcons donnant sur une réserve naturelle voisine. Partez au sud sur Madiba Dr, tournez à gauche sur Dr Enos Mabuza Dr, à gauche encore dans Halssnoer St (qui devient Augusta) puis continuez tout droit – Utopia est bien indiqué depuis cette route.

On a vraiment l'impression de loger chez des amis tant l'endroit est accueillant et chaleureux.

Haden's B&B GUESTHOUSE **$$**
(☎013-752 3259 ; www.hadensrest.com ; angle Van Wijk St et Mostert Rd ; s/d avec petit-déj 550/750 R ; ❄🛜🏊). Les chambres colorées de cet accueillant établissement sont décorées d'art africain. Certaines étant mieux (plus grandes) que d'autres, demandez à en voir quelques-unes. La n°4 est agréable. Bien situé pour accéder à la ville. Pour vous y rendre, empruntez Ferreira St vers l'est, tournez à droite dans Van der Merwe St, qui devient Van Wijk St.

Auberge Guest Lodge B&B **$$**
(☎013-741 2866 ; www.aubergeguestlodge.com ; 3 De Villiers St ; s/d petit-déj compris 550/750 R ; @🛜🏊). Pension tranquille, bien entretenue et ensoleillée. Cour verdoyante et piscine. Les chambres de styles motel, certaines munies de ventilateur au plafond, sont très correctes. Bien situé derrière le Sonpark Centre, en face de cafés et de restaurants.

Orion Promenade Hotel HÔTEL **$$**
(☎011-718 6452 ; www.oriongroup.co.za ; angle Samora Machel Dr et Henshall St ; ch avec petit-déj 1 600 R ; ❄@🛜🏊). En plein centre-ville, en face des agences des bus, cet ancien bastion compte un labyrinthe de couloirs. Certaines chambres, comme la 204, ont été bien rénovées, dans un style original un brin ostentatoire, et profitent d'une literie confortable. D'autres n'ont pas été l'objet d'un aménagement aussi somptueux, mais ne s'en révèlent pas moins très grandes. Toutes affichent le même prix. Des formules spéciales sont proposées le week-end.

Francolin Lodge & Boutique Hotel GUESTHOUSE **$$$**
(☎013-744 1251 ; www.francolinlodge.co.za ; 4 Du Preez St ; s/d avec petit-déj 1 110-1 700 R ; @🛜🏊). Excellente pension aux chambres pourvues de très hauts plafonds, patios privés et sdb avec vue. Le meilleur moyen d'y parvenir est la N4 en entrant dans la ville par l'est – elle est bien indiquée.

Possède le tout aussi charmant Loerie's Call, juste à côté, aux chambres magnifiques à l'écart de la maison principale, disposées le long de passerelles, chacune avec sa propre entrée.

Où se restaurer

♥ **Food Fundi** SANDWICHS **$**
(☎013-755 1091 ; ABSA Sq ; plats 40-60 R ; 🕐7h-16h lun-ven, 8h-13h sam). Cet excellent café, qui utilise des ingrédients frais du *lowveld*, fait une adresse de choix au petit-déjeuner ou au déjeuner. Au menu : wraps, sandwichs (goûtez celui au poulet fumé au *rooibos*, avec noix de cajou grillées, chutney à l'ananas et feta), salades et hamburgers. Bière artisanale, vin et desserts complètent le tout.

Puzzle CAFÉ **$**
(Sonpark Shopping Centre, Rte 40 ; plats 30-60 R ; 🕐7h-16h30 lun-ven, 7h-13h sam). Cette adresse pimpante, fiable et très agréable, sert des

petits-déjeuners et déjeuners sans chichis et d'un bon rapport qualité/prix, avec notamment des sandwichs, des wraps et de la quiche. Un café sympathique et accueillant, où les habitants aiment à se retrouver dans une ambiance conviviale.

Saffron TAPAS **$$**
(013-744 0324 ; www.saffronnelspruit.co.za ; 54/56 Ferreira St ; tapas 20-40 R ; 12h-14h mar-ven, 18h-21h lun-sam). Tapas de qualité telles que la longe de porc fumée maison avec sauce à la moutarde au miel, ou tartelettes à la marmelade d'oignons surmontées de fromage de chèvre : le Saffron est la dernière vedette ayant fait son entrée sur la scène gastronomique en plein essor de Nelspruit. On mange dans la salle au cadre intimiste ou à l'extérieur sur une ravissante terrasse. Pensez à réserver car l'établissement est très prisé, tant par les touristes que par la clientèle locale.

Jock Pub & Grill PUB **$$**
(013-755 4969 ; www.jockpubandgrill.co.za ; Ferreira St ; plats 80-140 R ; cuisine 8h-21h30). Ce grand pub style de "brousse", très agréable, se dresse au milieu de vastes pelouses verdoyantes. La cuisine est un peu au-dessus de la moyenne par rapport aux établissements du coin : excellentes salades, pizzas au feu de bois, hamburgers, poisson et fruits de mer à la mozambicaine, et choix correct de plats végétariens. L'aire de jeux rend l'adresse accueillante pour la clientèle familiale. Pub très prisé des habitants.

Mediterranean Seafood Restaurant MÉDITERRANÉEN **$$**
(Hub, Riverside Mall, Rte 40 ; plats 90-150 R ; 10h30-21h30). Fauteuils en rotin, grand espace extérieur, casiers à bouteilles de vin du sol au plafond et jolis pastels inondés de soleil ornent ce restaurant. Les produits de la mer (dont des sushis) y sont merveilleusement préparés. Bien que cet établissement en plein air donne sur un parking, il demeure l'un des meilleurs restaurants de Nelspruit. Mention spéciale aux plateaux de fruits de mer et aux curries.

Consultez les formules du chef au dos de la carte : il y en a de particulièrement avantageuses le mardi et le jeudi.

Costa do Sol PORTUGAIS, ITALIEN **$$**
(013-752 6382 ; Paul Kruger St, ABSA Sq ; repas 60-100 R ; 11h-22h lun-ven, 18h30-22h sam). Adresse à l'ancienne où l'on déguste de la cuisine italienne ou portugaise (poisson, pâtes et crevettes), dans une ambiance tamisée. Une bonne adresse du centre-ville – l'intérieur frais tranche agréablement avec la frénésie de la rue.

Orange Restaurant FUSION **$$$**
(013-744 9507 ; www.eatatorange.co.za ; 4 Du Preez St ; plats déj 60-100 R, dîner 80-160 R ; déj et dîner). L'occasion de se mettre sur son trente et un pour savourer une cuisine raffinée, par exemple un carpaccio d'autruche merveilleusement présenté, dans ce restaurant chic du Francolin Lodge. Cerise sur le gâteau : la vue.

Renseignements

Le consulat du Mozambique (p. 616) délivre les visas.

ACCÈS INTERNET

PostNet (Nelspruit Crossing Mall ; 10 R/15 minutes ; 8h-17h lun-ven, 9h-13h sam). Accès Internet fiable.

ARGENT

First National Bank (Bester St). Service de change.

Nelspruit Crossing Mall (angle Samora Machel Dr et Madiba Dr). DAB.

Standard Bank (Brown St). DAB.

OFFICES DU TOURISME

Dana Agency (013-753 3571 ; www.danaagency.co.za ; Shop 12, Nelspruit Crossing Mall ; 8h-16h30 lun-ven, 9h-12h sam). Cette agence installée de longue date aide à réserver les billets d'avion et les autres modes de transport.

Lowveld Tourism (013-755 1988 ; www.lowveldtourism.com ; angle Madiba Dr et Samora Machel Dr ; 7h-18h lun-ven, 8h-13h30 sam). Implanté dans le Nelspruit Crossing Mall, ce bureau efficace se charge des réservations dans tous les parcs nationaux (dont le Kruger). Il peut aussi vous trouver un hébergement ou organiser des circuits.

Komatiland Forests Eco-Tourism (013-754 2724 ; www.komatiecotourism.co.za ; 10 Streak St). Fournit des renseignements et s'occupe des réservations pour les randonnées dans le secteur.

SERVICES MÉDICAUX

Nelmed Forum (013 755 1541 ; angle Nel St et Rothery St). Assure les urgences médicales 24h/24.

Nelspruit Mediclinic (013-759 0500 ; www.mediclinic.co.za ; 1 Louise St). Hôpital privé (urgences 24 h/24).

URGENCES

Commissariat de police (013 759 1000 ; 15 Bester St). En face de Nelspruit Plaza.

Comment s'y rendre et circuler

AVION

Kruger Mpumalanga International Airport (KMIA ; 013 753 75 00 ; www.kmiairport.co.za). Le Mpumalanga Kruger International Airport est l'aéroport le plus proche de Nelspruit.

Airlink (013 750 2531, 0861-606 606 ; www.flyairlink.com). Assure des liaisons quotidiennes avec Jo'burg (1 200-1 400 R, 1 heure), Le Cap (2 800-3 200 R, 2 heures 40) et Durban (2 200-2 700 R, 1 heure 30).

BUS

Toutes les grandes compagnies de bus assurent des trajets quotidiens entre Jo'burg (et Pretoria) et Maputo (Mozambique) via Nelspruit.

Greyhound (013-753 2100 ; www.greyhound.co.za). Parmi les itinéraires desservis : Pretoria-Nelspruit (315 R, 5 heures, 3/jour) et Nelspruit-Maputo (320 R, 4 heures, 1/jour).

Translux (0861-589 282 ; www.translux.co.za)

LOCATION DE VOITURES

Avis (013-750 1015 ; www.avis.co.za). À l'aéroport.

Europcar (013-751 1855 ; www.europcar.co.za). À l'aéroport.

First (013-750 2538 ; www.firstcarrental.co.za). À l'aéroport.

TAXI COLLECTIF

Le dépôt des bus locaux et des taxis-minibus collectifs se trouve derrière Nelspruit Plaza, à l'angle de Bester St et Henshall St. Les taxis collectifs desservent White River (15 R, 20 minutes), Barberton (30 R, 40 minutes), Hazyview (40 R, 1 heure), Graskop (45 R, 1 heure 30) et Jo'burg (140 R, 5 heures).

City Bug (086-133 4433 ; www.citybug.co.za). Assure des navettes (2/semaine) pour Durban (630 R/pers aller, 9 heures), une navette quotidienne pour Pretoria (410 R, 3 heures 30-5 heures) et plusieurs trajets par jour pour l'OR Tambo International Airport (410 R/personne aller, 4 heures-5 heures 30, 4 ou 5 bus/jour). Tous les bus partent de la station-service Sonpark BP.

Lowveld Link (013-750 1174 ; www.lowveldlink.com). Au départ de Nelspruit, dessert tous les jours Pretoria (390 R aller, 3 heures 30), l'OR Tambo International Airport (390 R aller, 4 heures 15) et Sandton (390 R aller, 4 heures 45). Les bus partent du bureau de Lowveld Tourism.

TRAIN

Shosholoza Meyl (0860 008 888 ; www.shosholozameyl.co.za). Le train *Komati* (classe assise) circule 2 fois par semaine entre Jo'burg (8 heures) et Komatipoort (2 heures 30), via Nelspruit.

Malelane

3 500 HABITANTS

Cette petite ville constitue surtout une halte pratique avant de poursuivre vers le Kruger National Park. Il y a néanmoins de bons lodges près de la Crocodile River et de la faune alentour. De quoi mettre vos sens en éveil avant le grand jour.

Malelane se trouve sur la N4. À 3 km au nord-est de la ville, Malelane Gate vous ouvrira l'accès au sud du parc Kruger.

♥ River House Lodge GUESTHOUSE $$
(013-790 1333 ; www.riverhouse.co.za ; 27 Visarend St ; s/d 700/1 400 R). Perché à la limite du parc, ce lodge formidable est idéal pour se détendre avant ou après une expédition dans le Kruger National Park. Chaque chambre a son propre balcon avec vue sur le parc. Le service est très sympathique et la décoration éclectique comporte des éléments anciens. L'établissement, à l'ouest de la ville, est indiqué depuis la route principale.

Masungulo River Camp LODGE $$
(013-744 1310 ; demi-pension 350 R/pers ;). Géré par les propriétaires du Funky Monkey à Nelspruit, ce nouveau campement de brousse, installé dans une réserve naturelle donnant sur Crocodile River, se révèle une base idéale pour entreprendre un safari dans le Kruger. Il est d'ailleurs possible de réserver ce dernier sur place. Hébergement dans des tentes de safari. Situé entre les entrées Malelane et Crocodile Bridge Kruger, il n'est qu'à 25 km du poste-frontière du Mozambique.

Serenity Lodge LODGE $$$
(013-790 2000 ; www.serenitylodge.co.za ; s/d petit-déj compris 1 800/2 400 R, dîner 200 R ;). Dotées de terrasses, les merveilleuses suites à toit de chaume nichées dans la forêt sont reliées entre elles par des passerelles surélevées. Le lieu idéal pour oublier ses soucis au milieu des petites cascades et des arbres truffés d'oiseaux, de papillons et de singes.

Komatipoort

4 700 HABITANTS

Enserrée par les monts Lebombo, Komatipoort est presque à la confluence des rivières Komati et Crocodile, à 10 km seulement du parc Kruger par la porte Crocodile Bridge. Elle représente une escale commode sur la route du Mozambique ou du Swaziland. Sur le plan pratique, il y a un supermarché Spar, une station-service et une banque ABSA qui change les devises.

À la fin du mois de juin, Komatipoort fête la crevette lors du **Prawn Festival**.

Où se loger et se restaurer

Kruger View Backpackers AUBERGE DE JEUNESSE $
(013-793 7373 ; www.krugerview.com ; 61 Bosbok St ; dort/d 150/465 R ;). Une auberge de jeunesse haut de gamme à seulement 5 minutes de la porte Crocodile Bridge, où l'on peut voir les animaux sauvages depuis le balcon. De vastes dortoirs et des doubles accueillant de 2 à 5 personnes donnent sur le Kruger.

Trees Too GUESTHOUSE $$
(013-793 8262 ; www.treestoo.com ; s/d 765/980 R ;). Une adresse exceptionnelle proposant des chambres en brique au toit de chaume, avec bar à disposition, une piscine et un personnel vraiment affable, très renseigné sur le Kruger, qui vous servira le petit-déjeuner et le dîner. Les chambres sont ornées d'œuvres d'art et de mobilier de qualité. Indiquée dans une petite rue à 500 m de Rissik St.

Stoep Café B&B $$
(083-457 3909 ; www.stoepcafeguesthouse.co.za ; 74 Rissik St ; s/d avec petit-déj 400/700 R ;). Cette très jolie maison blanc et vert de style colonial, avec petit jardin et piscine, au cœur de la ville, loue 3 chambres simples et propres avec kitchenette. Son café, doté d'une vaste véranda ombragée, sert des plats savoureux, des en-cas et des crêpes.

Restaurante Tambarina PORTUGAIS, MOZAMBICAIN $$
(013-790 7057 ; Rissik St ; plats 80-120 R ; déj et dîner, fermé dim). Les plateaux de fruits de mer sont la spécialité. Le poisson et les crevettes, ainsi que des plats intéressants comme le curry de crabe, attirent la clientèle locale. On mange au choix dans la grande salle ou en terrasse. Le service est toutefois très négligent : à vous de remuer ciel et terre pour attirer l'attention.

Depuis/vers Komatipoort

Les taxis-minibus collectifs partant de Rissik St, à côté du supermarché Score, assurent une navette régulière entre Komatipoort et Maputo (Mozambique ; 90 R, 1 heure 30-2 heures). En voiture, prévoyez de passer 2 péages sur la N4 du côté mozambicain. Les formalités de sortie sont assez rapides.

Le train *Komati* (classe assise) circule tous les jours sauf le samedi entre Jo'burg et Komatipoort (120 R, 11 heures) via Melelane et Nelspruit.

Barberton

12 000 HABITANTS

Forte de ses bâtiments historiques préservés, Barberton déploie ses rues tranquilles et arborées sur fond de montagnes tachées de vert et de mauve. Elle se révèle une excellente solution pour ceux qui veulent éviter Nelspruit.

Fondée au moment de la ruée vers l'or, à la fin du XIXe siècle, la ville accueillit la première Bourse d'Afrique du Sud.

À voir et à faire

Plusieurs maisons de la fin du XIXe siècle et du début du XXe font la fierté de Barberton et donnent idée de son riche passé. La municipalité les a restaurées et ouvertes au public (se renseigner à l'office du tourisme). Ainsi trouve-t-on **Belhaven House** (Lee St ; adulte/enfant 15/8 R ; visite toutes les heures 10h-15h lun-ven) ; **Stopforth House** (Bowness St ; adulte/enfant 15/8 R ; visite toute les heures 10h-15h lun ven) au panorama spectaculaire, en haut de la ville, et à la merveilleuse terrasse ; et **Fernlea House** (Lee St ; 9h-16h lun-ven) GRATUIT, bâtie dans un lieu magnifiquement boisé.

L'office du tourisme et le musée tiennent à la disposition des curieux une carte pour parcourir l'**Heritage Walk** ainsi qu'un fascicule. Ce circuit historique, à découvrir soi-même, est ponctué de maisons restaurées et d'autres sites.

À la lisière sud-ouest de la ville se trouve un **téléphérique** de 20,3 km. Aujourd'hui abandonné, c'était autrefois le plus long téléphérique industriel en activité au monde. Il apportait de l'amiante depuis une mine du Swaziland, et du charbon était transporté dans l'autre sens pour faire contrepoids.

Barberton

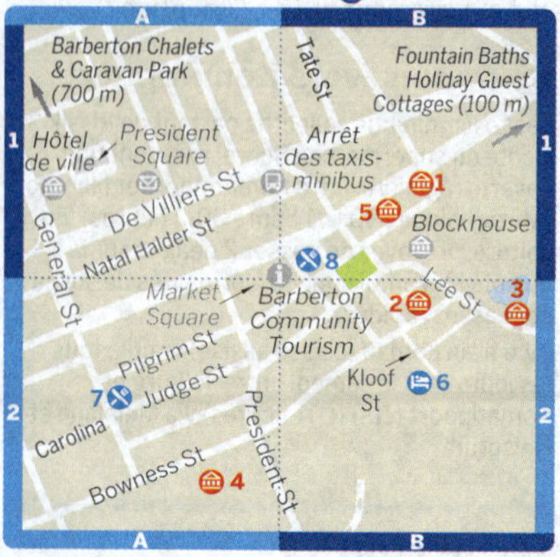

Barberton

À voir
1 Barberton Museum B1
2 Belhaven House B2
3 Fernlea House B2
4 Stopforth House A2
5 Umjindi Gallery B1

Où se loger
6 Kloof House B2

Où se restaurer
7 Papa's A2
8 Victorian Tea Garden & Restaurant B1

Barberton Museum MUSÉE
(☎013-712 4208 ; 36 Pilgrim St ; ⊙10h-16h). GRATUIT Le Barberton Museum n'est guère resplendissant aujourd'hui, néanmoins il présente d'intéressantes expositions sur l'histoire et la géologie locales, dont une grande collection de photos en noir et blanc montrant la ville à travers les âges.

Umjindi Gallery GALERIE
(☎013-712 5807 ; www.umjindijewellery.co.za ; Pilgrim St ; ⊙8h-17h lun-ven). GRATUIT Vaste choix d'artisanat dans cette galerie doublée d'un atelier où l'on peut voir les artistes à l'œuvre. Les bijoux sont splendides, en particulier ceux en argent : la parure comprenant boucles d'oreilles et pendentif sculptés en forme d'animaux coûte 600 R. La galerie était en travaux de rénovation lors de notre passage.

Lone Tree Hill PARAPENTE
(20 R, caution 50 R) Au sud-ouest de la ville, Lone Tree Hill est l'endroit idéal pour s'élancer en parapente. Pour vous y rendre, empruntez De Villiers St à l'ouest de Barberton, puis prenez à gauche environ 500 m après la prison. Contactez **Hi Tech Security** (☎013-712 3256 ; McPherson St), tout près de Kruger Street, pour récupérer les clés et accéder au site.

Où se loger

Bushwhacked LODGE $
(☎073 691 5646 ; Plot 370 Brommersplaas, Kruger St ; s/d 130/250 R). Ce lodge tout équipé est un nouveau venu appréciable parmi les établissements pour petits budgets de Barberton. Rustique et élémentaire, il compte des chambres propres et confortables avec une vue splendide. Les passionnés de nature sauvage sont aux anges, mais bien sûr, tout le monde peut loger ici. VTT de location à disposition.

Barberton Chalets & Caravan Park CARAVANING $
(☎013-712 3323 ; www.barbertonchalets.co.za ; General St ; camping 70 R, cottage s/d/tr 350/500/600 R ;). Ce parc à caravanes, installé sur un terrain vaste et ombragé, est commodément proche du centre-ville. Les chalets, de style années 1970, peuvent accueillir jusqu'à 4 personnes, mais mieux vaut n'être que 2 dans ces chambres, propres mais exiguës.

Kloof House GUESTHOUSE $$
(☎013-712 4268 ; www.kloofhuis.co.za ; 1 Kloof St ; s/d avec petit-déj 450/700 R ; @). Charmante maison victorienne à flanc de coteau pourvue de chambres simples mais agréablement spacieuses avec tout le confort. Elles donnent sur une véranda avec vue superbe, qui en fait tout le tour. Également : chalet tout équipé.

Fountain Baths Holiday Guest Cottages GUESTHOUSE $$
(☎013-712 2707 ; 48 Pilgrim St ; cottages 325 R/pers). Ces cottages impeccables, de bonnes dimensions, occupent un joli site historique à la lisière nord-est de la ville. Bien aménagés, ils ont beaucoup de caractère. Le paisible et charmant jardin garantit un réveil au chant des oiseaux.

Où se restaurer et prendre un verre

Victorian Tea Garden & Restaurant CAFÉ $
(Crown St, Market Sq ; repas légers 30-40 R ; ⊙8h-17h lun-ven, 8h-13h sam ;). Appréciez

un sandwich, un gâteau ou un plat plus consistant, tout en observant le ballet des passants depuis la pergola. Entre Pilgrim St et Crown St, à côté de l'office du tourisme. Connexion Wi-Fi.

Papa's MÉDITERRANÉEN **$**
(☎013-712 4645 ; 18 Judge St ; plats 30-60 R ; ⏲petit-déj, déj et dîner ; 👪). Pourvue d'un vaste et agréable jardin, cette adresse "méditerranéenne" familiale est la meilleure de la ville pour un dîner ou un déjeuner chaud : pizzas, pâtes, burgers et même kebabs. Également fort appréciable pour lire le journal l'après-midi en sirotant une bière.

ℹ Renseignements

Standard Bank (Crown St). DAB.

Barberton Community Tourism (☎013 712 2880 ; www.barberton.co.za ; Crown St, Market Sq ; ⏲7h30-16h30 lun-ven, 9h-15h sam). Dans le centre-ville, cet office du tourisme aide à trouver un hébergement, organise des visites de sites historiques et des randonnées à pied.

Umjindi Resource Centre (Barberton Library, Pilgrim St ; 20 R/heure). Connexion Internet à la bibliothèque.

ℹ Depuis/vers Barberton

Quelques taxis-minibus collectifs s'arrêtent en ville, près de Shoprite, mais mieux vaut se rendre au dépôt situé près d'Emjindini – à 3 km de Barberton sur la route de Nelspruit. Vous débourserez 30 R pour rejoindre Nelspruit (40 minutes). Les départs se font en général tôt le matin.

Songimvelo Game Reserve

Songimvelo Game Reserve RÉSERVE FAUNIQUE
(☎017-883 7943 ; adulte/enfant 30/15 R ; balade-safari 140 R ; ⏲5h-18h). Cette splendide réserve de 560 km² s'étend dans le paysage du *lowveld*, au sud de Barberton. À l'est, le *highveld* et ses plaines annoncent la frontière montagneuse du Swaziland. Vous ne croiserez pas de lions, mais des éléphants, des zèbres, des girafes et différentes antilopes. On y pratique la randonnée pédestre et équestre : attention, les sentiers pédestres sont cantonnés à un secteur particulier et la présence d'un guide est obligatoire.

Songimvelo renferme quelques-uns des plus anciens sédiments terrestres – vieux de 4 milliards d'années peut-être – et de riches sites archéologiques. Vous pourrez passer la nuit au **Kromdraai Camp** (case 425 R) dans de simples bungalows (*cabins*) en rondins pour 6 personnes, avec kitchenette. Des emplacements de camping sont aménagés dans la réserve.

Piet Retief

57 500 HABITANTS

Cette ville agricole, sans grand intérêt, est la plus grande ville du sud du Mpumalanga et peut servir d'étape sur le chemin du Swaziland ou du KwaZulu-Natal. Au sud de Piet Retief s'étendent de nombreux champs de bataille des guerres anglo-boers.

Greendoor B&B **$**
(☎017-826 3208 ; www.thegreendoor.co.za ; 1 Mark St ; s/d avec petit-déj 395/560 R). Loue des chambres simples et d'un bon rapport qualité/prix, certaines d'inspiration africaine, en centre-ville. L'endroit est équipé de *braai*, et l'on peut prendre sur place les repas du soir. Gère aussi un restaurant/coffee-shop à proximité.

Holme Lea Manor GUESTHOUSE **$$**
(☎017-826 2767 ; 10 Hansen St ; s/d 550/800 R). Une bonne adresse où loger si l'on passe la nuit en ville. Home Lea propose une poignée de chambres, petites mais confortables, parfois avec entrée indépendante, dans un jardin planté de palmiers autour d'une piscine. Une chambre tout équipée également à disposition.

ℹ Depuis/vers Piet Retief

Les bus Greyhound s'arrêtent en ville sur le trajet entre Pretoria (300 R) et Durban (340 R).

La station de taxis-minibus collectifs se trouve derrière le SuperMac. Le trajet jusqu'au poste-frontière de Mahamba (Swaziland) coûte 30 R (30 minutes).

Kruger National Park

Dans ce chapitre ➜

Le top des campements

- Lower Sabie (p. 412)
- Olifants (p. 414)
- Skukuza (p. 412)
- Letaba (p. 418)
- Satara (p. 415)

Le top des lodges privés

- Singita Boulders (p. 422)
- Londolozi Varty Camp (p. 422)
- Outpost (p. 412)
- Rhino Post Safari Lodge (p. 413)
- Singita Lebombo (p. 415)

Pourquoi y aller

En termes de vie sauvage, le Kruger est l'un des plus beaux parcs nationaux au monde. La diversité, la densité et le nombre d'animaux restent quasiment inégalés et le parc abrite toutes les espèces emblématiques des safaris africains – éléphants, lions, léopards, guépards, rhinocéros, buffles, girafes, hippopotames et zèbres – ainsi que 137 autres mammifères et plus de 500 espèces d'oiseaux.

Le parc s'étend sur 19 485 km² et le paysage est splendide. De superbes *kopjes* (collines) en granit parsèment le *bushveld* au sud, les monts Lebombo dominent la savane à l'est, et des forêts tropicales couvrent la pointe nord.

La facilité d'accès et les possibilités offertes aux visiteurs comptent parmi les atouts du Kruger. Un vaste réseau de routes peut s'explorer en indépendant, de multiples activités guidées permettent de découvrir la faune et les nombreux hébergements sont d'un excellent rapport qualité/prix.

Quand partir

Skukuza

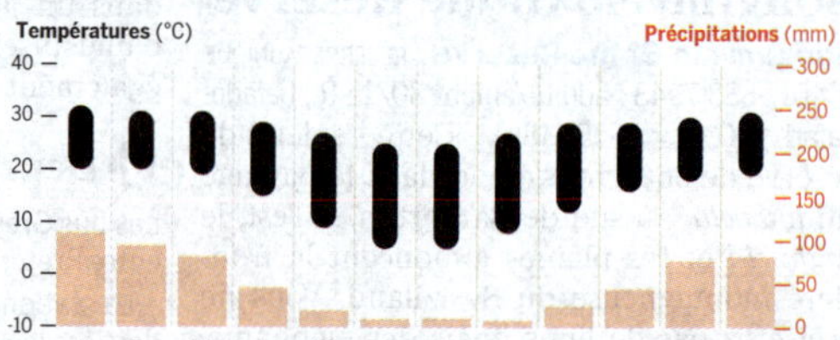

Juin-septembre
L'hiver est la meilleure période pour observer la faune, quand le parc est sec et que les animaux se regroupent autour des points d'eau.

Janvier-mars
Il fait chaud, mais la fin des vacances scolaires est synonyme de tranquillité et d'hébergements faciles à trouver.

Mars-mai
La saison du rut et des affrontements spectaculaires entre mâles impalas, gnous et d'autres espèces.

Histoire

Le territoire aujourd'hui devenu le Kruger National Park devint un secteur officiellement protégé en 1898, quand Paul Kruger (alors président de la république du Transvaal) fonda la Sabi Game Reserve entre les rivières Sabi et Crocodile, en tant que réserve de chasse contrôlée. En 1902, à l'issue de la deuxième guerre des Boers, James Stevenson-Hamilton fut le premier directeur de la réserve. Il fut aussi le premier à réaliser le potentiel touristique de l'observation de la faune et de sa conservation. En 1926, la Sabi Game Reserve fut reliée à la Shingwedzi Game Reserve et diverses fermes voisines pour former le Kruger National Park, qui ouvrit au public l'année suivante.

En 2002, le Kruger, le Gonarezhou National Park au Zimbabwe et le Limpopo National Park au Mozambique ont été intégrés au Great Limpopo Transfrontier Park.

D'importantes sections du parc font toujours l'objet de revendications territoriales. L'une des demandes a abouti fin 2013 : l'État a acheté la MalaMala Game Reserve (pour environ un milliard de rands) pour la céder à la N'wandlamharhi Community Property Association (CPA).

LE KRUGER NATIONAL PARK

Pourquoi y aller Une faune fabuleuse, l'accès avec son propre véhicule et des safaris d'un excellent rapport qualité/prix. Sans doute le parc national le mieux géré d'Afrique.

Quand partir Toute l'année ; évitez les vacances scolaires.

Infos pratiques L'entrée coûte 280/140 R par adulte/enfant. Les horaires des entrées (p. 419) du parc et des campements sont strictement respectés, tout comme les limitations de vitesse (50km/h sur route goudronnée et 40km/h sur piste). Ne perdez pas votre reçu de sortie (donné à l'entrée). Les cartes détaillées du parc (60 R) sont très utiles.

Faire des économies Réduisez la facture de 5% sur les campings et hébergements de SANParks en réservant en ligne. Réservez des circuits aux auberges de jeunesse de Hazyview, Nelspruit ou Graskop, ou constituez un groupe pour partager hébergements et location d'une voiture. Achetez une Wild Card (p. 620).

À voir

Le Kruger abrite une variété de paysages et d'écosystèmes, chacun convenant à des espèces spécifiques. Éléphants, impalas, buffles, zèbres de Burchell, gnous, koudous, cobes à croissant, babouins, singes vervets, léopards et petits prédateurs sont présents dans tout le parc et les oiseaux sont innombrables, surtout le long des cours d'eau. Les rivières constituent des centres d'activité ; les plus importantes coulent d'ouest en est, telles le Limpopo, la Luvuvhu, la Shingwedzi, la Letaba, l'Olifants, la Timbavati, la Sand et la Sabie. Elles sont toutes bordées de forêts peuplées d'une faune abondante et abritant souvent d'immenses figuiers.

Vous verrez la plupart des animaux en sillonnant le vaste réseau routier. De nombreux points de vue permettent également d'observer la faune et d'admirer le paysage.

Sud du Kruger

Le sud du Kruger est peut-être la plus belle section du parc, avec de nombreux *kopjes* en granit qui se dressent au-dessus des prairies ondoyantes et d'épais bosquets d'acacias, de saules, de figuiers sycomores et d'arbres à fleurs, tel l'erythrina rouge et orange. Les hauteurs à l'ouest offrent une vue époustouflante sur la brousse qui s'étend à perte de vue. La flore bénéficie des plus fortes précipitations du parc, environ 50% plus abondantes qu'au nord, et le secteur est particulièrement prisé des rhinocéros blancs, des buffles et des zèbres. Par endroits, l'épaisseur du bus ne facilite pas l'observation des prédateurs. Cependant, on voit régulièrement des lions, des hyènes et des léopards, et parfois des lycaons et des guépards.

Le Sud est la partie la plus visitée du Kruger.

Mathekenyane POINT DE VUE

(Granokop ; carte p. 421). Le sommet de ce *kopje* en granit, au sud de Skukuza, offre une vue panoramique sur la nature alentour (superbe au coucher du soleil).

À ne pas manquer

1. Un réveil au son de la nature en campant sur le **Lonely Bull Back-Pack Trail** (p. 410).
2. Les **safaris en voiture** (page ci-contre) à la rencontre des éléphants, des rhinocéros et des girafes.
3. L'observation des oiseaux à **Sweni Hide** (p. 410).
4. Suivre la trace des léopards dans la **Sabi Sand Game Reserve** (p. 421).
5. Les forêts d'eucalyptus et les gorges de **Makuleke** (p. 412) dans le nord tropical du Kruger.

Steilberg Loop POINT DE VUE
(carte p. 408). Près de Berg-en-dal, la boucle escarpée de la S120 domine le *bushveld* de Malelane Moutain.

Sunset Dam POINT DE VUE
(carte p. 408). À deux pas de Lower Sabie, le barrage attire une multitude d'oiseaux, des hippopotames, des crocodiles et d'autres animaux.

Renosterpan POINT DE VUE
(carte p. 408). Ce point d'eau, au nord de Berg-en-dal, porte bien son nom (*renoster* signifie rhinocéros en afrikaans).

Transport Dam POINT DE VUE
(carte p. 408). Le grand point d'eau où a été tournée la célèbre vidéo de YouTube "Battle of Kruger" (une bataille entre lions, buffles et crocodiles).

Centre du Kruger

À l'exception des monts Lebombo qui bordent la frontière du Mozambique à l'est, le paysage entre la Sabie et l'Olifants est moins varié qu'au sud, avec de larges étendues de savane, particulièrement à l'ouest et au sud-est de Satara. L'herbe à bisons et la folle avoine alternent avec des *knobthorn* (épineux), des arbres de fer et des marulas. Ces secteurs abritent d'importantes populations d'impalas, de zèbres, de gnous, de koudous, de girafes et d'éléphants, suivies par leurs prédateurs, essentiellement des lions. Des léopards se montrent fréquemment, et la route entre Satara et Orpen est l'un des meilleurs endroits du Kruger pour apercevoir des guépards.

Orpen Dam POINT DE VUE
(carte p. 408). Un pavillon coiffé de chaume à flanc de colline, qui surplombe le barrage.

Nkumbe POINT DE VUE
(carte p. 408). Au sommet d'une rare crête, Nkumbe offre une vue panoramique sur la savane ouest.

Nsemani Dam POINT DE VUE
(carte p. 408). Nsemani mérite toujours une halte entre Satara et Orpen, pour observer les oiseaux, les hippopotames et les éléphants.

Bobbejaankrans POINT DE VUE
Il surplombe un tronçon de la Timbavati River, où des animaux viennent souvent se désaltérer.

Nord du Kruger

Au nord de l'Olifants, le paysage vallonné se couvre de mopanes, des arbres prisés des éléphants, d'où la présence de grandes hardes dans la région. Vers les monts Lebombo à l'est, les arbres sont si rabougris en raison du sol argileux sur les plaines de basalte que les dos des éléphants dépassent de la canopée. Les mopanes attirent également des hardes de buffles, ainsi que des sassabis, des élands du Cap, des antilopes rouannes et des hippotragues noirs. Léopards, lions et rhinocéros sont moins nombreux.

La pointe nord du Kruger, autour de Punda Maria et de Pafuri, se situe entièrement sous les tropiques et abrite une flore plus variée (vous remarquerez les baobabs), de fortes concentrations de mammifères et une exceptionnelle variété d'oiseaux introuvable plus au sud. Entre la Luvuvhu et le Limpopo, une somptueuse forêt tropicale comprend figuiers, eucalyptus et jackalberries. L'hiver, des éléphants viennent se nourrir dans l'extrême nord, où l'on voit régulièrement des lions et des léopards.

Red Rocks POINT DE VUE

(carte p. 408). Lions, girafes, rhinocéros et éléphants s'observent souvent à cet endroit au bord de la Shingwedzi, près de la H1-6 sur la S52.

Crooks Corner POINT DE VUE

(carte p. 408). À l'orée d'une belle forêt d'eucalyptus et à la confluence de la Luvuvhu et du Limpopo, Crooks Corner est aussi le carrefour historique du Zimbabwe, du Mozambique, de l'Afrique du Sud et des contrebandiers (d'où son nom, "coin des truands").

Engelhard Dam POINT DE VUE

(carte p. 408). Fréquenté par les cobes à croissant et les lions, ce barrage sur la Letaba, le long de la S62, mérite le détour. En chemin, vous apercevrez peut-être des éléphants, des buffles et des steenboks (antilopes raphicères).

Activités

Malgré sa taille gigantesque, le Kruger est parfaitement organisé et offre de nombreuses possibilités de découvrir la faune.

Circuits en voiture

Si conduire son propre véhicule est une expérience fantastique, les circuits guidés permettent de profiter au maximum du parc. Toutes les excursions de SANParks le sillonnent quand vous ne le pouvez pas (avant l'ouverture et après la fermeture des campements) et les guides vous feront découvrir des espèces et des comportements que vous ne connaissiez pas. Dans les concessions privées, où la conduite hors piste est souvent autorisée, les guides des lodges vous emmèneront plus près de la faune.

SANParks propose des **safaris de 3 heures à l'aube** et **au crépuscule** dans presque tous les campements, camps de brousse et entrées du parc. Les prix varient entre 300 et 260 R selon que le véhicule comporte 10 ou 20 places (380 R à Crocodile Bridge). Également courants, les **safaris nocturnes** (200 R) de 2 heures permettent d'observer des animaux nocturnes comme les galagos, les hippopotames et les félins. Réservez avant ou dès votre arrivée. Les enfants de moins de 6 ans ne sont pas admis.

Circuits pédestres

Le bush devient bien plus vivant quand vous abandonnez le confort sécurisant du véhicule. En l'arpentant à pied, vous découvrez l'importance des plus petites créatures – insectes, reptiles, oiseaux – et vous comprenez mieux comment fonctionne l'environnement.

La plupart des campements SANParks et tous les lodges des concessions privées offrent des **marches matinales dans le bush** (450 R, 3 heures), en compagnie de guides armés et compétents. Berg-en-dal, Letaba, Olifants, Satara et Skukuza organisent également des **marches l'après-midi** (375 R). Olifants propose en outre des **marches le long de la rivière** (260 R). Les circuits SANParks peuvent se réserver à l'avance ou à l'arrivée dans le campement concerné.

Pour une exploration plus complète de la brousse, réservez l'un des **wilderness trails** ou **backpack trails** du parc longtemps avant votre voyage. D'une durée de 4 jours (départ mercredi et dimanche), ces randonnées guidées constituent une expérience mémorable. Les *wilderness trails* rayonnent autour d'un camp isolé avec des cases rudimentaires ou des tentes de safari, couvrent environ 20 km par jour et ne sont pas trop exténuants. Les *backpack trails* sont plus ardus, avec camping sauvage tous les soirs (4 personnes au minimum).

Tous les groupes de randonnée sont limités à 8 participants et les enfants de moins de 12 ans ne sont pas acceptés.

Kruger National Park

Kruger National Park

À voir

1 Afsaal, aire de pique-nique....C7
2 Crooks Corner....B1
3 Engelhard Dam....C4
4 Mlondozi, aire de pique-nique....C6
5 Nkuklu, aire de pique-nique....C6
6 Nkumbe....C6
7 Nsemani Dam....C5
8 Orpen Dam....C6
9 Pafuri, aire de pique-nique....B1
10 Red Rocks....B3
11 Renosterpan....C7
12 Steilberg Loop....C7
Sunset Dam....(voir 31)
13 Transport Dam....C6

Activités

14 EcoTraining....B1
Lebombo Motorised Eco Trail....(voir 28)
Lonely Bull Back-Pack Trail....(voir 39)
15 Mananga Adventure Trail....C5
16 Napi Wilderness Trail....B7
17 Nthandanyathi Hide....C7
Olifants River Back-Pack Trail....(voir 34)
Pioneer Hide....(voir 33)
Shipandani Overnight Hide....(voir 33)
18 Sweni Hide....C5
19 Sweni Wilderness Trail....C5
20 Wolhuter Wilderness Trail....B7

Où se loger

21 Balule Satellite Camp....C4
22 Bateleur Bushveld Camp....B3
23 Berg-en-dal Rest Camp....C7
24 Biyamiti Bushveld Camp....C7
25 Boulders Bush Lodge....B4
26 Campismo Aguia Pesqueira....D4
27 Campismo Albufeira....D4
28 Crocodile Bridge Rest Camp....C7
29 Jock Safari Lodge....C7
30 Letaba Rest Camp....C4
31 Lower Sabie Rest Camp....C7
32 Lukimbi Safari Lodge....C7
33 Mopani Rest Camp....C3
34 Olifants Rest Camp....C4
35 Outpost....B1
36 Pretoriuskop Rest Camp....B7
37 Punda Maria Rest Camp....B2
38 Satara Rest Camp....C5
39 Shimuwini Bushveld Camp....B4
40 Shingwedzi Rest Camp....C3
41 Singita Lebombo Lodge....C5
42 Sirheni Bushveld Camp....B2
43 Tsendze Rustic Camping Site....C4

Wolhuter Wilderness Trail — OBSERVATION DE LA FAUNE

(carte p. 408 ; ☎012-428 9111 ; www.sanparks.org ; 4 jours repas compris 4 300 R). Le plus ancien *wilderness trail*, Wolhuter sillonne un secteur habité par des lions et des rhinocéros blancs dans le sud du Kruger. La piste est chargée d'histoire, comme les territoires qu'elle traverse, avec de nombreux vestiges de l'âge de pierre et de l'âge du fer. Admirez le paysage du haut d'un *kopje* en granit. Départ du campement de Berg-en-dal.

Napi Wilderness Trail — OBSERVATION DE LA FAUNE

(carte p. 408 ; ☎012-428 9111 ; www.sanparks.org ; 4 jours repas compris 4 300 R). Suivant la Mbyamithi et la Napi entre Pretoriuskop et Skukuza, Napi est renommé pour l'observation des rhinocéros noirs et des rhinocéros blancs aux points d'eau saisonniers. Le camp se compose de 4 tentes de safari. Départ du campement de Pretoriuskop.

Sweni Wilderness Trail — OBSERVATION DE LA FAUNE

(carte p. 408 ; ☎012-428 9111 ; www.sanparks.org ; 4 jours repas compris 4 300 R). Très gratifiant, Sweni est réputé pour les hardes de gnous, de zèbres et de buffles… et les lions qui les traquent, dans un paysage évocateur de vastes plaines herbeuses. Départ et retour au campement de Satara.

Olifants River Back-Pack Trail — OBSERVATION DE LA FAUNE

(carte p. 408 ; ☎012-428 9111 ; www.sanparks.org ; 4 jours 2 500 R ; ⏲avr-oct). Cette piste superbe en bord de rivière permet d'approcher des éléphants, des hippopotames, des crocodiles et d'autres animaux. Elle est aussi connue pour l'observation des oiseaux, dont le pygargue vocifère et la rare chouette-pêcheuse de Pel. Vous devez emporter votre propre matériel de camping et de cuisine, ainsi que nourriture et boissons. Eau disponible en chemin. Départ du campement d'Olifants.

AIRES DE PIQUE-NIQUE

Près d'une douzaine d'aires de pique-nique permettent de faire halte au cours d'un circuit en voiture. Outre l'agrément de descendre du véhicule, elles disposent de toilettes et plusieurs offrent nourriture et boissons. Les sites d'excursion de Skukuza et de Letaba comprennent même des piscines.

Lonely Bull Back-Pack Trail OBSERVATION DE LA FAUNE
(carte p. 408 ; ☎012-428 9111 ; www.sanparks.org ; 4 jours 2 500 R ; ⏲fév-oct). Longeant la Letaba et traversant plusieurs rivières asséchées, cette piste offre la possibilité de voir des buffles, des éléphants et même des léopards. Prévoyez tente, matériel de cuisine et nourriture. Eau disponible. Départ du Shimuwini Bushveld Camp.

Observation des oiseaux

Vous pouvez observer des oiseaux dans tout le parc, mais la pointe nord du Kruger est l'un des meilleurs sites du continent. De nombreux affûts sont installés dans les secteurs exceptionnels.

Sweni Hide OBSERVATION DES OISEAUX
(carte p. 408). Cet affût en forme de L occupe un emplacement extraordinaire, au-dessus d'une courbe de la Sweni River. Le guêpier de Perse, le bruant à poitrine dorée et le circaète à poitrine noire font partie des espèces présentes. Des éléphants viennent parfois se baigner dans la rivière.

Pioneer Hide OBSERVATION DES OISEAUX
(carte p. 408). En face de Mopani sur le Pioneer Dam. Vous aurez de bonnes chances d'apercevoir des rolliers variés, des grandes aigrettes et des cormorans à poitrine blanche.

Lake Panic Hide OBSERVATION DES OISEAUX
(carte p. 421). Sur une section de la Sabie, cet affût est idéal pour observer des martins-pêcheurs pygmées, des bihoreaux gris, des râles bleuâtres et des euplectes ignicolores.

Nthandanyathi Hide OBSERVATION DES OISEAUX
(carte p. 408). Ce bel affût surplombe un large tronçon de la Nhlowa où évoluent, entre autres, des coucals noirs, des cigognes épiscopales, des corvinelles noir et blanc ou des bulbuls à tête brune.

Shipandani Overnight Hide OBSERVATION DES OISEAUX
(carte p. 408 ; ☎013-735 6535). Il domine une section étroite et ravinée de la Tsendze, que fréquentent régulièrement le héron vert, le coucal de Burchell, le coucou didric et le bec-ouvert africain, ainsi que des éléphants et des hippopotames.

Six lits peuvent se louer exclusivement pour la nuit (630 R pour les 2 premières personnes, plus 290 R par personne supplémentaire). Vous devrez apporter bois/fuel,

OBSERVATION DE LA FAUNE

Si certains prétendent que c'est une question de chance, l'observation de la faune est en fait un talent. Bien qu'il n'existe aucune garantie, en respectant quelques principes, vous augmenterez vos chances pour des rencontres inoubliables, quelle que soit la saison de votre visite.

- Achetez une carte détaillée (60 R) dans le magasin d'un campement, qui indique les points d'eau (*pans*), les barrages, les rivières et autres points de vue stratégiques.
- Consultez les tableaux d'observation dans les campements chaque soir ; ils signalent les observations notoires de la journée, et des animaux peuvent encore être dans les parages.
- Levez-vous tôt et sortez du campement à l'ouverture des portes ; certains animaux sont plus actifs à l'aube, notamment les fauves (regardez autour des points d'eau). L'activité redevient plus forte avant le coucher du soleil.
- Conduisez lentement ; dépasser 25 km/h réduit les chances d'apercevoir des prédateurs comme les léopards et les guépards.
- Faites preuve de patience, arrêtez-vous fréquemment et éteignez votre moteur ; vous serez surpris de voir combien d'animaux sortent des fourrés quand vous êtes à l'arrêt.
- Si vous remarquez une harde d'herbivores regardant tous dans la même direction, suivez leur regard.
- Repérez les grands félins profitant de la brise sur des monticules rocheux. Les léopards se reposent souvent sur les hautes branches des arbres.
- Participez à un circuit guidé et retenez les informations sur le comportement des animaux avant de partir avec votre propre voiture.

matériel de cuisine, nourriture et eau ; un espace *braai* (barbecue) et des toilettes sont à disposition. Réservez au campement de Mopani.

Sable Overnight Hide OBSERVATION DES OISEAUX
(carte p. 421 ; ☎013-735 6509). Au bord du grand Sable Dam, cet affût offre de bonnes chances d'observer le légendaire pygargue vocifère, ainsi que des échasses blanches et des coucous africains.

Sable peut se louer exclusivement pour la nuit (630 R pour les 2 premières personnes, plus 290 R par personne supplémentaire). Il comprend 9 lits rabattables, un espace *braai* et des toilettes. Vous devez apporter tout le nécessaire. Réservations à l'entrée Phalaborwa.

Pistes de 4x4

Si vous voyagez en 4x4, ces pistes constituent un excellent moyen de découvrir le bush éloigné et sa faune.

Lebombo Motorised Eco Trail CIRCUIT EN 4X4
(carte p. 408 ; ☎012-426 5117, 012-428 9111 ; www.sanparks.org ; 8 600 R/véhicule (4 pers max) ; ⏲avr-oct). Piste accidentée de 500 km qui se parcourt en 5 jours (du dimanche au jeudi), le Lebombo Motorised Eco Trail est la principale piste de 4x4 du Kruger. Partant de Crocodile Bridge, elle suit toute la lisière est du parc et s'achève à l'**aire de pique-nique de Pafuri** (carte p. 408), près de Crooks Corner. Vous devez disposer de votre propre 4x4 et apporter matériel de camping et de cuisine, nourriture et boissons.

Seuls 5 véhicules peuvent en même temps emprunter la piste (plus celui d'un ranger expérimenté). Réservez longtemps à l'avance.

Mananga Adventure Trail CIRCUIT EN 4X4
(carte p. 408 ; ☎013-735 6306 ; www.sanparks.org ; 460 R/véhicule, plus caution remboursable 100 R). Longue de 48 km (4 heures), cette piste traverse une savane de *knobthorn* et de marulas, parsemée de hardes de buffles, de zèbres et de gnous. Vous repérerez peut-être des guépards. Réservez dès votre arrivée au campement de Satara. Six véhicules 4x4 par jour au maximum. Un GPS est utile.

VTT

SANParks propose des circuits guidés à VTT le matin (636 R, 4 heures) et l'après-midi (353 R, 3 heures) à Olifants (p. 409). Réservation indispensable.

Circuits organisés

Les voyageurs à petit budget s'adresseront aux lodges de *backpackers* à Hazyview (p. 395), Nelspruit (p. 397) et Graskop (p. 392). Pour la plupart, ils organisent des safaris dans le Kruger à partir de 1 750 R par jour (droit d'entrée et repas compris). Quelques hôtels à Hoedspruit (p. 448) et Phalaborwa (p. 446) offrent des circuits dans le centre et/ou le nord du Kruger.

Au sommet de l'échelle de prix, ou si vous disposez de peu de temps et souhaitez venir directement de Johannesburg ou du Cap, vous aurez le choix entre plusieurs bonnes options.

Signature Tours (p. 653) offre des forfaits sur mesure, indépendants ou guidés, axés sur l'observation de la faune.

Wildlife Safaris (☎011-791 4238 ; www.wildlifesafaris.com) propose un circuit de 4 jours qui comprend la Blyde River et le Kruger (8 800 R/pers)

Plus haut de gamme et orienté sur la conservation, **Wilderness Safaris** (☎011-807 1800 ; www.wildernesssafaris.com) offre de luxueux safaris et circuits à thème.

Où se loger et se restaurer

Le Kruger compte divers types d'hébergements, des nombreux campements, camps de brousse et camps satellites de catégories moyenne et petit budget de SANParks aux lodges cinq étoiles des concessions privées. Ces dernières offrent en outre un accès exclusif à des secteurs parmi les plus riches en faune du Kruger. Quel que soit votre choix, tous les hébergements doivent se réserver en haute saison (octobre à mi-janvier) et durant les vacances scolaires.

La plupart des visiteurs séjournent dans les 12 vastes campements (*rest camps*) du Kruger, qui disposent presque toujours d'emplacements équipés pour tente et caravane, et de logements confortables. Les tentes de safari et les cases, habituellement les plus sommaires, sont dotées de ventilateurs et de réfrigérateurs ; comme le camping, elles partagent des sanitaires (douches chaudes) et un espace cuisine avec éviers, plaques chauffantes et *braai*. Les bungalows et cottages sont plus spacieux, presque tous agrémentés d'une sdb et souvent de ventilateurs/climatisation et d'une cuisine équipée ; d'autres partagent l'espace cuisine du campement. Draps et serviettes sont fournis, y compris

VAUT LE DÉTOUR

LE PARC DES MAKULEKE

Au cœur de la pointe nord du Kruger, le Makuleke Contract Park constitue un superbe territoire de 240 km² aux formations géologiques uniques, encadré par le Limpopo et la Luvuvhu. En 1969, le gouvernement d'apartheid sud-africain expulsa les Makuleke de la région afin d'intégrer leurs terres ancestrales au Kruger National Park.

À la fin des années 1990, le territoire a été restitué aux Makuleke, qui ont accepté de ne pas l'occuper mais de l'exploiter pour l'écotourisme. Un parc sous contrat a ainsi été créé, dont les terres sont gérées de façon écologique en tant que partie du Kruger. Les infrastructures touristiques appartiennent aux Makuleke, qui ont depuis accordé des concessions à quelques sociétés sélectionnées.

Des éléphants fréquentent la région en hiver, tandis que buffles, hippopotames, lions, léopards et nyalas abondent toute l'année. Les oiseaux sont innombrables.

Outpost (carte p. 408 ; ✆011-327 3920 ; www.theoutpostcamp.com ; s/d tout compris 5 100/10 200 R ;). Haut perchés au-dessus de la Luvuvhu à la pointe nord du Kruger, ces 12 "espaces de vie" ultracontemporains disposent de murs qui peuvent être levés par télécommande, dévoilant un panorama époustouflant. Les randonnées à travers les gorges voisines et les forêts d'eucalyptus sont chaudement recommandées, de même que les safaris en voiture.

Le lodge emploie essentiellement des habitants de la région et fonctionne en partenariat avec la communauté makulele, qui reçoit une partie des bénéfices. À l'expiration du bail, le lodge appartiendra à la communauté.

EcoTraining (carte p. 408 ; ✆013-752 2532 ; www.ecotraining.co.za). Diverses formations au métier de guide, d'une semaine à un mois pour les débutants et les amateurs enthousiastes. Le Wilderness Trails Skills garantit une semaine d'aventure dans la brousse.

dans les tentes de safari (mais pas pour le camping). Tous les campements sont clôturés et abritent une station-service, une laverie et des magasins correctement approvisionnés ; dix d'entre eux disposent d'un restaurant.

Les camps de brousse (*bushveld camps*) permettent de s'immerger davantage au cœur de la vie sauvage. Les cottages comprennent sdb et cuisine, mais seuls glace et bois de chauffage sont disponibles sur place. Les camps satellites sont similaires, avec pour la plupart cuisine et sanitaires communs ; ils sont habituellement situés à moins de 3 km d'un campement.

Sud du Kruger

♥ Lower Sabie Rest Camp BUNGALOWS, CAMPING **$$**
(carte p. 408 ; ✆013-735 6056, réservations 012-428 9111 ; www.sanparks.org ; empl 285 R, case d sans sdb 550 R, tente de safari/bungalow d avec cuisine 885/1 215 R ;). Campement le plus populaire, Lower Sabie se tient sur une courbe splendide de la Sabie qui attire éléphants, hippopotames, buffles et autres animaux. Les tentes de safari de catégorie LST2U et les bungalows BD2U/BD3U donnent sur la rivière. Le restaurant **Mugg & Bean** (www.themugg.com ; plats 55-140 R), au bord de l'eau, est l'un des plus charmants du Kruger ; la piscine est moins séduisante.

♥ Skukuza Rest Camp BUNGALOWS, CAMPING **$$**
(carte p. 421 ; ✆013-735 4152, réservations 012-428 9111 ; www.sanparks.org ; empl 275 R, tente de safari d/qua sans sdb 550/850 R, bungalow d avec/sans cuisine 1 220/1 120 R ;). Quasiment un village, le plus grand campement du Kruger reste discret et occupe un superbe emplacement au bord de la Sabie. Il propose un vaste choix d'hébergements, dont des cottages de 4/6 personnes (à partir de 2 150 R). Les jolies piscines invitent à la détente. Banque, DAB, poste, médecin, bibliothèque, musée et centre d'information font partie des services.

En bord de rivière, le restaurant **Cattle Baron** (www.cattlebaron.co.za ; plats 60-190 R) propose le Wi-Fi gratuit, une excellente cuisine (le filet de bœuf est divin) et un cadre ravissant. Le stand de plats à emporter est moins alléchant. Un second restaurant, de l'autre côté du campement, devrait rouvrir prochainement.

Berg-en-dal Rest Camp BUNGALOWS, CAMPING **$$**
(carte p. 408 ; ☎013-735 6106, réservations 012-428 9111 ; www.sanparks.org ; empl 275 R, bungalow d avec cuisine 1 150 R ; ❄). Ce campement en brique moderne, à 12 km de l'entrée Malelane, manque un peu d'authenticité, ce que compense son emplacement, à l'ombre des Malelane Mountains. Il bénéficie de la vue sur le Berg-en-dal Dam et la faune qui le fréquente. Parmi les divers logements, des cottages familiaux peuvent accueillir 6 personnes (à partir de 2 150 R). Centre des visiteurs, projection de documentaires animaliers en soirée (sauf le dimanche) et un court chemin de randonnée (Rhino Walking Trail) à la lisière du campement.

Le café-restaurant **Tindlovu** (plats 55-150 R) sert une cuisine correcte.

Biyamiti Bushveld Camp COTTAGES **$$**
(carte p. 408 ; ☎013-735 6171, réservations 012-428 9111 ; www.sanparks.org ; cottages 4/5 pers à partir de 1 275/2 350 R). Les 15 cottages indépendants de ce petit camp sont installés le long de la Biyamiti, une rivière éphémère (les n°s 1 à 9 jouissent des plus belles vues). Un bel affût permet d'observer les oiseaux. La boutique vend du bois de chauffage et de la glace, mais pas de produits alimentaires. Le trajet en voiture jusqu'au camp est fantastique.

Pretoriuskop Rest Camp BUNGALOWS, CAMPING **$$**
(carte p. 408 ; ☎013-735 5128, réservations 012-428 9111 ; www.sanparks.org ; empl 275 R, case d sans sdb 550 R, bungalow d avec/sans cuisine 1 235/1 085 R ; 📶). Le plus ancien et le plus haut (donc le plus frais) campement du Kruger, à côté de l'entrée Numbi, se situe dans une belle région, parsemée d'affleurements de granit et fréquentée par des rhinocéros. Le campement est charmant, avec des bougainvillées, des arbres à fleurs et une piscine naturelle creusée dans la roche. Large choix d'hébergements, jusqu'aux maisons d'hôtes pour 9 personnes (à partir de 3 750 R). La restauration se limite à un fast-food Wimpy (Wi-Fi gratuit).

Crocodile Bridge Rest Camp BUNGALOWS, CAMPING **$$**
(carte p. 408 ; ☎013-735 6012, réservations 012-428 9111 ; www.sanparks.org ; empl 275 R, tente de safari/bungalow d avec cuisine 550/1 250 R ; ❄). Près de l'entrée Crocodile Bridge, ce petit campement avoisine des plans d'eau peuplés de crocodiles et d'hippopotames. Malgré la présence de zèbres, de buffles et de gnous, l'atmosphère est un peu gâchée par la vue des usines à l'extérieur du parc. La boutique vend des sandwichs et des tourtes. Un café occupe une case.

♥ **Rhino Post Safari Lodge** LODGE **$$$**
(carte p. 421 ; ☎035-474 1473 ; www.isibindi.co.za ; s/d tout compris 5 382/8 280 R ; ❄📶). Lodge de brousse privé le plus authentique dans le sud du Kruger, le Rhino Lodge compte 8 suites en bois, toile, verre et gabions à l'ambiance de safari, qui semblent se fondre parmi les arbres. Asseyez-vous sur la terrasse et regardez les animaux qui vont et viennent de la Mutlumuvi River.

Le lodge se situe dans la seule concession privée déclarée réserve naturelle et n'offre pas de safaris hors piste. En revanche, SANParks autorise l'accès à 130 km de routes du parc après la fermeture. Renseignez-vous sur les Rhino Walking Safaris.

LE KRUGER POUR LES ENFANTS

Le Kruger est particulièrement adapté aux familles et idéalement conçu pour emmener des enfants en safari. Tous les campements sont clôturés, presque tous disposent d'une piscine et de restaurants qui offrent des menus enfant, et plusieurs possèdent des aires de jeux. Berg-en-dal, Letaba, Skukuza, Satara et Shingwedzi projettent régulièrement des films animaliers pour tous les âges, et Letaba abrite un intéressant musée consacré aux éléphants. En revanche, les magasins des campements ne vendent généralement ni couches, ni petits pots ou lait infantile ; apportez ces produits.

Les enfants de moins de 12 ans ne sont pas acceptés pour les randonnées d'observation de la faune de SANParks, et ceux de moins de 6 ans ne peuvent pas participer aux safaris en voiture. L'âge minimum peut varier pour ces activités et l'hébergement en lodges privés.

♥ Lion Sands Narina Lodge LODGE $$$

(carte p. 421 ; ☎011-880 9992 ; www.lionsands.com ; s/d tout compris à partir de 12 420/16 560 R ; ❄📶🏊). Surplombant la rive de la Sabie dans une concession privée, les 9 suites lumineuses du Narina sont coiffées de toits de chaume à degrés et comportent des boiseries naturelles et des meubles modernes, comme les espaces communs. Les sdb aux beaux sols en pierre comprennent de grandes baignoires en forme de coquille d'œuf. Toutes les terrasses s'agrémentent d'une piscine et d'une douche privées. De tous côtés, la vue est splendide.

Des activités exclusives sont proposées dans la concession et dans la Sabi Sand Game Reserve.

Lion Sands Tinga Lodge LODGE $$$

(carte p. 421 ; ☎011-880 9992 ; www.lionsands.com ; s/d tout compris à partir de 12 420/16 560 R ; ❄📶🏊). Les 9 suites luxueuses du Tinga bénéficient de vues superbes sur la Sabie. Les chambres de style colonial, avec parquet et meubles en bois sombre, disposent de fauteuils en cuir, d'immenses fenêtres, de douches extérieures et de piscines privées. Les vastes espaces communs, plus contemporains, descendent jusqu'à une grande terrasse en bord de rivière, autour d'un majestueux ébénier.

Activités dans la concession et dans la Sabi Sand Game Reserve.

Lukimbi Safari Lodge LODGE $$$

(carte p. 408 ; ☎011-792 6165 ; www.lukimbi.com ; s/d tout compris à partir de 7 900/11 700 R ; ❄🏊). Dans la concession privée de Lukimbi, d'une superficie de 150 km², ce lodge attrayant et ses 16 suites à toit de chaume se perchent sur la rive de la Lwakhale. Les chambres et les espaces communs donnent sur des terrasses en bord de rivière. Les grandes suites sans cloisons comportent un salon en contrebas et une douche extérieure. Les hôtes ont accès au Leopard Creek Golf Course, un parcours de golf réputé.

Jock Safari Lodge LODGE $$$

(carte p. 408 ; ☎041-509 3000 ; www.jocksafarilodge.com ; s/d tout compris à partir de 8 175/10 900 R ; ❄📶🏊). Premier lodge privé du parc, le Jock se niche à la confluence de la Biyamiti et de la Mitomeni, dans une réserve de 60 km². Les 12 chambres (certaines communicantes pour les familles) possèdent toutes une piscine et la vue sur la rivière.

RÉSEAUX SOCIAUX ET BRACONNAGE DES RHINOCÉROS

Le braconnage des rhinocéros est un problème croissant (p. 592) et les photos de safari postées sur Facebook, Instagram et Twitter sont utilisées par les braconniers pour localiser les rhinocéros en récupérant les coordonnées GPS attachées aux images. Pour aider à combattre ce fléau, désactivez la géolocalisation sur votre téléphone et ne mentionnez pas l'emplacement exact de ces animaux sur les réseaux sociaux.

Centre du Kruger

Balule Satellite Camp CASES, CAMPING $

(carte p. 408 ; ☎012-428 9111 ; www.sanparks.org ; empl 275 R, case tr sans sdb à partir de 415 R). Juste au sud d'Olifants, ce camp pittoresque compte 6 cases et 15 emplacements de camping. Pas d'électricité, mais des lanternes sont fournies pour les cases (prévoyez néanmoins une lampe torche). Un congélateur et un réchaud sont à disposition. Safaris en voiture au crépuscule et nocturnes sur demande. Enregistrement à Olifants, Satara, Orpen ou Letaba.

Maroela Satellite Camp CAMPING $

(carte p. 421 ; ☎012-428 9111 ; www.sanparks.org ; empl 275 R). À quelques kilomètres du campement d'Orpen (où s'effectue l'enregistrement), ce camping clairsemé offre peu d'intimité. La cuisine commune contient des grilles pour *braai*, des plaques chauffantes et des congélateurs.

♥ Olifants Rest Camp BUNGALOWS, COTTAGES $$

(carte p. 408 ; ☎013-735 6606, réservations 012-428 9111 ; www.sanparks.org ; bungalow d avec/sans kitchenette 1 125/1 045 R ; 🏊). Perché sur un promontoire, ce campement jouit d'une vue spectaculaire sur l'Olifants, où convergent éléphants, hippopotames et nombre d'autres animaux. Les bungalows n°s 1 et 9 (catégorie BBD2V) bénéficient des meilleures vues, de même que les maisons d'hôtes Nshawu et Lebombo qui peuvent accueillir 8 personnes (à partir de 4 000 R). Le campement dispose d'une nouvelle piscine.

Mugg & Bean (www.themugg.com ; plats 55-140 R) propose une cuisine variée, un bon café et une jolie terrasse à l'ombre d'un figuier – n'oubliez pas vos jumelles. Au coucher du soleil, observez l'envol de la colonie de chauves-souris.

Satara Rest Camp BUNGALOWS, CAMPING **$$**
(carte p. 408 ; 013-735 6306, réservations 012-428 9111 ; www.sanparks.org ; empl à partir de 245 R, bungalow d avec/sans cuisine 1 255/1 130 ;). Satara, le deuxième plus grand campement, se situe au cœur du territoire des fauves, où de vastes plaines facilitent l'observation. Une succursale incongrue de Debonairs Pizza (www.debonairspizza.co.za ; pizzas 25-80 R) tient compagnie à Mugg & Bean (www.themugg.com ; plats 55-140 R).

Tamboti Satellite Tented Camp BUNGALOWS **$$**
(carte p. 421 ; 012-428 9111 ; www.sanparks.org ; tente de safari d sans sdb 580 R, d avec cuisine 1 345 R). Les 40 tentes de safari, dont 10 très confortables avec cuisine et sdb, longent une courbe de la Timbavati. Elles disposent toutes d'un réfrigérateur, de ventilateurs et d'une vue, et l'épaisseur du bush garantit l'intimité. Un affût permet d'observer les nombreux animaux, et les résidents ont accès à la piscine d'Orpen, à proximité.

Orpen Rest Camp BUNGALOWS, COTTAGES **$$**
(carte p. 421 ; 013-735 6355, réservations 012-428 9111 ; www.sanparks.org ; bungalow d avec cuisine 1 175 R, cottages 6 pers à partir de 2 150 R ;). Près de l'entrée Orpen, ce petit campement est pratique en cas d'arrivée tardive. À défaut de restaurant, il abrite une petite boutique (avec un café-bar) et tous les bungalows comprennent une cuisine.

Talamati Bushveld Camp COTTAGES **$$**
(carte p. 421 ; 012-428 9111 ; www.sanparks.org ; cottages 4/6 pers à partir de 1 275/2 350 R). Au bord de la N'waswitsontso dans un secteur particulièrement riche en faune, Talamati possède 15 cottages indépendants et deux affûts pour l'observation des oiseaux non loin d'un point d'eau. Bois de chauffage et glace disponibles.

Roodewal Bush Lodge LODGE **$$**
(carte p. 421 ; 012-428 9111 ; www.sanparks.org ; jusqu'à 8 pers 6 500 R, 640 R par adulte supp). Ce lodge de brousse, au bord de la Timbavati, doit se réserver bien à l'avance et dans sa totalité. Il peut accueillir 18 personnes et comporte uniquement des cuisines équipées, des espaces *braai* et des lits. L'énergie solaire alimente les lampes et les ventilateurs.

LE KRUGER POUR LES VOYAGEURS HANDICAPÉS

Tous les campements, sauf Orpen, disposent désormais d'équipements pour les voyageurs handicapés. Le camp satellite de Tamboti, près d'Orpen, possède 2 tentes de safari accessibles aux handicapés. Le site Internet de SANParks (www.sanparks.org) répertorie les infrastructures de chaque camp ; tous les hébergements accessibles aux handicapés comportent la lettre "Z" dans leur code ; les réservations ne peuvent se faire qu'un mois à l'avance.

Singita Lebombo Lodge LODGE **$$$**
(carte p. 408 ; 021-683 3424 ; www.singita.com ; s/d tout compris 17 300/34 600 R ;). Ce lodge somptueux fait la fierté de la concession privée de Singita, dans les monts Lebombo. Conçues sur le thème du nid d'oiseau, les 15 suites sans cloisons sont construites parmi les arbres au sommet d'un promontoire et donnent toutes sur la Sweni (les n^os^4 et 5 sont les plus jolies) ; vous pourrez passer la nuit sur votre terrasse privée.

Limitant déjà son impact sur l'environnement, le Lebombo (et le village du personnel) fonctionne désormais à l'énergie solaire. D'imposantes hardes de lions fréquentent le secteur.

Imbali Safari Lodge LODGE **$$$**
(carte p. 421 ; 011-516 4367 ; www.extraordinary.co.za ; d tout compris à partir de 4 285 R ;). Plus grand lodge de la concession de Mluwati, l'Imbali est clôturé et accueille les enfants de tous les âges. Il compte 12 grandes suites, chacune avec piscine privée ou Jacuzzi, nichées dans une forêt en bord de rivière. Neuf d'entre elles surplombent la N'waswitsontso et la faune qui la fréquente.

Hoyo Hoyo Safari Lodge LODGE **$$$**
(carte p. 421 ; 011-516 4367 ; www.extraordinary.co.za ; d tout compris 3 290 R ;). Détenu en partie par une communauté locale, ce petit lodge de 6 suites, dans la concession

1

JEAN-FRANÇOIS DUCASSE / GETTY IMAGES ©

2

4

MOODBOARD / GETTY IMAGES ©

FRANK SLACK / GETTY IMAGES ©

WAYNE PARSONS / GETTY IMAGES ©

1. Vervets
Ces singes, qui s'adaptent à tous les environnements, sont omniprésents dans le Kruger National Park.

2. Léopards
Lors d'un safari, levez les yeux : les léopards se reposent souvent dans les hautes branches des arbres.

3. Guêpier d'Europe
Le Kruger offre d'innombrables possibiltés d'observer les oiseaux.

4. Zèbres des plaines
Le sud du Kruger est particulièrement apprécié des buffles et des zèbres.

de Mluwati, célèbre la culture tsonga, et vous serez accueilli par un "hoyo hoyo" shangaan. Les chambres aux tons orange, de style *rondavel* traditionnel, comportent de luxueux aménagements. C'est l'établissement le plus abordable dans les concessions privées du Kruger.

Hamiltons Tented Camp LODGE $$$
(carte p. 421 ; ☎011-516 4367 ; www.extraordinary.co.za ; d tout compris 4 490 R ; ❄≋). Hébergement le plus haut de gamme dans la concession de Mluwati, vaste de 100 km^2, le Hamiltons comporte 6 somptueuses tentes de safari, construites sur pilotis près du lit asséché de la N'waswitsontso.

Nord du Kruger

Outre les nombreux hébergements standards de SANParks dans ce secteur, les affûts de Shipandani (p. 410) et de Sable (p. 411) peuvent se louer pour la nuit.

Tsendze Rustic Camping Site CAMPING $
(carte p. 408 ; ☎012-428 9111 ; www.sanparks.org ; empl 275 R). Un camping sommaire à 8 km au sud de Mopani, avec réchauds à gaz et réfrigérateurs communs mais sans électricité.

♥ **Letaba Rest Camp** BUNGALOWS, CAMPING $$
(carte p. 408 ; ☎013-735 6636, réservations 012-428 9111 ; www.sanparks.org ; empl 275 R, case/tente de safari d sans sdb 685/550 R, bungalow tr avec/sans cuisine à partir de 1 125/1 045 R ; ❄≋). L'un des meilleurs campements du Kruger, ce havre de verdure, au bord de la Letaba, comprend des pelouses ombragées, des guibs harnachés résidents, les plus belles piscines de SANParks, ainsi qu'une vaste gamme d'hébergements, dont des cottages pour 6 personnes (demandez le n°101 de catégorie FQ6, récemment rénové). Certains bungalows bénéficient d'une vue superbe (notamment le n°32 de categorie BD3U). Un **Mugg & Bean** (plats 55-140 R) et un DAB sont à disposition.

Bien que des éléphants viennent régulièrement à la rivière, ne manquez pas de visiter le musée Elephant Hall. Des documentaires animaliers sont projetés tous les soirs (sauf le dimanche).

♥ **Shimuwini Bushveld Camp** COTTAGES $$
(carte p. 408 ; ☎013-735 6683, réservations 012-428 9111 ; www.sanparks.org ; cottages 4/5/6 pers à partir de 1 230/2 040/2 200 R). Ce charmant petit camp de brousse avec affût occupe un endroit pittoresque en bord de rivière. Les 15 cottages indépendants, installés sur des pelouses, surplombent une large section de la Letaba. Demandez le n°8, de catégorie GC5 ; reconstruit après une inondation, c'est le plus confortable et le plus moderne.

Bateleur Bushveld Camp COTTAGES $$
(carte p. 408 ; ☎013-735 6843, réservations 012-428 9111 ; www.sanparks.org ; cottages 6 pers à partir de 2 040 R ; ❄). Plus ancien et plus petit des camps de brousse, le Bateleur se distingue par son ambiance de brousse. Le long de la Mashokwe, les 7 cottages indépendants ont une allure rustique avec leur toit de chaume et leurs fenêtres à cadre d'acier des années 1930 (demandez le n°1 ou le n°7, de catégorie GA6). L'affût comporte une lampe pour les observations nocturnes. Bois de chauffage et glace disponibles.

Shingwedzi Rest Camp BUNGALOWS, CAMPING $$
(carte p. 408 ; ☎013-735 6806, réservations 012-428 9111 ; www.sanparks.org ; empl à partir de 245 R, case d sans sdb 535 R, bungalow d avec/sans cuisine 1 045/950 R ; ❄≋). De grands mopanes et palmiers ombragent ce campement détendu qui possède des bungalows à l'ancienne dans le cercle A et d'autres grands et modernes dans le cercle B (n^{os}32 à 35 et 69 à 79 de catégorie BD2 ; n^{os}38 à 41 de catégorie BG2). Bien que le campement borde la Shingwedzi, seul le restaurant Tindlovu (plats 55-150 R) bénéficie d'une vue.

Punda Maria Rest Camp BUNGALOWS, CAMPING $$
(carte p. 408 ; ☎013-735 6873, réservations 012-428 9111 ; www.sanparks.org ; empl à partir de 245 R, bungalow d avec/sans cuisine 1 120/950 R, tente de safari avec cuisine 1 070 R ; ❄≋). Sur une pente boisée tout au nord du Kruger, ce petit campement possède un charme d'antan, avec de pittoresques bungalows à toit de chaume des années 1930. Si ces derniers sont un peu exigus, 7 nouvelles tentes de safari luxueuses offrent davantage d'espace et de confort (les n^{os}2 et 3 de catégorie ST2 sont les plus intimes).

Sirheni Bushveld Camp COTTAGES $$
(carte p. 408 ; ☎013-735 6860, réservations 012-428 9111 ; www.sanparks.org ; cottages 2/6 pers à partir de 1 230/2 040 R). Ce joli camp de brousse, dans un secteur de forêt

clairsemée, propose 15 cottages indépendants qui surplombent presque tous le Sirheni Dam (évitez le n°13 de catégorie CO4). L'endroit est excellent pour observer les oiseaux, avec un bon affût. Congélateur, glace et bois de chauffage disponibles.

Mopani Rest Camp BUNGALOWS, COTTAGES $$
(carte p. 408 ; ☎013-735 6536, réservations 012-428 9111 ; www.sanparks.org ; bungalow 4 pers avec cuisine à partir de 1 105 R, cottage 6 pers à partir de 2 000 R ; ❄ 🏊). Camp moderne à l'ambiance artificielle, Mopani n'a pas le charme sauvage des autres campements. Si la vue sur le Pioneer Dam est impressionnante, les terrasses du restaurant **Tindlovu** (plats 55-150 R) et du bar Memorable Waterhold sont trop petites. L'endroit est néanmoins tranquille et la piscine, ravissante.

Boulders Bush Lodge LODGE $$$
(carte p. 408 ; ☎012-428 9111 ; www.sanparks.org ; jusqu'à 4 pers 3 240 R, 640 R par pers supp). Haut perché parmi de gros blocs de granit à 23 km au sud de Mopani, ce lodge comporte 5 bungalows indépendants avec vue sur les plaines. Le lodge doit se réserver bien à l'avance et entièrement. L'énergie solaire alimente uniquement les ventilateurs et les lampes.

ℹ Renseignements

ACCÈS INTERNET

Wi-Fi gratuit uniquement dans les restaurants de Skukuza et Pretoriuskop. Vous pouvez acheter un accès limité à Mopani (30 R les 30 minutes) et au centre de conférence, de Skukuza (50 R les 30 minutes).

ARGENT

Seuls Skukuza et Letaba disposent de DAB qui acceptent les cartes internationales ; vous pourrez payer par carte presque partout. Les magasins des campements possèdent des"mini DAB", qui n'acceptent que les cartes locales, et les retraits sont limités à 800 R (voire moins en fonction des liquidités disponibles).

ENTRÉE

Pour les visiteurs étrangers, l'entrée du parc pour 1 ou 2 jours coûte 280/140 R par adulte/enfant. La Wild Card de SANParks (p. 379) est acceptée. Pendant les vacances scolaires, la durée du séjour est limitée à 10 jours, et à 5 jours dans un même campement (10 jours si vous campez). Toute l'année, le nombre de visiteurs est limité ; en haute saison, arrivez tôt si vous n'avez pas réservé. Vélos et motos sont interdits.

RÉSERVATIONS

Les réservations pour les hébergements et la plupart des activités de SANParks (p. 379) peuvent se faire jusqu'à un an à l'avance (mais seulement un mois à l'avance pour les installations destinées aux handicapés) en ligne, par téléphone ou en personne.. En dehors des vacances scolaires et du week-end, la réservation est recommandée mais pas indispensable. D'octobre à mi-janvier, réservez le plus tôt possible. Le bureau de Lowveld Tourism (p. 399) à Nelspruit ou au Cap peut également s'en charger.

TÉLÉPHONE

Vous pouvez acheter du temps de communication dans tous les magasins du parc ; l'utilisation des portables n'est autorisée qu'aux entrées du parc, dans les campements ou en cas d'urgence.

URGENCES

Kruger National Park 24hr Emergency Call Centre (☎013-735 4325, 076 801 9679). Centre d'appel en cas d'urgence, 24h/24.

HORAIRES DU KRUGER (ENTRÉES ET CAMPEMENTS)

MOIS	OUVERTURE DES ENTRÉES/ CAMPEMENTS	FERMETURE DES ENTRÉES/ CAMPEMENTS
Janvier	5h30/4h30	18h30
Février	5h30/5h30	18h30
Mars	5h30/5h30	18h
Avril	6h/6h	18h
Mai-juillet	6h/6h	17h30
Août-septembre	6h/6h	18h
Octobre	5h30/5h30	18h
Novembre-décembre	5h30/4h30	18h30

HORS DES SENTIERS BATTUS

GREAT LIMPOPO TRANSFRONTIER PARK

Le Kruger, le **Limpopo National Park** (Parque Nacional do Limpopo ; ☎21-713000 ; www.limpopopn.gov.mz ; adulte/véhicule 400/400 Mtc, payables en meticais ou en rands sud-africains) du Mozambique et le Gonarezhou National Park du Zimbabwe forment le Great Limpopo Transfrontier Park, un vaste territoire qui s'étendra à terme sur 35 000 km^2. La liaison avec le Gonarezhou n'est pas encore complètement réalisée, mais le Kruger et le Limpopo sont reliés par deux postes-frontières : **Giriyondo** et **Pafuri** (p. 638).

Pour explorer l'intérieur du Limpopo, Giriyondo constitue le seul choix, accessible via la H15 gravillonnée, qui part de la route asphaltée à 19 km au nord de Letaba. Vous ne verrez pas une concentration de faune comparable à celle du Kruger, mais le trajet offre une expérience aventureuse dans la brousse.

Après les formalités pour votre 4x4 à la frontière (p. 640), passez par l'immigration, qui délivre des visas pour le Mozambique (884 R/2 136 Mtc/90 $US). Vous devrez aussi payer le droit d'entrée au parc et montrer un justificatif de votre réservation d'hébergement dans le Limpopo. Vous avez le choix entre 3 établissements : camping et chalets indépendants sommaires au **Campismo Aguia Pesqueira** (carte p. 408 ; empl 20 Mtc/80 R, chalets 2 lits 1 500 Mtc/550 R), près du Massingir Dam, et au **Campismo Albufeira** (carte p. 408 ; empl 20 Mtc/80 R, chalets 2/4 lits 1 200/1 500 Mtc ou 450/550 R), près de l'entrée Massingir, ou hébergement haut de gamme au **Machampane Wilderness Camp** (www.dolimpopo.com ; s/d tout compris 2 860/4 400 R).

Le Machampane dispose de 5 tentes de safari spacieuses et bien équipées dans un cadre paisible, au-dessus de la Machampane, où vous verrez certainement des hippopotames, des animaux plus petits et de nombreux oiseaux. Des randonnées guidées, matin et soir, sont comprises dans les prix. Machampane se situe à 20 km de Giriyondo ; l'établissement peut venir vous chercher à Letaba (où vous pouvez laisser votre voiture).

Comment s'y rendre et circuler

En Afrique du Sud, 9 entrées permettent d'accéder au Kruger. Les horaires sont identiques, avec de légères variations selon la saison (ouverture entre 5h30 et 6h ; fermeture entre 17h30 et 18h30). Les campements suivent généralement les horaires des entrées, et des amendes pénalisent les arrivées tardives. Vous pouvez aussi entrer au Kruger par le Mozambique, via les postes-frontières de Giriyondo et de Pafuri (p. 640).

AVION

SAAirlink (www.flyairlink.com) et **South African Airways** (www.flysaa.com) se sont associées afin de fournir un vol direct quotidien pour l'**aéroport de Skukuza** (carte page ci-contre ; www.skukuzaairport.com/) dans le Kruger depuis Le Cap (à partir de 3 027 R, 2 heures 15) et Johannesburg (1 720 R, 50 minutes). Ces compagnies proposent des vols plus nombreux pour l'**aéroport international de Mpumalanga Kruger** (MKIA ; carte p. 408 ; www.kmiairport.co.za) près de Nelspruit depuis Jo'burg (à partir de 1 240 R, 45 minutes), Durban (à partir de 2 220 R, 1 heure) et Le Cap (à partir de 2 520 R, 2 heures 15). Elle relient aussi Jo'burg à l'**aéroport Eastgate** (carte page ci-contre ; à partir de 1 506 R, 1 heure) de Hoedspruit pour l'entrée Orpen, et à l'**aéroport Kruger Park Gateway** (carte p. 421 ; à partir de 2 036 R, 1 heure) près de l'entrée Phalaborwa.

VOITURE ET 4X4

Les entrées sud du Kruger sont toutes à 475 km (5 heures) de Jo'burg, les entrées Orpen et Phalaborwa à 525 km (6 heures), et les entrées Punda Mara et Pafuri à plus de 600 km (7 heures).

Dans le parc, la plupart des visiteurs conduisent leur propre véhicule. Le réseau routier est excellent, avec de bonnes routes goudronnées et des routes secondaires gravillonnées bien entretenues. Restez cependant aux aguets des voitures qui s'arrêtent brusquement, des conducteurs distraits et des animaux qui se précipitent. Vous n'aurez pas besoin d'un 4x4 sur la plupart des routes gravillonnées, mais renseignez-vous auprès des rangers après de fortes pluies. Tous les campements disposent de stations-service.

Avis (☎013-735 5651 ; www.avis.co.za) possède un comptoir au campement de Skukuza, et de nombreuses agences sont présentes à l'aéroport MKIA (à 28 km de Nelspruit). L'aéroport Eastgate (Hoedspruit) et l'aéroport Kruger Gateway (Phalaborwa) offrent plus de choix.

RÉSERVES FAUNIQUES PRIVÉES

Couvrant un vaste territoire à l'ouest du Kruger, une série de réserves privées offre certains des plus beaux safaris d'Afrique. Elles abritent les mêmes animaux que le parc, y compris les Big Five (lions, léopards, éléphants, buffles et rhinocéros), car aucune clôture ou barrière physique ne sépare les principales réserves – Sabi Sand, Manyeleti et Timbavati – du Kruger.

À l'instar des concessions privées du Kruger, ce qui rend leurs safaris bien plus intéressants est l'excellence des guides, la possibilité du hors piste et l'exclusivité des randonnées et circuits en voiture. Les animaux ne sont pas confrontés aux foules ni aux conducteurs indépendants, mais à des guides expérimentés qui les respectent. En retour, ils se laissent souvent approcher.

Une telle expérience est évidemment coûteuse, car elle nécessite de séjourner dans l'un des lodges luxueux. Si votre budget le permet, envisagez une nuit ou deux à la fin de votre périple dans le Kruger.

Réserves fauniques privées

Sabi Sand Game Reserve

Délimitée par la Sabi et contenant la majeure partie de la Sand River, la vaste **réserve faunique de Sabi Sand** (carte ci-contre ; www.sabisand.co.za ; 190 R/véhicule, 50 R/passager) couvre l'une des plus belles étendues sauvages du continent. Réputée pour ses léopards, elle est régulièrement choisie par les riches amateurs de safari. Sabi Sand regroupe en fait plusieurs petites réserves privées, qui n'acceptent chacune que leurs propres véhicules dans leur territoire sans barrière ; certaines accordent désormais des droits de transit.

Réserves fauniques privées

À voir

1 Mathekenyane B4
2 Sabi Sand Game Reserve B4
3 Timbavati Private Nature Reserve A2

Activités

4 Lake Panic Hide B4
5 Sable Overnight Hide A1

Où se loger

6 Hamiltons Tented Camp B3
Honeyguide Khoka Moya .... (voir 7)
7 Honeyguide Mantobeni B3
8 Hoyo Hoyo Safari Lodge B3
9 Imbali Safari Lodge B3
10 Jaydee Bush Camp A2
11 Kirkman's Camp B4
12 Lion Sands Narina Lodge B4
Lion Sands Tinga Lodge .... (voir 12)
Londolozi Tree Camp .... (voir 13)
13 Londolozi Varty Camp B4
14 MalaMala Main Camp B4
15 Maroela Satellite Camp B3
16 Nkorho Bush Lodge B3
17 Nottens Bush Camp B4
18 Orpen Rest Camp B3
19 Rhino Post Safari Lodge B4
20 Roodewal Bush Lodge B2
21 Sabi Sabi Bush Lodge B4
22 Sabi Sabi Earth Lodge B4
23 Sabi Sabi Little Bush Lodge B4
24 Shindzela A2
25 Singita Boulders B4
26 Skukuza Rest Camp B4
27 Talamati Bushveld Camp B3
28 Tamboti Satellite Tented Camp B3
29 Umlani Bushcamp B2

Où se loger et se restaurer

Singita Boulders LODGE $$$
(carte p. 421 ; 021-683 3424 ; www.singita.com ; s/d tout compris 17 300/34 600 R ;). Pour l'industrie du tourisme haut de gamme, Singita possède les plus beaux lodges d'Afrique. Son Boulders Lodge, au bord de la Sand, est notre favori. Les salles à manger, le salon, la bibliothèque, la cave à vin et les vastes suites sont encadrés de pans de grosses pierres sombres qui contrastent avec les meubles contemporains et les œuvres d'art africain.

Installations et service impeccables.

Londolozi Varty Camp LODGE $$$
(carte p. 421 ; 011-280 6655 ; www.londolozi.com ; s/d tout compris à partir de 13 425/17 900 R ;). Construit sur le site du camp de chasse Sparta de la famille Varty, ce lodge fut le premier de Londolozi consacré aux safaris-photos et s'est transformé en une merveille contemporaine. Les cases d'origine de 1920 sont toujours présentes derrière le somptueux salon moderne, qui surplombe la Sand et entoure un splendide ébénier (l'arbre qui avait inspiré le camp de Sparta).

Plus simple que les autres lodges de Londolozi, il accueille les enfants de plus de 6 ans (des chambres communiquent). Les 8 chalets et les 2 suites ne sont que luxe et confort, et les guides de Londolozi sont excellents.

MalaMala Main Camp LODGE $$$
(carte p. 421 ; 011-442 2267 ; www.malamala.com ; s/d tout compris à partir de 1 110/1 480 US$;). Bien que très confortable, ce campement n'offre ni piscine, ni coussins moelleux, ni intérieurs chics. Sa principale préoccupation est la découverte de la faune, grâce à la relation que les guides ont établi avec les animaux depuis des décennies (MalaMala a été la première réserve de safaris-photos du pays). Avec une superficie de 135 km², elle semble gigantesque comparée aux autres réserves.

Les résidents sont encouragés à partager tous leurs repas avec leur guide, afin d'acquérir une meilleure compréhension de l'environnement, de la faune et de l'Afrique du Sud et de rendre les activités bien plus personnelles. La réserve appartient désormais à la N'wandlamhari CPA, qui la loue aux propriétaires malamala d'origine.

Sabi Sabi Earth Lodge LODGE $$$
(carte p. 421 ; 013-735 5261 ; www.sabisabi.com ; s/d tout compris 12 700/25 400 R ;). Merveille souterraine, l'Earth Lodge reste unique en Afrique. Où ailleurs pourrez-vous regarder à travers une lucarne un éléphant qui vous toise ? Utilisant parfaitement une topographie en pente, les chambres ultramodernes, les espaces communs ouverts et les piscines privées sont inondés de lumière. Des œuvres d'art et des matériaux naturels ornent les murs épais et les sols en béton poli.

Nottens Bush Camp LODGE $$$
(carte p. 421 ; 013-735 5105 ; www.nottens.com ; s/d tout compris 6 292/8 390 R). Ce camp de brousse confortable, tenu par une famille, propose 6 chambres d'un excellent rapport qualité/prix, dont 2 suites familiales (les enfants de plus de 6 ans sont bienvenus). Le restaurant ouvert et 2 chambres (nos 3 et 4) surplombent le point d'eau, contrairement à la superbe piscine. Chandelles et lampes à pétrole procurent un éclairage romantique. Électricité dans les chambres pour les ventilateurs et prises, mais pas dans les espaces communs.

La faune est présente, avec des éléphants et des rhinocéros qui passent de temps à autre (un lion a laissé son empreinte dans le ciment pendant la construction de la piscine). Les droits de transit sont partagés avec Sabi Sabi, ce qui garantit l'observation des animaux.

Londolozi Tree Camp LODGE $$$
(carte p. 421 ; 011-280 6655 ; www.londolozi.com ; s/d tout compris 21 525/28 700 R ;). Le plus beau lodge de Londolozi a rouvert en 2015 après une rénovation totale et le résultat est fabuleux. Les hauts toits de chaume, les boiseries sombres, les murs blancs, les touches chocolat et l'art local dans les espaces communs et les 6 suites forment un somptueux arrière-plan pour la vue sur la Sand. Chaque suite dispose d'une terrasse et d'une piscine privées. Malgré sa taille, l'endroit reste intime. Les enfants de moins de 16 ans ne sont pas admis.

Léopards, lanternes et arbres de fer, tous trois omniprésents dans le secteur, constituent le thème que décline le lodge.

Kirkman's Camp LODGE $$$
(carte p. 421 ; ☎011-809 4300 ; www.andbeyondafrica.com ; s/d tout compris 9 000/12 000 R ; ❄📶🏊). Pleine de charme, l'ancienne demeure d'Harry Kirkman date de 1920 et recèle nombre de souvenirs de ce personnage légendaire du Kruger. Les 18 cottages à toit de tôle sont très confortables et construits sur le modèle de la maison d'origine (les nos11 à 14 offrent les plus belles vues sur la Sand, en contrebas). Les enfants de tous âges sont bienvenus.

Les droits de transit sont partagés avec Lion Sands, qui donne accès à la Sand et à la Sabie.

Nkorho Bush Lodge LODGE $$$
(carte p. 421 ; ☎013-735 5367 ; www.nkorho.com ; s/d tout compris 4 380/6 740 R ; ❄📶🏊). Cette ancienne ferme très accueillante compte 7 chalets en brique verte à toit de chaume, une petite terrasse et une piscine à débordement, qui surplombent pour la plupart des pelouses et les animaux autour d'un point d'eau au loin. Évitez les chalets nos1 et 2, derrière les espaces communs (préférez le n°5). Sans le nord de Sabi Sand, le Nkorho est accessible par l'entrée Gowrie. Les prix sont raisonnables (pour Sabi Sand).

Sabi Sabi Bush Lodge LODGE $$$
(carte p. 421 ; ☎013-735 5656 ; www.sabisabi.com ; s/d tout compris 9 700/19 400 R ; ❄📶🏊). Parfait pour les familles, ce grand lodge de brousse traditionnel comprend l'Elefun Centre, une source inépuisable d'activités pour les enfants de tout âge. Les espaces communs, vastes et aérés, donnent sur un grand point d'eau. Les 25 suites spacieuses comportent de grands divans, qui se transforment en lits pour les plus jeunes.

Sabi Sabi Little Bush Lodge LODGE $$$
(carte p. 421 ; ☎013-735 5080 ; www.sabisabi.com ; s/d tout compris 9 700/19 400 R ; ❄📶🏊). Petit et très bien aménagé, ce lodge luxueux de 6 suites surplombe la Msuthlu et convient idéalement aux couples. Dînez à la lueur des lanternes dans le lit de la rivière, détendez-vous au bord de la piscine naturelle ou dans votre Jacuzzi.

Depuis/vers la Sabi Sand Game Reserve

La plupart des visiteurs arrivent en avion à l'aéroport de Skukuza (p. 420), dans le Kruger, ou directement à Sabi Sand avec **Federal Airlines** (www.fedair.com), qui dessert les aérodromes de Londolozi, Mala Mala, Sabi Sabi et Singita à partir de Jo'burg et du MKIA.

Manyeleti Game Reserve

Durant l'apartheid, **Manyeleti** (www.manyeleti.com ; 50 R/véhicule, 105 R/passager, taxe communautaire 75 R comprise), d'une superficie de 230 km², était la seule réserve animalière que les Noirs pouvaient visiter. Aucune clôture ne la séparant du Kruger, les animaux y sont nombreux (y compris les Big Five), mais vous aurez sans doute besoin d'un peu plus de persévérance que dans Sabi Sand. Les prix bien moins élevés constituent un atout indéniable. Accès via Orpen Gate Rd.

Où se loger et se restaurer

♥ **Honeyguide Mantobeni** LODGE $$$
(carte p. 421 ; ☎021-424 3122 ; www.manyeleti.com ; s/d tout compris 4 725/8 600 R ; 📶🏊). Destiné aux couples, ce petit campement possède 12 tentes de safari de syle est-africain, parsemées parmi les arbres (la n°4 donne sur un point d'eau ; la n°1 est la plus intime). Installées sur des plateformes, les petites tentes sont très confortables et dotées de sdb ouvertes en partie sur la brousse. Le salon et la piscine, résolument modernes, se fondent dans la nature.

Honeyguide Khoka Moya LODGE $$$
(carte p. 421 ; ☎021-424 3122 ; www.honeyguidecamp.com ; s/d tout compris 4 725/8 600 R ; 🏊). 🍃 Les 15 tentes de safari permanentes jalonnent une promenade en planches surélevée dans le bush. Chacune dispose d'un salon, d'une terrasse couverte, de sols en ciment poli et de suffisamment de place pour ajouter des lits pour les enfants (de tout âge). Les grandes sdb spacieuses sont un peu sombres. Sous un toit en tôle ondulée, le salon ouvert entoure un foyer.

Timbavati Private Game Reserve

La découverte de lions blancs au milieu des années 1970 a fait connaître cette **réserve** (carte p. 421 ; www.timbavati.co.za ; 150 R/véhicule, 180 R /passager). Étant donné la rareté extrême et le caractère récessif du leucitisme, seuls deux lions blancs vivent actuellement dans la réserve. Cette dernière, qui communique avec le Kruger, reste l'une des plus intéressantes de la région pour observer la faune.

♥ **Shindzela** LODGE $$$

(carte p. 421 ; ☎087 806 2068 ; www.shindzela.co.za ; s/d tout compris 2 440/3 780 R). Excellent choix pour découvrir Timbavati sans se ruiner. Shindzela possède 8 petites tentes de safari avec toilettes attenantes à toit de chaume. La plupart des tentes surplombent le point d'eau fréquenté (les nos7 et 8 sont plus intimes, avec vue sur la rivière).

Umlani Bushcamp LODGE $$$

(carte p. 421 ; ☎021-785 5547 ; www.umlani.com ; s/d tout compris 4 578/6 870 R ;). Ce camp de brousse rustique et compact n'a rien perdu de son charme, malgré le remplacement de certains de ses 8 *rondavels* en roseau et chaume par des versions modernes, avec murs en dur et vitres aux fenêtres. L'électricité est limitée, et l'éclairage est toujours fourni par des chandelles, des lanternes et des feux de camp, qui créent une ambiance éthérée en soirée. La piscine et le salon dominent le lit de la rivière fréquenté par les animaux.

Demandez à passer une nuit dans la maison isolée, perchée dans un arbre.

Jaydee Bush Camp LODGE $$$

(carte p. 421 ; ☎083 283 8237 ; www.jaydeecamp.co.za ; camp 10 pers 10 000 R ;). Idéal pour les groupes ou les familles nombreuses, ce lodge indépendant et très confortable se loue dans son intégralité. Il comprend 5 suites, un vaste espace *braai* et une cuisine équipée (avec chef privé sur demande, 450 R/jour), des terrasses surélevées pour observer la faune, une piscine et une aire de jeux pour enfants. Les safaris en voiture sont compris.

Limpopo

Dans ce chapitre ➜

Le top des restaurants

- Red Plate (p. 443)
- Iron Crown (p. 443)
- Market Cafe (p. 445)
- Buffalo Pub & Grill (p. 447)
- Sleepers Railway Station Restaurant (p. 449)

Le top des hébergements

- Plumtree Lodge (p. 428)
- 139 on Munnik (p. 436)
- Ilala Country Lodge (p. 437)
- Kings Walden (p. 445)
- Kaia Tani (p. 447)

Pourquoi y aller

Vaste et présentant diverses facettes, la province du Limpopo se distingue par sa culture, son histoire, sa faune et ses grands espaces. Une visite au Mapungubwe National Park permet de découvrir à pied les vestiges les plus importants de l'âge du fer du pays, d'admirer du haut des promontoires rocheux le paysage de rivières marquant la croisée de l'Afrique du Sud, du Botswana et du Zimbabwe, et d'observer des animaux sauvages emblématiques, comme les suricates et les rhinocéros. Culture et art traditionnel sont particulièrement prégnants dans le pays Venda, semé de collines, de lacs et de forêts, lieux emblématiques de la spiritualité de ses habitants. Dans la Waterberg Biosphere Reserve de l'Unesco, la nature éclatante déploie des cieux infinis et des paysages à l'image des merveilles de l'Afrique australe, et offre des safaris remarquables, en particulier dans le Marakele National Park.

Situé sur la route menant au Kruger National Park (côté est) et au Zimbabwe (via Musina), le Limpopo mérite vraiment le détour.

Quand partir

Polokwane (Pietersburg)

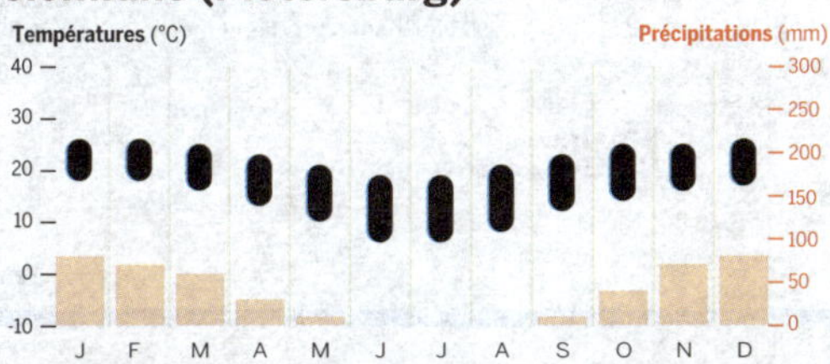

Juin-août La chaleur s'apaise, en principe. C'est le moment idéal pour visiter le Mapungubwe National Park.

Septembre-décembre La reine de la pluie préside un festival annonçant l'arrivée des averses.

Janvier-mars L'été est chaud et sec, privilégiez les collines, plus fraîches, et le festival des baies de Haenertsburg.

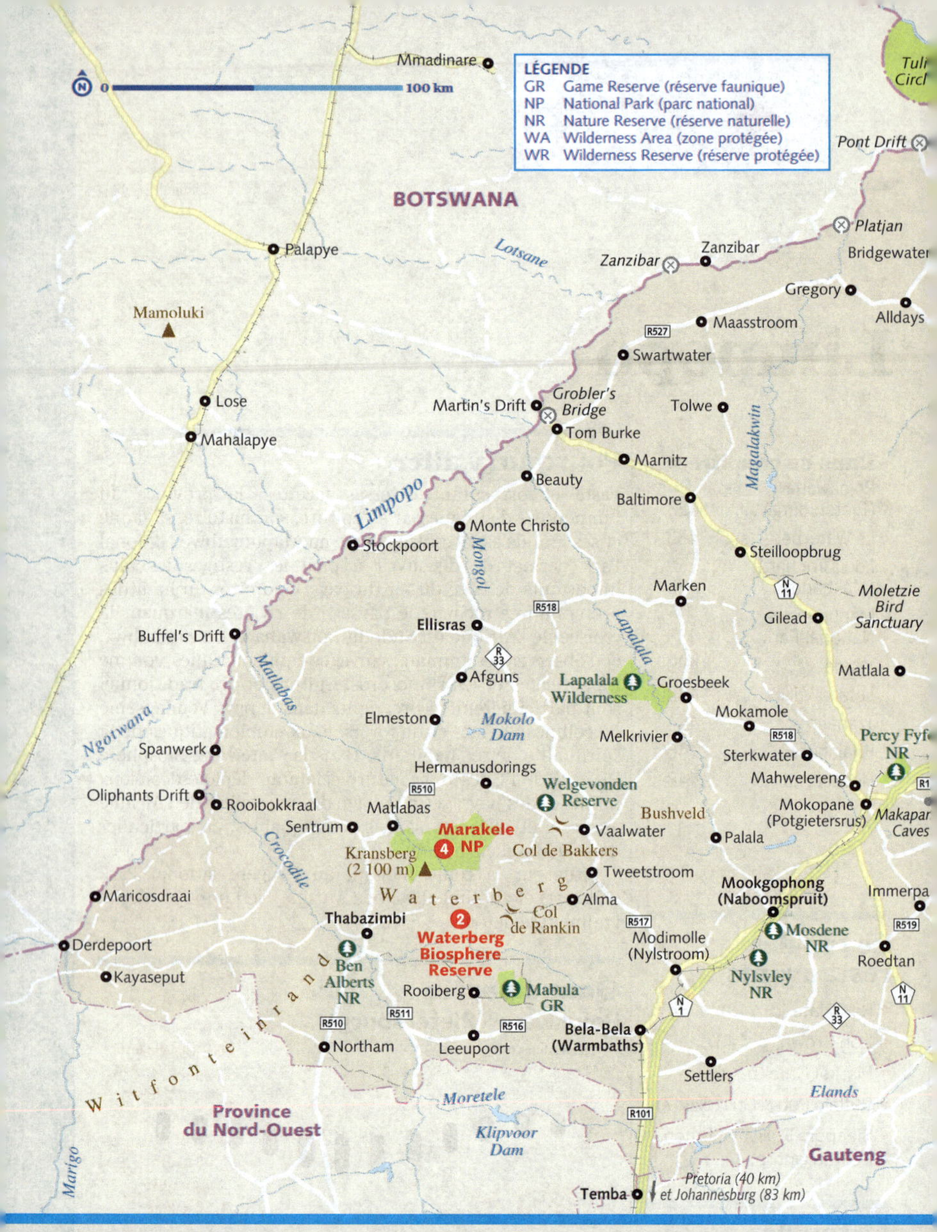

À ne pas manquer

1 L'exploration des civilisations anciennes et les paysages époustouflants du **Mapungubwe National Park** (p. 438).

2 La solitude et l'immensité sauvage de la **Waterberg Biosphere Reserve** (p. 433).

3 L'artisanat traditionnel du **pays Venda** (p. 439) ou les tissages complexes et colorés de **Kaross** (p. 445).

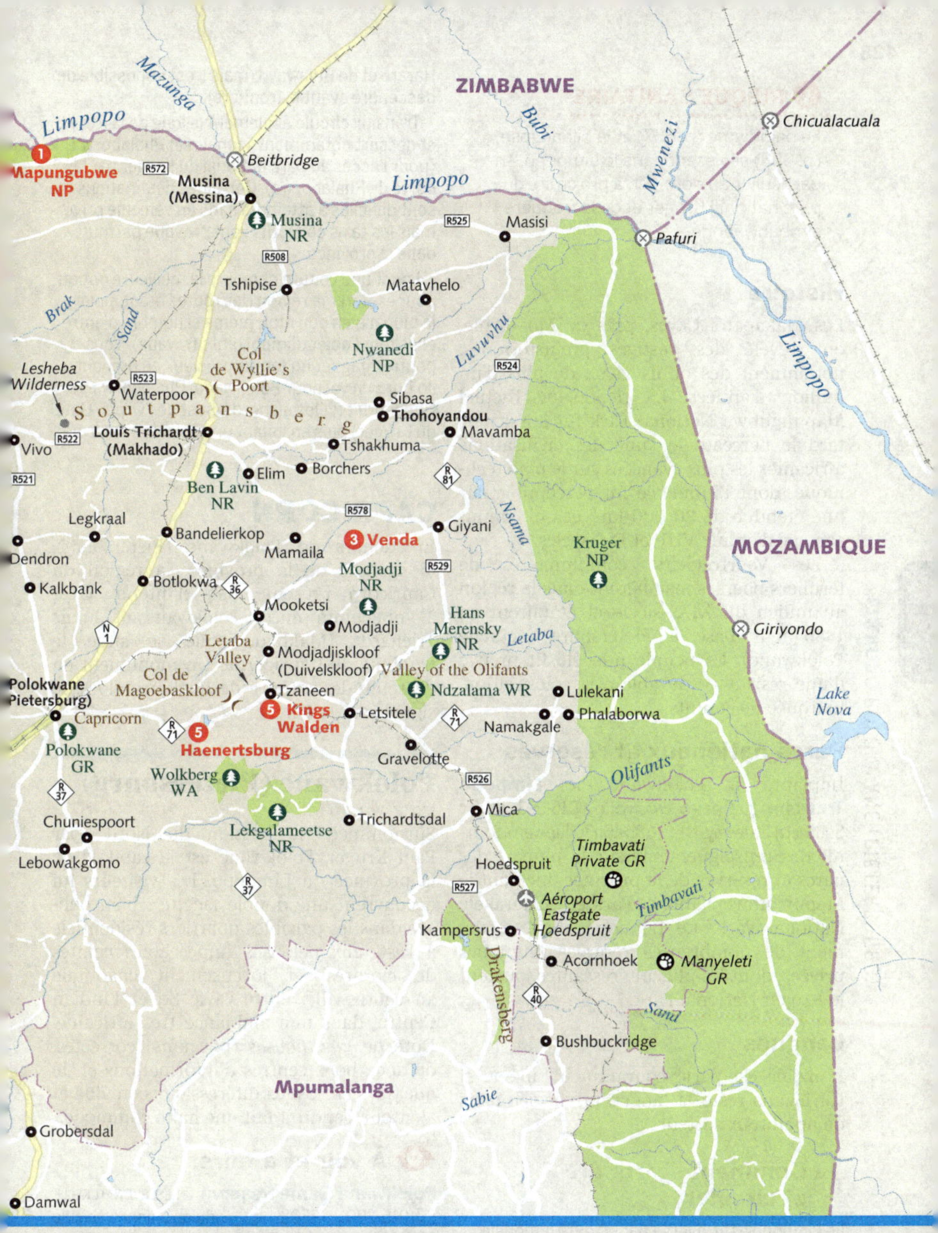

4 Le coucher du soleil derrière les promontoires bleus du point d'observation des vautours du **Marakele National Park** (p. 434).

5 Le climat frais, les forêts brumeuses et la vie décontractée de **Haenertsburg** (p. 442) et de **Kings Walden** (p. 444).

RISQUE SANITAIRE

Le paludisme (p. 657) et la bilharziose (p. 658) sévissent dans le Limpopo, en particulier au nord-est, à proximité du parc national Kruger et de la frontière zimbabwéenne.

Histoire

Les Makapan's Caves, près de Mokopane, ont révélé des vestiges préhistoriques, notamment des outils vieux de plus d'un million d'années. La région de l'actuel Mapungubwe National Park fut aussi plus tard le berceau de l'une des civilisations africaines les plus avancées sur le plan technique, dont l'influence fut perceptible sur une étendue de 30 000 km² et qui connut son âge d'or aux VIIIe et IXe siècles.

Les Voortrekkers, communautés de fermiers boers, s'installèrent dans la région au milieu du XIXe siècle et établirent en 1886 leur base à Pietersburg (actuelle Polokwane). Le peuple ndebele fit preuve d'une résistance durable à la colonisation, marquée de conflits.

Parcs nationaux et réserves

Implanté à Polokwane, le **Limpopo Tourism & Parks Board** (015-293 3600 ; Southern Gateway, N1 ; 8h-16h30 lun-ven) fournit des renseignements sur la plupart des parcs et réserves de la province, incluant le Mapungubwe National Park et le Marakele National Park. Le Limpopo abrite également de nombreuses réserves fauniques privées, dont les plus intéressantes jouxtent le Kruger National Park.

Langues

L'anglais est parlé couramment, même si l'afrikaans reste la langue privilégiée dans de nombreux secteurs.

Comment s'y rendre et circuler

Le Limpopo est traversé par la route nationale N1 (à péage), en excellent état, qui va de Johannesburg (Jo'burg) et Pretoria jusqu'à la frontière du Zimbabwe, située à Beitbridge. Cette voie dessert une bonne partie des villes principales, où font halte les bus **Translux** (www.translux.co.za) comme les liaisons moins onéreuses assurées par City to City. Les bus **Greyhound** (www.greyhound.co.za) font quelques arrêts sur le trajet en direction de Harare et de Bulawayo (mais il est impossible de descendre avant la frontière).

Translux circule également le long de la Rte 71 et dessert notamment Tzaneen et Phalaborwa (pour l'accès au parc national du Kruger par la porte de Phalaborwa). Certaines destinations sont difficiles à atteindre sans un véhicule privé, mais les taxis collectifs vont presque partout dans la province.

Louer une voiture demeure la meilleure option pour explorer la région (les routes étant, pour la plupart, en bon état, même si nombre d'entre elles font l'objet d'importants travaux). Vous pourrez gagner un temps précieux en prenant à Jo'burg un vol pour Polokwane, Phalaborwa ou Hoedspruit (villes au nord-ouest de l'Orpen Gate du Kruger) puis en louant un véhicule à l'arrivée.

CAPRICORN

En dehors de Polokwane (Pietersburg), la capitale de la province, la région du Capricorn présente peu d'intérêt. C'est à mi-chemin entre Polokwane et Louis Trichardt (Makhado) que se situe le tropique du Capricorne. Un monument en décrépitude, entouré de quelques aloès, le signale sur la N1.

Polokwane (Pietersburg)

130 000 HABITANTS

Surnommée "le bastion du Nord" par Paul Kruger, Polokwane est la capitale de la province du Limpopo. Les visiteurs lui découvrent une double facette : bien policée dans les paisibles quartiers résidentiels à l'est, aux pelouses impeccables ceintes de clôtures, et joyeusement chaotique au centre-ville, entre Civic Sq et l'Indian Centre, dans une ambiance très africaine. Doté de *guesthouses* (pensions) correctes, de deux bons centres d'informations et de quelques curiosités intéressantes en ville et alentour, l'endroit fait une halte commode.

À voir et à faire

Polokwane Game Reserve RÉSERVE NATURELLE

(015-290 2508 ; adulte/enfant/véhicule 20/16/31 R ; 7h-17h30, dernière entrée 15h30 mai-sept, 7h-18h30, dernière entrée 16h30 oct-avr). Participez à un safari à moins de 5 km au sud de Polokwane ! Avec ses 32,5 km², voici l'une des plus vastes réserves fauniques régies par une municipalité. Elle accueille 21 espèces d'animaux, notamment des zèbres, des girafes et des rhinocéros blancs. Bon réseau de routes et de sentiers.

Polokwane (Pietersburg)

À voir
1 Hugh Exton Photographic Museum A3
2 Polokwane Art Museum B2

Où se loger
3 Cycad Guest House B3
4 Plumtree Lodge B3
5 Rustic Rest B3

Où se restaurer
6 Dish B1

Polokwane (Pietersburg)

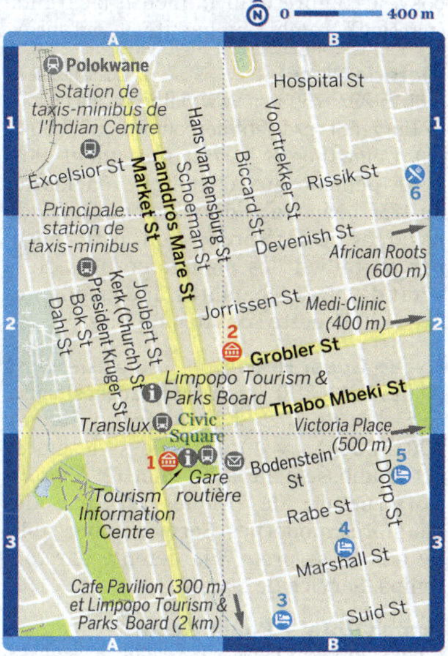

Bakone Malapa Open-Air Museum MUSÉE
(☎015-290 2180 ; adulte/enfant 9/8,50 R ; 8h-16h). À 9 km sur la Rte 37 vers Chuniespoort, ce musée de plein air témoigne de la culture des Sotho du Nord. Ce village reconstitué laisse imaginer comment ces populations vivaient il y a trois siècles. Démonstrations de poterie et utilisation d'anciens objets, telles la trompette en corne de gazelle et les allumettes tirées de racines de marula.

Hugh Exton Photographic Museum MUSÉE
(☎015-290 2186 ; Civic Sq ; 9h-15h30 lun-ven). GRATUIT Une église restaurée du XIXe siècle accueille ce musée où 23 000 négatifs sur verre du photographe Hugh Exton nous restituent les cinquante premières années de Polokwane et la seconde guerre anglo-boer.

Polokwane Art Museum MUSÉE
(☎015-290 2177 ; angle Grobler St et Hans van Ransburgh St, Library Gardens ; 9h-16h lun-ven, 10h-12h sam). GRATUIT Ce musée mérite le détour pour son approche moderne du colonialisme, ses nombreuses descriptions de Nelson Mandela et une présentation intéressante sur les femmes et l'art en Afrique du Sud. Il expose des artistes du Limpopo et du reste du pays.

Circuits organisés

Vuwa Safari & Tours CULTURE, FAUNE
(☎015-291 1384 ; www.vuwasafaritours.co.za, 88 Grobler St). Circuits culturels, de découverte du patrimoine et de la faune dans le Limpopo.

Où se loger

Comme dans tout le Limpopo, les hébergements entrent pour l'essentiel dans la catégorie moyenne.

Plumtree Lodge GUESTHOUSE $$
(☎015-295 6153 ; www.plumtree.co.za ; 138 Marshall St ; s/d petit-déj compris 650/820 R ;). Une maison d'hôtes tenue par des Allemands, et pourvue des chambres les plus spacieuses et les plus plaisantes de la ville : hauts plafonds, salons, TV satellite et bureau (connexion Wi-Fi). Un bar *lapa* (édifice circulaire à murs bas et toit de chaume) jouxte la piscine. Petit-déjeuner copieux.

African Roots GUESTHOUSE $$
(☎015-297 0113 ; www.africanroots.info ; 58a Devenish St ; s/d petit-déj compris 700/880 R ;). Aménagées dans une ferme de 1920, les chambres ont gardé leurs plafonds en acier travaillé et le plancher en pin d'origine, qui se marient harmonieusement aux équipements modernes. Elles donnent toutes directement sur le jardin ou la piscine – autour de laquelle se prélassent aussi bien des personnes en voyage d'affaires que des touristes.

Rustic Rest GUESTHOUSE $$
(☎015-295 7402 ; www.rusticrest.co.za ; 36 Rabe St ; s/d petit-déj compris 660/950 R ;). Cette demeure des années 1940 et son annexe, tenues par une famille, réunissent de magnifiques chambres modernes

et luxueuses avec literie et ameublement cosy, à l'ombre d'un immense jacaranda (particulièrement en beauté en octobre).

Victoria Place GUESTHOUSE **$$**
(015-295 7599 ; www.victoriaplace.co.za ; 32 Burger St ; s/d petit-déj compris 650/850 R ;). L'élégance et le sourire règnent dans cette pension aux chambres spacieuses, au très beau linge de maison et aux sdb basiques. On y prend son petit-déjeuner au milieu des plantes en pots de la véranda. Des chambres indépendantes avec kitchenette sont disponibles.

Cycad Guest House GUESTHOUSE **$$**
(015-291 2181 ; www.cycadguesthouse.co.za ; angle Suid St et Schoeman St ; s/d 800/1 000 R ; @). Dans le style motel, cet établissement a su mettre à profit sa structure de briques, et loue des chambres modernes. Service impeccable. Le balcon se prête à la détente par tout temps. Service de laverie.

Protea Hotel – Ranch Resort HÔTEL **$$$**
(015-290 5000 ; www.theranch.co.za ; Farm Hollandrift ; ch 1 200-3 400 R ; @). Une touche de luxe hors de la ville pour ce quatre-étoiles aux chambres pourvues de mobilier massif et aux vastes sdb dotées de lavabos de marbre. À 25 km au sud-ouest de Polokwane (sur la N1).

Où se restaurer

Les habituelles enseignes de restauration rapide bordent Library Gardens et ses alentours, mais c'est le Savannah Centre (Rte 71) qui présente le plus grand choix de restaurants où s'attabler.

Dish INTERNATIONAL **$$**
(079 553 3790 ; 96 Burger St ; 60-110 R ; 9h-17h lun, 9h-22h mar-ven, 9h-15h sam-dim). Installé dans une demeure rénovée avec terrasse, The Dish est à la fois simple et convivial. L'atmosphère est aussi réjouissante que la cuisine. Le menu se compose de classiques, notamment lasagnes, fruits de mer, steaks et poulet. Pour commencer, goûtez les escargots à l'ail accompagnés de *peppadew* (poivrons piquants) farcis à la feta.

Cafe Pavilion CAFÉ **$$**
(015-291 5359 ; Church St, Sterkloop Garden Pavilion ; plats 60-120 R ; 8h-17h lun-sam, 8h-14h dim). Surplombant une jardinerie et pourvu d'un bassin dans l'espace extérieur couvert, le Pavilion est idéal pour un petit-déjeuner ou un déjeuner. La cuisine propose les plats de viande habituels (*biltong*, T-bone) préparés de diverses manières, et une ou deux salades.

Cofi INTERNATIONAL **$$**
(015-296 2538 ; Grobler St, Savannah Centre ; plats 60-120 R ; 8h-tard). Un sympathique bar-restaurant propice à la détente. Pourvu d'un immense bar rond et d'une salle à manger postmoderne, ce lieu branché met la viande à l'honneur. Le plat le plus intéressant : l'assiette Afro Fusion, qui comprend du *pap* (mets sud-africain traditionnel à base de semoule de maïs).

Renseignements

ARGENT

Les banques sont nombreuses dans le centre.

ABSA (70 Hans van Rensburg St). Possède un distributeur et un service de change.

INTERNET

Plusieurs cafés du Savannah Centre (Rte 71) et du Mall of the North (N1) disposent du Wi-Fi.

PostNet (015-265 1341 ; Mall of the North ; 20 R /30 minutes ; 8h-16h30 lun-ven, 8h-13h sam). Connexion Internet fiable.

OFFICES DU TOURISME

Limpopo Tourism & Parks Board (015-293 3600 ; www.golimpopo.com ; N1 ; 8h-16h30 lun-ven). S'occupe de l'ensemble de la province et distribue la carte *Limpopo Explorer*, très utile, ainsi que le guide *Know Limpopo*. Sur la N1, en rejoignant la ville par le sud.

Tourism information centre (015-290 2010 ; angle Thabo Mbeki St et Church St, Civic Sq ; 8h-17h lun-ven). La meilleure source d'informations à Polokwane. Fournit brochures et liste d'hébergements.

POSTE

Poste principale (Landdros Mare St ; 8h-17h30 lun-ven, 8h-13h sam)

SERVICES MÉDICAUX

Medi-Clinic (015-290 3600, urgences 24h/24 015-290 3747 ; www.mediclinic.co.za ; 53 Plein St). Hôpital privé doté d'un centre d'urgences ouvert 24h/24.

Polokwane Hospital (015-287 5000 ; angle Hospital St et Dorp St). Hôpital public.

URGENCES

Police (015-290 6000 ; angle Schoeman St et Bodenstein St)

Depuis/vers Polokwane

AVION

L'aéroport de Polokwane se trouve à 5 km au nord du centre-ville.

Airlink (015-288 0166 ; www.flyairlink.com). Cette succursale de South African Airways possède un comptoir à l'aéroport. Liaison quotidienne entre Polokwane et Jo'burg (à partir de 1 500 R l'aller simple).

BUS

Translux (0861-589 282 ; www.translux.co.za ; angle Joubert et Thabo Mbeki Sts) dessert Jo'burg (210 R, 4 heures) via Pretoria (210 R, 3 heures 30) à 10h30, 11h15 et 14h30. Deux bus City to City (170 R), moins chers, partent le matin.

TAXI COLLECTIF

Les taxis collectifs desservent notamment Louis Trichardt (60 R, 1 heure 30) et Thohoyandou (70 R, 2 heures 30). Ils partent de la station de l'Indian Centre, à l'angle de Church St et d'Excelsior St.

VOITURE

Plusieurs grandes enseignes de location de voitures sont présentes à l'aéroport.

BUSHVELD

Lorsqu'on quitte Polokwane pour le sud-ouest, c'est pour rejoindre la chaîne du Waterberg, classée réserve de la biosphère par l'Unesco. Cette région de la taille du delta de l'Okavango (au nord du Botswana) voit naître la source de quatre des rivières du Limpopo et sa biodiversité se reflète dans les peintures rupestres san représentant de grands mammifères sur des falaises en grès. Ailleurs, la région du *bushveld* dévoile un paysage de savane africaine typique, et vous traverserez peut-être rapidement cette zone plate et sèche en roulant sur la N1. Une multitude de villes en bordure de route permettent de faire des haltes bienvenues.

VAUT LE DÉTOUR

LA NATURE À DEUX PAS DE LA N1

Nylsvley Nature Reserve (014-743 6925 ; www.nylsvley.co.za ; adulte/enfant/véhicule 15/10/25 R ; 6h-18h). Cette réserve, qui couvre 40 km² dans la plaine d'inondation du Nyl, est l'un des meilleurs endroits du pays pour observer les oiseaux (380 espèces répertoriées). La réserve, à 20 km au sud de Mookgophong, est indiquée depuis la Rte 101 en direction de Modimolle.

Bundox Bush Camp (072 523 2796 ; www.bundox.co.za ; tente/chalet 400/450 R/pers), située à 3 km au nord de Mookgophong en retrait de la Rte 101, loue de superbes chalets sans cloisons ainsi que des tentes africaines. La propriété abrite une réserve de guépards, 129 espèces d'oiseaux et... une bibliothèque sous un toit de chaume.

Mokopane (Potgietersrus)

30 000 HABITANTS

Mokopane, grande ville du *bushveld*, tombe à pic pour une halte le long de la N1. Ses principales curiosités sont les Makapan's Caves.

À voir

Makapan's Caves GROTTES
(082 496 1800, 079 515 6491 ; tarif plein/étudiant 25/15 R). Ces grottes ont été classées au patrimoine mondial de l'Unesco pour leur importance paléontologique. On a en effet mis au jour dans l'une d'elles le crâne de l'enfant de Taung, vieux d'environ 3 millions d'années, ayant appartenu à un humanoïde, l'*Australopithecus africanus*. Autre période, autre grotte, l'Historic Cave fut en 1854 le refuge du chef Makapan et de plus de 1 000 de ses partisans, assiégés pendant plus d'un mois par Paul Kruger et les Voortrekkers. On a également découvert des restes fossilisés d'animaux disparus comme le sivatherium, un cousin de la girafe, dans ces grottes remplies d'os et de fossiles.

Il est impératif de réserver la visite au numéro de téléphone ci-dessus. Les grottes sont à 23 km au nord-est de la ville ; le guide parle français.

Game Breeding Centre RÉSERVE NATURELLE
(015-491 4314 ; Thabo Mbeki Dr ; adulte/enfant 20/10 R, circuits alimentation des animaux 40 R ; 8h-16h30 lun-ven, 8h-18h sam et dim). Réserve de 13 km² sur la Rte 101, ce centre de reproduction du National Zoo de Pretoria compte une grande variété d'animaux, notamment des gibbons, des lycaons, des girafes et des lions. Vous pourrez traverser la réserve en voiture. Le matin, les pensionnaires sont plus alertes.

Arend Dieperink Museum MUSÉE
(97 Thabo Mbeki Dr ; adulte 22 R ; 8h-16h lun-ven). Aménagé derrière la Mokopane Tourism Association, ce musée retrace l'histoire de la cité, plus particulièrement son développement après sa fondation par les Voortrekkers en 1852.

Où se loger et se restaurer

Game Breeding Centre GUESTHOUSE $
(015-491 4314 ; Thabo Mbeki Dr ; s/d 240/300 R, camping 40 R/pers ;). Cette pension est l'adresse la plus originale de Mokopane. Les chambres sont toutes différentes les unes des autres – certaines avec cuisine intérieure ou extérieure et sdb. Toutes sont grandes et ont une jolie vue sur la réserve. La n°1 remporte nos suffrages : on voit les gibbons jouer depuis la fenêtre.

Thabaphaswa CABANES $
(082-389 6631, 015-491 4882 ; www.thabaphaswa.co.za ; camping 90 R, cabane 130-200 R/pers ;). Bivouacs rustiques mais aménagés, ces "cabanes d'escalade" nichées sous des escarpements rocheux sont vitrées et dotées de couchettes, de patios avec *braai* (barbecue) et de douches extérieures. La propriété est sillonnée de sentiers cyclables et pédestres. Suivez sur 13 km la Percy Fyfe Rd (signalée depuis la Rte 101 après la traversée du pont situé juste au nord de Mokopane), puis tournez à hauteur du panneau marron indiquant "Thabaphaswa Hiking and Mountain Bike Trail". Parcourez 2 km jusqu'à l'entrée, puis 1,3 km jusqu'à la propriété.

Platinum GUESTHOUSE $$
(015-491 3510 ; theplatinum@connectit.co.za ; 4 Totius St ; s/d petit-déj inclus 450/720 R ;). Maison de banlieue détonnant au milieu des hébergements de luxe, pourvue de jolies chambres, avec une touche d'élégance et de confort. Comme elles sont toutes différentes, la sympathique propriétaire vous en fera volontiers visiter plusieurs. Établissement indiqué depuis la Rte 101 en entrant dans la ville depuis Modimolle.

La Bamba Restaurant & Sports Bar PUB $
(083 368 6846 ; Hoog St ; plats 40-80 R ; 11h-tard lun-sam). Ce pub tout simple au sol carrelé diffuse habituellement des matchs de rugby ou de cricket. Une bonne adresse pour déguster hamburgers, escalopes panées et steaks. Bar à salades également.

Renseignements

Mokopane Tourism Association (015 491 8458 ; www.mogalakwena.gov.za ; 97 Thabo Mbeki Dr ; 8h-16h30 lun-ven, 9h-12h sam). Sur la Rte 101, fournit de nombreuses informations sur la région.

PostNet (Thabo Mbeki Dr, Crossing Mall ; 40 R/h ; 8h-17h lun-ven, 8h-13h sam). Accès Internet.

Depuis/vers Mokopane

Translux et City to City assurent des liaisons quotidiennes pour Jo'burg (200 et 150 R, 3 heures 45) via Pretoria, pour Phalaborwa (200 R, 3 heures 45) via Tzaneen et pour Sibasa (200 et 160 R, 4 heures) via Polokwane et Louis Trichardt.

L'arrêt des taxis collectifs se trouve devant Shoprite dans Nelson Mandela Dr ; comptez environ 40 R pour aller de Mokopane à Polokwane.

Modimolle (Nylstroom)

12 500 HABITANTS

Modimolle ("le lieu des esprits") est une étape agréable sur la route de Vaalwater, dans le Waterberg, ou en remontant vers le nord.

Boshoffstraat Gastehuis GUESTHOUSE
(014-717 4432 ; www.boshoffstguesthouse.co.za ; 15 Boshoff (Gowan Mbeki) St ; ch 320 R/pers petit-déj compris). Indiqué depuis la Rte 101 au sud de la ville, cet établissement loue de grandes chambres, basiques et propres, dans une vaste propriété de banlieue bien située. La plus grande (3 lits simples) est la meilleure si on fait abstraction de la décoration datée de la sdb. Propriétaire cordial.

Lekkerbly B&B, CHALET $$
(014-717 3702 ; lekkerblygh@telkomsa.net ; 10 Rupert St ; s/d 450/750 R ;). Propose des chalets tout équipés et exigus ou des chambres de B&B. Bar sur place. Indiqué sur la route, en provenance et à destination de Vaalwater.

Oudewerf CAFÉ $
(014-717 2104 ; Van Rhyneveldt St ; en-cas 15-24 R ; 9h-16h lun-ven, 9h-13h sam). Installez-vous au milieu des objets anciens pour un café, un thé ou un repas léger.

Bela-Bela (Warmbaths)

37 200 HABITANTS

Lieu déroutant d'emblée par son animation, Bela-Bela ("bains chauds" en tswana) n'en convient pas moins pour une pause, surtout pour qui affectionne le thermalisme. La ville tient son nom de ses sources chaudes, qui jaillissent en bouillonnant à raison de 22 000 litres/heure, découvertes par les Tswana au début du XIXe siècle. Le bain dans ces bassins est une panacée notoire aux douleurs rhumatismales.

À voir et à faire

Thaba Kwena Crocodile Farm FERME DE CROCODILES
(☎014-736 5059 ; www.tkwena.co.za ; adulte/enfant 35/17 R ; ⏰9h-16h tlj, alimentation 14h sam). Cette ferme héberge plus de 10 000 crocodiles, atteignant 5,5 m de long. Ils sont élevés pour leur cuir et leur viande exportés dans le monde entier. La ferme se situe juste au nord de De Draai Gastehuis, à 4 km de la Rte 101.

Hydro SPA
(☎014-736 8500 ; www.foreverwarmbaths.co.za ; Chris Hani Dr ; jour/soir 100/120 R ; ⏰7h-16h et 17h-22h). Ce spa appartenant au groupe Forever Resort compte plusieurs bassins intérieurs et extérieurs reliés entre eux. Les enfants se ruent vers les bassins froids agrémentés de toboggans pendant que d'autres profitent de bains allant de 38 à 42°C ou de l'un des nombreux autres traitements de thalassothérapie disponibles.

Où se loger et se restaurer

Flamboyant Guesthouse B&B $$
(☎014-736 3433 ; www.flamboyantguesthouse.com ; 5 Flamboyant St ; ch 300 R/pers petit-déj inclus ; ❄). Nichée parmi les jacarandas au nord de la ville, cette belle propriété charme par ses patios fleuris et par son sympathique propriétaire. Des chambres et des appartements, à la décoration un brin datée, y accueillent jusqu'à 5 personnes. Accessible en fauteuil roulant.

Elephant Springs Hotel HÔTEL $$
(☎014-736 2101 ; www.elephantsprings.co.za ; 31 Sutter Rd ; s/d 500/1 200 R ; ❄📶🏊). Surtout utilisé comme centre de conférences, ce bel édifice reçoit ses hôtes pour un séjour au charme suranné. L'endroit est accueillant, avec ses lits confortables et son cadre qui vous changera agréablement des *guesthouses*.

Greenfields CAFÉ $
(Old Pretoria Rd, The Waterfront ; plats 35-70 R ; ⏰7h-22h). Le lieu doit une bonne part de son charme à son style "seventies", sans compter la qualité de la cuisine. Croissants, muffins et pancakes de la boulangerie sont proposés le matin, tandis que le déjeuner se partage entre burgers, salades et steaks, entre autres grands classiques.

Renseignements

Bela-Bela Community Tourism Association
(☎014-736 3694 ; www.belabelatourism.co.za ; Old Pretoria Rd, Waterfront ; ⏰8h-17h lun-ven, 9h-13h sam). Située sur la rive (Waterfront), de l'autre côté du pont par rapport au centre-ville.

Depuis/vers Bela-Bela

Les taxis collectifs partent de Ritchie St, entre le Forever Resort et l'Elephant Springs Hotel, et se rendent, entre autres destinations, à Polokwane (70 R, 2 heures 30) et à Jo'burg (90 R, 2 heures).

Waterberg

Jadis, Paul Kruger se débarrassait des politiciens embarrassants d'un funeste : "Donnez-lui une ferme dans le Waterberg", une sentence inquiétante à l'époque. Cette chaîne montagneuse, qui s'étire sur 150 km de Thabazimbi jusqu'à Vaalwater au nord-est, est protégée par les 15 000 km² de la Waterberg Biosphere Reserve, l'une des deux biosphères de savane africaine. Culminant à 2 100 m d'altitude, la région bénéficie d'un climat tempéré et on peut y admirer les Big Five (lion, léopard, buffle, éléphant et rhinocéros), tandis qu'alternent veld arbustif, *sourveld* (un type de prairie), montagnes et rivières.

LE WATERBERG MEANDER

Le **Waterberg Meander** (www.waterbergmeander.co.za), itinéraire touristique signalisé de 350 km dans le Waterberg, relie 13 projets communautaires et des sites d'intérêt ayant notamment marqué la guerre des Boers, des points de vue permettant d'admirer d'époustouflants paysages ainsi que des boutiques d'artisanat. Procurez-vous l'excellente brochure *Waterberg Meander* dans les offices du tourisme.

Vaalwater et ses environs

4 000 HABITANTS

Étirée le long de l'autoroute, Vaalwater ("faalvater") est un méli-mélo d'installations touristiques et d'infrastructures locales. C'est une base excellente pour explorer les nombreuses curiosités que recèle le Waterberg, et c'est de loin la bourgade la plus plaisante entre Polokwane et la frontière sud-ouest du Limpopo.

À voir et à faire

St John's Church ÉGLISE

À quelque 10 km de la ville sur la route de Melkrivier, tournez à droite vers Vierentwintigriviere avant d'obliquer à gauche, 8,7 km plus loin, en direction de Naauwpoort. Se dresse alors sur votre gauche la St John's Church (1914), "église de chaume et de pierre... dont le charme paisible est une douce musique" si l'on en croit le poème gravé en façade. On dit qu'elle a été conçue par sir Herbert Baker, le grand architecte colonial.

Horizon Horseback Adventures ÉQUITATION

(www.ridinginafrica.com). Ce centre, situé près des Waterberg Cottages, a ses fidèles. Il propose des activités comme le rassemblement de bétail et le safari à cheval de 8 jours, incluant l'observation de la faune au Botswana.

Waterberg Welfare Society BÉNÉVOLAT

(☎014-755 3594 ; www.waterbergwelfaresociety.org.za ; Timothy House, 208-209 Waterberg St ; ⌚8h30-17h). Fondée pour aider les personnes séropositives, ou affectées par le sida, et leurs familles, la Waterberg Welfare Society accueille les visiteurs à la Timothy House et leur donne l'occasion de rencontrer les orphelins et de se renseigner sur ses programmes et son travail avec les malades. Téléphonez avant de passer.

Où se loger et se restaurer

Zeederberg Cottage & Backpackers AUBERGE DE JEUNESSE $

(☎082 332 7088 ; www.zeederbergs.co.za ; empl tente 65 R, dort 170 R, cottage s/d 380/550 R ; 🏊). Derrière le centre du même nom, Zeederberg compte un cottage au toit de chaume, un *rondavel* de style zoulou, ainsi que des dortoirs et des chambres doubles (certains lits laissent à désirer). La pelouse est plantée de jacarandas et de tipuanas et le bâtiment principal concentre tous les services nécessaires aux voyageurs.

Waterberg Cottages COTTAGES $$

(☎014-755 4425 ; www.waterbergcottages.co.za ; ch 260-460 R/pers ; 🏊). Sis à 33 km au nord de Vaalwater en retrait de la route de Melkrivier, ces cottages vont du plus sobre au plus sophistiqué. Réparti sur deux niveaux, le "Bushwillow" dispose d'une sdb privative et d'une cuisine moderne. Tout le charme tient aux meubles de famille. On compte au nombre des activités une visite de la ferme et des séances d'astronomie ou d'ornithologie.

La Fleur ITALIEN $$

(☎014-755 3975 ; Voortrekker St ; plats 40-100 R ; ⌚8h-22h lun-sam). L'endroit est élégant, aussi bien à l'intérieur qu'en terrasse, et permet de regarder passer les badauds. C'est l'unique restaurant de Vaalwater. Pizzas, pâtes, salades, crêpes et steaks sont servis avec brio par un personnel causant.

Achats

Deux boutiques d'artisanat sont installées au Zeederberg's Centre. Kamotsogo vend des objets fabriqués par des femmes sotho séropositives ou atteintes du sida tandis que Black Mamba propose de l'artisanat de tout le continent.

Beadle ART ET ARTISANAT

(☎014-755 4002 ; Sterkstroom Rd ; ⌚7h30-17h lun-ven, 7h30-13h sam-dim). À côté d'une usine d'huiles essentielles dans la zone des Waterberg Cottages, Beadle est un projet communautaire vendant du beau cuir et des objets de perles fabriqués dans l'atelier par des artisans du village.

Depuis/vers Vaalwater

La Rte 33 entre Modimolle à Vaalwater ayant été rénovée, le trajet est désormais plus court et plus agréable. Le mieux est de se déplacer en véhicule privé.

Marakele National Park

Dans un environnement de montagne, ce **parc national** (☎014-777 1745 ; www.sanparks.org/parks/marakele) se situe au sud-ouest de la réserve de biosphère du Waterberg. Au pied des falaises rouges, on observe de nombreux animaux, notamment des éléphants, des rhinocéros blancs et des rhinocéros noirs, des girafes, des zèbres, des léopards et des guépards. Depuis le point d'observation des vautours, vous pourrez découvrir la plus grande colonie au monde de vautours du Cap (plus de 800 couples de cette espèce menacée) et embrasser le vaste panorama (attention, la route est escarpée).

Le parc comprend deux sections ; la seconde (on appuie sur une sonnette pour en ouvrir la porte) étant la plus sauvage et riche d'animaux (les Big Five y résident tous). Les routes de gravier sont en meilleur état dans la première section : s'il a plu, vous n'irez pas plus loin.

Où se loger et se restaurer

Bontle Camping Site CAMPING $

(empl 2 pers 205 R, adulte/enfant supp 68/34 R). Emplacements pour tentes à Bontle, dans l'enceinte du parc.

Tlopi Tent Camp CAMPING $$

(tente 1 065 R). Ces tentes de 2 lits sont plantées à 15 km de la réception. Équipées de sdb et cuisine en plein air (avec réfrigérateur, plaques chauffantes et *braai*), elles donnent sur une retenue d'eau où viennent s'abreuver antilopes et gnous à queue noire. Pensez à apporter de quoi manger.

LE MARAKELE NATIONAL PARK

Pourquoi y aller Dans ce parc sont représentés tous les grands animaux d'Afrique, notamment les fauves, ainsi que la plus grande colonie de vautours du Cap (une espèce endémique menacée). Le massif du Waterberg offre en outre un panorama spectaculaire.

Quand partir Toute l'année, mais il faut savoir que février et mars sont parfois marqués par de fortes pluies.

Infos pratiques L'entrée au parc s'élève à 152 R/adulte. Les visiteurs à la journée sont admis entre 7h et 16h. Le Marakele 4×4 Eco Trail est parfois fermé en raison des dégâts causés par la pluie. Le bureau des réservations se trouve sur la route Thabazimbi-Alma, à 3 km au nord-est de l'intersection avec la route Matlabas-Rooiberg.

Faire des économies Séjourner à Thabazimbi, à quelques kilomètres du parc, permet de faire des économies – à moins d'opter pour le camping.

Depuis/vers le Marakele National Park

L'accès le plus aisé au parc se fait par la Rte 510 en venant de Thabazimbi. Cependant, la rude piste de terre de Bakkerspas Rd longe les montagnes et offre un fabuleux panorama. Tournez à gauche à 6 km à l'ouest de Vaalwater et, après 60 km, à droite au carrefour en T. L'entrée du parc est 45 km plus loin, quelques kilomètres après le début de la route goudronnée.

SOUTPANSBERG

Le Soutpansberg est la région la plus septentrionale de l'Afrique du Sud, à la frontière sud du Zimbabwe. Les versants boisés de la chaîne du Soutpansberg contrastent par leur luxuriance avec le *lowveld* du Nord, où les baobabs dominent les plaines sèches. Les atouts de la région sont ses montagnes, le pays Venda et le Mapungubwe National Park, qui mérite amplement le trajet de 260 km depuis Polokwane.

Louis Trichardt (Makhado)

25 500 HABITANTS

La ville de Louis Trichardt compte un centre très animé, aux rues bordées d'enseignes de grandes chaînes. Les rues à l'écart débouchent sur des parcs verdoyants, de vastes artères et des jacarandas, le tout formant un agréable tableau. Certes, il n'y a pas grand-chose à y faire, mais l'endroit n'en constitue pas moins une bonne base d'exploration du Nord.

L'extraordinaire diversité de la faune et de la flore fait la renommée de cette magnifique région montagneuse, où l'on trouve l'une des plus fortes concentrations de léopards africains sur le continent, et plus d'espèces d'arbres que sur la totalité du territoire du Canada !

À voir et à faire

Deux magnifiques randonnées vous attendent dans les montagnes du Soutpansberg, au départ de la Soutpansberg Hut, à la sortie de la ville. Comptez 2 heures 30 pour la première marche, et 2 jours pour le **Hanglip Trail**, sentier de 20,5 km qui grimpe à travers la forêt vierge jusqu'à un pic de 1 719 m offrant un point de vue sur le *bushveld*. Prenez

HORS DES SENTIERS BATTUS

LESHIBA WILDERNESS

Leshiba Wilderness (☎015-593 0076 ; www.leshiba.co.za ; chalet d 840 R, s/d pension complète et 1 activité 1 920/3 200 R ; @ ❄). Perché dans les nuages dans la chaîne du Soutpansberg, ce complexe certifié commerce équitable établi dans un village venda a été créé avec le soutien de Noria Mabasa, artiste venda de renommée mondiale. Un panneau l'indique à 36 km à l'ouest de Louis Trichardt, sur la Rte 522.

Planté de plus de 350 espèces d'arbres et peuplé de hyènes brunes et de léopards, ce lieu isolé propose un hébergement, en pension complète ou non, dans des *rondavels* avec cuisine. Cascades et panorama sur le Botswana.

les précautions d'usage contre le paludisme (p. 657), la bilharziose (p. 658) et les tiques (p. 659). Vous logerez dans des gîtes (105 R/pers) équipés de couchettes, douches et *braai*. Contactez Komatiland Forests Eco-Tourism (p. 399) à Nelspruit pour vous renseigner et réserver.

Où se loger et se restaurer

Il existe plusieurs hébergements en ville, mais en logeant dans les collines surplombant Louis Trichardt, vous pouvez profiter des montagnes du Soutpansberg.

Louis Trichardt Lodge MOTEL $

(☎015-516 2222 ; Hlanganani St ; s/d 480/580 R). Motel de briques rouges sur la route principale. Chambres basiques et fonctionnelles avec kitchenette et espace *braai*. Petit-déjeuner 60 R. Le personnel a des manières un peu abruptes.

139 on Munnik GUESTHOUSE $$

(☎083 407 0124 ; www.139onmunnik.co.za ; 139 Munnik St ; ch petit-déj compris à partir de 650 R/pers ; ⚞❄). Incontestablement l'hébergement le plus luxueux de Louis Trichardt, qui se distingue par ses installations modernes à l'élégance discrète et ses lits somptueux. Il y a même un bar et un café sur place, et d'après le propriétaire, on ne trouve pas de meilleure connexion Wi-Fi en ville. L'adresse est courue : réservez tôt.

Ultimate Guest House GUESTHOUSE $$

(☎015-517 7005 ; www.ultimategh.co.za ; s/d petit-déj compris 575/750 R ; ⚞❄). Cette pension, peinte de couleurs originales et enveloppée de brume, s'offre au regard à l'issue d'un long trajet sur la N1. Elle compte un bar-restaurant (plats 90 R) avec véranda (idéale pour un gin tonic le soir) donnant sur une vallée luxuriante. À 10 km du centre, tournez à gauche 100 m après le Mountain Inn, parcourez 1,6 km de piste : l'établissement se trouvera sur votre droite.

Madi a Thavha LODGE $$

(☎015-516 0220 ; www.madiathavha.com ; empl tente 100 R, s/d petit-déj compris 700/1 200 R ; ❄). On peut véritablement se retirer du monde dans cette ferme-auberge, qui travaille main dans la main avec la population locale. Ses petits cottages colorés avec kitchenette sont égayés de couvre-lits et coussins venda, et décorés de bougies. Les propriétaires néerlandais organisent des visites des ateliers d'artisans locaux, ainsi que des randonnées, des circuits d'observation des oiseaux et des visites de villages. À 10 km à l'ouest de Louis Trichardt, à la sortie de la Rte 522.

Purple Olive INTERNATIONAL $

(☎015-516 5946 ; 129 Krogh St ; plats 60-90 R ; ⏲8h-17h lun-sam). Produits de la mer, grillades, tout un choix de burgers, salades et pâtes pour une halte agréable à tout moment de la journée. L'ambiance est un peu guindée, mais la décontraction est de mise sur la terrasse donnant sur le jardin.

Renseignements

ABSA (angle Songozwi Rd et Krogh Sts). DAB et bureau de change.

PC Worx (☎015-516 5988 ; Shop 34, Makhado Crossing, angle N1 et Sebasa St ; 15 R/30 min ; ⏲9h-17h lun-ven, 9h-13h sam). Accès Internet sur place.

Poste de police (☎015-519 4300 ; Krogh St)

Soutpansberg Tourist Office (☎015-516 3415 ; www.soutpansberg-tourism.co.za ; Songozwi Rd ; ⏲8h-16h30 lun-sam). Cet office du tourisme est très utile. Renseignez-vous sur les circuits dans le pays Venda.

Depuis/vers Louis Trichardt

La plupart des bus pour Jo'burg (260 R, 6 heures) et Harare, Zimbabwe (380 R, 11 heures) s'arrêtent près de la station-service Caltex à l'angle de la N1 et de Baobab St.

La station de taxis collectifs est située sur le parking du supermarché Shoprite près de Burger St. Musina (50 R, 1 heure 30) et Polokwane (50 R, 1 heure 30) sont desservies.

Ben Lavin Nature Reserve

Ben Lavin Nature Reserve RÉSERVE NATURELLE
(☎073-535 0466 ; adulte/enfant 30/10 R ; ⏲6h-21h30). Cette réserve mérite le détour pour ses chemins de randonnée et ses pistes de VTT. Elle héberge plus de 200 espèces d'oiseaux, ainsi que des girafes, des zèbres et des chacals.

Pour gagner la réserve depuis Louis Trichardt, prenez la N1 en direction du sud sur 10 km, puis suivez le fléchage à gauche. Vous apercevrez l'entrée de la réserve 3 km plus loin, sur votre gauche.

Un choix d'hébergements parfaitement rénovés (empl tente 155 R/pers, chalet/ch safari 455/510 R) est disponible, dont des chalets avec un grand espace extérieur et une vue charmante. Pas de cuisines, mais des plaques chauffantes et un *braai*. Les chambres safari (moitié chalet/moitié tente) sont créatives. Des cottages familiaux disposent d'un espace pour les enfants.

Musina (Messina)

43 000 HABITANTS

À environ 18 km au sud du poste-frontière de Beitbridge, Musina présente l'animation confuse propre aux villes de frontière. Souvent embouteillée, elle retentit de coups de klaxon. La vigilance est de mise quand on marche dans la rue.

Vous y passerez sans doute si vous êtes en route pour le spectaculaire Mapungubwe National Park. Cet itinéraire, l'un des plus beaux de la région, traverse des paysages d'une beauté inouïe, sur des routes désertes, bordées de baobabs.

À voir

Les baobabs (*Adansonia digitata*) sont omniprésents dans la région. Nul besoin de s'éloigner beaucoup de Musina pour repérer ces arbres impressionnants dont les plus gros ont plus de 3 000 ans. "Big Tree" ("grand arbre") les dépasse tous. Il s'élève à côté de Sagole, au nord-est du Limpopo.

Musina Nature Reserve RÉSERVE NATURELLE
(☎015-534 3235 ; ⏲8h-18h30). GRATUIT À 5 km au sud de la ville, en retrait de la N1, cette réserve protège la plus forte concentration de baobabs d'Afrique du Sud. On y observe en particulier des impalas et des gnous à queue noire.

Où se loger et se restaurer

Backpackers Lodge AUBERGE DE JEUNESSE $
(☎082 401 2939 ; 12 Harper Rd ; dort/ch 70/200 R). Excellent rapport qualité/prix : des lits fermes, des pièces propres, des chambres avec TV et une cuisine bien équipée. Quatre chambres pouvant accueillir 2 ou 3 personnes chacune. Près de la Rte 508.

♥ **Ilala Country Lodge** LODGE $$
(☎076 138 0699 ; www.ilalacountrylodge.co.za ; Rte 572 ; s/d petit-déj compris 550/700 R ;). Ce vénérable lodge rural est doté d'un panorama exceptionnel sur la vallée de la Limpopo River, jusqu'au Zimbabwe. Vous ne trouverez guère mieux pour déguster une boisson fraîche le soir. Excellent hébergement dans des chambres de 4 dans le bâtiment principal ou d'immenses chalets avec salon, *braai* (barbecue) et cuisine séparée. À 8 km au nord-ouest de la ville, en direction de Mapungubwe.

Old Mine Guest House GUESTHOUSE $$
(☎0825-683 215 ; www.oldmineguesthouse.com ; 1 Woodburn Ave ; ch 300-600 R ;). Occupant une résidence érigée en 1919 par le premier gérant de la mine de cuivre de Musina, cette pension est empreinte d'un charme et d'une élégance uniques dans la région. La véranda donne sur un terrain verdoyant. Chambres chics et appartements équipés avec patios.

Renseignements

ABSA (6 National Rd). Cette banque possède un DAB et un bureau de change. Sur le tronçon de la N1 qui traverse le centre-ville.

Musina Tourism (☎015 534 3500 ; www.golimpopo.com ; National Rd ; ⏲7h-16h lun-ven). Dans une hutte au toit de chaume, sur le tronçon de la N1, en direction de Musina lorsqu'on vient de Polokwane. Renseignements utiles.

PostNet (National Rd ; 60 R/h ; ⏲8h30-16h30 lun-ven, 8h-11h sam). Accès Internet.

Depuis/vers Musina

La frontière du Zimbabwe, à Beitbridge, se trouve à 15 km au nord de Musina. Elle est ouverte 24h/24. Une importante station de taxis est installée côté Afrique du Sud ; la course en taxi entre la frontière et Musina coûte 40 R (20 minutes). Si vous voulez vous rendre plus au sud en taxi-minibus collectif, prenez-en un ici, où ils sont plus nombreux qu'à Musina.

Les bus Greyhound reliant Johannesburg (7 heures) à Harare (9 heures) desservent Musina, et Beitbridge (Ultra City) de l'autre côté de la frontière.

Mapungubwe National Park

Les paysages rocheux, austères et arides, du **Mapungubwe National Park** (☎015-534 7923 ; www.sanparks.org/parks/mapungubwe ; adulte/enfant 152/76 R ; ⌚6h-18h30) sont empreints de mystère et parcourus par une faune nombreuse. Classé au patrimoine mondial de l'Unesco, le Mapungubwe englobe certains sites de l'âge du fer parmi les plus significatifs d'Afrique du Sud, mais compte aussi des baobabs hallucinants, des rhinocéros noirs et des rhinocéros blancs, des suricates et la rare chouette pêcheuse de Pel.

Le parc dévoilera son plein potentiel lorsque les projets visant à l'incorporer à une zone de protection transfrontalière de 8 000 km², étendue au Botswana et au Zimbabwe, auront été menés à bien par les gouvernements concernés.

Outre ses sites préhistoriques, le parc présente un grand intérêt sur le plan historique. En 1933, les archéologues qui fouillaient le site de Mapungubwe Hill ont mis au jour une sépulture du XIe siècle renfermant divers ornements, bijoux, coupes et amulettes, majoritairement recouverts de feuille d'or, tel l'emblématique petit rhinocéros en or. Le régime de l'apartheid a longtemps tenu secrètes ces découvertes pour éviter toute reconnaissance possible de l'existence d'une culture élaborée dans l'histoire des peuples colonisés d'Afrique du Sud.

À voir et à faire

Le parc se divise en sections est et ouest (séparées par un terrain privé). L'entrée principale est à l'est, tout comme l'Interpretative Centre, Mapungubwe Hill, le Treetop Walk, Leokwe (le campement principal) et un magnifique point de vue sur la frontière entre l'Afrique du Sud, le Botswana et le Zimbabwe. Les 4 plateformes d'observation sur le promontoire sont peuplées de damans du Cap (qui ressemblent à des petits cochons d'Inde) et font découvrir un paysage dégagé comprenant la Limpopo River et la Shashe River.

LE MAPUNGUBWE NATIONAL PARK

Pourquoi y aller Ce parc national est l'un des plus beaux d'Afrique du Sud, mais reste peu fréquenté en raison de sa nouveauté et de son éloignement. Il mêle admirablement histoire, culture et faune sauvage, et offre des paysages spectaculaires.

Quand partir Toute l'année, du fait de sa diversité, mais la haute saison s'étend de juin à octobre en raison du beau temps.

Infos pratiques L'accès se fait uniquement en voiture, le plus souvent depuis Musina, la ville-frontière de l'est. Les portes sont ouvertes de 6h à 18h30 de septembre à mars, et de 6h30 à 18h d'avril à août. Les routes menant vers le Waterberg, au sud, sont littéralement trouées de nids-de-poule – prévoyez plus de temps si vous empruntez cet itinéraire.

Faire des économies Apportez votre nourriture – vous pouvez vous approvisionner au supermarché, à Musina.

Interpretative Centre MUSÉE
(adulte/enfant 40/20 R). Impressionnant, ce centre est l'un des plus beaux bâtiments contemporains du pays, conçu en harmonie avec le paysage. Moderne, climatisé, il propose d'excellentes expositions. On y trouve abondance d'informations sur la culture, notamment en matière de découvertes archéologiques. Y sont notamment exposés de magnifiques objets en perles et une réplique du célèbre rhinocéros en or.

Où se loger et se restaurer

Si le parc compte un restaurant sans chichis, on n'y trouve ni pompe à essence ni magasin d'alimentation. Faites provision de vivres avant d'y pénétrer.

Limpopo Forest Camp CAMPING $$
(empl à partir de 250 R, tente de luxe 1 075 R). Ce charmant camping de forêt se compose de tentes de safari bien équipées avec coin cuisine doté d'un réfrigérateur/congélateur et chambre séparée comprenant lits jumeaux et ventilateur.

Leokwe Camp CHALETS $$
(chalet à partir de 1 200 R ; ❄ ≋). Ces chalets sont sans doute les meilleurs que nous ayons vus dans les parcs nationaux d'Afrique du Sud. Les *rondavels* traditionnels ont un toit de chaume et comportent un grand espace de vie, une cuisine tout équipée et un espace *braai*. Douches extérieures.

Comment s'y rendre et circuler

On peut circuler en véhicule ordinaire, mais les pistes sont assez difficiles ; vous verrez davantage de pays en 4x4. Pour l'ouest du parc, on ne saurait se dispenser d'un tout-terrain. Le parc se trouve à 60 km de Musina sur la Rte 572, en direction de Pont Drift.

Venda

C'est dans le pays Venda que vous ressentirez certainement l'atmosphère la plus énigmatique du Soutpansberg, territoire traditionnel du peuple venda, venu ici au début du XVIIIe siècle. La route nationale à peine quittée, vous plongez dans un paysage de collines aux sommets brumeux, de rues poussiéreuses et de cases à murs de terre. Au pays Venda, mythes et légendes jouent un rôle considérable dans la vie quotidienne. Il est ponctué de lacs et de forêts qui sont autant de lieux sacrés. La qualité de ses créations artisanales est réputée dans tout le pays.

Thohoyandou

70 000 HABITANTS

Thohoyandou ("tête d'éléphant") est la capitale de l'ex-bantoustan (*homeland*, là où l'ethnie venda a été déplacée de force pendant l'apartheid) du pays Venda. Elle plaque un tissu citadin moderne sur l'organisation tribale traditionnelle. C'est une base pratique pour explorer le pays Venda ou pour passer la nuit en allant à, ou en

Venda

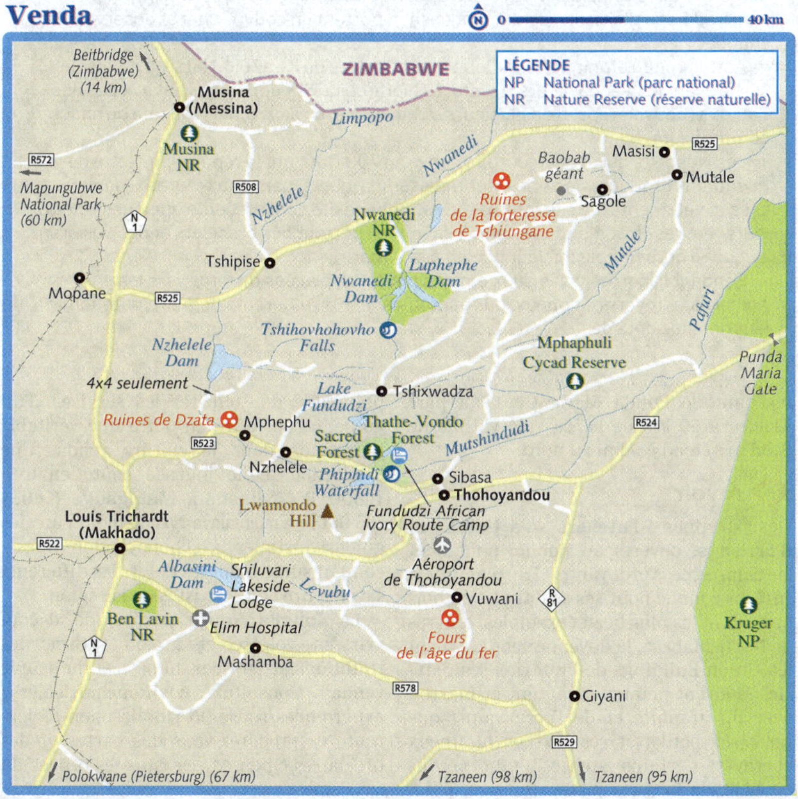

LES PEUPLES VENDA ET NDEBELE

Le Limpopo est une véritable mosaïque ethnique. Les origines de la principale ethnie de la province, les Venda, restent floues. On croit cependant qu'ils ont migré vers le début du XVIIIe siècle, traversant le fleuve Limpopo pour s'installer dans la région du Soutpansberg. À leur arrivée, ils donnèrent le nom de "Venda" (pays agréable) à leur nouveau territoire.

Les Boers, qui entrèrent en contact avec les Venda à la fin du XVIIIe siècle, furent frappés par l'importance de la pierre dans leurs constructions. Habiles dans le travail du cuir comme dans la broderie de perles, les Venda réalisaient des récipients à grains caractéristiques, dont ils décoraient également leurs huttes.

La société traditionnelle venda est fondée sur le respect des jeunes enfants et des vieillards – les plus jeunes parce qu'ils étaient encore en compagnie des ancêtres il y a peu, avant de naître, les vieillards parce qu'ils sont sur le point de les rejoindre. Le *kgosi* (roi) venda est considéré comme un ancêtre vivant. On doit s'en approcher à genoux, les mains à terre.

Les femmes venda ont un certain statut. Elles ont le droit d'hériter d'une propriété de leur père s'il n'y a pas d'héritier mâle. On ne peut procéder à aucun rituel ou cérémonial en l'absence de la fille aînée. L'une des cérémonies les plus importantes, la *domba* (danse du serpent), marque le passage à l'âge adulte pour les jeunes filles.

Les Lemba, branche du peuple venda, se considèrent comme la noblesse de cette ethnie. Leur cas a longtemps intrigué les chercheurs car ils semblent avoir été en contact avec l'islam. Pourtant, ils prétendent être l'une des tribus d'Israël, ce qu'ont démontré de récents tests ADN révélant une proximité génétique avec le peuple juif. Traditionnellement, ils mangent casher, portent un couvre-chef et observent le shabbat.

Autre groupe ethnique, les Ndebele sont arrivés du KwaZulu-Natal au moins un siècle avant les Venda. Leurs structures hiérarchiques s'apparentaient à celles des Zoulous (pouvoir réparti en plusieurs strates) avec un *ikozi* (chef) à la tête de chaque communauté.

Les Ndebele, qui sont aujourd'hui environ 700 000, ont la réputation d'être de talentueux brodeurs de perles, sur tapisseries, jouets, panneaux muraux, paniers, sacs et vêtements. Le site Internet www.thebeadsite.com présente quelques-unes de leurs œuvres. Traditionnellement, les femmes portent des bracelets et des colliers en cuivre qui symbolisent leur fidélité à leur mari.

Pendant l'apartheid, les deux ethnies ont été déplacées de force vers les *homelands* (foyers nationaux, ou "bantoustans"), où différents degrés d'autonomie leur ont été concédés.

revenant de Punda Maria Gate, au parc Kruger, à 60 km de là. La ville voisine de **Sibasa** s'étend à 5 km au nord.

À voir

Des dizaines d'**ateliers d'artistes et d'artisans**, ouverts au public, ponctuent la campagne verdoyante. La région est surtout connue pour ses sculptures en bois brut (dont les plus beaux exemples, œuvres de Noria Mabasa, la doyenne venda, ornent les Union Buildings de Pretoria), ses poteries (souvent peintes en argent et marron avec du graphite et de l'ocre), ainsi que pour ses batiks et ses textiles lumineux et rayés. Certains ateliers étant perdus au bout de longues pistes de terre, il est préférable de solliciter les services d'un guide, ce qui offre en outre une véritable immersion dans la culture venda. Une expédition d'une journée coûte environ 1 000 R. **Avhashoni Mainganye** (☎084 725 9613 ; a.mainganye@yahoo.com), l'un des guides installés à Thohoyandou/Sibasa, connaît sur le bout des doigts les différents savoir-faire et les artistes de la région.

La **Ribolla Route** permet de découvrir en voiture et à son rythme les traditions artistiques du pays et du peuple venda. Consultez www.openafrica.org/experiences/route/96-ribolla-open-africa-route et procurez-vous des cartes et des brochures Open Africa dans les offices du tourisme.

Thohoyandou Arts & Culture Centre CENTRE ARTISTIQUE
(Punda Maria Rd, Thohoyandou ; ⏲8h-16h). Ce centre exposant de l'artisanat – animaux en bois sculpté, gravures, poterie locale et tambours traditionnels – se révèle un bon point de départ pour une exploration culturelle. Une grande partie est à vendre. Avec un peu de chance, vous aurez l'occasion de rencontrer les artistes.

Où se loger

Muofhe Graceland Lodge HÔTEL $$
(☎015-962 4926 ; www.muofhegraceland.co.za ; Mphephu St ; d petit-déj inclus 900 R). Donnant sur l'artère principale, ce complexe blanc a la faveur des personnes en voyage d'affaires. Les petites chambres sont un peu insipides mais propres, et le lieu est sûr.

Avkhom Hotel HÔTEL $$
(☎015-962 1929 ; www.avkhomhotel.co.za ; Main St ; s/d 490/690 R). Au cœur de Thohoyandou, cet établissement aux chambres nombreuses et agréables emploie le plus sympathique portier de la ville. D'après la brochure, "les escaliers recouverts de moquette conduisant à l'étage, ornés d'un miroir en pied, semblent mener au paradis".

Depuis/vers Thohoyandou

Translux (250 R, 8 heures) et City to City (190 R) desservent Jo'burg. Tous les bus partent de la station-service Shell à Thohoyandou.

Les taxis collectifs stationnent tout près de la Venda Plaza à Thohoyandou et desservent notamment Louis Trichardt (40 R, 1 heure 30).

Lac Fundudzi

Ce lac est un site sacré, spectaculaire bijou turquoise dans l'écrin de velours vert des montagnes boisées. Selon la croyance, le dieu python – qui joue un rôle important dans les rites de la culture matrilinéaire des Venda –, vivrait dans ce lac, dont il empêcherait l'évaporation provoquée par la chaleur. L'eau aurait des vertus curatives, et des cérémonies ancestrales sont célébrées sur les rives.

Le lac s'étend à 35 km au nord-ouest de Thohoyandou. Gardienne du lac, la tribu netshiavha doit impérativement vous en autoriser la visite. Le plus simple est de faire appel à un guide à Thohoyandou, à Elim ou à Louis Trichardt. Sachez que l'on aborde le lac avec le respect qui lui est dû : il convient de s'approcher de dos, de se pencher en avant, puis de le regarder à travers ses deux jambes.

Il faut disposer d'un véhicule 4×4 pour pouvoir atteindre les rivages du lac, mais une voiture classique suffit sur les pistes de terre des collines environnantes, qui ont l'avantage d'offrir de très beaux points de vue. Partie sacrée de la forêt, la Thathe-Vondo Forest recèle une profusion d'espèces primitives – plantes grimpantes, figuiers étrangleurs...

LE LAC FUNDUDZI EN PÉRIL

L'importance du lac Fundudzi ne doit pas être sous-estimée. Aux yeux de ses gardiens, les Netshiavha ("peuple du lac"), c'est un lieu sacré servant à inhumer le corps des défunts.

Pour les scientifiques, il revêt une importance d'un autre ordre : c'est l'un des rares lacs d'eau douce naturels d'Afrique du Sud. On pense qu'il s'est formé il y a 20 000 ans. Un bloc rocheux aurait alors barré le cours d'une rivière. L'eau se serait ensuite accumulée derrière l'amas rocheux.

Le lac a pourtant été gravement dégradé au cours des dernières décennies, notamment par le déboisement et la disparition des zones herbeuses au profit des cultures. L'accès au lac a longtemps relevé d'un privilège accordé par les Netshiavha. Cette prérogative a été largement entamée au milieu des années 1990 par la construction d'une route menant au bord du lac et donnant de fait la possibilité à n'importe qui de s'y rendre en voiture.

Les Netshiavha et les ethnies voisines ont depuis instauré des lois pour limiter l'utilisation des terres autour du lac et atténuer les effets du tourisme. Des stratégies de protection de l'environnement sur le long terme sont actuellement développées dans le cadre du Mondi Wetlands Project, en association avec le World Wide Fund for Nature (WWF) et l'ONG Wildlife & Environmental Society of South Africa.

Fundudzi African Ivory Route Camp RONDAVELS $

(☎072 778 3252 ; www.africanivoryroute.co.za ; 475 R/pers). Perché à 1 400 m d'altitude au-dessus de deux plantations de thé, cette branche du réseau géré par les communautés venda, à 25 km au nord-ouest de Thohoyandou, offre un hébergement rustique en *rondavels*. Pour arriver jusqu'ici, un 4×4 ou un véhicule surélevé est nécessaire. Nelson, le gérant, organise des circuits dans les environs.

Elim

Le minuscule township d'Elim, à 25 km au sud-est de Louis Trichardt, peut servir de base pour explorer le Venda et les ateliers de Tsonga-Shangaan. Quelques coopératives valent le détour, notamment les **tisserands Twananani**.

Les bus Translux desservent Jo'burg (240 R, 7 heures).

Shiluvari Lakeside Lodge LODGE $$

(☎015-556 3406 ; www.shiluvari.com ; s/d petit-déj inclus 600/1 200 R ;). Installé sur les rives verdoyantes du barrage d'Albasini, ce lodge est immergé dans la culture et le paysage locaux. Chalets au toit de chaume, chambres standards et suite familiale sont reliés entre eux grâce à des passerelles bordées de sculptures et ornées d'artisanat local (on peut en acheter dans la boutique). Restaurant et pub.

Mukondeni Pottery ARTISANAT

(☎076 873 5771 ; Mukondeni, Hamulima). Poteries originales, traditionnelles et contemporaines – notamment des pots, des bols et des perles – réalisées par un groupe de 15 artisanes.

VALLEY OF THE OLIFANTS

De nos jours, on ne trouve plus guère de pachydermes dans la vallée de l'Olifants, mais elle garde en partie son charme exotique de zone subtropicale. La richesse culturelle de cette région, terre traditionnelle des peuples tsonga-shangaan et lobedu, se double d'un avantage considérable : sa proximité avec le parc Kruger. Accès fort couru au parc, Phalaborwa marque le départ de l'itinéraire "Kruger to Beach" qui mène jusqu'à la côte du Mozambique. Tzaneen, la principale ville, et le joli village de Haenertsburg sont autant de haltes appréciables avant de découvrir les paysages impressionnants des régions de Modjadji et de Magoebaskloof.

Letaba Valley

À l'est de Polokwane s'étire la luxuriante vallée de Letaba. Son atmosphère subtropicale favorise les plantations de thé et les arbres fruitiers tropicaux, tandis que les collines sont couvertes de forêts. À Haenertsburg, surnommée localement "the Mountain", la Rte 71 grimpe au nord-ouest en passant par le col de Magoebaskloof. De nombreux arrêts sont indiqués le long de la route, permettant de faire de courtes promenades. Un itinéraire moins pittoresque mène à Tzaneen via la Rte 528, qui longe la George's Valley.

Haenertsburg

300 HABITANTS

Village de montagne doté d'un excellent pub et de deux restaurants haut de gamme, Haenertsburg vaut une halte pour respirer l'air frais et pur des montagnes. Quand la brume se pose sur les plantations de pins environnantes, on peut facilement s'imaginer loin de l'Afrique. L'endroit est une bonne base alternative à Tzaneen.

À voir et à faire

Il existe plusieurs bons sentiers de randonnée près de Haenertsburg, dont le **Louis Chan-guion Trail** (11 km) aux paysages étonnants.

Avec plus de 10 barrages et 4 rivières peuplés de truites, Haenertsburg est idéal pour pêcher à la mouche. Renseignez-vous en ville – à Pennefather ou contactez **Mountain Flyfishing** (☎083 255 7817 ; pirie@mweb.co.za).

War Memorial & Monument Long Tom MÉMORIAL

(Mare St). Le dernier canon Long Tom fut détruit ici pendant la seconde guerre anglo-boer. Les Boers accordaient toute leur confiance au Long Tom. Pour eux, la destruction du dernier canon symbolisa l'acceptation de leur défaite.

Magoebaskloof Adventures MULTI-ACTIVITÉS

(☎083 866 1546 ; magoebaskloofadventures.co.za). À l'écart de la Rte 71, ce prestataire prévoit différentes activités nature : *kloofing* (canyoning), tubing (descente de rivière en chambre à air), pêche à la mouche, VTT, équitation et circuits dans la canopée.

Où se loger

Bali Will Will CAMPING, GUESTHOUSE $
(015-276 2212 ; camping 70 R/pers, s/d petit-déj inclus 355/620 R). À environ 4 km de la ville, à proximité d'une route de terre, cette ferme située dans une jolie forêt pittoresque propose de bons emplacements de camping, ainsi qu'une formule B&B et des hébergements indépendants.

Black Forest Mountain Lodge LODGE $
(082 572 9781 ; www.wheretostay.co.za/blackforestlodge ; Black Forest ; tente 100 R/pers, case 500 R). Refuge intime, sis dans un superbe cadre boisé, ce lodge est à 4 km de la ville, sur une piste en terre de qualité variable. Bien indiqué.

Pennefather COTTAGES $$
(015-276 4885 ; www.thepennefather.co.za ; Rissik St ; s/d 450/650 R). Intégré dans un complexe comprenant antiquités, bric-à-brac, un musée et des livres d'occasion, cet établissement désuet, tenu par de charmantes dames âgées, est très animé, surtout le week-end. L'un de ses atouts est sa proximité avec l'Iron Crown et le Red Plate. Les confortables cottages aux toits rouges possèdent cheminée et kitchenette.

Où se restaurer et prendre un verre

Minki's CAFÉ $
(015-276 4781 ; petit-déj 35-55 R, plats 60 R ; 8h30-16h lun-sam, 8h30-15h dim ;). Cet établissement est composé à la fois d'une boutique de cadeaux à l'ancienne, d'un restaurant raffiné et d'un excellent café. Goûtez les *tramezzini* (petits sandwichs italiens) au petit-déjeuner ou le carpaccio de springbok au déjeuner. Le café est le meilleur de la ville.

Pot 'n Plow PUB $
(082 691 5790 ; pizzas 60-75 R ; 11h-tard). Ce pub de montagne mérite le détour, et attire tous les expatriés de la région. Incontournable pour ses pizzas, sa piscine et sa bonne ambiance. *Beer garden* et rôti du dimanche. À environ 10 km au nord-est d'Haenertsburg sur la Rte 71.

À NE PAS MANQUER

HALTE-POTERIE

Afrikania (015-781 1139 ; www.afrikania.co.za). Café-boutique de poterie, sur la route de Tzaneen, c'est un site aménagé à l'initiative de la communauté locale. Y sont vendues de merveilleuses poteries marquées des motifs traditionnels des Tsonga et des Pedi. À 90 km au sud de Tzaneen.

Red Plate INTERNATIONAL $
(083 305 2851 ; 161 Rissik St ; plats 50-80 R ; 9h-21h mer-sam, 9h-16h dim-mar ;). Fort de son cadre élégant au cœur du village, le Red Plate sert des plats à base d'ingrédients frais – salades croquantes, wraps variés, hamburgers maison et truite entière (sans arêtes). Plats végétariens également.

Iron Crown PUB $$
(015-276 4755 ; Rissik St ; plats 70-85 R ; 10h30-21h mar-sam, 10h30-16h dim). Le pub du village est empreint d'une atmosphère rustique, encore plus conviviale depuis l'ouverture d'un *beer garden*. Cuisine de pub correcte et *braai* (barbecue). Laissez-vous tenter par la tourte de gibier.

Depuis/vers Haenertsburg

Le mieux est sans doute d'arriver en voiture car les sites et les hôtels sont assez éloignés les uns des autres.

Magoebaskloof Pass

La route qui traverse le col de Magoebaskloof, escarpement bordant le *highveld*, plonge vers Tzaneen et le *lowveld*, traçant mille et un lacets à travers les plantations et les étendues d'épaisse forêt indigène.

Nombre de cascades surgissent au détour de la route. Un pont suspendu relie les bassins qu'ont créés les cascades les plus connues de la région, les **Debengeni Falls** (De Hoek State Forest ; plein tarif 20 R ; 8h-17h). Depuis Tzaneen, empruntez la Rte 36, puis la Magoebaskloof Rd, et suivez les panneaux pour Polokwane.

Les randonneurs ont le choix entre 10 parcours de 2 à 5 jours dans les environs. Nous recommandons la randonnée de 40 km (3 nuits) sur le **Dokolewa Waterfall Trail**. Parmi les 6 gîtes disponibles, certains dominent les Debengeni Falls ; pour réserver, contactez Komatiland Forests Eco-Tourism (p. 399), à Nelspruit.

En retrait de la Rte 71, à côté de l'embranchement pour la Rte 36, **Pekoe View Tea Garden** (☎015-305 4999 ; ⏲10h-17h) est installé dans le domaine où l'on cultive le thé Magoebaskloof.

Tzaneen

26 000 HABITANTS

Ville d'abondance ponctuée d'un dédale de rues, Tzaneen constitue un point de chute agréable pour qui souhaite se rendre au parc Kruger, au Blyde River Canyon, ou s'enfoncer dans le nord du Limpopo, un territoire de prédilection pour l'art et l'artisanat. Bien que cette bourgade, la plus grande de la Letaba Valley, ne manque pas de caractère, lors de notre passage le centre-ville était en piteux état et les rues jonchées de déchets. Toutefois, on y trouve quelques lieux d'intérêt, et l'agréable retraite de montagne de Haenerstsburg mérite une visite, voire un séjour. Il y fait souvent assez chaud, même si les averses rafraîchissent régulièrement l'atmosphère.

À voir et à faire

Tzaneen Museum MUSÉE
(Agatha St ; don apprécié ; ⏲9h-16h lun-ven, 9h-12h sam). Le musée local conserve une très belle collection d'objets, dont un totem "gardien de la maison", utilisé par la reine de la Pluie et des masques congolais assez effrayants. Très intéressant si vous visitez la région du Modjadji ou du Venda.

Kings Walden JARDINS
Si l'étuve de Tzaneen est insupportable, rendez-vous dans ce spectaculaire jardin anglais de 300 m², à 1 050 m d'altitude, en plein bush africain. Depuis la vaste pelouse, la perspective sur le Drakensberg est totalement dégagée (en dehors d'un arbre frappé par la foudre). Des allées verdoyantes mènent à la rafraîchissante piscine. Depuis le centre-ville, suivez Joubert St en direction du sud, puis tournez à droite dans Claude Wheatley St. L'entrée aux jardins est gratuite, mais il est de bon ton d'acheter une boisson ou une part de gâteau au restaurant.

Où se loger

Satvik Backpackers Village AUBERGE DE JEUNESSE $
(☎015-307 3920 ; satvik@pixie.co.za ; George's Valley Rd ; camping 60 R/pers, dort/d/cottages 100/280/540 R). Équipés d'une cuisine et d'un *braai* (barbecue), ces cottages accrochés à flanc de colline au-dessus d'un barrage jouissent d'un point de vue sur les collines boisées. Vous pourrez pêcher, mais attention aux crocodiles et aux hippopotames. Quittez la ville par Agatha St, au sud ; l'auberge est à 4 km environ.

Tzaneen

Tzaneen

À voir
1 Tzaneen Museum A3

Où se loger
2 Avispark Lodge A1
3 Silver Palms Lodge A1

Où se restaurer
4 Market Cafe A2

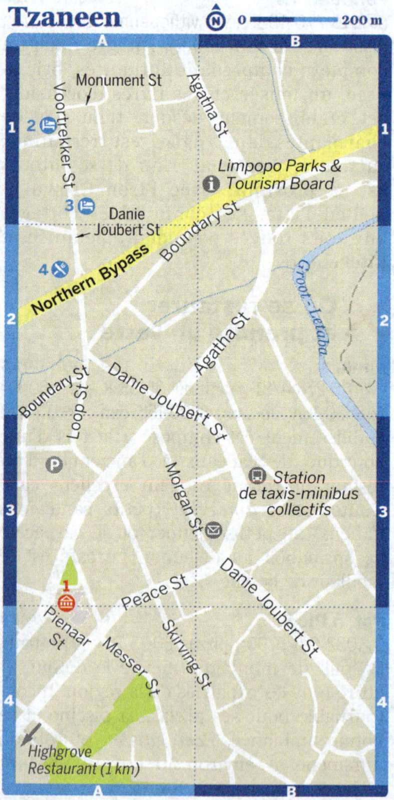

Avispark Lodge GUESTHOUSE $$
(015-307 5460 ; www.avisparklodge.co.za ; 2 Aqua Ave ; ch petit-déj compris 450-700 R ;). Les prix des chambres sont variables : demandez à en voir plusieurs. Les nos 1 et 2, situées dans le bâtiment principal, sont d'un très bon rapport qualité/prix ; la n°2 a même un balcon. Les chambres les moins chères sont parfois un peu sombres et défraîchies. L'amabilité du personnel attire toutes sortes de voyageurs, en particulier des familles. Pub pratique et supermarché juste en face.

Silver Palms Lodge HÔTEL $$
(015-307 3092 ; Monument St ; ch petit-déj compris à partir de 650 R ;). Hôtel d'un bon rapport qualité/prix, aux détails agréables (gel douche au marula dans les meilleures chambres). Moins chères le week-end, mais sans petit-déjeuner, les chambres luxe sont en meilleur état. Profitez de l'immense piscine jouxtant le bar.

Kings Walden HÔTEL $$$
(015-307 3262 ; www.kingswalden.co.za ; Old Coach Rd, Agatha ; s/d petit-déj inclus 1000/1750 R ;). Les chambres spacieuses sont aussi splendides que les jardins et les montagnes alentour. Cheminées, gravures anciennes et sdb immenses. Des paniers pique-nique peuvent être fournis. Formule 4 plats (320 R/pers) au dîner.

Où se restaurer

Market Cafe CAFÉ $
(Tzaneen Lifestyle Centre ; plats 35-60 R ; 8h-18h). La nouvelle galerie marchande est aseptisée (elle donne sur un parking), mais le Market Cafe, petit établissement installé ici, au sein du marché alimentaire, propose des petits-déjeuners de qualité, des déjeuners légers (salades et wraps) et des repas plus substantiels comme des steaks et des pizzas. Goûtez les croissants au brie, bacon et sauce aux airelles. Excellent café.

Highgrove Restaurant INTERNATIONAL $$
(015-307 7242 ; Agatha St ; plats 70-90 R ; 7h-8h30). Ce restaurant, l'un des plus chics de Tzaneen, propose des plats de viande avec un choix de 8 sauces, des pâtes, des hamburgers et de solides petits-déjeuners. Assortie d'une piscine, la meilleure adresse pour dîner en ville.

Renseignements

ABSA (Danie Joubert St). DAB et change.

Copy-it (Morgan St ; 15 R/30 minutes ; 8h-17h lun-ven, 8h-12h sam). Accès Internet.

HORS DES SENTIERS BATTUS

BRODERIE TRADITIONNELLE

Kaross (086 276 2964 ; www.kaross.co.za ; 8h-16h lun- ven). À côté de l'atelier animé, une boutique vend des tentures aux couleurs vives, des housses de coussins, des tuniques et des nappes brodées par 1 200 artisanes shangaan de la région. Les produits sont de grande qualité et les motifs, inventifs et colorés. L'excellent **café** (plats 50 R ; 8h-16h lun-ven) extérieur vend des desserts à se damner.

Une trentaine de kilomètres à l'est de Tzaneen, tournez à gauche sur la Rte 529, en direction de Giyani ; neuf km plus loin, vous découvrirez la coopérative sur votre droite.

Limpopo Parks & Tourism Board (015-307 3582 ; iinfo.co.za ; 7h30-16h30 lun-ven). Sur la Rte 71 en direction de Phalaborwa, l'un des meilleurs offices du tourisme du Limpopo.

Poste (Lannie Lane). Derrière Danie Joubert St.

Depuis/vers Tzaneen

Bus quotidiens Translux pour Phalaborwa (150 R, 1 heure), Jo'burg (260 R, 5 heures 30) et Polokwane (150 R, 1 heure 45).

La plupart des taxis collectifs partent de la station derrière le Tzaneng Mall ; notamment à destination de Polokwane (70 R, 2 heures).

Modjadjiskloof (Duivelskloof)

1 850 HABITANTS

Initialement baptisée Duivelskloof par les colons européens confrontés à des difficultés "démoniaques" (*devilish* en anglais) pour monter et descendre les collines avec leurs chariots, Modjadjiskloof ouvre sur quelques étapes intéressantes.

Modjadji Nature Reserve RÉSERVE NATURELLE
(adulte/véhicule 10/20 R ; 7h-16h30). Cette réserve s'étend sur 30 000 m² et protège les forêts d'anciens cycas de Modjadji. Les jours d'été brumeux, au cœur de cette réserve naturelle et des Bolobedu Mountains, le paysage est sublime.

Prendre l'intersection pour Modjadji sur la Rte 36, à environ 10 km au nord de Modjadjiskloof (Duivelskloof) ; au bout de 10 km, tourner à gauche au niveau du panneau indiquant la réserve, puis à droite, 12 km plus loin à hauteur d'un autre panneau, et poursuivre sur 5 km.

Sunland Big Baobab JARDINS
(☎082 413 2228 ; www.bigbaobab.co.za ; Sunland Nursery ; adulte/enfant 15 R /gratuit ; ⌚9h-16h). Sur la route de Modjadji, cherchez les panneaux indiquant ce baobab de 22 m de haut. Vieux de plus de 1 700 ans si l'on en croit la datation au carbone 14, il atteint 47 m de circonférence. Les deux cavités de l'arbre abritent un bar où 60 personnes ont déjà réussi à entrer !

Modjadji African Ivory Route Camp CAMPING $
(☎015-781 0690 ; www.africanivoryroute.co.za ; rondavel 460 R/pers). Ce camp situé à 5 km à l'intérieur de la Modjadji Nature Reserve est accessible en voiture quand il ne vient pas de pleuvoir. Intégré au réseau géré par les communautés, il loue des *rondavels* rudimentaires dans un domaine sillonné de chemins de randonnée serpentant entre des cycas huit fois centenaires. Comptez 1 080 R pour un *rondavel* avec repas et activités.

Ndzalama Private Wildlife Reserve

Ndzalama Private Wildlife Reserve RÉSERVE FAUNIQUE
(☎083 627 8175 ; www.ndzalamalodge.co.za ; Letsitele). À l'exception du buffle, les quatre autres Big Five (lion, léopard, éléphant et rhinocéros) et les oréotragues évoluent dans les 80 km² de la Ndzalama Wildlife Reserve, qui doit son nom à la formation rocheuse en forme de phallus. L'accès à la réserve n'est possible que si l'on y séjourne au moins une nuit. Réservez bien à l'avance l'un des chalets (1 500 R/pers) en pierre avec cuisine. Repas servis sur demande.

Pour se rendre à Ndzalama depuis Tzaneen, il faut suivre la Rte 71 sur 35 km et tourner à gauche sur la route goudronnée menant à Eiland. Après 16 km, obliquez à droite sur la piste de terre. L'entrée de la réserve se trouve 4 km plus loin.

Phalaborwa

13 500 HABITANTS

Phalaborwa est une base idéale si l'on souhaite explorer le centre et le nord du parc Kruger. Les touristes limités par le temps qui veulent visiter le Kruger prennent ainsi l'avion de Jo'burg à Phalaborwa, puis louent une voiture à l'aéroport (couvert d'un toit de chaume).

La ville est tiraillée entre les banlieues ordonnées et la brousse, avec une ceinture verte dans le centre où viennent parfois paître des phacochères.

Phalaborwa mène aussi au Mozambique à travers le parc Kruger et la Giriyondo Gate, avec un véhicule à la garde au sol adaptée.

Activités

Leka Gape CIRCUIT CULTUREL
(☎076 986 9281 ; www.lekagape.de ; 650 R). L'expédition d'une demi-journée proposée par cette ONG à Lulekani, à 13 km au nord-ouest de Phalaborwa, comprend la visite d'un atelier d'artisanat. Appelez Danielle pour réserver ; si elle ne prévoit aucune visite à la date souhaitée, elle pourra peut-être vous recommander un autre guide.

Hans Merensky Estate GOLF
(☎015-781 3931 ; www.hansmerensky.com ; 3 Copper Rd ; 9/18 trous 260/455 R). Juste au sud de Phalaborwa, ce golf possède un 18-trous de compétition, ouvert aux amateurs et... aux animaux sauvages. Faites attention, les animaux (dont des éléphants) sont bel et bien en liberté.

Africa Unlimited VISITES GUIDÉES
(☎015-781 7466 ; www.africaunltd.co.za). Cette agence organise diverses activités : circuits culturels, croisières sur la rivière, marches dans la brousse, visites de centres de réhabilitation de la faune, excursions au Mozambique via le parc Kruger...

Où se loger

Les lieux d'hébergement sont légion à Phalaborwa. Les plus intéressants se situent en majorité dans la brousse, immédiatement en sortant de la ville.

Elephant Walk AUBERGE DE JEUNESSE $
(☎082 495 0575, 015-781 5860 ; elephant.walk@nix.co.za ; 30 Anna Scheepers Ave ; empl tente 10 R, dort/s/lits jum sans sdb 120/220/340 R, B&B s/d 340/550 R ; ❄). Lieu idéal pour préparer un séjour dans le parc Kruger tout proche (on entend les lions rugir). Les propriétaires exigent le respect de certaines règles, notamment celle de ne pas faire de bruit après 22h. Toutes sortes d'excursions et d'activités de qualité sont proposées à des

MODJADJI, LA REINE DE LA PLUIE

Il est rare en Afrique qu'une femme devienne reine, mais la reine de la Pluie fait exception. Elle réside dans la ville de GaModjadji, dans le district de Bolobedu, près de Modjadjiskloof. Chaque mois de novembre, la reine préside traditionnellement un festival célébrant l'arrivée des pluies. Les *indunas* (chefs de tribu) choisissent ceux qui danseront, ceux qui invoqueront la pluie et ceux qui se livreront aux rituels traditionnels, notamment aux rites d'initiation pour les deux sexes. Après la cérémonie, la pluie doit se mettre à tomber. L'absence de pluie est attribuée à un événement néfaste, tel que la destruction d'un lieu sacré – une situation à laquelle on remédie par un nouveau rituel.

Le roman d'Henry Rider Haggard (l'auteur des *Mines du roi Salomon*) intitulé *Elle* (Terre de Brume, 2012) s'appuie sur l'histoire de la véritable Modjadji, une princesse réfugiée du XVIe siècle. Depuis, les reines successives ont mené une vie de recluses, confinées dans le kraal et respectant la tradition de ne jamais se marier mais de porter les enfants des hommes de la famille royale. Cependant, le nouveau millénaire marque une crise de la société matrilinéaire.

En juin 2001, la reine de la Pluie, Modjadji V, s'est éteinte à Polokwane. Sa plus proche héritière, la princesse Makheala, étant décédée trois jours plus tôt, la princesse Mmakobo Modjadji, 25 ans, ne fut couronnée Modjadji VI qu'en avril 2003. Il pleuvait le jour de la cérémonie, ce qui fut jugé de bon augure. Malheureusement, elle est morte deux ans plus tard, laissant une toute petite fille, la princesse Masalanabo. La princesse pourrait accéder au titre de reine à l'âge de 16 ans, mais les traditionalistes ont dénoncé le fait que son père ne soit pas un membre de la famille royale, et le clan a beaucoup perdu en respectabilité.

prix raisonnables. Les chambres avec sdb rappellent davantage une *guesthouse*.

Daan & Zena's APPARTEMENTS $

(015-781 6049 ; www.daanzena.co.za ; 15 Birkenhead St ; ch/app 450/900 R ;). Bien qu'un peu défraîchi, Daan & Zena's arbore toujours des couleurs vives et une atmosphère chaleureuse, et reste d'un bon rapport qualité/prix. Les deux pièces situés de l'autre côté de la route, en face du bâtiment principal, sont spacieux et bien équipés ; le n°1 comprend une porte conduisant à une jolie pelouse.

Kaia Tani GUESTHOUSE $$

(015-781 1358 ; www.kaiatani.com ; 29 Boekenhout St ; ch 720 R/pers petit-déj compris ;). Cette maison d'hôtes haut de gamme allie élégance et tarifs raisonnables. Les 6 chambres lambrissées sont équipées d'un mobilier africain traditionnel et le restaurant-bar coiffé de chaume donne sur la piscine creusée dans la roche. En retrait d'Essenhout St.

Cajori Hotel HÔTEL $$

(015-781 3156 ; www.cajori.co.za ; 39 Palm Ave ; ch petit-déj compris 680 R ;). Le seul hôtel de la ville propose des chambres confortables et spacieuses, mais les sdb sont plutôt petites. Emplacement central. Le principal atout, ce sont les immenses lits, moelleux à souhait.

Sefapane LODGE $$$

(015-780 6700 ; www.sefapane.co.za ; Copper Rd ; s/d rondavel standard à partir de 950/1 500 R ;). Ce complexe de 1 000 m² joue la carte de la différence : bar dans la piscine, longue liste de safaris et *rondavels* en forme de champignons. Les spacieuses maisons dites safari sont équipées d'une cuisine et surplombent un barrage. Des dons sont recueillis pour aider les enfants de la région. Nombreuses formules de 2 à 7 nuits.

Où se restaurer

Buffalo Pub & Grill PUB $$

(015-781 0829 ; 1 Lekkerbreek St ; plats 80-150 R ; 11h-tard ;). Si vous arrivez du Kruger avec une faim de lion, venez vous rassasier avec un solide plat dans cet établissement. Le menu met la viande à l'honneur – pour un steak original, goûtez le filet d'autruche ou d'impala. Service excellent. Terrasse extérieure.

Villa Luso PORTUGAIS $$

(Molengraaf St ; plats 65-100 R ; 8h-tard ;). Les origines portugaises du propriétaire

LES POUVOIRS DU MARULA

Si la silhouette d'un marula se découpant sur la brousse au crépuscule est l'une des images les plus évocatrices de la brousse africaine, cet arbre se distingue aussi par ce que l'on en extrait.

En été, les arbres femelles ploient sous le poids de leurs fruits jaune pâle, une gourmandise beaucoup plus riche en vitamine C qu'une orange. Plusieurs animaux, dont les babouins, qui les mastiquent longuement, et les éléphants, en sont de grands amateurs. Ainsi, les éléphants peuvent passer des heures à heurter le tronc de ces arbres pour en faire tomber les fruits. Le marula est d'ailleurs surnommé "l'arbre de l'éléphant".

Les habitants ont longtemps cru aux vertus médicinales, en particulier aphrodisiaques, des fruits du marula. Ils sont désormais utilisés pour fabriquer une liqueur semblable au Baileys, l'Amarula, dont la production a commencé en 1989 et que l'on trouve désormais dans plus de 70 pays.

La meilleure façon de déguster un verre d'Amarula consiste à visiter **l'Amarula Lapa** (015-781 7766 ; www.amarula.com ; Rte 40 ; 8h-17h lun-ven, 9h-16h sam) GRATUIT , à côté de la fabrique, 10 km à l'ouest de Phalaborwa. Des groupes de 5 personnes au minimum peuvent visiter l'usine au moment de la récolte. Le reste de l'année, les expositions et les DVD de 7 minutes vous expliqueront tout dans les moindres détails.

influencent la carte : produits de la mer, buffle, *surf and turf*, steak portugais. Avec son bar-jardin (et sa carte de cocktails respectable), c'est une adresse agréable pour le dîner. Aire de jeux pour les enfants.

Renseignements

Bollanoto Tourism Centre (072-216 7802 ; www.phalaborwa.co.za ; angle Hendrick van Eck et Pres Steyn Sts ; 7h-17h lun-ven, 7h-13h sam). Un office du tourisme bien utile.

Cyber World (Tambotie Park, Tambotie St ; Wi-Fi 40 R/eureh, Internet 50R/h). Bonne connexion Internet, fiable.

Depuis/vers Phalaborwa

AVION

Airlink (015 781 5823 ; www.flyairlink.com), qui possède un comptoir à l'aéroport, assure une liaison quotidienne pour Jo'burg (à partir de 2 050 R). L'aéroport est à 2 km au nord de la ville.

BUS

Sure Turn Key Travel (015-781 7760 ; Sealene St) est l'agence locale pour les bus Translux et City to City ; vous la trouverez juste derrière le supermarché Shoprite. Elle dispose aussi d'un guichet (015-781 2498) à l'aéroport.

Les lignes Translux relient Phalaborwa à Jo'burg (270 R, 7 heures) via Tzaneen (150 R, 1 heure), à Polokwane (190 R, 2 heures 30) et à Pretoria (270 R, 6 heures). Les bus City to City desservent Jo'burg (220 R, 9 heures 30) via Middleburg.

VOITURE

Louer une voiture se révèle souvent la formule la plus économique pour visiter le parc national Kruger : à partir de 280 R par jour environ. Les principaux prestataires ont des agences à l'aéroport, généralement ouvertes de 8h à 17h du lundi au vendredi pour coïncider avec les vols, ou sur rendez-vous le week-end.

First Car Rental (015-781 1500 ; aéroport de Phalaborwa)

Hoedspruit

3 500 HABITANTS

À 70 km au nord-ouest de l'Orpen Gate du Kruger, Hoedspruit est un bon point de chute pour explorer le centre et le sud du parc.

Où se loger et se restaurer

Loerie Guesthouse GUESTHOUSE **$$**
(015-793 3990 ; www.loerieguesthouse.com ; 85 Jakkals St ; s/d 370/550 R ; @). Établissement très accueillant dont les meilleures chambres sont à l'étage dans l'annexe à l'arrière. Toutes sont de taille correcte et bien aménagées. Petits-déjeuners (65 R).

Pangolin Bush Camp CAMPING **$$**
(073 049 7494 ; www.shikwari.co.za ; Lydenburg Rd (Rte 36) ; rondavel 600 R ;). Cet hébergement absolument adorable réunit autour d'une piscine de merveilleux *rondavels*, dans un joli environnement de brousse. Les équipements sont à partager, notamment la cuisine, la sdb et la douche

extérieure. Il y a aussi un *boma* (arène entourée d'une palissade) avec brasero et *braai* (barbecue). L'endroit est très bien adapté aux familles. Pangolin se trouve sur la propriété du Shikwari Bush Lodge, hébergement de luxe situé à environ 35 km de Hoedspruit.

Maruleng Lodge HÔTEL **$$**
(☎015-793 0910 ; www.marulenglodge.co.za ; s/d petit-déj inclus 470/600 R ; 📶). Des chambres si vastes qu'elles en paraissent dépouillées. Récemment rénové et embelli de pièces d'eau, ce lodge bien situé – près de tous les services et restaurants du Kamagelo Centre – est une bonne affaire.

Sleepers Railway Station Restaurant INTERNATIONAL **$$**
(☎015-793 1014 ; Rte 40, gare ferroviaire, Hoedspruit Crossings ; plats 70-110 R ; ⏲petit-déj, déj et dîner lun-sam). Cette ancienne gare est parfaite pour savourer des mets de qualité. Le long menu propose quantité de spécialités à base de gibier local (goûtez les médaillons d'autruche bio). Installez-vous sur la terrasse, sous les branches de deux arbres gigantesques.

Cala la Pasta ITALIEN **$$**
(☎015-793 0452 ; Kamagelo Centre ; plats 70-100 R ; ⏲8h-16h30 lun-mar, 8h-tard mer-sam). Comment ce petit bout d'Italie est-il arrivé jusqu'à Hoedspruit ? Mystère. Il sert en tout cas des plats aussi savoureux qu'authentiques. Goûtez les gratins de pâtes (*pasta al forno*) – crème, champignons et jambon gratinés à la mozzarella. L'attente est un peu longue mais le jeu en vaut la chandelle.

ℹ Depuis/vers Hoedspruit

SA Express (☎0861 729 227 ; www.flyexpress.aero) assure une liaison aérienne quotidienne au départ de l'**aéroport Hoedspruit Eastgate** (Rte 40), à 7 km au sud de la ville, à destination de Jo'burg (2 100 R).

City to City assure un bus quotidien pour Jo'burg (220 R, 8 heures 30).

Acornhoek

Installée à la sortie du township d'Acornhoek, la **Mapusha Weavers Cooperative** (☎072-469 7060 ; www.mapusha.org ; ⏲10h-16h lun-ven) fut créée en 1973 pour garantir aux femmes sans emploi un savoir-faire et un revenu.

Vous pourrez visiter l'atelier rempli de métiers à tisser à côté de la mission catholique et acheter tapis ou tapisseries de très bonne qualité.

Après la bifurcation pour le Mafunyani Cultural Village et l'Orpen Gate, faites 5 km sur la Rte 40 en direction du sud, puis tournez à gauche vers Acornhoek. Au bout de 4,3 km, prenez à droite sur une piste de terre indiquée “Dingleydale”. Vous apercevrez la mission catholique sur votre droite, 1,8 km plus loin.

Province du Nord-Ouest

Dans ce chapitre ➡

Le top des restaurants

- Cape Town Fish Market (p. 453)
- Deck (p. 453)
- Upper Deck (p. 461)

Le top des hébergements

- Palace of the Lost City (p. 453)
- Mosetlha Bush Camp (p. 458)
- Tau Game Lodge (p. 459)
- Bakubung (p. 457)
- Kwa Maritane (p. 457)
- Masibambane (p. 452)
- Sparkling Waters Hotel & Spa (p. 461)

Pourquoi y aller

C'est Sun City, sorte de Las Vegas de l'hémisphère Sud, qui fait la réputation de cette étendue de veld arbustif entre Pretoria et le Kalahari. Les machines à sous et les fantaisies kitsch de l'immense complexe de loisirs exercent une fascination étrange, à mille lieues du Pilanesberg National Park voisin. Dans ce vaste parc, on peut guetter des lions et des rhinocéros qui viennent s'abreuver aux points d'eau.

Vous augmenterez vos chances de repérer des prédateurs au parc de Pilanesberg et à la Madikwe Game Reserve en participant à une excursion guidée. Offrez-vous une aventure digne d'*Out of Africa* en séjournant une nuit dans le bush, dans les lodges exclusifs de Madikwe.

Félins et machines à sous sont à quatre heures de voiture de Johanesburg. En chemin, la région de Magaliesberg permet de faire des détours sans trop s'écarter de la N4, pour une journée de tyrolienne ou un séjour dans un hôtel rural près de Rustenburg.

Quand partir

Rustenburg

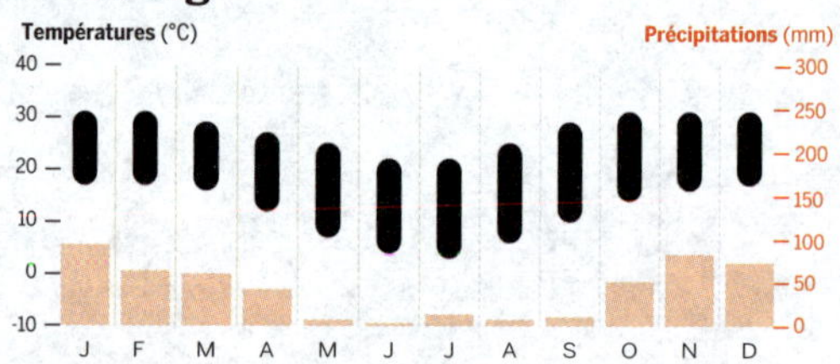

Avril Les températures chutent ; jusqu'à l'hiver, les conditions sont optimales pour observer la faune.

Mai-juillet Journées hivernales sèches et ensoleillées. Hormis de mi-juin à début juillet, la fréquentation est minimale.

Décembre-janvier Les orages rafraîchissent l'atmosphère ; les Sud-Africains partent sur la côte, cédant la place aux voyageurs étrangers.

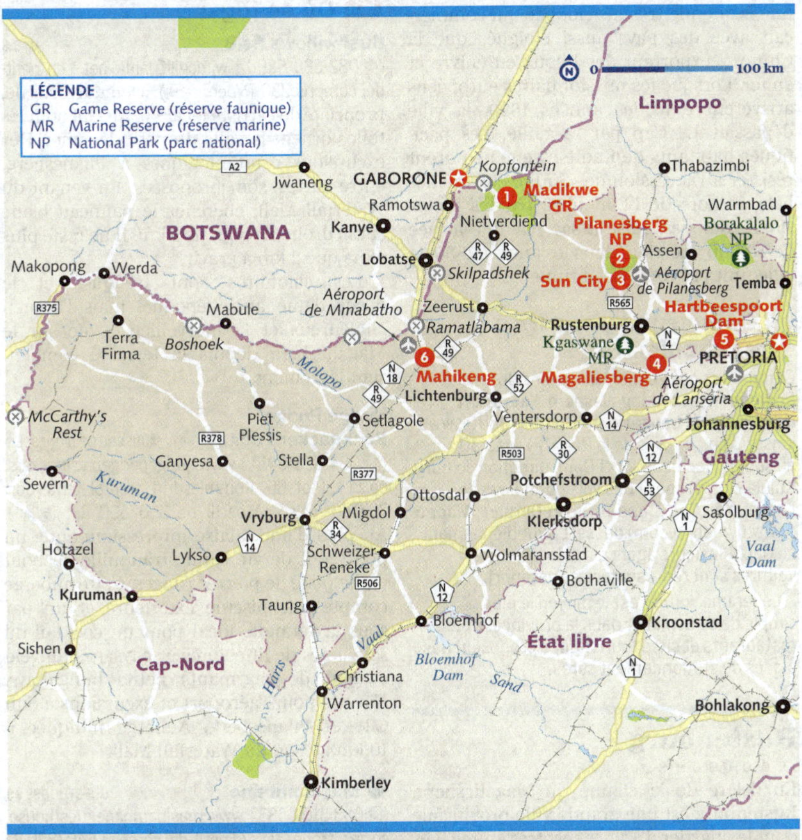

À ne pas manquer

❶ Une halte à quelques mètres d'un groupe de lions se prélassant sous un épineux, lors d'un safari dans la **Madikwe Game Reserve** (p. 458).

❷ Un moment de détente sur la terrasse d'un lodge dans le **Pilanesberg National Park** (p. 455), l'œil rivé sur le bush dans l'espoir d'apercevoir l'un des Big Five.

❸ Les vagues de la Valley of the Waves et l'ambiance délicieusement tapageuse de **Sun City** (p. 453).

❹ Un parcours en tyrolienne au **Magaliesberg Canopy Tour** (p. 461).

❺ La visite du **Hartbeespoort Dam** (p. 461) et du shopping au Welwitischia Country Market.

❻ Le **Mafikeng Museum** (p. 460), où l'on peut voir un toit en fer forgé déchiqueté par le canon Long Tom des assiégeants boers.

Histoire

La province du Nord-Ouest recouvre la plus grande partie de la région occupée à l'époque de l'apartheid par le bantoustan (*homeland*) du Bophuthatswana (surnommé "Bop"), où vivaient des milliers de Tswana "déplacés". Cette entité fragmentaire, ancien État noir indépendant, devint célèbre grâce à son casino et à ses établissements conçus pour le plaisir sous toutes ses formes. Le Bop était fréquenté par des Sud-Africains blancs, qui y avaient notamment des relations avec des prostituées noires – une pratique illégale partout ailleurs en République sud-africaine.

À l'âge du fer, la civilisation élaborée de la "cité perdue" de Kaditshwene, à environ 30 km au nord de Zeerust, s'appuyait sur une économie très développée qui commerçait avec des pays aussi éloignés que la Chine, y exportant des bijoux en cuivre et en fer. Lorsque les missionnaires européens arrivèrent dans les années 1820, la ville dépassait Le Cap par sa taille. Les pacifiques habitants de Kaditshwene ne purent résister à l'agression des Sotho, eux-mêmes balayés hors de l'État libre par les incursions zouloues. Mise à sac par une armée de 40 000 guerriers dans les années 1830, la ville finit par tomber en ruine.

Comment s'y rendre et circuler

Commode pour gagner les régions du Rustenburg et de Magaliesberg, l'**aéroport international Lanseria** (☎011-367 0300 ; www.lanseria.co.za ; près de la Rte 512) est à 30 km au sud de Hartbeespoort Dam, direction Jo'burg. Kulula.com propose des vols quotidiens de Lanseria au Cap (Cape Town) et Durban ; **Mango** (www.flymango.com) dessert quotidiennement Le Cap. Plusieurs agences de location de voitures sont représentées à l'aéroport.

Louer une voiture est le moyen le plus simple de se déplacer dans la province. Hôtels, restaurants et sites touristiques proposent des places de stationnement sûres.

Rustenburg

105 000 HABITANTS

En lisière de la chaîne du Magaliesberg, Rustenburg est une grande ville provinciale dont le quartier d'affaires est très animé. Les piétons zigzaguent au milieu des voitures aux klaxons retentissants dans Nelson Mandela Dr, l'artère principale traversant le centre-ville, tandis que les trottoirs sont encombrés de vendeurs ambulants, installés devant les boutiques "en dur", qui proposent leurs babioles au chaland.

C'est la situation de Rustenburg, à 40 km au sud-est de Sun City et du Pilanesberg National Park, qui en fait une destination de choix pour visiter ces deux sites tout en profitant de tarifs d'hébergement raisonnables.

À voir et à faire

Royal Bafokeng Stadium STADE

(près de la Rte 565). À 15 km au nord-ouest de la ville en direction de Sun City, ce stade a accueilli des matchs de la Coupe du monde de football de 2010. Construit en 1999, il compte plus de 40 000 places et ses principaux actionnaires sont des membres de l'ethnie Bafokeng.

Où se loger

Bushwillows B&B B&B $

(☎082-680 5890 ; wjmcgill@lantic.net ; ch petit-déj compris 250 R/pers ;). Demeure rurale, propriété de l'artiste local Bill McGill dont les toiles ornent la salle du petit-déjeuner. Des excursions ornithologiques à Pilanesberg, entre autres, sont proposées. En venant du Waterfall Mall, cherchez le panneau blanc sur la droite au bout de 5 km. Il ne reste plus alors que 2 km à gravir.

Les chambres sont basiques et le décor d'une autre époque, mais l'accueil chaleureux et la merveilleuse vue sur le Magaliesberg depuis la terrasse compensent largement.

Hodge Podge Backpacker Lodge AUBERGE DE JEUNESSE $

(☎084 698 0417 ; www.hodgepodgebackpackers.co.za ; Plot 66, Kommiesdrift ; empl tente/dort 70/180 R, s/d à partir de 350/500 R ;). Au pied d'une falaise impressionnante, un petit goût de vie rurale tranquille au bout d'une piste de pierres rouges. Cette auberge compte une piscine extérieure et un bar sous la véranda, idéal pour un cocktail du soir. Jetés de lit colorés et paysages du veld égaient de charmants petits bungalows. Navette pour l'aéroport et excursions à Sun City et Pilanesberg. Auberge indiquée à 10 km au sud du Waterfall Mall.

♥ Masibambane GUESTHOUSE $$

(☎083 310 0583 ; www.masibambaneguesthouse.co.za ; Kroondal ; s/d petit-déj compris 540/820 R ;). Cette paisible propriété au toit de chaume invite à la détente. Ses parterres de fleurs, ses grands arbres et ses fontaines attirent une grande variété d'oiseaux, notamment des huppes fasciées et des souimangas. Un dîner de 3 plats (135 R) est proposé en semaine. Indiquée à 5 km au sud du Waterfall Mall, la *guesthouse* se trouve sur la droite au bout de la route secondaire goudronnée, juste après le panneau "Private Road" (route privée).

Le bar minuscule donne sur une terrasse herbeuse. Pour vos *braai*, un *lapa* (édifice circulaire aux murs bas et au toit de chaume) jouxte la piscine.

Où se restaurer

C'est au Waterfall Mall (ci-contre), certes un peu aseptisé, mais sûr et fiable, que sont installés la plupart des restaurants, indépendants et de chaînes – Woolworths pour faire ses provisions, et Spur, Wimpy, Steers, Mugg

& Bean, et Debonairs Pizza pour qui souhaite manger sur place. Le centre commercial est très animé les soirs de week-end quand couples et familles viennent s'y restaurer.

Steakout Grill GRILLADES $
(☎014-592 0766 ; Waterfall Mall ; plats 75 R ; ⊙10h-22h). Ce restaurant animé propose très peu de plats de la mer car il est spécialisé en de copieux plats de viande qui attirent les foules en soirée. Goûtez le steak du chasseur (accompagné de foies de volaille sauce *piri piri*) ou l'*eisbein* (un kilo de jarret de porc rôti). Assiettes à partager et plats du jour.

♥ **Deck** GRILLADES $$
(☎014-537 2042 ; Rte 24 ; plats 80 R ; ⊙10h-22h lun-sam, 9h-15h dim). Ce restaurant propose un menu consistant : assiettes, paniers, plats, sauces, accompagnements et spécialités, notamment un double blanc de poulet. La viande y est proposée sous toutes ses formes. Quant aux lasagnes et aux burgers, ils sont considérés comme des plats légers. À quelques kilomètres au sud du Waterfall Mall.

Prenez place dans la salle élégante ou sur une banquette à une table en pierre sur la terrasse centrale. Les enfants pourront profiter du petit portique d'escalade (en revanche, aucun menu enfant n'est proposé).

Cape Town Fish Market PRODUITS DE LA MER, ASIATIQUE $$
(☎083 400 2005 ; www.ctfm.co.za ; Waterfall Mall ; plats 85 R ; ⊙11h-23h). L'intérieur sombre et l'éclairage au néon bleu du restaurant le plus stylé du Waterfall Mall évoquent davantage une boîte de nuit que les profondeurs marines. L'endroit est néanmoins spacieux, le service est efficace et poissons et crustacés sont bien représentés, du saumon aux langoustes, en passant par l'abadèche du Cap ou la dorade coryphène.

Achats

Waterfall Mall CENTRE COMMERCIAL
(Augrabies Ave). Le plus grand centre commercial de Rustenburg, situé près de la Rte 24 à environ 3 km au sud du centre, est un endroit sûr et agréable pour faire des achats.

Renseignements

Tourist Information Centre (☎014-590 3321 ; www.tourismnorthwest.co.za ; Main Rd ; ⊙8h-16h30 lun-ven, 8h-12h sam). L'efficace office du tourisme de Rustenburg, bien fourni, est installé dans les bureaux municipaux situés entre Nelson Mandela Dr et Fatima Bhayat St, à l'ouest de l'embranchement de la Rte 24. Il distribue diverses brochures et des plans de la ville.

Depuis/vers Rustenburg

Rustenburg se trouve à la sortie de la N4, à 120 km au nord-ouest de Jo'burg et à 110 km à l'ouest de Pretoria. La ville est mal desservie, la voiture est la seule option pour s'y rendre et se déplacer dans les environs.

Sun City

Mythique création de l'homme d'affaires Sol Kerzner, **Sun City** (☎014-557 1544 ; www.suninternational.com/sun-city ; visite 60 R/jour, gratuit pour les résidents de l'hôtel ; ⊙24h/24) est un immense complexe hôtelier et de loisirs. À mi-chemin entre Disneyland et l'Égypte ancienne, Sun City tente d'imiter Las Vegas sans oublier son héritage africain : statues dorées de lions et de singes, kilomètres de plages artificielles, volcans en éruption, 1 200 chambres d'hôtel et un nombre incalculable de machines à sous. Ici, un seul mot d'ordre : se divertir. Malgré son côté un peu grotesque, l'endroit peut se révéler amusant.

Construite sous l'apartheid, en 1979, Sun City était jadis l'apanage des Blancs fortunés. Elle accueille désormais tous les week-ends une foule bigarrée de Sud-Africains de toutes origines et d'Asiatiques.

UN LUXE ROYAL

Avec ses dômes turquoise surplombant la Valley of the Waves, le **Palace of the Lost City** (www.suninternational.com/sun-city/palace/Pages/default.aspx ; Sun City Resort ; ch petit-déj compris à partir de 4 600 R ; ❄📶🏊) affiche, en plein cœur du veld, un luxe inouï. Classé parmi les meilleurs hôtels du monde, il s'emploie à combler les désirs les plus fous de sa clientèle.

Les quelque 330 chambres et suites sont accompagnées de petits extras tels que majordome et salles de bains en marbre, mais ce sont les spectaculaires espaces publics qui accaparent le feu des projecteurs. Les fresques, mosaïques et plafonds peints des grands atriums et halls donnent l'impression de séjourner dans une résidence royale. Dans les jardins, les fontaines, bassins et cascades étincellent au milieu d'épais feuillages.

À NE PAS MANQUER

LOST CITY

Site tapageur au cœur de Sun City, Lost City est un immense parc d'attractions débordant de curiosités, allant du jardin botanique aux fausses éruptions volcaniques. De l'Entertainment Centre, on s'y rend par le Bridge of Time, flanqué de faux éléphants grandeur nature.

La vedette est le parc aquatique **Valley of the Waves** (www.suninternational.com/sun-city/activities/valleyofwaves ; Sun City ; adulte/enfant/résident de l'hôtel 120/70 R/gratuit ; ⏲9h-18h sept-avr, 10h-17h mai-août), au pied des tours de l'hôtel **Palace of the Lost City** (p. 453). Ce parc est ostentatoire et extravagant, même à l'aune de Sun City, et les enfants l'adorent. En son centre, le **Roaring Lagoon** est une piscine à vagues de 6 500 m² bordée d'une plage ombragée de palmiers. Toboggans et rapides comme le **Temple of Courage**, de 70 m de long, déclenchent des poussées d'adrénaline ; flotter sur la **Lazy River** et se baigner dans la piscine **Royal Bath** sont deux des activités les plus calmes proposées.

Autre attraction prisée, le **Maze** (www.suninternational.com/sun-city/activities/maze ; adulte/enfant 100/60 R ; ⏲9h-22h) est un énorme labyrinthe aux allures de site archéologique.

Le complexe est dominé par Lost City, spectaculaire site kitsch censé représenter le symbole de l'héritage culturel africain. Ce gigantesque parc d'attractions haut de gamme propose les activités les plus folles : piscine à vagues, toboggans à eau et faux tremblements de terre.

Pour qui voyage avec des enfants ou un budget serré, Sun City se révèle une bonne affaire. Le prix d'entrée offre l'accès à la plupart des attractions, et une foule d'activités sont proposées pour une petite somme supplémentaire. Dans un autre registre, on trouve ici l'un des hôtels les plus luxueux du monde, d'une extravagante opulence.

Enfin, sachez que Sun City est un complexe fonctionnant de manière écologique. En dépit de son faste, il a obtenu des récompenses officielles saluant ses pratiques en matière de tourisme durable et respectueux de l'environnement.

À voir et à faire

Passez au Welcome Centre pour vous renseigner sur la mine d'activités disponibles : deux parcours de golf, Jet-ski, parachutisme ascensionnel, parc à crocodiles, tyroliennes...

Entertainment Centre CASINO

Outre des casinos fumeurs et non-fumeurs, ce centre sur deux niveaux possède des espaces restaurants, des boutiques, des cinémas ainsi que le Superbowl, une salle de spectacles de style "néopréhistorique" décorée façon jungle.

Mankwe Gametrackers CIRCUITS, ACTIVITÉS DE PLEIN AIR

(☎014-552 5020 ; www.mankwegametrackers.co.za ; Welcome Centre, Entertainment Complex ; ⏲5h-19h). Cette agence propose deux **safaris en voiture** (adulte/enfant 460/225 R) de 3 heures au Pilanesberg National Park, avec départ de Sun City tous les jours à 5h30 et à 17h (les horaires varient en fonction de la saison). Elle organise aussi des **safaris à pied** (550 R/pers) de 4 heures dans le parc, au petit matin, pour les plus de 16 ans.

L'agence propose également des **vols en montgolfière** (3 950 R/pers) et possède un centre de sports d'aventure où il est possible de pratiquer le quad, le ball-trap, le tir à l'arc, le paintball et le djembé.

Où se loger et se restaurer

Sun International (☎011-780 7800 ; www.suninternational.com/sun-city/accommodation ; Sun City) gère les quatre hôtels du complexe. Il faut s'adresser directement au centre de réservations. Les tarifs varient considérablement en fonction de la demande, mais les moteurs de recherche dédiés permettent généralement de dénicher de bonnes affaires. Tous les hôtels ont un choix de restaurants et les fast-foods sont légion dans l'Entertainment Centre.

Si les hôtels de Sun City vous semblent trop chers et que vous disposez d'un véhicule, mieux vaut loger dans le Pilanesberg National Park et faire l'aller-retour dans la journée. Rustenburg est également assez proche pour constituer un bon point de chute.

Cascades HÔTEL DE LUXE $$$
(ch petit-déj compris à partir de 3 300 R ;). Sirotez un cocktail au bar de la plage dans un environnement azur, d'inspiration méditerranéenne, de cascades et de lac. Bassins multiples, tables en terrasse au restaurant Santorini, et splendides chambres avec dressing.

Sun City Hotel HÔTEL-CASINO $$$
(ch petit-déj compris à partir de 2 800 R ;). L'hôtel le plus animé de Sun City (et le premier) compte casinos, machines à sous et centre de divertissement, ainsi qu'une foule de restaurants et de bars. Le hall débordant de feuillages décline le thème de la jungle et les énormes jetons de roulette s'accumulent devant le restaurant indien de style Raj. Un bon choix pour les amateurs d'hédonisme et de jeux.

Sun City Cabanas COMPLEXE HÔTELIER $$$
(ch petit-déj inclus à partir de 1 800 R ;). L'adresse la plus informelle et abordable de Sun City, et la plus adaptée aux familles. Les chambres, modernes et riches en commodités haut de gamme, sont décorées dans un style rétro, et l'ambiance est détendue, notamment dans le hall, doté d'un balcon. Chambres familiales avec canapé-lit et jusqu'à 8 couchages.

Renseignements

Welcome Centre (014-557 1544 ; 8h-19h lun-jeu, 8h-22h sam-dim). À l'entrée de l'Entertainment Centre. Propose des plans et toutes les informations nécessaires. On y trouve aussi des vestiaires et une agence Hertz.

Depuis/vers Sun City

Le parking pour les non-résidents se trouve à l'entrée, à 2 km de l'Entertainment Centre. Le monorail aérien Sky Train, qui offre une belle vue du complexe et de Pilanesberg, ainsi que des bus, font la navette du parking à l'Entertainment Centre et aux Cascades, en passant par Sun City Cabanas et le Sun City Hotel.

Sun City est à moins de trois heures de route au nord-ouest de Jo'burg. Elle est indiquée depuis la N4. En venant de Gauteng sur la N4, l'itinéraire le plus simple consiste à rester sur l'autoroute après Rustenburg et à prendre la Rte 565 via Phokeng et Boshoek.

Les circuits partant de Gauteng combinent Sun City et Pilanesberg.

Pilanesberg National Park

S'étendant sur un cratère alcalin érodé, dans une zone de transition située entre le désert du Kalahari et le *lowveld* humide, le **Pilanesberg National Park** (014-555 1600 ; www.parksnorthwest.co.za/pilanesberg ; adulte/enfant 65/20 R, véhicule 20 R, carte 20 R ; 5h30-19h nov-fév, 6h-18h30 mars-avr et sept-oct, 6h30-18h mai-août) occupe une superficie de 550 km² au nord de Sun City. Merveilleusement pittoresque, il abrite de nombreuses espèces animales sud-africaines.

Conçu à la fin des années 1970 pour que les citadins puissent s'évader dans la nature à la faveur du week-end, Pilanesberg est resté un havre où lions et buffles s'ébattent librement, pour la grande joie des randonneurs. Si le parc peut sembler surfait par rapport aux autres étendues sauvages sud-africaines, ne croyez pas qu'il s'agisse d'un simple zoo. Les animaux qui écument ce cratère éteint sont vraiment sauvages.

En 1979, dans le cadre de l'Opération Genesis, des terres agricoles ont été réaffectées au nouveau parc et 6 000 animaux y ont été introduits. Aujourd'hui, les Big Five (lion, léopard, buffle, éléphant et rhinocéros) y sont présents ainsi que des guépards, des caracals, des lycaons, des hyènes, des chacals, des girafes, des hippopotames, des

PILANESBERG NATIONAL PARK

Pourquoi y aller C'est la réserve faunique d'Afrique du Sud la plus accessible pour observer les Big Five. On y croise aussi des lycaons et plus rarement des antilopes, notamment des antilopes rouannes et des hippotragues noirs. Ce parc, où le paludisme ne sévit pas, se trouve à moins de trois heures de voiture de Jo'burg.

Quand partir La saison sèche est la plus favorable (juin à septembre), lorsque l'herbe est rase et que les animaux se rassemblent autour des plans d'eau. De janvier à avril, le bush est très dense et rend la faune plus difficile à observer.

Infos pratiques Les deux entrées sud sont situées à environ 10 km de Sun City.

Faire des économies Mieux vaut apporter sa tente et sa nourriture.

Pilanesberg National Park

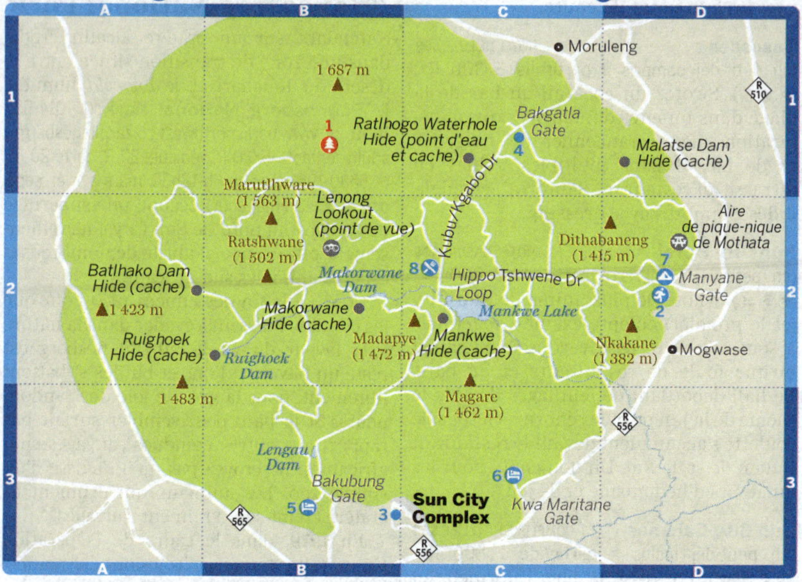

Pilanesberg National Park

À voir
1 Pilanesberg National Park B1

Activités
2 Mankwe Gametrackers D2
3 Mankwe Gametrackers B3
4 Mankwe Gametrackers C1

Où se loger
Bakgatla .... (voir 4)
5 Bakubung B3
6 Kwa Maritane C3
7 Manyane D2

Où se restaurer
8 Pilanesberg Centre C2
Zebra Crossing .... (voir 8)

zèbres, une large variété d'antilopes (hippotragues noirs, élands et koudous) et plus de 300 espèces d'oiseaux.

Activités

La plupart des lodges du parc proposent des excursions au lever et au coucher du soleil, mais l'étendue de son excellent réseau routier (200 km de routes gravillonnées) a permis dès le départ d'autoriser les safaris sans guide, qui ont l'avantage de revenir moins cher et de vous laisser progresser à votre rythme. Freiner pour laisser passer un éléphant est une expérience inoubliable. Le pas lourd du pachyderme, sa taille gigantesque, l'aspect cuirassé et ridé de son postérieur : tout vous restera en mémoire.

Le grand avantage à prendre soi-même le volant est d'aller à son rythme. D'ailleurs, à Pilanesberg, on n'a pas envie de se presser. Installez-vous au moins quelques heures avec une glacière remplie de boissons et une paire de jumelles dans l'un des nombreux affûts du parc et soyez patient. Ces abris camouflés, construits à proximité des points d'eau où viennent s'abreuver les animaux, sont constitués de grandes plateformes surélevées et couvertes, équipées de chaises.

N'oubliez pas que Pilanesberg est une réserve urbaine. Le parc est très fréquenté, que ce soit par les conducteurs en solo ou les véhicules des safaris, c'est pourquoi il est strictement interdit de s'écarter de la route. Si vous rêvez d'un safari dans un cadre isolé, avec peu de routes et une moindre fréquentation, optez plutôt pour la Madikwe Game Reserve, située à 3 heures au nord-ouest de Pilanesberg, quitte à dépenser davantage.

Mankwe Gametrackers SAFARI
(☎ 014-556 2710 ; www.mankwegametrackers.co.za ; Bakgatla ; ⌚ 5h-19h). Cette agence

propose un vaste choix d'activités dans le parc. Les **safaris motorisés** (adulte/enfant 395/195 R ; ⏲5h30, 9h30 et 17h) de 3 heures sont un bon moyen d'apercevoir des animaux en étant guidé par un ranger chevronné. Également, des **safaris pédestres** (450 R /pers) de 4 heures (à partir de 16 ans).

Des sorties d'observation des oiseaux sont aussi proposées, ainsi que des *braai* et petits-déjeuners dans le bush, et des **safaris en montgolfière** (3 950 R pour 1 heure de vol, petit-déj, vin pétillant et transfert compris) de 4 heures. L'agence possède un second **bureau** (☎014-555 5469 ; Manyane) à Manyane.

Où se loger et se restaurer

Huit lodges parsèment le parc. Manyane, Bakgatla, Bakubung et Kwa Maritane servent le déjeuner aux excursionnistes et proposent *braai* et formules en demi-pension ou en pension complète. Vous y trouverez de quoi occuper les enfants : piscines, terrains de jeu et minigolf, ainsi que des réductions pour les familles. Des lodges plus luxueux sont aménagés à l'ouest de Kudu/Kgabo Dr.

Manyane CAMPING, COMPLEXE HÔTELIER **$$**
(☎014-555 1000 ; www.goldenleopardresorts.co.za ; empl 180 R, tente de safari s/d petit-déj inclus à partir de 980/1 100 R, chalet s/d petit-déj inclus 1 470/1 590 R ;). Les chalets africains au toit de chaume du Manyane sont confortables et les tentes de safari disposent d'un réfrigérateur et du nécessaire pour faire du thé. Le restaurant installé au bord de la jolie piscine dispose d'une terrasse surmontée d'auvents de chaume. Des babouins déambulent régulièrement à travers le camping sec et poussiéreux.

Bakgatla CAMPING, COMPLEXE HÔTELIER **$$$**
(☎014-555 1000 ; www.goldenleopardresorts.co.za ; empl 180 R, tente de safari s/d/tr petit-déj inclus à partir de 1 715/1 815/1 915 R, chalet s/d/tr petit-déj inclus à partir de 2 015/2 115/2 215 R ;). Au centre de ce complexe niché dans les collines trône une immense piscine en forme de U. Le restaurant faisait l'objet d'importants travaux de rénovation lors de notre visite. Une supérette modeste se trouve dans le centre de conférences. Les chalets de type colonial et les tentes de safari Executive possèdent des terrasses privées.

Bakubung LODGE **$$$**
(☎014-552 6314 ; www.legacyhotels.co.za/en/hotels/bakubung ; s/d en demi-pension 3 140/4 430 R, chalets à partir de 1 350 R ;). Ce vaste lodge propose des chambres d'hôtel et plus de 60 chalets indépendants, donnant tous sur un plan d'eau cerné par les collines de Pilanesberg. Un spa a récemment été ajouté. L'élégant restaurant Marula Grill sert de la viande grillée, des produits de la mer et des pâtes.

Kwa Maritane LODGE **$$$**
(☎014-552 5100 ; www.legacyhotels.co.za/en/hotels/kwamaritane ; s/d demi-pension 3 000/4 200 R, chalets indépendants à partir de 2 300 R ;). Appartenant aux propriétaires du Bakubung, ce lodge prossède des chambres stylées aux toits de chaume, distribuées autour de la piscine, et un restaurant dont la véranda donne sur les collines et les falaises. Le Kwa Lefakeng propose buffets et grillades ; on peut aussi commander à la carte, installé sur la terrasse.

Pilanesberg Centre MAGASIN **$**
(Kgabo Dr ; ⏲6h30-17h30). Au milieu du parc, ce centre comprend une boutique de cadeaux et un magasin assez bien approvisionné.

Zebra Crossing CAFÉ **$**
(Plats 40-90 R ; ⏲7h30-16h lun-ven, 7h30-16h30 sam-dim). Ce café pourvu d'une grande terrasse offre un joli panorama. Il sert des pizzas, des hamburgers, des wraps et des salades, ainsi que des menus enfant.

Depuis/vers le Pilanesberg National Park

Les circuits partant de Gauteng vont à Pilanesberg et à Sun City. Depuis Sun City, entrez par Bakubung Gate ou Kwa Maritane Gate. Si vous arrivez du Limpopo (au nord) par la Rte 510 reliant Rustenburg à Thabazimbi, Manyane Gate et Bakgatla Gate sont les points d'accès les plus proches.

Comment circuler

Kubu/Kgabo Dr, qui traverse le parc entre les Bakubung et Bakgatla gates, est goudronnée ; tout comme Tau Link et Tshwene Dr, qui relient Kubu/Kgabo Dr et Manyane gate. Les routes de gravier sont en bon état et carrossables.

La vitesse est limitée à 40 km/h dans le parc et on ne peut guère aller plus vite sur les routes longeant Pilanesberg. Bétail et ânes empruntent la route ; les habitants vous feront probablement signe à l'approche d'un troupeau.

Madikwe Game Reserve

Couvrant 760 km² de veld arbustif, de savane herbeuse et de forêt fluviale à la lisière du désert du Kalahari, **Madikwe** (☎018-350 9931 ; www.parksnorthwest.co.za/madikwe ; adulte/enfant 160/65 R) est la quatrième réserve du pays par la taille. Elle abrite les Big Five (lion, léopard, buffle, éléphant et rhinocéros) et offre l'occasion d'un séjour paisible au cœur d'étonnants paysages de sable rouge et de forêt épineuse, dans des lodges de rêve (et sans craindre le paludisme, inconnu dans la région).

Les safaris sans guide et les visiteurs à la journée ne sont pas autorisés. Autrement dit, vous devrez séjourner dans l'un des 16 lodges de la réserve pour y avoir accès. Madikwe n'est pas bon marché, mais vous en aurez pour votre argent dans ces luxueux hôtels du bush.

Habitués aux jeeps découvertes, les animaux ne les considèrent pas comme une menace. Lorsque votre guide s'approchera, par exemple, d'un troupeau de buffles et coupera le moteur, vous aurez amplement le temps de photographier les animaux sans qu'ils s'enfuient à toute allure. En outre, les rangers se préviennent par radio des déplacements des animaux : si une famille de lions fait la sieste à l'ombre d'un épineux ou si un éléphant est repéré à la poursuite d'une femelle, votre chauffeur en sera informé. Comme il existe seulement quelques restrictions minimales à la circulation en dehors des pistes et que les jeeps sont suffisamment robustes pour franchir de nombreux obstacles, vous vous approcherez au plus près des animaux.

Fondée en 1991, la réserve de Madwike a reçu une double mission : protéger les espèces menacées et mettre en place un tourisme durable permettant de créer des emplois permanents pour la population autochtone, la plus pauvre et la plus isolée de la région. Sur plus de sept ans, une opération de grande ampleur a permis de réintroduire des animaux, qui avaient disparu de ce territoire du fait de la chasse intensive et des activités agricoles. Ce sont ainsi plus de 10 000 individus (dont des troupeaux d'éléphants) qui ont été acheminés par avion ou par camion depuis d'autres réserves d'Afrique australe. Madikwe, gérée conjointement par le North West Parks & Tourism Board, le secteur privé et les communautés locales, a non seulement créé les emplois promis, mais a aussi réintégré les Big Five (lion, léopard, buffle, éléphant et rhinocéros) en nombre, et possède une population florissante de lycaons (menacés d'extinction), ainsi que plus de 350 espèces d'oiseaux.

MADIKWE GAME RESERVE

Pourquoi y aller Les rangers expérimentés des lodges étant les seuls autorisés à mener des visites au sein de la réserve, les chances de voir des animaux sont meilleures qu'à Pilanesberg ou même que dans le Kruger. La réserve est réputée pour son importante population de lions, et il est possible d'y apercevoir des lycaons.

Quand partir Toute l'année, mais c'est toutefois de mai à septembre que l'observation de la faune est optimale car les animaux se concentrent près des points d'eau et la végétation devient moins dense.

Infos pratiques Les portes ouvrent de 6h à 18h, mais il est possible de participer à des safaris nocturnes. La réserve est à environ 3 heures 30 de voiture de Johannesburg et Pretoria.

Faire des économies Les réductions sont les plus intéressantes durant la basse saison – celle-ci varie selon les lodges, mais elle se situe généralement de mai à août. Rester plusieurs nuits permet également de réduire les coûts. Les sites Internet ci-après offrent des promotions et présentent les autres lodges :

- www.madikwegamereserve.net
- www.safarinow.com
- www.uyaphi.com
- madikwe.safari.co.za

Où se loger et se restaurer

Dans la plupart des lodges, les tarifs indiqués pour la pension complète comprennent deux safaris motorisés. Il est obligatoire de réserver, ou bien on ne vous laissera pas entrer (le garde téléphonera à votre lodge pour vérifier que vous êtes attendu). Les visites à Madikwe se déroulent normalement de midi à la fin de matinée suivante.

Mosetlha Bush Camp & Eco Lodge LODGE $$$
(☎011-444 9345 ; www.thebushcamp.com ; Abjaterskop Gate ; s/d en pension complète

2 495/3 990 R). Le deuxième plus ancien lodge de Madikwe est aussi la seule option de la réserve qui ne tienne pas d'un cinq-étoiles, mais ses prix modérés ne sont pas ses seuls atouts. Pas d'électricité ni d'eau courante dans les neuf cases ouvertes autour du feu de camp. Séjourner dans ce campement non clos, où les animaux s'aventurent la nuit, est cependant plus romantique que sauvage. Cet écolodge innovant possède des douches à seau et des toilettes sèches et ventilées. Les lampes de chevet fonctionnent au pétrole, la conversation remplace la TV et les repas sont aussi délicieux que l'air du veld !

Tau Game Lodge LODGE **$$$**
(☎011-466 8715 ; www.taugamelodge.com ; Tau Gate ; chalet en pension complète 3 600 R/pers ;). Le meilleur rapport qualité/prix de la réserve. Les 30 chalets cosy possèdent des baignoires géantes, de vastes douches extérieures, de grands lits et des terrasses privées donnant sur le plan d'eau – où depuis quelques années vit une famille de cinq crocodiles. Spa et boutique de bibelots sur place. La Tau Foundation bénéficie aux habitants et les clients de l'hôtel peuvent visiter les écoles et les programmes communautaires.

Buffalo Ridge Safari Lodge LODGE **$$$**
(☎011-234 6500 ; www.buffaloridgesafari.com ; Wonderboom Gate ; chalet en pension complète 4 250 R/pers ;). Ce lodge chic incarne parfaitement l'esprit des fondateurs de Madikwe en matière de tourisme communautaire durable. Propriété des Balete du village de Lekgophung, c'est le premier en son genre d'Afrique du Sud. Conçu par un architecte local réputé, le Buffalo Ridge loue huit chalets au toit de chaume très intimes, en harmonie avec le veld. Les chambres, aux couleurs neutres et aux immenses baies vitrées donnant sur une terrasse privative, sont baignées de lumière. Un pont, jeté sur le ravin, relie les chalets au lodge principal, où l'on dîne dans un cadre impressionnant.

Jaci's Lodges LODGE **$$$**
(☎083 700 2071 ; www.madikwe.com ; Molatedi Gate ; ch en pension complète à partir de 2 995 R/pers ;). Par leur beauté et la justesse de leur design, les deux lodges contigus de cet établissement – le Safari Lodge et le Tree Lodge – sont d'excellentes adresses. Les huit chambres du Safari sont conçues comme des tentes, avec tentures et douche extérieure en pierre naturelle. Cheminées en céramique et terrasses privées avec vue sur le point d'eau complètent le tableau. Réduction pour les enfants de moins de 12 ans, baby-sitters et safaris familiaux.

Plus sélect encore, le Tree Lodge porte bien son nom, ses chambres étant reliées par des passerelles dans la canopée. Mariant le bois de rose et le chaume, elles respirent l'opulence tout en se fondant dans la nature – ce qui signifie qu'à l'occasion quelques visiteurs s'imposent (rarement des serpents).

Depuis/vers Madikwe

Madikwe est proche des deux postes-frontières du Botswana Kopfontein gate/Tlokweng gate, à 400 km au nord-ouest de Johanesburg et Pretoria via la N4 et la Rte 47/49.

Les principales entrées de Madikwe sont Abjaterskop et Wonderboom, près de la Rte 47/49, côté ouest de la réserve ; Tau et Deerdepoort côté nord, et Molatedi à l'est. Tous les lodges sont accessibles par la Rte 47/49 ; le vôtre vous indiquera le chemin au moment de la réservation.

Un vol charter relie chaque jour l'aéroport international OR Tambo de Johannesburg à la piste d'atterrissage de Madikwe. Le trajet (environ 4 000 R l'aller-retour) se réserve directement auprès de votre lodge en même temps que le séjour.

Si vous conduisez de Madikwe à Sun City et Pilanesberg, demandez des indications à votre lodge et prenez les petites routes. Cet itinéraire est plus rapide et évite la surcharge de la Rte 75 au péage de Swartruggens sur la N4. Ce raccourci n'est pas recommandé en revanche pour aller à Madikwe, car il est plus difficile dans ce sens et l'on se perd plus facilement.

Si vous n'êtes pas motorisé, la meilleure option consiste à organiser un transfert avec votre lodge. Sinon, vous pouvez prendre un bus Gaborone (au Botswana) et vous organiser pour qu'un membre du personnel du lodge vienne vous chercher au poste-frontière de Kopfontein, à l'endroit où s'arrête le bus.

Mahikeng (Mafikeng)

16 000 HABITANTS

La capitale de la province du Nord-Ouest est un lieu accueillant, peuplé d'une importante classe moyenne noire. Sa visite vaut surtout pour son excellent musée.

Certains habitants appellent encore leur ville "Mafikeng", bien que son nom ait officiellement changé en 2010.

Histoire

"Mafeking" (comme l'appelaient les Européens) fut la capitale administrative du protectorat britannique du Bechuanaland (l'actuel Botswana). Assiégée par les forces boers d'octobre 1899 à mai 1900, la petite ville-frontière dirigée par le colonel Robert Baden-Powell accueillait néanmoins ses assiégeants chaque dimanche pour qu'ils puissent assister à l'office religieux. C'est à l'occasion de ce siège que Baden-Powell fit appel aux jeunes garçons de la ville, dont il fit un corps de cadets, appelés à devenir les ancêtres des boy-scouts. Mais les Barolong et les Mfengu, qui comptèrent bien des victimes au service des colonisateurs, n'en ont pas un si bon souvenir, d'autant que les Boers, en quête de ravitaillement, vinrent piller leur bétail.

Mahikeng et Mmabatho étaient autrefois des villes jumelles situées à 3 km l'une de l'autre, avant de fusionner. Construite pour servir de capitale à l'ancien bantoustan du Bophuthatswana déclaré indépendant, Mmabatho doit sa célébrité aux bâtiments aussi monumentaux qu'absurdes qu'y fit ériger le président contesté du Bophuthatswana, Lucas Mangope.

À voir

Mafikeng Museum MUSÉE

(☎018-381 0773 ; angle Carrington St et Martin St ; entrée sur don ; ⏲8h-16h lun-ven, 10h-12h30 sam). Parmi les nombreuses expositions de cet excellent musée régional, sis dans l'ancien hôtel de ville (construit en 1904), figure un graphique illustrant l'émergence du mouvement Boy Scout et une présentation du célèbre siège de 217 jours, avec documents et photographies originales, ainsi que des informations sur le rôle joué par la population noire de la ville.

Lors de nos recherches, le musée était fermé pour d'importantes rénovations. Les collections ne devraient pas subir de transformations majeures ; en revanche, le numéro de téléphone, les horaires d'ouverture et les tarifs risquent de changer. Vérifiez auprès de l'office du tourisme de la ville.

Où se loger et se restaurer

Les *guesthouses* (pensions) ne manquent pas dans les quartiers est du centre, et sont indiquées depuis Shippard St. Le **Crossing mall** (angle Nelson Mandela Dr et Sekame Rd) compte des chaînes de restaurants, notamment News Cafe, Ocean Basket et Spur.

Ferns Country House GUESTHOUSE $$

(☎018-381 5971 ; 12 Cooke St ; s/d à partir de 600/700 R ; ❄✉). Dans la zone résidentielle à l'est du centre, le Ferns est un havre de paix dans la ville. Demandez à voir quelques chambres avant de vous décider, chacune ayant sa propre esthétique. Les plus spacieuses sont pourvues d'un petit coin salon. Bon **bar-restaurant** (plats 80 R) sur place, où déjeuner, dîner ou boire un verre si vous n'avez pas envie de vous éloigner.

Protea Hotel Mafikeng HÔTEL $$

(☎018-381 0400 ; www.proteahotels.com/mahikeng ; 80 Nelson Mandela Dr ; s/d à partir de 835/1 050 R ; ❄@☰✉). L'adresse est l'une des plus chics et des plus plaisantes de la ville. Piliers et vieilles photos ornent la réception. Couettes légères et blanches, oreillers à foison, rideaux lourds, éclairage tamisé et TV avec chaînes internationales. Bar et restaurant.

Purple Peppa Cafe CAFÉ $

(☎071 845 4204 ; 58 Proctor Ave ; plats 50 R ; ⏲8h-18h). Autrefois nommé Lewoni's, ce modeste café caché dans un petit complexe suburbain est entouré de boutiques de babioles et de salons de manucure. À l'abri de l'effervescence des rues de Mahikeng, il est en outre agrémenté d'une petite cour. La carte sans prétention affiche les habituels sandwichs toastés, hamburgers et omelettes, et il y a des plats du jour.

Renseignements

North West Parks & Tourism Board (☎018-397 1500 ; www.tourismnorthwest.co.za ; Heritage House ; ⏲7h30-16h30 lun-ven). L'aimable personnel de cet office du tourisme peu fourni en brochures pourra au moins vous donner un plan. Prenez Nelson Mandela Dr en direction du sud et tournez à droite dans Molopo St (une rue après Shippard St), puis prenez la deuxième à gauche et empruntez le passage souterrain à gauche. À côté de Cooke's Lake.

Depuis/vers Mahikeng (Mafikeng)

Mahikeng est à 25 km au sud-est du poste-frontière de Ramatlabama avec le Botswana. Pour s'y rendre, le moyen le plus simple est la voiture. Depuis Pretoria ou Rustenburg, prenez la N4 jusqu'à Zeerust, puis tournez sur la Rte 27 en direction de Mahikeng. La ville est également située sur la N18, qui part vers le sud en direction du Cap-Nord et de l'État libre.

Magaliesberg

Si vous commencez à vous lasser des villes, offrez-vous une journée, voire une nuit, de repos en montagne. À une heure de route de Pretoria et à moins de deux heures de Jo'burg, mais à des années-lumière l'une de l'autre, les 120 km de la chaîne de Magaliesberg forment un demi-cercle, de Hartbeespoort Dam à l'est jusqu'à Rustenburg à l'ouest, et voient arriver le week-end les habitants des grandes villes du Gauteng. Prenez les routes secondaires partant des Rtes 104 et 24 pour découvrir cette région de collines verdoyantes, de ruisseaux et de forêts et profiter de son air pur et frais.

Hartbeespoort Dam, à moins d'une heure en voiture à la fois de Jo'burg et de Pretoria, est touchée par le développement de ses voisines. Panneaux publicitaires et projets de construction bordent les 55 km de rives, et les voitures filent pour rejoindre la N4. Cependant, les collines, les petites routes sinueuses et les eaux bleu-vert du barrage en font un cadre agréable pour un déjeuner et un peu de shopping en allant au Gauteng. En outre, le téléphérique, récemment rétabli, hisse à nouveau les visiteurs jusqu'aux hauteurs du Magaliesberg.

À voir et à faire

À l'est du carrefour à quatre voies de Damdoryn, la route traverse une sorte d'arc de triomphe, **Hartbeespoort Dam** ainsi qu'un tunnel. Galeries d'art et restaurants bordent ensuite la route qui traverse Schoemansville sur la rive nord-est du barrage, avant de rejoindre la N4 vers Pretoria.

Magaliesberg Canopy Tour SPORTS D'AVENTURE
(☎014-535 0150 ; www.magaliescanopytour.co.za ; Sparkling Waters Hotel & Spa, Rietfontein Farm ; circuits déj compris 495 R ; ⏲6h30-16h30 sept-avr, 7h30-15h mai-août). Rasez les cimes des arbres et glissez sur des tyroliennes pouvant atteindre 140 m de long entre les falaises, suspendu à 30 m au-dessus du cours d'eau. Cette excellente agence d'écoaventures vous emporte dans une descente vivifiante de 2 heures 30 dans l'Ysterhout Kloof. Les 11 plateformes, construites sur la face de la falaise, permettent de contempler le paysage et d'écouter un guide vous parler d'écologie locale.

Deux participants minimum, réservation recommandée. Les clients du Sparkling Waters bénéficient de 20% de réduction.

Aerial Cableway TÉLÉPHÉRIQUE
(☎072 241 2654 ; www.hartiescableway.co.za ; près de la Rte 104 ; adulte/enfant 175/95 R ; ⏲billetterie 8h30-16h). Juste à l'est de Schoemansville, ce téléphérique avait fonctionné pendant 20 ans avant de fermer en 2005. Entièrement remis à neuf, il a repris du service depuis 2010. Il vous déposera au sommet du Magaliesberg, d'où vous pourrez admirer le paysage environnant. Un restaurant est installé à la station du bas ; en haut, vous trouverez un autre restaurant, un bar-pizzeria et une aire de jeu pour enfants.

Welwitischia Country Market MARCHÉ
(☎083 302 8085 ; www.countrymarket.co.za ; Damdoryn ; ⏲9h-17h mar-dim). GRATUIT Faites le plein de T-shirts des 'Boks, de *biltong* et d'objets en cuir et en fil de fer. À l'ouest du carrefour à quatre voies de Damdoryn, près de l'angle nord-ouest de Hartbeespoort Dam, le marché est certainement plus authentique que le complexe touristique voisin de Chameleon Village, avec plusieurs dizaines d'étals aménagés dans des cases en bois. Un petit espace de jeux et une volière occupent les enfants, et on y trouve trois restaurants, de l'artisanat et des souvenirs sud-africains classiques.

Où se loger et se restaurer

Sparkling Waters Hotel & Spa HÔTEL $$
(☎014-535 0000 ; www.sparklingwaters.co.za ; Reitfontein Farm ; s/d petit-déj compris 780/1 350 R ;). Cet hôtel discret de style Tudor est installé sur une vaste propriété qui renferme plusieurs piscines, un minigolf, des courts de tennis, un spa, une salle de jeux et une aire de jeu – les familles y trouveront leur compte. Le bush du Magaliesberg débute au-delà des vastes pelouses, en contrebas. Les chambres disséminées dans cet espace paysager présentent un extérieur plutôt insolite et un mobilier quelconque, mais elles sont bien entretenues et, pour certaines, spacieuses.

L'hôtel est à 32 km au sud-est de Rustenburg, accessible à partir de la Rte 104 près de Buffelspoort ou de la Rte 24 via l'embranchement d'Oorsaak à Rex.

Upper Deck PUB $$
(☎012-253 2586 ; www.theupperdeck.co.za ; Welwitischia Country Market, Damdoryn ; plats 80 R ; ⏲8h30-17h lun, 8h30-22h mar-sam, 8h30-20h dim). Le grand *beer garden* de ce restaurant-pub tombe à pic lorsqu'on vient chiner au marché de Welwitschia. La carte, composée essentiellement de viande grillée et de hamburgers, affiche aussi des salades et deux menus enfant. Concerts en soirée du vendredi au dimanche.

Cap-Nord

Dans ce chapitre ➜

Le top des hébergements

- Kalahari Tented Camp (p. 478)
- 75 on Milner (p. 467)
- Kimberley Club (p. 467)
- Le Must River Residence (p. 474)
- Tatasberg Wilderness Camp (p. 486)

Hors des sentiers battus

- Witsand Nature Reserve (p. 473)
- Wildebeest Kuil Rock Art Centre (p. 469)
- Tankwa Karoo National Park (p. 486)
- Wonderwerk Cave (p. 473)
- Kokerboom Route (p. 480)

Pourquoi y aller

Seul un million d'habitants se partagent les 373 000 km² du Cap-Nord, qui renferme les dernières terres inexploitées du pays. Séparées par des centaines de kilomètres, les bourgades sont reliées par des routes désertes qui filent à travers des étendues sauvages. Dans cette beauté surréelle, vous pourrez emprunter les routes des parcs aux côtés des lions, descendre des dunes en *sandboard*, ou siroter un verre dans un pub de Kimberley datant de la ruée vers les diamants, au XIXe siècle.

Sur cette terre nue, de superbes espèces végétales endémiques ponctuent l'horizon, qui s'étire à l'infini. Toutefois, cette région très sèche est irriguée par le Senqu (Orange), engendrant ainsi le Green Kalahari (Kalahari "vert") et ses excellentes productions de vin, et les vertigineuses Augrabies Falls qui témoignent d'un écosystème unique. Et chaque année, après la saison des pluies, le sable rouge du Kalahari se couvre d'une végétation luxuriante, tandis que les collines et les plaines rocheuses du Namakwa se tapissent de fleurs sauvages multicolores.

Quand partir

Kimberley

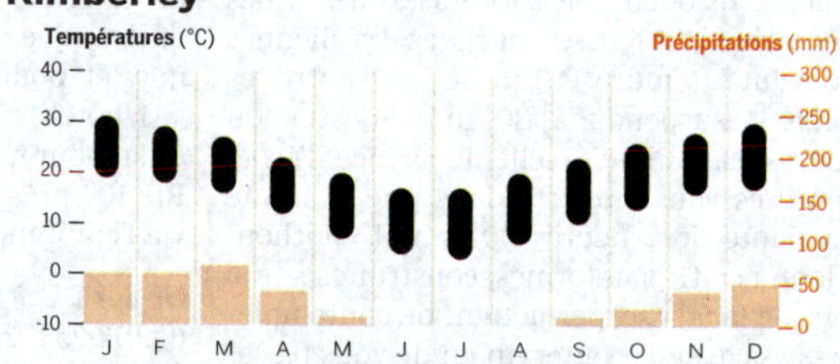

Janvier-mars L'Augrabies Falls National Park est sublime. Malgré la canicule, c'est le bon moment pour observer la faune du Kgalagadi.

Mai-juillet L'hiver est plus frais, les étoiles scintillent, et la sécheresse attire les animaux vers les points d'eau.

Août-septembre Le Namakwa explose de couleurs pendant la floraison du printemps.

Langues et population

L'anglais est parlé partout au Cape-Nord, mais l'afrikaans est la langue dominante (54%). Le tswana (33%) et le xhosa (6%) sont les deux autres langues principales. La population comprend des Afrikaners, des Tswana et les descendants des plus anciens habitants de la région, les Khoisan, qui vivent toujours dans le Kalahari.

KIMBERLEY

97 000 HABITANTS

Kimberley, la capitale du Cap-Nord, est l'épicentre de cette région officiellement baptisée Diamond Fields ("champs diamantifères"). La ville qui vit naître De Beers et sa multinationale demeure un lieu captivant où règne une atmosphère de Far West.

Que ce soit pour siroter un verre dans un saloon datant de la ruée vers les diamants, pour visiter la plus grande excavation du monde creusée de main d'homme ou pour suivre le fameux "circuit des fantômes", Kimberley se révèle l'endroit idéal pour s'immerger quelques jours dans l'Afrique du Sud historique.

En effet, bien que l'exploitation minière ait cessé il y a près d'un siècle, la ville continue d'évoquer cette époque des pionniers. Poussez la porte d'un pub historique empreint de l'atmosphère d'antan ou déambulez dans le village minier reconstitué de Big Hole, et vous aurez assurément le sentiment d'être transporté à la fin du XIXe siècle.

Seule véritable agglomération de la province, Kimberley offre aussi de belles galeries d'art et de remarquables hébergements, et le township de Galeshewe témoigne de son propre rôle dans la lutte contre l'apartheid.

À voir

Big Hole MUSÉE

(053-830 4417 ; www.thebighole.co.za ; West Circular Rd ; adulte/enfant 90/50 R ; 8h-17h, circuit à chaque heure). Le projet de rénovation de 50 millions de rands mené autour du Big Hole a fait du lieu une destination touristique internationale. Bien que créées et dirigées par la De Beers Consolidated Mines, les visites du "Grand Trou", la plus grande excavation creusée de main d'homme sur la planète, sont étonnamment objectives – le côté sombre de l'exploitation minière est présenté très honnêtement. Le circuit commence avec un film de 20 minutes sur le passé minier de Kimberley à la fin du XIXe siècle, suivi d'une visite de la plate-forme d'observation du Big Hole. L'édifice ouvert en acier, construit au-dessus du gouffre béant de 1,6 km de périmètre, qui plonge à 215 m de profondeur, offre une vue complète sur les 40 m d'eau turquoise emplissant le trou.

Un ascenseur descend dans un puits où l'on assiste à une simulation d'une descente à la mine : des effets spéciaux sonores et visuels donnent une image assez authentique de la dure vie des mineurs noirs. Des bruits d'éboulement et d'explosions ajoutent à l'atmosphère oppressante.

En quittant la mine, ne manquez pas le centre d'exposition, qui raconte l'extraction diamantaire à travers le pays, ainsi que le passé de Kimberley. C'est là que se tient la chambre forte bien gardée, qui contient quelque 3 500 diamants, dont des reproductions de l'Eureka et le "616" (le plus gros diamant à huit faces du monde, de 616 carats), qui ont été découverts ici.

Le site accueille aussi une excellente reconstitution du village minier de Kimberley dans les années 1880. Les bâtiments d'époque transférés dans ce lieu lui confèrent une atmosphère hors du temps. Dans les rues, on peut admirer une église en tôle, un funérarium, une confiserie, une banque

ARCHITECTURE

Du fait de son riche passé, Kimberley a beaucoup à offrir aux férus d'architecture. Admirez **Rudd House** (053-839 2722 ; 5 Loch Rd ; adulte/enfant 25/12 R ; sur rdv), bel exemple des résidences construites pour les habitants fortunés de la ville au XIXe siècle, et **Dunluce** (053-839 2722 ; 10 Lodge Rd ; adulte/enfant 25/12 R ; sur rdv), somptueuse demeure victorienne.

Plus moderne, le **Northern Cape Legislature Building** (053-839 8024 ; www.ncpleg.gov.za ; près de Green St, Galeshewe ; 8h-16h lun-jeu, 8h-12h ven) GRATUIT à Galeshewe, frappe par sa conception qui évoque à la fois la culture, les paysages, et l'histoire de Kimberley et du Cap-Nord. L'édifice est indiqué depuis le centre-ville, mais le mieux est de participer à une visite guidée à Galeshewe.

À ne pas manquer

1. Un lion somnolant sous un épineux, tapi sur la terre rouge du Kalahari, dans le **Kgalagadi Transfrontier Park** (p. 476).
2. Une randonnée printanière à travers un tapis de fleurs multicolores dans le **Namakwa** (p. 483).
3. La découverte du passé minier de **Kimberley** (p. 463), où l'on extrayait des diamants, lors d'un "circuit des fantômes" ou d'une tournée des pubs historiques.
4. Les cascades jaillissant entre les falaises vertigineuses de l'**Augrabies Falls National Park** (p. 479).
5. La visite du musée de **Calvinia** (p. 487), et la rencontre des habitants de cette petite ville originale.
6. Une aventure dans le désert montagneux du très reculé **|Ai-|Ais/Richtersveld Transfrontier Park** (p. 485).
7. Les magnifiques nuits étoilées, en particulier à **Sutherland** (p. 486).

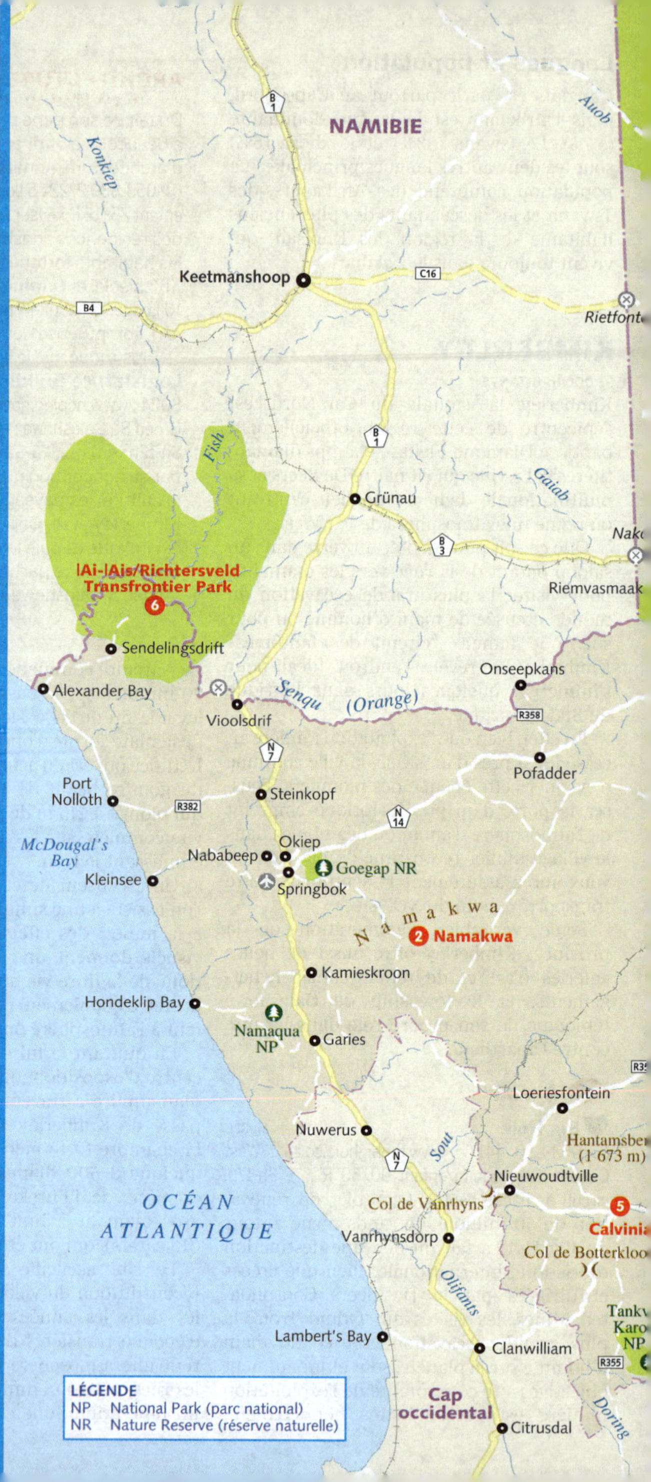

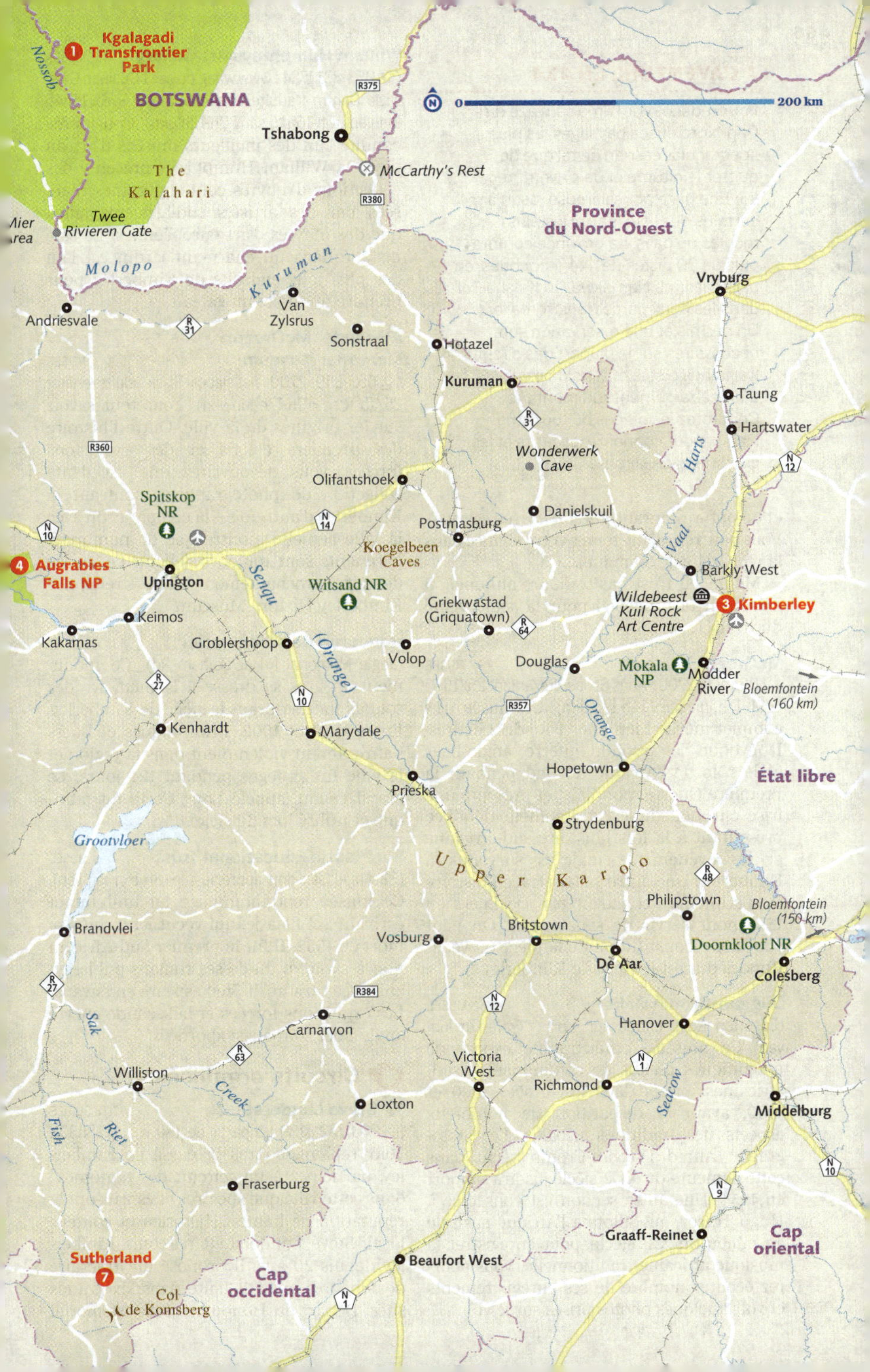

1 Kgalagadi Transfrontier Park
BOTSWANA
Nossob
0 200 km
Tshabong
R375
McCarthy's Rest
R380
The Kalahari
Twee Rivieren Gate
Molopo
Kuruman
Province du Nord-Ouest
Vryburg
Andriesvale
R31
Van Zylsrus
Sonstraal
Hotazel
Kuruman
Taung
Hartswater
N12
Harts
Wonderwerk Cave
R360
Olifantshoek
Spitskop NR
Danielskuil
N10
N14
Postmasburg
Vaal
Koegelbeen Caves
4 Augrabies Falls NP
Upington
Senqu
Witsand NR
Barkly West
Griekwastad (Griquatown)
Wildebeest Kuil Rock Art Centre
3 Kimberley
Keimos
R64
Kakamas
Groblershoop
(Orange)
Volop
Douglas
Mokala NP
Modder River
R27
Bloemfontein (160 km)
N10
R357
Orange
Kenhardt
Marydale
Hopetown
État libre
Prieska
Strydenburg
Grootvloer
Upper Karoo
R48
Philipstown
Bloemfontein (150 km)
Brandvlei
Britstown
Vosburg
Doornkloof NR
De Aar
Colesberg
R27
R384
N12
Sak
Carnarvon
Hanover
R63
N1
Victoria West
Williston
Richmond
Seacow
Creek
Loxton
Middelburg
Fish
Riet
N10
N9
Fraserburg
Graaff-Reinet
Cap oriental
Sutherland
7
Beaufort West
Cap occidental
N1
Col de Komsberg

À L'AVENTURE EN 4X4

Pour redécouvrir l'âme sauvage du Cap-Nord et ses paysages les plus spectaculaires, rien de tel que de quitter le bitume et de s'aventurer sur une piste poussiéreuse jusqu'à certains des lieux parmi les plus reculés du pays. La province compte plus de 20 pistes de 4x4 reconnues, en particulier au Namakwa, au Kalahari et dans les deux parcs transfrontaliers. Un permis et une réservation sont nécessaires sur la plupart des circuits. Certaines pistes offrent la possibilité d'un hébergement rudimentaire. Contactez les offices du tourisme locaux pour connaître les tarifs et les conditions de la route.

et un pub-restaurant/*guesthouse* (en service). Vous pourrez même tenter votre chance dans la recherche de diamants…

Même s'il n'est pas toujours annoncé, il existe un tarif spécial pour la seule visite du trou.

McGregor Museum MUSÉE
(☎053-839 2700 ; Atlas St ; adulte/enfant 25/15 R ; ⏲9h-17h lun-sam, 14h-17h dim). Ce musée très complet mérite bien une visite de 2 heures. Il évoque la seconde guerre anglo-boer et le rôle de l'Afrique du Sud pendant la Première Guerre mondiale, et présente une frise chronologique extrêmement détaillée présentant à la fois l'histoire sud-africaine et les événements majeurs survenus à Kimberley. Une autre salle retrace l'histoire du bâtiment – construit par De Beers en 1897 pour servir de sanatorium. On peut voir une reconstitution de la pièce où vécut Rhodes durant le siège de Kimberley.

Duggan-Cronin Gallery MUSÉE
(Edgerton Rd ; entrée sur don ; ⏲9h-17h lun-ven). Ce musée d'ethnographie expose de magnifiques photos de communautés sud-africaines, prises dans les années 1920 et 1930, avant la disparition de nombreux aspects des traditions tribales. Le photographe Alfred Duggan-Cronin vécut dans cette demeure du XIXe siècle jusqu'à sa mort en 1954. Une autre section est consacrée à Hugh Tracey, qui sillonna l'Afrique australe au milieu du XXe siècle, pour enregistrer la musique africaine traditionnelle. Vous pourrez écouter nombre de ses enregistrements et voir quelques photos prises sur le vif.

William Humphreys Art Gallery MUSÉE
(☎053-831 1724 ; www.whag.co.za ; 1 Cullinan Cres, Civic Centre ; adulte/enfant 5/2 R ; ⏲8h-16h45 lun-ven, 10h-16h45 sam, 9h-12h dim). Considérée comme l'un des meilleurs musées d'art du pays, la William Humphreys présente des collections d'œuvres contemporaines réalisées par des artistes sud-africains, ainsi que des œuvres d'art européennes. Le café installé dans un charmant jardin est l'un des plus jolis endroits de Kimberley pour prendre un thé et un gâteau.

Alexander McGregor Memorial Museum MUSÉE
(☎053-839 2700 ; Chapel St ; adulte/enfant 25/15 R ; ⏲9h-17h lun-ven). Pour tout savoir sur les origines de la ville. Outre l'histoire des premiers colons et des expulsions forcées, vous découvrirez une excellente collection de photographies montrant la Kimberley d'autrefois – la comparaison avec la ville actuelle montre que de nombreux bâtiments sont toujours debout. Le musée devrait prochainement être rebaptisé Kimberley History Museum.

Honoured Dead Memorial MONUMENT
(angle Memorial Rd et Dalham Rd). Ce monument en grès se dresse à la mémoire des soldats morts durant le siège de Kimberley. Entre 1899 et 1902, Britanniques et Boers s'affrontèrent violemment dans la région et la ville fut assiégée pendant 124 jours. Le grand canon, appelé Long Cecil, fut fabriqué et utilisé lors du siège.

Sol Plaatje Educational Trust MUSÉE
(32 Angel St ; don apprécié ; ⏲8h-16h lun-ven). Ce musée rend hommage au militant et écrivain Sol Plaatje, qui vécut ici jusqu'à sa mort en 1932. Il fut le premier Sud-Africain noir à avoir vu un de ses romans publié en anglais, et traduisit Shakespeare en tswana. Les expulsions forcées et la seconde guerre anglo-boer sont aussi abordées.

Circuits organisés

♥ **Steve Lunderstedt** VISITE GUIDÉE
(☎083 732 3189 ; à partir de 180 R ; ⏲18h30). Pour replonger dans le passé de Kimberley, participez à un "circuit des fantômes", dans cette ville que spectres et esprits ont la réputation de hanter. Historien et conteur local, Steve Lunderstedt parcourt Kimberley depuis 20 ans. Il propose un itinéraire de 4 heures qui fait halte dans six grands sites. Départ du Honoured Dead Memorial

– réservation impérative. La visite n'a lieu qu'à partir de 10 participants.

Steve organise aussi la **marche des fantômes de Big Hole**, d'une durée de 3 heures. **Jaco Powell** (☎082 572 0065 ; 180 R/pers) propose une excursion de 3 heures avec 4 haltes.

Champs de bataille de la seconde guerre anglo-boers CIRCUIT EN VOITURE
Plusieurs batailles décisives se déroulèrent dans la région, dont celles de Magersfontein, Modder River et Graspan. Tous ces sites se trouvent au sud-ouest de Kimberley par la N12. La bataille de **Magersfontein** (☎053-833 7115 ; adulte/enfant 15/8 R ; ⏲8h-17h), la plus importante, se solda par le massacre de la célèbre Highland Brigade par des Boers retranchés. Steve Lunderstedt, **Frank Higgo** (☎082 591 5327) et **Veronica Bruce** (☎083 611 6497) proposent des visites des champs de bataille (*battlefields*). Steve organise un "circuit des fantômes", en soirée, à Magersfontein.

Galeshewe Township VISITE GUIDÉE
(☎078 069 5104 ; bphirisi@yahoo.com ; demi-journée 340 R). Joy Phirisi organise des circuits à thème dans ce township accueillant, qui a joué un rôle majeur dans la lutte contre l'apartheid. On s'arrête en chemin au Mayibuye Uprising Memorial, où des manifestations contre l'apartheid ont eu lieu en 1952, au Robert Sobukwe's Practice, où vécut et travailla le fondateur de l'ancien Pan African Congress (PAC) alors qu'il était assigné à résidence à Kimberley, et au Northern Cape Legislature Building. Renseignez-vous au préalable si vous souhaitez visiter une maison ou un atelier d'artiste.

Où se loger

Les hébergements économiques et de catégorie moyenne se concentrent au sud-ouest du Diamond Visitors Centre, dans Bishops Avenue et les rues adjacentes.

Gum Tree Lodge AUBERGE DE JEUNESSE $
(☎053-832 8577 ; www.gumtreelodge.com ; Hull St ; dort 150 R, ch sans sdb 200 R, s/d 350/500 R ; ❄🅿). Cet établissement est ce qui se rapproche le plus d'une auberge de jeunesse classique à Kimberley. Cette ancienne prison transformée en lodge occupe un site verdoyant, non loin de la Rte 64. Les chambres sont sommaires, mais le cadre est agréable, avec ses arbres surplombant les toits en tôle.

Heerengracht Guest House GUESTHOUSE $
(☎053-831 1531 ; www.heerengracht.co.za ; 42 Heerengracht Ave, Royldene ; s sans sdb 400 R, d à partir de 550 R ; ❄📶🅿). Cette demeure en brique située dans une rue arborée offre des chambres et des appartements (850 R) spacieux. Elle se trouve à quelques minutes à pied de 2 centres commerciaux abritant des fast-foods. La clientèle se compose essentiellement de voyageurs d'affaires, c'est pourquoi les tarifs sont plus avantageux le week-end. Petit-déjeuner à 75 R.

♥ **75 on Milner** GUESTHOUSE $$
(☎082 686 5994 ; www.75onmilnerlodge.co.za ; 75 Milner St ; s/d à partir de 610/770 R ; ❄📶🅿). Vivement recommandée par les voyageurs, cette adresse conviviale dispose de chambres spacieuses et bien équipées – notamment d'un réfrigérateur, d'un micro-ondes et de la TV câblée – donnant sur une petite cour. Grande piscine. L'établissement se distingue par les petites attentions, notamment le verre de bienvenue, les en-cas dans les chambres et la qualité des renseignements sur les curiosités locales.

♥ **Kimberley Club** HÔTEL HISTORIQUE $$
(☎053-832 4224 ; www.kimberleyclub.co.za ; 72 Du Toitspan Rd ; s/d à partir de 995/1 230 R ; ❄📶). Cet ancien club privé, fondé en 1881 par Rhodes et ses collègues diamantaires, fut reconstruit après un incendie en 1896. L'édifice, que l'on dit hanté, est devenu un hôtel en 2004. Les 21 chambres, qui ont conservé leur élégance d'autrefois, ont accueilli d'illustres visiteurs, notamment la reine Élisabeth II. L'entrée est située dans Currey St. Petit-déjeuner 110 R.

Edgerton House GUESTHOUSE $$
(☎053-831 1150 ; www.halfwayhousehotel.co.za ; 5 Edgerton Rd ; ch 695 R ; ❄🅿). Douches et TV gigantesques pour ces chambres lumineuses à la décoration moderne. Celles donnant sur la rue pâtissent du volume sonore du pub Halfway House, tandis que celles sur l'arrière sont plus calmes – on y accède par une jolie cour. La Madiba Room a accueilli des personnalités illustres, dont Nelson Mandela. La réception se trouve au Halfway House (p. 469).

Australian Arms Guest House HÔTEL $$
(☎053-832 1526 ; www.australianarms.co.za ; Big Hole Complex ; s/d avec petit-déj 800/880 R ; ❄). Installé dans l'ancien quartier des mineurs, cet hôtel loue des chambres confortables mais ordinaires, ornées de photos en noir

Kimberley

et blanc de Kimberley, et dotées d'une baignoire à pieds et d'une cabine de douche, d'une TV satellite et d'un réfrigérateur. Son principal attrait tient au fait qu'on peut arpenter le village minier de nuit en imaginant les mineurs de diamant d'autrefois attablés dans les tavernes après une harassante journée à piocher.

Avec son piano ancien et ses réclames d'époque pour la Castle Lager au mur, le bar-restaurant (plats 75 R) est plus évocateur de la période, même si le grand écran plasma gâche un peu l'ambiance. Au menu : steaks, côtelettes et salades. Il n'est pas nécessaire de s'acquitter du droit d'entrée au Big Hole pour accéder à l'Australian Arms.

Protea Hotel Kimberley HÔTEL $$$
(☎053-802 8200 ; www.proteahotels.com/kimberley ; West Circular Rd ; s/d à partir de 1 340/1 515 R ; ❄📶🏊). Ce luxueux quatre-étoiles est le seul hôtel donnant sur le Big Hole – que l'ont peut apercevoir depuis la plate-forme privée du hall, orné de magnifiques lustres en cristal et de vieilles photos de la mine. Les 120 chambres assez compactes sont semées de faux meubles anciens, mais le hall et le bar-restaurant

Kimberley

Les incontournables
1 Big Hole ... A2

À voir
2 Alexander McGregor Memorial Museum ... C2
3 Honoured Dead Memorial ... D5
4 Sol Plaatje Educational Trust ... C4
5 William Humphreys Art Gallery ... D3

Où se loger
6 Australian Arms Guesthouse ... A2
7 Kimberley Club ... C2
8 Protea Hotel Kimberley ... A2

Où se restaurer
Kimberley Club ... (voir 7)
9 Lemon Tree ... C4
10 Occidental Grill Bar ... A2

Où prendre un verre et faire la fête
11 Star of the West ... A1

(ouvert aux non-résidents) reproduisent à merveille l'élégance victorienne. Des offres spéciales sont généralement proposées le week-end. Petit-déjeuner 175 R.

Où se restaurer et prendre un verre

Les adresses les plus authentiques pour manger ou boire un verre sont les pubs historiques. Beaucoup datent de la ruée vers les diamants.

Lemon Tree CAFÉ $

(www.nclemontree.co.za ; Angel St ; plats 50-90 R ; 8h-17h lun-ven, 8h-13h30 sam). Ce café établi de longue date propose des déjeuners légers, toute une gamme de gâteaux et un petit-déjeuner "spécial gueule de bois", pour ceux qui auraient trop profité des pubs légendaires de Kimberley.

Halfway House PUB $$

(053-831 6324 ; www.halfwayhousehotel.co.za ; Du Toitspan Rd, angle Carrington Rd ; plats 60-140 R ; 11h-23h ;). On se croirait à la tumultueuse époque des prospecteurs de diamants dans ce pub de 1872. C'est peut-être le seul bar "drive-in" au monde : Rhodes insistait en effet pour siroter sa bière sans avoir à descendre de cheval. Aventurez-vous à l'intérieur pour prendre un whisky au vieux bar, au milieu d'anciennes affiches de publicité, de miroirs poussiéreux et... de crachoirs. Le personnel pourra vous raconter les fascinantes histoires et légendes attachées au passé du pub. Aujourd'hui, on vient pour profiter des tables de billard au rez-de-chaussée et des concerts dans la cour. On y mange l'habituelle cuisine de pub : burgers, steaks, et pizzas. Du lundi au samedi, le dîner est servi dans un cadre plus raffiné, à l'Annabell's attenant. Quelques chambres étonnamment modernes (doubles à partir de 400 R) sont aménagées à l'étage, mais en raison du bruit, elles ne conviennent pas aux couche-tôt.

Occidental Grill Bar PUB $$

(053-830 4418 ; Big Hole Complex ; plats 70-150 R ; 9h-19h lun-jeu, 9h-23h ven-sam, 9h-17h dim ;). Avec son long bar et ses vieilles photos de chercheurs de diamants, ce saloon de l'époque victorienne constitue une étape plaisante si vous visitez le Big Hole. Au menu figurent *bunny chow* (miche de pain farcie de curry), côtes et côtelettes, et quelques salades symboliques. On peut y accéder directement, sans régler le droit d'entrée au Big Hole.

Kimberley Club INTERNATIONAL $$

(72 Du Toitspan Rd ; plats 50-130 R ; déj et dîner). Chaussures fermées et tenue ordinaire soignée sont nécessaires pour dîner au milieu d'objets évoquant Cecil Rhodes, dans le club fondé par ce dernier et transformé en boutique-hôtel. Le restaurant italien Café Vitello sert des repas légers sur la terrasse.

VAUT LE DÉTOUR

WILDEBEEST KUIL ROCK ART CENTRE

Wildebeest Kuil Rock Art Centre

(053-833 7069 ; www.wildebeestkuil.itgo.com ; Rte 31 ; adulte/enfant 25/15 R ; 9h-16h lun-ven, sur rv sam-dim). Située sur un site appartenant aux peuples xun et kwee, originaires d'Angola et de Namibie mais réinstallés ici en 1990, cette petite colline sacrée recèle plus de 400 gravures rupestres. Après une introduction vidéo retraçant le passé mouvementé des !Xun et des Kwee, vous suivrez une visite guidée éclairante.

Le centre se trouve à 16 km au nord-ouest de la ville, en direction de Barkly West. Comptez 35 R aller-retour en taxi-minibus collectif, et 360 R en taxi, temps d'attente du chauffeur compris.

Butler's FUSION $$$
(☎053-832 2668 ; www.theestate.co.za ; 7 Lodge St ; plats 90-195 R ; ⊙dîner lun-sam). Le restaurant le plus original de Kimberley propose un menu assez restreint comportant steaks de gibier, filet d'agneau et poitrine de porc (très prisée). Pour le dessert, essayez le cheese-cake glacé au beurre de cacahouète. À l'intérieur de la *guesthouse* Estate, ancienne demeure d'Ernest Oppenheimer.

Star of the West PUB
(North Circular Rd). Vieilles affiches de bière, plancher usé et tables en bois élimées constituent le décor de ce pub d'autrefois, créé en 1870, qui a accueilli plus d'une soirée (et mériterait un bon lifting). Le Star sert une cuisine de pub standard (plats 50-110 R).

Renseignements

Diamond (Diamantveld) Visitors Centre (office du tourisme ; ☎053-832 7298 ; www.northerncape.org ; 121 Bultfontein Rd ; ⊙8h-17h lun-ven, 8h-12h sam). Vous y trouverez la brochure *Kimberley Meander*, qui détaille divers itinéraires à pied et en voiture.

Comment s'y rendre et circuler

AVION

Des taxis assurent la liaison entre le centre-ville et l'aéroport, à 6 km au sud.

Hamba Nathi (☎053-831 3982 ; www.hambanathi.co.za ; 121 Bultfontein Rd, Diamond Visitors Centre). Vente de billets d'avion.

SA Express (☎053-838 3337 ; www.flyexpress.aero). Vols depuis/vers Johannesburg et Le Cap.

BUS

Tickets 4 Africa (☎053-832 6040 ; tickets4africa@hotmail.com ; 121 Bultfontein Rd, Diamond Visitors Centre). Vente de billets **Greyhound** (www.greyhound.co.za), **Intercape** (www.intercape.co.za) et **City to City** (www.citytocity.co.za). Liaison directe pour Le Cap (550 R, 12 heures, tlj) et Jo'burg (400 R, 6 heures, tlj). Intercape dessert Upington (420 R, 6 heures) le dimanche, et Bloemfontein (430 R, 2 heures) le jeudi et le samedi, avec retour le vendredi et le dimanche.

Translux (www.translux.co.za) dessert également Kimberley.

TAXI

Rikki's Taxis (☎053-842 1764)

TRAIN

Blue Train (www.bluetrain.co.za). Le service reliant Pretoria au Cap fait halte ici pour une visite du Big Hole.

Shosholoza Meyl (www.shosholozameyl.co.za). Les trains trans-Karoo reliant Jo'burg au Cap font halte à Kimberley.

VOITURE

Les compagnies Avis, Budget, Europcar, First, Hertz, Sixt et Tempest possèdent un comptoir à l'aéroport de Kimberley.

HAUT KAROO

Vers le sud-ouest de Kimberley s'étendent les plaines peu peuplées du Haut Karoo (Upper Karoo), une région appartenant au Grand Karoo (Great Karoo), qui se prolonge jusque dans le Cap oriental et le Cap occidental. C'est un territoire désolé où l'horizon s'étire à l'infini, peuplé en majorité d'éleveurs de moutons, vivant comme autrefois sur d'immenses étendues de terres dénudées. Les villes, rares et espacées, n'ont guère d'intérêt pour le voyageur, sinon celui de servir d'étape pour observer les étoiles et goûter l'agneau du Karoo, la spécialité locale.

Mokala National Park

Dernier-né des parcs nationaux sud-africains, le **Mokala** (☎053-204 8000 ; www.sanparks.org ; adulte/enfant 128/64 R ; ⊙6h30-18h fin mars, avr, août et sept, 7h-17h30 mai-juil, 7h-19h oct à mi-mars) tire son nom de l'arbre qui domine ses paysages, l'*Acacia erioloba* ("lobe de l'oreille") ou *mokala* en tswana. Le parc national de Mokala est un territoire de plaines herbeuses constellées de collines pierreuses. Cette variété d'acacia endémique de l'Afrique du Sud présente diverses formes, du petit buisson épineux haut de 2 m à l'arbre de 16 m couronné d'un large et dense feuillage. C'est une ressource extrêmement importante pour la population comme pour la faune qui vivent dans cette rude région. Les communautés locales utilisent la gomme et l'écorce pour soigner la toux, les refroidissements et les saignements de nez. Les graines sont aussi parfois torréfiées pour servir de substitut au café. Parmi les mammifères qu'abrite ce parc de 200 km², figurent le rhinocéros noir, son cousin le rhinocéros blanc, l'antilope rouanne, le buffle africain, la girafe et le zèbre.

Des activités telles que safaris en voiture au coucher du soleil, pêche à la mouche et *braai* (barbecue) dans la brousse peuvent être organisées à condition de réserver.

VAUT LE DÉTOUR

TRANSKAROO COUNTRY LODGE

Transkaroo Country Lodge
(☎053-672 0027 ; www.transkaroocountrylodge.co.za ; ch sans sdb 250 R/pers, s/d à partir de 590/690 R ; ❄ ≋). Si les chambres au mobilier d'antan constituent une étape accueillante, c'est surtout le restaurant adjacent (plats 60-110 R) qui distingue Britstown des autres *dorp* (villages) assoupis du Karoo. Les nappes à carreaux donnent à la cour arborée un air de campagne française, bien que la cuisine soit résolument régionale – optez pour l'extraordinaire buffet-dîner (160 R), qui propose mille et une recettes d'agneau du Karoo.

Où se loger et se restaurer

Motswedi Campsite CAMPING $
(empl à partir de 310 R). Ce superbe camping ne comprend que 6 emplacements donnant sur un point d'eau – chacun dispose de ses propres sanitaires et cuisine.

Stofdam Bird Hide CABANES $
(☎053-204 0158 ; 1-4 pers 440 R). Une adresse très recherchée, à l'atmosphère rustique. Pas de réservations en ligne. Séjours d'une nuit exclusivement. Apportez votre couchage et vos ustensiles de cuisine.

Mosu Lodge LODGE $$
(bungalow à partir de 600 R ; ❄ ≋). L'option la plus luxueuse du parc. Ses suites haut de gamme sont tout équipées, avec cheminée, couvertures électriques et TV satellite. Au bord de la piscine, un élégant bar-restaurant, ouvert toute la journée, propose divers plats – légumes sautés ou tourte au gibier (plats 60-120 R).

Kameeldoorn Tree House CABANE $$
(☎053-204 0158 ; 2 pers 1 100 R). Une merveilleuse cabane tout équipée perchée dans un arbre au centre du parc. Réservez le plus tôt possible.

Haak-en-Steek Camp COTTAGE $$
(1-4 pers à partir de 895 R). Ce cottage rustique situé dans l'ouest du parc peut accueillir jusqu'à 4 personnes. Cuisine bien équipée et espace *braai*, mais ni restaurant, ni bar, ni piscine.

Lilydale Rest Camp CHALETS $$
(ch à partir de 735 R ; ❄ ≋). Le Lilydale se tient sur les rives du Riet, où l'on peut pêcher à la mouche. Il propose des hébergements équipés (dont des chalets au toit de chaume), dans un superbe cadre naturel. Il y a aussi une piscine et un restaurant ouvert pour le petit-déjeuner et le déjeuner.

Depuis/vers le Mokala National Park

Pendant la saison des pluies, les routes sont parfois inaccessibles aux véhicules légers – renseignez-vous au préalable.

Pour rejoindre le parc depuis Kimberley, empruntez la N12 sur 60 km en direction du sud-ouest, prenez à droite à hauteur de la pancarte "Mokala Mosu" puis suivez le chemin de terre sur 21 km. On peut traverser le parc et sortir par la porte (*gate*) Lilydale, puis emprunter une route non bitumée sur 16 km et rattraper la N12 à 40 km au sud-ouest de Kimberley.

Victoria West

8 300 HABITANTS

Située à peu près à mi-chemin entre Jo'burg et Le Cap, Victoria West était jadis une petite ville dynamique grâce au chemin de fer et à sa gare. Même si elle semble aujourd'hui figée dans le temps, la bourgade séduira les voyageurs souhaitant profiter de la fraîcheur champêtre du Karoo et avoir un aperçu de la vie locale avant de reprendre la route.

Dans Church St, le **Victoria West Regional Museum** (7h45-13h et 14h-16h45 lun-ven) GRATUIT présente l'histoire naturelle et sociale de la région. Dans la même artère se trouvent également la **St John's Church** (1869), surprenante église blanchie à la chaux et l'**Apollo Theatre** – un cinéma Art déco à l'intérieur parfaitement préservé (adressez-vous au musée si vous souhaitez y jeter un coup d'œil). Datant de la fin du XIXe siècle, le **Victoria West Hotel** domine la rue, tel un vestige de l'époque coloniale.

Où se loger et se restaurer

Kingwill's B&B GUESTHOUSE $
(☎053-621 0453 ; 5 Victoria St ; ch 500 R ; ❄ ≋). Le bâtiment principal abrite quelques chambres charmantes, tandis que les vastes chambres au décor moderne donnant sur le jardin sont équipées de TV écran plat, micro-ondes et réfrigérateur. Dîner sur demande.

De Oude Scholen GUESTHOUSE $
(053-621 1043 ; deoudescholen@telkomsa.net ; 1 Auret St ; s/d à partir de 450/550 R ;). Ces chambres sans fioritures sont installées dans les anciennes salles de classe de la plus vieille école de la ville. Bien équipées, elles sont dotées de jolis couvre-lits, de réfrigérateurs, de micro-ondes et de grandes salles de bains. Propose des déjeuners et des *braai* (120 R) le soir sur réservation préalable. Petit-déjeuner 75 R.

Karoo Deli CAFÉ $
(plats 45-60 R ; 7h-17h lun-ven, 7h-13h sam). Ce café sert des collations légères : déjeuner-buffet, petit-déjeuner et plats traditionnels tels que *bobotie* (curry surmonté d'œufs gratinés) et abats. Derrière le Victoria West Hotel.

Renseignements

On trouve des DAB et un garage dans Victoria West. La ville se situe à l'intersection de la N12 et de la Route 63, qui file vers l'ouest jusqu'à Calvinia en passant par Loxton, Carnarvon et Williston.

KALAHARI

Voyager dans le Kalahari, c'est comme être propulsé dans un univers parallèle. Magique et hors du temps, cet immense désert vous donnera la sensation d'être devenu minuscule, perdu au milieu de paysages qui n'en finissent pas, où tout semble déformé sous l'effet de la chaleur. Avec ses couchers de soleil flamboyants, son sable – poussière rougeoyante se déplaçant au gré du vent –, ses prairies à la végétation étonnamment luxuriante, ses chutes d'eau, ses parcs exceptionnels et ses vignes, cette région continue de vous ensorceler longtemps après votre retour. Si vous souhaitez en avoir un aperçu avant le départ, Laurens Van der Post a fait revivre cet univers enchanté dans nombre de ses romans, notamment dans *Le Monde perdu du Kalahari*.

Le désert recouvre aussi une grande partie du Botswana et s'étend jusqu'en Angola et en Namibie. En Afrique du Sud, il se divise en deux zones distinctes : les régions arides, semi-désertiques, et désertiques, et le Kalahari "vert" ("Green Kalahari"), fertile et irrigué, qui suit le cours du Senqu (fleuve Orange). Les dunes de cette vaste plaine ont cédé aujourd'hui la place à des exploitations fruitières et viticoles, qui produisent notamment un succulent raisin de Smyrne et quantité de vin de table. Toutefois, avec ses grands espaces déserts et ses nuits étoilées spectaculaires, le Kalahari "vert" donne toujours le sentiment d'aller à la rencontre d'une terre vierge.

Kuruman

13 000 HABITANTS

Petite agglomération minière au fin fond d'une région sauvage et rude, Kuruman n'offre guère de raisons de s'attarder, si ce n'est pour marquer une étape lors d'un périple à travers le Kalahari.

L'appréciable **office du tourisme** (053 712 8819 ; Main Rd ; 8h-17h lun-ven) dispose de brochures et de cartes sur le Kalahari.

À voir

Moffat Mission BÂTIMENT RELIGIEUX
(adulte/enfant 10/5 R ; 8h-17h). Fondée en 1816 par la London Missionary Society, la mission Moffat doit son nom à deux missionnaires écossais dévoués, Robert et Mary Moffat. Ils convertirent les Batlhaping au christianisme, ouvrirent une école et traduisirent la Bible en tswana. Le lieu devint une étape obligée pour les explorateurs et les missionnaires qui s'enfonçaient plus avant en Afrique. La fille des Moffat épousa David Livingstone dans l'église de la mission, un bâtiment en pierre coiffé d'un toit de chaume et pouvant accueillir 800 fidèles.

La paisible mission conserve une atmosphère bien à elle, avec de grands arbres procurant une ombre bienvenue après la chaleur du désert. Un peu négligée ces derniers temps, elle reste néanmoins très évocatrice. Elle se trouve à 5 km de Kuruman, sur la Rte 31 en direction de Hotazel. La porte latérale est fermée : passez par le centre de conférences. S'il n'y a personne, payez directement dans la boîte à dons.

Eye of Kuruman PARC
(Main Rd ; adulte/enfant 10/5 R ; 7h-18h). Cette source naturelle réputée se situe dans le parc de la ville, entre l'office du tourisme et le Palmgate Centre. Découverte en 1801, la source produit 20 millions de litres d'eau par jour, sans jamais faillir. Avec son étang aux eaux claires entouré d'arbres, le parc constitue un lieu idéal pour une pause. Remarquez la taille des poissons qui plongent sous les feuilles des nénuphars.

HORS DES SENTIERS BATTUS

LA GROTTE DE WONDERWERK

Wonderwerk Cave (☎087 310 4356 ; adulte/enfant 25/15 R ; ⏲8h-17h). D'importantes fouilles archéologiques dans cette grotte dolomitique ont retrouvé la trace d'hominidés utilisant le feu. Il s'agirait de la plus ancienne grotte ayant abrité des humains connue à ce jour. Les fouilles sont encore en cours. Un petit centre d'information fournit quelques renseignements sur les anciens habitants de la caverne, dès le début de l'âge de pierre. Malheureusement, la visite guidée n'est pas très instructive – en guise d'introduction, visitez d'abord le McGregor Museum à Kimberley. La grotte est située à 45 km au sud de Kuruman, sur la Rte 31.

Où se loger et se restaurer

Du lundi au jeudi, les hébergements sont souvent pris d'assaut par les employés des mines locales. Mieux vaut réserver.

Kuru-Kuru Guesthouse GUESTHOUSE $$
(☎053-712 0319 ; www.kurukuru.co.za ; angle Albutt St et Buckle St ; s/d à partir de 500/640 R). Une sympathique pension aux chambres assez simples avec terrasse. Certaines sont équipées d'une cuisine. On y trouve un bar, une bibliothèque et une table de billard, mais pas de piscine. À 2 km au nord de la ville, près de la Route 31. Petit-déjeuner 50 R.

Palmgate Centre SUPERMARCHÉ
(22 Main Rd). Ce centre commercial compte un supermarché et un bar-restaurant servant des pizzas, des pâtes, des burgers et des steaks.

Caffe Palermo INTERNATIONAL $$
(☎053-712 3951 ; 7 Main Rd ; plats 65-135 R). Situé dans un petit centre commercial, à la lisière ouest de la ville, cet établissement offre une halte revigorante. Doté d'une terrasse ombragée, il propose un vaste choix de plats : burgers, quiches, pâtes, salades ou mets plus consistants.

Depuis/vers Kuruman

Intercape (www.intercape.co.za) dessert Kuruman lors de sa liaison quotidienne entre Jo'burg (620 R, 7 heures 30) et Upington (530 R, 3 heures 30).

Witsand Nature Reserve

Cette belle **réserve naturelle** (☎083-234 7573 ; www.witsandkalahari.co.za ; adulte/enfant 50/30 R ; ⏲8h-18h), de 9 km de large sur 5 km de long, couvre un groupe de dunes de sable blanc haut de 70 m, qui non seulement offre un contraste saisissant avec les sables rouges du Kalahari, mais se met à "chanter" lorsque le vent souffle par temps chaud et sec. Créé par le mouvement de l'air sur les dunes, ce son rappelle la tonalité grave de l'orgue. Ce grognement sourd peut porter jusqu'à 5 km.

Vous pouvez parcourir la réserve à pied librement, pratiquer le *sandboard* (planche 120 R/jour) sur les dunes, faire du VTT (100 R) ou emprunter un circuit de 40 km en 4x4. Si la faune n'est pas particulièrement abondante, on croise toutefois quelques antilopes et une multitude d'oiseaux. Aucune activité n'est proposée mais vous pourrez vous promener à votre guise dans la réserve.

Où se loger

Un campement de brousse pourvu d'une piscine loue des **chalets** (adulte/enfant 480/240 R, 3 pers minimum ; ❄🏊) aux toits de chaume, accueillant chacun jusqu'à 6 personnes dans 3 chambres, avec salle de bains commune. La réserve dispose aussi de **bungalows** (adulte/enfant 200/100 R) pour 2 ou 4 personnes, plus précisément des cabanes avec sanitaires communs et cuisine en extérieur, pour lesquelles les draps sont fournis ; ainsi qu'un **camping** (adulte/enfant 110/60 R). Une deuxième piscine se trouve entre les cabanes et le camping.

Depuis/vers la Witsand Nature Reserve

Depuis la N14, l'embranchement pour la réserve se trouve à 5 km au sud-ouest d'Olifantshoek et à 105 km de Kuruman. De là, on emprunte la route gravillonnée vers le sud-ouest sur 75 km jusqu'à la réserve. Sur la Rte 62, l'embranchement se situe à 60 km à l'est de Groblershoop et à 5 km à l'est de Volop – la réserve est à 45 km au nord de la route gravillonnée. Normalement, vous n'aurez pas besoin de 4x4, mais mieux vaut appeler la réserve au préalable pour s'enquérir de l'état des routes. Il n'y a pas de station-service à Witsand, et la boutique ne vend que les produits les plus élémentaires : faites le plein avant d'arriver et apportez boissons et nourriture.

Upington

57 000 HABITANTS

Entourée de jardins verdoyants et de centaines de palmiers dattiers, Upington est une ville prospère et bien ordonnée, installée sur les rives du Senqu (Orange). Située au cœur du Green Kalahari, elle est l'endroit idéal pour se remettre d'une longue traversée du désert – la chaleur y est néanmoins accablante en été. Si vous rêvez de découvrir les coins les plus reculés du Cap-Nord sans avoir les moyens d'y aller seul, vous trouverez ici de quoi faire un circuit organisé. De larges boulevards bordés de supermarchés et de grands magasins occupent le centre-ville, mais si vous vous aventurez dans les petites rues près du fleuve, vous pénétrerez dans un autre monde, où la vue sur l'eau et les rangées ininterrompues de palmiers créent une ambiance paisible.

À voir et à faire

Kalahari-Orange Museum MUSÉE

(4 Schröder St ; adulte/enfant 10/2 R ; 9h-12h30 et 14h-17h lun-ven). Aménagé dans la mission fondée en 1875 par le révérend Schröder, le musée met l'accent sur l'histoire locale en présentant des objets domestiques et agricoles. Une exposition est consacrée aux “26 d'Upington”, injustement emprisonnés durant l'apartheid.

Orange River Cellars DOMAINE VITICOLE

(054-337 8800 ; www.orangeriverwines.com ; 32 Industria St ; dégustation à partir de 10 R). Une vaste gamme de vins abordables sont à découvrir, notamment vins de dessert et vins pétillants. Les enfants et les abstinents auront même droit à une dégustation de jus de fruits. L'établissement se trouve dans une zone industrielle à 6 km au nord-est de la ville – l'endroit manque un peu de cachet, mais une nouvelle salle de dégustation devrait ouvrir bientôt dans le centre d'Upington.

♥ **Sakkie se Arkie** CROISIÈRE

(082 564 5447 ; www.arkie.co.za ; Park St ; adulte/enfant 90/50 R ; 18h ven-dim, tlj pendant les vacances). Pour profiter des derniers rayons du soleil, optez pour une descente du Senqu (Orange) sur une barge en bois. Très appréciées, ces croisières de 2 heures au crépuscule, sur fond musical, sont idéales pour clore en beauté une chaude journée à Upington.

Circuits organisés

Upington est l'endroit idéal pour organiser une expédition dans le désert du Kalahari.

Kalahari Safaris CIRCUITS AVENTURE

(054-332 5653 ; www.kalaharisafaris.co.za). Propose des circuits pour 2 à 5 personnes vers les parcs du Kgalagadi et des Augrabies Falls, la Witsand Nature Reserve et le Namakwa. Les circuits, qui conviennent à tous les budgets, durent de 1 à 7 jours.

Kalahari Tours & Travel CIRCUITS AVENTURE

(054-338 0375 ; www.kalahari-tours.co.za). Organise des circuits dans toute la province, dont des excursions en 4x4 au Kgalagadi, d'une durée de 3 à 9 jours.

Sakkie's Adventures CIRCUITS AVENTURE

(082 564 5447 ; www.arkie.co.za ; Park St). Propose des sorties en rafting sur le Senqu (Orange), des circuits au Kgalagadi en 4x4 ou en bus, des excursions en quad et des safaris avec camping à Riemvasmaak, au |Ai-|Ais/Richters-veld Transfrontier Park et au Namakwa.

Où se loger

Les *guesthouses* installées dans Budler St et Murray Ave donnent sur le fleuve et leurs jardins descendent jusqu'à l'eau.

♥ **Le Must River Residence** GUESTHOUSE $$

(054-332 3971 ; www.lemustupington.com ; 14 Budler St ; s/d avec petit-déj à partir de 890/1 180 R ;). Cette demeure raffinée au bord de l'eau compte 11 chambres avec meubles anciens et linge de lit impeccable. Plusieurs salons et terrasses ouvrent sur le jardin, agrémenté d'une piscine italianisante. Juste à côté, **Le Must River Manor** (054-332 3971 ; www.lemustupington.com ; 12 Murray Ave ; s/d avec petit-déj à partir de 680/930 R ;) est géré par la même équipe. Demandez la chambre n°4, dont le balcon donne sur le fleuve.

Aqua Viva GUESTHOUSE $$

(054-331 2524 ; www.aquaviva.co.za ; 26A Schröder St ; s/d 550/650 R ;). Dissimulé par le Protea Hotel, cet endroit paisible propose des chambres spacieuses à la décoration sobre mais élégante, avec vastes salles de bains et TV étrangement petites. La véranda commune donne sur une pelouse avec vue sur la rivière.

Affinity Guesthouse GUESTHOUSE $$

(054-331 2101 ; www.affinityguesthouse.co.za ; 4 Budler St ; s/d avec petit-déj à partir de

Upington

Upington

À voir
1 Kalahari-Orange Museum B3

Activités
2 Sakkie se Arkie B2
Sakkie's Adventures ....(voir 2)

Où se loger
3 Affinity Guesthouse C2
4 Aqua Viva C2
5 Die Eiland Holiday Resort D2
6 Island View House C2
7 Le Must River Manor C2
8 Le Must River Residence D1
9 Protea Hotel Oasis C2

Où se restaurer
10 Dros C1
11 Irish Pub & Grill C2

720/850 R ;). Malgré une atmosphère un peu froide dans les espaces communs, le personnel est serviable et les chambres agréables. Elles sont équipées d'un réfrigérateur et d'une TV à écran plat, avec accès à un balcon commun. Demandez une chambre ayant vue sur le fleuve.

Die Eiland Holiday Resort CAMPING, CHALETS **$$**
(054-334 0287 ; resort@kharahais.gov.za ; empl tente à partir de 125 R, cabane sans sdb à partir 300 R, chalets à partir de 770 R ;). Une allée bordée de palmiers mène à "l'Île", située dans un merveilleux cadre naturel, sur la rive orientale de la rivière. Les chalets sont équipés d'une kitchenette avec plaque de cuisson et micro-ondes, ainsi que d'une minuscule salle de bains (douche).

Island View House B&B **$$**
(054-331 1328 ; www.islandviewhouse.co.za ; 10 Murray Ave ; s/d avec petit-déj 700/900 R ;). L'accueillante famille Mocké loue des chambres modernes avec douche. Les hôtes se partagent le salon, la cuisine et le balcon.

Protea Hotel Oasis HÔTEL **$$$**
(054-337 8500 ; www.proteahotels.com ; 26 Schröder St ; ch à partir de 1 600 R ;). Un des hôtels les plus élégants d'Upington. La piscine et le restaurant se trouvent au Protea Upington, juste en face. Petit-déjeuner 165 R.

Où se restaurer et prendre un verre

Vous trouverez une série de fast-foods et de chaînes de restauration dans l'immense Kalahari Mall, à l'est du centre-ville.

Choc-o-Latte CAFÉ **$**

(13 Du Toit St ; plats 50-80 R ; 8h-16h lun-ven, 8h30-14h sam ;). Dégustez un bon café sur la terrasse ou à l'intérieur de cet établissement aux murs couverts de tableaux, en bordure de la ville. On y sert des sandwichs et salades, et de généreuses parts de gâteau. Fait également B&B. Suivez les panneaux pour la Medi-Clinic.

Bi-Lo Bistro INTERNATIONAL, SUSHIS **$$**

(www.bilobistro.co.za ; 9 Green Point Rd ; plats 60-120 R ; petit-déj, déj et dîner ;). Dans ce populaire restaurant de banlieue, les oiseaux sautillent entre les palmiers tandis que les enfants s'amusent sur les balançoires. Le menu, éclectique, va du steak aux sushis (qui sont très bons, même si cela peut surprendre).

Irish Pub & Grill PUB **$$**

(054-331 2005 ; 20 Schröder St ; plats 70-150 R). Le patio de ce pub irlandais donne sur le fleuve. On y sert des pizzas, quelques salades et toutes sortes de viandes.

Dros PUB, SUD-AFRICAIN **$$**

(054-331 3331 ; www.dros.co.za ; Pick 'n Pay Centre ; plats 70-160 R). Appartenant à une chaîne, ce bar-restaurant privilégie la viande, mais sert néanmoins des salades, du poisson et des pizzas. Cadre plaisant pour se poser après une chaude journée passée sur la route.

Renseignements

Tourism Green Kalahari (054-337 2800 ; près de la Rte 360 ; 7h30-16h30 lun-ven). Appelez au préalable car les horaires d'ouverture de cet office du tourisme ne sont pas toujours respectés.

Upington Tourist Office (054-338 7152 ; www.northerncape.org.za ; Mutual St, Municipal Bldg ; 7h30-16h30 lun-ven). L'office du tourisme est temporairement installé dans la mairie, mais devrait prochainement réintégrer la bibliothèque.

Depuis/vers Upington

AVION

South African Airways (www.flysaa.com) assure des liaisons depuis/vers Jo'burg et Le Cap.

BUS

Les bus **Intercape** (0861 287 287 ; www.intercape.co.za ; Lutz St) rallient Bloemfontein (390 R, 8 heures, jeu et sam), Le Cap (600 R, 14 heures, du dim-ven soir), Jo'burg (700 R, 11 heures, tlj) ainsi que Windhoek, en Namibie (630 R, 12 heures, mar, jeu, ven et dim).

VOITURE

Vous trouverez des agences Avis et Europcar à l'aéroport d'Upington. Budget et Tempest ont des agences en ville.

TAXI COLLECTIF

Les taxis-minibus desservent notamment Springbok (240 R, 4 heures), et Windhoek, en Namibie (650 R, 13 heures).

Kgalagadi Transfrontier Park

Vous devrez faire un long et torride trajet entre des dunes de sable rouge avant d'atteindre le premier **parc transfrontalier** (054-561 2000 ; www.sanparks.org ; adulte/enfant 264/132 R) d'Afrique, qui recèle l'un des derniers grands écosystèmes bien préservés de la planète. Mais une fois que vous serez entré dans ce lieu magique, partagé entre le Cap-Nord et le sud-ouest du Botswana, le long de la frontière namibienne, vos efforts seront largement récompensés.

Le Kgalagadi est un territoire sauvage qui réunit les extrêmes et subit de fréquentes sécheresses, où les sables mouvants rouge et blanc alternent avec les acacias et les cours d'eau asséchés. Dans ces paysages désolés vit pourtant une faune nombreuse. Des lions fiers à la crinière noire aux groupes de hyènes hurlantes, le parc regroupe plus de 1 775 prédateurs. C'est l'un des meilleurs endroits au monde pour apercevoir les grands fauves, en particulier les guépards. Ajoutez-y des couchers de soleil flamboyants et un ciel constellé d'étoiles et vous voilà plongé dans le fabuleux décor d'un conte africain.

La section comprise entre Urikaruus et Mata-Mata se prête particulièrement à l'observation des prédateurs, tandis que les itinéraires est-ouest entre les deux cours d'eau se distinguent par la beauté des paysages et l'abondance de la faune aviaire. Cette région semi-aride abrite d'importantes populations de reptiles, de rongeurs, de petits mammifères et d'antilopes. Et la plupart de ces espèces sont assez faciles à observer.

Le paysage est d'une beauté obsédante. Entre les eaux du Nossob et de l'Auob (généralement à sec) se dressent les dunes rouges caractéristiques du Kalahari, une couleur due à la présence d'oxyde de fer. Ailleurs, le sable adopte des tons roses, jaunes ou gris. Après les pluies, les plantes pionnières présentent des teintes d'un vert chatoyant.

KGALAGADI TRANSFRONTIER PARK

Pourquoi y aller Les chances d'observer des fauves sont exceptionnelles, les itinéraires en 4x4 splendides et les couchers de soleil font le bonheur des photographes. L'atmosphère est plus sauvage que dans la plupart des parcs d'Afrique du Sud.

Quand partir Entre mai et août, lorsque la température est la plus fraîche (elle descend en dessous de zéro pendant la nuit) et que les animaux se rapprochent des points d'eau le long des rivières à sec. De décembre à février, la canicule pousse les animaux assoiffés vers les points d'eau, ce qui les rend plus faciles à observer.

Infos pratiques Les portes ouvrent entre 5h30 et 7h30 et ferment entre 18h et 19h30. Les horaires changent selon le mois, mais suivent généralement le lever et le coucher du soleil. Essence et gasoil sont disponibles dans les campements. Prévoyez toujours de l'eau potable. Il est possible d'organiser des circuits dans le Kgalagadi, au départ d'Upington. Il est interdit de quitter son véhicule, hormis sur les sites de pique-nique et d'hébergement prévus à cet effet.

Faire des économies Si vous arrivez en fin d'après-midi, mieux vaut passer la nuit en dehors du parc pour éviter d'avoir à régler le droit d'entrée de la journée.

Activités

Le parc organise des **safaris d'observation de la faune** (adulte/enfant à partir de 180/90 R) toute la matinée, à l'aube, au coucher du soleil et la nuit. Il existe également des **sorties pédestres le matin** (adulte à partir de 315 R, 12 ans minimum), d'une durée de 3 heures, au départ des campements de Twee Rivieren, Nossob, Mata-Mata, et du Kalahari Tented Camp. Nous vous conseillons au moins l'une de ces activités : vous aurez plus de chances d'apercevoir les animaux en compagnie d'un ranger bien formé. Au moins 2 personnes doivent être inscrites pour les safaris.

Moyennant un surcoût, on peut aussi emprunter les pistes pour 4x4 (2 500 R/véhicule).

Où se loger et se restaurer

Les hébergements peuvent être réservés sur le site du **South African National Parks** (SANParks ; ☎ 012-428 9111 ; www.sanparks.org/parks/kgalagadi), ou à la Twee Rivieren Gate (à l'exception du !Xaus Lodge). Il est recommandé de réserver bien à l'avance.

Au sein des campements, on trouve des boutiques proposant des provisions basiques, des sodas et de l'alcool. Elles ouvrent à partir de 7h30 et ferment 15 minutes après la fermeture des portes (celles de Nossob et Mata Mata ferment de 12h30 à 13h30).

Le campement de Twee Rivieren abrite l'unique **restaurant** (plats à partir de 70 R ; ⏰ 7h30-10h et 18h-21h) du parc.

Campements

Tous disposent d'emplacements de camping et louent des chalets, bungalows et cottages (linge fourni), dotés de cuisines bien équipées, de coins *braai* et de sdb. Twee Rivieren est le seul camp à disposer d'électricité 24h/24 – les autres en sont dépourvus la nuit.

Twee Rivieren CHALETS **$$**
(camping à partir de 190 R, cottage/chalet à partir de 910/1 220 R ; ❄ ≋). Le plus vaste des camps est aussi le plus commode. Situé près de l'entrée, il est le mieux équipé. Les cottages hébergent de 2 à 4 personnes, et le chalet peut en accueillir 6. Les emplacements de tentes sont moins chers, mais sans électricité.

Mata-Mata CHALETS **$$**
(camping à partir de 220 R, chalet 2/4 pers à partir de 720/1 220 R ; ❄ ≋). Entouré d'arbustes épineux typiques des dunes du Kalahari, à plus de 3 heures de la Twee Rivieren Gate, Mata-Mata est idéal pour observer les girafes. Les chalets en bord de rivière (à partir de 1 310 R) méritent bien quelques rands de plus – depuis la cour donnant sur la rivière asséchée, vous verrez très probablement des animaux.

Nossob CHALETS **$$**
(camping à partir de 220 R, chalet/cottage/guesthouse à partir de 750/1 325/1 485 R ; ≋). Installé dans le lit asséché de la Nossob River, ce camp est idéal pour observer les prédateurs. Les chalets, les *guesthouses* et le cottage sont de taille variable mais disposent tous d'équipements similaires. Atmosphère un peu rude et froide. À plus de 4 heures de la Twee Rivieren Gate.

Campements en pleine nature

Hautement recommandés, ces camps en pleine nature vous donnent la possibilité de sortir des sentiers battus : les camps ne sont pas clôturés et les animaux peuvent se promener à leur guise. Une garde est assurée 24h/24. Avant de venir, faites provision d'essence, d'eau potable et de bois (ou de charbon) : vous n'en trouverez pas sur place. Réservez bien à l'avance. Seul le Kalahari Tented Camp accepte les moins de 12 ans.

Kgalagadi Transfrontier Park

Kalahari Tented Camp CAMPING $$
(tentes 2-4 pers à partir de 1 250 R ;). Le plus luxueux des campements du parc regroupe 14 tentes sur pilotis, avec mobilier rustique et vue sur un point d'eau dans le lit de l'Auob, fréquenté par les troupeaux de gnous. L'atmosphère est rustique et donne le sentiment d'être loin de tout, alors que les commodités de Mata-Mata ne sont qu'à 3 km (et à 3 bonnes heures de la Twee Rivieren Gate).

Kielekranke Wilderness Camp CABANES $$
(cases à partir de 1 270 R). Au cœur des dunes, avec leurs terrasses surplombant le désert, ces magnifiques cabanes aux murs de toile semblent perdues au milieu de nulle part, alors qu'elles ne sont qu'à 1 heure 30 de Twee Rivieren.

Bitterpan CABANES $$
(cabane à partir de 1 140 R). Bâties sur pilotis, ces cabanes se trouvent dans une partie très reculée du parc. Le camp n'est accessible qu'en 4x4, par une piste accidentée à sens unique à plus de 3 heures du campement de Nossob. Les logements sont dotés de sdb privatives, mais la cuisine est commune.

Gharagab CABANES $$
(cabane à partir de 1 120 R). Installées dans un veld couvert d'*Acacia erioloba*, les cabanes en rondins sont construites sur pilotis, au-dessus des dunes de sable rouge. Les terrasses donnant sur un point d'eau fréquenté par la hyène brune sont un point fort de cet endroit reculé, accessible par une piste pour 4x4 à sens unique partant d'Union's End. À 3 bonnes heures de Nossob.

Grootkolk CABANES $$
(cabane à partir de 1 270 R). Nichées dans des dunes de sable rouge, dans un site reculé à l'extrémité nord du parc, les cabanes de ce camp sont faites de sacs de sable et de toile. La nuit, le silence et les étoiles vous émerveilleront. On observe souvent des prédateurs au point d'eau.

Kgalagadi Transfrontier Park

À voir
1 Kgalagadi Transfrontier Park A2

Où se loger
2 !Xaus Lodge A4
3 Bitterpan A3
4 Gharagab A1
5 Grootkolk A1
6 Kalahari Tented Camp A3
7 Kielekranke Wilderness Camp B4
8 Mata-Mata A3
9 Nossob B2
10 Twee Rivieren B4
11 Urikaruus A3

Où se restaurer
Twee Rivieren Rest Camp Restaurant .... (voir 10)

Urikaruus CABANES $$
(cabane à partir de 1 270 R). Perchées sur les rives de l'Auob, ces 4 cabanes sont nichées parmi de vieux acacias noueux, et reliées entre elles par des passerelles surélevées. Le camp est le plus proche de Twee Rivieren (un peu plus de 2 heures de Twee Rivieren Gate) après le Kieliekrankie.

!Xaus Lodge LODGE $$$
(021-701 7860 ; www.xauslodge.co.za ; s/d pension complète 4 290/6 600 R ;). L'option la plus haut de gamme du Kgalagadi est la propriété de la communauté san. Le lodge semble sorti d'un rêve aux tons ocre. Il domine un puits salant circulaire aux contours si parfaits qu'on le croirait artificiel. Les tarifs comprennent des activités culturelles et d'excellents safaris en voiture.

À l'extérieur du parc

Il existe de nombreuses adresses d'hébergement sur la Rte 360 entre Upington et la Twee Rivieren Gate.

Kalahari Trails LODGE $
(054-511 0900 ; www.kalahari-trails.co.za ; Rte 360 ; camping 80 R, s/d 300/500 R). Cette réserve privée, à 35 km au sud de Twee Rivieren permet de découvrir le Kalahari à pied. On peut parcourir les dunes librement, ou participer aux promenades guidées et aux safaris, de jour ou de nuit. Le lodge dispose de tentes safari et d'un chalet tout équipé. Des chambres à petits prix avec sdb commune sont également disponibles.

Molopo Kalahari Lodge LODGE $$
(054-511 0008 ; www.ncfamouslodges.co.za ; Rte 360 ; empl 300 R, s/d avec petit-déj 550/700 R ;). À environ 60 km au sud de Twee Rivieren, un safari lodge bâti dans le style traditionnel. Les *rondavels* (cases rondes) permettent de visiter le Kgalagadi à moindres frais. Les chalets (800 R) ornés d'artisanat local sont néanmoins plus agréables. Le restaurant (plats à partir de 90 R) sert des plats à base de viande et des sandwichs toastés. Plusieurs hébergements partenaires comme le Vischgat Game Lodge et l'Elandspoor Bush Camp sont situés environ 60 km plus au sud.

Comment s'y rendre et circuler

Twee Rivieren Gate se trouve à 270 km au nord-ouest d'Upington par la Rte 360 goudronnée.

> **PASSER EN NAMIBIE OU AU BOTSWANA**
>
> SANParks, les services d'immigration sud-africains (ouverts de 7h30 à 16h) et la police des frontières ont tous un bureau au niveau de la Twee Rivieren Gate.
>
> La partie du parc située au Botswana n'est accessible qu'en 4x4, et il faut au moins 2 véhicules. L'hébergement se fait uniquement dans des camps non clôturés et des campings. Réservez au préalable auprès de **Botswana Wildlife** (267 318 0774 ; www.mewt.gov.bw/DWNP ; Gabarone), qui possède un bureau à Twee Rivieren. Si vous souhaitez quitter le parc par le Botswana, vous devrez effectuer les formalités de passage à Twee Rivieren et passer au moins 2 nuits dans le parc.
>
> Entrer en Namibie en passant par la Mata-Mata Gate implique aussi de passer 2 nuits dans le parc. Présentez votre passeport aux services d'immigration sud-africains de Twee Rivieren, puis aux services d'immigration namibiens de Mata-Mata – qui vous réclameront au passage une taxe de 240 R par véhicule.

Un 4x4 peut s'avérer utile mais pas indispensable : les 4 routes principales du parc, recouvertes de sable/gravier, sont en bon état. Elles sont praticables en véhicule ordinaire à condition d'être prudent. Des nappes de sable épaisses et du gravier peuvent rendre certains virages dangereux. La vitesse est limitée à 50 km/h. Prévoyez suffisamment de temps pour rejoindre votre camp car la circulation est interdite après la tombée de la nuit.

Augrabies Falls National Park

Les Khoisan l'avaient baptisé "Aukoerbis", ("le lieu de grand bruit"). Le nom de ce **parc** (054-452 9200 ; www.sanparks.org ; adulte/enfant 152/76 R ; 7h-18h30) vient des vertigineuses chutes d'eau qui s'écoulent dans un spectaculaire grondement de tonnerre lorsque le débit est abondant. Il faut au moins une bonne heure pour se hisser d'une plateforme d'observation à l'autre, escorté par des rats des rochers (rongeurs au poil soyeux) qui se faufilent parmi les immenses pierres.

LA ROUTE DES VINS ET DE LA GASTRONOMIE DE KOKERBOOM

Couverte de vignobles (cette région produit désormais 10% des vins du pays) et semée de stands rustiques vendant du *biltong* (viande séchée), des fruits secs et autres délices locaux le long des routes peu fréquentées, la région qui s'étend d'Upington à Kakamas réserve quelques expériences gastronomiques inattendues. La Kokerboom Food and Wine Route vise à rassembler les petits producteurs locaux. Si le projet est encore embryonnaire, certains vignobles méritent d'ores et déjà le détour.

Bezalel (054-491 1325 ; www.bezalel.co.za ; dégustations 60 R, restaurant plats 60 R ; 9h-17h lun-ven, 9h-13h sam) propose sans doute la plus large gamme de dégustations de tout le pays. Goûtez les vins, portos, cognacs, crèmes de liqueur ou encore le fameux *mampoer* (alcool de contrebande bien corsé). L'établissement abrite un restaurant et une cour verdoyante pour siroter l'alcool de votre choix. Il est situé à 25 km au sud-ouest d'Upington, sur la N14.

Die Mas Van Kakamas (054-431 0245 ; www.diemasvankakamas.co.za ; entrée sur rdv). Les viticulteurs expérimentent ici une plus grande variété de cépages que la plupart des autres vignobles de la région, même si le *jerepigo* et le *hanepoot* – qui font la réputation du Senqu (Orange) – demeurent les meilleurs crus. La cave propose des visites de l'exploitation, des randonnées, des promenades en carriole tirée par des ânes et du quad, ainsi qu'un hébergement indépendant et des emplacements de tentes pour les visiteurs. L'endroit est bien indiqué sur la N14, à l'entré de Kakamas.

Kalahari Gateway Hotel Bar-Restaurant (054-431 0838 ; www.kalaharigateway.co.za ; Kakamas ; plats 75 R, assiette de sushis à partir de 150 R ; 7h-22h). Le premier bar à sushis du Cap-Nord – qui a désormais des concurrents – propose de nouvelles spécialités du Kalahari telles que le sashimi au springbok et des classiques à base de poisson (directement livré depuis Le Cap tous les 2 jours), ainsi qu'un menu axé sur la viande avec des plats destinés aux enfants. Il fournit aussi un hébergement et organise plusieurs activités de plein air.

Il s'agit de la sixième plus grande cascade du monde, formée par la chute du Senqu (Orange) dans un ravin bordé de parois de 200 m de haut et s'étirant sur 18 km. La chute principale fait un saut de 56 m et celle de Bridal Veil, au nord, 75 m. Les plateformes d'observation sont situées à une courte distance à pied du centre d'information des visiteurs. Le parc subit un climat rigoureux, avec une moyenne de 107 mm de pluie seulement par an et des températures estivales caniculaires, atteignant les 46°C.

La plupart des gens se contentent d'admirer les chutes d'eau, puis de déambuler éventuellement d'un point de vue à l'autre le long du ravin. La vue mérite le détour mais en vous attardant un peu plus longtemps, vous pourrez en outre observer la faune en toute tranquillité. Sur les 500 km² du parc vivent 52 espèces de mammifères, dont des girafes, diverses espèces d'antilopes, des loutres à joues blanches et des zèbres de Hartmann (une espèce menacée). Les chances d'apercevoir des prédateurs sont moindres, mais des caracals, des chacals à chabraque, des chats sauvages d'Afrique, ainsi que des léopards rôdent néanmoins ici.

Consacrez au moins une journée au parc, muni d'un pique-nique à déguster sur l'un des belvédères. N'oubliez pas de recharger votre appareil photo pour immortaliser quelques tête-à-tête avec la faune sauvage.

Activités

La route qui mène au campement et à la principale plateforme donnant sur les chutes d'eau est goudronnée. L'accès en voiture aux points de vue d'Ararat et d'Oranjekom en véhicule ordinaire ne pose pas de difficultés. Il est même possible d'explorer plus avant sans 4x4, à condition de rouler lentement, mais un tout-terrain est indispensable pour s'aventurer sur la Wilderness Road (94 km). Appelez à l'avance pour vérifier l'état des routes – les fortes pluies font parfois des dégâts. Il est également possible de participer à des circuits nocturnes de 2 heures en voiture, à réserver auprès du parc.

Kalahari Outventures RAFTING, CANOË
(082 476 8213 ; www.kalahari-adventures.co.za ; Augrabies ; 350 R/pers). Passant par des

rapides de niveau II et III, Augrabies Rush est la sortie rafting la plus populaire. Sur une demi-journée, elle permet de parcourir 9 km en canoë sur un tronçon du Senqu (Orange) s'achevant à 300 m au-dessus des cascades principales. L'agence propose aussi des expéditions de nuit ou sur plusieurs jours, ainsi qu'un circuit de 5 jours incluant Riemvasmaak et le Kgalagadi Transfrontier Park (7 000 R).

Dassie Trail RANDONNÉE

Cette randonnée de 3 heures (9 km) est bien agréable, surtout si vous manquez de temps. Elle comprend un peu d'escalade dans les rochers parmi d'envoûtants paysages.

Klipspringer Trail RANDONNÉE

(470 R/pers ; ⏲avr à mi-oct). Ce circuit de 36 km longe la rive sud du Senqu (Orange). Il se fait en 3 jours, avec 2 nuits dans des cabanes rustiques, équipées de lits superposés, de toilettes, de bois, d'instruments de cuisine de base, mais sans douche ni électricité. Vous devez apporter vos propres réserves d'eau potable. Il accueille 2 randonneurs au minimum et il est indispensable de réserver.

Où se loger et se restaurer

Augrabies Rest Camp CHALETS, CAMPING **$$**

(www.sanparks.org ; camping 195 R, chalet/cottage à partir de 1 050/1 585 R ; ❄). Dans l'enceinte du parc, assez proche des cascades dont on entend le grondement après la saison des pluies, ce campement dispose de chalets indépendants, de cottages à 2 chambres et d'un camping équipé de sanitaires. Le restaurant (7h-20h) propose des plats corrects.

Augrabies Falls Lodge & Camp HÔTEL **$$**

(☎054-451 7203 ; www.augfallslodge.co.za ; Rte 359 ; empl tente 225 R, s/d 420/620 R ; ❄). La route du parc est jalonnée d'hôtels, dont ce bâtiment des années 1950, situé à 8,5 km de l'entrée. L'intérieur a été rénové et décoré d'art africain. Les chambres spacieuses disposent d'un joli mobilier et d'un balcon donnant sur la campagne. Restaurant (plats 70 R, petit-déj 35 R), bar et chambre tout équipée pour 4 personnes (750 R).

Depuis/vers l'Augrabies Falls National Park

Le parc se trouve à 39 km au nord-ouest de Kakamas. Empruntez la N14 vers l'ouest sur 8 km, puis rejoignez la Rte 359 vers le nord-ouest.

AUGRABIES FALLS NATIONAL PARK

Pourquoi y aller Pour ses rugissantes chutes d'eau et les randonnées dans des paysages déchiquetés et surnaturels, les safaris motorisés à l'écart de la foule, le rafting aux abords du parc.

Quand partir Au printemps (de mars à mai). Dès janvier, le débit des cascades est impressionnant, mais la chaleur rend la randonnée pénible jusqu'à mars. En hiver (juin-août), les nuits sont parfois glaciales.

Infos pratiques Mieux vaut avoir son propre véhicule. Sinon, participez à un circuit depuis Upington ou Kakamas. Les grilles ouvrent de 7h à 18h30, mais il est possible de s'enregistrer plus tard. Une boutique bien approvisionnée vend des produits d'épicerie, de l'alcool et du bois de chauffage.

Faire des économies Une journée suffit pour voir les principales curiosités : séjournez à l'extérieur du parc pour éviter de payer un second droit d'entrée.

NAMAKWA

Le Namakwa est une immensité austère, qui peut sans conteste prétendre au titre de Far West de l'Afrique du Sud. Les routes semblent s'étirer à l'infini à travers de vastes étendues désertes. Les étoiles paraissent plus proches et plus lumineuses que jamais dans ces nuits au calme extrême qui succèdent aux journées brûlantes. Les trésors du Namakwa sont à la fois simples et époustouflants, de la côte diamantifère brumeuse ponctuée d'épaves à la lisière ouest du pays, aux paysages du lointain |Ai-|Ais/Richtersveld Transfrontier Park, évoquant la planète Mars.

C'est au printemps que le Namakwa se pare de ses plus beaux atours. Cette saison, brève, chasse le froid hivernal et couvre son désert brûlant d'un spectaculaire océan de fleurs sauvages multicolores.

La région doit son nom aux Nama (également appelés les Namkwa ou Namaqua – "le peuple nama"), un peuple khoikhoi originaire du Namakwa (autrefois appelé Namaqualand).

HORS DES SENTIERS BATTUS

RIEMVASMAAK

Riemvasmaak fera le bonheur de ceux qui ont le goût de l'aventure. Situé sur un territoire lunaire de 74 km², ce village isolé donne l'impression de changer d'époque et de planète. Les carrioles tirées par des ânes restent le principal mode de transport sur ce parterre rocheux et sablonneux.

En 1973, le gouvernement de l'apartheid, désireux de transformer la région en camp d'entraînement militaire, transféra les Xhosa et les Nama qui vivaient ici, respectivement vers le Cap oriental et la Namibie. Après l'instauration de la démocratie, en 1994, les autorités entreprirent de rapatrier ces populations vers Riemvasmaak. En 2002, les anciens résidents se virent attribuer des lopins de terre.

Riemvasmaak reste un village modeste qui vit d'une agriculture de subsistance. Le taux de chômage est très élevé, et, bien que sporadique, le tourisme communautaire représente une importante source de revenus. Le village a pourtant beaucoup à offrir aux voyageurs disposés à s'aventurer hors des sentiers battus : 3 pistes pour 4x4 (41 km, 49 km et 79 km) délicates à négocier, et des activités telles que la randonnée, le VTT, l'observation des oiseaux et la découverte des fameuses sources chaudes de Riemvasmaak. Contactez Clarissa Damara au **Riemvasmaak Community Centre** (☎083 873 7715) pour réserver une activité, un hébergement ou un guide. Ne partez pas pour Riemvasmaak sur un coup de tête, car il faut impérativement réserver.

Depuis le sud, deux routes mènent à Riemvasmaak. Celle de l'ouest – conduisant aux Augrabies Falls – est en grande partie revêtue, mais après le parc national, l'état de la chaussée se dégrade. Si vous n'avez pas de 4x4, empruntez plutôt l'autre itinéraire : à 5 km à l'est de Kakamas, tournez à l'embranchement. La route est goudronnée sur 3 km, puis gravillonnée sur 45 km : elle est praticable en véhicule ordinaire, sauf en cas de pluies diluviennes. Sur les 5 derniers kilomètres, la route est à nouveau goudronnée – tel un tapis rouge déroulé jusqu'à ce village aux allures de décor de cinéma.

Springbok

12 800 HABITANTS

Springbok est nichée dans une austère vallée entourée de collines couvertes de rochers, qui se parent de fabuleuses couleurs au printemps. En dehors de la saison des fleurs, il n'y a pas grand-chose à voir ou à faire, bien que l'isolement de la ville, ses paysages désolés et son ensoleillement (plus de 300 jours par an) en fassent une halte plaisante. La ville se trouve à 120 km au sud du poste-frontière de Vioolsdrif, lui-même à 800 km de Windhoek, en Namibie.

D'ancienne ville frontière, Springbok s'est transformée en un centre urbain dynamique dont l'activité s'articule autour des mines de cuivre et de diamants du Namakwa. Les fermiers des zones les plus reculées garent leurs *bakkies* (pick-up) dans la rue principale, Voortrekker St, et viennent faire leurs courses ici. Springbok est un bon point de chute pour faire une pause et s'approvisionner avant de poursuivre vers les grands espaces.

À voir et à faire

La route menant à Nababeep, à 16 km au nord-ouest de Springbok par la N7, traverse des prairies qui se couvrent d'un tapis de fleurs au printemps. Si vous avez besoin de vous dégourdir les jambes, le **Nababeep Mining Museum** (Nababeep ; 10 R ; ⏲9h-13h lun-ven) mérite le coup d'œil. Pour vous enfoncer dans les terres sauvages, procurez-vous auprès de l'office du tourisme de Springbok la brochure détaillant le Namakwa 4x4 Trail, qui s'effectue sur plusieurs jours. Un permis est nécessaire, et il est possible de camper en chemin. Richtersveld Challenge, installé à la Cat Nap Accommodation, loue des 4x4.

Goegap Nature Reserve RÉSERVE NATURELLE
(☎027-718 9906 ; 30 R ; ⏲7h30-16h). Cette réserve semi-désertique de 150 km², à 15 km de Springbok (après l'aéroport) est l'habitat de 600 espèces de plantes endémiques, ainsi que 45 mammifères et 94 sortes d'oiseaux. C'est l'un des meilleurs endroits pour se promener pendant la floraison, avec des sentiers de randonnée de 4 et 7 km formant chacun

une boucle. Il existe un circuit de 13 km pour les voitures, ainsi que des pistes réservées aux 4x4. Il est possible de passer la nuit dans des cabanes (160 R) à 4 lits rudimentaires ou d'opter pour un emplacement de tente (90 R).

Namakwaland Museum MUSÉE
(027-718 8100 ; Monument St ; 8h-13h lun-ven, 14h-17h lun-jeu, 14h-16h ven). GRATUIT L'ancienne synagogue de Springbok, construite en 1929, a été transformée en un petit musée municipal. La collection est un bric-à-brac hétéroclite plutôt mal entretenu. Toutefois, la maquette en allumettes figurant l'immense église du *dorp* (petit village) poussiéreux de Pella est impressionnante.

Juste à côté se dresse la première église protestante hollandaise de la ville. Elle est vide mais il est question de la transformer en musée pour exposer les œuvres d'artistes locaux.

Où se loger

Au temps des fleurs, les hébergements de Springbok se remplissent et les prix grimpent.

Cat Nap Accommodation AUBERGE DE JEUNESSE $
(027-718 1905 ; richtersveld.challen@kingsley.co.za ; 99 Voortrekker St ; dort 165 R, s 200-310 R, d 460 R ;). Quantité de photos de la nature trônent dans cette vieille demeure spacieuse. Les chambres, de style africain, sont joliment décorées. Cuisine commune équipée et dortoirs aménagés dans une grange – les lits sont incroyablement proches les uns des autres, et la température grimpe vite en été.

Kliprand Guesthouse GUESTHOUSE $$
(027-7122 604 ; www.kliprandguesthouse.co.za ; 2 King St ; s/d 400/700 R ;). Une adresse sympathique et d'un très bon rapport qualité/prix, aux chambres élégantes et bien aménagées. Grande piscine dans le jardin. Petit-déjeuner 80 R.

Annie's Cottage GUESTHOUSE $$
(027-712 1451 ; www.springbokinfo.com ; 4 King St ; s/d avec petit-déj 900/1 200 R ;). Si les chambres pâtissent pour la plupart d'une décoration surchargée, celles qui exploitent le thème africain sont plutôt réussies. La "honeymoon suite" ne revient pas plus cher. Thé et gâteaux sont servis l'après-midi. Cuisine dans le jardin.

Old Mill Lodge GUESTHOUSE $$
(027-718 1705 ; www.oldmilllodge.com ; 69 Van Riebeeck St ; s/d avec petit-déj 700/850 R ; @). Blotti dans un jardin, dans une petite rue tranquille, cet établissement propose des chambres agréables ornées d'art contemporain. Vastes sdb. Propose souvent des circuits pendant la saison des fleurs.

Mountain View GUESTHOUSE $$
(027-712 1438 ; www.mountview.co.za ; 2 Overberg Ave ; s/d avec petit-déj à partir de 800/900 R ;). Certaines des chambres de niveau 4 étoiles de cette *guesthouse*, adossée à des collines dans un cadre paisible, donnent sur le jardin menant à la piscine, où la vue est magnifique.

Où se restaurer

Caffe Bella CAFÉ $
(50 Voortrekker St ; plats 50 R ; 8h-17h lun-ven, 8h-13h sam). Le café n'est pas exceptionnel mais le sympathique menu brunch

LES FLEURS SAUVAGES DU NAMAKWA

Pendant la majeure partie de l'année, le Namakwa prend l'apparence d'un désert inhospitalier où ne semblent pousser que les broussailles les plus résistantes. Mais, avec les pluies hivernales, ces terres asséchées se transforment en un kaléidoscope de couleurs lorsque marguerites, plantes vivaces, aloès, lys et quantité d'autres fleurs endémiques recouvrent le sol. Au total, quelque 4 000 espèces poussent ici. À chaque printemps, les visiteurs affluent du monde entier pour admirer ce spectacle enchanteur.

La qualité de la floraison et la période idéale de visite dépendent des pluies et varient d'une année à l'autre. Généralement, c'est entre mi-août et mi-septembre que vous avez le plus de chances d'observer la pleine éclosion (la saison peut parfois commencer début août et s'achever mi-octobre). Les meilleures zones pour admirer les fleurs diffèrent aussi d'une année sur l'autre – renseignez-vous auprès des habitants de la région.

La plupart des fleurs sont des espèces protégées, aussi ne vous hasardez pas à les cueillir, vous risqueriez une lourde amende.

comprend quelques créations raffinées, comme le panini brie-roquette, qui côtoient des plats plus classiques, tels que *vetkoek* (boulette de pâte frite) et hachis. À 1 km au sud de l'office du tourisme.

Tauren Steak Ranch GRILL $$
(027-712 2717 ; 2 Hospital St ; plats 60-150 R ; 11h30-tard lun-sam). Un paradis pour les amateurs de viande, avec d'énormes steaks et un vaste choix de sauces. Également au menu, des hamburgers, quelques options végétariennes et des pizzas garnies de *biltong* (viande séchée) ou de *boerewors* (saucisses épicées), entre autres. L'atmosphère est campagnarde, avec de la *boeremusiek* en fond sonore.

Melkboschkuil Plaaskombuis SUD-AFRICAIN $$
(083 242 4779 ; 75 Voortrekker St ; plats 60-150 R ; 8h-tard lun-sam, 8h-15h dim). Le menu propose des plats copieux, comme le curry d'agneau, les travers de porc et les tripes. La terrasse donnant sur Voortrekker St est agréable pour déjeuner et observer le ballet de la rue. Si vous êtes d'humeur festive, venez le vendredi ou le samedi soir.

Renseignements

Office du tourisme (027-712 8035 ; www.experiencenortherncape.com ; Voortrekker St ; 7h30-16h15 lun-jeu, 7h30-15h ven). Cartes et informations sur le sud de la Namibie et le Namakwa.

Depuis/vers Springbok

Plusieurs bus, notamment **Intercape** (www.intercape.co.za), desservent Le Cap (500 R, 9 heures 30, dim-ven) et Windhoek, en Namibie (570 R, 13 heures, mar, jeu, ven et dim).

Des taxis-minibus rallient Upington (270 R, 4 heures), Port Nolloth (120 R, 2 heures) et Le Cap (450 R, 8 heures 30). Contactez la **Namakwaland Taxi Association** (027-718 2840 ; angle Van der Stel St et Namaqua St) pour réserver.

Port Nolloth

6 100 HABITANTS

La route justifie à elle seule le détour par cette localité isolée en bord de mer. Alors que vous êtes au milieu de l'immensité de sable rouge du Kalahari, vous vous retrouvez en quelques minutes au-dessus d'une colline, en train de regarder le bleu infini de l'Atlantique apparaître à l'horizon. Bien loin des sentiers battus, vous aurez un sentiment de bout du monde. Puis, vous apercevez une petite bourgade sablonneuse, où le vent brasse des relents de sel et de poisson. Vous voilà arrivé à Port Nolloth, terre d'accueil d'une population bigarrée venue y faire fortune.

Au départ, Port Nolloth était un port d'embarquement pour le cuivre extrait dans la région. Aujourd'hui, elle continue de se développer grâce à ses petits bateaux qui pêchent langoustes et diamants – les embarcations sont en effet équipées de pompes pour permettre aux plongeurs d'aspirer les graviers diamantifères qui tapissent les fonds marins. Bien que la compagnie De Beers veille au grain, il arrive que des diamants s'égarent. Nous vous déconseillons vivement d'acheter une pierre au marché noir, au risque de vous retrouver avec une fausse pierre (*slenter*) taillée dans du cristal de plomb, et... encadré de policiers en civil.

On trouve des DAB dans Beach Rd et un office du tourisme sur le port. Le petit **musée** (Beach Rd ; 10 R ; 10h-16h) mérite le coup d'œil – il retrace l'histoire de l'industrie diamantaire dans la région.

Où se loger et se restaurer

Scotia Inn Hotel & Restaurant HÔTEL $$
(027-851 8353 ; www.scotiainnhotel.co.za ; Beach Rd ; s/d à partir de 350/650 R ;). Le Scotia loue des chambres standards au rez-de-chaussée et des chambres *deluxe* plus lumineuses et modernes (s/d 450/800 R) à l'étage, certaines avec balcon donnant sur la mer – le prix étant le même, ne vous en privez pas. Bar-restaurant.

Bedrock Lodge GUESTHOUSE $$
(027-851 8865 ; www.bedrocklodge.co.za ; Beach Rd ; s/d avec petit-déj à partir de 580/850 R, cottages 500-900 R ;). Cette *guesthouse* est un endroit très original, rempli de toutes sortes de bibelots excentriques et d'antiquités. Elle donne sur le front de mer et possède, non loin, 6 cottages tout équipés et spacieux, à la décoration marine.

Anita's Tavern POISSON ET FRUITS DE MER $$
(027-851 7039 ; Beach Rd ; plats 70-130 R ; dîner). Cette cabane de plage rustique et branlante regorge de bric-à-brac de pêche. Le menu fait la part belle aux produits de la mer. Les huîtres sont excellentes.

Vespetti ITALIEN $$
(027-851 7843 ; 2099 Beach Rd ; plats 60 R ; déj et dîner). Ce restaurant italien sert poisson et fruits de mer, mais aussi pâtes et pizzas.

Depuis/vers Port Nolloth

Namakwaland Taxi Association (027-718 2840). Ces taxis-minibus collectifs circulent depuis/vers Springbok (120 R, 2 heures, lun-sam).

|Ai-|Ais/Richtersveld Transfrontier Park

Formé par des millions d'années d'érosion, ce **parc transfrontalier** (027-831 1506 ; www.sanparks.org ; adulte/enfant 180/90 R ; 7h-19h oct-avr, 7h-18h mai-sept) est le plus isolé d'Afrique du Sud. Cette étendue sauvage d'une apparente nudité offre un spectacle irréel, avec ses roches volcaniques, ses arbres à forme humaine et ses paysages lunaires recouverts de sable, riches en pierres semi-précieuses. S'étirant sur 6 000 km² de désert montagneux, il relie le Richtersveld National Park sud-africain à l'|Ai-|Ais Hot Springs Game Park namibien.

Accessible en 4x4 uniquement, le Richtersveld est l'ultime frontière de l'Afrique du Sud. La partie sud-africaine du parc – 1 630 km² – est magnifique au printemps, quand elle se couvre d'un océan de fleurs multicolores, comme tout le Namakwa. Les randonnées ici sont ardues mais grandioses : les sentiers traversent ce désert montagneux ponctué de pics dentelés et de formations rocheuses, entrecoupés de profonds ravins et gorges.

Ce parc plaira à ceux qui souhaitent sortir des sentiers battus ou même s'initier aux techniques de survie. Les infrastructures sont presque inexistantes. Vous devez donc être complètement autonome, et il est vivement recommandé de voyager en convoi, car le terrain est ardu, même pour des conducteurs de 4x4 expérimentés. Une journée ne suffit guère, étant donné l'éloignement du parc : prévoyez au moins 3 jours, voire une semaine, si possible.

Activités

Il existe 3 sentiers du côté sud-africain, ouverts d'avril à septembre. Le **Ventersval Trail** (4 jours, 3 nuits) couvre la portion sauvage au sud-ouest, le **Lelieshoek-Oemsberg** (3 jours, 2 nuits) conduit vers un gigantesque cirque et des cascades, et le **Kodaspiek** (2 jours, 1 nuit) permet à un marcheur de niveau moyen d'admirer des paysages de désert montagneux. Lors de notre dernier passage, le parc n'avait pas de guides attitrés. La randonnée n'étant autorisée qu'en compagnie d'un guide local qualifié, vous devrez contacter Richtersveld Tours, Springbok Tourism ou la Cat Nap Accommodation (p. 483).

Circuits organisés

Le meilleur moyen de visiter le parc est de participer à un circuit. Le mode d'hébergement le plus courant est le camping, pour lequel le matériel est fourni. Des circuits peuvent être organisés depuis Port Nolloth, Springbok et Upington. Richtersveld Challenge, basé dans la Cat Nap Accommodation (p. 483) à Springbok, propose des circuits en 4x4 (environ 1 400 R/pers par jour).

Richtersveld Tours CIRCUIT GUIDÉ
(082 335 1399 ; www.richtersveldtours.com ; 1 850 R/jour). Circuits en 4x4, repas et équipement compris.

Où se loger et se restaurer

On trouve 4 campings (1-2 pers 195 R) du côté sud-africain – Potjiespram se trouve près de la Sendelingsdrift Gate. Tous disposent de douches (eau froide) sauf Kokerboomkloof, qui n'a pas l'eau courante.

|AI-|AIS/RICHTERSVELD TRANSFRONTIER PARK

Pourquoi y aller Exaltants itinéraires en 4x4, atmosphère d'aventure loin de tout, randonnées sauvages, paysages désertiques et déchiquetés, observation des oiseaux sans pareille. C'est le paradis des photographes.

Quand partir D'août à octobre, lorsque les températures baissent et que les fleurs s'épanouissent. De novembre à février, la chaleur est insoutenable.

Infos pratiques Venez en voiture depuis Alexander Bay. On trouve dans le parc une station-service (7h30-16h, pas de sans plomb), une supérette (fermée le week-end), et un téléphone public à Sendelingsdrift. Apportez nourriture et eau potable, et si possible, voyagez à plusieurs véhicules. Réservez circuits et hébergement.

Faire des économies Le parc est un peu éloigné pour les voyageurs au budget serré. La formule la moins chère est de louer un 4x4 et d'opter pour le camping.

VAUT LE DÉTOUR

SUTHERLAND

Encadrée par les montagnes du Roggeveld, Sutherland (4 000 habitants) est une charmante *dorpie* (ville) du Karoo, dotée de maisons en grès, d'une église du XIXe siècle et de petites rues de gravier. Cette bourgade isolée, située à 1 500 m au-dessus du niveau de la mer, affiche les plus basses températures du pays – elle est recouverte de neige chaque année. Elle offre des cieux dégagés et une très faible pollution lumineuse, ce qui en fait un endroit idéal pour l'observation des étoiles. Les experts ne s'y sont pas trompés et ont installé le SALT (Southern African Large Telescope), le plus gros télescope de l'hémisphère austral, à 14 km à l'est de la ville.

Par ailleurs, il existe un circuit botanique de 145 km qui se parcourt librement et couvre à la fois le Roggeveld et le Tankwa Karoo, de plus faible altitude. La région accueille chaque année une floraison exceptionnelle, similaire à celle que l'on observe au Namakwa voisin. Vous trouverez des informations touristiques au site de caravaning, à 1 km au sud de la ville, sur la route de Matjiesfontein.

Aucun transport public ne dessert Sutherland et la seule route goudronnée est la Rte 354, qui part de Matjiesfontein, à 110 km au sud. Des routes gravillonnées partent de Calvinia et Loxton (via Fraserburg). Renseignez-vous au préalable sur l'état de ces routes, difficilement praticables en cas de pluie. La station-service de la ville a des horaires restreints – faites le plein avant de partir.

South African Astronomical Observatory (☎ 023-571 2436 ; www.saao.ac.za ; Rte 356 ; visite nocturne adulte/enfant 80/40 R, visite en journée 60 R/pers ; ⏲ visite nocturne lun, mer, ven, sam et visite en journée 10h30 et 14h30 lun-sam). En journée, les visites guidées permettent de découvrir les immenses télescopes de recherche, notamment le SALT, mais les circuits nocturnes de 2 heures sont les plus prisés. Après une courte introduction vidéo, vous sortirez contempler les étoiles grâce à 2 télescopes 16 pouces (40 cm). Les horaires des visites varient en fonction de la saison. La réservation est indispensable. Prévoyez des vêtements très chauds, même l'été.

Tankwa Karoo National Park (☎ 027-341 1927 ; www.sanparks.org ; adulte/enfant 128/64 R ; ⏲ 6h30-18h). Avec un véhicule muni d'une haute garde au sol, on peut accéder à ce parc d'une superficie de 1 430 km², où les paysages lunaires du Tankwa côtoient les falaises abruptes du Roggeveld. Il offre d'excellentes possibilités d'observer les oiseaux, et un hébergement en camping ou en cottage indépendant.

Jurg Wagener (☎ 023-571 1481 ; www.sutherlandinfo.co.za ; 19 Piet Retief St ; observation des étoiles 90 R ; ⏲ 20h) propose d'excellents safaris d'observation nocturne, durant lesquels il dévoile les secrets de la Voie lactée et du cosmos à l'aide d'un pointeur laser et de cinq puissants télescopes. Un samedi par mois, une soirée Stars to Midnight (290 R) s'ouvre sur un copieux *boerekos* (littéralement, cuisine du fermier), et s'achève par une observation astronomique jusqu'à minuit.

Kambro-Kind (www.sutherlandinfo.co.za ; camping 90 R, s/d avec petit-déj 520/840 R) comprend une gamme de *guesthouses*, un site de caravaning et quelques hébergements indépendants – nous recommandons la charmante "honeymoon suite" située dans un cottage à la lisière de la ville. Possède aussi un cottage champêtre à 2 km de Sutherland, sans électricité et doté d'un foyer ouvert.

Perlman House (☎ 023-571 1445 ; Piet Retief St ; plats 80-150 R ; ⏲ dîner mar-sam). Ce restaurant établi de longue date affiche un menu très carné. Goûtez les côtes d'agneau du Karoo – la végétation du Roggeveld donne à la viande une saveur exceptionnelle.

♥ **Tatasberg** CABANES $$

(cabane à partir de 710 R). Les charmantes cabanes en roseau, toile et tôle ondulée sont toutes dotées d'une terrasse couverte offrant une vue magnifique sur le Senqu (Orange). Empreintes d'une saisissante atmosphère rustique, en totale harmonie avec le cadre, elles renferment 2 lits simples, un réfrigérateur, un réchaud à gaz et une douche.

Gannakouriep CABANES $$

(cabanes à partir de 710 R). Ces cabanes en toile et en pierre s'assimilent à un camping de luxe. Tout a été fait pour mettre en valeur le décor naturel magnifique, dans une vallée rocheuse. Chaque logement est équipé de 2 lits, d'un réchaud à gaz et d'un réfrigérateur solaire.

Sendelingsdrift CAMPING, CHALETS $$
(empl tente à partir de 195 R, chalets à partir de 715 R ; ❄✉). Les chalets tout équipés pour 2 à 4 personnes, situés à l'entrée du parc, sont étonnamment confortables, et profitent d'une véranda donnant sur le fleuve.

Comment s'y rendre et circuler

Au départ de Port Nolloth, une route goudronnée rejoint Alexander Bay, à 82 km, d'où une piste non bitumée gagne la Sendelingsdrift Gate. Ce tronçon peut se parcourir avec un véhicule normal, mais un 4x4 est nécessaire à l'intérieur du parc (les berlines ne sont pas autorisées). Richtersveld Challenge loue des 4x4 et vend des cartes.

Il est possible de franchir le Senqu (Orange) vers la Namibie au campement de Sendelingsdrift : le bateau circule de 8h à 16h15 par temps favorable.

Namaqua National Park

Pendant une bonne partie de l'année, le **Namaqua** (☎027-672 1948 ; www.sanparks.org ; adulte/enfant 64/32 R ; ⏲8h-17h), qui s'étire sur 1 030 km² de collines côtières, disparaît presque complètement des itinéraires touristiques. Il renaît au printemps, lors de la période des pluies venues de l'Atlantique. Le spectacle de la floraison est alors inoubliable. N'oubliez pas votre appareil photo. Il existe de courts sentiers de découverte de la nature, ainsi que des circuits jalonnés de points de vue, à suivre en voiture.

L'hébergement se fait essentiellement en camping près des côtes (à partir de 115 R), sans aucune installation, pas même de sanitaires. Le **Skilpad Rest Camp** (chalets à partir de 525 R) propose des chalets agréables et bien équipés pouvant accueillir jusqu'à 3 personnes. Chaque année, de la mi-août à la mi-septembre, le **Namaqua Flowers Beach Camp** (avec petit-déj, déj pique-nique et dîner à partir de 2 775 R/pers) met à disposition des tentes prémontées, équipées de lits simples, de l'électricité et de sdb privatives. Pensez à réserver.

Au printemps, les hébergements du parc affichent vite complet. Les villes voisines de **Kamieskroon** et **Garies**, bourgades désolées perdues parmi les virevoltants et les broussailles caractéristiques du Namakwa, offrent quelques options. Le parc est situé à 22 km à l'ouest de Kamieskroon, le long d'une mauvaise route gravillonnée. Depuis Garies, on y accède aussi par une autre route gravillonnée, en meilleur état mais un peu plus longue (73 km). Quelques routes du parc sont praticables en véhicule ordinaire, mais mieux vaut circuler en 4x4, surtout pour accéder à certains campements.

Les bus Intercape font halte à Kamieskroon lorsqu'ils circulent depuis/vers Springbok, à 67 km au nord par la N7.

Calvinia

9 700 HABITANTS

Au pied des monts Hantam, couverts de dolérite, à des centaines de kilomètres de tout, Calvinia occupe un coin de savane reculé imprégné d'une atmosphère sauvage et inondé d'une lumière aveuglante. Avec ses jolies maisons en pierre blanche et ses rues bordées d'arbres, c'est la principale agglomération de cette région qui se consacre à l'élevage des moutons. La petite ville tranquille s'épanouit, de même que le paysage qui l'entoure, à chaque printemps. Pendant la brève saison des fleurs, de nombreux touristes investissent les rues.

À voir

Calvinia Museum MUSÉE
(☎027-341 8500 ; 44 Kerk St ; adulte/enfant 10/5 R ; ⏲8h-13h et 14h-17h lun-ven). Aménagé dans une ancienne synagogue, ce musée est étonnamment vaste et riche pour une petite ville de province. Il présente la colonisation des Blancs dans la région, notamment à travers l'élevage de moutons. Il expose également quelques curiosités de l'histoire locale, comme des costumes de l'époque victorienne ou le commutateur téléphonique utilisé jusqu'en 1991.

Junkyard Blues GALERIE
(☎027-341 1423 ; 37 Stigling St). Arrêtez-vous dans cet antre de l'"art rustique" pour admirer l'étonnante collection de son propriétaire, Dirk, composée d'objets trouvés, d'accessoires rétro et de toutes sortes de rebuts : panneaux de signalisation, crânes de mouton, tasses en fer blanc, arrosoirs, bassins de lit, vieilles chaussures, vélos et matériel agricole ornent l'extérieur. Chambres originales à louer (300 R/pers).

Flower Post Box MONUMENT
(Hoop St). L'ancien château d'eau a été transformé pour créer cette immense boîte aux lettres. Les lettres et les cartes postées ici sont marquées d'un cachet à fleurs spécial.

Akkerendam Nature Reserve RÉSERVE NATURELLE
(☎027-341 8500 ; près de Voortrekker St). Cette réserve de 275 km² au nord de la ville compte des sentiers de randonnée (1-2 jours). Ses reliefs montagneux se tapissent de fleurs au printemps. Adressez-vous au **bureau municipal** (municipal office ; 20 Hoop St) pour obtenir un permis de randonnée.

Activités

De fantastiques itinéraires de 4x4 sillonnent la campagne environnante. L'un des plus beaux parcours est la Rte 364, non goudronnée, qui franchit plusieurs cols de toute beauté (dont le Pakhuis Pass) avant de joindre Clanwilliam et le Cederberg au sud-ouest. Vous pouvez emprunter la Hantam Flower 4x4 Route, qui traverse un escarpement juste au nord de la ville – l'office du tourisme vous renseignera. La piste suit un cours d'eau asséché, où d'énormes figuiers sont agrippés aux falaises.

Fêtes et festivals

AfrikaBurn MUSIQUE
(www.afrikaburn.com). Ce festival musical réputé se tient à 100 km au sud de Calvinia, sur la Rte 355 (non bitumée) menant à Ceres, à proximité de Tweefontein et du Tankwa Karoo National Park. Le festival dure une semaine, en général fin avril.

Hantam Meat Festival CUISINE
(www.hantamvleisfees.co.za). La passion locale pour la viande est au cœur des festivités le dernier week-end d'août. Une ribambelle de saveurs vous y attend, des côtelettes d'agneau aux "smileys" (têtes de mouton), le tout arrosé de bière, au rythme des concerts.

Où se loger et se restaurer

Les hôtels et les restaurants affichent souvent complet pendant la saison des fleurs.

Die Blou Nartjie GUESTHOUSE $
(☎027-341 1263 ; www.nartjie.co.za ; 35 Water St ; s/d avec petit-déj 390/520 R ; ❄🍽). Cette pension ("L'Orange Bleue") loue des chambres dans des bungalows avec jardin, parfaites pour se détendre – canapé, douche et boissons chaudes – après un long trajet. Le restaurant (plats 65-120 R ; lun-sam) sert des plats traditionnels, comme le *bobotie*, et des côtelettes d'agneau du Karoo.

African Dawn B&B $
(☎027-341 1482 ; www.calviniaretreat.co.za ; 17 Strauss Ave ; s/d avec petit-déj 500/580 R ; ❄📶). Dans le cadre arboré d'une pépinière, non loin d'une coopérative de tisserands, ces 3 chambres aux murs gris sont joliment décorées de tableaux fleuris. Le petit-déjeuner est servi dans le *lapa* (pavillon africain ouvert), et le café (plats 50-75 R ; 9h-17h lun-ven et 9h-14h sam) prépare des sandwichs toastés, des hamburgers et des repas légers.

♥ **Hantam Huis** GUESTHOUSE $$
(☎027-341 1606 ; www.calvinia.co.za ; 42 Hoop St ; s/d avec petit-déj à partir de 495/790 R, ch à partir de 300 R/pers ; ❄📶). Installée dans un ensemble de maisons très bien restaurées, cette pension est l'endroit parfait pour apprécier la tranquillité de Calvinia et son charme suranné. À la Die Dorphuis, monument national victorien, vous attendent des chambres élégantes, au mobilier d'époque. À l'arrière, des chambres standards cosy occupent les anciens quartiers des domestiques. Les chambres servaient jadis aux membres de congrégations religieuses en visite : la Knegtekamer est particulièrement charmante. Le déjeuner (plats 70-140 R) et le dîner (3 plats 290 R) sont servis dans la plus vieille maison de Calvinia, la Hantam Huis, datant du XIXe siècle.

Renseignements

Calvinia possède des DAB, un bureau de poste, une station-service et un **office du tourisme** (☎027-341 8100 ; Stigling St ; ⏰7h30-13h et 13h45-16h15 lun-ven).

Depuis/vers Calvinia

En venant du Cap, l'itinéraire le plus simple et le plus rapide consiste à emprunter la N7 puis la Rte 27, qui traverse le superbe Vanrhyns Pass (col) jusqu'à Calvinia, avant de filer vers le nord-est en direction de Keimos et d'Upington. Au départ de Calvinia, la Rte 63 vous conduit vers l'est jusqu'à Victoria West en passant par Williston, Carnarvon et Loxtone, trois bourgades pittoresques du Karoo. Il n'y a pas de transports publics à Calvinia.

Lesotho

Dans ce chapitre ➜

Le top des restaurants

- No.7 Restaurant (p. 497)
- Sky Restaurant (p. 506)
- Semonkong Lodge (p. 510)
- Maliba Mountain Lodge (p. 504)

Le top des hébergements

- Malealea Lodge (p. 512)
- Maliba Mountain Lodge (p. 504)
- Semonkong Lodge (p. 510)
- Sani Mountain Lodge (p. 508)
- Ramabanta Trading Post (p. 500)
- Morija Guest Houses (p. 501)

Pourquoi y aller

Pays aux paysages somptueux, d'une grande richesse culturelle, sûr, abordable, et aisément accessible depuis Durban ou Johannesburg, le Lesotho est cependant une destination sous-estimée. Le contraste avec l'Afrique du Sud est saisissant. Les Basotho ont une personnalité bien à eux et le territoire montagneux présente des différences topographiques extrêmes.

Les habitants de ce pays, alpin pour l'essentiel, vous salueront sur les chemins, du haut de leur cheval et vêtus de leur couverture colorée. Le Lesotho se prête merveilleusement à la randonnée pédestre et équestre – souvent à dos du célèbre cheval basotho. De plus, les infrastructures touristiques des trois parcs nationaux ne cessent de s'améliorer.

Les "basses terres" (à plus de 1 000 m d'altitude) séduiront les amateurs d'artisanat et de culture, tandis que les hautes terres du Sud, du Centre et du Nord-Est, où les cours d'eau traversent des sites jadis habités par des dinosaures, se prêtent à merveille au tourisme d'aventure.

Quand partir

Maseru

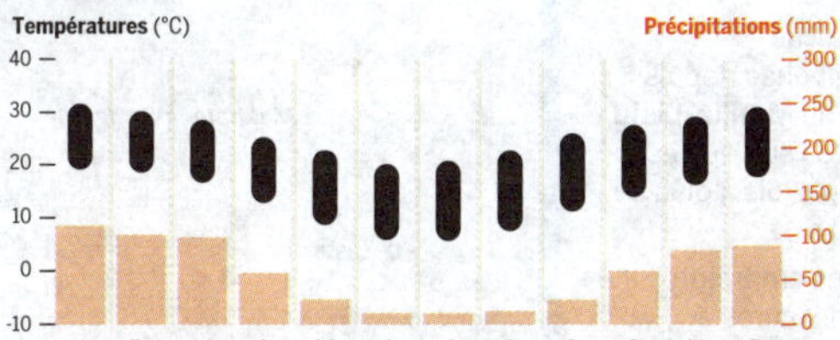

Mars-avril Les cosmos violets fleurissent dans les prairies et les températures sont plus fraîches.

Juin-août La neige recouvre les sommets et les pistes de ski de l'Afriski Mountain Resort.

Septembre Le Morija Arts Festival célèbre la culture sotho et les pêchers en fleur égaient le paysage.

À ne pas manquer

1. Un séjour au **Malealea Lodge** (p. 512), ancien comptoir commercial, pour profiter du paysage montagneux et de la vie villageoise authentique.
2. **Une randonnée équestre** (p. 494) ou pédestre dans les hautes terres, en passant la nuit dans une case basotho traditionnelle.
3. Un verre dans le pub le plus élevé d'Afrique australe, à **Sani Top** (p. 507), au sommet du col de Sani.
4. Le splendide isolement qu'offre le **Sehlabathebe National Park** (p. 514).
5. Une descente en rappel de 200 m le long des **Maletsunyane Falls** (p. 510), à Semonkong.
6. Les prouesses techniques réalisées au **Katse Dam** (p. 509).
7. La beauté à l'état brut du **Ts'ehlanyane National Park** (p. 504).
8. La vue vertigineuse depuis le col de **Mafika-Lisiu** (p. 508) et d'autres cols (parfois à plus de 3 000 m).
9. Les empreintes de dinosaures à **Leribe (Hlotse)** (p. 503), **Quthing** (p. 512) et **Morija** (p. 501).
10. Les tapisseries de **Teyateyaneng** (p. 502), capitale de l'artisanat.

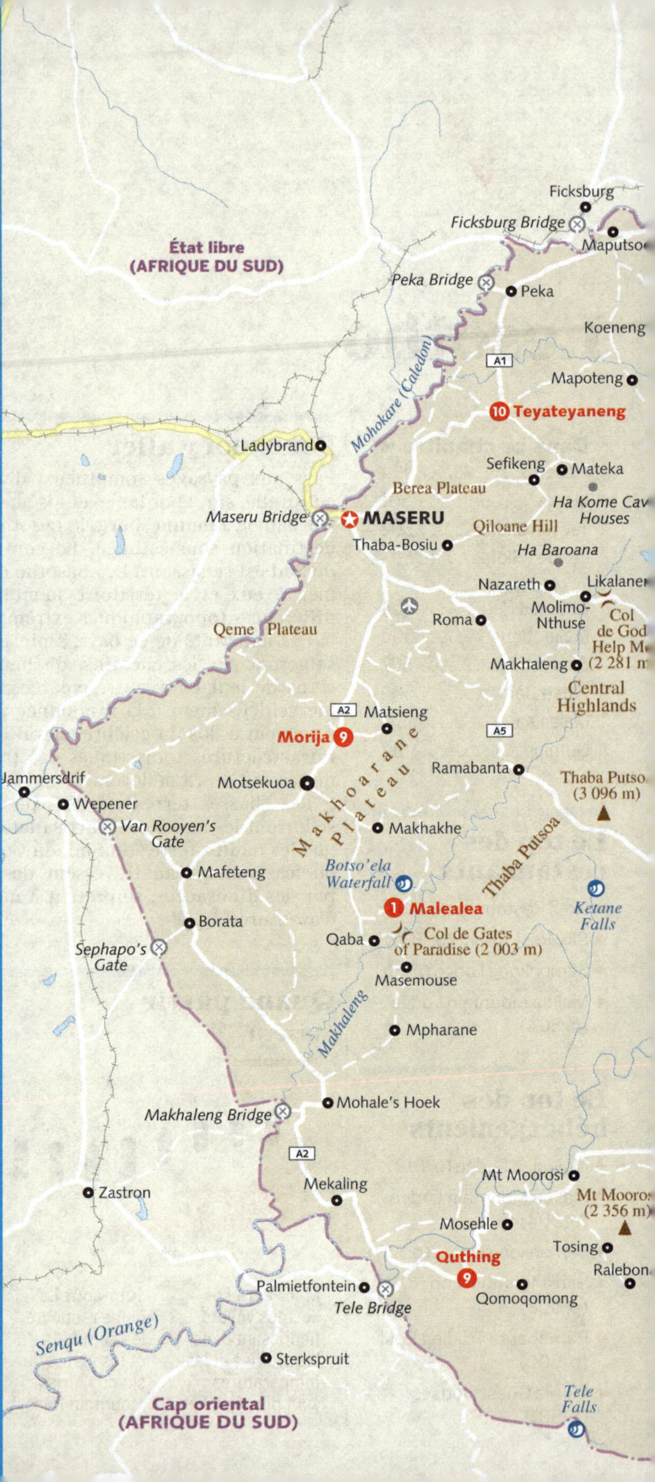

Bethlehem (33 km)
Col de Monantsa
0
50 km
Caledonspoort
Moteng
Col de Moteng (2 820 m)
Joel's Drift
Khatibe
Mont-aux-Sources (3 282 m)
Butha-Buthe
'Muela
Oxbow
Col de Mahlasela (3 222 m)
Liphofung Cave Cultural & Historical Site
Khabo
Leribe (Hlotse)
Afriski Mountain Resort
Ts'ehlanyane NP
Mothae
Malibamat'so
Pitseng
Col de Mafika-Lisiu (3 090 m)
Bokong NR
Ha Lejone
Drakensberg
Champagne Castle (3 377 m)
Senqu (Orange)
Maluti Mountains
Motsitseng
Seshote
Ha Sepinare
Katse Dam
Katse
Mokhotlong
Central Range
Molumong
Sehonghong
Upper Giant's Castle
Mohale Dam
Upper Rafolatsane
Thabana-Ntlenyana (3 482 m)
A3
Thaba-Tseka
Linakaneng
Linakeng
Marakabei
Mantsonyane
Col de Mokhoabong (2 860 m)
Taung
Col du Sani
Sani Top
Senqunyane
Hodgson's Peaks (3 257 m)
Sehonghong
Drakensberg
Semonkong
Matebeng
Nkonkoana Gate/ Bushman's Nek
Maletsunyane Falls
Col de Matebeng
Mavuka
Col de Bushman's Nek (2 435 m)
Paolosi
Sehlabathebe NP
Maletsunyane
Mokopung
Sekake
Tsoelike
Ramatseliso's Gate
Senqu (Orange)
Mpiti
KwaZulu-Natal (AFRIQUE DU SUD)
A4
Qacha's Nek
Col de Qacha's Nek (1 980 m)
Mphaki
Swartberg
Maluti
Ongeluksnek
Matatiele
Cap oriental (AFRIQUE DU SUD)
Cedarville
LÉGENDE
NP National Park (parc national)
NR Nature Reserve (réserve naturelle)
Kokstad
Ben Macdhui (3 001 m)

Histoire

Les origines

Le Lesotho est le pays des Basotho, populations sotho-tswana établies initialement dans de petites chefferies disséminées dans le *highveld* de l'État libre (Free State) actuel.

Au cours du XIXe siècle, les Voortrekkers et divers autres entrepreneurs blancs se mirent à empiéter sur les pâturages des Basotho, tandis que commençait la *difaqane* ("migration forcée").

Toutefois, les Basotho sortirent plus unis de cette épreuve, grâce à Moshoeshoe Ier, dit Le Grand, un chef de village qui réussit à les rassembler et à former un puissant royaume. Il conduisit d'abord ses propres villageois à Butha-Buthe, d'où il parvint à repousser les premières incursions de la *difaqane*. Il transféra ensuite son quartier général dans le bastion montagneux de Thaba-Bosiu, plus facile à défendre, d'où il résista aux vagues d'invasion successives.

Au cours des décennies suivantes, le roi regroupa différents peuples au sein d'une fédération basotho qui, à sa mort en 1870, comptait plus de 150 000 citoyens. Moshoeshoe Ier avait laissé des missionnaires chrétiens s'installer sur son territoire. Moyennant la christianisation de certaines coutumes basotho, les missionnaires étaient prêts à défendre les droits de "leurs" Basotho contre l'expansion des Boers et des Britanniques.

La défense du territoire

En 1843, face aux assauts incessants des Boers, Moshoeshoe Ier s'allia au gouvernement britannique de la colonie du Cap. Les traités conclus pour définir les frontières de son royaume n'empêchèrent toutefois pas les conflits avec les Boers, qui s'étaient installés dans le *lowveld* fertile, à l'ouest de la Mookare (Caledon). En 1858, les tensions culminèrent avec la guerre entre les Basotho et l'État libre d'Orange. Moshoeshoe essuya des revers et fut obligé de céder la majeure partie des basses terres occidentales.

En 1868, Moshoeshoe Ier appela de nouveau les Britanniques à la rescousse, s'adressant directement au gouvernement impérial de Londres. Conscients des conséquences néfastes d'un conflit permanent entre l'État libre d'Orange et le Basotholand sur leurs propres intérêts, les Britanniques annexèrent ce dernier.

Les dix années qui suivirent la mort de Moshoeshoe Ier furent marquées par de multiples querelles de succession. Après un bref transfert du pouvoir à la colonie du Cap, le royaume basotho repassa sous le contrôle direct de la Grande-Bretagne en 1884. Un avantage inattendu en découla : devenu protectorat britannique, le Basotholand ne fut pas intégré à l'Union sud-africaine lors de sa création en 1910, évitant ainsi le statut de bantoustan pendant l'apartheid.

L'indépendance

Au début du XXe siècle, l'émigration de la main-d'œuvre en Afrique du Sud s'accrut et le Basotholand s'émancipa peu à peu de la tutelle britannique. En 1955, le conseil dirigeant réclama l'autonomie intérieure et le droit d'élire ses membres. Des partis politiques se formèrent, notamment le Basotholand Congress Party (BCP), équivalent de l'ANC sud-africain, et le Basotholand National Party (BNP), parti conservateur dirigé par le chef Leabua Jonathan.

LA CULTURE BASOTHO

La culture traditionnelle basotho reste très vivace. Des cérémonies pittoresques marquent les événements importants, comme la naissance, la puberté, le mariage et la mort, et font partie de la vie du village. Lors d'une randonnée, vous découvrirez peut-être ce qu'est un *lekolulo*, sorte de flûte dont jouent les jeunes bergers, ou un *thomo*, un instrument à cordes réservé aux femmes, ou encore un *setolo-tolo*, instrument à cordes joué avec la bouche par les hommes. À la fois symbole de richesse et objet de sacrifices rituels, le bétail revêt une grande importance dans la vie quotidienne, de même que l'agriculture et le climat, qui sont au cœur de nombreux rites.

Les Basotho croient en un être suprême et font grand cas des *balimo* (ancêtres), qui jouent le rôle d'intermédiaires entre les hommes, les caprices de la nature et le monde spirituel. La menace du mal plane constamment, causée par les *boloi* (sorciers ou sorcières) et les *thkolosi* (de petits êtres malicieux similaires aux *tokoloshe* des Xhosa). Si ces forces vous tourmentent, adressez-vous au *ngaka* le plus proche, un homme instruit, mi-sorcier mi-docteur, capable de les combattre. La tradition basotho veut qu'on enterre les morts en position assise, face au soleil levant et prêts à bondir au moindre appel.

En 1965, le BNP remporta les premières élections générales et fit de l'indépendance sa priorité. L'année suivante, le royaume du Lesotho, dirigé par le Premier ministre Leabua Jonathan – le roi Moshoeshoe II en étant le chef d'État représentatif –, obtint son indépendance totale.

L'impopularité de Leabua Jonathan conduisit les opposants du BCP à la victoire lors des élections de 1970. En conséquence, le Premier ministre suspendit la Constitution, fit arrêter et bannir le roi et interdit les partis d'opposition. Le Lesotho devint de fait un État monopartite.

Les coups d'État

En 1986, un coup d'État militaire renversa Jonathan et rétablit Moshoeshoe II à la tête du pays. Toutefois, le calme fut de courte durée. La lutte de pouvoir entre Justin Lekhanya, artisan du coup d'État, et Moshoeshoe II entraîna, en 1990, la destitution du roi et son exil. Son fils, Letsie III, accéda au trône en 1992, ne disposant d'aucun pouvoir réel.

Les années 1990 furent une décennie de troubles. La scission du BCP conduisit le Premier ministre Ntsu Mokhehle à former un parti dissident, le Lesotho Congress for Democracy (LCD), et Mokhehle se maintint au gouvernement, tandis que le BCP passait dans l'opposition. Mokhehle mourut en 1998 et Pakalitha Mosisili prit alors la direction du LCD. La même année, le triomphe électoral du LCD suscita de vives protestations dans le pays, bien que selon les observateurs internationaux le scrutin eût été relativement honnête.

En septembre 1998, le gouvernement demanda à ses partenaires de la Southern African Development Community (SADC) – Botswana, Afrique du Sud et Zimbabwe – de l'aider à rétablir l'ordre. La résistance des rebelles de l'armée du Lesotho entraîna de violents combats et la mise à sac de Maseru. Le LCD remporta à nouveau les élections de 2002, mais les partis d'opposition s'emparèrent d'un nombre conséquent de sièges.

En 2006, 17 membres dissidents du LCD mené par Thomas Thabane fondèrent un nouveau parti, l'All Basotho Convention (ABC). À l'issue des élections controversées de 2007, le LCD parvint à conserver la majorité. Le gouvernement dut alors faire face à un mouvement de grèves à l'échelle nationale, et un couvre-feu de deux semaines fut décrété. Thabane échappa à une tentative d'assassinat et par la suite, un grand nombre de personnes furent incarcérées et torturées. En 2009, Pakalitha Mosisil, à son tour, échappait à la mort.

À la suite des élections très contestées de 2012, Thabane devint Premier ministre à l'issue de la formation d'une coalition entre l'ABC et d'autres partis, dont le LCD. Le Lesotho faillit connaître un nouveau coup d'État en 2014, lorsque Thabane s'enfuit en Afrique du Sud, accusant les militaires de vouloir le destituer. Grâce à la médiation de la SADC, de nouvelles élections furent organisées en février 2015. Le parti de Thabane, l'ABC, fut évincé de peu et remplacé par un gouvernement de coalition réunissant sept partis sous l'égide du Congrès démocratique (Democratic Congress), le nouveau parti de Pakalitha Mosisili. Ce dernier est à nouveau chef du gouvernement, avec pour vice-Premier ministre Mothetjoa Metsing, membre du LCD.

> **MALOTI OU RANDS ?**
>
> Le rand sud-africain est accepté partout au Lesotho. À l'inverse, bien que le loti (maloti au pluriel) s'aligne sur le rand, il n'est pas accepté en Afrique du Sud. Sachez que la plupart des DAB distribuent des maloti. Si vous ne prévoyez qu'un bref séjour au Lesotho avant de repasser en Afrique du Sud, mieux vaut faire le plein de rands pour éviter d'avoir à dépenser tous vos maloti avant de quitter le Lesotho.

Climat

Les hivers sont froids avec un ciel dégagé et des gelées ou de la neige dans les hautes terres – apportez des vêtements chauds. En été (de fin novembre à mars), saison d'orages impressionnants et d'épais brouillards, la température peut atteindre 30°C dans les vallées, mais se révèle bien plus fraîche, voire négative, dans les montagnes. Bien que le temps soit changeant toute l'année, les pluies se concentrent essentiellement entre octobre et avril.

Le Lesotho se visite en toutes saisons, mais l'automne (surtout de mars à avril) et le printemps (en particulier septembre) restent les meilleures périodes.

Langues

Les langues officielles sont le sotho du Sud (sesotho) et l'anglais. Pour en savoir plus sur la langue et la culture sesotho, voir le site www.sesotho.web.za.

RANDONNÉES À CHEVAL

Le Lesotho est un haut lieu de la randonnée à cheval. Fiables, les poneys et les chevaux basotho résultent du croisement de petits chevaux javanais et de vigoureuses montures européennes. Pour l'organisation, vous pouvez faire confiance au **Malealea Lodge** (p. 512), au **Semonkong Lodge** (p. 510), au **Ts'ehlanyane National Park** (p. 504) et à la **Bokong Nature Reserve** (p. 508).

Il est préférable de réserver votre randonnée à l'avance. Vous pouvez vous lancer sans être un cavalier émérite, mais attendez-vous à des courbatures après une journée de chevauchée. Pour les périples de plusieurs jours, vous devrez généralement prévoir votre nourriture (achetée à Maseru), un sac de couchage, une lampe de poche, des comprimés de purification de l'eau, et des vêtements chauds et imperméables. Consultez le site Internet du Malealea pour en savoir plus sur les provisions et les préparatifs nécessaires.

Désagréments et dangers

Évitez de faire étalage de vos objets de valeur et soyez particulièrement vigilant à Maseru, où des agressions ont eu lieu la nuit. Voleurs à la tire et pickpockets sévissent surtout dans la journée. Si d'aventure vous êtes confronté à des troubles politiques, qui ne se manifestent en général que dans la capitale, restez à l'abri et évitez les attroupements.

Si vous partez en randonnée sans guide dans des régions isolées, des bergers vous harcèleront peut-être pour de l'argent ou un "cadeau". Il subsiste un risque minime d'être détroussé. Sur les routes éloignées, il arrive que les enfants mendient et jettent des pierres sur les voitures, surtout les 4x4.

Les barrages de police sont fréquents ; si on vous fait signe, arrêtez-vous immédiatement et attendez l'autorisation pour repartir. En général, les policiers se contenteront tout au plus d'un bref coup d'œil à vos papiers. Si vous transportez des boissons, certains vous feront comprendre qu'ils ont très soif.

La foudre tue chaque année ; évitez l'altitude et le camping en plein air pendant les orages. Un vêtement imperméable est indispensable pour les randonnées à pied ou à cheval.

Comment s'y rendre et circuler

Airlink assure plusieurs liaisons hebdomadaires entre Jo'burg et l'aéroport international Moshoeshoe I, à 21 km au sud de Maseru (à partir de 1 810 R, 1 heure). Il est moins coûteux d'arriver à l'aéroport de Bloemfontein (130 km à l'ouest de Maseru) ou de louer une voiture en Afrique du Sud – la plupart des voyageurs arrivent par la route. Le poste-frontière de Maseru Bridge est le plus fréquenté ; le vendredi et le dimanche soir, attendez-vous à des files d'attente.

Presque toutes les routes du Lesotho sont désormais praticables en véhicule ordinaire, mais un tout-terrain reste nécessaire dans certaines régions en raison des mauvaises routes gravillonnées, notamment à l'est entre Mokhotlong et Qacha's Nek. Les réseaux de bus et de taxis collectifs sont très développés ; toutefois, les taxis n'assurent pas de service régulier, mais attendent d'être pleins pour partir.

MASERU

430 000 HABITANTS /ALTITUDE 1 600 M

Maseru est certainement l'une des capitales les plus tranquilles du monde. Elle s'étend à la lisière ouest du pays, entre les plateaux du Berea et du Qeme. En 1869, les Britanniques y établirent un avant-poste administratif. Maseru s'est rapidement développée au fil des dernières années et connaît même désormais des problèmes d'embouteillages. Un vaste programme de reconstruction urbaine a fait disparaître une grande partie des cicatrices laissées par les troubles politiques de 1998.

Même si Maseru compte relativement peu de sites d'intérêt, son climat tempéré, ses magasins bien approvisionnés et un choix raisonnable de restaurants et d'hôtels en font un point de chute idéal pour organiser un circuit dans les hautes terres et faire ses provisions de route avant le départ.

Activités

Kick4Life FOOTBALL

(☎2832 0707 ; www.kick4life.org ; Lesotho Football for Hope Centre, Nightingale Rd ; 20 M/pers ; ⏲18h-20h mar et jeu). Prenez part à un match de football à cinq organisé par cette ONG qui gère le premier club de foot du monde visant exclusivement le progrès social. Si vous préférez être spectateur, installez-vous au No.7 Restaurant, juste à côté, un verre de vin à la main. Le futur stade sera le seul au monde spécialement conçu pour soutenir le dépistage de masse du VIH.

Où se loger

Maseru ne manque pas de B&B, même si la plupart offrent un confort rudimentaire. Vous pouvez aussi loger à Thaba-Bosiu ou à Roma, deux villes proches de la capitale en voiture et comptant quelques bonnes options d'hébergement.

Foothills Guesthouse GUESTHOUSE $
(5870 6566 ; melvin@xsinet.co.za ; 121 Maluti Rd ; s/d 400/500 M, petit-déj 40 M ; P). Cette *guesthouse* (pension) confortable et sympathique en périphérie de la ville affiche un bon rapport qualité/prix pour Maseru. Les huit chambres donnant sur le jardin sont basiques et équipées de sdb vétustes, mais deux d'entre elles possèdent un coin cuisine. Également une cuisine commune et un *lapa* (espace de détente semi-ouvert) au toit de chaume comprenant un *braai* (barbecue).

Maseru Backpackers & Conference Centre AUBERGE DE JEUNESSE $
(2232 5166 ; www.lesothodurhamlink.org ; Airport Rd ; camping/dort/ch 70/140/400 M ; P). Parrainée par une ONG britannique anglicane et tenue par les habitants, cette auberge propose des dortoirs de 4-8 lits sobres et propres et des chambres privées, ainsi qu'un *rondavel* (case ronde au toit conique ; 500 M) tout équipé de style basotho, renfermant une chambre double, une chambre avec lits jumeaux et un salon, juste au bord du Maqalika Reservoir. L'auberge est à 3 km du centre-ville ; suivez le panneau "Lesotho Durham Link".

On y vient surtout pour les activités de plein air proposées, notamment le canoë et le kayak sur le lac artificiel, l'escalade, le rappel et le tir à l'arc. Repas sur demande.

Kick4Life Hotel & Conference Centre HÔTEL $$
(2832 0707 ; www.kick4life.org ; Lesotho Football for Hope Centre, Nightingale Rd ; ch avec petit-déj 580-650 M ; P). Cet élégant hôtel décoré sur le thème du football soutient le travail de l'ONG Kick4Life – le personnel compte d'ailleurs quelques protégées de Kick4Life. À la réception, des photos immortalisent la rencontre de petits Lesothans et les joueurs de l'équipe d'Angleterre, et les 12 chambres agréables sont ornées de maillots portant le nom de footballeurs célèbres.

La vue sur la ville depuis la terrasse n'a d'égale que celle du Lesotho Sun ; de là-haut, on aperçoit aussi le terrain de foot.

Maseru Sun HÔTEL $$
(2231 2434 ; www.suninternational.com ; 12 Orpen Rd ; s/d avec petit-déj 1 280/1 450 M ; P). Cet agréable établissement de la chaîne Sun International, très central, dispose de chambres et de suites spacieuses. Il compte un restaurant, un bar, des boutiques d'artisanat, un petit casino, un DAB et une salle de sport assez rudimentaire. Tarifs plus intéressants sans réservation.

Lancer's Inn HÔTEL $$
(2231 2114 ; www.lancersinn.co.ls ; angle Kingsway et Pioneer Rd ; s/d à partir de 825/925 M ; P). Propriété de l'ambassadeur des Pays-Bas, ce populaire hôtel d'affaires très central abrite des chambres remises à neuf avec TV satellite et sdb ouverte. Dans le jardin parcouru d'allées sont disséminées de jolis *rondavels* en pierre et des bungalows indépendants. Le restaurant **Rendezvous** (plats déj/dîner 60/70 M), le bar et l'agence de voyages attenante en font une bonne option.

Mohokare Guest House GUESTHOUSE $$
(2231 4442 ; www.mohokare.co.ls ; 260 Pioneer Rd ; s/d avec petit déj à partir de 515/685 M, ch luxe s/d/lits jum 685/800/1 000 M ; P). Près d'une route fréquentée proche de Pioneer Mall, le Mohokare jouit d'une bonne réputation et d'un charmant petit bar. Spacieux **chalets** (855 M, sans petit-déj) indépendants. Les chambres de luxe, équipées d'un coin cuisine et d'une baignoire autoportante, ne sont pas hautement supérieures aux chambres standards. Possibilité d'organiser un transfert ou des activités.

Black Swan B&B GUESTHOUSE $$
(2231 7700 ; www.blackswan.co.ls ; 28 Manong Rd, New Europa ; s/d avec petit-déj 490/900 M ; P). Avec son belvédère, son *braai*, son coq en liberté et son étang aux oiseaux, cette pension est une oasis suburbaine. Les chambres spartiates mais spacieuses sont dotées de TV satellite et de toutes les commodités. Les chambres et les *rondavels* avec coin cuisine ne sont pas beaucoup plus chers (simple/double avec petit-déj à partir de 650/1 000 M) ; réductions le week-end.

Lesotho Sun HÔTEL $$$
(2224 3000 ; www.suninternational.com ; Hilton Rd ; s/lits jum/d avec petit-déj à partir de 1 905/2 060/2 240 M ; P @). Hôtel emblématique perché sur une colline, le

Maseru

Maseru

Activités

1 Kick4Life D4

Où se loger

2 Foothills Guesthouse C2
Kick4Life Hotel & Conference Centre .... (voir 1)
3 Lancer's Inn D3
4 Lesotho Sun E4
5 Maseru Sun C3
6 Mohokare Guest House C4

Où se restaurer

7 LNDC Centre D3
No.7 Restaurant .... (voir 1)
8 Ouh La La D3
9 Piri Piri C3
Regal Restaurant .... (voir 10)
Renaissance Café .... (voir 11)
Rendezvous .... (voir 3)

Où prendre un verre et faire la fête

Lancer's Inn .... (voir 3)
Lesotho Sun .... (voir 4)
Times Caffe .... (voir 7)

Achats

10 Basotho Hat C3
Collectables .... (voir 11)
11 Pioneer Mall C4

Lesotho Sun domine Maseru depuis 1979. Il renferme toute une gamme de chambres et de services, notamment deux restaurants, deux bars, un casino, une agence de voyages et plusieurs boutiques.

Où se restaurer

L'offre culinaire est limitée à Maseru. Les adresses suivantes proposent néanmoins une cuisine raisonnable.

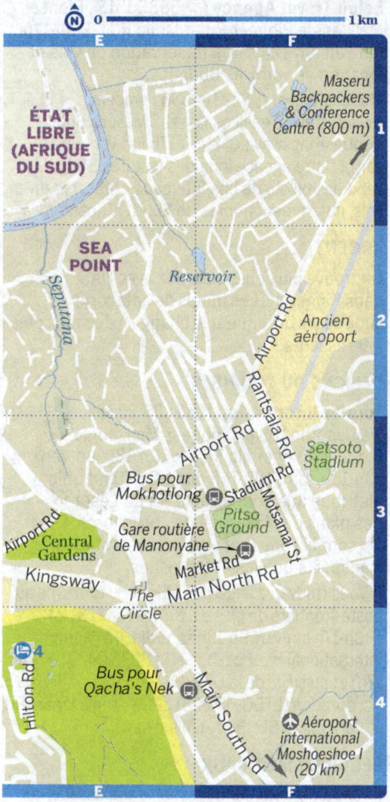

Le Pioneer Mall (p. 498) compte plusieurs restaurants de chaîne tels que Spur, Wimpy et Ocean Basket, un supermarché Pick 'n' Pay et le **Renaissance Café** (plats 70 M ; 7h-21h lun-sam, 7h-18h dim). Le **LNDC Centre** (angle Kingsway et Pioneer Rd) abrite un supermarché Shoprite et des cafés.

Ouh La La CAFÉ $
(2832 3330 ; angle Kingsway et Pioneer Rd ; plats 35 M ; 7h30-21h lun-ven, 8h-19h sam, 9h30-16h dim ;). Habitants et expatriés jouent joyeusement des coudes dans ce café avec jardin qui jouxte l'Alliance française – ce qui explique la décoration franchouillarde et le nom. La carte propose essentiellement des sandwichs, des crêpes et des pâtisseries, mais le café est très correct et le vin est servi au verre.

No.7 Restaurant INTERNATIONAL $$
(2832 0707 ; www.kick4life.org ; Lesotho Football for Hope Centre, Nightingale Rd ; plats déj/dîner 50/95 M ; 7h-22h lun-sam ;). Partenaire de l'ONG footballistique Kick4Life et de son hôtel, le No.7 lui reverse ses bénéfices. L'équipe compte plusieurs jeunes du cru se destinant aux métiers de l'hôtellerie. Cet élégant restaurant offre une belle vue sur la ville et une carte combinant raffinement européen et touches basatho, notamment un filet de bœuf et une bouillabaisse.

En arrivant, vous apercevrez peut-être des membres du programme Kick4Life disputant une partie de foot.

Piri Piri INTERNATIONAL $$
(Orpen Rd ; plats 100 M ; 9h-21h lun-sam). Situé près du Maseru Sun, ce restaurant prépare des plats portugais, brésiliens, mozambicains et sud-africains, notamment des steaks, des produits de la mer, de la feijoada (ragoût brésilien) et du poulet au pili-pili. Choisissez entre les salles romantiques à la lumière tamisée et les pavillons de jardin.

Regal Restaurant INDIEN $$
(2231 3930 ; près de Kingsway ; plats 50-120 M ;). Installé au 1er étage d'un bâtiment en forme de chapeau basotho, le Regal est prisé des hommes d'affaires et des politiciens. Seul restaurant indien du pays, il sert des classiques – *korma*, *madras*, *rogan josh* et curries de légumes – ainsi que des steaks et des plats de nouilles. Service professionnel et discret fond musical hindi.

Où prendre un verre

Lesotho Sun BAR
(www.suninternational.com ; Hilton Rd ;). Les expatriés de Maseru et les sportifs du coin se donnent rendez-vous au sommet de la colline pour un verre au coucher du soleil ou un cocktail au bord de la piscine – en particulier le vendredi soir, pour bien commencer le week-end.

Lancer's Inn BAR
(www.lancersinn.co.ls ; angle Kingsway et Pioneer Rd). Un bar d'hôtel moderne et douillet du centre-ville.

Times Caffe BAR, CAFÉ
(Niveau 1, LNDC Centre, angle Kingsway et Pioneer Rd). Agrémenté de canapés en cuir, de chaises en plastique, de tabourets colorés et de carreaux de faïence, le tout sous un éclairage design, le Times attire une clientèle locale branchée. La terrasse extérieure donne sur la rue principale.

Achats

Basotho Hat ARTISANAT
(www.golesotho.co.za/Other Pages/Maseru.html ; Kingsway ; 8h-17h lun-ven, 8h-16h30 sam). Si les prix sont plus élevés qu'ailleurs, l'emplacement est pratique et le choix étendu – de l'artisanat de qualité venu des quatre coins du pays, présentés sur deux étages. Les cartes de crédit sont acceptées, et les commerçants ne poussent pas à l'achat.

Collectables ARTISANAT
(Pioneer Mall, angle Pioneer Rd et Mpilo Rd ; 9h-18h). Souvenirs, sandales et autres articles, notamment des sacs Seihati Weavers confectionnés localement.

Pioneer Mall CENRTE COMMERCIAL
(www.pioneer.co.ls ; angle Pioneer Rd et Mpilo Rd ; 9h-18h lun-ven, 9h-16h sam, 9h-14h dim). Ce centre moderne abrite un supermarché Pick 'n' Pay, des restaurants de chaîne et de nombreux magasins et services. Les horaires d'ouvertures du Pick 'n' Pay et de certains restaurants sont plus étendus que ceux du centre.

Renseignements

Le Pioneer Mall abrite des banques, des cybercafés, un bureau de change, une agence Western Union et une pharmacie.

AGENCES DE VOYAGES

Plusieurs agences de voyages sont installées dans le Pioneer Mall, au LNDC Centre et au Lancer's Inn.

Leloli Travel Agency (5885 1513 ; Pioneer Mall, angle Pioneer Rd et Mpilo Rd ; 8h-17h lun-ven, 9h-12h sam). Réservation de vols et location de voitures Budget.

Maseru Travel (2231 4536 ; gracem.maserutravel@galileosa.co.za ; Maseru Book Centre, Kingsway ; 8h30-17h lun-ven, 9h-11h sam). Cette agence loue des voitures Budget, vend des billets de bus Intercape et réserve divers vols, notamment auprès de South African Airways.

ARGENT

On trouve plusieurs banques avec DAB dans Kingsway. Les hôtels de catégorie supérieure pratiquent le change à des taux peu intéressants.

OFFICES DU TOURISME

Tourist Information (2833 2238 ; visitlesotho.travel ; Pioneer Mall, angle Pioneer Rd et Mpilo Rd ; 10h-18h lun-ven, 10h-15h sam, 10h-14h dim). Ce stand utile distribue une bonne carte AA du Lesotho, des plans de Maseru et des brochures. Le personnel vous renseignera aussi sur les transports publics et les visites.

Vous trouverez aussi des offices du tourisme au poste-frontière de Maseru Bridge (2231 2427 ; 8h-17h lun-ven, 9h-13h sam-dim), à l'aéroport international Moshoeshoe I (2835 0479 ; 8h-17h) et au siège de la Lesotho Tourism Development Corporation (LTDC ; 2231 2238 ; angle Linare Rd et Parliament St ; 8h-17h lun-ven).

SERVICES MÉDICAUX

En cas d'urgence, contactez votre ambassade, qui pourra vous recommander des médecins. Pour un problème grave, vous devrez aller en Afrique du Sud.

LA COUVERTURE BASOTHO

La couverture basotho constitue un élément essentiel de la vie publique et privée, comme vêtement, mais aussi comme symbole, accessoire et marqueur social. En 1860, lorsque les marchands européens en proposèrent une au roi Moshoeshoe Ier, les Basotho furent si enthousiastes qu'ils abandonnèrent bien vite leurs peaux de bêtes. Dès les années 1880, les marchands ne parvinrent plus à répondre à la demande. Les couvertures d'origine étaient fabriquées en Angleterre dans un tissu de bonne qualité.

Aujourd'hui, la couverture de laine, protégeant du chaud et du froid, indique aussi le statut de la personne qui la porte, puisque chacune vaut au moins 500 M. Parmi les motifs, vous reconnaîtrez l'épi de maïs (symbole de fertilité), la couronne, des symboles militaires (hérités de l'Empire britannique), ou encore une feuille de chou (signe de prospérité). Les jeunes mariées portent une couverture autour de la taille jusqu'à la conception de leur premier enfant, et les jeunes garçons la reçoivent au moment de la circoncision, qui marque le passage de l'enfance à l'âge adulte.

Les lignes qui ornent les bords se portent verticalement. Placées horizontalement, elles sont censées freiner la croissance, la prospérité et le développement.

Moins courant, mais toujours utilisé dans les régions rurales, le chapeau basotho ou *mokorotlo*, ou encore *molianyeo*, de forme conique, est surmonté d'un étrange ornement. Ce cône rappellerait la forme de Qiloane Hill, près de Thaba-Bosiu.

Maseru Private Hospital (☎2231 2276, 2231 3260, près de Pioneer Rd, Ha Thetsane). Hôpital privé dans la banlieue de Ha Thetsane, à 7 km au sud de Maseru.

URGENCES

Police (☎112)
Pompiers (☎112)

Depuis/vers Maseru

BUS ET TAXIS COLLECTIFS

Il y a trois arrêts principaux au nord-est du Circle.

Station de taxis de Sefika (derrière le Sefika Mall). Depuis cette importante station, les taxis desservent tout le pays, notamment Roma, Motsekuoa (pour Malealea) et d'autres destinations au sud.

Station de taxis de Motsamai Street (derrière le KFC dans Main North Rd, entre Pitso Ground et Setsoto Stadium). Dessert des destinations locales (notamment Motsekuoa) et d'autres plus au nord, comme Maputsoe et Leribe (Hlotse).

Gare routière de Manonyane (près de Pitso Ground). Taxis collectifs pour Thaba-Bosiu et Semonkong, Leribe et d'autres destinations au nord. Les bus Lesotho Freight Service desservent entre autres Leribe et Thaba-Tseka.

Les bus de Lesotho Freight Service desservent à la fois des destinations au nord et au sud : les bus pour Mokhotlong partent de Stadium Rd, derrière Pitso Ground ; les bus pour Qacha's Nek partent de la station située tout près des écoles primaire et secondaire de St James, dans Main Rd South.

Pour plus de détails, voir p. 635.

VOITURE ET MOTO

Avis (☎2235 0328 ; www.avis.co.za ; Lesotho Sun, Hilton Rd). Possède aussi un comptoir à l'aéroport international Moshoeshoe I.

Basotho Car Rental (☎2232 4123 ; www.basothocarrental.com ; Camara de Lobos Bldg, poste-frontière de Maseru Bridge). Tarifs compétitifs et transferts depuis/vers l'aéroport.

Comment circuler

Aéroport L'aéroport international Moshoeshoe I est situé à 21 km au sud de la ville, près de Main South Rd, sur la route de Morija. Les taxis collectifs pour l'aéroport partent de la station de taxis de Sefika (derrière le Sefika Mall). À Maseru, les hébergements, les offices du tourisme et les agences de voyages peuvent organiser des transferts privés – comptez environ 100 M.

Taxi Une course en ville coûte en moyenne 6,50 M en taxi collectif et 50 M en taxi privé.

ENVIRONS DE MASERU

Plusieurs sites des environs méritent une visite et on peut les explorer facilement en un ou deux jours depuis la capitale.

Thaba-Bosiu

À 25 km à l'est de Maseru se dresse la célèbre Thaba-Bosiu (montagne de la Nuit) au sommet tabulaire. Moshoeshoe Ier y installa son bastion en 1824. Considéré comme le berceau de la nation basotho, ce lieu est le site historique majeur du Lesotho – mais il apparaît sans grand intérêt pour les néophytes.

Les origines de son nom prêtent à controverse. L'explication la plus intéressante serait que, pour effrayer l'ennemi, des herbes magiques étaient fixées sur une corde enroulée autour de la montagne et que des intrus qui venaient à franchir la nuit cette corde avaient des visions : Thaba-Bosiu semblait grandir, devenant soudain invincible à leurs yeux.

Au pied de la montagne, un **centre d'information des visiteurs** (☎2835 7207 ; 10 M ; ⏲8h-17h lun-ven, 9h-17h sam, 9h-13h dim) propose les services d'un guide qui vous accompagnera jusqu'au sommet (40 M, 2 heures). Des randonnées équestres sont également possibles (90 M, sur réservation).

Sur le plateau subsistent les fortifications en ruine, la tombe de Moshoeshoe et des vestiges de sa forteresse. La vue s'étend

HORS DES SENTIERS BATTUS

MATSIENG

Royal Archives & Museum (☎2700 6984 ; www.royalarchives.org.ls ; 15 M ; ⏲9h-16h30 lun-ven, 9h-13h sam ; P). Voisin de Morija, le village de Matsieng semble tout à fait quelconque au premier abord, mais il abrite en fait une résidence royale. Si un nouveau palais a été construit à Maseru dans les années 1960, la famille royale fréquente encore l'endroit le week-end. Les archives et le petit musée attenants présentent des objets de la collection royale et des renseignements et documents relatifs à la monarchie.

Le personnel organise des **visites guidées** (40 M) du village et signale les sites d'intérêt dans l'enceinte du palais.

sur les environs et **Qiloane Hill**, qui aurait inspiré la forme du chapeau basotho.

Le **village culturel** (20 M ; 8h-coucher du soleil ; P) qui jouxte le centre des visiteurs regroupe un village basotho traditionnel, un musée et un amphithéâtre.

Où se loger et se restaurer

Les hébergements de Thaba-Bosiu sont situés à courte distance les uns des autres, sur la route principale.

Mmelesi Lodge LODGE $
(5250 0006 ; www.mmelesilodge.co.ls ; s/d 420/510 M, petit-déj 65 M ; P). Ce lodge comprend des bungalows en grès de type *mokhoro* (cases traditionnelles basotho) au toit de chaume, auxquels on accède par des allées fleuries. Il est souvent pris d'assaut en période de séminaire gouvernemental, et le bar-restaurant s'anime lors des concerts live.

Nokaneng Backpacker PETITS BUDGETS $
(5896 2461 ; www.nokanengbackpacker.com ; dort/ch 140/300 M ; P). Kennedy et Rose, couple américano-basotho, proposent un hébergement rustique avec énergie solaire, cuisine commune et douches.

Cultural Village COMPLEXE HÔTELIER $$
(6286 1361 ; www.thababosiuculvil.co.ls ; ch avec petit-déj 900 M ; P). Ce complexe hôtelier réunit de confortables bungalows et un charmant restaurant (plats 90 M).

Depuis/vers Thaba-Bosiu

À Maseru, les taxis collectifs pour Thaba-Bosiu (18 M, 30 minutes) partent de l'arrêt de Manonyane. Si vous êtes motorisé, prenez Mafeteng Rd sur environ 13 km jusqu'à l'embranchement (à gauche) de Roma ; après 6 km, tournez à gauche sur la route signalée. Thaba-Bosiu se trouve à 10 km de là.

Ha Baroana

Site d'art rupestre, l'un des plus importants du pays ouvert au public, Ha Baroana mérite la visite malgré les dégâts dus à la négligence et au vandalisme.

Juste avant le village de Nazareth, empruntez la piste gravillonnée (signalée) qui mène au site rupestre. Continuez jusqu'au village de Ha Khotso à 3 km, tournez à droite au niveau du terrain de football et poursuivez sur 2,5 km jusqu'au sommet d'une colline qui surplombe une gorge. Un sentier descend en lacets jusqu'à l'abri rocheux où se dissimulent les peintures pariétales.

VAUT LE DÉTOUR

RAMABANTA TRADING POST

Ramabanta Trading Post (2234 0202 ; s/d 300/600 M, petit-déj/repas 75/150 M, demi-pension 525 M /pers ; P). À environ 40 km au sud-est de Roma, près de la route de Semonkong – la route goudronnée menant vers le sud – cet établissement appartient aux mêmes propriétaires que le Roma Trading Post. Installés sur une propriété soignée avec vue sur la montagne, les *rondavels* élégants et spacieux disposent d'un salon et d'une salle à manger, et trois d'entre eux sont pourvus d'un coin cuisine. Le bâtiment principal renferme un salon, un bar et un restaurant.

Il est possible d'organiser des randonnées équestres ou pédestres, ainsi que des visites de villages. En logeant ici, on peut gagner Roma, Ramabanta ou d'autres destinations au terme d'une randonnée pédestre ou équestre de deux jours. Des taxis collectifs desservent Ramabanta depuis Maseru (50 M, 2 heures), puis continuent jusqu'à Semonkong.

Pour rejoindre Nazareth, empruntez Mafeteng Rd puis la bifurcation pour Roma ; continuez sur 8 km jusqu'au carrefour de Thaba-Tseka. Tournez à gauche (direction Thaba-Tseka) et continuez sur environ 12 km jusqu'à Nazareth. Les taxis collectifs reliant Maseru et Thaba-Tseka peuvent vous déposer à l'embranchement de Ha Baroana.

Roma

À 35 km au sud-est de Maseru, cette bourgade nichée parmi les falaises de grès fut fondée par des missionnaires dans les années 1860. Aujourd'hui, elle abrite la seule université du pays, ainsi que plusieurs collèges et séminaires. Le joli **campus** de l'université nationale du Lesotho invite à la promenade et les chaussures suspendues aux lignes téléphoniques signalent la présence des étudiants de Roma. Des gorges impressionnantes commandent l'entrée sud de la ville ; mieux vaut faire le trajet le matin ou en fin d'après-midi, lorsque le soleil illumine les falaises.

Des taxis collectifs circulent toute la journée depuis/vers Maseru (25 M, 45 minutes).

♥ **Roma Trading Post** GUESTHOUSE $

(☎2234 0202 ; www.tradingpost.co.za ; s/d 250/500 M, sans sdb 175/350 M, camping 85 M, petit-déj/dîner 55/100 M ; P). Le Roma Trading Post est un vieux comptoir tenu depuis 1903 par la famille Thorn. La pension attenante offre plusieurs hébergements au choix : chambres donnant sur le jardin, *rondavels* ou encore la ferme d'origine, en grès, avec cuisine commune, le tout dans un jardin luxuriant. Le personnel aimable et arrangeant peut organiser des activités, notamment des randonnées à poney ou à pied, et la découverte de *minwane* (empreintes de dinosaures) et d'autres curiosités locales.

L'endroit est bien indiqué depuis le nord de la ville (direction Maseru).

Kaycees RESTAURATION RAPIDE $

(Plats 25 M). Près de l'artère principale de Roma, cette adresse prisée sert une cuisine rapide et des canettes de bière Maluti à de joyeux étudiants.

Morija

Siège de la première mission européenne au Lesotho, ce petit bourg se targue d'un long passé. Attrayant et facilement accessible, il mérite une halte ou même une excursion à la journée depuis Maseru. Le Morija Museum est de fait le musée national du pays. Ne manquez pas le Morija Festival si vous vous trouvez sur place fin septembre ou début octobre.

À voir et à faire

Morija Museum & Archives MUSÉE $

(☎2236 0308 ; www.morija.co.ls ; 10 M ; ⏲8h-17h lun-sam, 12h-17h dim ; P). Bien qu'il ne s'agisse pas d'un musée officiel, ce lieu présente des collections ethnographiques et des archives datant des premières missions, ainsi que des instruments scientifiques. Une très bonne sélection de livres, dont ceux du conservateur Stephen Gill, y est en vente. Le personnel vous guidera jusqu'aux **empreintes de dinosaures** (50 M/pers) dans les Makhoarane Mountains voisines, à 1 heure 30 de marche (aller-retour) de là.

Maeder House Crafts Centre CENTRE ARTISTIQUE

(☎5991 1853 ; ⏲sur rdv ; P). Ce centre d'artisanat est installé dans une mission, près du musée.

À NE PAS MANQUER

LE MORIJA ARTS FESTIVAL

Temps fort du calendrier culturel du Lesotho, ce festival ne cesse de voir sa notoriété grandir – chaque année, un nombre croissant de participants afflue d'Afrique du Sud. Cinq jours durant, fin septembre ou début octobre, le festival souligne la diversité de la culture sotho à travers la danse, la musique (électronique et jazz), la poésie et le théâtre. Lors des précédentes éditions, des courses de chevaux et des tournois de *moraba-raba* (équivalent africain des échecs) ont été organisés et le festival a accueilli des musiciens de renom, tels que le Sud-Africain Hugh Masekela et le Zimbabwéen Oliver Mtukudzi. Pour plus d'informations, consultez www.morija.co.ls ou contactez le Morija Museum.

Si vous passez la nuit sur place, les dames de la boutique attenante pourront vous confectionner une chemise en *shweshwe* (coton teint imprimé) pour 350 M. L'imprimerie voisine abrite la première presse typographique du Lesotho.

Randonnée équestre et pédestre

Des randonnées à poney (heure/demi-journée/journée 190/500/750 M/pers), des marches guidées jusqu'aux empreintes de dinosaures et des **séjours chez les villageois** (pension complète avec/sans monture 370/890 M) peuvent être organisés par l'intermédiaire de Morija Guest Houses. Réservez la veille. Pour un cheval de bât, comptez 400 M en sus.

Où se loger et se restaurer

♥ **Morija Guest Houses** GUESTHOUSE $

(☎6306 5093 ; www.morijaguesthouses.com ; ch sans sdb 220-300 M/pers, camping 110 M, petit-déj/déj/dîner 66/110/134 M ; P). Dans cette demeure raffinée en pierre et en chaume, perchée au-dessus du village, les hôtes ont le choix entre des chambres douillettes dans le bâtiment principal et des cottages situés plus bas. Des activités sont proposées, allant du VTT aux spectacles de chant choral et de danse traditionnels, ce qui en fait un endroit idéal pour découvrir la région. Les baroudeurs arrivant en transports publics ont droit à un tarif préférentiel (175 M/pers).

Lindy's B&B GUESTHOUSE $
(☎5885 5309 ; www.lindysbnb.co.ls ; s/d 380/550 M, sans sdb 280/460 M, petit-déj/dîner 65/120 M ; P 📶). Lindy propose au choix un vaste duplex moderne en pierre comprenant deux chambres avec sdb ou un vieux cottage séculaire de deux chambres également. Tous deux sont entourés par les Makhoarane Mountains.

Morija Museum Tearoom CAFÉ $
(Plats 40 M ; ⏲8h-17h lun-sam, 12h-17h dim). Le petit salon de thé du Morija Museum, agrémenté d'une cour, sert entre autres des pizzas, du poulet et des frites. Il s'anime le week-end et pendant le Morija Festival.

Depuis/vers Morija

Les taxis collectifs circulent toute la journée entre Maseru et Morija (25 M, 45 minutes), et entre Matsieng et Morija (7 M, 10 minutes).

NORD-OUEST DU LESOTHO

Cette région de terres basses est ponctuée de petites bourgades commerciales animées. Seules Teyateyaneng et Leribe (Hlotse) attirent les voyageurs grâce à leur production d'artisanat, ainsi que le magnifique Ts'ehlanyane National Park. La région donne par ailleurs accès aux magnifiques hautes terres du Nord-Est et comprend plusieurs postes-frontières importants.

Teyateyaneng

Teyateyaneng (le "pays des sables mouvants", plus communément appelé TY) est devenu le pôle artisanal du Lesotho où vous pourrez acheter des tapisseries ou assister à leur tissage.

Où se loger et se restaurer

Blue Mountain Inn HÔTEL $$
(☎2250 0362 ; www.bmilesotho.com ; s/d avec petit-déj 700/800 M, plats 70 M ; P ❄ 📶 🏊). Les chambres quelconques de type motel sont rehaussées de quelques tableaux, mais c'est surtout le bar-restaurant donnant sur un jardin et la petite piscine qui font le charme de l'endroit. Le restaurant sert des salades, des steaks, des hamburgers, de bonnes pizzas et des plats plus élaborés, tels que le poulet aux poivrons et à la sauce au vin.

> **HORS DES SENTIERS BATTUS**
>
> **HA KOME CAVE HOUSES**
>
> **Ha Kome Cave Houses** (www.golesotho.co.za/Other Pages/Kome caves.html ; 20 M ; ⏲8h-17h lun-ven, 9h-17h sam, 9h-13h dim ; P). Les maisons troglodytes de Ha Kome, à 21 km de Teyateyaneng et à quelques kilomètres du village de Mateka, sont une rareté dans cette région. Ces extraordinaires maisons en terre nichées sous un rocher en surplomb se fondent dans les falaises rose orangé. Le petit centre d'information abrite des toilettes propres et dispose de cartes rudimentaires. En général, les grottes sont accessibles en véhicule ordinaire depuis Teyateyaneng, ou depuis Maseru ou Thaba-Bosiu via Sefikeng, mais mieux vaut s'informer de l'état des routes. Les taxis collectifs font le trajet depuis TY et Maseru. Un **festival** (www.komecavesfestival.com) de musique et de la bière a lieu ici en novembre.

Ka-Pitseng Guest House GUESTHOUSE $$
(☎2250 1638 ; s/d avec petit-déj 500/650 M ; P ❄ 📶). Le Ka-Pitseng est installé dans un jardin broussailleux près de la route principale, dans le sud de la ville (en arrivant de Maseru). Un brin solennelles, les chambres fraîches et confortables sont dotées de TV satellite et ornées de fleurs artificielles et de colonnes mauves. Bar-restaurant.

Achats

Lesotho Mountain Crafts ARTISANAT
(actionlesotho.ie ; ⏲9h-17h lun-ven, 9h-16h sam-dim). Dix coopératives locales exposent leurs créations dans cet atelier-showroom situé près de la route principale, à environ 2 km de Teyateyaneng (en arrivant de Maseru). On y vend des bijoux, des châles, des pantoufles, des tapisseries, des sacs et des *seshoeshoe* (robes basotho en coton imprimé traditionnel) incorporant divers matériaux comme la corne, le feutre, le cuir, la laine et la peau de mouton.

Setsoto Design ARTISANAT
(www.setsotodesign.com ; ⏲8h-17h). À côté d'une école primaire, près du Blue Mountain Inn, vous pourrez admirer le labeur d'une douzaine de femmes installées devant leur métier à tisser. La boutique vend leurs

belles tapisseries (250-6 500 M) ainsi que d'autres objets d'artisanat. Carte bancaire acceptée.

Elelloang Basali Weavers ARTISANAT
(www.africancraft.com ; 8h-17h lun-ven, 8h-14h sam). Les Elelloang Basali (Les femmes avisées) tissent à la main des tapis en mohair ornés de motifs géométriques, des tapisseries et d'autres articles. L'atelier est installé dans un bâtiment en canettes recyclées proche de la route principale, côté nord de la ville (direction Maputsoe).

Depuis/vers Teyateyaneng

Des taxis collectifs relient toute la journée Teyateyaneng à Maseru (25 M, 1 heure) et à Maputsoe (pour Leribe, 20 M, 1 heure). De Maseru, l'aller simple en taxi revient à environ 200 M (les tarifs varient selon le prix du carburant).

Leribe (Hlotse)

Ville étendue et pôle commercial régional animé, Leribe (aussi appelée Hlotse) était un centre administratif sous la domination britannique. En attestent quelques vieux bâtiments qui se dégradent dans les rues ombragées.

À voir

Major Bell's Tower ÉDIFICE REMARQUABLE
Cette tour délabrée, près du marché, constitue la principale curiosité de Leribe. Construite en 1879, elle a surtout servi à entreposer les archives du gouvernement. Elle n'est pas ouverte au public.

Empreintes de dinosaures de Subeng River SITE HISTORIQUE
(24h/24). GRATUIT On trouve de nombreuses empreintes de dinosaures à proximité de Leribe, notamment celles de la rivière Subeng, à environ 7 km au nord de la ville (sur la route de Butha-Buthe). Juste avant le pont sur la rivière, suivez le panneau et descendez à pied sur 500 m jusqu'à une chaussée en béton. Les empreintes, assez usées, d'au moins trois espèces de dinosaures apparaissent à 15 m en aval, sur la rive droite. Des enfants vous proposeront sans doute de vous y conduire.

Empreintes de dinosaures de Tsikoane Village SITE HISTORIQUE
(24h/24). GRATUIT Cette série d'empreintes de dinosaures se situe dans le village de Tsikoane, à quelques kilomètres au sud de la ville. Juste après l'école primaire de Tsikoane, prenez la piste qui part sur la droite vers des affleurements rocheux. Suivez-la jusqu'à l'église et demandez le chemin des *minwane* aux enfants qui ne manqueront pas de vous accompagner. Une rude montée de 1 km à flanc de montagne conduit à une série de grottes, où un guide peut s'avérer utile. On distingue clairement les empreintes sur la roche.

Où se loger et se restaurer

Si vous allez dans les hautes terres, Leribe est le dernier point de ravitaillement correct – vous trouverez un supermarché Shoprite en ville.

Mahlakapese Guest House GUESTHOUSE $
(6207 8633 ; mahlakapese@gmail.com ; s/d avec petit-déj à partir de 500/600 M ; P). Proche d'une mosquée et d'une rue passante, la Mahlakapese est un peu bruyante mais possède en contrepartie des chambres confortables et spacieuses. Une bonne affaire dans l'ensemble. Sur la route de Butha-Buthe.

Mountain View Hotel HÔTEL $$
(2240 0559 ; www.mvhlesotho.com ; Main St ; s/d avec petit-déj 650/750 M, plats 70 M ; P). Un hôtel fiable, situé dans une rue adjacente à la nationale et à l'artère principale de la ville. Chambres ternes mais spacieuses et fonctionnelles ; celles à l'étage sont équipées d'une douche et celles du rez-de-chaussée d'une baignoire avec douche. Une des meilleures adresses de la ville. Le restaurant sert pizzas, hamburgers, grillades et sandwichs.

Achats

Leribe Craft Centre ARTISANAT, VÊTEMENTS
(8h-16h30 lun-ven, 8h-13h sam). Vend toute une gamme d'articles en mohair de qualité, notamment des ponchos et des étoles, ainsi que des objets d'artisanat et des livres sur le Lesotho, à des prix abordables. Au bord de la nationale en descendant du Mountain View Hotel, en face de l'hôpital.

Depuis/vers Leribe

Dans la journée, des taxis collectifs relient Leribe à Maseru (50 M, 2 heures), habituellement avec un changement à Maputsoe. Plusieurs véhicules circulent chaque jour entre Leribe et Katse (100 M, 3 heures) comme entre Leribe et Butha-Buthe (15 M, 40 minutes).

Butha-Buthe

Moshoeshoe le Grand appela cette localité Butha-Buthe ("l'endroit où l'on s'allonge"), car c'est là que son peuple se réfugia durant le chaos de la *difaqane*. Deuxième plus grande ville du Lesotho, cette ville frontière sans grande homogénéité n'en occupe pas moins un site superbe le long de la rivière Hlotse, avec les Maluti Mountains en toile de fond.

Butha-Buthe compte plusieurs DAB et stations-service. Quelques hébergements sont indiqués depuis la nationale, dans le nord-est de la ville (direction Oxbow).

Crocodile Inn HÔTEL $$
(☎2246 0223 ; crocodileinn@yahoo.com ; s/d/tr avec petit-déj 480/602/888 M, rondavel s/d avec petit-déj 530/700 M ; P ❄). Le principal hôtel de Butha-Buthe n'offre pas un très bon rapport qualité/prix. Les couloirs sans âme de cet établissement suranné sentent l'eau de Javel et mènent à des chambres aux relents de transpiration. Celles-ci sont équipées d'une baignoire (pas de douche). Le bar est plutôt bruyant et le service du restaurant kitsch extrêmement lent – comptez 30 minutes pour des côtelettes et une heure pour une pizza ! En revanche, l'endroit est sûr, et on trouve TV, thé et café dans les chambres comme dans les *rondavels*.

ℹ Depuis/vers Butha-Buthe

De nombreux taxis collectifs relient Maseru à Butha-Buthe via Maputsoe (25 M, 20 minutes), où l'on change généralement de véhicule. Des taxis collectifs (110 M, 3 heures) et des bus desservent aussi Mokhotlong. Si vous conduisez en direction de Mokhotlong, Butha-Buthe est le dernier endroit sûr où faire le plein d'essence.

Ts'ehlanyane National Park

Administré par Lesotho Northern Parks, ce **parc national** (☎à Leribe 2246 0723 ; reception@datacom.co.ls ; 40/10 M pers/véhicule; ⏲grilles 8h-16h30 ; P) protège un superbe territoire sauvage et accidenté de 56 km², qui comprend l'une des rares forêts endémiques du Lesotho, perchée entre 2 000 et 3 000 m d'altitude. Ce parc isolé et peu fréquenté, faute d'être estimé à sa juste valeur, est parfait pour les marcheurs.

Outre les randonnées à la journée, vous pourrez tenter le sentier de 39 km à pied ou à poney depuis/vers la Bokong Nature Reserve, qui traverse une des plus splendides régions du Lesotho. La réserve de Bokong étant située en altitude, l'itinéraire est moins ardu en direction du nord (de Bokong à Ts'ehlanyane) et plus abordable à cheval ou à poney qu'à pied. On peut réserver les services d'un guide à l'entrée du parc Ts'ehlanyane (30 M dans le parc, 410 M jusqu'à Bokong) ou au Maliba Mountain Lodge.

Les **randonnées équestres** (1-3 heures/3-5 heures/journée 320/420/470 M /pers) gérées par la communauté locale s'organisent au moins 24 heures à l'avance par l'intermédiaire du Maliba Mountain Lodge ou à l'entrée du parc.

Maliba propose aussi des **visites guidées** (demi-journée 160 M/voiture) des villages autour de Ts'ehlanyane, également organisées par la communauté.

Où se loger et se restaurer

L'excellent **restaurant** (petit-déj 150 M, déj plat/formule 3 plats 120/180 M, dîner plat/formule 3 plats 150/270 M ; ⏲7h-22h) du Maliba Mountain Lodge sert notamment des côtes de porc au soja et au miel, des curries aux trois haricots et du *malva pudding* (gâteau spongieux sud-africain) dans le parc. Réservation conseillée.

♥ **Maliba Mountain Lodge** LODGE $$$
(☎6351 5367, en Afrique du Sud 031-702 8791 ; www.maliba-lodge.com ; chalet s/d pension complète 2 635/3 518 M ; P 📶). Maliba (Madiba) propose plusieurs types d'hébergement dans l'enceinte du Ts'ehlanyane National Park. Ses six luxueux chalets sont tous équipés de lits à baldaquin, de mobilier ancien, d'une terrasse, d'un Jacuzzi installé face aux montagnes, de sèche-serviettes et même de sherry (près de la porte). La chambre n°6, la plus isolée, est appréciée des jeunes mariés.

Plusieurs sentiers mènent à des cascades, et le lodge principal, flambant neuf, possède un restaurant, un bar, un espace VIP, une véranda et des cheminées, le tout avec vue imprenable sur la montagne.

Il est également possible de louer des **cottages** (1 530 M plus 100 M/pers) indépendants bien équipés avec terrasse donnant sur la rivière et la vallée ; de pittoresques **cases** (s/d en pension complète 1 250/1 960 M) en pierre et en chaume au bord de l'eau, à proximité des bassins de baignade et des sentiers de randonnée (pour les romantiques, la case n°3 offre davantage d'intimité) ; ou des **chambres** (s/d avec petit-déj 693/990 M) confortables, jouxtant un bar, dans le bâtiment situé à flanc de montagne, au-dessus du lodge principal.

Depuis/vers le Ts'ehlanyane National Park

Si vous êtes motorisé, prenez l'embranchement signalé sur la route principale, à 6 km au sud-ouest de Butha-Buthe. De là, une route goudronnée mène au parc, à 30 km. Maliba se trouve 2 km plus loin.

Les taxis collectifs au départ de Butha-Buthe affichant la destination "Ts'ehlanyane" desservent les villages situés sur la route du parc. Sur demande préalable, ils peuvent vous conduire jusqu'à l'entrée ou jusqu'au Maliba pour environ 30 M. Demandez son numéro au chauffeur pour organiser le trajet retour.

NORTHEASTERN HIGHLANDS

À l'est de Butha-Buthe, la route se met à grimper dans l'une des plus belles régions de l'Afrique australe. Ce paysage de collines et de falaises rocheuses fait partie de la chaîne de l'Ukhahlamba-Drakensberg. L'Afrique du Sud promeut avec habileté son propre versant du Drakensberg, mais il est difficile de surpasser l'âpre beauté de ce massif au Lesotho, où la faible densité démographique, les fabuleux panoramas et la neige (en hiver) constituent des atouts imbattables.

Les différents endroits couverts dans cette section offrent un terrain de randonnée rêvé à condition de prévoir un sac de couchage toutes saisons, un équipement étanche, des cartes topographiques et une boussole. La pêche à la truite y est aussi réputée.

Dans cette région, la route est particulièrement accidentée. Elle a été goudronnée mais par endroits, les nids-de-poules rendent le trajet lent et chaotique pour les véhicules ordinaires. En outre, la rénovation du réseau routier du Lesotho par les Chinois est susceptible de causer des ralentissements supplémentaires.

Liphofung Cave Cultural & Historical Site

Juste après le village de Muela, un panneau indique la bretelle qui conduit à ce petit **site** (☎6718 5155, 2246 0723 ; adulte/enfant 30/15 M ; ⏰8h30-16h30 lun-ven, 9h-16h30 sam-dim ; P) géré par Lesotho Northern Parks, dont le principal intérêt est une grotte ornée de peintures san et où l'on a découvert des outils paléolithiques. Moshoeshoe Ier y aurait fait étape lors de ses déplacements dans le pays.

On y trouve un centre culturel et une petite boutique d'artisanat local. Des excursions d'une journée sont possibles, ainsi que des randonnées pédestres et équestres avec guide (à réserver).

Les *rondavels* en pierre, simples mais confortables, dotés d'une cuisine et d'une magnifique vue, peuvent loger chacun quatre personnes. Pour une expérience insolite, essayez le camping aménagé dans la grotte. Dans les deux cas, il faudra apporter votre nourriture ; si vous le pouvez, séjournez plutôt à Oxbow ou dans le Ts'ehlanyane National Park.

Depuis/vers le Liphofung Cave Cultural & Historical Site

Par les transports publics, il suffit de prendre un taxi collectif à Butha-Buthe en direction de Moteng pour descendre à l'embranchement vers Mamohase ou Liphofung (18 M, 25 minutes). Liphofung est ensuite à 1,5 km de marche de la route principale sur une voie d'accès goudronnée. Des bus quotidiens (sauf dimanche) pour Mokhotlong et Maseru passent le matin (renseignez-vous sur les horaires localement). Les taxis collectifs pour Butha-Buthe passent le matin, ceux pour Mokhotlong toute la journée.

Oxbow

De l'autre côté du vertigineux col de Moteng (Moteng Pass ; 2 820 m), Oxbow se résume à une poignée de cases et à quelques lodges nichés dans un fabuleux paysage montagneux. Enneigé en hiver, Oxbow s'enorgueillit d'une station de ski. Les Sud-Africains passionnés de pêche à la truite ou d'ornithologie apprécient l'endroit.

Activités

Afriski Mountain Resort SKI, RANDONNÉE
(☎086 123 747 54 ; www.afriski.net ; forfait demi-journée/journée 290/400 M, location d'équipements demi-journée/journée 230/340 M ; ⏰pistes 9h-16h mai-août). Skieurs et snowboardeurs pourront se rendre à l'Afriski Mountain Resort, à environ 10 km d'Oxbow, accessible via le Mahlasela Pass (3 222 m), l'un des cols routiers les plus élevés d'Afrique australe.

Ce complexe hôtelier de rang mondial possède 3 km de pistes et propose des cours et des forfaits. En été, différentes activités sont organisées, comme la randonnée, la pêche à la mouche, le VTT et le rappel.

Où se loger et se restaurer

New Oxbow Lodge LODGE $

(☎en Afrique du Sud 051-933 2247 ; www.oxbow.co.za ; s/d 295/500 M, petit-déj 55-110 M, plats 20-98 M ; P). Sur les rives de la Malibamat'so, ce chalet semblerait plus à sa place dans les Alpes. L'hiver, il est pris d'assaut par les skieurs et les amateurs de neige sud-africains ; le reste de l'année, l'isolement quasi surnaturel, l'électricité défaillante et les grêlons gros comme des balles de golf qui s'abattent sur les salles de jeux et le bar déserts évoquent plutôt le décor de *Shining*.

Les chambres et les *rondavels* surannés possèdent une baignoire (pas de douche), des radiateurs à gaz et des veilleuses de chevet – en montagne il fait nuit noire – et l'on peut s'y préparer du thé et du café. Le restaurant et le bar servent de quoi manger. Une chambre et des repas à la carte reviennent souvent moins cher que la demi-pension. Le petit magasin vend des produits de base.

Afriski Mountain Resort COMPLEXE HÔTELIER $$

(☎086 123 747 54 ; www.afriski.net ; ch à partir de 1 550 M, dort/ch backpacker à partir de 240/436 M, chalet indépendant à partir de 4 650 M). Cette station de ski dispose d'hébergements variés, tous confortables et modernes. Réservez de mai à juillet, surtout pour le week-end. Les prix atteignent des sommets en juillet et chutent en dehors de la saison de ski (mai-août).

♥ **Sky Restaurant** PIZZAS, INTERNATIONAL $$

(plats 90 M ; ⏱7h-21h ; 📶). Le restaurant le plus élevé d'Afrique (3 010 m) donne sur les pistes de l'Afriski Mountain Resort et se veut aussi international que la station, avec ses élégantes boiseries et son grand four à pizzas rouge. Pizzas, hamburgers et steaks sont servis au déjeuner, tandis qu'au menu du dîner figurent pâtes et truite locale.

On trouve aussi sur place une petite boutique et, l'hiver, un café-bar au pied des télécabines.

Depuis/vers Oxbow

Le bus qui relie Maseru à Mokhotlong tous les matins (sauf dimanche) vous déposera à Oxbow (120 M, 4 heures 30), dans les deux sens. Pour Mokhotlong, mieux vaut prendre un taxi collectif, car avant même d'atteindre Oxbow, le bus est bondé. On trouve des taxis pour Butha-Buthe depuis Oxbow (65 M, 1 heure 30) et l'Afriski Mountain Resort (80 M, 2 heures) le matin, et toute la journée pour Mokhotlong. La route décrit une série de lacets jusqu'aux cols (Moteng Pass et Mahlasela Pass) et peut se révéler dangereuse par temps de neige et de verglas.

Mokhotlong

Une route asphaltée part d'Oxbow, qui passe plusieurs cols à plus de 3 200 m en traversant de splendides paysages d'altitude, avant de redescendre vers Mokhotlong. Cette route était autrefois l'itinéraire du **Roof of Africa Rally** (Rallye du toit de l'Afrique ; www.roofofafrica.org.ls).

Principale ville de l'est du Lesotho, Mokhotlong évoque par son isolement une localité du Far West. Le seul spectacle consiste à regarder les habitants vêtus d'une couverture basotho passer à cheval. Toutefois, Mokhotlong se trouve près de la source du Senqu (Orange), le plus long cours d'eau du pays, et constitue un bon point de chute pour des balades. On trouve aussi quelques hébergements isolés dans la montagne, sur les routes menant à Thaba-Tseka et à Oxbow.

Où se loger et se restaurer

En ville

Des boutiques dans la ville vendent des produits de première nécessité.

Senqu Hotel HÔTEL $

(☎6302 1645, 2292 0330 ; senquhotel@gmail.com ; s/d avec petit-déj 420/480 M, plats 45 M). L'hôtel est indiqué depuis la grand-route, à l'extrémité ouest de la ville. Les chambres confortables et spacieuses installées dans la nouvelle aile du Senqu sont dotées de balcons offrant une vue imprenable sur le village et les montagnes. Le restaurant sert des spaghettis bolognaise, du ragoût basotho de bœuf ou d'agneau, des steaks et des hamburgers.

Grow AUBERGE DE JEUNESSE $

(☎5989 8949 ; s/d sans sdb 90/180 M ; P). Cette ONG dispose d'un bureau en retrait de la grand-route menant à Mokhotlong, 2 km après le Senqu Hotel sur la gauche. Elle propose deux chambres propres avec lits jumeaux, une cuisine et un salon dans le bâtiment voisin. L'électricité est capricieuse. Si des bénévoles ou des groupes en session de formation n'occupent pas les lieux, les voyageurs sont acceptés avec plaisir.

Hors de la ville

St James Lodge LODGE $

(☎ en Afrique du Sud 071 672 6801 ; www.stjameslodge.co.za ; ch/qua à partir de 300/400 M, camping 70 M ; P). Cette mission en activité propose un hébergement à la fois simple, calme et élégant. Les chambres et les *rondavels* n'ont pas d'électricité et aucun repas n'est servi : apportez vos provisions. Des randonnées à poney et des marches pittoresques sont organisées, ainsi que des descentes de la Sehonghong en bouée nautique, des visites guidées de l'église, de la mission, du village et une présentation des projets du lodge. À 12 km au sud-ouest de Mokhotlong, sur la route de Thaba-Tseka.

Molumong Lodge & Pony Trekking Centre PETITS BUDGETS $

(☎ en Afrique du Sud 083 254 3323 ; molumong.wordpress.com ; 170 M/pers, camping 80 M ; P). Situé à environ 15 km au sud-ouest de Mokhotlong, près de la route de Thaba-Tseka, cet ancien comptoir colonial propose des chambres basiques indépendantes (sans électricité) et des *rondavels* avec cuisine et sdb communes. Faites vos provisions à Mokhotlong. Le centre propose des randonnées équestres allant de quelques heures à deux jours.

Chalets in the Sky LODGE $$

(Maloraneng Lodge ; ☎ 6301 6982, 2832 6982 ; www.chaletsinthesky.co.ls ; 1-4 pers 960 M ; P). Non loin de la mine de diamants de Letseng, à mi-chemin entre Mokhotlong et Oxbow, cette retraite sauvage nichée dans la vallée préservée de Khubelu est indiquée depuis la grand-route. Les six *rondavels* en bord de rivière sont blottis dans un cadre verdoyant, sans électricité (mais alimentés en gaz) ni couverture réseau. Accès en 4x4 uniquement.

Randonnées équestres et autres activités. L'été, les tarifs chutent à 240 M/pers.

Depuis/vers Mokhotlong

La station de taxis collectifs de Mokhotlong est située au-dessus de la route principale, près du magasin Pep. Quelques taxis collectifs assurent une liaison quotidienne depuis/vers Butha-Buthe (110 M, 3 heures), et parfois une liaison directe avec Maseru (150 M, 6 heures). Un bus circule tous les jours sauf le dimanche depuis/vers Maseru (130 M) ; départ vers 6h dans les deux sens. Les taxis collectifs pour Linakaneng (40 M) vous déposeront au St James Lodge ou au Molumong Lodge & Pony Trekking Centre ; pour Thaba-Tseka, changez à Linakaneng – les trajets directs sur cet itinéraire accidenté et peu fréquenté sont rares. Un taxi collectif quotidien relie habituellement Mokhotlong à Sani Top (80 M, 2 heures) au petit matin, mais il ne circulait pas lors de notre passage en raison de travaux.

Normalement, on trouve de l'essence et du diesel à Mokhotlong. Il faut un 4x4 pour circuler sur la route de Thaba-Tseka. Lors de la rédaction de ce guide, la route de Sani Top était impraticable en voiture en raison de travaux (dans les deux sens). La route sera à nouveau accessible une fois les travaux achevés ; renseignez-vous.

Sani Top

Sani Top se situe au sommet du Sani Pass, un col escarpé, sur l'itinéraire qui traverse le Drakensberg jusqu'au KwaZulu-Natal. Le plus haut col d'Afrique australe offre, par temps clair, un panorama époustouflant et des possibilités de randonnées illimitées.

Activités

On peut randonner dans les envions ou entreprendre un parcours plus ardu vers le sud, jusqu'au Sehlabathebe National Park (p. 514). Cet itinéraire de trois à quatre jours qui longe un escarpement isolé du Drakensberg est réservé aux marcheurs expérimentés, en groupe de quatre personnes minimum.

Thabana-Ntlenyana RANDONNÉE

Cette ascension (12 km, 9 heures) longue et difficile n'en est pas moins fort appréciée car Thabana-Ntlenyana (3 482 m) est le plus haut sommet d'Afrique au sud du Kilimandjaro. Malgré l'existence d'un sentier, mieux vaut faire appel à un guide (à partir de 350 M). Réservez la veille au soir auprès du Sani Mountain Lodge. Le parcours peut se faire aussi à cheval.

Hodgson's Peaks RANDONNÉE

Cette ascension de 6 km (5 heures) par une vallée conduit au sommet des Hodgson's Peaks (3 257 m), d'où le regard embrasse le KwaZulu-Natal.

Où se loger et se restaurer

On trouve aussi de bonnes auberges de jeunesse côté KwaZulu-Natal (p. 299), de l'autre côté du col.

Sani Mountain Lodge LODGE $$

(☎en Afrique du Sud 073 541 8620, en Afrique du Sud 078 634 7496 ; www.sanitopchalet.co.za ; s/d/tr/qua en pension complète 1 250/1 840/2 100/2 800 M, dort/camping 215/95 M, plats à partir de 55 M ; P). Situé à 2 874m, ce lodge qui trône au sommet du col de Sani abrite non seulement le pub le plus élevé d'Afrique australe, mais aussi d'agréables *rondavels* et une bonne table qui vous récompensera de l'ascension difficile depuis le KwaZulu-Natal. Quelques mètres plus bas, des chambres modernes pour deux à six personnes séduiront les jeunes routards.

En hiver, la neige est parfois assez épaisse pour skier. Sur réservation, le lodge organise des randonnées équestres et des visites de villages. Les hôtes peuvent profiter du 4x4 qui fait la navette (250 M) depuis/vers la frontière sud-africaine.

Depuis/vers Sani Top

Lors de nos recherches, la route de Sani Top était impraticable en voiture dans les deux sens en raison de travaux. Elle sera à nouveau accessible une fois les travaux achevés ; renseignez-vous. Un taxi collectif quotidien relie habituellement Mokhotlong à Sani Top (80 M, 2 heures) au petit matin, mais il ne circulait pas lors de notre passage en raison des travaux.

Plusieurs agences de voyages (p. 298) proposent des excursions quotidiennes de l'autre côté du col depuis KwaZulu-Natal. En solo, un 4x4 s'impose pour monter au col, mais pour la descente, les conducteurs expérimentés peuvent se contenter d'une voiture.

CENTRAL HIGHLANDS

Le cœur escarpé du Lesotho renferme les deux sites les plus emblématiques du pays : les spectaculaires Maletsunyane Falls (204 m), presque deux fois plus hautes que les Victoria Falls, offrent la plus longue descente en rappel (exploitée commercialement) au monde ; le barrage de Katse, véritable prouesse technique, retient un lac miroitant cerné de montagnes ondoyantes. La région, à laquelle on accède depuis les basses terres via des cols tortueux mais splendides tels que le God Help Me Pass (2 281 m), offre un incroyable mélange de paysages, d'activités et de merveilles techniques.

En véhicule ordinaire, il est impossible de rejoindre les hautes terres du Centre depuis les hautes terres du Nord-Est. Un 4x4 est indispensable pour circuler sur la route gravillonnée reliant Mokhotlong à Thaba-Tseka. Les taxis collectifs ne sont pas fiables non plus sur ce tronçon isolé. Pour aller de Mokhotlong à Thaba-Tseka, il est donc nécessaire de passer par Leribe (Hlotse). Heureusement, le détour est des plus pittoresques et permet de découvrir l'une des plus belles routes du Lesotho, via le col de Mafika-Lisiu (3 090 m).

Bokong Nature Reserve

Bokong (☎5950 2291 ; adulte/enfant 10/5 M, camping 40 M, case rudimentaire 4 pers 250 M ; ⊙8h-16h) est sans doute le plus beau des trois parcs du Nord, avec ses fabuleuses vues sur la vallée de Lepaqoa (Lepaqoa Valley) depuis le **centre des visiteurs** (visitors center ; ☎5950 2291 ; adulte/enfant 10/5 M ; ⊙8h-16h), au bord de la route. Les randonneurs ont le choix entre de courtes promenades et une belle expédition de huit heures jusqu'au Ts'ehlanyane National Park, où nichent les gypaètes barbus. Abris rocheux, cascades et marécages au bout de la vallée constituent autant de points d'intérêt. On peut louer les services d'un **guide** (au sein du parc 30 M, jusqu'à Ts'ehlanyane 410 M) pour la randonnée, et réserver des **randonnées équestres** (180 M/jour) au centre des visiteurs.

Aloes Guest House GUESTHOUSE $

(☎2700 5626 ; dort 180 M, s/d/f avec petit-déj 395/600/810 M, camping 60 M, plats 65 M ; P ❄ ≋). Face à un ancien comptoir commercial en grès, les bungalows arborent des plafonds hauts en chaume et du carrelage, et tout le confort moderne dans une atmosphère à l'ancienne. On se croirait dans le jardin d'un cottage anglais, avec en prime la vue sur la montagne – il fait bon y écrire des cartes postales. Équitation et randonnées guidées sont proposées.

Le restaurant sert des plats légers – *chawarma*, hamburgers, sandwichs – ainsi que des mets plus consistants, comme du ragoût de bœuf, des côtelettes de mouton et du curry de poulet ou de poisson. Fléché depuis la grand-route du village de Pitseng, à environ 30 km de Bokong, direction Leribe (Hlotse).

Bokong Chalets CHALETS $
(250 M /pers). Des chalets rudimentaires avec cuisine et sanitaires communs pouvant accueillir quatre personnes. Les réservations se font auprès de **Lesotho Northern Parks** (☎ à Butha-Buthe 2246 0723). Lors de notre visite, de nouveaux chalets étaient en construction et le restaurant en rénovation. La réserve se trouvant à plus de 3 000 m d'altitude, les nuits sont froides : prévoyez des vêtements chauds.

Depuis/vers la Bokong Nature Reserve

La réserve de Bokong s'étend à mi-chemin entre Leribe (Hlotse) et Katse. Les taxis collectifs en provenance de Leribe (50 M, 2 heures) et Katse (65 M, 1 heure 30) vous déposeront au centre des visiteurs, à 2 km au sud du sommet du col de Mafika-Lisiu (3 090 m). En sens inverse, il faut parfois patienter avant de trouver une place dans un taxi.

Katse Dam

Cette merveille technique retient 1 950 millions de mètres cubes d'eau destinés au Gauteng, la province la plus peuplée d'Afrique du Sud. Le lac de haute altitude de 35,8 km² permet aussi de générer de l'énergie hydroélectrique pour le Lesotho. Entouré de collines verdoyantes et abruptes, le barrage est empreint d'une atmosphère sereine, voire irréelle ; les habituels noms basotho sur les panneaux cèdent la place à des indications telles que "Mohale Tunnel Outlet" (sortie du tunnel de Mohale). Les environs raviront ceux que le barrage en lui-même laisse indifférents.

À voir

Katse Dam Visitors Centre POINT DE VUE, MUSÉE
(☎ 2291 0377 ; www.lhda.org.ls ; 8h-17h ; P). À quelques kilomètres à l'est du village de Katse, sur la route principale, le centre des visiteurs du Katse Dam est reconnaissable à son toit bleu vif. On y trouve des renseignements, des panneaux explicatifs et une plateforme d'observation du barrage. Les visites guidées du barrage (10 M, 1 heure) partent à 9h et à 14h en semaine, à 9h et à 11h le week-end.

Katse Botanical Garden JARDIN
(www.lhda.org.ls ; Katse ; adulte/enfant 5/3 M ; 9h-17h ; P). Ce jardin botanique fut créé à l'origine pour sauver les *Aloe polyphylla* ou aloès spiralés menacés de disparition par la construction du barrage. Il s'est enrichi par la suite de gravier, d'un jardin rocailleux sillonné d'allées, de fleurs endémiques, d'un jardin de plantes médicinales et d'un point de vue sur le barrage. La serre est vouée à la diffusion de ces plantes.

Où se loger et se restaurer

Le centre des visiteurs de Katse Dam propose un camping gratuit, sûr et équipé de sanitaires.

Orion Katse Lodge HÔTEL $$
(☎ 2291 0202 ; www.katselodge.co.za ; village de Katse ; s/d en demi-pension 989/1 378 M, sans sdb à partir de 839/1 078 M ; P 📶). À première vue, cette propriété située dans un lotissement suburbain entouré de grilles a l'air plutôt terne, mais vous changerez d'avis en découvrant la superbe vue sur le barrage depuis la terrasse. Hébergement confortable, notamment en "dortoirs" – en réalité, des chambres privatives avec sdb commune (les voyageurs indépendants seront peut-être déçus de devoir payer 839 M pour partager une sdb aux allures de vestiaire avec d'autres hôtes).

Pour les couples, il est plus avantageux de louer une maison indépendante (4/6 pers 996/1 494 M) et de manger à la carte au restaurant. On y sert des déjeuners légers (plats 50 M) et des plats plus consistants au dîner (100 M), notamment des curries, des steaks, de la truite pochée et une délicieuse truite aux amandes. On peut faire des croisières jusqu'au barrage, des marches guidées et des randonnées équestres, et visiter des villages.

Depuis/vers le Katse Dam

Par beau temps, une excellente route relie Leribe (Hlotse) à Katse (122 km) – attention, elle devient sinueuse, escarpée et glissante par temps de pluie. Comptez au moins 2 heures en voiture et davantage en transport public.

Des taxis collectifs rallient Leribe (85 M, 3 heures) et Thaba-Tseka (46 M, 2 heures) toute la journée. Pour rejoindre Maseru, le taxi est l'option la plus simple et la plus rapide, avec changement à Leribe et Maputsoe (130 M au total, 7 heures).

Des bus quotidiens circulent depuis/vers Maseru (110 M, 9 heures) via Thaba-Tseka (25 M, 2 heures 30) ; départ de Katse à 5h et de Maseru à 9h. Tous s'arrêtent près du croisement menant au village de Katse.

Thaba-Tseka

Cette localité isolée se tient à la lisière orientale de la Central Range, au-delà du Mokhoabong Pass (2 860 m) – que l'on doit franchir en arrivant de l'ouest et notamment du Mohale Dam. Fondée en 1980 en tant que centre du district montagneux, cette bourgade chaotique permet de prendre une correspondance pour Katse, au nord, ou Maseru, à l'ouest.

Motherland Guest House GUESTHOUSE $$
(☎2890 0404 ; motherlandguesthouse@gmail.com ; s/d avec petit-déj à partir de 500/700 M, plats 50-70 M ; P 📶). Située au cœur du bourg, cette excellente adresse, pleine d'animation, donne sur les montagnes. Ses chambres modernes sont ornées de photos du Katse Dam et de couvre-lits fleuris. Nombreux équipements et prises de courant. Le bar-restaurant sert des curries, des steaks et des plats légers. Nombreux panneaux pour vous guider.

ℹ Depuis/vers Thaba-Tseka

Un bus relie chaque jour Maseru à Thaba-Tseka (90 M, 6 heures) dans les deux sens ; départ de Thaba-Tseka à 8h30 et de Maseru à 9h. Les taxis collectifs (110 M, 4 heures 30) circulent à partir de 7h30. Plusieurs taxis desservent quotidiennement Katse (46 M, 2 heures). Rejoindre Mokhotlong est plus compliqué : il faut changer à Linakaneng et peu de taxis empruntent cet itinéraire accidenté et peu fréquenté.

Si vous conduisez, sachez que la route est goudronnée entre Maseru et Thaba-Tseka; depuis Katse, la route gravillonnée est praticable en véhicule ordinaire.

Mohale Dam

Cet impressionnant barrage de 145 m de haut sur la rivière Senqunyane est le second volet du Lesotho Highlands Water Project, (le Katse Dam en était le premier). Il offre une superbe vue sur le lac et les montagnes. L'eau circule sur 32 km via le tunnel de Mohale entre les barrages de Mohale et de Katse.

Le **centre des visiteurs** (☎2293 6217 ; ⌚8h-17h30 lun-ven, 10h-16h sam-dim ; P) est situé à 15 km de la route principale à l'ouest du village de Mohale ; un panneau le signale. Outre la vue sur le barrage, il propose une visite guidée (10 M) et des croisières (à partir de 100 M/pers ; réservez).

Orion Mohale Lodge HÔTEL $$
(☎2293 6134 ; www.mohalelodge.co.za ; s/d avec petit-déj 829/1 039 M, plats 75 M ; P ❄ 📶). Le bel intérieur de ce lodge compense l'éloignement relatif du barrage. Les chambres confortables au mobilier moderne et abondant sont ornées d'objets africains, et le restaurant offre une halte agréable aux voyageurs.

Molimo-Nthuse INTERNATIONAL $
(☎6224 7365 ; plats 65 M ; ⌚7h-23h ; 📶). En bord de route à 62 km à l'est de Maseru, ce restaurant circulaire lové au pied du God Help Me Pass (2 281 m) donne sur une vallée de montagne. On peut y déguster de l'aloyau grillé à la new-yorkaise, du *jerk chicken* (poulet à la jamaïcaine) ou du filet de truite, ou opter pour le menu du jour. Lors de notre visite, des chambres standards et un camping étaient sur le point d'ouvrir.

Semonkong

Bourgade perdue de la chaîne du Thaba Putsoa, Semonkong ("lieu de la fumée") doit son nom aux **Maletsunyane Falls** (204 m), particulièrement tumultueuses en été. La ville constitue une excellente base pour les randonnées, notamment le circuit équestre de deux jours menant aux **Ketane Falls** (122 m) en passant par les sommets du Thaba Putsoa.

♥ **Semonkong Lodge** LODGE $$
(☎2700 6037 ; www.placeofsmoke.co.ls ; dort/s/d à partir de 160/435/730 M, rondavel /d 465/720 M, camping 90 M). 🍃 Proche de la Maletsunyane, ce lodge est un modèle de tourisme responsable et plaira autant aux familles qu'aux aventuriers. Les douillets *rondavels* pourvus d'une cheminée incitent beaucoup de voyageurs à prolonger leur séjour en montagne, tout comme les soirées festives au coin du feu à la **Duck & Donkey Tavern** (plats déj/dîner 75/100 M).

Une cuisine équipée est à la disposition des hôtes. Le lodge organise toutes sortes d'excursions et de randonnées – des habitants vous guident lors des visites de villages ou le long des sentiers escarpés – notamment des sorties pêche en pleine nature, des randonnées équestres et même une tournée des pubs à dos d'âne ! On y trouve aussi la plus longue descente en rappel commercialement exploitée au monde (204 m) dans les Maletsunyane Falls. Le lodge, à 2 km de la ville par une route de gravier, est indiqué dans le centre-ville.

Depuis/vers Semonkong

Semonkong est située à environ 130 km au sud-est de Maseru, sur la route de Qacha's Nek (revêtue) ; les deux villes se trouvent à trois heures de route. Des taxis collectifs circulent toute la journée depuis/vers Maseru (70 M). Lors de nos recherches, aucun service régulier n'était assuré depuis/vers Qacha's Nek, mais une liaison régulière en taxis collectifs était prévue (environ 70 M). Un taxi privé depuis/vers Qacha's Nek revient à environ 250 M.

Une navette devait être mise en place entre Coffee Bay (sur la Wild Coast) et Qacha's Nek, avec correspondance possible pour Semonkong. Renseignez-vous au Semonkong Lodge ou à l'Ocean View Hotel de Coffee Bay.

SUD DU LESOTHO

La région qui s'étend du sud de Morija jusqu'au Sehlabathebe National Park, au sud-est, est moins développée que le nord-ouest, mais tout aussi mémorable. Ses chaînes montagneuses semblent grignoter les cieux, tandis qu'une lumière d'un rose orangé enveloppe les pics rocheux et les vallées verdoyantes. Si vous aimez la randonnée pédestre ou équestre dans des secteurs isolés et accidentés, le sud est fait pour vous.

La route de Quthing à Qacha's Nek, qui serpente dans la gorge du Senqu (Orange) et traverse des canyons encaissés avant de grimper vers l'escarpement, figure parmi les plus spectaculaires du pays. Dans les terres, la route de Semonkong à Qacha's Nek est tout aussi saisissante. Contrairement à ce qu'indiquent certaines cartes, ces deux routes sont goudronnées jusqu'à Qacha's Nek.

Malealea

Ce village isolé s'enorgueillit d'un triple trésor : ses montagnes d'une beauté époustouflante, son lodge installé dans un ancien comptoir et son tourisme florissant basé sur la participation des habitants. Nombre de voyageurs choisissent d'entamer l'exploration du pays ici ou, comme le recommande une plaque à l'extérieur du village, de simplement "s'arrêter pour admirer l'une des portes du Paradis". Les vallées environnantes sont habitées depuis des siècles, comme en témoignent les nombreuses **peintures rupestres san**.

À voir et à faire

Le Malealea Lodge propose des activités.

Randonnée équestre

Les **circuits de 2 heures** (1/2/3 pers 370/520/720 M) mènent à des sites d'art rupestre san ou à un point de vue surplombant une gorge. Les **expéditions de plusieurs jours** (700/950/1 275 M/jour) comprennent l'hébergement dans les **cases d'un village basotho** (1-3 pers 100 M/case) et conduisent aux chutes de Ribaneng (2 jours, une nuit), aux chutes de Ribaneng et de Ketane (4 jours, 3 nuits), ou incluent Ribaneng, Ketane et Semonkong (6 jours, 5 nuits).

Randonnée pédestre

Parmi les sites à découvrir à pied, citons la **Pitseng Gorge** (3/6 heures aller/aller-retour), flanquée de falaises menaçantes et ponctuée de trous de baignade, et la **Botsoela Waterfall** (4 heures ; 5 heures avec les peintures rupestres san). Mieux vaut être accompagné d'un **guide** (15 M/heure). Des **marches de plusieurs jours** (avec/sans cheval de bât 510/150 M /jour) avec guide sont aussi possibles, avec hébergement dans des cases.

Visite du village

La visite du village donne un aperçu unique sur les habitants et leurs coutumes. En bas de la route qui descend du Malealea Lodge, le petit musée et la boutique d'artisanat sont installés dans des cases basotho traditionnelles. De là, vous pourrez explorer le village, en solo ou avec un guide. On peut se faire **guider** (15 M/heure) pour aller rendre visite au *sangoma* (guérisseur ; démarches sérieuses uniquement) et voir l'école du village et le *donga* (ravine ou zone d'érosion destinée à la petite culture) réhabilité de M. Musi.

VTT et routes panoramiques

Le **Lesotho Sky** (lesothosky.com ; ⏲fin sept), course de VTT de 300 km (6 jours), traverse cette région escarpée, et les courses cyclistes et trails du **Malealea Monster Weekend** (lesothosky.com/monster ; ⏲fin mai) peuvent atteindre 80 km. **Location de vélos** (demi-journée/journée avec guide 150/300 M /pers) toute l'année. Renseignez-vous au Malealea Lodge sur les routes panoramiques – praticables en 4x4 ou en véhicule classique (à condition d'avoir une haute garde au sol).

Où se loger et se restaurer

Malealea Lodge LODGE $

(☎ en Afrique du Sud 082 552 4215 ; www.malealea.co.ls ; s/d à partir de 435/580 M, sans sdb à partir de 262,50/350 M, camping 100 M ; P). Véritable Lesotho en miniature, le Malealea est une bonne introduction au "royaume des montagnes ". Des chœurs et des musiciens des environs viennent s'y produire tous les soirs, les activités sont organisées par les habitants, et une part significative des recettes touristiques et des dons sert à soutenir des projets locaux. La vue est de toute beauté.

Outre les emplacements de tentes et les cases "forest" (rudimentaires) pour deux personnes, dans un joli cadre boisé à l'écart du lodge, il y a aussi des chambres simples et douillettes et des *rondavels* avec sdb. Fondé en 1905 par Mervyn Smith, un enseignant, chercheur de diamants et soldat, cet ancien comptoir, imprégné d'histoire, est dirigé depuis 1986 par la famille Jones, qui a transformé le magasin en site d'hébergement et l'a intégré dans la communauté.

Le Malealea abrite un bar, sert de substantiels **repas** (petit-déj/déj/dîner 80/100/135 M) et met une cuisine à disposition – un magasin vend des produits de base.

Le lodge bénéficie désormais d'une connexion irrégulière au réseau de téléphonie mobile et au Wi-Fi. La haute saison va de septembre à décembre.

Depuis/vers Malealea

Tôt le matin, des taxis collectifs relient Maseru à Malealea (50 M, 2 heures 30). Plus tard dans la journée, attrapez un taxi collectif pour la ville carrefour de Motsekuoa (30 M, 1 heure 30), d'où les correspondances pour Malealea (22 M, 1 heure) sont fréquentes. Les taxis collectifs en provenance de Mafeteng et du sud desservent aussi Motsekuoa.

Si vous êtes motorisé, quittez Maseru par Mafeteng Rd (Main Rd South) jusqu'à Motsekuoa, à 60 km. En face de l'arrêt des taxis collectifs, tournez à gauche (vers l'est) au niveau du panneau indiquant Matelile, Qaba et le Malealea Lodge. Après 10 km, prenez la bifurcation à droite et continuez sur 15 km. Arrivé au panneau indiquant Malealea, empruntez sur 7 km la route non revêtue qui traverse le Gates of Paradise Pass (2003 m) et mène au village et au lodge.

On peut aussi gagner Malealea par le sud, via Mpharane et Masemouse, mais la route gravillonnée est mauvaise et impraticable en deux roues motrices.

Mafeteng

Sur la route pittoresque qui serpente vers le sud depuis Motsekuoa (d'où on bifurque pour Malealea), Mafeteng est une bourgade animée et chaotique. Si elle ne présente guère d'intérêt, elle constitue le meilleur point d'approvisionnement avant de poursuivre vers le sud, et compte quelques hébergements et restaurants en cas de besoin. Les taxis collectifs, *sprinters* (minibus Mercedes, plus rapides mais plus coûteux) et les bus reliant Maseru à Quthing s'y arrêtent (près du poste-frontière de la Van Rooyen's Gate).

Mafeteng Hotel HÔTEL $

(☎ 2270 0236 ; www.hotelmafeteng.co.ls ; s/d à partir de 380/500 M, petit-déj/plats 58/70 M ; P). Dans un cadre verdoyant à la lisière de la ville, cet hôtel propose des chambres rose pêche un peu fatiguées, installées dans un bâtiment hexagonal évoquant une tour de contrôle aérien. On y trouve aussi un bar, et un restaurant axé sur la viande. Depuis la route principale, suivez le panneau indiquant la National AIDS and HIV Commission, entre le rond-point et la banque FNB, dans le sud de la ville (direction Mohale's Hoek).

Mohale's Hoek

À l'instar de Mafeteng, cette ville sans charme n'a pas grand-chose à offrir, si ce n'est un toit. Les taxis collectifs et les *sprinters,* ainsi que les bus reliant Maseru à Quthing desservent Mohale's Hoek (près du poste-frontière de Makhaleng Bridge).

Hotel Mount Maluti HÔTEL $$

(☎ 2278 5224 ; www.hmmlesotho.com ; s/d avec petit-déj 650/750 M, plats 70 M ; P). Les bâtiments agréables renferment des chambres défraîchies donnant sur de jolis jardins. Le restaurant sert sandwichs, hamburgers, pizzas et pâtes corrects à l'heure du déjeuner. Fléché depuis la route principale.

Quthing

Grande ville la plus méridionale du pays, Quthing – ou Moyeni (le "lieu du vent") – fut fondée en 1877, abandonnée durant la Gun War de 1880, puis reconstruite sur le site actuel. L'activité se concentre autour de la partie récente de la ville, Lower Quthing, et de sa route principale très fréquentée.

À voir et à faire

Upper Quthing QUARTIER

Sur la colline qui surplombe Lower Quthing, cet ancien centre administratif colonial aux bâtiments un peu délabrés offre une belle vue sur la gorge du Senqu (Orange). Échappez à l'agitation de Lower Quthing, à pied ou en taxi collectif, et adonnez-vous à une paisible flânerie dans ce quartier.

Masitise Cave House Museum MUSÉE

(2700 3259 ; adulte/enfant 10/3 M ; 8h30-17h lun-ven, 8h30-14h sam-dim ; P). Lieu insolite, le Masitise Cave House Museum fait partie d'une ancienne mission construite en 1866 dans un abri rocheux san et située à 5 km à l'ouest de Quthing. Son fondateur, le révérend suisse David Frédéric Ellenberger, comptait parmi les premiers missionnaires au Lesotho. Un moulage d'empreinte de dinosaure orne le plafond, et le musée présente des pièces sur la culture et l'histoire locales. On peut notamment voir des peintures san non loin.

Prenez l'embranchement signalé en direction de la Masitise Primary School et suivez-le sur 1 km en passant devant la petite église rouge. La maison la plus proche, celle du pasteur, à 5 minutes à pied, est celle où vous pourrez demander la clé.

Empreintes de dinosaures SITE ARCHÉOLOGIQUE

(10 M ; 8h-17h ; P). Une des fiertés de Quthing est le grand nombre d'empreintes de dinosaures découvertes dans les environs. Les plus accessibles se trouvent à la sortie de la ville, sur la route de Qacha's Nek (au nord-est). Le petit bâtiment indiqué sur la gauche abrite des empreintes vieilles de 230 millions d'années ainsi qu'une boutique d'artisanat. Des enfants vous guideront volontiers jusqu'à d'autres empreintes, moyennant un petit pourboire.

Où se loger et se restaurer

Fuleng Guest House GUESTHOUSE $

(2275 0260 ; info.fulengguesthouse@gmail.com ; s/d à partir de 399/513 M, petit-déj/repas 50/70 M ; P). Perchés à flanc de colline, les *rondavels* bénéficient d'une belle vue. L'ambiance est conviviale et le décor rocheux peuplé d'insolents nains de jardin. Restaurant sur place. Près de la route principale montant vers Upper Quthing.

Depuis/vers Quthing

L'arrêt des transports se trouve dans Lower Quthing. Des taxis collectifs desservent Maseru (70 M, 2 heures 30) et Qacha's Nek (80 M, 2 heures 30), ainsi que des *sprinters* (plus rapides et plus chers) et des bus (plus lents et moins chers). Les liaisons depuis/vers la capitale sont plus fréquentes. Des taxis collectifs relient Quthing au poste-frontière de Tele Bridge ; de là, des taxis collectifs rejoignent Sterkspruit, en Afrique du Sud, d'où l'on peut continuer le voyage. La route gravillonnée reliant Tele Bridge à l'axe principal Quthing-Mohale's Hoek est praticable en véhicule ordinaire.

Qacha's Nek

Ancienne mission fondée en 1888 près du col du même nom (1980 m), cette ville de frontière assoupie compte une belle église et divers édifices coloniaux en grès. Aux alentours, les bosquets de séquoias dépassent parfois 25 m de haut. Un **office du tourisme** (5886 0452 ; 8h-12h30 et 14h-16h lun-ven) est installé à côté du New Central Hotel.

Letloepe Guesthouse GUESTHOUSE $

(2295 0383 ; s/d 300/500 M, petit-déj 50 M ; P). À la lisière de la ville, en face du commissariat, le Letloepe dispose de *rondavels* rustiques et de bungalows avec vue sur les montagnes, tout équipés, ainsi que quelques chambres moins coûteuses avec sdb commune.

New Central Hotel HÔTEL D'AFFAIRES $

(2295 0482 ; ch avec petit-déj à partir de 500 M ; P). Un hôtel élégant abritant des chambres très bien équipées et garnies de piles de coussins. Il est situé à l'entrée nord de la ville. Déjeuner et dîner (2 plats 90 M) à réserver.

Depuis/vers Qacha's Nek

À destination de Maseru, un bus quotidien (120 M, 6 heures 30) part à 8h30, un taxi collectif (140 M, 5 heures) à 11h, et un minibus Mercedes plus rapide (140 M, 4 heures) vers 7h. La plupart des transports empruntent la route de Quthing ; quelques-uns seulement passent par Semonkong (une liaison en taxi collectif devrait être mise en place sur cet itinéraire).

Des petits taxis collectifs relient le principal nœud de transports à la frontière (5,50 M) ; de là, des *bakkies* (pick-up) et vans collectifs se rendent à Matatiele (Afrique du Sud), d'où l'on peut poursuivre le voyage.

Sehlabathebe National Park

Le **parc national** (40/10 M pers/véhicule ; ouverture des portes 8h-16h30) le moins visité du Lesotho présente un beau relief accidenté. Ses prairies ondoyantes, ses fleurs sauvages et son calme absolu forment un environnement isolé de tout, où vivent de nombreuses espèces d'oiseaux (dont le gypaète barbu), et le péléa (petite antilope). La randonnée à pied (ou à cheval au départ du Sani Top ou du Drakensberg) constitue le meilleur moyen d'explorer les cascades et les environs. On pratique la pêche à la mouche dans les rivières et les lacs de barrage du parc.

Prévoyez de bien vous équiper : dans cette région de pluies estivales, les épais brouillards sont monnaie courante et redoutables pour les randonneurs. Les hivers sont clairs, avec des nuits froides et des chutes de neige occasionnelles.

Sehlabathebe dépend du **ministère du Tourisme, de l'Environnement et de la Culture** (à Maseru 2231 6574, dans le parc 6253 7565 ; Postal Office Bldg, 6e ét., Kingsway, Maseru).

Où se loger et se restaurer

On peut camper dans le parc, mais il n'existe aucune infrastructure ; en revanche, l'eau abonde partout. Apportez votre nourriture.

Thamathu Rural Homestay CHAMBRES D'HÔTES $
(2231 1767, 2232 6075 ; avec petit-déj 100 M/pers ; P). Si vous prenez les transports publics, vous devrez passer la nuit au village de Mavuka, près de Sehlabathebe Gate, car les bus n'arrivent que vers 19h. Grâce à ce programme soutenu par le ministère du Tourisme, de l'Environnement et de la Culture, un certain nombre d'habitants accueillant des visiteurs ont reçu une formation officielle pour guider et héberger les voyageurs dans le parc. Vous pouvez séjourner par exemple au **Mabotle Lodge**, qui propose des *rondavels* rudimentaires.

Sehlabathebe National Park Lodge LODGE $$
(6347 2851 ; ch 990-2 400 M, camping 80 M ; P). Dans ce lodge privé, le bâtiment en préfabriqué comprend une cuisine équipée, une salle à manger, un salon avec cheminée centrale et plusieurs chambres, dont certaines équipées de somptueux lits *king size*. Le petit-déjeuner et le dîner doivent être réservés avant votre arrivée, tout comme l'hébergement. Le lodge est situé à 12 km à l'intérieur du parc, et le 4x4 est le seul véhicule envisageable.

Le bâtiment d'origine, Jonathan's Lodge, construit dans les années 1970 pour le Premier ministre du même nom, amateur de pêche à la truite, était en travaux lors de notre passage.

Depuis/vers le Sehlabathebe National Park

Un bus quotidien relie le village de Mavuka, près de l'entrée du parc, à Qacha's Nek (100 M, 5 heures), avec départ de Mavuka vers 5h et retour à 14h.

La route gravillonnée depuis Qacha's Nek est déconseillée aux véhicules classiques, mais renseignez-vous sur place. La route venant du nord est très accidentée, même pour un 4x4 ; il faut plusieurs heures pour parcourir les 150 km qui séparent Thaba-Tseka du parc. Ces deux itinéraires peuvent être affectés par des orages et des glissements de terrain ; consultez les habitants avant de prendre la route. Vous pouvez demander à laisser votre voiture devant le poste de police du village de Paolosi, à environ 3 km au sud de Mavuka, pendant la visite du parc. Les stations-service les plus proches se trouvent à Qacha's Nek et à Thaba-Tseka.

À pied, le plus simple est de pénétrer dans le parc en longeant l'escarpement depuis le KwaZulu-Natal (10 km). On peut louer un cheval de bât auprès du Sehlabathebe National Park Lodge. Du poste-frontière de Bushman's Nek à Nkonkoana Gate, il faut six heures pour traverser le col. Si vous préférez le franchir à cheval, **Khotso Trails** (en Afrique du Sud 033 701 1502 ; www.khotsotrails.co.za) propose des expéditions de deux ou trois jours depuis Underberg (Drakensberg du Sud).

Des vols charters atterrissent à l'aérodrome de Paolosi.

Swaziland

Dans ce chapitre ➜

Le top des restaurants

- ➜ Ramblas Restaurant (p. 520)
- ➜ Sambane Coffee Shoppe (p. 528)
- ➜ Malandela's Restaurant (p. 528)
- ➜ Lihawu Restaurant (p. 524)

Le top des hébergements

- ➜ Stone Camp (p. 535)
- ➜ Sondzela Backpackers (p. 526)
- ➜ Brackenhill Lodge (p. 519)
- ➜ Lidwala Backpacker Lodge (p. 523)
- ➜ Phophonyane Falls Ecolodge & Nature Reserve (p. 532)

Pourquoi y aller

Malgré une superficie modeste, le royaume du Swaziland possède d'innombrables atouts : observation de la faune, activités sportives telles que rafting et expéditions à VTT, une culture vivante et pittoresque avec un grand nombre de cérémonies et de festivités, sans oublier de superbes chemins de randonnée, de fabuleux paysages de montagnes et de plaines, des options d'hébergement variées et un artisanat de qualité.

Contrairement à l'Afrique du Sud, le Swaziland a réussi à conserver le rythme de vie tranquille typique de l'Afrique, ce qui explique sa popularité croissante. Tout reste à échelle humaine, et l'ambiance est remarquablement détendue. Plutôt que d'y passer en coup de vent sur la route du Kruger National Park, du KwaZulu-Natal ou du Mozambique, n'hésitez pas à vous attarder au moins une semaine afin de rendre justice à ce beau pays. Si vous envisagez de le visiter en hiver, tâchez de faire coïncider votre séjour avec la fête d'Umhlanga, l'une des plus grandes manifestations culturelles du continent.

Quand partir

Mbabane

Décembre-avril
Rivières en crue et végétation luxuriante ; la meilleure période pour les photos et les aventures.

Février-mars
La saison du *buganu* ; goûtez le vin de marula, préparé dans les campagnes.

Mai-septembre
Des journées plus fraîches, idéales pour observer la faune dans le *lowveld*.

À ne pas manquer

❶ L'observation de la faune, dont de rares rhinocéros noirs, dans l'excellente **Mkhaya Game Reserve** (p.535).

❷ Promenade et randonnée dans la **Malolotja Nature Reserve** (p. 530), une splendide région sauvage.

❸ La descente des rapides du **fleuve Maputo** (p. 532).

❹ Les boutiques d'artisanat de l'**Ezulwini Valley** (p. 524) et de la **Malkerns Valley** (p. 528).

❺ L'exploration à vélo ou à pied du **Mlilwane Wildlife Sanctuary** (p. 525), puis la détente dans un lodge confortable.

❻ L'ascension du **Sibebe Rock** (p. 518), gigantesque dôme de granit à la sortie de la capitale, pour admirer la jolie vue.

❼ Une rencontre avec les lions au **Hlane Royal National Park** (p. 532).

❽ Le calme et la solitude du **Mahamba Gorge Lodge** (p. 536), de la **Phophonyane Falls Ecolodge & Nature Reserve** (p. 532) ou du **Shewula Mountain Camp** (p. 534).

Histoire

La naissance d'une nation

Le territoire de l'actuel Swaziland est habité depuis des millénaires. Des ossements humains vieux de 100 000 ans furent découverts aux alentours des monts Lebombo, dans l'est du pays. Les ancêtres des Swazi arrivèrent bien plus récemment. Vers 500, lors des grandes migrations bantoues, divers groupes nguni parvinrent dans la contrée. L'un d'eux s'installa dans la région de l'actuelle Maputo (au Mozambique) et fonda la dynastie Dlamini. Au milieu du XVIIIe siècle, sous la pression croissante d'autres clans, le roi Dlamini, Ngwane III, conduisit son peuple au sud-ouest vers la Pongola, dans ce qui est aujourd'hui le sud du Swaziland et le nord du KwaZulu-Natal. Cette région devint la première patrie swazi.

Son successeur, Sobhuza Ier, s'installa dans l'Ezulwini Valley, qui demeure le centre de la royauté et des rituels swazi. Vint ensuite le roi Mswazi (ou Mswati), dont les Swazi tirent leur nom. Malgré l'opposition de ses voisins zoulous, Mswazi réussit à unifier le royaume.

À partir du milieu du XIXe siècle, le Swaziland attira un nombre croissant d'Européens, éleveurs en quête de terres, chasseurs, négociants et missionnaires.

Au cours des décennies suivantes, pris dans les affrontements anglo-boers, le territoire swazi se trouva amenuisé. En 1902, après la seconde guerre anglo-boer, les Boers se retirèrent et les Britanniques firent du Swaziland un protectorat.

La lutte pour l'indépendance

Au début du XXe siècle, l'histoire swazi fut dominée par la lutte pour l'indépendance. Sous le règne de Sobhuza II (et de sa mère, régente avisée durant l'enfance du roi), les Swazi parvinrent à récupérer une grande partie de leur territoire d'origine, d'un côté par le rachat de terres, de l'autre grâce à un décret du gouvernement britannique. Une évolution capitale car les rois swazi sont considérés comme les dépositaires du pays, au nom de leurs sujets.

L'indépendance, aboutissement d'un long processus non-violent, fut proclamée le 6 septembre 1968, 66 ans après l'instauration du protectorat britannique.

La première Constitution fut largement l'œuvre des Britanniques et, en 1973, le roi l'abrogea car elle ne correspondait pas à la culture swazi. Le Parlement rédigea une nouvelle Constitution quatre ans plus tard, donnant au roi les pleins pouvoirs.

Sobhuza II, alors le monarque au règne le plus long, mourut en 1982. Le jeune Mswati III monta sur le trône en 1986 ; il continue à représenter et à préserver le mode de vie swazi traditionnel, et règne en monarque absolu.

La situation actuelle

Le roi Mswati III est régulièrement critiqué, notamment par la presse étrangère, pour son régime autocratique, ses dépenses inconsidérées et ses pratiques polygames. Selon ses détracteurs, ces comportements nuisent au développement économique et à la lutte contre le sida, qui affecterait 26% de la population. Cependant, même les critiques les plus acerbes ne semblent pas vouloir le renverser, mais souhaitent une monarchie constitutionnelle plutôt qu'absolue.

En décembre 2014, le Swaziland a été suspendu de la liste des pays éligibles aux préférences commerciales accordées par l'AGOA (African Growth et Opportunity Act), un accord de libre échange passé avec les États-Unis, car le pays ne remplissait pas certains critères essentiels, en particulier le respect des droits des travailleurs et la liberté d'association. Si l'AGOA bénéficiait pour l'essentiel aux emplois faiblement rémunérés du secteur textile, toute perte d'emploi dans un pays où le taux de chômage avoisine les 50% est problématique. On estime que la croissance économique devrait passer de 2,5% à 1% en 2015 et les années suivantes.

Climat

La majeure partie du Swaziland jouit d'un climat identique à celui du *lowveld* (bas veld) de l'est de l'Afrique du Sud, avec des étés étouffants et pluvieux et des hivers agréablement frais. De décembre à février, la température dépasse parfois 40°C et les orages torrentiels sont fréquents. Les mois de mai à août sont les plus frais. Dans les hautes terres de l'Ouest, l'hiver apporte des nuits froides et d'occasionnelles gelées.

Langues

Les langues officielles sont le swati et l'anglais ; l'anglais est la langue écrite officielle.

CÉRÉMONIES ET FÊTES SWAZI

Incwala

L'Incwala (ou Ncwala) est la cérémonie la plus sacrée du peuple swazi. Lors de cette fête des "premiers fruits", le roi autorise ses sujets à consommer la première récolte de la nouvelle année. La cérémonie a lieu aux alentours du 21 décembre et dure une semaine, mais les préparatifs de l'Incwala commencent quelques semaines avant la récolte, selon le cycle lunaire.

Umhlanga

L'*umhlanga* (danse des roseaux) est la manifestation culturelle la plus connue du Swaziland. Moins sacrée que l'Incwala, l'*umhlanga* sert aussi à rassembler le peuple et à lui rappeler sa relation avec le roi. Sorte de bal des débutantes, elle réunit pendant une semaine des jeunes filles venues de tout le royaume pour participer à la réfection de la maison de la reine mère à Lobamba. L'*umhlanga* se déroule fin août ou début septembre.

Fête du buganu

Cette autre fête des "premiers fruits" se déroule en février et célèbre la récolte du marula. Les femmes cueillent les fruits et les font fermenter pour obtenir un breuvage appelé *buganu* ("qui a du punch"). Les habitants – les hommes principalement – se réunissent pour boire et festoyer. Le roi Mswati III et d'autres membres de la famille royale assistent à cette fête, qui est en passe de devenir l'une des plus populaires du pays.

Festival MTN Bushfire

Ce festival à la popularité croissante dure trois jours, le dernier week-end de mai, et comprend, entre autres, poésie, théâtre et musique. Il a lieu à la House on Fire de Malkerns. Consultez le site Internet (www.bush-fire.com) pour plus de précisions sur le programme.

Désagréments et dangers

La petite délinquance – pickpockets ou vols à l'arraché – sévit dans les zones urbaines. Faites preuve de bon sens et restez sur vos gardes. Ne vous promenez jamais seul le soir et n'exhibez pas d'objets de valeur.

Le paludisme et la bilharziose sont présents dans le pays, bien que le Swaziland prenne de sérieuses mesures pour devenir le premier pays d'Afrique subsaharienne à être débarrassé du paludisme.

Comment s'y rendre et circuler

Des vols pour le Swaziland (King Mswati III International Airport) partent de Johannesburg (Jo'burg).

La plupart des voyageurs viennent au Swaziland par la route. **Avis** (☎2518 6226, 2518 6222 ; www.avis.co.za ; aéroport de Matsapha ; ⏲7h-17h30 lun-jeu, 10h30-17h30 sam-dim) et **Europcar** (☎2518 4393 ; www.europcar.com/car-swaziland.html ; aéroport de Matsapha ; ⏲8h-17h lun-ven, 10h-17h sam-dim) louent des voitures.

Au Swaziland, un bon réseau de taxis collectifs couvre l'ensemble du territoire.

MBABANE

Mbabane a pour principal atout sa situation, dans les Dlangeni Hills. La capitale et deuxième ville du pays par la taille est un lieu tranquille et fonctionnel, perché dans la fraîcheur du *highveld* (haut veld) à environ 1 200 m d'altitude.

Elle compte quelques bons restaurants et hébergements, mais les proches vallées d'Ezulwini et de Malkerns présentent plus d'attraits pour le voyageur et offrent un meilleur choix d'hébergement.

Pendant l'époque coloniale, les Britanniques, d'abord installés à Manzini, déménagèrent à Mbabane en 1902 pour profiter du climat plus frais des montagnes.

À voir et à faire

Sibebe Rock SITE EMBLÉMATIQUE

(Pine Valley ; 30 E). À 8 km au nord-est de Mbabane, le Sibebe Rock, un énorme dôme de granit, domine la campagne alentour. Le rocher est abrupt, dangereux en cas de chute, mais procure une bonne montée d'adrénaline aux grimpeurs entraînés, qui ne redoutent pas les à-pics. Prenez contact avec Swazi Trails (p. 522), dans l'Ezulwini Valley, qui propose des escalades non techniques d'une demi-journée (780 E/pers, transport compris).

Où se loger

Bombaso's Backpackers AUBERGE DE JEUNESSE $
(☎7681 9191, 2404 5465 ; www.swazilandhappenings.co.za/photos_bombasos.htm ; Lukhalo St ; camping 80 E, dort 145 E, d sans sdb 300 E ; P). Dans une ambiance animée, le Bombaso propose différents hébergements – emplacements de camping sur une pelouse verdoyante, dortoir de 7 places et chambres individuelles propres –, ainsi qu'une piscine, un bar, un salon TV et de paisibles jardins. Pas de repas sur place, mais accès à une belle cuisine équipée. Jason et Lwazi, les gérants, sont très bien informés sur le pays.

À 2 km au nord du centre, facilement accessible en transports publics.

Brackenhill Lodge GUESTHOUSE $$
(☎2404 2887 ; www.brackenhillswazi.com ; Mountain Dr ; s/d petit-déj inclus à partir de 640/870 E ; P). Avec son ambiance merveilleusement propice à la détente et son cadre bucolique, ce petit bijou, à 4,5 km au nord de Mbabane, vous séduira à coup sûr. Il comporte 8 chambres confortables, spacieuses et bien équipées. Son domaine de 162 ha, sillonné de plusieurs chemins de randonnée, est peuplé de nombreux oiseaux et donne à voir de splendides panoramas. Salle de sport, sauna, piscine et courts de tennis font partie des équipements. Les propriétaires sont charmants et les dîners préparés à la demande.

Une réduction de 10% s'applique sur les paiements en espèces.

The Place BUNGALOWS $$
(☎7828 6040, 7828 5090 ; www.theplaceswaziland.com ; Mantsholo St ; s/d petit-déj inclus 700/1 000 E ; P). En face du golf, un établissement récent doté d'équipements modernes et fonctionnels, qui séduit les visiteurs en quête de chambres impeccables, bien équipées et pourvues de sdb rutilantes. Les bungalows individuels donnent sur un jardin soigné et sa piscine, et un restaurant réputé se trouve juste à côté. Une excellente trouvaille.

Mbabane

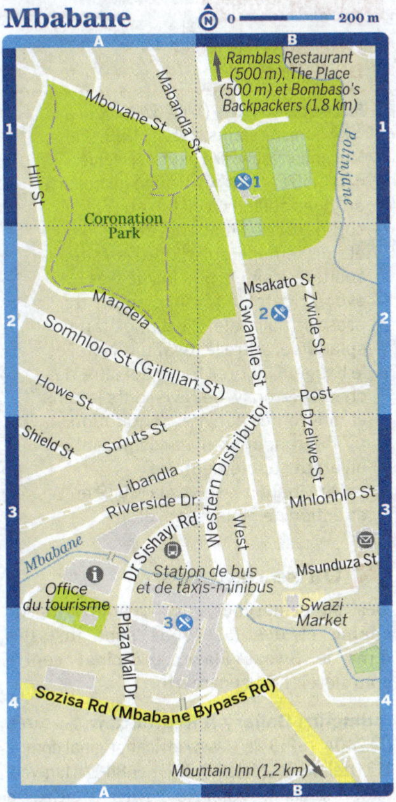

Mbabane

Où se restaurer

1	Albert Millin	B1
2	Indingilizi Gallery & Restaurant	B2
3	Riverside Café	A4

Mountain Inn AUBERGE $$
(☎2404 2781 ; www.mountaininn.sz ; Sihawu Cres, Highland View ; petit-déj inclus s 880-950 E, d 1 040-1 220 E ; P). Cette vaste auberge est assez quelconque et sa décoration semble dater. Pour autant, c'est une adresse sympathique, sûre et sans prétention. Elle se compose de trois ailes reliées par un passage couvert, au milieu de vastes pelouses. Tâchez d'obtenir une chambre dans la South Wing (aile sud), qui jouit d'une vue sensationnelle sur la vallée. Sur place également : piscine, bibliothèque et restaurant réputé.

À 4 km au sud du centre-ville, dans un quartier paisible.

VAUT LE DÉTOUR

UNE BONNE NUIT DE SOMMEIL

Foresters Arms (☎2467 4177 ; www.forestersarms.co.za ; MR19, Mhlambanyatsi ; s/d petit-déj inclus 620/960 E ; P 📶 🏊). Caché au cœur de jolies collines à 27 km au sud-ouest de Mbabane, cet établissement jouit d'une parfaite solitude. L'air est pur, la vue très évocatrice, et la sérénité ambiante presque palpable. C'est une étape splendide, entre le KwaZulu-Natal et le Kruger National Park, qui offre des chambres cosy, de ravissants jardins et différentes activités (équitation, VTT et randonnée). Le restaurant est un atout supplémentaire.

De Mbabane, suivez la MR19 en direction de Mhlambanyatsi.

Où se restaurer

Des supermarchés, des restaurants de chaîne et des fast-foods sont installés dans le Swazi Plaza, principal centre commercial du centre-ville.

Indingilizi Gallery & Restaurant CAFÉ $
(☎2404 6213 ; www.africanoriginal.com ; 112 Dzeliwe St ; plats 40-70 E ; ⏲8h-17h lun-ven, 8h30-13h sam). Voici le genre d'"adresse secrète" facile à manquer que les habitants aiment à recommander. Le petit café en plein air se trouve à l'arrière d'une galerie d'art. Il sert des petits-déjeuners, des en-cas et des repas légers au déjeuner. Vente à emporter également.

Riverside Café CAFÉTÉRIA $
(☎2404 9547 ; Swazi Plaza, Plaza Mall Dr ; plats 20-100 E ; ⏲8h-16h30 lun-ven, 8h-15h sam). Ne comptez pas sur cette pimpante cafétéria pour échapper à la foule ; en revanche, la cuisine est savoureuse et d'un excellent rapport qualité/prix. On vient surtout pour les pâtisseries, notamment un choix appétissant de douceurs maison du type muffins et scones. C'est aussi une bonne adresse pour un déjeuner léger.

♥ **Ramblas Restaurant** INTERNATIONAL $$
(☎2404 4147 ; www.ramblasswaziland.webs.com ; Mantsholo St ; plats 80-160 E ; ⏲8h-22h lun-ven, 8h30-22h30 sam ; 📶). L'adresse de choix à Mbabane pour une cuisine savoureuse et une ambiance animée, à deux pas du golf. La carte éclectique (excellentes salades, plats de viande, hamburgers et appétissants desserts) justifie amplement le détour. Le restaurant est aménagé dans une petite villa dotée d'une agréable terrasse. À l'intérieur, les tons gris et rouge de la salle et les tableaux colorés créent une ambiance sophistiquée.

eDladleni FUSION $$
(☎7841 4110, 2402 5743 ; edladleni.100webspace.net/index.html ; Manzini/Mbabane Hwy, Mvubu Falls ; plats 50-110 E ; ⏲12h-15h et 18h-22h mar-dim ; 🖉). Cuisine délicieuse, cadre plein de sérénité et vue à couper le souffle : difficile de faire mieux que l'eDladleni en termes d'authenticité swazi. On se régale ici de spécialités que l'on trouve rarement ailleurs, et le restaurant sert aussi d'excellents plats végétariens. À 6 km de Mbabane, près de la grand-route (suivez le panneau "Mvubu Falls") ; le site Internet indique comment venir.

Dolores Goddefroy, la charismatique propriétaire, s'attache à perpétuer les recettes traditionnelles à base de produits locaux. Il est donc dommage que le service soit si lent et que tous les plats figurant sur la carte ne soient pas forcément servis. Les heures d'ouverture étant assez aléatoires, mieux vaut téléphoner au préalable.

Albert Millin CAFÉTÉRIA, PUB $$
(☎2404 9942 ; Gwamile St ; plats 50-120 E ; ⏲10h-22h mar-mer, 10h-minuit jeu-sam ; 📶). Ce pub-restaurant à l'atmosphère moderne, situé sur le domaine du Mbabane Club, est très prisé des expatriés. Pizzas, salades, hamburgers et roboratives viandes grillées : la carte propose suffisamment de spécialités pour satisfaire le plus grand nombre. Une bonne adresse également pour profiter simplement de l'ambiance détendue en sirotant une bière fraîche.

Renseignements

ARGENT

Parmi les banques avec DAB, la First National Bank, la Nedbank et la Standard Bank sont installées dans le Swazi Plaza.

OFFICE DU TOURISME

Office du tourisme (☎2404 2531 ; www.thekingdomofswaziland.com ; Swazi Mall,

Dr Sishayi Rd ; ⏲8h-17h lun-ven, 9h-17h sam). Dans le Swazi Mall. Plans et brochures à disposition.

SERVICES MÉDICAUX

Mbabane Clinic (☎2404 2423 ; www.theclinicgroup.com ; Mkhonubovu St ; ⏲24/24h). En cas d'urgence, essayez cette clinique bien équipée, dans le coin sud-ouest de la ville, près de la rocade.

URGENCES

Police (☎999, 2404 2221)

Comment s'y rendre et circuler

Le principal terminus de bus et de taxis collectifs se situe derrière le Swazi Plaza. Des taxis collectifs partent pour Jo'burg (210 E, 4 heures) toute la journée ; vous pouvez aussi en prendre un depuis Manzini.

Chaque jour, plusieurs taxis collectifs desservent Ngwenya et le poste-frontière d'Oshoek (15 E, 50 minutes), ainsi que la Malkerns Valley (15 E, 45 minutes). Tous les véhicules qui se dirigent vers Manzini (15 E, 35 minutes) et des destinations à l'est passent par l'Ezulwini Valley, mais la plupart empruntent les nationales qui contournent la vallée.

Des taxis privés stationnent devant le principal terminus. Comptez au moins 120 E pour l'Ezulwini Valley, davantage pour l'autre bout de la vallée (à partir de 200 E). Vous paierez 150 E ou plus pour rejoindre l'aéroport international de King Mswati III.

TransMagnifique (☎2404 9977 ; www.goswaziland.co.sz) et **Sky World** (☎7664 0001, 2404 9921 ; www.skyworld.co.sz) proposent un service quotidien en bus luxueux entre Johannesburg (aéroport international OR Tambo et Sandton) et Mbabane (500 R).

CENTRE DU SWAZILAND

Carrefour touristique du pays, le centre du Swaziland marie à merveille culture, nature et plaisirs épicuriens. Réserves naturelles, musées, excellents restaurants et achat d'objets artisanaux : il y a dans cette région amplement de quoi s'occuper pendant quelques jours.

Ezulwini Valley

Il suffit de quelques kilomètres à peine pour changer radicalement de décor. Cœur du tourisme au Swaziland, l'Ezulwini Valley commence immédiatement au sortir de Mbabane et pourtant, on se sent à mille lieues du tohu-bohu de la capitale. Grâce à ses excellents hébergements et boutiques d'artisanat, la vallée fait une base idéale pour nombre de visiteurs.

À voir et à faire

Mantenga Cultural Village & Nature Reserve RÉSERVE NATURELLE
(☎2416 1151 ; www.sntc.org.sz/reserves/mantenga.asp ; Ezulwini Valley ; 100 E ; ⏲8h-18h). Le droit d'entrée de cette paisible réserve dotée d'une épaisse forêt comprend une visite guidée du Swazi Cultural Village, un village "vivant" de huttes traditionnelles en forme de ruches avec des expositions culturelles, une danse *sibhaca* (tous les jours à 11h15 et 15h15) et une excursion aux impressionnantes Mantenga Falls. La réserve se prête également à la randonnée ; les randonneurs venus pour la journée ne paient que 50 E. Bien qu'il ne s'agisse pas d'un grand parc naturel, on peut apercevoir des vervets, des babouins, des phacochères, des nyalas et des céphalophes.

RAFTING ET SPÉLÉOLOGIE

L'un des principaux attraits du Swaziland est le rafting sur la Great Usutu River (ou Lusutfu). Calme et plate par endroits, la rivière devient impétueuse et profonde à d'autres. Aux alentours de la Mkhaya Game Reserve, elle traverse une gorge en une série de rapides, praticables toute l'année.

Swazi Trails, le meilleur prestataire pour le rafting, organise des sorties d'une demi-journée/journée (1 200/950 E par pers, déj et transport compris, 2 pers au minimum). Descente en rappel et sauts du haut des falaises ajoutent des montées d'adrénaline en hiver.

Autre expérience pour éprouver le grand frisson, les circuits aventure de spéléologie de ce tour-opérateur offrent un rare aperçu du monde fascinant des explorations spéléologiques. À quelques kilomètres de Mbabane, l'immense grotte de Gobholo est inexplorée à 98%. Vous aurez le choix entre un départ à 8h30 (700 E) et un autre à 16h30 (850 E ; avec bain dans des sources chaudes, pizza et bière).

Ezulwini Valley et Malkerns Valley

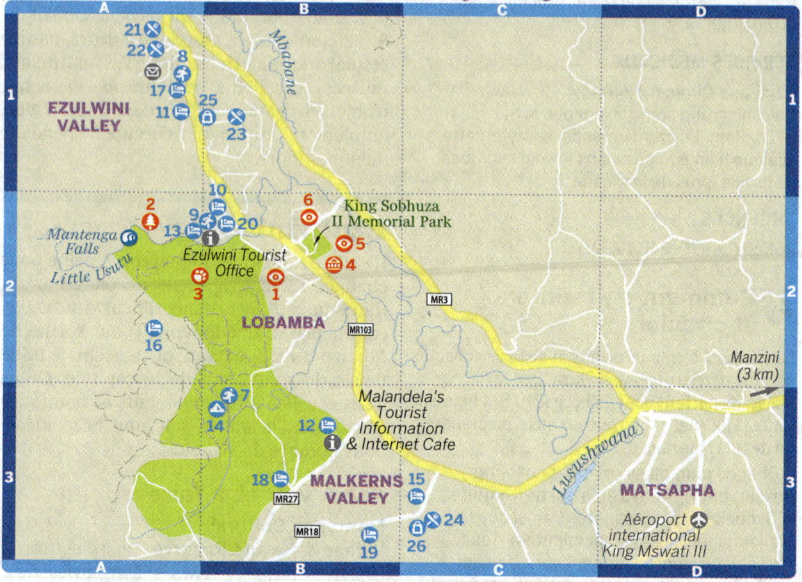

Ezulwini Valley et Malkerns Valley

À voir

1 Eludzidzini Royal Residence B2
King Sobhuza II Memorial Park .... (voir 4)
2 Mantenga Cultural Village & Nature Reserve A2
3 Mlilwane Wildlife Sanctuary A2
4 National Museum B2
5 Parliament B2
6 Somhlolo National Stadium B2

Activités

7 Chubeka Trails B3
8 Cuddle Puddle A1
9 Swazi Trails B2

Où se loger

Legends Backpackers Lodge .... (voir 13)
10 Lidwala Backpacker Lodge B2
11 Lugogo Sun Hotel A1
12 Malandela's B&B B3
Mantenga Cultural Village & Nature Reserve .... (voir 2)
13 Mantenga Lodge & Restaurant A2
14 Mlilwane Wildlife Sanctuary Main Camp B3
15 Rainbird Chalets C3
16 Reilly's Rock Hilltop Lodge A2
17 Royal Swazi Spa A1
18 Sondzela Backpackers B3
19 Umdoni B3
20 Victory Guesthouse B2

Où se restaurer

21 Boma Restaurant A1
22 Calabash A1
23 Lihawu Restaurant B1
Malandela's Restaurant .... (voir 12)
Mantenga Restaurant .... (voir 13)
24 Sambane Coffee Shoppe C3

Où sortir

House on Fire .... (voir 12)

Achats

Baobab Batik .... (voir 26)
25 Ezulwini Craft Market B1
Gone Rural .... (voir 12)
Mantenga Craft Centre .... (voir 13)
26 Swazi Candles C3
Yebo Art & Design .... (voir 13)

De nombreuses espèces d'oiseaux peuplent les lieux, dont des ibis du Cap, une espèce menacée. La réserve est à 1 km du Mantenga Lodge, et bien indiquée depuis la MR103.

Swazi Trails CIRCUITS MULTI-ACTIVITÉS
(☎ 7602 0261, 2416 2180 ; www.swazitrails.co.sz ; Mantenga Craft Center, Ezulwini Valley ; ⏲ 8h-17h). Installé au Mantenga Craft Centre, dans l'Ezulwini Valley, ce tour-opérateur est l'un

des plus importants du pays. Il propose spéléologie, rafting, randonnées, circuits culturels et visites des principaux sites. Il héberge l'office du tourisme d'Ezulwini.

Cuddle Puddle SOURCES CHAUDES
(☎2416 1164 ; MR103, Ezulwini Valley ; adulte/enfant 30/15 E ; ⏰7h-23h jeu-mar, 7h-20h mer). Pour vous faire dorloter, rendez-vous aux sources thermales de la vallée royale. Les eaux riches en magnésium affichent une température constante de 32°C. Sur place également : un spa avec sauna, salle de sport et massages.

Circuits organisés

All Out Africa CIRCUITS AVENTURE
(☎2416 2260 ; www.alloutafrica.com ; MR103, Ezulwini Valley ; ⏰8h-17h). Il offre un choix de circuits aventure et d'activités au Swaziland, au Kruger National Park et au Mozambique. Chaudement recommandé, le circuit culturel d'une demi-journée à Lobamba comprend une promenade dans la bourgade (345 R/pers, 2 pers minimum). Dans le Lidwala Backpacker Lodge.

Mandla Masuku/Ekhaya Cultural Tours CIRCUITS CULTURELS
(☎7644 3257 ; www.ekhayatours.com ; véhicule de l'agence/véhicule personnel 1 200/600 R par pers, minimum 2 pers ; ⏰tlj sur réservation). Pour un aperçu de la vie rurale swazi (dont une visite à Lobamba, dans une école et chez une famille), Mandla Masuku, d'Ekhaya Cultural Tours, est un bon contact. Il parle également français.

Où se loger

♥ **Lidwala Backpacker Lodge** AUBERGE DE JEUNESSE $
(☎7690 5865, 2550 4951 ; www.lidwala.co.sz ; MR103, Ezulwini Valley ; camping 120 R/tente, dort et tente de safari 160 E/pers, d 380-440 E ; P 📶 🏊). Un cadre tout simplement magique ! Ce lodge confortable et bien géré est niché dans un jardin splendide, avec piscine aménagée au milieu de gros rochers et petit cours d'eau bouillonnant. Dans une atmosphère chaleureuse et détendue, il propose des dortoirs classiques mais confortables, des tentes de safari accueillantes et des chambres privatives exiguës mais propres.

Les hôtes ont accès à une cuisine et à une buanderie. Possibilité de prendre ses repas sur place. Si vous avez envie de randonner, un sentier part juste derrière le lodge et mène à un sommet, d'où l'on profite d'une vue panoramique sur l'Ezulwini Valley. Le Lidwala est géré par All Out Africa, qui organise des circuits et des activités.

Legends Backpackers Lodge AUBERGE DE JEUNESSE $
(☎7602 0261, 2416 1870 ; www.legends.co.sz ; Mantenga Falls Rd, Ezulwini Valley ; camping 80 E, dort 150 E, d sans sdb 400 E ; P 📶 🏊). Vraiment rien de clinquant ici, mais cette adresse décontractée s'impose si l'on a un budget serré. Elle compte en effet un choix de dortoirs de 10 à 12 places, une cuisine équipée, un salon TV et une petite piscine dans le jardin. Ceux qui tiennent à leur intimité peuvent opter pour les chambres individuelles, quelconques mais reposantes, aménagées dans un bâtiment séparé. Le petit-déjeuner coûte 45 E.

Swazi Trails, tour-opérateur d'aventure affilié au lodge, est juste en face, et le supermarché le plus proche se situe à 10 minutes à pied.

Victory Guesthouse GUESTHOUSE $
(☎2416 3309 ; Mantenga Estate, Ezulwini Valley ; d petit-déj inclus 450 E ; P). Dans un quartier paisible proche de la route principale, cette pension tenue en famille est un plan B acceptable. Les 8 chambres font l'affaire, même si elles ne laissent pas un souvenir inoubliable.

Mantenga Cultural Village & Nature Reserve BUNGALOWS $$
(☎2416 1151, 2416 1178 ; www.sntc.org.sz ; Ezulwini Valley ; d petit-déj inclus 720 E ; P). Dans la Mantenga Nature Reserve, ces quelques bungalows originaux en pleine brousse, dont beaucoup donnent sur une rivière, proposent un hébergement un peu différent. L'ambiance est très "moi Tarzan, toi Jane". Avec leur mobilier en bois et leurs équipements modernes (mais pas de clim), ils offrent un bon équilibre entre le confort, le charme rustique et l'isolement. Les hôtes ne paient pas l'entrée de la réserve.

Un agréable restaurant se trouve à proximité, dans une luxuriante forêt tropicale.

Mantenga Lodge & Restaurant HÔTEL $$
(☎2416 1049 ; www.mantengalodge.com ; Mantenga Falls Rd, Ezulwini Valley ; s/d 530-730/710-910 E petit-déj inclus ; P ❄ 📶 🏊). Nous adorons l'ambiance de cette oasis de calme. Les 38 chambres de standing variable (et affichant des prix différents) ne sortent guère de l'ordinaire, mais elles sont aménagées dans un coin boisé et luxuriant

où il fait bon flâner. En outre, la piscine est un pur délice lorsqu'il règne une chaleur écrasante. Le restaurant est un autre avantage appréciable.

Lugogo Sun Hotel HÔTEL **$$**
(2416 4500 ; www.suninternational.com ; MR103, Ezulwini Valley ; s/d à partir de 1 000/1 200 E petit-déj inclus ;). Les chambres de cet hôtel banal aux airs de motel manquent sérieusement de cachet, mais l'endroit fera l'affaire pour une nuit, surtout si vous obtenez une chambre avec vue sur la piscine. Les autres donnent en effet sur le parking. L'hôtel est prisé des groupes en circuit organisé.

Royal Swazi Spa HÔTEL **$$$**
(2416 5000 ; www.suninternational.com ; MR103, Ezulwini Valley ; s/d 2 400-2 800/2 600-2 900 E petit-déj inclus ;). Incontestablement ordinaire pour son prix, le Royal Swazi n'est pas vraiment le cinq-étoiles qu'il estime être. Ses chambres affichent toutefois le confort requis et l'hôtel compte quantité d'équipements, dont 2 restaurants, 3 bars, une grande piscine, un spa, un casino et un golf.

Où se restaurer et prendre un verre

Lihawu Restaurant FUSION **$$**
(2416 7035 ; www.lihawu.co.sz ; Royal Villas, Ezulwini Valley ; plats 85-180 E ; 12h-14h et 18h-22h30). Le restaurant le plus élégant du Swaziland se niche dans le chic complexe hôtelier Royal Villas. Il comporte une salle décorée avec goût et une terrasse donnant sur une piscine. Sa carte afro-fusion se distingue par des plats vedettes, comme le ragoût d'agneau et le filet de bœuf, mais propose aussi des spécialités végétariennes. Il va sans dire que la carte des vins est une merveille.

Mantenga Restaurant INTERNATIONAL **$$**
(2416 1049 ; Mantenga Lodge & Restaurant, Mantenga Falls Rd, Ezulwini Valley ; plats 70-140 E ; 6h30-21h30). Dans le Mantenga Lodge (mais ouvert aux clients résidant ailleurs), ce restaurant doté d'une terrasse en bois surélevée bénéfice d'une vue fabuleuse sur les arbres. Les pâtes, les viandes grillées et les sandwichs sont à un bon prix.

Boma Restaurant INTERNATIONAL **$$**
(2416 2632 ; près de MR103, Ezulwini Valley ; plats 70-150 E ; 11h-22h30). Ce restaurant pittoresque de style *boma* à toit de palmes se trouve dans l'enceinte du Timbali Lodge. Il propose une très longue carte avec tous les classiques, des grillades aux pâtes. Impossible de se tromper puisque tout est très bon, mais si vous voulez vraiment une recommandation, optez pour les pizzas cuites au feu de bois.

Calabash ALLEMAND, FRANÇAIS **$$$**
(près de la MR103, Ezulwini Valley ; plats 90-220 E ; 12h-14h30 et 18h-22h). De l'*eisbein* (jarret de porc) grillé et des escargots de Bourgogne au Swaziland ? C'est possible. Les cuisines allemande et française sont les stars inattendues de ce restaurant établi de longue date, démodé mais élégant, et situé à l'extrémité supérieure de l'Ezulwini Valley. Il possède également une impressionnante cave à vin.

Achats

Dans l'Ezulwini Valley et la Malkerns Valley, vous trouverez d'excellentes boutiques d'artisanat, avec un grand choix d'objets de bonne qualité à des prix raisonnables.

Yebo Art & Design ART, ARTISANAT
(2416 2984 ; www.yeboswaziland.com ; Mantenga Falls Rd, Ezulwini Valley ; 9h-17h mer-sam, 10h-15h dim). Cette galerie d'art moderne accueille régulièrement des expositions. Elle fait découvrir le travail d'artistes, d'artisans et de créateurs de tout le Swaziland, déjà connus ou au talent prometteur. La boutique de la galerie propose un choix intéressant de souvenirs et de tissus fabriqués à la main.

Ezulwini Craft Market ART, ARTISANAT
(MR103, Ezulwini Valley ; 8h-17h). Ne manquez pas ce marché bien fourni situé en face de la Zeemans Filling Station, à l'angle de la MR103 et de Mpumalanga Loop Road. Repérez les toits en tôle bleue. Les stands proposent un grand choix de sculptures, de tissages et d'artisanat.

Mantenga Craft Centre ART ET ARTISANAT
(2416 1136 ; Mantenga Falls Rd, Ezulwini Valley ; 8h-17h). Les nombreuses échoppes de ce pittoresque centre d'artisanat vendent toutes sortes de produits, des tissages et tapisseries aux bougies, sculptures sur bois et T-shirts.

Renseignements

Des DAB sont installés dans le Gables Shopping Centre.

Big Game Parks (☎2528 3943/4 ; www.biggameparks.org ; Malkerns ; ⊙8h-17h lun-ven). Le bureau central des réservations gère les hébergements dans le Mlilwane Wildlife Sanctuary, la Mkhaya Game Reserve et le Hlane Royal National Park. Il est également possible de réserver directement auprès de chacune des réserves.

Ezulwini Tourist Office (☎7602 0261, 2416 2180 ; www.swazitrails.co.sz ; Mantenga Craft Centre, Ezulwini Valley ; ⊙8h-17h). Swazi Trails abrite également l'office du tourisme d'Ezulwini, qui fournit des informations et effectue des réservations pour toutes les réserves, les structures de tourisme communautaire, les tour-opérateurs, les activités et l'hébergement en général.

Depuis/vers l'Ezulwini Valley

Un taxi privé de Mbabane coûte de 120 à 200 E, selon votre destination dans la vallée.

Dans la journée, vous pouvez prendre un minibus à destination de Manzini, mais précisez bien au chauffeur l'endroit où vous voulez descendre ; nombre de chauffeurs rechignent à s'arrêter dans la vallée.

Lobamba

Lobamba est le cœur spirituel, culturel et politique du Swaziland. Cette région à l'est de l'Ezulwini Valley accueille la monarchie swazi depuis plus de deux siècles. Elle recèle certains des édifices les plus remarquables du pays. En dépit de son importance, il règne un calme surprenant à Lobamba, sauf pendant Incwala et *umhlanga*. Lors de ces cérémonies spectaculaires, la nation tout entière se rassemble dans les plaines environnantes pour plusieurs jours de grandes réjouissances.

À voir

Eludzidzini Royal Residence ÉDIFICE D'INTÉRÊT

Eludzidzini, la résidence de la reine mère, se trouve au bout d'une avenue bordée de palmiers, au sud de Lobamba. Elle est interdite au public, sauf pendant les grandes festivités, comme la cérémonie d'Incwala et l'*umhlanga* (danse des roseaux).

National Museum MUSÉE

(☎2416 1179 ; Lobanba ; adulte/enfant 80/30 E ; ⊙8h-16h30 lun-ven, 10h-16h sam-dim). Ce musée renferme d'intéressantes collections sur la culture swazi, un village traditionnel avec enclos à bétail, et plusieurs automobiles du roi Sobhuza Ier, datant des années 1940.

King Sobhuza II Memorial Park MÉMORIAL

(☎2416 2131 ; Lobamba ; tarif plein/réduit 80/30 E ; ⊙8h-16h30 lun-ven, 10h-16h sam-dim). Attenant au Parlement, ce mémorial rend hommage au roi Sobhuza II, grâce à qui le Swaziland a obtenu son indépendance du joug britannique en 1968. Il comporte notamment une statue en bronze de 3 m de hauteur de feu le vénéré roi. Un petit musée abrite divers documents et photos ayant trait à sa vie. Le mausolée du roi se trouve également dans le parc.

Parliament ÉDIFICE D'INTÉRÊT

(Lobamba). Inauguré en 1969, le Parlement est un cadeau que les Britanniques sur le départ firent au Swaziland après son indépendance. Cet édifice hexagonal coiffé d'une coupole en cuivre est emblématique de Lobamba. Il est parfois ouvert aux visiteurs ; habillez-vous correctement et empruntez l'entrée sur le côté.

Somhlolo National Stadium ÉDIFICE D'INTÉRÊT

(Lobamba). Construit lors de l'indépendance du Swaziland en 1968, le stade national (20 000 places) accueille les grands événements politiques, comme les couronnements (dont celui de Mswati III le 25 avril 1986), et les matchs de football. Il doit son nom au roi Sobhuza Ier, appelé aussi Somhlolo, le père fondateur de la nation swazi.

Mlilwane Wildlife Sanctuary

Moins vaste et moins spectaculaire que certains des grands parcs sud-africains, le **Mlilwane Wildlife Sanctuary** (☎2528 3943 ; www.biggameparks.org/mlilwane ; 40 E ; ⊙6h-18h), près de Lobamba, mérite amplement la visite : paisible et d'accès facile, la réserve se distingue par un paysage splendide, dominé par le mont Nyonyane, dont le sommet de granit nu est appelé Execution Rock (1 110 m). C'est bien sûr un paradis pour les amoureux du plein air, et l'on peut y pratiquer un grand nombre d'activités.

Située dans une zone transitionnelle entre le *highveld* et le *middleveld*, elle est peuplée d'une faune très variée (surtout de grands herbivores et d'oiseaux). La flore y est également très riche, et il n'y a pas à craindre la présence de dangereux animaux sauvages, hormis les hippopotames. Bon à savoir : les meilleurs secteurs d'observation des animaux sauvages et des oiseaux sont le

MLILWANE WILDLIFE SANCTUARY

Pourquoi y aller Accès facile depuis Mbabane et l'Ezulwini Valley ; possibilité de voir des animaux et des oiseaux toute l'année ; zèbres, phacochères, gnous, nombreuses espèces d'antilopes (dont le rare céphalophe bleu), crocodiles, hippopotames et espèces rares d'oiseaux ; grand choix d'activités ; pas d'animaux dangereux ; excellents hébergements disponibles.

Quand partir Toute l'année.

Infos pratiques Depuis Mbabane ou l'Ezulwini Valley, prenez la MR103 en direction du sud. Dépassez Lobamba ; l'embranchement menant à la réserve est bien indiqué sur la droite. Après s'être acquittés des droits à l'entrée principale de Sangweni, les visiteurs ont accès au parc pendant 24 heures.

Faire des économies Pour se loger, les huttes traditionnelles en forme de ruche de la réserve sont agréables et bon marché. Il y a également une excellente auberge de jeunesse.

point d'eau du camp principal, et le grand barrage situé au nord. Le secteur entouré d'une barrière près de Reilly's Rock abrite des espèces rares d'antilopes. Il n'est accessible qu'en participant à un safari guidé.

Créée par l'écologiste Ted Reilly sur sa ferme familiale dans les années 1950, cette réserve privée fut le premier secteur protégé du Swaziland. Mlilwane couvre aujourd'hui une superficie de 4 560 ha, dont l'altitude va de 680 m à 1474 m.

Activités

Toutes les activités proposées peuvent se réserver à la réception du Mlilwane Wildlife Sanctuary Main Camp (page ci-contre).

Équitation

La balade à cheval donne une occasion fantastique d'observer la vie sauvage dans des zones autrement inaccessibles et d'approcher de très près des animaux généralement farouches.

Chubeka Trails ÉQUITATION
(☎2528 3943 ; www.biggameparks.org/chubeka/ ; Mlilwane Wildlife Sanctuary ; 180 E/heure ; ⊙tlj sur réservation). Cette agence efficacement gérée propose diverses balades équestres pour tous les niveaux. Celle d'une heure est une agréable sortie dans les plaines qui entourent le camp principal. Le nec plus ultra reste le "Rock of Execution Challenge", qui mène au sommet du pic du Nyonyane (environ 4 heures ; 650 E). Toutes les randonnées partent du camp principal de la réserve.

Randonnée

La réserve offre l'occasion rare de se promener sans guide dans un paysage intact de *bushveld* africain et d'explorer par soi-même les innombrables routes et sentiers qui la sillonnent. La randonnée jusqu'au sommet du mont Nyonyane est l'itinéraire le plus prisé. Une carte est disponible à la réception. Et surtout, pas d'inquiétude : il n'y a aucun prédateur.

Il est également possible d'organiser des sorties guidées d'ornithologie (190 E) au camp principal.

Safaris en voiture

Les safaris guidés en voiture sont particulièrement recommandés pour observer la vie sauvage. Ils durent 1 heure 30 et coûtent 235 E (2 pers minimum). Possibilité aussi d'effectuer des safaris au lever et au coucher du soleil (2 heures, 295 E).

VTT

Avec son excellent réseau de routes et de sentiers, la réserve est une destination de choix pour la pratique du VTT. Vous trouverez des vélos à louer au camp principal (135 E/heure).

Circuits organisés

Un circuit culturel (2 heures ; 105 E/pers) vous changera agréablement des safaris. Ce sera l'occasion de visiter le foyer d'un chef local (une dame lors de notre passage) et d'approcher la culture swazi rurale. Les réservations (4 pers minimum) s'effectuent au camp principal.

Où se loger et se restaurer

Tous les hébergements de la réserve peuvent se réserver par téléphone ou par e-mail auprès de **Big Game Parks** (☎2528 3943/4 ; www.biggameparks.org).

♥ **Sondzela Backpackers** AUBERGE DE JEUNESSE $
(☎2528 3117 ; www.biggameparks.org/sondzela ; Mlilwane Wildlife Sanctuary ; camping 80 E, dort

105 E, s/d sans sdb 210/300 E, rondavel s/d sans sdb 210/330 E ; P). Adresse de choix pour les petits budgets, le Sondzela, dans la partie sud du Mlilwane Wildlife Sanctuary, possède de beaux dortoirs spacieux, des chambres doubles propres et plusieurs ravissants *rondavels* avec vue panoramique. Le charmant jardin, la cuisine commune, la piscine et l'emplacement sur une colline en font l'un des endroits les plus séduisants d'Afrique australe pour les routards.

Le petit-déjeuner et de copieux dîners traditionnels (cuisinés sur le *braai* extérieur) sont disponibles pour trois fois rien. En voiture, vous devrez emprunter l'entrée principale du Mlilwane Wildlife Sanctuary, payer le droit d'entrée et traverser le parc jusqu'au Sondzela. Sinon, la navette du Sondzela part du lodge à 8h et à 17h, et du Malandela's B&B, dans la Malkerns Valley, 30 minutes plus tard.

Mlilwane Wildlife Sanctuary Main Camp CAMPING, CABANES **$$**
(2528 3943/4 ; www.biggameparks.org/mlilwane ; Mlilwane Wildlife Sanctuary ; camping 95 E, cabanes s/d 520/780 E, rondavels s/d 550/830 E ; P). Ce camping accueillant se tient dans un cadre boisé à 3,5 km de l'entrée, où il arrive qu'un phacochère vienne rôder. Il comprend des *rondavels* bien équipés et des cabanes sans prétention, dont certaines en forme de ruche. Le Hippo Haunt Restaurant, qui surplombe un point d'eau, sert d'excellentes viandes grillées. Des spectacles de danse ont souvent lieu en soirée. La piscine est un autre atout appréciable.

Reilly's Rock Hilltop Lodge LODGE **$$$**
(2528 3943/4 ; www.biggameparks.org/reilly ; Mlilwane Wildlife Sanctuary ; en demi-pension s 1160-1245 E, d 1780-1910 E ; P). Les hôtes de ce lodge colonial à l'ancienne, merveilleusement tranquille, bénéficient d'un luxe discret. Aménagée dans un jardin fabuleux – le Royal Botanic Garden, planté d'aloès, de cycadées et d'un immense jacaranda –, la maison principale, qui abrite 4 chambres, jouit d'une vue splendide sur la vallée et les monts Mdzimba. Le droit d'entrée dans la réserve est inclus.

Le copieux dîner est servi dans la salle à manger, tandis que le petit-déjeuner se prend sur la véranda, en admirant les oiseaux, et même, des petites antilopes.

Malkerns Valley

À 7 km au sud de Lobamba/Ezulwini Valley sur la MR103, un embranchement mène à la fertile Malkerns Valley, réputée pour ses boutiques d'art et d'artisanat. Avec l'Ezulwini Valley, elle offre un parcours panoramique et plaisant.

Où se loger et se restaurer

Malandela's B&B B&B **$$**
(2528 3339, 2528 3448 ; www.malandelas.com ; MR27, Malkerns Valley ; s/d petit-déj inclus 500/700 E ; P @). Une adresse merveilleusement reposante, dotée de 6 chambres aménagées avec goût, d'une piscine et d'un sensationnel jardin de sculptures. Chaque chambre est décorée sur un thème personnalisé ; nous avons un faible pour la Purple, immense. Possibilité de manger sur place à l'excellent restaurant si vous n'avez guère envie de bouger. Le Wi-Fi est en supplément. Pensez à réserver. Le B&B se trouve le long de la MR27, à 1 km du carrefour avec la MR103.

Umdoni B&B **$$**
(7602 0791, 2528 3009 ; www.umdoni.com ; Malkerns Valley ; s/d petit-déj inclus 615/970 E ; P). Au cœur de la Malkerns Valley, ce B&B haut de gamme possède un jardin extrêmement soigné (pas une feuille ne dépasse), en parfait accord avec le caractère chic et élégant des chambres. Aménagées dans deux cottages de style colonial, elles sont pourvues de draps d'une blancheur étincelante et de TV numérique satellite. On prend le petit-déjeuner dans le patio donnant sur les massifs de fleurs. Autre bonus : le personnel est particulièrement charmant. L'établissement se trouve près de la MR18.

Rainbird Chalets CHALETS **$$**
(7603 7273 ; www.rainbird.com ; Malkerns Valley ; s/d petit-déj inclus 700/1 200 E ; P). Son cadre bucolique est le grand atout de cet établissement. Les 8 chalets – 3 en rondins, 5 en brique –, installés dans un jardin soigné à proximité de la maison des propriétaires, donnent sur une petite retenue d'eau. Tout équipés, ils comptent tous une belle sdb. Le petit-déjeuner est servi dans une véranda qui jouit d'une vue magnifique sur les collines.

VAUT LE DÉTOUR

CIRCUITS CULTURELS

Woza Nawe Tours (☎7642 6780 ; www.swaziculturaltours.com), dirigé par le Swazi Myxo Mdluli, organise des visites (circuit journée 1 150 R) et des séjours de deux jours (adulte/enfant 1 250/625 R) chaudement recommandés au village de Kaphunga, à 55 km au sud-est de Manzini. Les prix comprennent le transport, les repas et un guide. Les visiteurs participent aux activités du village, telles que la cuisine, la plantation et la récolte.

Sambane Coffee Shoppe CAFÉ $
(☎7604 2035 ; Swazi Candles Craft Centre, Malkerns Valley ; plats 40-80 E ; ⏲8h15-17h). Nulle meilleure adresse que ce charmant café pour reprendre des forces après une séance shopping dans les boutiques d'artisanat voisines. Il sert un excellent choix de pâtisseries, sandwichs, hamburgers et salades maison. Mention spéciale au succulent brownie au chocolat accompagné de glace. Arrivez tôt car les touristes affamés se ruent ici à l'heure du déjeuner.

Malandela's Restaurant INTERNATIONAL $$$
(☎2528 3115 ; www.malandelas.com ; MR27, Malkerns Valley ; plats 80-140 E ; ⏲9h-11h, 12h-15h et 18h-21h30 ; 📶). Dans le complexe Malandela's, une adresse fiable dont la carte éclectique propose, entre autres, des viandes grillées, des plats de poisson et fruits de mer, des salades originales et de succulents desserts maison – ne manquez pas le gâteau au chocolat. Le restaurant possède une agréable terrasse et une salle avec cheminée pour l'hiver. Joli éclairage aux bougies le soir.

Où sortir

House on Fire MUSIQUE
(☎2528 2001 ; www.house-on-fire.com ; MR27, Malkerns Valley). À la fois site culturel, galerie vivante et scène expérimentale, cet endroit, qui fait partie du complexe Malandela's, attire autant les habitants que les voyageurs et propose toutes sortes d'événements, du théâtre, de la musique et des films africains aux raves et autres festivités. Depuis 2007, il accueille chaque année le MTN Bushfire Festival (p. 518).

Achats

D'excellentes boutiques, bien signalées et indiquées sur les cartes touristiques, bordent la route de la Malkerns Valley.

Swazi Candles ARTISANAT
(☎2528 3219 ; www.swazicandles.com ; Malkerns Valley ; ⏲8h-17h). Étape incontournable pour les amateurs de souvenirs, Swazi Candles est l'une des plus célèbres boutiques d'artisanat d'Afrique australe. Vous y découvrirez de jolies bougies colorées avec des pigments, qui représentent des animaux africains ; vous pourrez voir les artisans les mouler à la main. À 7 km au sud de l'embranchement de la MR103 menant à Malkerns.

Gone Rural ART ET ARTISANAT
(☎2550 4936 ; www.goneruralswazi.com ; Malkerns Valley ; ⏲8h-17h lun-sam, 9h-17h dim). Installé dans le Malandela's B&B, ce magasin vend de l'artisanat de qualité – paniers, nattes et poteries traditionnelles en argile – fabriqués par des femmes de la région.

Baobab Batik ARTISANAT
(☎2528 3242 ; www.baobab-batik.com ; Malkerns Valley ; ⏲8h-17h). C'est ici qu'il faut venir pour s'offrir une tenture murale ou une taie de coussin.

Renseignements

Malandela's Tourist Information & Internet Cafe (MR17, Malkerns Valley ; 45 E/heure ; ⏲8h-17h). Office du tourisme et accès Internet.

Depuis/vers la Malkerns Valley

Des taxis collectifs rallient l'Ezulwini Valley pour environ 5 E. Les boutiques d'artisanat et les hébergements étant très espacés, vous aurez besoin d'une voiture pour vous déplacer.

Manzini

Plus grande ville du Swaziland, Manzini est un chaotique carrefour commercial et industriel. Son petit centre est dominé par de grands immeubles de bureaux et deux centres commerciaux qui bordent les deux artères principales. Excepté le marché d'artisanat, Manzini n'offre guère d'intérêt pour les touristes. C'est le principal nœud des transports, et vous la traverserez sans doute si vous empruntez les transports publics.

Les hébergements sont limités ; mieux vaut rejoindre les vallées de Malkerns ou d'Ezulwini, à seulement 12 km.

Manzini

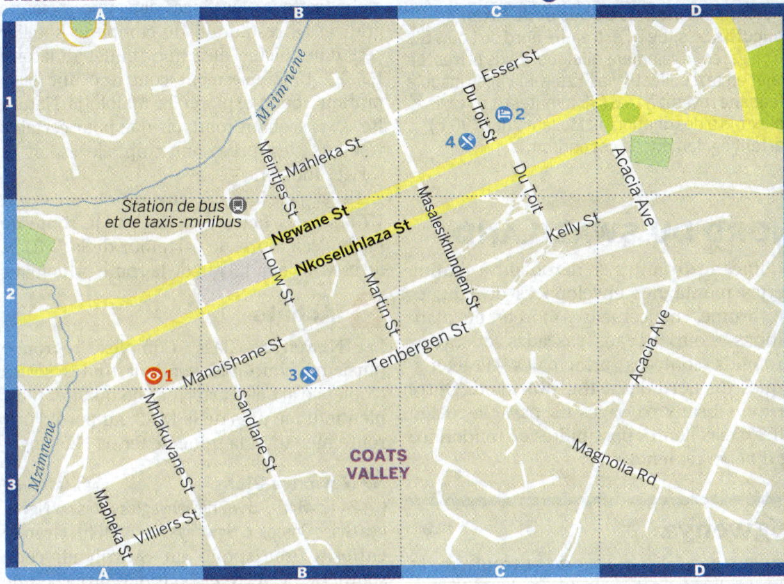

Manzini

À voir

1 Marché A2

Où se loger

2 George Hotel C1

Où se restaurer

3 Baker's Delight B2
4 Gil Vicente Restaurant C1

À voir

Marché MARCHÉ
(angle Mhlakuvane St et Mancishane St ; 7h-17h lun-sam). Principale attraction de Manzini, ce marché pittoresque offre, à l'étage, de l'artisanat du Swaziland et d'autres pays d'Afrique. Le jeudi matin, des artisans des campagnes environnantes et des marchands mozambicains viennent vendre leurs produits et leurs textiles aux détaillants.

Où se loger et se restaurer

George Hotel HÔTEL D'AFFAIRES $$
(2505 2260 ; www.tgh.co.sz ; angle Ngwane St et Du Toit St ; s/d petit-déj inclus 665-870/940-1 100 E ; P). Ne vous laissez pas rebuter par la façade modeste et l'emplacement sans grand charme, au bord de la route principale. L'hôtel le plus chic de Manzini s'efforce de créer une atmosphère internationale et propose un choix correct de chambres confortables aux dimensions variées (demandez-en une côté piscine). Sur place également : deux restaurants stylés, un ravissant jardin avec piscine, un petit spa et des salles de conférences.

Baker's Delight BOULANGERIE $
(2505 9181 ; angle Tenbergen St et Louw St ; en-cas 20-75 E ; 7h-16h30 lun-ven, 7h-14h sam). Si, comme nous, vous trouvez la vie insupportable sans éclair au chocolat ou sans scone, retenez l'adresse de cette boulangerie chic. Elle sert aussi des en-cas, notamment des salades et des hamburgers, au déjeuner. Bons petits-déjeuners également.

Gil Vicente Restaurant INTERNATIONAL $$$
(2505 3874 ; Ngwane St ; plats 80-140 R ; 9h-22h mar-dim). Les gourmands se pressent dans ce restaurant pour ses savoureux plats d'inspiration portugaise revisités, sa carte des vins correcte, son service efficace et sa décoration élégante. Il ne reste plus qu'à vous régaler d'un *bitoque* (bifteck avec œuf sur le plat), de très bon *bacalhau* (morue), de pâtes ou de salades.

Depuis/vers Manzini

Le principal **terminus de bus et de taxis collectifs** se situe à l'extrémité nord de Louw St, où se garent également quelques taxis privés. Le trajet en taxi collectif via l'Ezulwini Valley jusqu'à Mbabane revient à 15 E (35 minutes). Les taxis collectifs à destination du Mozambique (90 E) partent également de cet endroit.

NORD DU SWAZILAND

Collines luxuriantes se déroulant à l'infini, vertes montagnes enveloppées de langues de brume, majestueuses forêts et plantations, cours d'eau, cascades et ravins profonds sont les principales caractéristiques du nord-ouest du Swaziland. Outre les plus beaux paysages du pays, la région offre d'excellentes possibilités de randonnée et d'hébergements.

Ngwenya

Ngwenya, à 5 km à l'est de la frontière du Mpumalanga, est la première localité que l'on atteint en arrivant au Swaziland via Oshoek. Cette petite bourgade compte plusieurs excellentes boutiques d'artisanat. Pour les passionnés d'histoire, la mine de fer de Ngwenya mérite largement le détour.

À voir

Mine de fer de Ngwenya SITE HISTORIQUE
(Ngwenya ; 28 E ; 8h-16h). Ngwenya est le site de l'une des plus anciennes mines connues au monde. Le **Visitors Centre** présente une intéressante exposition de photos et d'anciens outils d'excavation. Pour visiter la mine, à pied ou en voiture, vous devrez être accompagné d'un garde de la réserve, qui vous expliquera son histoire (les pourboires sont appréciés). L'entrée est indiquée tout près de la MR3.

Bien que la mine fasse partie de la Malolotja Nature Reserve, il n'est pas possible de poursuivre la visite du reste de Malolotja en partant d'ici.

Où se loger et se restaurer

Hawane Resort COMPLEXE HÔTELIER $$
(2444 1744 ; www.hawane.co.sz ; Hawane ; dort 120 E, chalet s/d avec petit-déj 600/890 E ; P). Encadrés par les pics Malolotja, ces chalets atypiques mêlent verre et matériaux swazi traditionnels (clayonnage et herbe), et possèdent des intérieurs ethniques. Les globe-trotteurs sont logés dans une ancienne grange. Le restaurant du complexe hôtelier sert une cuisine africaine (buffet dînatoire 155 E). L'établissement constitue une base pratique pour explorer la Malolotja Nature Reserve, sachant toutefois que pour certains visiteurs, les prix sont trop élevés, et le service indolent.

Il est possible de faire du cheval et du VTT sur les lieux. À 5 km sur la route de Piggs Peak, après le carrefour de la MR1 et de la MR3, et à 1,5 km de la route principale.

Achats

Le Ngwenya Glass Complex regroupe plusieurs boutiques vendant toutes sortes d'objets d'art et d'artisanat de qualité. Il est bien indiqué près de la MR3, au bord d'une route menant à la mine de fer de Ngwenya.

Ngwenya Glass ART, ARTISANAT
(2442 4142 ; www.ngwenyaglass.co.sz ; Ngwenya Glass Complex, Ngwenya ; 8h-16h). Grande curiosité touristique du Swaziland, cette soufflerie de verre et boutique propose une superbe collection d'animaux, de vases, d'objets décoratifs et de vaisselle fabriqués avec du verre recyclé. En semaine, on peut regarder travailler les souffleurs de verre depuis un balcon. Magique !

Quazi Design Process ART, ARTISANAT
(2422 0193 ; www.quazidesign.com ; Ngwenya Glass Complex, Ngwenya ; 8h-16h). Tenue par des femmes, cette boutique vend des accessoires modernes au design d'avant-garde, fabriqués avec du papier recyclé.

Rosecraft ART, ARTISANAT
(2442 4047 ; www.rosecraft.net ; Ngwenya Glass Complex, Ngwenya ; 8h-16h). Ravissante boutique vendant des châles tricotés main, des taies de coussin, des sacs, des couvertures et autres articles colorés, tous de première qualité.

Malolotja Nature Reserve

Site naturel de tout premier rang au Swaziland, la magnifique **Malolotja Nature Reserve** (2442 3048, 7660 6755 ; www.sntc.org.sz/reserves/malolotja.asp ; tarif plein/réduit 30/15 E ; 6h-18h) est un authentique territoire sauvage et accidenté, en grande partie intact. Le terrain varie des montagnes et des prairies d'altitude aux forêts et au bush de *lowveld*. Des cours d'eau sillonnent la réserve, que traversent trois cours d'eau dont la Komati River, qui coule vers l'est à travers une gorge en une série de chutes et de rapides jusqu'au *lowveld*. La réserve représente, on s'en doute, un sensationnel terrain de jeu pour les amoureux de la nature. En outre, avec ses 280 espèces d'oiseaux et plus, c'est le paradis des ornithologues.

Les amateurs de botanique seront également comblés : fleurs sauvages et plantes rares ajoutent à la beauté du lieu, avec plusieurs espèces endémiques (dont diverses cycadées). Et pour couronner le tout, Malolotja abrite le premier et unique circuit dans la canopée du pays.

N'escomptez pas toutefois voir beaucoup de grands mammifères. Le paysage, plutôt que les animaux sauvages, est l'atout majeur de la réserve. Ceci dit, vous apercevrez certainement différentes espèces d'antilopes, ainsi que des petits troupeaux de zèbres et de gnous.

Activités

Malolotja recèle certains des plus beaux sentiers de **randonnée** du Swaziland, aussi, n'oubliez pas vos chaussures de marche. Vous pourrez au choix faire de courtes balades ou des expéditions de plusieurs jours. Parmi les randonnées connues et très prisées, citons la Malolotja Falls Walk, qui offre une vue superbe sur la Malolotja Valley, et le Komati River Trail.

Des cartes des chemins de randonnée sont disponibles gratuitement à la réception de la réserve. Consultez également le site Internet bien conçu de SNTC (www.sntc.org.sz/tourism/malolotjawalks.asp), qui comporte la description des balades et chemins de randonnée.

Malolotja Canopy Tour CIRCUIT DANS LA CANOPÉE
(☎7660 6755 ; www.malolotjacanopytour.com ; Malolotja Nature Reserve ; 595 R/pers ; ⌚8h-14h). Ce circuit est un must absolu pour qui souhaite découvrir la réserve sous un angle différent. Il vous fera traverser la luxuriante canopée de Malolotja en empruntant 10 tyroliennes (11 plateformes en bois) et un pont suspendu de 50 m de long. Le parcours est très sûr, et l'on peut être un parfait débutant.

Le restaurant du parc est le point de départ de ce circuit. De là, une voiture vous emmène à 15 minutes de marche de la première tyrolienne. Les circuits commencent toutes les 30 minutes.

MALOLOTJA NATURE RESERVE

Pourquoi y aller Superbes paysages de montagne ; terrain très propice à la randonnée et au VTT ; nombreux oiseaux et flore très variée ; pas d'animaux dangereux ; circuit dans la canopée, le seul du pays.

Quand partir Toute l'année, mais il faut s'attendre à d'épais brouillards entre octobre et mars.

Infos pratiques L'entrée de Malolotja se situe à 35 km au nord-ouest de Mbabane, sur la route de Piggs Peak (MR1). Elle est bien indiquée. Certains tronçons de route très érodés nécessitent un 4x4 par temps de pluie.

Faire des économies La réserve possède des infrastructures de camping.

Où se loger et se restaurer

Malolotja Camping CAMPING $
(Malolotja Nature Reserve ; camp principal/chemins 70/50 E). Le camping est possible dans le camp principal bien équipé, avec sanitaires et aire de *braai*, ou le long des chemins (sans commodités).

Malolotja Cabins BUNGALOWS $
(☎2444 3048 ; www.sntc.org.sz/tourism/malolotja.asp ; Malolotja Nature Reserve ; tarif plein/réduit 250/125 E ; P 📶). Ces confortables bungalows en bois, tout équipés, peuvent loger jusqu'à 5 personnes chacun. Aménagés près de la réception, ils offrent une vue ravissante sur les montagnes. Si vous n'avez pas envie de cuisiner, repliez-vous sur le restaurant près de la réception. Wi-Fi à la réception moyennant 25 E l'heure.

Komati Valley

Avec ses majestueux paysages de montagne, son atmosphère rurale et l'imposant Maguga Dam (barrage), la vallée de la Komati, à l'est de la Malolotja Nature Reserve, est un petit paradis. Difficile de croire que Mbabane n'est qu'à quelques encablures par la route.

Maguga Dam SITE EMBLÉMATIQUE
Ce beau barrage au bord de la Komati a été construit pour fournir irrigation et énergie

VAUT LE DÉTOUR

UN REFUGE HORS PAIR

Phophonyane Falls Ecolodge & Nature Reserve (☎2431 3429 ; www.phophonyane.co.sz ; d en tente safari/hutte traditionnelle/cottage à partir de 1 360/2 040/1 780 E, petit-déj inclus ;). Ce petit coin de paradis se trouve à 14 km au nord de Piggs Peak. Il comblera de bonheur ceux qui cherchent à s'éloigner des sentiers battus, au propre comme au figuré. Véritable refuge, il se trouve au bord d'une rivière, dans sa propre réserve naturelle de luxuriante forêt endémique. L'hébergement se fait dans de confortables cottages, d'élégantes huttes traditionnelles et des tentes de safari de luxe donnant sur des cascades.

Un réseau de chemins de randonnée sillonne les alentours de la rivière et des cascades. D'excellents repas sont servis dans l'élégante salle à manger. Les visiteurs qui viennent pour la journée paient 40/30 E par adulte/enfant pour explorer la réserve. Tournez à hauteur des panneaux indiquant les "Phophonyane Falls" ; il reste ensuite 4,5 km à parcourir sur une piste en terre.

aux communautés locales. Ses eaux scintillantes entourées par la silhouette massive des collines du *highveld* composent un cadre de carte postale.

Nsangwini Rock Art Shelter SITE ARCHÉOLOGIQUE
(tarif plein/réduit 30/20 E ; 8h-16h). Les passionnés de culture vont adorer ce site archéologique géré par une communauté locale. Les peintures, bien préservées, ornent un petit abri rocheux perché au-dessus de la Komati, qui offre une belle vue sur les montagnes. La grotte aurait été habitée par des San de Nsangwini et renferme les seules peintures connues d'humains ailés. Nsangwini est indiqué de la route principale de Piggs Peak et de la route circulaire du Maguga Dam. Suivez une piste sur 7,5 km : les conditions sont parfois mauvaises après la pluie. Un guide local vous conduira sur un chemin pentu et rocailleux (15 minutes à la descente, 20 minutes à la montée) et vous donnera de brèves explications.

Maguga Dam Lodge LODGE $$
(☎2437 3975 ; www.magugalodge.com ; Maguga Dam ; camping tarif plein/réduit 135/70 E, s/d petit-déj inclus 650/980 E ;). Bénéficiant d'un emplacement magnifique sur la rive sud du Maguga Dam, cet établissement décontracté jouit d'une vue imprenable sur le barrage et les collines environnantes. Il se compose de 2 campings bien équipés, de quelques *rondavels* spacieux et très lumineux, et d'un excellent restaurant avec terrasse en surplomb du barrage. Diverses activités sont proposées (pêche, circuits culturels, randonnée et sorties en bateau notamment).

NORD-EST DU SWAZILAND

Le *lowveld* du nord-est du Swaziland s'étend au pied des monts Lebombo et il est facile, de là, de rejoindre en voiture la frontière du Mozambique. Cette région reculée est réputée pour l'observation des animaux sauvages. Elle compte deux splendides réserves – le Hlane Royal National Park et la Mkhaya Game Reserve –, ainsi que quelques autres moins connues, et qui n'attendent pourtant que d'être découvertes. Si vous avez envie d'action, les rapides du fleuve Maputo (Great Usutu River, ou Lusutfu River) combleront toutes vos attentes.

Hlane Royal National Park

Le **Hlane Royal National Park** (☎2528 3943 ; www.biggameparks.org/hlane ; 40 E ; 6h-18h) fait partie de l'élite des parcs sauvages du Swaziland, et l'on comprend aisément pourquoi. Vous y croiserez la plupart des animaux vedettes des safaris, à l'exception des buffles. Plus grande zone protégée du pays, cette réserve bien organisée est peuplée d'éléphants, de lions, de léopards, de rhinocéros blancs et de nombreuses espèces d'antilopes. Elle offre maintes occasions d'observer animaux sauvages et oiseaux dans une ambiance merveilleusement paisible. Et rien de plus facile que d'en profiter car l'on trouve des hippopotames et des éléphants autour du Ndlovu Camp, à quelques mètres des cottages. Entre les randonnées dans le bush, les safaris en voiture, le VTT et les circuits culturels, il y a largement de quoi s'occuper.

Le parc comporte un bon réseau de routes accessibles aux voitures classiques, mais il faudra réserver un safari guidé en voiture pour explorer le territoire des lions.

Activités

Toutes les activités se réservent au Ndlovu Camp (ci-dessous).

Randonnées dans le bush

Des **marches guidées** (190 E/pers) permettent de voir notamment des oiseaux, des éléphants et des rhinocéros. Les marcheurs les plus aguerris et les passionnés de brousse pourront participer aux **marches dans le bush Ehlatsini** (à partir de 1 280 E). Ces randonnées avec 1 ou 2 nuits, tout compris, passent par des zones du parc moins connues. Contactez la réception du Ndlovu Camp.

Safaris en voiture

Grands mammifères et prédateurs sont l'atout majeur du Hlane National Park. Le plus simple pour les voir est de participer à un safari à bord d'un véhicule ouvert. Les **safaris au lever et au coucher du soleil** (2 heures 30, 325 E/pers), réservés à ceux qui logent au Ndlovu Camp, sont parfaits pour voir des animaux et prendre des photos. Ils passent par le territoire des lions, que l'on a de bonnes chances d'apercevoir. Le **safari rhinocéros blancs** (1 heure 30, 235 E) permet d'approcher de très près ces animaux impressionnants.

VTT

Le VTT est un moyen amusant et écologique de découvrir le *bushveld*. Les sorties guidées conduites par des gardes forestiers expérimentés coûtent 230 E et durent 2 heures. Départ du Ndlovu Camp.

Circuits organisés

Vous avez eu votre compte d'antilopes, de rhinocéros et de lions ? Optez pour le **circuit culturel Umphakatsi Experience** (105 E/pers, 4 pers min). Ce circuit de 2 heures organisé par le Ndlovu Camp, vous permettra de visiter un village et de découvrir la culture swazi traditionnelle.

Où se loger et se restaurer

Ndlovu Camp CAMPING, COTTAGES $$
(☎2528 3943 ; www.biggameparks.org/hlane ; Hlane Royal National Park ; camping 95 E, rondavel s/d à partir de 520/940 E, cottages s/d à partir de 550/830 E ; P). Délicieusement décontracté, le spacieux Ndlovu Camp comporte un restaurant plein de cachet qui sert une cuisine remarquable. On est hébergé dans des *rondavels* et dans des cottages tout équipés mais sans électricité (lanternes à huile fournies). Il est également possible de planter sa tente sur un terrain herbeux. Le Ndlovu se trouve immédiatement après l'entrée principale du parc, près d'un point d'eau où viennent s'abreuver hippopotames et rhinocéros.

Le soir, ne manquez pas les danses traditionnelles autour du feu de camp.

Bhubesi Camp BUNGALOWS $$
(☎2528 3943 ; www.biggameparks/hlane ; Hlane Royal National Park ; s/d 530/800 E ; P). Installé dans un environnement vierge à 14 km du Ndlovu Camp, le Bhubesi Camp comporte de jolis bungalows en pierre tout équipés pouvant accueillir 4 personnes. Entourés d'une végétation luxuriante, ils donnent sur une rivière et de vertes pelouses. Il y a de l'électricité mais pas de restaurant.

HLANE ROYAL NATIONAL PARK

Pourquoi y aller Présence de quatre des Big Five ; unique réserve du Swaziland peuplée de lions ; safaris en voiture centrés sur les rhinocéros ; excellent hébergement ; bonnes possibilités d'observer les oiseaux ; différentes activités proposées.

Quand partir Toute l'année.

Infos pratiques L'entrée se trouve à 7 km au sud de Simunye (elle est indiquée). Une fois dans le parc, vous pourrez en explorer la plus grande partie avec une voiture classique, à l'exception du territoire des lions, uniquement accessible en circuit organisé.

Faire des économies Le Ndlovu Camp possède des infrastructures de camping.

Mlawula Nature Reserve

La tranquille **Mlawula Nature Reserve** (☎2383 8885 ; www.sntc.org.sz/reserves/mlawula.asp ; tarif plein/réduit 25/12 E ; ⏲6h-18h), où les plaines du *lowveld* rejoignent les monts Lubombo, abrite entre autres diverses espèces d'antilopes,

VAUT LE DÉTOUR

UN APERÇU DU SWAZILAND RURAL

Shewula Mountain Camp (☎7621 8058, 7603 1931 ; www.shewulacamp.org ; Shewula ; camping 70 E/pers, ch 350 E). Cet adorable petit campement, à 37 km de Simunye, dans les monts Lubombo (21 km de route goudronnée et 16 km de piste en terre ; tournez à hauteur des panneaux indiquant Shewula) est délicieusement à l'écart du monde. L'hébergement est assez rudimentaire – on peut camper ou loger dans des *rondavels* en pierre et chaume (sans électricité) avec blocs sanitaires communs (3 ont cependant une sdb).

Les paysages sont sensationnels, et l'endroit offre un aperçu de la vie rurale. Entre autres activités, on peut participer à des visites guidées à pied dans les villages voisins. Possibilité de faire préparer des repas de cuisine locale.

quelques hyènes tachetées et de nombreux oiseaux. N'ayez pas toutefois d'attentes trop ambitieuses : les animaux sauvages sont ici plus farouches que partout ailleurs dans le pays, et les infrastructures touristiques très limitées. Le véritable atout de la réserve reste son réseau de sentiers de randonnée qui sillonne de splendides paysages. Il existe 10 itinéraires de randonnée en indépendant allant de la balade d'une heure à la randonnée d'une journée complète. Procurez-vous le dépliant *Trails and Day Walks* à l'entrée.

L'embranchement menant aux entrées de la réserve est situé à 10 km au nord de Simunye, d'où il reste encore 4 km à parcourir depuis la route principale.

Où se loger et se restaurer

La réserve compte un emplacement où l'on peut planter sa tente, ainsi qu'un cottage tout équipé, mais ni l'un ni l'autre ne sont de bonne qualité.

Magadzavane Lodge CHALETS $$
(☎2383 8885 ; magadzavane@sntc.org.sz ; Mlawula Nature Reseve ; s/d petit-déj inclus 470/800 E ; P 🛜 ❄). Cette excellente option se compose de 20 chalets ravissants, dans la partie sud de la réserve et en lisière de l'escarpement de Lubombo. La vue sur la vallée en contrebas est somptueuse. Vous trouverez sur place un restaurant et une petite piscine à débordement. De l'entrée nord, il faut parcourir 17 km sur une route gravillonnée. Les derniers kilomètres sont en pente très raide (mais praticables avec un véhicule classique par temps sec).

Il est également possible de passer par l'entrée sud.

Mbuluzi Game Reserve

La **Mbuluzi Game Reserve** (☎2383 8861 ; mbuluzireception@gmail.com ; 35 E ; ⏲6h-18h), une petite réserve privée que sillonnent plusieurs chemins de randonnée, abrite une faune diverse, dont des girafes, des zèbres, des phacochères, plusieurs espèces d'antilopes et des gnous. Les amateurs d'ornithologie seront comblés car on a recensé ici plus de 300 espèces d'oiseaux, dont des espèces rares ou peu courantes. La route publique scinde la réserve en deux. Dans la partie sud, la population d'animaux sauvages est plus dense, tandis que la partie nord se caractérise par de remarquables paysages de montagne. L'essentiel de la réserve est accessible avec un véhicule standard grâce à des routes de gravier bien entretenues, et il n'est pas nécessaire de partir avec un guide. Il y a également un bon réseau de sentiers de randonnée clairement indiqués.

L'embranchement qui mène à Mbuluzi est le même que pour Mlawula ; l'entrée de la réserve se trouve à 300 m du croisement, sur la gauche.

Mbuluzi Camping CAMPING $
(☎2383 8861 ; mbuluzireception@gmail.com ; Mbuluzi Game Reserve ; camping 100 E). Des emplacements de camping sont disponibles près de la Mbuluzi, dans la partie nord de la réserve. Vous y trouverez des blocs sanitaires avec douches chaudes.

♥ **Mbuluzi Lodges** LODGE $$
(☎2383 8861 ; mbuluzireception@gmail.com ; s 520-550 E, d 800-1 100 E ; P ❄). Quelle agréable surprise ! La réserve propose un choix de superbes lodges tout équipés et de tentes de luxe, de 5 et 8 places, magnifiquement aménagés. Chacun a un style unique et plein de charme. La plupart disposent de vérandas spacieuses et de terrasses panoramiques en bois, et sont installés au bord de la Mlawula, dans la partie sud.

Mkhaya Game Reserve

Joyau des parcs swazi, la **Mkhaya Game Reserve** (☎2528 3943 ; www.mkhaya.org) est réputée pour ses populations de rhinocéros noirs et de rhinocéros blancs (il paraîtrait que l'on a ici plus de chances d'en croiser que partout ailleurs en Afrique, et d'après notre expérience, c'est vrai). On peut aussi voir des antilopes rouannes, des hippotragues noirs, des girafes, des sassabis, des buffles et des éléphants, ainsi qu'une grande diversité d'oiseaux. Vous aurez peut-être la chance de voir des trogons narina et d'autres espèces rares.

Activités

Randonnées dans le bush

Activité phare de Mkhaya, les randonnées guidées dans le bush sont un moyen idéal d'approcher les animaux sauvages, en particulier les rhinocéros blancs. On descend périodiquement du véhicule ouvert pour les pister à pied en compagnie d'un garde forestier expérimenté. L'occasion d'apprendre maintes choses sur le comportement de ces animaux. Inoubliable !

Les randonnées dans le bush ont lieu à 11h. Elles sont offertes aux résidents du camp uniquement.

Safaris en voiture

Les safaris à bord de véhicules ouverts sont inclus dans les tarifs d'hébergement du Stone Camp. Pour les clients logeant sur place, ils sont organisés tôt le matin et en fin d'après-midi. Pour les visiteurs d'une journée, ils commencent à 10h et durent 2 heures.

Où se loger et se restaurer

Stone Camp LODGE $$$

(☎2528 3943 ; www.mkhaya.org ; Mkhaya Game Reserve ; s/d avec pension complète et activités à partir de 2 295/3 350 E). Rêve devenu réalité pour les amoureux de la nature, le Stone Camp se compose de cottages en pierre et chaume semi-ouverts. À la fois luxueux et rustiques, ils sont installés dans des secteurs isolés du bush et possèdent même des toilettes avec vue ! Les safaris en voiture et à pied, ainsi que les repas, sont inclus dans les prix, ce qui en fait une bonne affaire comparé à nombre de réserves privées d'Afrique australe. Vous n'avez plus qu'à vous laisser imprégner par la magie des lieux.

Il n'y pas d'électricité, mais les lanternes à l'huile de paraffine sont fournies.

MKHAYA GAME RESERVE

Pourquoi y aller Les safaris les plus sélects du Swaziland ; authenticité d'une région vraiment sauvage ; rencontre de *très près* avec les rhinocéros ; hébergement pittoresque ; excellents safaris en voiture et sensationnelles marches dans le bush, guidés par des experts.

Quand partir Toute l'année.

Infos pratiques La réserve se situe à proximité du hameau de Phuzumoya, près de la route Manzini-Big Bend (indiquée depuis la MR8). Il est impossible de visiter la réserve sans réservation préalable, et même alors, il n'est pas possible de s'y rendre seul. On viendra vous chercher à Phuzumoya à une heure précise – 10h ou 16h – et on vous escortera au poste des gardes forestiers, où vous devrez laisser votre véhicule.

Faire des économies Si les circuits à la journée sont possibles, l'idéal est de rester au moins une nuit (solution également d'un meilleur rapport qualité/prix).

SUD DU SWAZILAND

Le plus souvent, les touristes ne font qu'entrapercevoir le sud du Swaziland lorsqu'ils se rendent au KwaZulu-Natal ou en reviennent. C'est dommage, car certains coins charmants de cette région ne demandent qu'à être découverts, notamment les monts Lubombo et la spectaculaire Mahamba Gorge. Certes, le tourisme reste ici à une échelle modeste, mais cette région peu visitée permet de découvrir un Swaziland bien différent.

Nsoko

Nsoko, à mi-chemin entre Big Bend et Lavumisa, se trouve au cœur de la région de la canne à sucre, avec les monts Lebombo en toile de fond. Ce chapelet de collines volcaniques accidentées s'élève brusquement du *lowveld* jusqu'à 600 m d'altitude et forme une belle barrière naturelle entre le Swaziland et le Mozambique.

Nisela Safaris RÉSERVE FAUNIQUE

(☎2303 0318 ; www.niselasafaris.com ; Nsoko ; activités à partir de 130 E). Cette petite réserve privée est nichée au pied des monts Lubombo. Si les gnous, girafes, zèbres, phacochères et autres nombreuses espèces d'antilopes sont largement répandus, on ne trouve pas, en revanche, de grands animaux. La réserve est également réputée pour son abondante faune aviaire, en particulier les rapaces. Diverses activités sont possibles, notamment des safaris en voiture (150-180 E), des marches guidées (150 E) et des balades à cheval (130 E). Si vous envisagez d'explorer la réserve par vos propres moyens, un 4x4 est recommandé.

Nisela Safaris CAMPING, LODGE $$

(☎2303 0318 ; www.niselasafaris.com ; MR8, Nsoko ; camping 110 E, hutte traditionnelle s/d petit-déj inclus 140/280 E, guesthouse s/d 430/780 E, rondavel s/d 540/880 E ; P Wi-Fi). Bénéficiant d'un emplacement pratique au bord de la MR8, cette réserve privée propose un large choix d'hébergements, comprenant un camping, des *rondavels* tout équipés dans un coin ombragé et de simples huttes traditionnelles derrière la réception. La *guesthouse* (pension) est à quelques kilomètres sur la route principale. Il y a également un restaurant traditionnel avec terrasse en bois surplombant un point d'eau.

C'est une étape idéale sur la route du Kruger National Park ou du Mozambique.

Nhlangano et ses environs

Ville la plus proche du poste-frontière de Mahamba, Nhlangano n'offre guère d'intérêt.

Mahamba Gorge Lodge LODGE $

(☎2237 0100, 7617 9880 ; www.mahambagorge-lodge.com ; Mahamba ; camping 60 E, d petit-déj inclus 580 E ; P). Envie d'une authentique expérience rurale dans un cadre sublime ? Rendez-vous tout droit dans ce lodge géré par une communauté locale et perché au bord d'une gorge à Mahamba, à 25 km à l'ouest de Nhlangano. Les 3 ravissants chalets en pierre abritent des chambres simples mais propres et confortables, avec douches chaudes. Toutes ont une terrasse d'où contempler la rivière Mkhondvo.

Il y a de l'électricité 24h/24, et les chalets sont tout équipés. Mais si vous n'avez pas envie de cuisiner, on peut vous préparer des repas. Les possibilités de randonnée abondent dans la gorge : vous pourrez engager un guide local moyennant environ 50 E/jour.

Tournez immédiatement à gauche après le poste-frontière de Mahamba pour vous engager sur une piste en terre (suivez le panneau "Mahamba High School"). Continuez sur environ 2,5 km jusqu'à l'église de Mahamba. Le lodge se trouve 3 km plus loin. Il est accessible avec un véhicule classique par temps sec.

Phumula Farm Guest House GUESTHOUSE $$

(☎2207 9099 ; www.phumulaguesthouse.co.za ; Nhlangano ; s 440 E, d 715-825 E ; P Wi-Fi piscine). Une bonne adresse, sur une propriété pittoresque et isolée, entourée de plantations d'hévéas. De nombreuses chambres agréables, aux configurations et dimensions variées, émaillent les pelouses et jardins soignés avec piscine et coin *braai*. Le petit-déjeuner coûte un minimum de 70 E ; possibilité également de déjeuner et de dîner sur place. La pension est à 3 km de la ville (environ 10 km de la frontière) et à 1 km de la MR9 par une piste forestière.

ℹ Depuis/vers Nhlangano

Plusieurs taxis collectifs circulent tous les jours entre Nhlangano et Manzini (60 E, 1 heure 30). De fréquents services desservent le poste-frontière de Mahamba (10 E), où vous devrez changer pour rejoindre Piet Retief, en Afrique du Sud (30 E, 1 heure).

Comprendre l'Afrique du Sud, le Lesotho et le Swaziland

L'Afrique du Sud, le Lesotho et le Swaziland aujourd'hui

Plus de vingt ans après l'accession au pouvoir de Nelson Mandela, l'Afrique du Sud demeure en proie à de profondes inégalités sociales. L'opulence de certains quartiers de la région du Cap offre un contraste saisissant avec la misère des townships, le long d'une N2 jalonnée de cases et de sanitaires de fortune.

Livres

Une saison blanche et sèche (André Brink). Une quête de vérité sur fond d'apartheid.

En attendant les barbares (J. M. Coetzee). La peur de l'autre et de l'inconnu. Booker Prize en 1983.

Mon cœur de traître : le drame d'un Afrikaner (Rian Malan). Souvenirs crus d'un journaliste.

Zoo City (Lauren Beukes). Un thriller qui se passe à Jo'burg.

Une chanson pour Ada (Barbara Mutch). Un drame qui se déroule dans le Karoo au temps de l'apartheid.

Kobra (Deon Meyer). Une enquête policière menée au Cap par le capitaine Benny Griessel.

Films

Invictus (Clint Eastwood). L'histoire de la Coupe du monde de rugby de 1995, avec Morgan Freeman et Matt Damon.

Mandela : Un long chemin vers la liberté (Justin Chadwick). Une biographie condensée mais appréciable montrant l'accession de Madiba à la présidence.

Chappie (Neill Blomkamp). Suite du film *Elysium*, du même auteur. Des gangsters, joués par les membres du groupe Die Antwoord, kidnappent un robot à Jo'burg.

Relations interraciales

Établir des objectifs communs n'est pas chose facile, mais les relations entre les populations continuent à être éclairées par le travail réalisé par Nelson Mandela et ses pairs. Des projets sont à l'œuvre pour donner davantage de moyens aux habitants des townships et des anciens bantoustans (*homelands*), et pour créer des emplois dans un pays où le taux de chômage est de 25%.

Toutefois, les années d'apartheid ont laissé des traces. Si les différents groupes ethniques travaillent ensemble, il est rare qu'ils aient une vie sociale en commun ou se marient entre eux. Enfin, l'ANC (African National Congress) établit souvent le lien entre les malheurs actuels du pays et l'apartheid, peut-être afin d'atténuer sa propre responsabilité et de renforcer son image de libérateur de l'Afrique du Sud.

Les relations entre groupes ethniques noirs – Xhosa, Zoulous et immigrants étrangers – sont aussi sensibles. Les réfugiés économiques en provenance des pays voisins affluant dans les townships accentuent ces tensions. Des violences xénophobes ont d'ailleurs enflammé le pays en 2008. De plus, les attaques perpétrées sur les immigrants et le pillage de commerces appartenant à des étrangers continuent de ponctuer la vie des townships.

VIH, sida, femmes et homosexualité

L'Afrique du Sud compte le plus grand nombre de personnes séropositives ou atteintes du sida au monde (plus de 6 millions). Le Swaziland affiche le pourcentage de personnes atteinte du VIH ou du sida le plus élevé au monde, tandis que le Lesotho arrive en deuxième position. Les actions de prévention sont entravées par de nombreux tabous. Les *sangomas* (guérisseurs) encouragent les pratiques superstitieuses et on enterre ainsi tous les jours des victimes de la "tuberculose".

La Constitution de l'Afrique du Sud, adoptée en 1996, est l'une des plus progressistes au monde. Elle soutient les droits des femmes et des personnes homosexuelles (le mariage entre personnes de même sexe est autorisé). Néanmoins, le pays connaît un nombre de viols très élevé, parmi lesquels les viols "correctifs" de lesbiennes.

Paysage politique

La disparition de Mandela, en 2013, a crée un élan d'union nationale, mais a aussi rappelé que l'ANC perd peu à peu son aura. Le parti préside en effet un pays où la criminalité, la corruption et l'incompétence des institutions prospèrent, et où l'on voit des millions de Sud-Africains vivre dans des taudis et lutter pour trouver du travail. On se souviendra de la présidence de Jacob Zuma pour le massacre de Marikana, au cours duquel 34 mineurs en grève ont été tués. Sans parler du scandale du Nkandlagate : Zuma a été accusé d'avoir dépensé 15,9 millions d'euros de fonds publics pour rénover Nkandla, sa propriété du Zululand.

Les élections municipales de 2016 et les élections générales de 2019 confronteront de nouveau l'ANC et les partis d'opposition, à savoir la Democratic Alliance (DA), qui gouverne déjà le Cap-Oriental, et l'Economic Freedom Fighters (EFF ; Combattants pour la liberté économique) de Julius Malema. Avec sa politique de réforme agraire et de nationalisations, l'EFF courtise les très nombreux électeurs noirs et pauvres de sensibilité afro-socialiste. Au Parlement, ses membres portent des combinaisons et des bérets rouges.

Lesotho et Swaziland

La sanglante tentative de coup d'État perpétrée au Lesotho en août 2014 a ravivé le souvenir de 1998, année où les forces de la Southern African Development Community (SADC ; Communauté de développement d'Afrique australe) ont dû intervenir pour ramener l'ordre. Thomas Thabane, le Premier ministre, a fui le pays et accusé les militaires d'avoir tenté de le renverser. Grâce à la médiation de la SADC, les élections générales se sont déroulées dans le calme en février 2015. Le parti All Basotho Convention de Thabane a perdu de justesse, et sept autres partis ont formé un gouvernement de coalition. L'agriculture de subsistance constituant l'activité essentielle, les inégalités sociales et la criminalité sont moindres qu'en Afrique du Sud. Le royaume est toutefois confronté au chômage, aux pénuries alimentaires, à un taux de personnes séropositives ou atteintes du sida de 23%, et à une espérance de vie de seulement 53 ans.

Les libertés démocratiques figurent aussi parmi les sujets à l'ordre du jour au Swaziland, où le roi Mswati III, monarque absolu, a été accusé d'avoir réduit ses détracteurs au silence. Malgré les appels à plus de démocratie, la monarchie reste source de fierté, et des voix s'élèvent en faveur d'une monarchie constitutionnelle. Ce pays rural et homogène doit lui aussi relever de nombreux défis : pauvreté généralisée, déclin d'une économie tributaire de l'Afrique du Sud, espérance de vie moyenne de 51 ans... En 2014, les Nations unies ont rapporté que le Swaziland maîtrisait son taux de malades du sida (26,5%).

POPULATION :
AFRIQUE DU SUD : 53 MILLIONS ; LESOTHO : 1,9 MILLION ; SWAZILAND : 1,4 MILLION

SUPERFICIE :
AFRIQUE DU SUD : 1 219 090 KM^2 ; LESOTHO : 30 355 KM^2 ; SWAZILAND : 17 363 KM^2

Sur 100 personnes en Afrique du Sud

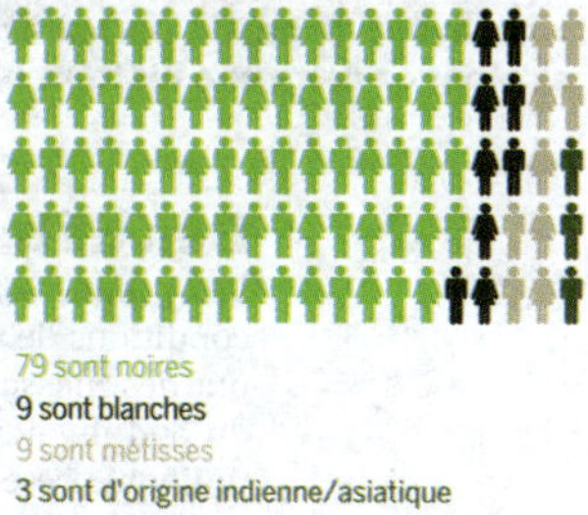

Religions

(% de la population)

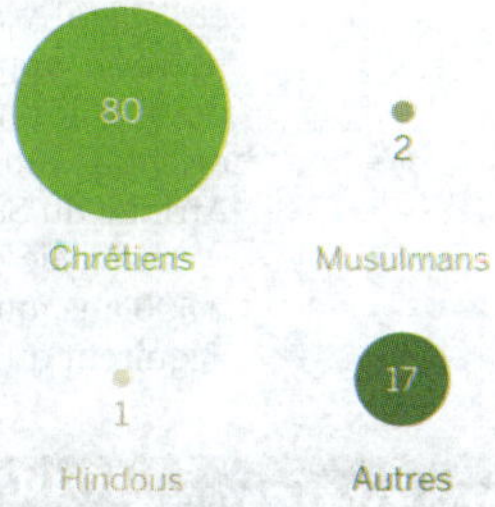

Population au km^2

Histoire

En Afrique du Sud, le passé ressurgit à chaque tournant. Les visages et les gestes reflètent le drame subi par des millions de citoyens, de même que leur mode et leurs lieux de vie. Des peintures rupestres aux graffitis urbains, des champs de bataille isolés aux sobres mémoriaux de l'apartheid, chaque coin rappelle la douleur et l'injustice, mais aussi l'espoir. Alors que le pays poursuit son combat pour construire une véritable "nation arc-en-ciel", son histoire évolue quotidiennement, des *dorps* (villages) isolés et poussiéreux aux *shebeens* (bars sans licence) bondés des townships, des quartiers aisés aux salles feutrées du Parlement. Documentez-vous avant de partir, parlez à des gens de toutes origines et de toutes convictions, et plongez dans une histoire particulièrement tumultueuse et passionnante.

Des débuts difficiles

Les premiers habitants de la pointe sud de l'Afrique affrontèrent des conditions de vie difficiles. De fascinantes peintures rupestres indiquent que des chasseurs-cueilleurs san nomades vivaient dans l'actuelle Afrique du Sud il y a 25 000 ans, voire 40 000 ans. Un petit nombre de San est toujours présent dans le pays, faisant perdurer l'une des plus anciennes civilisations continues au monde.

Avant cette époque, les faits sont incertains. De nombreux fossiles trouvés à Sterkfontein, près de Johannesburg, prouvent que la région du Gauteng était sans doute aussi peuplée à l'époque préhistorique qu'aujourd'hui. Des hominidés vivaient dans le haut veld il y a au moins trois millions d'années. Ils essaimèrent au-delà de l'Afrique vers l'Europe et l'Asie il y a environ un million d'années. Quelque 100 000 ans avant notre ère apparut l'*Homo sapiens*. Bien que cela reste sujet à controverse, des fossiles mis au jour près de l'embouchure de la Klasies, dans le Cap oriental, indiquent que des *Homo sapiens* auraient été présents en Afrique du Sud il y a 90 000 ans.

L'actuelle Afrique du Sud changea profondément il y a quelque 2 500 ans, quand les descendants des premiers chasseurs-cueilleurs san acquirent du bétail et devinrent éleveurs. Cela introduisit les concepts de

CHRONOLOGIE

40 000-25 000 av. J.-C.

Les San – les premiers habitants de l'Afrique du Sud à l'une des cultures traditionnelles les plus anciennes au monde – réalisent des peintures rupestres qui décrivent le mode de vie nomade et les traditions de ces chasseurs-cueilleurs.

500

Des siècles de migrations depuis le delta du Niger culminent avec l'arrivée de peuples de langue bantoue dans l'actuel KwaZulu-Natal. Ce sont les ancêtres de la plus grande partie de la population sud-africaine contemporaine.

1200-1270

La prospère cité marchande de Mapungubwe (Limpopo) devient le centre du plus grand royaume d'Afrique subsaharienne, qui noue des liens commerciaux avec l'Égypte, l'Inde et la Chine.

richesse personnelle et de propriété. Les éleveurs san – que l'on en vint à appeler les Khoikhoi ("hommes des hommes") – commencèrent à créer des communautés plus établies et plus pérennes, ainsi que des chefferies. Ils se mirent aussi à migrer de l'intérieur des terres vers le sud en direction de la côte, tandis que des groupes plus restreints de chasseurs-cueilleurs san traditionnels continuaient de peupler l'arrière-pays.

Alors que les éleveurs khoikhoi (ou khoekhoen) se mêlaient aux chasseurs-cueilleurs san, il devint bientôt impossible de distinguer les deux groupes, d'où l'utilisation du terme "Khoisan" (ou Khoe-San).

De nouveaux arrivants

Vers 500, des tribus de langue bantoue, originaires du delta du Niger en Afrique de l'Ouest, s'installèrent en Afrique australe. Leur venue marqua la fin d'une migration qui avait commencé vers 1 000 av. J.-C. et atteignit son apogée avec l'arrivée des premiers groupes dans l'actuel KwaZulu-Natal.

Totalement différents des chasseurs-cueilleurs san, les Bantous vivaient dans des villages et élevaient du bétail. Habiles forgerons, ils cultivaient la terre, faisant pousser du maïs et d'autres plantes.

S'il est certain que les Bantous se mélangèrent avec les Khoisan, la nature exacte de ce contact reste inconnue. Des peintures rupestres montrent la cohabitation des groupes, plusieurs langues bantoues (notamment le xhosa et le zoulou) incorporèrent les "clicks", ou clappements, khoisan, et des artefacts khoisan ont été mis au jour près d'anciens villages bantous.

Les Bantous, dont descendent la plupart des Sud-Africains, s'enracinèrent rapidement. Les ancêtres des peuples nguni (Zoulous, Xhosa, Swazi et Ndebele) s'installèrent près de la côte ; les Sotho-Tswana (Tswana, Pedi et Basotho) se fixèrent dans le *highveld* (haut veld), tandis que les Venda, les Lemba et les Shangaan-Tsonga s'établirent dans le nord-est de l'actuelle Afrique du Sud.

Laurens Van der Post, dans *Le Monde perdu du Kalahari*, propose un intéressant point de vue extérieur sur le peuple et la culture des San en Afrique du Sud.

Les premiers royaumes

Les collines et les savanes du nord-est de l'Afrique du Sud sont parsemées de ruines et d'artefacts, laissés par des royaumes fortement organisés de l'âge du fer, qui prospérèrent dans cette région d'Afrique entre 1200 et le milieu du XVIIe siècle.

Le premier grand royaume, le Mapungubwe, était établi dans l'actuelle province du Limpopo, au confluent du Limpopo et du Shashe, où convergent le Botswana, le Zimbabwe et l'Afrique du Sud. Si ses habitants – les ancêtres de l'actuel peuple shona – étaient des fermiers, le royaume devait sa puissance au commerce de l'or et d'autres marchandises. Des poteries, des perles, des coquillages et divers artefacts trouvés sur place indiquent que le Mapungubwe était l'un des principaux carrefours marchands de l'arrière-pays sud-africain, de 1220 à 1300. Son réseau d'échanges s'étendait vers l'est jusqu'à la côte, puis vers l'Égypte,

1487

L'explorateur portugais Bartolomeu Dias franchit le cap de Bonne-Espérance. Son périple marque le début d'une longue implication européenne en Afrique du Sud.

1497

Le Natal est baptisé par Vasco de Gama en référence à Noël, puisque c'est la date à laquelle il découvre ses côtes.

1647

L'équipage naufragé d'un bateau hollandais construit un fort sur le site de l'actuelle ville du Cap (Cape Town). Il sera secouru un an plus tard.

1652

La Compagnie hollandaise des Indes orientales, en quête d'une escale stable sur sa route vers l'est, fonde la première colonie européenne permanente au Cap, dirigée par Jan Van Riebeeck.

l'Inde et la Chine. Les habitants du Mapungubwe croyaient en une relation mystique entre leur souverain et la terre, semblable à celle qui fait partie des actuelles traditions shona et venda. La raison du déclin du Mapungubwe au XIVe siècle reste incertaine ; les théories varient du changement du climat au déplacement des routes marchandes.

Ce déclin coïncida avec l'essor du premier royaume shona, aux structures semblables et plus vastes, dans ce qu'on appelait alors le Grand Zimbabwe (aujourd'hui Zimbabwe) ; cela suggère que le centre du commerce s'était déplacé au nord.

Avec l'abandon du Grand Zimbabwe au milieu du XVe siècle, plusieurs des premiers groupes shona revinrent au sud du fleuve Limpopo, dans le nord de l'actuel Kruger National Park. Ils établirent de nombreux villages dans la région de Pafuri, ainsi que le royaume fortifié de Thulamela, le dernier des grands royaumes de l'âge du fer tardif qui s'épanouit du milieu du XVIe au milieu du XVIIe siècle. Comme le Mapungubwe et le Grand Zimbabwe, le Thulamela – "lieu de naissance" en langue venda – devait sa prépondérance au commerce de l'or et d'autres biens avec des contrées lointaines. Des coquillages, des perles de verre et des fragments de porcelaine chinoise découverts sur le site prouvent les liens commerciaux du Thulamela avec la côte et au-delà.

Plusieurs artefacts du Thulamela, notamment un gong en fer semblable à ceux trouvés au Ghana, montrent qu'il entretenait également des relations marchandes avec l'Afrique de l'Ouest.

Les premiers Européens

À part l'explorateur portugais Bartolomeu Dias qui baptisa à sa façon le Cabo da Boa Esperança (cap de Bonne-Espérance) en 1487, les Portugais ne s'intéressèrent guère à l'Afrique du Sud. Ils étaient davantage séduits par la côte mozambicaine.

LE PEUPLE ÉLU

Le mode de vie et la culture boers – réels et idéalisés – ont eu une influence majeure sur l'histoire de l'Afrique du Sud. Alors que nombre de membres de la première expédition de la VOC (Compagnie hollandaise des Indes orientales) avaient l'intention de rentrer en Europe un jour, les Boers ne tardèrent pas à se considérer comme une communauté distincte qui devait s'établir de façon permanente en Afrique du Sud.

En vertu de leurs croyances calvinistes, ils se considéraient comme le peuple élu de Dieu, dont le devoir était de civiliser leurs voisins noirs afin d'assurer le salut de leur âme. Selon certains historiens, le calvinisme, et en particulier sa doctrine de prédestination, a engendré le concept afrikaner de supériorité raciale : la séparation des races, un ordre divin, justifiait tous les efforts pour préserver la pureté de la race blanche sur sa terre promise.

1657

La Compagnie hollandaise des Indes orientales libère des employés pour qu'ils fondent des fermes et approvisionnent la colonie. Ces *burghers* (citoyens) s'installent sur les terres des Khoikhoi.

1658

Les Hollandais font venir les premiers esclaves, originaires de Madagascar et d'Indonésie, en Afrique du Sud.

1660

Jan Van Riebeeck plante une haie d'amandiers pour séparer les Hollandais des Khoikhoi – un premier pas vers le régime de l'apartheid.

1786

Naissance de Moshoeshoe, fondateur de la nation basotho qui deviendra le Lesotho. Shaka, futur roi des Zoulous, naît l'année suivante.

À la fin du XVIe siècle, ils étaient sérieusement concurrencés par les Anglais et les Hollandais le long de leurs itinéraires marchands.

En 1647, un navire hollandais s'échoua dans la Table Bay, sur le site de l'actuelle ville du Cap (Cape Town). L'équipage naufragé construisit un fort et y demeura un an avant d'être secouru ; ce furent les premiers Européens à tenter de s'établir dans la région. Peu après, la Vereenigde Oost-Indische Compagnie (VOC ; Compagnie hollandaise des Indes orientales) – l'une des principales maisons de négoce européennes à emprunter la route des épices vers l'Orient – décida d'installer une base permanente. Une petite expédition de la VOC, commandée par Jan Van Riebeeck, arriva dans la Table Bay en avril 1652.

À peine descendus des bateaux, les Hollandais se retrouvèrent au milieu des Khoikhoi. Si les nouveaux colons commerçaient avec leurs voisins khoikhoi par nécessité, les Hollandais veillaient à limiter les contacts. Pour remédier à la pénurie de main-d'œuvre, la VOC libéra un petit groupe d'employés néerlandais afin qu'ils fondent leurs propres fermes et alimentent la colonie. Cet arrangement fut un succès.

Ces *burghers* ("citoyens") étaient pour la plupart des fermiers d'origine hollandaise et membres de l'Église calviniste réformée des Pays-Bas, mais comptaient aussi de nombreux Allemands. En 1688, ils furent rejoints par des huguenots français, également calvinistes, qui fuyaient les persécutions religieuses après la révocation de l'édit de Nantes par Louis XIV.

L'empreinte des Européens

La VOC commença aussi à "importer" de nombreux esclaves, principalement de Madagascar et d'Indonésie. Avec cette main-d'œuvre supplémentaire, élargissant le mélange de populations, les territoires occupés par la VOC s'étendirent au nord et à l'est, où les affrontements avec les Khoikhoi devinrent inévitables. Menacés et dépossédés de leurs terres, ces derniers furent décimés par de nouvelles maladies et massacrés par des armes sophistiquées quand ils résistaient, ce qu'ils firent au cours de plusieurs grandes "guerres" et d'une guérilla qui continua jusqu'au XIXe siècle. Les survivants n'avaient souvent d'autre choix que de travailler pour les Européens dans des conditions qui ne différaient guère de celles de l'esclavage. Au fil du temps, les Khoisan, leurs contremaîtres européens et les esclaves "importés" se mêlèrent, donnant naissance à la population "métisse" d'aujourd'hui.

Alors que les *burghers* continuaient leur progression vers l'arrière-pays accidenté du nord et de l'est, beaucoup adoptèrent un mode de vie d'éleveurs semi-nomades assez proche de celui des Khoikhoi, qu'ils forçaient à se déplacer. Outre son troupeau, une famille possédait un chariot, une tente, une Bible et quelques fusils. Si elle s'installait, elle

1814

Les Britanniques, soucieux d'évincer les Français, imposent leur souveraineté sur Le Cap tandis que la puissance commerciale des Hollandais décline.

1816

Shaka devient chef des Zoulous, déclenchant l'essor d'un État militarisé et la *difaqane* (migration forcée) – une vague de désordres et de terreur qui traverse l'Afrique du Sud.

1820

Les Britanniques tentent d'apaiser le conflit entre Boers et Xhosa dans la colonie du Cap. Le plan échoue, mais l'arrivée de nouveaux colons renforce la présence de la Grande-Bretagne.

1828

Shaka est tué par ses demi-frères. Alors que la *difaqane* continue pendant une décennie, Dingaan cherche à nouer des relations avec les commerçants britanniques.

construisait une maison en pisé, souvent à des jours de marche de l'Européen le plus proche, volontairement. Ce furent les premiers *Trekboers* (fermiers vagabonds ; par la suite abrégé en Boers), échappant à tout contrôle officiel, vivant en autarcie et isolés. La rudesse de cette vie produisit de courageux individualistes à l'esprit étroit, dont la seule source écrite de connaissances se limitait souvent à la Bible.

L'arrivée des Britanniques

Vers la fin du XVIIIe siècle, la puissance hollandaise commença à s'affaiblir et les Britanniques s'empressèrent de combler le vide. Ils s'emparèrent du Cap pour l'empêcher de tomber aux mains des Français, le restituèrent brièvement aux Hollandais, puis imposèrent leur souveraineté sur la région en 1814.

Le Cap était alors une colonie comprenant 25 000 esclaves, 20 000 colons "blancs", 15 000 Khoisan et 1 000 esclaves "noirs" affranchis. Le pouvoir était détenu par une élite blanche de Cape Town et les distinctions raciales étaient déjà enracinées. En dehors de la ville et de ses alentours, la campagne était peuplée d'éleveurs noirs et d'éleveurs blancs isolés.

L'une des premières tâches des Britanniques fut de tenter de résoudre un conflit territorial entre les Boers et les Xhosa à la frontière orientale de la colonie. En 1820, quelque 5 000 immigrants britanniques de classe moyenne, pour la plupart commerçants et entrepreneurs, furent encouragés à quitter l'Angleterre pour s'installer sur des terres situées entre les groupes rivaux afin de former une zone tampon (ils furent appelés les "colons de 1820" ; voir p. 202). Le plan échoua et, en 1823, près de la moitié des colons avaient rejoint les villes – notamment Grahamstown et Port Elizabeth – pour reprendre le métier qu'ils exerçaient en Grande-Bretagne.

S'il ne permit pas de résoudre le désaccord frontalier, cet afflux de colons renforça la présence britannique dans la région, provoquant une autre source de mécontentement dans un endroit déjà troublé. Là où les Boers et leurs idées étaient peu contestés coexistaient désormais deux langues et deux cultures. Les anglophones, essentiellement citadins, dominaient la politique, le commerce, la finance, les mines et l'industrie, tandis que les Boers, globalement peu instruits, étaient relégués dans leurs fermes.

Le fossé entre les colons britanniques et les Boers se creusa avec l'abolition de l'esclavage en 1833, une décision considérée par les Boers comme contraire à la volonté divine. Pendant ce temps, le nombre de Britanniques s'accroissait rapidement à Cape Town, dans l'est de la colonie du Cap (l'actuel Cap oriental), au Natal (aujourd'hui KwaZulu-Natal) et, après la découverte d'or et de diamants, dans le Transvaal (surtout dans l'actuel Gauteng).

1838

Plusieurs milliers de Zoulous sont tués lors de la bataille de Blood River. Jusqu'en 1994, son anniversaire était célébré par les Blancs sous le nom de jour du Vœu, désormais rebaptisé jour de la Réconciliation.

1843

Les espoirs des Boers de créer une république du Natal sont anéantis quand les Britanniques annexent la région et fondent une colonie sur le site de l'actuelle Durban.

1852

Création de la république boer du Transvaal. Le premier président, élu en 1857, est Marthinus Wessel Pretorius, fils d'Andries Pretorius, le célèbre chef voortrekker.

1860

L'arrivée du *Truro* à Durban, avec plus de 300 ouvriers indiens sous contrat, marque le début d'un afflux d'Indiens en Afrique du Sud.

MOHANDAS GANDHI

En 1893, un jeune avocat indien inconnu, Mohandas Gandhi, débarquait à Durban, en Afrique du Sud, pour un contrat d'un an. Il ne savait pas que cette expérience allait changer le cours de sa vie.

À son arrivée, un sentiment anti-indien enflait dans le Natal, et il fut expulsé d'un wagon de 1re classe à Pietermaritzburg en raison de son origine ethnique. L'incident, ajouté à d'autres discriminations subies durant les premiers mois de son séjour, le marqua profondément. Gandhi commença à s'informer sur les méthodes de résistance non-violente, s'impliqua dans la vie de la communauté indienne locale et travailla à défendre les droits politiques de ses compatriotes. Il devint rapidement reconnu en tant qu'avocat mais aussi en tant que principal défenseur des intérêts indiens en Afrique du Sud.

En 1896 et en 1901, Gandhi retourna brièvement en Inde où il fit campagne pour attirer l'attention sur le sort des Indiens en Afrique du Sud. De retour sur le sol africain, Gandhi abandonna ses privilèges d'avocat réputé pour s'engager dans une vie de célibat et de dénuement, et développer sa philosophie du *satyagraha* (que l'on peut traduire approximativement par "la vérité par la non-violence").

En 1907, le gouvernement du Transvaal adopta l'Asiatic Registration Act, qui obligeait les Indiens à s'enregistrer sur le "registre des Asiatiques" et à avoir sur eux un certificat d'enregistrement. Gandhi appela la communauté indienne à défier cette loi, sans résister en cas d'arrestation. Pendant les sept années suivantes se succédèrent de nombreux incidents discriminatoires, dont une décision de justice invalidant les mariages hindous et musulmans, auxquels s'opposèrent pacifiquement Gandhi et ses partisans. Gandhi, ainsi que des milliers d'Indiens qui l'avaient rejoint dans sa lutte *satyagraha*, fut incarcéré à plusieurs reprises. Les diverses victoires qu'il obtint le convainquirent de l'importance et de l'efficacité de cette forme de résistance.

Gandhi retourna en Inde en 1914 pour entamer un nouveau chapitre de sa vie.

La difaqane

La première moitié du XIXe siècle fut une époque d'immenses bouleversements et de grande souffrance pour les peuples africains de la région. Cette période est appelée *difaqane* (migration forcée) en sotho, et *mfeqane* (écrasement) en zoulou.

Si les origines de la *difaqane* restent controversées, certains événements se détachent. L'un des plus significatifs fut l'essor du puissant royaume zoulou. Au début du XIXe siècle, les tribus nguni de l'actuel KwaZulu-Natal abandonnèrent leurs multiples royaumes aux structures vagues au profit d'un État militaire centralisé dirigé par Shaka, le fils du chef du petit clan zoulou. Après avoir formé de grandes armées, Shaka entama un vaste programme de conquêtes basé sur la terreur. Ceux qui se trouvaient sur son passage étaient réduits en esclavage ou décimés.

1869
La découverte d'un premier diamant, dans les murs d'une maison près de Kimberley, attire des ennuis aux Boers, car les Britanniques annexent aussitôt la région.

1879
Les Zoulous infligent une défaite des plus humiliantes à l'armée britannique à la bataille d'Isandlwana, le 22 janvier. Le Zululand passera néanmoins sous contrôle britannique.

1881
La victoire décisive des Boers à la bataille de Majuba Hill met fin à la première guerre anglo-boer ; le Transvaal devient la République sud-africaine.

1886
La découverte d'or dans le Witwatersrand entraîne un développement et une croissance de population rapides à Johannesburg. Le Witwatersrand contient le plus grand gisement aurifère de la planète.

La *difaqane* (migration forcée) causa de terribles souffrances et accéléra la formation de plusieurs États, notamment ceux des Sotho (l'actuel Lesotho) et des Swazi (l'actuel Swaziland).

Les tribus fuyaient devant les armées de Shaka, envahissant à leur tour leurs voisins. Cette vague de désordres et de terreur se répandit au-delà de l'Afrique australe, semant la mort et la destruction.

En 1828, Shaka fut assassiné par ses demi-frères Dingaan et Umhlanga. Plus faible et moins doué, Dingaan monta sur le trône et tenta d'établir des relations avec les marchands britanniques de la côte du Natal. Cependant se tramaient déjà les événements qui allaient mettre fin à l'indépendance des Zoulous.

Le Grand Trek et la bataille de Blood River

Les Boers étaient de plus en plus mécontents du gouvernement britannique dans la colonie du Cap. La proclamation de l'égalité des "races" leur était particulièrement insupportable. À partir de 1836, plusieurs groupes de Boers, avec de nombreux serviteurs khoikhoi et noirs, partirent vers l'arrière-pays en quête de plus d'indépendance. Ces Voortrekkers (pionniers) découvrirent au nord et à l'est du Senqu (l'Orange ; le fleuve qui formait la frontière de la colonie du Cap) de vastes pâturages apparemment inhabités. Ils avaient semblait-il trouvé leur terre promise, avec suffisamment d'espace pour leurs troupeaux et pour une vie indépendante, loin des villes. Peu d'entre eux savaient que ces terres désertées, mais aussi les bandes de réfugiés et les récits de violences, étaient le résultat de la *difaqane*.

À l'exception des Ndebele relativement puissants, les Voortrekkers rencontrèrent peu de résistance parmi les populations des plaines. Dispersées par la *difaqane*, sans chevaux ni armes à feu, elles faisaient état d'une faiblesse qui renforça la croyance des Boers selon laquelle l'occupation européenne apportait la civilisation à une terre sauvage.

Toutefois, les montagnes, où le roi Moshoeshoe Ier forgeait la nation basotho (le futur Lesotho), et les vallées boisées du Zululand opposèrent une résistance farouche. Les incursions des Boers provoquèrent une série d'escarmouches et de fragiles traités qui ponctuèrent 50 ans d'une domination blanche croissante.

La première étape du Grand Trek fut Thaba 'Nchu, près de l'actuelle Bloemfontein, où fut établie une république. À la suite d'un désaccord entre leurs chefs, les différents groupes de Voortrekkers se séparèrent, la plupart traversant le Drakensberg pour fonder une autre république au Natal. Le Natal étant un territoire zoulou, le chef de l'expédition Piet Retief rendit visite au roi Dingaan et fut rapidement tué. S'ensuivit un enchaînement d'épisodes sanglants et de représailles, qui atteignirent leur apogée le 16 décembre 1838, lors de la bataille de Blood River, au bord de la Ncome (Natal). Plusieurs Boers furent blessés et des milliers de Zoulous périrent.

1893

Mohandas Gandhi arrive en Afrique du Sud. Ses premiers jours dans le pays sont à l'origine de sa doctrine de protestation non-violente et influenceront son travail tout au long de sa vie.

1897

Enoch Mankayi Sontonga, un directeur de chorale du Cap oriental, compose "Nkosi Sikelel' iAfrika". Ce chant, enregistré pour la première fois en 1923, est complété et devient l'hymne national en 1994.

1902

La seconde guerre anglo-boer est d'une épouvantable brutalité. 26 000 personnes périssent à la suite de maladies et par manque de soins.

1902

Le traité de Vereeniging met fin à la seconde guerre anglo-boer, mais la paix est fragile et menacée de tous côtés.

Après cette victoire due à la supériorité de leurs armes, les Boers furent convaincus que leur expansion recevait l'approbation divine. Toutefois, leur espoir de fonder une république au Natal fut rapidement anéanti. Les Britanniques annexèrent la région en 1843 et établirent leur nouvelle colonie du Natal dans l'actuelle Durban. La plupart des Boers partirent vers le nord, porteurs d'un nouveau grief contre les Britanniques.

Les Britanniques, désireux d'installer de grandes plantations de canne à sucre au Natal, se tournèrent vers l'Inde pour résoudre leur problème de main-d'œuvre. Entre 1860 et le début du XXe siècle, plus de 150 000 Indiens sous contrat débarquèrent, ainsi que de nombreux "passagers indiens" libres.

Les diamants et les guerres anglo-boers

Les Boers, toujours en quête de terres et de liberté, finirent par s'établir au Transvaal (qui comprenait des parties des actuelles provinces du Gauteng, du Limpopo, du Nord-Ouest et de Mpumalanga) et dans l'État libre d'Orange. La situation bascula en 1869, après la découverte de diamants près de Kimberley, sur des terres appartenant aux Griqua, revendiquées par le Transvaal et l'État libre d'Orange. Parmi les groupes khoikhoi les mieux connus, les Griqua vivaient à l'origine sur la côte ouest, entre St Helena Bay et la Cederberg Range. À la fin du XVIIIe siècle, ils parvinrent à acquérir des fusils et des chevaux et commencèrent à se déplacer vers le nord-est. En chemin, ils furent rejoints par d'autres groupes de Khoisan, de métis et même d'aventuriers blancs et acquirent rapidement la réputation de détenir une force militaire redoutable.

Les Britanniques intervinrent rapidement et résolurent le conflit sur la propriété des diamants en annexant la région. L'établissement des mines de diamants de Kimberley entraîna un afflux d'ouvriers européens et africains. Des villes surgirent, ignorant la séparation "convenable" entre Blancs et Noirs, tandis que les Boers enrageaient de voir cette richesse minière échapper à leurs républiques appauvries. Leur ressentiment se transforma en rébellion au Transvaal et la première guerre anglo-boer, ou guerre d'Indépendance pour les Afrikaners (les descendants des premiers Boers), éclata en 1880. Elle se termina par la victoire écrasante des Boers à Majuba Hill début 1881. La république retrouva son indépendance sous le nom de Zuid-Afrikaansche Republiek (ZAR ; République sud-africaine). Paul Kruger, l'un des chefs du soulèvement, en devint le président en 1883. Malgré leurs échecs, les Britanniques souhaitaient ardemment fédérer les colonies et les républiques d'Afrique australe.

En 1879, le Zululand passa sous contrôle britannique. La découverte d'or dans le Witwatersrand (la région autour de Johannesburg) en 1886 accéléra la création d'une fédération et infligea un nouveau coup aux Boers. La population de Jo'burg augmenta jusqu'à atteindre

1910

Création de l'Union sud-africaine. L'anglais et le néerlandais deviennent les langues officielles. Les Noirs n'ont pas le droit de vote. Le Lesotho et le Swaziland demeurent des protectorats britanniques.

1912

Pixley ka Isaka Seme, avocat diplômé de l'université de Columbia, organise une conférence de chefs. La proposition d'une union de toutes les tribus aboutit à la formation de ce qui deviendra l'ANC.

1914

À la suite de grèves et de manifestations, l'Indian Relief Bill rétablit la reconnaissance des mariages hindous et musulmans, et convainc Gandhi du pouvoir de la résistance non-violente.

1925

Avec la montée du nationalisme afrikaner, l'afrikaans devient une langue officielle. La proposition de l'introduire dans les écoles des townships est l'un des déclencheurs du soulèvement de Soweto de 1976.

100 000 habitants au milieu des années 1890 et la ZAR dut accueillir des milliers de *uitlanders* (étrangers) noirs et blancs, tandis que les Boers étaient marginalisés. L'afflux d'ouvriers noirs dérangeait particulièrement les Boers. Pour beaucoup en situation difficile, ils nourrissaient du ressentiment à l'égard des salariés noirs.

Le mécontentement atteignit un pic en 1899, quand les Britanniques demandèrent le droit de vote pour les 60 000 étrangers blancs du Witwatersrand. Kruger refusa et exigea le retrait des troupes britanniques stationnées aux frontières de la ZAR. Essuyant une rebuffade, il déclara la guerre aux Britanniques. La seconde guerre anglo-boer dura plus longtemps, les Britanniques étant mieux préparés. Mi-1900, Pretoria, la dernière des grandes villes boers, capitula. La résistance des Boers *bittereinders* (jusqu'au-boutistes) se poursuivit pendant deux ans sous forme de guérilla, à laquelle les Britanniques opposèrent une tactique de terre brûlée. En mai 1902, le traité de Vereeniging aboutit à une paix superficielle. Selon ses termes, les républiques boers reconnaissaient la souveraineté britannique.

Le roman *L'Insecte missionnaire* (Actes Sud, 2007) d'André Brink évoque la vie dans la colonie du Cap à la fin du XVIIIe siècle et au XIXe siècle, offrant un contraste saisissant avec les réalités de l'époque de l'apartheid.

Une paix fragile

Après la guerre, les Britanniques se consacrèrent à la reconstruction du pays et de l'industrie minière. En 1907, les mines du Witwatersrand fournissaient presque un tiers de la production d'or mondiale. Cependant la paix restait fragile et menacée de toutes parts. Les Afrikaners se retrouvaient dans la position de fermiers pauvres dans un pays où prospéraient les grandes sociétés minières et les capitaux étrangers. Ils étaient particulièrement exaspérés par les tentatives infructueuses de les angliciser et d'imposer l'anglais dans les écoles et les lieux de travail. En réaction, l'afrikaans devint le *volkstaal* (la langue du peuple), symbole de l'identité afrikaner, et plusieurs organisations nationalistes virent le jour.

Les fondations de l'État paria sud-africain du milieu du XXe siècle étaient posées. Les Noirs et les métis étaient marginalisés. De lourdes taxes furent instaurées, les salaires diminuèrent et l'administrateur britannique favorisa l'immigration de milliers de Chinois pour briser toute résistance. Le ressentiment se transforma en révolte lors de la rébellion de Bambatha, en 1906, au cours de laquelle 4 000 Zoulous moururent pour avoir protesté contre la législation fiscale.

Les Britanniques continuaient à faire progresser leur projet d'union. Après plusieurs années de négociation, l'Act of Union fut signé en 1910, réunissant les républiques de la colonie du Cap, du Natal, du Transvaal et de l'État libre d'Orange dans l'Union d'Afrique du Sud. Selon le traité, l'Union restait un territoire britannique mais respectait l'autonomie des Afrikaners. Les protectorats britanniques du Basotholand (actuel Lesotho), du Bechuanaland (actuel Botswana),

1927

Ouverture du Kruger National Park. L'histoire de cette célèbre zone protégée est entachée durant l'apartheid, quand le gouvernement déplace des communautés de leurs terres traditionnelles pour agrandir le parc.

1932

Mondialement célèbre, la chanteuse Miriam Makeba (dite "Mama Africa") naît à Johannesburg. Elle passera 30 ans en exil pour avoir critiqué l'apartheid.

1948

Le début des années sombres. Après une campagne en faveur de la ségrégation, le National Party, dirigé par D. F. Malan, prend le contrôle du gouvernement et institutionnalise l'apartheid.

1955

Lors d'un congrès à Kliptown, près de Johannesburg, plusieurs organisations, dont l'Indian Congress et l'ANC, adoptent une Charte de la liberté, toujours centrale dans la manière dont l'ANC conçoit l'Afrique du Sud.

du Swaziland et de Rhodésie (actuel Zimbabwe) restaient sous l'administration de la Couronne britannique.

L'anglais et le néerlandais devinrent les langues officielles. Malgré une campagne des Noirs et des métis, seuls les Blancs pouvaient être élus au Parlement.

Le premier gouvernement de la nouvelle Union fut dirigé par le général Louis Botha, secondé par le général Jan Smuts. Leur parti, le South African National Party, futur South African Party (SAP ; Parti sud-africain), suivait une ligne probritannique, en faveur de l'unité blanche. Les Boers les plus radicaux, conduits par le général Barry Hertzog, fondèrent le National Party (NP ; Parti national) en 1914. Le NP défendait les intérêts des Afrikaners, prônait un développement séparé pour les deux communautés blanches et l'indépendance par rapport à la Grande-Bretagne.

L'ancrage du racisme et la naissance de l'ANC

La nouvelle Union ne laissait aucune place aux Noirs, qui représentaient pourtant plus de 75% de la population. Interdits de vote dans le Transvaal et l'État libre d'Orange, ils ne pouvaient voter dans la colonie du Cap que s'ils possédaient un titre de propriété. Après la propagande britannique qui, pendant la guerre, promettait la libération de "l'esclavage boer", ce manquement fut perçu comme une trahison éhontée par la population noire. Un ensemble de lois répressives fut bientôt mis en place : les emplois qualifiés étaient réservés aux Blancs, tandis que les Noirs n'avaient plus le droit de faire la grève ni le service militaire et qu'un système de permis restreignait leur circulation. En 1913, le Natives Land Act attribua aux populations indigènes 8% du territoire sud-africain et 90% aux Blancs, qui représentaient 20% de la population. Les Noirs ne pouvaient pas acheter, louer ou cultiver des terres en dehors de la région qui leur était allouée. Des milliers de paysans furent chassés des fermes, contraints de s'installer en ville ou dans des réserves misérables et surpeuplées. Ceux qui restaient se retrouvèrent ouvriers agricoles.

Dans cette ambiance trouble, les oppositions des populations discriminées commencèrent à se rapprocher et des hommes tels que John Jabavu, Walter Rubusana et Abdullah Abdurahman fondèrent de nouveaux groupes politiques noirs, non tribaux. Pixley ka Isaka Seme, un avocat diplômé de l'université de Columbia, rassembla les représentants des diverses tribus africaines pour fonder une organisation nationale destinée à représenter les Noirs et à leur garantir une voix au sein de l'Union. Ainsi naquit le South African Native National Congress, qui prit le nom d'African National Congress (ANC ; Congrès national africain) en 1923.

Les Elders (www.theelders.org) est une ONG fondée par Nelson Mandela et rassemblant des personnalités du monde entier ayant œuvré pour la paix et le respect des droits humains, tels Kofi Annan et Jimmy Carter. Elle vise à apporter intégrité et sagesse dans la solution de problèmes internationaux.

1960	1961	1961	1963
Massacre de Sharpeville, interdiction de l'ANC et du Pan African Congress (PAC). Miriam Makeba se voit interdire l'entrée en Afrique du Sud pour assister aux funérailles de sa mère.	Peu après le massacre de Sharpeville, le Premier ministre Hendrik Verwoerd, l'"architecte de l'apartheid", annonce un référendum. En mai, l'Afrique du Sud quitte le Commonwealth et devient une république.	Le 16 décembre, l'Umkhonto we Sizwe, la branche militaire de l'ANC, mène ses premières offensives, marquant le début de la lutte armée contre l'apartheid.	Miriam Makeba perd sa citoyenneté après avoir dénoncé l'apartheid à l'ONU, critiquant ainsi ouvertement la politique de son pays.

Parallèlement, Mohandas Gandhi travaillait avec les populations indiennes du Natal et du Transvaal pour combattre les restrictions croissantes à leurs droits.

L'essor du nationalisme afrikaner

En 1924, le National Party dirigé par Hertzog accéda au pouvoir dans un gouvernement de coalition, renforçant le nationalisme afrikaner. Le néerlandais fut remplacé par l'afrikaans, auparavant considéré comme un dialecte inférieur, en tant que langue officielle de l'Union, et le *swart gevaar* (péril noir) devint le principal épouvantail des élections de 1929.

Au milieu des années 1930, Hertzog fit brièvement partie d'une coalition avec Jan Smuts, plus modéré, puis ce dernier prit les rênes. Cependant tout espoir de mettre un terme au nationalisme afrikaner disparut lorsque le Purified National Party (Parti national purifié), mouvement séparatiste radical de Daniel François Malan, devint le centre de la vie politique afrikaner. L'Afrikaner Broederbond, une confrérie afrikaner secrète fondée en 1918 pour protéger la culture

LES BANTOUSTANS

En 1962 naissait le Transkei, le premier des 10 bantoustans (ou *homelands*, foyers nationaux) où devait vivre la population noire sud-africaine. Sur ces terres, selon la propagande blanche, les Noirs vivraient en autarcie, au cœur du même groupe ethnique, et se gouverneraient eux-mêmes.

La réalité était bien différente. Les bantoustans, dépourvus d'infrastructures ou d'industries, ne pouvaient produire suffisamment de nourriture pour une population en pleine expansion. Ensemble, les bantoustans représentaient 14% du territoire alors que les Noirs constituaient près de 80% de la population ! Les divisions tribales répondaient à des décisions arbitraires et une personne assignée à un bantoustan ne pouvait le quitter sans un pass (passeport intérieur) et une autorisation. Cette politique engendra d'énormes souffrances dans tout le pays.

Suite à la création des bantoustans, les Noirs affluèrent dans les villes en quête de travail ; si la vie était dure dans les bidonvilles, elle était encore pire dans les bantoustans. Pour enrayer cet exode, le gouvernement interdit d'employer des Noirs comme vendeurs, réceptionnistes, dactylos et employés de bureau. La construction de logements dans les "quartiers noirs" (banlieues-dortoirs) fut arrêtée, remplacée par celle de gigantesques foyers non mixtes.

Si le concept des bantoustans a disparu avec la fin de l'apartheid, son héritage – des infrastructures quasi inexistantes et une population désorientée concentrée dans les ex-bantoustans – perdure.

1964

Nelson Mandela est condamné à la prison à vie. Il y passera 27 ans, dont 18 dans le pénitencier de Robben Island.

1966

Dans le vent d'indépendance qui souffle sur l'Afrique après la Seconde Guerre mondiale, le Lesotho obtient son indépendance de la Grande-Bretagne, et le Swaziland, deux ans plus tard.

1966

Verwoerd est poignardé à mort par Demitrios Tsafendas, un commis parlementaire souffrant de schizophrénie. Bien que classé "Blanc", ce métis gréco-mozambicain se sent méprisé pour sa peau sombre.

1976

Le 16 juin commence le soulèvement de Soweto, provoquant une série de violences dans tout le pays. C'est un premier défi interne majeur pour le gouvernement de l'apartheid.

afrikaner, devint bientôt une puissance influente dans l'ombre du NP et d'autres organisations destinées à promouvoir le *volk* (le peuple ; en l'occurrence les Afrikaners).

En raison de l'essor économique provoqué par la Première Guerre mondiale, la main-d'œuvre noire prit une importance croissante dans les mines et les manufactures. La population urbaine noire doubla et de gigantesques bidonvilles poussèrent à la périphérie de Johannesburg et, dans une moindre mesure, autour des autres grandes villes. Si les conditions de vie dans les townships étaient effroyables, la pauvreté n'était pas l'apanage des noirs : des enquêtes effectuées pendant la guerre révélèrent que 40% des écoliers blancs souffraient de malnutrition.

L'édification de l'apartheid

Dans les mois qui précédèrent les élections de 1948, le National Party fit campagne pour soutenir sa politique de ségrégation, ou *apartheid* ("séparation" en afrikaans), et les remporta en formant une coalition avec l'Afrikaner Party (AP ; Parti afrikaner), sous la direction de Daniel François Malan.

L'apartheid, depuis longtemps une réalité, fut ainsi institutionnalisé par Malan. Rapidement instaurée, la législation interdit les mariages mixtes et les relations sexuelles "interraciales", classa les individus par race et établit un bureau de classification destiné à régler les cas douteux. Le délétère Group Areas Act de 1950 réserva les belles propriétés urbaines aux Blancs et relégua les non-Blancs dans les townships. Le Separate Amenities Act créa des plages, des bus, des hôpitaux, des écoles et même des bancs publics séparés.

Les lois sur la circulation furent renforcées : les Noirs et les métis devaient conserver sur eux leurs papiers d'identité et ne pouvaient visiter une ville ou y séjourner sans permis.

En 1960, les tensions s'exacerbèrent. Le 21 mars, Robert Sobukwe, fondateur du Pan African Congress (Congrès panafricain ou PAC, né d'une scission de l'ANC), et des milliers de militants se soulevèrent pacifiquement contre les lois sur la circulation. Ils se rassemblèrent pour cela devant des postes de police du Gauteng et du Cap occidental. La police ouvrit le feu sur les manifestants qui encerclaient un commissariat de Sharpeville, un township de Vereeniging. Au cours de ce qui reste dans l'histoire comme le massacre de Sharpeville, 67 personnes au moins furent tuées, et 186 blessées. On leur avait tiré dans le dos pour la plupart.

Peu après, le Premier ministre Hendrik Verwoerd, surnommé officieusement l'"architecte de l'apartheid", annonça un référendum sur la transformation du pays en république. Le changement fut approuvé par une faible majorité et Verwoerd retira le pays du Commonwealth. La république d'Afrique du Sud fut proclamée en mai 1961.

Forcer le destin. Le parcours d'une dirigeante sud-africaine (Présence Africaine, 2001), de Mamphela Ramphele, retrace la vie d'une femme extraordinaire qui fut "exilée" pendant 7 ans à l'intérieur du pays, dans la ville de Tzaneen, avant de devenir vice-présidente de l'université du Cap.

1977
Assassinat de Steve Biko. L'annonce de sa mort accentue l'attention internationale sur la brutalité du régime de l'apartheid.

1978-1988
La South African Defence Force (SADF ; aujourd'hui SANDF) lance plusieurs offensives majeures en Angola, au Mozambique, au Zimbabwe, au Botswana et au Lesotho.

1982
La première victime sud-africaine du sida marque le début d'une pandémie dévastatrice, qui continue à se développer et touche tout le pays.

1989
Du fond de sa prison, Mandela implore Peter Botha d'entamer des négociations afin d'éviter une guerre civile en Afrique du Sud. Son appel reste lettre morte.

NELSON MANDELA

Nelson Rolihlahla Mandela, une figure emblématique du XXe siècle, fut diffamé par le gouvernement blanc de l'Afrique du Sud et condamné à la réclusion à perpétuité. Libéré 27 ans plus tard, il appela à la réconciliation et au pardon.

Fils de chef xhosa, Mandela naquit le 18 juillet 1918 dans le village de Mveso, au bord de la Mbashe. Après des études à l'université de Fort Hare, il partit pour Jo'burg, où il s'impliqua bientôt dans la politique. Il termina ses études de droit et, avec Oliver Tambo, ouvrit le premier cabinet d'avocats noirs du pays. En 1944, Mandela, Tambo et Walter Sisulu fondèrent la Youth League (Ligue de la jeunesse) de l'African National Congress (ANC). Pendant les années 1950, Mandela prit la tête des campagnes de désobéissance civile de l'ANC ; arrêté en 1952, il fut jugé et acquitté. Après l'interdiction de l'ANC à la suite du massacre de Sharpeville, Mandela fonda son aile militaire clandestine, l'Umkhonto we Sizwe. En 1964, il fut traduit devant les tribunaux pour sabotage et complot révolutionnaire lors du procès de Rivonia, largement diffusé. Après avoir brillamment plaidé sa cause, il fut condamné à la réclusion à perpétuité. Il passa 18 ans dans la prison de Robben Island, avant d'être transféré sur le continent.

Pendant son incarcération, Mandela refusa à maintes reprises de transiger sur ses idées politiques en échange de la liberté, affirmant que seul un homme libre peut négocier.

Libéré en février 1990, Mandela fut élu président de l'ANC en 1991, puis partagea le prix Nobel de la paix avec F. W. De Klerk en 1993. L'année suivante, lors des premières élections libres du pays, il fut élu président de l'Afrique du Sud. Dans le célèbre discours qu'il fit après sa victoire, *Free at Last !* (Enfin libre !), Mandela privilégia l'avenir de la nation en déclarant : "Le moment est venu de panser les vieilles blessures et de construire une nouvelle Afrique du Sud."

En 1997, Mandela – ou Madiba de son nom xhosa – se retira de la présidence de l'ANC. Il resta cependant révéré en tant qu'ancien chef d'État. Le 5 décembre 2013, il mourut d'une infection respiratoire à l'âge de 95 ans. Les Sud-Africains ne cachèrent pas leur chagrin devant la perte de celui qui avait tant donné de lui-même pour son pays. Le président Jacob Zuma salua sa disparition par ces mots : "Notre nation a perdu son plus grand fils. Rien ne peut atténuer notre profond sentiment de perte." Le monde entier pleura également l'homme dont la droiture morale avait été une source d'inspiration pour beaucoup. L'un des plus importants rassemblements de chefs d'État eut lieu lors de ses funérailles.

L'héritage de Nelson Mandela tient dans ce qu'il a accompli avec une détermination sans faille, une grande générosité et l'absence d'esprit de vengeance. Et son cadeau aux Sud-Africains est son rôle majeur dans l'instauration de la paix et de la réconciliation au sein d'un pays déchiré par les discriminations raciales. Cet héritage irradie bien au-delà des frontières de son pays.

1989

Suite à l'accident vasculaire cérébral de Peter Botha, F. W. De Klerk le remplace à la présidence. De Klerk lève l'interdiction qui frappe l'ANC.

1990

L'Afrique du Sud vit un moment historique. Nelson Mandela est libéré après 27 ans d'emprisonnement. Il prône le pardon et la réconciliation plutôt que la haine.

1993

Nelson Mandela et F. W. De Klerk, les deux hommes qui ont façonné l'avenir du pays grâce à d'âpres négociations, reçoivent le prix Nobel de la paix.

1994

La démocratie et le chemin de la réconciliation et de la liberté pour tous de Mandela ont triomphé. À l'issue des premières élections démocratiques, Nelson Mandela devient président.

MIRIAM MAKEBA

La chanteuse Miriam Makeba (surnommée Mama Africa), morte en 2008 à l'âge de 76 ans, fut longtemps une figure emblématique sur la scène internationale. Mariant musique et critique de l'apartheid, elle est apparue en 1960 dans le docu-fiction anti-apartheid *Come Back, Africa*, et a prononcé une allocution à l'ONU en 1963. Son franc-parler lui valut des représailles : elle s'est vu retirer son passeport ainsi que sa citoyenneté sud-africaine. Après avoir passé 30 ans en exil, elle est revenue en Afrique du Sud en 1990 sur les instances de Nelson Mandela. En 2005, elle a déclaré : "Nous n'avons connu que onze années de démocratie, mais nous avançons, nous avançons bien plus vite que nombre de pays indépendants longtemps, longtemps avant nous. Nous devons agir tous ensemble... Noirs, Blancs ou quelle que soit notre couleur de peau."

L'ANC entame la longue marche

L'enracinement toujours plus profond de l'apartheid poussa l'ANC, jusqu'alors relativement conservateur, à passer à l'action. En 1949, il préconisa pour la première fois la résistance ouverte sous forme de grèves, de désobéissance civile et de marches de protestation. Cet activisme se poursuivit tout au long des années 1950 et aboutit parfois à de violents affrontements. En 1959, des membres déçus de l'ANC, désireux de couper tout lien avec le gouvernement blanc, firent sécession pour former le PAC.

Pour beaucoup d'observateurs, la lutte avait pris une tournure décisive à Sharpeville et il ne subsistait plus aucun doute sur la nature du régime blanc. À la suite du massacre, une grève massive fut organisée et les manifestations continuèrent. Le Premier ministre Verwoerd déclara l'état d'urgence et autorisa les forces de sécurité à détenir des personnes sans jugement. Plus de 18 000 manifestants furent arrêtés, dont la plupart des dirigeants de l'ANC et du PAC, et les deux organisations furent interdites.

En réponse, l'ANC et le PAC entamèrent une campagne de sabotage menée par leurs organisations respectives, l'Umkhonto we Sizwe (Fer de lance de la Nation, ou MK) et le Poqo (Pur ou Seul). En juillet 1963, 17 membres de l'ANC clandestin furent arrêtés et jugés pour trahison lors du procès de Rivonia. Parmi eux figurait Nelson Mandela, un dirigeant de l'ANC et fondateur de l'Umkhonto we Sizwe, déjà inculpé pour d'autres motifs. En juin 1964, Mandela et sept autres membres de l'ANC furent condamnés à la prison à perpétuité. Oliver Tambo, un dirigeant de l'ANC, réussit à quitter l'Afrique du Sud et prit la tête de l'ANC en exil. Le 20 avril 1964, au cours du procès de Rivonia, Nelson Mandela déclara : " J'ai lutté contre la domination blanche et contre la domination noire.

1995

Outil essentiel du rétablissement du pays, la commission Vérité et Réconciliation est créée, présidée par l'archevêque Desmond Tutu.

1996

Après maints débats et négociations, le Parlement approuve une version révisée de la Constitution de 1993, qui fixe la structure du nouveau gouvernement démocratique.

1997

Exception parmi les chefs d'État africains, Nelson Mandela quitte la présidence de l'ANC, laissant la place à Thabo Mbeki.

1999

Secondes élections démocratiques. Écrasante victoire de l'ANC, qui manque de peu les 66,7% requis pour changer la Constitution.

STEVE BIKO

Né en 1946 dans le Cap oriental, Steve Biko compta parmi les activistes anti-apartheid les plus importants et les plus influents. Son Black Consciousness Movement (Mouvement de la conscience noire) mobilisa les jeunes citadins et joua un rôle clé dans les soulèvements de Soweto en 1976. En raison de ses activités, Steve Biko était dans le collimateur du gouvernement de l'apartheid. En 1973, il fut assigné à résidence dans sa ville natale, King William's Town, avec interdiction de parler en public. Malgré ces restrictions, il continua à militer et à travailler pour la communauté, créant notamment des programmes littéraires et un centre médical.

Le 18 août 1977, Steve Biko fut arrêté en vertu du Terrorism Act. Moins d'un mois plus tard il était mort — d'une grève de la faim, selon la police. En 1997, la commission Vérité et Réconciliation révéla que cinq anciens membres des forces de sécurité sud-africaines avaient admis avoir tué Steve Biko, mais ils ne furent jamais poursuivis. Battu jusqu'à ce qu'il tombe dans le coma, Biko resta trois jours sans traitement médical et mourut à Pretoria. Lors de l'enquête qui suivit, le magistrat estima que personne n'était à blâmer. La South African Medical Association finit par porter plainte contre les médecins qui l'avaient laissé sans soins.

La mort de Steve Biko provoqua une immense protestation publique et attira l'attention internationale sur la brutalité de l'apartheid. Des milliers de personnes, dont des représentants de divers pays occidentaux, assistèrent aux funérailles de Biko, célébrées par le révérend Desmond Tutu. Des milliers d'autres furent bloquées par les forces de sécurité.

Le film *Cry Freedom* (1987) relate l'histoire de Steve Biko, de même que la chanson *Biko* de Peter Gabriel.

J'ai chéri l'idéal d'une société démocratique et libre dans laquelle tous vivent ensemble en harmonie et avec des chances égales. C'est un idéal pour lequel j'espère vivre afin de le réaliser. Mais s'il en est besoin, c'est un idéal pour lequel je suis aussi prêt à mourir."

Les années sombres

Avec l'interdiction de l'ANC, la plupart de ses dirigeants et Mandela en prison ou en exil, l'Afrique du Sud entra dans l'une des périodes les plus sombres de son histoire. La législation de l'apartheid fut considérablement renforcée et les barrières entre les "races" ne cessèrent de s'élever. La décision la plus révoltante fut la création de bantoustans, des terres séparées pour la population noire, où elle ne pouvait répondre à ses besoins de base.

Durant les années 1970, la résistance s'accentua, d'abord à travers les syndicats et les grèves, puis sous la conduite de la South African Students'

2003

J. M. Coetzee reçoit le prix Nobel de littérature.

2004

Mbeki conduit l'ANC à une victoire décisive lors des élections nationales. En accord avec sa vision d'une "renaissance africaine", il renforce l'engagement régional de l'Afrique du Sud.

2005

Suite à des accusations de corruption, le président Thabo Mbeki démet Jacob Zuma de ses fonctions de vice-président. S'ensuit entre les deux hommes une lutte politique que Mbeki perdra.

Organisation (Organisation des étudiants sud-africains), présidée par le charismatique Steve Biko. Étudiant en médecine, Biko fut le principal acteur de l'ascension du Black Consciousness Movement (Mouvement de la conscience noire), qui prônait notamment l'émancipation psychologique, la fierté noire et l'opposition non-violente à l'apartheid.

L'agitation culmina en 1976, lorsque le Soweto Students' Representative Council (Conseil représentatif des étudiants de Soweto) organisa des manifestations contre l'usage de l'afrikaans (considéré comme la langue de l'oppresseur) dans les écoles noires. Le 16 juin, la police ouvrit le feu à cette occasion, provoquant dans tout le pays une série de manifestations, grèves, émeutes, arrestations en masse et violences qui, en douze mois, firent plus de 1 000 victimes.

En septembre 1977, Steve Biko fut tué par les forces de sécurité (voir l'encadré page ci-contre). Suite à la mort de ce jeune activiste anti-apartheid, l'Afrique du Sud ne fut plus jamais la même. Une génération de jeunes Noirs s'engagea dans une lutte révolutionnaire contre l'apartheid (avec pour slogan "La libération avant l'éducation") et les communautés noires se politisèrent.

L'Afrique du Sud en état de siège

Alors que l'opinion internationale condamnait le régime blanc, le gouvernement (et la majorité de la population blanche) considérait le pays comme un bastion assiégé par le communisme, l'athéisme et l'anarchie noire. Les autorités s'ingénièrent à contourner les sanctions internationales et parvinrent même à se doter d'armes nucléaires (détruites depuis).

MAX DU PREEZ ET VRYE WEEKBLAD

En 1988, le journaliste afrikaner dissident Max Du Preez, avec quelques autres activistes blancs anti-apartheid, fonda le *Vrye Weekblad,* le premier journal sud-africain anti-apartheid en afrikaans. Dès sa publication, le quotidien suscita la colère de l'État. Une bombe détruisit ses bureaux, Du Preez reçut de nombreuses menaces et le journal fut poursuivi pour diffamation par le président P. W. Botha. Durant sa courte existence, le journal milita pourtant sans relâche pour la liberté d'expression et dénonça l'oppression, la corruption et la brutalité de tous les bords politiques. Après 5 ans d'existence et de reportages sans concessions, le *Vrye Weekblad* fut contraint de fermer peu avant les élections de 1994. Du Preez devint plus tard producteur pour la chaîne de télévision SABC (South African Broadcasting Corporation) et couvrit les audiences de la commission Vérité et Réconciliation. Actuellement, il continue d'exercer sa profession de journaliste.

Son livre *Oranje Blanje Blues* (en anglais) raconte l'histoire du *Vrye Weekblad.*

2006

Plus de cinq millions de Sud-Africains sont affectés par le VIH. L'ampleur de l'épidémie reflète la négligence dont le gouvernement a fait preuve pendant des années.

2007

La tragédie du sida affecte les plus vulnérables. Selon l'Unaids, environ 280 000 enfants sud-africains sont séropositifs et le sida a fait 1,4 million d'orphelins.

2007

En décembre, Thabo Mbeki est battu par Jacob Zuma pour la présidence de l'ANC. De nouvelles accusations de corruption, après celles abandonnées en 2006, visent Zuma.

Excluant toute négociation avec l'ANC, du moins officiellement, l'État s'appuya sur la puissance militaire. Une mentalité d'assiégés se développa parmi la plupart des Blancs. Si beaucoup réalisaient qu'ils ne pourraient gagner une guerre civile contre la majorité noire, ils préféraient cette issue à la "concession" de réformes politiques. Pour eux, la brutalité policière et l'intervention de l'armée étaient justifiées.

De 1978 à 1988, la South African Defence Force (SADF ou Forces armées sud-africaines ; aujourd'hui, la South African National Defence Force, ou SANDF) lança plusieurs offensives majeures en Angola, au Mozambique, au Zimbabwe, au Botswana et au Lesotho. Tous les hommes blancs étant susceptibles d'être enrôlés pour le service militaire, ils furent des milliers à s'exiler afin d'échapper à la conscription. Mais ils furent encore plus nombreux à endurer des blessures psychologiques et physiques.

Paradoxalement, les sanctions internationales qui coupaient les Blancs du reste du monde permirent aux dirigeants noirs d'affûter leurs talents politiques et à ceux en exil de forger des liens avec des chefs régionaux et mondiaux.

Le vent du changement

Au début des années 1980, un vent nouveau commença à souffler sur l'Afrique du Sud. Les blancs ne représentaient plus que 16% de la population, contre 20% cinquante ans plus tôt, et le pourcentage ne cessait de baisser. Conscient de la nécessité d'un changement, le président P. W. Botha demanda aux Sud-Africains blancs de "s'adapter ou mourir". Il lança de nombreuses réformes, dont la suppression des restrictions de circulation, mais ne les mena pas jusqu'au bout, et de nombreux noirs (ainsi que la communauté internationale) dénoncèrent leur caractère superficiel. Les manifestations et la résistance continuèrent de plus belle, alors que le pays, de plus en plus divisé, sombrait dans la violence. En réaction, des Blancs créèrent plusieurs groupes paramilitaires néonazis, dont l'Afrikaner Weerstandsbeweging (AWB ; Mouvement de résistance afrikaner) d'Eugène Terre'Blanche. Le parti d'opposition United Democratic Front (UDF ; Front démocratique uni) vit le jour à la même période. Dirigée par l'archevêque Desmond Tutu et le révérend Allan Boesak, cette large coalition demandait l'abolition de l'apartheid et des bantoustans.

La pression internationale s'intensifia, les sanctions économiques commencèrent à peser lourdement et le cours du rand s'effondra. En 1985, le gouvernement déclara l'état d'urgence, qui resta en vigueur pendant cinq ans. Les médias étaient censurés et en 1988, selon les estimations de l'ANC et de groupes de défense des droits de l'homme, 30 000 personnes étaient détenues sans jugement, et des milliers avaient subi des tortures.

2008

Couvant depuis longtemps, le mécontentement social explose et des émeutes xénophobes éclatent dans les townships, faisant plus de 60 morts et forçant au départ de nombreux travailleurs des pays voisins.

2008

Le mouvement Shikota, dirigé par l'ancien Premier ministre du Gauteng, Mbhazima Shilowa, et Mosiuoa Lekota, fonde un nouveau parti en rupture avec l'ANC, le Congrès du Peuple (COPE).

2009

L'ANC remporte une victoire écrasante lors des 4e élections générales. Peu avant, les accusations de corruption portées contre Jacob Zuma ont été abandonnées.

DESMOND TUTU

Peu de personnalités de la lutte anti-apartheid sont aussi connues que Desmond Mpilo Tutu, l'archevêque anglican du Cap (Cape Town) aujourd'hui retraité. Né en 1931 à Klerksdorp, Transvaal (l'actuelle province du Nord-Ouest), Desmond Tutu eut une vie humble avant de devenir un militant mondialement reconnu. Durant l'époque de l'apartheid, il appuya vigoureusement le boycott économique et les sanctions internationales contre l'Afrique du Sud. Après la chute du gouvernement de l'apartheid, il dirigea la commission Vérité et Réconciliation, une expérience qu'il relate dans son livre *Il n'y a pas d'avenir sans pardon* (Albin Michel, 2000).

Aujourd'hui, Desmond Tutu reste un infatigable activiste. Il a vertement critiqué le gouvernement de l'ANC, dénonçant la corruption et les manquements dans la lutte contre le sida et la pauvreté. Lauréat du prix Nobel de la paix, du prix Gandhi pour la paix et de nombreuses autres distinctions, Tutu est généralement crédité de la création du concept de "nation arc-en-ciel" pour décrire l'Afrique du Sud post-apartheid.

Mandela libéré

En 1986, le président Botha déclara au Parlement que l'Afrique du Sud avait "dépassé" l'apartheid. Le gouvernement entreprit une série de réformes mineures en faveur de l'égalité raciale, mais maintint le contrôle étroit des médias et des manifestations anti-apartheid.

Fin 1989, Botha, malade, fut remplacé par Frederik Willem De Klerk. Lors de l'ouverture de la session parlementaire en février 1990, il annonça qu'il voulait abroger les lois discriminatoires et légaliser l'ANC, le PAC et le Parti communiste. La censure des médias fut abolie et les prisonniers politiques non coupables de délits de droit commun furent libérés. Le 11 février 1990, après 27 ans d'incarcération, Nelson Mandela sortit libre de la prison de Victor Verster.

Entre 1990 et 1991, la législation de l'apartheid fut abolie. Un référendum – le dernier réservé aux Blancs – accorda au gouvernement le droit d'élaborer une nouvelle Constitution avec l'ANC et d'autres mouvements politiques.

La Douce Revanche d'un combattant de la liberté, d'Albie Sachs, est l'extraordinaire et émouvant récit d'un membre influent de l'ANC qui a perdu un œil et un bras dans son combat pour la liberté.

Les élections et la Constitution sud-africaine

En décembre 1991, la Codesa (Convention for a Democratic South Africa) entama des négociations pour former un gouvernement de transition multiracial et rédiger une nouvelle Constitution accordant les droits politiques à tous les groupes ethniques.

2010

Malgré des craintes relatives à la criminalité, la Coupe du monde de football de la FIFA se déroule sans aucun incident en Afrique du Sud.

2011

La province de Limpopo, qui a "perdu" 2 milliards de rands dans sa comptabilité officielle, est déclarée en faillite par le Trésor national et mise sous la tutelle du gouvernement fédéral de l'ANC.

2011

L'Afrique du Sud devient membre du BRICS (Brésil, Russie, Inde, Chine et Afrique du Sud), groupe rassemblant les pays émergents les plus puissants économiquement.

En 1993, un projet de Constitution fut publié ; il garantissait la liberté d'expression et de religion, l'accès à un logement décent et nombre d'autres droits, et interdisait la discrimination dans presque tous les domaines. À minuit, dans la nuit du 26 au 27 avril 1994, l'ancien hymne national *Die Stem* ("L'Appel") résonna alors que l'on baissait l'ancien drapeau. Puis le nouveau drapeau arc-en-ciel fut hissé au chant du nouvel hymne, *Nkosi Sikelel' iAfrika* ("Dieu bénisse l'Afrique"). Les élections se déroulèrent paisiblement dans tout le pays.

L'autobiographie de Nelson Mandela, *Un long chemin vers la liberté* (Livre de Poche, 2009), offre un autre regard sur la politique de l'Afrique du Sud et de l'ANC, des tumultueuses années 1950 à la libération de Mandela en 1990.

L'ANC recueillit 62,7% des suffrages, un peu moins que les 66,7% nécessaires pour la rédaction d'une nouvelle Constitution. Outre le gouvernement national, les élections déterminaient la composition des gouvernements provinciaux et l'ANC gagna dans toutes les provinces, sauf deux. Le NP (Parti national) attira la plupart des votes des Blancs et des métis et devint le parti officiel d'opposition.

En 1996, après maints débats et négociations, le Parlement ratifia une version révisée de la Constitution de 1993. Celle-ci fixait la structure du nouveau gouvernement démocratique du pays. Celui-ci se compose d'une Assemblée nationale forte de 400 membres, d'un Conseil national des provinces (90 membres), et d'un chef d'État (le président) élu par l'Assemblée nationale.

Un président sud-africain a plus en commun avec un Premier ministre britannique qu'avec un président des États-Unis. Toutefois, du fait de son statut de chef d'État, il jouit de pouvoirs exécutifs que n'ont pas la plupart des Premiers ministres. Son Bill of Rights (Charte des droits fondamentaux) très complet est le trait le plus marquant de la Constitution.

Dans *Goodbye Bafana – Le regard de l'antilope* (Robert Laffont, 2007), l'ancien geôlier de Nelson Mandela fait le récit de l'amitié improbable qui naquit entre lui et la grande figure de l'ANC. Un film a été tiré de ce témoignage.

En 1999, l'Afrique du Sud organisa ses secondes élections démocratiques. Deux ans auparavant, Mandela avait laissé la présidence de l'ANC à son adjoint Thabo Mbeki. Le pourcentage de votes en faveur de l'ANC augmenta et il ne manqua qu'un siège au parti pour obtenir la majorité des deux tiers qui permettait de modifier la Constitution.

Le Democratic Party (DP ; Parti démocratique) – bastion traditionnel des Blancs libéraux, rallié par des conservateurs déçus du NP et quelques Noirs de classe moyenne – acquit le statut de parti d'opposition officiel.

Si tout le monde s'accorde à penser que remplacer Mandela était une tâche très difficile, la présidence de Mbeki suscite d'âpres débats et ses années au pouvoir ressemblent à un parcours de montagnes russes. Au tout début, son déni de l'épidémie de sida valut à Mbeki des critiques internationales. Par ailleurs, son refus de condamner la réquisition des fermes appartenant aux Blancs dans le Zimbabwe voisin et de critiquer publiquement son camarade de longue date, le président zimbabwéen Robert Mugabe, déplut aux propriétaires terriens sud-africains et aux investisseurs étrangers.

2012

Suite à la répression meurtrière d'une grève de mineurs, 12 000 mineurs se mettent en grève. Leurs épouvantables conditions de travail deviennent une question nationale de premier plan.

2012

L'ANC célèbre son centenaire avec une fête grandiose à Bloemfontein, où le parti a été fondé. Des commémorations ont lieu toute l'année dans le pays.

2012

Les mines d'or et de platine sud-africaines sont le théâtre de plusieurs mois de grèves illégales et souvent violentes, au cours desquelles 50 personnes sont tuées.

Vérité et Réconciliation

Après les premières élections, l'attention se tourna vers la commission Vérité et Réconciliation (1994-1999), chargée de dénoncer les crimes commis durant l'apartheid. Elle était présidée par l'archevêque Desmond Tutu, qui affirmait : "Sans pardon, il n'y a pas d'avenir, mais sans confession, il ne peut y avoir de pardon." La commission entendit de nombreux témoignages d'injustices et de brutalités atroces, apportant une sorte de libération aux familles et communautés brisées par ce passé.

La commission permit aux victimes de raconter leurs souffrances et aux responsables d'avouer leurs fautes, offrant l'amnistie à ceux qui reconnaissaient leur culpabilité. Ceux qui refusaient de se présenter devant la commission étaient poursuivis par la justice si des preuves le permettaient. Alors que des soldats, policiers et citoyens "ordinaires" confessèrent leurs crimes, la plupart de ceux qui avaient violé les droits de la personne en donnant des ordres ou en édictant des lois ne témoignèrent jamais (tel P. W. Botha).

Dans *Récits de vies (1954-2008)* (Grasset, 2012), l'auteure sud-africaine Nadine Gordimer, prix Nobel de littérature, traite de questions cruciales en Afrique du Sud, de la domination coloniale à la longue lutte contre le régime de l'apartheid, jusqu'aux combats contre le sida, la mondialisation et les violences ethniques.

L'Afrique du Sud contemporaine

En 2005, Mbeki congédia son vice-président Jacob Zuma en raison d'accusations de corruption, déclenchant une lutte de pouvoir acharnée au sein de l'ANC que Zuma remporta. En septembre 2008, suite à un revirement sans précédent de son parti, Mbeki fut contraint à démissionner.

Les poursuites pour corruption contre Zuma furent abandonnées et, comme prévu, l'ANC remporta les élections de 2009, avec Jacob Zuma comme président. Zuma parvint à neutraliser les critiques nationales et internationales grâce à sa personnalité accessible et à sa forte notoriété populaire. Cependant, il est largement perçu comme un président faible, qui n'a pas honoré ses promesses de créer des emplois et de remédier à la pauvreté. Il fut une nouvelle fois accusé de corruption, par l'opposition.

Lors des élections de 2014, les médias sud-africains ont passionnément vanté les chances de la Democratic Alliance (DA ; Alliance démocratique), le parti d'opposition officiel qui agrège l'ancien Democratic Party (DP ; Parti démocratique) et de nombreuses autres petites formations politiques. Le désenchantement face à la corruption supposée, à la criminalité et à la lenteur à fournir les services de base essentiels aux communautés pauvres ont alimenté un désir de changement de plus en plus fort. Pour finir toutefois, l'ANC l'a emporté confortablement avec 62,1% des votes (au lieu de 65,9% en 2009). Le score de l'Alliance démocratique (22,2% des suffrages) a mis en lumière la tâche monumentale à laquelle doit s'atteler ce parti pour prendre le pouvoir à l'ANC.

La prévalence du sida est plus forte en Afrique du Sud que partout ailleurs au monde. Pour des informations sur l'histoire du sida dans ce pays et des actions entreprises, consultez le site www.avert.org/aidssouthafrica.htm.

2013

Nelson Mandela meurt d'insuffisance respiratoire. Sa mort suscite un immense chagrin en Afrique du Sud et dans le monde. Les dirigeants de nombreuses nations assistent à ses funérailles.

2013

Le président Jacob Zuma est critiqué par le médiateur anti-corruption pour avoir dépensé 20 millions de rands dans la rénovation de sa résidence privée.

2014

L'opposition accuse Jacob Zuma de corruption relative à la rénovation de sa propriété privée de Nkandla, au KwaZulu-Natal. La police entame une enquête, mais aucune plainte n'est déposée.

"Dans cette nouvelle situation, les Noirs ne sont pas forcément bons. Il y a beaucoup de coupables chez les Noirs, il y a beaucoup de bienfaiteurs chez les Blancs. Nous sommes devenus normaux. Et il est très douloureux de devenir normal... Nous avons dû apprendre ce que signifie la liberté. Nous apprenons encore."
Zakes Mda, écrivain sud-africain.

Le résultat le plus surprenant reste certainement celui de l'Economic Freedom Fighters (EFF ; Combattants pour la liberté économique), parti politique récent mené par Julius Malema. Cet ancien leader de la Ligue de la jeunesse de l'ANC avait été expulsé de son parti d'origine pour l'avoir discrédité, et pour corruption également. Bien que ses discours sur l'égalité économique et la lutte contre la pauvreté lui assurent un franc succès auprès de l'électorat populaire, ses positions radicales contre "le monopole du capital par les blancs" et sur la nécessité d'une redistribution des terres plus rapide inquiètent bon nombre de gens. Autrefois l'un des plus fervents partisans de Zuma, il vitupère aujourd'hui son ancien mentor et les pratiques corrompues dont selon lui l'ANC serait coupable.

La capacité des partis d'opposition à faire pression sur le gouvernement pour affronter les problèmes révélera la maturité politique du pays, encore à l'épreuve. La corruption, la criminalité, l'inégalité économique et le sida constituent des défis majeurs.

Étant donné les troubles qui caractérisent l'histoire récente du pays, et ses problèmes persistants de criminalité et de corruption (deux sujets qui continuent de faire débat au sein de la population), il n'est pas étonnant que coexistent chez les Sud-Africains des points de vue très divers quant à l'avenir de la "nation arc-en-ciel". Toutefois, sans doute tomberaient-ils tous d'accord pour considérer que leur pays est aujourd'hui bien plus optimiste et apaisé qu'en 1990 – et ce, malgré les profondes difficultés auxquelles il reste confronté.

2014

Le pays organise ses 5e élections générales depuis la fin de l'apartheid. L'ANC gagne (avec une majorité réduite), remportant 62,1% des suffrages. Jacob Zuma entame son second mandat de président.

2014

Economic Freedom Fighters, parti politique le plus récent du pays emmené par Julius Malema, ancien président en disgrâce de la Ligue de jeunesse de l'ANC, remporte 6,4% des suffrages lors d'élections nationales.

Musique

Naguère aiguillon de la résistance à l'apartheid, la musique continue de chanter la liberté et la justice. Vous chercherez en vain un son "typiquement" sud-africain. Ce pays possède la palette de styles musicaux la plus riche du continent africain.

Les Sud-Africains adorent la musique : rock, jazz, classique, gospel, rap, reggae, afro-house, *maskanda*, *mbaqanga* et *kwaito*, et beaucoup d'autres. Traditions séculaires et nouveautés jouent des coudes et les styles occidentaux sont adaptés. L'importante industrie du disque sud-africain, avec ses labels indépendants détenus par des personnes noires, veille jalousement sur son marché, avec l'appui sans faille du gouvernement. Nulle musique ne saurait incarner à elle seule l'Afrique du Sud, et c'est tant mieux. Chaque année, les South African Music Awards récompensent de multiples genres et catégories, au cours d'une cérémonie d'autant plus longue que les styles musicaux sont nombreux.

En une vingtaine d'années de liberté post-apartheid, ce pays convalescent a prouvé qu'il peut engendrer des talents exceptionnels capables de rivaliser avec les meilleurs musiciens internationaux. Les rythmes sud-africains vous ouvrent les bras : entrez dans la danse et laissez-vous emporter.

Les premiers musiciens d'Afrique du Sud connus furent les San, il y a quelque 4 000 ans. Ils chantaient dans une langue utilisant des clicks (clappements produits avec la langue ou les lèvres), unique en Afrique, s'accompagnant de crécelles, tambours, flûtes et même de leurs arcs de chasse.

Histoire de la musique sud-africaine

Les Zoulous, les Xhosa et les Sotho chantent et dansent depuis des siècles (leur musique a influencé Paul Simon dans son album *Graceland* en 1986), tout comme les Venda – et les Basotho, au Lesotho –, qui utilisent des *mbira* (pianos à pouces) et des flûtes de roseau. On dénombre huit traditions "tribales" distinctes, et la période démocratique a favorisé la résurgence de la musique traditionnelle. Toutefois, des débuts de la colonisation à nos jours, la musique sud-africaine s'est réinventée à partir d'un mélange de styles locaux anciens et de styles importés. Les genres les plus populaires utilisent des chants zoulous a cappella ou le *mbaqanga* harmonique, ce qui leur confère une tonalité résolument africaine quel que soit l'instrument d'accompagnement (banjo, violon, concertina et guitare électrique ont joué un rôle important).

Influences européennes

Les séquences d'accords de nombreuses chansons sud-africaines vous semblent familières ? Au XIXe siècle, les missionnaires protestants ont en effet introduit les chorales. Alliée au savoir musical local, cette tradition sera exploitée par les compositeurs sud-africains qui les associeront à des formes harmoniques traditionnelles. *Nkosi Sikelel' iAfrika* ("Dieu bénisse l'Afrique"), écrit en xhosa par Enoch Sontonga en 1897, deviendra en 1994 l'hymne national sud-africain après ajout de strophes en zoulou, sesotho, afrikaans et anglais.

Interprètes par excellence de la musique zouloue, les Ladysmith Black Mambazo incarnent le métissage des harmonies autochtones et des chœurs religieux européens et africains (un style vocal appelé *mbube*). Comme d'autres formes artistiques contemporaines nées de l'oppression, la musique *isicathimiya* ("sur la pointe des pieds") des Ladysmith aux pas de danse amples et furtifs a vu le jour dans le Natal des années 1930, dans les dortoirs réservés aux hommes où les mineurs étaient soucieux de ne pas réveiller leurs chefs. Des chœurs d'*isicathimiya* se produisent à Johannesburg et à Durban lors de concours hebdomadaires. Ils chantent aussi souvent dans les rues des villes, comme d'autres chœurs similaires.

Les musiques de l'apartheid

Le *kwela*, comme la plupart des musiques sud-africaines modernes, vient des townships. Signifiant "lève-toi" ou "debout" en zoulou, le terme "*kwela*", dans l'argot des townships, est à la fois une invitation à la danse et un avertissement quant à l'arrivée imminente des cars de police (les *kwela-kwela*). Des lieux tristement célèbres, tels que Soweto, Sharpeville, District Six et Sophiatown, constituent le berceau de genres urbains interethniques, essentiellement inspirés d'une musique provenant (ou revenant) d'Amérique – jazz, swing, *jive*, soul. Les Sud-Africains noirs y ont ajouté une touche urbaine ; avec l'introduction des *penny whistles* (longue flûte d'étain dérivée de la flûte en roseau des bergers noirs) et de la basse à une corde, le *kwela* est devenu *sax-jive* ou *mbaqanga*. La soul *marabi* a pris son envol dans les années 1970 et la pop *bubblegum* a dominé les années 1980.

LA MUSIQUE DANS LES FILMS

- Le magnifique documentaire *Sugar Man* (2012) évoque le parcours de Sixto Díaz Rodríguez, auteur-compositeur-interprète originaire de Detroit. Ses chansons, dans la veine de celles de Bob Dylan, lui ont valu d'être plus connu qu'Elvis Presley en Afrique du Sud – ce qu'il ne sut que 30 ans plus tard. Ce film oscarisé montre comment les premières compositions de Rodríguez, dans les années 1970, et en particulier "Sugar Man", ont servi d'hymnes aux Sud-Africains blancs progressistes pendant l'apartheid.
- *Amandla! A Revolution in Four-Part Harmony* (2003), de Lee Hirsch, met en lumière le rôle de la musique dans la lutte anti-apartheid. Cet émouvant documentaire (en anglais), réalisé sur une période de 9 ans, est composé d'extraits musicaux et d'interviews d'Abdullah Ibrahim, de Hugh Masekela et de Miriam Makeba, entre autres artistes.
- Dans *Sophiatown* (2003), Pascale Lamche dépeint le quartier animé de Sophiatown, à Johannesburg. Véritable Harlem de l'Afrique du Sud, il a accueilli de nombreux artistes et musiciens, avant d'être rasé et réhabilité dans les années 1950. Les séquences d'archives sont passionnantes (en anglais et en afrikaans).
- La bande originale du film *Mon nom est Tsotsi*, récompensé en 2005 par un oscar, comprend un titre composé par la star du *kwaito*, Zola (qui joue également Fela, le chef d'un gang du township), ainsi que des chansons envoûtantes écrites par l'auteur-compositeur Vusi Mahlasela (*Music From the Motion Picture Tsotsi*, Milan Records).
- Le documentaire (en afrikaans et en anglais) *Fokofpolisiekar : Forgive Them for They Know Not What They Do* (2009), de Bryan Little, sur les rockeurs afrikaners du groupe Fokofpolisiekar (Fuckoffpolicecar en anglais), offre un aperçu fascinant du monde afrikaner contemporain. Ce groupe précurseur s'est fait le porte-voix des frustrations des jeunes Afrikaners las du conservatisme et du christianisme, froissant au passage la susceptibilité de l'establishment.

L'Amérique du Nord et l'Europe ont inspiré les artistes sud-africains blancs. Phénomène des sixties, les Four Jacks and a Jill étaient de purs produits de la pop. Dans les années 1970, le punk britannique a inspiré les groupes issus des classes populaires, tel Wild Youth, dont le son rappelle les Buzzcocks et les Stooges. La décennie suivante s'est illustrée par la collaboration de musiciens noirs et des musiciens blancs. Ainsi Johnny Clegg et ses groupes Juluka et Savuka, mêlant rock, pop et musique zouloue traditionnelle, bravèrent les restrictions racistes et ouvrirent la voie à d'autres artistes.

L'époque contemporaine

Le *kwaito*, hip-hop typiquement sud-africain, s'est imposé dans les années 1990 et reste la musique la plus populaire du pays, gospel, rap et R'n'B mis à part. Le grunge a façonné des groupes tels que Scooters Union, les Springbok Nude Girls et bien d'autres formations des années 1990, tandis que Seether, Prime Circle et Arno Carstens, ancien leader des Springbok Nude Girls, perpétuaient la tradition du rock. Le rock afrikaans continue de creuser le sillon du mouvement Voëlvry et du groupe Fokofpolisiekar, qui ont développé ce genre musical à succès à partir des années 1980.

De leur côté, Die Heuwels Fantasties (vous pourrez voir le clip de leur chanson *Noorderlig* sur YouTube), Van Coke Cartel, Chris Chameleon et aKING proposent un rock alternatif. Quant aux comédies musicales de l'auteur-compositeur-interprète David Kramer, elles reçoivent un excellent accueil critique. Il faut également compter avec la musique dance d'avant-garde, aux multiples visages : house, techno, acid-jazz, R'n'B, dancehall et tous les groove intermédiaires, incluant de plus en plus souvent des éléments live. Seule la scène trance d'Israël devance celle de l'Afrique du Sud, et de grandes fêtes sont régulièrement organisées près du Cap. Enfin, les hippies d'aujourd'hui se rassemblent lors du festival AfrikaBurn (www.afrikaburn.com), qui se tient chaque année en avril/mai dans le Tankwa Karoo.

Les effets de l'apartheid sur la vie et la culture se font encore douloureusement sentir ; des musiciens comme le légendaire jazzman jadis exilé, Hugh Masekela, insistent sur la nécessité de poursuivre la sensibilisation. Le talentueux chanteur contestataire Vusi Mahlasela, "The Voice", qui participa au concert d'investiture de Mandela en 1994, continue de transmettre le message de l'ex-président en qualité d'ambassadeur officiel de la campagne de prévention du sida "46664" (le numéro attribué à Mandela en tant que prisonnier).

La création d'une industrie musicale et de réseaux de diffusion appartenant à (et dirigés par) des personnes noires fut une longue bataille et se heurta à une résistance féroce de la part des nababs du show-business "blanc", au pouvoir depuis longtemps. Pour autant, c'est un fait : la musique sud-africaine s'africanise de plus en plus, et l'on peut entendre, par exemple, de bons groupes de musique indé et électro occidentalisés, de langue anglaise et afrikaans. Entre-temps, la musique contestataire a délaissé le thème de la résistance anti-apartheid pour se concentrer sur d'autres fléaux : le sida, la pauvreté, les viols de femmes et d'enfants. Nombre de ces problèmes, en particulier l'épidémie de VIH/sida, sont encore tabous en dépit de leurs ravages sur les habitants des townships. La musique est donc un bon moyen d'en parler et d'éveiller les consciences.

Le climat actuel offre d'innombrables possibilités d'expression culturelle et artistique. Les clivages sont tombés, les styles s'influencent les uns les autres en permanence et de nombreux genres, en particulier le jazz et l'afro-house, sont en plein essor (même si les salles manquent encore). La démocratie, si chèrement gagnée, n'a jamais paru si mélodieuse.

Sites Internet spécialisés

South African Music (www.music.org.za) : la référence absolue en ce qui concerne les musiciens sud-africains.

One World (www.oneworld.co.za) : boutique en ligne de musique indépendante vendant des CD et DVD sud-africains.

Styles musicaux d'Afrique du Sud

Marabi

Au début du XXe siècle, les spectacles des musiciens afro-américains itinérants, le music-hall, les pianistes de ragtime et les groupes de gospel enthousiasmaient le public du Cap et de Jo'burg, alors en pleine expansion. L'urbanisation eut un effet domino sur les styles musicaux : les jazzmen américains de passage et les disques d'artistes comme Louis Armstrong et Duke Ellington inspirèrent ce qui allait devenir le jazz sud-africain. Dans les années 1920-1930, les ghettos chantaient et dansaient sur les rythmes d'une musique redoutable, le *marabi* ("gangster" en sotho).

Joué sur de modestes orgues à pédales et claviers et accompagné de canettes remplies de cailloux, le *marabi* investit les *shebeens* (bars sans licence des townships) et les dancings. Grâce à lui, les établissements ne désemplissaient pas, mais il apportait aussi dignité et réconfort dans les quartiers des classes opprimées. Son rythme proche de la trance et ses harmonies cycliques rappelaient le dixieland et le ragtime américains. Au cours des décennies suivantes s'ajoutèrent *penny whistle,* tambours et banjo, et le *marabi* se teinta d'accents de big band, voire de be-bop. Le *marabi* fit son entrée dans les formations de jazz-dance, qui donnèrent naissance à la première génération de musiciens professionnels noirs : Jazz Maniacs, Merry Blackbirds et Jazz Revellers. Étiqueté (parfois à tort) "African jazz" ou "*jive*", le *marabi* renforça la spécificité sud-africaine de ces groupes et leur popularité auprès de tous les publics. Il engendra également d'autres styles, dont le *kwela*.

Le mouvement Voëlvry ("libre comme l'oiseau") a rassemblé dans les années 1980 les musiciens afrikaners opposés à l'apartheid. Son point d'orgue a été une grande tournée nationale. Ce fut localement un tournant décisif, semblable à la révolution culturelle qui a balayé l'Occident dans les années 1960.

Kwela

Le *kwela* est le premier genre musical sud-africain à susciter l'intérêt d'un public international. Joué à l'origine avec une guitare acoustique, un banjo, une basse à une corde et, surtout, un *penny whistle,* le *kwela* enthousiasma les jeunes qui n'avaient accès ni à la trompette ni au piano, mais souhaitaient s'emparer du swing américain. Des groupes de flûtistes jouaient au coin des rues dans les quartiers blancs, au risque de se faire arrêter pour trouble à l'ordre public, et attiraient des hordes de jeunes Blancs rebelles, surnommés "*ducktails*" (queues de canard). Selon la rumeur, ces jeunes servaient de guetteurs pour le compte des *shebeens*.

Les groupes de *kwela* enchantaient le public, mais furent peu enregistrés avant 1954. Cette année-là, *Ace Blues,* de Spokes Mashinyane, remporta un immense succès et les producteurs blancs se ruèrent sur les artistes noirs. Sparks Nyembe et Jerry Mlotshwa, notamment, devinrent populaires ; le hit *Tom Lark,* d'Elias And His Zig-Zag Jive Flutes, parvint en Grande-Bretagne, où il resta quatorze semaines au hit-parade.

Au début des années 1960, Mashiyane introduisit le saxophone dans le *kwela* avec sa chanson *Big Joe Special*, qui sonna le glas du *penny whistle* et l'avènement du *sax-jive.* Ce dernier se transforma rapidement en *mbaqanga*.

Mbaqanga

Le saxophone s'imposa dans le *jive,* alors relégué dans les townships, au grand dam des Blancs fans de *kwela*. Le *mbaqanga* ("pain quotidien" en Zoulou) eut ses innovateurs : Joseph Makwela et Marks Mankwane du célèbre Makhona Tshole Band ajoutèrent des guitares électriques – essentiellement des basses musclées – aux rythmes en cascade, tandis que le saxophoniste-producteur West Nkosi donnait le ton. Ce son électrique immensément populaire accompagnait des chanteurs dont le genre vocal deviendra le *mqashiyo* (du nom d'une danse), bien qu'il ne diffère guère du *mbaqanga.*

Les chants propres au *mbaqanga* apparurent dans des formations des années 1950, telles les Manhattan Brothers et les Skylarks de Miriam Makeba, qui imitaient le doo-wop afro-américain tout en employant des harmonies africanisées à cinq temps au lieu de quatre. Dans les années 1960, la voix rauque et grave d'Aaron "Jack" Lerole (qui se fit connaître avec Elias et His Zig Zag Jive Flutes) fait son apparition, mais le chant enroué de Simon Mahlathini Nkabinde et les voix cristallines des Mahotella Queens (accompagnées du Makhona Tshole Band) marqueront toute une génération, notamment Izintombi Zezi Manje Manje et les Boyoyo Boys.

Plus récemment, Aaron Lerole a fondé le groupe Mango Groove et a fait une tournée avec le groupe américain Dave Matthews Band avant de mourir en 2003. Les Mahotella Queens, qui jouent désormais sans Simon Mahlathini Nkabinde, ont toujours autant de succès. Enfin, signalons que le producteur britannique Malcolm McLaren a plagié les Boyoyo Boys en 1983 dans sa chanson à succès intitulée *Double Dutch*.

Le *mbaqanga* reste prépondérant dans la musique sud-africaine et son influence se ressent dans tous les genres, de la soul au *kwaito*, en passant par le reggae, le R'n'B et, bien sûr, le jazz.

La chanteuse de jazz Miriam Makeba chante son titre le plus célèbre, "*Qongqothwane*" ("La chanson des clicks"), en xhosa, langue qui se caractérise par ses fameux clicks (clappements de la langue ou des lèvres).

Jazz

Caractéristique du point de vue de la structure, de l'harmonie et de la mélodie, le puissant courant que représente le jazz sud-africain a débuté comme un mouvement d'avant-garde avant de devenir un cri contestataire et identitaire. Les stars expatriées, comme la chanteuse Miriam Makeba ("Mama Africa"), le pianiste Abdullah Ibrahim (anciennement Dollar Brand) et le trompettiste Hugh Masekela, en ont fait le genre musical de l'exil, exprimant la souffrance de tout un peuple. Blue Notes, la formation dynamique comprenant le pianiste Chris McGregor et le saxophoniste Dudu Pukwana, a contribué à transformer le jazz européen en s'installant en Grande-Bretagne. Quant aux jazzmen restés au pays, ils se firent discrets tout en expérimentant devant de nouveaux adeptes des sonorités inédites, une fusion jazz-rock et des métissages avec les musiques latinos ou malaises.

De retour au pays après la fin du boycott culturel anti-apartheid, les stars mondiales ont su, non sans mal, reconquérir leur public. Beaucoup connaissent désormais le succès, ce genre musical étant devenu grand public. Masekela demeure le plus ancien ambassadeur de la musique sud-africaine, Miriam Makeba étant décédée en 2008 à l'âge de 76 ans. Soutenus par les médias du pays, de fréquents festivals accueillent de grands noms du monde entier. Ce fut encore le cas en 2014 lors de la 15e édition de l'International Jazz Festival organisée au Cap, avec entre autres Erykah Badu et Level 42.

LES MEILLEURS TITRES À ÉCOUTER

marabi – *From Marabi to Disco*, divers artistes

kwela – *King Kwela*, Spokes Mashiyane

mbaqanga – *Kuze Kuse*, Soul Brothers

jazz – *African Marketplace*, Abdullah Ibrahim

gospel – *Tales of Gospel SA*, divers artistes

musique néotraditionnelle – *Amakhansela*, Phuzekhemisi

soul, reggae et R'n'B – *Respect*, Lucky Dube

bubblegum et kwaito – *New Construction*, Bongo Maffin

zef et tendances actuelles – *Father Creeper*, Spoek Mathambo

TOP 10 : ALBUMS SUD-AFRICAINS

- *The Indestructible Beat of Soweto* – divers artistes
- *Jazz dans Africa, Volume 1* – Jazz Epistles
- *Her Essential Recordings* – Miriam Makeba
- *Hope* – Hugh Masekela
- *The Best of Mahlathini et the Mahotella Queens*
- *Shaka Zulu* – Ladysmith Black Mambazo
- *Ibokwe* – Thandiswa Mazwai
- *Acceptance Speech* – Hip Hop Pantsula
- *Naledi Ya Tsela (Guiding Star)* – Vusi Mahlasela
- *The One Love Movement on Banto Biko Street* – Simphiwe Dana

Avec le concours de DJ, d'artistes, de poètes et de compagnies de danse, les célébrités locales font évoluer le jazz. Ainsi, le regretté Zim Ngqawana, saxophoniste influencé par John Coltrane (il dirigea un ensemble d'une centaine de percussionnistes, de chanteurs et de danseurs lors de l'investiture de Nelson Mandela comme président de la République) mit à contribution le folk, les traditions rurales, la musique indienne, d'avant-garde et classique. Peu avant de mourir en 2011, il fonda le Zimology Institute, qui accueille de jeunes musiciens de jazz et leur propose un enseignement alternatif à la formation musicale classique dans une ferme de la périphérie de Jo'burg.

Andile Yenana, ancien pianiste de Ngqawana, mélange musiques traditionnelle et expérimentale, dans un style qui rappelle Thelonious Monk. Le guitariste renommé Jimmy Dludlu, sorte de George Benson africain, collabore avec des diplômés d'écoles de musique. Tsopo Tshola, né au Lesotho, est connu pour avoir travaillé d'abord avec Sankomota, groupe originaire de Maseru, et plus récemment pour ses albums solos comme *The Village Pope*. Parmi les chanteuses sud-africaines très en vue, citons Pinise Saul, reine de l'afro-jazz, Sibongile Khumalo, Judith Sephumo, et la vocaliste xhosa Simphiwe Dana. Cette dernière, dont la musique propose une fusion entre le jazz, l'afro-soul, le rap et la musique traditionnelle, a été proclamée "nouvelle Miriam Makeba". Nombre de ces chanteuses rencontrent un grand succès dans le gospel, genre musical qui partage des racines communes avec le jazz.

Gospel

Le gospel sud-africain puise lui aussi sa spécificité dans ses influences africaines. Crédité du soutien des chrétiens noirs (80% de la population), ce Goliath de l'industrie musicale mêle musique chorale européenne, influences américaines, chants zoulous a cappella et d'autres traditions africaines transmises par les églises de Sion, éthiopienne, pentecôtiste et apostolique. Débordants de joie, de couleurs, de rythme, de passion et d'âme, les chœurs de gospel se produisent sans relâche dans le pays, embrasant les grandes salles de concerts comme les petites scènes communales. Comme beaucoup de grands ensembles, le Soweto Gospel Choir, composé de 30 choristes, comprend des percussionnistes et des danseurs. Il jouit d'une renommée internationale et a même remporté deux Grammy Awards en 2007 et 2008 pour ses albums *Blessed* et *African Spirit*.

Ce genre tend à se subdiviser en gospel traditionnel, incarné par l'International Pentecostal Church Choir (IPCC), Solly Moholo, Lusanda

Spiritual Group et Jabu Hlongwane, et gospel moderne. Ce dernier est interprété avec émotion par la superstar Rebecca Malope ("Ribs"), qui a sa propre émission de télévision, par la diva zouloue Deborah Fraser, aux multiples disques de platine, par le révérend Benjamin Dube ("le maestro du gospel"), et par Andile Ka Majola, ancien gamin des rues de Durban devenu pasteur. Besthusile Mcinga, dont le titre *Uzundithwale* a remporté le prix de la meilleure chanson de gospel lors des Crown Gospel Music Awards de 2014, est un nom dont on entendra parler. Au nombre des groupes de gospel swazi figurent France Dlamini, le "père du gospel swazi", Shongwe & Khuphuka et les Ncandweni Christ Ambassadors, dont le leader, Timothy Myeni, est un ancien parlementaire.

Le gospel occupe aussi une place prépondérante dans l'œuvre du groupe Ladysmith Black Mambazo (dont l'album *Ilembe : Honoring Shaka Zulu* a remporté en 2009 le Grammy du meilleur album de musique traditionnelle internationale). Leur *isicathamiya* zouloue montre comment la musique traditionnelle sud-africaine s'est approprié les rythmes et les sons occidentaux pour créer un style unique. Gloria Bosman, Sibongile Khumalo, Pinise Saul et d'autres artistes noirs de renom développent un vaste répertoire couvrant de nombreux genres – gospel, jazz, classique, opéra – après des débuts dans les chorales scolaires des missions ou à l'église. D'autres, comme la grande vedette du gospel Rebecca Malope, sont venus au gospel par la pop.

Musique néotraditionnelle

Loin de la vie urbaine des townships et des studios d'enregistrement des villes, des musiciens traditionnels sotho, zoulous, pedi et tsonga ont développé une musique sociale dynamique. Depuis les années 1930, nombre d'entre eux accompagnent les chants *call-and-response* (appel et réponse) au concertina à 10 touches, un instrument qui fait son retour dans la pop zouloue. Les Sotho adoptèrent l'accordéon (les accordéonistes et les groupes d'accordéon sont encore nombreux au Lesotho), les Pedi, l'autoharpe allemande, et les Zoulous, la guitare.

Le *maskanda* (ou *maskandi*), un jeu de guitare rythmique et répétitif, a vu le jour parmi les travailleurs zoulous lors de leur migration. L'*igogogo*, un instrument fabriqué à partir d'un bidon d'essence, faisait souvent office de guitare. Chantre du *maskanda*, Shiyani Ngcobo utilisait l'*igogogo* dans ses concerts. Parmi les artistes les plus connus figurent notamment le guitariste virtuose Phuzekhemisi, dont les concerts rassemblent souvent des dizaines de chanteurs, danseurs et musiciens, le duo adulé Shwi No Mtkehala et Bhekumuzi Luthuli, à la musique poétique, disparu en 2010.

Lors d'un concert de *tsonga*, une musique enlevée aux sonorités latino-américaines, c'est en général un homme qui chante, accompagné de chœurs féminins, de guitares, de synthétiseurs et de percussions qui impriment un rythme disco. La tsonga compte de grands noms comme Doctor Sithole, George Maluleke, Conny Chauke et Fanie Rhingani.

Dans un style urbano-traditionnel, Lungiswa, jeune artiste xhosa, est l'une des rares musiciennes (en tant que femme) à jouer du *mbira* en Afrique du Sud. Quant à feu la chanteuse zouloue Busi Mhlongo, elle fusionnait les sons traditionnels zoulous avec le hip-hop et le *kwaito*.

Au Lesotho, un groupe de bergers, le Sotho Sounds, joue d'instruments fabriqués à partir d'objets recyclés : violon à une corde (*qwadinyana*), guitares (*katara*) et tambours faits à partir de vieux bidons d'huile, de pneus de voiture, de bois mort et d'un évier. Après leur triomphe au festival Womad en Grande-Bretagne, ils sont revenus à Malealea, où ils continuent de composer et de répéter (ils donnent notamment des représentations pour les clients du Malealea Lodge).

L'album *Graceland* de Paul Simon s'est vendu à plus de 14 millions d'exemplaires. Le chanteur, qui rompt le consensus sur le boycott de l'État ségrégationniste par la scène musicale mondiale, a, au-delà de la polémique, fait découvrir au monde entier la musique sud-africaine.

Encore une fois, c'est en Afrique du Sud que les racines musicales s'entremêlent avec tous les styles musicaux imaginables : country, blues, rap (allez voir du côté de Hip Hop Pantsula et de Molemi), house (les DJ Black Coffee, Mbuso et Vinny da Vinci), rock, afro-house, reggae et soul.

Soul, reggae et R'n'B

Lancée aux États-Unis dans les années 1960, la soul a conquis les adolescents des townships. Diverses tentatives d'imitation peu concluantes virent le jour ; seuls survécurent quelques groupes de soul sud-africaine qui la mâtinèrent de *marabi*, comme les Movers, ou de *mbaqanga* avec basse électrique, tels les Soul Brothers. Ces derniers ont suscité de nombreuses imitations. La soul sud-africaine contemporaine est généralement assimilée au *mbaqanga*, un genre qui a élevé la star du reggae Lucky Dube (tué par balles lors d'un vol de voiture à Johannesburg en 2007) au rang de Bob Marley africain. En plus de 25 ans, il a enregistré plus d'une vingtaine d'albums en zoulou, en anglais et en afrikaans. Ses CD occupent toujours une place de choix dans les magasins de disques et sur les étals des marchés dans toute l'Afrique subsaharienne.

Pour les Kirstenbosch Summer Sunset Concerts, Hugh Masekela et consorts se produisent dans les splendides jardins botaniques du Cap.

Le travail de Dube excepté, le reggae se confond souvent, en Afrique du Sud, avec d'autres genres musicaux, comme le *ragga* et le *kwaito* : ainsi, les Bongo Maffin (les Fugees sud-africains) mêlent *kwaito*, house, reggae, *ragga*, gospel et hip-hop. Un R'n'B local est également apparu, représenté par d'immenses stars comme Loyiso Bala. L'incroyable Thandiswa Maswai (ancienne chanteuse des Bongo Maffin) affirme un style résolument R'n'B dans son second album solo, *Ibokhwe*. Actuellement, on entend partout les chansons émouvantes de la DJ, chanteuse et présentatrice de télévision Unathi Nkayi. Au Cap cependant, les groupes locaux Goldfish et Freshlyground occupent davantage le devant de la scène. Leur musique typique de la ville, au rythme joyeux et enlevé, se classe quelque part entre la soul, la pop et l'électro.

Bubblegum et kwaito

Né dans les années 1970, le disco réapparut 10 ans plus tard, lisse, clinquant et africanisé, sous la forme du *bubblegum*. À dominante vocale et clairement destinée à la jeunesse, cette musique électronique dansante doit autant au *mbaqanga* qu'à l'Amérique. Des superstars comme feu Brenda Fassie, Sello Twala dit "Chicco" et Yvonne Chaka Chaka, la "princesse d'Afrique", ont perfectionné ce que les Soul Brothers ont lancé. Le titre d'Yvonne Chaka Chaka intitulé "Umqombothi" (du nom d'une bière artisanale xhosa), accompagne le début du film *Hôtel Rwanda* (2005). La popularité du *bubblegum* s'est éteinte dans les années 1990, balayée par le raz-de-marée du *kwaito* (qui signifie "cool" en *isicamtho*, l'argot des townships du Gauteng. Le mot est lui-même dérivé du mot afrikaans *kwaai*, qui signifie "strict" ou "en colère").

Musique de la jeunesse noire urbaine, le *kwaito* mêle de multiples influences : *bubblegum*, hip-hop, R'n'B, *ragga*, *mbaqanga*, musique traditionnelle, jazz, house britannique et américaine. C'est également une façon de s'affirmer, un état d'esprit, un mode de vie. Scandées ou chantées dans un mélange d'anglais, de zoulou, de sesotho et d'isicamtho (sur des rythmes programmés et des cassettes d'accompagnement), les paroles du *kwaito* oscillent entre l'anodin et le violemment politique. Cette fusion musicale unique en son genre a frappé l'imagination de l'Afrique du Sud post-apartheid. Zola, Boom Shaka, Mapaputsi, Spikiri et les Trompies ont ouvert la voie à d'autres artistes tels que Mandoza, Thokozani Ndlovu dit "L'vovo Derrango", Big Nuz et Howza.

Le zef et les tendances actuelles

Les groupes Die Antwoord et Spoek Mathambo ont tous deux créé leur propre genre musical, remportant au passage un grand succès international. Ils ont en commun d'avoir revisité les sous-cultures singulières et méconnues de leur pays pour les rendre accessibles à un public étranger. Die Antwoord ("la réponse" en afrikaans), composé de Ninja (Watkin Tudor Jones) et de Yolandi Visser (Anri du Toit), personnage évoquant une fée cyberpunk, sont à l'origine de sons et d'images âpres et futuristes rassemblés sous la bannière du "zef". Ce terme a longtemps désigné la culture des Sud-Africains blancs et pauvres, sans toutefois la connotation péjorative associée au mot "bogan" en Australie ou "chav" au Royaume-Uni. Die Antwoord se l'est approprié pour désigner sa musique rap-rave au rythme frénétique et son look "white trash" (qu'on pourrait traduire par "déchet blanc") ironique. Autre artiste représentatif du "zef", le rappeur Jack Parow, sorte de version afrikaner du groupe britannique The Streets, se décrit comme le "pirate du camping-caravaning". Il chante la vie dans la banlieue du Cap. Cependant, le groupe Die Antwoord trace actuellement un chemin bien à lui en Afrique du Sud, notamment au travers de ses tournées internationales, accompagné, entre autres, d'Aphex Twin, et de ses clips originaux et dérangeants. Vous pourrez vous faire une idée de son travail en regardant "Enter the Ninja", "I Fink U Freeky" et "Ugly Boy" sur YouTube.

Spoek Mathambo, qui marie les rythmes électro, les guitares *lo-fi* (au son "sale") et les influences africaines, appelle sa musique "township tech" ("techno du township"). Son deuxième album, *Father Creeper,* sorti en 2012 sous le label américain Sub Pop, résume le mélange linguistique des townships, circulant avec aisance entre les langues africaines noires, l'anglais, l'afrikaans, les références occidentales et les sujets propres à l'Afrique du Sud. Il a eu un certain succès à l'étranger en reprenant la chanson "She's Lost Control" du groupe britannique post-punk Joy Division, et en se produisant lors de la tournée Africa Express de Damon Albarn en 2012.

Dans l'Afrique du Sud d'aujourd'hui, la liberté d'expression pour tous, des jeunes Noirs aux rockeurs blancs de la classe moyenne, n'est plus un luxe comme elle l'était du temps de l'apartheid. Cette liberté retrouvée s'est exprimée en premier lieu dans la musique, un art toujours en pleine effervescence créatrice et qui se réinvente en revêtant d'innombrables formes.

Lesotho et Swaziland

Au Swaziland, où le monarque absolu polygame Mswati III regarde des milliers de jeunes vierges danser seins nus lors de la cérémonie ancestrale – et controversée – de l'*umhlanga* (danse des roseaux), l'ambiance est moins progressiste qu'en Afrique du Sud. Toutefois, la musique existe haut et fort. Le roi Mswati en personne accueille depuis longtemps des concerts destinés à collecter des fonds, au cours desquels se produisent des stars internationales (par exemple Eric Clapton) et des artistes locaux. La musique, a-t-il déclaré, "est à la fois l'arme qui guérit les âmes en peine et l'expression de la joie".

La musique traditionnelle swazi accompagne les grands événements : récoltes, mariages, naissances et autres cérémonies. Mais bien sûr, la musique de l'Afrique du Sud influence inévitablement celle de ses voisins, et le Swaziland n'y échappe pas. On trouve donc aussi du chant choral, du jazz, de l'afro-pop, du rock, une scène hip-hop et surtout du gospel. Ne manquez pas DJ Simza, spécialiste de la house africaine, la rappeuse Pashu (qui n'est autre que la princesse Sikhanyiso, fille aînée du roi Mswati), les jazzmen franco-swazi de Lilanga, le chanteur soul Bholoja et le groupe de gospel Ncandweni Christ Ambassadors.

Au Lesotho, la musique est omniprésente, dans les collines et les vallées. Jouer et chanter font partie intégrante de la vie du peuple basotho : dans les villages, les enfants harmonisent en chœur, les petits bergers jouent du *lekolulo* (flûte) et chantent d'une voix pure et cristalline, les femmes jouent du *thomo* (instrument à cordes) et les hommes du setolo-tolo, un instrument qui ressemble à la guimbarde. Le chant choral, le reggae et le *famo* (chant, souvent accompagné de hululements, soutenu par un accordéon, un tambour et parfois une basse) sont très populaires, suivis de près par l'afro-pop, le jazz et le *kwaito*.

Cuisine

Prenez un soupçon de magie noire, une dose de cuisine hollandaise roborative, une pincée d'épices indiennes, un brin de saveurs malaises et vous obtenez un fabuleux mélange de coutumes culinaires qui mijote dans le *potjie* (marmite) sud-africain.

Les premiers habitants survécurent grâce à la chasse, à la pêche et à la récolte d'innombrables légumes et tubercules. Lorsqu'il devint nécessaire de fournir fruits et légumes frais aux navires de passage, les colons hollandais plantèrent leurs célèbres potagers (les actuels Company's Garden du Cap). Leur riche cuisine était parfumée de muscade, de cannelle et de casse (épice), et accompagnée de riz provenant de leurs colonies d'Asie du Sud-Est. Les esclaves malais de Madagascar et d'Indonésie ajoutèrent des épices à des plats souvent fades.

Si Le Cap a été le berceau de la cuisine sud-africaine, le KwaZulu-Natal a joué un rôle important avec des immigrants d'autres pays d'Afrique, des colons britanniques et des Mauriciens qui plantèrent des fruits exotiques et introduisirent leur sauce tomate relevée. Puis au milieu du XIXe siècle, les travailleurs indiens apportèrent leurs épices. Il est intéressant de découvrir les diverses influences culturelles qui ont produit la cuisine sud-africaine et de goûter les multiples préparations.

Tandis que des chefs s'intéressent à leurs racines culinaires avec une énergie renouvelée, un retour aux fondamentaux s'impose également. Les chefs les plus créatifs, tel Shaun Schoeman au Fyndraai Restaurant (p. 114) dans le domaine viticole de Solms-Delta à Franschhoek, cultivent eux-mêmes les légumes et les herbes qui parfument leurs créations. Le public recherche aussi des produits du terroir sur les marchés de quartier, des bières artisanales et des fromages d'affineurs, issus de pratiques bio et durables.

Le mariage entre les chefs et leur clientèle est réussi : tous deux respectent les saveurs qui font la renommée de l'Afrique du Sud et s'efforcent de les rendre surprenantes, alléchantes et modernes.

Besoin de *padkos* ("nourriture de route") pour un long trajet ? Les Sud-Africains emportent habituellement une ou deux boîtes de jus de fruits, du *biltong*, des *droëwors* (saucisses sèches), un ou deux œufs durs et du *guava* (goyave) séché.

Fêtes gastronomiques

- *Fête de l'Olive, Riebeek Kasteel (mai)*
- *Fête de l'Huître, Knysna (juillet)*
- *Fête de la Viande, Calvinia (août)*
- *Fête de la Cerise, Ficksburg (novembre)*
- *Fête du Homard, Paternoster (novembre)*

Spécialités locales

Truites au Mpumalanga, *mealies*, ou *mielies* (épis de maïs) au Gauteng, *umngqusho* (ragoût de maïs et de haricots) au Cap oriental, gibier et cerises dans l'État libre, porridge de maïs ou de sorgho au Swaziland et au Lesotho, curries à Durban, langouste sur la côte ouest et agneau succulent au Karoo, la variété n'a pas de limite.

Le Grand Trek des Afrikaners a produit le traditionnel *biltong* (viande séchée et épicée appelée *umncweba* au Swaziland), les *rusks* (biscuits durs) à tremper, les fruits secs et les *boerewors*, des saucisses de viande conservée dans des épices et du vinaigre, parfois séchées.

La cuisine du Cap mêle des influences malaisienne et hollandaise dans des plats tels que le *bobotie* (hachis sucré et épicé accompagné de riz), la tourte au poulet et le *bredie* (ragoût d'agneau et de légumes). Le dessert peut être un riche *malva* (pudding spongieux et gluant) ou un *melktert* (sorte de flan), généralement saupoudré de cannelle.

MARCHÉS ALIMENTAIRES

L'engouement de l'Afrique du Sud pour les produits artisanaux s'exprime pleinement sur les marchés hebdomadaires, organisés dans tout le pays. Ils proposent des légumes bio, des pains fraîchement préparés, des fromages traditionnels et un choix de sauces, confitures et pickles, ainsi que nombre de stands de restauration et de plats à emporter.Ces derniers offrent toutes sortes de délices, des crêpes de pois chiches aux paellas et des *dim sum* aux sandwichs garnis de viande bio. L'alcool est toujours largement disponible et les marchés offrent parfois musique live, artisanat ou aire de jeux pour les enfants. La plupart des marchés ont lieu le week-end. S'ils sont plus nombreux au Cap et dans les Winelands, vous en trouverez de plus modestes dans les bourgades de la Garden Route et dans des villes plus importantes, telles que Bloemfontein et Johannesburg.

En raison de l'excellente réputation de l'agneau du Karoo, cette viande est souvent faussement présentée comme provenant de cette région semi-désertique. Une nouvelle certification "*meat of origin*" (viande d'origine) a été mise en place pour assurer que l'agneau du Karoo est élevé selon des règles strictes. Consultez le site www.karoomeatoforigin.com pour plus d'informations.

La cuisine africaine est à base de maïs, de sorgho et de haricots, relevés de feuilles de *morogo* ou d'*imifino (farine de maïs et légumes),* cuits avec des oignons, des arachides et des piments.

Les délicieux curries et *breyani* (similaires aux *biryani*) font la réputation de la cuisine indienne sud-africaine, influencée par la cuisine malaise, d'où des curries plus épicés à Durban qu'au Cap.

Institution sud-africaine, le *braai* (barbecue) rassemble toutes les communautés. Événement social, le *braai* comprend habituellement viande et légumes – côtelettes ou *sosaties* (brochettes d'agneau épicées), *boerewors,* épis de maïs et patates douces – et s'organise partout, dans les townships, les villes et les campagnes.

Plats de base

Le *mealie pap* (porridge de maïs) est le plat le plus consommé en Afrique du Sud, au Swaziland et au Lesotho. Plus ou moins épais selon la région, c'est un mets fade mais nourrissant et bon marché, que l'on peut améliorer avec une sauce ou du ragoût. Le *samp* (grains de maïs séchés et broyés) et les haricots constituent la base idéale pour les ragoûts de viande ou de légumes.

Le riz et les pommes de terre sont largement proposés et parfois servis sur une même assiette. Du *roosterkoek* (pain traditionnel cuit sur le *braai*) au panini, le pain est bon et offert en de nombreuses variétés.

Viande

La viande constitue un aliment de base dans certaines régions. Les Afrikaners mangent des *boerewors* (saucisses) ou du bœuf haché au petit-déjeuner, et vous les entendrez souvent dire en plaisantant que le poulet est un légume. Outre le bœuf et l'agneau, on sert du gibier comme l'autruche, le springbok et le koudou. Les steaks sont excellents.

Les livres de cuisine ont beaucoup de succès en Afrique du Sud. Recherchez ceux des grands chefs sud-africains, tels Pete Goffe-Wood, Justin Bonello, Reuben Riffel et Jenny Morris.

Produits de la mer

Baignée par deux océans, l'Afrique du Sud n'est cependant guère réputée pour ses plats de poisson. Le Cap, la côte ouest et la Garden Route offrent toutefois quelques délices, dont des ragoûts de poisson légèrement épicés, du *snoekbraai* (escolier grillé), des moules, des huîtres et des homards. Le poisson mariné est une spécialité du Cap, tandis que les restaurants du Swaziland proposent couramment des crevettes, importées du Mozambique. Sur la côte ouest, goûtez le *bokkom* (mulet séché salé), une sorte de "*biltong* de poisson".

Boissons

Eau

L'eau du robinet est généralement potable dans les villes d'Afrique du Sud. Dans les campagnes (et partout où les conditions locales entraînent des risques de contamination des sources), ainsi qu'au Lesotho et au Swaziland, mieux vaut purifier l'eau ou utiliser de l'eau en bouteille.

Bière

La bière est la boisson nationale. Le deuxième plus grand brasseur au monde, SAB Miller, est originaire d'Afrique du Sud et possède des brasseries dans toutes les grandes villes. La *lager* (à basse fermentation) a longtemps eu la préférence ; la Castle et la Black Label sont les plus vendues, et la Castle Lite est une nouvelle favorite. Ces dernières années, l'ale (à fermentation haute) a gagné du terrain et une "révolution de la bière artisanale" a balayé le pays. Aujourd'hui, chaque province, à l'exception du Cap-Nord, compte plus de 150 brasseries. Les grandes marques comme Boston Breweries, Cape Brewing Company, Darling Brew, Jack Black et Mitchell's se trouvent partout, tandis que les nano-brasseries ne produisent habituellement que pour leur village ou bourgade. Repérez les bières inhabituelles parfumées à des plantes locales, comme le *rooibos* ou le *buchu* (une herbe médicinale au fort goût de menthe).

Le cidre artisanal est également en vogue, principalement dans la vallée d'Elgin (Cap occidental). Goûtez le Windermere et l'Everson's.

La bière se vend en bouteille (ou en canette) pour environ 20 R, et à la pression dans les bars pour quelque 25 R. Les bières artisanales sont un peu plus chères.

Vin

L'Afrique du Sud produit du vin depuis 1659 et offre des crus de qualité à des prix raisonnables. Les vins blancs secs sont particulièrement bons, notamment le sauvignon, le riesling, le colombard et le chenin blanc. Parmi les rouges les plus appréciés figurent le cabernet sauvignon, le

Au Lesotho, goûtez le *motoho*, un porridge de sorgho fermenté. Les variantes swazi comprennent le *sishwala* (porridge de maïs et de haricots, habituellement accompagné de viande ou de légumes) et l'*incwancwa* (porridge de maïs légèrement fermenté).

Meilleures brasseries artisanales

Devil's Peak

Cape Brewing Company

Standeaven

Brauhaus am Damm

Copperlake

LA SOUTHERN AFRICAN SUSTAINABLE SEAFOOD INITIATIVE

Avec un nombre croissant de consommateurs privilégiant le poisson comme source de protéines, les ressources halieutiques du littoral sud-africain (et au-delà) risquent de s'effondrer. La surpêche et le recours à des méthodes de pêche inadéquates menacent de nombreuses espèces.

La branche sud-africaine du WWF (World Wide Fund for Nature) a lancé en 2004 la Southern Africa Sustainable Seafood Initiative (SASSI) afin d'informer la population sur les espèces durables (Liste verte), celles à consommer avec précaution (Liste orange) et celles fortement menacées dont la pêche est interdite (Liste rouge).

La plupart des poissons qui figurent sur les cartes des restaurants sud-africains font partie de la Liste verte : l'escolier (*snoek*), la limande à queue jaune (sériole), le thon, le colin, l'ange et le merlu. Parmi les espèces de la Liste orange, qui ne résisteraient pas à une pêche excessive, citons la langouste de la côte ouest, le *perlemoen* (ormeau), le maquereau, la crevette, le cob, la sargue australe, le saumon du Cap, le sabre, le maigre et l'espadon. Si les restaurateurs ont le droit de les proposer, vous pouvez choisir de vous abstenir en toute connaissance de cause. Le galjoin franc (*galjoen*), la spare broyeuse, le marbré du Cap (*steenbras*), la sargue et le thon rouge font partie de la Liste rouge.

Inutile de mémoriser tous les poissons des listes pour choisir votre plat : envoyez simplement un SMS indiquant son nom au ☎079-499 8795 et vous saurez immédiatement si vous faites le bon choix ou non.

Pour plus d'informations, consultez le site www.wwfsassi.co.za.

pinotage (un croisement local de pinot et de cinsaut, appelé hermitage), la syrah et le pinot noir. Les vins sont tous certifiés et les étiquettes mentionnent le domaine viticole, le millésime et l'origine. Si le vin pétillant sud-africain ne peut prétendre au titre de champagne, plusieurs viticulteurs mélangent chardonnay et pinot noir selon la méthode champenoise, localement appelée MCC (méthode Cap classique). De même, les vins de style porto ne peuvent utiliser l'appellation "porto" – goûtez le Cape Ruby et le Cape Tawny. Calitzdorp, dans le Petit Karoo, est réputé pour ses vins fortifiés.

Le prix moyen d'une bouteille de vin s'élève à 60 R en magasin, deux fois plus dans un restaurant. Comptez environ 35 R pour un verre de vin.

Publié tous les ans, le *John Platter Wine Guide* est le guide incontournable des vins sud-africains. Vous pouvez également consulter le site www.wineonaplatter.com, qui fournit de nombreuses informations sur les routes du vin au Cap.

Spiritueux

Si vous appréciez les alcools forts, quelques eaux-de-vie de classe internationale sont produites dans les Cape Winelands ; goûtez le KWV ou le Van Ryn's. Le brandy-Coca est une boisson proposée dans tout le pays.

Le *Mampoer* (un alcool de contrebande) et le *witblits* (similaire à la grappa) se trouvent partout, mais, avec un taux d'alcool à plus de 50°, ils laissent présager des lendemains difficiles.

Préférez les alcools artisanaux, produits par de nouvelles distilleries comme Jorgensen's et Inveroche, dans le Cap occidental ; la seconde utilise le *fynbos* pour parfumer ses gins.

Établissements

Pour un bon repas dans un cadre splendide, rejoignez les Winelands. Le long de la côte du Cap occidental, des restaurants en bord de plage servent des *braai* de poisson, grillés sous vos yeux. Si vous visitez un township, ne manquez pas de goûter la cuisine familiale dans un B&B. Outre des restaurants de spécialités, les grandes villes possèdent des établissements qui proposent des plats occidentaux standard (à partir de 75 R). De nombreux restaurants ont une licence d'alcool, mais vous pouvez apporter votre bouteille de vin presque partout et payer un droit de bouchon.

Dans les villages du Lesotho, des drapeaux colorés indiquent les maisons qui brassent des bières, ou la nourriture disponible : blanc pour la bière de sorgho, jaune pour la bière de sorgho au gingembre, vert pour les légumes et rouge pour la viande.

Toutes les villes comptent des cafés qui servent des plats légers et des sandwichs. Dans la campagne, le *kaffie* (café) est souvent une petite échoppe qui vend des sodas, des chips, des produits d'épicerie et du bois pour le *braai*. Les cafés ouvrent généralement de 8h à 17h.

Les grandes villes offrent un bon choix de pubs et des bars à cocktails plus sélects. Les bars franchisés se multiplient dans les zones urbaines, et la plupart des petites villes abritent au moins un hôtel avec un bar. Dans les townships, la vie évolue autour des *shebeens*, des bars autrefois illégaux et aujourd'hui sans licence. Dans tout le pays et dans les grandes

CONVIVIALITÉ AUTOUR D'UN BRAAI

Le *braai* (barbecue) est un loisir national et le pilier de la vie sociale. Même le jour férié appelé officiellement Heritage Day (Journée du patrimoine ; 24 septembre) a été renommé National Braai Day !

Si vous êtes invité à un *braai*, sachez qu'il est d'usage d'apporter une bouteille d'alcool. Si l'hôte fournit parfois la viande, le plus souvent les invités apportent la viande, des accompagnements ou des desserts. L'ambiance est détendue et le code vestimentaire, décontracté. Habituellement, les hommes s'occupent des grillades et les femmes préparent les salades.

Jan Scannell, plus connu sous le nom de Jan Braai, est la vedette de ce passe-temps national et l'instigateur du Braai Day. Son livre *Fireworks* constitue une bonne introduction à l'art du *braai*.

COURS DE CUISINE

Le Cap, un paradis des gourmets, est le meilleur endroit pour des cours de cuisine.

Andulela (☎021-418 3020 ; www.andulela.com). Les forfaits comprennent une demi-journée de cours de cuisine malaise dans le Bo-Kaap (795 R), la préparation du pain dans les Winelands (1 395 R) et un cours de cuisine dans une maison familiale du township de Guguletu, où vous apprendrez à préparer des plats xhosa traditionnels (795 R).

Bo-Kaap Cooking Tour (☎074 1308 124 ; www.bokaapcookingtour.co.za ; 600 R/pers). Après une courte visite à pied du Bo-Kaap et l'achat de quelques épices, rejoignez la maison de Zainie pour un cours de cuisine malaise.

villes du Lesotho et du Swaziland, vous pouvez acheter de l'alcool dans les magasins de spiritueux et du vin dans les supermarchés ; ils sont presque tous fermés le dimanche.

Végétariens

Dans ce pays essentiellement carnivore, les restaurants proposent presque tous au moins un plat végétarien, et les grandes villes comptent souvent un restaurant végétarien. Nombre de cafés préparent sur demande des plats sans viande. Les restaurants indiens et italiens sont également pratiques, bien que la sauce des pâtes contienne souvent des graisses animales. Dans les villes, des boutiques bio vendent tofu, lait de soja, etc., et pourront vous indiquer des restaurants végétariennes.

Les végétaliens rencontreront plus de difficultés : la plupart des plats sans viande contiennent du fromage, des œufs ou du lait. Les boutiques bio constituent la meilleure ressource, mais sont habituellement fermées le soir et le dimanche. Les grands supermarchés vendent aussi des produits à base de soja et vous trouverez facilement des fruits secs et frais. Repérez les vendeurs de fruits et légumes de saison installés en bord de route dans tout le pays.

Au Lesotho et au Swaziland, les plats de haricots, de cacahuètes ou de fèves sont généralement servis avec des légumes.

Ukutya Kwasekhaya: Tastes from Nelson Mandela's Kitchen, de Xoliswa Ndoyiya, comprend des recettes traditionnelles qu'appréciait Madiba. Xoliswa, la cuisinière personnelle de Mandela, donne les recettes des plats africains comme l'*umqusho* (maïs et haricots) et l'*umsila wenkomo* (ragoût de queue de bœuf), ainsi que des plats internationaux.

Les mots à la bouche

Pour connaître la différence entre un *potjie* et un *umphokoqo*, des *skilpadjies* et des *sosaties*, consultez la liste ci-après.

Déchiffrer la carte

S'il est peu probable de trouver tous ces plats sur une seule carte dans un même restaurant, cette liste vous donnera une idée de la diversité de la cuisine sud-africaine.

Nourriture

Plats de viande

bobotie – tourte de viande hachée au curry surmontée de flan salé à l'œuf, servie sur un lit de riz jaune avec du chutney
boerewors – saucisses épicées et très grasses, généralement de bœuf et de porc ; indispensables dans un *braai*, elles sont souvent vendues en hot dogs par des marchands ambulants
bredie – ragoût afrikaner roboratif, d'agneau et de légumes
breyani – semblable au *biryani* indien avec une influence malaise, un plat épicé de riz, de lentilles et de viande
eisbein – jarret de porc
frikkadel – boulette de viande frite

mashonzha – nom des larves de mopane dans le Venda, où elles sont servies avec du *dhofi* (sauce aux arachides)
mopane worms – chenilles ramassées sur les arbres mopane. Une fois les pattes enlevées, la chenille est séchée et servie comme en-cas croustillant ; voir aussi *mashonzha*
potjiekos – viande et légumes disposés en couches dans une marmite tripode et doucement mijotés sur un feu ; souvent servi avec un *potjiebrood* (pain cuit dans une autre marmite)
skilpadjies – (littéralement "petites tortues") foie d'agneau enveloppé dans du lard et grillé
smileys – terme argotique désignant les têtes de moutons bouillies et rôties ; souvent vendues à la campagne
sosatie – cubes d'agneau marinés dans de l'ail, du jus de tamarin et de la poudre de curry, puis grillés en brochette avec des oignons et des abricots ; d'origine malaise, aujourd'hui souvent composé de poulet
venison – venaison ; il s'agit souvent de springbok, mais parfois de koudou, d'éland, de blesbock ou de tout autre gibier
vienna – saucisse de hot dog, habituellement de porc
waterblommetjie bredie – ragoût d'agneau de style malais, avec des fleurs d'aponogéton odorant *(Aponogeton distachyos)*, du jus de citron et de l'oseille

Une petite fringale ? Dégustez un *mealie* (épi de maïs) ou un copieux *bunny chow* de Durban (curry à emporter : une demi-miche de pain évidée et farcie de curry).

Curries, condiments et épices

atchar – pickle malais de fruits et de légumes, assaisonné d'ail, d'oignon et de curry
chakalaka sauce – sauce tomate épicée avec oignons, *piri-piri* (piment), poivrons verts et curry, pour relever le *pap* et d'autres plats
curry – aussi savoureux qu'en Inde ; très relevé à Durban, plus doux au Cap (Bo-Kaap) dans sa version malaise
peri-peri/piri-piri – piment fort
samosa – chausson indien épicé, farci de pommes de terre et de petits pois, parfois de viande hachée ou de poulet

Pain et desserts

koeksister – beignet tressé trempé dans du sirop (gluant et calorique) ; la version malaise est plus légère, plus épicée et saupoudrée de noix de coco
konfyt – confiture
malva pudding – délicieux dessert spongieux, parfois appelé *vinegar pudding* car traditionnellement confectionné avec de la confiture d'abricot et du vinaigre
melktert – flan épais à base de lait, d'œufs, de farine et de cannelle
roosterkoek – pain cuit traditionnellement sur un *braai*
rusk – biscuit très dur cuit deux fois, à tremper dans le café
vetkoek – boulette de pâte frite, parfois fourrée d'un hachis de fruits secs et de graisse ; *amagwinya* en xhosa

Céréales, légumineuses et légumes

amadumbe – sorte de patate douce, très appréciée au KwaZulu-Natal
imbasha – plat swazi à base de maïs et de fruits secs rôtis
imifino – plat xhosa composé de *mealie meal* et de légumes
mealie/mielie – épi de maïs grillé
mealie meal – maïs finement moulu
mealie pap – porridge de maïs ; nourriture de base en Afrique australe, meilleure avec une sauce ou un ragoût
morogo – feuilles vertes, généralement des épinards sauvages, bouillies, assaisonnées et servies avec du *pap*
pap and sous – porridge de maïs avec une sauce de tomate et d'oignon ou un jus de viande
phutu – plat zoulou de porridge de maïs, souvent consommé avec du lait aigre ; *umphokoqo* en xhosa

samp – mélange de maïs et de haricots ; voir *umngqusho*
tincheki – cubes de potiron bouillis avec du sucre ; courant au Swaziland
ting – porridge de sorgho, très apprécié des Tswana
umngqusho – *samp* (épi de maïs séché et broyé) bouilli, puis cuit à feu doux avec des haricots, du sel et de l'huile ; plat xhosa (appelé *nyekoe* au Sotho)
umvubo – lait fermenté et *mealie meal*

Poisson

kingklip – excellent poisson à chair ferme, que l'on fait généralement frire ; plat très apprécié des Sud-Africains
linefish – poisson du jour pêché à la ligne
snoek – escolier, poisson migrateur à chair ferme que l'on trouve au large du Cap en juin et juillet ; servi fumé, salé ou en curry, et bon grillé

Boissons

mampoer – alcool de contrebande confectionné avec n'importe quel fruit, souvent des pêches, des agrumes ou des abricots
rooibos – littéralement "buisson rouge" en afrikaans ; tisane aux vertus thérapeutiques. Goûtez le "cappuccino rouge", préparé avec du *rooibos* au lieu de café
springbok – cocktail comprenant crème de menthe et liqueur "Amarula Cream"
steen – chenin blanc ; le vin blanc le plus courant
sundowner – verre au coucher du soleil, généralement alcoolisé
umqombothi – bière de sorgho, une bière traditionnelle légèrement aigre et peu alcoolisée, de couleur rose et opaque
witblits – un alcool blanc de raisin, essentiellement produit dans le Cap occidental

Le *rooibos* (*Aspalathus linearis*) ne pousse que dans le Cederberg (Cap occidental) et se consomme en tisane depuis que les San habitent la région. Recherchée pour ses vertus thérapeutiques, cette boisson strictement sud-africaine fait la fierté des habitants. Suivez l'itinéraire du *rooibos* à Clanwilliiam.

Culture et société

Surnommée la "nation arc-en-ciel" par Desmond Tutu, l'Afrique du Sud est devenue plus égalitaire ces deux dernières décennies. S'il reste encore un long chemin à parcourir, les Sud-Africains vivent dans une ambiance plus harmonieuse et les divisons correspondent davantage aux classes sociales qu'à la couleur de la peau. Le Lesotho et le Swaziland ont eu récemment des problèmes politiques et économiques, mais leur principale préoccupation reste leur taux de prévalence du sida, le plus élevé du monde.

Chômage

Afrique du Sud : 25%

Lesotho : 25%

Swaziland : 40%

Parmi les nombreux problèmes à l'origine des tensions raciales et de la défiance internationale à l'égard de l'Afrique du Sud figurent la corruption gouvernementale, la disparité entre riches et pauvres, la réforme agraire et les attaques de fermes, la politique controversée de discrimination positive (Black Economic Empowerment) et les discours sulfureux de personnages comme Julius Malema, le leader des Economic Freedom Fighters (EFF). Ces problèmes ont tous contribué à affaiblir le rand ; entre 2011 et 2015, sa valeur a chuté de 7 à 12 R pour un dollar US.

Si la criminalité continue de nuire au potentiel touristique de l'Afrique du Sud, les trois pays de la pointe de l'Afrique restent fascinants et porteurs d'espoir. Visiter l'Afrique du Sud offre une chance exceptionnelle de découvrir une nation en pleine reconstruction. À ces mutations s'ajoutent une nature splendide et un attachement viscéral des Sud-Africains à leur terre, thème récurrent dans la littérature sud-africaine.

Population et économie

L'Afrique du Sud, le Lesotho et le Swaziland forment une riche mosaïque de cultures et de groupes ethniques. Outre leurs racines culturelles, les trois pays possèdent de complexes compositions socio-économiques.

Afrique du Sud

Sous le seuil de pauvreté

Afrique du Sud : 31%

Lesotho : 49%

Swaziland : 69%

La province du Gauteng, qui comprend Johannesburg et Pretoria, est le moteur économique du pays, produisant plus du tiers de son PIB et 10% de celui du continent africain. C'est aussi la province la plus densément peuplée et urbanisée. À l'autre bout de l'échelle, le Cap oriental, rural et sous-développé, compte environ 25% d'adultes illettrés.

Des millions d'immigrants de tout le continent rejoignent l'Afrique du Sud pour travailler. Si certains arrivent légalement, nombre d'immigrants clandestins vivent dans les townships de Johannesburg et d'autres villes, suscitant l'hostilité de certains Sud-Africains.

Outre les problèmes économiques, les différents groupes raciaux ont compliqué les relations. Alors que la discrimination entre Noirs et Blancs a concentré l'attention en Afrique du Sud, des tensions existent entre Noirs, métis et Sud-Africains d'origine indienne. Les relations sont complexes, et des antagonismes existent entre Zoulous et Xhosa, ou Blancs anglophones et Afrikaners.

Lesotho

L'industrie minière a constitué le principal lien entre le Lesotho et l'Afrique du Sud. Pendant la majeure partie du XXe siècle, la main-d'œuvre a été la principale exportation du Lesotho, avec environ 60%

des hommes travaillant en Afrique du Sud, essentiellement dans les mines. Lors de la restructuration du secteur minier, la moitié des mineurs basotho ont été licenciés et beaucoup sont revenus dans leur pays, grossissant le nombre de chômeurs.

Les usines de textile chinoises sont ensuite devenues les principaux employeurs et exportateurs du pays. Ces dernières années, le ralentissement économique américain et la concurrence croissante de pays comme le Vietnam et le Bangladesh ont eu de lourdes conséquences.

Swaziland

La situation socio-économique du Swaziland dépend presque entièrement de celle de son grand voisin. Environ deux tiers de ses exportations se font vers l'Afrique du Sud, et plus de 90% des marchandises et des services sont importés. Environ 70% des Swazi vivent dans les campagnes, d'une agriculture de subsistance. La culture swazi est très forte et diffère de celle de l'Afrique du Sud. La monarchie influence de nombreux aspects de la vie, des cérémonies culturelles à la politique. Si certains Swazi sont fiers des traditions royales et voient d'un mauvais œil ceux qui aspirent à plus de démocratie, un nombre croissant d'opposants et de défenseurs des droits de l'homme souhaitent que le roi cède le pouvoir au peuple.

Partout en Afrique du Sud, les migrants économiques d'autres pays africains sont massivement employés dans les secteurs touristique et hôtelier. Pendant votre séjour, vous croiserez certainement des serveurs, des porteurs et des voituriers venus du Zimbabwe, du Mozambique, du Malawi et de la République démocratique du Congo.

Groupes ethniques

Noirs

Environ 80% des Sud-Africains sont des Africains noirs. Bien que divisés en dizaines de sous-groupes, ils descendent tous de peuples de langue bantoue qui migrèrent en Afrique australe au début du premier millénaire. Les destructions et dispersions provoquées par la *difaqane* (migration forcée) au XIXe siècle et les déplacements et séparations forcés de la période de l'apartheid ont plus affaibli le sentiment d'appartenance tribale que dans d'autres parties du continent.

Aujourd'hui, les débats portent sur les regroupements ethnolinguistiques. Avec 11 langues devenues "officielles" dans la Constitution, le concept d'ethnicité reprend de la vigueur. Les Nguni, le plus grand groupe ethnolinguistique, incluent les Zoulous, les Swazi, les Xhosa et les Ndebele. Les Sotho-Tswana, les Tsonga-Shangaan et les Venda sont d'autres groupes majeurs.

Les Zoulous conservent une forte identité ethnique et 23% des Sud-Africains, dont le président Zuma, parlent zoulou en première langue. Deuxième groupe le plus important, les Xhosa ont eu une forte influence politique ; Nelson Mandela était xhosa, de même que nombre de personnalités de la lutte contre l'apartheid. Les Xhosa ont traditionellement formé le cœur de la classe moyenne noire. Environ 16% de la population sud-africaine utilisent le xhosa en première langue.

Parmi les autres groupes majeurs figurent les Basotho (principalement présents au Lesotho, aux alentours et dans l'État libre), les Swazi (pour la plupart au Swaziland) et les Tswana (qui vivent surtout dans les provinces du Nord-Ouest et du Cap-Nord, ainsi qu'au Botswana). Moins nombreux, les Ndebele et les Venda, essentiellement installés dans les provinces du Mpumalanga et du Limpopo), conservent des cultures très distinctes.

Dans la société sud-africaine multiculturelle et consciente des différentes origines, les habitants se désignent facilement comme noir, métis ou blanc. Cela peut choquer les visiteurs qui viennent de pays où de telles références sont jugées politiquement incorrectes.

Métis

Durant l'apartheid, "*coloured*" (ou métis) servait à classer quiconque n'entrait pas dans les autres catégories raciales. Malgré cela, une identité culturelle métis s'est développée au fil des ans, en partie forgée par le refus des Blancs de considérer les métis comme leurs égaux et par le refus des métis d'être assimilés aux Noirs.

Usagers Internet

Afrique du Sud : 48,9%

Lesotho : 5%

Swaziland : 24,7%

Parmi les divers ancêtres des métis figurent des Afrikaners et d'autres Européens, des esclaves d'Afrique de l'Ouest, des prisonniers politiques et des exilés des Indes orientales néerlandaises, ainsi que quelques Khoïsan. Les Griqua forment l'un des principaux sous-groupes de métis.

Autre sous-groupe majeur, les musulmans du Cap, ou Malais du Cap tirent leurs racines d'Inde, d'Indonésie et d'Afrique de l'Est. Ils ont préservé leur culture et leur cuisine d'influence asiatique, que vous découvrirez lors d'une promenade guidée dans le quartier Bo-Kaap du Cap.

Aujourd'hui, la plupart des métis vivent dans le Cap occidental et le Cap-Nord et sont aussi présents au Cap oriental. Environ 20% d'entre eux ont l'anglais en première langue, tandis qu'environ 80% parlent afrikaans. L'un des plus anciens documents en afrikaans est un Coran transcrit en caractères arabes. Les 4,6 millions de métis d'Afrique du Sud représentent environ 9% de la population totale.

Blancs

Les quelque 4,6 millions de Blancs (environ 9% des Sud-Africains) sont des descendants des premiers colons européens de langue afrikaans ou des anglophones. Les Afrikaners, qui constituent 5% de la population du pays, ont eu une influence disproportionnée sur l'histoire de celui-ci. Les campagnes, à l'exception du Cap oriental, du KwaZulu-Natal et des anciens bantoustans, restent dominées par les Afrikaners, unis par une langue commune et par leur appartenance à l'Église réformée hollandaise, centre de la vie dans les bourgades rurales.

Si quelques Afrikaners rêvent encore d'un *volkstaat* (un État boer indépendant, exempt de tout métissage), la classe moyenne citadine est devenue bien plus modérée. Plus s'accroît la distance entre l'apartheid et la "nouvelle Afrique du Sud", plus les Afrikaners peuvent s'enorgueillir de leur héritage, comme l'attestent la popularité croissante de l'Absa Klein Karoo National Arts Festival (Festival national des arts du Petit Karoo) et la florissante scène musicale indépendante afrikaner.

La généalogie d'un Afrikaner typique comprend un tiers de sang hollandais et de plus faibles proportions de sang français (principalement huguenot), allemand, métis et britannique.

Près des deux tiers des Blancs anglophones descendent des immigrants britanniques qui arrivèrent à partir des années 1820. Font également partie des Sud-Africains blancs environ 70 000 juifs, plus de 50 000 Grecs et autant de Portugais.

Asiatiques

Au nombre de 1,3 million, les Asiatiques sont majoritairement indiens. Ils descendent pour la plupart des ouvriers amenés sous contrat au KwaZulu-Natal au XIXe siècle ; les autres sont les descendants des marchands ou entrepreneurs indiens venus librement en Afrique du Sud à la même époque. Durant l'apartheid, les Indiens furent discriminés par les Blancs et accusés de collaborer avec eux par certains Noirs.

La population indienne est principalement hindoue, avec 20% de musulmans et quelques chrétiens. Près de 90% des Indiens vivent à Durban et dans d'autres villes du KwaZulu-Natal. L'anglais est souvent leur première langue, mais ils parlent aussi le tamoul, l'hindi et l'afrikaans.

Plus de 300 000 Chinois vivent en Afrique du Sud. Concentrés essentiellement à Johannesburg, ils tiennent aussi des boutiques dans tout le pays. Une petite minorité provient d'autres pays d'Asie de l'Est.

Femmes

Afrique du Sud

Les femmes ont eu un rôle important dans l'histoire mouvementée de l'Afrique du Sud. Au centre des manifestations contre les lois restreignant la circulation et du boycott des bus dans les années 1950, elles avaient pour slogan : "Frapper une femme, c'est frapper un roc." Elles sont bien

LE MELTING-POT SUD-AFRICAIN

Peu de pays ont connu des conflits raciaux et ethniques aussi longs et violents que l'Afrique du Sud. Le sang de plusieurs groupes fait battre le cœur du pays – anciens San, colons hollandais du XVIIe siècle, marchands britanniques du XIXe siècle, Africains de langue bantoue, Indiens, Indonésiens, Chinois, juifs et Portugais. Il a fallu attendre 1994 pour voir apparaître un degré significatif de paix et de coopération entre les divers groupes.

Durant l'époque de l'apartheid, le gouvernement tenta de classer la population en quatre groupes principaux. La classification entre Noirs (parfois appelés Africains, natifs ou Bantous), métis, Asiatiques ou Blancs était souvent arbitraire et très litigieuse. Elle servait à imposer le lieu de vie et le travail et devint la base de l'inégalité et de l'intolérance institutionnalisées. Pour mieux le comprendre, visitez l'Apartheid Museum de Johannesburg, dans lequel on entre par des portes différentes selon la couleur de sa peau.

Aujourd'hui, les inégalités sociales menacent de remplacer les discriminations raciales. Si les termes de classification de l'apartheid sont toujours utilisés, ils ne s'emploient que jusqu'à un certain degré et chacune des quatre catégories principales comprend des dizaines de sous-groupes encore plus subjectifs et moins clairement définis.

Le Lesotho et le Swaziland ne subirent jamais de classifications raciales. Cela, plus la quasi homogénéité de la population dans les deux pays (les Basotho au Lesotho et les Swazi au Swaziland), explique que la sensibilité raciale, constante en Afrique du Sud, soit largement ignorée dans ces sociétés.

représentées dans l'actuel Parlement, et la Constitution garantit les droits des femmes. L'ANC, le parti au pouvoir, applique la parité homme/femme.

Toutefois, la réalité quotidienne est bien différente pour de nombreuses Sud-Africaines, affectées par la pauvreté, la violence sexuelle et la pandémie de sida. L'Afrique du Sud affiche l'un des plus forts taux de viols au monde, avec plus de 65 000 agressions déclarées chaque année à la police. D'après une étude, un homme sur quatre reconnaît avoir commis un viol. Une femme est violée toutes les 4 minutes et les viols en bande sont courants : en 2013, le viol et la mutilation sauvage d'une adolescente, Anene Boysen, à Bredasdorp, dans l'Overberg, a suscité une vague d'émotion dans tout le pays, rappelant la mobilisation massive en Inde l'année précédente après un viol collectif commis à Dehli.

Les femmes ont statistiquement plus de risques que les hommes d'être infectées par le VIH, et nombre d'entre elles sont contaminées très jeunes. La violence sexuelle empêche souvent les jeunes femmes d'imposer l'utilisation d'un préservatif.

En zoulou, grand-mère se dit *gogo*. Les *gogo* jouent un rôle essentiel dans de nombreux foyers et leur retraite constitue souvent le seul revenu régulier de la famille étendue.

Lesotho

Les femmes basotho assumaient la plupart des responsabilités économiques, sociales et familiales pendant que les hommes travaillaient dans les mines d'Afrique du Sud. Depuis la disparition de ces emplois, l'industrie textile est devenue une part importante de l'économie du pays, avec une main-d'œuvre à 90% féminine.

Les femmes basotho sont souvent plus instruites que les hommes car, dans les campagnes, les garçons doivent fréquemment s'occuper du bétail au lieu d'aller à l'école. Le Lesotho affiche un taux de viols élevé, dû en partie aux croyances enracinées dans le droit sexuel des hommes.

Swaziland

Les droits des femmes ont récemment progressé de manière significative. La Constitution de 2005 leur garantit l'égalité des droits politiques, économiques et sociaux, et leur réserve un tiers des sièges parlementaires, mais ces règles ne sont pas toujours appliquées et les pratiques discriminatoires perdurent. Selon une étude de l'Unicef, un tiers des femmes swazi subissent des violences sexuelles avant 18 ans. Parallèlement, plus de 70% des petits commerces sont tenus par des femmes.

Femmes députées

Afrique du Sud : 41,5% (11e du monde)

Lesotho: 26,7% (43e)

Swaziland: 6,2% (134e)

Médias

Après des décennies de répression durant l'apartheid, les médias sud-africains retrouvent leur indépendance, malgré la menace que fait peser sur la liberté de la presse le Protection of State Information Bill (loi sur la protection des informations d'État), ou Secrecy Bill (loi du secret), un projet de loi de l'ANC. Diffuseur national, SABC est une importante source d'information pour les Sud-Africains, et s'efforce de devenir une voix indépendante. SABC possède actuellement 20 stations de radio et 5 chaînes de télévision. E.tv et M-Net sont des chaînes privées.

Les quotidiens sud-africains en langue anglaise les plus populaires, le *Daily Sun* (www.dailysun.co.za), le *Star* (www.iol.co.za/the-star) et le *Sowetan* (www.sowetanlive.co.za), s'adressent en premier lieu à un lectorat noir anglophone. Publication anti-apartheid à l'origine, le *Sowetan* est plutôt à gauche. Le *Sunday Times* (www.timeslive.co.za) et le *City Press* (www.citypress.co.za) sont les journaux du dimanche les plus lus, tandis que le *Mail & Guardian* (mg.co.za), qui paraît le vendredi, est apprécié des classes moyennes. Dans d'autres langues, le journal afrikaans du dimanche *Rapport* et le tabloïd zoulou *Isolezwe* sont les plus populaires.

Selon Reporters sans Frontières, l'Afrique du Sud a progressé jusqu'au 42e rang mondial pour la liberté de la presse en 2014 (les États-Unis étaient 46e). Le Lesotho a grimpé au 74e rang et le Swaziland est descendu au 156e (sur 180).

Les médias du Lesotho se portent assez bien, malgré les pressions constantes du gouvernement. Le *Lesotho Times* (lestimes.com), le *Sunday Express* (sundayexpress.co.ls) et *Public Eye* sont des hebdomadaires en anglais. La télévision est gérée par l'État, comme la seule station de radio nationale, Radio Lesotho ; 4 stations de radio privées émettent à Maseru.

Parmi les médias du Swaziland, presque tous contrôlés par le gouvernement, figurent les quotidiens *Swazi Observer* (www.observer.org.sz) et *Times of Swaziland* (www.times.co.sz), un journal privé. En ce qui concerne la télévision, Swazi TV (www.swazitv.co.sz) est gérée par la Swaziland Television Authority, et Channel S est une chaîne privée. Les Swaziland Broadcasting and Information Services émettent chaque jour 18 heures de programmes radiophoniques en anglais.

Religion

La religion tient une place centrale dans la vie de la plupart des habitants d'Afrique du Sud, du Lesotho et du Swaziland, où les églises sont généralement très fréquentées. Le christianisme prédomine dans les trois pays, avec presque 80% de Sud-Africains, le même pourcentage au Lesotho, et plus de 60% au Swaziland. Autre religion majeure en Afrique du Sud, l'Église réformée hollandaise compte plus de 1 million de fidèles et plus de 1 000 églises dans le pays. Bien moins discrète, la Zion Christian Church (ZCC) rassemble 6 millions d'adeptes en Afrique du Sud, plus ceux des pays voisins, dont le Swaziland.

Environ 15% des Sud-Africains sont athées ou agnostiques, tandis que les musulmans, les hindous et les juifs représentent ensemble moins de 5% de la population.

Environ 1% de la population d'Afrique du Sud et 20% de celle du Lesotho conservent des croyances africaines traditionnelles, dont les rites et les pratiques ont une influence significative sur la vie et la culture de la région. Rendre visite au *sangoma* (guérisseur) pour le *muti* (remède traditionnel) est répandu, même parmi les chrétiens.

Arts

Cinéma

Le cinéma sud-africain a totalement changé depuis 1994 avec l'explosion de nouveaux talents. *Fools* (1997), de Ramadan Suleman, a été le premier grand film dirigé par un Sud-Africain noir, qui a réalisé par la suite *Lettre d'amour zoulou* (2004). Parmi les principaux réalisateurs de talent figurent Zola Maseko (*Drum*), Zulfah Otto-Sallies (*Raya*), Teboho Mahlatsi, Simon Wood (*Forerunners*), Timothy Green (*Skeem*), Khalo

Matabane (*State of Violence*), Gavin Hood (*Tsotsi*), Oliver Hermanus (*Skoonheid*) et Sara Blecher (*Otelo Burning*).

Acclamé sur la scène internationale, Neill Blomkamp, réalisateur d'*Elysium* (2013), présente une vision anti-utopique de Jo'burg dans *District 9* (2009) et *Chappie* (2015), tous deux avec l'acteur sud-africain Sharlto Copley. L'une des célébrités africaines les plus influentes selon le magazine *Forbes*, Blomkamp devrait diriger Sigourney Weaver dans *Alien 5*, après *Chappie*.

The Forgotten Kingdom (2014), le premier long métrage sotho, relate le retour d'un Basotho dans sa maison au Lesotho. *Wah-Wah* (2006) évoque l'enfance du réalisateur Richard E. Grant au Swaziland.

Littérature

Afrique du Sud

L'Afrique du Sud possède une littérature d'une richesse exceptionnelle, qui constitue l'un des meilleurs moyens de comprendre le pays.

Nombre des premiers écrivains noirs sud-africains suivirent l'enseignement des missionnaires, tel Sol Plaatje. En 1930, son roman historique, *Mhudi,* fut le premier roman africain publié en anglais. Premier grand roman sud-africain à bénéficier d'une publication internationale, *La Nuit africaine* (1883 ; Libretto 2012) d'Olive Schreiner dépeint la vie dans le Karoo colonial.

En 1948, le monde littéraire découvrit l'Afrique du Sud grâce au best-seller d'Alan Paton, *Pleure, ô pays bien-aimé*. Ce roman bouleversant reste l'un des titres les plus connus de la littérature sud-africaine.

Nadine Gordimer, première lauréate du prix Nobel de littérature du pays en 1991, publia *A Guest of Honour* en 1970. Son roman le plus célèbre, *Ceux de July* (1981 : Livre de Poche 1990), décrit l'effondrement du régime blanc.

Dans les années 1960 et 1970, des écrivains afrikaners s'opposèrent ouvertement à l'apartheid. Breyten Breytenbach, poète et romancier, fut emprisonné pour sa participation au mouvement de libération. Écrit par André Brink, *Au plus noir de la nuit* fut le premier roman en afrikaans interdit par le gouvernement d'apartheid. L'autobiographie de son auteur, *Mes Bifurcations : Mémoires* (Actes Sud, 2010), est un fascinant récit des activités anti-apartheid des Afrikaaners.

Dépeignant souvent la société sud-africaine sous un jour sombre, J. M. Coetzee décrit avec subtilité la violence et l'isolement provoqués par l'apartheid. Lisez notamment *Disgrâce* (Seuil, 2003) et *L'Âge de fer (Seuil, 1992)*.

Les années 1970 virent également l'émergence de plusieurs poètes noirs influents, dont Mongane Wally Serote, un vétéran de la lutte pour la libération. Son œuvre témoigne de la vie des Sud-Africains noirs durant les pires années d'oppression.

Disgrâce (Seuil Points, 2002), un tableau sombre de l'Afrique du Sud post-apartheid, valut à son auteur, J. M. Coetze, son second Booker Prize. Coetzee a été lauréat du prix Nobel de littérature en 2003.

Parmi les grands auteurs contemporains, Zakes Mda est devenu un romancier réputé à la parution du *Pleureur* (Éditions Dapper, 1999). Ses mémoires, *Sometimes There is a Void* (2011), sont le récit bouleversant de son exil au Lesotho et de son retour en Afrique du Sud.

Lesotho et Swaziland

Rares sont les livres du Lesotho traduits en anglais ou en français. *Chaka. Une épopée bantoue* (Gallimard, 1981), considéré comme l'un des plus grands romans africains du XXe siècle, et *L'homme qui marchait vers le soleil levant* (Confluences, 2003), deux ouvrages de Thomas Mofolo, sont disponibles en français. Parmi d'autres auteurs intéressants, Mpho 'M'atsepo Nthunya raconte des vies de femmes dans son récit autobiographique *Singing Away the Hunger* (1996).

La plupart des livres sur le Swaziland ont été écrits par des Britanniques à l'époque coloniale. Parmi les écrivains swazi réputés figure James Shadrack Mkhulunyelwa Matsebula, qui fut le premier à écrire en swati. Les romans de Stanley Musa N. Matsebula, dont *Siyisike Yinye Nje* (*We Are in the Same Boat*, 1989), ouvrirent le débat sur l'inégalité des sexes au Swaziland.

Architecture

Parmi les merveilles de l'architecture indigène d'Afrique australe figurent les cases en forme de ruche qui parsèment la région, y compris le Swaziland et les campagnes du KwaZulu-Natal. Un village traditionnel, ou *umuzi* en zoulou, se compose de plusieurs cases de ce style, disposées en cercle autour d'un kraal (enclos) à bétail, et entourées d'une clôture en pierres ou en broussailles. Traditionnellement, les cases étaient installées sur une pente face à l'est, dominées par la résidence du chef.

L'équipe nationale de football sud-africaine s'appelle Bafana Bafana (les garçons, en zoulou). L'équipe féminine porte le nom de Banyana Banyana (les filles).

Dans les régions xhosa du Cap oriental, vous verrez des cases rondes aux murs droits, coiffées de chaume, éparpillées à flanc de colline et souvent peintes en turquoise ou en rose.

Les maisons ndebele aux peintures élaborées – une tradition relativement récente – sont tout aussi splendides. Les murs extérieurs sont ornés de motifs géométriques aux couleurs vives ou de dessins plus élaborés, représentant des voitures, des lampadaires, des avions ou d'autres symboles du monde moderne.

Les maisons basotho sont souvent décorées de peintures murales géométriques ou parfois symboliques, appelées *litema*. Durant les luttes contre l'apartheid, des femmes basotho utilisaient le *litema* comme message politique, peignant leur maison en or, noir et vert, les couleurs de l'ANC. Aujourd'hui, le *litema* est réalisé pour des occasions spéciales, telles que les naissances, les mariages et les fêtes religieuses.

Premier théâtre accueillant toutes les races, le Market Theatre ouvrit en 1976. Les bâtiments délabrés de l'ancien marché "indien" de Jo'burg furent restaurés, et spectateurs et comédiens défièrent l'infâme Group Areas Act du gouvernement de l'apartheid.

L'époque coloniale a laissé un riche patrimoine architectural, dont les gracieuses maisons à pignon de style cape dutch, typique du Cap occidental. Pretoria conserve de nombreux exemples d'architecture coloniale, avec une impressionnante collection d'édifices imposants, dont les Union Buildings, conçus par l'architecte anglais sir Herbert Baker.

Jo'burg se développa rapidement après la découverte d'or en 1886, et les barons des mines exhibèrent leur richesse dans des demeures somptueuses et de fastueux bureaux. À Durban, l'influence Art déco plus prononcée donne à la ville son propre style. Le boom immobilier des années 1930 dota Le Cap (Cape Town) de superbes édifices Art déco, notamment autour de Greenmarket Sq. Les pittoresques maisons du quartier de Bo-Kaap constituent un autre joyau.

La Cour constitutionnelle à Jo'burg est l'un des exemples les plus remarquables de la nouvelle architecture sud-africaine. De même, le nouveau Northern Cape Legislature Building à Kimberley se distingue par l'absence de colonnes et l'économie d'angles aigus et de lignes droites. À Pretoria, le Freedom Park, un monument dédié à ceux qui sont morts pour la liberté, fait face au Voortrekker Monument, célébration moderniste du nationalisme afrikaner.

LE SPORT : PRESQUE UNE RELIGION

Les Sud-Africains se passionnent pour le sport, et défendent farouchement leurs équipes nationales. Le football est le sport le plus populaire, suivi par le rugby et le cricket. Traditionnellement, la plupart des supporteurs de football étaient noirs, tandis que le cricket et le rugby séduisaient principalement des Blancs, mais la situation évolue.

Accueillir la Coupe du monde de football de 2010 a constitué un événement historique pour le pays. Les matchs se sont déroulés dans 10 stades, du Cap (Cape Town) à Polokwane (Pietersburg). L'Afrique du Sud a dépensé plus d'un milliard de dollars US pour construire de nouveaux stades et rénover les anciens.

Deuxième sport le plus populaire, le rubgy a bénéficié d'un programme visant à intégrer des joueurs de couleur. L'équipe nationale adulée, les Springboks (ou "Boks"), est l'une des meilleures du monde. Elle a remporté deux Coupes du monde en 2007 et en 1995. L'équipe sud-africaine de cricket, surnommée les Proteas, est également de haut niveau ; les supporters apprécient l'amicale rivalité avec les autres pays du Commonwealth.

Arts plastiques

Précurseurs de l'art sud-africain, les San ont laissé des dessins distinctifs sur des parois rocheuses et dans des grottes de la région. À leur arrivée, les peintres européens s'attachèrent d'abord à représenter l'Afrique coloniale pour leurs compatriotes ; avec le temps, ils s'intéressèrent plus à l'Afrique du Sud.

Les artistes noirs furent ignorés pendant des décennies. Gerard Sekoto, fut l'un des premiers à franchir la barrière du racisme et devint l'une des figures majeures de l'art moderne sud-africain. Durant l'époque de l'apartheid, le racisme, l'oppression et la violence constituèrent des thèmes récurrents. Nombre d'artistes noirs, trop pauvres pour acheter le matériel adéquat, utilisèrent des supports "trouvés", comme le linoléum.

Une récente pénurie de fonds publics pour le secteur artistique l'a rendu plus dépendant du mécénat d'entreprise et de l'industrie touristique. L'art contemporain varie du bel artisanat vendu dans le pays Venda ou au bord des rues dans les villes et les secteurs touristiques aux coûteuses peintures exposées dans les galeries d'art. Des artistes inventifs des townships utilisent des matériaux "récupérés", tels que du fil téléphonique, des épingles à nourrice, des perles, des sacs en plastique et des boîtes de conserve. La sculpture locale est tout aussi diverse avec des artistes travaillant différents matériaux, comme les sculpteurs sur bois de Venda ou les bronzes de Dylan Lewis. Consultez le site www.artthrob.co.za pour des nouvelles, des articles et des listes d'adresses.

Des œuvres d'artistes sud-africains majeurs du XXe siècle et contemporains, dont Irma Stern, Pierneef, William Kentridge et Tretchikoff, ont atteint plus d'un million de dollars US aux enchères.

Le Lesotho est plus renommé pour son artisanat que pour son art. Les couvertures et les chapeaux coniques basotho colorés sont des emblèmes nationaux. Des centres d'artisanat à Maseru et dans le nord du Lesotho vendent de tout, des tapisseries aux chasse-mouches en crin de cheval.

Le Swaziland a également pris conscience de l'attrait touristique de son artisanat. Dans tout le pays, des galeries proposent des sculptures et divers objets artisanaux.

Théâtre et danse

Après la période coloniale, des dramaturges, des comédiens et des metteurs en scène locaux se sont progressivement imposés. L'écrivain-metteur en scène Athol Fugard eut un rôle majeur dans l'émergence des talents noirs dans les années 1960. Plus récemment, il a écrit le roman *Tsotsi*. Autre grand nom du théâtre sud-africain, l'acteur et dramaturge John Kani est un ancien du Market Theatre de Jo'burg (comme Fugard) ; essayez d'assister à un spectacle dans ce théâtre, ou dans le Fugard Theatre, le Baxter Theatre Centre ou l'Artscape au Cap.

Le Dance Umbrella (www.danceforumsouthafrica.co.za), festival de danse et de chorégraphie contemporaines, se tient en février et mars à Jo'burg. Il réunit des artistes locaux et internationaux et offre une scène pour de nouvelles œuvres.

Le Lesotho et le Swaziland possèdent une forte tradition de danse, comme en atteste l'*umhlanga* (danse des roseaux) du Swaziland, exécutée par des jeunes filles en costume traditionnel. Plus masculine, la *sibhaca* implique de vigoureux piétinements et prend parfois la forme d'une compétition. La danse et la musique traditionnelles figurent au programme du Morija Festival (fin septembre- début octobre) au Lesotho, tandis que des groupes et des chœurs locaux se produisent tous les soirs au Malealea Lodge.

Environnement

L'Afrique du Sud jouit d'une incroyable biodiversité, tout en étant très urbanisée, surtout pour un pays d'Afrique. Le Lesotho est beaucoup plus rural, tandis que le Swaziland se situe entre les deux. L'Afrique du Sud fait partie des pays africains où l'on observe le mieux les animaux sauvages. C'est ici que vous aurez le plus de chances de voir les Big Five : le rhinocéros noir, le buffle du Cap, l'éléphant, le léopard et le lion.

Avec plus de 1 219 090 km² (plus de deux fois la France), l'Afrique du Sud se classe au 9e rang sur le continent africain par la superficie, mais au 5e par la population.

Terre et mer

Dotée d'un littoral splendide balayé par les vents, l'Afrique du Sud présente un visage à la fois agité et doux, orageux et serein. Le pays est baigné par l'Atlantique à l'ouest et par les eaux plus chaudes de l'océan Indien à l'est. Au total, le littoral se déploie sur plus de 2 500 km. Deux grands courants océaniques déterminent le climat du pays, et favorisent le développement d'une abondante faune marine. Le courant froid de Benguela, en provenance de l'Antarctique, longe la côte atlantique et charrie du plancton, tandis que sous l'influence du courant nord-sud Mozambique/Agulhas, la côte est du pays est baignée par des eaux plus chaudes.

L'intérieur des terres présente de fortes dénivellations, du *lowveld* (bas veld) oriental aux doux reliefs du Drakensberg comme au vaste plateau (*highveld*) qui forme le cœur du pays. Ce haut veld, qui atteint une altitude moyenne de 1 500 m, redescend dans le nord-ouest du pays où s'étire le bassin du Kalahari.

C'est au Lesotho que la chaîne du Drakensberg est la plus accidentée. Ce minuscule "royaume du ciel" couvre 30 355 km² de pics montagneux et de hauts plateaux, battant le record mondial du pays, dont le point le plus bas est situé à la plus haute altitude : 1 380 m, dans la vallée du Senqu (fleuve Orange), au sud du pays !

Petit dernier par la surface, le Swaziland regroupe sur 17 363 km² des paysages, des climats et des écosystèmes d'une extraordinaire diversité. On passe ainsi de la savane à l'est aux forêts tropicales et aux pics constamment plongés dans le brouillard au nord-ouest, en traversant les collines vallonnées du centre du pays.

Animaux

Afrique du Sud

L'Afrique du Sud réunit les trois plus grands mammifères terrestres (l'éléphant d'Afrique, le rhinocéros blanc et l'hippopotame), le plus haut (la girafe), le plus rapide (le guépard) et le plus petit (la musaraigne pygmée).

Dans le pays nichent plus de 800 espèces d'oiseaux, dont l'autruche (le plus grand du monde), l'outarde de Kori (le plus lourd capable de voler) et le fauconnet d'Afrique (le plus petit rapace).

Au large du littoral, la vie marine est d'une grande diversité – 11 000 espèces ont été répertoriées. Huit espèces de baleines peuplent les eaux sud-africaines, notamment la baleine bleue. Bien que le grand requin blanc leur fasse de l'ombre, on aperçoit aussi des tortues, des oiseaux marins et des pingouins.

LE GRAND DÉBAT SUR L'IVOIRE

En 1990, après une grande campagne menée par diverses associations, la convention de l'ONU sur le commerce des espèces en danger (CITES) a interdit la vente de l'ivoire pour protéger les éléphants d'Afrique, alors menacés. Cela a permis le rétablissement des pachydermes dans des régions où ils avaient presque disparu. En Afrique du Sud, les éléphants, protégés depuis longtemps, se multiplient et détruisent des habitats naturels.

Face à ce problème, les autorités ont fini par adopter diverses mesures : la création de parcs transfrontaliers pour permettre aux animaux de migrer sur de plus vastes territoires, le déplacement des troupeaux, des programmes de contraception à petite échelle et des abattages sélectifs.

En 2002, la CITES a assoupli son interdiction et autorisé la vente de défenses d'éléphants abattus légalement. La décision, contestée par plusieurs autres pays, convaincus que la reprise du commerce relancerait la demande et encouragerait le braconnage, était motivée par l'idée de financer, par ces revenus, les projets de protection du pachyderme et les villages à proximité des zones où vivent les éléphants. La CITES devait également surveiller l'éventuelle augmentation du braconnage à la suite de cette levée d'interdiction.

Mi-2008, une vente exceptionnelle de 108 tonnes d'ivoire en provenance d'Afrique du Sud (51 tonnes), de Namibie, du Botswana et du Zimbabwe a été autorisée par la CITES à destination de la Chine. Une condition a été posée : toute vente d'ivoire en provenance de ces pays est proscrite pour les 9 années qui suivent. En Chine – depuis longtemps l'un des principaux marchés pour les trafiquants –, l'ivoire est utilisé aussi bien pour la fabrication de bijoux et d'œuvres d'art que pour orner les téléphones portables.

Sur la liste des espèces en danger figurent le rhinocéros noir (que l'on rencontre parfois dans l'uMkhuze Game Reserve et l'Hluhluwe-iMfolozi Park), le lapin des Bochimans (visible dans le centre du Karoo, près des rivières), le lycaon (Hluhluwe-iMfolozi Park et Kruger National Park) et l'antilope rouanne. Parmi les oiseaux menacés, citons la grue caronculée, l'hirondelle bleue, le manchot du Cap et le vautour chassefiente.

Lesotho

Du fait de son altitude, le Lesotho abrite moins d'animaux que les autres pays d'Afrique australe, mais vous pourrez rencontrer des antilopes-chevreuils, des chacals, des mangoustes, des suricates, des élands et des damans des rochers. Les régions montagneuses servent d'habitat à des espèces rares plus petites. Nombre d'entre elles vivent uniquement dans le Drakensberg, tels le *Pseudobarbus quathlambae* (carpe très menacée), l'*Otomys sloggetti robertsi* (rat), plusieurs espèces de lézards et de geckos, et l'*Afrana dracomontana* (une espèce d'amphibien).

On dénombre aussi près de 300 espèces d'oiseaux, parmi lesquelles le gypaète barbu et l'ibis chauve.

Parmi les premiers animaux à avoir occupé le Lesotho, un certain *Lesothosaurus*, petit dinosaure rapide, auquel on a donné le nom du pays.

Swaziland

Environ 120 espèces de mammifères, soit un tiers des mammifères non marins d'Afrique australe, vivent dans le minuscule Swaziland. Beaucoup, comme les éléphants, les rhinocéros et les lions, ont été introduits. Les grands animaux ne vivent que dans les réserves et les élevages privés. On rencontre fréquemment des mangoustes et des genettes tigrines, tandis que les hyènes et les chacals sont concentrés dans les réserves. Les léopards restent difficiles à apercevoir.

Les oiseaux abondent, notamment la grue de paradis, le pic laboureur et le vautour oricou. On a d'ailleurs répertorié plus d'espèces au Swaziland que dans l'immense Kruger National Park.

Safaris

Le plus facile pour visiter les parcs, et le plus économique si vous êtes à plusieurs, est de louer une voiture. Un véhicule classique suffit généralement, mais, en hiver, quand l'herbe est haute, un 4x4 offre une meilleure visibilité. Les principaux tour-opérateurs et les agences pour voyageurs à petit budget organisent des safaris d'observation de la faune.

Plusieurs grands parcs (les parcs Kruger, Hluhluwe-iMfolozi et Pilanesberg, notamment) proposent des circuits pédestres guidés, en compagnie de rangers armés, qui permettent une découverte de la brousse bien plus intéressante qu'en voiture. Mieux vaut réserver bien à l'avance. De nombreux parcs organisent aussi des promenades d'une demi-journée, à retenir généralement le jour même.

Dans tout le pays, les parcs et réserves naturelles possèdent d'excellentes infrastructures. Vous pouvez souvent vous passer de guide, mais la visite sera sans doute moins intéressante. Toutes les zones protégées disposent de campements offrant diverses possibilités d'hébergement, du simple camping au chalet ou au bungalow bien équipé, et nombre d'entre eux abritent restaurants, boutiques et pompes à essence. En période de vacances, il est indispensable de réserver son hébergement.

Version numérique et interactive du guide *Sasol Birds of Southern Africa*, l'excellente application "*Sasol eBirds of Southern Africa*" présente des photos et des descriptions d'oiseaux, ainsi que des cartes de répartition. On peut comparer des oiseaux, enregistrer la liste des spécimens observés et vérifier leur identité en recherchant parmi les 630 chants de la base.

Safaris et sécurité

Approcher des animaux au cours d'un safari fait partie des principaux attraits de l'Afrique du Sud. N'oubliez pas qu'il s'agit de bêtes sauvages aux réactions souvent imprévisibles !

- Ne vous placez jamais entre une mère et son petit.
- Ne vous placez pas entre un hippopotame et son accès à l'eau.
- Méfiez-vous des rhinocéros noirs (bien qu'ils soient rares), qui ont tendance à charger tout ce qui bouge.
- Soyez prudent autour des troupeaux de buffles – le troupeau entier peut charger sans prévenir.
- Même si les éléphants paraissent souvent dociles, restez sur vos gardes et redoublez de prudence à proximité de femelles avec leurs petits, ou de jeunes mâles nerveux.
- Sachez que lorsqu'un éléphant fait semblant de charger, il se prépare sans doute à réagir pour de bon.

L'ENVIRONNEMENT MARIN SUD-AFRICAIN

Il existe de nombreuses manières de découvrir la faune marine exceptionnelle d'Afrique du Sud. Une excursion sur l'eau ou sous l'eau sera peut-être un des temps forts de votre voyage. Au Cap occidental, Hermanus est considérée comme la meilleure destination terrestre du monde pour observer les baleines : de juin à décembre, il est possible de participer à des croisières d'observation des baleines de Biscaye.

Le KwaZulu-Natal et le Cap occidental offrent une opportunité unique de se retrouver nez à nez avec un grand requin blanc. En dépit de ses détracteurs, la plongée en cage parmi les requins reste un sport d'aventure prisé. Quant à la plongée sous-marine, elle fait fureur au large de la côte du KwaZulu-Natal, et l'Aliwal Shoal est l'un des plus beaux spots au monde. On peut y voir des coraux colorés, des tortues, des raies et de nombreuses espèces de requins.

Entre mai et juillet a lieu le Greatest Shoal on Earth. La vedette de ce *sardine run* est un immense banc de sardines (jusqu'à 15 km de long) qui surgit au large du littoral du Cap oriental et du KwaZulu-Natal. Requins, dauphins et oiseaux de mer viennent de loin pour se régaler de sardines, et le snorkeling ou la plongée à cette occasion est une expérience inoubliable.

LE ROYAUME FLORISTIQUE DU CAP

Le Cape Floral Kingdom (royaume floristique du Cap) est en partie classé au patrimoine mondial de l'humanité. S'il s'agit du plus petit des six royaumes floristiques de la planète, c'est en revanche le plus riche, avec 1 300 espèces par 10 000 km², soit 900 de plus que les forêts tropicales d'Amérique du Sud. Le *fynbos* (végétation arbustive) constitue la végétation dominante, avec des tiges et des feuilles petites et fines. Près de 8 500 espèces de plantes poussent dans le *fynbos*, pour la plupart endémiques. Si certaines familles dominantes, comme les bruyères, les protées et les roseaux, ont été domestiquées dans d'autres régions et sont assez largement répandues, de nombreuses espèces sont regroupées dans des zones très restreintes.

Ce royaume végétal s'étend approximativement de Cape Point jusqu'à Grahamstown à l'est et jusqu'à l'Oliphants River au nord, tout en englobant le Kogelberg et certaines parties de plusieurs réserves de biosphère. Aujourd'hui, la grande majorité de la flore indigène qui subsiste se trouve dans des zones protégées, comme la Table Mountain et la péninsule du Cap.

Meilleures périodes d'observation

Il est possible d'observer la faune toute l'année, mais l'hiver (juin-septembre) constitue sans doute la meilleure période. Le temps devient doux et sec, le feuillage s'éclaircit et les animaux se rassemblent autour des points d'eau. En été (fin novembre-mars), chaleur et humidité offrent des paysages plus verdoyants, mais les animaux se dispersent. Si les oiseaux sont visibles en toute saison, le printemps (septembre-novembre) et l'été restent plus favorables à leur observation.

Plantes

Plus de 20 000 espèces de plantes s'épanouissent en Afrique du Sud, qui regroupe ainsi 10% de la flore mondiale sur seulement 1% de la superficie terrestre totale de la planète. On trouve à l'état sauvage des dizaines de fleurs ailleurs cultivées, comme les glaïeuls, les protées, les oiseaux de paradis et les agapanthes. L'Afrique du Sud est aussi le seul pays à posséder intégralement l'un des six royaumes floristiques du monde. Dans le Nord-Ouest, plus sec, poussent des plantes annuelles et des succulentes (surtout des euphorbes et des aloès), qui fleurissent après les pluies printanières.

Le pays compte peu de forêts, encore moins aujourd'hui qu'autrefois. Les forêts tempérées se situent dans la bande côtière méridionale entre George et Humansdorp, dans le Drakensberg (KwaZulu-Natal) ainsi que le Mpumalanga. Les forêts subtropicales poussent au nord-est de Port Elizabeth (près de la Wild Coast) et dans le KwaZulu-Natal. Au nord, de vastes étendues de savane sont ponctuées d'acacias et d'épineux.

Le Lesotho se distingue par sa flore d'altitude, comme l'aloès spiralé (*Aloe polyphylla*), fleur endémique nationale, qui pousse sur les pentes du Maluti.

Les prairies, les forêts, les savanes et les zones humides du Swaziland abritent environ 3 500 espèces de plantes, soit 14% des celles dénombrées en Afrique australe.

> La Wildlife & Environmental Society of South Africa (www.wessa.org.za), grande ONG environnementale, gère la Rhino Initiative, projet très en vue visant à lutter contre le trafic de cornes de rhinocéros.

Parcs nationaux et zones protégées

Afrique du Sud

Sur les quelque 600 parcs nationaux et réserves du pays, les plus réputés protègent des animaux sauvages, tandis que d'autres sont essentiellement des sanctuaires naturels ou des lieux de randonnée.

Les parcs facturent un droit d'entrée journalier (réduction accordée aux Sud-Africains et aux ressortissants des pays de la Communauté de développement d'Afrique australe – SADC).

PRINCIPAUX PARCS ET RÉSERVES

Région	Parc/Réserve	À voir	Activités	Meilleure période
Péninsule du Cap	Table Mountain National Park	promontoires rocheux, paysages marins, manchots du Cap, élands, oiseaux aquatiques, bonteboks	randonnée, VTT	toute l'année
Cap occidental	Cederberg Wilderness Area	accidenté et montagneux ; peintures rupestres san, formations de grès, flore abondante	randonnée	toute l'année
Mpumalanga/ Limpopo	Kruger National Park	savane, bois, acacias ; Big Five	safaris en voiture, promenades guidées	toute l'année
	Blyde River Canyon Nature Reserve	canyon, grottes, rivière ; panoramas saisissants	randonnée, *kloofing* (canyoning)	toute l'année
Cap-Nord	Augrabies Falls National Park	désert, rivière, chutes ; oréotragues, damans des rochers ; paysages spectaculaires	randonnée, canoë, rafting	avr-sept
	|Ai-|Ais/ Richtersveld Transfrontier Park	désert montagneux ; beauté obsédante ; oréotragues, chacals, zèbres, plantes, oiseaux	randonnée	avr-sept
Cap oriental	Addo Elephant National Park	brousse dense, prairies, gorges ; éléphants, rhinocéros noirs, buffles	safaris en voiture, randonnée à pied et à cheval	toute l'année
	Tsitsikamma National Park	côte, falaises, rivières, ravins, forêts ; loutres du Cap, babouins, singes, nombreux oiseaux	randonnée	toute l'année

L'Afrique du Sud coadministre aussi plusieurs réserves naturelles : incluant la Greater Mapungubwe Transfrontier Conservation Area, en cours de mise en place et associant l'Afrique du Sud, le Zimbabwe et le Botswana ; le Kgalagadi Transfrontier Park, qui réunit l'ancien Kalahari Gemsbok National Park du Cap-Nord et le Gemsbok National Park du Botswana ; le Maloti-Drakensberg Peace Park, qui relie le Sehlabathebe National Park et les autres parties du Lesotho-Drakensberg à leurs voisines de l'uKhahlamba-Drakensberg ; et le Great Limpopo Transfrontier Park, qui s'étend le long des frontières de l'Afrique du Sud, du Mozambique et du Zimbabwe. Le pays compte de nombreuses réserves fauniques privées.

Au total, le statut de parc national concerne moins de 3% du territoire sud-africain et l'on estime que 4 à 5% des terres bénéficient d'une protection. Le gouvernement a commencé à s'associer aux propriétaires fonciers pour placer des terrains privés sous sa protection et souhaite parvenir à plus de 10% de zones protégées.

Par ailleurs, l'Afrique du Sud gère 21 aires marines protégées (Marine Protected Areas, ou MPA) conçues pour la protection et la stabilisation de plusieurs espèces de poissons et autres créatures marines menacées par la surpêche, la pollution, le tourisme sauvage et l'exploitation minière à outrance. La 7e plus grande MPA du monde a été créée en 2013 et s'étend à 2 000 km au sud-est de la côte sud-africaine, autour

Région	Parc/Réserve	À voir	Activités	Meilleure période
KwaZulu-Natal	Hluhluwe-iMfolozi Park	luxuriante végétation subtropicale, savane ; rhinocéros, girafes, lions, éléphants, oiseaux	sentiers de découverte, observation de la faune	mai-oct
	iSimangaliso Wetland Park	marécages, prairies côtières ; éléphants, oiseaux, hippopotames	sentiers de découverte, safaris voiture/bateau	mars-nov
	uMkhuze Game Reserve	savane, bois, marais ; rhinocéros et plusieurs autres espèces ; centaines d'espèces d'oiseaux	promenades guidées, observation des oiseaux, safaris en voiture	toute l'année
	uKhahlamba-Drakensberg Park	splendides escarpements du Drakensberg ; superbes paysages et étendues sauvages	randonnée	toute l'année
État libre	Golden Gate Highlands National Park	falaises et formations de grès ; zèbres, chacals, antilopes-chevreuils (rheboks), élands, oiseaux	randonnée	toute l'année
Lesotho	Sehlabathebe National Park	montagne sauvage et isolée ; antilopes-chevreuils, babouins, gypaètes barbus	randonnée	mars-nov
Swaziland	Malolotja Nature Reserve	montagnes, torrents, chutes, prairies, forêts ; nombreux oiseaux et plantes, impalas, oréotragues	randonnée	toute l'année

de Prince Edward Island et de Marion Island. Parmi les espèces placées sous la protection de cette nouvelle MPA figurent albatros, pingouins, ours de mer, orques et légines australes.

CapeNature (☎021-483 0190 ; www.capenature.org.za). Promeut la préservation de la nature au Cap occidental et s'occupe des permis et des réservations dans les réserves de la province.

Ezemvelo KZN Wildlife (☎033-845 1000 ; www.kznwildlife.com). Responsable des parcs animaliers du KwaZulu-Natal.

Komatiland Forests Eco-Tourism (☎013-754 2724 ; www.komatiecotourism.co.za). Supervise les régions forestières, promeut l'écotourisme et entretient les sentiers de randonnée du Mpumalanga.

South African National Parks (SANParks ; ☎012-426 5000; www.sanparks.org). Le site incontournable pour l'organisation d'un safari.

Lesotho

En partie du fait d'un régime foncier qui autorise un droit d'accès collectif aux ressources naturelles, moins de 1% du pays est protégé – le taux le plus bas de tout le continent. La principale réserve naturelle est le Sehlabathebe National Park, avec son cadre sauvage et isolé, suivi du Ts'ehlanyane National Park et de la Bokong Nature Reserve.

Swaziland

Environ 4% du Swaziland est protégé. L'accès à ses parcs et réserves, assez calmes et moins fréquentés que ceux d'Afrique du Sud, est d'un rapport qualité/prix particulièrement intéressant. Parmi les meilleurs, citons le Mlilwane Wildlife Sanctuary, la Mkhaya Game Reserve et la Malolotja Nature Reserve, très prisée des randonneurs, sans oublier le Hlane Royal National Park. Mlilwane, Mkhaya et Hlane sont compris dans le forfait Wild Card (www.sanparks.org/wild).

Écologie

Les noms des rhinocéros ne font pas référence à leur couleur, mais à la forme de leurs babines : ainsi, le rhinocéros "blanc" (*white* en anglais) doit son nom au terme boer *wijde* (large) qui s'applique à ses babines.

Afrique du Sud

L'Afrique du Sud se place au troisième rang mondial sur le plan de la diversité biologique. C'est aussi l'un des pays les plus urbanisés du continent, ses villes regroupant plus de 50% de la population. Gérer l'explosion urbaine et la croissance démographique tout en protégeant l'environnement constitue pour le gouvernement un défi crucial.

La dégradation des terres touche sérieusement un quart du territoire. Dans les anciens bantoustans, le surpâturage et la surexploitation agricole ont entraîné l'épuisement des sols, ce qui, ajouté à la pauvreté, provoque un exode rural qui renforce la pression urbaine. Le déséquilibre rural/urbain et la forte concentration de population dans des townships généralement dépourvus des infrastructures découlent de l'apartheid.

Les faibles précipitations annuelles – 500 mm en moyenne – impliquent que la sécheresse sévit souvent. Pour satisfaire la demande en eau, tous les grands cours d'eau ont été détournés ou contrôlés par des barrages. Si cette politique a permis d'améliorer la fourniture en eau dans de nombreuses régions, elle a perturbé les écosystèmes et accéléré l'envasement.

LE BRACONNAGE DES RHINOCÉROS EN AFRIQUE DU SUD

La corne de rhinocéros est depuis longtemps une marchandise rare et pisée dans certains pays d'Asie, où elle est perçue à la fois comme un signe de richesse et un médicament. Au Vietnam et en Chine, une seule corne peut rapporter une fortune au marché noir.

Ce marché est à l'origine d'un trafic massif de cornes de rhinocéros. Entre la fin des années 1970 et le milieu des années 1990, les populations de rhinocéros d'Afrique ont été régulièrement décimées par les braconniers.

Ces dernières années, le braconnage a fait de nouveaux ravages. En 2003, 22 rhinocéros ont été braconnés en Afrique du Sud, et en 2012, le chiffre est passé à 668. Fin 2014, on recensait 1 020 rhinocéros braconnés durant l'année écoulée, dont 700 dans le Kruger National Park, qui abrite 60% des rhinocéros restants sur la planète.

Le Kruger National Park fait officiellement partie du Great Limpopo Transfrontier Park, composé du Kruger et du Limpopo National Park, au Mozambique. Nombre de braconniers arrivent du Mozambique via la longue frontière poreuse qui sépare les deux parcs. Au Mozambique, la cellule antibraconnage du Limpopo manque de fonds et d'effectifs pour faire face à des "syndicats" de braconniers aux ressources illimitées.

La frontière avec le Mozambique étant trop étendue et souvent sans surveillance, le gouvernement sud-africain s'est lancé dans un vaste programme de déplacement des animaux. À partir de 2015, au moins 500 rhinocéros ont été transférés vers des zones plus sûres du Kruger, et d'autres parcs d'Afrique du Sud et des pays voisins.

Pendant ce temps, la traque aux braconniers a pris des formes innovantes. On a désormais recours à Shotspotter, un détecteur de coups de feu utilisé dans les villes américaines connaissant une forte criminalité. Lorsqu'un coup de feu retentit, des micros cachés dans la brousse enregistrent le son, déterminent son origine et envoient les informations de position aux rangers et à la police, qui peuvent réagir immédiatement.

Pour plus d'informations sur la lutte pour sauver le rhinocéros d'Afrique, menacé d'extinction, consultez www.savetherhino.org et www.stoprhinopoaching.com.

L'Afrique du Sud est depuis longtemps à l'avant-garde de la protection de la faune sur le continent. Cependant, les fonds sont restreints et le resteront tant que de nombreux habitants n'auront pas accès aux équipements de base. Ainsi, le braconnage des rhinocéros dans tout le pays, en particulier dans le Kruger National Park, est aggravé par le peu de moyens financiers. La solution réside peut-être dans des partenariats public/privé et dans un appui financier de donateurs privés et d'organisations internationales tel le World Wide Fund for Nature (WWF).

D'après les estimations, l'Afrique du Sud posséderait l'équivalent de près de 16 billions de m³ de réserves de gaz de schiste – un chiffre qui suscite un grand intérêt de la part des compagnies pétrolières. D'après Econometrix (dans un rapport commandé par Shell), l'industrie du gaz de schiste pourrait augmenter le PIB de l'équivalent annuel de 200 milliards de rands et entraîner la création de 700 000 emplois.

Cependant, la fracturation hydraulique qui permet d'extraire ce gaz est interdite ou soumise à un moratoire dans de nombreux pays, y compris l'Afrique du Sud. La sécurité de la technologie employée pour la fracturation, qui nécessite de grandes quantités d'eau saine mélangée à du sable et à un "cocktail chimique" pour fissurer les roches souterraines et libérer le gaz, constitue un motif de préoccupation au plan écologique. La polémique au sujet du recours à la fracturation au Cap-Nord (dans le Karoo) continue de faire rage, opposant vives inquiétudes environnementales, non seulement de la part des écologistes mais aussi de l'opinion publique, et intérêts économiques particuliers, notamment ceux des grandes compagnies pétrolières. Fin 2014, le gouvernement sud-africain semblait déterminé à donner le feu vert à cette technique de forage controversée. De nouvelles lois étaient en cours d'élaboration, et les premiers permis d'exploitation devaient être délivrés mi-2015.

Pratiques écologiques

Plus de 90% de l'électricité du pays provient de la combustion du charbon, soit plus de deux fois la moyenne internationale. Pourtant, à l'échelle locale, de nombreux projets soulignent les progrès lents, mais certains, que fait l'Afrique du Sud en matière de protection de l'environnement.

Lynedoch EcoVillage (carte p. 110 ; www.sustainabilityinstitute.net). Le premier village conçu selon des principes écologiques et de mixité sociale prend forme, avec des maisons à bon rendement énergétique et des constructions collectives. L'objectif consiste également à créer une communauté capable de vivre en autosuffisance.

Monwabisi Park Eco-Cottages Project Placé sous les auspices de la Shaster Foundation (www.shaster.org.za), le campement de Khayelitsha, dans le Monwabisi Park, se transforme peu à peu en écovillage, les baraquements faisant place à des cottages bâtis par la communauté dans le respect de l'environnement.

Kuyasa Project. Plus de 2 000 maisons du township de Khayelitsha, au Cap, ont été équipées de chauffe-eau solaires, de lampes à basse consommation et d'une isolation adéquate au plafond. Les aménagements ont non seulement permis des économies d'énergie (d'environ 40% par maison), mais ont aussi créé des emplois et contribué au développement durable.

SAN Parks (p. 591). Les infrastructures des parcs du réseau SANParks sont progressivement équipées de chauffe-eau solaires et d'autres dispositifs d'économie d'énergie.

Plantation d'arbres Plus de 200 000 essences locales ont été plantées à Soweto dans le cadre du projet Greening Soweto, qui vise à embellir ce vaste township à la suite de la Coupe du monde de la FIFA de 2010. Le projet prévoit également des programmes de sensibilisation à l'écologie.

Éoliennes Deux projets de parc éolien sont en cours près du Cap, dont celui de la Darling Wind Farm (projet de démonstration nationale) qui est déjà associé au réseau électrique national.

Lesotho

Ici, le débat environnemental se focalise sur le Highlands Water Project. Ce projet controversé entraînera, entre autres, la dislocation de communautés traditionnelles et l'inondation de terres agricoles, outre le fait qu'il pourra compromettre l'équilibre écologique du Senqu (fleuve Orange).

La surpopulation animale (qui provoque le surpâturage) et l'érosion des sols constituent d'autres problèmes. C'est environ 40 millions de tonnes de couche arable qui disparaissent chaque année et, à ce rythme, il ne restera aucune terre cultivable en 2040.

Sur un plan plus positif, le Lesotho et l'Afrique du Sud se sont récemment associés dans un projet transfrontalier (le Maluti-Drakensberg Transfrontier Conservation and Development Project) visant à protéger l'écosystème des monts Maluti et du Drakensberg.

Swaziland

Trois de ses principaux cours d'eau (le Komati, le Lomati et l'Usutu) prenant leur source en Afrique du Sud, le Swaziland participe étroitement aux aménagements fluviaux initiés par son voisin. La sécheresse est un problème récurrent dans les régions orientales du *lowveld*. Les autres sujets d'inquiétude concernent l'absence de participation des collectivités à la protection de la nature, la faible prise de conscience environnementale et le soutien beaucoup trop faible des autorités.

Tourisme responsable

L'industrie du tourisme occupant une place importante dans l'économie sud-africaine, le fait de choisir ses activités en accord avec l'environnement et les cultures locales peut avoir des conséquences non négligeables. Quelques conseils pour respecter l'environnement local :

- Voyager implique une part de responsabilité vis-à-vis des habitants. Dans la mesure du possible, il est donc souhaitable d'aider les communautés locales par le biais d'un don financier à une ONG reconnue sur le terrain, ou en faisant du bénévolat.
- Demandez leur permission aux personnes que vous désirez photographier. Respectez la culture locale et ses coutumes.
- Évitez de distribuer des babioles à tort et à travers. Mieux vaut faire un don à des projets agréés : votre geste sera plus durable, portera moins atteinte aux valeurs culturelles locales.
- Soutenez les entreprises locales, approvisionnez-vous sur place et achetez vos souvenirs directement auprès de ceux qui les fabriquent.
- Recherchez les sociétés promouvant le tourisme durable et en contact étroit avec la population. Consultez par exemple le site Internet de Fair Trade in Tourism South Africa (www.fairtrade.travel). N'achetez pas d'articles en ivoire, en peau, en coquillages, etc.
- Emportez la brochure du *Southern African Sustainable Seafood Initiative* (SASSI ; à télécharger sur www.wwfsassi.co.za) pour savoir quels poissons consommer sans appauvrir les réserves.
- Pour les spectacles folkloriques, essayez de régler les frais d'admission directement aux habitants concernés, plutôt qu'à un guide touristique ou à un autre intermédiaire.
- Ramassez systématiquement vos détritus. En randonnée, dans les parcs ou en camping, emportez tous vos déchets (la plupart des parcs vous donneront un sac à cet effet).
- Élaborez vos itinéraires pour être le plus souvent possible en contact direct avec la population.

Vie sauvage

Comment envisager un voyage en Afrique du Sud sans évoquer les animaux sauvages ? La diversité des milieux – forêts, *bushveld*, collines ou marécages côtiers – est à l'origine de la richesse de la faune. On y admire des pingouins et des flamants roses, des caracals et des antilopes, des lycaons, des mangoustes naines et des éléphants. La diversité des espèces est fascinante et l'observation de la faune est l'un des grands plaisirs du voyage. Il existe ici plus de 700 réserves gérées par le gouvernement (incluant 19 parcs nationaux) et quelque 200 réserves privées, incluant le Kruger National Park, connu dans le monde entier, et le Kgalagadi Transfrontier Park, le plus vaste des parcs sud-africains.

Zèbres (p. 602)

Félins

Les trois grands félins sont les vedettes de nombreux safaris sud-africains. Dans la savane, la présence – même hypothétique – de ces prédateurs adulés suffit pour que les visiteurs retiennent leur souffle.

Léopard

1 Poids : 30-60 kg (femelle), 40-90 kg (mâle) ; taille : 1,70-3 m. Chasseur émérite, le léopard est maître dans l'art du camouflage. La nuit, son rugissement distinctif (il ressemble au bruit du bois que l'on scie) fait froid dans le dos.

Lion

2 Poids : 120-150 kg (femelle), 150-225 kg (mâle) ; taille 2,10-2,75 m (femelle), 2,40-3,50 m (mâle). Prédateur très puissant, le lion vit en troupes de 30 individus, composées de 4 à 12 femelles. Vers l'âge de 2 ou 3 ans, le jeune mâle quitte le groupe familial et entre dans une période de nomadisme avant de créer une nouvelle troupe. Ce sont les femelles qui chassent.

Caracal

3 Poids : 8-19 kg ; taille : 80 cm-1,20 m. Surnommé "lynx d'afrique" en raison de ses oreilles huppées, le caracal est un félin au corps long et robuste, capable de bonds de 3 m de haut. Il se nourrit de petites antilopes, d'oiseaux et de rongeurs.

Chat ganté ou chat sauvage d'Afrique (*wildcat*)

4 Poids : 3-6,5 kg ; taille : 65 cm-1 m. Le petit félin tigré qui rôde à travers champs ou à l'orée des forêts a toutes les chances d'être un chat sauvage, l'ancêtre direct de nos amis les chats domestiques.

Guépard (*cheetah*)

5 Poids : 40-60 kg ; taille : 2-2,20 m. Ce sprinteur de première catégorie peut atteindre 112 km/h. Revers de la médaille : il s'essouffle au bout de 300 m et il lui faut 30 minutes de repos avant de repartir en chasse.

1

4

2

KARL LEHMANN/GETTY IMAGES ©

3

DAVID WALL/GETTY IMAGES ©

Primates

Seules cinq espèces de singes, de grands singes et de prosimiens (ancêtres primitifs des primates modernes) ont été recensées sur le territoire sud-africain. Ces espèces sont toutefois bien répandues, ce qui permet au visiteur de les observer aisément.

Vervet (ou grivet ; *vervet monkey*)

1 Poids : 4-8 kg ; taille : 90 cm-1,40 m. Si un singe symbolise l'Afrique du Sud, c'est bien le vervet. Sa faculté d'adaptation explique qu'il soit répandu. Son pelage un peu terne contraste avec le bleu intense et le rouge des organes sexuels mâles.

Galago à queue épaisse (*greater bushbaby*)

2 Poids : 1,5 kg au maximum ; taille : 80 cm, queue (45 cm) comprise. Ce primate primitif se distingue par son cri plaintif et ses grandes oreilles arrondies encadrant une petite tête pourvue d'yeux ronds.

Babouin Chacma

3 Poids : 12-30 kg (femelle), 25-45 kg (mâle) ; taille : 1-2 m. Le babouin Chacma est intéressant à observer pour la richesse des rapports (amicaux ou non) qu'il entretient avec ses congénères.

Cercopithèque à diadème (*samango monkey*)

4 Poids : 3,5-5,5 kg (femelle), 5,5-12 kg (mâle) ; taille : 1-1,60 m. Le cercopithèque à diadème appartient à un vaste groupe de primates africains appelés "singes bleus". Ce singe ne vit que dans les forêts.

Galago (*greater galago*)

5 Poids : 550 g-2 kg ; taille :55 cm-1 m. De la taille d'un chat, le galago fait penser au chien quand on regarde sa tête. Le groupe des prosimiens auquel il appartient a fort peu évolué depuis 60 millions d'années.

1

3

KELLEY MILLER/GETTY IMAGES ©

MITCH REARDON/GETTY IMAGES ©

1

3

CHRIS DU PLESSIS/GETTY IMAGES ©

2

ECOPIC/GETTY IMAGES ©

Antilopes et autres bovidés

Les ongulés (animaux à sabots) sont très nombreux en Afrique. On compte parmi eux les ongulés ruminants à cornes, qui font partie de la famille des bovidés, telles les antilopes, qui sont particulièrement bien représentées en Afrique du Sud, avec plus de 20 espèces.

Gnou (*wildebeest*)

1 Poids : 140-290 kg ; taille : 2,30-3,40 m. Le gnou, dont l'instinct grégaire est aussi très développé, a le sens du territoire. Il n'hésite pas à couvrir de longues distances pour trouver de l'eau et aime les espaces ouverts. Il est facile de l'observer.

Hippotrague noir (*sable*)

2 Poids : 200-270 kg ; taille : 2,30-3,30 m. Avec son allure de petit cheval à la robe colorée et couronné de hautes et puissantes cornes, l'hippotrague noir est l'un des mammifères les plus surprenants d'Afrique.

Impala

3 Poids : 40-80 kg ; taille : 1,50-2 m. De tempérament grégaire, les impalas se reproduisent très rapidement et sont nombreux sur tout le territoire.

Springbok

4 Poids : 20-40 kg (femelle), 30-60 kg (mâle) ; taille : 1,35-1,75 m. Faute de vastes prairies comme il en existe en Afrique de l'Est, le springbok, aux cornes annelées, est la seule gazelle d'Afrique australe.

Gemsbok

5 Poids : 180-240 kg ; taille : 2,30 m. On reconnaît cette antilope du désert aux hautes et longues cornes (1 m) qui couronnent sa face noir et blanc. Elle est capable de survivre plusieurs mois en s'abreuvant de l'eau contenue dans les plantes qu'elle broute.

Ongulés

Le groupe des ongulés réunit la majeure partie des animaux les plus emblématiques d'Afrique. Exception faite de la girafe, ce ne sont pas des ruminants. Ils occupent donc des habitats très variés et vous les observerez à loisir. Présents en Afrique depuis des millions d'années, ces mammifères en sont les rois.

Zèbre de montagne

1 Poids : 230-380 kg ; taille : 2,60-3 m. Propre à l'Afrique du Sud, le zèbre de montagne se distingue de son cousin de la savane, le zèbre commun, par l'absence de rayures sur le ventre.

Girafe

2 Poids : 450 kg-1,2 t (femelle), 1,8-2 t (mâle) ; taille (hauteur) : 3,5-5,2 m. La girafe broute les feuilles des arbres inaccessibles aux autres herbivores, à l'exception des éléphants. La girafe est vulnérable, surtout lorsqu'elle se désaltère.

Éléphant d'Afrique

3 Poids : 2,2-3,5 t (femelle), 4-6,3 t (mâle) ; taille (hauteur) : 2,4-3,4 m (femelle), 3-4 m (mâle). Les éléphants vivent d'ordinaire en groupes familiaux et forment des troupeaux réunis près des points d'eau ou des sources de nourriture. Leur société est matriarcale : les femelles les plus âgées mènent les troupeaux.

Hippopotame

4 Poids : 510 kg-3,20 t ; taille : 3,20-4 m. Animal grégaire, il vit en troupeaux se tenant près les uns des autres dans l'eau, mais il est seul lorsqu'il broute.

Rhinocéros blanc

5 Poids : 1,4-2 t (femelle), 2-3,6 t (mâle) ; taille : 4,40-5,20 m. Menacé d'extinction au début des années 1990, ce mammifère avait fait l'objet d'importantes mesures de protection de la part des autorités sud-africaines. Le braconnage constitue de nouveau un grave problème, en particulier dans le Kruger National Park.

1

4

2

EDWIN REMSBERG/GETTY IMAGES ©

3

URGEN & CHRISTINE SOHNS/GETTY IMAGES ©

Carnivores

L'extrême variété des prédateurs présents en Afrique du Sud traduit la richesse écologique du pays. Outre 7 espèces de félins, 25 autres carnivores peuplent ses parcs, de la mangouste au lycaon. Tous sont pourvus de molaires tranchantes. Voir ces redoutables prédateurs à l'œuvre est l'un des temps forts d'un séjour dans un parc ou une réserve.

Ratel

1 Poids : 7-16 kg ; taille 75 cm-1 m. Les Africains affirment qu'ils préfèrent se retrouver face à un lion qu'à un ratel, et les lions eux-mêmes abandonnent leur proie lorsqu'il montre le bout de son nez. Pour trouver son mets favori, il se contente de suivre les oiseaux indicateurs jusqu'aux ruches.

Hyène tachetée (*spotted hyena*)

2 Poids 40-90 kg ; taille 1,25-2,15 m. Vivant en groupe sous l'autorité des femelles (dont les organes génitaux ressemblent à un pénis), ces prédateurs font usage de leurs mâchoires broyeuses d'os pour éviscérer en pleine course leurs proies terrifiées.

Protèle (*aardwolf*)

3 Poids : 8-12 kg ; taille : 75 cm-1,10 m. Petit représentant de la famille des hyènes, le protèle se nourrit de termites.

Lycaon (*African wild dog*)

4 Poids : 20-35 kg ; taille : 1-1,50 m. Chaque animal possède des taches uniques. Très sociables, ces redoutables chasseurs réunis en meutes de 20 à 60 individus parfaitement hiérarchisées, vivent selon des règles bien établies. Ils traquent les antilopes, mais aussi des proies plus robustes.

Suricate (*meerkat*)

5 Poids : 500 g-1 kg : taille : 50 cm. Sur les 9 espèces de mangoustes vivant en Afrique du Sud, la plus représentative est le suricate. Plein d'énergie et sociable, cet animal aime jouer et se battre. Sa pose préférée est debout, le nez au vent et en observation.

ANGELIKA STERN/GETTY IMAGES ©

2

ARNO MEINTJES WILDLIFE/ GETTY IMAGES ©

WINFRIED WISNIEWSKI/ MINDEN PICTURES/GETTY IMAGES ©

NIGEL DENNIS/GETTY IMAGES ©

NICO SMIT/GETTY IMAGES ©

ROBERT MUCKLEY/GETTY IMAGES ©

Rapaces

Faucons, aigles, vautours ou chouettes, une soixantaine d'espèces sillonnent les airs. Observez-les aux aguets dans les arbres, en train de planer haut dans le ciel ou rassemblés à terre autour d'une charogne. Si vous entendez le piaillement de petits oiseaux, ils tournent peut-être autour d'un grand félin ou autre prédateur.

Pygargue vocifère (*african fish eagle*)

1 Taille : 75 cm. Vous rencontrerez cet aigle piscivore guettant les poissons à proximité des plans d'eau. Ce rapace doit son nom à ses vocalises sonores, qui lui ont valu le surnom de "voix de l'Afrique".

Bateleur des savanes

2 Taille : 60 cm. En plein vol, des plumes blanches se découvrent sous les ailes de ce bel oiseau serpentaire. il donne même l'impression de ne pas avoir de queue. De près, les tons chauds de son plumage rouge et brun réjouissent l'œil.

Messager sagittaire ou secrétaire (*secretary bird*)

3 Taille : 1 m. Le secrétaire est en tête du riche palmarès des oiseaux endémiques d'Afrique du Sud. Corps d'aigle, pattes de grue, ce rapace promène son plumage gris et noir à travers la savane.

Vautour oricou (*lappet-faced vulture*)

4 Taille : 1,15 m. Sept des huit espèces de vautours présentes en Afrique du Sud se mêlent aux lions, hyènes ou chacals pour se repaître des charognes. Le vautour oricou, un géant parmi les vautours, se nourrit avant que les autres charognards s'approchent.

Gypaète barbu (*bearded vulture*)

5 Taille : 1,10 m. En randonnant sur les hauteurs du Drakensberg, vous aurez peut-être la chance d'apercevoir l'un de ces fameux oiseaux de proie, l'imposant gypaète barbu (appelé aussi *lammergayer*).

1

3

NIGEL DENNIS/GETTY IMAGES ©

2

MITCH REARDON/GETTY IMAGES ©

Autres oiseaux

Toutes les formes imaginables et toutes les couleurs de la création sont ici réunies en une gigantesque symphonie de la gent ailée. Certes, vos premiers regards iront aux lions ou aux impalas, mais les oiseaux d'Afrique du Sud vous feront vite prendre de la hauteur.

Flamant nain (*lesser flamingo*)

1 Taille : 1 m. Rassemblés par milliers, les flamants nains font refléter leur rose vif dans l'eau des lacs salés. Autres scènes inoubliables : le vol en formation ou le départ de la course au moment de la parade nuptiale.

Bucorve du Sud (*ground hornbill*)

2 Taille : 90 cm. Le bucorve du Sud se reconnaît à son masque et à son jabot rouges. Il flaire sans cesse le sol en quête d'insectes, de grenouilles, de reptiles et de petits mammifères, qu'il transperce de son large bec.

Rollier à longs brins (*lilac-breasted roller*)

3 Taille : 40 cm. En safari, ce superbe oiseau à la gorge et à la poitrine lilas ne manquera pas d'attirer votre regard. Cousin du martin-pêcheur, ce rollier tend en vol à "rouler" d'un côté sur l'autre, faisant chatoyer les bleus, les violets et les verts de son plumage.

Autruche (*ostrich*)

4 Taille en hauteur : 2-2,70 m ; poids : jusqu'à 130 kg. Ce lourd volatile est incapable de voler. Pour échapper aux prédateurs, l'autruche fuit à 70 km/h ou s'aplatit au sol en soulevant des nuages de poussière.

Manchot du Cap (*african jackass penguin*)

5 Taille : 60 cm. le mâle orchestre sa parade nuptiale avec force bruits, qui évoquent les braiements d'un âne, d'où son surnom de *jackass* en anglais, synonyme de *donkey* (baudet). Les colonies de manchots peuplent les côtes ou de petites îles limitrophes.

Habitats

Autant d'espèces, presque autant d'habitats. Les rangers (gardes forestiers), à l'instar des autres voyageurs que vous croiserez sur la route, feront souvent référence à ces habitats. Il y a tout bénéfice à apprendre à les identifier et à connaître les animaux qui sont susceptibles d'y vivre.

Karoo

1 Les très faibles précipitations sur la majeure partie ouest de l'Afrique du Sud expliquent qu'arbustes épineux et plantes grasses y dominent. Ce plateau semi-aride appelé localement Karoo ("terre de la soif" en khoisan) se mue en désert aux confins de la Namibie. En raison de la sécheresse, les grands animaux (tels les zèbres et les antilopes) restent près des points d'eau. La plupart des plantes perdent leurs feuilles, afin d'économiser l'eau à la saison sèche. À la moindre pluie, c'est une véritable explosion de vie végétale et animale.

Fynbos

2 Autour du Cap (Cape Town), l'épaisse végétation qu'on appelle le *fynbos* est couverte d'arbustes bas à petites feuilles fines. C'est l'un des six plus importants royaumes floristiques, ou biomes, de la planète. Sur les 8 578 espèces de fynbos, 68% ne poussent nulle part ailleurs dans le monde. Nombre de ces plantes ne conviennent pas à l'alimentation des animaux, mais la région abrite une remarquable diversité d'insectes et d'oiseaux.

Bushveld (veld arbustif)

3 La savane, aux prairies (*grasslands*) ondoyantes ponctuées d'acacias, est le paysage africain par excellence. Appelé *bushveld* en Afrique du Sud, cet espace ouvert attire de vastes troupeaux de zèbres et d'antilopes, ainsi que des prédateurs rapides comme les guépards. En revanche, le *bushveld* est dépourvu d'arbustes. Sur le plateau central, il prend le nom de *highveld* (haut veld).

À droite

1. Petit Karoo (p. 158) 2. Fynbos, Table Mountain National Park (p. 64)

l'Afrique du Sud, le Lesotho et le Swaziland pratique

Carnet pratique

Activités

Les paysages variés et le climat favorable de l'Afrique du Sud sont propices à une multitude d'activités, de la descente en rappel à la tyrolienne. La qualité des infrastructures et des cours en tout genre rend ces activités accessibles à un grand nombre de visiteurs, débutants ou confirmés.

Canoë, kayak, rafting et tubing

L'Afrique du Sud compte peu de rivières majeures, mais celles qui sont alimentées toute l'année offrent des parcours intéressants pour le canoë ou le rafting. Les conditions de rafting varient considérablement en fonction des précipitations. Dans la plupart des endroits, la meilleure période se situe de décembre/janvier à avril.

Felix Unite (www.felixunite.com). Sorties sur le Breede, le Cunene et le Senqu (Orange).

Induna Adventures (indunaadventures.com). Rafting et tubing (bouée nautique) en eaux vives sur la Sabie.

Intrapid (www.raftsa.co.za). Rafting en eaux vives sur le Senqu (Orange), le Doring et le Palmiet, entre autres.

PaddleYak (www.seakayak.co.za). Magasin de kayak de mer, infos et circuits.

Swazi Trails (www.swazitrails.co.sz). Excursions sur le Great Usutu, au Swaziland, et dans tout le pays.

Escalade

Climb ZA (www.climbing.co.za). Infos, articles, annuaire et forum.

Mountain Club of South Africa (www.mcsa.org.za). Renseignements et liens vers des clubs régionaux.

SA Climbing Info Network (www.saclimb.co.za). Diffuse des listes d'adresses et des photos de voies d'escalade sur parois et sur blocs.

Kloofing (Canyoning)

Le *kloofing* – l'équivalent du canyoning, qui combine escalade, randonnée, baignade et sauts –, compte encore peu d'adeptes mais connaît un succès croissant en Afrique du Sud.

Ce sport étant assez risqué, vérifiez bien les qualifications des centres avant de réserver.

Observation de la faune

La richesse de la faune de l'Afrique du Sud attire des visiteurs du monde entier. Contrairement à bon nombre d'endroits sur le continent africain (par exemple, le Botswana et la Zambie), l'activité reste très accessible en Afrique du Sud grâce à un bon réseau routier, un excellent choix d'hébergements et des tarifs variés.

Le Swaziland offre lui aussi d'excellentes occasions d'observer les animaux.

Observation des baleines

- L'Afrique du Sud fait partie des meilleurs endroits de la planète où observer ces mammifères géants depuis la terre ferme.
- Des baleines de Biscaye et des baleines à bosse se présentent régulièrement au large entre juin/juillet et novembre, rejointes de temps à autre par des rorquals de Bryde et des orques.
- On trouve des sites d'observation des baleines sur tout le littoral sud et est, de la False Bay au iSimangaliso Wetland Park.
- La ville de Hermanus – où les baleines de Biscaye viennent mettre bas près de la côte – se distingue comme "capitale" des cétacés.

Observation des oiseaux

Grâce à une grande diversité d'habitats, l'Afrique du Sud est un paradis pour les ornithologues. Il existe des clubs dans tout le pays. La plupart des parcs et réserves fournissent des listes d'oiseaux et quelques brochures éditées par SANParks (www.sanparks.org). Nombre de parcs, réserves et hébergements possèdent des guides de terrain pratiques, mais mieux vaut emporter le vôtre.

BirdLife South Africa (www.birdlife.org.za). Renseignements et liens utiles. Promeut les circuits d'avitourisme (écotourisme ornithologique).

Birding Africa (www.birdingafrica.com). Excursions dans les environs du Cap et ailleurs, pour observer les oiseaux et les fleurs.

Bird-Watch Cape (www.birdwatch.co.za). Ce petit prestataire basé au Cap, à destination des ornithologues amateurs, propose des circuits organisés, dont des formules sur 17 jours ou 27 jours couvrant tout le pays.

Cape Birding Route (www.capebirdingroute.org). Renseignements sur l'ouest de l'Afrique du Sud, de la pointe du Cap au Kalahari.

Greater Limpopo Birding Routes (www.limpopobirding.com). Propose une liste de guides et 4 itinéraires, dont un comprenant la chaîne du Soutpansberg et la vallée du Limpopo.

Indicator Birding (www.birding.co.za). Renseignements, articles et circuits guidés. Basé à Gauteng.

Southern African Birding (www.sabirding.co.za). Guides multimédias et renseignements. Se rend aussi au Lesotho et au Swaziland.

Zululand Birding Route (www.zululandbirdingroute.co.za). Un projet d'avitourisme dans le nord du KwaZulu-Natal, qui compte plus de 600 espèces d'oiseaux.

Pêche

La pêche en mer est une activité populaire, grâce à la présence d'une grande variété d'espèces, due aux courants chauds et froids des côtes orientale et occidentale.

La pêche en rivière, surtout celle de la truite introduite, se pratique assez souvent dans les parcs et les réserves, notamment dans les ruisseaux d'altitude du Drakensberg, dans la région de Rhodes par exemple.

Vous pourrez obtenir un permis en échange de quelques rands dans les bureaux des parcs. Certains magasins et hébergements louent du matériel.

Le Lesotho est une destination prisée des pêcheurs de truites. La saison s'étend de septembre à mai, comme en Afrique du Sud. Le permis, que vous obtiendrez pour la modique somme de 5 M, donne droit à la pêche de 12 truites de plus de 25 cm de long. Seule la pêche à la ligne avec des mouches artificielles sans cuillère est autorisée.

La zone de pêche la plus proche de Maseru se trouve sur la Makhaleng River, à 2 km en aval du restaurant Molimo-Nthuse, à environ 60 km à l'est de Maseru, au pied du God Help Me Pass. La rivière est aussi accessible depuis Ramabanta et Malealea.

Bass Fishing South Africa (BFSA ; www.bassfishing.co.za). Forum et précisions sur les zones de pêche.

Sealine (www.sealine.co.za). Forum consacré à la pêche à la ligne et au canotage.

Southern African Trout and Flyfishing Directory (www.flyfisher.co.za). Banque d'idées pour un safari de pêche à la mouche.

Wild Trout Association (www.wildtrout.co.za). Une association de pêcheurs chevronnés, basée à Rhodes.

Plongée

La pointe sud de l'Afrique permet de plonger dans deux océans (Indien et Atlantique) ! Des courants forts et des vents fréquents offrent des conditions stimulantes aux plongeurs confirmés sur toute la côte. Sodwana Bay, sur l'Elephant Coast (KwaZulu-Natal) est un bon spot, adapté aux débutants. Aliwal Shoal et Port Elizabeth sont également courus.

Conditions Les conditions de plongée varient considérablement d'un endroit à l'autre. La meilleure période sur la côte du KwaZulu-Natal

LA PLONGÉE EN TOUTE SÉCURITÉ

Sur les sites de plongée prisés tels que Sodwana Bay, on trouve une multitude d'enseignes de plongée, dont certaines laissent beaucoup à désirer. Au moment de choisir, privilégiez la qualité, quitte à payer plus cher. Plusieurs facteurs sont à prendre en compte : l'expérience et la qualification du prestataire, les connaissances et le sérieux du personnel, la réputation de l'établissement, ainsi que le type de matériel utilisé, son état et la régularité de l'entretien. Assurez-vous que vos interlocuteurs font preuve de professionnalisme et renseignez-vous sur les normes de sécurité – radios, oxygène, procédures d'évacuation d'urgence, solidité des bateaux et des moteurs d'appoint, kits de premier secours, torches de sécurité et gilets de sauvetage. Pour les longues plongées : vous fournit-on un repas énergétique ou seulement du thé et des biscuits ?

Si vous optez pour un centre proposant des formations agréées par la **Professional Association of Diving Instructors** (PADI ; www.padi.com), vous aurez l'avantage d'une certification reconnue partout dans le monde dans les autres centres PADI.

va de mai à septembre, lorsque la visibilité est excellente. À l'ouest, sur le rivage atlantique, l'eau est froide toute l'année mais presque toujours propice à la plongée, avec une bonne visibilité, de novembre à janvier-février.

Coût Les prix sont généralement plus avantageux en Afrique du Sud qu'ailleurs en Afrique australe. Comptez au moins 3 000 R pour une formation Open-Water (avec brevet) de 3-4 jours et à partir de 300 R pour une plongée.

Équipement Beaucoup de stations balnéaires disposent de spécialistes de la plongée. À l'exception de Sodwana Bay durant les mois les plus chauds (lorsqu'une combinaison de 3 mm suffit), où vous aurez besoin d'une combinaison humide de 5 mm sur la plupart des sites et, dans certains endroits au sud et à l'ouest, d'une combinaison sèche.

Randonnée

AFRIQUE DU SUD

L'Afrique du Sud est un paradis pour les marcheurs et compte un excellent réseau de sentiers balisés.

Hébergement Certains parcours proposent des hébergements en camping ou dans de simples cases avec électricité et eau courante, voire à l'hôtel le long de certains circuits de *slackpacking* (sans sac) dans le Cap oriental et ailleurs. Réservez très à l'avance.

Circuits guidés Vous pourrez effectuer des circuits guidés en compagnie de rangers (gardes forestiers) armés dans les parcs nationaux. Les parcours sont courts, mais ils offrent l'occasion d'approcher la nature de près. Des randonnées allant de balades de 2 ou 3 heures dans la brousse à des expéditions d'un ou plusieurs jours le long de sentiers sauvages sont proposées par les parcs, notamment le Kruger. Plusieurs organismes proposent aussi des circuits guidés sur la Wild Coast et dans le Drakensberg – excellent moyen de délaisser les sentiers battus et de découvrir la vie dans les villages africains.

Randonnées hors sentiers
Certains territoires classés zones protégées permettent d'effectuer des randonnées hors sentiers. Au-delà de la suggestion d'itinéraires, vous pouvez compter que sur vous-même.

Réglementation Le nombre de randonneurs étant souvent limité, il est donc nécessaire de réserver bien à l'avance. Sur la plupart des longs parcours et dans certaines zones protégées (*wilderness areas*), les visiteurs doivent se réunir en groupes de 3 ou 4 randonneurs, au minimum.

Sécurité La question ne se pose guère sur la plupart des circuits, sauf pour des itinéraires longs, où des agressions et des vols ont eu lieu dans des hébergements et sur les sentiers bordant la Table Mountain, à proximité de Lion's Head, de Signal Hill et surtout de Devil's Peak. Renseignez-vous auprès d'un club local ou au bureau du parc. Sur les longs parcours et ceux qui sont peu fréquentés, déplacez-vous en groupe et évitez d'emporter des objets de valeur. Au Cap, ne vous promenez pas seul, évitez la marche au petit matin, le soir et à d'autres horaires creux. En général, la Table Mountain est plutôt sûre.

Saisons La randonnée est possible toute l'année, à condition de se préparer aux fortes chaleurs et à l'importante humidité estivales. La meilleure période se situe de mars à octobre.

SOURCES D'INFORMATION

Lectures recommandées (en anglais) :

- *Best Walks of the Drakensberg* par David Bristow.
- *Easy Walks in the Cape Peninsula* par Mike Lundy.
- *Hiking Trails of South Africa* par Willie et Sandra Olivier.

Sur Internet :

CapeNature (www.capenature.co.za). S'occupe de nombreux circuits dans le Cap occidental.

Ezemvelo KZN Wildlife (www.kznwildlife.com). Gère divers circuits du Drakensberg (KwaZulu-Natal) et de l'Elephant Coast.

Hiking Organisation of Southern Africa (HOSA ; www.hosavosa.co.za). Renseignements, forum et liens vers des clubs de randonnée.

SANParks (www.sanparks.org). La plupart des sentiers dépendent de SANParks et des diverses autorités forestières. On trouve beaucoup de renseignements sur leur site.

LESOTHO

- Le pays tout entier, à l'exception des grandes villes, se prête idéalement à la randonnée
- Les hautes terres de l'est du pays et la crête du Drakensberg attirent les randonneurs chevronnés.
- Il existe peu de sentiers balisés – ce sont plutôt de simples chemins.
- Vous pouvez circuler un peu partout. Munissez-vous d'une boussole et de cartes topographiques couvrant la région.
- Dans toutes ces régions, en particulier sur les pentes reculées des hautes terres, les conditions climatiques peuvent rendre la randonnée périlleuse si vous manquez d'expérience et êtes mal préparé. Les températures peuvent descendre à zéro même en été, tandis que les orages et le brouillard sont fréquents.
- Des vêtements chauds et un équipement imperméable sont indispensables.
- En été, de nombreuses rivières débordent et les passages à gué peuvent devenir dangereux. tenez-vous prêt à changer d'itinéraire ou à attendre que les eaux se retirent.
- À la fin de la saison sèche, l'eau potable peut être rare, en particulier sur les hauteurs.

SWAZILAND

- Certaines réserves naturelles se prêtent particulièrement bien à la randonnée.
- Vous pouvez vous déplacer à pied dans presque toutes les régions rurales en suivant les vieux sentiers sillonnant la campagne.
- En été, préparez-vous à subir des pluies torrentielles et des averses de grêle.

Randonnée à cheval et à poney

- En Afrique du Sud, au Lesotho et au Swaziland, vous trouverez facilement des randonnées équestres (de quelques heures à plusieurs jours) de tous niveaux.
- Des circuits équestres sont également proposés dans plusieurs parcs nationaux sud-africains.
- Au Lesotho, vous pourrez monter sur les robustes chevaux basotho pour des randonnées en montagne.

CENTRES ÉQUESTRES

Equus Horse Safaris (www.equus.co.za). Waterberg, Limpopo.

Fynbos Trails (www.fynbostrails.com). Cap occidental.

Haven Horse Safaris (www.havenhotel.co.za). Un des nombreux centres proposant des promenades sur la plage le long de la Wild Coast et dans le Cap oriental.

Horizon Horseback Adventures (www.ridinginafrica.com). Waterberg, Limpopo.

Khotso Trails (www.khotsotrails.co.za). Sud du Drakensberg, incluant le Lesotho.

Nyanza Farm (www.nyanza.co.sz). Swaziland.

Sports aériens

Les sports aériens connaissent un vif succès grâce à une géographie adéquate, une météo optimale toute l'année et des tarifs très compétitifs. Contactez en premier lieu l'**Aero Club of South Africa** (☎011-082 1100 ; www.aeroclub.org.za).

Parapente Les amateurs de parapente viennent du monde entier jusqu'au Cap pour s'élancer du Lion's Head et de la Table Mountain. Le pays compte plusieurs autres sites prisés, notamment dans le Cap occidental. Si les conditions de vol sont favorables toute l'année, c'est de novembre à avril que les courants ascendants sont les plus forts. Les restrictions sont minimes pour les pilotes expérimentés, qui peuvent effectuer d'inoubliables vols sur de longues distances. La **South African Hang Gliding & Paragliding Association** (SAHPA ; ☎074 152 2505 ; www.sahpa.co.za) vous renseignera sur les sites, les écoles et les clubs.

ULM Très utile, le site microlighters.co.za accueille des forums et diffuse une liste de terrains d'aviation.

Surf

C'est en automne et au début de l'hiver (avril-juillet) que la période s'avère la plus favorable sur les côtes sud et est de l'Afrique du Sud. Vous pouvez acheter planches et matériel dans la plupart des grandes villes du littoral. Comptez environ 3 500 R pour une planche neuve.

Wavescape (www.wavescape.co.za). Site consacré à la météo et au surf en général.

Zig Zag (www.zigzag.co.za). Le principal magazine sud-africain consacré au surf.

VTT

On trouve des sentiers accessibles à VTT presque partout en Afrique du Sud, de la Garden Route au Kalahari. Le Cap est un lieu de rassemblement pour de nombreux amateurs.

Linx Africa (www.linx.co.za/trails/lists/bikelist.html). Liste des sentiers par province.

Mountain Bike South Africa (www.mtbsa.co.za). Renseignements, forum et webzine.

Ride (www.ride.co.za). Mensuel sud-africain spécialisé.

Alimentation

Voir le chapitre *Cuisine* (p. 571).

Ambassades et consulats

Ambassades et consulats d'Afrique du Sud à l'étranger

Belgique (☎02-285 44 00 ; www.southafrica.be ; 17-19 rue Montoyer, 1000 Bruxelles)

Canada (☎613-744 0330 ; www.southafrica-canada.ca ; 15 promenade Sussex, Ottawa, K1M 1M8). Haute délégation.

France (☎01 53 59 23 23 ; www.afriquesud.net ; 59 quai d'Orsay, 75343 Paris Cedex 07)

Lesotho (☎2231 5758 ; madibam@dirco.gov.za ; Private Bag A266 ; Maseru 0100). Haute délégation.

Suisse (☎031 350 1313 ; www.southafrica.ch ; 29 Alpenstrasse, 3006 Berne)

Swaziland (☎2404 4651 ; sahc@swazi.net ; The New Mall, 2e ét., Dr Sishayi Road, PO Box 2507, Mbabane). Haute délégation.

Ambassades et consulats étrangers en Afrique du Sud

La plupart des pays comptent une ambassade à Pretoria, la capitale, ainsi qu'un bureau ou un consulat au Cap (qui peut tenir lieu d'ambassade durant les sessions parlementaires de la ville).

La plupart des services des visas et affaires consulaires n'ouvrent que le matin de 9h à 12h (en semaine uniquement). Pour plus d'informations, rendez-vous sur www.dfa.gov.za/foreign/forrep/index.htm.

Ambassade de France (☎012-425 1600 ; www.ambafrance-rsa.org ; 250 Melk St, Nieuw Muckleneuk, Pretoria). Un consulat au Cap (☎021-423 1575 ; www.consulfrance-lecap.org ; 78 Queen Victoria St, Gardens ; 🚌Upper Long/Upper Loop) et à Johannesburg.

Ambassade de Suisse (☎012-452 0660 ; www.eda.admin.ch/pretoria ; 225 Veale Street, Parc Nouveau, Nieuw Muckleneuk 0181 ; Pretoria)

Haute délégation du Botswana (☎012-430 9640 ; www.mofaic.gov.bw ; 24 Amos St, Colbyn, Pretoria). Aussi un consulat à Johannesburg.

Haute délégation du Canada (☎012-422 3000 ; southafrica.gc.ca ; 1103 Arcadia St, Hatfield, Pretoria). Un consulat au Cap (☎021-421 1818 ; 1502 Metlife Centre, Walter Sisulu Ave, Foreshore) et à Durban.

Haute délégation du Lesotho (☎012-460 7648 ; www.foreign.gov.ls ; 391 Anderson St, Menlo Park, Pretoria).

Haute délégation du Swaziland (☎012-344 1910 ; www.swazihighcom.co.za ; 715 Government Ave, Arcadia, Pretoria). Second bureau à Johannesburg.

Ambassades et consulats du Lesotho à l'étranger

Le Lesotho ne possède pas d'ambassade ou de consulat dans tous les pays. Les Suisses devront contacter la représentation diplomatique en Belgique. Enfin, l'Afrique du Sud s'occupe des relations diplomatiques du Lesotho au Swaziland.

Afrique du Sud Haute délégation, Pretoria (☎012-460 7648 ; www.foreign.gov.ls ; 391 Anderson St, Menlo Park, 0007 Arcadia).

Belgique Ambassade (☎02-705 39 76 ; bd Général-Wahis 45, 1030 Bruxelles)

Canada Haute délégation (☎613-234 0770 ; 130 rue Albert, suite 1820, Ottawa, Ontario K1P 5G4)

France Ambassade du Lesotho en Allemagne (☎00 49 30 2575 7215 depuis la France ; Kurfustenstrasse 84 10787 Berlin, Allemagne). En l'absence d'ambassade en France, le Lesotho est représenté par l'ambassade d'Allemagne à Berlin.

Ambassades et consulats étrangers au Lesotho

Les représentations ci-dessous sont situées à Maseru. En Afrique du Sud, plusieurs missions (Belgique et Suisse notamment) s'occupent des relations diplomatiques et consulaires avec le Lesotho. Autres adresses sur www.foreign.gov.ls.

Afrique du Sud (☎2231 5758 ; www.dfa.gov.za ; angle Kingsway et Old School Rd)

Canada (☎2231 5365 ; www.canadainternational.gc.ca ; 2e ét., Quadrant Sales Bldg, Orpen Rd, Old Europa)

France (☎2232 5722 ; www.alliance.org.za/consular-services.html ; Alliance française, angle Kingsway et Pioneer Rd)

Ambassades et consulats du Swaziland à l'étranger

Les Français devront contacter l'ambassade du Swaziland en Belgique ; les Canadiens celle des États-Unis à Washington (☎202-234 5002 ; 1712 New Hampshire Ave, NW, Washington DC 20009). Pour les autres pays européens sans représentation diplomatique, l'ambassade du Swaziland au Royaume-Uni ou en Belgique s'occupe des services destinés aux voyageurs.

Afrique du Sud Haute délégation, Pretoria (☎012-344 1910 ; 715 Government Ave, Arcadia 0083, Hatfield). Consulat général à Johannesburg.

Belgique Ambassade (☎02-347 4771/5725 ; www.swaziembassy.be ; 188 av. Winston-Churchill, 1180 Bruxelles)

Royaume-Uni Haute délégation (☎020-7630 6611 ; 20 Buckingham Gate, Londres SW1E 6LB)

Ambassades et consulats étrangers au Swaziland

Plusieurs missions diplomatiques en Afrique du Sud (pour les Belges, les Suisses et les Canadiens notamment) représentent le Swaziland. Les Français devront contacter leur ambassade au Mozambique. Des adresses sur www.gov.sz.

Ambassade de France à Maputo (☎214 84600 ; www.ambafrance-mz.org ; av. Julius Nyerere 2361/BP 4781, Maputo)

Haute délégation d'Afrique du Sud (☎2404 4651 ; www.dfa.gov.za ; 2e ét., the New Mall, Dr Sishayi Rd).

Haute délégation du Mozambique (☎2404 1296 ; www.minec.gov.mz ; Princess Drive Rd, Highlands View).

Argent

Pour plus de précisions sur les questions d'argent en Afrique du Sud, rendez-vous sur www.southafrica.info/travel/advice/currency.htm.

Banques principales Les grandes banques en Afrique du Sud sont Absa (filiale de Barclays), FNB (First National Bank), Nedbank et Standard Bank.

Cartes de crédit L'Afrique du Sud étant connue pour ses nombreux cas d'escroquerie, beaucoup de banques étrangères empêchent automatiquement toute transaction effectuée dans le pays. Si vous prévoyez d'utiliser une carte de crédit en Afrique du Sud, prévenez votre banque avant votre départ.

Devises étrangères Les devises les plus reconnues sont le dollar américain, l'euro et la livre britannique. Il est plus prudent d'emporter une carte de crédit car de nombreux commerces n'acceptent que les rands.

Afrique du Sud L'unité monétaire de l'Afrique du Sud est le rand (R), qui se subdivise en 100 cents. Il se présente en billets de 10, 20, 50, 100 et 200 R. Il existe des pièces de 1, 2 et 5 R, et des pièces de 5, 10, 20 et 50 cents. Les transactions sont souvent arrondies à quelques centimes près. Le rand est faible face aux devises occidentales.

Swaziland et Lesotho L'unité monétaire du Swaziland est le lilangeni (au pluriel, emalangeni ; E) qui se subdivise en 100 cents et celle du Lesotho, le loti (au pluriel, maloti ; M), qui se divise en 100 lisente. La valeur du loti et du lilangeni est fixée sur celle du rand. La devise sud-africaine est acceptée dans tout le Lesotho et le Swaziland, où l'on vous rendra néanmoins la monnaie en devise locale.

Cartes de crédit

- Les MasterCard et les Visa sont très fréquemment acceptées en Afrique du Sud ; les Diners Club et les American Express, moins couramment.
- On peut retirer de l'argent avec une carte de crédit dans de nombreux DAB.
- Les frais bancaires prélevés lors du paiement ou du retrait avec une carte étrangère ne sont pas très élevés, en raison de la faiblesse du rand.
- Au Lesotho et au Swaziland, seuls les grands établissements touristiques acceptent les cartes de crédit.
- Si votre opération est annulée ou si un problème survient lors d'un paiement par carte bancaire, retirez votre carte aussi vite que possible et ne refaites pas de tentative.

TARIFS DE RESTAURATION

Voici les différentes catégories de prix, basées sur le tarif moyen d'un plat principal :

$ moins de 75 R

$$ 75-150 R

$$$ plus de 150 R

Change

AFRIQUE DU SUD

- Vous changerez aisément vos espèces dans les banques et les bureaux de change de toutes les grandes villes.
- Les chèques de voyage édités par Thomas Cook et American Express en devises fortes peuvent être encaissés dans les banques, dans les bureaux de change et dans certains hôtels – avec une commission variable.
- L'achat de chèques de voyage en dollars US ou dans une autre monnaie forte est plus avantageux qu'en rands.
- Si vous achetez des rands ou des chèques de voyage en rands, surveillez le marché car cette devise est très volatile. Sinon, achetez-les juste avant votre départ afin de minimiser les effets de la dévaluation.
- Conservez quelques-uns de vos reçus de change. Vous devrez les présenter pour reconvertir vos rands avant votre départ.
- On trouve des bureaux de change **American Express** (www.americanexpressforex.co.za) dans les grandes villes.

LESOTHO

- Le seul endroit où vous pourrez changer sans risque des espèces et des chèques de voyage est Maseru.
- On vous délivrera des billets en rands sur demande.

SWAZILAND

- La FNB et la Nedbank changent les espèces et les chèques de voyage à des taux similaires, moyennant une commission variable.

POURBOIRES

Compte tenu des bas salaires, les pourboires sont fortement recommandés. Dans les zones rurales du Lesotho et du Swaziland, il suffit d'arrondir la note au chiffre supérieur.

Destinataire	Pourboire
Serveur dans un restaurant	10 à 15%
Serveur dans un café	10%
Gardien de voiture	2 R (5 R pour une période plus longue)
Employé d'une station-service	5 R
Chauffeur de taxi	Prix de la course arrondi
Portier dans un hôtel	10 R
Guide/pisteur en réserve faunique privée	200/100 R/jour par groupe

- La plupart du temps, les banques demandent à voir le reçu qui vous a été délivré lors de l'achat des chèques de voyage.
- On trouve des agences Nedbank, FNB et Standard Bank à Mbabane, Manzini, Matsapha et dans le reste du pays.

Distributeurs automatiques de billets (DAB)

- Les DAB sont très répandus en Afrique du Sud, notamment dans les villes.
- Prévoyez des espèces si vous visitez des zones rurales, notamment dans le Kruger National Park.
- Au Lesotho, vous trouverez des DAB acceptant les cartes internationales à Maseru et dans les principales villes des plaines.
- Au Swaziland, des DAB acceptent les cartes internationales, principalement à Mbabane et dans la Ezulwini Valley.

Taxes et remboursements

AFRIQUE DU SUD

- L'Afrique du Sud impose une taxe sur la valeur ajoutée (TVA) de 14%, dont les étrangers peuvent obtenir le remboursement partiel sur les produits qu'ils emportent au moment du départ.
- Pour que la demande soit valable, les biens doivent avoir été achetés chez un commerçant affilié au dispositif de détaxe pour étrangers (VAT foreign tourist sales), leur valeur totale doit excéder 250 R et vous devrez présenter une facture indiquant la TVA pour chacun des articles.
- Le ticket de caisse conviendra généralement, à condition qu'il mentionne les termes "tax invoice" (facture avec TVA), le nom et l'adresse du commerçant et son numéro de TVA à 10 chiffres (commençant par un 4), une description des produits vendus, le coût de ces produits en rands, le montant de la TVA ou une déclaration spécifiant que la TVA est incluse dans le montant total des achats, un numéro de facture et la date de la transaction. Pour des dépenses supérieures à 5 000 R, la facture doit préciser votre nom et votre adresse, ainsi que la quantité ou le volume de produits achetés.
- Vous devrez détenir les factures originales.
- Une commission de 1,3% sera prélevée pour les frais de service (minimum 10 R, maximum 250 R).
- Au moment du départ, il vous faudra remplir un ou deux formulaires et présenter vos achats à l'inspecteur des douanes.
- À l'aéroport, si vos achats ne tiennent pas dans votre bagage à main, veillez à les faire vérifier avant d'enregistrer vos bagages.
- Après le passage à l'immigration, faites votre demande et récupérez votre remboursement sous la forme d'un chèque en rands (que vous pourrez encaisser dans une banque de l'aéroport international OR Tambo du Cap ou de Jo'burg) ou d'un transfert électronique vers une carte MasterCard / Visa electron, qui sera créditée dans la devise de votre pays (ou autre devise étrangère), et sera disponible quelques jours plus tard.
- Si le montant dépasse 3 000 R, le remboursement ne sera pas effectué sur-le-champ. Vous devrez attendre jusqu'à 6 semaines pour que la carte fournie soit créditée ou qu'on vous envoie un chèque.
- Le remboursement s'effectue aux principaux aéroports internationaux de Jo'burg, du Cap et de Durban, ainsi que dans certains aéroports plus petits : Lanseria (Jo'burg), Bloemfontein, Polokwane (Pietersburg), Nelspruit, Pilansberg, Port Elizabeth et Upington.
- Vous pouvez aussi faire la demande dans les principaux ports et dans certains postes-frontières avec le Botswana, le Mozambique, la Namibie, le Swaziland et le Zimbabwe.
- Vous pouvez demander un remboursement par courrier jusqu'à 3 mois après avoir quitté l'Afrique du Sud, mais il est beaucoup plus simple de le faire en personne.
- Renseignez-vous sur www.taxrefunds.co.za.

LESOTHO ET SWAZILAND

- Le Lesotho et le Swaziland appliquent aussi une TVA de 14%, mais n'autorisent pas son remboursement.
- Dans ces deux pays, nombre d'hôtels omettent la taxe dans leurs tarifs.

Assurance

- Il est vivement conseillé de souscrire une assurance couvrant le vol ou la perte de vos affaires et la maladie ou l'accident.
- Prenez le temps de comparer les différentes polices, car les assurances prévues pour des circuits organisés en Europe ne conviendront pas au veld sud-africain.
- Lisez bien les clauses en petits caractères, où se trouvent les restrictions. Certaines polices excluent les "activités à risque" comme la plongée, la moto ou le saut à l'élastique.
- Si vous devez avancer des frais médicaux, conservez soigneusement tous les documents nécessaires pour être remboursé à votre retour.
- Certaines assurances exigent que vous appeliez (en PCV) un centre dans

votre pays d'origine qui évaluera immédiatement la gravité de votre situation.

Bénévolat

Le bénévolat a le vent en poupe, tant en Afrique du Sud qu'au Lesotho et au Swaziland. Il existe parfois des agences malhonnêtes – celles que des voyageurs nous ont indiquées travaillent essentiellement sur des projets liés à la faune. Préférez les structures locales aux organismes étrangers, demandez l'avis d'anciens bénévoles et assurez-vous que votre argent profite essentiellement au projet, et non aux intermédiaires.

Un permis de séjour ou un visa de tourisme suffisent pour travailler bénévolement et sur la base du volontariat sur une courte période. Pour une mission prolongée (par exemple au-delà des 90 jours octroyés par le permis de séjour en Afrique du Sud), l'organisation responsable devra vous aider à obtenir le visa adéquat.

Des expériences courtes de quelques heures, jours ou semaines sont proposées en Afrique du Sud par des hébergements et des entreprises du secteur touristique (beaucoup soutiennent un ou deux projets locaux). Elles peuvent être intéressantes pour le bénévole, mais bien souvent, elles n'apportent guère plus au projet que l'argent versé pour y participer. Certaines organisations bénévoles éminentes affirment même que le bénévolat de courte durée est contre-productif.

African Impact (www.africanimpact.com ; Le Cap). Bénévolat et stages dans divers domaines, comme la santé et la protection de la nature.

Backpacking South Africa (www.backpackingsouthafrica.co.za ; Le Cap). Répertorie les offres de bénévolats par province.

Eco-Access (www.eco-access.org ; Jo'burg). Cette association caritative promeut les droits des personnes handicapées et un accès facilité à la nature.

Greater Good SA (www.myggsa.co.za ; Le Cap). Précisions sur plusieurs associations caritatives locales et projets de développement.

Grow (www.facebook.com/GROWMokhotlong/timeline ; Mokhotlong). Cette ONG, qui monte des programmes de développement communautaire dans l'est du Lesotho, offre diverses possibilités.

How 2 Help (www.h2h.info ; Le Cap). Publie un guide répertoriant les projets de développement local à petite échelle.

Kick4Life (www.kick4life.org ; Maseru). Programmes au Lesotho, comme le circuit annuel sur le thème du football, qui mêle campagne d'éducation sur le VIH et matchs de foot.

Life Skills (www.lifeskillsinsa.com ; The Crags). Reforestation et autres projets écologiques sur la Garden Route.

Streetfootballworld (www.streetfootballworld.org). Un bon de départ pour des missions de volontariat liées au football.

Uthando South Africa (www.uthandosa.org/projects ; Le Cap). Cette agence proposant des circuits guidés soutient plusieurs projets caritatifs.

VolunTourism (www.voluntourism.org ; États-Unis). Renseignements généraux et conseils.

Wilderness Foundation (www.wildernessfoundation.org ; Port Elizabeth). Cette ONG de protection de la nature organise des projets dans toute l'Afrique du Sud.

World Wide Opportunities on Organic Farms (WWOOF ; www.wwoofsa.co.za ; Durban). Possibilité de loger et de travailler dans des fermes bio en Afrique du Sud ; **Fynbos Estate** (www.fynbosestate.co.za), près du Cap, est également recommandée.

En France

En France, quelques organismes offrent des opportunités de travail bénévole sur des projets de développement ou d'environnement, parfois sur des périodes courtes, de 1 à 4 semaines.

Comité de coordination pour le service volontaire international (CCVIS ; ☎ 01 45 68 49 36 ; ccivs@unesco.org ; www.unesco.org/ccivs), Maison de l'Unesco (1 rue Miollis, 75732 Paris Cedex 15)

Jeunesse et reconstruction (☎01 47 70 15 88 ; www.volontariat.org ; 10 rue de Trévise, 75009 Paris). Cette association, créée après la Seconde Guerre mondiale pour la paix en Europe, propose en priorité des projets individuels de 6 mois à un an.

Solidarités jeunesses (SCI, branche française ; ☎01 55 26 88 77 ; www.solidaritesjeunesses.org ; 10 rue du 8-Mai-1945, 75010 Paris). Mouvement international qui soutient les projets visant à organiser collectivement une société responsable.

Cartes de réduction

- Une **carte d'étudiant internationale** (ISIC ; www.isic.tm.fr) permet de bénéficier de tarifs réduits, notamment sur les billets de bus et dans les musées.
- Vendue en ligne ainsi que dans les auberges de jeunesse et les magasins destinés aux touristes, l'**UR Card** (www.urcard.co.za) donne droit à des réductions dans les hébergements et les transports, ainsi que sur les visites guidées et diverses activités.

➜ Si vous prévoyez un séjour de plus de 8 jours dans les parcs nationaux, la **Wild Card** (www.sanparks.org/wild) peut s'avérer intéressante. Une carte à l'année pour étrangers revient à 1 770 R (2 770 R/couple, 3 310 R/famille), et fournit un accès libre aux quelque 80 parcs et réserves gérés par SANParks, Ezemvelo KZN Wildlife, Cape Nature, Msinsi et divers organismes swazis.

➜ Le **Fair Trade Travel Pass** (www.fairtradetravelpass.com) donne accès pendant 14 à 35 jours aux hébergements, circuits et activités certifiés commerce équitable, notamment sur la Wild Coast.

Cours de langues

De nombreuses écoles de langues réputées proposent des cours d'anglais et de plusieurs langues sud-africaines, dont le xhosa, le zoulou et l'afrikaans.

Inlingua (www.inlingua.co.za ; Green Point, Cape Town). Afrikaans et anglais.

Interlink (www.interlink.co.za ; Sea Point, Cape Town). Anglais.

International English School (www.english.za.net ; Somerset West, Cap occidental). Anglais.

Jeffrey's Bay Language School (www.learnenglishlanguage.co.za ; Jeffrey's Bay, Cap oriental). L'une des quelques écoles d'anglais de ce haut lieu du surf.

Language Teaching Centre (www.languageteachingcentre.co.za ; Foreshore, Le Cap). Xhosa, zoulou, afrikaans, anglais.

Phaphama Initiatives (www.phaphama.org ; Soweto, Gauteng). Enseigne la plupart des langues africaines et organise des circuits et séjours en immersion dans les townships et les villages du Gauteng – autant d'occasions d'apprendre en dehors des salles de classe.

Ubuntu Bridge (www.learnxhosa.co.za ; Newlands, Le Cap). Xhosa.

Wits Language School (www.witslanguageschool.com ; Braamfontein, Johannesburg). Zulu, sesotho, tswana, afrikaans, anglais. L'école fait partie de l'université du Witwatersrand.

Douane

➜ Pour entrer en Afrique du Sud sans payer de taxes, vous avez droit à 2 litres de vin, 1 litre de spiritueux, 200 cigarettes et l'équivalent de 5 000 R de marchandises diverses.

➜ Les produits issus d'espèces protégées, tels que l'ivoire, doivent être déclarés, pour l'importation comme pour l'exportation.

➜ Pour obtenir de plus amples renseignements, rendez-vous sur le site www.southafrica.info/travel/advice/redtape.htm.

Formalités et visas

Les personnes ayant voyagé récemment, ou été en transit au moins 12h, dans une région affectée par la fièvre jaune (en Afrique ou en Amérique du Sud) devront présenter un certificat de vaccination pour pénétrer en Afrique du Sud, au Lesotho ou au Swaziland.

Afrique du Sud

➜ Les citoyens suisses, canadiens, ainsi que les français, belges et autres ressortissants de l'Union européenne qui se rendent en Afrique du Sud à des fins touristiques pour une période inférieure à 3 mois n'ont pas besoin de visa. À leur arrivée, un permis de séjour gratuit de 90 jours leur sera délivré.

➜ Ils doivent être en possession d'un passeport en cours de validité disposant d'au moins 2 pages blanches.

Électricité

Les coupures d'électricité sont fréquentes dans tout le pays.

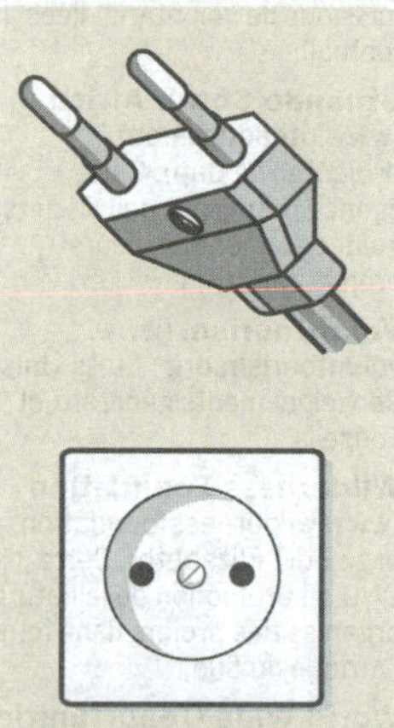

220-230 V/50 Hz

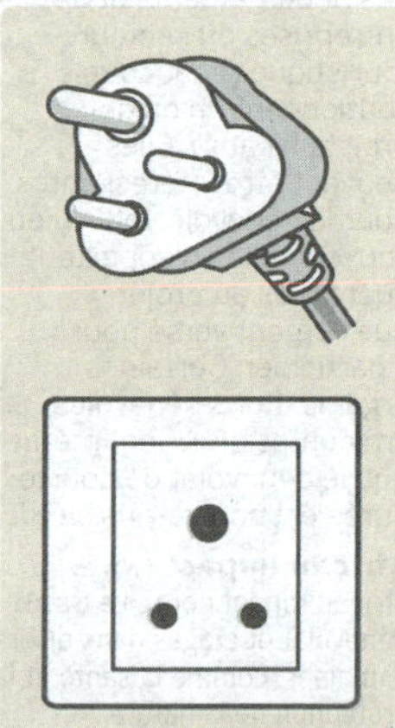

220-230 V/50 Hz

➜ Depuis juin 2015, **les nouvelles lois sur l'immigration** (p. 36) exigent que tous les moins de 18 ans fournissent un acte de naissance complet (accompagné d'une traduction assermentée), et, selon les cas, d'autres documents. Votre compagnie aérienne attirera probablement votre attention sur cette nouvelle législation lors de la réservation du vol.

➜ Même si les officiers de l'immigration le demandent rarement, vous devrez être en mesure de présenter un billet d'avion retour ou d'attester de la poursuite de votre voyage après votre passage en Afrique du Sud.

➜ Si vous continuez votre voyage en avion, prenez une copie de votre billet électronique ou demandez au guichet de la compagnie dans votre aéroport de départ de vous fournir une copie de votre itinéraire.

➜ Si vous ne pouvez prétendre à un permis de séjour, vous devrez demander un visa dans une mission diplomatique sud-africaine dans votre pays – ou dans un pays voisin.

➜ Aucun visa n'est délivré à la frontière.

➜ Demandez un visa à entrées multiples si vous prévoyez de visiter le Lesotho, le Swaziland ou un autre pays voisin. Cela vous évitera de renouveler vos démarches.

➜ Pour entrer en Afrique du Sud – avec ou sans visa – votre passeport doit disposer d'au moins 2 pages vierges (en plus des deux dernières).

➜ Pour de plus amples informations, consultez le site de l'**ambassade d'Afrique du Sud** dans votre pays , celui du **Department of Home Affairs** (ministère sud-africain des Affaires intérieures ; www.dha.gov.za) et celui de **Brand South African** (www.southafrica.info).

PROROGATIONS DE VISA

➜ Il est possible d'obtenir une prorogation de permis de séjour pour une période de 90 jours.

➜ Faites-en la demande dès votre arrivée, via **VFS Global** (www.vfsglobal.com/dha/southafrica/index.html).

➜ VFS Global traite également les demandes de permis de résidence temporaire, généralement délivrés pour 2 ans maximum. On trouve des bureaux dans 11 villes, notamment au Cap, à Durban, à Jo'burg et à Port Elizabeth.

➜ **TIES** (www.english.za.net ; Somerset West, Cap occidental) propose les services de consultants en immigration.

➜ Les demandes de prorogation coûtent 1 775 R et leur traitement peut prendre de 2 à 8 semaines. Elles doivent être remises en personne, avec un billet d'avion retour (ou attestant de la poursuite du voyage), les relevés de comptes bancaires des trois derniers mois et un justificatif d'hébergement en Afrique du Sud.

➜ Le durcissement des lois sur l'immigration en 2014 marque la fin des "courses aux visa" ("visa runs"). Si vous quittez le territoire sud-africain en possession d'un visa valide, il n'est désormais plus possible d'en obtenir un nouveau au retour, sauf si vous arrivez de votre pays de résidence. Si votre visa a expiré, vous obtiendrez un permis de séjour pour 7 jours au maximum, sauf si vous arrivez de votre pays de résidence, auquel cas on vous délivrera effectivement un nouveau visa de 3 mois.

Lesotho

➜ La plupart des citoyens d'Europe de l'Ouest, des pays du Commonwealth – y compris le Canada – se voient délivrer un permis de séjour gratuit à leur arrivée à la frontière ou à l'aéroport.

➜ Sa validité est de 30 jours.

➜ Pour prolonger le séjour de 14 jours, faites une demande auprès du **Département de l'immigration du Ministry of Home Affairs** (www.gov.ls ; Maseru).

➜ Une prorogation plus longue est parfois accordée aux voyageurs au poste-frontière (ou au ministère).

➜ Vous pouvez aussi profiter d'un "visa run", c'est-à-dire passer en Afrique du Sud, puis revenir au Lesotho à l'expiration de votre visa.

➜ Si vous avez besoin d'un visa, adressez-vous à une mission diplomatique, à Pretoria par exemple.

➜ Il arrive qu'un permis de séjour temporaire soit délivré aux voyageurs qui se présentent au poste-frontière de Maseru Bridge sans visa, ce qui permet d'aller à Maseru et d'obtenir un visa auprès du Ministry of Home Affairs, mais mieux vaut ne pas trop compter dessus car tout dépend du bon vouloir des douaniers.

Swaziland

➜ Les visiteurs de la plupart des pays occidentaux peuvent séjourner jusqu'à 30 jours dans le pays sans visa.

➜ Pour rester au-delà de 30 jours, déposez une demande auprès du **Département de l'immigration du Ministry of Home Affairs** (www.gov.sz ; Mbabane).

➜ Si vous avez besoin d'un visa, adressez-vous à une mission diplomatique, à Pretoria par exemple.

➜ Les demandes de visa doivent être accompagnées de documents, dont une lettre d'invitation.

➜ Un visa à entrée simple revient à 80 E ; celui à entrée multiple, à 300 E.

Handicapés

- L'Afrique du Sud, avec un réseau toujours croissant d'installations adaptées aux personnes à mobilité réduite ou malvoyantes, est l'une des destinations du continent les plus recommandées aux voyageurs handicapés.
- Nous signalons dans ce guide les sites qui offrent des équipements et des accès spécifiques.
- Plusieurs jardins et réserves naturelles possèdent des parcours en braille ou des sentiers guidés pour les malvoyants.
- On trouve des promenades en planches accessibles en fauteuil roulant dans de nombreux parcs et sites touristiques ; certains proposent des activités pour les voyageurs handicapés.
- Il est possible de louer des véhicules à commande manuelle dans les grandes agences de location de voitures.

Sources d'information

Accessible Cape Town (www.accessiblecapetown.com). Circuits, transport, hébergements, sites d'intérêt, shopping etc. dans la cité-mère.

Access-Able Travel Source (www.access-able.com). Fournit des listes de voyagistes, d'hébergements, de sites d'intérêt et d'activités.

Disabled Travel (www.disabledtravel.co.za). Un ergothérapeute donne des recommandations en matière d'hébergement, de restauration et de services à travers le pays.

Epic-Enabled (www.epic-enabled.com). Propose hébergements et circuits, avec notamment des safaris au Kruger.

Flamingo Tours (www.flamingotours.co.za). Circuits dans les environs du Cap, sur la Garden Route et ailleurs.

Linx Africa (www.linx.co.za/trails/lists/disalist.html). Listes de sentiers nature accessibles. **QuadPara Association of South Africa** (QASA ; www.qasa.co.za). Possède des fauteuils roulants adaptés aux plages, à Durban et sur la côte sud du KwaZulu-Natal.

Rolling SA (www.rollingsa.co.za). Circuits, notamment un safari de 9 jours couvrant le Kruger.

SANParks (www.sanparks.org/groups/disabilities/general.php). Présentation détaillée des hébergements et de l'accessibilité pour les personnes aveugles, sourdes ou à mobilité réduite dans les parcs (dont le Kruger).

SouthAfrica.info (www.southafrica.info/travel/advice/disabled.htm). Présentation des installations adaptées et liens vers des voyagistes et des organisations locales.

Sponge Project (thespongeproject.yolasite.com). Service d'information par SMS pour les personnes handicapées.

EN FRANCE

L'**APF** (Association des paralysés de France ; ☎01 40 78 69 00 ; www.apf.asso.fr ; 17 bd Auguste-Blanqui, 75013 Paris) et l'association **Handi Voyages** (handivoyages.free.fr) peuvent fournir des informations utiles sur les voyages accessibles. L'association **Ailleurs & Autrement** (www.ailleursetautrement.fr) organise des voyages adaptés aux personnes à mobilité réduite. **Yanous** (www.yanous.com) et **handicap.fr** (www.handicap.fr) constituent également de bonnes sources d'information.

Hébergement

L'Afrique du Sud offre un vaste choix d'hébergements. Quel que soit votre budget, les tarifs sont souvent inférieurs aux prix pratiqués en Europe ou en Amérique du Nord.

Saisons Les prix s'envolent pendant les vacances scolaires d'été (de mi-décembre à début janvier) et de Pâques (de fin mars à la mi-avril). Durant ces périodes, le prix des chambres est parfois multiplié par deux et des séjours d'une durée minimum peuvent être imposés. Les réservations sont alors indispensables. Les autres vacances scolaires (de fin juin à la mi-juillet et de fin septembre à début octobre) sont classées en saisons haute ou intermédiaire. À l'inverse, d'excellentes possibilités sont offertes en basse saison hivernale, la meilleure période pour observer la faune.

Réductions De nombreux établissements proposent des tarifs promotionnels en milieu de semaine et pour des séjours de plusieurs nuits. Les tarifs à la semaine sont parfois plus élevés dans certaines villes axées sur le tourisme d'affaires, notamment dans les régions minières. Les enfants bénéficient souvent de réductions.

Petits budgets Les campings, les auberges de jeunesse, les cottages indépendants et les adresses gérées par les communautés locales, dont les chambres chez l'habitant, sont moins chers. On trouve des terrains de camping un peu partout. En dehors des zones touristiques, les autres options pour petits budgets sont plutôt rares.

Catégorie moyenne D'un rapport qualité/prix particulièrement avantageux, elle englobe les *guesthouses* (pensions), les B&B et de nombreux logements tout équipés dans les parcs nationaux.

Catégorie supérieure L'Afrique du Sud offre dans la catégorie supérieure une bonne part des meilleurs lodges en pleine nature (*wildlife lodges*) d'Afrique, ainsi que de superbes *guesthouses* et hôtels, dont certains situés dans des propriétés historiques ou dans des exploitations viticoles. On y trouve tous les services

TARIFS DES HÉBERGEMENTS

Sauf mention contraire, les tarifs indiqués valent pour une chambre double avec salle de bains en haute saison (nov-mars). Les établissements sont classés par prix et, au sein de chaque catégorie, par ordre de préférence.

$ Moins de 600 R

$$ 600-1 500 R

$$$ Plus de 1 500 R

Les tarifs sont plus élevés au Cap, à Johannesburg et sur la Garden Route :

$ Moins de 800 R

$$ 800-2 500 R

$$$ Plus de 2 500 R

attendus d'un hôtel étoilé à des tarifs identiques, voire inférieurs, à ceux pratiqués en Europe et en Amérique du Nord. Il convient d'être sélectif car certains de ces hébergements se révèlent décevants.

Townships À Soweto, à Khayelitsha et dans quelques autres townships, des auberges de jeunesse, des B&B et d'autres logements chez l'habitant donnent un aperçu de la vie locale. De nombreux propriétaires se distinguent par leur hospitalité et proposent volontiers des visites des townships.

Lesotho Les tarifs sont comparables à ceux de l'Afrique du Sud et le rapport qualité/prix, particulièrement dans les lodges, généralement excellent. Le rapport qualité/prix est moins bon dans les hôtels d'affaires à Maseru et dans les villages de plaines : choisissez bien votre logement. Les hébergements haut de gamme sont rares, à l'exception de quelques hôtels à Maseru et des lodges en pleine nature, notamment le Maliba Mountain Lodge. Nombreuses possibilités pour camper à l'écart des grandes villes.

Swaziland Les prix sont similaires à ceux de l'Afrique du Sud. Il y a quelques auberges de jeunesse. De nombreux hébergements vous autorisent à planter votre tente sur leur terrain.

Réservations en ligne

Vous trouverez ci-dessous certains des services de réservation centralisée couvrant toute l'Afrique du Sud. Beaucoup imposent des frais d'inscription et, par conséquent, les établissements les moins chers sont parfois absents de ces listes. Des organisations de B&B, des offices du tourisme et des associations s'occupent des réservations d'hébergement dans plusieurs régions. Vous pourrez trouver de petites perles, comme des chambres dans des corps de ferme.

www.bedandbreakfast.co.za B&B dans toutes les provinces.

www.fairtrade.travel Tourisme équitable, logements, circuits et itinéraires certifiés. Circuits de 14 à 35 jours ; plus d'infos sur www.fairtradetravelpass.com.

www.farmstay.co.za Hébergements à la ferme et activités champêtres.

www.hostelworld.com Auberges de jeunesse, *guesthouses*, lodges et hôtels dans toute l'Afrique.

www.portfoliocollection.com Des hébergements haut de gamme (*guesthouses*, boutique-hôtels, lodges et logements tout équipés), du Cap au Lesotho et au Swaziland.

www.roomsforafrica.com B&B et appartements dans toute l'Afrique du Sud.

www.safarinow.com D'innombrables propriétés dans tout le pays, des camps de tentes aux demeures de style cape-dutch (hollandais du Cap).

www.seastay.yolasite.com Corps de ferme sur la côte.

www.wheretostay.co.za Un éventail d'hébergements, d'activités et de restaurants en Afrique du Sud, au Swaziland et dans les pays voisins.

Auberges de jeunesse

Avec une profusion d'auberges de jeunesse dans les destinations les plus fréquentées comme Le Cap et la Garden Route, l'Afrique du Sud est idéale pour les voyageurs indépendants (*backpackers*). Vous pourrez consulter **Backpacking South Africa** (www.backpackingsouthafrica.co.za).

Hébergement Outre des lits en dortoir (à partir de 120 R/nuit), beaucoup d'auberges possèdent également des chambres simples/doubles (à partir de 200/400 R). Certaines vous autoriseront à planter votre tente sur leur terrain.

Équipements La plupart des auberges de jeunesse offrent des installations de qualité, avec Wi-Fi, des pièces communes pour préparer vos repas, un bar et un tableau d'affichage pour les voyageurs. Certaines servent des repas. Le personnel vous renseignera sur la région et les transports locaux, et pourra organiser votre transfert si l'auberge ne se trouve pas sur le trajet des Baz Bus.

Hostelling International L'Afrique du Sud possède des auberges affiliées à HI (www.hihostels.com) dans tout le pays, il peut être intéressant de prendre la carte.

Lesotho et Swaziland Vous trouverez des auberges de jeunesse à Malealea, Semonkong, Morija, Roma, Ramabanta et Sani Top au

À PROPOS DES HÉBERGEMENTS

Si un hôtel affiche une chambre à 300 R, il faut lire en général 300 R "par personne" en chambre à deux lits ou en double. Le prix est valable quand 2 personnes occupent la chambre ; si vous êtes seul, ce sera plus cher – 450 R, voire le même prix qu'à deux.

Les prix en demi-pension incluent le petit-déjeuner et un autre repas (souvent le dîner) ; les tarifs "tout compris" – souvent proposés dans les lodges haut de gamme – comprennent en principe la totalité des repas, les excursions pour observer la faune et, parfois, le droit d'entrée au parc. Dans les complexes balnéaires, ils comprennent la totalité des repas, l'accès aux installations du *resort* et certaines activités.

Lesotho ; et à Mbabane et dans la Ezulwini Valley au Swaziland. Les tarifs et les équipements sont similaires à ceux de l'Afrique du Sud.

B&B et guesthouses

Les B&B et les *guesthouses* (pensions) comptent parmi les meilleurs hébergements en Afrique du Sud. Vous en trouverez aussi bien dans les villes que dans les zones rurales, où vous pourrez souvent loger à la ferme.
Les moins chers n'offrent rien d'exceptionnel mais, dans l'ensemble, les prestations sont de bonne qualité.

Équipements À l'inverse des B&B dans d'autres pays, les établissements d'Afrique du Sud sont souvent haut de gamme et proposent bien plus qu'une chambre d'amis. Ameublement ancien, sdb privative, véranda, grand jardin et piscine ne sont pas rares. Dans les régions comme les Winelands, le cadre est souvent grandiose. Les petits-déjeuners sont habituellement copieux et savoureux.

Tarifs Les prix débutent à 400/600 R environ pour une chambre simple/double avec sdb, petit-déjeuner inclus. Sauf exception, les prix sont généralement plus élevés au Cap, à Johannesburg (Jo'burg) ainsi que sur la Garden Route.

Camping

Les terrains de camping et de caravaning (*caravan park*) ont longtemps représenté un hébergement de choix pour les familles sud-africaines. Sachez que les campings affichent souvent complet pendant les vacances scolaires. Le camping sauvage est déconseillé, mais il est généralement possible de planter sa tente dans le jardin des auberges de jeunesse, en Afrique du Sud, pour environ 60 R.

Camping municipal La plupart des villes disposent d'un camping et d'un site de caravaning municipal bon marché. Certains sont agréables, d'autres peu attrayants. Les terrains situés à proximité des grandes agglomérations sont loin d'être sûrs.

Campings privés Les campings privés et ceux des parcs nationaux sont généralement meilleurs. Ils sont toujours accueillants et bien équipés, avec des sanitaires, des branchements électriques, des coins cuisine et des points d'eau. Dans les zones touristiques, les lieux s'agrémentent souvent d'une piscine, d'un restaurant et d'une supérette.

Prix Ils sont signalés par personne (à partir d'environ 100 R) ou par emplacement (à partir d'environ 150 R). Sauf mention contraire, nous indiquons dans ce guide le prix par personne.

Réglementation Certains *caravan parks* interdisent les tapis de sol imperméables (comme ceux de la plupart des petites tentes) afin de protéger l'herbe. Si vous ne séjournez qu'une nuit ou deux, vous pourrez probablement convaincre le responsable du camping que votre tente ne causera aucun dégât. Certains terrains de caravaning n'autorisent pas les tentes. Cependant, si vous expliquez que vous êtes étranger et que vous ne possédez pas de caravane, il se peut qu'on vous accorde un emplacement.

Lesotho et Swaziland Vous trouverez peu de terrains de camping officiels en dehors des parcs nationaux, des réserves naturelles et des lodges, mais il est généralement possible de trouver par soi-même une place pour planter sa tente. Demandez toujours la permission aux anciens du village le plus proche avant de vous installer, par respect pour la communauté locale, mais aussi pour minimiser les risques. On vous proposera peut-être une case (*hut*) pour la nuit, que vous paierez environ 20 R.

Hôtels

Il existe toutes sortes d'établissements, des plus spartiates aux boutique-hôtels luxueux.

Petits budgets La plupart des hôtels de cette catégorie sont en mauvais état et inconfortables. La région compte encore quelques bons vieux hôtels de campagne, où vous pourrez louer une chambre simple/double à partir de 300/500 R environ, prendre un repas ou boire un verre.

Catégorie moyenne Les établissements de cette gamme, d'un bon rapport qualité/prix, offrent souvent un cadre agréable.

Catégorie supérieure Les prix sont élevés pour la région et s'alignent, en général, à ceux pratiqués à l'étranger. Les offres de cette catégorie incluent des lieux charmants, tels des boutique-hôtels, des hôtels design ou historiques.

HÔTELS DE CHAÎNE

Les chaînes hôtelières sont très implantées, notamment dans les grandes villes et les zones touristiques.

City Lodge (carte p. 248 ; ☎0800 11 37 90 ; www.citylodge.co.za). Bon rapport qualité/prix, avec un choix de Road Lodges (ch 1-3 pers 550 R) – un peu plus confortables que le rival Sun 1 –, de Town Lodges (simple/double 850/1 000 R), de City Lodges (simple/double 1 200/1 400 R) et de Courtyard Hotels (ch/app 770/1 450 R). Tarifs plus avantageux en ligne.

InterContinental Hotels Group (IHG ; ☎0861 444 435 ; www.ichotelsgroup.com). Regroupe les Holiday Inn, les Holiday Inn express, les Crowne Plaza et les interContinental dans les grandes villes.

Protea (☎0861 119 000, 021-430 5300 ; www.proteahotels.com). Réseau d'hôtels à travers toute l'Afrique du Sud, de trois à cinq étoiles. Propriété du Marriott International.

Sun International (☎011-780 7810 ; www.suninternational.com). Divers hôtels plus chers, dans tout le pays.

Tsogo Sun (☎0861 447 744, 011-461 9744 ; www.tsogosunhotels.com). Gère plusieurs chaînes et propriétés en Afrique du Sud, notamment Southern Sun Hotels, l'enseigne de milieu de gamme Garden Court, et SUN1. Anciennement appelés Formule1, les hôtels de la chaîne SUN1 sont les plus économiques du pays ; ils renferment des chambres fonctionnelles mais exiguës pour 1 à 3 personnes, à partir de 400 R.

Lodges

Les parcs nationaux et leurs environs immédiats abritent de luxueux lodges aménagés en pleine brousse. Un séjour dans un lodge est une expérience inoubliable. Il est impératif d'y séjourner pour accéder à certains parcs, notamment le Madikwe Game Reserve (province du Nord-Ouest).

Équipements il s'agit en principe d'une tente safari ou d'une chambre en lodge offrant le confort d'un hôtel de standing (sdb avec eau courante, literie confortable, cuisine savoureuse et même piscine dans la catégorie supérieure). Cependant, plusieurs lodges n'ont ni téléphone, ni Wi-Fi, ni TV, et certains sont même dépourvus d'électricité. Les lodges les plus chics proposent des tarifs "tout compris", qui incluent les repas et des excursions pour observer la faune.

Réservations Il est vivement conseillé de téléphoner à l'avance si vous souhaitez séjourner dans un lodge ou un gîte tout équipé situé en pleine nature. Ces hébergements peuvent être difficiles à trouver sans indication et le personnel devra venir vous chercher si votre véhicule n'est pas muni d'une haute garde au sol. De plus, si vous vous présentez à l'improviste, vous risquez de ne trouver personne sur place.

Lesotho Les refuges de montagne du Ts'ehlanyane National Park, de Semonkong et de Malealea, sont les meilleurs hébergements du pays.

Logements tout équipés

Ces hébergements, appelés *self-catering accommodations*, peuvent être d'un excellent rapport qualité/prix, avec des cottages (aussi appelés chalets, *cabins*, *huts* ou *rondavels* – cases rondes au toit conique) à partir de 400 R pour 2 personnes. On les trouve aussi bien à la ferme que dans des campings, des campements gérés par les communautés locales ou des complexes hôteliers.

Équipements Hormis quelques endroits rudimentaires, ne disposant que d'un matelas et d'un lavabo, la plupart des hébergements indépendants sont dotés d'une literie, de serviettes et d'une cuisine équipée. Il est néanmoins préférable de vous renseigner au moment de la réservation. Dans certains cottages à la ferme, vous devrez vous passer de l'électricité.

Emplacements Pour trouver ce type d'hébergement, commencez par consulter les offices du tourisme des petites villes et leur site Internet. Vous trouverez souvent des chalets équipés dans les campings et les sites de caravaning, surtout dans les zones touristiques (les régions côtières, les environs des parcs et réserves, etc.). Beaucoup sont situés dans un cadre enchanteur mais excentré, convenant davantage aux voyageurs motorisés, quoiqu'on trouve aussi des cottages dans les villages et les petites villes.

Parcs et réserves South African National (SAN) Parks propose des bungalows, des cottages, des tentes safari et des *rondavels* bien tenus et entièrement équipés. Dans l'enceinte des parcs et réserves, les prix sont plus élevés mais les hébergements charmants ; certains, plus spacieux, peuvent même accueillir des familles. Certains parcs et réserves louent aussi des cases (*huts*) avec sdb communes.

Réservations Indispensables. Vous devrez généralement payer la moitié du prix (parfois la totalité) à l'avance, par virement bancaire. Dans les petites communautés, on vous accompagnera peut- être même en voiture si vous n'avez pas de moyen de transport.

Heures d'ouverture

- **Administrations** 8h-15h lun-ven, 8h-12h sam (Lesotho 8h-12h45 et 14h-16h30 lun-ven ; Swaziland 8h-16h lun-ven).
- **Banques** 9h-15h30 lun-ven, 9h-11h sam
- **Bars** 16h- 2h
- **Cafés** 7h-17h.

- **Commerces** 8h30-17h lun-ven, 8h30-13h sam ; et 9h-12h dim pour de nombreux supermarchés ; fermeture à 21h tlj pour les grands centres commerciaux
- **Postes** 8h30-16h30 lun-ven, 8h30-12h sam
- **Restaurants** 11h30-15h et 19h-22h (dernières commandes), et 15h-19h pour de nombreux restaurants

Heure locale

- L'heure sud-africaine (SAST, South Africa Standard Time) est en avance de 2 heures sur l'heure GMT/UTC. Ainsi, quand il est midi à Jo'burg, il est 11h à Paris et 5h du matin à Montréal.
- L'heure d'été n'est pas appliquée.
- Le Lesotho et le Swaziland se situent dans le même fuseau horaire que l'Afrique du Sud.
- Dans cette vaste région, pourtant couverte par un seul fuseau horaire, le soleil se lève et se couche sensiblement plus tôt à Durban qu'au Cap.

Homosexualité

La Constitution sud-africaine est l'une des rares qui interdise la discrimination sur des motifs sexuels. Les relations homosexuelles sont légales et le mariage gay reconnu. Le pays compte d'importantes communautés gays et lesbiennes au Cap, à Jo'burg, ainsi qu'à Pretoria et Durban. La plus active se trouve au Cap, qui occupe le devant de la scène homosexuelle de tout le continent africain.

Pour plus d'informations, lire les encadrés *Scène gay et lesbienne du Cap* (p. 92) et *Le Gauteng gay et lesbien* (p. 358).

Comportement Si la nouvelle Constitution a encouragé une certaine forme de liberté, certains éléments parmi les plus conservateurs de l'Afrique du Sud n'acceptent toujours pas l'homosexualité. Plus particulièrement dans les zones rurales, l'homosexualité reste taboue aussi bien dans les communautés blanches que noires.

Lesotho Les relations sexuelles entre hommes sont illégales, même si aucune poursuite ne semble avoir été engagée pour des relations entre adultes consentants. La législation ne garantit aucune protection contre les discriminations basées sur l'orientation ou l'identité sexuelle. Les relations homosexuelles sont taboues et les manifestations d'affection mal vues.

Swaziland C'est l'un des pays les plus conservateurs d'Afrique du Sud. Les relations homosexuelles masculines y sont illégales. D'une manière générale, les relations homosexuelles sont un tabou, et les homosexuels sont victimes de discrimination et de harcèlement.

Sources d'information

Des journaux et des magazines sont généralement disponibles dans les chaînes de librairies comme CNA et dans les lieux gays.

Behind the Mask (@BehindTheMask99). Organisation médiatique et militante basée à Jo'burg, qui fournit des renseignements et tient lieu de forum de discussion sur les thématiques liées à la communauté LGBTI (lesbienne, gay, bisexuelle, transgenre et intersexe) d'Afrique.

Exit (www.exit.co.za). Un mensuel LGBTI.

Gay Johannesburg (gayjohannesburg.blogspot.com). Infos et liens.

Gay Pages (www.gaypagessa.co.za). Un bimensuel sur papier glacé, disponible dans tout le pays.

South African Tourism (www.southafrica.net). Informations sur la scène gay de Jo'burg, du Cap, de Durban et d'ailleurs.

Triangle Project (thetriangleproject.org). Cette organisation basée au Cap milite en faveur des droits des LGBT et soutient la communauté à travers différents projets.

Fêtes et festivals

Jo'burg Pride (johannesburgpride.co.za). Depuis 1990, la première marche des fiertés gay et lesbienne d'Afrique a lieu en septembre ou octobre.

Mother City Queer Project (www.mcqp.co.za). Événement gay majeur du Cap, ce fabuleux festival de danse costumé se tient chaque année en décembre.

Out in Africa (www.oia.co.za). Faute de moyens, ce festival du film gay et lesbien n'est plus. Néanmoins, les organisateurs essaient de faire vivre l'événement autrement. Plus d'infos sur le site.

DÉCALAGE HORAIRE AVEC L'AFRIQUE DU SUD

PAYS	CAPITALE	DÉCALAGE HORAIRE AVEC L'AFRIQUE DU SUD
Australie	Canberra	+8 heures
Canada	Ottawa	-7 heures
France	Paris	-1 heure
Japon	Tokyo	+7 heures
Royaume-Uni	Londres	-2 heures
États-Unis	Washington, DC	-7 heures

Internet (accès)

- L'Afrique du Sud offre une bonne couverture Internet.
- Les connexions peuvent être plus lentes que celles que vous utilisez habituellement.
- Les hébergements offrent généralement un accès Wi-Fi. Il est plus rare de trouver un ordinateur relié à Internet à disposition.
- Le picto [Wi-Fi] indique la présence d'un réseau Wi-Fi dans l'établissement présenté.
- Dans les rubriques *Où se loger*, le picto @ signale la mise à disposition d'un ordinateur relié à Internet.
- Le Wi-Fi est également accessible (souvent gratuitement) dans de nombreux centres commerciaux, cafés, bars et restaurants – notamment dans des chaînes. Vous devrez parfois passer par un fournisseur comme **Skyrove** (www.skyrove.com) et **Red Button** (www.redbutton.co.za), en achetant du crédit en ligne avec une carte bancaire ou auprès du propriétaire du lieu.
- Pour les longs séjours, un modem USB ou un forfait data pour votre mobile peuvent s'avérer utiles, car le Wi-Fi n'est pas toujours fiable.
- Les compagnies de téléphonie mobile locales comme **MTN** (www.mtn.co.za) vendent des modems USB et des forfaits data.
- On trouve des cybercafés dans les grandes villes, et parfois même dans les plus petites. Comptez 30 R/heure.
- Au Lesotho, on peut accéder à Internet à Maseru ; ailleurs, seuls quelques hébergements disposent du Wi-Fi.
- Au Swaziland, vous pourrez notamment vous connecter à Mbabane, Manzini et dans la Malkerns Valley.

INFOS PRATIQUES

- Les trois pays utilisent le système métrique pour les poids et les mesures.
- *Mail & Guardian* (www.mg.co.za) *est un hebdomadaire national.*
- *The Sowetan* (www.sowetanlive.co.za) *est un quotidien national.*
- Également parmi la presse nationale : le *Sunday Independent* (www.iol.co.za/ sundayindependent), le *Sunday Times (*www.timeslive.co.za) et *Business Day* (www.businessday.co.za).
- *News24* (www.news24.com) *est le portail d'information sur l'Afrique de media 24.*
- *Le Times of Swaziland* (www.times.co.sz) *et le Swazi Observer* (www.observer.org.sz) *traitent l'information au Swaziland.*
- Le *Sunday Express* (sundayexpress.co.ls) et le *Lesotho Times* (www.lestimes.com) sont consacrés à l'actualité du Lesotho.
- *Getaway* (www.getaway.co.za), *Go!* (www.gomag.co.za) et *Country Life* (www.countrylife.co.za) sont des magazines sud-africains sur le voyage.
- SABC (www.sabc.co.za) diffuse des programmes sud-africains (séries, journaux télévisés, etc.).
- M-Net (mnet.dstv.com) programme des séries et des films américains.
- e.tv (www.etv.co.za) alterne émissions sud-africaines et succès internationaux.
- SAfm (www.sabc.co.za) diffuse des informations et des discussions en ligne et sur 104-107 Fm.
- On peut écouter Radio France Internationale (RFI ; www.rfi.fr/afrique) en ligne.

Jours fériés

Afrique du Sud

New Year's Day (jour de l'An) 1er janvier

Human Rights Day 21 mars

Good Friday (Vendredi saint) mars/avril

Family Day mars/avril

Freedom Day 27 avril

Workers' Day (fête du Travail) 1er mai

Youth Day 16 juin

National Women's Day 9 août

Heritage Day 24 septembre

Day of Reconciliation 16 décembre

Christmas Day (Noël) 25 décembre

Day of Goodwill 26 décembre

Lesotho

New Year's Day (jour de l'An) 1er janvier

Moshoeshoe's Day 11 mars

Good Friday (Vendredi saint) mars/avril

Easter Monday (lundi de Pâques) mars/avril

Workers' Day (fête du Travail) 1er mai

Africa ou Heroes' Day avril/mai

Ascension Day (Ascension) mai

King's Birthday 17 juillet

Independence Day 4 octobre

Christmas Day (Noël) 25 décembre

Boxing Day 26 décembre

Swaziland

New Year's Day (jour de l'An) 1er janvier

Good Friday (Vendredi saint) mars/avril

Easter Monday (lundi de Pâques) mars/avril

King Mswati III's Birthday 19 avril

National Flag Day 25 avril

King Sobhuza II's Birthday 22 juillet

Workers' Day (fête du Travail) 1 mai

Ascension Day mai

Umhlanga (Reed) Dance (danse des roseaux) août/septembre

Somhlolo Day (fête de l'Indépendance) 6 septembre

Christmas Day (Noël) 25 décembre

Boxing Day 26 décembre

Cérémonie de l'Incwala décembre/janvier

Vacances scolaires

- De fin mars à la mi-avril (variable, en fonction de la date de Pâques) ; de fin juin à la mi-juillet ; de fin septembre à début octobre ; de début décembre à la mi-janvier.
- Pour connaître les dates exactes, consultez le site www.saschools.co.za.
- Au Lesotho et au Swaziland, les dates des principales vacances scolaires sont les mêmes qu'en Afrique du Sud.

Offices du tourisme

Afrique du Sud

On trouve un office du tourisme dans presque toutes les villes du pays.

Il s'agit souvent de structures privées, qui recommandent uniquement les services d'organisations membres et prennent parfois des commissions sur les réservations. Elles méritent le détour, mais sachez que vous devrez peut-être insister pour en apprendre davantage.

Dans les offices du tourisme publics, les employés ne sont pas toujours bien informés. Mieux vaut alors vous renseigner sur votre lieu d'hébergement.

South African Tourism (www.southafrica.net) possède un site utile, avec des infos pratiques et des suggestions.

OFFICES DU TOURISME PROVINCIAUX

Eastern Cape Parks & Tourism Agency (www.ectourism.co.za). Cap oriental.

Free State Tourism Authority (www.freestatetourism.org). État libre.

Gauteng Tourism Authority (www.gauteng.net)

Limpopo Tourism Agency (www.golimpopo.com)

Mpumalanga Tourism & Parks Agency (www.mpumalanga.com)

North West Parks & Tourism Board (www.tourismnorthwest.co.za). Province du Nord-Ouest.

Northern Cape Tourism (www.northerncape.org.za). Cap-Nord.

Tourism KwaZulu-Natal (www.zulu.org.za)

Western Cape Tourism (www.thewesterncape.co.za). Cap occidental.

OFFICES DU TOURISME À L'ÉTRANGER

L'office du tourisme d'Afrique du Sud n'a pas de représentation physique en Belgique, en Suisse et au Canada.

France (☎0 810 203 403 ; www.southafrica.net ; 61 rue La Boétie, 75008 Paris)

Lesotho et Swaziland

On trouve des offices du tourisme à Maseru et à Mbabane, ainsi que dans l'Ezulwini Valley et la Malkerns Valley. Ailleurs, ils sont plutôt rares.

- **Lesotho Tourism Development Corporation** (visitlesotho.travel)
- **See Lesotho** (www.seelesotho.com)
- **Swaziland National Trust Commission** (www.sntc.org.sz)
- **Swaziland Tourism** (www.thekingdomofswaziland.com)
- **Swazi.travel** (www.swazi.travel)

Photo et vidéo

- En Afrique du Sud, appareils photo, cartes mémoire, pellicules et accessoires se trouvent facilement dans les grandes villes.
- Au Lesotho et au Swaziland, vous ne trouverez qu'un modeste choix d'appareils photo et d'équipements, principalement à Maseru et à Mbabane.
- Dans les trois pays, évitez de photographier des soldats ou des policiers, ainsi que des aéroports, des installations de l'armée, des postes-frontières ou des bâtiments officiels.
- Il va de soi que vous demanderez la permission avant d'immortaliser une personne, en particulier dans les communautés tribales.
- Au Cap, le magasin d'appareils photo et accessoires **Orms** (www.ormsdirect.co.za) est une valeur sûre.
- Pour plus de conseils, vous pouvez vous procurer le guide *La Photo de voyage* (2011) de Lonely Planet.

Poste

- En Afrique du Sud et au Swaziland, la distribution du courrier est assez fiable, vers l'international ou sur le réseau national, mais peut prendre du temps.

- Au Lesotho, la distribution est à la fois lente et aléatoire.
- En Afrique du Sud, des grèves des postes affectent régulièrement les délais de livraison.
- Pour envoyer un objet de valeur ou un courrier important, faites appel à un service privé, comme **PostNet** (www.postnet.co.za).
- Ne vous faites pas envoyer d'objets de valeur depuis l'étranger, les colis étant souvent saisis par les douanes.

Problèmes juridiques

- Hormis les infractions au code de la route (vitesse excessive ou conduite en état d'ivresse), les principaux risques auxquels s'exposent les voyageurs concernent la drogue.
- En dépit d'une certaine ouverture culturelle sur le sujet, la détention et la consommation de drogue sont illégales. Ceux qui sont arrêtés pour ces raisons – et cela arrive – encourent de lourdes peines.
- Des Sud-Africains se plaignent de la corruption des forces de l'ordre et affirment avoir déjà versé des pots-de-vin à des policiers. Sachez qu'il n'est pas conseillé de faire de même, car cela pourrait facilement se retourner contre vous.
- Si vous êtes arrêté par les services de police en Afrique du Sud, vous avez le droit de garder le silence ; d'être mis en liberté provisoire sous caution ou avec un avertissement, si vous n'avez pas de raison valable d'être maintenu en prison ; de faire appel à un avocat et d'être nourri et logé décemment.

Téléphone

Afrique du Sud

- Les services téléphoniques, opérés par **Telkom** (www.telkom.co.za), sont efficaces.
- On trouve facilement des cartes téléphoniques prépayées Telkom WorldCall (10 à 200 R).
- Ces cartes permettent de passer des appels depuis n'importe quel téléphone fixe, sans coût additionnel.
- Les tarifs WorldCall sont les suivants : entre 0,54 R /min et 0,63 R /min selon le jour et l'heure et 1,30 R / min pour un appel vers un téléphone mobile.
- Des tarifs réduits s'appliquent de 19h à 7h, du lundi au vendredi et le week-end.
- Les communications internationales reviennent moins cher entre 20h et 8h, du lundi au vendredi et le week-end.
- Les téléphones publics à pièces sont bleus ; ceux à carte sont verts.
- Pour limiter vos dépenses ou éviter de recourir au PCV, vous pouvez composer un numéro direct ("Home Direct") pour entrer en relation avec un opérateur dans votre pays. Pour connaître le numéro direct pour votre pays, appelez le centre d'appel international de Telkom (24h/24).
- Pour de plus amples informations sur les appels en Afrique du Sud, rendez-vous sur www.southafrica.info/travel/advice/telecoms.htm.

INDICATIFS TÉLÉPHONIQUES

Les numéros de téléphone sud-africains comptent 10 chiffres, parmi lesquels figure l'indicatif de la région.

Il existe en Afrique du Sud plusieurs préfixes nationaux à 4 chiffres, qui sont suivis de numéros à 6 chiffres. Citons notamment :

- ☎080 (souvent ☎0800 ; appel gratuit)
- ☎0860 (au prix d'un appel local)
- ☎0861 (tarifs forfaitaires)

TÉLÉPHONES PORTABLES

- Le réseau de téléphonie mobile couvre la majeure partie du pays, et l'utilisation du portable est très répandue.
- Le réseau utilise les systèmes numériques GSM et 3G.
- Les téléphones GSM fonctionnent en *roaming* (itinérance) sauf certains portables bibandes (États-Unis, Canada) et tribandes (Amérique latine) trop anciens.
- Voici les grands opérateurs : **Cell C** (www.cellc.co.za), **MTN** (www.mtn.co.za), **Virgin Mobile** (www.virginmobile.co.za) et **Vodacom** (www.vodacom.co.za).
- Les numéros de téléphone sud-africains comportent 10 chiffres et commencent par 06, 07 ou 08.
- Vous pourrez louer un téléphone portable auprès de votre agence de location de voitures.
- Autre solution moins onéreuse : utiliser une carte SIM locale prépayée, à condition que votre téléphone soit débloqué et en mode itinérance (*roaming*).
- On trouve des cartes SIM et prépayées un peu partout – dans les boutiques et les centres commerciaux des petites et des grandes villes.
- Les cartes SIM neuves coûtent environ 20 R ; elles sont souvent plus chères dans les aéroports.
- Vous devrez présenter une pièce d'identité et attester d'une adresse en Afrique du Sud pour acheter et faire enregistrer ("RICA") une carte SIM.

NUMÉROS UTILES

Afrique du Sud

Ambulance ☎10177

Annuaire ☎1023

Appels en PCV ☎0900

Centre d'aide aux victimes d'agressions sexuelles du Cap ☎021-447 9762

Centre d'appels internationaux ☎10900, 10903

Lifeline Johannesburg (assistance en cas d'urgence et de viol) ☎011-728 1347

Pages jaunes mobiles (Mobile Yellow Pages) ☎34310

Pages jaunes parlantes (Talking Yellow Pages) ☎10118

Police ☎10111

Urgences (depuis un portable) ☎112

Urgences du Cap ☎107

Urgences du Cap (depuis un portable) ☎021-480 7700

Urgences médicales Netcare 911 (service privé) ☎082 911

Lesotho

Ambulance ☎2231 3260, 2231 2276, 112

Police ☎2231 2934, 2232 2099, 112

Pompiers ☎112

Swaziland

Ambulance ☎2404 2423, 977

Police ☎2404 2221, 999

Pompiers ☎933

➡ Un reçu d'hôtel ou une attestation signée délivrée par votre hôte ou votre hébergement pourront suffire.

➡ Il existe plusieurs formules prépayées, forfaits de communication et forfaits data.

➡ Avec le forfait Anytime Per Second de Vodacom, par exemple, un appel revient à 1,20 R/minute et un SMS à 0,50 R – 1,74 R pour un SMS international.

Lesotho

➡ Au Lesotho, le réseau téléphonique fonctionne assez bien en plaine, mais dans les régions montagneuses, même les téléphones fixes ne sont pas toujours fiables.

➡ Il n'existe pas d'indicatifs régionaux.

➡ Les numéros de téléphones fixes et mobiles comportent 8 chiffres et commencent respectivement par 2 et 5/6.

➡ Les appels internationaux reviennent cher.

➡ Pour passer un appel en PCV vers l'international, composez le ☎109.

➡ La couverture réseau pour les téléphones mobiles est quasi inexistante dans les régions montagneuses – hormis au niveau de quelques cols de montagne.

➡ Les principaux opérateurs de téléphonie mobile sont **Vodacom Lesotho** (www.vodacom.co.ls) et **Econet Telecom** (www.etl.co.ls).

➡ La plupart des villages disposent d'un stand Vodacom ou Econet vendant du crédit et des cartes SIM (environ 30 M ; apportez votre passeport).

➡ Ces stands sont généralement équipés d'un téléphone fixe, depuis lequel vous pouvez appeler le Lesotho et l'Afrique du Sud pour environ 7 M/minute.

➡ Le crédit mobile est vendu par tranches de 5 R, et divers forfaits internationaux sont également proposés.

➡ Les cartes SIM sud-africaines fonctionnent en *roaming*.

Swaziland

➡ Le réseau téléphonique du Swaziland, géré par **SwaziTelecom** (www.sptc.co.sz/swazitelecom), est de bonne qualité.

➡ Il n'existe pas d'indicatifs régionaux.

➡ Les numéros de téléphones fixes et mobiles du Swaziland comportent 8 chiffres et commencent respectivement par 2 et par 7.

➡ Pour passer un appel en PCV vers l'international, composez le ☎94.

➡ Pour les communications internationales, utilisez de préférence une carte téléphonique MTN.

➡ En dehors des grandes villes, vous devrez réserver votre appel en appelant le ☎94.

➡ **MTN Swaziland** (www.mtn.co.sz) est le seul opérateur de téléphonie mobile.

➡ Vous pouvez acheter des cartes SIM pour un prix minime. Sinon, les cartes SIM sud-africaines fonctionnent en *roaming*.

Toilettes

- Vous ne devriez avoir aucun mal à trouver des toilettes propres de style occidental en Afrique du Sud.
- Il existe peu de toilettes publiques. On en trouve généralement dans les centres commerciaux.
- Les offices du tourisme et les restaurants vous permettront souvent d'utiliser leurs toilettes.

Voyager en solo

Femmes seules

COMPORTEMENT ENVERS LES FEMMES

Les Sud-Africains, blancs et noirs confondus, ont conservé certaines pratiques d'un autre âge envers les femmes. Cependant, vous ne devez pas tolérer les attitudes sexistes.

Le taux d'agressions sexuelles et autres violences à l'encontre des femmes est élevé en Afrique du Sud. La majorité des violences ont lieu dans les townships et les régions rurales pauvres. En raison du très fort taux de contamination par le virus du sida, le problème se double d'une propagation de l'infection au VIH. Des victimes de viol sont parvenues à convaincre leur agresseur de mettre un préservatif.

La plupart des voyageuses s'exposent davantage à des postures paternalistes et à des attitudes légèrement douteuses qu'à de graves problèmes. Toutefois, il est arrivé que certaines soient victimes de viol. Les femmes doivent rester vigilantes.

PRÉCAUTIONS À PRENDRE

- Une voyageuse solitaire suscitera toujours l'attention, en même temps que de nombreuses propositions d'aide et d'hospitalité. Il s'avère difficile d'évaluer les risques d'agression (qui existent), mais de nombreuses femmes sillonnent le pays sans danger.
- Les risques dépendent de l'endroit où vous vous trouvez et de la manière dont vous voyagez. Les randonnées et l'auto-stop en solo, tout comme prendre des auto-stoppeurs lorsque vous conduisez, sont à proscrire.
- Le danger se trouve réduit si vous voyagez avec une amie ou, mieux encore, en couple ou en groupe.
- Comportez-vous avec retenue, surtout à l'intérieur du pays et dans les communautés noires traditionnelles. Sur la côte, portez des tenues décontractées mais, partout ailleurs, optez pour des vêtements couvrant suffisamment bras et jambes et pas trop ajustés si vous ne voulez pas attirer l'attention.
- Faites toujours preuve de bon sens et de prudence, surtout la nuit.
- Ne sortez pas seule et à pied le soir. Prenez un taxi, de préférence avec une autre personne.
- Évitez les endroits isolés, y compris les routes et les plages, de jour comme de nuit.
- Emportez un téléphone portable si vous conduisez seule.
- Si vous prévoyez de vous attarder dans des endroits plus dangereux comme Jo'burg, envisagez d'acheter un spray au poivre ou quelque chose du même ordre à garder sur vous.

Voyager en sécurité

CRIMINALITÉ

Liée à la pauvreté et aux inégalités sociales, la criminalité est l'obsession numéro un des Sud-Africains et, en dehors des accidents de voiture, c'est le principal risque auquel vous serez exposé. Cependant, gardez à l'esprit que, malgré les statistiques et les gros titres des journaux, la majorité des voyageurs ne connaissent aucun problème.

Johannesburg est la ville la plus dangereuse, suivie de certains townships et d'autres zones urbaines.

Pour limiter les risques, prenez certaines précautions de base :

- Gardez vos documents et ce qui a de la valeur dans votre chambre si celle-ci est sécurisée, si possible dans un coffre ou au moins dans un endroit discret.
- Si votre chambre n'a pas de coffre ou n'est pas sécurisée, demandez s'il y a un coffre à la réception.
- Soyez discret avec votre appareil photo, votre montre, vos bijoux, etc.
- Ne donnez pas l'impression de porter des objets de prix ; évitez les vêtements coûteux.
- Ne portez pas de sac banane ou autre pochette extérieure.
- Placez vos réserves pécuniaires dans plusieurs endroits et ayez toujours sur vous un peu d'argent ou un second porte-monnaie qui soit aisément accessible pour un éventuel agresseur.
- Gardez un peu de monnaie sous la main, loin du reste de vos économies, afin de ne pas devoir sortir une grosse somme à chacun de vos achats.
- Ne mettez pas d'argent dans vos poches arrière.
- Évitez les groupes d'adolescents ; faites davantage confiance aux groupes mixtes plus âgés.
- Dans les endroits peu sûrs, suivez les conseils des gens du quartier.
- Évitez les endroits déserts, de jour comme de nuit, notamment les plages isolées et certaines zones de montagne du Cap.
- Évitez le centre et le CDB (quartier des affaires) des grandes villes la nuit et le week-end.
- Pour visiter un township, participez à un circuit ou louez les services d'un guide fiable.
- Ne donnez pas l'impression d'avoir peur ou d'être perdu.
- Si vous achetez un téléphone local, sachez que les escroqueries par téléphone et par SMS (de type "fraude 419") sont monnaie courante.

CONSEILS AUX VOYAGEURS

La plupart des gouvernements possèdent des sites Internet qui recensent les dangers possibles et les régions à éviter. Consultez notamment les sites suivants :

Ministère des Affaires étrangères français (www.diplomatie.gouv.fr)

Ministère des Affaires étrangères de Belgique (diplomatie.belgium.be)

Département fédéral des Affaires étrangères suisse (www.eda.admin.ch/eda/fr)

Ministère des Affaires étrangères du Canada (www.voyage.gc.ca)

Dans les transports

- Lors de votre vol, conservez vos objets de valeur dans votre bagage à main.

GARE AUX ESCOQUERIES AUX DAB

Plusieurs méthodes d'escroquerie aux distributeurs automatiques de billets (DAB) permettent de soutirer des espèces, une carte bancaire ou un code confidentiel et, généralement, les trois à la fois. Les voleurs opèrent aussi bien à Stellenbosch que dans le centre de Johannesburg et se présentent presque toujours sous l'apparence de personnes bien vêtues et polies.

L'escroquerie la plus fréquente met en scène un voleur qui aura trafiqué le distributeur de billets afin de bloquer votre carte dans l'appareil. Au moment où vous vous en apercevrez, vous aurez déjà composé votre code confidentiel. L'escroc l'aura vu et, pendant que vous entrez dans la banque pour informer un employé du blocage de votre carte, le voleur s'en empare et vide votre compte de quelques milliers de rands. Plus rarement, le voleur aura fixé au préalable sur le DAB un appareil sans fil qui enregistrera votre code. Les conseils suivants réduisent les risques d'être victime de ce genre d'escroquerie :

- Évitez de vous servir des DAB la nuit et dans les endroits isolés. Les distributeurs installés dans les centres commerciaux sont plus sûrs.
- La plupart des DAB sont surveillés par des agents de sécurité. S'il n'y en a pas quand vous retirez de l'argent, surveillez ce qui se passe derrière vous ou demandez à quelqu'un de le faire.
- Observez bien les personnes qui vous précèdent au DAB. Si vous leur trouvez un air suspect, changez de distributeur.
- N'utilisez pas les DAB en dehors des heures d'ouverture des banques et, si possible, faites-vous accompagner d'un ami. Si votre carte reste bloquée dans un appareil, l'un de vous peut faire le guet devant le distributeur pendant que l'autre va chercher de l'aide dans la banque.
- N'utilisez pas un DAB si vous pensez qu'il a été trafiqué.
- Lorsque vous mettez votre carte dans un DAB, appuyez immédiatement sur la touche "annuler" : si celle-ci ressort, vous saurez qu'il n'y a pas de système de blocage dans l'appareil et vous devriez pouvoir effectuer l'opération en toute sécurité.
- N'hésitez pas à refuser fermement l'aide qui vous est proposée – ou demandée – quand vous retirez de l'argent.
- Si la personne insiste, interrompez votre transaction et changez de distributeur.
- Gardez sur vous le numéro d'urgence de votre banque et signalez immédiatement la perte de votre carte, le cas échéant.
- Évitez d'utiliser des DAB qui vous informent au début de la transaction qu'ils ne délivrent pas de reçu.
- En cas de problème ou si vous ne parvenez pas à retirer de l'argent, ne faites pas de nouvel essai, reprenez votre carte.

- Si vous arrivez ou transitez par l'aéroport international OR Tambo (Jo'burg), enveloppez vos valises dans du plastique – des objets y sont parfois dérobés avant qu'elles n'atteignent le tapis roulant.
- Pour circuler en ville après le coucher du soleil, prenez un taxi. Si vous n'êtes pas loin, marchez ou circulez en voiture à plusieurs.
- D'une manière générale, évitez de vous promener seul ou de circuler en voiture la nuit.
- Verrouillez vos portières et relevez vos vitres, même en plein jour.
- Il est conseillé de garder son téléphone portable en mode itinérance, d'en louer un ou d'acheter une carte SIM locale, surtout si vous circulez en voiture seul.
- La nuit, garez votre véhicule dans un emplacement sûr et, pendant la journée, évitez de le garer dans un endroit isolé.
- Ne laissez aucun objet de valeur à l'intérieur de votre voiture et ne donnez pas l'impression d'être en voyage, avec vos sacs dans le coffre.
- Le plus grand danger lors d'une agression (que vous soyez à pied ou en voiture), notamment à Jo'burg, est que votre assaillant vous croie armé et s'imagine que vous allez tenter de

l'abattre. Par conséquent, restez calme, ne résistez pas et ne faites rien qui puisse le conduire à un geste inconséquent.

Lesotho et Swaziland

Le taux de criminalité n'est nulle part aussi élevé qu'en Afrique du Sud. Vous ne devriez pas rencontrer de problèmes si vous prenez les précautions de base.

- À Maseru, au Lesotho, on assiste à une augmentation des vols à main armée, des cambriolages et des vols de voitures visant les expatriés, mais à une échelle plus réduite qu'en Afrique du Sud.
- Les agressions augmentent aussi dans les rues de Mbabane et de Manzini, au Swaziland.
- Ailleurs au Lesotho et au Swaziland, la criminalité reste négligeable.

DROGUES

- La loi ne fait pas la distinction entre drogues douces et dures.
- La *dagga* ou *zol* (marijuana) est illégale, mais très répandue.
- De nombreuses personnes fument de la marijuana sans se cacher, notamment dans les auberges de jeunesse et les bars. Ce n'est pas recommandé. La possession et la consommation de marijuana sont sévèrement punies.
- L'ecstasy est répandue dans les raves et les boîtes de nuit d'Afrique du Sud.
- L'Afrique du Sud est un marché important pour le Mandrax (surnommé localement "*buttons*"), un barbiturique interdit dans de nombreux pays (y compris l'Afrique du Sud), en raison de ses effets dévastateurs.
- La cocaïne et l'héroïne circulent de plus en plus facilement et leur usage contribue à l'accroissement de la criminalité.
- Les drogues locales, notamment le *tik* (*crystal meth*) au Cap, aggravent les problèmes sociaux dans les townships. Les usagers ont un comportement irrationnel et agressif.

VOYAGER EN SOLO

- Quantité de voyageurs sillonnent l'Afrique du Sud, le Lesotho et le Swaziland sans danger.
- Un voyageur solitaire suscite parfois l'attention – en particulier une femme – dans les zones rurales, mais ailleurs il passera probablement inaperçu.
- Il est préférable de se joindre à un groupe la nuit et sur les sentiers de randonnée.
- Il est déconseillé de se déplacer seul sur les sentiers – surtout quand on est une femme. En général, par sécurité, un minimum de trois personnes est requis sur ces parcours – des incidents ont déjà eu lieu.
- Particulièrement dans les villes et la nuit, les femmes seules devront faire preuve de bon sens et de prudence et éviter les endroits isolés.

Transports

DEPUIS/VERS L'AFRIQUE DU SUD, LE LESOTHO ET LE SWAZILAND

Entrer en Afrique du Sud, au Lesotho et au Swaziland

Passeport

Une fois muni de votre passeport, il est très simple d'entrer en Afrique du Sud, au Lesotho ou au Swaziland

AFRIQUE DU SUD

- L'entrée en Afrique du Sud ne présente aucune difficulté, à ceci près que les douaniers de l'aéroport fouillent souvent les bagages à la recherche de cadeaux de valeur et d'articles achetés à l'étranger.
- Les douaniers demandent rarement à le voir, mais les voyageurs sont censés présenter un titre de sortie de territoire ; l'idéal est votre billet d'avion retour.
- Vous devrez peut-être prouver que vous disposez de moyens financiers suffisants pour la durée de votre séjour.
- Les formalités d'immigration ont changé concernant le **voyage avec des enfants** (p. 35), qui nécessite, entre autres, de se munir d'un acte de naissance complet. Renseignez-vous sur la réglementation en vigueur longtemps avant le départ.
- Pour plus de précisions, consultez le site www.southafrica.info.

LESOTHO

- Les autorisations d'entrée sont faciles à obtenir aux frontières terrestres du Lesotho et à l'aéroport Moshoeshoe I de Maseru.
- Il est préférable de s'y prendre à l'avance pour les demandes de visa.

SWAZILAND

- L'entrée par les postes-frontières terrestres du Swaziland et l'aéroport international King Mswati III de Matsapha se fait généralement sans problème.
- Les voyageurs nécessitant un visa peuvent l'obtenir auprès des missions diplomatiques swazies à Jo'burg et Pretoria notamment.

Voie aérienne

Aéroports et compagnies aériennes

Le transporteur national, **South African Airways**

VOYAGES ET CHANGEMENTS CLIMATIQUES

Tous les moyens de transport fonctionnant à l'énergie fossile génèrent du CO_2 – la principale cause du changement climatique induit par l'homme. L'industrie du voyage est aujourd'hui dépendante des avions.

Si ceux-ci ne consomment pas nécessairement plus de carburant par kilomètre et par personne que la plupart des voitures, ils parcourent en revanche des distances bien plus grandes et relâchent quantité de particules et de gaz à effet de serre dans les couches supérieures de l'atmosphère. De nombreux sites Internet utilisent des "compteurs de carbone" permettant aux voyageurs de compenser le niveau des gaz à effet de serre dont ils sont responsables par une contribution financière à des projets respectueux de l'environnement. Lonely Planet "compense" les émissions de tout son personnel et de ses auteurs.

(☎0860 003 146 ; www.flysaa.com) propose une couverture aérienne étendue et un excellent bilan en matière de sécurité. Outre ses vols long-courriers, il propose des vols régionaux et intérieurs avec ses partenaires **Airlink** (☎0861 606 606 ; www.flyairlink.com) et **SA Express** (☎0861 729 227 ; www.flyexpress.aero).

L'**aéroport international OR Tambo** (JIA, JNB, ORTIA ; ☎011-921 6262 ; www.airports.co.za), à l'est de Jo'burg, est le principal centre de transports pour l'Afrique du Sud et la région.

Voici les autres aéroports internationaux :

Aéroport international de Cape Town (CPT ; ☎021-937 1200 ; www.airports.co.za). Le Cap.

Aéroport international King Shaka (DUR ; ☎032-436 6585 ; kingshakainternational.co.za). Durban.

Aéroport international Moshoeshoe I (MSU). Maseru, Lesotho.

Aéroport international King Mswati III (SHO ; carte p. 522 ; ☎2518 4390 ; www.swacaa.co.sz). Manzini, Swaziland.

COMPAGNIES AÉRIENNES INTERNATIONALES

Afrique du Sud De nombreuses compagnies desservent l'Afrique du Sud, principalement Jo'burg, depuis le monde entier.

Lesotho Airlink relie Moshoeshoe I et OR Tambo.

Swaziland Swaziland Airlink (☎2335 0100 ; www.flyswaziland.com), affiliée à Air Link, relie King Mswati III et OR Tambo.

Billets

Les prix des billets à destination de l'Afrique du Sud sont généralement au plus haut en décembre et janvier, ainsi qu'entre juillet et septembre. Les prix les plus économiques sont pratiqués en avril/mai (sauf pendant les vacances de Pâques) et en novembre. Le reste de l'année, les prix correspondent à ceux de la saison intermédiaire.

Il revient en principe moins cher de passer par Jo'burg plutôt que de se rendre directement au Cap (Cape Town). Mais certaines compagnies aériennes desservant les deux villes proposent des billets multi-destinations (villes d'arrivée et de retour différentes) quasiment au même prix.

TAXES DE DÉPART

Afrique du Sud La taxe d'aéroport est comprise dans le prix du billet.

Lesotho Comptez 20 M de taxe.

Swaziland Comptez 20 E de taxe.

DEPUIS LA FRANCE

L'Afrique du Sud est bien desservie par diverses compagnies européennes.

Seule Air France propose des vols directs pour Johannesburg au départ de Paris. South African Airways (SAA) propose des vols avec une escale, généralement à Francfort ou à Munich. La durée d'un vol direct entre Paris et Jo'burg est d'environ 10 heures 30 – ce qui est rarement le cas si vous souhaitez voyager à moindre coût : prévoyez plutôt un vol, avec escale, de près de 15 heures.

Les tarifs oscillent entre 500 et 900 € aller-retour selon la saison.

Les compagnies aériennes suivantes proposent des tarifs intéressants depuis la France. Consultez aussi les moteurs de recherches pour les offres à saisir en ligne (voir l'encadré *Agences en ligne*, ci-contre).

Air France (☎36 54, 0,12 €/min ; www.airfrance.fr)

South African Airways (☎01 825 800 969 ; www.flysaa.com)

KLM (☎0 892 70 26 08 ; www. klm.com)

DEPUIS LA BELGIQUE

En l'absence de vols directs, il faudra envisager au moins une escale entre Bruxelles et Johannesburg. Il est possible d'obtenir un billet aller-retour dégriffé pour moins de 500 €.

Voici quelques adresses utiles :

Brussels Airlines (☎0892 64 00 30 ; www.brusselsairlines. com)

South African Airways (☎02-655 11 77 à Amsterdam ; www.flysaa.com)

KLM (☎070 225 335 ; www.klm.com)

Airstop (☎070 233 188 ; www.airstop.be)

Connections (☎070 23 33 13 ; www.connections.be)

Gigatours Voyages Éole (☎070 22 44 32 ; www.voyageseole.be)

DEPUIS LA SUISSE

Le tarif d'un vol direct aller-retour entre Zurich et Johannesburg (ou avec une escale depuis Genève) débute à environ 1 000 FS.

Quelques adresses utiles :

Swiss (☎41 848 700 700 ; www.swiss.com)

South African Airways (☎49 69-29 98 0320 à Francfort ; www.flysaa.com)

KLM (☎0 848 874 444 ; www. klm.com)

Jerrycan Voyages (☎022/346 92 82 ; www.jerrycan-travel.ch)

STA Travel (☎058 450 49 49 ; www.statravel.ch)

DEPUIS LE CANADA

Il n'existe pas de vol direct depuis le Canada. Les vols Montréal-Johannesburg (avec 1 ou 2 escales) passent par les États-Unis ou l'Europe. Comptez au moins 16 heures de vol. Air Canada dessert l'Afrique du Sud en faisant escale à Londres.

La compagnie South African Airways rallie par vol direct New York et Washington DC à Jo'burg (14 heures de vol).

Voici quelques adresses :

Air Canada (888 247 2262 ou 1 514 393 3333 ; www.aircanada.ca)

South African Airways (954 769 5000 aux États-Unis ; www.flysaa.com)

Expedia (1 888 397 3342 ou 1 613 780 1386 ; www.expedia.ca)

Travelocity (800 457 8010 ; www.travelocity.ca)

DEPUIS L'AFRIQUE

Jo'burg est bien reliée à la plupart des grandes villes sud-africaines.

South African Airways, Airlink, SA Express, les transporteurs nationaux des autres pays et **British Airways** (011-441 8600 ; www.britishairways.com) sont de bons points de départ.

La plupart des vols transcontinentaux pratiquent des prix fixes et ne font que très peu jouer la concurrence.

Afrique australe

Jo'burg est également reliée à des aéroports secondaires de l'Afrique australe. Par exemple, **Air Botswana** (011-390 3070 ; www.airbotswana.co.bw) propose des vols directs à Francistown, Kasane et Maun ainsi qu'à Gaborone, la capitale du Botswana.

Quatre compagnies aériennes sud-africaines petits budgets desservent d'autres destinations :

Kulula (0861 585 852 ; www.kulula.com). Propose des réductions en ligne sur les vols British Airways de Jo'burg à Harare (Zimbabwe), Victoria Falls (Zimbabwe), Livingstone (Zambie), l'île Maurice, et Windhoek (Namibie), ainsi que sur les vols Kenya Airways de Jo'burg à Nairobi (Kenya).

Mango (0861 001 234 ; www.flymango.com). Vols de Jo'burg à Zanzibar (Tanzanie).

Fastjet (011 289 8090 ; www.fastjet.com). Vols de Jo'burg à Dar es Salaam (Tanzanie).

Flyafrica.com (010 100 3540 ; www.flyafrica.com). Vols de Jo'burg à Harare, Victoria Falls, Bulawayo (toutes trois au Zimbabwe), Lusaka (Zambie) et Windhoek (Namibie), et du Cap à Windhoek.

AGENCES EN LIGNE

Vous pouvez réserver votre vol via une agence en ligne ou vous renseigner auprès d'un comparateur de vols :

- www.bourse-des-vols.com
- www.ebookers.fr
- www.expedia.fr
- www.govoyages.com
- www.illicotravel.com
- www.kayak.fr
- www.opodo.fr
- www.skyscanner.fr
- voyages.kelkoo.fr
- www.voyages-sncf.com

Voie terrestre

Passage des frontières

BOTSWANA

Il existe 15 postes-frontières officiels entre l'Afrique du Sud et le Botswana, ouverts entre 8h et 15h (ou plus tard).

Certains des postes-frontières les plus reculés sont inaccessibles en véhicule classique et ferment parfois lorsque le niveau des fleuves est trop haut. Sinon, la frontière ne présente aucune difficulté.

Les ressortissants de la plupart des pays occidentaux n'ont pas besoin de visa pour entrer au Botswana. Ceux qui doivent s'en procurer un s'adresseront en amont à une mission diplomatique botswanaise (ou à une mission diplomatique britannique dans les pays dépourvus de représentation diplomatique botswanaise).

Grobler's Bridge/Martin's Drift (8h-18h). Au nord-ouest de Polokwane (Pietersburg).

Kopfontein Gate/Tlokweng Gate (6h-minuit). Important poste-frontière près de la Madikwe Game Reserve.

Pont Drift (8h-16h). Pratique pour relier le Mapungubwe National Park (Limpopo) et Tuli Block (Botswana).

Ramatlabama (6h-22h). Au nord de Mahikeng ; poste-frontière important.

Skilpadshek/Pioneer Gate (6h-minuit). Au nord-ouest de Zeerust ; poste-frontière important.

Swartkopfontein Gate/Ramotswa (6h-22h). Au nord-ouest de Zeerust.

Twee Rivieren (7h30-16h). À l'entrée sud-africaine du Kgalagadi Transfrontier Park.

LESOTHO

Tous les postes-frontières du Lesotho sont faciles à traverser.

Le principal se trouve à Maseru Bridge, à l'est de Bloemfontein : il y a parfois une longue file d'attente pour sortir du Lesotho mais aussi parfois, les soirs de week-end, pour y entrer – choisissez un autre poste-frontière si vous le pouvez.

MOZAMBIQUE

Les ressortissants des pays occidentaux devront faire une demande de visa touristique à l'avance auprès d'une mission diplomatique mozambicaine. Les voyageurs arrivant de pays dépourvus de consulat mozambicain pourront obtenir un visa à la frontière. Toutefois, si vous êtes dans cette situation, mieux vaut vous en assurer auprès du haut commissariat du Mozambique à Pretoria (ou Mbabane).

Voici les postes-frontières entre le Mozambique et l'Afrique du Sud.

Giriyondo (⌚8h-16h oct-mars, 8h-15h avr-sept). Entre Phalaborwa Gate, dans le Kruger National Park, et Massingir (Mozambique).

Kosi Bay/Ponta d'Ouro (⌚8h-16h). Sur la côte, à bonne distance du nord de Durban.

Lebombo/Ressano Garcia (⌚6h-minuit). Principal poste-frontière, à l'est de Nelspruit ; aussi appelé Komatipoort.

Pafuri (⌚8h-16h). À l'angle nord-est du Kruger National Park.

NAMIBIE

Les ressortissants de la plupart des pays occidentaux n'ont pas besoin de visa pour un séjour de moins de 3 mois en Namibie. Ceux qui doivent s'en procurer un s'adresseront en amont à une mission diplomatique namibienne.

Les postes-frontières entre l'Afrique du Sud et la Namibie :

Alexander Bay/Oranjemund (⌚6h-22h). Sur la côte Atlantique ; la traversée se fait en ferry.

Nakop/Ariamsvlei (⌚24h/24). À l'ouest d'Upington.

Rietfontein/Aroab (⌚8h-16h30). Juste au sud du Kgalagadi Transfrontier Park.

Vioolsdrif/Noordoewer (⌚24h/24). Au nord de Springbok, depuis/vers Le Cap.

SWAZILAND

On compte 11 postes-frontières entre l'Afrique du Sud et le Swaziland, incluant ceux indiqués ci-dessous. Ils sont tous faciles à traverser ; les moins importants ferment à 16h.

Goba/Mhlumeni (⌚24h/24). Depuis/vers le Mozambique.

Golela/Lavumisa (⌚7h-22h). Situé entre Durban et l'Ezulwini Valley, au Swaziland.

Josefdal/Bulembu (⌚8h-16h). Entre Piggs Peak et Barberton (Mpumalanga) : la piste est à éviter par temps de pluie.

Lomahasha/Namaacha (⌚7h-20h). Poste-frontière très fréquenté à l'extrême nord-est du Swaziland, principal point de passage depuis/vers le Mozambique.

Mahamba (⌚8h-20h). Le meilleur point de passage de Piet Retief au Mpumalanga. Les casinos attirent les foules, particulièrement le week-end.

Mananga (⌚8h-18h). Au sud-ouest de Komatipoort.

Matsamo/Jeppe's Reef (⌚8h-20h). Au sud-ouest de Malelane ; permet de rejoindre le Kruger national Park. Les casinos attirent les foules, particulièrement le week-end.

Onverwacht/Salitje (⌚8h 18h). Au nord de Pongola, dans le KwaZulu-Natal.

Oshoek/Ngwenya (⌚7h-22h). La frontière la plus fréquentée (et un bon endroit pour faire du stop), à 360 km au sud-est de Pretoria.

FRONTIÈRES DU LESOTHO

POSTE-FRONTIÈRE	HEURES D'OUVERTURE	VILLE LA PLUS PROCHE AU LESOTHO/EN AFRIQUE DU SUD
Caledonspoort	6h-22h	Butha-Buthe/Fouriesburg
Makhaleng Bridge	8h-18h	Mohale's Hoek/Zastron
Maputsoe Bridge	24h/24	Maputsoe/Ficksburg
Maseru Bridge	24h/24	Maseru/Ladybrand
Nkonkoana Gate	8h-16h	Sehlabathebe/Bushman's Nek
Ongeluksnek	7h-19h	Mphaki/Matatiele
Peka Bridge	6h-16h	Peka/Clocolan
Qacha's Nek	8h-22h	Qacha's Nek/Matatiele
Ramatseliso's Gate	8h-18h	Tsoelike/Matatiele
Sani Pass (col du Sani)	8h-16h	Mokhotlong/Himeville
Sephapo's Gate	8h-16h	Mafeteng/Boesmanskop
Tele Bridge	8h-22h	Quthing/Sterkspruit
Van Rooyen's Gate	8h-22h	Mafeteng/Wepener

ZIMBABWE

- Les ressortissants de la plupart des pays occidentaux ont besoin d'un visa pour entrer au Zimbabwe, qu'il faut acheter à la frontière.
- **Beitbridge** (⏲24h/24). Sur la Limpopo River, le seul poste-frontière entre le Zimbabwe et l'Afrique du Sud.
- En raison de la contrebande omniprésente, attendez-vous à subir une fouille minutieuse et parfois une longue attente.
- Musina, à 15 km au sud, est la ville sud-africaine la plus proche de la frontière. Vous pourrez y changer de l'argent.
- Ne vous laissez pas impressionner par les "bons Samaritains" qui abordent les voyageurs du côté zimbabwéen de la frontière pour les aider à passer les services d'immigration et de douane. Contrairement à ce qu'ils affirment, les formulaires nécessaires sont disponibles gratuitement.

Bus

- De nombreuses lignes de bus font la navette entre l'Afrique du Sud et les pays voisins.
- Ils sont très pratiques, si vous ne disposez pas de votre propre véhicule.
- L'attente est parfois longue, c'est la seule source de souci.
- Vous devrez descendre du bus pour remplir les formalités de visa, puis remonter pour poursuivre votre voyage.
- Le coût du visa n'est pas compris dans le prix du billet.

TAXIS COLLECTIFS

- De nombreux taxis collectifs font la navette entre l'Afrique du Sud et les pays voisins. Ils sont très pratiques, si vous ne disposez pas de votre propre véhicule.
- Quelques-uns sont directs.
- Il est généralement nécessaire de passer la frontière à pied et de prendre un autre taxi une fois de l'autre côté.
- Les véhicules longue distance partent en principe tôt le matin.

BOTSWANA

Intercape (✆021-380 4400 ; www.intercape.co.za) assure la liaison quotidienne entre Gaborone (Botswana) et Jo'burg (210 à 310 R, 7 heures) via Pretoria.

Moins sûrs et moins confortables que les bus, des taxis collectifs se rendent de Jo'burg à Gaborone (6 heures 30) et Lobatse (Botswana) avec changement à Mahikeng (province du Nord-Ouest). Un autre itinéraire au départ de Jo'burg passe par Grobler's Bridge/Martin's Drift et rejoint Palapye (Botswana ; 8 heures).

LESOTHO

Des taxis collectifs relient Jo'burg et Maseru.

Il est plus rapide et plus facile de prendre un bus pour Bloemfontein, puis de poursuivre en taxi collectif jusqu'à Maseru (3 heures).

Des compagnies de bus sud-africaines, dont Intercape, relient également Bloemfontein à Ladybrand (2 heures 30), à quelques kilomètres de la frontière de Maseru Bridge.

Au départ de Maseru, des taxis collectifs longue distance quittent la station de Maseru Bridge.

Autres itinéraires possibles en taxis collectifs :

- Butha-Buthe depuis/vers Fouriesburg (État libre).
- Leribe (Hlotse) depuis/vers Ficksburg (État libre).
- Quthing depuis/vers Sterkspruit (Cap oriental).
- Qacha's Nek depuis/vers Matatiele (Cap oriental).

MOZAMBIQUE

Les compagnies de bus **Greyhound** (✆011-611 8000 ; www.greyhound.co.za), **Intercape** (✆021-380 4400 ; www.intercape.co.za) et **Translux** (✆0861 589 282 ; www.translux.co.za) proposent des bus "luxe" quotidiens entre Jo'burg/Pretoria et Maputo (Mozambique) via Nelspruit et Ressano Garcia (Komatipoort ; 350 R, 8 heures). Les passagers doivent posséder un visa mozambicain en cours de validité avant de monter dans le bus.

L'itinéraire décrit ci-dessus peut être parcouru en taxi collectif.

Basée au Mozambique, la compagnie **Cheetah Express** (✆en Afrique du Sud 013-755-1988 ; Lowveld Tourism, Nelspruit Crossing Mall, angle Madiba Dr et Samora Machel Dr, Nelspruit) assure des navettes entre Nelspruit et Maputo.

Des taxis circulent entre Maputo et le poste-frontière Namaacha/Lomahasha à la frontière du Swaziland (1 heure 45) ; certains poursuivent jusqu'à Manzini (3 heures 15).

NAMIBIE

Les bus **Intercape** (✆021-380 4400 ; www.intercape.co.za) vont de Windhoek (Namibie) au Cap (680-950 R, 21 heures 30) le lundi, mercredi, vendredi et dimanche, retour le mardi, jeudi, vendredi et dimanche.

SWAZILAND

Des navettes quotidiennes circulent entre Jo'burg et Mbabane.

Itinéraires des taxis collectifs :

- Jo'burg depuis/vers Mbabane (4 heures) ; certains continuent jusqu'à Manzini.
- Durban depuis/vers manzini (8 heures).
- Manzini depuis/vers Maputo (3 heures 15).

ZIMBABWE

Greyhound (☎011-611 8000 ; www.greyhound.co.za) et **Intercape** (☎021-380 4400 ; www.intercape.co.za) proposent des bus quotidiens entre Jo'burg et Harare (Zimbabwe ; 500 R, 17 heures), et entre Jo'burg et Bulawayo (Zimbabwe ; 475 R, 14 heures), via Pretoria.

Des taxis collectifs partent au sud de Beitbridge vers Musina, et au-delà.

Train

The Man dans Seat Sixty-One (www.seat61.com) propose des idées de voyages en train dans toute l'Afrique australe.

MOZAMBIQUE

Caminhos de Ferro de Moçambique (CFM ; www.cfm.co.mz). Train quotidien entre Maputo et le poste-frontière de Lebombo/Ressano Garcia (ou Komatipoort ; 1 $US 3 heures 45), où l'on peut passer la frontière à pied et poursuivre en bus ou en taxi collectif.

NAMIBIE

TransNamib StarLine (www.transnamib.com.na). Relie Walvis Bay, Swakopmund et Windhoek à Keetmanshoop et Karasburg dans le sud de la Namibie. Au départ de Karasburg, on peut prendre un bus Intercape pour franchir la frontière et rejoindre Upington (Cap-Nord).

Vélo

Vous pouvez apporter votre vélo en Afrique du Sud, au Lesotho ou au Swaziland. Quelques sources d'information :

Cycling South Africa (www.cyclingsa.com)

International Bicycle Fund (www.ibike.org)

Voiture et moto

- Si vous envisagez de traverser des frontières avec une voiture de location, il vous faudra une lettre d'autorisation de l'agence.
- Beaucoup d'agences autorisent le passage dans la plupart des pays voisins, notamment au Lesotho et au Swaziland ; certaines émettent des réserves pour le Mozambique.
- Vérifiez que la lettre d'autorisation contienne les bonnes informations ; les agences se trompent fréquemment.
- Les agences de location sud-africaines facturent en général les prix suivants pour le passage de frontières, lettre d'autorisation incluse : Botswana 1 500 R ; Lesotho 500 R ; Mozambique 2 000 R ; Namibie 1 500 R ; Swaziland 300 R ; Zimbabwe 1 500 R.
- Passer la frontière avec une voiture de location entraîne également une augmentation des frais d'assurance.

APPORTER SON PROPRE VÉHICULE

- Il vous faut la carte grise de votre véhicule, un certificat d'assurance et votre permis de conduire.
- Il vous faudra aussi un carnet de passage en douane, document international autorisant l'entrée temporaire de véhicules motorisés.
- Votre automobile-club local pourra vous le fournir.
- Les conducteurs de véhicules ne provenant pas d'Afrique doivent généralement payer une caution de 25% de la valeur du véhicule, remboursable à hauteur de 50%.
- Les voitures immatriculées en Afrique du Sud, au Lesotho, au Swaziland, au Botswana et en Namibie, et dont les conducteurs sont des ressortissants ou des résidents permanents de ces pays, n'ont pas besoin de carnet pour entrer dans les autres pays du groupe.

BOTSWANA

Les postes-frontières suivants sont accessibles sans 4x4 :

- Grobler's Bridge/Martin's Drift
- Kopfontein Gate/Tlokweng Gate
- Ramatlabama
- Skilpadshek/Pioneer Gate

LESOTHO

Il faut s'acquitter d'un péage de 30 M (30 R) à l'entrée du Lesotho. Les points d'entrée les plus faciles à franchir en voiture et en moto se trouvent au nord et à l'ouest du pays.

La plupart des routes d'entrée au sud et à l'est ne sont pas goudronnées. Nombre d'entre elles sont toutefois praticables en voiture classique si la météo le permet. Une route goudronnée fait le tour du pays dans le sens des aiguilles d'une montre, de Qacha's Nek à Mokhotlong.

Il est plus économique de louer une voiture en Afrique du Sud plutôt qu'au Lesotho. Il faut transporter deux triangles de signalisation dans le coffre en cas de panne.

MOZAMBIQUE

Vous devez transporter 2 triangles de signalisation dans votre coffre en cas de panne.

Kosi Bay/Ponta d'Ouro Pour passer au Mozambique par ce poste-frontière, il vous faudra un 4x4. Les hébergements à Ponta d'Ouro (Mozambique) proposent des transferts.

Lebombo/Ressano Garcia (Komatipoort). L'autoroute N4 relie Pretoria à ce poste-frontière, rejoint par la N12 en provenance de Jo'burg. L'autoroute EN4 part de là en direction de l'est pour rallier Maputo. Il y a des péages des deux côtés de la frontière.

Namaacha/Lomahasha Les routes menant à ce poste-frontière vers le Swaziland sont goudronnées et négociables sans 4x4.

Giriyondo Il y a 95 km entre l'entrée du Kruger National Park située à Phalaborwa et Giriyondo, et 75 km de plus jusqu'à Massingir, la première grande ville du côté mozambicain. Un 4x4 et la preuve de réservation d'un hébergement pour la nuit dans le parc Kruger ou dans celui de Limpopo sont exigés.

Pafuri À seulement 29 km de l'entrée du Kruger National Park située à Pafuri, du côté mozambicain, il faut franchir le fleuve Limpopo près de Mapai pour passer la frontière (il n'y a pas de pont, on traverse avec des ferries de fortune à la saison des pluies). Au-delà, une piste de brousse accidentée via Mabote et Mapinhane mène à Vilankulo (4x4 obligatoire). Comptez deux journées entières pour effectuer ce périple. La preuve de réservation d'un hébergement dans le Kruger National Park ou dans le Limpopo National Park est obligatoire.

NAMIBIE

Véhicule classique Des autoroutes mènent aux postes-frontières Vioolsdrif/Noordoewer et Nakop/Ariamsvlei.

Avec 4x4 Davantage d'options sont disponibles pour traverser la frontière, notamment par les parcs transfrontaliers de Kgalagadi et |ai-|ais/Richtersveld.

SWAZILAND

- La frontière du Swaziland est passable sans 4x4. Il faut s'acquitter d'un péage routier de 50 E à l'entrée sur le territoire.
- Il est plus économique de louer une voiture en Afrique du Sud plutôt qu'au Swaziland.

ZIMBABWE

En entrant et en sortant d'Afrique du Sud, les véhicules doivent s'acquitter d'un péage pour utiliser le Limpopo Bridge.

Voie maritime

L'Afrique du Sud constitue une étape importante des itinéraires maritimes internationaux. Le Cap est un port d'escale majeur pour les bateaux de croisière, dont beaucoup s'arrêtent aussi à Durban. Dans les deux ports, vous avez de bonnes chances de trouver une couchette à bord d'un bateau de plaisance remontant la côte orientale de l'Afrique.

On trouve facilement des bateaux de croisière et des cargos reliant l'Afrique du Sud et le Mozambique, Madagascar et l'île Maurice. Beaucoup de cargos proposent de confortables cabines aux passagers.

Même sur les cargos, le plaisir d'approcher la pointe de l'Afrique par la mer coûte cher. Il est souvent moins cher de partir d'Afrique du Sud que de s'y rendre.

Adresses utiles :

Cruise People (www.cruisepeople.co.uk). Basé à Londres.

Cruiser Log (www.cruiserlog.com). Forum et jobs au sein d'équipages.

Cunard (www.cunard.co.uk). Croisières de luxe jusqu'au Cap. Dispose d'une liste de croisiéristes du monde entier.

LBH Africa (www.tallships.co.za). En Afrique du Sud.

Royal Mail Ship St Helena (www.rms-st-helena.com). Du Cap à St Helena et Ascension Island.

Safmarine (www.safmarine.com). Au Danemark. Cargos.

VOYAGES ORGANISÉS

Quantité d'agences inscrivent l'Afrique du Sud à leur catalogue. Si vous préférez organiser vous-même votre voyage, réservez les vols et les hôtels pour les premières nuits, puis inscrivez-vous à des excursions sur place.

La plupart des tour-opérateurs proposent des itinéraires incluant le Kruger National Park, Le Cap (Cape Town) et sa péninsule. si vous avez des centres d'intérêt particuliers (ornithologie ou botanique, par exemple), informez-vous auprès des magazines spécialisés.

Spécialistes de l'Afrique et généralistes

Aventuria (☎01 44 10 50 50 ; www.aventuria.com ; 213 boulevard Raspail, 75014 Paris ; autres bureaux à Bordeaux, Lille, Lyon, Marseille, Nantes et Strasbourg). Environ 6 voyages différents proposés en Afrique du Sud, dont beaucoup couvrent les vignobles du Cap et le Kruger National Park.

Comptoir des Voyages (☎01 53 10 30 15 ; www.comptoir.fr ; 2 au 18 rue Saint-Victor, 75005 Paris). Agences à Paris, Lyon, Toulouse et Marseille. Dix-neuf idées de voyages (itinérants et autotours) : safaris en famille, séjours en 4x4 campeur, sur les pas du Mahatma Gandhi...

Le Cercle des Vacances (☎01 40 15 15 15 ; **www.**cercledesvacances.com ; 4 rue Gomboust, 75001 Paris). Voyages sur mesure.

Makila Voyages (☎01 42 96 80 00 ; www.makila.fr ; 4 place de Valois, 75001 Paris). Dix-neuf voyages sur mesure de 8 à 17 jours en Afrique du Sud, comprenant des autotours, des voyages safaris – dont un incluant la Namibie et un autre le Mozambique.

Nouvelles Frontières (☎0825 000 747, 0,15 €/min ; www.nouvelles-frontieres.fr). Sept circuits pour des approches différentes, dont un tour complet de l'Afrique du Sud.

Safari VO (☎0811 740 750 ou 01 76 60 40 80 ; www.safarivo.com ; 9 rue Portalis, 75008 Paris). L'offre de ce spécialiste des safaris en Afrique comprend 9 séjours safaris en Afrique du Sud, incluant notamment le parc Kruger, le KwaZulu-Natal, le Mpumalanga et le désert du Kalahari.

Un monde Afrique du Sud (☎0892 234 981, 0,33 €/min ; www.unmondeafriquedusud.com ; 24 rue Chauchat, 75009 Paris). Cette agence spécialiste de l'Afrique du Sud propose une offre très complète, notamment d'intéressantes promotions. L'offre intègre aussi des circuits individuels, des autotours et des voyages combinés avec d'autres pays d'Afrique australe.

Voyageurs du Monde (www.voyageursdumonde.fr ; Paris ☎01 42 86 16 00 ; 55 rue Sainte-Anne, 75002 Paris ; Belgique ☎02 543 95 50 ; 23 Chaussée de Charleroi, 1060 Bruxelles ; Suisse ☎022 518 04 94 ; 19 rue de la Rôtisserie, 1204 Genève). Treize agences en France. Au catalogue : une dizaine de voyages itinérants en Afrique du Sud. Formules incluant safaris en famille, découverte des parcs, route des Jardins, vignobles, etc.

Randonnée et autres séjours sportifs

Club Aventure (☎01 44 32 09 30 ; www.clubaventure.fr ; 18 rue Séguier Paris 75006). Au catalogue, des randonnées en Afrique du Sud et au Lesotho, dans le parc national du Kgalagadi ou découverte du Fish River Canyon.

Océanes (☎04 42 52 82 40 ; www.oceanes.com ; 147 chemin des Ruches, Les Gardis 13490 Jouques). Plusieurs séjours pour plonger avec les requins dans l'océan Indien.

Nomade (☎0 825 701 702, 0,15 €/min ; www.nomade-aventure.com ; 40 rue de la Montagne-Sainte-Geneviève, 75005 Paris). Agences à Lyon, Toulouse et Marseille. Des circuits et des voyages individuels en Afrique du Sud (randonnées et treks, safaris à cheval, séjours en famille, autotours, etc.).

Terres d'Aventure (☎0 825 700 825 ; www.terdav.com ; 30 rue Saint-Augustin, 75002 Paris). Propose des circuits accompagnés de 10 à 23 jours.

Ultramarina (☎0 825 02 98 02 ; www.ultramarina.com ; 2 ter rue des Olivettes, CS 33 221, 44032 Nantes Cedex 01) ; Suisse (☎022 786 14 86 ; rue des Eaux-Vives 76, 1207 Genève). Autres agences à Paris, Marseille, Lyon, Liège, Genève et Villeneuve. Des séjours plongée pour observer les récifs coralliens, la faune pélagique et les requins.

Zig-Zag (☎01 42 85 13 93 ou 01 42 85 13 18 ; www.zigzag-randonnees.com ; 54 rue de Dunkerque, 75009 Paris). Un grand trek en Afrique du Sud de 24 jours, du sud au nord du pays en passant par les montagnes du Lesotho. Extensions possibles vers la Namibie.

COMMENT CIRCULER

Avion

Compagnies aériennes en Afrique du Sud, au Lesotho

Les vols intérieurs sont abordables mais tout dépend de l'itinéraire choisi. Un vol à bas coût de Jo'burg au Cap, itinéraire populaire desservi par de nombreuses compagnies, coûte un minimum de 500 R. En revanche, un vol du Cap à East London, itinéraire desservi par moins de compagnies, coûte au minimum 1 800 R.

Il peut s'avérer économique ou plus pratique, sans être plus cher, de lier un vol international et un vol intérieur ; par exemple voyager de Paris à Jo'burg puis poursuivre vers Le Cap avec South African Airways.

Computicket Travel (☎0861 915 4000 ; www.computickettravel.com) constitue une bonne entrée en matière, car plusieurs compagnies aériennes y sont représentées. C'est le cas également du site Internet de South African Airways, où l'on trouve des vols Airlink, SA Express, Mango et SAA.

Vous ferez des économies en réservant vos billets en ligne plusieurs mois à l'avance.

Airlink (☎0861 606 606 ; www.flyairlink.com). Partenaire de South African Airways disposant d'un bon réseau et desservant des destinations moins demandées, comme Upington, Mthatha et Maseru.

Comair (☎0860 435 922 ; www.comair.co.za). Gère les vols British Airways en Afrique du Sud ; vols reliant Jo'burg au Cap, à Durban, à Port Elizabeth et à l'Afrique australe.

SA Express (☎0861 729 227 ; www.flyexpress.aero). Partenaire de South African Airways doté d'un bon réseau et proposant 3 vols hebdomadaires directs entre Le Cap et Hoedspruit (pour le Kruger National Park).

South African Airways (☎0860 003 146 ; www.flysaa.com). La compagnie nationale ; réseau très complet couvrant les destinations intérieures et régionales.

Swaziland Airlink (☎en Afrique du Sud 0861 606 606, au Swaziland 2335 0100 ; www.flyswaziland.com). Vols entre Jo'burg et Manzini.

COMPAGNIES LOW COST

Les compagnies low cost sud-africaines proposent aussi la réservation d'hôtel, de voiture et des formules vacances.

FlySafair (☎0871 351 351 ; www.flysafair.co.za). Nouvelle compagnie offrant des prix imbattables sur ses vols entre Jo'burg, Le Cap, Port Elizabeth et George.

Kulula (☎0861 585 852 ; www.kulula.com). La compagnie low cost de Comair relie Jo'burg, Le Cap, Durban, George et East London. Propose aussi des réductions sur les vols British Airways.

Mango (☎0861 001 234 ; www.flymango.com). La filiale de South African Airways assure des vols entre Jo'burg, Le Cap, Durban, Port Elizabeth, George et Bloemfontein.

Skywise.co.za (☎0861 989 895 ; www.skywise.co.za). Nouvelle compagnie reliant Jo'burg et Le Cap pour un prix minimum de 500 R. Durban doit bientôt figurer parmi les destinations desservies.

Bateau

Le transport maritime est plutôt rare en Afrique du Sud. C'est entre Le Cap et Durban ou entre Port Elizabeth et Durban que vous aurez le plus de chances de trouver un bateau.

Les clubs de navigation de plaisance locaux sont un bon point de départ.

Bus

Afrique du Sud

Un bon réseau de bus, au confort et à la fiabilité variés, relie les principales villes.

Achat de billets Pour les principales lignes, achetez vos billets au moins 24 heures à l'avance, et le plus tôt possible si vous voyagez en période de pointe. Achetez vos billets aux guichets de bus, auprès de **Computicket** (☎0861 915 8000 ; www.computicket.co.za) ou dans les supermarchés Shoprite/Checkers.

Classes Les bus n'ont en principe pas de classes, bien que les principales compagnies proposent généralement un service "luxe" avec climatisation, toilettes et vidéos.

Dangers Les lignes sont généralement sûres. Notez toutefois que beaucoup de trajets longue distance s'effectuent de nuit. Si tel est le cas, prenez garde à vos objets de valeur. Il est recommandé aux femmes de s'asseoir à l'avant du bus.

Réductions Les principales lignes de bus proposent des réductions aux étudiants, aux jeunes et aux seniors, et des formules spéciales ; consultez leurs sites Internet pour plus de détails. Renseignez-vous sur les pass disponibles si vous envisagez plusieurs trajets en bus.

Tarifs Calculés en fonction de la distance, bien que les courts trajets reviennent proportionnellement bien plus cher. Le tarif peut aussi être calculé en fonction du trajet complet du bus (et donc, le trajet de Jo'burg à Bloemfontein revient au même prix qu'au départ de Pretoria). Les prix augmentent pendant les vacances scolaires.

BAZ BUS

Alternative commode aux lignes de bus standards, les **Baz Bus** (☎0861 229 287 ; www.bazbus.com) sont destinés presque exclusivement aux voyageurs à petit budget. Ils offrent la possibilité de monter ou de descendre en cours de route (*hop-on*, *hop-off*) et proposent également un service porte à porte entre Le Cap et Jo'burg via la Garden Route, Port Elizabeth, Mthatha, Durban et le nord du Drakensberg.

Les Baz Bus déposent et chargent leurs passagers dans les auberges de jeunesse. Pour celles situées dans des endroits non desservis, telle la Wild Coast, la compagnie dispose d'accords de transfert, moyennant un modeste supplément. Vous pouvez réserver directement auprès de Baz Bus ou dans la plupart des auberges de jeunesse.

Les tarifs pour des trajets entre deux villes, plus coûteux que sur les grandes compagnies, deviennent intéressants si vous profitez de la possibilité de monter et de descendre en cours de route.

Quelques tarifs pour Le Cap en *hop-on*, *hop-off* : depuis Jo'burg 4 500 R ; depuis Durban 3 750 R ; depuis Port Elizabeth 1 940 R.

Les forfaits voyages 1/2/3 semaines coûtent 2 100/3 400/4 200 R.

COMPAGNIES DE BUS

Greyhound et Translux sont considérées comme les meilleures compagnies de bus.

City to City (☎0861 589 282 ; www.citytocity.co.za). En partenariat avec Translux, cette compagnie parcourt les itinéraires tracés entre les *homelands* et les villes sous l'apartheid. Ses bus, moins coûteux que ceux des autres compagnies, rejoignent de nombreux endroits situés hors des sentiers battus, notamment les townships et les villes minières. Parmi les destinations desservies, citons Mthatha (pour la Wild Coast), Nelspruit (pour le Kruger National park), Beitbridge (pour le Zimbabwe), Le Cap et Durban.

Greyhound (☎011-611 8000 ; www.greyhound.co.za). Vaste réseau national de bus confortables, allant notamment de Jo'burg à Durban via Richards Bay. Gère aussi d'autres compagnies, dont les bus Citiliner, moins chers.

Intercape (☎021-380 4400 ; www.intercape.co.za). Vaste réseau allant du Cap au Limpopo et au-delà. Pour de plus longs trajets (du Cap à Windhoek, de Namibie et Mossel Bay à Jo'burg), Cela vaut la peine de payer un peu plus pour un siège incliné dans un bus de nuit Sleepliner.

Translux (☎0861 589 282 ; www.translux.co.za). Le principal opérateur longue distance dessert Le Cap, Durban, Bloemfontein, Port Elizabeth, East London, Mthatha, Nelspruit et la route des Jardins.

Lesotho

Billets Dans les autocars locaux, même si l'on vous indique les tarifs longue distance, le mieux est de simplement prendre un billet pour la prochaine grande ville. C'est là que la plupart des passagers descendront, et vous serez coincé sur place à attendre que le véhicule se remplisse de nouveau, alors que d'autres bus et taxis collectifs se mettront en route. Acheter des billets par étape n'est pas beaucoup plus cher qu'acquérir un billet direct. Il n'est ni nécessaire (ni possible parfois) d'acheter un billet à l'avance.

Bus et taxis collectifs Un bon réseau de bus, taxis-minibus (appelés simplement "taxis"), "*sprinters*" (bus longue distance) et taxis privés ou collectifs (appelés "*four plus ones*") couvre la quasi-totalité du pays. Les taxis-minibus desservent les grandes villes et nombre d'agglomérations plus petites. Les bus (moins chers et plus lents) et les "*sprinters*" (plus rapides et plus chers) desservent les grandes villes. Il n'y a pas de classes et le service est résolument sans prétention.

Départs La plupart des départs ont lieu le matin (plus le trajet est long, plus le bus part tôt).

Nord du Lesotho En allant vers le nord-est en taxi collectif au départ de Maseru, il faut généralement changer à Maputsoe. La correspondance se fait parfois en entrant à Maputsoe si votre véhicule en croise un autre.

Swaziland

- Les taxis-minibus collectifs constituent le principal moyen de transport public.
- Ils desservent presque tout le pays et s'arrêtent fréquemment.
- Ils partent une fois pleins ; il n'est pas nécessaire de réserver.
- Il n'y a que quelques lignes de bus intérieures.
- La plupart arrivent et partent de l'arrêt principal du centre de Mbabane.
- Les bus sont un peu moins chers que les minibus.

En stop

Il est déconseillé de faire du stop ou de prendre des auto-stoppeurs dans les trois pays, surtout en Afrique du Sud.

Le covoiturage est économique. Les panneaux d'affichage des auberges de jeunesse comportent souvent des annonces de covoiturage gratuit ou à frais partagés. Voyez aussi **Junk Mail** (junkmail.co.za).

Train

La compagnie sud-africaine **Shosholoza Meyl** (☎011-774 4555, 0860 008 888 ; www.shosholozameyl.co.za) assure des liaisons régulières entre les principales villes.

Pour une vue d'ensemble et de précieux conseils sur les voyages en train, voir le site très utile de **The Man in Seat Sixty-One** (www.seat61.com).

Billets et tarifs

- Lors de notre passage, voyager de Jo'burg au Cap en classe touristique/économique coûtait 630/400 R.
- Shosholoza Meyl ne vendant pas de billets en ligne (par Internet, réservation uniquement), le plus simple est de les acheter chez l'agent de voyages. **African Sun Travel** (☎0878 026 674 ; africansuntravel.com).
- African Sun facture une commission (environ 90 R sur les billets Le Cap-Jo'burg, et 60 R sur les billets Jo'burg-Durban).
- On peut acheter les billets jusqu'à 3 mois à l'avance, et au moins 48 heures avant le départ.
- Les couchettes en classe touristique peuvent afficher complet 1 ou 2 mois à l'avance, surtout sur les itinéraires très fréquentés, comme Jo'burg-Le Cap.
- Il est possible de réserver dans les gares, par téléphone ou sur le site Internet de Shosholoza Meyl.
- Il faut ensuite payer et récupérer son billet dans les 2 jours dans une gare.
- Autre possibilité plus compliquée et plus longue : déposer le prix des billets sur le compte bancaire de Shosholoza Meyl puis adresser la preuve du paiement à l'agence. Il faut 4 jours pour que la somme soit créditée sur le compte de Shosholoza Meyl.

Classes

Les classes touristique et économique sont bon marché. Contrairement aux bus longue distance, les prix pour les courtes distances ne sont pas exagérés.

Classe touristique
Recommandé : panoramique, authentique mais sûr, et plus confortable que le bus, bien que parfois plus lent. Le trajet de 2 jours entre Jo'burg et Le Cap donne un excellent aperçu de l'immensité du pays : on entre dans le Karoo au crépuscule, et l'on déjeune en traversant les Winelands (lisez-en la description sur tinyurl.com/6v2rs93). Wagon-restaurant et douches. Le prix comprend l'hébergement dans un compartiment à 2 ou 4 couchettes. Selon les disponibilités, les couples sont logés dans des coupés (2 couchettes), tandis que les passagers seuls ou les groupes dorment dans les autres compartiments. Si vous souhaitez dormir seul, achetez 2 tickets. Comptez 40 R supplémentaires pour le linge de lit. On peut faire transporter sa voiture sur les itinéraires Jo'burg-Le Cap et Jo'burg-Durban.

Classe économique Pas de wagon-lit. Un moyen ni confortable, ni sûr de voyager de nuit.

Itinéraires

Jo'burg-Le Cap Via Kimberley et Beaufort West ; 27 heures ; classe touristique (mar-ven, et dim) et classe économique (mer, ven et dim).

Jo'burg-Durban Via Ladysmith et Pietermaritzburg ; 13 heures ; classes touristique et économique (ven et dim).

Jo'burg-East London Via Bloemfontein ; 21 heures ;

SE DÉPLACER EN TRAIN

Outre les itinéraires de la compagnie Shosholoza Meyl, il existe de nombreuses compagnies particulières. Le voyagiste **New Fusion** (☎021-557 7047 ; www.newfusion.co.za) s'occupe des réservations auprès de Blue Train, Premier Classe et Rovos Rail.

Blue Train

(www.bluetrain.co.za). Ce célèbre train circule entre Pretoria et Le Cap, en faisant halte à Matjiesfontein ou Kimberley. Les allers simples (27 heures) coûtent 17 030/19 245 R/personne pour un siège *deluxe/luxury* en pleine saison (septembre à mi-novembre), repas, boissons, excursions aux escales et sdb compris. Les prix baissent d'environ 3 500 R hors saison. On peut réserver directement ou par l'intermédiaire de voyagistes, en Afrique du Sud et à l'étranger. Renseignez-vous sur les formules avec hébergement et vol entre Pretoria/Jo'burg et Le Cap. Le train effectue également de temps à autre le trajet de Pretoria à Durban.

Premier Classe

(www.premierclasse.co.za). L'offre de luxe de Shosholoza Meyl constitue une alternative abordable au Blue Train et consorts. Les trains vont du Cap à Jo'burg le mardi, et reviennent le jeudi. Le prix (2 840 R/pers) comprend les repas dans un wagon-restaurant *deluxe* climatisé ; ceux qui voyagent en solo occupent des compartiments couchettes à 2 places, les couples voyagent dans des compartiments à 4 couchettes. Il y a un salon-bar et des sdb communes. Possibilité d'embarquer son véhicule.

Rovos Rail

(www.rovos.co.za). Rovos rivalise avec Blue Train en termes de luxe et de prix. Les trajets réguliers comprennent Pretoria-Le Cap en 2 nuits/3 jours, avec des haltes à Kimberley et Matjiesfontein ; Pretoria-Durban en 3 jours ; Pretoria-Swakopmund (Namibie) en 9 jours, via Etosha National Park et autres sites namibiens notables ; et Pretoria-Victoria Falls (Zimbabwe) en 4 jours.

Shongololo Express

(www.shongololo.com). Shongolo propose 4 voyages ferroviaires moins somptueux que les autres compagnies, notamment entre Jo'burg/Pretoria et Victoria Falls, et un trajet de 12 nuits/13 jours entre Jo'burg/Pretoria et Le Cap via le Swaziland et Durban. Le voyage s'effectue de nuit et on descend pendant la journée.

JB Train Tours

(www.jbtours.co.za). Circuits en train, principalement depuis Jo'burg, jusqu'à des destinations comprenant Le Cap, le Kruger National Park, la Garden Route, Namakwa et le Mozambique.

Umgeni Steam Railway

(www.umgenisteamrailway.co.za). Voyages en train à vapeur au KwaZulu-Natal.

Atlantic Rail

(www.atlanticrail.co.za). Excursion en train à vapeur du Cap à Simon's Town et aux Winelands.

classes touristique et économique (mer, ven et dim).

Jo'burg-Port Elizabeth Via Bloemfontein ; 20 heures ; classes touristique et économique (ven et dim).

Queenstown-Le Cap Via Worcester et Beaufort West ; 24 heures ; classe économique (jeu et ven).

Trains de banlieue

Cape Metro Rail (☎0800 656 463 ; www.capemetrorail.co.za). Les trajets depuis Le Cap jusqu'à Simon's Town ou aux Winelands sont considérés comme relativement sûrs de jour aux heures de pointe.

Gautrain (☎0800 428 87246 ; www.gautrain.co.za). Le train express Gautrain, sûr et rapide, circule entre l'aéroport international OR Tambo, Sandton, Rosebank, Park Station (centre-ville de Jo'burg), Pretoria et Hatfield. Les trains partent toutes les 12 minutes aux heures de pointe (5h30-8h30 et 15h-18h du lundi au vendredi), et toutes les 20-30 minutes le reste du temps. L'aller simple entre Pretoria et Park Station coûte 64 R.

Si vous voyagez aux heures de pointe, ou logez près d'une gare, c'est un moyen de transport rapide, dernier cri et économique pour vous rendre à Jo'burg ou en partir.

Vélo

Afrique du Sud

Si vous avez les mollets assez solides pour grimper ses collines, l'Afrique du Sud se prête bien au cyclisme. Vous serez séduit par la variété et la beauté de ses paysages, ses nombreux terrains de camping et ses routes secondaires, pour la plupart peu fréquentées. La principale difficulté consiste à partager le bitume avec les conducteurs sud-africains, dont la conduite est erratique et agressive.

Achat On trouve un bon choix de VTT dans les plus grandes villes sud-africaines, surtout au Cap. Jo'burg et Le Cap sont les meilleurs endroits pour commencer votre recherche. Pour revendre votre vélo à la fin de votre voyage, essayez les tableaux d'affichage des auberges de jeunesse, les boutiques de cycles, les clubs et le site www.gumtree.co.za.

Climat N'oubliez pas que la pluie tombe surtout en été (fin novembre-mars), parfois sous forme de violents orages, sauf dans Le Cap occidental et sur la côte ouest. Lorsqu'il ne pleut pas, la chaleur peut être accablante, notamment dans le *lowveld*, qui souffre, de surcroît, d'un fort taux d'humidité.

Dangers Les distances entre les grandes villes sont souvent longues, mais hormis certaines régions isolées, comme le Karoo ou le Limpopo, vous n'êtes jamais très loin d'un village ou d'une ferme. Beaucoup de routes sont dépourvues de bande d'arrêt d'urgence ; quand elles en ont, elles sont souvent utilisées par les automobilistes comme une voie lente. Faire du vélo sur les autoroutes est interdit, et les routes près des zones urbaines sont très fréquentées et dangereuses. Avant d'entreprendre un périple, mettez-vous en contact avec d'autres cyclistes par l'intermédiaire des clubs cyclistes locaux ou des magasins de vélos pour obtenir des informations récentes sur l'état des routes. Prenez garde aux vols : munissez-vous d'un bon cadenas, laissez votre vélo à l'intérieur de votre lieu d'hébergement (de préférence dans votre chambre) et enchaînez-le solidement.

Location Certaines auberges de jeunesse louent des VTT à la journée. En ville, certaines boutiques de cycles louent des VTT, mais il faut généralement laisser une caution avec une carte de crédit.

Meilleures régions Les routes de la péninsule du Cap et des Winelands sont très appréciées, mais très fréquentées ; la Wild Coast est à la fois belle et ardue ; le lowveld du Nord déroule de vastes plaines.

Pièces détachées En ville, on trouve des VTT et des pièces détachées un peu partout. Vous aurez cependant des difficultés pour vous procurer des pièces de remplacement pour les vélos de randonnée, surtout en dehors du Cap et de Jo'burg. Avant de vous aventurer dans le veld, prenez contact avec une bonne boutique en ville, au cas où vous auriez besoin de vous faire envoyer quelque chose.

Transports publics Il est possible de prendre le train avec un vélo, mais la plupart des compagnies de bus refusent de les prendre dans leurs soutes et les taxis collectifs ne prennent pas de bagages sur le toit. Au Cap, les trains du Cape Metro Rail et les bus MyCiTi acceptent les vélos.

Lesotho et Swaziland

Les deux pays sont d'excellentes destinations pour les cyclistes, à aborder en VTT. Faites le plein de pièces détachées en Afrique du Sud. Orages d'été et inondations peuvent cependant poser problème. Il n'est pas courant de transporter son vélo dans les transports publics, mais il est généralement possible de négocier avec le chauffeur.

Lesotho Le terrain montagneux du Lesotho est réservé aux cyclistes en bonne forme physique. Il est possible de louer des vélos dans des hébergements comme le **Malealea Lodge** (www.malealea.co.ls), où se déroulent 2 manifestations annuelles centrées sur le VTT. Les itinéraires ne manquent pas, mais pour les cyclistes expérimentés, le trajet classique est celui du Sani Pass (col du Sani). Certains lodges côté sud-africain du col louent des vélos. Attention au verglas l'hiver.

Swaziland Évitez les grandes villes et l'Ezulwini Valley, où la circulation est intense. De courts circuits cyclistes sont possibles sur les pistes de VTT du Hlane Royal National Park et du Mlilwane Wildlife Sanctuary, qui proposent respectivement des sorties guidées et la location de vélos.

Voiture et moto

- L'Afrique du Sud est une destination de choix pour un *road trip*.
- Pour un itinéraire loin des lignes de bus et de train, mieux vaut vous déplacer avec votre propre véhicule plutôt que de faire appel à un tiers.
- D'ailleurs, en groupe, louer une voiture est souvent l'option la plus économique.
- Les cartes routières, très utiles, sont disponibles facilement en Afrique du Sud.

Achat

L'Afrique du Sud est le pays le plus opportun pour acheter un véhicule avant de voyager en Afrique australe ou plus loin en Afrique subsaharienne. L'achat est rentable si vous restez plus de 3 mois.

Jo'burg est la ville a plus indiquée : les prix sont souvent plus bas et les voitures ont tendance à être moins rouillées qu'au Cap et dans les autres villes côtières. Le Cap est le meilleur endroit pour la revente ; le marché y est plus modeste et les prix tendent à être plus élevés.

A Jo'burg, des concessionnaires d'occasion sont regroupés sur Great North Rd, Benoni ; au Cap, sur Voortrekker Rd entre les stations de métro Maitland et Bellville.

Les prix à l'achat chez un particulier sont considérablement inférieurs, mais vous n'aurez aucune garantie. En outre, trouver le véhicule de votre choix vous prendra probablement plus de temps. Les concessionnaires sauront vous renseigner sur les laborieuses procédures d'immatriculation, et disposeront éventuellement de certains des formulaires nécessaires. Vous en trouverez peut-être un qui acceptera un contrat de rachat, sachant que les conditions ne vous seront sans doute pas favorables.

Les prix sont élevés. Voici deux exemples d'achat de lecteur et d'auteur de Lonely Planet : 124 000 R chez un concessionnaire Benoni pour 4x4 pick-up Nissan de 4 ans et 135 000 km au compteur ; 70 000 R à un particulier du Cap pour une Toyota Corolla de 7 ans et 95 000 km.

FORMALITÉS ADMINISTRATIVES

Assurez-vous que la voiture est bien celle décrite sur la carte grise (*registration papers*), que le pare-brise porte une vignette en cours de validité et que le carnet d'entretien est à jour. Vérifiez avant la conclusion de la vente que le nom figurant sur la carte grise correspond aux papiers d'identité du vendeur. Vérifiez également le numéro du moteur et du châssis.

En principe, les voitures vendues par les particuliers n'ont pas de certificat de contrôle technique, lequel est toutefois obligatoire au moment de changer de carte grise et de payer la vignette. Les centres de contrôle technique délivrent un certificat moyennant quelques centaines de rands, et négligent généralement les petits défauts. Au Cap, nombre d'entre eux sont regroupés dans Oswald Pirow St (aussi appelée Christiaan Barnard St), près du Civic Centre.

IMMATRICULATION

Faire enregistrer votre voiture est une corvée administrative qui devrait vous prendre environ 2 semaines. Certains fonctionnaires disent aux voyageurs qu'ils ne peuvent immatriculer une voiture sans avoir la nationalité sud-africaine, mais ce n'est pas vrai.

Les formulaires à remplir sont disponibles dans les bureaux d'immatriculation des véhicules, chez les concessionnaires ou sur les sites Internet cités ci-après :

- ANR8 (demande et avis pour votre immatriculation).
- RIV/NCO5 (notification de changement de propriétaire/de vente d'un véhicule motorisé).

Remplissez le formulaire ANR8 dès que possible, car il permet d'enregistrer les personnes autorisées à conduire sur les routes sud-africaines. Sans ce document, il est impossible d'immatriculer un véhicule à votre nom. La procédure nécessite plusieurs semaines.

Pour valider votre formulaire RLV/NCO5, présentez-vous à un bureau d'immatriculation avec les documents suivants :

- Votre passeport et une photocopie
- Une copie de la pièce d'identité du vendeur
- Le certificat d'immatriculation (au nom du vendeur)
- Un certificat de bon état du véhicule
- Une preuve d'achat
- Un justificatif de domicile (une lettre de votre hôtel devrait suffire)
- Un permis de conduire valide
- Le montant de l'immatriculation en espèces

Le vendeur est censé vous accompagner muni de sa pièce d'identité.

PARKING ET GARDIENS

Il est généralement facile de se garer à proximité des sites, des restaurants et des hôtels dans toute l'Afrique du Sud, au Lesotho et au Swaziland. À Jo'burg et là où la délinquance est problématique, on trouve souvent des parkings sécurisés.

Si vous stationnez dans la rue ou même dans un parking d'une grande ville, un "gardien" vous proposera peut-être ses services. Il gardera un œil sur votre voiture en échange d'une modeste somme ; 2 R pour une courte période, de 5 à 10 R si vous partez plus longtemps.

Il peut également vous proposer de laver votre voiture pour 20 R de plus. Ne le payez qu'au moment de partir et ne le rémunérez pas s'il n'est pas venu dès votre arrivée pour vous proposer ses services. Payez la bonne personne : au Cap, par exemple, les gardiens officiels portent souvent des gilets distinctifs.

Les frais augmentent chaque année. Tablez toutefois sur un minimum de 400 R pour obtenir l'immatriculation et l'autorisation d'un véhicule.

Si votre permis a expiré, vous devrez payer une pénalité.

SOURCES D'INFORMATION

Auto Trader (www.autotrader.co.za). Annonces dans tout le pays.

Capetown.gov.za (tinyurl.com/72c42nw). Coordonnées des bureaux d'immatriculation au Cap et alentour.

eNaTIS (www.enatis.com). Formulaires et renseignements sur l'immatriculation des véhicules.

Gumtree South Africa (www.gumtree.co.za). Annonces de vente de voitures dans tout le pays.

Junk Mail (www.junkmail.com). Annonces dans tout le pays.

Mahindra Benoni (www.msmdealer.co.za). Concessionnaire de Jo'burg. Vente et reprise de voitures et de pick-up. Vend régulièrement à des étrangers et les aide à effectuer les démarches pour une immatriculation.

South African Government Services (www.gov.za/services/services-foreigners/driving). Renseignements sur les formalités d'immatriculation et de délivrance des permis de conduire.

Western Cape Government (www.westerncape.gov.za/service/vehicle-registration). Formulaires et conseils sur l'immatriculation d'un véhicule au Cap occidental.

Assurance

Il est fortement recommandé de contracter une assurance au tiers, ainsi que d'assurer votre véhicule contre le vol ou les dommages matériels, même si ce n'est pas obligatoire pour les propriétaires de véhicules privés.

La durée minimum d'assurance est généralement d'un an.

À la location, une assurance avec franchise est habituellement incluse. Exonération ou réduction de la franchise avec supplément.

Vérifiez que l'assurance ou le contrat de location couvre les dégâts causés par la grêle, éventualité bien réelle en été dans le *Highveld* et le *Lowveld*.

Compagnies d'assurance :

Automobile Association of South Africa (AASA ; ☎011-799 1001, urgences 0861 000 234 ; www.aasa.co.za)

Old Mutual iWyze (www.oldmutual.co.za/personal/insurance/car-insurance.aspx)

Outsurance (www.outsurance.co.za)

Automobile-clubs

L'**Automobile Association of South Africa** (AASA ; ☎011-799 1001, urgences 0861 000 234 ; www.aasa.co.za) propose un service d'assistance en cas de panne qui peut s'avérer utile.

Sa flotte de véhicules d'urgence opère depuis Johannesburg, Pretoria, Durban, Le Cap, Pietermaritzburg, Port Elizabeth, Nelspruit, Polokwane (Pietersburg), Bloemfontein, Rustenburg, Somerset West, Stellenbosch et East London. Ailleurs, des prestataires certifiés par l'AA prennent le relais.

L'adhésion coûte au minimum 42 R par mois. Les membres de clubs du groupe de la **Fédération internationale de l'automobile** (FIA ; www.fia.com), y compris l'automobile-club français, bénéficient d'un accès libre aux services de l'AASA pendant 3 mois, et de réparations en cas de panne à Jo'burg, Pretoria, Le Cap, Durban et Port Elizabeth.

Au Lesotho et au Swaziland, il vous faudra faire appel aux ateliers de réparation des grandes villes.

Code de la route

- En Afrique du Sud, au Lesotho et au Swaziland, on roule à gauche.
- La ceinture de sécurité est obligatoire pour le conducteur et le passager avant.
- Le code de la route connaît quelques variantes locales : la principale est le *four-way stop*, qui existe même sur les grandes routes. Lorsque vous arrivez à ce genre de carrefour à 4 voies, vous devez vous arrêter. S'il y a d'autres véhicules au croisement, ceux qui sont arrivés avant vous ont la priorité, même s'ils arrivent d'une route secondaire.
- Si vous vous faites arrêter au Lesotho ou au Swaziland au volant d'une voiture louée en Afrique du Sud, vous devrez probablement montrer la lettre de l'agence vous autorisant à franchir la frontière avec le véhicule.
- Au Lesotho, les barrages de police sont nombreux. Arrêtez-vous dès qu'on vous fait signe, et attendez qu'on vous invite à avancer. La plupart des policiers se contentent de rapidement vérifier vos papiers ou vous font simplement signe de continuer.
- Au Swaziland, si vous voyez arriver un cortège officiel ou royal, rangez-vous sur le bas-côté et arrêtez votre moteur.

LIMITATION DE VITESSE

Respectez les limitations de vitesse même si, dans leur grande majorité, les Sud-Africains continuent de les ignorer. Les radars routiers et les pistolets radars sont en effet de plus en plus courants en Afrique du Sud.

Afrique du Sud 100 km/h sur route ; 120 km/h sur la plupart des autoroutes ; 60 km/h en agglomération ; et 40 km/h dans les parcs et réserves naturels.

Lesotho La vitesse est limitée à 80 km/h sur les routes principales et à 50 km/h dans les villages.

Swaziland 80 km/h sur route ; 120 km/h sur la plupart des autoroutes ; et 60 km/h en agglomération.

Dangers de la route

- Les routes sud-africaines sont dangereuses. Le pays accuse un taux d'accidents terriblement élevé, avec plus de 10 000 morts par an.
- Voici des sections de routes notoirement dangereuses : la N1 entre Le Cap et Beaufort West, et entre Polokwane (Pietersburg) et Louis Trichardt (Makhado) ; la N2 entre Le Cap et Caledon, le long de la Garden Route, entre East London et Kokstad, et entre Durban et Tongaat ; la N12 entre Springs et Witbank ; la N4 entre Middelburg et Belfast.
- Les principaux dangers sont les autres automobilistes, qui pour beaucoup conduisent mal et de façon agressive. Faites particulièrement attention aux chauffeurs de taxis collectifs, qui conduisent à toute allure des véhicules douteux ; ils manquent parfois de sommeil.
- Les dépassements sans visibilité sont légion.
- Sur les routes principales, les automobilistes arrivant derrière vous s'attendent à ce que vous vous mettiez sur la bande d'arrêt d'urgence pour les laisser passer, même avant un virage et quoi qu'il se passe sur le bas-côté. Ils vous collent et/ou vous font des appels de phares jusqu'à ce que vous leur cédiez la place.
- Sur les routes secondaires peu fréquentées, les conducteurs roulent souvent vite.
- Soyez particulièrement prudent dans les tournants sans visibilité.
- Malgré les barrages routiers et les alcootests pratiqués en Afrique du Sud et au Swaziland, surtout dans les zones urbaines, l'ivresse au volant est monnaie courante.
- Ne vous laissez pas fléchir par la grande décontraction ambiante face à l'alcool au volant ; si vous vous faites prendre, vous pourriez finir en prison. Mieux vaut désigner un conducteur qui ne boit pas.
- Les animaux d'élevage, sauvages (surtout les babouins) et les piétons s'aventurent souvent sur la chaussée, surtout dans les zones rurales. Si vous percutez un animal dans une région où vous ne vous sentez pas en sécurité, ne vous arrêtez pas, mais signalez-le plutôt au poste de police le plus proche.
- Sur les routes qui traversent les townships (par exemple la N2 entre l'aéroport international du Cap et la ville), on place de temps à autre des objets contondants pour obliger les automobilistes à s'arrêter après avoir roulé dessus. C'est le moment que les agresseurs choisissent pour les voler. Si cela vous arrive, continuez jusqu'à un garage pour faire vérifier votre véhicule et signalez l'incident au poste de police.
- À la saison des pluies, le brouillard épais risque de vous ralentir considérablement, surtout au KwaZulu-Natal.
- Dans le *highveld* et le *lowveld*, des chutes de grêle peuvent endommager votre voiture.
- Les principaux dangers au Lesotho sont le terrain montagneux et l'état des routes.
- Il arrive que des enfants mendient et jettent des pierres aux véhicules, surtout les 4x4, sur les routes reculées du Lesotho.
- Au Swaziland, hormis les conducteurs ivres et les animaux traversant la voie, le principal danger vient des minibus roulant à tombeau ouvert, surtout sur les routes gravillonnées.

CAR-JACKING

À Jo'burg, et dans une moindre mesure dans les autres grandes villes du pays et ailleurs dans les provinces du Nord-Est, le car-jacking est un danger réel.

Sachez que vous prenez plus de risques en conduisant une voiture voyante qu'un véhicule de location classique. Restez vigilant, évitez de circuler la nuit, et, si vous devez le faire, roulez vitres fermées et portières verrouillées.

Si vous êtes arrêté à un feu rouge et remarquez quelque chose de suspect, vérifiez que la voie est libre et brûlez le feu. En cas d'agression, ne résistez pas mais donnez immédiatement vos clés. Les voleurs sont presque toujours armés et il leur arrive de tuer pour parvenir à leurs fins.

Essence et pièces détachées

- Le sans-plomb coûte 12 R/ litre dans les trois pays.
- Le pompiste remplit votre réservoir et nettoie vos vitres.
- Prévoyez 2 R de pourboire.
- S'il contrôle votre niveau d'huile, d'eau ou vos pneus, prévoyez 5 R.
- De nombreuses pompes bordent les grands axes en Afrique du Sud et au Swaziland.
- Elles sont souvent ouvertes 24h/24.
- Toutes les grandes villes sud-africaines possèdent des stations-service.
- Dans les zones rurales et dans tout le Lesotho, faites le plein dès que vous le pouvez.

LESOTHO

- Les principales stations-service sont à Maseru, vous en trouverez peu ailleurs.
- Les autres grandes villes ont un nombre restreint de stations-service, où le carburant n'est pas toujours au rendez-vous.
- Emportez toujours un jerrican avec vous.

SWAZILAND

- Les principales stations-service se regroupent surtout à Mbabane et à Manzini.
- Manzini est le meilleur endroit pour trouver des pièces détachées.

État des routes

AFRIQUE DU SUD

- Un bon réseau d'autoroutes sillonne le pays.
- Les grandes routes sont généralement en bon état.
- En dehors des villes, vous rencontrerez peut-être des pistes en terre, dont la plupart sont en pente douce et peu accidentées.
- Renseignez-vous sur place sur l'état des routes de gravier et sur celui des routes tertiaires, qui peuvent se détériorer lorsqu'il pleut.
- Dans les anciens bantoustans (*homelands*), méfiez-vous des nids-de-poule, des glissements de terrain ou des virages en épingle à cheveux non signalés, ainsi que de la présence de bétail, d'enfants ou de chiens sur les routes.
- L'autoroute N2 traversant la région de la Wild Coast est en mauvais état.

LESOTHO

- La conduite au Lesotho peut s'avérer ardue, notamment à cause des déclivités abruptes, des virages en épingle à cheveux et de la météo capricieuse.
- De nouvelles routes sont construites et réaménagées ; beaucoup sont financées par les compagnies minières chinoises et par le Highlands Water Project.
- Pendant les travaux, les routes gravillonnées et goudronnées praticables auparavant ne sont plus accessibles aux voitures classiques.
- À l'heure où nous écrivons, des travaux ralentissent les trajets dans les Northeastern Highlands.
- Une route goudronnée, praticable en voiture classique, se parcourt dans le sens des aiguilles d'une montre, de Qacha's Nek à Mokhotlong, avec possibilité de poursuivre jusqu'au Sani Top (col Sani).
- Des tronçons goudronnés et couverts de gravier de bonne qualité permettent également aux voitures classiques d'accéder à Semonkong (depuis le nord et le sud), à Thaba-Tseka (depuis le nord et l'ouest) et au Ts'ehlanyane National Park.
- Hormis les problèmes causés par les travaux, les routes bitumées des hautes terres sont généralement en bon état, mais très escarpées par endroits.
- La pluie vous ralentira et, en hiver, le verglas et la neige peuvent être dangereux.
- Avec une voiture automatique, vous aurez besoin de garder le pied sur la pédale de frein pour négocier les virages serrés en descente.
- Hors des principaux axes routiers, il y a des endroits où même les 4x4 ont du mal à passer, par exemple sur la route au nord du Sehlabathebe National Park.
- Outre le mauvais état des routes, le plus grand danger provient des crues qui suivent les orages d'été.
- Faites aussi attention aux personnes et aux animaux qui pourraient vous couper le chemin.
- La police et l'armée établissent parfois des barrages routiers (*roadblocks*).

SWAZILAND

- Le Swaziland possède un bon réseau routier.
- La plupart des grands axes sont bitumés.
- La MR3, qui traverse le Swaziland d'ouest en est, est une grande autoroute qui se prolonge jusqu'à Manzini à l'est.
- De bonnes routes goudronnées relient les autres grandes villes.
- Ailleurs, vous roulerez sur des routes généralement en assez bon état, excepté après de fortes pluies.
- Quelques pistes en terre accidentées sillonnent la brousse.
- La route qui passe par Malagwane Hill, entre Mbabane et l'Ezulwini Valley, figurait naguère dans le *Livre Guinness des records* comme le tronçon le plus dangereux du monde.
- Descendre l'Ezulwini Valley par mauvais temps lorsque la circulation est dense reste une entreprise risquée.
- Loin des villes et des postes-frontières, vous croiserez très peu de véhicules.

Location

- La location de voiture, à partir de 200 R par jour, est bon marché en Afrique du Sud comparé à l'Europe et à l'Amérique du Nord.
- De nombreuses compagnies facturent un supplément lorsque le conducteur a moins de 21 ans (23 ans au Swaziland).
- La plupart des agences de location demandent la carte de crédit du conducteur.
- Vous obtiendrez des tarifs plus avantageux en réservant en ligne quelques mois à l'avance.

- La plupart des agences imposent un kilométrage journalier limité, avec supplément pour chaque kilomètre supplémentaire, ce qui peut s'avérer gênant si vous envisagez de rouler beaucoup. Quatre cents kilomètres par jour est généralement suffisant. Si vous prévoyez une ou deux étapes, un kilométrage de 200 km pourra même suffire. Quelques agences locales proposent néanmoins un kilométrage illimité. Si vous avez recours à une compagnie internationale et réservez dans une filiale à l'étranger, on vous proposera peut-être un kilométrage illimité sans frais supplémentaires, sauf en pleine saison, de décembre à janvier par exemple.
- Assurez-vous que les tarifs annoncés comprennent les 14% de TVA.
- Louer une voiture dans une ville et la rendre dans une autre est facturé en fonction de la distance entre les deux.
- Les petites voitures surchargées de passagers et de bagages peuvent avoir du mal à gravir les côtes. Même sur les autoroutes, les montées peuvent être raides dans des régions comme la Wild Coast.
- Les côtes abruptes sont parfois déplaisantes à gravir en automatique.
- En Afrique du Sud, les agences de location sont présentes dans les grandes villes et les aéroports.
- Il est généralement moins cher de louer dans un grand centre urbain comme Jo'burg ou Le Cap.

LESOTHO ET SWAZILAND

- Il revient généralement moins cher de louer un véhicule en Afrique du Sud pour passer ensuite la frontière (il vous faudra une lettre d'autorisation de l'agence ; environ 500 R pour le Lesotho et 300 R pour le Swaziland).
- Au Lesotho, on trouve des agences de location à Maseru et à l'aéroport international Moshoeshoe I.
- Au Swaziland, des agences de location sont installées à Mbabane et à l'aéroport international King Mswati III.

AGENCES DE LOCATION

Voyez aussi les auberges de jeunesse et les agences de voyages, qui offrent fréquemment des formules intéressantes.
Les compagnies locales sont souvent moins chères, mais elles sont éphémères et leurs véhicules sont souvent plus anciens.

Abba (www.abbacarrentals.co.za). Afrique du Sud.

Argus (www.arguscarhire.com). Afrique du Sud, Lesotho et Swaziland. Moteur de recherche en ligne.

Around About Cars (www.aroundaboutcars.com). Afrique du Sud et Swaziland. Agence petits budgets recommandée qui obtient des tarifs intéressants auprès des autres prestataires, comme Budget, Tempest et First. L'une des rares à proposer un kilométrage illimité.

Avis (www.avis.co.za). Afrique du Sud, Lesotho et Swaziland.

Budget (www.budget.co.za). Afrique du Sud, Lesotho et Swaziland.

Europcar (www.europcar.co.za). Afrique du Sud, Lesotho et Swaziland.

First (www.firstcarrental.co.za). Afrique du Sud.

Hertz (www.hertz.co.za). Afrique du Sud.

Sixt (www.sixt.com). Afrique du Sud.

Tempest (www.tempestcarhire.co.za). Afrique du Sud.

Thrifty (www.thrifty.co.za). Afrique du Sud.

CAMPING-CARS, 4X4 ET MOTOS

- Certaines locations de camping-cars/mobil-homes incluent le matériel de camping.
- Il n'est pas toujours possible de les louer dans une ville et de les rendre dans une autre.
- Les camping-cars "Bakkie", avec 2 couchettes à l'arrière d'un pick-up couvert, sont moins chers.
- On peut louer mobylettes et scooters au Cap et autres lieux touristiques.
- Au Lesotho et dans les provinces comme Le Cap-Nord et Le Cap occidental, envisagez un 4x4 pour pouvoir vous déplacer sur les routes de gravier et dans les nombreux parcs nationaux,.
- Outre les agences de location classiques, voir aussi **African Leisure Travel** (www.africanleisure.co.za) à Jo'burg, 4x4 et camping-cars ; **Britz 4x4 Rentals** (www.britz.co.za) au Cap et à Jo'burg, 4x4 ; **Drive South Africa** (www.drivesouthafrica.co.za) au Cap, 4x4 et camping-cars ; **Maui** (www.maui.co.za) au Cap et à Jo'burg, mobil-homes ; et **Motozulu** (www.motozu.lu.ms) à Port shepstone (KwaZulu-Natal), motos.

Péages

Il faut s'acquitter d'un péage en fonction de la distance parcourue sur certaines autoroutes sud-africaines. On peut généralement payer en espèces ou en carte bancaire.

Vous apercevez facilement les panneaux indiquant le début d'une section à péage : un "T" noir dans un cercle jaune. Un itinéraire de remplacement, gratuit, est normalement indiqué par un "A" noir dans un cercle jaune.

Calculez le prix du péage pour un trajet donné sur le site **Drive South Africa** (www.drivesouthafrica.co.za).

Permis de conduire

- Il est préférable de se procurer un permis de conduire international auprès des autorités de votre pays si vous souhaitez conduire en Afrique du Sud, au Lesotho et au Swaziland.

- La police demandant généralement à voir le passeport des conducteurs étrangers, ayez-en une photocopie dans votre voiture.

Signalisation

L'Afrique du Sud dispose d'une signalisation de qualité. Comme dans les pays occidentaux, les panneaux sont plus rares sur les routes secondaires et tertiaires. Ils n'indiquent parfois que le numéro de la route ou la direction des agglomérations des environs, au lieu d'indiquer la prochaine grande ville.

Les routes sont en principe numérotées (comme la R44, indiquée dans ce guide comme Rte 44). Quand vous demandez votre chemin, la majorité des gens se réfèrent aux numéros des routes seulement.

Au Lesotho, les principales routes sont numérotées, à partir de A1 (Main North Rd). Les routes secondaires qui en partent portent la lettre B.

Transports urbains

Voir p. 645 pour des renseignements sur les trains urbains (*metro trains*).

Bus

- Beaucoup de zones urbaines, notamment au Cap, à Durban, à Pretoria et à Jo'burg, ont des réseaux de bus. Les bus sont bon marché.
- Ils effectuent de nombreux itinéraires.
- Les bus cessent de rouler assez tôt dans la soirée sur la plupart des lignes ; le service est réduit le week-end.
- En termes de sécurité et de commodité, seuls les bus MyCiTi du Cap et les People Mover de Durban sont recommandés.

Taxis collectifs

Les taxis collectifs vous permettront de vous déplacer aussi bien en ville que dans la banlieue et même de rejoindre les villes voisines.

- Ils partent quand ils sont pleins.
- En Afrique du Sud, "pleins" ne signifie pas "surchargés de passagers", contrairement à d'autres pays d'Afrique.
- La plupart prennent de 14 à 16 passagers.
- Les "sprinters", légèrement plus grands, peuvent charger une vingtaine de personnes.
- Faute de trains et de bus, les taxis collectifs sont parfois les seuls modes de transport public.
- Ils donnent un aperçu de la vie locale.
- Le week-end, le service est souvent réduit ou inexistant.
- Les taxis classiques se font parfois collectifs, par exemple au Lesotho.
- Dans certaines agglomérations et sur certains itinéraires longs, le taxi classique partagé est parfois le seul transport disponible.
- Les taxis partagés sont plus chers que les taxis-minibus, et affichent un niveau de sécurité comparable.

VOYAGER EN SÉCURIT

L'argent économisé en prenant un taxi collectif ne vaut pas le risque pris en termes de sécurité.
Dans l'ensemble, il n'est pas recommandé de prendre des taxis collectifs.
Les chauffeurs conduisent plutôt mal et les véhicules sont en mauvais état.
Les accidents sont fréquents. Il arrive parfois que des rixes violentes éclatent entre compagnies rivales.
Les stations de taxis collectifs et leurs environs immédiats sont généralement peu sûrs. Agressions, pickpockets, harcèlement et autres incidents sont monnaie courante.
Si vous voyagez en taxi collectif, évitez de le faire de nuit ; regardez dans les journaux les compagnies et les zones à éviter.
À certains endroits, les taxis collectifs sont relativement sûrs en journée. C'est notamment le cas dans le centre du Cap, où les habitants de diverses classes sociales les empruntent.
Ne voyagez pas avec des bagages, notamment parce que la plupart des taxis collectifs n'en prennent pas sur leur toit, et parce que caser son sac à dos peut être une vraie gageure.

Taxis privés

- Toutes les grandes villes, dans les trois pays, disposent de taxis privés.
- Des stations de taxis sont installées dans les quartiers populaires.
- Il est souvent plus sûr d'appeler un taxi par téléphone ; il vous faudra attendre, mais le véhicule sera sûrement de meilleure qualité que les autres.
- Les tarifs varient selon les villes ; au Cap, comptez environ 10 R le kilomètre, avec un minimum de 20 R.
- Au Lesotho, les taxis (appelés "*four by ones*") peuvent se partager sur les longues distances à destination d'autres régions du pays.
- Des lieux comme Durban ont leur variation locale des taxis privés et partagés sous la forme de rickshaws.

LESOTHO ET SWAZILAND

Les taxis collectifs ne brillent pas non plus par leur bilan en matière de sécurité routière. Cependant, ils ne connaissent pas les actes de violence de leurs homologues sud-africains et sont largement utilisés, aussi bien pour de courts trajets que pour de longs parcours. Voir également p. 644.

DU BON USAGE DES TAXIS COLLECTIFS

- Les voyageurs ayant plusieurs bagages s'assoient sur la première banquette, derrière le chauffeur.
- Installez-vous près de la fenêtre pour faciliter l'accès aux autres passagers.
- Réglez la course en pièces de monnaie et non en billets.
- Une fois le taxi complet, faites passer l'argent à l'avant (le vôtre et celui des passagers autour de vous). Payez un voyageur à l'avant plutôt que le chauffeur. Si vous êtes assis devant, vous devrez peut-être faire payer et rendre la monnaie avec la cagnotte du chauffeur.
- Si vous occupez le strapontin près de la portière, c'est à vous d'ouvrir et de refermer celle-ci chaque fois qu'un passager descend. Vous devrez sortir du taxi à chaque fois.
- Certains taxis collectifs, par exemple au Cap, ont un "contrôleur" qui hèle les passagers potentiels et se charge d'ouvrir et de fermer la portière.
- Dites "*Thank you, driver!*" lorsque vous souhaitez descendre, et non pas "*Stop!*"

Circuits organisés locaux

De nombreux tour-opérateurs locaux s'adressent aux voyageurs étrangers pour leur proposer divers circuits, depuis les excursions en 4x4 jusqu'aux safaris haut de gamme.

Les auberges de jeunesse de tout le pays sont de bonnes sources d'informations sur les circuits destinés aux voyageurs au budget limité. Beaucoup collaborent avec des prestataires économiques et possède une billetterie et des panneaux d'affichage informatifs.

Essayez de réserver des excursions à la journée ou des nuitées aussi près que possible de votre destination. Par exemple, si vous êtes à Durban et que vous voulez visiter une réserve dans le nord du KwaZulu-Natal, il revient généralement moins cher de se rendre dans une auberge de jeunesse près de la réserve et de partir en excursions d'une journée plutôt que de réserver une excursion plus longue depuis Durban. En outre, vous passerez plus de temps dans la réserve.

Acacia Africa (www.acacia-africa.com). Circuits d'aventure, par exemple du Cap au Kgalagadi Transfrontier Park. Également : circuits par voie terrestre et formules tourisme/bénévolat.

Ashworth Africa (www.ashworthafrica.com). Circuits et safaris de luxe sur mesure en Afrique du Sud et dans sa région.

Bok Bus (www.bokbus.com). Circuits économiques sur la Garden Route et dans les environs.

Cape Gourmet Adventure Tours (gourmet.cape-town.info). Circuits gastronomiques au Cap et au Cap occidental, de la pêche aux fruits de mer à la chasse au trésor gastronomique.

Drifters (www.drifters.co.za). Circuits aventure en Afrique australe et hébergement sur la Wild Coast.

Go 2 Africa (www.go2africa.com). Spécialiste des safaris africains, proposant aussi bien des vacances à la plage que de luxueux périples en train.

Malealea Lodge (www.malealea.co.ls). Trekking à dos de poney et randonnée dans les hauteurs du Lesotho.

Oasis Overland (www.oasisoverland.co.uk). Basé au Royaume-Uni, spécialiste des circuits par voie terrestre couvrant l'Afrique du Sud et sa région.

Signature Tours (www.signaturetours.co.za). Circuits généralistes orientés sur la nature et la vie sauvage ; circuits en indépendant sur mesure et circuits guidés à disposition.

Springbok-Atlas (www.springbokatlas.com). Visites en bus dans le pays et la région.

Swazi Trails (www.swazitrails.co.sz). Sorties sur le fleuve Maputo au Swaziland et dans tout le pays.

Thaba Tours (www.thabatours.co.za). Circuits VTT, 4x4, équitation, randonnée et observation des oiseaux au Lesotho et dans le Drakensberg.

Thompsons Africa (www.thompsonsafrica.com). Circuits tout compris et safaris de catégories moyenne et supérieure.

Ukholo (www.ukholotravelandtours.co.za). Voyages au Cap occidental, visites du Cap, excursions sur la route des Jardins.

Wilderness Safaris (www.wilderness-safaris.com). Agence orientée sur la protection environnementale proposant des safaris et circuits à thème haut de gamme ; gère également plusieurs camps de brousse de luxe.

Wilderness Travel (www.wildernesstravel.com). Diverses formules, en petits groupes, en Afrique du Sud, du Cap au Drakensberg, principalement axées sur la nature et la randonnée.

Wildlife Safaris (www.wildlifesaf.co.za). Tour-opérateur écologique et haut de gamme offrant des safaris de luxe et des voyages spécialisés. Gère également plusieurs camps de brousse de luxe.

Santé

En étant à jour dans vos vaccinations et en prenant quelques mesures préventives de base, vous avez peu de risques de contracter l'une des maladies décrites dans ce chapitre.

En effet, si les voyageurs se rendant en Afrique du Sud, au Lesotho et au Swaziland sont exposés à une grande variété de maladies tropicales, la probabilité d'en attraper une reste faible..

Outre les vaccinations nécessaires, veillez à vous protéger contre le paludisme (malaria), qui sévit dans la partie nord-est de l'Afrique du Sud et dans les régions de basse altitude du Swaziland.

AVANT LE DÉPART

- Faites-vous vacciner par un médecin ou dans une clinique spécialisée, au moins 6 semaines avant le départ.
- Si vous souffrez d'une maladie chronique et suivez un traitement de façon régulière, consultez votre médecin avant de partir.
- Souscrivez une assurance-voyage couvrant frais médicaux et rapatriement, car sans garantie de paiement, vous risquez de vous voir refuser l'entrée d'un établissement de santé. Sachez en outre que les dépenses de santé hors UE ne sont pas remboursées (sauf, éventuellement, les soins médicaux d'urgence).
- Préparez une trousse médicale de premiers secours, surtout si vous prévoyez de randonner ou de loger dans les parcs nationaux et les réserves naturelles.
- Si vous passez du temps dans des régions isolées, notamment certaines parties du Cap oriental, il sera utile de suivre un cours de secourisme avant votre départ.
- Emportez vos médicaments dans leur emballage d'origine, sur lequel figure bien l'étiquette.
- Il est utile d'avoir une ordonnance de votre docteur décrivant votre pathologie et les médicaments qu'il vous prescrit (avec les noms des génériques).
- Si vous emportez des seringues et des aiguilles, une ordonnance est indispensable.
- Si vous partez pour un long voyage, faites contrôler l'état de vos dents.

Assurance santé

- Une assurance est essentielle. N'oubliez pas que les dépenses de santé peuvent représenter des sommes considérables, surtout en cas de rapatriement. Prenez avec vous tous les documents relatifs à l'assurance, ainsi que les numéros de téléphone à appeler en cas d'urgence.
- Vérifiez avant de partir si votre assurance réglera directement les frais médicaux encourus à l'étranger ou s'ils seront remboursés après. Gardez précieusement les reçus détaillant les soins et les coordonnées de l'hôpital ou du médecin.
- Si vous comptez excursionner au Lesotho et au Swaziland, vérifiez que votre assurance couvre ces pays.
- Avant de souscrire une police d'assurance, vérifiez que vous ne bénéficiez pas déjà d'une assistance par le biais d'une carte de crédit, d'une mutuelle ou d'une assurance automobile.

Vaccins

- Plus vous vous éloignez des circuits classiques, plus il faut prendre de précautions.
- Faites inscrire vos vaccinations dans un carnet international de vaccination que vous pourrez vous procurer auprès d'un médecin ou d'un centre.
- Planifiez vos vaccinations à l'avance (au moins 6 semaines avant le

départ), car certaines demandent des rappels ou sont incompatibles entre elles, d'autres ne sont effectives qu'au bout de 2 semaines. Les vaccins ont des durées d'efficacité très variables ; certains sont contre-indiqués pour les femmes enceintes.

- Le **ministère français des Affaires étrangères** (www.diplomatie.gouv.fr/voyageurs) effectue une veille sanitaire et met régulièrement en ligne des recommandations concernant les vaccinations.

Quelques centres de vaccination :

- **Centre médical de l'Institut Pasteur** (☎0 890 71 08 11 ; www.pasteur.fr/sante ; 209-211 rue de Vaugirard, 75015 Paris)
- **Air France** (☎01 43 17 22 00 ; http://centredevaccination-airfrance-paris.com ; 148 rue de l'Université, 75007 Paris)
- **Centre de vaccinations ISBA** (☎04 72 76 88 66 ; www.isbasante.com ; 7 rue Jean-Marie-Chavant, 69007 Lyon). Autres centres en France. Coordonnées sur le site Internet.
- **Hôpital Nord – Centre de santé des voyageurs** (☎04 91 96 89 11 ; www.ap-hm.fr/mit ; Pavillon des maladies infectieuses et tropicales, chemin des Bourrely, 13915 Marseille Cedex 20).
- Vous trouverez la liste complète de ces centres en France sur le site du ministère des Affaires étrangères.

Vaccins recommandés par l'Organisation mondiale de la santé (www.who.int/fr), quelle que soit la destination :

- Diphtérie
- Tétanos
- Rougeole
- Oreillons
- Coqueluche
- Rubéole
- Polio
- Hépatite B

Vaccins recommandés par le ministère des Affaires étrangères (www.diplomatie.gouv.fr) pour l'Afrique du Sud :

- Fièvre thyphoïde
- Hépatites A et B
- Rage (pour certains circuits)

Trousse médicale de voyage

- antibiotiques (voyage hors des sentiers battus)
- antidiarrhéique
- antihistaminique en cas de rhume, d'allergie, de piqûre d'insecte, de mal des transports
- antipaludéens (pour certaines zones)
- antiseptique ou désinfectant pour les coupures, les égratignures superficielles et les brûlures, ainsi que pansements gras pour les brûlures
- aspirine ou paracétamol (douleurs, fièvre)
- anti-inflammatoire (comprimés ou crème, en cas d'irritations allergiques cutanées)
- crème solaire
- produit contre les moustiques, un écran total et une pommade pour soigner les piqûres
- bande Velpeau et pansements pour les petites blessures
- paire de ciseaux à bouts ronds, pince à épiler et thermomètre à alcool
- petite trousse de matériel stérile comprenant une seringue, des aiguilles, du fil à suture, une lame de scalpel et des compresses
- sels de réhydratation
- thermomètre
- comprimés pour désinfecter l'eau, comme le Micropur
- préservatifs

Santé sur Internet

Il existe de très bons sites Internet consacrés à la santé en voyage. Avant de partir, vous pouvez consulter les conseils en ligne des sites ci-dessous. Vous trouverez, d'autre part, plusieurs liens sur le site de **Lonely Planet** (www.lonelyplanet.fr), à la rubrique "Ressources".

France (ministère de la Santé : www.sante.gouv.fr ; Comité d'informations médicales : Cimed www.cimed.org)

Belgique (Service public fédéral des Affaires étrangères ; www.diplomatie.belgium.be)

Canada (Agence de la santé publique du Canada ; www.travelhealth.gc.ca)

Suisse (Département fédéral des Affaires étrangères ; www.eda.admin.ch), rubrique "Liens voyages"

Pendant le voyage

Mal des transports et *jet lag*

- Pour réduire les risques d'avoir le mal des transports, mangez légèrement avant et pendant le voyage.
- Si vous êtes sujet à ces malaises, essayez de trouver un siège dans une partie du véhicule où les oscillations sont moindres : près de l'aile dans un avion, au centre sur un bateau et dans un bus.
- Évitez de lire et de fumer.
- Les antihistaminiques préviennent efficacement le mal des transports, qui se caractérise principalement par une envie de vomir, mais ils peuvent provoquer une somnolence.
- Tout médicament doit être pris avant le départ ; une fois que vous vous sentez mal, il est trop tard.

Vols long-courriers

- Les trajets en avion, principalement du fait d'une immobilité prolongée, peuvent favoriser la formation de caillots sanguins dans les jambes (provoquant par exemple une phlébite). Plus le vol est long, plus le risque est élevé.

- Généralement, l'un des premiers symptômes est un gonflement ou une douleur du pied, de la cheville ou du mollet.
- En prévention, buvez en abondance des boissons non alcoolisées, faites jouer les muscles de vos jambes lorsque vous êtes assis et levez-vous de temps à autre pour marcher dans la cabine.

EN AFRIQUE DU SUD, AU LESOTHO ET AU SWAZILAND

Services médicaux

- Les services médicaux sont de bonne qualité dans tous les grands centres urbains d'Afrique du Sud.
- Les hôpitaux privés sont en général excellents.
- Les hôpitaux publics souffrent souvent de pénurie d'équipement et sont surchargés.
- Les services médicaux dans les régions isolées, tels les anciens bantoustans (*homelands*) sud-africains, ainsi qu'au Lesotho et au Swaziland, sont loin d'être fiables.
- Votre hôtel devrait pouvoir vous recommander un médecin ou un centre médical proche.
- Les sites Internet des ambassades occidentales donnent souvent une liste de docteurs et de cliniques. Votre assurance peut aussi vous conseiller.
- En cas d'urgence, contactez votre ambassade ou votre consulat.
- La plupart des docteurs s'attendent à être payés immédiatement après la consultation.
- Emportez vos médicaments si vous avez une maladie chronique.
- Les centres de transfusion sanguine procèdent à des tests pour déceler les hépatites B et C, la syphilis et le VIH. Il existe toutefois un risque infime de contracter le VIH via une transfusion de sang contaminé.

EAU

L'eau du robinet est parfaitement potable en Afrique du Sud, à l'exception de certaines zones rurales. Par contre, au Lesotho et au Swaziland, ne buvez jamais l'eau du robinet (même sous forme de glaçons). Préférez les eaux minérales et les boissons gazeuses. Pour stériliser l'eau, la meilleure solution est de la faire bouillir durant quinze minutes. N'oubliez pas qu'à haute altitude elle bout à une température plus basse et que les germes ont plus de chances de survivre.

Un simple filtrage peut être très efficace mais n'éliminera pas tous les micro-organismes dangereux. Aussi, si vous ne pouvez faire bouillir l'eau, traitez-la chimiquement. Le Micropur (vendu en pharmacie) tuera la plupart des germes pathogènes.

Précautions élémentaires

Faire attention à ce que l'on mange et à ce que l'on boit est la première des précautions à prendre. Les troubles gastriques et intestinaux sont fréquents, même si la plupart du temps ils restent sans gravité. Ne soyez cependant pas paranoïaque et ne vous privez pas de goûter la cuisine locale, cela fait partie du voyage. N'hésitez pas également à vous laver les mains fréquemment.

Maladies infectieuses

Choléra

Contamination Eau contaminée. Le risque de le contracter est faible. Il sévit par périodes surtout dans les zones rurales du Limpopo, du Mpumalanga, du KwaZulu-Natal, du Cap oriental et du Swaziland.

Symptômes Diarrhée liquide et claire, qui cause une déshydratation rapide contre laquelle il faut lutter immédiatement.

Prévention et traitement Dans les zones rurales de l'est de l'Afrique du Sud, ne buvez pas l'eau du robinet et pelez les fruits et les légumes crus. Le traitement consiste à remplacer le liquide perdu (par voie orale ou par transfusion) ; parfois des antibiotiques sont nécessaires. Il faut absolument consulter un médecin.

Dengue

Contamination Piqûres de moustiques. Les zones concernées sont l'Elephant Coast, au nord du KwaZulu-Natal, l'est du Swaziland, et toute la région de l'Afrique du Sud s'étendant au-delà de la frontière nord-est avec le Swaziland jusqu'aux confins septentrionaux du Kruger National Park.

Symptômes Fièvre, maux de tête et douleurs musculaires (faisant penser à la grippe), accompagnés parfois d'une éruption cutanée.

Prévention et traitement Protégez-vous contre les piqûres de moustiques. Automédication : paracétamol (pas d'aspirine ou d'anti-inflammatoires non stéroïdiens comme l'ibuprofène), beaucoup de liquides et repos. La dengue hémorragique (avec fièvre élevée), qui affecte principalement les enfants, est plus sévère et exige de consulter immédiatement un médecin.

Hépatites

L'hépatite est un terme général qui désigne une inflammation du foie. Elle est le plus souvent due à un virus. Dans les formes les plus discrètes, le patient n'a aucun symptôme. L'hépatite peut parfois se résumer à un simple épisode de fatigue sur quelques jours ou semaines.

Hépatite A

Contamination Eau, coquillages et, d'une manière générale, tous les produits manipulés à mains nues. De manière très occasionnelle, par contact physique avec une personne contaminée.

Symptômes et effets indésirables Peau et blanc des yeux prennent une teinte jaune (ictère), urines très foncées, fièvre et douleurs abdominales. La fatigue peut être intense et la guérison relativement lente.

Prévention et traitement Vaccination. Si vous contractez l'hépatite A, abstenez-vous totalement de toute boisson alcoolisée pendant au moins 6 mois.

Hépatite B

Contamination Voie sexuelle ou sanguine (piqûre, transfusion).

Symptômes et effets indésirables Peau et blanc des yeux prennent une teinte jaune (ictère). Dans un faible pourcentage de cas, elle peut évoluer vers des formes chroniques dont, dans des cas extrêmes, le cancer du foie.

Prévention Évitez de vous faire percer les oreilles, tatouer, raser ou de vous faire soigner par piqûres si vous avez des doutes quant à l'hygiène des lieux. La vaccination est très efficace.

VIH

Contamination Par rapport sexuel (hétérosexuel ou homosexuel – anal, vaginal ou oral) avec un individu contaminé ; par le sang, les produits sanguins et les aiguilles contaminées. L'infection au VIH, agent causal du sida, est épidémique en Afrique du Sud, au Lesotho et au Swaziland.

Symptômes et effets indésirables Défaillance progressive du système immunitaire, menant à la mort.

Prévention et traitement Soyez prudent si vous avez des rapports sexuels avec la population locale, peu importe le milieu social ; et évitez les rapports d'un soir. Si vous pensez avoir été contaminé, procédez à un examen sanguin ; sachez qu'il faut attendre 3 mois avant de pouvoir détecter les anticorps dans le sang. Si la guérison n'est pas possible, des médicaments contrôlent les effets de la maladie.

Filariose lymphatique (éléphantiasis)

Contamination Piqûre d'un moustique infecté. Les larves déposées sur la peau migrent dans les vaisseaux lymphatiques, où elles se transforment en vers.

Symptômes et effets indésirables Démangeaisons locales et augmentation anormale de certaines parties du corps, le plus souvent les jambes et/ou les parties génitales, causant douleurs et invalidité. Dans les cas sévères, les reins et les systèmes lymphatique et immunitaire peuvent être atteints.

Prévention et traitement Se protéger des moustiques. En cas d'infection, consulter un médecin, de préférence spécialiste des maladies infectieuses ou tropicales.

Paludisme (malaria)

Contamination Piqûre d'un moustique, l'anophèle femelle, qui infecte le sang de parasites. Les zones à risque se limitent au nord-est de l'Afrique du Sud (nord du KwaZulu-Natal, Mpumalanga, Limpopo et Kruger National Park) et au Swaziland.

Symptômes et effets indésirables Le *Plasmodium falciparum*, la forme de paludisme la plus dangereuse, est la plus courante en Afrique du Sud. Symptômes : maux de tête, fièvre et douleurs, accompagnés parfois de troubles digestifs, de diarrhée et de toux. Non traité, le paludisme peut avoir des suites graves, parfois mortelles. Attrapé durant la grossesse il est souvent la cause de fausses-couches et d'accouchements prématurés ; le risque pour la mère et le bébé est donc considérable.

Prévention Les taux d'infection variant en fonction de la saison et du climat, vérifiez la situation avant de partir. Pendant les mois d'été, la prévention antipaludique est essentielle. Les médicaments antipaludéens n'empêchent pas la contamination, mais ils suppriment les symptômes de la maladie. Si vous voyagez dans des régions où la maladie est endémique, il faut absolument suivre un traitement préventif. La chimioprophylaxie fait le plus souvent appel à la chloroquine (seule ou associée au proguanil), ou à la méfloquine en fonction de la zone géographique du séjour, mais d'autres produits sont utilisables. Renseignez-vous impérativement auprès d'un médecin spécialisé, car le traitement n'est pas toujours identique à l'intérieur d'un même pays. Contrairement à certaines croyances, une crise de paludisme ne signifie pas que l'on est touché à vie.

Traitement Tout voyageur atteint de fièvre ou montrant les symptômes de la grippe doit se faire examiner, même s'il suit un traitement antipaludique.

Rage

Contamination Morsures, griffures ou même simples coups de langue d'un animal contaminé : chien, singe et chat principalement. De rares cas de rage ont été rapportés d'Afrique du Sud, avec un risque accru dans les zones rurales.

LA PRÉVENTION ANTIPALUDIQUE

La protection contre les piqûres de moustiques est le premier moyen d'éviter d'être contaminé. Le soir, dès le coucher du soleil, couvrez vos bras et surtout vos chevilles, mettez de la crème antimoustiques, car les moustiques sont en pleine activité. Ils sont parfois attirés par le parfum ou l'après-rasage.

En dehors du port de vêtements longs, l'utilisation d'insecticides (diffuseurs électriques, bombes insecticides, tortillons fumigènes) ou de répulsifs sur les parties découvertes du corps est à recommander. La durée d'action de ces répulsifs est généralement de 3 à 6 heures. Les moustiquaires constituent en outre une protection efficace, à condition qu'elles soient imprégnées d'insecticide (non nocif pour l'homme). L'Organisation mondiale de la santé (OMS) préconise fortement ce mode de prévention. En outre, ces moustiquaires sont radicales contre tout insecte à sang froid (puce, punaise, etc.) et permettent d'éloigner serpents et scorpions.

Il existe désormais des moustiquaires imprégnées synthétiques très légères (environ 350 g) que l'on peut trouver en pharmacie. À titre indicatif, vous pouvez vous en procurer par correspondance auprès du **Service médical international (SMI) Voyage Santé** (☎06 49 55 53 64 ; www.smi-voyage-sante.com).

Notez enfin que, d'une manière générale, le risque de contamination est plus élevé en zone rurale et pendant la saison des pluies.

Symptômes et effets indésirables Premiers symptômes : douleur et sensation de picotement à l'endroit de la morsure, accompagnées de fièvre, perte d'appétit et maux de tête. Dans les cas de rage "furieuse" : anxiété croissante, agitation, désorientation, raideur de la nuque, parfois syncopes ou convulsions, et hydrophobie. Dans la forme "paralytique" : atteinte de la moelle épinière, avec paralysie des muscles, puis du cœur et des poumons. Sans traitement, les deux formes sont létales.

Prévention et traitement Toute morsure ou griffure d'un mammifère doit être nettoyée immédiatement et à fond. Frottez avec du savon et de l'eau courante, puis nettoyez avec de l'alcool. S'il y a le moindre risque que l'animal soit contaminé, allez immédiatement voir un médecin. Même si l'animal n'est pas enragé, toutes les morsures doivent être surveillées de près pour éviter les risques d'infection et de tétanos. La vaccination préventive ne dispense pas de la nécessité d'un traitement antirabique immédiatement après un contact avec un animal enragé ou dont le comportement peut paraître suspect.

Bilharziose (schistomiasis)

Contamination Vers minuscules, hébergés par des escargots vivant dans l'eau douce stagnante. Lors d'une baignade, ces parasites pénètrent dans la peau et migrent jusqu'à la vessie ou les intestins. Rejetés dans les urines et les selles, ils contaminent à nouveau l'eau douce. La bilharziose touche le nord-est de l'Afrique du Sud et le Swaziland, répandue au sud jusqu'à la Wild Coast (très occasionnellement) et à l'ouest jusqu'au Senqu (fleuve Orange) au Cap-Nord.

Symptômes et effets indésirables Premiers symptômes : fièvre, manque d'appétit, perte de poids, douleurs abdominales, fatigue, maux de tête, douleurs articulaires et musculaires, diarrhée, nausées, toux, mais le plus souvent l'infection est d'abord asymptomatique. Si elle n'est pas traitée, elle peut évoluer jusqu'à l'insuffisance rénale et des dommages intestinaux irréversibles.

Prévention et traitement Ne vous baignez pas dans des eaux stagnantes ou à faible débit (retenue d'eau, lacs, rivières). Après toute baignade en eau douce, prenez une douche ou un bain chaud et séchez-vous vigoureusement. Un test sanguin permet de détecter le parasite.

Tuberculose (TB)

Contamination Voie aérienne (toux) ou ingestion de produits laitiers non pasteurisés faits avec du lait de vache tuberculeuse. La tuberculose est endémique en Afrique du Sud, au Lesotho et au Swaziland. Les personnes en contact étroit avec les populations locales, ou en séjour de longue durée, sont les plus sujettes à contracter la maladie.

Symptômes et effets indésirables Parfois asymptomatiques ou toux, perte d'appétit ou de poids, fatigue, fièvre ou sueurs nocturnes, survenant des mois, voire des années après l'exposition. La meilleure façon de déceler la maladie est de pratiquer une radiographie.

Prévention et traitement Éviter les endroits à forte densité et mal ventilés où l'on peut être en contact avec les porteurs de la maladie, comme les hôpitaux et les abris pour personnes sans domicile fixe. Le vaccin bilié de Calmette et Guérin (BCG) est recommandé aux voyageurs amenés à côtoyer la population locale de très près. Il est cependant contre-indiqué pour les femmes enceintes et les personnes immunodéprimées. Il est conseillé aux voyageurs à risque de faire un test cutané avant de partir, et de refaire un test au retour. Le traitement dure de 6 à 9 mois.

Typhoïde

Contamination Aliment ou eau contaminés par des excréments humains infectés. La fièvre typhoïde est une infection du tube digestif.

Symptômes et effets indésirables Premiers symptômes : maux de tête et de gorge ainsi que fièvre. Ils peuvent être accompagnés de vomissements, de diarrhée ou de constipation. La deuxième semaine, quelques petites taches roses peuvent apparaître sur le corps. Un suivi médical est indispensable, dû au risque de septicémie (empoisonnement du sang). De plus, la typhoïde est très contagieuse.

Prévention Mieux vaut être vacciné, même si la vaccination n'est pas entièrement efficace, car l'infection est particulièrement dangereuse.

Affections liées à l'environnement

Coup de chaleur

Causes Forte transpiration, déshydratation, pertes de fluides et de sels minéraux qui se régénèrent mal. Particulièrement courant lorsqu'on bouge beaucoup par grosse chaleur.

Symptômes et effets indésirables Maux de tête, vertiges et fatigue.

Prévention Boire de l'eau en quantité suffisante (les urines doivent être claires). Sachez qu'au moment où l'on ressent la sensation de soif, on est déjà déshydraté. Le soleil de l'Afrique australe peut être très fort, portez un chapeau.

Traitement Réhydratez-vous en buvant de l'eau, des jus de fruits, ou les deux, et en faisant baisser la température (bain d'au fraîche, ventilateur). Compensez la perte en sels minéraux par l'ingestion de liquides salés, soupe ou potage, et en salant un peu plus vos plats.

Insolation

Causes Exposition prolongée au soleil. Cet état grave survient quand le mécanisme de régulation thermique du corps ne fonctionne plus : la température s'élève alors de façon dangereuse. Évitez l'alcool et les activités fatigantes lorsque vous arrivez dans un pays à climat chaud.

Symptômes et effets indésirables Malaise général, transpiration faible ou inexistante, forte fièvre et céphalée lancinante, difficultés à coordonner ses mouvements, signes de confusion mentale ou d'agressivité.

Traitement Il faut absolument hospitaliser le malade. En attendant les secours, installez-le à l'ombre, ôtez-lui ses vêtements, couvrez-le d'un drap ou d'une serviette mouillés et éventez-le continuellement.

Piqûres et morsures

Causes Moustiques, scorpions (dans les zones arides), tiques (dans les zones rurales), abeilles et guêpes.

Symptômes et effets indésirables Des irritations, qui peuvent s'infecter. La piqûre douloureuse du scorpion peut être mortelle. Si vous êtes piqué, prenez un antidouleur et consultez un médecin si votre état empire. La fièvre à tique africaine (rickettsiose), infection bactérienne transmise par les tiques et engendrant des symptômes semblables à ceux de la malaria, est un risque dans le bas veld, y compris au Swaziland.

Prévention et traitement Prenez les mêmes précautions que pour vous prémunir contre le paludisme. Si vous détectez une tique, utilisez un tire-tique (en vente en France dans certaines pharmacies et animaleries). À défaut, pressez autour de la tête avec une pince à épiler, saisissez la tête et tirez doucement. Ne tirez pas à l'arrière de la tête car le contenu des intestins de la tique peut remonter par la bouche et passer dans votre corps, ou la tête restera incrustée ; ces deux fausses manœuvres accroissent le risque d'infection. Asperger la tique d'un insecticide n'est pas recommandé, et cela ne la délogera pas. Si vous pensez avoir été mordu par une tique, consultez un médecin. Le traitement consiste à administrer une forte dose d'antibiotiques.

Serpents

Causes Parmi les serpents venimeux d'Afrique du Sud, on trouve le mamba noir, la vipère heurtante et le cobra du Cap. Les serpents affectionnent les rochers et le sable chauds, mais se mettent à l'abri durant les heures les plus brûlantes du jour.

Prévention Évitez de marcher pieds nus. Ne vous risquez pas à glisser la main dans des trous et des anfractuosités.

Traitement Les morsures de serpent ne provoquent pas instantanément la mort, et il existe généralement des antivenins. Il faut calmer la victime, lui interdire de bouger, bander étroitement le membre comme pour une foulure et l'immobiliser avec une attelle. Trouvez ensuite un médecin. N'essayez en aucun cas d'attraper le serpent s'il y a le moindre risque qu'il morde à nouveau. Prenez note de l'aspect du serpent afin de l'identifier, et demandez l'aide d'un médecin aussi vite que possible afin de faire administrer un antivenin.

Médecine traditionnelle

Si vous êtes malade, des habitants vous recommanderont certainement de consulter un *sangoma* (un sorcier guérisseur, le plus souvent une femme) ou un *inyanga* (guérisseur-herboriste ; homme). Révérés dans de nombreuses communautés, ces deux guérisseurs sont souvent incontournables si on visite un village traditionnel lors d'un circuit. Cependant, si vous êtes malade, il est plus sage de s'en remettre à la médecine occidentale. De même, la prudence est de mise quant aux remèdes traditionnels proposés sur les marchés.

Langues

L'Afrique du Sud possède 11 langues officielles : l'anglais, l'afrikaans et 9 autres langues indigènes (ndebele, sotho du Nord, sotho du Sud, swati, tsonga, tswana, venda, xhosa et zoulou). Si les formulaires, les brochures et les horaires affichés sont généralement en version bilingue (anglais et afrikaans), la langue utilisée pour les panneaux routiers peut varier. La plupart des personnes de langue afrikaans parlent également bien l'anglais, mais ce n'est pas toujours le cas dans les petites villes, les régions rurales et parmi la population âgée. Dans la région du Cap, 3 langues dominent : l'afrikaans, l'anglais et le xhosa.

Les langues officielles du Lesotho sont le sotho du Sud (sesotho) et l'anglais. Au Swaziland, les langues officielles sont le swati (siswati), également appelé swazi, et l'anglais

AFRIKAANS

L'afrikaans s'est formé à partir du hollandais du XVIIe siècle. Il n'a été reconnu comme langue officielle qu'en 1925, étant considéré jusque-là comme un dialecte hollandais (appelé le "Cape Dutch"). Aujourd'hui, environ 6 millions de personnes parlent l'afrikaans.

Les syllabes accentuées sont indiquées en italique. Le aw se prononce "o" comme dans port, le ew se prononce "i", le uh se prononce "eu" comme dans leur, le h (dans oh, Kh ou zh) ne se prononce pas et le r est roulé.

Premiers contacts

Bonjour.	*Hallo.*	ha·*loh*
Bonsoir.	*Totsiens.*	tot·*sins*
Oui.	*Ja.*	yaa
Non.	*Nee.*	nè
S'il vous plaît.	*Asseblief.*	a·si·*blif*
Merci.	*Dankie.*	*dang*·ki
Excusez-moi.	*Jammer.*	*ya*·min

Comment ça va ?
Hoe gaan dit? — hu khaan dit

Bien, et vous ?
Goed dankie, en jy? — khut *dang*·ki en yay

Comment vous appelez-vous ?
Wat's jou naam? — vats yoh naam

Je m'appelle...
My naam is ... — may naam is ...

Parlez-vous anglais ?
Praat jy Engels? — praat yay *eng*·ils

Je ne comprends pas.
Ek verstaan nie. — ek vir·*staan* ni

Hébergement

Où puis-je trouver un (e)... ?
Waar's 'n ...? — vaars i ...

camping
kampeerplek — kam·*peyr*·plek

guesthouse (pension)
astehuis — *khas*·ti·hays

hôtel
hotel — hu·*tel*

Avez-vous une chambre simple/double ?
Het jy 'n enkel/ dubbel kamer? — het yay i *eng*·kil/ *di*·bil *kaa*·mir

Quel est le prix par nuit/personne ?
Hoeveel kos dit per nag/ persoon? — *hu*·fil kos dit pir nakh/ pir·*soun*

Où se restaurer et prendre un verre

Pouvez-vous me recommander un... ?	*Kan jy 'n ... aanbeveel?*	kan yay i ... *aan*·bi·feyl
bar	*kroeg*	krukh
plat	*geregkhi*	*rekh*

endroit où manger	*eetplek*	eyt·plek
J'aimerais...	*Ek wil asseblief*	ek vil a·si·*blif*
une table pour deux	*'n tafel viri twee*	*taa*·fil fir twey
ce plat	*daardiedaar*	di *geregkhi*·*rekh*
L'addition	*die rekening*	di *rey*·ki·ning
La carte	*die spyskaart*	di *spays*·kaart

Urgences

Au secours !	*Help!*	help
Appelez un médecin !	*Kry 'n dokter!*	kray i *dok*·tir
Appelez la police !	*Kry die polisie!*	kray di pu·*li*·si
Je suis perdu.	*Ek is verdwaal.*	ek is fir·*dwaal*

Où se trouvent les toilettes ?
Waar is die toilette? vaar is di toy·*lè*·ti

J'ai besoin d'un médecin.
Ek het 'n dokter nodig. ek het i *dok*·tir *nou*·dikh

Nombres

1	*een*	eyn
2	*twee*	twè
3	*drie*	dri
4	*vier*	fir
5	*vyf*	fayf
6	*ses*	ses
7	*sewe*	*si*·vi
8	*agt*	akht
9	*nege*	*nè*·khi
10	*tien*	tin

Achats et services

Je recherche...
Ek soek na ... ek suk naa ...

Combien cela coûte-t-il ?
Hoeveel kos dit? *hu*·fil kos dit

Quel est votre meilleur prix ?
Wat is jou laagste prys? vat is yoh *laakh*·sti prays

Je voudrais acheter une carte de téléphone.
Ek wil asseblief. 'n foonkaart koop. ek vil a·si·*blif* i *foun*·kaart koup

Je voudrais changer de l'argent.
Ek wil asseblief geld ruil. ek vil a·si·*blif* khelt rayl

Je souhaiterais utiliser Internet.
Ek wil asseblief die Internet gebruik. ek vil a·si·*blif* di *in*·tir·net khi·*brayk*

ANGLAIS SUD-AFRICAIN

L'anglais a subi quelques modifications en Afrique du Sud. Bon nombre de mots ont changé de sens, tandis que les anglophones s'appropriaient de nouveaux vocables, tout en prenant un accent caractéristique, influencé par l'afrikaans. On suit plutôt l'usage anglais qu'américain en matière de grammaire et d'orthographe (par exemple, ascenseur se dit *lift* et non *elevator*, essence se dit *petrol* et non *gas*). On sent également les influences des langues indigènes telles que le zoulou et le xhosa. Par ailleurs, en anglais d'Afrique du Sud, la répétition est un procédé emphatique courant : quelque chose qui brûle est *hot hot*, une prairie après la pluie est *green green*, un minibus bondé est *full full*, etc. Voici quelques exemples du jargon local :

babalaas (du zoulou) – gueule de bois
bakkie – pick-up, couvert ou non d'une bâche
bonnet – capot de voiture
boot – coffre de voiture
cool drink – soda
Howzit ? – (salutations) Comment ça va ?
Izzit ? – Ah oui ? Vraiment ?
just now – bientôt
lekker – joli, délicieux
naartjie – tangerine (mandarine)
petrol – essence
robot – feux de circulation
rubbish – ordures ménagères
(Og) Shame ! – Oh, comme il est mignon ! (pour un bébé ou un chiot, par exemple) ; Vraiment ! Oh non ! (ton compatissant)
soda – eau gazeuse
sweeties – bonbons, sucettes
tekkies – joggeurs, coureurs

Transports et directions

Un... billet, s'il vous plaît.	*Een ... kaartjie, asseblief.*	eyn ... *kaar*·ki a·si·*blif*
aller	*eenrigting*	*eyn*·rikh·ting
aller-retour	*retoer*	ri·*tour*

C'est combien pour aller à... ?
Hoeveel kos dit na ...? *hu*·fil kos dit naa ...

Conduisez-moi à (cette adresse) s'il vous plaît.
Neem my asseblief na (hierdie adres). — neym may a·si·*blif* naa (*hir*·di a·*dres*)

Où est le... (le plus proche) ?
Waar's die ... (naaste)? — vaars di ... (*naas*·ti)

Pouvez-vous m'indiquer (sur la carte) ?
Kan jy my (op die kaart) wys? — kan yay may (op di kaart) vays

Quelle est l'adresse ?
Wat is die adres? — vat is di a·*dres*

NDEBELE

Le ndebele est la langue maternelle d'un pourcentage relativement faible des habitants des provinces du nord du pays.

Bonjour.	*Lotsha.*
Au revoir.	*Khamaba kuhle/ Sala kuhle.*
Oui.	*I-ye.*
Non.	*Awa.*
S'il vous plaît.	*Ngibawa.*
Merci.	*Ngiyathokaza.*
Comment vous appelez-vous ?	*Ungubani ibizo lakho ?*
Je m'appelle...	*Ibizo lami ngu ....*
Je viens de...	*Ngibuya e ....*

SOTHO DU NORD

On entend surtout le sotho du Nord (appelé aussi sepedi) dans les provinces du Nord-Est, tout particulièrement au Limpopo.

Bonjour.	*Thobela.*
Au revoir.	*Sala gabotse.*
Oui.	*Ee.*
Non.	*Aowa.*
S'il vous plaît.	*Ke kgopela.*
Merci.	*Ke ya leboga.*
Comment vous appelez-vous ?	*Ke mang lebitso la gago ?*
Je m'appelle...	*Lebitso laka ke ....*
Je viens de...	*Ke bowa kwa ....*

SOTHO DU SUD

Le sotho du Sud est la langue officielle du Lesotho, l'autre étant l'anglais. Il est également parlé en Afrique du Sud par les Basotho de l'État libre, de la province du Nord-Ouest et du Gauteng. Il n'est pas inutile de connaître quelques mots et expressions si vous prévoyez de vous rendre au Lesotho, surtout dans les zones reculées.

Bonjour.	*Dumela.*
Salut, père.	*Lumela ntate.*
Paix à toi, père.	*Khotso ntate.*
Salut, mère.	*Lumela 'me.*
Paix à toi, mère.	*Khotso 'me.*
Salut, frère.	*Lumela abuti.*
Paix à toi, frère.	*Khotso abuti.*
Salut, sœur.	*Lumela ausi.*
Paix à toi, sœur.	*Khotso ausi.*

"Comment allez-vous ?" peut se dire de trois manières différentes (Où allez-vous ? Comment vivez-vous ? Comment vous-êtes vous levé ?), qui attendent chacune une réponse standard. Ces questions et réponses sont interchangeables.

Où allez-vous ?	*O kae ?* (sing.) *Le kae ?* (pl.)
Je suis ici.	*Ke teng.* (sing.)
Nous sommes ici	*Re teng.* (pl.)
Comment vivez-vous ?	*O phela joang ?* (sing.) *Le phela joang ?* (pl.)
Je vis bien.	*Ke phela hantle.* (sing.)
Nous vivons bien.	*Re phela hantle.* (pl.)
Comment vous êtes-vous levé ?	*O tsohele joang ?* (sing.) *Le tsohele joang ?* (pl.)
Je me suis bien levé.	*Ke tsohile hantle.* (sing.)
Nous nous sommes bien levés.	*Re tsohile hantle.* (pl.)

Ces questions et ces réponses étant interchangeables, si l'on vous demande *O phela joang ?*, vous pouvez répondre *Ke teng.*

Quand vous faites une randonnée, on vous demandera souvent *Le kae ?* (Où allez-vous ?) et *O tsoa kae ?* ou bien *Le tsoa kae ?* au pluriel – (D'où venez-vous ?). Lorsque vous prenez congé, utilisez l'une des expressions suivantes :

Restez bien.	*Sala hantle.* (sing.) *Salang hantle.* (pl.)
Allez bien.	*Tsamaea hantle.* (sing.) *Tsamaeang hantle.* (pl.)

"Merci" se dit *kea leboha*, prononcé "kè-ya lè-bo-wa". Les jeunes bergers pourront demander de l'argent (*chelete*) ou des bonbons (*lipompong*, prononcé "di-pom-pong"). "Je n'en ai pas" se dit *ha dio* (prononcé "ha di-o").

SWATI

Le swati et l'anglais sont les deux langues officielles du Swaziland. Il est aussi largement parlé dans la province sud-africaine du Mpumalanga. Le swati et le zoulou se ressemblent beaucoup, et les deux peuples parviennent à se comprendre.

Bonjour. (en s'adressant à une personne)	*Sawubona.*
Bonjour. (en s'adressant à un groupe)	*Sanibonani.*
Comment allez-vous ?	*Kunjani ?*
Je vais bien.	*Kulungile.*
Nous allons très bien.	*Natsi sikhona.*
Au revoir. (si vous partez)	*Salakahle.*
Au revoir. (si vous restez)	*Hambakahle.*
Oui.	*Yebo.* (fait également office de salutation en toutes circonstances)
Non.	*Cha.* (prononcé avec un clic ou clappement)
S'il vous plaît.	*Ngicela.*
Je vous remercie.	*Ngiyabonga.*
Nous vous remercions.	*Siyabonga.*
Désolé.	*Lucolo.*
Comment vous appelez-vous ?	*Ngubani libito lakho?*
Je m'appelle...	*Libitolami ngingu ...*
Je viens de...	*Ngingewekubuya e ...*
Avez-vous... ?	*Une yini ...?*
Combien ?	*Malini?*
Y a-t-il un bus pour... ?	*Kukhona ibhasi yini leya ...?*
Quand part-il ?	*Isuka nini ?*
Où est l'office du tourisme ?	*Likuphi lihovisi leti vakashi ?*
matin	*ekuseni*
après-midi	*entsambaba*
soir	*kusihlwa*
nuit	*ebusuku*
hier	*itolo*
aujourd'hui	*lamuhla*
demain	*kusasa*

TSONGA

Le tsonga est parlé dans la partie nord de l'Afrique du Sud, surtout au Limpopo et au Gauteng et, dans une moindre mesure, dans le Mpumalanga et la province du Nord-Ouest.

Bonjour.	*Avusheni.* (le matin)
	Inhelekani. (l'après-midi)
	Riperile. (le soir)
Au revoir.	*Salani kahle.*
Oui.	*Hi swona.*
Non.	*A hi swona.*
S'il vous plaît.	*Nakombela.*
Merci.	*I nkomu.*
Comment vous appelez-vous ?	*U mani vito ra wena?*
Je m'appelle...	*Vito ra mina i ...*
Je viens de...	*Ndzihuma e ...*

TSWANA

Le tswana est parlé essentiellement dans le Nord-Ouest et le Gauteng. On trouve aussi des locuteurs, moins nombreux, dans l'est du Cap-Nord et l'ouest de l'État libre.

Bonjour.	*Dumela.*
Au revoir.	*Sala sentle.*
Oui.	*Ee.*
Non.	*Nnya.*
S'il vous plaît.	*Ke a kopa.*
Merci.	*Ke a leboga.*
Comment vous appelez-vous ?	*Leina la gago ke mang ?*
Je m'appelle...	*Leina la me ke ...*
Je viens de...	*Ke tswa ...*

VENDA

Le venda est parlé surtout à la lisière nord-est de la province du Limpopo.

Bonjour.	*Ndi matseloni.* (le matin)
	Ndi masiari. (l'après-midi)
	Ndi madekwana. (le soir)
Au revoir.	*Kha vha sale zwavhudi.*
Oui.	*Ndi zwone.*
Non.	*A si zwone.*
S'il vous plaît.	*Ndikho u humbela.*
Merci.	*Ndo livhuwa.*
Comment vous appelez-vous ?	*Zina lavho ndi nnyi?*
Je m'appelle...	*Zina langa ndi ...*
Je viens de...	*Ndi bva ....*

XHOSA

Comme le zoulou, le swati et le ndebele, le xhosa appartient à la famille des langues bantoues. C'est la langue indigène la plus répandue en Afrique du Sud ; elle est également parlée dans la région du Cap. Environ six millions et demi de personnes parlent le xhosa.

Dans nos indications de prononciation, les symboles **b'**, **ch'**, **k'**, **p'**, **t'** et **ts'** correspondent aux sons qui sont "crachés" (seul le **b'** est prononcé en aspirant de l'air). Le **dl** se prononce comme le **hl**, en faisant vibrer

Nombres – Xhosa

Les chiffres anglais sont utilisés couramment.

1	*wani*	*waa·ni*
2	*thu*	*tu*
3	*thri*	*tri*
4	*fo*	*faw*
5	*fayifu*	*faa·yi·fu*
6	*siksi*	*sik'·si*
7	*seveni*	*se·vè·ni*
8	*eyithi*	*e·yi·ti*
9	*nayini*	*naa·yi·ni*
10	*teni*	*t'è·ni*

les cordes vocales. Le xhosa utilise aussi les "clicks" ou clappements, ces curieuses consonances de la langue, mais ils ne sont pas indiqués dans ce chapitre.

Bonjour.	*Molo.*	*mo*·lo
Au revoir.	*Usale ngoxolo.*	u·*saa*·lè ngo·*ko*·lo
Oui.	*Ewe.*	e·wè
Non.	*Hayi.*	haa·*yi*
S'il vous plaît.	*Cela.*	*kè*·laa
Merci.	*Enkosi.*	e·*nk'aw*·si
Excusez-moi.	*Uxolo.*	u·o·lo
Comment allez-vous ?	*Kunjani?*	k'u·*njaa*·ni

Bien, et vous ?
Ndiyaphila, unjani wena? — ndi·yaa·*pi*·laa u·*njaa*·ni wè·naa

Comment vous appelez-vous ?
igama lakho? — i·*gaa*·maa laa·*ko*

Je m'appelle...
Igama lam ngu ... — i·*gaa*·maa laam ngu ...

Parlez-vous anglais ?
Uyasithetha isingesi? — u·yaa·si·*tè*·taa i·si·*ngè*·si

Je ne comprends pas.
Andiqondi. — aa·ndi·*ko*·ndi

ZOULOU

Le zoulou est également une langue bantoue, proche des autres langues bantoues de l'Afrique du Sud, en particulier du xhosa. Environ 10 millions d'Africains ont le zoulou pour langue maternelle, dont la grande majorité (plus de 95%) en Afrique du Sud. Le zoulou est également parlé au Lesotho et au Swaziland.

Dans nos indications de prononciation, les symboles b', ch', k', p', t' et ts' correspondent aux sons qui sont "crachés" (seul le b' est prononcé en aspirant de l'air). Le dl se prononce comme le hl, en faisant vibrer les cordes vocales. Le zoulou utilise aussi les "clicks" ou clappements, mais ils ne sont pas indiqués dans ce chapitre.

Bonjour.
Sawubona. (sing.) — saa·wu·*b'aw*·naa
Sanibonani. (pl.) — saa·ni·b'aw·*naa*·ni

Au revoir. (si vous partez)
Sala kahle. (sing.) — saa·laa *gaa*·hlè
Salani kahle. (pl.) — saa·laa·nè *gaa*·hlè

Au revoir. (si vous restez)
Hamba kahle. (sing.) — haa·mbaa *gaa*·hlè
Hambani kahle. (pl.) — haa·mbaa·ni *gaa*·hlè

Oui.
Yebo. — *yè*·b'o

Non.
Cha. — kaa

Merci.
Ngiyabonga. — ngi·yaa·*b'o*·ngaa

Excusez-moi.
Uxolo. — u·*ko*·lo

Comment allez-vous ?
Unjani?/Ninjani? (sing./pl.) — u·njaa·ni/ni·njaa·ni

Bien, et vous ?
Sikhona. — si·*ko*·naa
Nawè?/Nani? (sing./pl.) — naa·wè/naa·ni

Comment vous appelez-vous ?
Ngubani igama laa·ko? — ngu·b'aa·ni i·gaa·maa *lakho*

Je m'appelle...
Igama lami ngu ... — i·gaa·maa *laa*·mi ngu

Parlez-vous anglais ?
Uyasikhuluma isiNgisi? — u·yaa·si·ku·lu·maa i·si·ngi·si

Je ne comprends pas.
Angizwa. — aa·*ngi*·zwaa

Nombres – Zoulou

Les chiffres anglais sont utilisés couramment.

1	*uwani*	*u·waa·ni*
2	*uthu*	*u·tu*
3	*uthri*	*u·thri*
4	*ufo*	*u·fo*
5	*ufayifi*	*u·faa·yi·fi*
6	*usiksi*	*u·sik·si*
7	*usevene*	*u·sè·vè·ni*
8	*u-eyithi*	*u·è·yit*
9	*unayini*	*unaa·yi·ni*
10	*utheni*	*u·thè·ni*

GLOSSAIRE

Vous trouverez des termes portant spécifiquement sur la nourriture et les boissons à la rubrique *Pour décrypter les menus* (p. 535).

Afrikaans – langue parlée par les Afrikaners essentiellement, et formée à partir du hollandais du XVIIe siècle

Afrikaner – habitant blanc de l'Afrique du Sud, parlant l'afrikaans et descendant des colons hollandais

amahiya – costume traditionnel swazi

ANC – African National Congress, organisation démocratique nationale formée en 1912 pour représenter les Noirs

AWB – Afrikaner Weerstandsbeweging (Mouvement de résistance afrikaner), groupe d'extrême droite

bakkie – pick-up, camionnette à plateau

balimo – ancêtres (sotho)

Bantou – "Bantu", littéralement "gens". Utilisé de façon péjorative sous l'apartheid pour désigner les Noirs, employé aujourd'hui uniquement en ethnolinguistique – langue bantoue ou peuples de langue bantoue

bantoustans – en 1962, en plein apartheid, le gouvernement sud-africain décida de créer 10 provinces séparées pour les Noirs ; le Transkei fut le premier de ces 10 bantoustans ; ils étaient appelés *tuisland* en afrikaans et *homeland* (voir aussi ce terme) en anglais

BCP – Basotholand Congress Party

Big Five – les "Cinq Grands" animaux sauvages : le rhinocéros noir, le buffle du Cap, l'éléphant, le léopard et le lion

bilharzia – bilharziose", autre nom de la schistosomiase, maladie transmise par les mollusques d'eau douce et due à la pénétration à travers la peau d'un ver qui se loge dans les vaisseaux sanguins

biltong – viande séchée

bittereinders – terme afrikaans désignant les résistants boers qui luttèrent "jusqu'au bout" ("*to the bitter end*", en anglais) durant la guerre anglo-boer de 1899-1902

BNP – Basotholand National Party

bobotie – viande hachée recouverte d'une sauce aux œufs

Boers – voir *Trekboers*

braai – abréviation de *braaivleis* (afrikaans) ; barbecue qui consiste à faire griller de la viande au-dessus d'un feu

Broederbond – société secrète ouverte uniquement aux hommes protestants afrikaners, très influente du temps du National Party

bubblegum – forme de musique des townships influencée par la pop occidentale

byala – bière traditionnelle

coloureds – "métis" ; terme apparu au temps de l'apartheid pour désigner les personnes d'origine mêlée

dagga – marijuana, également appelée *zol*

Democratic Alliance – parti officiel d'opposition à l'ANC

diamantveld – champs diamantifères

difaqane – "migration forcée" de nombreuses tribus sud-africaines (sotho) ; terme équivalent à celui de *mfecane* (zoulou)

dorp – petit village ou zone d'habitation rurale

drostdy – résidence d'un *landdrost* ; voir ce mot

éland – grande antilope aux cornes spiralées – à ne pas confondre avec l'élan, de la famille des cervidés

free-camp – "camping sauvage" ; demandez l'autorisation et pensez à proposer un dédommagement

fynbos – littéralement "brousse à feuilles fines", composée essentiellement de protées, de fougères et d'éricacées

gogo – grand-mère

highveld – "haut veld", prairies de haute altitude

homelands – ou bantoustans, régions créées pour les populations noires sous l'apartheid et considérées comme indépendantes de l'Afrique du Sud (mais jamais reconnues par l'ONU) ; réintégrées dans l'Afrique du Sud après 1994

hop-on hop-off – se dit d'un trajet qui se déroule en plusieurs étapes, et lorsque le passager peut monter et descendre à sa guise du bus ou du minibus

IFP – Inkatha Freedom Party ; mouvement politique noir fondé vers 1975 et mené par le chef Mangosouthu Buthelezi

igogogo – instrument de musique fabriqué à partir d'un bidon d'huile

igqirha – guérisseur spirituel xhosa

impi – guerrier zoulou ; groupe de soldats

indunas – chefs tribaux

inyanga – guérisseur et herboriste, qui étudie aussi les dessins formés par des os lancés par terre

Incwala – cérémonie swazi, l'une des plus importantes du pays, célébrant les premiers fruits de l'année ; elle se déroule en général en décembre/janvier

isicathamiya – style de musique à prédominance vocale du KwaZulu-Natal

ixhwele – herboriste xhosa

jol – fête, avoir du bon temps

karamat – tombeau d'un saint musulman

Khoikhoi – (ou Khoi-Khoi, Khoekhoen) signifie "hommes des hommes" ; éleveurs de bétail qui se mêlèrent aux San au point qu'il fut bientôt impossible de distinguer les deux groupes. C'est ainsi qu'est né le terme Khoisan

KhoiSan – (ou Khoe-San) terme générique désignant les San et les Khoikhoi, deux ethnies très proches ; on les a aussi appelés Bochimans (*Bushmen* en anglais)

kloof – ravin

kloofing – forme de canyoning qui peut combiner escalade, randonnée, baignade et sauts

knobkerry – arme traditionnelle africaine, formée d'un manche avec un bout arrondi et utilisée comme massue ou projectile

kommando – milice boer

kopje – petite colline

kraal – village de cases, souvent doté d'un enclos pour le bétail ; village fortifié zoulou

kroeg – bar

kwaito – forme de musique des townships, mêlant mbaqanga, jive, hip-hop, house, ragga et autre styles de danse

kwela – musique des townships influencée par le swing américain

landdrost – fonctionnaire (commissaire en charge d'un district) qui faisait office d'administrateur local, de collecteur d'impôts et de magistrat

lapa – bâtiment circulaire avec des murs bas et un toit de chaume, servant à cuisiner, à faire la fête, etc.

LCD – Lesotho Congress for Democracy

lekgotla – lieu de rassemblement

lekker – très bon, agréable ou savoureux

lekolulo – sorte de flûte dont jouent les bergers

lesokoana – bâton ou cuillère en bois, servant traditionnellement à remuer le *mealie pap*

liqhaga – récipient au tressage si serré qu'il sert de "bouteille" pour transporter l'eau

lowveld – "bas veld", région de basse altitude à la végétation broussailleuse

maskanda – musique zouloue à base de guitare

matjieshuis – terme afrikaans désignant des cases nama formées de nattes ("mat") tressées

mbaqanga – forme de musique des townships, signifiant "boulette" en zoulou et combinant chant choral religieux, pop et *sax-jive*

mdube – style vocal mêlant des chants religieux européens et africains

mfeqane – voir *difaqane*

minwane – empreintes de dinosaures

Mkhulumnchanti – divinité swazi

mokorotlo – chapeau de forme conique porté par les Basotho, au Lesotho

molianyeoe – voir *mokorotlo*

moraba-raba – jeu de société très populaire faisant appel à des billes de bois et quatre rangées de trous ; appelé *mancala* et *bao* dans d'autres pays d'Afrique

moroka-pula – faiseur de pluie

mqashiyo – style vocal semblable au *mbaqanga*

muti – médecine traditionnelle

Ncwala – cérémonie swazi célébrant la récolte des premiers fruits

ndlovukazi – femelle éléphant, titre traditionnel de la mère du roi swazi

ngaca – (ou *ngaka*) homme instruit

ngwenyama – lion, titre traditionnel du roi swazi

PAC – Pan African Congress, organisation politique noire fondée en 1959 pour lutter en faveur de l'égalité des droits et du gouvernement par la majorité

pass – col (en montagne)

piri piri – (ou *peri peri*) piment

pinotage – type de vin, croisement entre le pinot noir et l'hermitage ou la syrah

pont – ferry fluvial

Poqo – bras armé du PAC

Rikki – petit véhicule ouvert ("van" ou minibus) utilisé comme transport public au Cap

robot – feu de signalisation

rondavel – case ronde surmontée d'un toit conique

rooibos – "thé" ("brousse rouge") issu des feuilles de la plante *Aspalathus linearis* L'infusion, sans théine et avec peu de tanin, aurait des vertus curatives

San – chasseurs-cueilleurs nomades qui furent les premiers habitants de l'Afrique du Sud

sangoma – guérisseur

sandboard – surf pratiqué sur des dunes de sable

sandveld – bande de terrain sec et sablonneux

setolo-tolo – instrument à cordes dont les hommes (sotho) jouent avec la bouche

shebeen – bar (souvent une simple buvette) des townships, autrefois illégal, aujourd'hui opérant simplement sans licence

slaghuis – boucherie

slenter – faux diamant

snoek – poisson migrateur à chair ferme qui apparaît au large de la péninsule du Cap en juin et juillet ; servi fumé, salé ou en curry

sourveld – type de prairie herbeuse

swart gevaar – "menace noire", terme inventé par les nationalistes afrikaners dans les années 1920

Telkom – compagnie nationale des télécommunications

thkolosi – petits êtres joueurs et malveillants

thomo – instrument à cordes dont jouent les femmes

thornveld – bande de végétation dominée par les acacias épineux et autres espèces apparentées

tokoloshe – mauvais esprits

township – zone de résidence de la population noire et métisse, vestige de l'apartheid

Trekboers – premiers Hollandais qui partirent vers l'intérieur de ce qui est aujourd'hui en grande partie le Cap occidental ; plus tard abrégé en Boers

trokkie – relais routier emprunté par les camions

tronk – prison

tuishuise – hôtels particuliers de l'époque coloniale

tuk-tuk – tricycle motorisé

uitlanders – "étrangers", nom donné par les Afrikaners aux immigrants qui affluèrent dans le Transvaal après la découverte de l'or

Umkhonto we Sizwe – bras armé de l'ANC durant les années de lutte

veld – prairies d'altitude (se prononce "felt" en afrikaans)

velskoene – chaussures en cuir fabriquées à la main

VOC – Vereenigde Oost-Indische Compagnie (Compagnie des Indes orientales, de nationalité hollandaise)

volk – terme afrikaans collectif désignant les Afrikaners

volkstaal – langue du peuple

volkstaat – territoire boer indépendant et de "race" pure

Voortrekkers – premiers colons afrikaners en quête d'indépendance qui migrèrent de la colonie du Cap vers l'État libre d'Orange et le Transvaal dans les années 1830

En coulisses

VOS RÉACTIONS ?

Vos commentaires nous sont très précieux et nous permettent d'améliorer constamment nos guides. Notre équipe lit toutes vos lettres avec la plus grande attention. Nous ne pouvons pas répondre individuellement à tous ceux qui nous écrivent, mais vos commentaires sont transmis aux auteurs concernés. Tous les lecteurs qui prennent la peine de nous communiquer des informations sont remerciés dans l'édition suivante, et ceux qui nous fournissent les renseignements les plus utiles se voient offrir un guide.

Pour nous faire part de vos réactions, prendre connaissance de notre catalogue et vous abonner à notre newsletter, consultez notre site Internet : **www.lonelyplanet.fr**

Nous reprenons parfois des extraits de notre courrier pour les publier dans nos produits, guides ou sites web. Si vous ne souhaitez pas que vos commentaires soient repris ou que votre nom apparaisse, merci de nous le préciser. Notre politique en matière de confidentialité est disponible sur notre site Internet.

À NOS LECTEURS

Merci à tous les voyageurs qui ont utilisé la dernière édition de ce guide et qui nous ont écrit pour nous faire part de leurs conseils, de leurs suggestions et de leurs anecdotes : Laurence Bedirian, Laurence Bohy, Robert Castelein, Fanny Ferracci, Nathalie Lami, Clémence Moreau, Clément Pïlchen, Alexandra Souchot, Lucie Wiget Mitchell.

UN MOT DES AUTEURS

James Bainbridge

Un grand merci, *dankie, enkosi* aux habitants du Cap oriental et du Lesotho qui ont répondu à mes questions et résolu mes soucis de voiture dans la joie et la bonne humeur. Leur aide et leur humour, ainsi que nos conversations autour d'une bière fraîche, du Karoo au Drakensberg, m'ont été précieux. La liste est longue, mais je tiens à citer Brad, à Dijembe, pour son entrée fracassante au bar sans descendre de cheval. Des auberges de la Wild Coast comme Buccs aux comptoirs commerciaux installés dans la montagne, tels que Malealea, j'ai pu constater que les Sud-Africains étaient toujours aussi accueillants.

Jean-Bernard Carillet

Je remercie chaleureusement les équipes éditoriales et les cartographes de Lonely Planet pour leur travail. Un grand merci à notre auteur coordinateur James Bainsbridge pour son soutien, et à Matt, le Destination Editor pour sa compréhension et pour son aide lorsque je suis tombé malade en Afrique du Sud. Au Swaziland, je tiens à remercier Darron, et en Afrique du Sud, Mbeki, Jo, Jeff, Nicolas et Gerald. À Pretoria, je suis reconnaissant à mon ami André et à sa famille pour leur accueil chaleureux. Enfin, une fois encore, un gros bisou à Christine et Éva.

Lucy Corne

Merci à Matt et à James pour leur aide et leur soutien. Sur la route, *enkosi* à Terri-Lee Adendorff, Cathy Marston, Aliwiya Mac Minn, Laura Freeman, Steve Lunderstedt et Jurg Wagener qui m'ont fourni aide et conseils, ainsi qu'aux employés des offices du tourisme, surtout à Stellenbosch, Hermanus, Tulbagh, Montagu, Mossel Bay, Knysna, Oudtshoorn et Springbok. Un immense merci à Elisah qui s'est occupée de Kai, et bien entendu à Shawn, qui s'en est très bien sorti dans son rôle de papa pendant que j'étais en vadrouille !

Alan Murphy

Je dédie mon travail sur ce livre à la mémoire de mon père, Alan Edward Murphy. Un nombre incalculable de personnes m'ont aidé dans mes recherches sur cette nouvelle édition ; merci à tous ceux que j'ai croisés en chemin. Je remercie particulièrement Smitzy, extraordinaire compagnon de route. Enfin, merci à ma femme, Alison, ma force et ma seule patrie.

Matt Phillips

Un immense merci à Kat, ma charmante camarade de route (très calée en ornithologie), qui m'a rejoint pour la deuxième partie de mon périple, ainsi qu'à ma famille au Royaume-Uni et au Canada. Merci à David Carroll et Nóirín Hegarty qui m'ont donné la chance de retourner en Afrique du Sud et d'admirer tous ces extraordinaires animaux.

Simon Richmond

Je remercie chaleureusement tous ceux qui ont fait de mon séjour au Cap un vrai plaisir et une source d'apprentissage permanent, notamment mes coauteurs Lucy et Shawn, ainsi que Brent Meersman, Iain Harris, Lee Harris, Toni Shina, Nicole Biondi, Alison Foat, Sally Grierson, Patrick Craig, Cathy Marston, Tony Elvin, Rashiq Fataar, Zayd Minty, Daniel Sullivan, Sheryl Ozinsky, Bulelwa Makalima-Ngewana, Juma Mkwela, Gamidah Jacobs, Cindy Taylor, Iain Manley, Marco Morgan et Caroline Jordan.

REMERCIEMENTS

Données des cartes du climat adaptées de Peel MC, Finlayson BL & McMahon TA (2007) "Updated World Map of the Köppen-Geiger Climate Classification", *Hydrology and Earth System Sciences*, 11, 163344.

Photographie de couverture : Lion et lionne, Timbavati Private Game Reserve, Kruger National Park, Thomas Retterath / Getty Images ©

À PROPOS DE CET OUVRAGE

Cette 9e édition du guide *Afrique du Sud, Lesotho et Swaziland* est une traduction-adaptation de la 10e édition du guide Lonely Planet *South Africa, Lesotho & Swaziland*, en anglais. Elle a été actualisée et écrite par James Bainbridge, Jean-Bernard Carillet, Lucy Corne, Alan Murphy, Matt Phillips et Simon Richmond. Les auteurs de la précédente édition étaient : James Bainbridge, Kate Armstrong, Lucy Corne, Michael Grosberg, Alan Murphy, Helen Ranger, Simon Richmond et Tom Spurling.

Traduction
Anna Alvarez, Nathalie Berthet, Frédérique Hélion-Guerrini, Pierre-Yves Raoult.

Direction éditoriale
Didier Férat

Adaptation française
Émeline Gontier

Responsable prépresse
Jean-Noël Doan

Maquette
Pierre Brégiroux

Cartographie
Caroline Sahanouk

Couverture
Jean-Noël Doan

Remerciements à
Dolorès "tía" Mora, Claude Albert, Chantal Duquénoy, Michel Mac Leod, Claire Rouyer et Ségolène Roy pour leur contribution au texte. Merci également à Claire Chevanche et Pierre Gallotta pour leur travail de préparation, et à Sarah Arfaoui et Jérémie Grojnowski pour leur travail de référencement, ainsi qu'à Dominique Spaety pour sa bonne humeur. Enfin, merci à Andy Nielsen, Darren O' Connell, Chris Love, Sasha Baskett, Angela Tinson, Jacqui Saunders, Ruth Cosgrave et Glenn van der Knijff du bureau australien, et à Clare Mercer, Joe Revill, Sarah Nicholson et Luan Angel, du bureau de Londres.

Index

Références des **cartes**
Références des **photos**

Références des **cartes**
Références des **photos**

Références des **cartes**
Références des **photos**

INDEX DES ENCADRÉS

Activités sportives et excursions

Art et musique

Cuisine et vin

Culture et société

Histoire

Itinéraires

Nature et environnement

Transports

Vie pratique

Légende des cartes

À voir

- Plage
- Réserve ornithologique
- Temple bouddhiste
- Château/palais
- Église/cathédrale
- Temple confucéen
- Temple hindou
- Mosquée
- Temple jaïn
- Synagogue
- Monument
- Musée/galerie/édifice historique
- Ruines
- Sentō (bain public)
- Temple shintoïste
- Temple sikh
- Temple taoïste
- Cave/vignoble
- Zoo
- Autre site

Activités, cours et circuits organisés

- Bodysurfing
- Plongée/snorkeling
- Canoë/kayak
- Cours/circuits organisés
- Ski
- Snorkeling
- Surf
- Piscine/baignade
- Randonnée
- Planche à voile
- Autres activités

Où se loger

- Hébergement
- Camping

Où se restaurer

- Restauration

Où prendre un verre

- Bar
- Café

Où sortir

- Salle de spectacle

Achats

- Magasin

Renseignements

- Banque
- Ambassade/consulat
- Hôpital/centre médical
- Accès Internet
- Police
- Bureau de poste
- Centre téléphonique
- Toilettes
- Office du tourisme
- Autre adresse pratique

Géographie

- Plage
- Refuge/gîte
- Phare
- Point de vue
- Montagne/volcan
- Oasis
- Parc
- Col
- Aire de pique-nique
- Cascade

Agglomérations

- Capitale (pays)
- Capitale (région/État/province)
- Grande ville
- Petite ville/village

Transports

- Aéroport
- Poste frontière
- Bus
- Téléphérique/funiculaire
- Piste cyclable
- Ferry
- Métro
- Monorail
- Parking
- Station-service
- Station de métro
- Taxi
- T-Bane/Station T-Bane (norvégien)
- Gare/chemin de fer
- Tramway
- Tube Station (anglais)
- U-Bahn (allemand)
- Autre moyen de transport

Les symboles recensés ci-dessus ne sont pas tous utilisés dans ce guide

Routes

- Autoroute à péage
- Voie rapide
- Nationale
- Route secondaire
- Petite route
- Chemin
- Route non goudronnée
- Route en construction
- Place/rue piétonne
- Escalier
- Tunnel
- Passerelle
- Promenade à pied
- Promenade à pied (variante)
- Sentier

Limites et frontières

- Pays
- État/province
- Frontière contestée
- Région/banlieue
- Parc maritime
- Falaise
- Rempart

Hydrographie

- Fleuve/rivière
- Rivière intermittente
- Canal
- Étendue d'eau
- Lac asséché/salé/intermittent
- Récif

Topographie

- Aéroport/aérodrome
- Plage/désert
- Cimetière (chrétien)
- Cimetière (autre)
- Glacier
- Marais
- Parc/forêt
- Site (édifice)
- Terrain de sport
- Mangrove

Lucy Corne

Cap occidental, Cap-Nord, Cuisine Tombée amoureuse de l'Afrique du Sud en 2002, Lucy s'est finalement installée au Cap en 2010. Exploratrice inlassable du Cap occidental, elle s'est montrée tout aussi enthousiaste à l'idée de sillonner à nouveau le Cap-Nord. Entre autres expériences inoubliables, elle a failli être dévorée par un lion en changeant une roue dans le Karoo National Park, elle a contemplé Saturne au télescope à Sutherland, et a été projetée par un jet de sable au sommet d'une dune lors de sa première visite à la Witsand Nature Reserve. Lucy tient aussi un blog consacré aux bars sud-africains (www.brewmistress.co.za).

Retrouvez Lucy sur :
www.lonelyplanet.com/members/lucycorne

Alan Murphy

KwaZulu-Natal, État libre, Mpumalanga, Limpopo, Province du Nord-Ouest, Histoire, Environnement, Vie sauvage Alan a énormément voyagé en Afrique australe, et sillonne l'Afrique du Sud pour Lonely Planet depuis 15 ans. À sa première arrivée à l'aéroport de Jo'burg, il a été ballotté à l'arrière d'un *bakkie* (pick-up) ; depuis, il est revenu bien des fois car le pays l'attire. L'observation de la faune le passionne et il a eu la chance d'en découvrir les subtilités aux côtés du spécialiste Algy Vaisutis. Alan est convaincu que les voyageurs doivent s'investir auprès des communautés locales qui les accueillent.

Matt Phillips

Kruger National Park Matt s'est rendu pour la première fois en Afrique du Sud en 2001, au cours d'un périple en solo d'un an qui l'a mené jusqu'au Maroc. Ce voyage a changé sa vie – il a abandonné sa carrière de géologue et troqué son brise-roche contre un ordinateur portable et un emploi de rédacteur pour Lonely Planet. Il a ensuite écrit sur 26 pays africains pour Lonely Planet et d'autres publications, comme *Travel Africa*, un magazine qu'il a lui-même édité pendant 7 ans. De retour à Lonely Planet en qualité de Destination Editor chargé de l'Afrique subsaharienne, il a sauté sur l'occasion pour explorer le Kruger National Park, un lieu qui lui tient vraiment à cœur.

Simon Richmond

Le Cap (Cape Town) Simon est tombé sous le charme du Cap depuis qu'il s'y est rendu pour la première fois en 2001 pour préparer les guides Lonely Planet *Afrique du Sud, Lesotho et Swaziland*, ainsi que *Cape Town*. Il a pris plaisir à y retourner pour chaque mise à jour, explorant chaque recoin de la ville et de la région du Cap et profitant des avantages offerts aux écrivains voyageurs pour rencontrer des habitants charismatiques et déguster les fruits du terroir – notamment ses vins succulents ! Journaliste et photographe reconnu, Simon a rédigé de nombreux titres pour Lonely Planet et d'autres éditeurs, et écrit des articles pour des journaux et magazines du monde entier. Suivez-le sur Twitter, Instagram et sur www.simonrichmond.com.

LES GUIDES LONELY PLANET

Une vieille voiture déglinguée, quelques dollars en poche et le goût de l'aventure, c'est tout ce dont Tony et Maureen Wheeler eurent besoin pour réaliser, en 1972, le voyage d'une vie : rallier l'Australie par voie terrestre via l'Europe et l'Asie. De retour après un périple harassant de plusieurs mois, et forts de cette expérience formatrice, ils rédigèrent sur un coin de table leur premier guide, *Across Asia on the Cheap*, qui se vendit à 1 500 exemplaires en l'espace d'une semaine. Ainsi naquit Lonely Planet, dont les guides sont aujourd'hui traduits en 12 langues.

NOS AUTEURS

James Bainbridge

Auteur coordinateur, Préparer son voyage, Cap oriental, Lesotho, L'Afrique du Sud, le Lesotho et le Swaziland aujourd'hui, Musique, Culture et société, Carnet pratique

Originaire de Grande-Bretagne, James, à la fois auteur de livres de voyage et de guides touristiques, habite une bourgade rustique parmi les montagnes et les vignobles du Cap occidental, avec sa femme et son fils. Il sillonne régulièrement l'Afrique du Sud en famille ou lors des missions que lui confient éditeurs et magazines britanniques, notamment le *Guardian*, *Condé Nast Traveller*, *BBC Travel*, *Safari Bookings* et *AFK Travel*. C'est la troisième fois qu'il coordonne ce guide, et il n'est jamais plus heureux que lorsqu'il parcourt les beaux paysages et les charmantes villes d'Afrique du Sud au gré des randonnées, des photos et des dégustations de vin. James contribue aux guides et aux beaux livres Lonely Planet depuis déjà 10 ans, et a notamment participé à plusieurs éditions des guides *Turquie* et *Maroc*. Les articles de James sur l'Afrique du Sud sont disponibles sur jamesbainbridge.net.

Retrouvez James sur :
auth.lonelyplanet.com/profiles/james_bains

Jean-Bernard Carillet

Johannesburg et le Gauteng, Swaziland Journaliste et photographe français, Jean-Bernard a parcouru l'Afrique de long en large pendant 20 ans. Son premier voyage au Swaziland, à Jo'burg et à Pretoria remonte au début des années 1990. Pour la présente édition, ses recherches l'ont conduit aussi bien auprès des rhinocéros et des lions du Swaziland que dans les quartiers montants de Jo'Burg (qui est devenue une de ses villes favorites) et à Pretoria, où il a exploré la scène hôtelière. Le virus du voyage a mené Jean-Bernard sur les six continents, qui lui ont inspiré de nombreux articles et quelque 50 guides.

288 R Péage Jehn
88 R X 2 ?

PAGE 679 AUTEURS (suite)

Afrique du Sud, Lesotho et Swaziland
9e édition
Traduit et adapté de l'ouvrage *South Africa, Lesotho & Swaziland, 10th edition, November 2015*

Dépôt légal Février 2016
ISBN 978-2-81615-394-1
Imprimé par Grafica Veneta Trebaseleghe, Italie
Réimpression 03, septembre 2017

En Voyage Éditions | un département place des éditeurs